지각의 현상학

지각의 현상학

초판 1쇄 발행 2025년 11월 28일
초판 2쇄 발행 2025년 12월 18일

—

지은이 모리스 메를로퐁티
옮긴이 주성호
펴낸이 이병은

책임편집 조성규   **책임디자인** 손경화
기획 김명희·박준성   **마케팅** 최성수·배근호

—

펴낸곳 세창출판사
　　　신고번호 제1990-000013호 **주소** 03736 서울시 서대문구 경기대로 58 경기빌딩 602호
　　　전화 02-723-8660 팩스 02-720-4579
　　　이메일 edit@sechangpub.co.kr 홈페이지 http://www.sechangpub.co.kr
　　　블로그 blog.naver.com/scpc1992 페이스북 fb.me/Sechangofficial 인스타그램 @sechang_official

—

ISBN 979-11-6684-465-2 93160

지각의 현상학

모리스 메를로퐁티 지음
주성호 옮김

세창출판사

『지각의 현상학』은 내가 읽은 프랑스어 철학서 중 서너 번째 책으로 기억한다. 학부 때 나는 사르트르의 『존재와 무』를 읽었는데, 이것이 첫 번째 책이다. 나는 그 당시 카뮈와 사르트르에 관심이 많았다. 우연히 교보문고에 『존재와 무』가 있는 것을 보고, 외국 도서치고 책값도 그리 비싸지 않아 샀는데, 이것이 프랑스어 철학서를 처음 읽는 계기가 되었다. 나는 일 년도 넘게 정확한 내용도 파악하지 못하면서 이 두꺼운 책을 무작정 읽었다. 그리고 두 번째로 읽은 책이 베르그송의 『시론』이다. 대학원 석사과정 1학기 때 프랑스 철학을 공부하던 동료들과 함께 읽었다. 매주 토요일 오전에 이 책을 읽은 후, 동료들과 함께 학교 문화관에서 영화를 보던 것이 기억난다. 그리고 세 번째 아니면 네 번째로 『지각의 현상학』을 읽었다. (석사과정 2학기 때부터 이 책을 읽기 시작했으니까, 아마도 라베송의 『습관에 관하여』나 사르트르의 『자아의 초월』을 먼저 읽었던 것 같다.) 그리고 『지각의 현상학』을 바탕으로 석사학위 논문을 썼다. 역시 박사학위 논문에도 이 책은 중심이 되는 책이었다.

내가 메를로퐁티 철학, 특히 『지각의 현상학』을 지금도 잡고 있는 것을 보면, 이 책은 분명히 매력적인 책이다. 나는 학부 때 사르트르를 열심히 읽었지만, 석사과정 이후에는 그의 책을 거의 읽지 않았다. 그것은 사르트르의 철학이 내게는 철학사적 의미 외에는 특별한 철학적 매력을 주지 못했기 때문이다. 그가 주장하는 "인간은 자유롭도록 선고받았다"라는 절대적 자유는 우리 인간에게 희망을 줄 수 있으나, 내게는 현실적이지도 사실적이지도 않은 것으로 보였다. 그에 반해 메를로퐁티 철학으로 박사학위 논문을 썼고, 지금도 그의 책을 읽는 것은 그의 철학이 현실적이고 사실에 부합하는 것으로 보였으며, 또 많은 철학적 영감을 내게 주었기 때문이다. 나는 진정한 의미에서 메를로퐁티주의자도 아니고 그의 사유를 맹목적으로 따르지도 않지만, 그의 철학만큼 사실에 밀착하여 문제를 솔직하고 정확하게 포착하는 철학은 없다고 생각한다. 그의 철학은 "인간과 자연의 관계"에 초점 맞춰져 있고, 이 관계의 원초적인 상태, 즉 "발생하는 상태"로 되돌아가서 사실 자체에 밀착하려 한다. 그리고 밀착된 사실을 정확히 드러내어, 대립하는 전통 철학들의 주장들을 해소 또는 해결하려 한다. 바로 이러한 점이 내게는 매력적으로 보였고, 내가 씨름하고 싶은 철학적 문제들의 본질 파악과 해결에 영감을 줄 수 있는 것으로 여겨졌다.

『지각의 현상학』에서 메를로퐁티가 밀착하여 드러낸 인간과 자연, 또 이 둘의 관계는 전통 철학이 주장하는 것과는 무척 다르다. 인간은 자연 〈안〉에 있는 유물론적 사물도 아니고, 자연에 〈대해〉 있는 순수 정신도 아니다. 마찬가지로 자연이나 세계도 인간과 무관하게 즉자적으로 존재하는 실재론적 세계나 자연도 아니고, 인간의 정신에 절대적으로 의존하는 관념론적 세계나 자연도 아니다. 인간과 세계는 그 경계가 모호해서 어디서 인간이 끝나고 어디서 세계가 시작하는지 알 수 없고, 그 관계가 애매해서 서로를 침투하고 서로를 포함한다. 이러한 메를로퐁티 철학은 기존 철학에서 볼 수 없는 독특한 사유이고, 전통 철학에 익숙한 사람에게는 어색한 사유이다. 그렇지만 나는 사실에 밀착하여 있는 그대로 인간과 세계를 포착한다면, 그의 철학은 가능한 사유일 뿐 아니라 오히려 현실에 가까운 사유라고 생각한다. 그래서 그의 철학은 우리에게 인간과 세계와 관련한 문제들을 정확히 보고 새롭게 해결하는 데 많은 영감을 준다고 생각한다. 챗지피티와 같은 고도의 인공지능이 출현한 시대에, 인간의 언어가 무엇인지 또 인간의 사유가 무엇인지를 기존과 다른 방식으로 이해하는 데 도움을 줄 것으로 생각한다.

이 책의 번역은 한 통의 전화에서 시작되었다. 어머니가 돌아가신 해인 2018년 가을, 지인에게서 이 책 번역을 제안하는 전화가 왔다. 나는 번역하겠다고 곧장 말하지 못했고, 생각해 보고 결정하겠다고 대답했다. 내 책을 쓰는 것도 아니고, 유명한 철학자라도 남의 책을 번역하는 것은 내 〈취향〉이 아니었기 때문이었다. 게다가 이 책의 번역이 3년이 걸릴지 4년이 걸릴지, 얼마나 시간이 소요될지 알 수 없었기 때문이었다. 그러나 생각해 보았다. 이제껏 내 사유를 책으로 낸 적이 없었고, 내가 진정 쓰고 싶었던 내용으로 쓴 논문도 없었다. 내 주제가 이렇고 내 능력이 이런데,『지각의 현상학』을 번역해 놓으면 많은 사람에게 도움되지 않을까 생각하며, 나는 번역하기로 마음먹었다.

나는 번역에 착수하기 전, 어떻게 하면 길지 않은 시간 내에 번역을 마칠 수 있을까 하는 생각을 오랫동안 하였다. 시간이 지나면서, 번역하는 일이 늘어지게 될까 염려되었기 때문이었다. 그리고 나는 매주 금요일 저녁에 대안연구공동체(대안연)에서 이 책의 번역 강의를 할 수 있게 되었다. 강의는 매주 원문 기준으로 4-5쪽 번역한 것을 읽고 해설하는 것이었고, 한 세션(8주 강의)이 끝나면, 1, 2주 쉬고 다음 세션을 시작하는 방식이었다. 이렇게『지각의 현상학』번역 강의는 2019년 3월 첫째 주에, 대안연 대표님 말씀대로 "대장정"의 길에 들어섰다. 그러나 번역 강의 초반에 마땅한 우리말 번역어를 찾지 못해 답답했고, 번역한 우리말도 마음에 들지 않았다.

그래서 매일 번역하기 전에 수필 두 편을 두 번씩 읽으면서 다양한 우리말 감각을 가지려고 하였다. 수필을 읽은 것은 여러 작가의 짧은 글을 다양하게 접할 수 있어서였고, 소설은 길어서 계속 읽게 되면 시간을 뺏길 것 같아 읽지 않았다. 이렇게 수필 읽기를 계속하다가, 싫증도 나고 효과가 있는지도 몰라 8-9개월 만에 그만두었다. 그러다가 『어린 왕자』를 번역하기 시작했다. 이 책의 번역본이 100종이 넘고, 그중에 좋은 번역이 있다는 말을 들었다. 나는 매일 조금씩 내가 번역한 것과 잘된 번역본 3종을 대조하며 번역의 기술을 익히려고 하였다. 『어린 왕자』 번역도 여러 달 하다가 흥미를 잃어, 이 책 몇 쪽 안 남았을 때 그만두었다. 이렇게 이런저런 글쓰기 문제와 씨름하며 2022년 8월 번역 강의와 함께 『지각의 현상학』 번역도 555쪽(크라운판)으로 마침표를 찍었다. 코로나 시기에 대안연 강의를 쉬었던 6개월 정도를 제외하면, 번역은 거의 3년이 걸렸다.

그러나 번역 강의의 마침표가 『지각의 현상학』 번역의 마침표는 아니었다. 이번엔 '지각의 현상학의 이해'라는 해설 강의를 2022년 9월에 시작했다. 나는 번역 강의를 위해 번역문 여백에 적은 내용을 바탕으로 해설서를 쓰고, 번역문도 검토하여 더 좋은 번역문을 만들 생각으로 해설 강의를 시작하였다. 즉 『지각의 현상학』 번역문을 다시 읽고 수정하면서, 번역문과 여백에 적은 글을 토대로 해설서를 쓰고 그것으로 강의하였다. 해설 강의는 번역 강의와 마찬가지로 일정 분량 작성한 해설문을 가지고서 매주 금요일 저녁 대안연에서 하였다. 나는 번역문 여백에 써 놓은 글이 있어, 해설 강의를 3, 4세선, 즉 7개월이나 9개월이면 끝낼 수 있다고 생각했다. 그러나 그것은 오산이었고, 해설 강의는 또 다른 대장정이 되었다. 처음엔 진도를 빨리 나갔으나, 나중엔 번역 강의에 이어 오랫동안 계속된 해설 강의에 지치기 시작했다. 처음엔 일주일에 20쪽 가까이, 그다음엔 10쪽 정도 해설문을 쓰던 것이, 시간이 가면 갈수록 점점 양이 줄어들어, 나중엔 4-5

쪽 정도밖에 쓰지 못했다. 그러는 바람에 결국 『지각의 현상학』 번역문 검토도 함께 늦어졌고, 번역서 출간도 늦어지게 되었다.

이렇게 『지각의 현상학』을 번역하고 검토하는 과정에서 힘들었던 일이 많았다. 허리 디스크가 탈출되어 허리가 무척 아파 의자에 앉기 힘들었던 때가 있었다. 그나마 다행이었던 것은 코로나19가 유행하여 대안연에서 몇 달 동안 강의할 수 없었을 때 허리 디스크가 생긴 것이다. 그 기간에 허리 시술을 받고 쉬면서 어느 정도 회복할 수 있었다. 그러나 허리가 회복되니까, 이번에는 목 디스크가 생겼다. 그리고 목 디스크가 회복되니까, 이번엔 심리적으로 힘든 일이 생겼다. 한국연구재단으로부터 지원받은 논문들을 쓰지 못해 페널티를 받았다. 그것도 3년 연속으로 제재 처분을 받았다. 나는 번역을 곧 끝내고 논문을 쓰려고 했으나, 해설서를 쓰고 번역문을 검토하는 작업 때문에 그렇게 하지 못했다. 몇 달이면 끝날 거라는 해설서 작업은 2년 6개월이나 걸렸고, 지금도 번역서를 빨리 끝내려고 「인용된 문헌」 「찾아보기」 등 마무리 작업 외에 다른 것은 못 하고 있다. 나는 학교 수업을 준비하고 주말에 쉬는 시간 외에, 지금까지 번역서와 해설서에만 매달리며 살아왔다. 아직 해설서를 마무리 짓는 일이 남아 있지만, 이제 너무나도 지루하고 긴 터널의 끝이 눈에 보이기 시작한다. 무척이나 힘들었지만, 최선을 다해 번역하고 다듬은 이 책이 드디어 열매 맺는 모습이 보이기 시작한다.

이 책이 나오기까지 도움을 준 사람들이 있다. 이 책의 편집에 많은 신경을 써 준 조성규 편집자님, 또 이 책에 많은 관심을 가져 주신 세창출판사 이방원 사장님께 감사의 말을 전하고 싶다. 그리고 번역 강의와 해설 강의를 할 수 있게 해 주신 대안연구공동체 김종락 대표님께 고마운 마음을 전하고 싶다. 또한 거의 6년간 처음부터 끝까지 번역 강의와 해설 강의에 참여하신 호서대 이세진 선생님께도 고마운 마음을 전하지 않을 수 없다. 김종락 대표님의 도움이 없었다면, 또 이 책의 번역에 이세진 선생님이 동반자로 나서지 않았다면, 이 책은 나오지 못했을 것이다.

그리고 미시령 옛길 근처에 계신 어머니가 이 책의 출간을 아신다면 무척 좋아하실 것이다.

2025년 8월

일러두기

1. 이 책은 M. Merleau-Ponty, *Phénoménologie de la perception*의 첫 판본(Gal-limard, 1945, 2004년까지 재판됨)을 옮긴 것이다. 원서의 쪽수도 첫 판본에 맞춰 표기하였다. 첫 판본은 두 번째 판본(Gallimard, 2005) 및 *Œuvres*(전집) 판본(Gallimard, 2010)과 미세하게 다르고, 그 차이점은 역주에 밝혔다.

2. 이 책의 번역에 다음의 번역본을 참고하였다.
   - *Phenomenology of Perception*, Translated by Colin Smith, London: Routledge & Kegan Paul, 1962.
   - *Phenomenology of Perception*, Translated by Donald A. Landes, London-New York: Routledge, 2012.
   - *Phänomenologie der Wahrnehmung*, Übersetzt von Rudolf Boehm, Berlin: Walter De Gruyter & Co., 1966.
   - 『知覚の現象學』, 中島盛夫訳, 東京: 法政大学出版局, 1982.

3. 원서의 목차에 있지만, 본문에 없는 각 절의 제목을 '[　]' 안에 표기하였다. 예) [1. 인상으로서의 〈감각〉]. 각 절의 제목은 다음의 문헌들을 참고하여 옮긴이가 최적이라 판단한 위치에 두었다.
   - Daniel Guerrière, "Table of Contents of *Phenomenology Of Perception*: Translation and Pagination", *Journal of the British Society for Phenomenology*, Volume 10, Issue 1, 1979, pp. 65-69.
   - S. B. Mallin, "Table of Contents of the *Phénoménologie de la perception* and Its Integration into English Text", *Merleau-Ponty's Philosophy*, New Haven: Yale Univ. Press, 1976, pp. 277-286.

- *Phenomenology of Perception*, Translated by Donald A. Landes, London–New York: Routledge, 2012.
- *Phänomenologie der Wahrnehmung*, Übersetzt von Rudolf Boehm, Berlin: Walter De Gruyter & Co., 1966.

4. ¶: 메를로퐁티는 문단을 길게 하며 글을 쓴다. 옮긴이는 문단을 '¶'로 표시하며 나누었다. 문단 나눔에는 두 영역본과 독역본을 참조하였다.

5. 로마자의 대문자는 고딕체로 표기하였다.
   예) Esprit: 정신, l'Un: 일자.

6. 프랑스어 이탤릭체는 굵은 글자로 표기하였다.
   예) maison *elle-même*: 집 자체.
   그러나 이 책에서 프랑스어가 아닌 모든 언어는 외국어로서 이탤릭체로 표기된다. 옮긴이는 그중 강조의 의미로 표기되었다고 판단한 외국어만 굵은 글자로 표기하였다.
   예) *cogito*: 코기토, *causa sui*: 자기 원인.

7. 〈 〉: 메를로퐁티는 어구나 문장을 인용하거나 강조할 때 구별 없이 '《 》'를 이용한다. 옮긴이는 메를로퐁티가 강조할 때, 또 강조와 인용을 구별하기 어려운 경우, '〈 〉' 속에 어구나 문장을 두어 표기하였다.
   예) 〈피에르의 행위방식〉, 〈운동 틀〉.

8 " ": 옮긴이는 메를로퐁티가 '《 》'를 인용하기 위해 쓴다고 판단할 경우, 어구나 문장을 " " 속에 두어 표기하였다.
   예) "잡을 곳들prises."

9. ( ): 의미상 대체되거나 보완하는 표현, 이중적 의미의 표현, 기존에 쓰이던 표현은 앞 표현에 붙여 '( )' 속에 두어 표기하였다. 또한 이러한 표현에 외국어를 병기할 때도 '( )' 속에 두어 표기하였다.
   예) 다시 잡기(계승하기), 실질의미(의미표현), 의도(지향),
   　　구별되지 않고(미분화적이고indifférencié).

10. 원문에 '( )'로 표기된 표현은 원문과 똑같이 앞 표현과 띄어 '( )' 속에 표기하였다.

예) … 하는 것은, (따라서 … 하는 것은), 바로 나이기 때문이다.

그러나 원문에 앞 표현과 띄어 '( )'로 병기된 독일어는 앞 표현에 붙여 표기하였다.

예) 세계(*Welt*).

11. [ ]: 원문에 없는 내용은 '[ ]' 속에 넣어 표기하였다.

예) [몸의] 구조.

또한 옮긴이가 어떤 표현을 해석하거나 이해를 돕기 위한 것도 그 표현에 붙여 '[ ]' 속에 표기하였다.

예) 병치의[양적] 다수성, 공간들이 통일성[하나의 공간]에 이른다.

그러나 원문에 없는 〈그런데〉, 〈또〉, 〈그러나〉와 같은 접속사, 문장 흐름상 필요한 〈…도〉 등과 같은 조사, 〈사실〉과 같은 간단한 부사 등은 '[ ]' 속에 표기하지 않았다.

12. 메를로퐁티가 인용한 *La Structure du Comportement*(『행동의 구조』) 제1판본은 찾아보기 어려운 희귀본이다. 옮긴이는 메를로퐁티가 인용한 『행동의 구조』 제1판본의 쪽수에, 현재 통용되는 판본(제3판)의 쪽수를 병기하였다. 이 쪽수는 랜즈(D. Landes)의 영역본에서 가져온 것이다.

예) *La Structure du Comportement*, p. 168과 그 이하[제3판, pp. 125-126].

13. 메를로퐁티는 외국어, 특히 독일어를 자신의 입장에 맞춰 프랑스어로 번역한다. 옮긴이는 메를로퐁티의 입장이 담긴 그의 프랑스어 표현을 번역하였다.

예) intentionnalité opérante(*fungierende Intentionalität*): 작동하는 지향성.

그러나 때에 따라 그가 번역한 외국어 표현을 그 외국어의 의미로 번역하였다.

예) plages colorées(*Flächenfarben*): 평평한 색들.

14. 메를로퐁티가 인용한 외국어 원서의 프랑스어 번역본 중, 필요한 경우 원

서의 서지사항을 병기하였다. 독일어 원서의 서지사항은 뵘(R. Boehm)의 독역본이 제시한 것에서 가져왔다.

예) *Méditations cartésiennes*, p. 33[*Cartesianische Meditationen*, S.77[독역본]].

15. 메를로퐁티가 프랑스어로 번역한 몇몇 독일어 표현은 뵘의 독역본을 참조하여 각주에 표시하였다. 뵘의 독역본은 메를로퐁티가 번역한 독일어 표현을 독일어 문헌에서 가져온 것이다.

예) 근원적 견해doxa originaire: "Urdoxa"[독역본].

16. 본문 각주의 서지사항은 메를로퐁티가 기재한 방식을 따른 것이다. 완전한 서지사항은 본서 뒤의 「인용된 문헌」에 있다.

17. 역주에 인용된 문헌의 완전한 서지사항은 본서 뒤의 「역주에 인용된 문헌」에 있다.

현상학이란 무엇인가?

⟨I⟩ [1. 현상학이란 무엇인가?]

현상학이란 무엇인가? 후설의 첫 저작들이 나온 지 반세기가 지나서, 아직도 이러한 물음을 던져야 하는 것은 이상하게 보일 수 있다. 그렇지만 이 물음은 조금도 해결되어 있지 않다. 현상학은 본질에 대한 연구이다. 현상학에 따르면 모든 문제는 예컨대 지각의 본질, 의식의 본질과 같이 본질들을 규정하는 데 있다. 그러나 현상학은 또한 본질을 실존 속에 다시 두는 철학, 인간과 세계를 이해할 수 있기 위해 그것들의 〈사실성〉에서 출발할 수밖에 없다고 생각하는 철학이기도 하다. 현상학은 자연적 태도의 주장들을 이해하기 위해 이 주장들을 판단중지하는 초월론적 철학이다. 그것은 또한 반성 이전에 세계가 박탈될 수 없는 현존(현전)으로서 항상 〈이미 거기에〉 있음을 받아들이는 철학이고, 세계와의 이런 자연스러운(원초적인naïf) 접촉을 복원하고자 모든 노력을 기울여서, 결국 그 접촉에 철학적 지위를 부여하고자 하는 철학이기도 하다. 현상학은 〈엄밀학〉이 되려는 철학의 야심이지만, 또한 〈체험된〉 공간, 시간, 세계에 대한 해명이기도 하다. 그것은 우리 경험의 심리학적인 발생에 대한 고려도, 과학자, 역사학자, 사회학자가 그 경험에 제공할 수 있는 인과적 설명에 대한 고려도 없이, 우리 경험을 있는 그대로 직접 기술하려는 시도이다. 그렇지만 후설은 그의 마지막 저서들에서 〈발생적génétique 현상학〉,[1] 또 심지어는 〈구축적constructive 현상학〉[2]을 언급한다. 이러한 모순은 후설의 현상학과 하이데

---

[1]   *Méditations cartésiennes*, p. 120과 그 이하[*Cartesianische Meditationen*, S. 109 ff[독역본]].

[2]   오이겐 핑크(Eugen Fink)가 작성한, 미간행된 VIe *Méditation cartésienne* 참조. 이 책은 베르제(G. Berger)가 우리에게 친절하게 알려 준 것이다.

거의 현상학을 구분함으로써 없애고자 할 수 있을까? 그러나 『존재와 시간』 전체는 후설이 언급한 것indication에서 나온 것이며, 요컨대 그것은 후설이 그의 말년에 현상학의 근본 주제로 제시한 〈자연적 세계개념natürlicher Weltbegriff〉이나 〈생활세계Lebenswelt〉를 명시화한 것일 뿐이다. 따라서 언급된 모순은 ⟨III⟩ 후설 자신의 철학에 다시 위치하게 된다. 성급한 독자는 이렇게 모든 것을 말하는 학설을 규정하는 것을 포기할 것이며, 스스로를 정의하지 못하는 철학에 대해 온갖 것을 언급할 가치가 있었는지를, 이런 것은 오히려 신화와 유행에 불과한 것은 아니었는지를 의심할 것이다.

설령 그렇다 하더라도, 이 신화의 인기와 이 유행의 기원은 여전히 이해되어야 할 것이다. 또한 이러한 상황은 철학적으로 진지하게 보면 다음과 같은 말로 표현될 수 있을 것이다. 즉 현상학은 방식 또는 스타일로서 실천되고 인식되어 왔다는 것, 그것은 완전한 철학적 의식(자각)에 이르기 전에 운동으로서 존재해 왔다는 것이다. 현상학은 오래전부터 진행되어 왔고, 그 지지자들은 현상학을 도처에서, 즉 헤겔과 키르케고르는 물론이고 마르크스, 니체, 프로이트에서도 재발견한다. 그러나 텍스트들에 대한 문헌학적 주석으로는 아무것도 얻지 못할 것이다. 즉 우리는 텍스트 속에 두었던 것밖에 발견하지 못한다. 또한 우리에게 해석을 요구하는 역사가 있었다면, 그것은 정말로 철학의 역사일 것이다. 우리는 다름 아닌 우리 자신 속에서, 현상학의 통일성과 그 진정한 의미를 발견할 것이다. 문제는 인용문들을 열거하는 것이 아니라, 우리에게서의 현상학을 결정하고 객관화하는 것이다. 즉 그것은 우리 시대의 많은 사람들이 후설이나 하이데거를 읽을 때, 새로운 철학을 만난다는 느낌보다는 그들이 기다렸던 것을 발견한다는 느낌을 갖게 하는 현상학이다. 현상학은 현상학적인 방법으로만 접근할 수 있다. 그러므로 잘 알려진 현상학적 주제들이 삶 속에서 자연발생적으로 서로 결합되어 있듯이, 주의 깊게 그 주제들이 결합되도록 묶어 보자. 그러면 아마도 왜 현상학이 오랫동안 초보적 상태에서, [해결할] 문제이자 [실현할] 소망으로 머물렀는지를 우리는 이해하게 될 것이다.

**

[2. 직접적 또는 순수 기술]

중요한 것은 기술하는 것이지, 설명거나 분석하는 것이 아니다. 후설이 초기 단계의 현상학에 준 첫 규정, 즉 〈기술 심리학〉이 되거나 〈사실(사태) 자체로aux choses mêmes〉 되돌아감은 우선 과학에 대한 거부이다. 나는 내 몸이나 내 〈심리현상psychisme〉을 결정하는 여러 인과관계의 결과나 교차점이 아니다. 나는 나를 세계의 일부로서, 생물학, 심리학, 사회학의 단순 대상처럼 생각할 수가 없고, 나를 과학적 우주univers[3]에 가둘 수도 없다. 세계monde에 대해 내가 아는 모든 것은, 심지어 과학을 통해 아는 것이라 해도, 나의 시각(관점)에서 출발하여, 또는 과학적 기호들이 그것이 없으면 아무 의미도 없을 세계의 경험에서 출발하여 아는 것이다. 과학적 우주 전체는 체험된 세계 위에 구축되어construit 있고, (III) 만약 우리가 과학 자체를 엄밀히 사유하여, 정확히 그 의미와 범위를 평가하고자 한다면, 우리는 과학이 그 이차적 표현이 되는 세계의 경험을 먼저 되살아나게 해야 한다. 과학은 지각된 세계의 한 규정이나 한 설명이라는 단순한 이유 때문에, 그것은 지각된 세계와 동일한 의미를 갖지 않으며, 앞으로도 갖지 않을 것이다. 나는 동물학, 사회 해부학, 귀납 심리학이 자연이나 역사의 산물에서 인식하는 모든 특성을 가진, 〈생명 존재〉도, 심지어 〈인간〉도, 또 심지어 〈의식〉도 아니다. 나는 절대적 근원이고, 내 실존은 내 이전 행위들에서

---

3   역주) 본서 116쪽의 역주 참조.

도, 물리적·사회적 환경(주변)에서도 나오지 않으며, 내 실존은 이것들로 향해 나아가 이것들을 지탱한다. 왜냐하면 이러한 전통이나 이러한 지평이 내게 있게 하는 것은, (따라서 또한 〈있다〉는 말이 내게서 가질 수 있는 유일한 의미에서 있게 하는 것은), 바로 나이기 때문이다. 즉 이 전통은 내가 다시 잡기(계승하기)를 선택한 것이고, 또 나에 대한 이 지평의 거리는 내가 그것을 시선으로 훑어보려고 지평에 있지 않으면, 고유한 속성으로서 지평에 속하지 않게 되므로 붕괴될 것이다. 내가 세계의 한 계기라는 과학적 시각(관점)은 항상 소박하고 기만적이다. 왜냐하면 과학적 시각(관점)은 또 다른 시각(관점)을, 즉 애초에 한 세계가 그를 통해 내 주위에 배열되어 내게 실존하기 시작하는 의식의 시각(관점)을 언급하지 않으면서 암암리에 전제하기 때문이다. 사실(사태) 자체로 되돌아가는 것은 인식 이전의 세계로 되돌아가는 것이다. 그것은 인식이 언제나 그에 대해 말하는 세계이고, 우리에게 숲, 초원, 강이 무엇인지를 먼저 알려 주는 풍경에 대한 지리학처럼, 그에 대한 모든 과학적 규정이 추상적이고, 기호적signitive이며, 의존하는 세계이다.

이러한 운동은 관념론적인 의식으로의 복귀와는 전적으로 구별되며, 또 순수 기술의 요구는 과학적 설명의 방법과 마찬가지로 반성적 분석analyse réflexive[4]의 방법을 배제한다. 데카르트, 특히 칸트는 내가 사물을 파

---

4   역주) "반성적 분석"은 "프랑스 철학자 쥘 라뇨(J. Lagneau), 알랭(Alain), 미셸 알렉상드르(M. Alexandre)의 철학 학파를 직접적으로 가리킨다"(독역자 주석). 그뿐 아니라 이 철학적 사유는 메를로퐁티가 여기서 언급하듯이 데카르트와 칸트의 철학도 포함한다. 그것은 지성론의 철학적 방법으로서, 반성을 통해 우리의 구체적인 세계 경험을 객관적인 또는 완성된 것들로, 예컨대 감각 경험과 지성적 판단으로 분석하는 것이다(도입부, 제3장 참조). 지성론은 반성을 통해 우리의 세계 경험에서 그것의 "가능성의 조건으로서의 주체로 거슬러 올라가"(본서 29쪽)고, 이 〈가능성의 조건인 주체가 없으면〉 우리의 세계 경험이 불가능하다고 주장하기 때문에, 메를로퐁티는 〈반성적 분석〉을 "〈그것이 없으면〉이라는 방법"(본서 776쪽, 783쪽)이라 부른다.

악하는 작용에서 먼저 나를 존재하는 것으로서 체험하지 않으면, 어떤 사물도 존재하는 것으로 파악할 수 없음을 보임으로써, 주체 또는 의식을 분리시켜 놓았다. 그들은 의식을, 즉 나에 대한 나의 절대적 확실성을 그것이 없으면 어떤 것도 존재하지 않을 조건으로서 나타내었고, 결합 작용을 결합된 것의 토대로서 나타내었다. 물론 이 결합 작용은 그것이 결합할 세계의 광경이 없다면 아무것도 아니다. 칸트에게서 의식의 통일성은 세계의 통일성과 엄밀히 동시적인 것이다. 또 데카르트에게서 방법적 회의는 우리에게서 아무것도 잃어버리지 않게 하는 것이다. 왜냐하면 적어도 우리가 경험한 것으로서의 세계 전체는 코기토에 재통합되고, 코기토와 함께 확실하며, 단지 〈…의 사유pensée de…〉의 표지標識가 붙어 있기 때문이다. 그러나 《IV 주체와 세계의 관계는 엄밀히 쌍방적이지 않다. 만약 그 관계가 쌍방적이라면, 데카르트에게서 세계의 확실성은 단번에 코기토의 확실성과 함께 주어질 것이고, 칸트는 〈코페르니쿠스적 전회〉에 대해 말하지 않았을 것이다. 반성적 분석은 우리의 세계 경험에서 출발하여 이 세계 경험과 구별되는 가능성의 조건으로서의 주체로 거슬러 올라가서, 그것이 없으면 세계가 존재하지 않는 것으로서 보편적 종합을 제시한다. 그런 만큼 반성적 분석은 우리의 경험에 밀착하기를 멈추고, [그 경험을] 보고하는(기술하는) 것 대신에 재구축하는 일reconstruction을 한다. 이런 점에서 후설이 칸트가 "영혼 능력들의 심리학주의"[5]를 채택했다고 비난할 수 있었던 점이 이해될 수 있고, 또 후설이 세계의 근거를 주체의 종합적 활동성에 두는 노에시스적 분석에 맞서, 대상에 머무르면서, 대상의 근원적 통일성을 산출하는 것이 아니라 해명하는 자신의 〈노에마적 반성〉을 내세울 수 있었던

---

5   "Psychologie der Seelenvermögen"[독역본], *Logische Untersuchungen, Prolegomena zur reinen Logik*, p. 93.

점도 이해될 수 있다.

세계는 내가 그것에 대해 할 수 있는 모든 분석에 앞서 거기에 있다. 또한 감각들을 연결하고 이어서 대상의 관점적 측면들을 연결하는 일련의 종합으로부터 세계를 도출하는 일은 인위적일 것이다. 감각들과 대상의 관점적 측면들은 분석의 산물에 불과하고, 분석 이전에는 현실적으로 있지 않아야 하기 때문이다. 반성적 분석은 선행하는 구성의 길과 반대 방향으로 향하면서, 성 아우구스티누스가 말한 〈내적 인간〉 속에서 항상 이 내적 인간이었던 그 구성하는 능력에 도달한다고 믿는다. 이처럼 반성은 존재와 시간에 이르기 이전의, 난공불락의invulnérable 주체성으로 자신을 옮겨와 거기에 다시 위치한다. 그러나 이것은 순진한 사유이거나, 아니면 자신의 출발점을 의식하지(자각하지) 못하는 불완전한 반성이라 할 수 있다. 나는 반성하기 시작했고, 내 반성은 비반성적인 것에 대한 반성이며, 내 반성은 사건으로서 자기 자신을 모를 수 없다. 따라서 내 반성은 진정한 창조로서, 의식 구조의 변화로서 그 자신에게 나타난다. 또한, 주체가 자기 자신에게 주어져 있으므로, 주체에 주어진 세계를 반성 자신의 활동 이전의 것으로 인식하는 것도 반성의 일에 속한다. 실재는 기술하는 것이지, 구축하거나contruire 구성하는 것constituer이 아니다. 이것은 내가 지각을 판단, 작용, 술어부여의 영역에 속하는 종합과 동일시해서는 안 된다는 것을 의미한다. 매 순간 내 지각장은 빛 반사들, 갑작스런 소리들, 곧 사라질 촉각적 인상들로 채워져 있다. 나는 그것들을 정확히 지각된 맥락에 연결시킬 수는 없지만, 그럼에도 나는 그것들을 단번에 세계에 두며, 전혀 내 꿈과 혼동하지 않는다. 《Ⅴ》 매 순간 또한 나는 사물들 주위에서 꿈을 꾸고, 그것들의 현존이 [지각적] 맥락과 양립할 수 있는 대상들이나 사람들을 상상하지만, 그것들은 세계와 어울리지 않으며, 세계 앞에, 상상의 무대에 있다. 만약 내 지각의 실재성이 단지 〈표상들〉의 내적 정합에 근거한다면, 이 실재성은 언제나 불확실해야 할 것이며, 또 나는 개연적인 추측에 의지해, 매 순간 착각적 종합을 해체하면서, 처음에 실재에서 배제했던 비정상적인 현상들을 실재에 다시 통합해야 할 것이다. 그러나 사실은 그렇지 않다. 실재는 견고한 직물이다. 실재는 매우 놀라운(의외적인) 현상들을 통합하거나 가장 있을 법한 우리의 상상들을 물리치려고 우리의 판단을 기다리지 않는다. 지각은 세계에 대한 하나의 과학이 아니고, 그것은 심지어 작용acte, 숙고된 입장 정립도 아니다. 지각은 모든 작용이 그 위에서 부각되어 나타나는 바탕이고, 그것들이 전제하는 것이다. 세계는 내가 그 구성의 법칙을 소유한 대상이 아니다. 그것은 내 모든 사유 및 모든 명시적 지각의 자연적 환경milieu이며 장champ이다. 진리는 "내적 인간"[6]에만 "거주하지" 않으며, 아니 정확히 말해 내적 인간은 없으며, 인간은 세계에 있고est au monde, 인간이 자신을 인식하는 것은 바로 세계 속에서이다. 내가 상식의 독단론이나 과학의 독단론에서 나에게로 되돌아올 때, 나는 내재적 진리의 근원이 아니라 세계에 내맡겨진voué 주체를 보게 된다.

**

[3. 현상학적 환원]

이상과 같은 사실에서 현상학적 환원의 진정한 의미를 볼 수 있을 것이다. 〈환원의 문제성〉은 후설의 미간행 문헌에서도 중요한 위치를 차지하기 때문에, 이 문제만큼 후설 자신이 이해하고자 오랜 시간을 보냈던 것

---

6   In te redi; in interiore homine habitat veritas-Saint Augustin(네 속으로 되돌아가라. 진리는 내적 인간 속에 거주한다-성 아우구스티누스). 역주) 잘 알려져 있듯이 이 문장은 후설의 『데카르트적 성찰』의 마지막 문장이다.

도, 그가 자주 다시 검토한 것도 아마 없을 것이다. 오랫동안 또 최근의 텍스트에서까지 환원은 초월론적 의식으로의 복귀로서 제시되고 있다. 이런 초월론적 의식 앞에서는 세계가 일련의 통각에 의해 어디에든 혼이 불어넣어진 채 절대적 투명성 속에서 펼쳐진다. 그리고 철학자는 이러한 통각들을 통각들의 결과로부터 거슬러 올라가 재구성하는 작업을 할 것이다. 그래서 붉은색의 내 감각은 감각된 어떤 붉은색의 나타남(현시)으로서 통각되고, 이 붉은색은 어떤 붉은 표면의 나타남으로서, 이 붉은 표면은 어떤 붉은 종이의 나타남으로서, 이 붉은 종이는 마침내 《VI》 어떤 붉은 사물, 즉 이 책의 나타남이나 윤곽으로서 통각된다. 따라서 이것은 높은 단계의 현상을 의미부여하는 것signifiant[7]으로서, 어떤 질료hylè에 대한 파악작용apprehension이 될 것이고, 의식의 정의가 될 의미작용signification의 능동적 활동, 즉 의미-부여Sinn-gebung가 될 것이다. 또 세계는 〈의미-세계signification monde〉와 다른 것이 아닐 것이며, 현상학적 환원은 초월론적 관념론의 의미에서의 관념론적인 것이 될 것이다. 이 초월론적 관념론은 세계를 폴과 피에르에게 공통적인 타당성의 통일성으로 다루며, 이 타당성의 통일성은 그 속에서 그들의 관점적 현상들perspectives이 서로 일치하는 것이고, 〈피에르의 의식〉과 〈폴의 의식〉을 소통하게 하는 것이다. 왜냐하면 〈피에르에 의한〉 세계의 지각은 피에르의 사실이 아니고, 〈폴에 의한〉 세계의 지각도 폴의 사실이 아니며, 그것들은 그들 각자 속에서 선인칭적인 의식들의 사실이고, 따라서 이런 의식들의 소통은 의식, 의미 또는 진리

---

7   역주) 우리는 "signifiant"을 지성론의 경우 "의미부여하는"으로, 메를로퐁티의 경우 "의미표현하는"으로, 또 "signification"을 지성론의 경우 "의미부여" 또는 "의미"로, 메를로퐁티의 경우 "의미표현" 또는 "실질의미"로 번역한다. 위 문장에서 "signification(의미부여)"은 "Sinn-gebung(의미부여)"과 반복되어 "의미작용"으로 번역하였다. "signification(실질의미)"과 관련하여, 본서 57쪽 역주 참조.

의 정의 자체에 의해 요구되어서 아무런 문제가 되지 않기 때문이다. 내가 의식인 한, 다시 말해 어떤 것이 나에게 의미가 있는 한, 나는 여기에도 저기에도 있지 않고, 피에르도 폴도 아니며, 나는 어떤 점에서도 〈다른〉 의식과 구분되지 않는다. 왜냐하면 우리 모두는 세계에 직접적으로 현전하는 것이기 때문이고, 이 세계는 진리의 체계로서 정의상 유일한 것이기 때문이다. 일관성 있는 초월론적 관념론은 세계에서 그 불투명성과 초월성을 제거한다. 세계는 우리가 표상하는 것 자체이지만, 그것은 우리가 인간이나 경험적 주체로서가 아니라, 우리 모두가 하나의 빛인 한에서, 우리가 그 통일성을 파괴하지 않고 일자一者, Un에 참여하는 한에서이다. 반성적 분석은 세계의 문제와 마찬가지로 타인의 문제를 알지 못한다. 왜냐하면 반성적 분석은 의식의 여명黎明의 시작과 함께, 권리상의 보편적 진리로 나아가는 능력을 자아 속에 출현케 하기 때문이고, 다른 사람 역시 이것임(개체원리eccéité)도 장소도 몸도 없으므로, 타자Alter와 자아Ego는 정신들을 연결하는 진리의 세계에서 동일한 하나가 되기 때문이다. 어떻게 나(자아)가 타인을 사유하는지를 이해하는 데는 아무런 어려움이 없다. 왜냐하면 나와 결국 다른 사람은 현상의 직물 속에 포착되지 않고, 그들은 실존한다기보다는 오히려 타당하기 때문이다. 이 얼굴과 이 몸짓 뒤에 숨겨진 것은 아무것도 없고, 나에게 접근 불가능한 광경도 없으며, 단지 약간의 그림자가 있지만 그것도 빛에 의해 존재하는 것이다.

　¶ 이와 달리 후설에서는 주지하듯이 타인의 문제가 존재하며, 타아는 하나의 역설(패러독스)이다. 정말로 타인이 나에게서의 그의 존재를 넘어 그 자신에게(대자적으로) 있다면, 또 우리가 우리 서로에 대해 있는 것이지 신에 대해 있는 것이 아니라면, 우리는 우리 서로에게 나타나야 하고, 그와 나는 외부를 가져야 한다. 또한 대자의 관점적 현상 저 너머에, 즉 나에 대한 나의 시각(관점)과 타인 자신에 대한 타인의 시각(관점) 저 너머에, 《VII》

대타의 관점적 현상도, 즉 타인에 대한 나의 시각(관점)과 나에 대한 타인의 시각(관점)도 있어야 한다. 물론 이 두 관점적 현상은 우리 각자 속에 단순히 병치되어 놓일 수 없다. 왜냐하면 그렇게 놓여 있다면, 타인이 보게 될 것은 내가 아니고, 내가 보게 될 것은 타인이 아니기 때문이다. 나는 나의 외부여야 하고, 타인의 몸은 타인 그 자신이어야 한다. 이러한 역설, 이러한 자아와 타자의 변증법은 자아와 타아가 그들의 상황에 규정되어 그 어떤 속해 있음inhérence으로부터 해방되어 있지 않을 때만 가능하다. 즉 그것은 철학이 자아로의 복귀함에 의해 완수되지 않을 때만 가능하고, 또 내가 반성을 통해 나 자신에 대한 나의 현전뿐 아니라 〈외부 관객spectateur étranger〉의 현전을 발견할 때만 가능하다. 다시 말해 그것은 내가 내 실존을 체험하는 바로 그 순간에, 그리고 반성의 극점에 이르는 순간에도, 나를 시간에서 벗어나게 하는 절대적 밀도를 여전히 내가 갖지 않을 때만 가능하다. 또 나를 절대적 의미의 개체가 되지 않게 하는 일종의 내적인 연약함을, 즉 인간들 중 한 인간으로, 적어도 의식들 중 한 의식으로 나를 다른 사람들의 시선에 노출시키는 그런 내적인 연약함을 내가 내 속에서 발견할 때만 가능하다. 코기토는 오늘날까지 타인의 지각을 평가 절하했고, 또 나(자아)를 그 자신에게서만 접근 가능한 것이라고 내게 가르쳤다. 왜냐하면 코기토는 내가 나 자신에 대해 갖는 사유를 통해, 그리고 적어도 궁극적 의미에서는 명백히 나만이 나 자신에 대해 갖는 사유를 통해 나를 정의하였기 때문이다. 〈타인〉이 공허한 말이 되지 않으려면, 내 실존은 내가 내 실존에 대해 갖는 의식으로 결코 환원되지 말아야 하고, 그것은 내 실존에 대해 누군가(익명적 사람)가 가질 수 있는 의식을 또한 포함해야 하고, 따라서 자연 속에의 나의 육화와 적어도 역사적 상황의 가능성을 포함해야 한다. 코기토는 나를 상황 속에서 발견해야만 한다. 그리고 바로 이런 조건에서만, 초월론적 주체성은 후설이 말하듯이[8] 상호주체성일 수 있다. 분명히 나는 사물의 방식으로 실존하지 않기 때문에, 성찰하는 **자아**로서 나는 나를 세계 및 사물과 정말로 구별할 수 있다. 나는 사물들 속의 한 사물로 이해된 몸, 물리-화학적 과정의 모임으로 이해된 몸을 내게서 떼어 놓는 일마저 해야 한다. 그러나 내가 이처럼 발견한 사유cogitatio는 객관적인 시간과 공간 속에 위치하지 않는다 해도, 현상학적 세계 속에 자리하지 않는 것은 아니다. 나는 세계를 사물들의 전체 또는 인과관계로 연결된 과정들의 전체로서 나와 구별했었는데, 나는 〈내 속에서〉 그 세계를 내 모든 사유들의 항구적인 지평으로서, 또 《VIII》 내가 끊임없이 자리하는me situer 차원dimension으로서 다시 발견한다. 진정한 코기토는 주체의 실존을 주체가 그의 실존에 대해 갖는 사유에 의해 정의하지 않고, 세계의 확실성을 세계에 대한 사유의 확실성으로 전환하지 않으며, 결국 세계 자체를 의미signification-세계로 대체하지 않는다. 오히려 그것은 내 사유 자체를 없앨 수 없는 하나의 사실fait 로서 인식하고, 나를 〈세계에 있는 존재〉[9]로 드러냄으로써 모든 종류의 관념론을 제거하는 것이다.

우리는 처음부터 끝까지 세계와 관계하고 있기 때문에, 우리가 이와 같이 세계와 관계함을 알아차리는 유일한 방법은 [세계와 관계하는] 이 운동을 멈추는 것이고, 이 운동에 가담하지 않는 것이며 (후설이 종종 말하듯 참여하지 않고ohne mitzumachen 이 운동을 바라보는 것이고), 또는 이 운동이 작동되지 않게 하는 것이다. 이렇게 하는 것은 상식과 자연적 태도의 확실성을 단념하기 때문이 아니다 —오히려 이 확실성은 철학의 항구적 주제이다. 그와 달리 그것은 바로 모든 사유의 전제로서의 이 확실성이 〈당연한 것으로 여

---

8   *Die Krisis der europäischen Wissenschaften und die transzendentale Phänomenologie*, III (미간행 원고).

9   역주) 본서 179쪽의 역주 참조.

겨져서〉 주목되지 않은 채 지나가기 때문이고, 또 확실성을 일깨우고 나타나게 하려면 우리는 잠시 이 확실성으로부터 떨어져 있어야 하기 때문이다. 아마도 환원에 대한 가장 좋은 정식은 후설의 조교였던 오이겐 핑크 Eugen Fink가 세계 앞에서의 "경이étonnement"를 말했을 때[10] 제시한 것이 될 것이다. 반성은 세계의 토대로서의 의식의 통일성으로 향하기 위해 세계로부터 물러나는 것이 아니다. 그것은 초월들이 솟아오름을 보기 위해 물러서는(거리를 두는) 것이고, 우리와 세계를 묶는 지향적 끈이 나타나 보이도록 그 끈을 느슨하게 하는 것이다. 반성은 세계를 낯설고étrange 역설적인 것으로 드러내 주기 때문에, 반성만이 세계의 의식이다. 후설의 초월론적인 것은 칸트의 초월론적인 것이 아니며, 후설은 칸트의 철학을 〈세속적인mondaine〉[11] 철학이라고 비난한다. 왜냐하면 칸트의 철학은 우리와 세계의 관계를 초월론적 연역의 원동력으로 이용하여, 세계를 주체에 내재하는 것으로 만들면서, 세계에 대한 경이로움도 없고 주체를 세계로 향한 초월로서 이해하지도 않기 때문이다. 후설에 대해 후설 해석자들, 〈실존주의적〉 반대자(이설자)들, 결국 후설 자신도 갖는 모든 오해는, 세계를 바라보고 세계를 역설로서 파악하기 위해서는 우리와 세계의 친밀성을 단절해야 한다는 사실에서, 그리고 이 단절은 세계의 부추김 없는(이유 없는) 용출만을 우리에게 알려 준다는 사실에서 비롯된다. 환원의 가장 큰 가르침은 완전한 환원이 불가능하다는 것이다. 이 때문에 후설은 끊임없이 재차 환원의 가능성을 물었던 것이다. 만약 우리가 절대정신이라면, 환원은 문제가 되지 않을 것이다. 《IX》 그러나 이와 반대로 우리는 세계에 있기 때문에, 심

---

10 "Erstaunen"[독역본], *Die phänomenologische Philosophie Edmund Husserls in der gegenwärtigen Kritik*, p. 331과 그 이하.

11 역주) 본서 101쪽 주석의 서지사항 참조.

지어 우리의 반성도 그것이 포착하려고 하는 시간적 흐름 속에 자리하기 때문에 (우리의 반성은 후설이 말하듯이 그 자신을 [시간적 흐름 속에] 흘러들어 가게 하기sich einströmen 때문에), 우리의 사유 전체를 포괄하는 사유는 없다. 철학자는 [후설의] 미간행 원고가 말해 주듯이, 영원한 초보자이다. 이 말이 의미하는 것은, 철학자는 세상 사람들이나 과학자들이 안다고 믿는 것에 대해 그 어떤 것도 확립된 것으로 간주하지 않는다는 것이다. 이 말은 또한 철학이 진리라고 말할 수 있었던 것과 관련하여 그 자신이 확립된 것으로 간주하지 말아야 하는 것을 의미한다. 그것은 또한 철학은 그 자신이 다시 시작함으로써 항상 새로워진 경험이라는 것, 전적으로 철학이란 이 시작을 기술하는 것임을 의미한다. 그리고 끝으로 철저한(근본적인radicale) 반성은 반성의 출발 상황이고, 항상적 상황이며, 종국의 상황인 비반성적 삶에 반성 스스로가 의존함을 의식하고 있다는 것을 의미한다. 일반적으로 생각하듯 현상학적 환원은 관념론적 철학의 방법과는 거리가 먼, 실존철학의 방법이다. 하이데거의 〈세계-내-존재In-der-Welt-Sein〉는 현상학적 환원을 토대로 해서만 나타난다.

*
* *

[4. 형상적 환원]

동일한 종류의 오해로 인해 후설의 〈본질〉 개념은 혼란스럽게 된다. 후설에 따르면, 모든 환원은 초월론적임과 동시에 필연적으로 형상적이다. 이것이 의미하는 것은, 우리가 세계에 대한 우리의 지각을 철학적 시선에 놓을 수 있기 위해서는, 세계에 대한 [지각적] 정립과 하나가 됨을, 즉 우리를 규정하는 세계에 대한 관심과 하나가 됨을 멈추어야 한다는 것이고, 우리의 구속(참여engagement) 그 자체가 광경으로서 나타나도록 우리가 우리의 구속(참여)에 이르지 않은 상태로 물러서야 한다는 것이며, 또 우리의 실존의 사실fait에서 우리의 실존의 본성nature으로, 현존재Dasein에서 본질 Wesen로 이행해야 한다는 것이다. 그러나 여기서 본질은 목표가 아니라 수 단이라는 점, 또 우리가 세계에 실제 구속(참여)됨은 다른 것이 아니라 이 해하여 개념에 이르러야 할 것, 우리의 모든 개념적 결정을 극極으로 모으 는 것이라는 점은 명백하다. 철학이 본질을 통해 나아가야 하는 필연성은, 철학이 본질을 대상으로 삼는다는 것을 의미하지 않는다. 오히려 그것은 우리의 실존이 너무나 가까이 세계에 사로잡혀 있어, 세계에 던져진 순간 에 자신을 그대로 인식할 수 없다는 것과, 자신의 사실성을 인식하고 획득 하려면 관념성(이념성)의 장을 필요로 한다는 것을 의미한다.

¶ 잘 알려진 것처럼 빈학파Ecole de Vienne는 우리가 의미들significations하 고만 관계할 수 있다는 사실을 결정적인 것으로 받아들인다. 예를 들어 빈 학파에서 〈의식〉은 정확히 우리 자신과 동일하지 않다. 그것은 나중에 형 성된 복잡한 의미signification로서, 우리가 ⟪X⟫ 그 낱말의 의미론적 전개 과정 에서 그 의미를 결정하는 데 기여한 수많은 의미들significations을 해명한 이 후에만 비로소 신중히 이용해야 하는 것이다. 이러한 논리 실증주의는 후 설의 사유와 정반대이다. 종국적으로 언어의 습득물로서 〈의식〉이라는 낱 말과 개념을 우리에게 가져다주었던 의미sens의 변천이 어떠하든, 우리에 게는 그 낱말이 가리키는 것에 직접 접근하는 수단이 있고, 우리 자신의 경 험, 우리 자신인 이러한 의식의 경험이 있다. 그리고 바로 이러한 경험 위 에서 언어의 모든 의미들significations이 측정되는 것이고, 또 이 경험은 언어 가 우리에게서 무엇인가를 의미하게 하는 것이다. "그것은 … 여전히 무언 無言의 경험이며, 그 자체의 의미sens를 순수 표현으로 가져와야 하는 것이 다."[12] 그물이 바다 밑에서 파닥거리는 물고기와 해조류를 끌어올리듯이, 후설의 본질은 본질 자체와 함께 경험의 모든 생생한 관계를 가져와야 한

다. 그러므로 장 발J. Wahl처럼 "후설이 본질을 실존에서 분리한다"[13]고 말하지 말아야 한다. 분리된 본질은 언어의 본질이다. 본질을 분리하여 존재케 하는 것은 언어의 기능이지만, 이러한 분리는 사실 외관상 그렇게 보일 뿐이다. 왜냐하면 본질은 언어를 통해 여전히 의식의 선술어적인 삶에 의존하기 때문이다. 원초적인 의식의 침묵 속에서, 말이 말하고자 하는 것뿐만 아니라 사물이 말하고자 하는 것이 나타남을, 즉 그 주위에서 명명 및 표현 행위들이 조직되는 일차적인 실질의미(의미표현)의 핵이 나타남을 볼 수 있다.

그러므로 의식의 본질을 찾는 것은, 의식이라는 낱말의 의미Wortbedeutung를 전개하여, 실존에서 벗어나 말해진 사물들의 우주로 이행하는 것이 되지 않을 것이다. 그것은 나에 대한 나의 실제적 현전을, 즉 의식이라는 낱말과 개념이 결국 의미하는 것인 내 의식의 사실을 재발견하는 것이 될 것이다. 세계의 본질을 찾는 것은, 일단 우리가 세계를 논의 주제로 만든 후에, 세계가 관념으로 있는 것을 찾는 것이 아니다. 그것은 모든 주제화 이전에 세계가 우리에게 사실적으로en fait 있는 것을 찾는 것이다. 감각론sensualisme은 우리가 결국 우리 자신의 상태들밖에 갖지 못한다고 언급함으로써 세계를 〈환원한다〉. 초월론적 관념론 또한 세계를 〈환원한다〉. 왜냐하면 초월론적 관념론이 세계를 확실한 것으로 만들 때, 그것은 세계를 세계의 사유나 의식으로 또 우리의 인식의 단순 상관자로 간주하여 만드는 것이고, 그 결과 세계는 의식에 내재하는 것이 되고, 그로 인해 사물들의 자기원리성(자기존재성aséité)이 제거되기 때문이다. 이와 달리 형상적 환원

---

[12] *Méditations cartésiennes*, p. 33[*Cartesianische Meditationen*, S. 77[독역본]]. 역주) 메를로퐁티가 인용한 문장에서 "그것"은 여기와 달리 원문에서 "출발점"을 의미한다. 즉 "그것(출발점)은 (…) 여전히 무언의 경험이며, … 하는 것이다."

[13] *Réalisme, dialectique et mystère*, l'Arbalète, Automne, 1942, 쪽수 표기 없음.

은 《XI》 우리 자신으로의 모든 복귀 이전에 존재하는 그대로의 세계를 나타나게 하려는 결심이고, 반성을 비반성적 삶과 일치시키려는 야심이다. 나는 세계를 겨냥하고 지각한다. 만약 내가 감각론과 마찬가지로 여기에는 〈의식의 상태들〉만 있다고 말한다면, 만약 내가 내 지각과 꿈을 몇몇 〈기준들〉로 구별하고자 시도한다면, 나는 세계의 현상을 놓치게 될 것이다. 왜냐하면 내가 〈꿈〉과 〈실재성〉에 대해 말할 수 있고, 상상과 실재가 어떻게 구분되는지를 물을 수 있으며, 또 〈실재〉를 의심할 수 있는 것은, 이러한 구분이 이미 나에게 분석 이전에 이루어져 있기 때문이고, 내가 상상과 마찬가지로 실재의 경험을 가지고 있기 때문이다. 따라서 문제는 어떻게 비판적 사유가 이 구분에 대응하는 이차적 등가물을 그 자신에게 부여할 수 있는지를 탐구하는 것이 아니다. 그것은 〈실재〉에 대한 일차적인 우리의 앎을 밝히는 것이고, 언제나 진리에 대한 우리의 관념의 토대를 짓는 것으로서의 세계의 지각을 기술하는 것이다.

¶ 따라서 우리가 세계를 정말로 지각하는지를 묻지 말아야 한다. 반대로 세계는 우리가 지각하는 것이라고 말해야 한다. 더 일반적으로 말해, 우리에게 나타난 명증들évidences이 정말로 진리들인지를, 혹은 우리에게서 명증적인 것이 정신의 오류 때문에 어떤 즉자적 진리에 대한 착각이 아닌지를 묻지 말아야 한다. 왜냐하면 우리가 착각에 대해 이야기하는 것은, 우리가 이미 착각을 식별하기 때문이고, 우리의 이런 착각의 식별은 동시에 자신을 진리로서 증언하는 지각의 이름으로만 이뤄질 수 있기 때문이다. 따라서 의심하거나 오류를 범할까 걱정하는 것은 동시에 오류를 발견하는 우리의 능력을 나타내기 때문에, 우리를 진리로부터 떼어 놓을 수 없을 것이다. 우리는 진리 안에 있으며, 명증은 "진리의 경험l'expérience de la vérité"[14]

---

[14] Das Erlebnis der Wahrheit (*Logische Untersuchungen*, *Prolegomena zur reinen Logik*, p. 190).

이다. 지각의 본질을 찾는 것은, 지각이 진리로 가정되지 않고, 우리에게서 진리에의 접근으로 정의된다고 선언하는 것이다. 만약 지금 내가 관념론처럼 이 사실상의 명증, 이 저항할 수 없는 믿음을 절대적 명증에, 즉 나에 대한 내 사유의 절대적 명석함에 토대하게 한다면, 만약 내가 세계의 골조를 이루거나 세계를 완전히 해명하는, 자연화하는(능산적인naturante) 사유를 내 속에서 다시 발견하고자 한다면, 나는 다시 한 번 나의 세계 경험에 충실하지 않게 될 것이고, 나는 이 세계 경험이 무엇인지를 찾는 것이 아니라 그것을 가능케 하는 것을 찾게 될 것이다. 지각의 명증은 충전적adéquate 사유나 필증적apodictique 명증이 아니다.[15] 《XII》세계는 내가 사유하는 것이 아니라, 내가 사는(체험하는) 것이다. 나는 세계에 열려 있고, 나는 의심의 여지 없이 세계와 소통한다. 그러나 나는 세계를 소유하지 않으며, 세계는 길어 내어 고갈시킬 수 없다. 내 삶은 항상 〈하나의 세계가 있다〉, 아니 오히려 〈그 세계가 있다〉고 주장하지만, 나는 이 주장의 근거를 완전히 제시할 수 없다. 세계의 이런 사실성은 *세계의 세계성Weltlichkeit der Welt*을 형성하는 것이고, 세계가 세계이도록 만드는 것이다. 이것은 마치 코기토의 사실성이 코기토의 불완전성을 의미하는 것이 아니라, 오히려 내 실존의 확실성을 내게 주는 것과 같다. 형상적 방법은 가능적인 것을 실재에 토대하게 하는 현상학적 실증주의의 방법이다.

*

[5. 지향성]

이제 우리는 지향성 개념에 이를 수 있다. 지향성 개념은 현상학의 주

---

[15] *Formale und transzendentale Logik*, p. 142에 따르면, 본질적으로는 필증적 명증은 없다.

요 발견으로서 너무나 자주 인용되었지만, 실제로는 환원을 통해서만 이해될 수 있다. "모든 의식은 무엇에 대한 의식이다"라는 것은 새로운 것이 아니다. 칸트는 「관념론 논박」[16]에서, 내적 지각은 외적 지각이 없으면 불가능하다는 것, 세계는 현상들의 연쇄로서 나의 통일성의 의식에서 예상되어 있고, 내게 있어 나를 의식으로 실현할 수단이라는 것을 보여 주었다. 지향성이 가능적 대상에 대한 칸트적 관계와 구분되는 점은, 세계의 통일성이 명시적 동일화identification 작용을 통한 인식에 의해 정립되기 이전에, 이미 이루어지거나 이미 거기에 있는 것으로 체험된다는 것이다. 칸트 자신은 『판단력비판』에서, 상상력과 지성의 통일성, 그리고 대상에 앞선 주체들의 통일성을 보여 준다. 또한 그는 내가 예컨대 미적 체험에서 그 자체는 개념이 아닌, 감각적인(감성적인) 것과 개념의 일치, 나와 타인의 일치를 체험하고 있음을 보여 준다. 여기서 더 이상 주체는 엄밀히 연결된 대상들의 체계의 보편적 사유자가 아니며, 또한 주체가 세계를 형성하지 않을 수 없다고 해도, 그것은 여럿(다양)을 지성의 법칙에 종속시키는 정립의 능력이 아니다. 오히려 그것은 자신이 지성의 법칙에 스스로가 부합하는 자연임을 발견하고 그런 자신을 향유한다. 그러나 주체에 자연이 있다면, 상상력의 숨겨진 기술art caché[17]은 범주 활동을 조건 지어야 한다. 그래서 더 이상 미적 판단력뿐만 아니라, 인식도 이 숨겨진 기술에 근거하고, 의식의 통일성과 의식들의 통일성도 바로 이 숨겨진 기술에 토대하게 된다.

¶ 후설은 의식의 목적론을 말할 때, 『판단력비판』의 입장을 취한다. 그것은 인간적 의식의 목적을 외부에서 부여하는 절대적 사유를 인간적 의

---

16   역주) 『순수이성비판』 B274-B279 참조.
17   역주) 칸트의 표현이다(본서 131쪽 역주 참조). 메를로퐁티는 본문 759쪽에서 이 표현을 사용하여 지성적 인식 이전의 지각적 활동 또는 "작동하는 지향성"을 나타낸다.

식에 덧대는 문제가 아니다. 그것은 《XIII》 세계의 던짐projet으로서의 의식 자체, 그 자신이 포함하지도 소유하지도 못하지만 끊임없이 향하는 세계에 운명 지어진 그런 의식 자체를 인식하는 문제이다. 또한 그것은 선객관적인 개체로서의 세계, 저항할 수 없는 그 통일성이 의식에 목표(목적)를 제시하는(규정하는) 그런 세계를 인식하는 문제이다. 이 때문에 후설은 작용의 지향성intentionnalité d'acte과 작동하는 지향성intentionnalité opérante(*fungierende Intentionalität*)[18]을 구별한다. 전자는 우리의 판단 및 의지적 입장 정립의 지향성, 『순수이성비판』이 말했던 유일한 지향성이다. 후자는 세계와 우리 삶의 자연적·선술어적인 통일성을 형성하는 지향성이고, 객관적 인식에서보다 우리의 욕망, 우리의 가치평가, 우리가 보는 풍경에서 더 분명히 나타나며, 우리의 인식이 정확한 언어로 번역하고자 하는 텍스트(원본)를 제공한다. [우리의] 세계와의 관계는 우리 속에서 끊임없이 드러나며, 분석을 통해 더 명료하게 할 수 있는 것이 아니다. 즉 철학은 그런 관계를 우리 시선에 다시 두어, 그것을 우리가 확인하도록 제시할 뿐이다.

이처럼 확장된 지향성 개념에 의해 현상학적인 〈이해compréhension〉는 〈진리와 불변이라는 본성들〉로 국한되는 고전적인 〈지적 작용intellection〉과 구별되며, 현상학은 발생genèse의 현상학이 될 수 있다. 지각된 사물이든, 역사적 사건이든, 어떤 학설이든, 이러한 것들을 〈이해한다〉는 것은 그 총

---

18 역주) 이 용어는 본문 740쪽과 759쪽에 다시 등장한다. 메를로퐁티는 본문 740쪽 각주에 이 용어와 관련한 후설과 핑크(E. Fink) 저서들의 서지사항을 제시하지만, "fungierende Intentionalität"라는 용어 자체는 핑크의 글("Das Problem der Phänomenologie Edmund Husserls", p. 266)에만 보인다. 그런데 일역자(나카지마)에 따르면, "fungierende Intentionalität"라는 표현은 *Husserliana VI*(『위기』), 212-213, 265쪽에서 볼 수 있다(일역본, 815쪽, 역주 7). 정확히는, 『위기』 212-213쪽에 "fungierende Intentionalität"라는 표현이 있고, 265쪽에 "fungierende Intentionalität"와 유사한 "fungierende Subjekte"와 "fungierende Subjektivität"라는 표현이 있다.

체적인 지향을 다시 파악하는 것이다. 다시 말해 그것들이 표상에 대해 있는 것, 즉 지각된 사물의 〈속성들〉, 무수한 〈역사적 사실들〉, 그 학설이 도입한 〈관념들〉뿐 아니라, 조약돌이나 유리나 밀랍 조각의 속성들 속에서, 혁명의 모든 사실들 속에서, 철학자의 모든 사유들 속에서 표현되는 유일무이한 실존하는 방식을 다시 파악하는 것이다. 문제는 각각의 문명에서 헤겔적인 의미의 **이념**을 재발견하는 것이다. 다시 말해 그것은 객관적 사유로 접근 가능한 물리적-수학적 유형의 법칙이 아니라, 타인, **자연**, 시간, 죽음에 대한 유일무이한 행동comportement[19]의 양식(방식)을, 즉 역사가가 다시 잡아(파악하여) 자기 것으로 만들 수 있어야 하는 세계를 행태화en forme 하는 어떤 방식을 재발견하는 것이다. 이것이 바로 역사의 차원들dimensions 이다. 역사의 차원들과 관계하여, 실질의미를 지니지 않는 어떤 말도 어떤 인간의 몸짓도 없으며, 그것은 심지어 그 말과 몸짓이 습관적이거나 건성적일 때에도 마찬가지이다. 나는 피곤했기 때문에 아무 말도 안 했다고 생각했고, 어떤 장관은 단지 임시변통적인 말을 했다고 생각했지만, 내 침묵과 그의 말은 갑자기 의미를 띠기 시작한다. 왜냐하면 내가 피곤해하거나 그가 관례적인 표현에 의존함은 우연적인 것이 아니라, 어떠한 무관심을 나타내며, 따라서 여전히 상황에 대한 어떠한 입장을 나타내기 때문이다. 《XIV》

  ¶ 어떤 사건을 겪고 있을 때 그것을 가까이서 살펴보면, 모든 것이 우연히 생기는 것 같다. 즉 그 어떤 사람의 야망, 그 어떤 절호의 만남, 그 어떤 국소적인 상황이 결정적인 것으로 보인다. 그러나 이 우연들이 서로를 상쇄하여(보완하여), 갑자기 이 여러 사실이 응집하면서, 인간적 상황에 대해

---

19   역주) 본서 61쪽 역주 참조. 우리는 "comportement"만 〈행동〉으로 옮기고, "action", "conduite" 등은 〈행위〉, 〈행위방식〉 등으로 옮길 것이다.

입장을 형성하는 어떤 방식이, 즉 윤곽이 뚜렷해지고 그에 대해 말할 수 있는 한 사건이 드러난다. 역사는 이데올로기에 입각해서 이해해야 하는가, 아니면 정치에 입각해서, 아니면 종교에 입각해서, 아니면 경제에 입각해서 이해해야 하는가? 하나의 학설은 그 드러난 내용을 통해 이해해야 하는가, 아니면 저자에 대한 심리학적 이해와 그의 삶에 나타난 사건들을 통해 이해해야 하는가? 우리는 모든 방법을 통해 동시에 이해해야 하며, 모든 것은 의미를 지니고, 우리는 모든 관계 속에서 동일한 존재 구조를 발견한다. 이러한 모든 시각(관점)을 우리가 고립시키지 않는다면, 우리가 역사의 심층부까지 간다면, 또 우리가 각각의 관점적 현상에서 명시화되는(펼쳐지는) 실존적 실질의미(의미표현)의 단일(공통의) 핵에 이른다면, 그 시각(관점)들은 모두 참된 것이다. 마르크스의 말처럼 역사는 머리로 걷지 않는다는 것이 사실이지만, 또한 역사가 발로 사유하지 않는다는 것도 사실이다. 아니 오히려 우리는 역사의 〈머리〉와 〈발〉이 아니라, 역사의 몸 전체를 문제삼아야 한다. 사유하는 자는 다른 것이 아닌 그 자신에 입각해서만 사유하기 때문에, 한 학설의 모든 경제학적인 설명들, 심리학적인 설명들은 참이다. 한 학설에 대한 반성도 그 학설의 역사와 외적인 설명들과 결합하여, 그 원인들과 학설의 의미를 실존의 구조에 성공적으로 다시 위치시킴으로써만 총체적일(완전할) 것이다. 후설의 말처럼 "의미의 발생(Sinngenesis)"[20]이 있으며, 이것에 의해서만 결국 학설이 〈의미하는〉 바가 우리에게 알려진다. 이해와 마찬가지로 비판은 모든 측면에서 계속되어야 할 것이다. 물론 한 학설을 논박하기 위해, 그 학설을 저자의 삶 속의 어떠한 우연적 사건과 연결시키는 것으로 만족할 수 없을 것이다. 즉 그 학설은 그 이상을

---

20   이 용어는 미간행 원고에서 사용되고 있다. 이러한 생각은 이미 다음의 책에서 발견된다. *Formale und transzendentale Logik*, p. 184과 그 이하.

의미하며, 실존에서건 함께-실존함coexistence에서건 순수 우연적 사건은 없다. 왜냐하면 실존과 함께-실존함은 모두 우연들을 자기 것으로 만들어서, 그것들을 합리적인 것[21]으로 만들기 때문이다. 마지막으로 역사는 현재 속에서 분리될 수 없는 것처럼, 계기함에 있어서도 분리될 수 없다. 역사의 근본적 차원들에서 볼 때, 모든 역사적 시기들은 하나의 실존의 여러 현시로 혹은 하나의 드라마 ―우리는 이 드라마의 대단원이 있는지를 알지 못한다― 의 여러 에피소드로 나타난다. 우리가 세계에 있기(세계로 향하기) 때문에, 우리는 의미에 처하도록 선고받았고, 《XV》 우리가 행하고 말할 수 있는 어떤 것도 역사 속에서 이름을 얻지 않는 것은 없다.

*
**

[6. 현상학의 귀결: 합리성, 세계, 철학]

현상학의 가장 중요한 성과는 아마도 극단적 주관주의와 극단적 객관주의를 현상학의 세계나 합리성의 개념 속에서 결합시켰다는 점이다. 합리성은 그것이 드러나는 경험들에 따라 정확히 그 크기가 정해진다. 전적이지 않은de 합리성이 있다는 것은 관점적 현상들이 서로 교차하고, 지각들이 서로 확인하며, 하나의 의미가 출현한다는 것이다. 그러나 이 의미는 따로 정립되어, 절대정신이나 실재론적인 의미에서의 세계로 변형되지 말아야 한다. 현상학적 세계는 순수한 존재가 아니라, 내 경험들이 서로 교차하고, 내 경험들과 타인의 경험들이 서로 맞물려 교차함으로써 드러나는 의미이다. 따라서 주체성과 상호주체성은 분리할 수 없다. 그것들은 내 현

---

21   역주) 번역이 어색하여 "전적이지 않은(de)"이란 말을 생략했다. 즉 정확한 의미는 "전적이지 않은(de) 합리적인 것"이다.

재의 경험이 과거의 경험을 다시 잡고(계승하고), 내 경험이 타인의 경험을 다시 잡음으로써 통일성을 형성한다. 이제 처음으로 철학자의 성찰은 충분한 의식에 도달하여, 자신의 성찰 자체의 결과를 이미 세계 속에 또 성찰 이전에 실현된 것으로 만들지 않는다. 철학자는 세계, 타인, 자기 자신을 사유하고자 또 이것들의 관계를 이해하고자 시도한다. 그러나 성찰하는 자아, "공평무사한 관찰자spectateur impartial(*uninteressierter Zuschauer*)"[22]는 이미 주어져 있는 합리성을 재발견하지 않는다. 이 자아와 관찰자는 어떠한 주창(제안)을 통해 "자신을 확립하고s'établissent"[23] 또 합리성을 확립하지만, 이 주창은 존재 속에 미리 보증되어 있지 않고, 주창의 정당성도 그것이 우리에게 부여한 역사를 떠맡는 실제 능력에 전적으로 의존한다.

¶ 현상학적 세계는 선재하는 어떤 존재를 명백히 드러내는 것이 아니라, 존재를 창설하는 것fondation이고, 철학은 선재하는 어떤 진리의 반영이 아니라, 예술과 마찬가지로 진리의 실현이다. 혹자는 어떻게 이러한 실현이 가능한지를, 또 이 실현이 사물들 속에 미리 존재하는 이성과 만나는 것은 아닌지를 물을 것이다. 그러나 미리 존재하는 유일한 로고스는 세계 자체이며, 이 세계를 명시적 실존으로 데려가는 철학은 가능적 존재에서 시작하지 않는다. 즉 철학은 그것이 속하는 세계와 마찬가지로 현실적이거나 실제적이다. 그리고 어떠한 설명적 가설도 우리가 미완성된 이 세계를 다시 잡아(파악하여) 총체화하고 사유하려고 시도하는 이 행위 자체보다도 더 명료할 수는 없다. 합리성은 하나의 문제[24]가 아니다. 우리가 합리성에서 출발하여 그 배후에 알려지지 않은 것으로서 연역적으로 규정하거나 《XVI》 귀납적으로 증명해야 할 것은 없다. 즉 우리는 경험들의 연결이라

22   VIe *Méditation cartésienne*(미간행).
23   *Ibid.*
24   역주) 다음 "신비"의 역주 참조.

는 기적을 매 순간 목격한다. 그리고 우리가 바로 이 관계들의 매듭이기 때문에, 이 기적이 어떻게 생기는지를 우리보다도 더 잘 아는 사람은 없다. 세계와 이성은 문제를 만들지 않는다. 이렇게 말해도 좋다면, 그것들은 신비적이다. 그러나 이 신비mystère[25]는 그것들을 규정한다. 이 신비를 어떤 〈해답〉으로 없애는 것은 잘못된 일일 것이며, 그것은 모든 해답 이전에 있는 것이다. 진정한 철학은 세계를 보는 법을 다시 배우는 것이다. 그리고 이런 의미에서 이야기 방식의 역사는 철학 논문만큼이나 〈깊이〉 있게 세계를 의미표현할 수 있다. 우리는 우리의 운명을 손에 쥐고, 반성에 의해서만이 아니라 우리의 삶을 거는 결단을 통해 우리의 역사를 책임진다. 그리고 이 두 경우에서 스스로를 실행함으로써 스스로를 입증하는 격렬한 행위가 일어난다.

현상학은 세계를 드러내는 활동으로서 그 자신에 토대하거나 그 자신에게 토대를 준다.[26] 모든 인식은 공리의 〈지반sol〉에 의존하고, 결국에는

---

25   역주) 마르셀(G. Marcel)의 표현으로 보인다. 메를로퐁티는 1959년 「실존의 철학」 강연에서 마르셀의 "문제"와 "신비"를 다음과 같이 설명한다. "마르셀은 말하길, 철학은 다른 종류의 학문과 구별되는 특성을 제시하고, 그것은 신비와 관계하지, 문제와 관계하지 않는다. … 문제라고 하는 것은 내가 제기하는 질문이고, 이 질문은 내게 **외적으로** 있는 여러 주어진 것을 고찰함으로써 해결하는 것이다. 예를 들어, 나는 다리를 어떻게 건설하는지를 알고 싶고, 나는 방정식을 어떻게 푸는지 알고 싶다[와 같은 질문이다]. 참으로 나는 문제의 주어진 것들을 고찰하고, **알려지지 않은 것**을 발견하고자 시도한다. 그러나 철학은 완전히 다른 것과 관계하는데, 마르셀이 말하길 그것은 철학에서 우리가 일종의 매우 특이한 문제와 관계하기 때문이다. 그것은 문제를 제기하는 사람이 그것에 **구속되어**(참여되어) 있는 문제이다. 그 사람은 문제의 관찰자가 아니며, [문제의] 사건에 **사로잡혀** 있다. 이것이 바로 그 사람에게서 신비를 규정하는 것이다"("La philosophie de l'existence", in *Dialogue*, Vol. 5, Issue 3, 1966, p. 313 강조는 옮긴이가 한 것이다).

26   미간행 원고에는 "Rückbeziehung der Phänomenologie auf sich selbst(현상학이 자신을 그 자신에 관계시킴)"이라는 말이 있다.

합리성을 처음 확립하는établissement, 우리와 세계의 소통(교제)에 의존한다. 철학은 철저한(근본적인) 반성이기 때문에, 원칙적으로 이런 수단[의존하는 것을 그 자신에게서 배제한다. 철학 역시 역사 속에 있기 때문에, 그 또한 세계와 구성된 이성을 이용한다. 따라서 철학은 모든 인식에 던지는 물음을 그 자신에게 던져야 할 것이다. 그러므로 철학은 끝없이 자신에게 되돌아가 자신을 대면할 것이고, 후설의 말처럼 끝없는 대화나 성찰이 될 것이며, 자신의 의도에 충실하다면, 자신이 어디로 가는지를 전혀 알지 못할 것이다. 현상학의 미완성, 현상학의 다시 시작하는inchoative 태도는 실패의 표시가 아니다. 세계의 신비와 이성의 신비[27]를 드러내는 것이 현상학의 과제이기 때문에, 그러한 것들은 불가피한 것이다. 현상학이 하나의 학설이나 체계이기 이전에 하나의 운동이었던 것은, 우연도 아니고 거짓된 모습도 아니다. 현상학은 발자크Balzac, 발레리Valéry, 세잔Cézanne의 작업처럼 힘든 작업이다. 그것은 동일한 종류의 관심과 경이 때문이고, 동일한 자각의 요구 때문이며, 세계나 역사의 의미를 발생적 상태에서 파악하려는 동일한 의지 때문이다. 이러한 점에서 현상학은 현대 사유의 노력과 궤를 같이한다.

---

27 우리의 이 마지막 표현은 현재 독일에서 수감 중인 귀스도르프(G. Gusdorf)에게서 차용한 것이다. 그렇지만 그는 아마도 이 표현을 다른 의미로 사용했을 것이다.

고전적 편견과 현상으로의 복귀

〈감각sensation〉

지각을 연구하기 시작하면서, 우리는 언어 속에서 직접적이고 명료해 보이는 감각[1] 개념을 만난다. 예컨대 나는 붉은색, 파란색, 뜨거움, 차가움을 감각한다[고 말한다]. 그렇지만 우리는 이런 감각 개념이 가장 불명료하다는 것과, 또 고전적 분석들이 이런 개념을 받아들였기 때문에 지각의 현상을 놓치고 있다는 것을 보게 될 것이다.

[1] 역주) 일반적으로 "감각(sensation)"은 〈감각함〉뿐 아니라 〈감각된 것〉도 의미한다. 메를로퐁티도 이 두 의미로 〈감각〉이란 용어를 쓰고 있고, 그가 검토하는 제2절의 "성질로서의 〈감각〉"은 바로 후자의 의미의 감각(감각된 것)이다. 그러나 메를로퐁티는 〈감각〉에서 〈감각함〉을 나타내거나, 그 자신이 생각하는 〈감각함〉을 나타낼 때는 (특히 제2부 1장), 종종 "sentir"라는 용어를 쓴다. 우리는 "sentir"를 〈감각함(감각한다는 것)〉 또는 〈감각작용〉으로 옮긴다.

[1. 인상으로서의 〈감각〉]

우선 나는 감각이란 말을, 내가 촉발되는(감응되는affecté) 방식과 나 자신의 상태의 체험으로 이해할 수 있을 것이다. 내가 눈을 감고 있을 때 간격 없이 나를 에워싸는 회색과, 내가 졸고 있을 때 〈내 머리 속에서〉 웅웅거리는 소리는 순수 감각함pur sentir이 무엇일 수 있는지를 보여 줄 것이다. 내가 감각된 것과 일치하는 한에서, 이 감각된 것이 대상적 세계에 위치하기를 그치는 한에서, 또 이 감각된 것이 나에게 어떤 것도 의미표현하지 않는 한에서, 나는 감각할 것이다[고 말할 수 있을 것이다]. 이것은 감각을 어떤 규정에도 이르지 못한 내용에서 찾아야 한다고 인정하게 되는 것이다. 왜냐하면 붉은색과 초록색이 두 가지 색으로 서로 구분되기 위해서는, 위치가 분명치 않더라도 내 앞에서 이미 그 모습이 그려져야만 하고, 따라서 그것들은 나 자신이 되기를 멈추기 때문이다. 순수 감각sensation pure은 구별되지 않고(미분화적이고indifférencié), 순간적이며, 점點적인 〈충격choc〉의 체험이 될 것이다. 이러한 [감각] 개념은 우리가 경험한 어떤 것과도 일치하지 않고, 또 우리가 원숭이, 닭과 같은 동물들에게서 알고 있는 가장 단순한 사실상의 지각은 절대적인 항이 아니라 관계와 관련되어 있다.[2] 이러한 점들은 모든 저자가 동의하고 있기 때문에 굳이 보여 줄 필요가 없을 것이다.

  ¶ 그러나 왜 사람들이 지각적 경험 속에서 〈인상〉의 층을 구분해 내는 것이 권리상 정당하다고 믿는지의 물음은 여전히 물어져야 한다. 어떤 흰색 얼룩이 균질적인 바탕 위에 있다고 하자. 얼룩의 모든 점들은, 공통적으로 이 점들을 〈모양figure〉으로 만드는 어떤 〈기능〉을 갖는다. 모양의 색은 바탕fond의 색보다 더 짙고 마치 더 단단한 듯하다. 흰색 얼룩의 가장자리는 이 얼룩에 〈속해 있고〉, 그것은 바탕에 인접하지만 바탕과는 결속되어

---

2   *La Structure du Comportement*, p. 142[제3판, p. 115] 이하 참조.

있지 않다. 얼룩은 바탕 위에 놓여 있는 것처럼 보이고, 바탕을 침범하지 (깨 버리지) 않는다. 각 부분은 그것이 포함하는 것 이상을 알리고, 따라서 이 요소적인(초보적인) 지각에는 이미 의미sens가 실려 있다. 그러나 《10》 모양과 바탕이 전체로서 감각되지 않는다면, 그것들은 그것들의 각 점들에서 감각되어야 한다는 반론이 있을 것이다. 이것은 각 점들도 하나의 바탕 위의 모양으로서만 지각될 수 있다는 점을 망각하는 것이 될 것이다. 게슈탈트 이론이 바탕 위의 모양은 우리가 얻을 수 있는 가장 단순한 감각적 소여라고 우리에게 말해 줄 때, 그것은 우리가 관념적 분석으로 자유롭게 인상의 개념을 도입하게 하는 사실상의 지각의 우연적 특성이 아니라는 것이다. 그것은 지각적 현상의 정의 자체이고, 그렇지 않다면 하나의 현상은 지각이라고 일컬어질 수 없다. 지각적인 〈어떤 것〉은 언제나 다른 것 가운데 있고, 언제나 〈장champ〉에 속한다. 진정으로 균질한(동질의) 표면은 지각할 어떤 것도 제공하지 않기 때문에, 어떤 지각에도 주어질 수 없다. 현실적인 지각의 구조만이 지각하는 것이 무엇인지를 우리에게 가르쳐 줄 수 있다. 그러므로 순수 인상은 발견될 수 없고, 또 지각될 수도 없으며, 따라서 지각의 계기로서 생각될 수 없다. 사람들이 순수 인상을 도입하는 것은, 그들이 지각적 경험에 주의를 기울이지 않고, 지각된 대상[3]을 위해 그 지각적 경험을 망각하기 때문이다. 하나의 시각장champ visuel은 국소적 시각들로 이루어지지 않는다. 그러나 보이는 대상은 물질의 단편들로 이루어지고, 공간의 점들은 서로서로 외재적이다. 고립적으로 있는 지각적 소여는, 적어도 우리가 그것을 지각하고자 마음속 실험(상상 속 경험)을 해 본다

---

[3]   역주) 여기서 "지각된 대상"은 지각장 또는 바탕에서 분리된 채로 있는, 객관화된 대상을 가리킨다. 한 문장 이후에 등장하는 "보이는 대상"도 시각장에서 분리된, 객관화된 대상을 가리킨다.

면 생각할 수 없는 것이다. 그러나 세계 속에는 고립된 대상들 또는 물리적인 공백(빈 공간)이 있다.

[2. 성질로서의 〈감각〉]

따라서 나는 감각을 순수 인상으로 정의하기를 포기할 것이다. 그러나 본다는 것은 색깔이나 빛을 가지는 것이고, 듣는다는 것은 소리를 가지는 것이며, 감각한다는 것은 성질들qualités을 가지는 것이어서, 감각한다는 것이 무엇인지 알기 위해서는 붉은색을 보거나 〈라〉 음을 들은 적이 있는 것으로는 충분하지 않을까? 그러나 붉은색과 초록색은 감각들이 아니라 감각질들(감각된 것들sensibles)이고, 성질은 의식의 요소가 아니라 대상의 속성이다. 성질은 우리에게 감각들을 규정하는 단순한 방법을 제시하지 못한다. 그러기는커녕 우리가 성질을 그것이 드러나는 경험 자체에서 파악한다면, 그것은 대상 또는 지각적 광경 전체만큼이나 풍부하고 불투명하다. 내가 양탄자에서 보게 되는 이 붉은색 얼룩은 이 얼룩을 가로지르는 그늘을 통해 붉을 뿐이고, 얼룩의 성질은 빛의 작용과 관계해서 나타날 뿐이며, 따라서 그 성질은 공간적 배열형태[4]의 요소로 나타난다. 게다가 색은 그것이 어떤 표면 위에 펼쳐질 때에만 규정되는 것이고, 너무 작은 표면은 그 성질이 규정될 수 없을 것이다. 결국 이 붉은색은 양탄자의 〈양모의 붉은색〉이 아니라면, 문자 그대로 동일한 그 붉은색이 아닐 것이다.[5] 〈11〉 따라

---

4   역주) 우리는 "configuration"을 〈배열형태〉 또는 〈구성형태〉로 옮긴다. 메를로퐁티에게서 〈배열형태〉는 우리의 지각의 요소들이 단순 결합으로서 모자이크처럼 모여 있는 것이 아니라, 어떤 구조화된 전체로 되어 있는 것을 의미한다. 그것은 여러 별이 일정하게 배열되어 이루어진 하나의 별자리처럼, 요소들이 일정하게 배열된(구성된) 전체를 가리킨다. 본문에서 붉은색 얼룩은 다른 요소들, 즉 양탄자 모직 상태, 그림자, 빛 등과 함께 일정하게 배열되어 있다. 우리는 함께 배열된 다른 것들, 즉 구조화된 전체가 반영된 붉은색 얼룩을 지각한다.

서 [각 성질을] 분석해 본다면, 각 성질에 거주하는, 그 성질의 실질의미들(의미표현들signification)[6]이 발견된다.

¶ 이에 대해, 혹자는 그것은 하나의 앎 전체로 뒤덮인, 우리의 현실적 경험의 성질들일 뿐이라고, 또 〈순수 감각함pur sentir〉을 규정하는 〈순수 성질〉을 개념화할 권리가 여전히 있다고 반론할 것이다. 그러나 좀 전에 본 것처럼, 이 순수 감각함은 어떤 것도 감각하지 않는 것, 따라서 전혀 감각하지 않은 것이 된다. 감각함sentir의 명증이라 주장된 것은 의식의 증언에 근거하는 것이 아니라 세계의 편견에 근거한다. 오래전부터 지각이 우리에게 색 대상이나 소리 대상을 부여했기 때문에, 우리는 〈본다는 것〉, 〈듣는다는 것〉, 〈감각한다는 것〉이 무엇인지 잘 안다고 생각한다. 지각을 분석하고자 할 때, 우리는 이 대상들을 의식으로 옮긴다. 우리는 심리학자들이 〈경험의 오류experience error〉라고 부르는 것을 범한다. 다시 말해 우리는 사물 속에 있다고 알고 있는 것을 즉시 사물의 의식에 있는 것으로 전제한다. 우리는 지각된 것을 가지고서 지각을 만든다. 그리고 지각된 것 자체는 명백히 지각을 통해서만 접근될 수 있기 때문에, 우리는 결국 지각된 것도 지각도 이해하지 못한다. 우리는 세계에 사로잡혀 있고, 세계의 의식으로 이행하기 위해 세계로부터 떨어지는 데 성공하지 못한다. 만약 우리

5   J. P. Sartre, *L'Imaginaire*, p. 241.
6   역주) 메를로퐁티가 자신의 철학적 입장에서 언급한 "signification"은 순수한 의미가 아니라 질료화된 의미이다. 따라서 우리는 이 용어를 〈실질의미〉로 번역한다. 또한 "signification gestuelle(몸동작적인)"(본서 346쪽)이란 메를로퐁티의 표현에서 엿볼 수 있듯이, "signification"은 종종 의미의 〈역동성〉, 의미의 〈작용〉이나 〈표현〉을 뜻한다. 이 때문에 우리는 "signification"을 또한 〈의미표현〉으로도 번역한다. 본문에서 양탄자의 붉은 얼룩에는 양모, 일정한 크기, 조명 등의 의미들(significations)이 있는데, 이것들은 개념적 의미들이 아니라 질료화된(물질화된) 의미들, 즉 〈실질의미〉들이다. 또한 그것들은 정적으로 있지 않고, 역동적으로 붉을 얼룩에 교차해 있다.

가 그렇게 한다면, 우리는 성질이 결코 직접 체험되지 않는다는 것을, 또한 모든 의식은 어떤 것의 의식이라는 것을 보게 될 것이다. 게다가 이 〈어떤 것〉은 반드시 그것이 무엇인지 알 수 있는 대상도 아니다. 성질에 대해 잘못 생각하는 두 가지 방식이 있다. 하나는 성질이 의식에 대하여 대상임에도 그것을 의식의 한 요소로 만들고, 성질이 언제나 의미를 가짐에도 불구하고 그것을 무언無言의 인상으로 다루는 것이다. 다른 하나는 이 의미와 대상이 성질의 차원에서 꽉 차 있으며 결정되어 있다고 믿는 것이다. 그리고 첫 번째와 마찬가지로 두 번째 오류는 세계의 편견에 기인한다.

¶ 우리는 광학과 기하학으로, 매 순간 그 이미지가 망막에 형성될 수 있는 세계의 일부를 구축한다. 이 [세계 일부의] 테두리 바깥의 모든 것은 어떠한 감각적 표면에도 반사되지 않기 때문에, 우리가 감은 눈에 빛이 작용하지 않듯이 우리의 시각에 작용하지 않는다. 따라서 우리는 명확한 경계가 그려진 채, 검은 영역으로 둘러싸여 있고, 빈틈없이 성질들로 채워져 있으며, 망막에 있는 관계들처럼 결정된 크기의 관계들로 되어 있는 세계의 단편을 지각해야만 할 것이다. 그런데 경험은 이와 같은 어떤 것도 나타내지 않고, 그래서 우리는 [그와 같은] 세계로부터 출발해서, 시각장이 무엇인지를 결코 이해하지 못할 것이다. 가장자리의 자극을 조금씩 중심 쪽으로 이동시켜 시각의 테두리를 그리는 것이 가능할지라도, 측정의 결과는 매 순간 바뀔 것이고, [12] 앞서 보인(나타난) 자극이 보이기(나타나기)를 멈추는 순간을 결코 결정하는 데 성공하지 못한다. 시각장을 둘러싸는 곳을 묘사하는 것은 쉽지 않지만, 그곳이 검정색도 은발색도 아닌 것은 확실하다. 거기에는 미결정된 시각, 그것이 무엇인지 모를 시각이 있고, 극단적으로는 내 등 뒤에 있는 것은 시각적 현전 없이는 있지 않다. 뮐러-라이어Müller-Lyer 착시에서(그림 1), 두 직선은 길이가 같은 것도 같지 않은 것도 아니고, 양자택일이 강요되는 것은 객관적 세계에서이다.[7] 시각장은 이처럼 모순

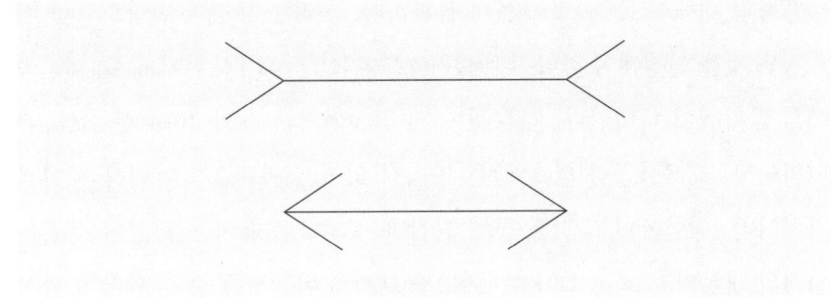

〈그림 1〉

된 개념들이 교차하는 독특한 영역milieu이다. 왜냐하면 대상들은, 즉 뮐러-라이어의 직선들은 거기에서 비교가 가능한 존재의 지반에 놓여 있지 않는 것이 아니라, 마치 동일한 세계에 속하지 않는 것처럼 각자의 맥락 속에서 파악되기 때문이다.

¶ 심리학자들은 오랫동안 이런 현상들을 무시하고자 무척 신경 썼다. 즉자적으로 파악된 세계에 모든 것은 결정되어 있다. 안개 낀 날의 광경처럼 혼재적인confus 광경들이 많이 있다. 그러나 이때 언제나 우리가 긍정하는 것은 어떤 실제 광경도 즉자적으로 혼재적이지 않다는 점이다. 그것은 우리에 대해서 혼재적이다. 심리학자들은 대상이 결코 애매하지ambigu 않으며, 단지 부주의하기 때문에 애매하게 된다고 말한다. 시각장의 경계 자체는 변하지 않고, 다가오는 대상이 절대적으로 보이기 시작하는 순간이 있으며, 우리는 그저 그것을 "주목하지remarquons"[8] 못한다[고 그들은 계속해서 말한다]. 그러나 나중에 더 상세히 다루겠지만, 이 주의attention 개념에 대해 의식은 그 어떤 것도 입증해 주지 않는다. 그것은 객관적 세계의 편견을

---

7   Koffka, *Psychologie*, p. 530.
8   심리학자들의 "take notice" 혹은 "bermeken"을 번역한 것이다.

구제하기 위해 만든 보조 가설에 불과하다. 우리는 긍정적 현상으로서 미결정된 것을 인정해야 한다. 이러한 [미결정적인 현상의] 분위기atmonsphère 속에서 감각질이 나타난다. 감각질이 지니는 의미는 다의적(애매한équivoque) 의미이고, 그래서 문제의 본질은 논리적 의미signification가 아니라 표현적 가치이다. 경험론이 그것을 통해 감각을 정의하고자 하는 결정된 성질은 의식의 대상이지 그 요소가 아니며, 또 그것은 뒤늦게 형성된, 과학적 의식의 대상이다. 이런 두 가지 이유로 결정된 성질은 주체성을 드러내기보다는 오히려 은폐해 버린다.

[3. 흥분excitation[9]의 직접적 결과로서의 〈감각〉]

우리가 좀 전에 시도했던 감각에 대한 두 가지 정의는 《13》 겉보기로만 직접적이다. 이미 보았던 것처럼, 이 두 가지 정의는 지각된 대상[10]을 모델로 이뤄졌다. 이런 점에서 이 정의들은 상식과 일치한다. 상식 또한 감각질을, 그것이 의존하는 객관적 조건들로 규정하고 있다. 시각질(보이는 것)은 눈으로 파악한 것이고, 감각질(감각되는 것)은 감관들sens[11]을 통해 파악한 것이다. 이러한 관점에서 나타난 감각 관념을 따라가 보고,[12] 과학, 즉 반성의

---

9   역주) "외적 자극의 수용에 뒤따르고, … 또 관련된 계(système)의 반응의 시작(시동)을 준비하는 국소적인 변화들의 전체"(H. Piéron, *Vocabulaire de la psychologie*, PUF, 1952). 일반적으로 〈excitation(흥분)〉은 유기체 내의 흥분으로서 이 흥분을 일으키는 외적인 빛이나 소리 같은 〈stimulus(자극)〉과 구별되어 사용된다. 그러나 독역본은 "excitation"을 "Reiz(자극)"로, 일역본(나카지마)도 "자격(刺激)", 즉 "자극"으로 번역한다. "excitation"에 상응하는 독일어 단어는 "Erregung"이다.

10   역주) 바탕이 제거된, 객관화된 지각된 대상을 말한다.

11   역주) 우리는 "sens"를 〈sensation〉의 번역어 〈감각〉과 구별하기 위해, 〈감관〉 또는 〈감각(감관)〉으로 번역할 것이다. 자세한 것은 본서 399쪽 역주 참조.

12   예컨대, 야스퍼스(Jaspers, *Zur Analyse der Trugwahrnehmungen*)가 그렇게 한 것처럼, 현상의 발생을 고려하는 설명적 심리학에 현상을 〈이해하는〉 기술적 심리학을 대립시

첫 번째 단계에서 이 〈으로〉와 〈통해〉 그리고 감각기관 개념이 어떻게 되는지를 살펴보자. 만약 우리에게 감각sensation의 경험이 없다면, 적어도 우리는 감각의 원인과 그것의 객관적 발생 속에서, 설명적 개념으로서의 감각을 고수할 근거를 찾을 수 있을까? 심리학자가 상위 심급처럼 의존하는 생리학은 심리학과 동일한 난관에 봉착한다. 생리학 역시 그것의 대상을 세계 속에 위치시키고 연장의 한 단편으로 다루면서 시작한다. 그래서 행동comportement[13]은 반사réflexe에 의해 은폐되고, 자극들stimuli을 동화−형성하고élaboration 형태화하는 것mise en forme은 반응의 한 요소를 원리상 상황의 각 요소에 대응케 하는 신경 기능작용의 종적인(수직적longitudinale)[14] 이

키면서, 이와 같은 논의를 거부할 필요는 없다. 심리학자는 의식을 언제나 세계 속에 있는 몸 안에 위치한 것으로 본다. 심리학자에게서 일련의 자극−인상−지각은 지각의 시작이 그 끝이 되는 하나의 연속적 사건들이다. 각각의 의식은 세계 속에서 생기고, 각각의 지각은 의식이 새로 생기는 것이다. 이러한 관점에서 지각에 〈직접〉 주어진 것들은 언제나 단순 외현으로서, 또 발생의 복합 산물로서 거부될 수 있다. 기술적 방법은 초월론적 관점에서만 고유한 권리를 획득할 수 있다. 그러나 이러한 관점에서도, 어떻게 의식이 자연에 삽입되어 있는 자신을 알아보고(통각하고) 자기에게 나타나는지를 아는 문제가 여전히 있다. 따라서 심리학자와 마찬가지로 철학자에게는 언제나 발생의 문제가 있다. 그리고 가능한 유일한 방법은 발생에 대한 과학적 전개과정 속에서 인과적 설명을 뒤따라가고, 그럼으로써 발생의 의미를 정확히 하고, 발생을 진리의 전체 속에서 그것이 갖는 진정한 자리에 위치시키는 것이다. 이 때문에 여기에서는, 어떤 거부도 볼 수 없지만, 인과적 사유가 갖는 고유의 난점들을 이해하려는 노력은 볼 수 있을 것이다.

13 역주) 행동주의의 〈행동〉이 아니라 메를로퐁티가 말하는 〈행동〉이다. 행동주의가 행동을 3인칭적으로 규정한다면, 메를로퐁티는 "심리학적인 것과 생리학적인 것에 대한 고전적 구분에 대해 중립적이고"(SC, p. 2), 내재와 외재가 나뉘기 이전 상태, 그것들이 겹친 상태로 규정한다. 유기체의 행동은 환경 또는 지각장을 형태화(규정)하지만, 그것은 또한 환경에 의해 규정된다. 이런 순환적 관계 속에서 유기체의 행동은 전체적인 것이라고, 즉 유기체−환경 전체를 나타낸다고 할 수 있다.

14 역주) 메를로퐁티는 "종적인"이라는 표현을 "횡적인(transversal)"이라는 표현과 대립하여 사용한다. 반사과정에서 〈종적인〉 현상은 고전적 반사 이론의 입장처럼 구별되

론에 의해 은폐된다.[15] 반사궁arc réflexe[16] 이론처럼, 지각의 생리학은 결정된 수용기에서 《14》 일정한 전달기를 통해 그 역시 특화된 등록 기구[17]에 이르는 해부학적 경로를 받아들이면서 시작한다. 객관적 세계가 주어져 있기 때문에, 사람들은 이 객관적 세계가 감각기관에 메시지를 전달하고, 이 메시지는 우리 속에서 원래의 텍스트가 재생되도록, 운반되고 이어서 해독되어야만 한다는 것을 받아들인다. 따라서 원리상 자극과 요소 지각 사이에 점 대 점 대응과 항상적 연결이 있게 된다. 그러나 이러한 "항상성 가설 hypothèse de constance"[18]은 의식에 주어진 것들과 충돌하며, 이 가설을 받아들이는 심리학자들도 항상성 가설이 갖는 이론적 성격을 인정한다.[19]

는 신경계 기구들이 서로 외적으로 작용하는 것을 가리킨다. 반면 〈횡적인〉 현상은 게슈탈트 심리학 입장처럼 하나의 신경계의 전체적 사건, 즉 구조적 전체(형태)를 가리킨다. 후자의 현상은 바다를 〈가로지르는〉 〈하나의〉 파도의 모습으로 비유할 수 있다면, 전자의 현상은 하나의 파도가 아니라 매 순간 물 덩어리가 〈수직으로〉 작용하는 것으로, 즉 물 한 덩어리가 위로 솟구쳤다가 떨어지면 그다음 물 덩어리가 다시 솟구쳤다가 떨어지는 것으로 비유할 수 있다. 전자의 현상에서는 신경계 기구들이 서로 외재적으로 또 일방향 속에서 작용한다. "횡적인" 현상과 "종적인" 현상에 대해서는, SC, pp. 12-13 참조.

15 *La Structure du Comportement*, Chap. I 참조.

16 역주) "자극에 의해서 감각수용기에 생긴 흥분이 구심성 뉴런에 의해서 반사중추에 전해지고 그곳으로부터 원심성 뉴런에 의해서 실행기에 전해지기까지의 경로 전체를 말한다…. 반사호(反射弧)라고도 한다"(『두산백과』).

17 "récepteur(수용기)", "transmetteur(전달기)", "poste enregistreur(등록 기구)"는 슈타인이 말한 용어 "Empfänger-Übermittler-Empfinder"에 대한 대략적 번역어이다. J. Stein, *Über die Veränderung der Sinnesleistungen und die Entstehung von Trugwahrnehmungen*, p. 351.

18 "Konstanzhypothese"[독역본], Köhler, *Über unbemerkte Empfindungen und Urteils-täuschungen*. 역주) 항상성 가설은 어떤 자극에 어떤 감각 또는 반응이 일대일의 방식으로 대응된다거나, 또는 "주어진 흥분이 언제나 동일한 감각을 산출하도록, 감각 기구의 국소적 흥분들과 [감각이] 항 대 항으로 대응한다"(Primat, 24)는 가설이다.

19 스텀프(Stumpf)가 명백히 그렇게 했다. *Cf.* Köhler, *ibid.*, p. 54.

¶ 예를 들어, 어떤 조건 속에 있는 소리의 강도는 소리의 음높이를 낮추고, 객관적으로 동일한 두 도형에 보조선들을 덧붙이면 그것들은 동일하지 않게 되고,[20] 어떠한 색 표면은 우리에게 표면 전체가 동일한 색으로 보이지만, 망막의 여러 영역의 색역(색의 식역)[21]은 여기서는 망막을 붉게 하고, 저기서는 오렌지색으로 만들고, 심지어 몇몇 경우에는 색이 없게 한다.[22] 현상이 자극과 일치하지 않는 이런 경우들은 항상성 법칙의 틀 내에서 유지되면서 주의와 판단 같은 부가 요소들로 설명되어야 하는가, 아니면 이 법칙 자체를 거부해야 하는가? 붉은색과 초록색이 함께 제시되어 그 효과로서 회색이 나타날 때, 사람들은 중추가 자극들을 조합하여 객관적 자극들이 요구한 것과 다른 감각을 직접 야기할 수 있다는 것을 받아들인다. 한 대상의 외관상 크기가 그것과의 외관상의 거리에 따라 변하거나, 한 대상의 외관상 색깔이 우리가 그것에 대해 갖고 있는 기억에 따라 변할 때, 사람들은 "감각기능의 과정은 중추의 영향을 받지 않을 수 없음"[23]을 인정한다. 따라서 이 경우에서 〈감각질〉은 더 이상 외부 자극의 직접적 결과로 정의될 수 없다. 동일한 결론은 우리가 인용한 앞의 세 가지 예에도 적용되지 않는가? 지각이 주의, 더 분명한 지시, 휴식, 더 많은 연습으로 결국 〈15〉 항상성 법칙에 부합하게 된다고 해도, 그것이 항상성 법칙의 보편적 타당성을 증명하는 것은 아니다. 왜냐하면 인용한 예들에서, [주의, 휴식 등이 있기 전] 처음에 나타난 것은 나중에 획득된 결과와 동일한 자격의 감각적 특

---

20   Köhler, *ibid.*, pp. 57-58, *Cf.* pp. 58-66.

21   역주) 식역은 "감각기관에 주어지는 물리적 자극을 감지할 수 있는 최소한의 양"(『실험심리학용어사전』)이다. 여기서는 우리가 경험하는 색 감각의 식역이 아니라, 망막이 반응하는 식역을 말한다.

22   R. Déjean, *Les Conditions objectives de la Perception visuelle*, pp. 60, 83.

23   Stumpf, 쾰러(Köhler)가 같은 책, p. 58에서 인용.

성을 지녔기 때문이다. 그래서 지각에 주의하는 것과 주체가 시각장의 한 점에 집중하는 것은 ―예를 들어, 뮐러-라이어 착시에서 주요[긴] 두 직선에 대한 〈분석적 지각〉은― 〈정상 감각〉을 드러내는 것이 아니라, 본래 상태의originel 현상을 예외적인 구성물montage로 대체하는 것[24]이 아닌가 하는 문제가 있다. 항상성 법칙이 의식의 증언에 반하여 이용하는 어떤 결정적 실험expérience cruciale에는 이미 이 법칙이 포함되지 않을 수 없고, 또한 사람들이 이 법칙을 확립한다고 생각하는 곳 어디에서나 이미 그것은 전제되고 있다.[25] 만약 우리가 현상으로 되돌아간다면, 현상은 어떤 크기의 파악에서와 같이, 지각적 맥락 전체와 연결되어 어떤 성질이 파악됨을 보여 준다. 또한 자극도 우리가 직접적 인상의 층을 분리하기 위해 찾던 간접적 수단을 더 이상 우리에게 제공하지 않는다.

¶ 그러나 사람들이 감각의 〈객관적〉 정의를 찾을 때, 파악되지(나타나지) 않는 것은 물리적 자극만이 아니다. 현대 생리학이 표상하는 감각기구는 더 이상 고전 과학이 부여했던 〈전달기transmetteur〉의 역할에 부합하지 않는다. 촉각 기구의 비-대뇌피질적 손상은 분명 뜨거움, 차가움, 또는 압력을 감각하는 감각점들의 수를 줄이고, 남아 있는 감각점들의 감각성(민감도)을 낮춘다. 그러나 손상된 기구에 충분히 넓게 흥분제를 가하면, 특정 감각들이 다시 나타난다. 또 식역들은 상승하겠지만, 더 활발한 손의 움직임에 의해 상쇄된다.[26] 감각성sensibilité의 초보 단계에서도 부분적 자극들

24   Köhler, *ibid.*, pp. 58-63.
25   이에 덧붙여서, 모든 이론에서도 그러하다는 것과, 결정적 실험이 어디에서도 없다는 것을 정당하게 말할 수 있다. 동일한 이유로 항상성 가설은 귀납을 토대로 해서 엄밀하게 논박될 수 없다. 항상성 가설은 현상을 모르고 그것을 이해하게 해 주지 않기 때문에, 이 가설에 대한 신뢰는 상실된다. 그럼에도, 현상이 무엇인지 알기 위해 또 항상성 가설을 판단하기 위해, 우리는 먼저 이 가설을 〈괄호 속에〉 두어야 한다.
26   J. Stein, *op. cit.*, pp. 357-359.

간의 협력과, 감각(감관)계와 운동계의 협력을 엿볼 수 있다. 이 협력은 가변적인 생리학적 배열형태constellation[27]속에서 감각을 일정하게 유지하고, 따라서 신경 과정을 주어진 메시지의 단순 전달로 규정하지 못하게 한다. 손상된 위치가 어디이든지 간에 시각 기능의 파괴는 동일한 법칙을 따른다. 즉 처음엔 모든 색이 영향을 받고,[28] 《16》 그것들의 채도(포화도)를 잃어버린다. 이어서 스펙트럼이 단순화되어, 색이 네 개가 되고, 곧 두 개가 된다. 마지막으로, 하나의 회색빛 단색에 이르게 된다. 그렇지만 이 병리적인 색은 결코 정상적인 그 어떤 색과도 동일시될 수 없다. 따라서 말초 손상처럼 중추 손상에서도, "신경 물질의 손실은 그 결과로서 단순히 어떤 성질들이 결여되게 하지 않고, 덜 분화되고 더 원초적인 구조로 이행하게 한다."[29] 반대로 정상적인 기능작용은 외부 세계의 텍스트가 복사되는 것이 아니라 구성되는 통합의 과정으로 이해되어야 한다. 그리고 우리가 〈감각〉을, 그것을 준비하는 몸적인 현상들의 관점에서 파악하고자 한다면, 우리는 알려진 어떤 변수들의 함수로서의 심리적 개별자가 아니라, 이미 전체와 연결되고 이미 의미가 주어진 하나의 형태화된 것formation을 발견한다. 이 형태화된 것[감각]은 더 복합적인 지각과 정도상으로만 구별되고, 따라서 우리가 순수 감각질을 규정하는 데 아무런 도움도 되지 않는 것이다.

---

27 역주) 우리는 "constellation"을 "configuration"(본서 56쪽의 역주 참조)과 마찬가지로 〈배열형태〉 또는 〈구성형태〉로 옮긴다. 그것은 앞서 언급했듯이 요소들이 단순 결합되어 있지 않고, 마치 별자리(constellation)처럼 일정한 배열 속에, 즉 구조화된 전체 속에 있는 것을 말한다. 메를로퐁티는 "constellation"과 "configuration"을 크게 구별해서 쓰는 것 같지 않다.

28 색맹 자체는 어떤 기구들이 또 그런 기구들만이 붉은색과 초록색의 〈시각〉을 담당한다는 것을 증명하지 못한다. 왜냐하면 색맹인은 그에게 넓은 색 표면을 제시하거나 색을 오랫동안 제시하면, 붉은색을 인식하는 데 성공하기 때문이다. J. Stein, *ibid.*, p. 365.

29 Weizsäcker, 슈타인(Stein)이 같은 책, p. 354에서 인용.

¶ 감각의 생리학적 정의는 없고, 더 일반적으로 말해 자율적인 생리학적 심리학은 없다. 왜냐하면 생리학적 사건 자체는 생물학적인 또 심리학적인 법칙들에 복종하기 때문이다. 오랫동안 사람들은 〈초보적(요소적)〉 심리 기능들의 위치를 찾아내는 확실한 방법, 또 몸의 하부구조와 밀접하게 연결되지 않는 〈상위의〉 기능들로부터 이 초보적(요소적) 기능들을 구별하는 확실한 방법을 말초의 조건 속에서 발견했다고 생각했다. 그러나 이 두 기능을 더 정확히 분석해 본다면, 그것들이 서로 교차한다는 사실이 드러난다. 요소적인 것은 더 이상 덧셈을 통해 전체를 구성하는 것도, 전체가 구성되기 위한 단순 기회(계기)가 되는 것도 아니다. 요소적인 사건은 이미 의미를 띠고 있다. 그리고 상위의 기능은 종속된 작용들을 이용하고 승화하면서, 단지 더 통합된 실존의 양태나 더 효과적인 적응을 실현한다. 반대로 보면, "감각 경험은 생식, 호흡, 또는 생장과 마찬가지로 생명적 과정이다."[30] 따라서 심리학과 생리학은 더 이상 평행한 두 과학이 아니라 《17》 행동의 두 규정, 즉 전자는 구체적이고 후자는 추상적인 규정이다.[31] 심리학자가 생리학자에게 감각을 〈그것의 원인들로〉 정의하기를 요구할 때, 우리는 심리학자가 또다시 이 영역에서 그의 어려움을 만나게 됨을 말하였고, 이제 그 이유가 무엇인지 알고 있다. 생리학자 또한, 모든 과학이 상식에서 받아들였고 과학의 발전에 짐을 지우는 실재론적 편견에서 벗어나야 한다. 현대 생리학에서 〈초보적(요소적)〉, 〈상위의〉라는 낱말의 의미 변화는 철학의 변화를 예고한다.[32] 과학자 자신도 즉자적인 외부 세계의 관념을 비판하는 것을 배워야 한다. 왜냐하면 사실들 자체가 과학자에게 메

---

30   *Id. ibid.*, p. 354.
31   이와 관련하여, *La Structure du Comportement*, 특히 p. 52[제3판, p. 44]와 그 이하, 그리고 p. 65[제3판, p. 55]와 그 이하를 참조.
32   Gelb, *Die Farbenkonstanz der Sehdinge*, p. 595.

시지의 전달자로서의 몸의 관념에서 벗어나기를 권하기 때문이다. 감각질은 감관으로 파악한 것이지만, 지금 우리는 이 〈으로〉가 단순히 도구적이지 않다는 것을, 감각기구가 전도체(전달자)가 아니라는 것을, 생리학적 인상은 말초에서조차, 과거에 중추적인 것으로 간주된 관계들 속에 참여되어 있음을 알고 있다.

[4. 감각한다는 것은 무엇인가?]

다시 한번 말하지만, 사람들이 명료하다고 생각했던 것을 반성해 보면, 그것은 ―심지어 과학의 이차적인 반성에서도― 불투명하다. 우리는 감각한다는 것, 본다는 것, 듣는다는 것이 무엇인지 안다고 생각했지만, 이 말들은 이제 문제가 된다. 우리는 이 말들을 새롭게 정의하기 위해, 그것들이 가리키는 경험 자체로 되돌아가지 않을 수 없다. 감각의 고전적 개념은 반성에 의해 생긴 개념은 아니지만, 사유가 대상 쪽으로 향해 뒤늦게 형성한 산물이고, 세계 표상의 마지막 항으로서, 구성의 근원에서 가장 멀리 떨어져 있고, 이런 이유로 가장 덜 명료한 것이다. 과학은 언제나 객관화하려는 노력 속에서 다음과 같은 것을 불가피하게 하게 된다. 즉 과학은 인간 유기체를 물리-화학적 속성으로 규정된 자극들 앞의 물리적 체계로 표상하고, 현실적 지각을 이러한 토대 위에서 재구축하고자 하며,[33] 《18》 인식 자체가 산출되는 법칙들을 발견하고 또 주관성의 객관적 과학을 설립함으로써, 과학적 인식의 사이클을 닫아 버리고자 한다.[34] 그러나 이러한 시도가 실

---

[33] "감각들은 분명 인위적이지만 자의적이지 않은 산물들이다. 그것들은 자연의 구조들이 〈분석적 태도〉에 의해 분석될 수 있는, 최종적이고 부분적인 전체들이다. 이러한 관점에서 보았을 때, 감각들은 구조들의 인식에 기여한다. 따라서 감각들의 연구 결과들은 정확하게 해석된다면, 지각의 심리학의 중요한 한 요소이다"(Koffka, *Psychologie*, p. 548).

패한다는 점 역시 불가피하다. 우리가 객관적 탐구 자체로 시선을 옮기면, 우리는 다음과 같은 점들을 발견하게 된다. 먼저, 감각장champ sensoriel의 외적 조건들은 이 감각장을 부분 밖의 부분partie par partie으로 결정하는 것이 아니라, 자생적인 조직화가 일어날 수 있게 함으로써만 작용한다는 점 —이것은 게슈탈트 이론이 보여 준 것이다— 이다. 다음으로, 유기체 내의 구조는 상황의 생물학적 의미와 같은 변수들, 즉 더 이상 물리적인 변수들이 아닌 변수들에 의존하며, 그 결과 이 전체는 물리-수학적 분석의 도구들에서 벗어나서, 어떤 다른 유형의 이해가능성intelligibilté에 열려 있다는 점이다.[35]

¶ 이제 여기에서와 같이 우리가 지각적 경험으로 복귀한다면, 과학은 허울뿐인 주체성을 구축하는 데 성공할 따름이라는 것을 보게 된다. 즉 과학은 경험이 이미 의미표현적인significatifs 전체들이 존재함을 보여 주는 바로 그곳에 사물들 같은 감각들을 도입하고, 또 그것은 과학의 세계에서만 통용되는 범주들에 현상의 세계를 따르게 한다. 과학은 지각된 두 직선이 실재의 두 직선으로서 같아야 하거나 같지 않아야 한다고, 지각된 크리스털이 정해진 수의 면을 가져야 한다고 요구한다. 이것은 지각된 것이 본성상, 애매성, 〈흔들림〉[36]을 받아들이고, 그것의 맥락에 의해 형성된다는 점을 보지 못한 채 요구하는 것이다. 뮐러-라이어 착시에서, 한 직선은 다른 직선과 같음이 되지는 않지만, 그렇다고 〈같지 않음〉이 되지는 않는다. 즉

---

34   *Cf.* Guillaume, *L'Objectivité en Psychologie.*
35   *Cf. La Structure du Comportement*, Chap. Ⅲ.
36   역주) "bougé(흔들림)"의 사전적 의미는 "사진 촬영할 때 사진기의 움직임으로, 다소 간의 흐릿한 이미지(사진 영상)를 만드는 것"(*Larousse*)이다. 메를로퐁티는 지각된 것이 완전히 결정되지 않은 〈흐릿하〉거나 또는 〈흔들리는〉 상태, 또는 전체 맥락에 따라 양의적 또는 다의적으로 지각될 수 있는 상태를 말하기 위해 이 용어를 쓴다.

그것은 〈다른 것〉이 된다. 다시 말해, 홀로 있는 객관적인 직선과, 그림 속에서 [다른 직선과 함께] 파악된 그 동일한 직선은, 지각에 있어 〈동일한 것〉이 되지 않는다. 두 가지 기능 속에 있는 그 직선이 동일시될 수 있는 것은, 자연적이지 않고 분석적인 지각에 대해서일 뿐이다. 마찬가지로 지각된 것은 공백들lacunes을 포함하지만, 그것들은 단순 〈비-지각들imperceptions〉이 아니다. 나는 크리스탈의 변을 침묵 속에서도 세지 않았지만, 시각이나 촉각으로 그것을 〈규칙적인(등변적인)〉 물체로 인식할 수 있다. 나는 결코 눈의 색깔 자체를 지각하지 않았지만, 어떤 얼굴의 모습을 익숙하게 익힐 수 있다. 결정된 성질들로 모든 지식을 만드는 감각 이론은 모든 다의성(애매성)이 제거되고 순수하며 절대적인 대상들을 우리에게 만들어 주지만, 이 대상들은 인식의 이상이지 그것의 현실적 주제가 아니다. 또한 이 감각 이론은 ⁽¹⁹⁾ 뒤늦게 형성된 의식의 상위구조에만 적합할 뿐이다. 바로 이곳에서 "감각의 관념이 근사적으로 실현된다."[37]

¶ 본능이 자기 앞에 던지는 이미지, 전통이 매 세대마다 재창조하는 이미지, 또는 단순한 꿈들도 처음엔 엄밀한 의미의 지각과 동등하게 나타난다. 그리고 비판적 작업을 통해 참되고 현실적이며 명시적인 지각은 점차로 환각들과 구별된다. 이 [참되고 현실적이며 명시적인 지각이라는] 말은 원초적인 기능보다는 방향을 가리킨다.[38] 알려져 있듯이, 거리가 다르더라도 대상들이 일정하게 보이는 크기는, 또는 조명 밝기가 다르더라도 대

---

37 M. Scheler, *Die Wissenformen und die Gesellschaft*, p. 412.
38 *ibid.*, p. 397. "동물보다는 인간이, 어린이보다는 어른이, 여자보다는 남자가, 집단의 구성원보다는 개인이 이상적이고 정확한 이미지들에 더 잘 접근한다. 또한 전통에 따라 움직이고, 전통에 〈사로잡혀〉 있고, 기억 속에 머물러 있어 그가 사로잡혀 있는 환경을 대상으로 변형시키지도, 환경을 객관화시키지도, 그것을 시간 속에 위치시키지도, 또 과거와 거리 두면서 그것을 장악하지도 못하는 사람보다는, 역사적이고 체계적으로 사유하는 사람이 이상적이고 정확한 이미지들에 더 잘 접근한다."

상들이 일정하게 보이는 색은, 어른보다는 어린이에게서 더 완벽히 나타난다.[39] 이것은 지각이 초기 상태보다는 이후 발달된 상태에서 국소적 흥분 유발자와 더 엄격히 결합된다는 것, 또 어린이보다는 어른에게서 지각이 감각 이론에 더 부합한다는 것이다. 지각은 그 매듭이 점점 더 분명하게 나타나는 그물과 같다.[40] 우리에게 보고된 〈원초적(원시적) 사고pensée primitive〉의 묘사는 원시인들의 반응과 그들의 진술과 사회학자의 해석을, 이것들이 함께 나타내고자 하는 지각적 경험의 토대와 연관시킬 때에만 잘 이해될 수 있다.[41] 어떨 때는 지각된 것이 마치 끈적거리는 것처럼 그것의 맥락에 달라붙어 있기 때문에, 또 어떨 때는 긍정적인 것으로서의 미결정된 것이 지각된 것 속에 현전하고 있기 때문에, 공간적이고, 시간적이며, 수적인 전체들은 처리하기 쉽고, 구분되며, 식별 가능한 용어들로 [명확히] 분절되어 표현되지 않는다. 그리고 우리가 감각한다는 것을 이해하고자 한다면, 이 선객관적 영역을 우리 자신 속에서 탐구해야 한다.

---

[39] Hering, Jaensch.

[40] Scheler, *Die Wissenformen und die Gesellachaft*, p. 412.

[41] *Cf.* Wertheimer, *Über das Denken der Naturvölker*, in *Drei Abhandlungen zur Gestalttheorie.*

〈연합〉과 〈기억의 투사〉

[1. 내가 감각을 갖고 있다면, 모든 경험은 감각이다]

감각의 개념이 일단 도입되면, 이 개념은 지각에 대한 모든 분석을 왜곡한다. 우리가 말했던 것처럼, 이미 〈바탕〉 위의 〈모양〉은 현실적으로 주어진 성질들보다 훨씬 더 많은 것을 포함한다. 모양은 바탕에 〈속하지〉 않으면서 바탕에서 〈분리된〉 〈윤곽〉을 가지며, 〈안정적〉이며, 그 색이 〈밀도 있다〉. 그리고 바탕은 한계가 없고, 그 색이 불확실하며, 모양 아래서 〈계속 이어진다〉. 그래서 전체의 여러 부분, 예를 들어 바탕에 가장 가까운 모양의 부분은 색과 성질들 외에 어떤 특정한 의미를 가진다. 문제는 이 의미가 어떻게 생기는지, 〈가장자리〉와 〈윤곽〉이란 말이 무엇을 의미하는지, 성질들 전체가 바탕 위의 모양으로 파악될 때 어떤 일이 일어나는지를 아는 것이다. 그러나 감각이 일단 인식의 요소로 여겨진다면, 우리에게는 대답의 선택지가 없을 것이다. 무엇인가를 감각할 수 있는 ―감각한다는 것이 인상이나 성질과 절대적으로 일치한다는 의미에서― 존재는 다른 양태의 인식을 가질 수 없을 것이다. 한 성질이, 한 붉은 표면이 어떤 것을 의미한다는[의미표현한다는] 것은, 예를 들어 그것이 바탕 위의 얼룩으로 파악된다는 것은, 이 붉은색이 내가 몰입하고 있는, 체험되고 느끼며 따뜻한 그 색만이 아니라는 것, 이 붉은색이 포함하지 않은 다른 어떤 것을 알린다는 것, 그것이 인식의 기능을 수행한다는 것, 그것의 부분들 모두가 각자 자기 자리를 떠나지 않으면서 서로 연결되는 하나의 전체성을 형성한다는 것을 뜻한다. 이제 붉은색은 더 이상 내게 현전만 하지 않고 무엇인가를 나타내고, 그것이 나타내는 것은 나의 지각의 "실재적(내실적) 부분"으로 소유되지 않고, 단지 "지향적 부분"[42]으로 겨냥된다. 나의 시선은 《21》 질료적으로 파악된 붉은색에서와 같이 윤곽이나 얼룩 속에 용해되지 않는다. 즉 나의 시선은 그것들을 아우르고 조감한다. [붉은색에 대한] 점적인 감각이 진정으로 이 감각에 침투하는 실질의미(의미표현)를 그 자체 속에 받아들이기 위해서는, 또 〈모양〉의 전체와 연결되어 〈바탕〉과는 독립적인 〈윤곽〉에 통합되기 위해서는, 그것은 절대적인 일치가 되기를 멈추고, 결과적으로 감각으로 있기를 멈추어야만 한다. 만약 우리가 〈감각함〉을 고전적 의미로 받아들인다면, 감각질이 갖는 실질의미는 현전하는 감각이든 잠재적인 감각이든 다른 감각들 안에서만 있을 수 있다. [이런 고전적 입장에서] 어떤 모양을 본다는 것은, 이 모양에 속하는 점적인 감각들을 동시에 가지는 것일 뿐이다. 각각의 점적인 감각은 언제나 그것인 바 그대로 있고, 맹목적 접촉이고, 인상이다. 또 그 전체가 〈보이는 것〉이 되어 우리 앞에 그 모습을 형성

---

[42] "reelles Moment", "intentionales Moment"[독역본]. 후설의 표현이다. 프라딘은 이 개념을 심도 있게 다시 취하였다(M. Pradines, *Philosophie de la Sensation*, I, 특히 p. 152와 그 이하).

하는 것은, 우리가 한 인상에서 다른 인상으로 이행하는 법을 알기 때문이다. 윤곽은 국소적 시각들의 총합과 다른 것이 아니어서, 윤곽의 의식은 하나의 집단적 존재이다. 윤곽을 이루는 감각 요소들은 그것들을 감각질로 규정하는 불투과성[폐쇄성]을 잃어버릴 수 없으므로, 그것들 간의 내적인 연결이나 공통 구성의 법칙에 열리지 않는다.[43]

¶ 어떤 도형의 둘레(곡선)에서 취한 A, B, C 세 점이 있다고 하자. 세 점의 공간 속 질서는 그것들이 우리 눈 아래서 공존하는 방식이고, 이 공존은 내가 그 점들 사이를 아무리 가깝게 한다고 해도, 분리된 그것들 존재의 총합이다. 즉 A의 위치 + B의 위치 +

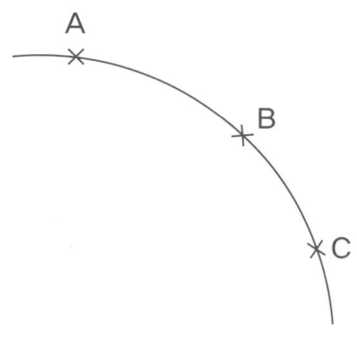

C의 위치이다. 경험론은 이런 원자적인 언어에서 벗어나서, 공간의 덩어리들 또는 시간의 덩어리들을 말하고, 성질들의 경험에 관계들의 경험을 덧붙일 수 있을 것이다. 이렇게 하더라도 이 이론에는 조금의 변화도 없다. 우선, 공간의 덩어리가 정신에 의해 아우러지고 탐색되는 것으로 생각해 볼 수 있는데, 이 경우는 의식이 더 이상 인상에 의해 정의되지 않기 때문에 경험론에서 벗어나 있다. 아니면, 공간의 덩어리 자체가 인상의 방식으로 주어지는 것으로 생각해 볼 수 있는데, 이 경우에서 공간의 덩어리는

---

43 역주) 우리는 문장 속의 "opacité"를 부정적인 의미의 "불투과성[폐쇄성]"으로 읽는다. 그리고 독역본, 일역본(나카지마)과 마찬가지로, 이 문장을 "그것들 간의 내적인 연결이나 공통 구성의 법칙에 열리지 않는다"처럼 부정적인 의미로 번역한다. "opacité"를 단순히 〈불투명성〉으로 이해하면, 이 문장은 감각 요소들이 불투명한(혼재적) 상태에서 그것들의 "내적인 연결이나 공통 구성의 법칙에 열린다"로 읽힐 가능성이 있다. 그러나 그렇게 되면, 이 문장은 앞 문장들의 내용과 다르게, 감각 요소들을 〈긍정적〉으로 기술하는 게 될 것이다.

더 넓은 배열 속에 앞서 언급한 점적인 인상과 마찬가지로 닫혀 있다. 그러나 [다음과 같이 반론할 수 있을 것이다] 하나의 둘레(곡선)는 현전하는 소여들 전체만이 아니며, 이 소여들은 그것들을 채우러 오는 다른 것들을 상기시키는 것이다. 내 앞에 붉은 얼룩이 있다고 말할 때, 얼룩이란 단어의 의미는 내가 이 단어를 사용하는 법을 배웠던 이전 경험들이 제공한 것이다. ⟨22⟩ A, B, C 세 점의 공간적 배치는 유사한 다른 배치들을 상기시켜서, 나는 하나의 원을 본다고 말하는 것이다. 이처럼 획득된 경험에 호소해도 경험론의 주장에는 어떤 변화도 생기지 않는다. 과거의 경험을 가져오는 ⟨관념 연합associations des idées⟩은 외적 결합들만 복원할 수 있고, 이 관념 연합은 하나의 외적 결합 자체일 수밖에 없다. 왜냐하면 처음의 경험은 다른 경험들을 포함하지 않기 때문이다. 일단 의식을 감각으로 정의하면, 의식의 모든 양태는 감각에서 그것의 명석함을 가져와야만 할 것이다. 원이라는 단어, 질서라는 단어는 내가 회상하는 이전의 경험 속에서, 우리의 감각들이 우리 앞에 배치되는 구체적 방식, 사실상의 배열, 감각하는 방식만을 가리킬 수 있다. A, B, C 세 점이 원 위에 있고, AB 궤적이 BC 궤적과 ⟨유사할⟩ 때, 이 유사성ressemblace은 사실 한 궤적이 다른 궤적을 생각나게 할 뿐이라는 것을 의미한다. ABC 궤적은 내 시선이 좇는 원의 다른 궤적들과 유사하지만, 이것은 그 궤적이 다른 궤적들의 회상을 일으키고, 다른 궤적들의 심상(이미지)을 나타나게 할 뿐이라는 것을 의미한다. 두 항은 결코 동일시될 수 없고, 같은 것으로 파악되거나 이해될 수 없으며, 그렇게 되는 것은 그것들의 이것임(개체성eccéité)을 넘어선다는 사실을 전제하는 것이다. 그것들은 떨어질 수 없게 연합된 것에 불과하고, 어디서나 서로 대체될 수 있을 뿐이다. 인식은 마치 대체의 시스템으로 나타난다. 이 시스템에서는 어떤 인상이 어떤 이유도 없이 다른 인상들을 알리고, 저녁이 밤을 예상케 하듯 단어들이 감각들을 예상케 한다. 지각된 것의 실질의미는 이유 없이

다시 나타나기 시작하는 심상들의 배열형태와 다름없게 된다. 가장 단순한 심상들이나 감각들은 결국 단어들 속에서 이해해야 할 것 전부이고, 개념들은 그것들을 가리키는 복잡한 방식이다. 그리고 이 심상들이나 감각들 자체는 말할 수 없는 인상들이기 때문에, 이해한다는 것은 기만이거나 착각이다. 인식은 서로서로를 나타나게 하는 자신의 대상들에 결코 지배력을 갖지 못하고, 정신은 마치 계산하는 기계[44]처럼 작동하여, 왜 그 결과가 참인지 알지 못한다. 감각은 유명론 외의 다른 철학을 받아들이지 않는다. 다시 말해, 의미를, 혼돈된 유사성의 반-의미contre-sens로 환원하거나, 아니면 인접성에 의한 연합의 무-의미non-sens로 환원한다.

[2. 장의 분응ségrégation[45]]

그런데 모든 인식을 시작하고 끝내야 할 감각과 심상은 의미의 지평에서만 나타난다. 그리고 지각된 것의 실질의미는 《23》 연합에 결과하기는커녕, 그 반대로 현재의 모양의 개관이든 이전 경험들의 상기이든 모든 연합에 전제되어 있다. 우리의 지각장champ perceptif은 〈사물들〉과 〈사물들 사이의 공백들〉로 되어 있다.[46] 대상이 움직이는 동안 부분들이 상호 연결되어 있음이 관찰되지만, 한 사물의 부분들은 이런 상호 연결에서 생겨나는 단순 외적 연합에 의해 결합되어 있지 않다. [왜냐하면] 먼저 내가 사물로서 바라보는 것은, 움직이는 것을 본 적이 없는 전체적인 것, 예컨대 집, 태양, 산이다[이기 때문이다]. 혹자는 내가 움직이는 대상의 경험에서 획득한 개념을

---

[44]   Husserl, *Logische Untersuchungen*, Chap. I, *Prolegomena zur reinen Logik*, p. 68.

[45]   역주) "분응(分凝)"은 지각의 장에서 어떤 사물(모양)이 그 사물을 에워싸는 공백과 같은 배경(바탕)에서 두드러지게 나타나는(분리-응축되는) 것을 말한다. 이 용어는 『표준국어대사전』에도 실린 말이다.

[46]   예를 들어, Köhler, *Gestalt Psychology*, pp. 164-165 참조.

이런 움직이지 않는 대상으로 확장하는[전이시키는] 것이라고 주장한다면, 산은 그것의 현실의 모습 속에서, 그것을 사물로서 알아보게 하고 또 이러한 전이transfert를 정당하게 해 주는 특성을 당연히 나타내야 할 것이다. 그러나 이 경우에서 그 특성이란 어떤 전이도 필요하지 않는 것이고, 장의 분응을 설명하는 데 충분한 것이다. 심지어 어린아이가 손으로 만지고 옮겨 놓을 수 있는 일상적 대상의 통일성조차 그것의 고체성[자기 동일성]으로 환원되지 않는다. 만약 우리가 사물들 사이의 간격을 사물로서 보기 시작한다면, 내가 숨은그림찾기에서 〈토끼〉나 〈사냥꾼〉을 발견할 때만큼이나 세계의 모습은 감각적으로(현저히) 변할 것이다. 그것은 다르게 연결된 동일한 요소들, 다르게 연합된 동일한 감각들, 다른 의미가 부여된 동일한 텍스트, 다른 형식 속의 동일한 내용(질료)이 아니라, 그야말로 다른 한 세계이다.

¶사실상의 근접성이나 유사성이 소여들을 연합시킨다고 해서, 함께 하나의 사물을 형성하기 시작하는 서로 관련 없는 소여들이 있는 것은 아니다. 이와 반대로 우리가 하나의 전체를 사물로서 지각하기 때문에, 분석적 태도는 나중에 그 전체에서 유사성이나 인접성을 구분해 낼 수 있다. 이것은 전체의 지각이 없으면 우리가 요소들의 유사성이나 인접성에 대해 주목해 보는 일을 생각조차 못 할 뿐 아니라, 문자 그대로 요소들이 동일한 세계에 속하지 않는다는 것, 그리고 유사성과 인접성은 전혀 존재하지 않는다는 것을 의미한다. 언제나 세계 속에 있는 의식을 생각하는 심리학자는 자극들의 유사성과 인접성을, 하나의 전체의 구성을 규정하는 객관적 조건들 속에 둔다. 심리학자는 가장 인접하거나 가장 유사한 자극들, 또는 모여서 광경에 최적의 균형 상태를 주는 자극들이 지각에서 동일한 배열 형태로 결합하려는 경향이 있다고 말한다.[47] 그러나 이 말은 기만적이다. 왜냐하면 **(24)** 지각된 세계에 속하면서 심지어 과학적 의식이 구축하는 이

차적 세계에도 속하는 객관적 자극과, 심리학자가 직접적 경험에 따라 기술해야 하는 지각적 의식을 대응시키기 때문이다. 심리학자의 이중적인 사유는 객관적인 세계에 속하는 관계들을 그의 기술 속에 다시 도입할 위험을 항상 지니고 있다. 이 때문에 사람들은 베르트하이머의 인접성의 법칙과 유사성의 법칙이 연합론자의 객관적인 인접성과 유사성을, 지각을 구성하는 원리로 부활시킨다고 생각할 수 있었다. 사실, 순수 기술에 있어, —형태 이론도 하나의 순수 기술이기를 원한다— 자극의 인접성과 유사성은 전체의 구성보다 앞서지 않는다. 〈좋은 형태〉[48]는 형이상학적 천상에서 즉자적으로 좋기 때문에 실현되지 않는 것이고, 그것이 우리 경험 속에서 실현되기 때문에 좋은 것이다. 이른바 지각의 조건들이 지각 자체에 선행하는 경우는, 우리가 지각적 현상을 대상에의 첫 열림으로서 기술하지 않고, 그 지각적 현상 옆에 어떤 장milieu, 즉 진리의 장소, 어떤 세계를 두어, 그곳에는 분석적 지각이 획득할 모든 명시적 해명과 모든 사실 검증(사실들의 교차)이 이미 등록되어 있고, 현실적 지각의 모든 규범이 정당화되어 있다고 전제할 때뿐이다. 우리는 그렇게 하면서, 인식의 토대가 되거나 인식을 개시하는 지각의 본질적 기능을 지각에서 제거하고, 지각의 결과물

---

47   예를 들어, Wertheimer, (인접성의 법칙(loi de proximité), 유사성의 법칙(loi de ressemblance), 〈좋은 형태〉의 법칙(loi de la 〈bonne forme〉)). "Gesetze der Nähe, der Ähnlichkeit und der 〈guten Form〉"[독역본].

48   역주) "좋은 형태(bonne forme)"의 법칙을 〈간결성(단순성(Prägnanz))의 법칙〉이라고도 한다. "베르트하이머는 소여가 여러 가지 통합방식이 가능함에도 불구하고 그 조건 하에서 가장 간결하고 가장 질서 있는 형태로 통합되고자 하는 경향이 있음을 지적하고, 이것을 게슈탈트 심리학에서의 간결성 원리라고 불렀다"(『현상학사전』, 기다 겐노에 게이이치, 무라타 준이치, 와시다 기요카즈 엮음, 이신철 옮김, 도서출판 b, 2011, p. 7) 그는 "심적 현상은 그때마다의 조건이 허락하는 한에서 전체로서 형태적으로 가장 뛰어나고 가장 질서 있으며 가장 간결한 통합을 이루려고 하는 경향이 있다"고 말한다(앞의 책, p. 18에서 재인용).

들을 통해 지각을 본다. 우리가 현상에 집중한다면, 지각 속의 사물의 통일성은 연합에 의해 구축되는 것이 아니라 연합의 조건이고, 이 사물의 통일성은 그것을 입증하고 규정하는 사실 검증(사실들의 교차)에 선행하고, 그 스스로에도 선행한다. 내가 해안가에서 난파된 배 쪽으로 걸어갈 때, 연통이나 돛대가 모래 언덕 가장자리의 숲과 구별되어 보이지 않았지만, 어느 순간 이것들이 갑자기 모이고 달라붙어서 배로 나타났다. 나는 배에 접근하면서, 배의 상층 부분들을 연속적 모습으로 결합할 유사성이나 인접성을 지각하지 않았다. 그저 나는 대상의 모습이 곧 변할 것을, 먹구름 속에 비바람이 임박하듯 이런 긴장 속에 무언가가 임박해 있음을 느꼈다. 갑자기 광경은 나의 막연한 기다림을 만족시키면서 재조직화되었다. 내가 〈자극들〉이라 부르는 것 ─다시 말해, 가까운 거리에서 보이고, 내가 그것들로 〈참된〉 세계를 조합하는, 가장 분명하게 규정된 현상들─ 의 유사성과 인접성을 변화의 근거로서 인식한 것은 사후적으로이다. 즉 〈어떻게 해서 이 나뭇조각들이 《25》 배의 일부를 이룬다는 것을 나는 보지 못했을까? 그렇지만 이 조각들은 배와 동일한 색이고, 배의 상층 부분과 잘 일치한다〉. 그러나 정확하게 지각하게 하는 이런 근거들은 올바른 지각 이전에는 주어지지 않는다. 대상의 통일성은 광경 속에 그저 잠재적으로 있는 물음에 갑자기 대답할 임박한 질서의 예감에 토대한다. 그것은 단지 막연한 초조감의 형태로 제기된 문제를 풀어낸다. 그것은 그때까지 동일한 세계에 속하지 않았던 요소들, 또 칸트가 깊이 있게 말하듯 그런 이유로 연합될 수가 없었던 요소들을 조직한다. 요소들의 개관synopsis은 그것들을 동일한 지반, 즉 하나의 대상의 지반 위에 놓음으로써, 요소들 간의 인접성과 유사성을 가능하게 한다. 또한 하나의 인상은 그 스스로에 의해 다른 어떤 인상과 결코 연합할 수 없다.

[3. 〈연합력〉은 없다]

게다가 인상은 다른 인상들을 일깨우는 힘을 갖고 있지 않다. 인상이 다른 인상들을 일깨운다면, 이 인상이 그것이 일깨울 인상들과 공존했던 과거 경험의 관점에서 미리 이해되는 경우에만 가능하다. 〈dak-tak〉[49]와 같이 두 번째 음절이 첫 번째 음절을 부드럽게 한(연음軟音화한) 운韻으로서의 2음절이 있고, 〈ged-deg〉와 같이 두 번째 음절이 첫 번째 음절을 뒤집은 2음절이 있다고 하자.[50] 이 두 가지 2음절을 외우게 하고, 경계(임계) 실험[51]에서 항상 〈부드러운 운을 찾으라〉고 지시하면, 피험자는 중립적인 음절에서보다는 ged에서 부드러운 운을 찾는 것을 더 힘들어한다는 점을 확인할 수 있다. 그러나 제시된 음절들에서 모음을 바꾸라고 지시하면, 이것은 어떤 지체도 없이 수행된다. 따라서 첫 번째 경계 실험에서 작동한 것은 연합력이 아니다. 왜냐하면 연합력이 존재한다면, 그것은 두 번째 실험에서도 작동해야 할 것이기 때문이다. 사실은 다음과 같다. 피험자는 부드러운 운과 종종 결합된 음절들을 접하였기 때문에, 실제 운을 맞추기보다는 그가 알고 있는 것을 이용하고, "재생의 의도intention de reproduction"[52]를 가동시킨다. 그래서 그가 두 번째 2음절을 만날 때, 제시된 지시는 훈련 실험에서 실현된 [음절] 조합에 더 이상 적합하지 않고, 재생의 의도는 오류 쪽으로만 향하게 된다. 두 번째 경계 실험에서 유도하는 음절의 모음을 바꾸라

---

49 역주) 영역본(Smith본)은 "tak-dak"으로 표기한다. 영역본의 표기처럼 〈t〉보다 〈d〉가 "연음화된(부드러운(adoucie))" 음이 아닌가?

50 K. Lewin, *Vorbemerkungen über die psychischen Kräfte und Energien und über die Struktur der Seele*.

51 역주) "expérience critique"을 번역한 것이다. 일반적으로 어떤 것의 한계(임계점)를 정하는 실험을 가리킨다. 여기서는 연합력이 존재하는지 아닌지, 그 유무를 정하는 실험을 의미한다.

52 "Set to reproduce", Koffka, Principles of Gestalt Psychology, p. 581.

고 제시할 때, ⟨26⟩ 지시 사항은 결코 훈련 실험에 나타난 것이 아니기 때문에, 피험자는 재생의 우회로를 이용할 수 없고, 이런 상황에서 훈련 실험은 영향을 미치지 못하게 된다. 따라서 연합은 자율적인 힘으로 결코 작동하지 않는다. 대답(반응)을 ⟨유도하는induit⟩ 것은 작용인으로 제시된 단어가 결코 아니다. 단어는 재생의 의도를 가능케 하거나 유인케 하면서만 작용하고, 그것이 이전 경험의 맥락에서 가졌던 의미를 통해서만, 또 이 경험에 의지한다는 것을 시사하면서만 작동한다. 단어는 피험자가 그것을 과거의 모습이나 그 형태적 특징physionomie[53] 속에서 알아보고 파악하는 한에서 힘을 발휘한다.

¶ 만약 단순 인접성 대신에 유사성에 의한 연합이 개입되어 있다고 한다면, 현재의 지각은 실제로 그것과 유사한 이전의 심상(이미지)을 상기시키기 위해, 이 지각이 이러한 유사성을 지닐 수 있도록 형태화mise en forme 되어야만 한다는 사실을 여전히 보게 될 것이다. 어떤 피험자[54]가 ⟨그림 1⟩을 5번 보거나 540번 보거나 간에, 그는 ⟨그림 1⟩을 그것이 ⟨위장한 채⟩ 있는 ⟨그림 2⟩에서 거의 똑같이 쉽게 알아볼 것이다. 그렇지만 그가 언제나 그것을 ⟨그림 2⟩에서 알아보는 것은 결코 아니다. 반면, ⟨그림 2⟩에서 숨겨진 다른 그림(모양)을 (게다가 그것이

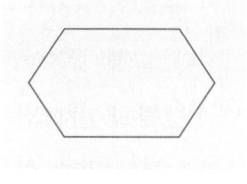

⟨그림 1⟩

---

[53]   역주) "physionomie"는 일상적으로 사람의 얼굴이나 어떤 사물의, 표정, 모습, 특징 등을 의미한다. 메를로퐁티는 이런 ⟨표정⟩, ⟨모습⟩, ⟨특징⟩을 경험론적 사실과 지성 론적인 형식(의미) 이전의, 지각적 사실로 파악한다. 그는 "원의 게슈탈트(형태)는 원의 수학적 법칙이 아니라 그것의 ⟨physionomie⟩이다"(본서 151쪽)라고 말한다. 이런 맥락에서 우리는 "physionomie"를 ⟨형태적 모습⟩, ⟨형태적 특징⟩으로 옮긴다. 그러나 이 용어가 사람의 얼굴을 가리킬 때는 ⟨형태적 모습(특징)⟩이라는 어색한 표현 대신에, ⟨(얼굴의) 모습⟩, ⟨표정⟩으로 옮긴다.

[54]   Gottschaldt, *Über den Einfluss der Erfahrung auf die Wahrnehmungen von Figuren.*

무엇인지 모르면서) 찾는 한 피험자는 [그림에 대한] 동일한 [실험(노출)] 경험을 가진 수동적 피험자보다 그것을 더 빨리 또 더 자주 발견한다. 따라서 유사성은 공존과 마찬가지로 이미지들이나 〈의식의 상태들〉의 순환을 지배할 3인칭적인 힘이 아니다. 〈그림 1〉은 〈그림 2〉에

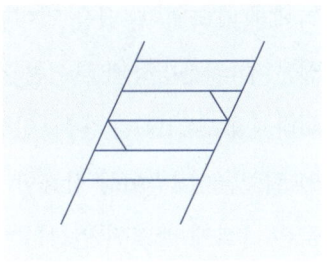

〈그림 2〉

의해 상기되지 않는다. 아니면 〈그림 1〉은 〈그림 2〉에서 이미 〈가능한 그림 1〉을 보았을 때만 상기된다. 이것이 말하는 바는, 현실적인 유사성이 어떻게 〈그림 2〉의 현재의 조직에 의해 먼저 그것이 가능하게 되는지를 물을 필요가 없게 만드는 것이 아니라는 사실이다. 즉 〈유도하는〉 그림(모양)은 그것의 기억을 불러내기 전에 유도된 그림(모양)과 동일한 의미를 띠어야만 하는 것이고, 결국 사실상의 과거는 연합의 메커니즘에 의해 현재의 지각으로 가져오는 것이 아니라, 현재의 의식 자체에 의해 펼쳐지는 것이다.

[4. 〈기억의 투사〉는 없다]

이로부터 〈지각에서 기억이 갖는 역할〉과 관련한 통상적 표현들이 타당한지를 알 수 있다. 《27》 경험론 밖에서조차 "기억의 기여apports de la mémoire"[55]를 말한다. 사람들은 "지각하는 것은 기억하는 것이다"라는 말을 되풀이한다. 그들은 책 읽을 때 시선이 빨라지면 망막 인상들에 누락된 것이 생기고, 따라서 감각 소여는 기억의 투사로 채워져야 한다고 지적한다.[56] 그래서 위아래가 거꾸로 보이는 광경이나 신문은 원래의 시각을 우

55 Brunschvicg, *L'Expérience humaine et la Causalité physique*, p. 466.
56 예를 들어, Bergson, *L'Energie spirituelle*, *L'effort intellectuel*, p. 184.

리에게 나타낼 수 있을 것이다. 또한 정상적인 방향에서 보이는 광경이나 신문이 더 분명하게 보이는 것은 기억이 거기에 덧붙이는 것이 있기 때문이다. [거꾸로 보이는 경우] "인상들의 배치가 보통 때와 다르기 때문에, 심적인 원인들이 더 이상 작용할 수 없다"[는 설명이 있다].[57] 그러나 사실, 사람들은 다르게 배열된 인상들이 왜 신문을 읽지 못하게 하고 광경을 알아보지 못하게 하는지를 묻고 있지는 않는다. 왜냐하면 기억은 소여들의 형태적 모습physionomie에 의해 가능하게 될 때, 지각을 보충하러 올 수 있기 때문이다. 기억의 어떤 기여[투사]에 앞서, 보이는 것은 지금 조직화되어 있어 내가 이전의 경험을 알아볼 수 있는 모습으로 내 앞에 제시되어야 한다. 이처럼 기억에 호소하는 것은 그것이 설명한다고 여기는 것을 전제하고 있다. 즉 소여가 형태화되는 것과 혼돈된 감각에 의미가 실려 있음을 전제하고 있다. 기억의 상기가 가능하게 될 때, 이 상기는 불필요하게 된다. 왜냐하면 기억의 상기에 대해 기대하는 작업이 이미 이뤄졌기 때문이다.

¶ 사람들은 "기억의 색깔(Gedächtnisfarbe)"에 대해 동일하게 말할 것이다. 또 다른 심리학자들에 따르면, 이 〈기억의 색깔〉은 대상의 현재 색깔을 대체하게 되고, 그 결과 우리는 기억의 〈안경을 통해〉 대상을 보게 된다.[58] 문제는 〈기억의 색깔〉을 일깨우는 것이 실제로 무엇인지를 아는 것이다. 헤링Hering은 우리가 이미 알고 있는 대상을 다시 보거나 〈다시 본다고 믿을〉 때마다, 〈기억의 색깔〉이 상기된다고 말한다. 그러나 우리는 무엇을 근거로 해서 그 대상을 다시 본다고 믿는가? 가정상 그 대상의 속성들이 변해 있는데, 현실적인 지각에서 무엇이 우리가 이미 알고 있는 대상과 관계한다고 가르쳐 주는 것인가? 형태나 크기를 재인식하는(알아보는)

---

57   예를 들어, Ebbinghaus, *Abriss der Psychologie*, pp. 104-105.
58   Hering, *Grundzüge der Lehre vom Lichtsinn*, p. 8.

것reconnaissance이 색깔의 재인식을 야기한다고 하면, 순환론에 빠지게 된다. 왜냐하면 외관상의 크기와 형태 또한 변해 있기 때문이고, 여기서 재인식도 기억의 상기에 결과하는 것이 아니라 그것에 선행해야 하기 때문이다. 따라서 《28》 어디에서도 재인식은 과거에서 현재로 이행하지 않으며, 〈기억의 투사projection de souvenirs〉는 더 심층적이고 이미 이루어진 재인식을 은폐하는 잘못된 은유에 불과하다.

¶ 마지막으로 인쇄물 교정자의 착오 또한 정확히 읽은 요소들[단어들과 같은 요소들]에 기억이 다가와 더 이상 구분되지 않을 정도로 혼합된 것으로 이해할 수 없다. 만약 기억의 상기가 순수한 감각적 소여들의 모습aspect에 의해 안내되지 않는다면, 어떻게 이 상기가 일어날 수 있을까? 또한 기억의 상기가 안내된다면, 이 경우 단어가 기억의 저장소에서 그 어떤 것도 꺼내기에 앞서 이미 그 구조나 형태적 특징을 갖고 있기 때문에, 기억의 상기는 어디에 쓸모 있다고 할 수 있을까? 그런데 대략 다음과 같은 간단한 추론에 따르면, 분명 착오의 분석은 〈기억의 투사〉를 있을 법한 것으로 만든다. 즉 종이 위에 〈destruction〉이 적혀 있지만 나는 [그것을] 〈déduction〉으로 읽기 때문에, 착오적 지각은 〈현전하는 소여〉에 근거하는 것이 아니다. 〈str〉라는 철자들을 대체하는 〈d〉라는 철자는 시각에 의해 제공되지 않기 때문에, 그것은 어딘가 다른 곳에서 와야만 한다. 사람들은 그 철자가 기억에서 온다고 말할 것이다. 이와 마찬가지로, 평평한 그림에서 약간의 빛과 어두움은 부조감浮彫感을 주는 데 충분하고, 숨은그림찾기에서 어떤 나뭇가지들은 고양이를 암시하며, 구름 속의 어슴푸레한 선들은 말을 떠올리게 한다. 그러나 과거의 경험은 사후적으로만 착각(착오)의 원인으로 나타날 수 있고, 현재의 경험은 다른 기억이 아니라 바로 이 기억을 불러내기 위해 정말로 먼저 형태와 의미를 띠어야 한다. 따라서 말, 고양이, 잘못 파악한 단어, 부조감은 현실적인 나의 시선에서 생겨나는 것이다. 그림 속의

빛과 어두움은 "부조의 본래적 현상"[59]을 흉내 냄으로써 부조감을 나타내며, 그 부조 현상에서 그것들은 공간 자체에서 생긴 실질의미(의미표현)로 물들어져 있다. 내가 숨은그림찾기에서 고양이를 발견하기 위해서는, "〈고양이〉의 실질의미(의미표현)의 통일성이 소여를 조직하는 작용에게 소여의 어떤 요소들을 보존해야 하고 무시해야 하는지에 대해 이미 어떠한 방식으로든 지침을 주지"[60] 않으면 안 된다.

¶ 착각은 스스로를 바로 진정한 지각으로 간주하게 하면서 우리를 속이는 것이고, 이 지각에서의 실질의미는 감각질(감각된 것)의 요람에서 생겨나는 것이지 다른 곳으로부터 오는 것이 아니다. 착각이 흉내 내는 경험은, 의미가 정확히 감각질과 합치하고 의미가 감각질 속에서 뚜렷이 자신을 드러내거나 자신의 목소리를 내는 그런 특권적 경험이다. 착각은 이와 같은 지각적 규범을 함축한다. 따라서 착각은 감각질과 기억 사이의 접촉(만남)에서 생길 수 없고, 이것은 지각에서 더 분명한 사실이다. 〈기억의 투사〉는 《29》 착각도 지각도 이해할 수 없게 만든다. 왜냐하면, 만약 어떤 지각된 사물이 감각과 기억으로 이루어져 있다면, 이 사물은 기억의 덧붙임(기여)을 통해서만 그 정체성이 결정될 것이고, 따라서 지각된 사물은 그 자체 속에 기억의 유입을 제한할 수 있는 어떠한 것도 없을 것이고, 그것이 언제나 지니고 있는 〈흔들리는(미결정된bougé)〉 윤곽halo이 없게 될 뿐이어서, 우리가 말한 것처럼 그것은 파악할 수 없고 쉽게 변화하여 언제나 곧 착각이 될 것이기 때문이다. 더구나 착각은 [그것과 반대되는] 한 사물이 결국 갖게 될 확고하고 결정적인 모습을 결코 보여 줄 수 없을 것이다. 왜냐하면 지각 자체에는 사물의 확고하고 결정적인 모습이 없을 것이고, 따라

59   Scheler, *Idole der Selbsterkenntnis*, p. 72.
60   *Id. ibid.*

서 착각은 우리를 속이지 못할 것이기 때문이다. 마지막으로, 기억이 스스로를 감각에 투사하는 것이 아니라, 의식이 기억과 현재의 소여를 대조하여 그 소여와 결합하는 기억만을 남겨 보는 것을 생각해 볼 수 있다. 이런 생각은 그 자체 속에 그것의 의미를 갖고 있는 원래의 텍스트를 인정하는 것이고, 이 텍스트의 의미를 기억의 의미에 견주는 것이다. 즉 이 텍스트는 지각 자체가 되는 것이다.

¶ 요컨대, 〈기억의 투사〉에서 지각에 정신적 작용을 도입해야 한다는 것과, 경험론에 반대하는 입장에 서야 한다는 것은 잘못된 생각이다. 이와 같은 이론은 경험론의 귀결, 경험론에 대한 뒤늦고 효과도 없는 수정에 불과하다. 그것은 경험론의 전제를 받아들이고, 경험론의 난점을 공유하며, 경험론과 마찬가지로 현상을 이해하려고 하기보다는 은폐한다. 그 전제는 언제나 그러듯이 감각기관에 의해 제공될 수 있는 것으로부터 소여를 이끌어 내는 데 있다. 예컨대, 인쇄물 교정자의 착오에서, 사람들은 실제로 보인 요소들을 눈의 운동, 읽는 속도, 망막 인상에 필요한 시간으로 재구성한다. 이어서, 그들은 전체 지각으로부터 이러한 이론적 소여들을 잘라 내면서 〈기억된 요소들〉을 획득하고, 이번엔 이 요소들을 정신적인 것들로 취급한다. 그들은 돌들로 집을 구축하듯이 의식의 상태들로 지각을 구축하고, 이러한 재료들을 하나의 압축된 전체로 융합시키는 정신적 화학을 상상한다. 모든 경험론적 이론과 마찬가지로 이 이론은 결코 인식과 동일한 것일 수 없는 맹목적 과정만을 기술한다. 왜냐하면 이러한 감각과 기억의 무리 속에서 보는 사람, 즉 소여와 기억된 것의 일치를 체험할 수 있는 사람이 없기 때문이다. 또 다른 한편으로는, 범람하는 기억에 맞서 하나의 의미에 의해 지켜지는 견고한 대상도 없기 때문이다. 따라서 모든 것을 불투명하게 만드는 이런 전제는 버려야 한다. 객관적인 원인들에 따라 소여와 기억된 것을 분리하는 것은 자의적이다. 우리가 현상으로 되돌아간다

면, 환원할 수 없는 의미를 이미 잉태하고 있는 전체를 근본적인 층으로서 발견하게 된다. 그것은 기억이 끼어들어 가야 할 빈틈 있는 감각이 아니라, 《30》 자연발생적으로 이전의 경험뿐 아니라 그 순간의 의도(지향)와 일치하는 광경이나 낱말의 형태적 특징(모습), 그러한 것들의 구조라는 것이다.

¶ 따라서 지각에서 기억의 진정한 문제, 지각적 의식의 일반적 문제와 연결된 문제가 드러난다. 그것은 다음과 같은 것을 이해하는 것이다. 즉 어떻게 의식이 [지각적 광경을] 보충할 재료를 신화적 무의식 속에 지니지 않으면서, 의식 그 스스로의 삶에 의해, 시간의 흐름 속에서 자신의 광경의 구조를 바꾸어 나가는가? 어떻게 의식의 과거 경험은 매 순간 지평의 형태로 의식에 현전하는가? 이 지평은 의식이 기억의 작용에서 그것을 인식의 주제로 간주하면, 다시 열 수 있는 것이지만, 의식이 또한 지평을 〈가장자리에en marge〉 둘 수 있고, 또 그렇게 두면 그것은 지각된 것에 즉각 현재의(현전하는) 분위기atmosphère와 실질의미를 주는 것이다. 언제나 의식이 가까이서 접근할 수 있는 장, 바로 그 때문에 모든 지각을 둘러싸고 감싸는 장champ이 있고, 분위기나 지평이 있으며, 또는 이를테면, 의식에 시간적인 상황을 부여하는 주어진 〈구조화된 것montanges〉이 있다. 이런 것이 바로 과거의 현전이고, 지각과 기억이 구별되는 작용이게 할 수 있는 것이다. 지각하는 것은 여러 인상을 체험하면서 이 인상들을 보충할 수 있는 기억들을 끌어들이는 것이 아니다. 그것은 내재한 의미가 소여들의 배열형태constellation로부터 솟아오르는 것을 보는 것이고, 이 내재한 의미가 없다면 기억에 호소하는 어떤 것도 가능하지 않다. 기억하는 것은 즉자적으로 존속하는 과거의 한 목록을 의식의 시선으로 가져오는 것이 아니다. 그것은 과거의 지평에 빠지는 것이다. 또 그것은 과거의 지평 속의 펼쳐지지 않았던 관점적 현상들perspectives을 점차로 펼치면서, 그때까지 과거 지평이 축약했던 경험들을 그것들의 시간적인 자리에서 새롭게 체험하는 것과 같

은 것이다. 지각하는 것은 기억하는 것이 아니다.

[5. 경험론과 반성]

그러므로 〈모양〉과 〈바탕〉의 관계, 〈사물〉과 〈비-사물〉의 관계, 그리고 과거의 지평은 의식의 구조들이고, 이 의식의 구조들은 이 구조들 속에서 나타나는 성질들로 환원할 수 없다. 경험론은 이러한 선험적인 것*a priori*을 어떤 정신 화학적 결과로 취급하는 방식을 언제나 유지할 것이다. 경험론은 어떤 사물도 사물이 아닌 바탕에서 나타난다는 사실과, 현재는 부재하는 과거와 미래라는 두 지평 사이에서 나타난다는 사실에 동의할 것이다. 그러나 이 이론은 이러한 실질의미들이 파생적이라고 계속 말할 것이다. [이 이론에 따르면] 〈모양〉과 〈바탕〉, 〈사물〉과 그것의 〈주위〉, 〈현재〉와 〈과거〉와 같은 말은 어떤 공간적·시간적인 관점적 현상의 경험을 요약한 것인데, 결국 이 관점적 현상은 기억이 소멸된 것이거나 가장자리의 [흐릿한] 인상이 소멸된 것이다. [이 이론은 계속 주장한다.] 이 구조들은 일단 사실상의 지각에서 형성되면, 그것들의 성질이 제공할 수 있는 것보다 더 많은 의미를 가지지만,⟪31⟫ 나는 의식의 이런 증언에 만족하지 말아야 한다. 또 나는 이 구조들이 그 현실적 관계를 표현하는 인상들을 통해 구조들을 이론적으로 재구축해야 한다. 이상과 같은 입장에서 경험론은 논박할 수 없는 것이 된다. 경험론은 반성의 증언을 거부하고, 우리가 전체에서 부분으로 나아가면서 이해한다고 의식하는 구조들을 서로 외적인 인상들의 연합으로부터 만들어 낸다. 이 때문에 경험론을 반박하는 결정적 증거로 인용할 수 있는 어떤 현상도 존재하지 않게 된다. 일반적으로, 자기 자신을 의식 못 하고 사물에 머물러 있는 사유를, 현상의 기술을 통해 반박하는 것은 불가능하다. 사람들은 이 세계의 모양, 생명, 지각, 정신에 대해 우리가 갖는 경험을, 가장 가까운 근원으로 또 그것들에 대한 우리 인식들의 최종 심급으로 인정하지 않고, 그것들을 구축하고자 시도하려고 할 것이다. 이렇게 하는 한, 물리학자의 원자는 이 세계의 역사적이고 질적인 모양보다, 물리-화학적 과정은 유기체적 형태보다, 경험론의 심적인 원자는 지각된 현상보다, 빈학파의 〈의미signification〉와 같은 지적인 원자는 의식보다 언제나 더 실제적으로 나타날 것이다. 이러한 시선의 전도는 명료한 것과 불투명한 것의 관계를 뒤집는 것으로, 각 사람에 의해 실행되어야 하는 것이다. 그러고는 그 이후에 이 전도는 이 전도가 이해시켜 주는 풍부한 현상들로 정당화된다. 그러나 이런 전도가 일어나기 전에는 현상들은 접근할 수 없는 것이었고, 경험론은 현상들에 관한 기술에 대해, 이해할 수 없다고 하면서 언제나 반대할 수가 있다. 이런 의미에서, 반성은 광기와 마찬가지로 닫힌 사유 체계이다. 다만 반성이 자기 자신과 광인을 이해한다면, 광인은 반성을 이해하지 못한다는 차이가 있다.

¶ 그러나 현상의 장champ phénoménal이 진정 새로운 세계라 하더라도, 자연적 사유는 결코 이 장을 절대 모르는 것은 아니며, 현상의 장은 이 자연적 사유에 지평으로 현전하고 있다. 그리고 경험론의 학설 자체는 정말로 의식의 분석의 한 시도라 할 수 있다. 따라서 경험론적 구축이 이해 불가능하게 만드는 모든 것과 은폐하는 모든 본래의 현상을 지적하는 것은 〈신화에 맞서는 방법paramythia〉으로서 유용한 것이다. 경험론적 구축은 무엇보다도 거의 모든 우리의 삶이 이루어지는 〈문화적 세계〉 또는 〈인간적 세계〉를 은폐한다. 대부분의 우리에게서 자연은 도시, 거리, 집, 특히 타인의 현전에 의해 뒤로 밀려난 것으로서 막연하고 먼 존재일 뿐이다. 그런데 경험론 입장에서 〈문화적〉 대상과 사람의 얼굴에 있는 그 형태적 모습physionomie이나 마술 같은 힘은 전이transferts[61]와 기억의 투사에 기인한 것

---

61   역주) 메를로퐁티가 인간적 또는 문화적 세계에 대한 경험론적 설명 방식으로 제시

이고, 인간적 세계는 우연적으로만 의미를 지닌다. 《32》 어떤 광경, 어떤 대상, 또는 어떤 몸의 감각적 측면 속에는 〈기쁜〉 또는 〈슬픈〉, 〈활기 있는〉 또는 〈침울한〉, 〈우아한〉 또는 〈거친〉 모습이 있도록 해 주는 것은 아무것도 없다. 경험론은 우리가 지각한 것을, 우리의 감각기구에 작용할 수 있는 자극의 물리-화학적 속성으로 한 번 더 정의하면서, 분노나 고통, 종교, 도시를 지각으로부터 배제해 버린다. 그러나 나는 사람의 얼굴에서 분노나 고통을 읽고, 주저함이나 신중함에서 종교의 본질을 파악하며, 경찰관의 태도나 역사적 건축물의 양식에서 도시의 구조를 인식한다. [경험론에 있어] 더 이상 객관적 정신*esprit objective*은 있을 수 없다. 즉 정신적 삶은 고립되고 내성內省에만 몰두하는 의식 속에 틀어박혀서, 내가 토론하는 사람들이나 함께 사는 사람들이 만든 인간적 공간, 즉 내가 일하는 장소나 나의 행복이 있는 장소에 분명 스스로를 전개해야 하는데 그렇게 하지 않는다. 기쁨과 슬픔, 활기와 무기력은 내성의 소여들이다. 그리고 우리가 이것들을 광경이나 타인의 모습에 부여하는 것은, 이 내적 지각들이 그 외적 기호들 —우리의 우연한 유기체적 조직에 의해 이 둘은 연합되었다— 과 일치하는 것을 우리 자신 속에서 확인하기 때문이다. 이처럼 빈약해진 지각은 순수한 인식 작용이 되고, 성질들과 이 성질들의 가장 통상적인 전개 과정을 차례

하는 "전이"는 심리학에서 〈학습의 전이〉, 〈공간 지각에서 감각적 전이〉, 〈감정의 전이〉 등으로 사용된다. 학습의 전이는 "어떤 형태의 활동을 학습하면서 획득된 진척된 결과가, 이와 다르지만 다소 유사한 활동의 수행이나 … 획득을 … 쉽게 할 수 있게 할 때"의 전이이다. 공간 지각에서 감각적 전이는 "시각적 지각이 촉각-운동감각적 영역에서 표현되거나 … 반대로 촉각적 지각이 시각화될 때"의 전이이다. 감정의 전이는 "정신분석적 치료 과정 중 분석 받는 사람의 콤플렉스적 태도가 분석하는 사람에게 애정이나 적대심 또는 양면적 감정이 전개될" 때의 전이이다(H. Piéron, *Vocabulaire de la psychologie*, PUF, 1952). 경험론은 이러한 전이를 맹목적 과정으로 이해하고 그것으로 인간적 또는 문화적 세계를 설명할 것이다.

로 기록하는 작용이 된다. 그리고 과학자가 그의 실험 앞에 있는 것처럼 지각하는 주체는 세계 앞에 있게 된다. 이와 반대로 이러한 모든 〈투사〉, 〈연합〉, 〈전이〉가 대상의 어떤 본질적(내적인) 특성에 토대한다는 점을 우리가 받아들인다면, 〈인간적 세계〉는 은유이기를 그치면서 다시 실제 있는 그대로가 될 것이며, 우리 사유의 장소(환경) 및 고향과 같은 게 될 것이다. 지각하는 주체는 〈탈-세계적인〉 사유 주체가 되기를 그칠 것이고, 행동, 감정, 의지는 대상을 두는(만나는poser) 본래적 방식들로서 계속 탐구될 것이다. 왜냐하면 "한 대상은 검거나 파랗게, 둥글거나 네모나게 나타나기 전에, 우리를 끌어당기거나 밀어내는 것으로 나타나기"[62] 때문이다.

¶ 그러나 경험론은 문화적 세계가 우리 실존의 자양분인데도 그것을 환영으로 만들면서 경험을 왜곡하는 것으로 그치지 않는다. 자연적 세계 또한 동일한 이유로 왜곡한다. 우리가 경험론을 비판하는 점은 자연적 세계를 첫 번째 분석의 주제로 삼지 않았다는 것이다. 왜냐하면 모든 문화적 대상은 그것이 그 위에서 나타날 뿐 아니라 《33》 불명료하고 멀리 있기도 한 자연의 토대를 가리키기 때문이다. 우리의 지각은 그림 뒤에 캔버스가, 역사적 건축물 뒤에 풍화하는 시멘트가, 극중 인물 뒤에 피곤해하는 배우가 가까이 현전하고 있음을 느낀다. 그러나 경험론이 말하는 자연은 자극과 성질의 총합이다. 이런 자연이 우리 지각의 일차적 대상이라고 주장하는 것은, 그것이 의도적인 주장이라 해도 불합리한 것이다. 그런 자연은 분명 문화적 대상의 경험 이후의 것이거나, 아니면 오히려 문화적 대상 중 하나이다. 따라서 우리는 또한 자연적 세계뿐 아니라, 과학적 대상의 존재 양태와 동일하지 않은 자연적 세계의 존재(실존) 양태를 재발견해야 할 것이다. 모양이 바탕을 가리고 있지만, 바탕이 모양 아래로 계속되고, 모양 아

---

[62] Koffka, *The Growth of the Mind*, p. 320.

래에서 보인다. 이러한 현상은 대상의 현전의 모든 문제를 포괄하지만, 그 자체가 경험론적 철학에 의해 은폐된다. 경험론적 철학은 시각의 생리학적 정의를 근거 삼아 이 바탕 부분을 보이지 않는 것으로 다루고, 바탕 부분이 하나의 심상(이미지), 즉 약화된 감각에 의해 주어진다고 가정하면서 그것을 단순한 감각 성질의 상태가 되게 한다. 더 일반적으로 말해, 우리의 시각장에 들어 있지 않은 실제 대상들은 심상으로서가 아니라면 우리에게 현전할 수가 없다. 이 때문에 이 대상들은 〈언제나 감각이 될 수 있는 가능성들〉에 불과한 것이 된다. 만약 우리가 내용의 우위라는 경험론의 전제를 버린다면, 우리 등 뒤에 있는 대상의 독특한 실존의 양태를 인정할 수 있을 것이다. "자신의 등 뒤에 아직도 세계가 있는지 보려고"[63] 몸을 돌리는 히스테리 증상의 어린아이에게는 심상이 결여된 것이 아니다. 이 어린아이의 지각된 세계는 정상인에게서 지각된 세계의 숨겨진 측면이 보이는 측면만큼이나 확실한 그런 본래적 구조를 상실하였던 것이다. 여전히 또 경험론자는 심적인 원자들을 모으면서 이러한 모든 구조에 근접한 등가물을 언제나 구축할 수 있을 것이다. 그러나 이어지는 장들에서 검토될 지각된 세계의 여러 모습에서, 경험론자(경험론)는 점점 더 일종의 정신맹으로 나타날 것이고, 경험이 드러내는 것을 아주 빈약하게만 해명하는 체계로도 나타날 것이다. 그 반면 반성은 경험론의 진리를 본래의 자리에 둠으로써 경험론의 종속된 진리를 이해할(포괄할) 것이다.

63   Scheler, *Idole der Selbsterkenntnis*, p. 85.

〈주의〉와 〈판단〉

지금까지 경험론과 관련하여 고전적 편견에 대해 논의해 왔다. 사실 우리가 경험론만을 문제 삼지는 않았다. 이제 경험론의 반대 입장인 지성론도 경험론과 동일한 지반에 서 있음을 보여 주어야 한다. 이 두 입장은 객관적 세계를 분석의 대상으로 삼지만, 이 세계는 시간상으로도 그 의미에 있어서도 일차적인 것이 아니다. 이 두 입장은 지각적 의식이 그 대상을 구성하는 특정한 방식을 표현하지 못한다. 두 입장 모두 지각에 밀착하기 보다는 지각과 거리를 둔다.

[1. 주의와 즉자적 세계의 편견]

이러한 점을 보여 주기 위해서 주의attention 개념의 역사를 연구하면 좋을 것이다. 경험론은 주의 개념을 〈항상성 가설〉로부터, 다시 말해 우리가 설명했듯이 객관적 세계의 일차성(우위성)으로부터 이끌어 낸다. 비록 우리가 지각한 것이 자극의 객관적인 속성에 대응하지 않을지라도, 항상성 가설은 〈정상적 감각〉이 이미 거기에 있음을 인정해야 한다고 요구한다. 따라서 정상적 감각(감각된 것)은 눈에 띄지(지각되지) 않은 채 있어야 한다. 그리고 사람들은 탐조등이 어둠 속에 이미 존재하는 대상을 비추듯, 정상적 감각을 드러내는 기능을 주의라 부를 것이다. 이처럼 주의 작용은 어떤 것도 만들어 내지 않는다. 그것은 말브랑슈Malebranche가 거의 그렇게 말한 것처럼, 내가 제기하는 질문에 답할 수 있는 지각 또는 관념을 솟아나게 하는 자연의 기적이다. 〈Bemerken(주의하다)〉이나 〈take notice(주의(주목)하다)〉는 그것이 나타나게 하는 관념들의 작용인(산출 원인)이 아니기 때문에, 빛 받은 광경이 어떠하든 탐조등의 빛이 동일하듯이, 모든 주의 작용에 있어 동일하다. 따라서 주의는 매 순간 무차별적으로 의식의 모든 내용으로 향할 수 있다는 의미에서, 일반적이고 무제약적인 능력이다. 주의는 어느 곳에서도 산출적이지 않아서, 그 어떤 곳과도 관계하고(관심 가지고) 있지 않다. 주의를 의식의 삶에 연결하기 위해서는, 어떻게 지각이 주의를 일깨우는지, 이어서 어떻게 주의가 지각을 전개하고 풍부하게 하는지를 보여야 할 것이다. 즉 내적인 연결에 대한 기술이 필요하겠지만, 〈35〉 경험론은 외적 연결들만 이용하고, 의식의 상태들을 병치시킬 수 있을 뿐이다. 우리가 경험론의 주체에 어떤 자발성을 허용해 주기만 하면, ─그런데 이것은 주의 이론의 존재 근거이다─ 그 주체는 곧장 절대적 자유만을 받을 수 있다.

¶ 반대로 지성론은 주의의 생산성fécondité에서 출발한다. 즉 나는 주의를 통해 대상의 진리를 획득하는 것을 의식하기 때문에, 주의는 대상의 어떤 장면에서 다른 어떤 장면으로 우연히 이어지게 하지 않는다. 대상의 새 모습은 이전의 모습을 지배하고, 이전의 모습이 의미했던 모든 것을 표현한다. 밀랍은 애초에 변형되기 쉽고 변하기 쉬운 연장의 단편이지만, "밀

랍 속에 있고 밀랍을 이루고 있는 것들에 대해 많게 혹은 적게 주의를 기울임에 따라",[64] 나는 밀랍을 명석하거나clairement 혼돈스럽게confusément 안다. 나는 주의 속에서 대상에 대한 밝힘(드러냄)을 체험하기 때문에, 지각된 대상은 주의가 드러내는 지적인 구조를 이미 포함해야 한다. 의식이 접시의 둥근 형태적 모습 속에서 기하학적인 원을 발견하는 것은, 의식이 이미 그 원을 그 형태적 모습 속에 두기 때문이다. 주의를 통해 지식을 얻기 위해서는, 의식 잃은 사람이 의식이 돌아온다는 의미로, 의식은 자기에게로 돌아오는 것으로 충분하다. 반대로 부주의하거나 정신착란적인 지각은 반수면 상태의 지각이다. 이런 지각은 부정을 통해서만 기술될 수 있고, 그 대상도 일관성이 없으며, 우리가 말할 수 있는 유일한 대상은 깨어 있는 의식의 대상이다. 당연히 우리에게는 몸이라는 원리, 즉 끊임없는 방심과 혼미함의 원리가 있다. 그러나 몸에는, 우리가 존재하지 않는 것을 보게 하는 능력이 없다. 몸은 우리로 하여금 그러한 것을 보고 있다고 믿게 할 수 있을 뿐이다. 지평선에 있는 달은 중천에 있는 달보다 크지도 않고 크게 보이지도 않는다. 만약 우리가 주의 깊게, 즉 마분지 통이나 망원경으로 달을 바라본다면, 나타나는 달의 직경이 일정하다는 것을 보게 될 것이다.[65] 부주의한 지각은 주의하는 지각보다 더 많은 것도, 심지어 다른 것도 포함하지 않는다. 따라서 [지성론 입장에서] 철학은 나타난 모습apparence[66]이 가질 높은 가치를 고려할 필요가 없다. 순수 의식, 즉 의식이 허용하여 생긴 장애물이 제거

---

64   *Deuxième Méditation*, AT IX, p. 25.
65   Alain, *Système des Beaux-Arts*, p. 343.
66   역주) 우리는 "apparence"가 경험론적이거나 부정적인 의미로 쓰인 경우는 〈외현〉, 〈외현적 모습〉으로, 중립적이거나 긍정적인 의미로 쓰인 경우는 〈나타남〉, 〈나타난 모습〉, 〈나타난 것〉으로 번역한다. 또 맥락에 따라서 〈외관〉, 〈외적인 모습〉으로도 번역할 것이다. 마찬가지로 "apparent"이 경험론적이거나 부정적인 의미로 쓰인 경우는 〈외현적〉, 중립적이거나 긍정적인 의미로 쓰인 경우는 〈나타난〉으로 번역한다.

된 의식, 그리고 몽상이 조금도 섞이지 않은 세계는 사람들 각자가 언제나 접근할 수 있는 것이다. 혼돈은 존재하지 않기 때문에, 우리는 주의 작용을 혼돈에서 명석으로 이행하는 것으로서 분석할 필요가 없다. 의식은 대상을 규정함으로써만 존재하기 시작하고, 〈내적 경험〉의 환영조차도 외적 경험에 의존하면서만 가능하게 된다. 《36》 따라서 의식은 사적인 삶이 없고, 존재하지 않는 카오스(혼돈) 외에는 장애물이 없다. 그러나 모든 것을 구성하는 의식, 아니면 자신의 모든 대상의 지적인 구조를 영원히 소유한 의식에서의 주의는, 아무것도 구성하지 못하는 경험론적인 의식에서와 마찬가지로 추상적이고 무의미한 능력이 된다. 왜냐하면 그 주의는 그런 의식에서 해야 할 것이 없기 때문이다. 그런 의식은 관심 있는 대상만큼이나 관심 갖지[주의하지] 않은 대상에 여전히 내적으로 연결되어 있고, 주의 작용의 잉여적 명석함은 어떤 새로운 관계도 열지 못한다. 따라서 여기서도 주의 작용은 그것이 비추는 대상의 변화가 어떠하든 변화하지 않는 빛이 되고, 사람들은 "의도(지향)의 특수한 양태와 방향"[67]을 또다시 주의의 공허한 작용으로 대체해 버린다.

¶ 결국 [지성론에서] 주의 작용은 무차별적으로 모든 대상에 접근할 수 있기 때문에 무제약적이다. 이것은 경험론자의 주의 작용-Bemerken이 그것에 모든 대상이 초월적이기 때문에 무제약적인 것과 마찬가지이다. [지성론적인] 의식은 모든 대상을 가지고 있는데, 어떻게 그중 한 현실적 대상이 주의 작용을 불러일으킬 수 있는가? 경험론이 결여한 것은 대상과, 대상이 작동시키는 [주의] 작용 사이의 내적 연결이다. 지성론이 결여한 것은 사유하는 계기occasions의 우연성이다. 전자의 경우 의식은 너무나 빈약하고, 후자의 경우 의식은 너무나 풍부하여, 어떤 현상도 그것을 유인하지[부추기

---

67   Cassirer, *Philosophie der symbolischen Formen*, t. III, *Phänomenologie der Erkenntnis*, p. 200.

지*solliciter*) 못한다. 경험론은 우리가 찾고 있는 것을 알 필요가 있음을 보지 못한다. 사실 우리가 모른다면 그것을 찾지 않을 것이기 때문이다. 그리고 지성론은 우리가 찾고 있는 것을 모를 필요가 있음을 보지 못한다. 우리가 알고 있다면 그것을 다시 찾지 않을 것이기 때문이다. 이 이론들은 배우는 중인 의식을 파악하지 않는다는 점, 이러한 제한적인 모름을 고려하지 않는다는 점, 아직도 〈비어 있으〉나 이미 정해진(결정된), 주의 자체인 이러한 의도(지향)를 고려하지 않는다는 점에서 서로가 일치한다. 주의가 그것이 찾고 있는 것을 매번 새로운 기적으로 획득하든, 주의가 미리 그것을 소유하고 있든, 이 두 경우에서 대상의 구성은 불문에 부쳐진다. 그 대상이 성질들의 총합이 되든지 아니면 관계들의 체계가 되든지, 그것은 존재하자마자, 순수하고 투명하며 비개인적인 것이어야 한다. 그리고 그 대상은 내 의식에 나타나는 것과 같이, 불완전한 것, 내 삶과 앎의 한 순간의 진리가 되지 말아야 한다.[68] 지각적 의식은 엄밀한 형태의 과학적 인식과 구별되지 않고, 미결정된(미규정된) 것은 정신의 정의 속에 들어가지 않는다. 《37》 지성론은 의도하지 않았지만, 결국 이 두 학설은 주의가 어떤 것도 만들어 내지 않는다는 생각을 공유한다. 왜냐하면 즉자적인 인상들의 세계나 규정하는 사유의 세계는 똑같이 정신의 활동이 없는 것이기 때문이다.

심리학자들의 주의 분석은 이러한 활동 없는(할 일 없는) 주체의 개념에 반하여 의식의 발견이라는 가치를 지닌다. 그리고 〈항상성 가설〉에 대한 비판은 경험론이 즉자적 실재로서 파악하고, 지성론이 인식의 내재적 항으로서 파악한 〈세계〉의 독단적 믿음에 대한 비판으로까지 전개될 것이

---

68   역주) 랜즈의 영역본은 "내 삶과 앎의 한 순간의 진리가 되어야 한다"처럼 긍정의 의미로 번역한다. 그러나 우리는 독역본과 일역본(나카지마)처럼 부정의 의미로 번역한다. 즉 "〈한〉 순간의(순간에 있어서의) 진리"를 "불완전한 것"으로 보기 때문이다.

다. 주의는 무엇보다도 정신적 장champ mental의 변형, 즉 의식이 그것의 대상에 현전하는 새로운 방식을 전제한다. 누군가 내 몸을 만질 때, 내가 주의 작용을 통해 만진 지점의 부위를 지적한다고 해 보자. 중추적 원인으로 위치규정이 불가능하게 된 어떤 장애들을 분석해 보면, [주의할 때의] 의식의 심층적 활동이 드러난다. 헤드Head는 간단히 〈주의의 국소적 약화〉를 말한다. 그렇지만 실제로는 하나 혹은 몇 개의 〈국소시표局所示標〉[69]의 파손의 문제도, 이차적인 파악appréhension 능력의 약화의 문제도 아니다. 장애의 첫 번째 조건은 감각장의 붕괴이다. 즉 감각장은 주체가 탐색하는 운동에 맞춰 지각하고 움직일 때 더 이상 고정되어 있지 않고, 주체가 질문을 받고 있는 동안에는 수축되어 있다.[70] 모호한 부위emplacement vague, 즉 이와 같은 모순적인 현상은 정말로 연장extension이 있는 선객관적 공간을 드러낸다. 함께 만져진 몸의 여러 지점은 주체가 혼동하지 않기 때문에 연장이 있지만, 어떤 고정된 공간적인 틀도 한 지각에서 다른 지각으로 존속하지 않기 때문에 이 지점들은 아직도 하나의 위치에 속하지 않는다. 따라서 주의에 주어진 첫 번째 활동은 〈조감(장악)할(Überschauen)〉 수 있는, 지각적 또는 정신적 장을 만드는 것이다. 즉 탐색하는 기관의 운동이나 사유의 진행이 가능해지고, 의식은 이런 전개 속에서도 이미 획득한 것을 잃어버리지 않으며, 또 의식 자신이 일으킨 변화 속에서도 자신을 상실하지 않는, 그러한 장을 만드는 것이다. 만져진 지점의 정확한 위치는 나의 팔다리와

---

[69] 역주) "signes locaux." "피부와 망막 수용기들을 개별화하는 성질로서, 촉각적 자극의 위치와 시각적 방향의 지각을 토대한다[로체(Lotze)의 표현, 1852]"(H. Piéron, *Vocabulaire de la psychologie*, PUF, 1951). "피부 또는 눈 각막의 두 점이 같은 자극을 받더라도 각기 감각이 일어난 곳이 다름을 나타내는 성질"(『표준국어대사전』). 『표준국어대사전』에서는 〈국소시표〉를 〈국소징험(局所徵驗)〉과 동의어로 풀이하고 있다.

[70] J. Stein, *Über die Veränderungen der Sinnesleistungen und die Entstehung von Trugwahrnehmungen*, pp. 362, 383.

몸이 처한 방향에 따라 내가 그 지점에 대해 갖는 다양한 느낌의 불변적 요소일 것이다. 그리고 주의 작용이 이 불변적 요소를 고정시키고 객관화할 수 있는 것은, 나타난 변화들에 대해 뒤로 물러나 거리를 유지하기 때문이다. 따라서 일반적이고 형식적인 작용으로서의 주의는 존재하지 《38》 않는다.[71] 각기 여러 경우에서 획득할 어떤 자유, 마련할 어떤 정신적 공간이 있다. 또한 주의의 대상 자체도 나타나게 해야 한다. 이러한 것은 문자 그대로 하나의 창조이다.

¶ 예를 들어 보자. 오래전부터 알려졌듯이, 어린아이는 생후 9개월 동안 색 있는 것과 색 없는 것을 대략적으로만 구별한다. 이어서 색 표면은 〈따뜻한〉 색조들과 〈차가운〉 색조들로 분절되며, 나중에는 세부 색들이 나타난다. 그러나 심리학자들[72]은 어린아이가 단지 색 이름들을 모르거나 혼동하기 때문에 색들을 구별하지 못한다고 가정한다. 어린아이는 초록색이 있는 곳에서 정말로 초록색을 보았음에 틀림없고, 단지 초록색에 주의하지 못하고 자신에게 주어진 현상을 파악하지 못할 뿐이라는 것이다. 이것은 심리학자들이 색들이 결정되어 있지 않은 세계, 명확하지 않은 성질로서의 색을 생각하는 데 이르지 못한 것이다. 이런 편견에 대한 비판으로부터, 오히려 색들의 세계는 〈따뜻한〉 색조과 〈차가운〉 색조의 구별, 〈색이 있는 것〉과 〈색이 없는 것〉의 구별처럼, 일련의 〈형태적 모습physiono-miques〉의 구별에 근거한 이차적인 형성물[형태화된 것]임을 알 수 있다. 우리는 어린아이에게서 [구별되는] 색을 대신하는 이러한 현상을 결정된(규정된) 어떤 성질과도 비교할 수 없고, 마찬가지로 환자의 〈기이한〉 색을 스펙트럼의 어떤 색과도 동일시할 수 없다.[73] 따라서 엄밀한 의미에서 처음으

---

71   E. Rubin, *Die Nichtexistenz der Aufmerksamkeit.*

72   예를 들어, Peters, *Zur Entwickelung der Farbenwahrnehmung*, pp. 152-153.

로 색을 지각하는 것은 의식 구조의 변화가 생기는 것이고,[74] 경험의 새로운 차원이 확립되는 것이며, 하나의 선험적인 것*a priori*이 전개되는 것이다.

¶ 이제 주의는 이와 같은 원초적인 작용을 모델로 삼아 생각해야 하는 것이다. 왜냐하면 이차적인 주의는 이미 획득된 앎을 불러내기만 하면서, 우리로 하여금 획득된 것으로 향하게 하기 때문이다. 주의한다는 것은 단순히 이미 존재하는 소여를 더 많이 밝히는 것이 아니다. 그것은 소여를 모양으로 삼으면서 새로운 분절articulation을 소여 속에서 실현하는 것이다.[75] 소여는 지평으로서만 미리 형성되어 있을 뿐이고, 이제 전체의 세계 속에서 진정으로 새로운 영역을 구성한다. 바로 소여가 가져오는 본래적(고유한) 구조가 주의 작용의 이전과 이후의 대상을 동일한 것으로 나타나게 한다. ⟨39⟩ 일단 성질로서의 색이 획득되면, 단지 이 성질로서의 색 때문에 이전의 소여들은 이 성질에 대한 준비로 나타난다. 일단 방정식이라는 관념이 획득되면, 산술의 등식들은 동일한 방정식의 변양태들로 나타난다. 주의 작용은 바로 소여를 전복시키면서 스스로 이전 작용들과 연결하고, 의식의 통일성은 ⟨이행의 종합synthèse de transition⟩[76]을 통해 점차로 이와 같이 이루어진다. 의식의 기적은 대상의 통일성을 파괴하는 그 순간에 새로운 차원에서 그것을 재확립하는 현상들을 주의를 통해 나타나게 한다. 이처

---

73   *Cf.* supra p. 16.

74   Koehler, *Über unbemerkte Empfindungen.*··· p. 52.

75   Koffka, *Perception*, pp. 561과 그 이하.

76   역주) 메를로퐁티가 지성론의 ⟨지성적 종합(synthèse intellectuelle)⟩과 대비해서 쓰는 표현이다. 이것은 "내가 램프의 보이지 않는 측면에 손을 뻗을 수 있기 때문에 그 측면을 예견하는"(Primat, p. 48) 것처럼, 지각적 소여들이 지성적인 차원이 아니라 실천적 차원에서 종합되는 것을 나타낸다. 또한 이것은 "보이지 않는 측면이 ⟨다른 쪽에서 보이⟩듯이, 나에게 현전하면서 동시에 곧 나타나는 것으로 스스로를 알리는" 것처럼, "지평의 종합(synthèse d'horizon)"(Primat, p. 48)이기도 하다.

럼 주의는 이미지들의 연합도 아니고, 이미 대상을 지배하는 사유가 자신에게 되돌아오는 것도 아니다. 그것은 새로운 대상의 적극적인 구성으로서, 그때까지 미규정된(미결정된) 지평의 자격으로만 제시되었던 것을 해명하고 주제화한다. 대상은 주의를 작용하게 하면서 동시에, 매 순간 다시 파악되면서 새롭게 주의의 지배에 놓인다. 대상이 자신을 변형시킬 〈인식의 사건événement connaissant〉을 불러일으키는suscite 것은, 그것이 이 사건에 규정되어야 할 것으로 제시하는 여전히 애매한 의미를 통해서뿐이다. 이 때문에 대상은 인식의 사건을 〈부추기는 것motif〉[77]이지[78] 원인이 아니다. 그러나 적어도 주의 작용은 의식의 삶 속에 뿌리박혀 있으며, 그것이 어떻게 무차별적인 자유에서 벗어나 자신에게 현실의 한 대상을 부여하는지가 마침내 이해될 수 있다. 이처럼 미규정된 것에서 규정된 것으로 이행하는 것, 이처럼 매 순간 새로운 의미의 통일성 속에서 자신의 역사를 다시 잡는(재개하는) 것이 바로 사유 자체이다.

¶ "정신의 작품은 현실태적으로만 존재한다."[79] 주의 작용의 결과는 그것의 시작 속에 있지 않다. 내가 망원경이나 마분지 통으로 달을 볼 때, 지

---

[77]   역주) 메를로퐁티에게서 "motiver"와 "motif"는 3인칭적인 인과성과 지성론의 지향성 이전의 현상을 가리킨다. 메를로퐁티는 이 용어들을 사물(사실)과 유기체의 관계에서뿐 아니라, 또 사물(사실)과 사물(사실) 사이에도 쓴다. 그런데 "motiver"와 "motif"는 종종 〈동기 부여하다〉와 〈동기〉로 옮겨진다. 그러나 우리말에서 특히 사물(사실)과 사물(사실) 사이의 관계를 이와 같은 번역어로 표현하면 문장이 어색해진다. 예컨대 "[지각]장의 부분들이 서로서로 작용하여, 지평선의 달을 거대한 달이 되도록, ⋯ **부추긴다**(motivent)"(101쪽)라는 문장을 "[지각]장의 부분들이 서로서로 작용하여, 지평선의 달을 거대한 달이 되도록, ⋯ 동기 부여한다"로 표현하면 어색해진다. 우리는 이 용어들을 "부추기다"와 "부추기는 것"으로 옮기고, 필요시 "부추기는 것(동기)", "부추기다(동기 부여하다)"처럼 병기할 것이다.

[78]   E. Stein, *Beiträge zur philosophischen Begründung der Psychologie und der Geisteswissen-schaften*, pp. 35 및 이하.

[79]   Valéry, *Introduction à la poétique*, p. 40.

평선에 있는 달이 중천에 있는 달보다 더 크게 나타나지 않는다고 해서, 그냥 보았을 때도 그 나타난 모습이 변하지 않는다고 결론 내릴[80] 수는 없다. 경험론이 달의 나타난 모습이 변하지 않는다고 생각하는 것은 우리가 보고 있는 것을 다루지 않고, 망막 이미지에 따라 보아야만 하는 것을 다루기 때문이다. 지성론도 변하지 않는다고 생각하지만, 그것은 달이 〈참된〉 모습의 직경을 실제로 다시 갖게 되는 〈분석적〉이고 주의적인 지각의 소여를 통해, 사실로서의 지각을 기술하기 때문이다. [지성론에서도] 정확하고exact 완전히 결정된 세계가 처음부터 여전히 전제되고 있으며, 그것은 물론 우리의 지각의 원인으로서가 아니라 지각에 내재한 목적으로서이다. 《40》「초월론적 연역」에서 강조하고 있듯이, 세계가 가능해야 한다면, 세계는 의식의 첫 전개 속에 포함되어야 한다.[81] 그리고 이 때문에 달은 그것이 지평선에 있을 때보다 결코 더 크게 나타나서는 안 된다. 이와 달리 심리학적 반성은 우리로 하여금 정확한 세계를 그것의 의식적 요람에 다시 두게 하고, 어떻게 세계의 관념 또는 정확한 진리의 관념 자체가 가능한지 묻게 하여, 이 관념이 의식에 처음 솟아오르는 것을 찾게 한다. 내가 자유롭게 자연적인 태도로 바라볼 때, 장의 부분들은 서로서로 작용하여, 지평선의 달을 거대한 달이 되도록, 즉 어떤 크기를 하나의 크기이나 측정되지 않는 크기가 되도록 부추긴다motivent. 사물에 빠져 있는 자신의 비반성적인 삶에 의식이 대면하도록 하고, 망각한 자신의 역사에 의식이 눈뜨게 해야 한다. 이것이 바로 철학적 반성의 진정한 역할이며, 또 그렇게 해서 우리는 진정한 주의의 이론에 도달하게 된다.

---

80   알랭(Alain)이 그렇게 했다. *Système des Beaux-Arts*, p. 343.
81   이어지는 페이지에서, 어떤 점에서 칸트 철학이 후설식으로 말해 〈세속적(mondaine)〉이고 독단적인지 보게 될 것이다. *Cf*. Fink, *Die phänomenologische Philosophie Husserls in der gegenwärtigen Kritik*, p. 531과 그 이하.

[2. 판단과 반성적 분석]

지성론은 지각의 구조를 연합력과 주의를 함께 이용하여 설명하지 않고, 반성을 통해 드러내고자 시도한다. 그러나 지성론의 지각에 대한 시선은 여전히 직접적이지 않다. 이러한 사실은 지성론이 분석한 판단jugement 개념이 갖는 역할을 검토한다면, 더욱 분명히 나타날 것이다. 종종 판단은 지각이 가능하기 위해, 감각에 없는 것으로 도입된다. 감각은 더 이상 의식의 실제 요소로 전제되지 않는다. 그러나 사람들은 지각의 구조를 묘사하고자 할 때, 점선과 같은 감각들을 뒤따라가며 묘사한다. 이런 경험론적 개념은 단지 의식의 한계로서 받아들여져서, 이 개념과 대립하는 결합의 능력을 드러내는 데 이용될 뿐이지만, [반성적 또는 지성론적] 분석은 이 경험론적 개념에 의해 지배되고 있다. 지성론은 경험론을 논박함으로써 먹고살고, 이 논박에서 종종 판단의 기능은 감각들이 흩어질 가능성을 없애는 것이다.[82] 반성적 분석은 실재론과 경험론의 주장을 그 논리적 귀결에까지 밀어붙여, 그것의 불합리성을 폭로하고 그와는 반대 주장을 증명하면서 스스로의 입지를 확립한다. 그러나 **(41)** 이러한 귀류논증에서 [이처럼 실재론과 경험론의 불합리성을 통해 반대 주장을 한다고 해도], [반성적 분석이] 반드시 의식의 실제 활동과 접촉하는 것은 아니다. 만약 지각 이론이 관념적으로, 맹목적인 직관에서 출발한다면, 그것은 그 반대급부로 공허한 개념에 도달할 가능성이 있다. 또한 판단이 순수 감각의 반대편 항목이 될 때, 그것은 다시 그 대상에 초연한 일반적 결합 기능으로 전락하거나, 아니면 심지어 그 결과 속에서 발견될 어떤 심리적 힘이 또다시 되어 버릴 가능성이 있다.

---

82 "흄(Hume)과 홉스(Hobbes)가 실제 자연의 경험에 다가갔다면, 흄의 자연은 칸트의 이성이 필요했을 것이고 …, 홉스의 인간은 칸트의 실천이성이 필요했을 것이다." Scheler, *Der Formalismus in der Ethik*, und die materale Wertethik, p. 62.

¶ 유명한 밀랍 조각의 분석은 냄새, 색깔, 맛과 같은 성질에서 도약하여 무한한 형태와 위치의 가능성(역량)에 도달하는데, 이 가능성은 지각된 대상 저 너머에 있고 단지 물리학자의 밀랍을 정의할 뿐이다. 지각에 있어, 모든 감각적 속성이 사라져 버릴 때 더 이상 밀랍은 존재하지 않지만, 과학은 거기에 어떤 물질이 보존된다고 전제한다. 이 경우 〈지각된〉 밀랍 자체와 그 본래적 존재 방식, 아직 과학적 엄밀한 동일성이 아닌 밀랍의 영속성, 형태와 크기에 따라 변화 가능한 밀랍의 "내적 지평horizon intérieur",[83] 물렁물렁함을 알리는 광택 없는 밀랍의 색깔, 내가 두드리면 울리지 않을 소리를 알리는 밀랍의 물렁물렁함, 결국 대상의 지각적 구조는 우리의 시야에서 사라져 버린다. 왜냐하면 완전히 객관적이고 그 자체로 닫힌 성질들을 연결하기 위해서는, 술어적 질서의 규정들이 필요하기 때문이다. 내가 창문을 통해 보는 사람들이 모자와 외투로 가려져 있고, 그들의 모습은 내 망막에 그려질 수가 없다. 따라서 나는 그들을 보는 것이 아니라, 그들이 거기에 있다고 판단한다.[84] 시각을 일단 경험론적인 방식으로, 예를 들어 자극이 몸에 기록하는 성질의 소유로 정의하게 되면,[85] 착각은 아주 작

---

83 "Innenhorizont"[독역본]. 예를 들어, Husserl, *Erfahrung und Urteil*, p. 172 참조.

84 Descartes, *Deuxième Méditation*, "···나는 밀랍을 본다고 말하는 것과 똑같이, 사람들을 본다고 말하지 않을 수 없다. 그러나 내가 창문을 통해 보는 것이, 유령이나 태엽으로만 움직이는 인형을 감쌀 수 있는 모자와 외투가 아니라면 무엇이란 말인가? 그렇지만 나는 그것들이 사람들이라고 판단한다···" (AT IX, p. 25).

85 "여기서 다시 한번, 부조(입체성)는 명백하게 보이는 것 같다. 그러나 이것은 조금도 어떤 부조와도 닮지 않은 외현(apparence)으로부터 결론 내린[판단한] 것이다. 다시 말해 동일한 사물이 우리 두 눈 각각에 달리 나타난 외현들로부터 결론 내린[판단한] 것이다"(Alain, *Quatre-vingt-un chapitres sur l'esprit et les passions*, p. 19). 게다가 알랭은 (*ibid.*, p. 17) 헬름홀츠(Helmholz)의 책(*Physiological Optics*)을 참조하는데, 이 책에서 항상성 가설은 언제나 전제되어 있고, 판단은 생리학적 설명의 공백들을 채우기 위해서만 개입한다. "숲의 지평선이 나타날 때, 시각적 광경이 대기층들의 간섭 속에서 그 지평선을 멀리 있는 것이 아니라 푸르스름한 것으로 우리에게 나타내는 것은 비교적

더라도 **(42)** 내 망막에 나타나지 않은 대상의 속성들을 그 대상에 부여하는 것이 되기 때문에, 지각이 판단이라는 것을 충분히 입증하게 된다.[86] 나는 두 눈을 갖고 있기 때문에, 대상을 이중적으로 보아야 할 것이다. 또한 내가 하나의 대상만 지각하는 것은, 두 이미지를 가지고서 멀리 있는 단 하나의 대상의 관념을 구축하기 때문이다.[87] 지각은 몸에 주어진 자극들에 맞춰 감각성sensibilité이 제공하는 기호들의 〈해석〉이 되고,[88] 정신이 〈자신에게 자신의 인상들을 설명하기 위해〉 만든 〈가정된 것〉이 된다.[89] 뿐만 아니라 판단도 망막 인상들을 넘어서는 지각 속의 나머지 부분을 설명하기 위

명증적이다"(*ibid.*, p. 23 또한 참조). 이것은 시각을 몸에 대한 자극이나 성질의 소유로 정의한다면 당연한 것이다. 왜냐하면 이 경우 시각은 우리에게 푸른색을 줄 수 있지, 하나의 관계인 거리를 줄 수 없기 때문이다. 그러나 이것은 엄밀히 말해 명증적인 (*évident*) 것, 즉 의식이 증언해 준 것이 아니다. 오히려 의식은 거리의 지각 속에서 모든 평가, 모든 계산, 모든 결론[판단]에 선행하는 관계들을 발견하고서 놀란다.

86   "여기서 내가 판단한다는 사실을 증명하는 것은, 화가가 캔버스에서 그 외현들을 모방하면서 나에게 이런 먼 산의 지각을 부여할 줄 안다는 것이다"(Alain, *ibid.*, p. 14).

87   "우리는 두 눈을 갖고 있기 때문에 대상을 이중적으로 바라본다. 그러나 이 이중적인 이미지를 매개로 우리가 지각하는 단 하나의 대상과의 거리나 그 부조(입체성)와 관련한 인식들을 그 이미지로부터 끌어내기 위해서가 아니라면, 우리는 이 이중적인 이미지에 주의를 기울이지 않는다"(Lagneau, *Célèbres Leçons*, p. 105). 그리고 일반적으로, "인간 마음의 본성에 속하는 기본(요소) 감각들이 무엇인지를 먼저 탐구하지 않으면 안 된다. 인간의 몸은 우리에게 이 본성을 나타낸다"(*Ibid.*, p. 75). 알랭은 다음과 같이 말한다. "우리의 두 눈이 우리에게 각 사물의 두 이미지를 나타낸다는 것을 인정하지 않으려는 어떤 사람을 나는 알고 있었다. 그러나 먼 대상의 이미지가 즉시 이중적으로 나타나게 하려면, 연필과 같은 대상에 무척 가까이 접근해 눈으로 집중하는 것으로 충분하다"(*Quatre-vingt-un chapitres*, pp. 23, 24). 하지만 이것은 먼 대상의 이미지가 이전부터 이중이었다는 것을 증명하지 않는다. [여기서] 우리는 항상성 법칙의 편견을 볼 수 있다. 즉 이 법칙은 몸적인 인상들에 대응하는 현상들이 확인되지 않을 때에도 주어져야 한다고 요구한다.

88   "지각은 원초적 직관의 해석이다. 언뜻 보면 직접적 해석이나, 사실은 습관에 의해 획득되고, 추론에 의해 수정된 해석이다 …"(Lagneau, *Célèbres Leçons*, p. 158).

89   *Id. ibid.*, p. 160.

해 도입되어서, 진정한 반성이 내적으로 포착한 지각 작용 자체가 되지 않고, 몸이 제공하지 않는 것을 제공하는 일을 맡은 지각의 단순 〈요소facteur〉가 되어 버린다. 《43》 즉 그것은 초월론적인 활동성이 되지 않고, 결론에 이르는 단순한 논리적 활동성이 되어 버린다.[90] 이렇게 해서, 우리는 반성 밖으로 나가게 되고, 지각의 고유한 기능작용을 밝히는 것이 아니라 지각을 구축하게 된다. 다시 한번 우리는 감각된 것(감각질)을 의미로 물들이는 일차적인(원초적인) 활동, 모든 심리학적 인과성과 마찬가지로 모든 논리적 매개 활동이 전제하는 이 일차적인(원초적인) 활동을 놓치게 된다. 그 결과, 지성론적 분석은 해명하고자 했던 지각적 현상을 결국 이해 불가능하게 만들어 버린다. 판단이 구성하는 기능을 상실하고 설명의 원리가 되는 동안, 〈본다〉, 〈듣는다〉, 〈감각한다〉는 말은 모든 의미를 잃어버린다. 왜냐하면 조금이라도 시각이 있다면 이 시각은 순수 인상을 넘어서며, 따라서 〈판단〉의 일반적 항목에 들어가기 때문이다.

¶ 일상적 경험은 감각하는 것과 판단을 무척 명료하게 구별한다. 이 일상적 경험에 따르면 판단은 입장을 정하는 것이다. 판단은 내 인생의 언제라도 나에게 타당한 어떤 것의 인식을, 또 현존하든 가능적이든 다른 모든 정신에게도 타당한 어떤 것의 인식을 목표로 한다. 반면에 감각한다는 것은, 나타난 것apparence을 장악하지도 않고 그것의 진리를 알고자 하지도 않으면서, 우리 자신을 그것에 맡기는 것이다. 이와 같은 구별은 지성론에서 사라진다. 왜냐하면 판단은 순수 감각이 있지 않은 곳 어디에나, 결국 모든 곳에 있기 때문이다. 그래서 현상의 증언은 어디에서나 거부될 것이다. 내게 큰 마분지 상자는 동일한 마분지로 만든 작은 상자보다 더 무거워 보인

---

90   예를 들어, Alain, *Quatre-vingt-un chapitres*, p. 15 참조. 부조(입체성)는 "사유되고, 결론 내려지고, 판단되고, 혹은 이와 같은 말처럼 되어 있는" 것이다.

다. 또 내가 현상 자체에 집중해 보면, 미리 그 상자의 무거움을 내 손에서 감각한다(느낀다)고 말하게 될 것이다. 그러나 지성론은 감각한다는 것을 실제 자극이 내 몸에 가한 작용으로 제한한다. 이 상자의 예에서 그와 같은 작용이 없기 때문에, 상자는 감각된 것이 아니라 판단된 것이라고 말해야 할 것이다. 그리고 이 예는 착각의 감각적 측면을 보여 주려고 만들어졌던 것 같은데, 오히려 감각적 인식이 없다는 것과, 판단하는 대로 감각한다는 것을 보여 주는 데에 이용된다.[91] 종이 위에 그려진 정육면체는 한쪽 측면의 위쪽에서 보는가 아니면 다른 쪽 측면의 아래쪽에서 보는가에 따라 그 모습이 바뀐다. 비록 내가 정육면체가 두 가지 방식으로 보일 수 있다는 것을 알고 있어도, 모양이 구조를 바꾸기를 거부하는 경우와, 내가 알고 있는 대로 그렇게 직관적으로 실현되기까지 기다려야 하는 경우가 있다. 여기서도 또한 판단하는 것은 지각하는 것이 아니라는 사실을 결론 내려야 할 것이다. 그러나 감각인지 판단인지 양자택일 속에 있다면, 모양의 변화는 **(44)** 자극처럼 변하지 않은 채 있는 〈감각 요소들〉에 의존하지 않아서, 해석의 변화에만 의존할 수 있고, 결국 "정신의 개념작용이 지각 자체를 바꾸고",[92] "외현은 명령에 의해 형태와 의미를 갖는다"[93]고 말하지 않을 수 없을 것이다.

¶ 그런데 우리가 판단한 것을 본다면, 어떻게 사실적인 지각과 거짓된 지각을 구별할 수 있을까? 그와 같은 입장에서, 광인이나 환각증세 환자가 "자신이 조금도 보지 않은 것을 보고 있다고 믿는다"[94]고 어떻게 말할 수 있을까? 〈본다〉와 〈본다고 믿는다〉의 차이는 어디에 있는 것인가? 만약 정상

---

91   Alain, *Quatre-vingt-un chapitres*, p. 18.
92   Lagneau, *Célèbres Leçons*, pp. 132, 128.
93   Alain, *ibid.*, p. 32.
94   Montaigne, 알랭(Alain)이 *Système des Beaux-Arts*, p. 15에서 인용함.

적인 사람이 충분한 기호와 풍부한 재료(질료)를 가지고서만 판단한다고 대답한다면, 오히려 그것은 사실적인 지각의 근거 있는 판단과 거짓된 지각의 공허한(근거 없는) 판단 사이에 차이가 있음을 말하는 것이다. 또한 이 차이가 판단의 형식 속에 있지 않고, 판단이 형태화하는 감각적 텍스트 속에 있기 때문에, 지각한다는 것은 이 말의 진정한 의미에서, 상상하는 것과 대립하는 것이지만, 판단하는 것이 아니다. 그것은 모든 판단에 앞서 감각된 것에 내재하는 한 의미를 파악하는 것이다. 따라서 사실적인 지각의 현상은 기호들에 내재적인 실질의미를 제시하는 것이고, 판단은 그 기호들에 대한 선택적인(자유로운) 표현일 뿐이다. 지성론을 통해서는 사실적인 지각의 현상도, 그에 대해 착각을 일으키는 모방도 이해할 수 없다. 더 일반적으로 말해, 지성론은 지각된 대상들의 실존 양태와 함께-실존함의 양태를, 또 시각장을 가로지르고 시각장의 부분들을 은밀히 연결하는 생명을 알지 못한다.

¶ 횔너Zöllner 착시[95]에서 나는 주요 선들이 서로의 방향으로 기울어져 있음을 〈본다〉. 지성론은 이 현상을 단순 오류로 돌린다. 즉 내가 주요 선들 자체를 비교하지 않고, 그 대신 보조선들뿐 아니라 이 보조선들과 주요 선들의 관계를 개입시켜서 이런 모든 결과가 생겨난다는 것이다. 실제로 내가 [실험의] 지시와 관련하여 오류를 범하고, 주요 요소[선]들을 비교하는 대신에, 두 개의 전체를 비교한다.[96] 그렇지만 왜 내가 [실험의] 지시와 관련하여 오류를 범하는지를 아는 문제가 남아 있다. "다음과 같이 질문이 제기

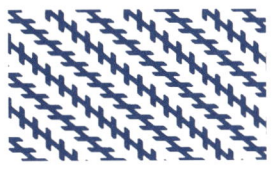

95   역주) 〈횔너(Zöllner) 착시〉는 주요 선들, 즉 긴 사선들이 실제로는 평행하지만, 그림과 같이 이 주요 선들에 작은 보조선들이 붙어 있어 평행하게 보이지 않는 현상이다.

96   예를 들어, Lagneau, *Célèbres Leçons*, p. 134 참조.

되어야 한다. 즉 칠너 착시에서, 주어진 지시에 따라 비교되어야 하는 직선들 자체를 별도로 비교하는 것이 어째서 이렇게도 어려운가? 이처럼 그 직선들이 보조선들과 분리되기를 거부하는 것은 무엇 때문인가?"[97] 《45》 주요 선들이 보조선들을 받아들이면서 평행하기를 멈춘다는 사실, 주요 선들이 평행하다는 의미를 잃어버리고 다른 의미를 획득한다는 사실, 보조선들이 모양 속에 새로운 실질의미를 가져오면서, 앞으로는 이 실질의미가 그 모양 속에 존속하고 또 모양과 더 이상 분리될 수 없다는 사실을 인정해야 할 것이다.[98] 이처럼 모양에 달라붙은 실질의미, 즉 이러한 현상의 변형이 바로 잘못된 판단을 부추기며, 이를테면 이 변형이 잘못된 판단의 배후에 있다. 이와 동시에 이러한 실질의미가 바로 모든 판단 이전에서, 또 모든 성질이나 인상 너머에서 〈본다〉는 말에 의미를 주는 것이고, 지각의 문제를 다시 드러내는 것이다.

　¶ 만약 사람들이 모든 관계의 지각을 판단이라 부르고, 또 시각이라는 명칭도 점적인 인상을 한정해서 가리킨다고 동의한다면, 착시(착각)가 하나의 판단인 것은 분명하다. 그러나 이런 분석은 인상의 층을 적어도 관념적으로 전제하여서, 이 인상의 층에서 [칠너 착시의] 주요 선들은 세계 속에서 그렇게 되듯이, 다시 말해 우리가 측정을 통해 구성하는 장場 속에서 그렇게 되듯이 평행하게 된다. 또한 이 분석은 이차적 수준의 활동도 관념적으로 전제하는데, 이 활동으로 인해 보조선들이 개입하면서 인상들이 변

97　Koehler, *Über unbemerkte Empfindungen und Urteilstäuschungen*, p. 69.

98　Koffka, *Psychologie*, p. 533. "사람들은 직사각형의 변은 정말로 하나의 선이라고 말하고 싶어 한다. 그러나 하나의 분리된 선은 현상으로서 또한 기능적 요소로서, 직사각형의 변과는 다른 것이다. 우리가 하나의 속성만 고려해 보자면, 직사각형의 변이 내부와 외부 측면을 가지고 있지만, 반면에 고립된 선은 절대적으로 동일한 가치의 두 측면을 갖고 있다."

화하고, 따라서 주요 선들의 관계가 왜곡된다. 그런데 분석의 첫 번째 단계는 순수한 추측이며, 또 판단은 이 첫 번째 단계를 가지고서 두 번째 단계를 산출한다. 사람들은 착시의 발생을 구축하는 것이지, 착시를 이해하는 것이 아니다. 이와 같이 무척 일반적이고 전적으로 형식적인 의미의 판단이 사실적이거나 거짓된 지각을 설명한다면, 그것은 판단이 현상들의 자발적인 조직화 및 특수한 배열형태를 따를 때에만 가능하다. 모양의 주된 요소들이, 평행함을 깨는 보조 관계들에 구속되어 있다engager는 사실에 착시가 있다는 것은 정말로 사실이다. 왜 보조 관계들이 평행함을 깨는가? 왜 그때까지 평행하던 두 직선이 그것들에 주어진 직접적인 주위 환경 때문에, 나란히 짝을 이루기를 멈추고, 비스듬한 모습으로 기울어지는가? 마치 두 직선이 더 이상 동일한 세계에 속하지 않는 것처럼 보인다. [그러나 착시를 극복했을 때의] 참되게 있는 두 사선은 객관적인 공간이라는 동일한 공간 속에 위치한다. 그런데 이러한 선들은 현실태적으로 서로의 방향으로 기울어져 있지 않고, 우리가 그것들에 시선 집중하면, 기울어진 그것들을 보는 것은 불가능하다. 우리의 시선이 이러한 선들에서 떠나려 할 때, 이 선들은 은밀히 이 새로운 관계로 향한다. 바로 여기에 객관적 관계 이전의 지각적 구문론이 있으며, 《46》 이 구문론은 그 고유한 규칙에 따라 분절되는 것이다. 이전 관계와의 단절과 새로운 관계의 확립은, 즉 판단은 이러한 심층적 활동의 결과만을 표현하는 것이며, 이 활동의 최종적인 기록이다.

¶ 술어적 활동이 가능하기 위해서는, 지각은 거짓이든 사실이든 이처럼 먼저 구성되어야 한다. 한 대상과의 거리나 그 부조(입체성)는 대상의 색깔이나 무게처럼 그것의 속성들이 아닌 것은 분명 사실이다. 그것들은 무게와 색깔 자체도 포함하는 전체적 배열형태 속에 끼어 있는 관계들인 것도 정말로 사실이다. 그러나 이 배열형태가 〈정신의 통찰〉[99]에 의해 구축된 것은 사실이 아니다. 그렇게 되었다면, 마치 과학자가 문제와 관련한 자

료들(소여들)을 가지고서 알려지지 않은 것을 규정하는 것처럼, 정신이 분리된 인상들을 일람하면서, 점차로 전체의 의미를 발견한다고 말하는 것이 될 것이다. 그런데 여기서 문제의 소여들은 문제의 해결에 앞서지 않는다. 그리고 지각은 바로 소여들의 배열형태와 함께, 이 소여들을 연결하는 의미를 단번에 창조하는 작용이다. 그것은 소여들이 갖고 있는 의미를 발견할 뿐 아니라, 이 소여들이 하나의 의미를 갖도록 하는 작용이다.

[3. 반성적 분석과 현상학적 반성]

이상의 비판이 반성적 분석의 첫 단계에만 해당한다는 것은 사실이다. 그리고 지성론은 누구나 상식의 언어로 말하면서 시작하지 않을 수 없다고 응수할 수도 있다. 판단을 심리적인 힘이나 논리적 매개 활동으로 보는 입장과 지각을 〈해석〉으로 보는 이론, 즉 심리학자들의 지성론은 사실상 경험론의 반대편에 지나지 않지만, 그것은 진정한 의식 발견의 길을 마련해 준다. 우리는 자연적 태도의 전제들과 함께 자연적 태도에서 출발할 수밖에 없으며, 이것은 이 전제들의 내적 변증법이 그 전제들을 파괴하기 전까지는 인정해야 한다. 일단 지각이 해석으로 이해된다면, 모든 지각적 의식은 이미 감각 너머 저편에 있기 때문에, 출발점으로 이용되었던 감각은 전적으로 넘어섬을 당해 [이쪽 편에] 있다. 감각은 감각되지 않고,[100] 의식은 언제나 대상에 대한 의식이다. 우리가 비로소 감각에 이르는 것은, 우리의 지각을 반성하면서, 지각이 완전히 우리의 활동인 것은 아님을 우리가 표

---

99   역주) "정신의 통찰(inspection de l'esprit)"은 데카르트가 「제2성찰」에서 사용한 말이다. "밀랍을 지각하는 작용은 전에 그렇게 생각되었다고 하더라도, 시각, 청각, 상상력이 결코 아니며, 오히려 그것은 오로지 정신의 통찰이라는 점이다"(AT VII, 31; IX, 25; 『성찰』, 이현복 옮김, 문예출판사, 52쪽). 또한 AT VII, 32; IX, 26 참조.

100   "사실 순수 인상은 사념되지, 감각되지 않는다"(Lagneau, *Célèbres Leçons*, p. 119).

현하고자 할 때이다. 자극이 우리 몸에 가한 작용으로 정의된 순수 감각은 인식의, 특히 과학적 인식의 〈최종 결과물〉이다. 그래서 우리가 이런 감각을 출발점에 두고 그것이 인식에 선행한다고 생각하는 것은 착각이고, 게다가 자연스러운 착각이다. 《47》 그런 감각은 정신이 자기 자신의 역사를 표상하는 필연적인 방식이고 또 필연적으로 기만적인 방식이다.[101] 그 감각은 구성된 것의 영역에 속하지만, 구성하는 정신에 속하지 않는다. 세상 사회에 따르거나 사람들의 견해(속견)에 따라 지각은 해석으로 나타날 수 있다. 그러나 지각의 전제로서 이용될 감각들이 없는데, 어떻게 의식 자체에 있어 지각이 추론일 수 있는가? 또 지각에 앞서 해석해야 할 것이 없는데, 어떻게 의식 자체에 있어 지각이 해석일 수 있는가? 이렇게 [지각 이전의] 감각이라는 관념과 단순 논리적 활동이라는 관념에서 벗어나면, 그와 동시에 우리가 좀 전에 했던 반론은 성립하지 않게 된다.

¶ 우리는 본다는 것 또는 감각한다는 것이 무엇인지 물었고, 여전히 자신의 대상 속에 잡혀 있어 시간과 공간의 한 점에 속해 있는 이러한 인식을, 개념과 구별하는 것은 무엇인지를 물었다. 그러나 반성을 통해서는 이 점에 대해 이해해야 할 어떤 것도 없음이 드러난다. 내가 나 자신이 우선 내 몸에 의해 둘러싸여 있고, 세계 속에 잡혀 있으며, 지금, 그리고 여기 위치해 있다고 믿는다는 것은 사실이다. 그러나 내가 이에 대해 반성하면, 이 말들 하나하나는 의미가 없고, 따라서 어떤 문제도 제기하지 못한다. 즉 만약 내가 내 몸속뿐 아니라 내 속에 있지 않다면, 만약 나 자신이 이러한 공간적 관계를 사유하지 않는다면, 내가 [공간에] 속해 있음을 표상하는 순간

---

[101] "우리는 과학적 인식과 반성을 통해 이런 개념을 획득할 때, 인식의 최종 결과물이 되는 것, 즉 인식이 한 존재와 다른 존재들의 관계를 표현한 것이 실제로는 인식의 출발점이라고 생각한다. 그러나 이것은 착각이다. 우리가 인식에 대한 감각의 선행성을 표상하는 이러한 시간의 개념은 정신이 구축한 것이다"(*Id. ibid.*).

에 이처럼 이 속해 있음에서 벗어나지 못한다면, 나는 〈내 몸에 의해 둘러 싸인〉 나를 의식(통각)할 수 있는가? 만약 내가 진정으로 세계 속에 잡혀 있고 또 위치해 있다면, 내가 세계 속에 잡혀 있다는 것을, 세계 속에 위치해 있다는 것을 알 수 있는가? 그렇다고 한다면 나는 하나의 사물처럼 존재하는 곳에, 그저 존재하게 될 뿐이다. 그리고 내가 어디에 있는지를 알고 있고 사물들 속에서 나 자신을 보고 있기 때문에, 나는 어느 곳에도 있지 않지만 의도(지향) 속에서 모든 곳에 현전할 수 있는 어떤 특이한 존재이다. 존재하는 모든 것은 사물로 존재하거나 아니면 의식으로 존재하며, 그 중간은 있지 않다. 사물은 어떤 장소에 있으나, 지각은 어느 곳에도 있지 않다. 왜냐하면 만약 지각이 어떤 장소에 위치해 있다면, 지각은 사물과 같은 방식으로 자기 속에 머물러 있기 때문에, 다른 사물들을 그 자신에 대해 존재하게 할 수 없기 때문이다. 따라서 지각은 지각하고 있다는 사유이다. 지각의 사물화는 해명해야 할 어떤 긍정적 특성도 제공하지 못하며, 《48》 지각의 개체성은 자기 자신에 대한 무지한 상태에 불과하다.

　¶ [이렇게 되면] 반성적 분석은 모든 지각이 혼돈된 지적 작용이고 모든 규정이 부정이 되는, 순전히 역행적인régressive 학설이 되어 버린다. 반성적 분석은 이처럼 하나의 문제만 제외하고 다른 일체의 문제를 제거한다. 그 하나의 문제는 반성적 분석의 시작의 문제이다. 스피노자의 말처럼 〈전제 없는 결론〉을 내게 주는 지각의 유한성, 의식이 한 관점에 속해 있음, 이 모든 것은 나 자신에 대한 나의 무지로, 반성하지 않는 완전히 부정적인 내 능력으로 귀결된다. 그러나 이번엔 이 무지는 어떻게 가능한가? 무지가 결코 존재하지 않는다고 대답하는 것은 탐구하는 철학자로서의 나를 제거하는 것이 될 것이다. 어떤 철학도 철학으로서의 그 스스로를 모르고자 하지 않는 한, 유한성의 문제를 모를 수 없다. 어떤 지각의 분석도 분석으로서의 그 스스로를 모르고자 하지 않는 한, 본래적 현상으로서의 지각을 모를 수

없다. 그리고 지각에 내재하는 것으로서 발견할 무한한 사유는 의식의 가장 높은 지점이 아니라, 그 반대로 무의식의 한 형태일 것이다. 반성의 운동은 목표물을 지나쳐 버린다. 즉 지각된 세계는 숨겨진 생명으로 활기가 주어지고, 통일성으로서의 지각은 끊임없이 스스로를 해체하고 스스로를 재형성하지만, 반면 반성의 운동은 우리를 응고되고 결정된 세계에서 균열 없는 의식으로 데려간다. 의식은 매 순간 자신의 활동들을 다시 파악하고, 동일성이 확립될 한 대상 속에 그 활동들을 응축하고 집중하여, 점차로 〈본다〉에서 〈안다〉로 이행하면서, 의식 자신의 삶(생명)의 통일성을 획득하지만, 이러한 의식의 현실적인 운동을 뒤따르지 않는 한, 우리는 의식의 추상적인 본질만을 갖게 될 것이다. 만약 우리가 의식의 충만한 통일성을 완전히 투명한 주체로 대체하고, 한 의미가 〈자연의 깊은 곳〉에서 솟아나게 하는 〈숨겨진 기술〉[102]을 영원한 사유로 대체한다면, 우리는 그와 같은 구성적 차원에 도달할 수 없을 것이다. 지성론적인 의식의 발견(파악)은 덤불처럼 생생히 무리진 지각에 도달하지 못한다. 왜냐하면 그것은 지각을 현실적이게 하거나 지각 스스로가 구성되는 활동을 드러내지 않고, 지각을 가능하게 하는 조건 또는 그것이 없으면 지각이 존재하지 않을 조건을 찾기 때문이다. 어떠한 말로 표현되기에 앞서, 실제적이고 발생적 상태에서 파악된 지각에서는, 감각적인 기호와 이 기호의 실질의미는 관념적으로도 분리할 수 없다. 하나의 대상은 색, 냄새, 소리, 촉각적 나타남이 실

---

[102]　역주) "verborgene Kunst"[독역본]. 칸트의 『순수이성비판』 A141/B180에 나오는 표현이다. "현상들과 그것의 순전한 형식에 관계하는 우리 지성의 도식기능은 인간 마음의 깊은 곳에 숨겨져 있는 기술로서, 우리가 이 기술의 참된 운용 방법을 있는 그대로[자연대로] 알아내서 우리 앞에 노정시킨다는 것은 언제고 어려운 일이다"(『순수이성비판』, 백종현 옮김, 아카넷, 2006, 381쪽). 그리고 메를로퐁티는 42쪽과, 759쪽에서 이 표현을 다시 사용한다.

제적 논리에 따라 서로를 상징하고, 서로를 변모시키며, 서로가 일치하는 하나의 유기체이다. 그리고 이 실제적 논리를 해명하는 것은 과학의 기능이지만, 과학은 그 논리에 대한 분석을 완수하지는 못한다. 지성론은 이러한 지각적 삶(생명)에 대해 《49》 부족하거나 과도하게 다루기 때문에 불충분하다. 즉 지성론은 그 극단에서 대상의 껍질에 불과한 여러 성질을 불러내고, 이로부터 대상의 의식으로 이행하는데, 이 의식은 대상의 법칙이나 비밀을 소유할 것이고, 이 때문에 경험의 전개에서는 그 우연성을, 대상에서는 그 지각적 스타일을 제거할 것이다.

¶ 지성론은 상투적인 방식으로 이렇게 정립에서 반-정립으로 이행하고, 긍정에서 부정으로 반전[103]하지만, 분석의 출발점은 어떤 변화도 없이 제자리에 남아 있다. 사람들은[지성론은] 우리 눈에 작용하여 우리의 시각이 일어나게 하는 즉자적인 세계에서 출발하여, 이제 세계의 의식 또는 사유를 갖게 되지만, 이 세계의 본성 자체는 변하지 않았다. 즉 세계는 언제나 부분들의 절대적 외재성으로 정의되고 있으며, 다만 그것의 연장(공간) 전체에 걸쳐 그것을 지탱하는 사유에 의해 이중화되어 있을 뿐이다. 그들은 절대적 객관성에서 절대적 주관성으로 이행하지만, 이 두 번째 관념은 첫 번째 관념보다 나을 것이 없고, 첫 번째 관념에 대립해서만, 다시 말해 첫 번째 관념을 통해서만 옹호된다. 이처럼 지성론과 경험론의 동류성parenté은 사람들이 생각한 것보다 훨씬 덜 드러나지만 훨씬 더 심층적이다. 이 동류성은 이 두 이론이 이용하는 감각의 인간학적 정의에 기인할 뿐 아니라, 두 이론 모두 자연적인 태도 또는 독단론적인 태도를 고수하고 있다는 점에 기인한다. 그래서 지성론 속에 감각이 존속한다는 사실은 이 독

---

103   역주) "renversement du pour au contre." 파스칼의 『팡세』에 나오는 표현이다(Pascal, *Œuvres complètes*, Texte établi et annoté par J. Chevalier, Gallimard, 1954, pp. 1162-1167 참조).

단론의 표시일 뿐이다. 지성론은 의식의 구성 작업이 그 속에서 완성되고 요약되는 진리의 관념과 존재의 관념을 절대적으로 근거 있는 것으로 받아들인다. 그리고 이른바 지성론의 반성이란 이러한 관념들에 도달하기 위해 필요한 모든 것을 주체의 능력으로 설정하는 것이다. 자연적인 태도는 나를 사물들의 세계에 던져 넣음으로써, 내가 나타난 것들 저 너머의 어떤 〈실재〉와 착각 저 너머의 〈진리〉를 파악한다고 확신케 한다. 지성론은 이러한 〈실재〉와 〈진리〉라는 개념의 가치를 문제시하지 않는다. 즉 실재론이 주어진 자연 속에 소박하게 둔 이 동일한 절대적 진리를 인식하는 능력을, 보편적인 자연화는 것(능산자)에게 부여하는 것만이 [지성론의] 문제가 된다.

¶ 물론 지성론은 일반적으로 과학에 대한 이론으로 제시되지, 지각에 대한 이론으로 제시되지 않는다. 지성론은 자신의 분석이 수학적 진리의 경험에 토대한다고 믿지, 세계의 소박한 명증에 토대한다고 믿지 않는다. 즉 우리는 진리의 관념을 갖고 있다habemus ideam veram[104]는 것이다. 그러나 만약 내가 기억을 통해 현재의 명증과 지나간 순간의 명증을 연결할 수 없다면, 또 서로의 말을 통해 나의 명증과 타인의 명증을 연결할 수 없다면, 나는 진리의 관념을 소유하는지를 사실상 알 수 없을 것이다. 그러므로 스피노자의 명증도 《50》 기억과 지각[105]의 명증을 전제하는 것이다. 이와 반대

---

[104] 역주) "스피노자의 『지성개선론』의 33절의 인용문"(Merleau-Ponty, Œuvres, p. 715, 편집자 주)이다.

[105] 역주) 독역본 역자(R. Boehm)는 "지각(perception)"이 아마도 "타인의 지각(Fremd-wahrnehmung)" 또는 그와 유사한 것의 오기로 보고 있다(독역본 62쪽, 역주 e). 그러나 일역본의 역자(나카지마)의 말처럼, 이것을 굳이 오기로 볼 필요는 없을 것 같다. 일역본의 역자는 "반드시 원문을 정정할 필요는 없다고 생각한다"고 말한다. 그는 이어서 다음과 같이 말한다. "메를로퐁티는 스피노자적인 지성의 명증성이 오히려 일상적인 지각과 기억의 명증성을 전제로 하고 있다는 것을 주장하고 있을 뿐이다. 다만

로 만약 사람들이 과거의 구성과 타인의 구성을 관념에 내재된 진리를 인식하는 나의 능력에 정초하고자 한다면, 그들은 타인의 문제와 세계의 문제를 정말로 제거하게 된다. 그러나 이것은 그들이 타인과 세계가 주어진 것으로 간주하는 자연적 태도에 머물러 있기 때문이고, 또 소박한 확실성의 힘을 이용하기 때문이다. 왜냐하면, 데카르트와 파스칼이 보았듯이, 나는 어떤 단순 관념 자체를 구성하는 순수 사유와 단번에 일치할 수 없고, 나의 명석하고 판명한 사유는 나에 의해서 또는 타인에 의해서 이미 형성된 사유를 언제나 이용하며, 나의 기억, 즉 내 정신의 본성을 신뢰하거나 사유하는 자들의 공동체의 기억, 즉 객관적 정신을 신뢰하기 때문이다. 우리가 진리의 관념을 갖고 있다고 당연하게 여기는 것은 정말로 지각을 비판 없이 믿는 것이다. 경험론은 공간적-시간적 사건들 총체로서의 세계에 대한 절대적 믿음 속에 머무르고, 의식을 이 세계의 한 구역으로 다룬다. 반성적 분석은 의식의 활동에 의해 세계를 구성하기 때문에, 즉자적 세계와 단절한다. 그러나 이 구성하는 의식은 직접 파악된 것이 아니라, 절대적으로 규정된 한 존재의 관념을 가능하게 하기 위해 구축된 것이다. 이 의식은 우주[106]의 상관자이고, 우리의 현실적 인식이 그 윤곽만 알려 주는 모든 인식을 완전히 완성된 것으로서 소유하는 주체이다. 이것은 우리에게서 단지 지향 속에서만 존재하는 것이, 예를 들어 모든 현상을 질서 있게 배열할 수 있는 절대적 진리의 사유 체계, 모든 관점적 현상을 설명하는 실측

메를로퐁티의 입장에서 보면, 이 지각에는 타인의 지각과의 협력도 당연히 합의되어 있는 것이다"(일역본(나카지마), 821쪽, 역주 19).

[106] 역주) 메를로퐁티는 종종 "우주(univers)"를 객관적 세계, 불투명함이 없는 완성된 세계를 가리키기 위해 쓴다. 물론 그는 이 단어를 객관적 세계의 의미로 쓰지 않을 때도 있다. 그리고 메를로퐁티는 그가 말하는 세계, 즉 체험된 세계는 주로 "monde"로 표기한다.

도géométral,[107] 모든 주체성에 열려 있는 순수한 대상이 어딘가에서 실현되어 있음을 전제하는 것이다. 전능한 악마의 위협에서 벗어나고, 진리의 관념의 소유를 우리에게 보증하기 위해서는 이 절대적인 대상과 이 신적인 주체 말고는 어떤 것도 필요 없다.

¶ 그런데 단번에 모든 가능한 의심을 관통하여, 충만한 진리에 자리 잡는 인간의 행위(작용)가 진정으로 존재한다. 이 행위는 실존들에 대한 인식이라는 넓은 의미의 지각이다. 내가 이 테이블을 지각하기 시작할 때, 나는 그것을 바라본 이래로 흘러간 지속의 두께를 단숨에 수축하고, 대상을 모든 사람의 대상으로 파악하면서 내 개인적 삶에서 벗어난다. 따라서 나는 서로 일치하는 경험들, 그러나 또한 시간의 여러 시점과 여러 시간성으로 분산되고 분배되는 그런 경험들을 단번에 통합한다. 시간 한가운데서 스피노자적인 영원성의 기능을 수행하는 이 결정적 작용(행위), 이러한 "근원적 견해doxa originaire"[108]를 지성론이 《51》이용하는 것을 우리는 비난하지 않는다. 우리는 지성론이 그것들을 이용하면서 말하지 않는 것을 비난한다. 바로 그러한 것들에는 데카르트가 말한 것처럼 사실상의 어떤 능력이, 즉 단지 거부할 수 없는 명증이 있다. 이 명증은 나의 현재와 나의 과거의 분리된 현상들, 또 나의 지속과 타인의 지속의 분리된 현상들을 절대적 진리의 기원祈願 속에서 통합하는 것이지만, 그것의 지각적인 근원과 단절되지도, 그것의 〈사실성facticité〉으로부터 분리되지도 말아야 하는 것이다. 철학의 역할은 이 명증이 솟아나는 개인적인[109] 경험의 장場 속에 이 명증을 다

107　역주) 라이프니츠의 실측도를 말한다. 예컨대 우리가 현실적으로 지각한 집이 아니라, 지각 가능한 모든 관점적 현상이 그로부터 나오는 집 자체와 같은 것을 가리킨다. 결국 이것은 "관점적 현상이 없는 항"(본서 160쪽)이 되고, 무관점적인 즉자적인 집과 같은 것이다.

108　"Urdoxa"[독역본]. 예를 들어, Husserl, *Erfahrung und Urteil*, p. 331.

시 두면서, 그것의 발생을 밝히는 데 있다. 이와 반대로, 만약 우리가 이 명증을 이용하면서도 주제로 삼지 않는다면, 지각의 현상도, 분열되는 경험들을 가로지르면서 지각 속에서 태어나는 세계도 볼 수 없게 된다. 또한 우리는 지각된 세계를 우주 속에 용해시켜 버리는데, 이 우주란 그 구성적 근원과 단절된 그런 세계 자체이고, 이 근원을 망각해서 명증하게[110] 된 것이다.

¶ 이처럼 지성론에서 의식은 절대적 존재와 친밀한 관계 속에 놓여 있고, 즉자적 세계의 관념 자체는 반성적 분석의 지평으로서 또는 길잡이로서 존속한다. 회의(의심)는 세계와 관련한 명시적인 주장을 정말로 중단시켰지만, 그런 회의 속에서도 절대적 진리의 이념으로 승화된 세계가 이와 같이 암암리에 현전하는 것은 조금의 변화도 없다. 따라서 반성이 제공한 의식의 본질은 본질이 무엇인지도, 사유의 본질이 사유의 사실과 일치하는지도 묻지 않으면서 독단적으로 받아들여진 것이다. 반성은 확인constation 이라는 특성을 잃어버렸고, 이제 현상을 기술하는 것은 문제 밖의 일이 된다. 다시 말해, 착각이 지각적으로 나타남은 착각의 착각으로 치부되고, 우리는 존재하는 것 말고는 [착각 같은 것을] 볼 수 없으며, 시각 자체와 경험은 더 이상 개념작용과 구별되지 않는다. 이로부터 모든 지성의 이론에서 볼

---

109 역주) 독역본 역자는 형용사 "개인적인(privée)"이 아마도 "특권적인(privilegiée)"의 오기인 것 같다고 언급하면서, 형용사 "개인적인"을 빼고 "경험"만 번역하였다(독역본, 63쪽, 역주 f). 아마도 독역본 역자는 "개인적인 경험"이 말 그대로 개인에 한정된 경험으로 여기는 것 같다. 그러나 여기서 메를로퐁티가 말한 "개인적인 경험"은 그 속에 〈누군가(on)〉가 있는 경험이다. 따라서 "개인적인"이라는 말은 크게 문제를 일으키는 것으로 보이지 않는다.

110 역주) 여기서 "명증"은 앞에서 메를로퐁티가 말한 지각과 기억에서 나타난 "명증"과 다르다. 그것은 데카르트의 명석하고 판명한 인식의 명증과 같은 것이고, 메를로퐁티가 말하는 지각의 명증은 "근원적 견해"에 나타난 명증, 오류에 열려 있는 명증이다.

수 있는, 두 가지 측면을 가진 철학이 나온다. 즉 하나는 우리의 사실상의 조건을 표현하는 자연주의적 관점으로부터 권리상 모든 종속성(속박)이 제거된 초월론적 차원으로 도약하는 것이다. 또 다른 하나는, 구성된 것은 언제나 구성하는 것에 대해서만 있기 때문에, 어떻게 동일한 주체가 세계 속의 일부이면서 세계의 원리가 되는지를 결코 물을 필요가 없다는 것이다. 사실, 내가 내 몸과 함께 그저 다른 대상들 중 한 대상이 될 구성된 세계의 이미지는 구성하는 절대적 의식의 관념과 겉보기로만 대립하고 있다. 즉 이것들은 완전히 명백한 즉자적 우주의 편견을 두 가지로 표현하고 있다. 진정한 반성은 지성의 철학처럼 이 두 가지 모두 진리인 것으로 차례로 나타나게 하는 것이 아니라, 그것들 모두 거짓된 것으로 거부한다.

어쩌면 우리는 사실 지성론을 또다시 왜곡하고 있는지도 모른다. 반성적 분석이 《52》 현실적 지식 저 너머의 가능한 지식 전체를 선취된 것으로 실현하고, 반성을 반성의 결과 속에 가둬 놓으며, 유한성의 현상을 없앤다고 우리가 말할 때, 아마도 그것은 여전히 지성론을 풍자화처럼 왜곡한 것에 불과할 수 있다. 즉 세계를 통해 반성을 하며, 익숙한 그림자를 선호하면서 그림자가 빛에서 나온 것임을 이해 못 하는 동굴의 죄수처럼 진리를 바라보는 것에 불과할 수 있다. 아마도 우리는 아직 지각에 있어 판단의 진정한 기능을 이해하지 못했을 것이다. 밀랍 조각의 분석이 의미하는 것은 이성raison이 자연의 배후에 숨어 있는 것이 아니라, 자연 속에 뿌리박고 있다는 점일 것이다. 〈정신의 통찰〉은 자연으로 하강하는 개념이 아니라, 개념으로 상승하는 자연일 것이다. 지각은 하나의 판단이지만, 그 근거raisons를 모르는 판단이다.[III] 이것이 말하는 바는, 지각된 대상은 우리가

III   "… 나는 이 대상들에 대해 습관적으로 한 판단들이, 그렇게 판단할 수 있게 하는 어떤 근거들을 숙고하거나 고려할 여유를 갖기 전에, 이미 내 속에서 형성되었다는 것

그 지적인 법칙을 파악하기 이전에 전체로서 또 통일성으로서 주어진다는 것이고, 밀랍은 본래 하나의 연장, 휘어지고 변하는 연장이 아니라는 것이다. 데카르트가 자연적 판단은 "어떤 근거들을 숙고하거나 고려할 여유"[112]가 없다고 말할 때, 우리는 그가 판단이라는 이름으로, 지각 자체에 선행하지 않으면서, 지각된 것에서 나오는 것 같은 지각된 것의 의미의 구성을 가리키고 있다는 것을 이해하게 된다.[113] 자연의 빛이 몸과 영혼의 구분을 가르칠 때, 그것들의 결합을 우리에게 가르치는 이러한 일상 삶의 인식 혹은 〈자연적 경향〉을 신의 성실성에 의해 보증하는 것은 모순으로 보인다. 이 신의 성실성은 관념에 내재한 명석함과 다른 것이 아니며, 어쨌든 명증적 사유만을 타당하게 해 줄 수 있기 때문이다. 그러나 아마도 데카르트 철학은 이러한 모순을 떠맡는 데 있을 것이다.[114] 지성은 영혼과 몸의 결합을 인식할 수 없는 자신을 인식하고, 그 결합의 인식을 삶에 맡긴다고 데카르트가 말할 때,[115] 이것은 이해의 작용이 《53》 사실상으로도 권리상으로도 다 해소하지 못하는 비반성된 것에 대한 반성으로 주어진다는 것을 의미한다. 나는 밀랍 조각의 지적인 구조를 다시 발견할 때, 그 조각이 그에 대해 어떤 결과에 불과할 절대적 사유 속에 나를 옮겨 놓지 않는다. 나는 밀랍 조

을 주목했다"(*VIe Méditation*, AT IX, p. 60).

112 역주) 메를로퐁티가 인용한 것은 불어본 『성찰』(1647)이다. 라틴어본(1641)에서는 이 "여유(loisir)"라는 말이 없다. 주지하듯이 불어본 『성찰』은 데카르트가 직접 검토하고 인정한 것으로, 또 하나의 원전이라 할 수 있다.

113 "… 나는 내 감관의 대상들과 관련해 판단했던 그 밖의 모든 것을 자연으로부터 배웠던 것 같았다…"(*Ibid.*).

114 "… 인간 정신이 영혼과 몸의 구분과 결합을 매우 판명하게 또 동시에 사유할 (concevoir) 수 있는 것같이 내게는 보이지 않았다. 왜냐하면 그렇게 하기 위해서는 그 것들을 단 하나의 것이면서 동시에 두 가지 것으로서 사유해야 하는데, 그런 것은 모 순되기 때문이다"(*A Elizabeth*, 28 Juin, 1643, AT III, p. 690 그리고 그 이하).

115 *Ibid.*

각을 구성하는 것이 아니라, 재-구성하는 것이다. 〈자연적 판단〉은 수동성의 현상과 다른 것이 아니다. 지각을 인식하는 일은 언제나 지각에 속할 것이다. 반성은 결코 그 자신이 그 어떤 상황 밖으로 나가지 못한다. 지각의 분석은, 지각의 사실, 지각된 것의 개체성, 지각적 의식이 시간성과 장소성에 내속함을 사라지게 하지 못한다. 반성은 그 자신에 대해 절대적으로 투명하지는 않고, 반성은 칸트적 의미가 될 경험 속에서 언제나 그 자신에게 주어져 있다. 반성은 어디서 솟아나는지 그 자신이 알지 못한 채 언제나 솟아나고, 자연의 선물처럼 언제나 내게 자신을 제공한다. 그러나 비반성된 것에 대한 기술이 반성 이후에 타당하게 된다면,「제6성찰」이「제2성찰」이후에 타당하게 된다면, 역으로 이 비반성된 것 자체는 반성을 통해서만 우리에게 인식이 되고, 인식할 수 없는 항처럼 반성 바깥에 놓이지 말아야 한다. 지각을 분석하는 나와 지각하는 나 사이에는 언제나 거리가 있다. 그러나 반성의 구체적인 작용 속에서, 나는 이 거리를 넘어서고, 내가 무엇을 지각했는지를 알 수 있음을 사실적으로 증명하며, 나는 두 자아의 불연속성을 실천적으로 극복한다. 결국 코기토의 의미는 보편적인 구성자를 드러내거나 지각을 지적 작용으로 환원하는 것이 아니라, 지각의 불투명성을 극복함과 동시에 유지하는 이러한 반성의 사실을 확인하는 것이 될 것이다. 이처럼 이성과 인간적 조건을 동일시하는 것은 데카르트의 의도에 잘 부합할 것이며, 데카르트주의의 궁극적인 의의는 바로 여기에 있다고 주장할 수 있다.

¶ 따라서 지성론의 〈자연적 판단〉은, 개별적 대상 속에서 그 의미가 생기게 하면서, 그 대상에 완전히 형성되지 않은 의미를 가져오는 그러한 칸트의 판단을 선취하고 있다.[116] 칸트주의와 마찬가지로 데카르트주의도 지

---

116 (판단력은) "자신이 하나의 개념을 제시해야만 할 것이되, 이 개념을 통해서는 본래

각의 문제는 지각이 근원적 인식이라는 것임을 충분히 알았을 것이다. [물론 근원적 지각 외에] 경험적인empirique 지각 또는 이차적 수준의 지각이 있다. 《54》 즉 우리가 끊임없이 실행하는 지각, 우리에게 근본적 현상을 은폐하는 지각이 있다. 왜냐하면 이 지각은 과거의 여러 획득물로 가득 차 있어, 이른바 존재의 표면에서 작용하기 때문이다. 내가 나를 둘러싼 대상들 속에서 나의 위치와 방향을 알기 위해 그것들을 빠르게 바라볼 때, 나는 세계의 순간적인 모습을 거의 파악하지 못한다. 나는 출입문은 이쪽에, 창문은 다른 쪽에, 나의 책상은 또 다른 쪽에 있음을 확인한다. 그것들은 단지 그것들과 다른 쪽으로 향한 실천적 의도(지향)의 지주이자 안내자일 뿐이고, 따라서 그것들은 내게 의미표현(실질의미)으로서만 주어진다. 그러나 내가 어떤 대상을, 그것이 실존하는 대로 내 앞에 풍부하게 펼치는 모습을 보고자 하는 관심만을 갖고서 응시한다면, 이때 그 대상은 더 이상 일반적인 유형을 암시하기를 그친다. 그래서 나는 처음 접하는 광경의 지각뿐 아니라, [응시한 대상에서 나타난] 각 지각이 이해(지성)의 탄생 속에서 각자 새롭게 시작하고, 따라서 천재적인 발명과 같은 어떤 것을 지니고 있음을 알아차린다. 예컨대 내가 이 나무를 하나의 나무로 알아보기 위해서는, [나무라는] 획득된 실질의미 아래에서 감각적 광경의 순간적인 배열이 마치 식물의 세계가 처음 나타난 날처럼 다시 시작하여 이 나무의 개별적인 관념을 그려야 한다. 이것이 바로 자연적 판단일 것이다. 이 자연적 판단은 자

사물이 인식되는 것이 아니다. 그 개념은 단지 판단력 자신을 위한 규칙으로 쓰이는 것으로, 판단력이 그의 판단을 그에 맞출 수 있는 객관적 규칙으로 쓰이는 것이 아니다. 왜냐하면, 그를 위해서는 다시금, 어떤 것이 이 규칙에 해당하는 경우인지 아닌지를 판별할 수 있기 위해, 또 다른 판단력이 필요할 것이기 때문이다"(*Critique du jugement*, Préface, p. 11). 역주) 번역문은 『판단력비판(*Kritik der Urteilskraft)*』 (Vorrede, S. VII. 백종현 옮김, 아카넷, 148쪽)에서 가져왔다.

신의 근거들(합리성들)을 창조하기(처음 만들기) 때문에, 아직 자신의 근거들을 알 수가 없다.

¶ 그러나 비록 우리가 실존, 개체성(개별성), 〈사실성〉이 데카르트 사유의 지평에 있다는 것을 인정해도, 데카르트 사유가 이것들을 주제로 다루었는지는 알 수 없다. 그런데 우리가 인식해야 하는 것은 데카르트 사유가 그것들을 주제로 다룰 수 있기 위해서는 자신의 모습을 근본적으로 바꾸어야 한다는 점이다. 지각을 근원적 인식이 되게 하기 위해서는, 유한성에 적극적인(긍정적인) 의미를 부여해야 할 것이고, 나를 "신과 무無 사이의 중간자"[117]로 만드는 「제4성찰」의 이상한 문장을 진지하게 받아들여야 할 것이다. 그러나 「제5성찰」이 의미하듯 또 말브랑슈가 말하는 것처럼, 만약 무가 속성들을 갖지 않는다면, 만약 무 없는 것이라면, 인간 주체에 대한 이러한 정의는 하나의 말하는 방식에 불과하고, 유한자는 긍정적인(적극적인) 어떤 것도 갖지 않는다. 반성 속에서 창조적인 행위를, 즉 지나간 사유의 재구성을 보기 위해서, ―재구성만이 우리에게 지나간 사유의 관념을 주고, 즉자적 과거는 우리에게 없는 것이나 마찬가지이기 때문에, 이 재구성은 지나간 사유 속에 미리 형성되어 있지는 않지만, 이 지나간 사유를 타당하게 규정한다― [데카르트의 사유는] 『성찰』이 짧게 암시만 하는 시간의 직관을 발전시켰어야 했을 것이다. "나를 속일 수 있는 누구라도 나를 속여 보라. 내가 어떤 것이라고 생각하는 동안, 그는 나를 아무것도 아닌 것으로 만들 수 없다. 혹은 내가 존재한다는 것이 지금 사실인데, 내가 존재한 적이 결코 없다는 것이 언젠가 사실이도록 해 보라."[118] 현재의 경험은 결정적으로 확립된 존재의 경험으로, 《55》 그 어떤 것도 이 존재가 존재한 적이 없

---

117   역주) "un milieu entre Dieu et le néant"(Descartes, *Méditations*, AT IX, 54).

118   *IIIe Méditation*, AT IX, p. 28.

게 할 수는 없을 것이다. 현재의 확실성 속에는, 현재의 현전을 넘어, 일련의 상기 속에서 미리 이 현재를 의심할 수 없는 〈과거의 현재〉로서 정립하는 어떤 지향이 있다. 또한 현재의 인식으로서의 지각은 자아의 통일성뿐아니라 객관성과 진리의 관념을 가능케 하는 중심적 현상이다. 그러나 이러한 지각은 [『성찰』의] 텍스트 속에서, 사실상으로만 거부할 수 없는 명증들 중 하나일 뿐, 여전히 회의에 놓인 것으로 주어져 있다.[119] 따라서 데카르트의 해결책은 인간적 사유가 사실상의 조건 속에 있다는 데서 이 사유의 보증을 찾는 것이 아니다. 그것은 인간적 사유를 절대적으로 자신을 소유하는 사유에 의존시키는 것이다. 본질과 실존의 연결은 경험 속에서가아니라, 무한자의 관념 속에서 발견된다. 결국 사실상, 반성적 분석은 전적으로 독단적인 존재 관념에 의존하고, 이런 의미에서 그것은 의식의 발견에 도달하지 못했다.[120]

---

[119] "2 더하기 3은 5이다"와 같이.(*Ibid.*)

[120] 반성적 분석의 고유한 노선을 따라가 보면, 우리는 진정한 주체성으로 되돌아가지 못한다. 반성적 분석은 우리에게 지각적 의식의 생생한 핵심을 은폐한다. 왜냐하면 그것은 절대적으로 규정된 존재의 가능성의 조건을 찾으며, 무(無)는 아무것도 아니라는 신학적 유사 명증에 현혹되어 있기 때문이다. 그렇지만 반성적 분석을 수행한 철학자들은 절대적 의식 그 아래를 파고들어야 한다는 것을 항상 느꼈다. 우리는 좀 전에 데카르트와 관련해 이러한 점을 보았다. 우리는 또한 라뇨(Lagneau)와 알랭과 관련해 그것을 보일 것이다.

반성적 분석을 끝까지 밀어붙이면, 주체 쪽에는 보편적인 자연화하는 것(능산자)만 남아야 할 것이다. 이 보편적인 자연화하는 것에 대해, 물리학과 심리 생리학의 법칙을 통해 세계와 연결된 내 몸과 나의 경험적 자아를 포함하는 경험의 체계가 존재한다. 우리가 감관적 흥분들의 〈심적인〉 확장으로서 구축한 감각은 명백히 보편적인 자연화하는 것에 속하지 않는다. 그리고 정신의 발생에 관한 모든 관념은 시간이 그에 대해 존재하는 정신을 시간 속에 다시 두어, 두 개의 자아를 혼동하기 때문에, 잡종적인 관념이다. 그럼에도 만약 우리가 역사 없는 그런 절대적 정신이고, 어떤 것도 우리를 진리의 세계로부터 떼어 낼 수 없다고 한다면, 만약 경험적 자아가 초월론적 자아에 의해 구성되어, 그 앞에 펼쳐진다고 한다면, 우리는 경험적 자아의 불투명성을 흰히 밝혀 꿰뚫어 보아야 할 것이다. 또한 오류가 어떻게 가능한지, 또 착각이 어떻게 가능한지, 즉 어떠한 지식도 없애 버릴 수 없는 〈비정상적 지각〉이 어떻게 가능한지는 알지 못하게 된다(Lagneau, *Célèbres Leçons*, pp. 161-162). 물론 사람들은 착각과 지각이 전적으로 진리와 오류 이전에 있다고 말할 수 있다(Id., ibid.). 그러나 이것은 우리가 문제를 해결하는 데 도움이 되지 않는다. 왜냐하면 이 경우 정신이 어떻게 진리와 오류 이전에 있을 수 있는지의 문제가 생기기 때문이다. 우리는 감각할 때, 우리의 감각을, 심리-생리적 관계의 그물망 속에서 구성된 대상으로 파악하지(의식하지) 않는다. 우리는 감각의 진리를 갖고 있지 않다. 우리는 진리의 세계 앞에 있지 않다. "우리가 개인이라고 말하는 것과, 이 개인 속에 하나의 감각능력 있는(sensible) 자연이 있어 무엇인가가 환경의 작용으로부터 결과하지 않는다고 말하는 것은 동일한 것이다. 만약 감각능력 있는 자연 속의 모든 것이 필연성에 종속된다면, 만약 진리로 나타나는 감각하는 방식이 우리에게 있다면, 만약 매 순간 우리의 감각하는 방식이 외부 세계로부터 결과한다면, 우리는 감각하지 못할 것이다"(*Célèbres Leçons*, p. 164). 이처럼 감각한다는 것(sentir)은 구성된 것의 질서에 속하지 않고, 자아는 그것을 그 앞에 펼쳐진 것으로 발견하지 못한다. 감각한다는 것은 자아의 시선에서 벗어나고, 자아 뒤에 모여 있는 것처럼 있으며, 거기에서 오류를 가능하게 하는 두께나 불투명성으로 활동한다. 그것은 주체성 또는 고독의 영역의 범위를 한정하고, 우리에게 정신 〈이전〉에 있는 것을 나타낸다. 그것은 정신의 탄생을 상기시켜, 〈논리학의 계보〉를 해명할 더 심층적 분석을 요구한다. 정신은 이러한 **자연** 위에 〈**토대한**〉 것으로서 자기의식을 갖는다. 따라서 자연화된 것(소산자)과 자연화하는 것(능산자)의 변증법, 지각과 판단의 변증법이 있고, 이 변증법의 과정에서 그것들의 관계가 뒤집혀 있다.

알랭의 지각 분석에서도 동일한 운동을 볼 수 있다. 나무가 나로부터 무척 멀리 떨어져 있고 사람은 무척 가까이 있어도, 내게는 언제나 나무가 사람보다 크게 보인다는 것은 잘 알려져 있다. 이에 대해 나는 "여기서도 대상을 크게 만드는 것은 판단이다"라고 말하고 싶어진다. "그러나 더 주의 깊게 검토해 보자. 자기 속에 있는 대상은 아무런 크기도 갖지 않기 때문에, 그 대상은 조금도 변한 것이 없다. 크기는 언제나 비교되는 것이다. 따라서 이 두 대상의 크기, 또 모든 대상의 크기는 불가분적이며 실제로 부분들 없는 하나의 전체를 형성한다. 크기들은 함께 판단되는 것이다. 이로부터 우리는, 항상 분리되고 서로에 외적인 부분으로 형성된 물질적 사물들과, 어떤 분리도 허용될 수 없는, 이 사물들에 대한 사유를 혼동하지 말아야 한다는 것을 알 수 있다. 이 구별이 지금 무척 분명치 않다고 해도, 또 이 구별을 생각하기가 항상 어렵다고 해도, 도중에 잊지 않기를 바란다. 사물들은 어떤 의미에서 물질로 간주되는 한, 부분들로 나눠지며, 그 한 부분은 다른 부분이 아니다. 그러나 사물들의 지각들은 어떤 의미에서 사유로 간주되는 한, 불가분적이고 부분들을 갖지 않는다"(*Quatre-*

《56》[4. 〈부추김motivation〉]

　지성론은 자연주의적인 감각 개념을 받아들일 때, 거기에 함축된 철학도 함께 받아들였다. 《57》반대로 심리학이 이런 개념을 결정적으로 제거할 때, 우리는 이러한 혁신 속에서 새로운 형태의 반성이 시작되기를 기대해 볼 수 있다. 심리학 수준에서 〈항상성 가설〉에 대한 비판은 판단이 지각 이론의 설명적 요소로서 포기됨을 의미할 뿐이다. 거리의 지각이 대상의 외관상의 크기, 두 망막상 사이의 상이함, 수정체의 조절 작용, 두 눈의 수렴으로부터 내려진 결론이라고 어떻게 주장할 수 있는가? 부조(입체성)의 지각이 오른쪽 눈과 왼쪽 눈이 제공한 이미지들 간의 차이로부터 내려진 결론이라고 어떻게 주장할 수 있는가? [이 주장들은 가능하지 않은데, 그것은] 우리가 현상을 충실히 본다면, 이 〈기호들〉 중 어떤 것도 의식에 명료하게 주

----

vingt-un chapitres sur l'Esprit et les Passions, p. 18). 하지만 이 경우, 사물들을 일람하면서, 한 사물을 다른 사물과 관계하여 규정할 정신의 통찰은 진정한 주체성이 아닐 것이고, 이 통찰은 자기 속에 있는 것으로 고려된 사물로부터 여전히 너무 많은 것을 빌려 올 것이다. 지각은 사람의 크기로부터 나무의 크기를 결론 내리는 것도, 나무의 크기로부터 사람의 크기를 결론 내리는 것도, 이 두 대상의 의미(signification)로부터 두 대상의 크기를 결론 내리는 것도 아니다. 지각은 모든 것을 동시에 행한다. 즉 지각은 나무의 크기, 사람의 크기, 나무와 사람으로서의 실질의미를 드러내고, 그 결과 각각의 요소는 다른 모든 요소와 일치하면서, 모든 것이 함께-실존하는 하나의 광경을 만든다. 이렇게 해서 우리는 크기를 가능케 하는 것, 더 일반적으로는 술어적 질서의 관계들 내지 속성들을 가능케 하는 것에 대한 분석으로 들어가게 되며, 알랭이 인식할 수 없는 것이라 선언하겠지만(*ibid.*, p. 29) "모든 기하학에 앞서는" 그와 같은 주체성으로 들어가게 된다. 이것은 반성적 분석이 분석으로서의 그 자신을 더 엄밀하게 의식하는 것이다. 반성적 분석은 그것의 대상, 즉 지각을 떠나 버렸다는 것을 깨닫는다. 반성적 분석은 그것이 밝혔던 판단 배후에, 이 판단보다 더 심층적이고 또 그 판단을 가능케 하는 어떤 기능이 있음을 인정하고, 사물들에 앞서는 현상들을 재발견한다. 심리학자들이 광경의 형태화(*Gestaltung*)에 대해 말할 때 염두에 두는 것은 바로 이 기능이다. 심리학자들은 알랭과 거의 같은 용어들을 사용하지만, 현상을 객관적으로 구성된 세계와 엄밀하게 구별함으로써, 철학자로 하여금 이 현상에 대한 기술로 돌아가게 하는 것이다.

어지지 않고, 또 전제가 없는 곳에 추론이 있을 수 없기 때문이다. 그러나 지성론에 대한 이런 비판은 심리학자들에게 퍼져 있는 통속화된 지성론에만 해당할 뿐이다. 또한 이 비판은 지성론 자체와 마찬가지로, 철학자가 더 이상 지각을 설명하는 것이 아니라, 지각적 활동과 일치하고 그것을 이해하려는 반성의 차원으로 옮겨져야 한다. 이 반성의 차원에서, 항상성 가설에 대한 비판은 지각이 지성의 작용이 아님을 밝혀 준다. 내가 머리를 아래로 두어 광경을 바라보면, 광경 속의 아무것도 알아보지 못하게 된다. 그런데 〈위〉와 〈아래〉는 지성의 시선에서는 관계적 의미만을 가지며, 광경 속의 방향 파악은 지성에게 절대적인 장애가 될 수는 없을 것이다. 지성 앞에서의 정사각형은 《58》 어느 한 변을 아래로 하여 서 있건, 어느 한 꼭짓점을 아래로 하여 서 있건, 언제나 정사각형이다. 지각에 있어 정사각형은 두 번째 경우 거의 알아볼 수가 없다. 대칭적 대상의 역설은 지각적 경험의 본래성과 논리주의의 대립을 보여 준다. 우리는 이 생각을 다시 거론하고 일반화해야 한다. 즉 지각된 것의 실질의미가 있지만 지성의 우주에는 그 등가물이 없고, 지각적 환경이 있지만 그것은 아직 객관적 세계가 아니며, 지각적 존재가 있지만 그것은 아직 결정된 존재가 아니다.

¶ 그렇지만 현상의 기술을 실천하는 심리학자들은 일반적으로 그들의 방법의 철학적 함의를 깨닫지 못하고 있다. 그들은 지각적 경험으로의 복귀, 즉 이러한 혁신이 일관적이고 근본적으로 이뤄진다면, 이 복귀가 모든 형태의 실재론을, 다시 말해 의식을 떠나고 또 의식의 성과 중 하나를 [실재론적으로] 주어진 것으로 간주하는 모든 철학을 단죄한다는 사실을 알지 못한다. 그들은 지성론의 진정한 결함이 과학의 결정된 우주를 바로 주어진 것으로서 간주하는 것임을 알지 못한다. 더구나 이러한 비판이 심리학적 사유에도 적용되는 것임을 알지 못한다. 왜냐하면 심리학적 사유는 지각적 의식을 완전히 이루어진 세계 한가운데 두기 때문이고, 항상성 가설에

대한 비판도 그것이 끝까지 수행된다면, 진정한 〈현상학적 환원〉의 가치를 지니게 되기 때문이다.[121] 형태 이론은 이른바 거리의 기호들 ―대상의 외관상의 크기, 대상과 우리 사이에 놓인 대상들의 수, 두 망막상 사이의 상이함, 안구의 조절과 수렴의 정도― 이 대상 자체로부터 벗어나 대상의 현전 양태로 향하는 분석적 혹은 반성적 지각에서만 명시적으로 알려진다는 것을, 따라서 우리가 거리를 인식하기 위해 이러한 매개물을 통과하지 않는다는 것을 잘 해명하였다. 그렇지만 이런 사실로부터 게슈탈트 이론은 몸에 나타난 인상들이나 시각장의 가운데 놓인 대상들이 거리의 지각의 기호들이나 근거들이 아니기 때문에, 이 지각의 원인들일 수밖에 없다고 결론 내린다.[122] 이처럼 게슈탈트 이론은 그 이념을 결코 포기한 적이 없던 설명적 심리학으로 되돌아온다.[123] 왜냐하면 심리학으로서 게슈탈트 이론은 자연주의와의 인연을 결코 끊지 않았기 때문이다. 그러나 그와 동시에 게슈탈트 이론은 그 자신의 기술에 충실하지 않게 된다.

¶ 안구의 운동 근육이 마비된 주체는 《59》 자신이 눈을 왼쪽으로 돌린다고 생각할 때, 대상들이 왼쪽으로 이동하는 것을 본다. 고전 심리학에 의하면 이것은 지각이 다음과 같이 추론하기 때문이다. 즉 눈이 왼쪽으로 움직인다고 간주되지만, 두 망막의 상들이 움직이지 않기 때문에, 망막의 상들이 안구 속에서 자기 자리를 유지하려면 광경이 왼쪽으로 미끄러져야 한다는 것이다. 게슈탈트 이론은 대상의 위치 지각이 몸에 대한 분명한 의식이라는 우회로를 통하지 않음을 분명히 해 준다. 즉 나는 망막에서 상들이 움직이지 않는다는 것을 언제나 알지 못하고, 광경이 왼쪽으로 움직이

[121]   Cf. A. Gurwitsh, Recension de *Nachwort zu meiner Ideen* de Husserl, p. 401 이하.

[122]   예를 들어, Cf. P. Guillaume, *Traité de Psychologie*, Chap. IX, *La Perception de l'Espace*, p. 151.

[123]   Cf. *La Structure du Comportement*, p. 178[제3판, pp. 143-144].

는 것을 직접 본다. 그러나 의식은 이 의식 바깥의 생리학적 원인들이 만들어 낼 이미 완성된 착각 현상을 받아들이는 것이 아니다. 착각이 생기기 위해서는, 주체는 왼쪽을 바라보려는 의도(지향)가 있어야 하고, 자신의 눈을 움직이게 한다고 생각해야 한다. 자기-몸corps propre[124]과 관련한 착각이 대상에서 운동이 나타나게끔 유인한다entraîne. 자기-몸의 운동은 자연히 어떤 지각적인 실질의미(의미표현)로 물들어 있고, 외부 현상과 매우 밀접한

---

124 역주) 우리가 〈자기-몸〉 또는 〈자기 몸〉이라 번역한 "corps propre"는 『지각의 현상학』을 지탱하는 주요 개념으로서, 제1부 「몸」의 분석 대상이다. 메를로퐁티는 『지각의 현상학』에서 〈자기-몸〉을 〈현상적인 몸(corps phénoménal)〉과 같은 의미로, 〈객관적인 몸(corps objectif)〉과는 대립하는 의미로 쓴다. 이 〈corps propre〉 단어는 〈객관적인 몸〉과 대비해서 이전부터 철학과 심리학에서 쓰이던 용어이다. 〈객관적인 몸〉이 3인칭적으로 나타난 몸을 가리키고, 데카르트나 유물론자들이 말하는 몸에 해당한다면, 〈자기-몸〉은 우리 〈자신에게 나타난 몸〉, 우리 〈자신이 체험한 몸〉을 의미한다. 〈해부학적인 몸의 구조〉, 〈그의 몸 길이가 170cm이다〉라는 표현에 나타난 〈몸〉은 〈객관적인 몸〉이라고 할 수 있다. 반면 우리말에서 〈몸이 아프다〉, 〈오늘 몸이 가뿐하다〉와 같이 주체 자신이 체험한 몸을 〈자기-몸〉 또는 〈현상적인 몸〉이라고 할 수 있다. 본문에서 안구 운동 근육이 마비된 환자의 눈을 3인칭적으로 볼 때, 그 눈은 움직이지 않는 〈객관적인 몸〉으로서의 눈이다. 그러나 그 환자가 근육 감각을 통해 〈거기에〉 〈눈〉이 있음을 암묵적으로 느끼고 또 그 〈눈〉을 움직이려고 할 때, 그가 체험한 〈눈〉은 바로 〈자기-몸〉으로서의 〈눈〉이다. 메를로퐁티는 『지각의 현상학』에서 이처럼 주관적으로 체험한 몸의 의미를 심화시켜, 지각된 사물과 이분화되기 이전 상태의 몸적인 주체를 포착하려 한다. 이 경우 관점으로서의 몸 개념이 논의의 중심에 위치한다(특히 본서 166-168쪽 참조).
〈corps propre〉는 두 영역본에서 〈one's own body〉로, 일역본(나카지마)에서는 〈자기의 신체〉로 번역된다. 영어권 메를로퐁티 연구자들이 종종 지적하듯이(예컨대, M. Langer, D. A. Landes), 〈자기의(one's own) 몸〉에서 소유격 〈의〉라는 표현은 〈자기〉와 〈몸〉의 관계를 소유관계로 잘못 생각하게 할 수 있다. 메를로퐁티가 "나는 내 몸이다"(본서 296, 379쪽)라고 말하듯, 〈자기〉와 〈몸〉은 하나가 될 정도로 나눌 수 없는 관계이고, 우리는 〈자기〉와 〈몸〉의 이런 관계를 표현하기 위해, 〈자기-몸〉 또는 〈자기 몸〉으로 번역한다. 물론 지성론의 〈자기의식〉의 〈자기〉와 〈의식〉의 관계처럼, 메를로퐁티에서 〈자기〉와 〈몸〉이 완벽히 일치하는 것은 아니다.

하나의 체계를 형성한다. 그래서 외부 지각은 지각 기관의 이동을 〈고려하고〉, 지각 기관 속에서 광경에 개입된 변화의 명백한 설명은 아니라 해도 그 변화를 부추기는 것motif을 발견하고, 그 변화를 이처럼 즉시 이해할 수 있다. 내가 왼쪽을 바라보려는 의도(지향)를 가질 때, 이 시선 운동은 그 운동 속에서 시각장의 흔들림을 자연스럽게 표현한다. 즉 대상들은 제자리에 있지만, 그것들은 한순간 흔들리고 난 다음에 그렇게 제자리에 있는 것이다. 이런 결과는 배워서 생긴 것이 아니라, 심리-물리적 주체의 자연적인 구조montages에 속한다. 우리가 보겠지만, 이 결과는 우리의 〈몸 도식 schéma corporel〉[125]에 이어진 현상annexe이고, 〈시선〉의 이동에 내재한 실질 의미이다. 이런 결과가 나오지 않을 때가 있다면, 즉 우리가 눈을 움직이려는 의식이 있고 광경이 이에 영향받지 않는다면, 이때의 현상은 어떤 명시적 연역(추론)도 거치지 않고 대상이 왼쪽으로 이동하는 모습으로 표현된다. 시선과 광경이 마치 서로 달라붙은 것처럼 있고, 어떠한 흔들림도 그것들을 분리하지 못한다. 시선은 자신의 착각적인 운동 속에서 자신과 함께 광경을 운반한다. 또한 광경의 미끄러짐은 결국, 움직이고 있다고 생각하는 시선의 끝에 이 광경이 고정된 것일 뿐이다. 따라서 움직이지 않는 망막의 상들과 안구의 운동 근육의 마비는, 착각을 결정하고 이미 완성된 착각을 의식에 가져오는 객관적인 원인들이 아니다. 또한 눈을 움직이려는 의도(지향)와 광경이 이 움직임에 따르려는 성향도, 착각의 전제들이나 근거들raisons이 아니다. 그와 달리 그것들은 착각을 《60》 부추기는 것들이다.

¶ 마찬가지로, 내가 시선 집중하는 대상과 나 사이에 놓인 대상들은 그

---

125   역주) "몸 도식"은 자기-몸에 대해 암묵적으로 갖고 있는 이미지(상)이다. 자기-몸의 전체 및 부분에 대한 이미지, 또 자기-몸의 공간적인 위치에 대한 이미지가 그 예이다. 메를로-퐁티는 제1부 3장의 「위치의 공간성과 상황의 공간성: 몸 도식」(특히, 본서 210-215쪽)에서 이 〈몸 도식〉을 언급한다.

자체로서는 지각되어 있지 않지만, 그럼에도 지각되어 있는 것이며, 우리는 이 난외欄外의 지각이 거리의 시각에서 가질 역할을 조금도 거부할 이유가 없다. 왜냐하면 사이에 놓인 그 대상들을 어떤 막으로 가리자마자, 거리가 축소되어 나타나기(보이기) 때문이다. 장을 채우는 대상들은 원인이 결과에 작용하는 것처럼, 나타나는 거리에 작용하지 않는다. 그 막을 치워버리면, 우리는 그 거리가 사이에 놓인 대상들로부터 생겨나는 것을 본다. 이것은 바로 지각이 우리에게 말하는 침묵의muet 언어이다. 즉 사이에 놓인 대상들은 이런 자연적인 텍스트에서 더 큰 거리를 〈말하고자 한다〉. 그렇지만 지금 관련된 문제는 객관적인 논리, 구성된 진리의 논리가 인식하는 여러 결합[연결된 배열들] 중 하나가 아니다. 왜냐하면 내가 나와 종탑 사이의 비탈과 들판을 세부적으로 더 잘 볼 수 있게 될 때, 이 종탑이 내게 더 작고 더 멀리 보이게 하는 어떤 근거도 있지 않기 때문이다. 근거는 있지 않지만, 부추기는 것이 있다. 게슈탈트 이론은 바로 우리로 하여금 다음과 같은 긴장들이 있음을 알게 한다. 즉 이 긴장들은 역선力線, lignes de force처럼 시각장과 자기 몸-세계라는 체계를 가로지르고, 뒤틀림, 수축, 확장을 여기저기에 부여하면서 시각장에 암묵적이고 마술적인 생명의 활기를 불어넣는다. 망막의 상들의 상이함, 사이에 놓인 대상들의 수는 나의 거리 지각을 외부로부터 산출할 객관적 원인으로도, 그 지각을 증명할 근거로도 작용하지 않는다. 이것들은 숨겨진 형태들로 지각에 의해 암묵적으로 인식되며, 말 없는 논리에 의해 지각을 정당화한다.

¶그러나 게슈탈트 이론이 이러한 지각적 관계들을 충분히 표현하기 위해, 카테고리들을 쇄신해야만 하지만 그렇게 하지 않았다. 게슈탈트 이론은 카테고리들을 쇄신해야 한다는 원칙을 인정하였고, 그것을 특수한 몇몇 경우에 적용하였다. 그러나 이 이론은 현상을 정확하게 표현하고자 할 때, 지성에 대한 전적인 혁신이 필요하다는 것을 깨닫지 못하고 있다. 또한

그러기 위해서는 고전 논리 및 고전 철학의 객관적 사유를 문제시하고, 세계의 카테고리들의 이용을 중지하며, 이른바 실재론적인 명증을 데카르트적 의미로 의심하여, 진정한 〈현상학적 환원〉을 수행해야 한다는 것도 깨닫지 못하고 있다. 객관적 사유는 우주에 적용되나 현상에는 적용되지 않는 사유로서, 양자택일적인 개념들만 인식한다. 객관적 사유는 현실적인 경험에서 출발하여 서로 배재하는 순수 개념을 정의한다. 즉 연장의 개념은 부분들의 절대적 외재성의 개념, 사유의 개념은 자신 속에 모여진 존재의 개념, 음성 기호의 개념은 《61》 어떤 사유에 자의적으로 연결된 물리적 현상, 의미signification의 개념은 자신에 대해 완전히 명석한 사유, 원인은 그 결과의 외적인 결정자, 근거(합리성)는 현상의 본질적인 구성 법칙이다. 그런데 좀 전에 보았던 것처럼, 자기-몸의 지각과 외부 지각은 비-정립적 의식의 실례를 우리에게 제공한다. 즉 자신의 대상의 완전한 규정을 소유하지 않는 의식, 자신을 해명하지 못하는 체험된 논리의 의식, 자신에 대해 명석하지 않고 어떤 자연적인 기호들의 경험을 통해서만 자신을 인식하는 내재적 실질의미의 의식의 실례를 우리에게 제공한다. 이러한 현상들은 객관적 사유가 이해하기가 어려운 것이다. 이 때문에 게슈탈트 이론은 모든 심리학처럼 과학과 세계의 〈명증들〉에 사로잡혀 있어, 근거와 원인 가운데서만 선택할 수 있으며, 또한 이 이론의 입장에서 지성론에 대한 모든 비판은 실재론과 인과적 사유를 복원하는 것으로 귀결된다.

¶ 이와 반대로 부추김이라는 현상학적 개념은, 우리가 현상으로 복귀하고자 한다면, 잘 형성해야 하는 "유동적인fluents"[126] 개념들 중 하나이다.

---

126 "Fließende", Husserl, *Erfahrung und Urteil*, p. 428. 후설 자신은 그의 마지막 시기에 이르러서야 현상으로의 복귀가 의미하는 것을 충분히 깨닫게 되고, 또 암묵적으로 본질 철학과 단절하게 된다. 이미 『이념들(*Ideen*)』 이전에 발견되는 동기부여(부추김 (motivation))의 개념이 바로 보여 주듯이, 후설은 자신이 오랫동안 적용했던 분석 방

어떤 현상이 다른 현상을 불러일으키는 것은 자연의 사건들을 연결시키는 것과 같은 객관적인 작용관계efficacité를 통해서가 아니라, 그 현상이 제공하는 의미를 통해서이다. 즉 현상들 중 어떤 것 속에도 명시적으로 놓여 있지 않으면서 현상들의 흐름에 방향을 주는 존재 근거(이유)가, 일종의 작동하는 근거raison opérante가 있다. 이렇게 해서, 왼쪽을 바라보려는 의도(지향)와 시선에 광경이 달라붙어 있음은 대상에서의 움직임의 착각을 부추긴다. 부추겨진 현상이 실현됨에 따라, 부추겨진 현상과 부추기는 현상의 내적 관계가 나타난다. 그리고 부추겨진 현상은 부추기는 현상을 단순히 뒤따르는 것이 아니라, 부추기는 현상을 분명히 드러내고 이해하게 하여, 그 결과 자신을 부추기는 것에 선행했던 것처럼 보이게 된다. 이러한 사실 속에서, 떨어져 있는 대상과 이 대상의 망막에의 물리적 투영은 상들의 상이함을 설명하고, 또한 우리는 회고적 착각illusion rétrospective[127] 속에서 말브랑슈와 함께 지각에 대한 자연적 기하학géonétrie naturelle[128]을 말하고, 지각 위에서 구축된 과학을 지각 속에 미리 둔다. 그리하여 《62》 우리는 모든 과학에 앞서 거리가 솟아오르는 부추김의 본래적 관계를 보지 못하게 된다. 이러한 거리는 〈두 상들〉이 수적으로 구별되지 않기 때문에, 〈두 상들〉에 대한 판단으로부터 솟아나지 않는다. 거리는 〈흔들림(미결정bougé)〉의 현상으로부터, 즉 윤곽적 현상esquisse에 거주하고, 균형을 찾으려 하며, 윤곽적 현

식들을 이처럼 계속해서 명시화하고 주제화하고 있었다.

127 역주) 베르그송의 "회고의 논리(logique de rétrospection)"(PM, p. 1267/19)를 변형한 표현이다. 베르그송은 질적이며 동사적이며 창조적인 시간적 사건을, 그 사건이 끝난 후이미 완성된 양적이며 명사적인 것으로 재구축하는 것을 〈회고의 논리〉라 말한다. 여기서 메를로퐁티는 일차적인 거리의 지각으로부터 획득한 〈두 눈의 수렴〉, 〈사물의 외관상의 크기〉의 객관적 관계로, 즉 〈회고적으로〉 거리의 지각을 재구축하는 것을 비판한다.

128 역주) 본서 474-475쪽 역주 참조.

상을 가장 결정된 모습으로 끌고 가는 힘들로부터 솟아난다. 이러한 기술들은 데카르트주의에 있어 결코 철학적인 중요성을 지니지 못할 것이다. 즉 이러한 기술들은 비반성된 것을 암시하는 것으로 취급되어, 원리상 결코 언표할 수 없고, 모든 심리학과 마찬가지로 지성 앞에서 진리를 가지지 못할 것이다. 이 기술들이 전적으로 정당하다는 것을 나타내기 위해서는, 어떤 경우에도 의식은 지각에서 그 자신인 바임을, 즉 하나의 사실임을 완전히 멈출 수 없다는 것, 또 자신의 활동을 완전히 장악할 수도 없다는 것을 보여야만 할 것이다. 따라서 현상을 인정한다는 것은 결국 하나의 반성 이론과 하나의 새로운 코기토를 함축하는 것이다.[129]

---

129 아래의 제3부 참조. 형태 심리학은 후설의 현상학이 그 이론을 제공한, 한 유형의 반성을 수행했다. 우리가 〈항상성 가설〉에 대한 비판 속에 하나의 철학 전체가 함의되어 있다고 본다면 잘못된 것일까? 우리가 여기서 역사적인 분석을 할 필요는 없다고 해도, 게슈탈트 이론과 현상학의 친근성이 외적인 증거에 의해서도 증명된다는 것은 지적해야 한다. 쾰러(Köhler)가 심리학의 대상을 〈현상학적 기술〉로 간주한 것은(*Über unbemerkte Empfindungen und Urteilstäuschungen*, p. 70) 우연이 아니다. 후설의 옛 제자인 코프카(Koffka)가 그의 심리학의 지도 이념들을 이러한 후설의 영향에 관련시키고, 또한 그가 게슈탈트는 인상이라는 유형의 심적인 사건이 아니라 내적인 구성의 법칙을 전개하는 전체이기 때문에, 심리학주의에 대한 비판은 게슈탈트 이론에 해당되지 않는다고 보여 주려고 했던 것도(*Principles of Gestalt Psychology*, pp. 614-683) 우연이 아니다. 마지막으로, 논리주의를 언제나 멀리하고 게다가 그것을 심리학주의와 동시에 비판했던 마지막 시기의 후설이 〈배열형태(configuration)〉 개념과 심지어 게슈탈트 개념을 취한 것도(Cf. *Die Krisis der europäischen Wissenschaften und die transzendentale Phanomenologie*, I, pp. 106, 109) 우연이 아니다. 사실, 게슈탈트 이론의 소박한 실재론적 인식 이론에서 볼 수 있듯이(Cf. *La Structure du Comportement*, p. 180[제3판, pp. 144-145]), 자연주의와 인과적 사유에 대한 이 이론의 반발은 일관적인 것도 철저한 것도 아니다. 게슈탈트 이론은 심리학적 원자론이 보다 일반적인 편견의, 즉 결정된 존재 혹은 세계에 대한 편견의 특수한 한 경우에 불과하다는 것을 알지 못한다. 이 때문에 게슈탈트 이론은 하나의 이론적 틀을 스스로에게 부여하고자 할 때, 자신의 가장 타당한 기술들을 망각하게 된다. 게슈탈트 이론은 반성의 중간 영역들에서만 오류에서 벗어난다. 이 이론은 자신의 분석을 반성하고자 할 때, 자신의 원리에도 불구하고 의

식을 〈형태들〉의 집합으로 다룬다. 이것은 후설이 여전히 사실과 본질을 대립시키던 시기에 모든 심리학과 마찬가지로 형태 이론에 명시적으로 가했던 비판을(*Nachwort zu meiner Ideen*, pp. 564 이하) 정당화는 데 충분하다. 이 시기는 후설이 아직 역사적 구성의 이념을 획득하지 못한 시기이며, 따라서 심리학과 현상학 사이에 평행관계가 아니라 오히려 단절을 강조하던 시기이다. 우리는 [심리학과 현상학 사이의] 그 균형을 회복한 핑크(E. Fink)의 텍스트를 다른 곳에서(*La Structure du Comportement*, p. 280[제3판, p. 222]) 인용한 적이 있다. 근본적인 문제, 즉 자연적 태도에 대한 초월론적 태도의 문제는 시간의 초월론적인 그 의미를 검토할, 이 책의 마지막 부(部)에 이르러야만 해결될 것이다.

현상의 장

이제 이어지는 장들에서 어떤 방면이 탐구돼야 하는지가 분명해질 것이다. 우리에게서 〈감각함sentir〉은 재차 문제가 된다. 경험론은 감각함을 성질의 소유로 환원하면서 그것의 모든 신비를 제거했다. 경험론은 감각함의 일상적인 의미와 거리를 둠으로써만 그와 같이 할 수 있었다. 통상적 경험에서 감각함과 인식함은 성질과 개념의 차이와는 다른 차이가 있다. 이 감각함의 풍부한 개념은 여전히 낭만주의적 용법에서, 예컨대 헤르더Herder에서 발견된다. 이 개념은 〈죽어 있는〉 성질이 아니라 작용하는 속성이 우리에게 주어지는 경험을 가리킨다. 시각에 있어, 지면에 놓인 나무바퀴는 하중을 실은 바퀴와 같지 않다. 시각에 있어, 멈춰 있는 물체는 어떤 힘도 그것에 작용하지 않기 때문에, 서로 대립하는 힘들이 균형을 이루는 물체와 같지 않다.[130] 어린아이가 화상을 당한 후 아이에게 나타난 촛불의 빛은, 이 아이의 손을 끌어당기지 못하고 문자 그대로 반발심을 일으키면서 그 모습이 변해 버린다.[131] 시각에는 이미 어떤 의미가 거주하고 있고, 이 의미는 우리의 실존 속에서와 같이 세계의 광경 속에서 그 시각에 어떤 기능을 부여한다. 세계가 [완전한 관점의 정신이 인식할] 광경이 되고, 자기-몸이 공평무사한(완전한 관점의impartial) 정신이 인식할 기계 장치가 될 때에만, 순수 성질quale이 우리에게 주어질 것이다.[132] 이와 반대로 감각함은 성질에 생명적(삶의) 가치를 부여하고, 이 성질을 무엇보다도 우리에게 나타난 그 의미표현(실질의미) 속에서, 즉 이 육중한 덩어리인 우리의 몸에 나타난 그 의미표현(실질의미) 속에서 파악한다. 이러한 이유로 감각함은 항상 몸에 대한 지시를 포함한다. 중요한 것은 광경의 부분들 사이에서 또는 광경과 육화된 주체로서의 나 사이에서 직조되는 특이한 관계들을 이해하는 것이다. 또 그것은 한 지각된 대상이 그 대상 속에 한 광경 전체를 집약하거나 삶의 한 부분 전체의 이마고imago가 될 수 있는 그런 특이한 관계들을 이해하는 것이다. 감각함은 세계와의 이러한 생명적인(삶의) 소통이고, 이 소통은 세계를 《65》 우리의 삶의 친숙한 장소로서 우리에게 현전하게 하는 것이다. 이 감각함에 의해 지각된 대상과 지각하는 주체는 두께를 지닐 수 있다. 그것은 인식의 노력이 분석하고자 애쓰는 지향적 조직이다.

¶ 우리는 감각함의 문제와 함께 연합 및 수동성의 문제를 다시 발견한다. 고전 철학은 연합과 수동성 아래 또는 위에 위치하고, 이것들에 전부 또는 전무를 주었기 때문에, 연합과 수동성은 문제가 되지 않았다. 때로는 연합이 사실상의 단순 공존으로 이해되기도 했으며, 때로는 지성적인 구

---

130   Koffka, *Perception, an Introduction to the Gestalt Theory*, pp. 558-559.

131   Id., *Mental Development*, p. 138.

132   Scheler, *Die Wissenformen und die Gesellschaft*, p. 408.

축에서 파생되는 것이기도 했다. 때로는 수동성이 사물로부터 정신에 도입되기도 했고, 때로는 반성적 분석이 이 수동성 속에서 지성의 활동을 재발견하기도 했다. 이에 반하여, 감각함이 성질과 구별된다면, 이러한 연합과 수동성 개념은 완전한 그 의미를 갖게 된다. 그렇게 되면 연합, 아니 차라리 칸트적 의미에서의 〈친화성affinité〉은 관념적인 모델 없이 실질의미적인(의미표현적인) 전체의 구성이기 때문에, 지각적인 삶의 중심 현상이 된다. 또한, 지각적인 삶과 개념의 구분, 수동성과 자발성의 구분은 반성적 분석에 의해서 더 이상 소멸되지 않게 된다. 왜냐하면 우리는 원자론적 감각론으로 인해 모든 배열(질서 지어짐)의 원리를 결합의 활동 속에서 더 이상 찾을 필요가 없기 때문이다. 마지막으로 감각함에 이어 지성도 다시 정의할 필요가 있다. 왜냐하면 칸트주의가 궁극적으로 지성에 부여한 결합의 일반 기능은 이제 지향적인 삶(생명) 전체와 공통적인 것이고, 따라서 이 기능은 지성을 가리키기에는 더 이상 충분하지 않기 때문이다. 우리는 지각에서, 본능적인 하부구조와, 그 위에 지성의 수행으로 설립되는 상부구조를 동시에 드러내고자 할 것이다. 카시러가 말하듯, 경험론은 지각의 상부 부분을 잘라 냄으로써 또한 하부 부분을 잘라 낸다.[133] 다시 말해 인상은 관념적인 의미signification뿐만 아니라 본능적이고 감각감정적인affectif[134] 의미도 사라진다. 이에 덧붙여서, [지성론이] 지각의 하부 부분을 잘라내고, 지각을 단번에 인식으로서 다루면서 지각의 실존적 토대를 망각하는 것은, 지각의 상부 부분을 잘라 내는 것이라고 말할 수 있을 것이다. 왜냐하면 그것은 지각의 결정적 계기에 대해, 즉 참되고 정확한 세계의 출현에 대

---

133   Cassirer, *Philosophie der symbolischen Formen*, T. Ⅲ, *Phänomenologie der Erkenntnis*, pp. 77-78.
134   역주) 본서 303쪽 역주 참조.

해 당연한 것으로 간주하면서 침묵하는 것이기 때문이다. 반성은 현상이 생명(삶)에 내속하는 것과 합리적인 의도(지향)를 지니는 것을 똑같이 해명할 수 있다면, 현상의 핵심을 제대로 보았다고 확신하게 될 것이다.

그러므로 〈감각〉과 〈판단〉은 모두 겉보기로만 있는 명석함을 잃어버렸다. 우리는 그것들이 세계의 편견을 통해서만 명석하다는 것을 알고 있다. 《66》 우리가 지각하고 있는 의식을 감각과 판단으로 표상하고, 그것들을 지각의 계기로 규정하고, 이렇게 하여 망각한 지각적 경험을 불러내 보고, 또 이 경험을 그것들과 대조해 보고자 한다면, 그 즉시 우리는 감각과 판단이 사유될 수 없는 것임을 알게 된다. 우리는 이러한 난점들을 서술하면서, 암묵적으로 새로운 종류의 분석에, 즉 이런 난점들이 사라질 수밖에 없는 새로운 차원에 의지했다. 항상성 가설에 대한 비판, 더 일반적으로는 〈세계〉라는 관념에 대한 환원은 우리가 이제 더 명확히 규정해야 하는 현상의 장champ phénoménal을 열어 주었다. 또한 이 비판과 환원은 우리가 직접적인 경험expérience directe을 재발견하도록 동기 부여했고, 우리는 이 직접적 경험을 과학적 지식, 심리학적 반성, 철학적 반성과 관련하여 적어도 잠정적으로나마 그 위치를 규정해야 한다.

[1. 현상의 장과 과학]

수 세기 동안 과학과 철학은 지각이 갖는 [다음과 같은] 근원적인 믿음foi originaire에 의해 유지되어 왔다. 지각은 사물들을 향해 열려 있다. 이것은 지각이 그 목표물로 향하듯, 모든 나타남의 근거가 발견되는 즉자적 진리로 향한다는 것을 의미한다. 지각의 이런 무언의 주장은 각 순간의 경험이 이전 순간의 경험 및 이후 순간의 경험과 일치할 수 있다는 것이고, 나의 관점적 현상이 다른 의식들의 관점적 현상과 일치할 수 있다는 것이다. 이 주장은 모든 모순이 제거될 수 있다는 것이고, 모나드적인 경험과 상호 주관적인 경험이 틈이 없는 단 하나의 텍스트라는 것이다. 이 주장은 지금 나에게 규정되지 않은 것이 더 완전한 인식에게 규정되어 있고, 이 완전한 인식이 마치 사물 속에 미리 실현되어 있거나 아니면 오히려 사물 자체라는 것이다. 과학은 무엇보다도 지각된 사물의 구성 운동의 연속이거나 확대에 지나지 않았다. 사물이 개별적인 모든 감각장과 모든 지각장의 불변항인 것과 마찬가지로, 과학적 개념은 현상들을 고정시키고 객관화하는 수단이다. 과학은 어떤 힘의 작용도 받지 않는 물체의 이론적 상태를 정의하였고, 심지어 이를 통해 힘을 정의하였으며, 또한 관념적인 구성요소를 통해 실제로 관찰된 운동을 재구성하였다. 과학은 순수 물체의 화학적 속성을 통계적으로 확립하였고, 그로부터 경험적인empirique 물체의 속성을 연역해 냈으며, 이처럼 창조의 청사진 자체를 가지거나 어쨌든 세계에 내재한 합리성을 재발견한 것처럼 보였다. 그 내용물과 무관한 기하학적 공간의 개념, 그 자체로는 대상의 속성을 변화시키지 않는 순수한 장소 이동 개념은, 현상들에 움직이지 않은 존재의 영역(장)을 제공하였다. 이 존재의 영역에서, 각각의 사건은 생겨나는 변화의 원인인 물리적 조건에 연결될 수 있었다. 따라서 기하학적 공간 개념과 순수한 장소 이동 개념은 《67》 물리학의 과제로 보였던, 존재의 고정화에 기여하였다. 과학적 지식은 이와 같이 사물의 개념을 전개하면서도, 어떤 전제 위에서 작업하고 있다는 의식은 하지 않았다. 바로 지각이 삶(생명)과 연관되고 또 모든 이론적 사유에 앞선 상태에서, 한 존재의 지각으로 주어지기 때문에, 반성은 존재의 발생학généalogie을 만들어야 한다고 생각하지 않았고, 존재를 가능케 하는 조건들을 찾는 것으로 만족하였다. 비록 규정하는 의식의 변화들을 고려할 때에도,[135] 대상의 구성이 결코 완성되지 않는다는 것을 인정할 때에도, 과

---

[135]   브렁스빅(L. Brunschvicg)이 그렇게 한 것처럼.

학이 말한 것 외에는 대상에 대해 말할 것이 없었다. 그리고 자연적 대상은 우리에게 여전히 관념적 통일성이 되었고, 라슐리에Lachelier의 유명한 말대로 일반적 속성들이 얽혀 있는 것이 되었다. 과학의 원리에서 모든 존재론적 가치를 빼고 그 원리에 방법론적인 가치만 남긴다 해도[136] 사정은 달라지지 않았고, 이와 같은 제한적 조치는 철학에 그 어떤 본질적인 변화도 가져오지 않았다. 왜냐하면 사유할 수 있는 유일한 존재는 과학의 방법에 의해 정의되기 때문이다.

¶ 이러한 상황 속에서, 대상을 한 대상으로 만드는 필요불가결한 규정들, 그것들이 없으면 대상이 경험의 체계 속에 자리 잡을 수 없는 그런 규정들로부터 살아 있는 몸도 피할 수가 없었다. 반성적 판단이 살아 있는 몸에 부여한 가치의 술어들은 존재 속의 물리-화학적 속성들의 첫 번째 층이 그 지반으로서 지탱해 주어야 했다. 일상적 경험에서는 말하는 사람의 몸짓, 미소, 억양 사이에서 일치와 의미 관계가 발견된다. 그러나 이러한 상호적 표현 관계는 인간의 몸을 〈세계에 있는 존재être au monde〉[137]가 어떠한 방식으로 밖으로 나타난 것이게끔 하는 것이지만, 기계론적 생리학에서는 일련의 인과 관계로 바뀌어야만 했다. 표현의 원심적 현상을 구심적인 조건에 연결하고, 세계를 다루는 특수한 방식, 즉 행동comportement을 3인칭적 과정으로 환원하고, 경험을 물리적 자연의 수준에서 평준화하고, 살아 있는 몸을 내면 없는 하나의 사물로 바꾸어야만 했었다. 따라서 살아 있는 주체가 세계에 대해 취하는 감각감정적affectives이고 실천적인 입장은 심리-생리학적 메커니즘으로 흡수되고 말았다. [감각감정적이고 실천적인] 모든 평가는 전이transfert[138]의 결과이어야만 했고, 이 전이는 복합적 상

---

[136] 예를 들어, *L'Expérience humaine et la Causalité physique*, p. 536 참조.
[137] 역주) 본서 179쪽의 역주 참조.

황이 신경 기구들과 긴밀히 연결된 쾌락과 고통이라는 요소 인상들을 불러일으키게 할 수 있는 것이었다. 《68》 생명체의 운동적 의도(지향)는 객관적인 운동으로 변환되었다. 즉 의지는 순간적인 피아트fiat[139]로만 인정되고, 행위의 실행은 전적으로 신경의 메커니즘에 맡겨져 있었다. 감각함은 이처럼 감각감정성 및 운동성과 분리되어, 성질들을 단순히 수용하는 것이 되었고, 생리학은 외부 세계가 생명체 내부에 투사되는 것을 수용기에서 신경 중추에 이르기까지 추적할 수 있다고 믿었다. 이와 같이 살아 있는 몸은 변형되어 내 몸이기를, 즉 구체적인 **자아**의 가시적 표현이기를 멈추었고, 다른 대상들 중 하나의 대상이 되었다. 이와 상관하여, 타인의 몸도 다른 **자아**가 밖으로 나타난 것enveloppe으로 나에게 나타날 수 없었다. 그것은 기계에 불과했고, 타인의 지각은 정말로 타인의 지각일 수가 없었다. 왜냐하면 타인의 지각은 추론의 결과였고, 따라서 자동기계 배후에 어떤 의식 일반을, 즉 자동기계의 운동에 거주하지 않고 초월하는 원인을 두는 것에 지나지 않았기 때문이다. 그러므로 우리는 세계 속에 함께-실존하는 **자아**를 형성하는 배열형태constellation를 더 이상 보지 못하게 되었다. 〈심리현상psychismes〉의 구체적인 모든 내용은, 심리생리학 및 심리학의 법칙에 따라 우주의 결정론으로부터 결과하기 때문에, 즉자l'en soi에 통합되었다. 이러한 [즉자적인] 체계를 의식하고, 이 체계에 유일하게 자리를 차지하지 않는 과학자의 사유 외에는 진정한 대자pour soi가 존재하지 않았다.

---

138 역주) 본서 88-89쪽의 역주 참조.
139 역주) "피아트"는 종교적으로는 세계를 창조하려는 신의 의지를 가리킨다. 그리고 철학에서는 순간적 결단·승인을 의미한다. 메를로퐁티는 생명체의 운동적 의도가 객관적 운동이 되는 과학적 또는 철학적 사유에서, 신의 의지처럼 또는 인간의 순간적 결단이나 승인처럼 세계에 〈몸담지 않은〉 채로 〈부추겨짐〉 없이 자기 원인으로 나타나는 의지만이 인정됨을 비판하고 있다.

따라서 살아 있는 몸이 내면 없는 외부가 된다면, 주체성은 외부 없는 내면, 공평무사한(완전한 관점의) 관찰자spectateur impartial가 되었다. 과학의 자연주의naturalisme와, 과학에 대한 반성이 도달한 보편적인 구성적 주체의 정신주의spiritualisme는 둘 다 경험을 평준화해 버린 공통점을 지녔다. 즉 구성하는 **자아** 앞에서 경험적인 **자아**들은 대상들이다. 경험적 **자아**는 일종의 잡종 개념이고, 반성철학이 그 위상을 부여할 수 없었던 즉자와 대자의 혼합물이다. 경험적 **자아**가 구체적 내용을 갖고 있는 한, 그것은 경험의 체계 속에 삽입되고, 따라서 주체가 아니다. 경험적 **자아**가 주체인 한, 그것은 비어 있고, 초월론적 주체로 귀결된다. 대상을 관념화(이념화)하는 것, 살아 있는 몸을 객관화하는 것, 정신을 자연과의 공통의 척도가 없는 가치의 차원에 두는 것은 사람들이 지각에 의해 시작된 인식의 운동을 구성하면서 도달했던 투명한 철학이다. 사람들은 당연히 지각은 초보 과학science commençante이고, 과학은 방법적이고 완전한 지각이라고 말할 수 있었다.[140] 왜냐하면 《69》 과학은 지각된 사물이 고정시킨 인식적 이상을 무비판적으로 따르기만 했기 때문이다.

그런데 이런 철학은 우리 눈앞에서 그 스스로 붕괴한다. 자연적인 대상이 먼저 무너져 버렸고, 물리학은 사용하였던 순수 개념들의 수정과 변화를 요구함으로써 자신의 규정의 한계를 스스로 인정하였다. 유기체의 경우도, 물리화학적 분석에 대해 복잡한 대상의 사실상의 문제가 아니라, 의미표현하는significatif 존재의 원리상의 문제를 제기한다.[141] 더 일반적으로 말해, 모든 사유하는 생명이 서로 비교되고 일치하게 될 사유의 우주 또는

---

140 예를 들어, Alain, *Quatre-vingt-un chapitres sur l'Esprit et les Passions*, p. 19; Brunschvicg, *L'Expérience humaine et la causalité physique*, p. 468 참조.

141 *La Structure du Comportement*, 제1부 이하 참조.

가치의 우주의 관념이 의문시된다. 자연은 그 자체로 기하학적이지 않다. 자연은 거시적 자료들에 만족하는 신중한 관찰자에게만 기하학적으로 보일 뿐이다. 인간 사회도 이성적(합리적) 정신의 공동체이지 않다. 인간 사회를 그렇게 이해할 수 있는 것은 생활과 경제의 균형이 지역적이고 일시적으로 이뤄졌던 혜택받은 나라에서뿐이다. 다른 영역에서처럼 사변의 영역에서도 혼돈을 경험했다는 사실은, 이성론(합리론)이 원리상 스스로 벗어난다고 주장하는 역사적인 관점perspective에서 그 이성론을 보라고 우리를 재촉한다. 또한 이 혼란의 경험은 이성이 만들지 않았던 세계에서 이성(합리성)이 솟아난다는 사실을 이해시켜 주는 철학을, 또 이성과 자유가 공허해지거나 해체되지 않도록 하는 삶의(생명적) 하부구조를 마련케 하는 철학을 추구하라고 우리를 재촉한다. 우리는 더 이상 지각이 초보 과학이라고 말할 수 없을 것이다. 그와 반대로 고전 과학이야말로 자신의 기원을 망각한 지각, 스스로 완성되었다고 생각한 지각이라고 말할 수 있을 것이다. 따라서 우리가 객관적 세계의 한계와 권리를 이해할 수 있는 것은 체험된 세계monde vécu에서이기 때문에, 첫 번째로 해야 할 철학적 행위는 객관적 세계 이전에 있는 체험된 세계로 되돌아가는 것이다. 이런 철학적 행위는 사물에는 그 구체적인 형태적 모습을, 유기체에는 세계를 대하는 그 고유한 방식을, 주체성에는 역사에 속해 있음을 되돌려주는 것이다. 또한 그것은 현상들을, 타인과 사물이 우리에게 먼저 주어지는 생생한 경험의 층을, 발생하는 상태에서à l'état naissant 〈자아-타인-사물들〉의 체계를 재발견하는 것이다. 게다가 그것은 지각을 일깨우는 것이다. 끝으로 그것은 지각이 우리에게 대상을 부여하고 이성적(합리적) 전통의 토대가 됨에도 불구하고, 그런 대상과 이성적 전통을 위해, 사실로서의 지각, 지각으로서의 지각을 망각하게 만드는 계략을 좌절시키는 것이다.

[2. 현상과 〈의식의 사실〉]

이 현상의 장은 〈내적 세계〉가 아니며, 《70》 〈현상〉은 〈의식의 상태〉나 〈심적인 사실〉이 아니다. 현상의 경험은 내성introspection이나 베르그송적 의미의 직관intuition이 아니다. 오래전부터 사람들은 심리학의 대상을 〈비연장적〉이고 〈자기 혼자에게만 접근할 수〉 있는 것이라고 말하면서 정의하였다. 그 결과, 이 독특한 대상은 주체와 대상이 합일이 되고 인식이 일치에 의해 획득되는, 매우 특별한 유형의 작용을 통해서만, 즉 〈내적 지각〉이나 내성을 통해서만 파악될 수 있었다. 따라서 철학의 시선은 원리상 볼 voir 수 없는 것이être고자 했기 때문에, 〈의식의 직접 주어진 것들〉로의 복귀[142]는 희망 없는 작업이 되었다. 어려운 것은 모든 철학이 초보자에게 권유하듯이 외적인 것에 대한 편견을 없애는 것, 혹은 사물을 표현하기 위해 만들어진 언어로 정신을 기술하는 것만이 아니었다. 어려운 것은 훨씬 더 근본적인 것이었다. 왜냐하면 인상으로 정의된 내재성은 원리상 표현의 모든 시도에서 벗어나기 때문이다. 철학적 직관을 다른 사람에게 전달하는 것만이 어렵게 된 것이 아니었다. 아니 더 정확히 말해, 이 전달은 철학자의 경험과 유사한 경험을 다른 사람들에게 불러일으키는 일종의 주문이 되어 버렸다. 뿐만 아니라 철학자 자신도 순간 속에서 보았던 것을 이해할 수 없게 되었다. 왜냐하면 [그것을 이해하려면] 그것을 사유했어야만, 즉 그것을 고정시키고 변형시켰어만 했기 때문이다. 따라서 직접적인 것은 고립적이고, 맹목적이며, 무언의 삶이 되었다. 현상적인 것으로의 복귀는 이와 같은 어떤 개별적인 것particulariés도 제시하지 않는다. 항상성 가설에 대한 비판을 통해 우리의 시선에 나타나는, 어떤 대상의 또는 어떤 몸짓

142　역주) 베르그송의 『의식의 직접 주어진 것들에 관한 시론(*Essai sur les données immédiates de la conscience*)』에 나타난 철학적 태도를 가리킨다.

의 감각적 배열형태는 말할 수 없는 일치 속에서 파악되지 않는다. 이 배열형태는 우리가 숨은그림찾기 속의 나뭇잎 속에서 토끼를 〈발견했다〉거나 또는 우리가 어떤 운동을 〈포착했다〉고 말할 때, 우리 모두가 경험하는 일종의 적합화의 변형appropriation을 통해 〈이해된다〉. 일단 감각의 편견이 제거되면, 얼굴, 서명, 행위방식은 우리가 우리의 내적 경험에서 그 심리학적인 의미signification를 찾아야 할 단순 〈시각적 소여〉이기를 멈추며, 타인의 심리현상은 내재적 실질의미signification로 물들여진 전체로서 직접적 대상이 된다. 더 일반적으로 말해, 직접적인 것의 개념 자체가 바뀌어 버린 것이다. 이제 더 이상 인상, 주체와 하나가 되는 대상이 직접적인 것이 아니라, 의미, 구조, 부분들의 자발적 배열이 직접적인 것이다. 나 자신의 〈심리현상〉도 이와 다르게 내게 주어지는 것이 아니다. 왜냐하면 항상성 가설에 대한 비판은 《71》 나의 행동들의 연결이나 멜로디적인 통일을 내적 경험의 근원적인 소여(주어진 것)로서 인식할 것을 내게 가르치기 때문이다. 또한 내성도 그것이 지닌 긍정적인 면으로 제한해 보면, 그 역시 어떤 행위방식의 내재적 의미를 밝히는 것이기 때문이다.[143] 이처럼 우리가 객관적 세계의 편견을 넘어서면서 발견하는 것은 어떤 불가해한 내적인 세계가 아니다. 또한 이 체험된 세계는 베르그송의 내재성처럼 소박한 의식에 의해 절대로 알려지지 않는 것도 아니다.

¶ 심리학자는 항상성 가설을 비판하고 현상을 드러냄으로써 분명 인식의 자연적인 운동에 역행한다. 인식의 자연적 운동은 맹목적으로 지각적 활동을 가로질러서 이 지각적 활동의 목적론적인 결과로 직접 가기 때문이다. 우리가 보고 있는 것을 정확히 아는 것보다 더 어려운 것은 없다. "자

---

143 따라서 우리는 이어지는 장들에서 우리의 지각의 내적 경험과 지각하는 주체들의 〈외적〉 경험을 구별 없이 이용할 수 있을 것이다.

연적 직관 속에는 우리가 현상적 존재에 도달하기 위해 무력화해야 하는 〈은폐된 메커니즘crypto-mecanisme〉이 있다."[144] 달리 말해, 지각이 스스로에게 스스로를 감추는 변증법이 있다. 그러나 의식의 본질이 그 자신의 현상을 망각하는 것이고, 이처럼 〈사물〉의 구성을 가능케 하는 것이라면, 이 망각은 단순 부재가 아니고, 의식이 자신에게 현전하게 할 수 있을 어떤 것의 부재이다. 바꿔 말하면, 의식이 현상을 망각할 수 있는 것은 의식이 단지 현상을 또한 상기할 수 있기 때문이며, 의식이 사물을 위해 현상을 소홀히 하는 것은 현상이 단지 사물의 요람이기 때문이다. 예를 들어, 체험된 경험의 구조에서 자신의 모든 모델을 빌려 오는 과학적 의식은 현상을 절대적으로 인식하지 못하는 것은 아니다. 단지 과학적 의식은 현상을 〈주제로 다루지〉 않는다. 과학적 의식은 지각적 의식이라는 지평들에 의해 둘러싸여 있고, 그 지평들의 구체적 관계들을 객관적으로 표현하고자 하지만, 그 지평들을 해명하지 않는다. 따라서 현상들에 대한 경험은 베르그송의 직관과 같이, 그에 이르는 방법론적인 길이 없는 알지 못하는 실재의 체험이 아니다. 그것은 선과학적인 의식의 삶을 해명하고 드러내는 것이다. 이 선과학적인 의식의 삶은 그것만이 과학의 활동에 그 완전히 의미를 부여하는 것이고, 과학의 활동이 언제나 지시하는 것이다. 현상들에 대한 경험은 비합리적인(비이성적인) 방향으로의 전환이 아니라, 지향적인 분석이다.

우리가 아는 바와 같이, 현상학적 심리학psychologie phénoménologique이 《72》 그 모든 특징에서 내성 심리학psychologie d'introspection과 구별되는 것은, 그것이 내성 심리학과 그 원리에서 다르기 때문이다. 내성 심리학은 물리적인 세계 바깥에, 물리적인 개념이 더 이상 타당하지 않은 의식의 영역을 설정했다. 그러나 내성 심리학자는 의식이 단지 존재의 한 구역이라고 여

---

[144] Scheler, *Idole der Selbsterkenntnis*, p. 106.

전히 생각하며, 물리학자가 그의 구역을 탐구하는 것처럼 이 구역을 탐구하기를 결심했다. 그는 의식의 주어진 것들(소여들)을 기술하고자 시도했으나, 의식 주위에 절대적으로 세계가 실존함은 문제시하지 않았다. 과학자와 상식과 마찬가지로, 그는 객관적 세계를 모든 기술의 논리적인 틀로서 또 그의 사유의 장으로서 암묵적으로 전제하였다. 내성 심리학자는 이러한 전제가 그가 〈존재〉라는 말에 준 의미를 규정한다는 것을, 그로 하여금 〈심리적 사실〉의 이름으로 의식을 실재화하도록 이끈다는 것을 깨닫지 못하고 있었다. 또한 그는 이 전제가 의식의 참된 발견과 진정한 직접적인 것에서 그를 이처럼 멀어지게 한다는 것을, 〈내적인 것〉이 변형되지 않도록 그가 무척이나 기울인 주의를 쓸모없게 만든다는 것을 깨닫지 못하고 있었다. 이것은 경험론이 물리적 세계를 내적인 사건들의 세계로 대체할 때 나타났던 것이다. 또한 베르그송이 〈융합의[질적] 다수성〉을 〈병치의[양적] 다수성〉과 대립시킬 때도 나타났던 것이다. 왜냐하면 여기에서는 여전히 존재의 두 종류가 문제가 되기 때문이다. 단지 기계적 에너지가 정신적 에너지로, 경험론의 불연속적 존재가 유동적 존재로 대체되었을 뿐이다. 그러나 이 유동적 존재는 그 스스로 흐른다고 언급되는 것이고, 3인칭적으로 기술되는 것이다.

¶ 그런데 심리학자들은 게슈탈트를 반성의 주제로 삼음으로써 심리학주의와 결별한다. 왜냐하면 지각된 것의 의미, 결합 상태, 〈진리〉는, 우리의 심리-생리학적 본성이 우리에게 주는 그런 감각들의 우연한 만남으로 생기지 않고, 오히려 그것들은 이러한 감각들의 공간적이고 질적인 가치를 결정하고,[145] 환원할 수 없는 감각들의 배열형태configuration이기 때문이다. 이것은 심리학자가 기술을 충실히 한다면, 심리학자의 기술 속에는 이

---

[145]   Cf. La Structure du Comportement, pp. 106-119, 261[제3판, pp. 87-97, 207-208].

미 초월론적인 태도가 포함되어 있다는 것을 말한다. 연구 대상으로서의 의식은 비록 소박하게라도 분석될 수 있다면, 상식의 전제들을 넘어서는 곳으로 이끄는 이런 특수성을 보여 준다. 예를 들어, 의식이 몸속에 갇혀 있고 몸을 통해 즉자적 세계의 작용을 받는다고 인정하면서, 지각의 실증 심리학을 만들 계획이 있다고 하자. 이때에도 우리는 의식에 나타나는 바 그대로 대상과 세계를 기술하게 되고, 또 이를 통해, 직접적으로 현전하는 이 세계, 우리가 알고 있던 이 유일한 세계가 (73) 그에 대해 말하는 것이 근거 있는 유일한 세계가 또한 아닌지 묻게 된다. 어떤 심리학도 언제나 세계의 구성의 문제에 이르게 된다.

[3. 현상의 장과 초월론적 철학]

그러므로 심리학적 반성은 일단 시작되면, 자신의 고유한 운동에 의해 스스로를 넘어선다. 심리학적 반성은 객관적 세계와 관계하여 현상이 갖는 근원성(본래성)을 인식한 후에, 바로 현상을 통해 객관적 세계가 우리에게 인식되기 때문에, 모든 가능한 대상을 현상에 통합하여, 대상이 어떻게 현상을 통해 구성되는지를 탐구해 보려고 시도하게 된다. 그와 동시에 현상의 장은 초월론적 장이 된다. 이제 의식은 인식의 보편적인 중심이기 때문에, 존재의 한 개별(특수) 영역이기를, 〈심리적〉인 내용들의 한 전체이기를 분명히 멈춘다. 의식은 심리학적 반성이 처음에 인식한 〈형태들〉의 영역에 더 이상 거주하거나 갇혀 있지 않다. 형태는 모든 사물과 마찬가지로 의식에 대해 존재한다. 의식이 자기 속에 지니고 있는 체험된 세계를 불투명한 소여로서 기술하는 것은 더 이상 문제가 될 수 없다. 그것을 구성해야 한다. 객관적 세계 이전에서 체험된 세계를 드러냈던 해명은 체험된 세계 그 자체에 대해 계속되어, 현상의 장 이전에서 초월론적 장을 드러낸다. 이번엔 나-타인-세계라는 체계가 분석의 대상이 되며, 이제 문제가 되는 것은 타인, 개별(개인적) 주체로서의 나 자신, 나의 지각의 극으로서의 세계를 구성하는 사유를 다시 일깨우는 것이다. 따라서 이 새로운 〈환원〉은 진정한 하나의 주체, 즉 성찰하는 자아 외에는 인식하지 않을 것이다. 이러한 자연화된(소산적인) 것에서 자연화하는(능산적인) 것으로의 이행, 구성된 것에서 구성하는 것으로의 이행은 심리학이 시작한 주제화를 완수할 것이며, 내 지식 속에 함축된 어떤 것도, 암묵적인 어떤 것도 남기지 않을 것이다. 그것은 나의 경험을 완전히 소유하게 할 것이고, 반성된 것에 대한 반성하는 것의 일치(충전)를 실현할 것이다. 이것이 바로 초월론적 철학의 통상적인 관점이며, 또한 적어도 겉으로 드러난 초월론적 현상학의 프로그램이기도 하다.[146]

¶ 그런데 우리가 이 장에서 드러냈던 바의 현상의 장은 이러한 직접적이고 완전한totale 해명에 대해 원리상의 난점을 보여 준다. 물론 심리학주의는 극복되었다. 지각된 것의 의미와 구조는 우리에게 더 이상 심리-생리학적인 사건들의 단순 결과가 아니고, 합리성은 흩어져 있는 감각들이 운 좋게 서로 일치할 우연이 아니며, 또한 《74》 게슈탈트는 근원적인 것으로 인정된다. 그러나 게슈탈트가 하나의 내적 법칙에 의해 표현될 수 있다고 해도, 이 법칙은 구조적 현상이 그에 준해 실현될 모델로 여기지 말아야 한다. 이 구조적 현상의 나타남은 미리 존재하는 이성(합리성)이 외부로 펼쳐지는 것이 아니다. 형태가 우리의 지각에서 특권적인 것은, 〈형태(형식)〉가 어떤 균형 상태를 실현하고, 최대의 문제를 해결하며, 칸트적인 의미로 세계를 가능케 하기 때문이 아니다. 형태는 세계의 나타남 자체이지, 세계의 가능성의 조건이 아니다. 그것은 규범의 탄생이지, 규범에 따라 실현되

는 것이 아니다. 그것은 외부와 내부의 동일성이지, 내부의 외부로의 투사가 아니다. 따라서 형태가 즉자적인 심리 상태들의 순환의 결과로 생기지 않지만, 그렇다고 그것이 관념(이념)인 것도 아니다. 원의 게슈탈트는 원의 수학적 법칙이 아니라 그것의 형태적 모습physionomie이다. 현상을 근원적 질서로 인정하는 것은 사실들의 일치와 자연의 우연을 통해 질서와 이성(합리성)을 설명하는 경험론을 비판하는 것이지만, 이성과 질서 그 자체에 사실성의 특성을 보존하는 것이다. 만약 보편적인 구성하는 의식이 가능하다면, 사실의 불투명성은 사라질 것이다. 따라서 반성이 그것이 향한 대상에서 그 기술적記述的인 특성을 유지하고, 진정으로 이 대상을 이해하기를 우리가 바란다면, 반성을 보편적 이성으로의 단순 복귀로 생각하지 말아야 하고, 비반성적인 것 속에 반성을 미리 실현시키지 말아야 한다. 우리는 반성을 그 스스로가 비반성적인 것의 사실성에 참여하는 창조적인 활동으로 생각해야 한다. 이 때문에 모든 철학 중에서 현상학만이 어떤 초월론적 장에 대해 이야기한다. 이 말은 반성이 세계 전체 및 객관화되고 전개되어 있는 다수의 모나드들을 결코 자신의 시선 아래서 가질 수 없다는 것을, 즉 반성은 부분적인 시야와 제한된 능력밖에 이용하지 못한다는 것을 의미한다. 이것은 또한 현상학이 어떤(하나의) 현상학인[147] 이유이기도 하다. 즉 현상학은 미리 주어진 존재의 가능성을 전제하지 않으면서, 의식에 존재의 나타남을 연구하는 것이다. 고전적 유형의 초월론적 철학이 완전한totale 해명을 성취할 가능성을 전혀 묻지 않으면서, 이러한 해명이 어딘

---

[147]　역주) "la phénoménologie est 〈une〉 phénoménologie"처럼, 원문에는 〈어떤(하나의)〉이 라는 부정관사가 있다. 또한 메를로퐁티는 위의 문장 "현상학만이 〈어떤〉 초월론적 장(〈un〉 champ transcendental)에 대해 이야기한다"에서처럼 부정관사 〈어떤(하나의)〉을 쓰고 있다. 이것은 메를로퐁티가 〈그(정관사)〉 현상학과 〈어떤(부정관사)〉 현상학을 일치시키고 있음을 보여 주는 것이 아닐까?

가에서 성취되었다고 항상 전제하는 것은 놀라운 일이다. 이 초월론적 철학은 이런 해명이 필요하다는 사실을 인정하는 데 그치고, 이처럼 그것은 존재하는 것을 존재해야만 하는 것으로, 또는 지식의 이념(관념)이 요구하는 것으로 판단한다.

¶ 사실 성찰하는 자아는, 모든 것을 개별적(특정한) 관점적 현상에서 인식하는 개별 주체에 내속해 있음을 결코 없앨 수 없다. 반성은 내가 안개 짙은 날 태양을 2백 보 거리에서 지각하는 것을, 《75》 태양이 〈뜨〉고 〈짐〉을 보는 것을, 또 나의 교육과 이제까지의 노력과 나의 역사로 획득한 교양 도구를 통해 사유하는 것을 결코 멈추게 할 수는 없다. 따라서 나는 나의 지각과 현재의 신념 형성에 기여하는 모든 근원적 사유를 결코 만날 수 없고, 또 동시에 환기시킬 수도 없다. 비판주의와 같은 철학은 결국 이런 수동성의 저항에 어떠한 중요성도 인정하지 않으며, 이것은 마치 초월론적 주체를 주장할 권리가 있기 위해 먼저 그러한 주체가 되는 일이 필요 없다는 것과 같다. 따라서 이런 철학은 철학자의 사유가 어떤 상황에도 종속되지 않음을 암묵적으로 전제한다. 이 철학은 다수의 사유 주체에 열린 하나의 자연이라는 세계의 광경에서 출발하여, 다수의 경험적 자아에 제시된 이 유일한 세계를 가능케 하는 조건을 찾고, 이 조건을 초월론적 자아에서 발견한다. 초월론적 자아는 하나의 존재가 아니라 통일성 혹은 타당성이기 때문에 경험적 자아들은 이것을 나누지 않으면서 참여한다. 이런 이유로 칸트 철학에서 타인의 인식 문제는 결코 제기되지 않는다. 즉 칸트 철학이 말하는 초월론적 자아는 나의 것인 동시에 타인의 것이기도 하다. 분석은 단번에 내 밖에 위치하고, 하나의 자아 ─나 자신이건 또한 타인이건─ 에게서 세계를 가능케 하는 일반적 조건을 이끌어 내는 것만 하며, 누가 성찰하는가의 문제에는 결코 직면하지 않는다. 이에 반해 현대 철학이 사실을 주요 주제로 다루고, 타인이 하나의 문제가 되는 것은, 그것이 더 근본적인 의식

의 발견에 이르기를 원하기 때문이다. 반성이 그 결과들뿐 아니라 동시에 반성 자신에 대해 의식하지 않는다면, 충분한 반성일 수가 없고, 그 대상을 완전히 해명한 것도 아니다. 우리는 반성적인 태도에만, 난공불락의 코기토에만 자리 잡지 말아야 한다. 또한 이런 반성을 반성해야 하고, 반성이 그 뒤를 잇는다고 의식하는 자연적인 상황, 따라서 반성의 정의의 일부를 이루는 자연적인 상황을 이해해야 한다. 우리는 철학을 수행해야 할 뿐 아니라, 그 철학이 세계의 모습과 우리의 실존에 가져오는 변화를 이해해야 한다. 이러한 조건에서만 철학적 지식은 절대적 지식이 될 수 있고, 하나의 전문적 지식이나 기술(테크닉)이기를 멈춘다. 따라서 절대적 통일성은, 즉 존재 속에서 실현될 필요가 없으므로 그만큼 의심할 것도 없는 통일성은 더 이상 주장될 수 없을 것이다. 더 이상 철학의 중심은 어디에나 위치하지만 어디에도 위치하지 않는, 자율적인 초월론적 주체성이 아니다. 그 중심은 반성의 끊임없는 시작에, 개인적 삶이 《76》 그 자신에 대해 반성하기 시작하는 그 지점에 놓여 있다. 반성은 [자신을 잊으면서] 자신 밖으로 나가는 일이 없고, 자신을 비반성적인 것에-대한-반성으로서, 따라서 자신을 우리의 실존의 구조적 변화로서 인식할 때에만, 진정으로 반성이 된다.

¶ 우리는 위에서 일치를 통해 지식을 찾으려는 내성과 베르그송의 직관을 비판하였다. 그러나 우리는 철학의 또 다른 극단에서, 즉 보편적인 구성하는 의식의 개념에서 대칭적으로 나타나는 오류를 발견한다. 베르그송의 오류는 성찰하는 주체가 성찰하는 대상과 융합할 수 있고, 앎(지식)이 존재와 일체가 되면서 확장될 수 있다고 믿는 것이다. 반성철학philosophies réflexives의 오류는 성찰하는 주체가 성찰하는 대상을 자신의 성찰 속에 흡수하거나 남김없이 파악할 수 있고, 우리의 존재가 우리의 앎에 환원될 수 있다고 믿는 것이다. 우리는 성찰하는 주체로서, 우리가 인식하고자 시도하는 비반성적 주체가 결코 아니다. 그렇지만 우리는 완전히(순수하게) 의

식이 될 수도 없으며, 초월론적인 의식으로 환원될 수도 없다. 만약 우리가 그런 의식이라면, 우리는 세계, 우리의 역사, 그 특수성에서 지각된 대상들을 우리 앞에 전개된 투명한 관계들의 체계로서 지녀야만 할 것이다. 그런데 우리가 심리학을 하는 것이 아닐 때에도, 즉 귀납적 사유의 다양한 일치(대응)의 도움 없이 직접적 반성을 통해 운동이 무엇인지를 또는 지각된 원이 무엇인지를 이해하려고 시도할 때에도, 이 특수한 사실에 대한 우리의 해명은 단지 상상을 통해 이 사실을 여러 가지로 변경하고, 사유를 통해 이 정신적 경험의 불변적 요소를 고정시킬 때에만 가능하다. 우리가 개별자에 도달하는 것은 단지 예*exemple*라는 혼합의 방식으로, 다시 말해 개별자에서 사실성을 제거하면서만 가능하다. 따라서 이것은 사유가 언젠가 귀납적이기를 완전히 그치면서, 어떤 한 경험을 자기 것으로 만들 수 있는지를, 그래서 그것의 완전한 조직(구조)을 파악하고 소유할 수 있는지를 아는 문제이다. 철학이 초월론적이 되는 것, 즉 철저하게radicale 되는 것은, 절대적 의식에 이르는 전개 과정을 언급하지 않으면서 절대적 의식에 자리 잡는 것이 아니라, 철학 자신을 스스로 하나의 문제로 간주하는 것이다. 그것은 지식(앎)의 완전한 해명을 전제하는 것이 아니라, 이성의 이런 전제를 근본적인 철학의 문제로 인식하는 것이다.

이런 이유로 우리는 심리학을 통해 지각의 연구를 시작해야만 했었다. 만약 우리가 이와 같이 하지 않았다면, 자연적 태도에서 초월론적 문제로 이르는 전개 과정을 방법론적으로 추구하지 않게 되고, 따라서 우리는 초월론적인 문제의 모든 의미를 이해하지 못했을 것이다. 《77》 우리는 반성철학처럼 영원히 주어진 것으로 전제하는 초월론적 차원에 단번에 위치하기를 원치 않았고, 또 구성의 진정한 문제를 놓치기를 원치 않았을 때, 언제나 현상의 장과 자주 접촉해야 했고, 심리학적 기술을 통해 현상의 주체를 인식해야 했다. 그렇지만 우리는 심리학적 기술을 시작했을 때, 이 기술이 일단 모든 심리학주의로부터 정화된 후에 철학적 방법이 될 수 있다는 것을 볼 수 있게 해야만 했다. 그 자체의 결과물에 매몰된 지각적 경험을 되살리기 위해서는, 이 경험에 대한 기술, 이해되지 않을 수 있는 그런 기술을 제시하는 것으로는 충분치 않고, 그렇기 때문에 우리는 철학에 조회하고 철학적인 선취(앞선 파악)를 통해 이 기술이 참되게 보일 수 있는 관점을 규정해야 했다. 따라서 우리는 심리학 없이는 시작할 수가 없었지만, 심리학만 갖고서도 시작할 수가 없었다. 철학이 해명된 경험에 불과한 것처럼, 경험은 철학을 선취한다. 그러나 이제 현상의 장의 윤곽이 충분히 그어졌으므로, 이 애매한 영역으로 들어가서, 심리학자와 함께 이 영역에서 우리의 첫걸음을 확실히 내딛어 보자. 심리학자의 자기비판이 두 번째 단계의 반성을 통해 현상의 현상으로 우리를 데려가고, 현상의 장을 결정적으로 초월론적 장으로 전환시키기를 기다리면서 말이다.

제1부

몸

《81》 서론

[1. 경험과 객관적 사유]

우리의 지각은 대상에 이른다. 그리고 대상은 일단 구성되면, 우리가 그것에 대해 가졌거나 가질 수 있을 모든 경험의 근거로 나타난다. 예를 들어, 나는 옆집을 어떤 각도에서 바라보고, 사람들은 그 집을 센강Seine의 우안에서, 집 내부에서, 또 비행기에서 각각 다르게 바라볼 것이다. 집 자체는 이러한 나타남들 중 어떤 것도 아니다. 그것은 라이프니츠가 말한 것처럼, 이러한 관점적 현상들perspectives¹과 모든 가능한 관점적 현상의 실측

---

¹ 역주) 메를로퐁티는 "관점적 현상"을 주로 세계 또는 대상과 관련하여 (드물게는 지각자와 관련하여) 쓴다. 그것은 어떠한 대상이 어떠한 바탕 속에서 나타나는 것을 말한다. 그것은 또한 지각자의 바라보는 관점(point de vue)과 상관적인 것으로 나타난다. 어떤 대상이 〈관점적 현상〉으로 보이는 것은 지각자가 어떠한 관점에서 보는 것

도géométral이다. 다시 말해 집 자체는 모든 관점적 현상을 이끌어 낼 수 있으나 관점적 현상이 없는 항이고, 어느 곳에서도 보이지 않는 집이다. 그러나 이러한 말들은 무엇을 의미하는가? 본다는 것은 언제나 어느 곳에서 보는 것이 아닌가? 집 자체가 어느 곳에서도 보이지 않는다고 말하는 것은, 그것이 볼 수 없는 것이라고 말하는 것이 아닌가? 그러나 내가 내 눈으로 집을 본다고 말할 때, 내 말은 분명 조금도 논란이 되지 않을 것이다. 나는 나의 망막, 수정체, 물질적 기관으로서의 내 눈이 기능하여 나로 하여금 집을 보게 한다는 것을 말하려고 하는 것이 아니다. 나 자신[나 자신의 경험]만을 살펴본다면, 나는 이런 것에 대해 아무것도 알지 못한다. 내가 말하고자 하는 것은 대상에 접근하는 어떤 방식, 즉 〈시선regard〉이며, 이것은 나 자신의 사유와 같이 의심할 수 없고, 또한 내게 직접 알려지는 것이다. 우리는 시각vision이 어느 곳에서 생기면서도 그것의 관점적 현상에 갇혀 있지 않은 것이 어떻게 가능한지를 이해해야 한다.

한 대상을 보는 것은 시각장의 주위에서 그것을 소유하고 응시할 수 있는 것이거나, 혹은 그것을 응시하면서 [시각적인] 부추김sollicitation에 실제로 반응하는 것이다. 내가 그 대상을 응시할 때, 나는 그것에 닻을 내리지만, 시선의 이런 〈멈춤〉은 시선 운동의 한 양태일 뿐이다. 즉 나는 조금 전까지 모든 대상을 위에서 비행하듯이 탐색했는데, 이제는 한 대상의 내부에서 이 탐색을 계속한다. 동일한 하나의 운동을 통해, 나는 풍경을 닫으면

과 맞물려(겹쳐져) 있기 때문이다. 그리고 〈관점적 현상〉은 공간적인 원근법적 현상뿐만 아니라 시간적, 문화적인 것 등 일체의 것을 포괄한다. 〈관점적 현상〉을 공간에 한정해 〈원근법〉으로 옮길 수 있지만 (우리는 이럴 경우 〈원근법〉으로 옮겼다), 이 〈원근법〉 현상은 기하학적인 또는 객관적인 관점적(원근법적) 현상이 아니다. 철길의 선로가 망막상에서는 수렴점을 향해 만나는 것처럼 좁아지지만, 우리는 선로가 만난다고 보지 않는다. 또 우리의 망막상에는 집의 정면만 나타나지만, 우리는 집 정면의 시각에 갇혀 있지 않고 집의 정면 이상을 본다.

서 동시에 이 대상을 열고 있다. 이 두 가지 활동이 일치하는 것은 우연이 아니다. 즉 내가 대상을 명료히 보고자 할 때, 나의 몸 조직의 우연성, 예를 들어 나의 망막 구조 때문에 내가 주위를 희미하게 보게 되는 것이 아니다. 나는 원추체와 간상체에 대해 아무것도 알지 못하더라도, 대상을 잘 보기 위해서는 주위를 잠재울 필요가 있고, 모양figure으로 얻은 것을 바탕fond으로 잃을 필요가 있음을 이해할 것이다. 《82》 왜냐하면 대상을 바라본다는 것은 그 대상에 몰입하는 것이고, 또 대상들은 한 대상이 나타날 때 다른 대상들을 숨길 수밖에 없는 체계를 형성하기 때문이다. 보다 정확히 말해, 한 대상의 내적 지평은 주위 대상들이 지평이 되지 않으면 대상이 될 수 없고, 그래서 시각은 두 측면을 가진 행위(작용)이다. 왜냐하면 지금 내가 자세히 보는 대상을 좀 전에 내 시선이 스쳐 지나간 대상과 동일시하는 것은, 이러한 자세한 내용을 앞서의 전체적[스쳐 지나간] 시각의 기억과 명시적으로 비교하면서 하는 것이 아니기 때문이다. 영화에서 카메라가 어떤 대상을 향해 다가가서 우리에게 그것의 큰 장면(클로즈업 화면)을 보여 줄 때, 우리는 그 대상이 정말로 [큰 장면 전에 본] 재떨이거나 한 인물의 손이라고 떠올려 볼 수 있다. 그렇지만 우리는 [큰 장면 전에 본 것과] 그것을 현실적으로 동일시하지 않는다. 그것은 스크린이 지평을 갖고 있지 않기 때문이다. 이와 반대로, 시각에서 내가 풍경의 한 부분에 시선을 집중할 때, 이 부분은 활기를 띠며 그 세부가 펼쳐지고, 다른 대상들은 주변으로 물러나고 잠자는 듯 무기력에 빠진다. 그러나 이 대상들은 여전히 거기에 계속 존재한다. 그런데 나는 이 대상들과 함께 그것들의 지평에 언제나 접근할 수 있다. 그리고 그 지평 속에는 내가 지금 보고 있는 대상도 주변[지평]에 보이는 것으로 포함되어 있다. 따라서 지평은 탐색하고 있는 대상의 동일성을 보증하는 것이다. 지평은 내 시선의 근접 능력puissance prochaine의 상관자이다. 내 시선은 좀 전에 훑어보았던 대상들에 대해 [여전히] 근접 능력을 간직하고, 또한 곧 드러낼 새로운 세부내용에 대해서도 이미 그것을 갖고 있다. 어떤 뚜렷한 기억도 어떤 분명한 추측도 이와 같은 역할을 수행할 수 없을 것이다. 즉 나의 지각은 현실적으로 주어지지만, 기억과 추측은 개연적인 종합만 줄 뿐이다.

¶ 따라서 대상-지평 구조, 다시 말해 관점적 현상은, 내가 대상을 볼 때 나를 방해하는 것이 아니다. 이 구조[관점적 현상]는 대상들이 갖는 자신을 숨기는 방식이라면, 또한 그것은 대상들이 갖는 자신을 드러내는 방식이다. 본다는 것은 자신을 내보이는 존재들의 세계로 들어가는 것이다. 그리고 이 존재들은 서로 뒤에서 또는 내 뒤에서 숨겨질 수 없다면, 자신을 내보일 수도 없을 것이다. 달리 말하면, 한 대상을 바라보는 것은 이 대상에 거주하러 오는 것이고, 또 이렇게 함으로써 모든 사물들을, 그것들이 이 대상으로 향하는 측면을 통해 파악하는 것이다. 그러나 내가 이 사물들도 [함께] 보고 있는 한, 그것들은 내 시선에 열린 거주 장소로 있다. 그리고 내가 이 사물들에 잠재적으로 위치함으로써, 나는 이미 여러 각도에서 현재 나타난 시각의 중심 대상을 파악하고 있다. 따라서 각각의 대상은 다른 모든 대상의 거울이다. 내가 테이블 위에 놓인 램프를 바라볼 때, 나는 내 자리에서 보이는 성질들뿐 아니라, 벽난로, 벽, 테이블이 〈볼〉 수 있는 성질들을 램프에 부여한다. 램프의 뒷면이란 그것이 벽난로에 〈내보이는〉 측면과 다른 것이 아니다. 그러므로 내가 한 대상을 볼 수 있는 것은, 대상들이 하나의 체계 내지 하나의 세계를 형성하는 한에서, 그리고 ⁽⁸³⁾ 각각의 대상은 주위의 다른 대상들을, 그것의 숨겨진 모습의 관찰자로 또 그 모습이 지속함을 보증하는 것으로 갖고 있는 한에서이다. 한 대상에 대한 나의 시각 전체는 함께-실존하는 것으로 파악되는 세계의 모든 대상 사이에서 순간적으로 반복된다. 왜냐하면 각각의 대상은 다른 모든 대상이 그 대상을 향해 〈보는〉 것 전체이기 때문이다. 따라서 좀 전에 했던 우리의 표현은 수정

되어야 한다. 즉 집 자체는 어느 곳에서도 보이지 않는 집이 아니라, 모든 곳에서 보이는 집이다. 완성된 대상은 투과적translucide[2]이다. 완성된 대상은 그것의 깊이 속에서 서로 교차하고, 그것에 숨겨진 어떤 것도 남기지 않는 현실적인 무한한 시선에 의해 모든 측면에서 침투되어 있다.

　우리가 좀 전에 공간적인 관점적 현상에 대해 말했던 것을 또한 시간적인 관점적 현상에 대해 말할 수 있다. 내가 집을 아무 사유 없이 주의 깊게 살펴본다면, 집은 영원할 것 같은 모습이고, 집에서 일종의 마비된 듯 멈춰진 느낌이 흘러나온다. 분명히 나는 내 지속의 한 시점時點에서 집을 바라보고 있지만, 그것은 내가 어제 보았던, 즉 하루가 덜 지난 집과 같은 집이다. 그것은 노인도 응시하고 아이도 응시하는 같은 집이다. 물론 그 집은 그 자체가 나이가 있고 변화를 겪는다. 그러나 내일 그것이 무너진다고 해도, 오늘 그 집이 있었다는 것은 언제나 사실일 것이다. 각각의 순간에는 다른 모든 순간이 목격자로 주어진다. 각각의 순간은 도래하면서 〈그 사건이 어떻게 진행되어야 했는지〉, 〈그 사건이 어떻게 끝날 것인지〉를 보여 준다. 각각의 현재는 다른 모든 현재(시점)가 [그 현재의 사건을] 재인식하도록 부추기는sollicite 시간의 한 시점을 결정적으로 확립한다. 따라서 대상은 모든 곳에서 보이는 것처럼 모든 시간에서 보이고, 그것은 지평의 구조라는 동일한 방식으로 보이는 것이다. 현재는 직접적 과거를 대상으로서 정립하지 않지만, 여전히 손아귀로 이 과거를 붙잡고 있다. 그리고 이 과거

2　역주) "translucide"는 본래 〈반투명하다〉는 의미인데, 우리는 〈투과적〉으로 옮긴다. 그다음 문장에서처럼 그것은 시선들이 한 대상의 여러 측면에 〈침투하는〉 것을 말한다. 그리고 이 〈투과된〉 시선들이 형성한 〈매듭점〉, 즉 교차점이 대상이다. 만약 대상이 완전히 투명하다면, 많은 시선이 거기에 투과하는지조차 알 수 없을 것이고, 따라서 매듭점(교차점)이 형성되지 않을 것이다. 그런데 여기서 메를로퐁티가 말하는 "완성된" 대상, 즉 무한한 시선으로 "숨겨진 어떤 것도 남기지 않는" 대상은 우리의 현실적인 지각에는 나타나지 않는다.

도 같은 방식으로 그것에 선행한 직접적 과거를 다시 붙잡기 때문에, 지나간 시간은 현재 속에서 전부 다시 잡히고(계승되고) 포착된다. 임박한 미래에 대해서도 마찬가지이다. 이 임박한 미래도 임박함의 지평을 가질 것이다. 그러나 나는 나의 직접적 과거에 대해 그것을 둘러싼 미래의 지평을 가지며, 따라서 나는 이 과거의 미래로 보이는 나의 현실적 현재를 갖는다. 나는 임박한 미래에 대해 그것을 둘러싼 과거의 지평을 가지며, 따라서 나는 이 미래의 과거로서의 나의 현실적 현재를 갖는다. 이처럼 다시-붙잡음(파지)과 앞서-붙잡음(예지)의 이중 지평을 통해, 나의 현재는 지속의 흐름에 곧 휩쓸려 사라지는 사실로서의de fait 현재가 아니라, 객관적인 시간 속에서 고정되고 동일시될 수 있는 한 점이 될 수 있다.[3]

그러나 다시 말하지만, 나의 인간적 시선은 비록 지평을 통해 대상의 다른 모든 측면을 겨냥할지라도, 대상의 한 측면만을 정립한다. 나의 시선은 **(84)** 시간과 언어를 매개로 하지 않고서는, 이전의 시각이나 타인의 시각과 대조될 수 없다. 만약 내가 내 시선을 모델로 삼아 모든 곳에서 집을 탐사하고 집 자체를 정의하는 시선들을 생각해 본다 해도, 나는 여전히 대상에 대해 일련의 무한하고 일치하는 광경들만 가질 뿐이지, 그 대상을 완전한 모습 속에서 갖지 못한다. 이와 마찬가지로, 비록 나의 현재가 그 자체 속에서 지나간 시간과 다가올 시간을 응축한다고 해도, 이 시간들을 지향 속에서만 소유할 뿐이다. 예컨대, 내가 지금 나의 과거에 대해 갖는 의식

---

3   역주) 이 문장을 "… 현재가 아니며, 객관적인 시간 속에서 고정되고 동일시될 수 있는 한 점이 되지 않을 수 있다"로 읽어 볼 수 있을 것이다. 그것은 "객관적인 시간"을 즉자적 또는 완성된 시간으로 이해하는 것이다. 그러나 "객관적인 시간 속에서 고정되고 동일시될 수 있는 한 점이 될 수 있다"로 읽는 것이 문법적으로 바람직하다. 우리는 이 후자의 방식으로 읽는다. 그것은 〈나의 현재는 나타났다 사라지지 않고, 오히려 객관적으로 규정되어, 객관적 시간 속에서 즉자적인 것은 아니나 자기 자리를 가질 수 있는 점이 될 수 있다〉의 의미가 된다.

이 그것이었던 바 그대로의 과거와 정확히 일치하는 것으로 내게 보인다 해도, 내가 그것 자체를 다시 포착했다고 생각하는 이 과거는 그 과거 자체가 아니다. 그것은 내가 지금 보는 바와 같은 나의 과거, 그리고 내가 아마 변질시켰을 나의 과거이다. 마찬가지로, 내가 지금 체험하는 현재를 미래에는 못 알아볼 수도 있을 것이다. 따라서 모든 지평의 종합은 단지 추정적 종합일 뿐이고, 대상의 직접적 주위에서만 확실하고 정확하게 이루어진다. 멀리 떨어져 있는 주위는 더 이상 내 손아귀에 있지 않다. 그런 주위는 더 이상 여전히 식별 가능한 대상들 또는 기억들로 이루어져 있지 않으며, 정확한 증언(목격)을 더 이상 제공해 줄 수 없는 익명적 지평이다. 그것은 실제 지각적 경험에서처럼, 대상을 완성되지 않고 열려 있게 한다. 이러한 열림을 통해서 대상의 실체성은 흘러가 버린다. 대상이 완전한 밀도를 가져야 한다면, 달리 말해 절대적 대상이 존재해야 한다면, 그 대상은 서로 다른 무한한 관점적 현상들이 엄밀한 공존 속에서 응축된 것이어야 하고, 단 하나의 시각을 통해 무수한 시선들을 갖고 있는 것처럼 주어져야 한다. 그 집은 그것의 수도관을, 그것의 지면을, 아마도 천장의 깊은 곳에서 은밀히 커져 가는 그것의 균열을 지니고 있다. 우리는 결코 그것들을 보지 못하지만, 그 집은 우리에게 보이는 창문이나 벽난로와 동시에 그것들을 지니고 있다. 우리는 나중에 그 집의 현재의 지각을 잊을 것이다. 즉 우리들은 우리의 기억과 이 기억에 관계하는 대상을 비교할 때마다, 비록 착오를 일으키는 것을 고려한다 해도, 기억이 그 자체의 지속 때문에 갖게 되는 변화에 놀라게 된다. 그러나 우리는 과거의 진리가 있다고 믿는다. 우리는 그 집이 그 안에서 그날 정말로 있었던 바 그대로 나타나는, 또 그 당시의 그것의 존재의 토대가 되는 세계의 무한한 기억에 우리 기억의 근거를 둔다. 대상이 그것 자체 속에서 파악된다면 ―대상으로서 그것은 이와 같이 파악하기를 요구한다―, 그것은 아무것도 감추는 것이 없고, 모든 것을 드러내고 있다. 또한 우리의 시선이 이 대상의 부분들을 차례로 지나가는 동안에도, 그 부분들은 동시에 존재하고 있고, 이 대상의 현재는 그것의 과거를 지우지 않으며, 그것의 미래도 현재를 지우지 않을 것이다. 따라서 우리는 이렇게 대상을 정립함으로써 낯선 존재에 빠져 있는 우리의 현실적인 경험의 한계를 넘어서게 된다. 《85》 이 때문에 결국 우리의 경험은 그것이 우리에게 가르치는 모든 것이 이 존재에서 나온다고 믿게 된다. 경험의 이런 탈자성extase이 바로 모든 지각은 어떤 무엇의 지각이라고 여기게 하는 것이다.

[2. 몸의 문제]

존재에 집착하고, 내 경험의 관점적 현상성perspectivisme을 망각한 후에, 나는 이 관점적 현상성을 대상으로 다루고, 이것을 대상들 간의 관계로부터 이끌어 낸다. 나는 세계에 대한 나의 관점point de vue인 내 몸[4]을 이 세계의 대상들 중 하나로 간주한다. 나는 인식 수단인 나의 시선에 대해 갖는 의식을 억압하고, 내 눈을 물질의 일부로 취급한다. 그 결과, 내 눈은 내가 외부 대상을 두고자 했던 객관적 공간 속에 자리를 차지하게 되고, 나는 대상들을 내 망막에 투영함으로써 지각된 관점적 현상perspective이 생겨난다

---

4   역주) "관점"은 『지각의 현상학』의 〈몸〉의 정의 중 가장 중요하고도 일반적인 정의이다. 이 정의는 주체로서의 몸이 갖는 특성을 보여 준다. 왜냐하면 우리는 어떤 〈관점 (몸)〉을 통해, 또는 관점으로서 그에 상응하는 〈관점적인 세계〉와 소통하기 때문이다. 우리말 〈몸담다〉는 이러한 〈몸〉을 보여 준다. 〈이 씨는 의료계에 〈몸〉담고 있다〉고 할 때, 그는 의사(몸-관점)로서 세계를 바라보고 있다. 그는 사람을 볼 때마다 자기도 모르게 다른 사람의 건강을 살피는데, 그것은 그가 이미 그의 세계(의료적 세계)에 〈몸담고〉 있기 때문이다. 이처럼 몸(관점)은 세계를 만나는 우리의 방식이고, 세계는 우리의 관점에 나타난 세계이다. 따라서 관점으로서의 몸과 관점적 현상으로 나타난 세계는 분리 불가능하게 서로 겹쳐 있다.

고 믿게 된다. 마찬가지로, 나는 내 자신의 지각의 역사를 나와 객관적 세계의 관계의 결과로 다루고, 시간에 대한 나의 관점인 나의 현재는 시간의 다른 순간들 중 한 순간이 된다. 나의 지속도 내 몸이 객관적 공간의 한 양태가 되는 것처럼, 보편적 시간의 추상적인 한 반영이거나 한 국면이 된다. 결국, 집 주위나 집 안에 있는 대상들이 지각적 경험에 있는 것 그대로 있다면, 즉 어떤 관점적 현상에 종속된 시선들로 있다면, 집은 자율적 존재로 정립되지는 않을 것이다. 따라서 완전한 의미의 한 대상을 정립하려면, 이러한 모든 경험을 단 하나의 다정립적polythétique 작용 속에 함께 두는 것이 요구된다. 이 점에서 이러한 대상의 정립은 지각적 경험과 지평의 종합을 넘어선다. 그것은 우주의 개념이, 즉 서로에 의해 결정된 관계들로 이루어진 완성되고 명시적인 총체성의 개념이 세계의 개념을, 즉 서로 함축된 관계들로 이루어진 열려 있고 무한한 다양성의 개념을 넘어서는 것과 같다.[5] 나는 내 경험을 떠나 이념(관념)으로 이행한다. 대상과 마찬가지로 이념은 모든 사람에게 동일하다고, 모든 시간과 모든 장소에서 타당하다고 주장한다. 그리고 대상을 객관적인 시간 및 공간의 한 점 속에서 개체화하는 것은 결국 보편적인 정립 능력의 표현으로 나타난다.[6] 나는 선술어적인 앎에서 체험하고, 또 내적인 교섭 속에서 체험한 바와 같은 내 몸, 시간, 세계와 더 이상 관계하지 않는다. 《86》 나는 이념(관념)으로서의 내 몸, 이념으로서의 우주, 공간의 이념, 시간의 이념만을 말할 뿐이다. 이와 같이 (키르케고르적 의미의) 〈객관적〉 사유 —상식의 사유이고 과학의 사유이다— 가 형성된다. 객관적 사유는 결국 우리와 지각적 경험의 접촉을 잃어버리

---

5 Husserl, *Umsturz der kopernikanischen Lehre: die Erde als Ur-Arche bewegt sich nicht* (미출간).

6 "나는 내 눈으로 본다고 믿었던 것을 내 정신 속에 있는 단 하나의 판단 능력으로 이해한다"(*Deuxième Méditation*, AT IX, p. 25).

게 하는 것이지만, 그것은 지각적 경험의 결과이고 자연스럽게 뒤이어 나타난 것이다. 의식의 모든 삶은 대상들을 정립하는 경향이 있다. 왜냐하면 의식은 동일성을 확립할 수 있는 대상에서 자신을 파악하고 자신을 모으는[일자화하는] 한에서만 의식이고, 말하자면 자기 앎이기 때문이다. 그렇지만 단 하나의 대상이라도 절대적으로 정립하는 것은 의식의 죽음이다. 왜냐하면 마치 용액 속에 넣은 씨 결정체 하나가 단번에 용액을 결정시키는 것처럼, 단 하나의 대상의 절대적 정립은 경험 전체를 응고시키기 때문이다.

우리는 주체의 어떤 것도 이해하지 못하거나, 대상의 어떤 것도 이해하지 못하는 딜레마적 상황에 있을 수 없다. 우리는 우리 경험의 한가운데 자체에서 대상의 기원을 재발견해야 하고, 존재의 나타남을 기술해야 하고, 또 어떻게 우리에 대해 즉자적인 것이 역설적으로 있는지 이해해야 한다. 우리는 어떤 선입견도 가지려고 하지 않기 때문에, 객관적 사유를 문자 그대로 받아들일 것이며, 이 사유 스스로가 제기하지 않은 문제들을 이 사유에 제기하지 않을 것이다. 만약 우리가 객관적 사유의 배후에서 경험을 재발견하게 된다면, 그것은 단지 객관적 사유 자체가 갖는 난점으로 인해 재발견하게 된 것이다. 그러므로 우리 몸을 대상으로 구성하는 객관적 사유의 작업을 고찰해 보자. 바로 여기에 객관적 세계의 발생의 결정적인 계기가 있기 때문이다. 우리는 과학 자체에서도 자기-몸corps porpre을 그 속에 넣고자 하는 처리방식에서 이 몸이 벗어나고 있음을 보게 될 것이다. 그리고 객관적인 몸의 발생은 대상 구성의 한 계기에 불과하므로, 몸은 객관적 세계에서 빠져나옴으로써 자기와 그 주위를 연결하는 지향적 끈을 가져올 것이고, 결국엔 우리에게 지각된 세계와 마찬가지로 지각하는 주체를 드러내 줄 것이다.

대상으로서의
몸과 기계론적 생리학

[1. 신경 생리학은 그 자체가 인과적 사유를 넘어선다]

우리가 살펴본 것처럼, 대상의 정의는, 대상이 부분 밖의 부분*partes extra partes*으로 존재한다는 것이다. 그 결과, 정의상 대상은 그것의 부분들 사이에서나 그것과 다른 대상들 사이에서, 수용되고 전달되는 운동이라는 좁은 의미이건, 변수와 함수의 관계라는 넓은 의미이건, 외적이고 기계적인 관계만을 받아들이는 것이 된다. 사람들은 유기체를 대상들의 우주 속에 집어넣어, 이를 통해 이 우주를 닫아 버리고자 할 때마다, 몸의 기능작용을 즉자의 언어로 표현해야 했고, 행동 속에서 자극과 수용기, 수용기와 감각기구Empfinder[7] 간의 일직선적인 의존관계를 발견해야 했다.[8] 물론, 그들

---

[7] 역주) 메를로퐁티는 "Empfinder"를 앞에서는 "poste enregistreur(등록 기구)"로 번역해

은 행동의 회로 속에서 새로운 결정들déterminations이 생겨나는 것을 잘 알고 있었고, 예를 들어 특수신경에너지 이론[9]은 정말로 유기체에게 물리적 세계를 변형시키는 능력을 부여하였다. 그러나 사실 이 이론은 신경기구들에 우리 경험의 여러 구조를 만들어 내는 신비로운 능력을 부여할 뿐이었다. 그리고 시각, 촉각, 청각이 대상에 접근하는 방식들이지만, [이 이론에서] 이 구조들은 작용하는 기관들의 국소적 차이에서 비롯된 응축적인 성질들로 변형되어 있다. 따라서 자극과 지각의 관계는 명석하고 객관적일 수 있었고, 심리·물리적인 사건은 〈세계 내부의mondaine〉 인과관계와 동일한 유형이었다.

¶ 현대 생리학은 더 이상 이런 인위적 기교에 의존하지 않는다. 현대 생리학은 동일 감각(감관sens)[10]의 여러 성질과 여러 감각(감관)의 소여들을 구별되는 물질적 기구들에 더 이상 연결하지 않는다. 실제로 중추의 손상뿐 아니라 전도기관[감각신경선conducteurs]의 손상조차도 어떤 감각 성질(감각질)들의 소멸이나 감관의 소여들의 소멸이 아니라, 《88》 기능의 미분화dédiffération로 나타난다. 우리는 앞에서 이미 이것을 지적했었다. 예를 들

표현했다(본서 62쪽).

8   *Cf. La Structure du Comportement*, Chap. I and II.

9   역주) "La théorie de l'énergie spécifique des nerfs." 요하네스 밀러(Müller)가 제기한 것이다(1840). "감각(sensation)이란 외부 대상의 성질이나 상태가 아니라, 감각신경의 성질이나 상태를 의식에 전달한 것이다. 이 성질(감각기관의 에너지)은 신경과 다르고, 특수성의 원인(신경 자체 아니면 신경이 향하는 골수나 두뇌의 영역)은 미결 상태로 남겨 두고 있다"(H. Piéron, *Vocabulaire de la psychologie*, PUF, 1952). "감각신경은 그 감각에 갖추어진 특유의 에너지(흥분)에서 반응한다는 학설. 감각은 자극의 종류로 결정되는 것이 아니라 어떤 감각신경이 흥분했는가 하는 것에 따라 결정된다고 한다"(『과학백과사전』).

10   역주) 우리는 "sens"와 "sensation"을 구별하기 위해, 전자를 〈감관〉 또는 〈감각(감관)〉으로, 후자를 〈감각〉으로 번역한다. 이와 관련된 내용은 본서 399쪽 역주 참조 바람.

어, 감각선들의 손상 위치가 어디이고 그 손상의 원인이 무엇이든 간에, 우리는 색에 대한 감각성이 붕괴되는 것을 보게 된다. 처음에는 모든 색에 변화가 일어난다. 즉 색들의 기본 색조는 동일하게 있지만, 그 채도(포화도)는 줄어든다. 그다음에는 스펙트럼이 단순해지고, 노랑, 초록, 파랑, 자줏빛 빨강의 네 가지 색에 이른다. 심지어 짧은 파장의 모든 색은 일종의 파란색을 띠는 경향이 있고, 긴 파장의 모든 색은 일종의 노란색을 띠는 경향이 있으며, 게다가 피로의 정도에 따라 시각이 때때로 변할 수 있다. 마지막에는, 상황이 좋으면 (대조가 있거나 노출 시간이 길면) 일시적으로 두 색으로 돌아갈 수 있지만, 단색인 회색에 이르게 된다.[11] 따라서 신경 물질의 손상이 진행됨에 따라 이미 완성된 감각 내용 하나하나가 파괴되는 것이 아니라, 신경계의 본질적 기능으로 나타나는 흥분의 능동적인 분화가 점점 더 불확실하게 된다.

¶ 마찬가지로 촉각적 감각성의 비-대뇌피질적 손상에서 어떤 내용이 (예컨대 온도감이) 더 취약하고 가장 먼저 사라지는 것은, 환자에게서 파괴된 특정 영역이 뜨거움과 차가움을 느끼게 하는 역할을 하기 때문이 아니다. 왜냐하면 이 특정 감각은 흥분제를 충분히 넓게 가하면 회복되기 때문이다.[12] 오히려 그것은 흥분이 더 강한 자극에 대해서만 그것의 유형적 형태를 띨 수 있기 때문에 일어나는 것이다. 중추 손상이 있을 때는 성질들의 손상이 야기되지 않는 것 같고, 반면에 소여들의 공간적인 조직화와 대상의 지각이 변화를 입는다. 이런 사실은 성질들의 위치와 해석에 특화된 인식 중추들을 가정하게 만든 것이었다. 그러나 사실 현대의 연구에 따르면, 중추의 손상은 환자에게 특히 20배나 30배가 된 시치(크로낙시)[13]를 높이는

11   J. Stein, *Pathologie der Wahrnehmung*, p. 365.
12   *Ibid.*, p. 358.

작용을 한다. 흥분은 그 결과를 더 천천히 산출하고, 이 결과는 한층 더 오 랫동안 존속한다. 또한 예컨대 거친 것에 대한 촉각적 지각은 그것이 제한 된(한정된) 일런의 인상을 혹은 손의 여러 위치에 대한 정확한 의식을 전제 한다면 불가능하게 될 수 있다.[14] 흥분제의 위치를 불명료하게 아는 것은 위치규정 중추의 파괴가 아니라, [새로운] 하나의 안정된 전체로서 더 이상 조직화되지 못하는 흥분들의 평준화nivellement로 설명된다. 《89》 그 [새로운] 하나의 안정된 전체 속에서는 각각의 흥분이 하나의 동일 의미의 가치를 받아들이고, 또 한정된 변화를 통해서만 의식으로 표현될 것이다.[15] 이러한 이유로 같은 감각(감관)에 속하는 흥분들이 서로 다른 것은 이 흥분들이 이 용하는 물질적 기구에 의한 것이 아니라, 요소 자극들이 자연스럽게 조직 되는 방식에 의한 것이다. 그리고 이러한 조직화는 지각의 수준뿐 아니라 감각 〈성질〉의 수준에서도 결정적인 요인이 된다.

¶ 또한 어떠한 흥분제가 촉각적 감각sensation을 일으킬지 아니면 열 감 각을 일으킬지를 결정하는 것도 이 조직화이지, 관련된 기구의 특수 에너 지가 아니다. 머리카락으로 여러 번 되풀이하여 피부의 한 부위를 흥분시 키면, 처음에는 뚜렷이 구별되고 매번 동일한 지점에서 국소화되는 점적 인 지각들이 나타난다. 흥분이 반복됨에 따라, 위치규정(국소화)은 점차 불 명확해지고, 지각은 공간 속에 퍼지며, 동시에 감각sensation도 특정한 것 이기를 그친다. 즉 더 이상 접촉의 느낌이 사라지고, 때로는 차가움에 의 해 때로는 뜨거움에 의해 타는 듯한 느낌이 된다. 나중에는 흥분을 야기 하는 것이 움직이고 피부 위에 원을 그린다고 주체는 생각하게 된다. 결

---

13 역주) "신경, 근 등을 전류로 자극할 때, … 흥분을 일으킬 수 있는 최소전류의 2배 전 류치를 흘렸을 때 흥분시키는 데 필요한 통류시간"(『간호학대사전』)을 가리킨다.

14 *Ibid.*, pp. 360-361.

15 *Ibid.*, p. 362.

국에는 아무것도 감각되지 않게 된다.[16] 이것은 〈감각 성질〉, 지각된 것의 공간적 규정, 심지어 지각의 현전과 부재도 유기체 외부의 사실적 상황의 결과가 아니라, 유기체가 자극작용 앞으로 나오는 방식, 유기체가 자극작용과 관계하는 방식을 나타내고 있음을 말해 준다. 하나의 흥분은 이 흥분과 〈일치하지accordé〉 않는 감각기관에 도달할 때는[17] 지각되지 않는다. 자극을 수용할 때의 유기체의 기능은 어떤 흥분의 형태를 말하자면 〈품는 것concevoir〉[18]이다.[19] 따라서 〈심리·물리적인 사건〉은 더 이상 〈세계 내부의mondaine〉 인과성의 유형에 속하지 않는다. 또한 두뇌는 〈형태화mise en forme〉의 장소가 되고, 이 형태화는 대뇌피질 단계 이전에도 개입하고, 신경계의 입구서부터 자극과 유기체의 관계가 뒤얽히게[애매하게] 한다. 흥분은 그것이 곧 불러일으킬 지각과 닮게 만드는 횡적인 기능fonctions transversales[20]에 의해 파악되고 재조직된다. 신경계 속에서 그려지는 이러한 형태, 한 구조의 이러한 전개를, 나는 《90》 운동의 전달이든 한 변수를 통

---

16   *Ibid.*, p. 364.

17   "자극과정이 일치하지 않는 반응기관에 부딪치다"(Stein, *Pathologie der Wahrnehmung*, p. 361).

18   역주) 함께(con) 잡다(cevoir)로 어원 분석이 되는"concevoir"는 우리가 무엇인가를 품는 것을, 즉 아이를 몸에 품다(임신하다), 어떤 생각을 마음에 품다(구상하다, 사유의 임신)를 의미한다. 마찬가지로 유기체는 주어진 자극을 형태적으로 〈품는다〉. 이때 품은 자극은 즉자적 외부 자극이 아니라, 어떤 유기체〈에게서의〉 자극이다. 즉 유기체가 하나의 형태로 파악한 것(흥분)이다. 또한 유기체도 즉자적으로 있는 것이 아니라, 외부 자극〈의〉 유기체, 즉 외부 자극에 의해 〈흥분된〉 유기체이다. "concevoir"가 함께(con) 잡다(cevoir)로 어원 분석이 되는 것처럼, 유기체가 어떤 흥분의 형태를 〈품는〉 것은 결국 자극과 〈함께-잡는〉 것이다.

19   "감각(감관)들이 … 바로 원초적 형태 파악을 통해 형태를 인식하게 한다"(*Ibid.*, p. 353).

20   역주) 메를로퐁티가 "종적인 기능(fonction longitudinale)"과 대비해서 쓰는 말로서, 신경계의 전체적 기능, 즉 구조적인 전체(형태)적 기능을 가리킨다(본서 61-62쪽의 역주 참조).

한 다른 변수의 결정이든, 3인칭적인 일련의 과정으로 표상할 수 없다. 나는 이런 형태에 대해서 거리를 둔 인식을 취할 수가 없다. 내가 이 형태가 무엇일 수 있는지를 생각해 보는 것은 대상, 즉 부분 밖의 부분으로서의 몸과 결별하는 것이고, 내가 현실적으로 경험하는 몸으로 향하는 것이다. 이렇게 현실적으로 경험한 몸은 예를 들어, 내 손이 자극을 앞지름으로써, 또 손 자체가 내가 곧 지각할 형태를 그림으로써, 그것이 만지는 대상의 윤곽을 형성하는circonvient 것처럼 나타나는 것이다. 나는 나 자신이 살아 있는 몸의 기능을 수행함으로써만, 또 내가 세계로vers 솟아오르는 몸인 한에서만, 그런 몸의 기능을 이해할 수 있다.

[2. 환상지 현상: 생리학적 설명과 심리학적 설명은 똑같이 불충분하다]

따라서 외수용성[21]은 자극들에 대한 형태화를 요구한다. 몸의 의식은 몸을 침투하여 휩쓸고, 영혼âme은 몸의 모든 부분에 퍼져 있으며, 행동은 몸의 중추 영역을 넘어선다. 그러나 사람들은 이러한 〈몸의 경험〉 자체가 하나의 〈표상〉, 하나의 〈심리적 사실〉이고, 이런 이유로 이 경험이 물리적·생리적인 사건의 연쇄의 끝에 있으며, 이 물리적·생리적인 사건만이 〈실재의 몸〉에 속할 수 있다고 반론할 것이다. [그들은 계속 말한다.] 내 몸은 정확히 외부 물체들과 마찬가지로, 수용기에 작용하고 결국 몸의 의식을 야기하는 하나의 대상이 아닌가? 〈외수용성〉이 있는 것처럼, 〈내수용성〉이 있는 것 아닌가? 나는 내부 기관에서 두뇌로 이어지는 신경섬유를, 또 영혼에게 몸을 감각할 기회를 제공하기 위해 자연에 의해 설립된institués de

---

21   역주) 외수용성 감각은 "외부의 변화에 대한 감각, 감각수용기의 외측 표면에서 감지되는 감각", 내수용성 감각은 "신체 내부에 생기는 상태변화에 의한 감각", 자기수용성 감각은 "신체부위 자신[자체]의 상태나 변화를 직접 자극으로 수용하는 감각"이다 (『생명과학사전』).

la nature 신경섬유[22]를 몸속에서 발견할 수 없는가? 이와 같이 몸의 의식과 영혼은 억압되어 [숨겨지거나 무시되고] 있고, 다시 몸은, 우리가 행동의 애매한 개념 속에서 거의 잊고 있었던 순수한 기계가 된다. 예를 들어, 다리가 절단된 사람은, 그루터기 부분(절단되고 남은 부분)에서 두뇌에 이르는 신경 경로상에서, 어떤 자극이 [잘려 나간] 다리의 자극을 대신하여 작용하면 환상지를 감각할 것인데, 이것은 영혼이 직접 그리고 오직 두뇌와 결합되어 있기 때문이다.

현대 생리학은 이와 관련해 무엇을 말하는가? 코카인 마취는 환상지를 없앨 수 없다. 사지가 절단되지 않았는데도 대뇌의 손상으로 환상지가 나타날 수 있다.[23] 게다가 환상지는 부상당했을 때 실재의 팔이 놓였던 위치(상황) 자체를 종종 간직하기도 한다. 예를 들어, 전쟁 때 부상당한 어떤 사람은 여전히 그의 허상의 팔 속에서 실재의 팔을 찢었던 포탄 파편을 감각한다.[24] 따라서 〈말초 이론〉을 〈중추 이론〉으로 바꿔야만 하는가? 그러나 중추이론이 《91》 환상지의 말초적 조건에 단지 대뇌의 흔적만을 덧붙인다면, 우리에게 어떠한 이점도 주지 못할 것이다. 왜냐하면 대뇌 흔적들 전체

---

22 역주) 메를로퐁티가 말하는 "자연에 의해 설립된 신경섬유"는 데카르트의 송과선(솔방울샘)에 해당한다. 또 "자연에 의해 설립된"이라는 말도 데카르트가 송과선과 영혼의 일정한 관계를 표현하기 위해 쓴 용어이다. 데카르트는 자연(신)이 말초 기관의 상태가 어떠하든, 예컨대 송과선의 물리적 상태가 abc일 때마다 영혼이 언제나 아픈 발을 감각하게끔 설정해(설립해) 놓았다고 말한다. 데카르트는 「제6성찰」에서 이러한 송과선과 영혼의 관계를 가지고, 다리가 절단된 사람이 허상의 발을 감각하는 것을 설명한다. 즉 다리가 절단되기 전에 발에서 올라오는 자극으로 송과선의 상태가 abc가 되어 영혼이 아픈 발을 감각했다면, 다리가 절단된 뒤에도 절단되고 남은 다리에서 자극이 올라와 송과선에 동일한 상태 abc를 만들면 영혼은 이전처럼 아픈 발을 감각한다. 메를로퐁티가 바로 아래의 문장에서 다리가 절단된 사람의 환상지를 언급하는 것은 데카르트의 「제6성찰」을 염두에 두고 예로 든 것이다.

23 Lhermitte, *L'Image de notre Corps*, p. 47.

24 *Ibid.*, pp. 129 그 이하.

로도 [환상지] 현상에 개입하는 의식의 관계들을 나타낼 수 없을 것이기 때문이다. 그 현상은 사실 〈심리적인〉 결정 요인에 의존한다. 환상지를 갖지 않았던 주체는 부상 때의 감정이나 상황을 생각나게 하는 감정이나 상황 속에서 환상지를 경험하는 일이 있다.[25] 수술 직후에 거대했던 허상의 팔이, "환자가 자신의 팔이 절단된 사실을 인정하자" 작아지면서, 결국엔 그루터기 팔 속으로 흡수되는 경우도 있다.[26] 이 경우 환상지 현상은 질병실인증(질병인식불능증)[27]의 현상으로 해명되며, 이 질병실인증 현상은 명백히 심리학적 설명을 요구한다. 환자들은 그들의 마비된 오른손을 철저히 무시하고, 오른손을 요구할 때 왼손을 내밀지만, 그럼에도 그들은 자신의 마비된 팔을 "길고 차가운 뱀" 같다고 말한다. 이것은 [자신의 팔에 대한 환자들의] 전적인 무감각 상태라는 가설을 배제하고, 그들이 자신의 결함을 거부한다는 가설을 시사하는 것이다.[28] 따라서 환상지가 회상, 의지, 혹은 믿음이라고 말해야 하는가? 또한 환상지에 대해 생리학적 설명이 적용되지 않아 심리학적 설명을 적용해야 하는가? 그러나 어떤 심리학적 설명도 대뇌로 향한 감각도체(감각선)의 절단이 환상지를 제거한다는 사실을 무시할 수는 없다.[29]

¶ 그러므로 심리적 결정 요인과 생리학적 조건이 어떻게 서로 맞물리

25   *Ibid.*, p. 57.

26   *Ibid.*, p. 73. 레르미트(J. Lhermitte)는 사지가 절단된 사람들의 환각[환상지]이 주체의 심리적 구성과 관계한다고 지적한다. 즉 환각은 교양 있는 사람들에게서 더 자주 일어난다.

27   역주) "anosognosie." 〈질병불각증(不覺症)〉이라고도 한다. 〈a-noso-gnosie〉라는 단어의 어원에서 알 수 있듯이, 환자가 자신의 장애나 질병을(nosos) 알지(gnōsis) 못하거나(a), 거부하는 상태를 말한다.

28   *Ibid.*, pp. 129 그 이하.

29   *Ibid.*, pp. 129 그 이하.

는지 이해해야 한다. 다시 말해, 만약 환상지가 생리학적 조건에 의존하고, 또 이 때문에 3인칭적인 인과성의 결과라고 한다면, **다른 한편으로** 이 환상지가 어떻게 환자 개인의 역사에, 그의 기억에, 그의 감정이나 그의 의지에 속할 수 있는지가 이해되지 않는다. 왜냐하면 두 구성요소가 하나의 결과를 결정하는 것처럼, 두 계열의 조건이 함께 현상을 결정할 수 있기 위해서는, 이 두 계열의 조건에 동일한 하나의 적용점이나 공통의 지반이 필요할 것이기 때문이다. 그래서 공간 속에 있는 〈생리학적 사실〉과 어느 곳에도 없는 〈심리적 사실〉의 공통의 지반이 무엇일 수 있는지, 게다가 즉자의 영역에 속하는 신경 임펄스(신경 충격)와 같은 객관적 과정과 **(92)** 대자의 영역에 속하는 인정, 거부, 과거의 의식, 감정과 같은 사유들cogitaiones의 공통의 지반이 무엇일 수 있는지도 알 수가 없기 때문이다. 따라서 두 계열의 조건을 인정하는 혼합적 환상지 이론[30]은 알려진 사실들을 나타내는 것으로는 가치가 있지만, 근본적으로는 불분명하다. 환상지는 객관적 인과성의 단순 결과도 아니고, 또한 사유도 아니다. 환상지가 이런 두 가지의 혼합물이 될 수 있는 것은, 우리가 〈심적인〉 것과 〈생리학적인〉 것, 〈대자〉와 〈즉자〉를 결합하고 이것들의 만남을 마련하는 수단을 발견할 때뿐이고, 또 3인칭적 과정과 인격적(인칭적) 작용이 그 공통의 장 속에서 통합될 수 있을 때뿐이다.

[3. 〈심리적인〉 것과 〈생리학적인〉 것 사이의 실존]

저자들은 환상지 존재의 믿음과 절단 사실의 거부를 기술하기 위해, "억압répression"이나 "기질성(유기체적) 억압refoulement organinque"에 대해 말

---

[30] 환상지가 순수 생리학적 설명에도 순수 심리학적 설명에도 적합하지 않다는 것이 레르미트(Lhermitte)의 결론이다(*L'Image de notre Corps*, p. 126).

한다.[31] 그다지 데카르트적이지 않은 이러한 용어들 속에서, 우리는 〈심리적인〉 것과 〈생리학적인〉 것의 관계를 이해할 수 있게 할 유기체적 사유의 관념을 형성하게 된다. 우리는 이미 다른 곳에서 대체 행위와 관련하여, 심리적인 것과 생리학적인 것, 분명한 목적성과 기계론의 양자택일을 넘어서는 현상들을 만난 적이 있다.[32] 곤충이 본능적 행동으로 절단된 다리를 대신해 건강한 다리를 이용할 때, 우리가 본 것처럼 이것은 미리 설정된 비상 장치가 자동적으로 작동하기 시작하여, 이용할 수 없게 된 회로를 대체하는 것이 아니다. 그렇다고 동물이 도달해야 할 목적을 의식하고 있어, 자신의 다리들을 다양한 수단으로 사용하는 것도 아니다. 왜냐하면 그렇다고 한다면, 행위가 막힐 때마다 매번 대체 행위가 생겨야 할 것이고, 알려진 것처럼 다리가 단지 매여 있을 경우에는 대체 행위가 생기지 않기 때문이다. 단지 동물은 계속해서 동일한 세계에 있으면서être au même monde, 전력을 다해 세계로vers lui 향한다. 매여 있는 다리가 자유로운 다리로 대체되지 않는 것은, 매여 있는 다리가 계속해서 동물의 존재에게 중요하기 때문이고, 세계로 향하는 행위의 흐름이 여전히 이 다리를 통해 이뤄지기 때문이다. 기름 한 방울이 《93》 그것에 제기된 최대와 최소의 문제를 실제 해결하기 위해 그 내부의 모든 힘을 다하는 것[33]과 마찬가지로, 여기에서도 더 이상의 선택이 존재하지 않는다. 단지 차이는, 기름방울이 주어진 외적인 힘에 적합하게 된다면, 동물은 스스로가 자신의 환경의 규범을 형성하고,

---

31   Schilder, *Das Körperschema*; Menninger-Lerchenthal, *Das Truggebilde der eigenen Gestalt*, p. 174; Lhermitte, *L'Image de notre Corps*, p. 143.

32   *La Structure du Comportement*, p. 47과 그 이하[제3판, p. 39과 그 이하].

33   역주) "전체로서 파악된 체계[물리적 형태]에서 일할 수 있는 에너지양은 최소한이어야 하고, 엔트로피는 최대한이어야 하는"(SC, p. 49, 주석 1) 것처럼, 기름방울이 최소한의 표면적으로 최대한의 용적을 만드는 것을 말하는 것 같다.

스스로가 자신의 생生의 문제로서 여러 가지 것을 제기하는 것이다.[34] 그러나 여기서 문제되는 것은 종의 선험성a priori이지, 개체의 선택이 아니다.

¶ 이와 같이 우리가 대체 현상 배후에서 발견하는 것은, 〈세계에 있는 존재être au monde〉[35]의 운동이다. 이제 이 개념을 명확히 해야 할 때이다. 우리가 '한 동물이 실존한다existe'라거나, '이 동물이 어떤 세계를 가진다a'('이 동물에게 어떤 세계가 있다'), 또는 '이 동물이 어떤 세계에 있다est à'라고 말할 때, 이것은 이 동물이 세계에 대해 객관적인 지각이나 객관적 의식을 갖고 있음을 뜻하지 않는다. 본능적 활동을 작동시키는 상황은 완전히 뚜렷하게 분절되어 있지도, 규정되어 있지도 않다. 본능의 오류나 맹목성이 잘 보여 주듯이, 상황의 전체적 의미도 파악되어 있지 않다. 그 상황은 실천적인 실질의미만을 제시하고, 몸적인 인식만을 불러낸다. 그 상황은 〈열린〉 상황으로서 체험되며, 멜로디의 첫 음들이 그 자체로는 알려지지는 않은 어떤 음계의 협화음을 부르듯이, 동물의 활동을 부른다. 이것이 바로 동

---

34 *Ibid.*, pp. 196과 그 이하[제3판, p. 157과 그 이하].

35 역주) 위의 "동물은 계속해서 동일한 세계〈에〉 있으면서, 전력을 다해 세계〈로〉 향한다"라는 문장이 보여 주듯이, 메를로퐁티는 "L'être au monde"를 의도적으로 다의적인 의미로 쓰고 있다. 메를로퐁티는 "L'être au monde"에서 전치사 〈au(à+le)〉를 크게 세 가지 의미로 쓴다. 전치사 〈à〉는 우선 "Je vais 〈à〉 l'école(나는 학교〈에〉 간다)"처럼 〈-로 향함(vers[to])〉을 나타낸다. 또 "Je suis 〈à〉 l'école(나는 학교〈에〉 있다)"처럼 〈-에 있음(à[in, at])〉을 의미한다. 또한 "Ce livre est 〈à〉 moi(이 책은 내 것이다)"처럼 〈귀속(appartenir à[belong to])〉의 의미를 나타낸다. 이 마지막 의미는 두 번째 의미(세계에 있는 존재)가 강화된 것(세계에 속한 존재)이다. 따라서 "L'être au monde"는 〈유기체가 세계에 있으면서(속하면서) 동시에 세계로 향한다〉의 의미를 지닌다. 그리고 메를로퐁티는 이러한 의미를 "동물이 세계에 있다"와 같이 명사구가 아닌 술어의 형태로 자주 사용한다. 우리는 이런 문장 의미 그대로 "L'être au monde"를 〈세계에 있는 존재〉', '〈세계로의 존재〉'로 번역한다. 또한 경우에 따라 '〈세계에 있는(세계로의) 존재〉', '〈세계로의(세계에 있는) 존재〉', 또는 "나는 '세계에 있으면서(속하면서)' 〈나는 내게 있다(속한다)〉"(721쪽) 등의 형식으로 병기하여 표기할 것이다.

물의 한 다리가 다른 다리를 대체하게 하고, 이 다리들이 명백한(명증한) 과제 앞에서 등가성의 가치를 지니게 하는 것이다. 〈세계에 있는 존재〉가 닻을 내려 주체를 〈환경〉에 정박시킬 때, 이 존재는 베르그송의 〈생生에의 주의attention à la vie〉와 같은 어떤 것, 또는 자네P. Janet의 〈현실의 기능fonction réelle〉과 같은 어떤 것인가? 생에의 주의는 우리가 우리 몸속에서 〈발생하는 운동mouvements naissants〉에 대해 가지는 의식이다. 그런데 반사운동은 막 준비된 경우이건 완수된 경우이건 여전히 객관적 과정에 불과한 것이며, 그래서 우리 의식이 이 객관적 과정의 전개와 결과를 확인할 수는 있지만, 그 과정에 참여engagée하지는 못하는 것이다.[36] 《94》 실제로 반사 자체는

[36] 베르그송이 지각과 행위(작용)의 통일을 강조하고, 이를 표현하기 위하여 〈감각-운동 과정(processus sensori-moteurs)〉이라는 용어를 만들 때, 그는 분명히 의식이 세계에 참여되어 있게끔 한다. 그러나 감각하는 것이 어떤 성질을 표상하는 것이라면, 또 운동이 객관적 공간 속의 이동이라면, 비록 발생하는 상태에서 포착되었다 해도 감각과 운동 사이에는 어떤 일치도 가능하지 않다. 또한 그것들은 대자와 즉자로서 서로 구별된다. 일반적으로 베르그송은 몸과 정신이 시간을 매개로 소통하고 있고, 정신이 된다는 것은 시간의 흐름을 지배하는 것이며, 몸을 가지는 것은 현재를 가지는 것이라는 점을 잘 보았다. 베르그송은 몸은 의식의 생성 속의 순간적인 절단면이라고 말한다(*Matière et Mémoire*, p. 150). 그러나 베르그송에게서 몸은 우리가 객관적인 몸이라 부르는 것이 되고, 의식은 인식이 된다. 시간도 그것이 "스스로 커지는 눈덩이"를 형성하건, 공간화된 시간 속에 펼쳐지건, 〈지금〉의 연속이 된다. 따라서 베르그송은 〈지금〉의 연속을 긴장시키거나 이완시킬 수 있을 뿐이다. 즉 그는 시간의 세 차원이 구성되는 단일 운동에까지는 결코 이르지 못하였다. 그래서 왜 지속이 현재 속에 들어가게 되는지를(s'écrase), 왜 의식이 몸과 세계 속에 참여하게 되는지를 알기 어렵다.
〈현실의 기능〉에 대해서 말하자면, 자네(P. Janet)는 이것을 실존적인 개념으로 사용한다. 이를 통해 그는 감정(émotion)을 일상적인 존재의 붕괴, 우리의 세계로부터 도피, 따라서 우리의 〈세계에 있는 존재〉의 변용으로 다루는, 깊이 있는 감정 이론을 구상하게 된다(예를 들어, 『히스테리 발작에 대한 해석(*De l'Angoisse à l'Extase*)』, T. II, p. 450과 그 이하 참조). 그러나 그는 이러한 감정 이론을 끝까지 추구하지는 않는다. 사르트르(J.-P. Sartre)가 지적한 것처럼, 자네의 글 속에서 이 감정 이론은 제임스(James)와

결코 맹목적 과정이 아니다. 반사는 상황의 〈의미〉에 스스로를 맞추며, 우리에 대한 〈지리적 환경(장)〉의 작용을 표현하는 것과 동시에 〈행동의 환경〉에 대한 우리의 방향성을 표현한다. 반사는 대상의 점적인 자극작용을 기다리지 않고, 거리를 두고 대상의 구조를 그린다. 이와 같은 상황의 전체적 현전이 모든 부분적인 자극들에 하나의 의미를 주는 것이고, 이 자극들이 유기체에게서 중요하게 하고 가치가 있게 하거나 실존하게 하는 것이다. 반사는 객관적인 자극들로부터 결과하지 않는다. 반사는 자극들 쪽으로 향하고, 자극들 하나하나가 물리적 요인으로서 갖지 않았던 의미를, 단지 상황으로만 가진 의미를 자극들에 부여한다. 반사는 자극들을 상황으로 존재하게 하고, 자극들과 〈함께-태어남co-naissance〉[37]의 관계 속에 있다. 말하자면, 반사는 원래부터 대면하도록 정해진 것으로서 자극들을 가리킨

상당히 가까운 기계론적인 입장과 경쟁하고 있다. 즉 감정 속에서 우리의 실존이 붕괴되는 것은 단순히 심리학적인 힘들로부터 파생된 것으로 다뤄지며, 또한 감정 자체도 이러한 3인칭적인 과정에 대한 의식으로 취급된다. 그 결과, 감정적인 행위가 경향들의 역학적 관계의 결과가 되기 때문에 이런 행위에서 더 이상 의미를 찾을 필요가 없게 되고, 또한 우리는 이원론으로 되돌아오게 된다(*Cf*. J. P. Sartre, *Esquisse d'une théorie de l'Emotion*). 게다가 자네는 심리학적 긴장을, 즉 우리가 우리 앞에 우리의 〈세계〉를 펼치는 운동을 명백히 하나의 표상적인 가설로 다룬다. 따라서 그가 특정 분석에서 암묵적으로 그렇게 한다 해도, 심리학적 긴장을 인간의 구체적 본질에 대한 일반적 입장으로 고려하는 것과는 무척 거리가 멀다.

[37] 역주) "conaissance"라는 단어는 〈인식〉을 의미하지만, "co-naissance"로 표기된 것에서 알 수 있듯이 여기서는 〈함께-태어남〉의 의미를 갖는다. 메를로퐁티는 이미 『행동의 구조』에서 이 용어를 썼고, 폴 클로델(P. Claudel)의 『시학, 세계와 자기 자신의 함께-태어남의 이론(*Art poétique, Traité de la co-nnaissance au monde et de soi-même*)』에서 이 표현을 가져왔음을 밝힌다(SC, 213). 본문의 내용과 같이 자극들과 유기체의 반사작용이 함께-태어나는 것처럼, 이 용어는 세계와 유기체가 즉자적으로 존재하지 않는다는 메를로퐁티의 입장을 잘 나타낸다. 즉 반사작용이 자극들과 만나는 것, 유기체가 세계와 교섭하는 것, 인간이 세계를 지각하는 것, 한마디로 유기체가 세계를 〈사는〉 것이 곧 〈함께-태어나는〉 것이다. "co-naissance"를 〈인식〉으로 표기한다면, 유기체와 세계의 이런 관계가 바로 〈인식〉이다.

다. 반사가 상황의 의미에 열려 있는 한, 지각이 인식의 대상을 미리 정립하지 않고, 또 우리의 존재 전체의 의도(지향)인 한, 이런 반사와 지각은 선객관적인 시선의 양태들이고, ⁽⁹⁵⁾ 이 시선은 우리가 〈세계에 있는 존재〉라 부르는 것이다. 자극들과 감각 내용들에 앞서 일종의 내적인 횡경막³⁸이 있고, 이것이 자극들이나 감각 내용들보다 훨씬 더, 우리의 반사와 지각이 세계 속에서 겨냥할 수 있는 것을, 즉 가능한 활동의 영역을, 삶의 폭을 결정한다는 사실을 인식해야 한다. 어떤 주체들은 실명 상태에 이르면서도 〈세계〉가 변화하지 않게 할 수 있다. 우리는 그들이 여기저기 대상에 부딪히는 것을 본다. 그러나 그들은 더 이상 시각적 성질을 갖지 않는다는 의식이 없으며, 그들의 행위의 구조도 변해 있지 않다. 이와 반대로 어떤 환자들은 [감각] 내용이 사라지자마자 자신들의 세계를 상실해 버린다. 그들은 일상적인 삶이 불가능하기 전에도 자신의 삶을 포기해 버리고, 아직 불구가 아닌데도 스스로 불구가 되며, 아직 감각적 접촉이 사라지지 않았는데도 세계와의 삶의 접촉을 끊어 버린다. 따라서 우리의 〈세계〉는 상대적으로 자극에서 독립한 어떤 지속성(견고함)이 있으며, 이 때문에 〈세계에 있는 존재〉를 반사의 총합으로 다룰 수 없다. 또한 상대적으로 우리의 의지적 사유에서 독립한 어떤 실존적 맥박의 에너지가 있으며, 이 때문에 〈세계에 있는 존재〉를 의식의 작용*acte*으로 다룰 수 없다. 바로 〈세계에 있는 존재〉가 선객관적인 시선이기 때문에, 이 존재는 모든 사유*cogitatio*, 모든 1인칭적 인식과 마찬가지로, 모든 3인칭적 과정, 모든 연장적인 것*res extensa*의 양태와 구별된다. 또한 그 때문에, 이 존재는 〈심리적인〉 것과 〈생리학

---

38   역주) "diaphragme intérieur." 신경계의 전체 구조적 기능인 횡적인 기능(fonctions transversales)이나 지각의 전체 구조적 현상을 가리키는 것으로 보인다(본서 61-62쪽 역주 참조).

적인〉 것의 결합을 실현할 수 있을 것이다.

[4. 환상지의 애매성]

이제 우리가 출발했던 문제로 되돌아가자. 질병실인증과 환상지는 두 계열의 조건과 연결될 수 있지만, 생리학적으로도, 심리학적으로도, 또 혼합적인 방식으로도 설명되지 않는다. 생리학적 설명은 질병실인증을 내수용적인 자극작용의 단순 소멸로, 환상지를 내수용적인 자극작용의 단순 존속으로 해석할 것이다. 이러한 가설에서, 질병실인증은 [생리학적으로] 해당하는 사지가 있기 때문에, 주어져야 할 몸 표상 일부의 부재이고, 환상지는 [생리학적으로] 해당하는 사지가 없기 때문에, 주어지지 말아야 할 몸 표상 일부의 현존이다. 이번엔 이 현상들을 심리학적으로 설명한다면, 환상지는 기억, 긍정적 판단, 또는 지각이 되며, 질병실인증은 망각, 부정적 판단, 또는 비지각이 된다. 첫 번째 경우에서 환상지는 표상의 현실적 현존이고, 질병실인증은 표상의 현실적 부재이다. 두 번째 경우에서 환상지는 《96》 현실적 현존의 표상이고, 질병실인증은 현실적 부재의 표상이다. 두 경우에서 우리는 현존과 부재 사이의 중간이 없는 객관적 세계의 카테고리에서 벗어나지 못한다. 사실 질병실인증 환자는 단순히 마비된 사지를 모르는 것이 아니다. 즉 정신분석학의 환자가 정면으로 보고 싶지 않은 것을 알고 있는 것과 같이, 질병실인증 환자는 어디서 자신의 결함을 만날 위험이 있는지를 알기 때문에만 결함을 회피할 수 있다. 만약 그렇지 않다면, 그가 그것을 그렇게 잘 피할 수는 없을 것이다. 우리가 친구로부터 답장을 기다리고 있을 때에만, 또 더 이상 답장을 없을 것이라고 느낄 때에만, 친구의 부재나 죽음을 이해하게 된다. 그렇기 때문에 우리는 이런 침묵 상태를 지각하지 않으려고 먼저 물어보는 것을 피한다. 우리는 이러한 〈없음〉을 만날 가능성이 있는 우리의 삶의 영역을 회피하지만, 이것은 우리가 이 영역을 감지하고 있다는 사실을 말하는 것이다. 마찬가지로 질병실인증 환자는 자신의 장애를 경험하지 않기 위해 그의 마비된 팔을 고려의 영역에 두지 않지만, 이것은 그가 그 팔에 대한 선의식적인 앎을 가지고 있다는 사실을 말하는 것이다. 환상지의 경우에, 실제로 주체는 절단 사실을 모르는 것 같고, 그의 환상지를 실재의 사지처럼 여기는 것 같다. 왜냐하면 그는 허상의 다리를 가지고 걸으려고 시도하고, 넘어져도 낙담하지 않기 때문이다. 그러나 다른 한편 그는 허상의 다리의 특이성을, 예를 들어 그 다리의 기이한 운동성을 매우 잘 기술한다. 그리고 그가 행위 속에서 허상의 다리를 실재의 다리로 여기는 것은, 움직이기 위해 자신의 몸의 명료하고도 분절된 지각을 정상인과 마찬가지로 가질 필요가 없기 때문이다. 즉 그는 자신의 몸을 나눠지지 않은 능력으로 〈이용할 수〉 있고, 또 그의 몸속에 허상의 다리가 모호하게(희미하게vaguement) 포함되어 있음을 감지하는 것으로 충분하다. 따라서 허상의 다리의 의식 자체는 애매한équivoque 상태로 있다. 내가 내 눈앞에 없는 친구의 존재를 생생하게 느낄 수 있는 것처럼, 다리가 절단된 환자는 자신의 다리를 감각한다(느낀다). 그는 그 다리를 계속 고려하기 때문에 자신의 다리를 잃어버리지 않았다. 이것은 마치 프루스트가 그의 할머니의 죽음을 분명히 확인할 수 있으면서도, 그의 삶의 지평에 할머니가 존속하고 있는 한, 아직 할머니를 잃어버리지 않은 것과 같다. 허상의 팔은 팔의 표상이 아니라, 팔의 양면적인ambivalente 현존이다. 환상지의 경우에서 절단 사실의 거부나 질병실인증에서 결함의 거부는 숙고된 결정이 아니고, 여러 가능성을 고려한 후에 명시적 입장을 취하는 정립적 의식의 수준에서 생겨난 것도 아니다. 건강한 몸을 갖고자 하는 의지나 병든 몸에 대한 거부는 그 자체로(대자적으로) 표현된 것이 아니다. 현존하는 것으로서의 절단된 팔의 경험 또는 부재하는 것으로서의 병든 팔의 경험은 〈나는 사유한다je pense que…〉의 영역에 속하지 않는다.

이러한 현상은 생리학적 설명과 심리학적 설명에 의해 똑같이 왜곡되지만, ⁽⁹⁷⁾ 도리어 그것은 〈세계에 있는(세계로의) 존재〉의 관점 속에서 이해된다. 우리 속에서 절단 사실과 결함을 거부하는 것은 자연적이며 상호 인간적인 어떤 세계에 참여한 자아이다. 이 자아는 결함이나 절단 사실에도 계속 자기의 세계로 나아가며, 이런 한에서 권리상 결함과 절단을 인정하지 않는다. 결함을 거부하는 것은 우리가 어떤 세계에 속해 있다는 사실의 또 다른 면일 뿐이다. 그것은 우리를, 우리의 일, 관심사, 상황, 친숙한 지평 속으로 던지는 자연스러운 운동에 방해되는 것을 암암리에 부정하는 것이다. 허상의 팔을 가진다는 것은 팔만이 할 수 있는 모든 행위에 열려 있는 것이고, 절단되기 전에 가졌던 실천적인 장을 간직하는 것이다. 몸은 〈세계에 있는(세계로의) 존재〉의 수레이다. 그리고 몸을 가진다는 것은, 생명체에게서 일정한 환경에 결합하는 것이고, 어떤 앞에-던짐들projets과 일체가 되는 것이며, 끊임없이 이것들에 참여하는 것이다. [손으로] 만질 수 있는 대상들이 여전히 나타나는 명증적인 이 완전한 세계 속에서, 세계로 향하는 운동의 힘 속에서, 또 글을 쓰거나 피아노를 치려는 기도가 여전히 나타나는 운동의 힘 속에서, 환자는 자신의 온전함에 대한 확실성을 발견한다. 그러나 세계가 그에게 결함을 숨기는 순간, 동시에 세계는 그에게 그 결함을 드러내지 않을 수 없다. 왜냐하면 내가 세계를 통하여 내 몸을 의식하는 것이 사실이고, 또 내 몸이 세계의 중심이 되면서 모든 대상의 앞면이 그쪽으로 향하는, 지각되지 않는 항이라는 것이 사실이라면, 동일한 이유로 내 몸이 세계의 축인 것도 사실이기 때문이다. 즉 내가 대상 주위를 돌 수 있기 때문에, 나는 대상이 여러 측면을 갖고 있음을 알고 있고, 이런 의미에서 나는 내 몸을 매개로 세계를 의식한다. 나의 익숙한(습관적) 세계가 내 속에서 여러 습관적인 의도(지향)를 불러일으키는 그 순간에, 만약 내가 사지가 절단된 사람이라면, 현실적으로 나는 더 이상 이 세계를 만날 수 없다. 만질 수 있는 대상이 만질 수 있는 것으로 스스로를 나타내는 한, 이 대상은 더 이상 내게 없는 손에게 말을 걸어온다interrogent. 이와 같이 내 몸 전체 속에서 침묵적 영역의 경계가 그려진다. 따라서 환자는 자신의 장애를 모르고 있는 한에서 알고 있고, 알고 있는 한에서 모르고 있다. 이 역설은 모든 〈세계에 있는(세계로의) 존재〉의 역설이다. 내가 세계로 향할 때, 나는 나의 지각적 의도(지향)와 실천적 의도(지향)를 대상들 속에 집어넣는다. 이 대상들은 결국엔 이러한 의도에 선행하고 또 의도 밖에 있는 것으로 내게 나타나지만, 그것들은 내 속에서 사유와 의지를 불러일으키는 한에서만 내게 실존하는 것이다. 우리가 다루는 문제에서, 앎의 애매성ambiguïté은 우리 몸이 습관적인 몸과 현실적인 몸이라는 구별되는 두 층을 지니고 있다는 사실로 귀결된다. 현실적인 몸의 층에서 사라졌던 만지는 몸 행위가 습관적인 몸의 층에서는 나타난다. 그리고 《98》 실제로 더 이상 내게 없는 사지를 어떻게 내게 있는 것으로 감각할 수 있는지를 아는 문제는, 습관적인 몸이 어떻게 현실적인 몸을 보증할 수 있는지를 아는 문제가 된다. 내가 대상을 더 이상 만질 수 없는데도, 어떻게 나는 대상을 만질 수 있는 것으로 지각할 수 있는가? 만질 수 있는 것은 현실적으로 내가 만지는 것이기를 멈춰야 하고, 누군가(익명적 사람on)가 만질 수 있는 것이 되어야 한다. 그것은 나에게서 만질 수 있는 것이기를 멈춰야 하며, 그 자체로 만질 수 있는 것으로 되어야 한다. 이와 상관하여, 나의 몸도 순간적이고, 개별적이며, 충만한 경험에서 파악되어야 할 뿐 아니라, 일반성의 측면에서 그리고 비인칭적인(비인격적인)[39] 존재로서 파악되어야 한다.

[39]   역주) 일역본(나카지마)은 여기와 다음 절에서 나온 "impersonnel"을 "비인칭적"으로 옮긴다. 그리고 "personnel"과 "prépersonnel"을 각각 "인격적", "선인격적"으로 옮긴다. 메를로퐁티는 지각에서 〈몸〉의 익명적 활동을 언급하기 때문에, "impersonnel"을 〈비인칭적〉으로 옮길 수 있을 것이다. 그런데 메를로퐁티가 "우리의 인격적 실존의

[5. 〈기질성(유기체적) 억압〉과 타고난 콤플렉스로서의 몸]

이렇게 해서 환상지의 현상은 이 현상을 해명해 줄 억압의 현상과 만나게 된다. 왜냐하면 정신분석학이 말하는 억압이란 다음과 같은 것이기 때문이다. 즉 주체는 어떠한 길에, 예컨대 연애, 경력 쌓기, 어떤 일 등에 들어서서, 이 길에서 장벽을 만나게 되어, 그는 이 장벽을 극복할 힘도 그런 계획의 시도를 포기할 힘도 없는 가운데 이런 [진퇴양난의] 시도 속에 막혀 있고, 또 그의 힘을 무한히 이용하여 이러한 시도를 그의 정신 속에서 반복한다. 시간은 흘러가도 불가능한 계획을 함께 데려가지 않으며, 외상적(트라우마적) 경험을 봉합하지도 않는다. 주체는 그의 명시적인 사유에서가 아니더라도 적어도 그의 현실적 존재 속에서, 동일한 불가능한 미래에 항상 열려 있다. 따라서 모든 현재 중 하나의 현재가 예외적인 가치를 획득하고 있다. 즉 이 현재는 다른 현재들을 밀어내 버리고, 그것들에서 본래의 현재의 가치를 빼앗는다. 우리는 지난날 사랑에 빠졌던 사람이기를 계속하고, 지난날 부모의 세계에 살았던 사람이기를 계속한다. 새로운 지각은 과거의 지각을 대체하고, 심지어 새로운 감정은 이전의 감정을 대체하지만, 이 새로워짐은 우리 경험의 내용에 관계할 뿐, 그 경험의 구조에는 관계하지 않는다. 비인격적인(비인칭적인) 시간은 계속해서 흐르지만, 인격적인 시간은 묶여 있다. 물론 이러한 고착fixation은 기억과 동일하지 않다. 이 고착은 오히려 기억을 배제하기도 한다. 왜냐하면 기억이 과거의 경험을 우리 앞에 그림처럼 펼쳐 보이는 것이라면, 반면에 진정한 우리의 현재로 머물러 있는 이 과거는 우리로부터 멀어지지 않고, 또 우리 시선 앞에 전개되는

주위에 거의 〈비인격적인〉 실존의 가장자리가 나타난다"(188쪽)라고 언급하는 것처럼 "impersonnel"은 거의 자연적인 것을 가리킨다. 우리는 "impersonnel"을 "비인칭적(비인격적)" 또는 "비인격적(비인칭적)"처럼 병기해서 옮길 것이다.

것이 아니라 언제나 우리 시선 뒤에 스스로를 감추는 것이기 때문이다. 외상적 경험은 표상의 자격으로, 객관적 의식의 양태로, 또 날짜를 가진 어떤 순간으로 존속하지 않는다. 이 경험은 단지 어떠한 존재의 스타일로만, 어느 정도의 일반성으로만 계속 존재한다는 것이 그 본질이다. 나는 하나의 세계를 위하여, 나에게 여러 〈세계〉를 열 수 있는 지속적인 나의 능력을 포기한다. 그리고 바로 이 때문에 이 특권적인 세계는 그 실체성(본질)을 상실하고, 결국에는 ⟪99⟫ 일종의 불안이 되고 만다. 따라서 모든 억압은 1인칭적인 실존에서 이 실존에 대한 일종의 스콜라적 시각으로의 이행이다. 실존에 대한 이 스콜라적 시각은 과거의 경험으로, 아니 오히려 이 과거의 경험을 가졌다는 기억으로 살고, 이어서 이 기억을 가졌다는 기억으로 살고, 이렇게 계속하면서 결국 과거 경험의 유형적 형식만 간직하게 된다.

¶ 그런데 비인칭적인(비인격적인) 것의 출현으로서의 억압은 보편적인 현상이다. 이 억압은 〈세계에 있는 존재〉의 시간적 구조에 육화된incarnés 존재라는 우리의 조건을 연결시키기 때문에, 우리는 억압에서 육화된 incarnés 존재라는 우리의 조건을 이해할 수 있다. 내가 다른 사람들의 것들과 비교할 수 있는 〈감각기관들〉, 〈몸〉, 〈심적 기능들〉을 가지고 있는 한, 나의 경험의 각 순간은 세부적인 것들이 전체와 관련해서만 존재할, 엄밀히 하나이고 통합된 전체성이기를 그치고, 나는 다수의 〈인과성〉이 교차하는 장소가 된다. 내가 비교될 수 있는 상황들이 결코 다시 나타나지 않는 역사적 세계에만 거주하는 것이 아니라, 일정한 〈자극〉과 유형적인 상황이 반복적으로 일어나는 〈자연적physique 세계〉에 내가 거주하는 한, 나의 삶이 지니는 리듬은 내가 존재하고자 선택했던 것에서 그 이유를 갖는 것이 아니라, 나를 둘러싼 늘 있어 온banal 환경 속에서 그 조건을 갖는다. 이처럼 우리의 인격적 실존의 주위에 거의 비인격적인(비인칭적인) 실존의 가장자리가 나타나며, 이 비인격적인(비인칭적인) 실존은 말하자면 그 자체로

영위되고, 또한 내가 삶을 유지하려는 관심 속에서 나 자신이 의존하는 것이다. 즉 우리 각자가 형성했던 인간적 세계의 주위에 어떤 일반적 세계가 나타나며, 이 일반적 세계는 우리가 사랑이나 야망의 특수한 영역에 갇혀 있기 위해 먼저 속해야 하는 것이다. 내가 경험했던 순간적인 세계들 중 하나를 시간 속에서 유지할 때, 또 그 세계를 내 삶의 전체를 규정하는 형태로 만들 때, 우리는 제한된 의미의 억압에 대해 말한다. 마찬가지로 세계의 일반적 형태에 선인격적으로 유착하는 것으로서의 나의 유기체, 익명적이고 일반적 실존으로서의 나의 유기체가 나의 인격적 삶 아래서 어떤 타고난 콤플렉스complexe inné의 역할을 수행한다고 우리는 말할 수 있다. 이 유기체는 무기력한 것으로 있지 않고, 그 역시 실존의 운동의 윤곽적 모습을 그린다. 위험에 처했을 때, 나의 인간적 상황은 나의 생물학적 상황을 지우고, 내 몸은 남김없이 행위 자체가 되어 버릴 수도 있다.[40]

¶ 그러나 이런 《100》 순간들은 순간들일 뿐이다.[41] 대부분의 경우 인격적 실존은 앞으로 더 나아갈 수도, 그 자신을 포기할 수도 없이, 즉 유기체를 자신으로 환원할 수도, 자신이 유기체로 환원될 수도 없이, 유기체를 억압하고 있다. 내가 초상의 슬픔과 고통에 빠져 있는 동안, 이미 내 시선은 내 앞에서 이리저리로 움직이고, 어떤 환한 대상에 은밀히 관심 가지며, 그 스

---

[40] 이와 같이 아라스(Arras) 상공에서 생텍쥐페리(Saint-Exupéry)가 포화에 휩싸일 때, 그는 이제까지 그에게서 숨어 있던 몸을 더 이상 자기 자신과 구별되는 것으로 느끼지(감각하지) 않는다. "그것은 마치 내 생명이 순간마다 내게 주어지는 것 같고, 내 생명이 매 순간 내게 더 느껴지는(감각되는) 것 같다. 나는 살고 있다. 나는 살아 있다. 나는 여전히 살아 있다. 나는 언제나 살아 있다. 나는 생명의 원천 이외의 다른 것이 아니다"(『전투 조종사(Pilote de guerre)』, p. 174).

[41] "그러나 물론, 나의 삶의 과정에서 나를 지배하는 어떤 위급한 일도 없을 때, 나의 [삶의] 의미가 걸려 있지 않을 때, 나는 내 몸의 문제보다 더 심각한 문제를 조금도 알지 못한다"(A. de Saint-Exupéry, Pilote de Guerre, p. 169).

스로의 자율적 실존을 재개한다. 우리가 삶 전체를 가둬 놓기를 원했던 이 순간 이후에, 시간은 적어도 선인격적 시간은 다시 흐르기 시작하고, 우리의 결심은 아니더라도 이 결심을 지탱하는 열정의 감정을 데려간다. 인격적 실존은 단속적으로 나타나며, 이런 [실존의] 물결이 물러날 때, 그 결심은 내 삶에 강요된 의미signification만을 줄 수 있다. 행위 속에서 영혼과 몸의 결합, 생물학적 존재의 인격적 존재로의 승화, 자연적 세계의 문화적 세계로의 승화는 우리 경험의 시간적 구조에 의해서 가능하게 되면서 동시에 일시적으로 일어난다. 각각의 현재는 직접적 과거와 근접 미래의 지평을 통해서, 가능한 시간의 전체성을 점차로 파악한다. 이렇게 해서 각 현재는 여러 순간의 분산을 극복하고, 우리의 과거 자체에 그 현재의 결정적인 의미를 부여할 수 있다. 또한 각 현재는 유기체의(기질성의) 반복적인 행위(상동증)[42]로부터 추측할 수 있는, 우리의 의지적 존재의 기원에 있는 모든 과거 중 이 과거조차도 인격적 실존에 재통합할 수 있다. 이런 한에서 심지어 반사들도 어떤 의미를 지니며, 심장의 박동이 몸의 말단에서까지 감각될 수 있는 것처럼, 각 개인의 스타일이 여전히 반사작용 속에서도 보인다. 그러나 이 능력은 당연히 모든 현재에 속하고, 새로운 현재에 속하는 것처럼 옛날의 현재에도 속한다. 비록 우리가 우리의 과거를 그 당시의 과거 자체가 이해되었던 것보다 더 잘 이해하고 있다고 주장하더라도, 이 과거는 언제나 우리의 현재 판단을 거부할 수 있고, 또 자폐증과 같은 자신의 명증

---

[42]　역주) "stéréotypies." 메를로퐁티는 본서 195쪽에서 이 용어를 역사 속 주체의 "반복적인 유형적 행위"의 의미로 쓰고 있다. 그것은 질병적 행위와 관련 없다. 위의 본문에서도 이 용어는 질병적 행위가 아닌 몸(유기체)의 일상적인 〈반복적인 행위〉를 가리키는 것으로 보인다. 그런데 이 용어는 일반적으로 뇌 기질의 장애로 동일 동작을 반복하는 〈상동증(常同症)〉 또는 〈동일동작반복증〉을 의미한다. 일역자(나카지마)도 지적하듯이 본문에서 이 용어는 내용상 상동증이라는 질병적인 행위를 가리킬 수 있음도 배제할 수 없다.

속에 갇혀 있을 수 있다. 내가 과거를 옛날의 현재라고 생각하는 한, 과거의 그와 같은 작용은 심지어 필연적이기도 하다. 각각의 현재는 우리의 삶을 고정시키기를 주장할 수 있고, 이것이 바로 현재를 현재로 규정하는 것이다. 현재가 존재의 전체성으로 자신을 제시하고, 그것이 한 순간 의식을 채우는 한, 우리는 결코 그 현재에서 완전히 벗어나지 못한다. 시간은 그 현재를 결코 완전히 닫지 못하며, 그 현재는 우리의 힘이 거기를 통해 유출되는 상처처럼 남아 있다. 《101》 말할 것도 없이 개인적 삶이 우리의 몸인 특정한 과거를 다시 파악하고 떠맡을 수 있는 것은, 단지 개인적 삶이 결코 이 특정한 과거를 초월하지 않았기 때문이고, 오히려 은밀하게 이 과거를 부양하고, 자신의 힘의 일부분을 이 과거에 사용하기 때문이다. 또한 그것은 몸의 사건이 그날의 사건이 되는 질병에서 알 수 있듯이, 단지 그 특정한 과거가 여전히 그 개인의 삶의 현재로 남아 있기 때문이다. 우리의 실존을 중심에 두게 하는 것은 또한 그것을 절대적으로 중심에 두지 못하게 하는 것이고, 우리의 몸의 익명성은 분리 불가능하게 자유이면서 속박이다. 따라서 요약하자면, 〈세계에 있는(세계로의) 존재〉의 애매성은 몸의 애매성으로 표현되고, 몸의 애매성은 시간의 애매성으로 이해된다.

우리는 나중에 시간의 문제로 되돌아올 것이다. 지금은 [환상지라는] 이 중심적 현상을 바탕으로 〈심리적인〉 것과 〈생리학적인〉 것의 관계가 사유될 수 있다는 것만을 보이도록 하자. 우선, 사지가 절단된 환자에게 상기시킨 기억이 왜 환상지를 나타나게 할 수 있는가? 환상지는 기억된 것이 아니다. 환상지는 준-현재(현존)이며, 절단된 환자는 과거를 나타내는 어떤 표시도 없는, 가슴 위로 구부린 그 팔을 실제로 감각한다. 또한 우리는 의식 속에서 돌아다니는 팔의 이미지가 그루터기 몸에 다가와 붙었다고 가정할 수도 없다. 왜냐하면 그럴 경우 그것은 〈환상〉이 아니라, 다시 생겨난(소생한) 지각이 되기 때문이다. 허상의 팔은 포탄 파편에 의해 찢겨, 보이는 외피의 어느 부위가 화상 입고 상한 그 팔이어야 하고, 현재의 몸에 나타나면서도 현재의 몸과 하나가 되지 못하는 동일한 그 팔이어야 한다. 따라서 허상의 팔은 억압된 경험처럼, 과거가 되기를 결심하지 못하는 옛날의 현재이다. 사지가 절단된 환자에게 상기시킨 기억이 허상의 팔을 불러일으키는 것은, 연합론에서 한 심상이 다른 심상을 부르는 것과 같은 것이 아니라, 기억 전체가 잃어버린 시간을 다시 열어, 그것이 상기시킨 상황을 우리로 하여금 다시 잡기(되찾기)를 부추기기invite 때문이다. 프루스트적 의미의 지성적 기억mémoire intellectuelle은 과거의 특징적 모습, 관념적인 과거에 만족하고, 과거의 구조를 다시 발견한다기보다는 과거의 〈특징〉이나 전달 가능한 의미signification를 추출한다. 그러나 우리가 지평에 빠져 시간을 다시 열면서 발견하게 될 과거 자체뿐 아니라 이 체험된 과거의 지평에, 이러한 지성적 기억이 구축한 대상이 지향적 끈을 통해 아직도 연결되어 있지 않다면, 결국 이 지성적 기억은 기억이 아닐 것이다. 마찬가지로 감정émotion이 〈세계에 있는(세계로의) 존재〉 속에 다시 놓인다면, 우리는 그것이 환상지의 기원이 될 수 있음을 이해하게 된다. 감정에 빠져 있다는 것은 정면으로 맞서지도 못하고, 《102》 그렇다고 벗어나기를 원치도 않는 상황 속에 구속되어 있는 것이다. 주체는 실패를 인정하거나 아니면 계획을 포기하기보다는, 오히려 이러한 실존적인 막다른 길에서 그의 길을 막는 객관적 세계를 산산조각 내 버리고, 마술적인 행위로 상징적 만족을 찾는다.[43] 객관적 세계의 붕괴, 진정한 행위의 포기, 자폐적 상태로의 도피는, 사지가 절단된 환자의 환각 역시 현실의 소멸을 전제하는 한, 환자의 환각에 유리한 조건들이다. 기억과 감정이 환상지를 나타나게 할 수 있는 것은, 어떤 사유가 다른 사유를 필연적으로 초래하는 것과 같지 않고, 어떤 조건

---

43   Cf. J. P. Sartre, *Esquisse d'une théorie de l'émotion*.

이 그것의 결과를 결정하는 것과 같지 않다. 그것은 관념의 인과성이 생리학적 인과성에 중첩되어 있기 때문이 아니라, 어떤 실존적 태도가 다른 실존적 태도를 부추기는motive 것이기 때문이고, 기억, 감정, 환상지가 〈세계에 있는(세계로의) 존재〉에 대해 등가等價적이기 때문이다.

¶ 그렇다면 왜 [그루터기 몸에서 대뇌에 이르는] 구심성 전도기관[감각신경선]의 절단이 환상지를 제거하는가? 〈세계에 있는(세계로의) 존재〉의 관점에서 이 사실은 그루터기 몸에서 올라오는 흥분이 실존의 회로 속에서 절단된 사지를 유지한다는 것을 의미한다. 이 흥분은 절단된 사지의 위치를 표시하고 간직하고, 절단된 사지가 없어지지 않게 하며, 여전히 절단된 사지가 유기체 속에서 중요하게 한다. 이 흥분은 주체의 역사가 채울 공백을 마련하고, 마치 구조적 장애로 인해 정신병의 내용이 섬망(정신착란)을 실현할 수 있는 것처럼, 이 흥분으로 인해 주체의 역사는 환각을 실현할 수 있다. 우리의 관점에서 감각-운동의 회로circuit sensori-moteur는 〈세계에 있는(세계로의) 존재〉 전체의 내부에서 비교적 자율적인 실존의 흐름을 이룬다. 그것은 감각-운동의 회로가 언제나 우리의 존재 전체에 독자적인 어떤 것을 가져오기 때문이 아니라, 어떠한 조건에서 일정한 자극 자체에 대한 일정한 반응을 드러내는 것이 가능하기 때문이다. 따라서 문제는 우리 실존의 전체적 태도인 결함의 거부가 실현되기 위해, 왜 감각-운동의 회로라는 매우 특수한 양상을 필요로 하는지를 아는 것이다. 또한 문제는 우리의 모든 반사에 그 의미를 부여하고, 이러한 관계에서 그 반사의 토대가 되는 우리의 〈세계에 있는(세계로의) 존재〉가, 그럼에도 왜 스스로를 그 반사에 맡기고, 결국 그 반사에 토대하는지를 아는 것이다. 사실 우리가 다른 곳에서 밝힌 것처럼, 감각-운동의 회로는 더 통합된 실존[생명체]에 관계될 때 그만큼 더 명료히 나타나고, 순수 상태의 반사는 단지 환경(주위세계(Umwelt))뿐 아니라 세계(Welt)를 갖고 있는 인간 이외에서는 거의 나타나

지 않는다.[44] ⟨103⟩ 과학적 귀납은 이런 두 가지 사실을 병렬시켜 볼 뿐이지만, 실존의 관점에서 이 두 사실은 내적으로 연결되고, 하나의 같은 관념에서 이해된다. 인간이 탈자적[자기 망각적] 상태로 사는 동물처럼 합체적 환경milieu synchrétique[45]의 껍질 속에 갇혀 있지 않아야 한다면, 인간이 모든 환경의 공통의 근거로서, 또 모든 행동의 무대로서 한 세계를 의식해야 한다면, 인간 자신과 그의 행위를 불러일으키는 것 사이에는 간격이 확립되어야 한다. 즉 말브랑슈가 말한 것처럼, 외부의 자극작용은 ⟨공손⟩하게만 인간에게 접촉해야 한다. 각각의 순간적 상황은 인간에게서 존재의 전체성이기를 그쳐야 하며, 각각의 개별적 반응은 그의 실천적 장 전체를 차지하기를 그쳐야 한다. 이렇게 반응을 형성하는 것은 인간의 실존의 중심에서 이뤄지는 것이 아니라 주변에서 일어나야 하고, 결국 더 이상 반응들 자체는 매번 일일이 특정한 입장을 취하기를 더 이상 요구하지 않게 되어, 완전히 일반성 속에서 준비되어 있어야 한다. 이처럼 스스로의 자발성의 일부를 포기함으로써, 일정하게 활동하는 몸 기관과 이미 설정된 회로를 통

44   *La Structure du Comportement*, p. 55[제3판, pp. 44-45].

45   역주) ⟨합체적 형태⟩에서 나타난 동물의 환경을 가리킨다. 메를로퐁티는 동물의 "행동 속에서의 구조가 내용에 빠져 있느냐, 이와 반대로 … 내용 위로 솟아올라 있느냐에 따라"(SC, p. 113) 여러 형태들을, 예컨대 ⟨합체적 형태⟩, ⟨이동 가능한 형태⟩, ⟨상징적 형태⟩를 구분할 수 있다고 말한다. 합체적 형태에 나타난 "관계들은 어떤 구체적 상황의 물질(질료) 속에 구속되어 있고"(SC, p. 115), 이 형태에서의 유기체의 행동은 자연 환경에 ⟨매몰된 채⟩ 일어난다. 이러한 유기체의 행동은 "상황의 추상적 측면들과 연결되든지 혹은 특정한 자극의 복합체와 연결되어 있고"(SC, 114), "결코 고립된 대상들과 관계하지 않고, 언제나 많은 수의 외적 조건들에 의존한다"(SC, p. 114). 이처럼 유기체에게 나타난 "추상적 측면들", "특정한 자극의 복합체", "많은 수의 외적 조건들"이 바로 ⟨합체적 환경⟩이 된다. 예를 들어, "나뭇가지에 있는 개미가 검은 원이 그려진 흰 종이 위에 떨어지는 것은, 종이가 일정한 크기가 될 때, 개미와 바다의 거리가 일정한 가치를 지니고, 나뭇가지의 구부러진 정도가 일정한 가치를 지닐 때, 마지막으로 빛 밝기의 강도와 방향이 일정할 때뿐이다"(SC, p. 114).

해 세계 속에 참여함으로써, 인간은 원리상 자신을 자신의 환경에서 벗어나게 하고, 그 자신으로 하여금 이 환경을 보게 만드는, 정신적이고 실천적 공간을 획득할 수 있다. 우리가 객관적 세계에 대한 자각적인 의식(의식적인 파악)조차 실존의 질서 속에 다시 둔다면, 이러한 의식과 몸의 조건 사이에 더 이상의 모순을 발견하지 못할 것이다. 즉 가장 통합된 실존이 그 자신에게 습관적인 몸을 부여한다는 것은 내적으로 필연적인 것이다. 우리가 〈생리학적인〉 것과 〈심리적인〉 것을 서로 연결할 수 있는 것은, 이 두 가지가 실존에 다시 통합되어, 더 이상 즉자의 질서와 대자의 질서로 서로 구별되지 않기 때문이고, 또한 이 두 가지 모두가 어떤 지향적인 극이나 어떤 세계로 향해 있기 때문이다.

¶ 두 가지 역사가 있는데, 이것들은 물론 완전히 겹쳐지지는 않는다. 즉 하나는 늘 있었고 주기적이며, 다른 하나는 열려 있고 유일할 수 있다. 그리고 역사가 의미를 가질 뿐 아니라 스스로에게 의미를 부여하는 일련의 사건들이라면, 역사라는 용어는 현상의 두 번째 질서를 가리키기 위해 사용되어야 할 것이다. 그러나 지금까지 유효했던 역사적 범주를 부수는 진정한 혁명이 없는 한, 역사의 주체는 자신의 역할을 완전히 창조하는 것은 아니다. 즉 역사의 주체는 유형적인 상황 앞에서 유형적인 결단을 내린다. 그래서 니콜라이Nicolas 2세는 루이Louis 16세의 말까지 반복하면서, 새로운 힘(권력) 앞에서 이미 쓰여 있는 설정된 권력의 역할을 수행한다. 그의 ⁽¹⁰⁴⁾ 결단은 우리의 반사작용이 특정한 선험성(아프리오리)을 나타내는 것처럼, 위협받은 군주의 어떤 선험성을 나타낸다. 그렇지만 이러한 반복적인 유형적 행위stéréotypies는 숙명이 아니다. 의복, 장신구, 사랑은 생물학적 욕구가 계기가 되어 생겨났지만, 이러한 생물학적 욕구를 변형시킨다. 이처럼 문화적 세계의 내부에서 역사적 선험성은 주어진 단계(시기)에서만, 또 힘들의 균형이 동일한 형태를 존속시키는 한에서만 일정하게 있을 뿐이다.

이와 같이 역사는 끊임없는 새로움도 아니고 끊임없는 반복도 아니며, 그것은 안정된 형태를 창조하고 부수는 동일한 하나의 운동이다. 따라서 유기체와 유기체의 단조로운 변증법은 역사와 무관하게 있지 않고, 역사에 흡수될 수 없는 것처럼 있는 것도 아니다. 구체적으로 파악된 인간은 유기체와 결합된 심리현상이 아니다. 그와 같이 파악된 인간은 때로는 스스로 몸적인 것이 되고, 때로는 인격적인 행위로 향하는 실존의 왕복 운동이다. 심리학인 동기motifs와 몸적인 계기occasions는 서로 얽힐 수 있다. 왜냐하면 살아 있는 몸의 운동 중에 심리적 지향(의도)에 대해 절대적으로 우연한 운동은 하나도 없으며, 생리학적인 성향(기질) 속에는 적어도 그 맹아 아니면 그 전체적인 윤곽이 발견되지 않는 심리적 작용은 하나도 없기 때문이다. 두 종류의 인과성의 이해 불가능한 만남의 문제도, 원인의 질서와 목적의 질서 사이의 충돌의 문제도 결코 아니다. 오히려 유기체적 과정은 알아차릴 수 없이 전환하여 인간적 행동으로 흘러들어 간다. 본능적 작용은 방향을 바꾸어서 감정이 되고, 반대로 인간적 행위는 수면상태로 들어가서 넋이 없는 것처럼 계속 반사운동이 된다. 심리적인 것과 생리학적인 것 사이에는 상호교환의 관계들이 있기 때문에, 어떤 정신 장애를 심리적인 것 아니면 몸적인 것으로 규정하는 것이 거의 언제나 불가능할 것이다. 이른바 몸적인 장애는 기질적(유기체적) 사건을 주제로 심리적인 주석의 초안을 쓰며, 〈심리적〉 장애도 몸적인 사건에 대한 인간적인 실질의미를 전개할 뿐이다. 자신의 몸속에 두 번째 인격이 심어져 있음을 감각하는 환자가 있다. 그는 자신의 몸의 절반이 남자이고 나머지 절반이 여자이다. 이런 증상에서 어떻게 생리학적인 원인causes과 심리학적인 동기motifs를 구별할 수 있는가? 어떻게 두 가지 설명 방식을 단순히 결합할 수 있고, 어떻게 두 가지 결정요인의 결합 지점을 생각해 볼 수 있는가? "이런 종류의 증상에서 심리적인 것과 물리적인 것은 매우 내적으로 결합되어 있어, 한 기능 영역을 다른 기능 영역으로 보완하는 것을 더 이상 생각할 수 없고, 두 영역 모두 제3의 영역에서 수용되어야 한다. … 《105》 심리학적 사실과 생리학적 사실의 인식으로부터, 우리의 실존의 고유한 생명 과정으로의 영혼적(생명적 animique) 사건의 인식으로 이행해야 … (한다)."[46] 이처럼, 우리가 제기한 물음에 현대의 생리학은 매우 분명한 대답을 한다. 즉 심리-물리적인 사건은 데카르트적인 생리학의 방식으로, 또 즉자적인 과정과 사유cogitatio가 인접한 것contiguïté으로 생각될 수 없다. 영혼과 몸의 결합은, 하나는 대상이고 다른 하나는 주체라는 외적인 두 항 간의 자의적인 법령에 의해 조인되지 않는다. 이 결합은 실존의 운동 속에서 매 순간 이루어진다. 우리가 첫 번째 접근의 길, 즉 생리학의 길을 통해 몸에 이르면서 몸에서 발견했던 것은 실존이다. 따라서 이번에는 실존 그 자체를 검토함으로써, 달리 말해 심리학에 물어봄으로써, 이 첫 번째 결과를 확인하고 명확하게 할 수 있을 것이다.

---

[46]   E. Menninger-Lerchenthal, *Das Truggebilde der eigenen Gestalt*, pp. 174-175.

몸의 경험과 고전 심리학

[1. 자기-몸corps propre의 〈영속성〉]

고전 심리학은 자기-몸을 기술하면서, 이미 그것에 대상의 지위와 양립할 수 없는 〈특성들〉을 부여하였다. 고전 심리학은 우선 내 몸이 테이블이나 램프와 구별된다고 말한다. 왜냐하면 나는 테이블이나 램프에서 멀어질 수 있지만, 내 몸은 끊임없이 지각되기 때문이다. 따라서 내 몸은 나를 떠나지 않는 대상이다. 그렇지만 그러한 이유로 내 몸은 여전히 대상인가? 만약 대상이 불변적 구조라면, 대상은 관점적 현상의 변화에도 불구하고가 아니라, 관점적 현상의 변화 속에서 또는 그러한 변화를 통해서 불변적 구조이다. 언제나 새롭게 나타나는 관점적 현상은 대상이 스스로의 영속성을 나타내는 단순 계기(기회)도, 그것이 스스로 우리에게 현전하는 우연적 방식도 아니다. 대상이 대상인 것, 말하자면 우리 앞에 있는 것은, 단지 대상이 관찰될 수 있기 때문이고, 즉 우리 손가락이나 시선의 끝에 위치해 있고, 각각의 손가락과 시선의 움직임과 나눠지지 않은 채로 갑자기 변화하고 다시 발견되기 때문이다. 그렇지 않다면, 대상은 관념과 같이 진리로 있고, 사물과 같이 현전하지 않을 것이다. 특히 대상은 멀어질 수 있을 때에만, 따라서 극단적으로는 나의 시각장에서 사라질 수 있을 때에만 대상이다. 대상의 현전은 그것의 부재absence의 가능성이 있을 수밖에 없는 그러한 종류에 속한다.

¶그런데 자기-몸의 영속성은 이와는 전혀 다른 부류에 속한다. 자기-몸은 무한한 탐색의 그 끝에 있지 않고, 탐색을 거부하며, 언제나 내게 동일한 측면에서 나타난다. 자기-몸의 영속성은 세계 속의 영속성이 아니라 내 쪽의 영속성이다. 자기-몸이 언제나 내 가까이에 있고, 언제나 나에게 있어 거기에 있다고 말하는 것은, 결코 그것이 진정으로 내 앞에 있지 않다고, 내가 내 시선 아래에 그것을 펼칠 수 없다고, 그것은 모든 내 지각의 가장자리에 머물러 있다고, 그것은 나와 함께 있다고 말하는 것이다. 사실 외부 대상도 내게 한 측면을 내보이면, 다른 측면들은 감춰야 한다. 그러나 나는 적어도 외부 대상이 내게 내보이는 측면을 내 마음대로 선택할 수 있다. 외부 대상은 관점적 현상 속에서만 내게 나타날 수 있다. 그러나 내가 매 순간 외부 대상으로부터 얻는 특수한 관점적 현상은 물리적 필연성의 결과일 뿐이다. 다시 말해 《107》내가 이용할 수 있는 필연성, 나를 가두어 놓지 못하는 필연성의 결과일 뿐이다. 즉 내 창문을 통해서는 교회의 종루만 보이지만, 동시에 이런 제약은 다른 곳에서는 교회 전체가 보일 수 있음을 내게 보증한다. 물론 내가 죄수라면, 교회는 나에게 잘린 종루로 축소될 것도 사실이다. 만일 내가 결코 내 옷을 벗지 못한다면, 나는 옷의 안감 쪽을 지각할 수 없을 것이고, 또한 우리는 내 옷이 내 몸의 부속물처럼 될 수 있음을 곧장 알게 될 것이다. 그러나 이러한 사실은 내 몸의 현전이

어떤 대상의 사실상의 영속성에 견줄 수 있고, 또 [몸의] 기관이 언제나 사용할 수 있는 도구에 견줄 수 있음을 증명하는 것은 아니다. 오히려 이 사실이 보여 주는 것은, 내가 습관적으로 빠져 있는 행위는 그 도구를 그것과 한 몸이 되게 하고s'incorporent, 그 도구가 자기-몸의 본래적 구조에 참여하게 한다는 것이다. 자기-몸에 대해서 말하자면, 그것은 다른 모든 습관을 조건 짓는 원초적 습관이며, 또 그것을 통해 다른 모든 습관이 이해되는 것이다. 나 가까이에 있는 자기-몸의 영속성, 자기-몸의 변하지 않는 관점적 현상은 사실상의 필연성이 아니다. 왜냐하면 사실상의 필연성이 오히려 그런 것들을 전제로 하기 때문이다. 즉 창문이 내게 교회에 대한 한 관점을 부과하기 위해서는, 먼저 내 몸이 내게 세계에 대한 한 관점을 부과해야 한다. 전자의 필연성이 단순히 물리적일 수 있는 것은, 단지 후자의 필연성이 형이상학적이기 때문이다. 사실상의 상황이 내게 도달할 수 있는 것은, 먼저 내가 사실상의 상황이 나에게 있게 되는 어떤 본성에 속할 때뿐이다. 다르게 말하면, 나는 내 몸을 가지고서 외부 대상을 관찰하고, 만지며, 조사하고, 그 주위를 둘러본다. 그러나 내 몸에 대해 말하자면, 나는 그것 자체를 관찰하지 못한다. 그렇게 할 수 있기 위해서는 두 번째 몸을 이용해야 할 것이지만, 이 몸 자체는 관찰할 수 없을 것이다. 그러므로 내가 내 몸은 언제나 나에 의해 지각된다고 말할 때, 이 말을 단순히 통계적인 의미로 이해해서는 안 된다. 또한 자기-몸의 현전 속에는, 그것의 부재뿐 아니라 심지어 그 변화를 생각할 수 없게 하는 어떤 것이 있어야 한다.

¶ 그렇다면 이 어떤 것은 무엇인가? 내 얼굴은 코끝과 안와(눈구멍)의 윤곽 외에는 내 시각에 주어지지 않는다. 정말로 나는 세 면으로 된 거울 속에서 내 눈을 볼 수 있지만, 이 눈은 관찰하는 누군가의 눈이다. 또한 길거리의 거울이 느닷없이 내 모습을 내게 비출 때, 나는 살아 있는 내 시선을 거의 잡지 못한다. 거울 속의 내 몸은 내 의도(지향)를 그림자처럼 계속

뒤따른다. 그리고 관찰이 대상을 고정시키면서 관점을 다양하게 하는 것이라면, 거울 속의 몸은 이 관찰을 회피하고 나의 촉각적인 몸을 모방하는 것으로 나타난다. 왜냐하면 거울 속의 몸은 관점적 현상들을 자유롭게 펼침으로써 촉각적인 몸의 자발적 행위에 반응하는 것이 아니라, 그 자발적 행위를 흉내 내기 때문이다. 나의 《108》 시각적인 몸의 부분들은 얼굴에서 떨어져 있을수록 확실히 대상이 되지만, 이 시각적인 몸이 눈에 가까워질수록 대상으로부터 분리가 되어, 대상이 접근하지 못하는 준-공간을 대상 한가운데에서 마련한다. 내가 거울 속의 모습에 의존하여 이 공백을 메우고자 할 때, 이 거울 속의 모습은 여전히 내게 몸의 본래 모습original을, 즉 저기 사물들 가운데 있는 것이 아니라, 내 쪽에 있는 것으로서, 모든 보이는 것vision 이전에 있는 몸의 본래 모습을 가리킨다. 겉보기와 달리 촉각적인 몸에 대해서도 사정은 다르지 않다. 왜냐하면 내 오른손이 어떤 대상을 만지는 동안, 내가 이 오른손을 왼손으로 만질 수 있는 경우에, 대상으로서의 오른손은 만지는 오른손이 아니기 때문이다. 즉 대상으로서의 오른손은 공간의 한 점에 모인 뼈, 근육, 살이 섞여 있는 것이지만, 만지는 오른손은 로켓처럼 공간을 가로질러 외부 대상이 있는 곳에서 그 대상을 드러내러 가는 것이다. 따라서 내 몸이 세계를 보거나 만지는 한, 그것은 볼 수도 만질 수도 없다. 내 몸이 결코 대상이 되지 않게 하고, 결코 "완전히 구성되지complètement constitué"[47] 않게 하는 것은, 내 몸이 그를 통해 대상들이 있게 되는 것이기 때문이다. 내 몸이 보는 것이고 만지는 것인 한에서, 볼 수도 만질 수도 없다. 따라서 몸은 외부 대상들 중 어떤 한 대상으로서, 단지 언

---

47   "völlig konstituiert"[독역본]. Husserl, *Ideen*, T. Ⅱ (미출간). 우리는 노엘 주교님(Mgr Noël), 『유고』 전집의 보관소인 루뱅철학고등연구소, 특히 반 브레다(Van Bréda) 신부님의 호의 덕분에, 여러 미출간 원고를 열람할 수 있었다.

제나 거기에 있는 그런 특수성을 제공해 주는 것이 아니다. 몸이 영속적이라면, 이 영속성은 사라질 수 있는 대상들, 즉 실제 대상들의 상대적인 영속성의 토대로서 이용되는 절대적인 영속성이다. 외부 대상의 현전과 부재는 내 몸이 영향력을 갖고 있는 원초적인 현전의 장과 지각의 영역 내부에서의 변화들에 불과하다. 내 몸의 영속성은 세계 속 외부 대상의 영속성의 특수한 경우가 아닐뿐더러, 후자의 영속성은 전자의 영속성을 통해서만 이해된다. 내 몸의 관점적 현상은 대상의 관점적 현상의 특수한 경우가 아닐뿐더러, 대상의 관점적인 현시는 내 몸이 관점적인 모든 변화에 저항한다는 사실을 통해서만 이해된다. 대상이 내게 그것의 측면들 중 한 측면만을 보여 주어야 하는 것은, 내가 거기로부터 대상을 보는 어떤 장소, 그러나 내가 볼 수 없는 어떤 장소에 나 자신이 있기 때문이다. 그럼에도 불구하고 내가 대상의 숨은 측면들뿐 아니라, 대상들 전체를 포괄하고 대상들과 함께-실존하는 세계를 믿는 것은, 언제나 나에게 현전한 내 몸, 그렇지만 [109] 대상들과의 많은 관계를 통해 대상들 속에 참여한 내 자신과 함께-실존하는 것으로서 대상들을 유지하고, 또 모든 것 속에서 자신의 지속의 박동을 울리게 하기 때문이다. 그러므로 만약 고전 심리학이 이러한 자기-몸의 영속성을 분석했더라면, 이런 영속성을 통해 고전 심리학은 더 이상 세계의 대상으로서의 몸이 아니라, 우리와 세계의 소통communication 수단으로서의 몸으로 향했을 것이다. 또 그것은 규정된 대상의 총합으로서의 세계가 아니라, 규정적인 사유에 앞서 있고, 그 또한 끊임없이 현존하고 있는, 우리 경험의 잠재적 지평으로서의 세계로 향했을 것이다.

[2. 〈이중감각sensations doubles〉]
사람들[고전 심리학]이 정의했던 자기-몸의 다른 〈특성들〉도 동일한 이

유로 여전히 흥미롭다. 그들의 말에 따르면, 내 몸은 내게 〈이중감각〉을 준다는 점에서 [대상과] 분간된다. 즉 내가 왼손으로 오른손을 만질 때, 대상이 되는 오른손 역시 [주체적으로] 감각하는 독특한 성질을 갖고 있다는 것이다. 우리가 앞서 보았듯이, 결코 두 손은 서로에 대해 만져지면서 동시에 만지지 못한다. 따라서 내가 두 손을 맞대고 누를 때, 함께 놓인 두 대상을 지각하는 것처럼 두 감각을 동시에 체험하는 것이 아니라, 두 손이 번갈아 가며 〈만지는 손〉과 〈만져지는 손〉의 기능을 할 수 있는 애매한 조직이 문제가 된다. 사람들이 〈이중감각〉을 말하면서 의미했던 것은, 손이 한쪽 기능에서 다른 쪽 기능으로 이행할 때, 나는 만져지는 손을 잠시 후 만질 손과 동일한 것으로 인식할 수 있다는 것이다. 즉 나의 왼손에게 나의 오른손은 뼈와 근육의 덩어리인데, 나는 즉각 이 덩어리 속에서, 내가 대상을 탐색하기 위해 내뻗은 민첩하고 살아 있는 또 다른 오른손의 외재화된 표피와 육화된 것(물질화된 것)을 알아차린다는 것이다. 몸은 인식의 기능을 수행하고 있는 자기 자신을 외부로부터 갑자기 포착하고, 만지는 자신을 만지려고 시도하며, 초보적인 "일종의 반성une sorte de réflexion"[48]을 실행한다. 그리고 이러한 것은 몸과 대상을 구별하기에 충분할 것이다. 물론 나는 대상이 내 몸을 〈만진다〉고 말할 수 있지만, 이것은 단지 내 몸이 움직이지 않을 때이고, 따라서 대상은 탐색 기능 속에 있는 몸을 결코 포착하지 못한다.

---

[48] Husserl, *Méditations cartésiennes*, p. 81. 역주) 불역본 81쪽에는 "Par une espèce de 〈réflexion〉(일종의 반성을 통해)"라는 표현이 있다. 독역자 뵘(R. BOEHM)에 따르면, 이 낱말들("Par une espece de 〈réflexion〉")은 불역본에만 있고, "원본 독일어 텍스트의 해당되는 곳(p. 128)에는 없다"(독역본, 118쪽 각주 b).

[3. 감각감정적affectif[49] 대상으로서의 몸]

또한 사람들은 말하기를, 외부 사물은 내게 표상될 뿐이지만, 몸은 감각감정적 대상이라는 것이다. 이것은 세 번째로 자기-몸의 지위의 문제를 제기하는 것이다. 왜냐하면 내가 발이 아프다[50]고 말할 때, 단순히 나는 내 발이 그것을 찢는 못과 동일한 자격으로, 못보다 더 가까이 있을 뿐인 고통의 원인이라고 말하지 않기 때문이다. 나는 발이 외부 세계의 마지막 대상이고, 《110》 이 대상에 이어 내적 감각(감관)의 고통이, 즉 장소 없이 자기 자신에 의한 의식의 고통이 시작될 것이며, 이 고통의 의식이 단지 인과적인 결정에 의해서와 경험의 체계 속에서만 발과 관계할 것이라고 말하려 하지 않는다. 내가 말하려 하는 것은, 고통이 그 장소를 가리키고, 고통이 〈고통의 공간〉을 구성한다는 것이다. 〈나는 발이 아프다〉[51]는 말은 〈나는 내 발이 이 고통의 원인이라고 생각한다〉가 아니라, 〈내 발에서 고통이 온다〉 또는 〈내 발에 고통이 있다〉는 의미이다. 이것은 심리학자들이 말했던 〈고통의 원초적 용적성voluminosité〉을 잘 보여 주는 것이다. 따라서 사람들은 내 몸이 외적 감각(감관)의 대상의 방식으로 내게 나타나는 것이 아니라는 것을, 또한 본래부터 의식 밖으로 의식 자체를 던지는 이런 감각감정적 바탕 위에서만 어쩌면 이 대상이 그 윤곽을 드러낸다는 것을 인식하고 있었다.

[4. 〈운동감각sensations kinesthésiques〉]

마지막으로, 심리학자들은 외부 대상의 운동이 매개적인 지각과 연속

---

49   역주) 본서 303쪽 역주 참조.

50   역주) 원문을 직역하면, "내 발이 나를 아프게 한다(mon pied me fait mal)"이다.

51   역주) 원문을 직역하면, "나는 내 발에서 고통을 가진다(J'ai mal au pied)"이다. 또 아래 문장 "내 발에 고통이 있다"의 원문을 직역하면, "내 발은 고통을 가진다(mon pied a mal)"이다.

적인 위치들의 비교에 의해 알려지는 것으로 간주하였다면, 우리에게 전체적으로 몸의 운동을 부여하는 〈운동감각〉은 자기-몸에 국한되는 것으로 보고자 하였다. 분명 사람들은 이런 심리학자들의 입장에 반대하여, 운동은 하나의 관계이기 때문에, 감각될 수 없고 정신적 과정을 요구한다고 주장할 수 있었지만, 이러한 반론은 심리학자들의 언어만을 비판한 것이다. 심리학자들이 사실 〈운동감각〉이란 말로 제대로 표현하지 못했던 것은, 내가 내 몸으로 실행하는 운동의 본모습originalité이다. 즉 내 몸으로 실행한 운동이란 직접 마지막 위치를 예상하는 것이고, 나의 의도(지향)가 이미 목표물을 그것의 장소에서 만나기 위해서만 공간적 경로의 윤곽을 그리는 것이며, 이차적으로만 객관적인 경로 속에서 펼쳐지는 운동의 맹아와 같은 것이 있다는 것이다. 나는 외부 대상을 움직일 때, 나 자신의 몸을 이용하여 그 대상을 한 장소에서 잡고서 다른 장소로 옮긴다. 그러나 나는 직접 내 몸을 움직이지만, 내 몸을 객관적 공간의 한 지점에서 발견하면서 한 장소에서 다른 장소로 옮기지 않는다. 나는 몸을 찾을 필요가 없으며, 몸은 이미 나와 함께 있다. 나는 운동의 끝 점을 향해 내 몸을 데려갈 필요가 없고, 몸은 처음부터 그 끝 점에 접하고 있으며, 바로 몸이 그 끝 점에 스스로를 던지는 것이다. 운동 속에서 나의 결심과 내 몸의 관계는 마술적인 관계이다.

[5. 현상으로 복귀할 수밖에 없는 심리학]

고전 심리학의 자기-몸에 대한 기술이 대상과 몸을 구별하기 위해 필요한 모든 것을 제시했음에도 불구하고, 왜 심리학자들은 이러한 구별을 해내지 못했는가? 또는 왜 그들은 어쨌든 그로부터 어떤 철학적 귀결도 이끌어 내지 못했는가? 그것은 관찰 속에서 과학이 관찰자의 자리(상황situation)[52]에 속하는 것과 절대적 대상의 속성을 분리할 수 있다고 믿었고, 그런 만큼 심리학자들은 자연스럽게 과학이 의존하는 비개인적[객관적] 사유의 장소에 서 있었기 때문이다. 《111》 살아 있는 주체에게서 자기-몸은 모든 외부 대상과 진정으로 다를 수 있지만, 자리하지(상황에 있지) 않는 심리학자의 사유에서 살아 있는 주체의 경험은 그 또한 하나의 대상이 되었고, 또 이 경험은 존재의 새로운 정의를 요구하기는커녕, 보편적인 존재에 위치하게 되었다. 이 경험은 〈심리현상psychisme〉으로서 사람들이 실재와 대립시켰던 것이긴 하지만, 그들은 그것을 제2의 실재성으로 다루었고, 법칙에 종속되는 것이 문제인 과학의 대상으로 다루었다. 그들은 우리의 경험을 이미 물리학과 생물학에 의해 포위된 것으로서, 과학들의 체계가 완성될 때에는 객관적 지식으로 완전히 변해야 할 것으로 전제하고 있었다. 그러므로 몸의 경험은 몸의 〈표상〉으로 전락하게 되었고, 그것은 현상이 아니라, 심리적 사실이 되었다. 나타난 체험 속에는, 나의 시각적 몸은 얼굴 위치에서 커다란 공백이 있다. 그러나 생물학은 거기로 다가와 이 공백을 메웠고, 눈의 구조로 이 공백을 설명했으며, 내 몸이 사실로서 무엇인지 내게 가르쳐 주었다. 즉 다른 사람들처럼 또 해부되는 사체처럼 내가 망막과 두뇌를 가지고 있다고, 요컨대 외과의사의 도구가 내 얼굴의 비결정의 영역 속에서 인체 해부도의 정확한 사본과 같은 것을 오류 없이 드러낼 것이라고 가르쳐 주었다. 나는 내 몸을 하나의 대상-주체로, 즉 〈보〉고 〈고통을 느낄〉 수 있는 것으로 파악한다. 그러나 이러한 혼재적인 표상은 심리학자의 호기심의 대상이었다. 이런 표상은 심리학과 사회학이 그 법칙을 연구하고, 또 과학적 대상의 자격으로 진리의 세계의 체계 속에 집어넣으려고 하는 마술적인 사유의 표본이었다. 따라서 내 몸의 공백적 현상incomplétude, [지각의] 가장자리에서의 몸의 현시, 만지는 몸과 만져지는 몸

---

52   역주) 위치(position)와 대비되는 말. 본서 210쪽 제목 참조.

으로서의 몸의 애매성은 몸 자체의 구조적 특징일 수가 없었다. 이것들은 몸의 관념을 변화시키지 못했고, 몸에 대한 우리의 표상을 이루는 의식 내용들의 〈눈에 띄는 특징들〉이 되었다. 즉 이 내용들은 항상적이고, 감각감정적이며, 또 〈이중감각〉 속에서 기묘하게 결합되어 있지만, 이러한 점을 제외하면 몸의 표상은 다른 표상과 마찬가지로 하나의 표상이며, 이와 동시에 몸도 다른 물체와 마찬가지로 하나의 대상이다. 심리학자들은 이처럼 몸의 경험을 다룰 때, 과학에 동의하면서, 피할 수 없는 문제를 계속해서 미루고 있다는 것을 깨닫지 못했다. 나의 지각의 공백적 현상은 나의 감각기구들의 조직에서 결과하는 사실로서의*de fait* 공백적 현상으로 이해되고 있었다. 내 몸의 현전은 나의 신경 수용기에 지속적으로 몸이 작용하는 데서 결과하는, 사실로서의 현전으로 이해되고 있었다. 결국 이러한 두 가지 설명이 전제하고 있는 영혼과 몸의 결합은 《112》 데카르트적 사유의 방식처럼, 사실로서의 결합으로 이해되고 있었다. 이 사실로서의 결합의 원리상 가능성은 확립될 필요가 없었으며, 그것은 인식의 출발점으로서의 사실이 이 사실이 성취한 결과에 의해 제거되었기 때문이다.

¶그런데 심리학자는 당분간은 과학자처럼 자신의 몸을 정말로 타인의 눈으로 바라보고, 이번에는 타인의 몸을 내면 없는 기계로 볼 수 있었다. 외부로부터의[타인의 눈을 통한] 경험이 가져온 것은 자기 자신의 경험의 구조를 말소하기에 이르렀고, 또 반대로 그는 자신과의 접촉을 상실하였기 때문에, 타인의 행동에 대해 맹목이 되었다. 이처럼 그는 자신에 대한 그의 경험과 마찬가지로 타인에 대한 그의 경험을 억압하는 보편적 사유에 빠져 있었다. 그러나 심리학자로서 그는 자신을 자신에게로 되돌리는 일을 하였고, [자신에 대해] 이와 같이 모르는 입장에 머무를 수는 없었다. 왜냐하면 물리학자와 화학자 자신은 그들이 말하는 대상이 아니지만, 이와 달리 심리학자는 자신이 다루는 것이 사실(사태)로서 원리상 그 자신이었기 때

문이다. 심리학자가 자신을 떠나 접근했던 그 몸의 표상, 그 마술적인 경험은 그 자신이었고, 그는 그러한 표상과 경험을 사유하는 동시에 체험하고 있었다. 물론 누군가 잘 지적했던 것처럼,[53] 심리학자가 심리현상을 인식하려면, 심리현상으로는 충분치 않았다. 이 지식도 다른 모든 지식과 마찬가지로 우리와 타인의 관계를 통해서만 획득되는 것이다. 우리가 향하려고 하는 것은 내성 심리학의 이상이 아니며, 심리학자는 자기 자신에 대한 자신의 선-객관적 관계처럼 타인에 대한 자신의 선-객관적 관계를 다시 발견할 수 있었고 또 발견해야 했었다. 그러나 그는 심리현상에 대해 말하는 심리현상으로서 자신이 말했던 모든 것이었다. 그는 객관적 태도 속에서 전개시켰던 이런 심리현상의 역사의 결과를 이미 자신 속에 소유하고 있었다. 아니 차라리 그는 그의 실존에 있어 이 역사의 집약된 결과이며 역사의 잠재적 기억이었다. 영혼과 몸의 결합은 저 멀리 있는 세계에서 단번에 완전히 이루어졌던 것이 아니다. 그것은 심리학자의 사유 저 아래에서 매 순간 다시 생겨났던 것이다. 또 그것은 반복되는 사건, 매번 심리현상에 갑자기 나타나는 사건으로서가 아니라, 심리학자가 인식을 통해 확인함과 동시에 자신의 존재 속에서 아는 필연성으로서 매 순간 다시 생겨났던 것이다. 〈감각 소여〉에서 〈세계〉에 이르는 지각의 발생은 지각의 작용마다 매번 새롭게 일어나는 것이어야 했다. 그렇지 않다면 감각 소여는 이러한 [발생의] 전개에 빚지고 있던 의미를 잃어버렸을 것이다.

　¶ 따라서 〈심리현상〉은 다른 대상들과 같은 하나의 대상이 아니었다. 심리현상은 심리학자들이 이 현상에 대해 말하려 했던 모든 것을, 《113》 말하기 전에 이미 행하였다. 심리학자의 존재는 심리학자가 그 자신에 대해 아는 것보다 그를 더 많이 알고 있었다. 과학이 규정한 대로 심리학자에게

53　　P. Guillaume, *L'Objectivité en Psychologie*.

발생해 버렸거나 발생하고 있었던 어떤 것도 그에게 절대적으로 생소한 것이 아니었다. 따라서 사실로서의 개념이 심리현상에 적용되면, 변형을 입게 되었다. 그 〈특수성들〉을 가진 사실로서의 심리현상은 더 이상 객관적인 시간과 외부 세계 속의 사건이 아니다. 그것은 우리가 내부에서 접촉하는 사건이었고, 우리가 그것의 지속적인 성취나 출현이 되는 사건이었으며, 또 그것은 자신 속에 자신의 과거와 자신의 몸과 자신의 세계를 끊임없이 모으는 사건이었다. 따라서 영혼과 몸의 결합은 객관적인 사실이기 이전에, 의식 그 자체의 가능성이어야 했었다. 그리고 지각하는 주체가 하나의 몸을 자기의 것으로서 체험할 수 있어야 한다면, 지각하는 주체가 과연 무엇인지를 아는 물음이 제기되었다. 여기에는 더 이상 수동적으로 겪는subi 사실이 아니라 수용된assumé 사실이 있었다. 의식이라는 것, 아니 오히려 경험이라는 것은 세계와, 몸과, 타인과 내적으로 소통하는 것이며, 이것들 옆에 있는 것이 아니라 이것들과 함께 있는 것이다. 심리학에 종사하는 것은, 완전히 완성된 사물들 사이에서 움직이는 객관적 사유 아래로 내려가, 그것이 없으면 객관적 인식도 없을, 사물들의 첫 열림을 필연적으로 만나는 것이다. 심리학자는 자신을 대상들 속의 대상으로 파악하고 싶었던 그 순간에, 틀림없이 자신을 경험으로서, 다시 말해 과거, 세계, 몸, 타인에 대한 거리 없는 현전으로서 재발견할 수 있었다. 그러므로 자기-몸의 〈특성들〉로 되돌아가서, 우리가 조금 전 중단했던 지점에서 자기-몸의 연구를 다시 시작해 보자. 그렇게 하면서 우리는 현대 심리학의 진행을 뒤쫓을 것이고, 현대 심리학과 함께 경험으로 복귀할 것이다.

자기-몸의 공간성과 운동성

[1. 위치의 공간성과 상황의 공간성: 몸 도식]

먼저 자기-몸의 공간성을 기술해 보자. 내 팔이 테이블 위에 놓여 있을 때, 나는 재떨이가 전화기 옆에 있는 것처럼, 내 팔이 재떨이 옆에 있다고 말할 생각은 전혀 못 할 것이다. 내 몸의 윤곽은 일상적인 공간적 관계가 넘지 못하는 경계를 이루고 있다. 그것은 몸의 부분들이 본래적인 방식으로 서로서로 관계하고 있기 때문이다. 즉 몸의 부분들은 서로 옆에 펼쳐져 있지 않고, 서로를 포함한다. 예를 들어, 내 손은 점들의 모임이 아니다. 대칭감각(대측지각allochirie)[54]의 경우에서,[55] 환자는 왼손에 가해진 자극들을

---

[54]   역주) 〈대칭감각〉은 다른 쪽(allo-) 손(chir-)이라는 그 어원에서 추측할 수 있듯이, "피부 자극이 가해진 장소와 반대쪽의 몸의 장소에 감각이 있는, 신경 중추 손상과 관련한 상태"(*Merriam-Webster's Medical Dictionary*)를 가리킨다.

오른손에서 감각하는데, 이때 각각의 자극작용이 개별적으로 공간적 가치를 [오른손으로] 바꾼다고 가정하는 것은 불가능하다.[56] 왼손의 여러 지점들은 하나의 전체적인 기관에 속하는 한에서, 즉 한꺼번에 옮겨지는 부분 없는 손에 속하는 한에서 오른손으로 옮겨진다. 따라서 왼손의 여러 지점은 하나의 체계를 형성하고, 내 손의 공간은 공간적 가치들로 이루어진 모자이크가 아니다. 마찬가지로 나에게서 내 몸 전체는 공간 속에 병렬하는 기관들의 집합이 아니다. 나는 나눠지지 않는 모습의 몸을 간직하며, 내 몸 부분들 전체를 포함하는 몸 도식*schéma corporelle*[57]을 통해 몸 부분들 각각의 위치를 알고 있다. 그러나 몸 도식의 개념은 과학의 전환기에 나타난 모든 개념처럼 애매하다. 과학의 전환기의 모든 개념들은 방법의 개혁을 통해서만 완전히 드러날 수 있을 것이다. 따라서 이 개념들은 처음에는 그 완전한 의미에서 사용되지 않으며, 그것들의 내재적 발전은 이전의 방법들을 조각내 버린다.

¶ 우선 〈몸 도식〉은 그때그때의 내수용성*intéroceptivité*과 자기수용성*proprioceptivité*[58]에 주석과 의미*signification*를 부여할 수 있는 우리의 몸 경험의 요약으로 이해되고 있었다. 그것은 《115》 내 몸의 한 부위가 움직이는 각 순간마다의 다른 모든 부위의 위치 변화를, 몸 전체 속에서의 각 국소 자극의

---

55   예를 들어, Head, *On disturbances of sensation with especial reference to the pain of visceral disease* 참조.

56   *Id. ibid.* 우리는 『행동의 구조』에서 국소시표(signe locale)의 개념을 논의했다(*La Structure du Comportement*, p. 102과 그 이하[제3판, p. 84와 그 이하]).

57   역주) 앞으로 보겠지만, 메를로퐁티가 파악하는 〈몸 도식〉은 일차적으로는 자기-몸에 대한 심상(이미지)이다(스미스의 영역본은 "body image"로 번역한다). 그렇지만 이 자기-몸의 심상은 몸 부분들의 합이 아니라, 유기적인 전체로서의 암묵적인 심상이다. 또한 몸 도식은 단순 전체로서의 심상이 아니라 몸적인 주체를 표현하는 심상이다.

58   역주) 본서 174쪽의 역주 참조.

위치를, 복합적인 동작의 각 순간에 수행된 운동들의 목록을, 끝으로 그때 그때의 운동감각적 및 관절감각적인 인상의 시각적인 언어로의 표현을 내게 제시해야 하는 것이었다. 사람들이 몸 도식을 언급할 때, 처음에는 다수의 심상의 연합을 가리키기에 편리한 이름만을 그저 도입하는 것이라고 믿고 있었다. 그런 다음, 그들은 이러한 연합이 확실히 확립되어 있고, 또 언제라도 작동할 준비가 되어 있다는 점을 단지 나타내고 싶었다. 몸 도식은 촉각적, 운동감각적, 관절감각적인 내용들이 서로 연합되거나 시각적 내용들과 연합되고, 또 시각적 내용들을 훨씬 쉽게 상기시킴에 따라, 유년기 동안에 점차로 조립된다고 여겨졌다.[59] 이때 몸 도식의 생리학적인 표상은 고전적인 의미에서 심상들의 중추와 다른 것일 수 없었다. 그렇지만 심리학자들이 몸 도식 개념을 사용하는 가운데, 정말로 이러한 연합론적인 규정을 넘어서는 경우가 있다. 예를 들어, 몸 도식을 사용해 대칭감각을 더 잘 이해하기 위해서는, 왼손의 각 감각이 몸의 모든 부분의 일반적(종적인 génériques) 심상들[기존의 오른손이 차지했던 일반적 위치]로 다가와 위치하고, 이 심상들은 연합되어, 왼손 주위에서 겹쳐지는 몸의 도안dessin 같은 것을 형성한다고 생각하는 것으로는 충분하지가 않다. 왼손이 단번에 오른손에 겹쳐지거나 오른손으로 향할 수 있고, 게다가 오른손이 될 수 있기 위해서는, 이런 연합들은 매 순간 하나의 단일 법칙에 의해 통제되어야 하고, 몸의 공간성은 전체에서 부분들로 내려와야 하며, 왼손과 왼손의 위치는 몸의 전체적 의도dessein 속에 포함되어 이 의도에서 그 기원을 가져야 한다. 환상지의 현상을 환자의 몸 도식으로 연결시켜 해명하고자 하는 시도[60]에서, 두

---

59   예를 들어, Head, *Sensory disturbances from cerebral lesion*, p. 189; Pick, *Störungen der Orientierung am eigenen Körper*, Schilder, *Das Körperschema* 참조. 물론 쉴더(Schilder)는 "그러한 복합체가 부분들의 총합이 아니라, 부분들과 관계한 새로운 하나의 전체"임을 받아들인다.

뇌의 흔적과 반복되는 감각으로 고전적 설명에는 없는 무엇인가를 추가하는 것은, 몸 도식이 습관적인 체감體感, cénesthésie[61]에서 결과한 생성물이 아니라 오직 체감의 구성 법칙이 되기 때문이다. 이 새로운 용어[몸 도식]를 도입할 필요가 있다고 사람들이 느꼈던 것은, 다음과 같은 것들을 나타내려고 했던 것이다. 즉 시간·공간적 통일, 상호감각적(상호감관적)이나 몸의 감각-운동적sensori-motrice 통일은, 말하자면 《116》권리상의 통일이라는 것이고, 이런 통일이 우리의 경험의 과정에서 현실적으로 또 우연히 서로 연합된 내용들로 제한되지 않는다는 것이며, 이 통일이 그 내용들을 어떤 방식으로 선행하여, 바로 그 내용들의 연합을 가능케 한다는 것이다.

¶ 따라서 몸 도식의 두 번째 정의가 나타나게 된다. 즉 몸 도식이란 이미 경험의 과정에서 확립된 연합의 단순 결과가 아니라, 상호감각적 세계에서 나의 자세posture에 대한 전체적인 자의식이며, 게슈탈트 심리학적 의미의 〈형태〉가 될 것이다.[62] 그러나 심리학자의 분석은 이미 이 두 번째 정의 또한 넘어선다. 내 몸이 하나의 형태라고, 다시 말해 전체가 부분에 앞서는 하나의 현상이라고 말하는 것은 충분치 않다. 그와 같은 하나의 현상은 어떻게 가능한가? 왜냐하면 물리-화학적 몸의 모자이크, 또는 〈체감〉의 모자이크와 비교하면, 형태는 새로운 유형의 존재이기 때문이다. 질병실인증 환자의 마비된 사지가 주체의 몸 도식에서 더 이상 중요하지 않은 것은, 몸 도식이 존재하는 몸의 부분들의 단순 복사도, 심지어 그 전체

---

60   예를 들어, Lhermitte, *L'Image de notre Corps.*

61   역주) "몸의 여러 기관의 다양한 자극에서 생겨나는, 몸 전체에 걸쳐 가지는 느낌"(*Merriam-Webster's Medical Dictionary*).

62   Konrad, *Das Körperschema, eine kritische Studie und der Versuch einer Revision*, pp. 365, 367. 뷔르거-프린츠(Bürger-Prinz)와 카일라(Kaila)는 몸 도식을 "전체적인 항으로서의 자기-몸의 앎으로, 몸의 사지와 몸의 부분들의 상호 관계의 앎으로" 규정한다(*Ibid.*, p. 365). 역주) 여기와 다음 각주에서 저자명 "Konrad"는 "Conrad"의 오기로 보인다.

적 의식도 아니기 때문이며, 또 몸 도식이 유기체의 앞에-던짐projet에 대해 몸 부분들이 갖는 가치에 비례하여 그 부분들을 적극적으로 통합하기 때문이다. 심리학자들은 종종 몸 도식이 역동적dynamique이라고 말한다.[63] 이 말이 의미하는 것을 정확히 말한다면, 내 몸은 현실적이거나 가능적인 어떤 일(과제)을 향한 자세로서 내게 나타난다는 것이다. 그리고 실제로, 몸의 공간성은 외부 대상의 공간성이나 〈공간적 감각sensation〉의 공간성처럼 위치position의 공간성이 아니라, 상황situation의 공간성이다. 내가 책상 앞에 서서 두 손으로 책상을 누르면, 내 두 손에만 힘이 들어가고, 내 몸 전체는 혜성의 꼬리처럼 두 손의 뒤를 따른다. 이것은 내가 어깨나 허리의 위치를 모른다는 것이 아니고, 그것들의 위치는 내 손의 위치 속에 포함되어 있을 뿐이며, 나의 자세 전체는, 말하자면 내 손이 책상을 누르는 것 속에서 읽힌다. 내가 선 채로 담배파이프를 손으로 꽉 잡을 때, 내 손의 위치는 아래 팔과 이루는 각도를 통해, 나의 아래 팔은 내 팔과 이루는 각도, 내 팔은 내 몸통과 이루는 각도, 끝으로 내 몸통은 땅바닥과 이루는 각도를 통해, 추론적으로 결정되지 않는다. 나는 (117) 내 담배파이프가 어디에 있는지를 절대적으로 알며, 또 이를 통해 나는 내 손이 어디에 있는지와 내 몸이 어디에 있는지를 안다. 이것은 마치 사막 속의 원시인이 출발점으로부터 지나온 거리와 이탈한 각도를 상기하고 더할 필요 없이, 매 순간 단번에 어떤 방향에 있는지 아는 것과 같다. 내 몸에 적용된 〈여기〉는 다른 위치와 관계하거나 외부 좌표와 관계하여 결정된 위치를 가리키는 것이 아니라, 기본 좌표premières coordonées의 설정, 대상에 대한 몸의 능동적인 닻 내리기, 자기의 일(과제)에 대한 몸의 상황(자리 잡기)을 가리킨다. 몸의 공간은 외부 공간과 구별될 수 있고, 몸의 부분들을 펼치지 않고 포함할 수 있다. 왜냐하

63   예를 들어, Konrad, *op. cit.* 참조.

면 몸의 공간은 영화가 밝게 보이는 데 필요한 영화관의 어두움이고, 몸동작과 그 목적이 그 위에서 부각되는 잠자는 듯한 바탕 또는 희미한 힘의 저장소이며,[64] 그것 앞에서 명확한 존재들, 모양들, 점들이 나타날 수 있는 비-존재의 영역이기 때문이다. 요컨대, 내 몸이 하나의 〈형태〉일 수 있고, 또한 내 몸 앞에, 미분별적 바탕 위로 특정한 모양이 있을 수 있는 것은, 몸이 자기 일(과제)을 극으로 하여 수렴되고, 그 일을 향해 실존하며, 그 목표에 도달하기 위해서 스스로를 모으기(집중하기) 때문이다. 결국 〈몸 도식〉은 나의 몸이 세계에(세계로 향해) 있음을 표현하는 하나의 방식이다.[65] 지금 우리의 유일한 관심사인 공간성과 관련하여 자기-몸은 언제나 암묵적으로 있는, 모양과 바탕의 구조의 제3항이다. 그리고 모든 모양은 외부 공간과 몸의 공간이라는 이중 지평 위에서 그 윤곽을 드러낸다. 따라서 모양과 점들만 고려하여 이뤄지는 모든 몸 공간 분석은 추상적인 것으로 거부해야 한다. 왜냐하면 모양 혹은 점들은 지평 없이는 생각할 수도 없고, 존재할 수도 없기 때문이다.

아마도 이에 대해 혹자는 모양과 바탕의 구조 또는 점-지평의 구조가 그 자체로 객관적 공간의 개념을 전제한다고 응수할 것이다. 즉 몸의 둔중한 바탕 위에서 모양으로서의 민첩한 몸[손] 동작을 체험하기 위해서는, 손과 나머지 몸을 이러한 객관적 공간성의 관계를 통해 잘 연결해야 하고, 따라서 모양과 바탕의 구조는 다시 공간의 보편적 형식의 우연적인 한 내용이 된다고 응수할 것이다. 그러나 세계 앞에서 자신의 몸을 통해 자리하지(상황에 있지pas situé) 않을 주체에게 〈위에〉라는 말이 정말로 무슨 의미를

---

64   Grünbaum, *Asphasie und Motorik*, p. 395.
65   우리는 몸 도식의 한 양태인 환상지가 〈세계에 있는(세계로의) 존재〉의 일반적 운동에 의해 이해됨을 이미 보았다(본서, 185-186쪽 참조).

지닐 수 있겠는가? 그 말은 위와 아래의 구분을, 《118》 다시 말해 어떤 〈방향 지어진oriente 공간〉을 함축한다.[66] 내가 어떤 대상이 책상 위에 있다고 말할 때, 나는 언제나 마음속으로 책상 또는 대상에 자리하고, 이 책상과 대상에, 원리상 내 몸과 외부의 대상의 관계에 적합한 범주를 적용한다. 이러한 인간학적인 함축적 의미를 제거해 버리면, 위에라는 말은 더 이상 〈아래에〉라든가 〈… 옆에〉라는 말과 구별되지 않는다. 비록 공간의 보편적 형식은 그것이 없으면 우리에게 몸의 공간도 없게 되는 것이라 해도, 그것에 의해 하나의 몸의 공간이 있게 되는 것이 아니다. 비록 형식은 내용이 그 안에 놓이는 환경(장소)이 아니라 그것에 의해 놓이는 수단이라 해도, 몸의 공간에 대해 이러한 놓임(위치)의 충분한 수단이 되지 않는다. 이런 한에서, 몸의 내용은 이 형식과 관계하여 불투명하고, 우연적이며, 불가해한 어떤 것으로 남는다. 그러한 [형식적 공간으로 향한] 길에서 유일한 해결책은 몸의 공간성이 객관적 공간성과 구별되는 어떤 고유한 의미도 갖지 않는다고 인정하는 것이 될 것이다. 이렇게 하면, 현상으로서의 내용이 사라질 것이고, 또 이를 통해 내용과 형식의 관계의 문제도 사라질 것이다. 그러나 〈위에〉, 〈아래에〉, 〈… 옆에〉라는 말이나 방향 지어진 공간의 차원들dimensions에서, 우리는 그것들의 어떤 구별된 의미[67]도 보지 못하는 것처럼 할 수 있을까? 비록 이러한 모든 관계에서 외재성이라는 보편적 관계가 분석의 결과로서 다시 발견된다고 하더라도, 공간에 거주하는 자에게 위, 아래, 오른쪽, 왼쪽이 명증하기 때문에, 우리는 이러한 모든 구별을 무의미한

---

66   *Cf.* Becker, *Beiträge zur phänomenologischen Begründung der Geometrie und ihren physikalischen Anwendungen.*

67   역주) 이 문장뿐 아니라 아래 문장들에 나오는 〈sens〉는 일차적으로 "의미"라는 뜻이지만, 중의적으로 〈방향〉으로도 이해할 수 있다. 아래의 "무의미한 것(non-sens)"도 〈방향이 없는 것〉으로 읽을 수 있다.

것으로 다룰 수 없고, 또 [보편적 공간의] 정의에 나타나는 명시적 의미 아래에서 경험의 잠재적 의미를 찾게 된다. 그렇다면 이 두 공간의 관계는 다음과 같이 될 것이다. 즉 내가 몸의 공간을 주제화하거나 그것의 의미를 펼치려고 하자마자, 나는 이 몸의 공간에서 지성적 공간밖에는 보지 못할 것이다. 그러나 이와 동시에, 이 지성적 공간은 방향 지어진 공간으로부터 추출되지(분리되지) 않으며, 그것은 바로 방향 지어진 공간을 명시화한 것에 지나지 않는다. 또한 지성적 공간이 이러한 뿌리로부터 분리되면, 절대적으로 어떠한 의미도 갖지 못하는 것이 된다. 그러므로 동질적 공간이 방향 지어진 공간의 의미를 표현할 수 있는 것은, 오직 방향 지어진 공간으로부터 그 의미를 받았기 때문이다. 정말로 내용이 형식 아래에 포섭될 수 있고, 이 형식의 내용으로 나타날 수 있다면, 그것은 내용을 통해서만 형식이 접근될 수 있기 때문이다. 몸의 공간이 정말로 객관적 공간의 한 단편이 될 수 있는 것은, 몸 공간의 특이성 속에, 이 몸의 공간을 보편적 공간으로 변환하는 변증법적인 요인이 포함되어 있을 때뿐이다. 우리가 점-지평의 구조가 공간의 토대가 된다고 말하면서 나타내고자 했던 것은 바로 이것이다. 만약 지평이나 바탕이 《119》 모양과 동일한 종류의 존재에 속하지 않는다면, 또 그것들이 시선의 운동을 통해 점들로 전환될 수 없다면, 그것들은 모양 저 너머로 또는 모양 주위로 펼쳐지지 않을 것이다. 그러나 점-지평의 구조는 점 앞에서 점을 바라볼 곳인 몸성(신체성)의 영역을 마련하고, 점 주위에서 이러한 바라보는 작용의 상대 쪽인 비결정의 지평들을 마련함으로써만, 점이라는 것이 무엇인지를 내게 가르쳐 줄 수 있다. 여러 점이나 여러 〈여기〉가 연속적인 경험들 속에서 원리상 구성될 수 있는 것은, 단지 이러한 경험들 속에서 매 순간 점들 중 한 점만이 대상에 주어지고, 또 경험 자체가 이 공간의 중심에서 형성되기 때문이다. 따라서 결국 내 몸이 나에게서 공간의 한 단편이 되기는커녕, 오히려 내가 몸을 갖지 않으면, 나에게 공간은 있지 않을 것이다.

[2. 겔프와 골트슈타인의 슈나이더 사례 연구를 통한 운동성 분석]

몸의 공간과 외부 공간이 하나의 실천적 체계를 형성할 때, 몸의 공간은 우리 행위의 목표물로서의 대상이 그 위에 부각될 수 있는 바탕이 되거나 그 앞에 나타날 수 있는 공백이 된다. 그렇다면 몸의 공간성이 이루어지는 것은 분명 행위 속에서이고, 우리는 운동 자체의 분석을 통해 몸의 공간성을 더 잘 이해할 수 있다. 그리고 우리는 운동하고 있는 몸을 고찰함으로써, 몸이 어떻게 공간에 (게다가 시간에) 거주하는지를 더 잘 볼 수 있다. 왜냐하면 운동은 그저 공간과 시간을 수동적으로 겪는 것subir으로 그치지 않고, 그것은 공간과 시간을 능동적으로 수용하며assume, 이미 확립된 진부한 상황에서 볼 수 없는 그것들의 원초적인 실질의미에서 공간과 시간을 다시 잡기(파악하기) 때문이다. 우리는 몸과 공간의 근본적인 관계를 드러내는 병적인 운동성의 한 사례를 면밀히 분석하고자 할 것이다.

전통적인 정신의학이 정신맹cécités psychiques으로 분류하는 어떤 환자[68]는 눈을 감고서는 〈추상적〉 운동, 즉 주문에 따라 팔이나 다리를 움직이거나 손가락을 펴거나 구부리는 것과 같은, 어떠한 현실적 상황과도 관련되지 않은 운동을 하지 못한다. 게다가 그는 자신의 몸의 위치, 심지어는 머리의 위치도, 사지의 수동적인 움직임도 기술하지 못한다. 그리고 그의 머리나 팔이나 다리가 만져져도, 그는 몸의 어느 부위가 만져졌는지를 말하지 못한다. 그는 간격이 80mm밖에 안 되는, 피부의 두 접촉 지점을 구별하

---

[68] Gelb et Goldstein, *Über den Einfluss des vollständigen Verlustes des optischen Vorstellungsvermögens auf das taktile Erkennen*, in *Psychologische Analysen hirnpathologischer Fälle*, Chap. II, pp. 157-250.

지 못한다. 또한 그의 몸에 갖다 댄 대상의 크기나 형태를 인식하지도 못한다. 그가 추상적 운동에 성공하는 것은 《120》 운동을 해야 할 사지를 바라보게 하거나, 온몸으로 예비 운동들을 하게 할 때뿐이다. 자극의 위치 파악과 촉각적 대상의 인식도 예비 운동들을 통해 가능하게 된다. 환자는 생활에 필요한 운동이면서 그에게 습관이 된 운동은, 눈을 감고서라도 빠르고 무척 정확하게 실행한다. 즉 그는 호주머니에서 손수건을 꺼내어 코를 풀고, 성냥갑에서 성냥을 꺼내 램프에 불을 붙인다. 그의 직업은 지갑을 만드는 것인데, 그의 작업량은 정상 노동자의 작업량의 4분의 3에 달한다. 그는 이런 〈구체적〉 운동을 예비 운동 없이도 주문에 따라 실행할 수 있다.[69] 이 환자에게서 또 소뇌질환 환자에게서도 가리키는 행위와 잡거나 쥐는 반응적 행위가 분리되어 있음을 확인할 수 있다.[70] 즉 환자는 주문에 따라 손가락으로 그의 몸의 부위를 가리키지는 못하지만, 모기가 무는 곳으로는 재빨리 손을 옮긴다. 따라서 구체적인 운동과 잡는 운동은 어떤 특권적 위치에 있으며, 우리는 그 특권의 이유를 찾아야 한다.

[3. 〈구체적 운동〉]

더 자세히 살펴보자. 한 환자에게 손가락으로 그의 몸의 부위를, 예컨대 코를 가리키라고 요구하면, 그는 코를 잡는 것이 허용될 때에만 이 일에 성공한다. 만약 목표물[코]에 이르기 전에 그에게 운동을 중지하라고 지시하면, 또는 그가 나무 자로만 코를 만질 수 있게 한다면, 운동은 불가능하게 된다.[71] 따라서 심지어 몸에 있어서도 〈잡는 것〉이나 〈만지는 것〉은 〈가

---

69   Goldstein, *Über die Abhängigkeit der Bewegungen von optischen Vorgängen.* 이 두 번째 저서는 슈나이더(Schneider)라는 동일한 환자에 대한 관찰, 즉 좀 전에 인용한 저서에서 얻은 관찰을 2년 후에 이용한다.

70   Goldstein, *Zeigen und Greifen*, pp. 453-466.

리키는 것〉과 다른 것임을 인정해야 한다. 시작부터 잡는 운동은 마술처럼 그 끝에 있고, 그 목표를 예상하면서만 시작한다. 왜냐하면 잡는 것을 중지시키면, 이 운동은 충분히 억제되기 때문이다. 또한 내 몸의 한 부위는 이런 예상하는 잡는 행위 속에서 잡을 지점으로 현전할 때, 내게 가리키는 지점으로 주어지지 않는다는 사실을 인정해야 한다. 그러나 이러한 것이 어떻게 가능한가? 내가 코를 잡는 것이 문제일 때는 내 코가 어디에 있는지 알고 있지만, 어째서 코를 가리키는 것이 문제일 때는 그것이 어디에 있는지 알지 못하는가? 아마도 ⟨121⟩ 장소의 앎이 여러 의미로 이해되기 때문일 것이다. 고전 심리학은 이런 다양한 장소 의식을 나타내기 위해 어떤 개념도 지니지 않는다. 왜냐하면 고전 심리학에서 장소 의식은 언제나 정립적 의식, 표상, 앞에-세움 *Vor-stellung*이며, 이런 이유로 이 의식은 우리에게 객관적 세계의 규정으로서의 장소를 부여하기 때문이다. 또한 그와 같은 표상은 있거나 있지 않는 것인데, 그러나 만약 그런 표상이 있다면, 그것은 우리에게 어떤 애매성도 없는 대상, 그 모든 나타남을 통해 동일성을 확인할 수 있는 항과 같은 대상을 주기 때문이다. 이에 반해 여기서 우리는 몸의 공간이 인식의 의도(지향)에서는 내게 주어지지 않으나, 잡으려는 의도(지향)에서는 내게 주어질 수 있다는 사실을 나타내기 위해 필요한 개념을 만들어 내야 한다.

¶ 환자는 몸의 공간을 그의 습관적인 행위의 기반으로서 의식하지, 객관적 환경(장소)으로서 의식하지 않는다. 그의 몸은 친숙한 환경에 들어가는 수단으로서 이용되지, 그저 이유 없고 자유로운 공간적 사유의 표현 수단으로서 이용되지는 않는다. 그에게 어떤 구체적인 운동을 실행하라고 요구하면, 그는 먼저 이 요구를 질문하는 듯한 억양으로 반복한다. 이어서

71   *Id. ibid.* 이것은 소뇌질환 환자의 경우다.

그의 몸을 그 과제가 요구하는 전체적인 자세가 되게 한다. 마지막으로 그는 운동을 실행한다. 주목되는 사실은 환자의 몸 전체가 이 운동에 참여한다는 것과, 그가 정상인처럼 운동을 꼭 필요한 특징들로 전혀 줄이지 않는다는 것이다. 그는 군대식 경례를 할 때는 경의를 나타내는 다른 외적인 표현을 함께한다. 오른손으로 머리를 빗는 척하는 동작을 할 때는 왼손으로 거울을 잡는 동작을 함께한다. 오른손으로 못을 박는 동작을 할 때도 왼손으로 못을 잡는 동작을 함께한다. 이것은 환자가 지시를 진지하게 받아들이기 때문이며, 그가 마음속에서 구체적 운동에 대응하는 현실의 상황에 위치할 때에만 주문에 따른 구체적 운동에 성공하기 때문이다. 정상적인 주체는 주문에 따라 군대식 경례를 할 때, 거기서 실험적인 상황밖에 보지 않는다. 따라서 정상적인 주체는 운동을 가장 중요한 요소들로 축소하고, 스스로가 결코 운동 속에 매몰되지 않는다.[72] 그는 자신의 몸을 가지고 역할 놀이를 하고, 군인 흉내 내는 것을 즐기며, 희극 배우가 연기해야 할 인물의 "위대한 환영"[73] 속에 자신의 현실의 몸을 들어가게 하듯, 군인 역할 속에서 자신을 "비현실화한다irréalise."[74] 정상인과 희극 배우는 가상의 상황을 현실로 여기지 않고, 오히려 ⟨122⟩ 그들의 현실의 몸을 생활 속의 상황으로부터 떼어 내어, 가상 속에서 몸이 호흡하게 하고, 이야기하게 하며, 필요하면 울게 한다. 이것이 바로 우리가 고찰하는 환자가 더 이상 하지 못하는 것이다. 그는 다음과 같이 말한다. 일상생활에서, "나는 운동을 상황의 결과로서, 즉 일련의 사건들 자체의 결과로서 체험한다. 나와 나의 운동은 이를테면 전체의 전개 속의 한 고리에 불과하고, 나는 의지에 따른 자발적

72   Goldstein, *Über die Abhängigkeit*…, p. 175.

73   Diderot, *Paradoxe sur le Comédien*.

74   J.-P. Sartre, *L'Imaginaire*, p. 243.

행위를 거의 의식하지 못한다…. 모든 것이 저절로 진행된다." 마찬가지로, 그는 주문에 따라 운동을 실행하려고 "전체적으로 느껴지는 분위기 상황 속에" 자신을 둔다. 그리고 "일상생활에서와 마찬가지로, 바로 이러한 상황으로부터 운동이 흘러나온다."[75] 만약 그가 의존하는 요령을 가로막는다면, 또 그에게 실험적 상황 속에 있음을 상기시키면, 그의 능숙한 행위는 모두 사라진다. 다시 운동을 시작하는 것은 불가능하게 되고, 환자는 우선 자신의 팔을 〈발견해야〉 하며, 예비 운동들을 통해 요구되는 몸동작을 〈발견해야〉 한다. 몸동작 자체는 일상생활에서 보여 주는 멜로디적인 특징을 잃어버리고, 눈에 보일 정도로, 끝과 끝을 힘들게 연결한 부분적인 운동들의 합계가 된다.

 ¶ 따라서 나는 여러 익숙한 행위의 능력으로서의 내 몸을 수단으로 하여, 다뤄져야 할 것들manipulanda의 전체로서의 나의 환경에 자리할 수 있다. 그러나 이렇게 자리할 때, 나는 내 몸과 내 주위를 칸트적 의미의 대상으로서 겨냥하지 않는다. 다시 말해 지성적 법칙으로 결합한 성질들의 체계로서, 또는 장소나 시간에 얽매여 있지 않고, 명명되거나 적어도 몸동작으로 가리켜질 수 있는, 투명한 존재자로서 겨냥하지 않는다. [한편으로는] 내게 친숙한 이런 행위를 떠받치는 것으로서의 내 팔이 있고, 내가 미리 그 장場이나 범위를 아는 그런 결정된 행위의 능력으로서의 내 몸이 있으며, 또한 이 능력의 가능한 적용점들의 전체로서의 내 환경이 있다. 그리고 다른 한편으로는, 근육과 뼈로 된 기계이고, 구부리고 펴는 장치이며, 관절로 이어진 대상인 그런 내 팔이 있으며, 또한 내가 참여하지 않고, 관조하고 손가락으로 가리키는 순수 광경으로서의 세계가 있다. 몸의 공간에는, 일종의 장소와 함께-실존하는 것에 지나지 않는 장소의 앎이 있다는 것을

75   Goldstein, *Über die Abhängigkeit*…, pp. 175, 176.

알 수 있다. 이 장소의 앎은 기술記述을 통해서도, 무언의 몸동작으로 가리켜도 표현될 수 없지만, 결코 없는 것이 아니다. 모기에 물린 환자는 물린 곳을 찾을 필요도 없이 단번에 그곳을 발견한다. 왜냐하면 그것은 환자가 물린 곳을 객관적 공간의 좌표축과 관계하여 《123》 위치시키는 문제가 아니라, 그의 현상적인 손을 그의 현상적인 몸의 아픈 곳으로 옮기는 것이 문제이기 때문이다. 또한 자기-몸의 자연적인 체계 속에는, 긁는 능력으로서의 손과 긁어야 할 곳으로서의 물린 지점 사이에 어떤 체험된 관계가 주어지기 때문이다. 이런 행위는 전적으로 현상적인 것의 질서에서 나타나지, 객관적인 세계를 통해 진행되지 않는다. 오직 관찰자만이 살아 있는 몸에 대한 자신의 객관적 표상을 운동하는 주체도 가진다고 생각하면서, 물린 자리가 지각된다고, 손이 객관적 공간 속에서 움직인다고 믿을 수 있다. 그 결과 이 관찰자는 이 동일한 주체가 가리키기 실험에서 실패하는 것을 보고 놀랄 수 있는 것이다. 이와 같이 주체는 자신의 가위와 바늘과 익숙한 일 앞에서는 자신의 손이나 손가락을 찾을 필요가 없다. 왜냐하면 그것들은 객관적 공간 속에서 찾아야 할 대상, 즉 뼈나 근육이나 신경이 아니라, 가위나 바늘의 지각에 의해 이미 불러내어진 능력이며, 주체를 주어진 대상에 연결시키는 〈지향의 끈〉의 중심의 일부이기 때문이다. 우리가 움직이는 것은 결코 우리의 객관적인 몸이 아니라 현상적인 몸이고, 이것은 조금도 신비로운 것이 아니다. 왜냐하면 잡아야 할 대상을 향해 솟아오르고, 이 대상을 지각하는 것은 바로 세계의 이러저러한 영역들의 능력으로서의 우리의 몸이기 때문이다.[76] 마찬가지로 환자는 구체적인 운동을 할 때, 운

---

76 따라서 문제는 어떻게 영혼이 객관적인 몸에 작용하는지를 아는 것이 아니다. 왜냐하면 영혼이 작용하는 것은 객관적인 몸이 아니라 현상적인 몸이기 때문이다. 이러한 관점에서 질문의 방향이 바뀐다. 이제 그것은 어째서 나 및 내 몸에 대한 두 가지 시각, 즉 나에게서의 내 몸과 타인에게서의 내 몸이라는 두 가지 시각이 있는지를 아

동을 펼쳐야 할 무대나 공간을 찾을 필요가 없다. 이 공간 또한 주어져 있고, 그것은 현실적 세계이고, 〈재단할〉 가죽 조각이고, 〈꿰맬〉 안감이다. 작업대, 가위, 가죽 조각은 그에게 행위의 극들로 현전한다. 이것들은 그 가치들이 서로 결합되어, 어떤 상황을 규정한다. 이 상황은 열린 상황으로서 해결résolution의 방식을, 즉 어떤 작업을 부른다. 몸은 주체와 그 세계로 이뤄진 체계 속의 한 요소에 불과하고, 그래서 해야 할 일은 멀리서 끌어당기는 일종의 인력을 통해 ⟨124⟩ 몸으로부터 필요한 운동을 이끌어 낸다. 그것은 마치 나의 시각장 속에서 작용하는 현상적인 힘들이, 이 힘들의 최적의 균형 상태를 확립할 운동적 반응을 계산도 하지 않고 나로부터 이끌어내는 것과 같다. 또는 우리 사회의 관습이나 청중의 무리(배열형태)가 이것들에 어울리는 말이나 태도나 어조를 우리로부터 직접 이끌어 내는 것과 같다. 이것은 우리가 우리의 생각을 숨기거나 타인의 마음에 들려고 하기 때문이 아니라, 우리 자신이 문자 그대로 타인이 우리에 대해 생각하는 바 그것이고, 우리의 세계인 바 그것이기 때문이다. 환자는 구체적인 운동 속에서 자극에 대한 정립적 의식도 없고, 반응에 대한 정립적 의식도 없다. 단지 그는 그의 몸이고, 그의 몸은 어떤 한 세계의 능력이다.

[4. 가능적인 것으로 향하기, 〈추상적 운동〉]

이에 반해, 이 환자가 실패한 실험에서는 어떤 일이 벌어지는가? 그의 몸의 한 부위를 만지고, 그에게 접촉 지점의 위치를 찾으라고 요구하면, 그

는 것이고, 또 어떻게 이 두 가지 체계가 함께 가능한지를 아는 것이다. 실제로, 객관적인 몸은 〈대타(pour autrui)〉에 속하고, 나의 현상적인 몸은 〈대아(pour moi)〉에 속한다고 말하는 것으로는 충분하지가 않다. 또 이 양자의 관계의 문제를 제기하는 것도 거부할 수가 없다. 왜냐하면 내가 타인을 지각하는 동안, 타인도 곧장 나를 대상의 위치에 있게 한다는 사실이 증명하는 것처럼, 〈대아〉와 〈대타〉는 하나의 동일한 세계에서 함께-실존하기 때문이다.

는 우선 몸 전체를 움직이기 시작하고, 이처럼 대략적으로 위치를 규정한다. 이어서 만져진 사지를 움직임으로써 위치규정을 분명히 하며, 마지막에는 만져진 지점 근처의 피부를 떨면서 위치규정을 마무리한다.[77] 주체의 팔을 수평으로 두면, 그는 일련의 시계추와 같은 운동을 한 다음에만 팔의 자세를 말할 수 있다. 이 시계추와 같은 운동은 몸통과 관계하여 팔의 위치, 팔과 관계하여 앞 팔의 위치, 수직선과 관련하여 몸통의 위치를 그에게 알려 준다. 수동적 운동의 경우, 환자는 운동이 있다는 것을 감각하지만, 어떤 운동인지 또 어떤 방향인지는 말하지 못한다. 여기서도 그는 능동적인 운동에 의존한다. 환자는 허리에 전해지는 매트리스 압력으로부터 그가 누워 있는 자세라고 결론 내리고, 그의 발에 전해지는 바닥의 압력으로부터 그가 서 있는 자세라고 결론 내린다.[78] 그의 손 위에 컴퍼스 두 끝 점을 놓을 때, 그는 손을 움직여서 한 번은 한 끝 점을, 다른 한 번은 다른 끝 점을 피부에 닿게 할 때에만 이 두 끝 점을 구별할 수 있다. 그의 손에 글자나 숫자를 쓸 때, 그는 스스로가 손을 움직일 때만 그것들을 알아볼 수 있다. 그리고 그가 지각하는 것은 손 위의 점의 운동이 아니라, 이와 반대로 점과 관계한 그의 손의 운동이다. 이것은 그의 왼손에 정상적인 글자를 쓰면 그가 결코 알아보지 못하지만, 곧이어 거울 속 이미지의 형태로 같은 글자를 쓰면 그가 곧장 이해한다는 것에서 증명된다. 그는 종이로 된 타원형이나 직사각형에 단순히 접촉할 때는, 그것들을 조금도 알아보지 못한다. 그 반면에 그는 《125》 탐색 운동을 할 수 있게 할 때에는, 이를 이용하여 도형의 모습 〈하나하나 분간하고〉, 그 〈특징들〉을 찾아내며, 그로부터 대상을 이끌어 내면서 도형들을 알아본다.[79]

77   Goldstein, *Über den Einfluss*…, pp. 167-206.
78   *Ibid.*, pp. 206-213.

¶ 이러한 일련의 사실들을 어떻게 정리할 수 있고, 또 이런 사실들을 통해 정상인에게 있지만 환자에게는 없는 기능을 어떻게 파악할 수 있을까? 그것은 환자에게 없고 환자가 되찾으려 하는 것을 단순히 정상인에게 귀속시키는 문제일 수는 없다. 유년기와 원시인의 상태와 마찬가지로 병적인 상태는 하나의 완전한(전체적) 실존의 형태이다. 그리고 파괴된 정상적인 기능을 대신(대체)하기 위해 병적인 상태가 이용하는 방식은 그 또한 병리적 현상이다. 단순히 [더하기와 빼기의] 기호만 바꿔서 병리적인 것에서 정상적인 것을, 대체행위suppléances에서 장애를 연역할 수 없다. 대체행위는 대체행위로서 이해해야 한다. 즉 대체행위는 그것이 대신(대체)하려고 하며 그 직접적 이미지를 우리에게 주지 않는 하나의 기본적인 기능에 대한 암시로서 이해해야 한다. 진정한 귀납적 방법은 〈차이법méthode de différences〉[80]이 아니다. 그것은 정확히 현상을 읽는 것이고, 현상의 의미를 파악하는 것, 다시 말해 현상을 주체의 존재 전체의 양태와 변양으로서 다루는 것이다. 우리가 확인한 것처럼, 환자는 자신의 사지의 위치나 촉각적

---

79   예를 들어, 주체는 그의 손가락으로 모 하나를 여러 번 지나간다. 즉 그는 다음과 같이 말한다. "손가락이 똑바로 나아가고, 이어서 손가락이 멈추고, 이어서 손가락이 또 다른 방향으로 간다. 이것은 하나의 모이다. 이것은 하나의 직각임에 틀림없다." ― "두 개, 세 개, 네 개 모, 변은 모두 2센티미터, 그러니까 같은 변이다. 모는 모두 직각이다. … 이것은 주사위이다"(*Ibid.*, p. 195. *Cf.* pp. 187-206).

80   역주) 존 스튜어트 밀이 제시한 귀납적 추론에 대한 다섯 방법 중 하나이다. 그 정의는 다음과 같다. "조사 중인 현상이 발생하는 사례와 발생하지 않는 사례에 있어 한 상황이 전자에서만 발생한다는 점을 제외하고는 모든 상황이 같다면, 두 사례에 있어 유일하게 다른 그 상황은 그 현상의 결과이거나 원인 내지는 원인의 불가결한 한 부분이다"(어빙 코피, 칼 코헨, 『논리학입문』, 박만준 외 옮김, 경문사, 2001, 477-478쪽). 예를 들어, 김 씨와 그의 친구들 5명은 같은 식당에서 함께 식사를 했으나, 김 씨만 식중독에 걸렸다. 김 씨는 치킨, 밥, 후식(아이스크림)을 먹었고, 나머지 5명은 치킨과 밥만 먹었다. 여기서 김 씨만 후식인 아이스크림을 먹은 것을 제외하고는 모든 상황이 같기 때문에, 아이스크림을 먹은 것이 식중독의 원인이 된다.

자극의 위치에 대해 질문받고서는, 예비 운동들을 통해 자신의 몸을 현실적인actuelle 지각의 대상으로 만들려고 한다. 그는 자신의 몸에 접촉한 대상의 형태에 대해 질문받고서는, 대상의 윤곽을 뒤좇으면서 스스로 그 형태를 그리려고 한다. 정상인이 단지 습관을 통해 축소된 동일한 행위를 한다고 가정하는 일보다 거짓된 것은 없을 것이다. 환자는 정상인에게 주어진 몸과 대상의 모종의 현전을 대신할 것을 갖기 위해서만 그와 같은 분명한 지각을 찾는다. 그리고 모종의 이런 몸과 대상의 현전은 우리가 재구성해야 할 것이다.

¶ 물론 정상인 자신에게서도 몸의 지각과 몸에 접촉한 대상의 지각은 움직이고 있지 않을 때는 혼돈스러운(불분명한) 것이다.[81] 그렇지만 어쨌든 정상인은 그의 얼굴에 가한 자극과 몸에 가한 자극을 움직이지 않고서도 구별한다. 이때 우리는 《126》 외수용적이거나 자기수용적인 흥분이 실제의 운동을 대신하는 〈운동감각적인 잔영〉을 불러일으켰다고 가정[82]해야 할까? 그러나 만약 촉각적 소여가 운동감각적 잔영을 불러일으키게 할 수 있는 어떤 특징도 갖지 않는다면, 만약 촉각적 소여 자체가 분명하거나 혼돈스러운(불분명한) 공간적 실질의미를 지니지 않는다면, 어떻게 그것이 규정된 운동감각적 잔영을 불러일으킬 것인가?[83] 따라서 적어도 우리는 정상인 주체가 자신의 몸에 대해 직접 "잡을 곳들prises"[84]을 가진다고 말할 것이

---

81 Goldstein, *Über den Einfluss*⋯, pp. 206-213.

82 골트슈타인이 그렇게 했다. *Ibid.*, pp. 167-206.

83 〈관념 연합〉의 일반적 논의에 대해서는, 본서 78쪽과 그 이하 참조 바람.

84 우리는 이 말을 슈나이더 환자에게서 빌려 왔다. 그는 "내게는 실마리들(발판들 (Anhaltspunkte))이 필요하다"고 말한다. 역주) 메를로퐁티는 "Anhaltspunkte"를 "prises (잡을 곳들)"로 번역한다. 그리고 메를로퐁티는 이 "prise"를 자신의 철학적 입장에서 다의적으로 쓴다. 우선 그것은 주체의 대상 "잡기(파악)"를 의미한다. 또 여기에서처럼 "잡을 곳(대상)"을 의미한다. 마지막으로 주체와 대상의 "맞물림(접속)"도 의미한다

다. 정상인 주체는 구체적 환경에 얽매어 있는 자신의 몸만을 이용하는 것도 아니고, 직업상 주어진 일과 관련된 상황 속에만 있는 것도 아니며, 실제 상황에만 열려 있는 것도 아니다. 이뿐만 아니라 그는 자신의 몸을 실천적 실질의미가 결여된 순수한 자극의 상관자로서 가질 수 있으며, 스스로 자유롭게 선택할 수 있거나 실험자가 그에게 제안할 수 있는, 언어적이고 허구적인 상황에도 열려 있다. 정상인에게 그의 몸이 촉각을 통해 주어질 때, 그것은 각각의 자극이 분명한 위치를 차지하게 되는 기하학적인 도면처럼 주어지는 것이 아니다. 그리고 만져진 곳을 알기 위해, 만져진 자신의 몸의 부위를 모양의 상태로 전환할 필요가 있는 것이 바로 슈나이더의 질병이다. 그러나 정상인에게서 몸에 대한 각각의 자극작용은 현실적인actuel 운동 대신에 〈잠재적인virtuel 운동〉을 불러일으킨다. [자극작용의] 질문을 받은 [정상인의] 몸의 부분은 익명 상태에서 벗어나서, 어떤 특수한 긴장을 통해 자신을 알리고, 또 해부학적인 기구라는 틀 내에서 어떤 행위의 능력으로도 자신을 알린다. 정상인 주체의 몸은 실제의 상황이 끌어당겨서 움직여질 뿐만 아니라, 세계에서 벗어날 수도 있다. 정상인 주체의 몸은 자신의 감각기관 표면에 기록되는 자극에 자신의 작용을 가할 수 있고, 실험에 스스로 응할 수 있으며, 더 일반적으로는 잠재적인 것에 자리할 수 있다. 병리적인 촉각이 자극의 위치를 규정하기 위해 적합한 운동이 필요한 것은 그것이 현실적인 것에 갇혀 있기 때문이다. 또한 환자가 촉각적으로 인지하고 지각함을 대신하여 자극을 힘들게 해독하고 대상을 이끌어 내는 것도 동일한 이유 때문이다. 열쇠가 예컨대 나의 촉각적 경험에서 열쇠로 나타나기 위해서는, 일종의 촉각적 풍부함이 필요하다. 즉 음들이 멜로

(이에 대해, 462쪽 역주 참조). 그리고 메를로퐁티가 쓰는 용어 "reprise(다시 잡기)"도 이 "prise"와 연속선상에서 이해할 수 있다.

디가 진행하는 점들에 불과한 것처럼, 국소적 인상들이 하나의 배열형태로 통합될 수 있는 촉각적 장이 필요하다.⁽¹²⁷⁾ 그리고 몸을 현실적 상황에 묶어 버리는 촉각적 소여의 점착성은 대상을 연속적인 〈특성들〉의 총합으로, 지각을 추상적인 특징으로, 알아봄을 합리적인 종합이나 개연적인 추측으로 만들어 버려, 대상에서 그 구체적인charnelle 현전과 사실성을 제거한다. 정상인에게서 운동적이거나 촉각적인 각 사건은, 잠재적 행위의 중심인 몸에서 몸 자체로 향하거나 대상으로 향하는 다수의 의도(지향)가 의식에 일어나게 한다. 그 반면에 환자의 촉각적 인상은 불투명하고 그 자체 속에 닫혀 있다. 정말로 환자의 촉각적 인상은 잡는 운동에서 손을 자기[인상] 쪽으로 끌어당길 수 있다. 그러나 이 인상은 가리킬 수 있는 어떤 것으로서는 손 앞에 놓여 있지 않다. 정상인은 가능적인 것le possible을 고려하는데, 이 가능한 것은 이처럼 가능적인 것의 자리를 떠나지 않으면서도 일종의 현실성actualité을 획득한다. 이와 달리 환자에게서 현실적인 것의 장場은 실제 접촉에서 만난 것으로 제한되거나, 이러한 소여와 연결한 것, 즉 분명하게 이끌어 내어 연결한 것으로 제한된다.

[5. 운동적인 앞에-던짐projet과 운동적 지향성]

환자들의 〈추상적 운동〉을 분석하면, 모든 생생한 지각의 원초적 조건인 이와 같은 공간 파악(장악), 이와 같은 공간적 실존을 더욱 잘 볼 수 있다. 환자에게 눈을 감고서 추상적 운동을 하라고 명령하면, 운동을 하는 사지 자체, 그리고 운동의 방향이나 리듬, 마지막으로 운동이 전개되는 평면을 〈발견하기〉 위해 환자에게 일련의 예비 행위들이 필요하다. 예를 들어, 그에게 어떠한 세부적 지시 없이 팔을 움직이라고 명령하면, 그는 처음에는 당황해한다. 이어서 그는 몸 전체를 움직이고, 마침내 팔을 〈발견하〉면서, 이윽고 운동은 팔로 국한된다. 환자는 〈팔을 들어야〉 할 때에는, 일련의 시계추와 같은 움직임으로 그의 머리를 (그에게서 머리는 〈위쪽〉의 상징이다) 또한 발견해야 한다. 이 시계추와 같은 움직임은 손을 드는 운동이 계속되는 동안 지속되고 목표점을 정하는 것이다. 환자에게 정사각형이나 원을 허공에 그리라고 요구하면, 그는 먼저 자신의 팔을 〈발견하고〉, 이어서 정상인이 어둠 속에서 벽을 찾으려고 하는 것처럼 손을 앞으로 내밀며, 마지막으로 직선이나 다양한 곡선으로 여러 가지 대략적인 운동을 해 본다. 그리고 이러한 운동들 중 하나가 원 모양으로 나타나면, 그는 재빨리 그 운동을 완성한다. 게다가 그가 그 운동을 발견하는 데 성공하는 것은 지면과 정확히 수직이 아닌 어떤 평면에서만이고, 그는 이 특별한 평면 이외에서는 대략적으로조차 그 운동을 할 줄 모른다.[85]

¶ 분명히 《128》 환자는 자신의 몸을 단지 무정형의 덩어리로서 지니고 있으며, 이 덩어리는 실제의 운동을 통해서만 구분되고 마디가 생기는 것이다. 연설자가 미리 쓰인 원고에 의지하지 않고서는 한마디도 말할 수 없는 것처럼, 환자는 운동을 실행하는 일에 있어 자신을 몸에 맡긴다. 환자 자신은 [주문받은] 운동을 찾는 것도 발견하는 것도 아니며, 그는 그 운동이 나타날 때까지 몸을 흔들어 본다. 그는 그에게 내린 지시의 의미를 모르는 것이 아니다. 왜냐하면 그는 처음 대략 행한 운동에서 불완전한 것이 있음을 인식할 줄 알기 때문이고, 그가 요구된 운동을 우연한 몸동작으로 수행하게 되면, 이것을 또한 인식하고 재빨리 이 기회를 이용할 줄 알기 때문이다. 그러나 지시는 그에게 지성적인 의미signification intellectuelle를 지니지만, 운동적인 실질의미signification motrice는 지니지 않는다. 지시는 운동 주체로서의 그에게 말을 걸지 않는다. 그는 실행한 운동의 흔적에서 내려진 지시의 예를 발견할 수 있지만, 운동의 사유를 결코 실제 운동으로 펼칠

---

85   Goldstein, *Über den Einfluss*…, pp. 213-222.

수 없다. 그에게 결여된 것은 운동성도, 사유도 아니다. 또한 우리가 3인칭적인 과정으로서의 운동과 운동의 표상으로서의 사유 사이에서 인식하게 되는 것은, 운동 능력으로서의 몸 자체가 확보하는 결과의 예견이나 파악이고, 그것이 없다면 지시가 죽은 글자가 되는 〈운동적인 앞에-던짐projet (Bewegungsentwurf)〉, 〈운동적 지향성〉이다. 환자는 때로는 운동의 관념적인 공식을 생각하고, 때로는 그의 몸을 던져 맹목적으로 운동을 시도한다. 이에 반해 정상인에게서 모든 운동은 미분리적으로 운동이면서 운동의 의식이다. 이것은 다음과 같이 표현할 수 있다. 즉 정상인에게 모든 운동은 바탕fond을 지니며, 운동과 그 바탕은 "하나의 통일된 전체성의 계기들"[86]인 것이다. 운동의 바탕은 운동 자체와 연합되거나 외적으로 결합된 표상이 아니다. 그것은 운동에 내재한다. 운동의 바탕은 매 순간 운동에 활기를 불어넣고, 운동을 지탱한다. 주체에게 있어 운동의 시작은 지각과 똑같이 대상과 관계하는 근원적인 방식이다. 이를 통해 추상적인 운동과 구체적인 운동의 구분이 해명된다. 즉 구체적인 운동의 바탕은 주어진 세계이지만, 이와 반대로 추상적 운동의 바탕은 구축된다. 내가 친구에게 가까이 오라고 신호(몸짓)를 할 때, 내 의도(지향)는 《129》 내 속에서 마련한 사유가 아니며, 또 나는 내 몸속에서 신호(몸짓)를 지각하지도 않는다. 나는 세계를 통해 신호를 하며, 내 친구가 있는 그곳으로 신호를 한다. 나와 내 친구를 가르는 거리, 그의 동의나 그의 거부는 내 몸짓 속에서 직접 읽힌다. 지각이 있고 난 다음에, 운동이 뒤따르는 것이 아니다. 지각과 운동은 하나의 전체로서 변화하는 체계를 형성한다. 예를 들어, 상대방이 내 뜻에 따르

---

86 Goldstein, *Über die Abhängigkeit*, p. 161. 운동과 바탕은 서로 규정하는 것이고, 본래 통일적인 전체(Ganzes)에서 끄집어낸 두 가지 계기일 뿐이다. 역주) 독역본에 따르면 원문은 "Ganzes" 대신 "Aktes"로 되어 있으며, 메를로퐁티는 "작용(Aktes)"을 "전체"로 바꿔 인용한다.

지 않으려는 것을 알아차리고, 그래서 내가 몸짓을 바꾸게 될 때, 여기에는 구분되는 두 가지 의식 작용이 있는 것이 아니다. 나는 상대방의 원치 않음을 보면서, 나의 조바심 내는 몸짓이 어떤 사유의 개입도 없이 이러한 상황에서 생겨나는 것이다.[87] 지금 내가 "동일한" 운동이긴 하지만, 앞에 있는 상대, 심지어 가상의 상대를 향하지 않으면서, "일련의 그 자체로서의 운동"[88]과 같은 것을 실행한다고 하자. 다시 말해, 팔을 〈회외운동回外運動〉[89] 시키면서, 팔 안쪽으로 앞 팔 〈구부리기〉, 또 손가락 〈구부리기〉를 한다고 하자. 그러면, 조금 전에 운동의 수레였던 내 몸은 그것 자체가 운동의 목표가 되어 버리고, 몸의 운동적인 앞에-던짐은 더 이상 세계 속의 어떤 사람도 향하지 않으며, 내 앞 팔, 팔, 손가락을 향한다. 내 몸이 내 앞 팔, 팔, 손가락을 향할 수 있는 것은, 이것들이 주어진 세계에 들어가 있기를 멈추고, 내 주위에 허구의 상황을 그릴 수 있는 한에서이다. 또는 심지어 허구의 상대방도 없이 내가 의미표현하는 이 기계를 호기심을 갖고 고찰해 보고, 재미 삼아 이 기계를 작동시켜 보는 한에서다.[90]

[6. 〈투사projection의 기능〉]

¶ 추상적 운동은 구체적인 운동이 전개되는 충만한 세계 내부를 파내어 반성과 주체성의 영역을 마련하고, 자연적 공간 위에 잠재적이거나 인

---

[87] Goldstein, *Über die Abhängigkeit*⋯, p. 161.

[88] *Id. ibid.*

[89] 역주) 팔의 "회외운동(supination)"은 "손바닥이 앞이나 위로 향하도록 앞 팔과 손을 돌리는 것"(*Merriam-Webster's Medical Dictionary*)을 말한다.

[90] 골트슈타인은 (*Über die Abhängigkeit*⋯, pp. 160과 그 이하) 추상적 운동의 바탕이 몸이라고 말하는 것으로 만족한다. 그것은 추상적 운동 속에서 몸이 더 이상 단순히 수레가 아니라, 운동의 목표가 되는 한에서 사실이다. 그렇지만 몸은 기능을 바꿈으로써 실존적 양태도 바꾸고, 또 현실적인 것에서 잠재적인 것으로 이행한다.

간적인 공간을 겹쳐 놓는다. 따라서 구체적 운동은 구심적이며, 이에 반하여 추상적 운동은 원심적이다. 구체적 운동은 존재 또는 현실적인 것에서 일어나고, 추상적 운동은 가능적인 것 또는 비-존재에서 일어난다. 전자는 주어진 바탕에 달라붙어 있고, 후자는 스스로가 그 바탕을 펼쳐 낸다. 추상적 운동을 가능케 하는 정상적인 기능은 〈투사〉[91]의 기능이다. 즉 이 투사의 기능을 통해 운동의 주체는 자기 앞에 자유로운 공간을 마련하여, 이 공간에서 본래 존재하지 않는 것이 존재하는 듯한 모습을 가질 수 있다. 《130》

슈나이더만큼 증세가 심하지 않은 환자들이 있다. 그들은 형태, 거리, 대상 자체는 지각한다. 그렇지만 그들은 이 대상들 위에서 행위에 필요한 방향을 그리지 못하고, 주어진 원리에 따라 대상들을 분류하지도 못한다. 일반화하여 말하면, 그들은 공간적인 광경에 인간학적 규정을 적용하지 못해, 그 광경을 우리의 행위의 광경으로 만들지 못한다. 예를 들어 이 환자들은 미로 속에서 막다른 길에 직면할 때, 〈반대 방향〉을 발견하는 데 어려움을 겪는다. 그들과 의사 사이에 자를 놓아두고서, 〈그들 쪽〉이나 〈의사 쪽〉에 대상들을 분류하라고 주문하면, 그들은 분류할 줄 모른다. 그들은 자신의 몸에 주어진 자극 지점을 타인의 팔에서 지적하는 것을 잘해 내지 못한다. 그들은 요일과 달의 순서를 암기해서 알고 있고, 지금이 3월이고 월요일이라는 것을 알지만, 어제와 지난달을 지적하는 것에는 힘들어한다. 그들은 그들 앞에 놓인 두 줄의 막대기들의 개수를 비교하지 못한다. 즉 그들

---

91   역주) 여기에서 메를로퐁티는 "투사(projection)"와 앞에서 언급한 "앞에-던짐(projet)"을 구별해서 쓴다. 〈투사〉는 정상인의 추상적 운동을 가능케 하는 것으로서 가상의 공간을 펼칠 수 있는 것이다. 슈나이더에게는 이 투사의 기능이 없다. 반면 메를로퐁티는 〈앞에-던짐〉을 슈나이더뿐 아니라 정상인도 지니는 것으로 쓴다. 즉 〈앞에-던짐〉을 구체적 운동뿐 아니라 정상인의 추상적 운동에서도 나타나는 〈지향성〉의 의미로 쓰고 있다.

은 어떨 때는 같은 막대기를 두 번 세기도 하고, 또 어떨 때는 다른 줄의 몇몇 막대기를 이쪽 줄의 막대기들로 세기도 한다.[92] 이와 같은 것은 이 모든 행위에 [결여된] 하나의 동일한 능력이 요구되기 때문에 일어난 것이다. 즉 주어진 세계에서 경계선을 긋고 방향을 그리는 능력, 사물의 힘의 흐름을 확립하는 능력, 관점적 현상들을 마련하는 능력이 요구되는 것이다. 한마디로 그때그때의 앞에-던짐에 따라 주어진 세계를 조직하는 능력, 지리적인 주위 환경 위에서 행동의 환경을 구축하는 능력, 즉 주체의 내적 활동성을 외부로 표현하는 실질의미들의(의미표현적) 체계를 구축하는 능력이 요구되는 것이다. 환자들에게서 세계는 완전히 완성되거나 응고된 세계로서만 존재한다. 반면에 정상인의 앞에-던짐projet은 세계에 극성極性을 부여하고, 또 박물관의 안내판이 관람자를 유도하듯이 행위를 유도하는 수많은 기호들을 마술처럼 세계에 나타나게 한다. 이러한 〈투사〉 혹은 (영매가 없는 사람을 불러내고 나타나게 한다는 의미의) 〈불러냄évocation〉의 기능은 추상적 운동을 가능케 하는 것이기도 하다. 왜냐하면 즉각적으로 수행할 모든 일(과제)에서 벗어나 내 몸을 소유하기 위해, 내 몸을 내 뜻대로 이용하기 위해, 또 언어적인 지시나 정신적인 필요에 의해서만 규정되는 운동을 허공에 그리기 위해, 나는 몸과 주위의 자연적 관계를 뒤집어야 하며, 인간적인 산출성은 존재의 두께를 통해 나타나야 하기 때문이다.

[7. 이러한 현상은 인과적 설명을 통해서도 시각적 장애에 연결함으로써도 이해할 수 없다. 또한 반성적 분석을 통해서도 〈상징적 기능〉에 연결함으로써도 이해할 수 없다]

우리가 다루는 여러 운동 장애는 이상과 같은 말들로 기술될 수 있다.

---

92   Van Woerkom, *Sur la notion de l'espace*(*le sens géométrique*), pp. 113-119.

그러나 《131》 종종 정신분석학에 대해 언급하는 것과 같이,[93] 이러한 기술은 질병의 의미나 본질만을 우리에게 제시할 뿐, 그 원인을 나타내지 않는다는 사실이 아마도 지적될 것이다. 과학은 단지 설명과 함께 시작할 것이며, 이 설명은 귀납적 실험 방법을 통해 현상이 의존하는 조건을 현상 아래에서 찾아내야 하는 것이다. 예를 들어, 지금 우리는 슈나이더의 운동 장애가 시각 기능의 심각한 장애와 일치하며, 또한 시각 기능의 장애 자체가 질병의 근원인 후두부 부상과 결부되어 있음을 알고 있다. 슈나이더는 단지 시각을 통해서는 어떤 대상도 인식하지 못한다.[94] 그의 시각적 소여들은 거의 형태 없는 얼룩 같은 조각들이다.[95] 그는 눈앞에 없는 대상에 대해 스스로가 시각적 표상을 형성할 수 없다.[96] 다른 한편 알려진 사실은, 주체가 눈

93 예를 들어, H. Le Savoureux, *Un philosophe en face de la Psychanalyse*, *Nouvelle Revue Française*, February 1939. "프로이트 입장에서, 증상들을 사실임 직한(plausible) 논리적 관계들로 연결했다는 사실만으로도, 정신분석학적, 즉 심리학적 해석의 정당성을 주장하는 데 충분한 확증(confirmation)이 된다. 해석의 정확성의 기준으로서 제시된 이런 논리적 정합성의 특징으로 인해, 프로이트의 증명은 과학적 설명보다는 훨씬 형이상학적 연역에 가까운 것이 된다…. 정신의학에서, 심리학적인 개연성(vraisemblace)은 원인 탐구에서 거의 어떤 가치도 지니지 못한다"(p. 318).

94 그가 대상을 인식하는 데 성공하는 것은, 불완전하게 대상의 윤곽을 반복해서 그리는 머리, 손, 손가락의 〈모방 운동〉을 허용할 때뿐이다. Gelb, Goldstein, *Zur Psychologie des optischen Wahrnehmungs-und Erkennungsvorganges*, *Psychologische Analysen hirnpathologischer Fälle*, Chap. I, pp. 20-24.

95 "환자의 시각적 소여에는 [시각 대상의] 어떤 특정한 특징적인 구조가 결여되어 있다. 인상들은 정상인의 인상처럼 견고한 배열형태를 가지고 있지 않다. 예를 들어 〈사각형〉, 〈삼각형〉, 〈직선〉, 〈곡선〉과 같은 특징적인 모습을 가지고 있지 않다. 환자 앞에는 단지 얼룩 같은 조각들만 있으며, 이런 조각들에 대해 그가 시각적으로 파악할 수 있는 것은 높이와 폭과 이것들의 관계와 같은 매우 대략적인 특징들뿐이다"(*Ibid.*, p. 77). 오십 걸음 정도 떨어진 곳에서 뜰을 쓸고 있는 정원사는 "그 앞에서, 무엇인가가 왔다 갔다 하는, 긴 줄"(p. 108)이다. 환자는 거리에서 사람과 차를 구별한다. "사람은 모두 비슷하며, 즉 가늘고 길며, 차는 넓고, 그래서 착오를 범할 수 없으며, 또 훨씬 두껍기 때문이다"(*ibid.*).

으로 운동해야 할 사지를 집중해 바라본다면, 〈추상적〉 운동이 가능해진 다는 것이다.[97] 《132》 이처럼, 남아 있는 의지적 운동성의 부분은 남아 있는 시각적 인식의 부분에 의존하고 있다. 밀의 유명한 방법에 따르면, 여기서 우리는 다음과 같이 결론 내릴 수 있다. 즉 추상적 운동과 가리키는 행위 *Zeigen*는 시각적 표상 능력에 의존하고 있다. 그리고 환자가 잃어버리지 않은 구체적 운동과 그가 빈약한 시각적 소여를 보충하는 모방 운동은, 실제로 슈나이더가 매우 잘 실행하는 운동감각적 또는 촉각적 감각(감관)에 속하는 것이다. 구체적 운동과 추상적 운동의 구분은 잡는 행위*Greifen*와 가리키는 행위*Zeigen*의 구분과 마찬가지로, 촉각적인 것과 시각적인 것의 고전적인 구분으로 귀결될 것이며, 좀 전에 우리가 해명했던 투사 혹은 불러냄의 기능은 시각적 지각과 시각적 표상으로 귀결될 것이다.[98]

사실 밀Mill의 방법대로 시도한 귀납적 분석은 어떤 결론에도 이르지 못한다. 왜냐하면 추상적 운동과 가리키는 행위의 장애는 정신맹의 경우에서만 볼 수 있는 것이 아니라, 소뇌질환 환자나 다른 많은 질병에서도 볼 수 있기 때문이다.[99] 이와 같은 [인과적인] 모든 대응들 중에서 오직 하나의 대응만을 결정적인 것으로 선택하여, 그 대응으로 가리키는 행위를 〈설명할〉 수는 없다. 사실들 자체가 갖는 애매성 앞에서는, 대응들을 통계적으로 기록하는 것을 단념하고, 대응들이 나타내는 관계를 〈이해하려고〉 노

---

96   *Ibid.*, p. 116.

97   Gelb et Goldstein, *Über den Einfluss*…, pp. 213-222.

98   겔프와 골트슈타인은 슈나이더 연구에 바친 처음 저술들에서(*Zur Psychologie*… 그리고 *Über den Einfluss*) 이 환자의 사례를 바로 이러한 의미로 해석하였다. 이어지는 저술들에서(*Über die Abhängigkeit*…와 특히 *Zeigen und Greifen*, 그리고 그들의 지도하에 베나리 (Benary), 호흐하이머(Hocheimer), 슈타인펠트(Steinfeld)가 출간한 저술들), 그들이 어떻게 그들의 진단을 확장하였는지를 우리는 보게 될 것이다. 그들의 분석의 진보는 심리학의 진보를 유달리 보여 주는 명백한 한 사례이다.

99   *Zeigen und Greifen*, p. 456.

력할 수밖에 없다. 소뇌질환 환자의 경우, 시각적으로 흥분시키는 것은 청각적으로 흥분시키는 것과는 달리 불완전한 운동적 반응만을 가져온다는 사실이 확인된다. 그렇지만 소뇌질환 환자에게서 시각 기능의 일차적 장애를 상정할 아무런 이유도 없다. 가리키는 운동이 불가능하게 된 것은 시각적 기능이 손상되어 있기 때문이 아니다. 그 반대로 가리키는 태도가 불가능하기 때문에, 시각적으로 흥분시키는 것이 불완전한 반응만을 일으키는 것이다. 소리는 자연스럽게 《133》 비교적 잡는 운동을 부르고, 시각적 지각은 가리키는 몸동작을 부른다는 사실을 우리는 인정해야 한다. "소리는 항상 우리를 그 내용으로, 우리에게 나타난 그 실질의미로 향하게 한다. 이에 반해 [대상이] 시각적으로 제시될 때, 우리는 훨씬 쉽게 내용을 〈추상할〉 수 있으며, 대상이 존재하는 공간의 장소 쪽으로 훨씬 더 향해 있다."[100] 따라서 하나의 감각(감관)은 그것의 〈심리적 내용〉의 기술 불가능한 성질에 의해서가 아니라, 그것의 대상을 제시하는 어떤 방식에 의해, 즉 그것의 인식론적인 구조에 의해 규정된다. 그리고 성질은 이 구조의 구체적인 실현이며, 칸트처럼 말하자면 이 구조의 나타냄exhibition이다. 의사는 환자에게 〈시각적 자극〉 또는 〈청각적 자극〉을 가하면서, 환자의 〈시각적 감각성〉 또는 〈청각적 감각성〉을 검사한다고 믿고, (경험론의 언어로는) 환자의 의식을 형성하는 감각 성질(감각질)들의 목록을, 또는 (지성론의 언어로는) 환자의 인식이 이용하는 질료들의 목록을 만든다고 믿는다. 의사와 심리학자는 상식에서 〈시각〉과 〈청각〉 개념을 빌려 온다. 그리고 상식은 이 개념들이 일의적이라고 믿는다. 왜냐하면 우리의 몸이 실제로 해부학적으로 구별되는 시각 기구와 청각 기구를 갖추고 있고, 상식은 〈항상성〉[101]의 일반

---

100   Goldstein, *Zeigen und Greifen*, pp. 458-459.
101   앞의 도입부, 62쪽 참조.

공리에 따라, 나눠질 수 있는 의식 내용들이 이런 기구들에 대응해야 한다고 전제하기 때문이다. 그렇지만 이 〈항상성〉의 공리는 우리 자신에 대한 우리의 자연스러운 무지를 나타낸다. 그러나 과학이 이러한 [시각 또는 청각] 개념들을 다시 거론하고 체계적으로 이용할 때, 이 혼돈스러운 개념들은 연구를 방해하여, 결국 이 순진한 범주들의 전반적 수정이 요구된다. 사실, 식역의 측정이 검사해 주는 것은 감각 성질이 개별화(특정화)되기 이전의 기능과 인식이 전개되기 이전의 기능이다. 그것은 주체가 그 자신을 둘러싼 것을, 활동성의 극極이자 잡거나 배척하는 행위의 종착지로서건, 인식의 광경이자 주제로서건, 그 자신에게 있게 하는 방식이다. 소뇌질환 환자의 운동 장애와 정신맹의 운동 장애를 정합적으로 이해할 수 있는 것은, 운동과 시각의 바탕을 저장되어 있는 감각 성질들로 정의하는 것이 아니라, 주위 환경을 형태화하거나 구조화하는 어떤 방식으로 정의할 때뿐이다. 우리는 귀납적 방법의 사용 자체로 인해, 오히려 실증주의가 피하기를 원하는 이러한 〈형이상학적〉 문제들에 이르게 된다. 귀납이 스스로의 목표에 도달하는 것은, 그것이 현존하는 것들, 부재하는 것들, 또 동반하는 변화들을 기록하는 것으로 만족하지 않고, 또 (134) 사실들에 포함되지 않은 관념들 아래서 이 사실들을 개념화하고conçoit 이해하는 경우뿐이다. 문제는 우리에게 그 의미를 알려 주는 질병의 기술과, 그 원인을 알려 주는 질병의 설명 사이에서 선택하는 것이 아니다. 이해가 없다면, 설명도 없는 것이다.

그럼에도 우리의 비판을 분명히 해 보자. 그것은 분석상 둘로 나뉜다. (1) 하나의 〈심리적 사실〉의 〈원인〉은 단순 관찰에 드러나는 또 하나의 〈심리적 사실〉이 결코 아니다. 예를 들어, 시각적 표상은 추상적 운동을 설명하지 못한다. 왜냐하면 추상적 운동과 가리키는 동작에 나타나는 동일한 능력이, 즉 광경을 투사하는 동일한 능력이 시각적 표상 자체에 거주하기 때문이다. 그런데 이 능력은 감각(감관)들에서도 심지어 내적 감각(감관)sens intime에서도 드러나지 않는다. 우선은 이 능력이 나중에 우리가 그 본성을 자세히 해명할 반성에서만 드러난다고 말해 두자. 따라서 즉각 밝혀지는 것은 심리학적 귀납이 사실들의 단순 조사가 아니라는 것이다. 심리학적 설명은 여러 사실 중 항상적이고 조건 없는 전건(앞선 사실)을 지적함으로써 이루어지는 것이 아니다. 물리학적 귀납이 단순히 경험적인empirique 계기적 연관을 기록하는 데 그치지 않고, 사실들을 정돈할 수 있는 개념들을 창조하는 것과 마찬가지로, 심리학은 사실을 개념화하거나conçoit 이해하는 것이다. 이 때문에 물리학에서와 마찬가지로 심리학에서의 어떤 귀납도 어떤 결정적 실험expérience cruciale을 이용할 수 없다. 설명은 발견되지 않고 발명되기 때문에, 결코 사실과 함께 주어지는 것이 아니라, 언제나 개연적인 해석인 것이다. 지금까지 우리가 말한 것은 물리학적 귀납에 대해 매우 잘 지적되었던 것[102]을 심리학에 적용한 것일 뿐이다. 그리고 우리의 첫 번째 비판은 귀납법을 이해하는 경험론적 방식 그리고 밀의 방법들을 대상으로 하고 있다. ─ (2) 이제, 우리는 이 첫 번째 비판에 두 번째 비판이 포함되어 있음을 곧 보게 될 것이다. 심리학에서 거부해야 하는 것은 경험론만이 아니다. 귀납적 방법 및 인과적 사유 일반이 거부되어야 한다. 심리학의 대상은 그 본성상 함수와 변수의 관계로 규정될 수 없는 것이다. 이 두 가지 점을 세부적으로 해명해 보자.

(1) 우리가 확인한 것처럼, 슈나이더의 운동 장애에는 시각적 인식의 심각한 결함이 함께 나타난다. 따라서 우리는 정신맹을, 순수 촉각적 행동을 보여 주는 사례로서 간주하고 싶은 유혹을 받는다. 또한, 몸 공간의 의식과 《135》 잠재적 공간을 향한 추상적 운동이 정신맹에게 거의 완전히 결

---

[102] Cf. Brunschvicg, *L'Expérience humaine et la Causalité physique*, 1ère partie.

여되어 있기 때문에, 우리는 촉각이 그 자체로는 우리에게 객관적 공간의 어떤 경험도 주지 않는다고 결론 내리고 싶어 한다.[103] 그래서 우리는 촉각이 그 자체로는 운동에 바탕을 제공하는 데에 적합하지 않다고, 다시 말해 운동의 주체 앞에 그 출발점과 도착점을 엄밀히 동시적으로 펼치는 데에 적합하지 않다고 말하게 될 것이다. 환자는 예비 운동을 통해 〈운동감각적 바탕〉을 자신에게 주려고 시도한다. 또 그는 처음에 놓인 자신의 몸의 위치를 〈표시하고〉, 운동을 시작하는 것에 정말로 성공한다. 그렇지만 이러한 운동감각적 바탕은 불안정하다. 그것은 운동이 계속되는 동안 출발점 및 도착점과 관계하여 운동하는 것의 위치를 시각적 바탕처럼 우리에게 제공하지 못할 것이다. 그것은 운동 자체에 의해 급변하게 되어, 운동의 국면이 바뀔 때마다 재형성될 필요가 있는 것이다. 이러한 이유로, 또 우리는 슈나이더의 추상적 운동이 멜로디적인 모습을 잃어버렸고, 끝에 끝이 붙여진 단편들로 이루어졌으며, 또 도상에서 종종 〈탈선한다〉고 말하게 될 것이다. 이렇게 되면 슈나이더에게 결여된 실천의 장은 바로 시각적 장이 되는 것이다.[104]

¶ 그러나 이때 정신맹에게서는 운동 장애를, 정상인에게서는 투사 기능을, 각각 항상적이고 조건 없는 전건으로서의 시각 장애와 시각에 연결해야 한다. 그렇게 연결할 권리가 있기 위해서는, 시각 소여만이 질병으로 손상되어 있고, 행동의 다른 모든 조건, 특히 촉각적 경험은 정상인의 것과 동일하게 확실히 남아 있어야 할 것이다. 우리는 이러한 것을 주장할 수 있을까? 바로 여기서, 어떻게 사실들이 애매하고, 어떤 실험도 결정적cruciale 이지 않으며, 어떤 설명도 궁극적définitive이지 않다는 것을 보게 될 것이다.

103   Gelb et Goldstein, *Über den Einfluss*···, pp. 227-250.
104   Goldstein, *Über die Abhängigkeit*···, p. 163와 그 이하.

우리는 정상인이 눈을 감고서 추상적 운동을 실행할 수 있다는 것과, 그의 촉각적 경험이 운동성을 지배하기에 충분하다는 것을 지적할 수 있다. 그럼에도 사람들은 감각(감관) 교육éducation des sens이라는 오랜 도식에 따라, 정상인의 촉각적 소여가 바로 시각적 소여로부터 이 후자의 객관적 구조를 획득했다고 언제나 대답할 수 있을 것이다. 우리는 맹인이 그의 몸에 가한 자극의 위치를 규정할 수 있다는 것과, 맹인들에게도 예비 운동이 필요한 예들이 있지만 그들이 추상적 운동을 실행할 수 있다는 것을 지적할 수 있다. 그럼에도 사람들은 빈번한 연합으로 인해, 《136》 운동감각적 인상의 질적인 색채가 촉각적 인상에 전해지고, 이 운동감각적 인상이 준-동시적으로 접합되었다고 언제나 대답할 수 있을 것이다.[105] 그렇지만 사실, 환자들[106]의 행동 자체에 나타난 많은 사실에서, 촉각적 경험의 원초적 변질을 추정해 볼 수 있다. 예를 들어, 어떤 환자는 문을 두드릴 줄 알지만, 문이 가려져 있거나 단지 그것이 손에 닿지 않는 거리에 있다면, 그는 더 이상 문을 두드리지 못한다. 환자는 문이 손에 닿지 않을 때, 눈을 뜨고서 문을 응시하고 있는데도,[107] 허공 속에서 두드리거나 여는 동작을 실행할 수 없다. 환자는 보통 자신의 운동의 방향을 그럭저럭 잡을 정도로 충분히 목표물의 시각적 지각을 갖고 있는데, 여기서 어떻게 시각적 결함을 문제 삼을 수 있겠는가? 오히려 우리는 촉각의 원초적 장애를 드러낸 것이 아닌가? 한 대상이 운동을 불러일으킬 수 있기 위해서는, 이 대상이 환자의 운동의 장場에 포함되어야 하는 것은 명백하다. 또한 장애는 운동의 장이 축소되는 데에 있음이 명백하고, 이제 운동의 장은 실제 접촉할 수 있는 대상

---

105   Goldstein, *Über den Einfluss*…, p. 244와 그 이하.

106   골트슈타인 자신이 그의 저술(*Über die Abhängigkeit*…)에서 슈나이더의 사례와 비교한 S.의 사례가 여기에 해당한다.

107   *Über die Abhängigkeit*…, pp. 178-184.

으로 제한되며, 정상인의 촉각적 대상을 둘러싸는 그러한 가능적인 촉각의 지평은 여기서 배제된다. 결국 결함은 시각보다도 깊은 기능, 또 주어진 성질의 총합으로서의 촉각보다도 깊은 기능과 관계할 것이다. 결함은 주체의 생명적 영역에, 세계에의 열림에 관계할 것이다. 이 세계에의 열림은 실제로 잡을 수 없는 대상들이 그럼에도 정상인에게 중요하게 하고, 그에게 촉각적으로 존재하게 하며, 또 그의 운동적 세계에 속하도록 한다. 이러한 가설에 따르면, 환자가 운동을 하는 동안 내내 자신의 손과 목표물을 바라보는 것[108]을, 정상적인 전개 과정의 단순 확대로 보지 말아야 할 것이다. 또한 시각에 의존하는 것은 잠재적 촉각이 붕괴되었기 때문에만 비로소 필요한 게 될 것이다. 그런데 엄밀한 귀납적 차원에서 보면, 촉각을 문제 시하는 이러한 해석은 여전히 임의적이다. 게다가 사람들은 골트슈타인과 함께 언제나 다른 해석을 선택할 수 있다. 즉 환자가 두드리는 행위를 하기 위해 손에 닿을 수 있는 거리에 있는 목표물을 필요로 하는 것은, 바로 결함 있는 그의 시각이 운동에 견고한 바탕을 더 이상 충분히 제공하지 못하기 때문이라는 것이다. 그러므로 환자의 촉각적 경험이 정상인의 촉각적 경험과 동일한 것인지 아닌지를 결정적으로 증명해 줄 수 있는 사실은 없다. 또한 골트슈타인의 입장은 《137》 물리학 이론과 마찬가지로 어떤 보조 가설을 통해서 언제나 사실들과 일치할 수 있는 것이다. 물리학과 마찬가지로 심리학에서도 엄밀히 배타적인(하나만 가능한) 어떤 해석도 가능하지 않다.

그렇지만 자세히 고찰해 보면, 우리는 결정적 실험의 불가능성이 심리학에서는 특수한 이유에 근거하고 있음을 알 수 있다. 이 불가능성은 인식할 대상의 본성 자체, 다시 말해 행동의 본성 자체에 기인하고, 또 이 불가

---

[108] *Ibid.*, p. 150.

능성은 훨씬 더 결정적인(중요한) 귀결들을 함축한다. 물리학은 어떤 것도 사실에 의해 절대적으로 배제되지도 않고, 어떤 것도 엄밀히 근거 지어지지도 않는 이론들 중에서, 여전히 개연성vraisemblance의 정도에 따라 선택할 수 있다. 다시 말해 각 이론이 스스로의 입장을 옹호하기 위해 고안한 보조 가설 없이 일정하게 배열하는 데 성공한 사실의 수의 따라, 물리학은 [한 이론을] 선택할 수 있다. 심리학에서는 이러한 기준이 없다. 조금 전에 보았듯이, 문 앞에서 〈두드리는〉 동작의 불가능성을 시각적 장애로 설명하기 위해서는, 어떤 보조 가설도 필연적이지 않다. 우리는 하나만 가능한 해석에 —잠재적 촉각의 결함 아니면 시각적 세계의 결함— 결코 도달하지 못하는 것만이 아니다. 필연적으로 우리는 똑같이 개연적인vraisemblables 해석들에도 관계한다. 왜냐하면 〈시각적 표상〉, 〈추상적 운동〉, 〈잠재적 촉각〉은 하나의 동일한 중심적 현상에 대한 서로 다른 이름들에 지나지 않기 때문이다. 그러므로 심리학은 여기서 물리학과 동일한 상황 속에 있지 않다. 다시 말해 귀납의 확률(개연성probabilté)의 틀 속에 있지 않다. 엄밀한 귀납적 관점에서 가설들이 양립할 수 없는데도, 심리학은 이러한 가설들 중 하나를 개연성vraisemblance을 통해서라도 선택할 수가 없다. 귀납이 단순히 확률적(개연적probable)이라 해도 가능하기 위해서는, 〈시각적 표상〉 아니면 〈촉각적 지각〉이 추상적 운동의 원인이어야 하며, 아니면 결국 양쪽 모두가 다른 한 원인의 결과들이어야 한다. 세 가지 또는 네 가지 항들은 외부에서 관찰할 수 있어야 하고, 이 항들의 상관적인 변화가 어디에 있는지를 드러낼 수 있어야 한다. 그러나 만약 이 항들이 분리될 수 없다면, 만약 각각의 항이 다른 항들을 전제한다면, 실패는 더 이상 경험론의 실패 또는 결정적 실험의 시도의 실패로 그치지 않고, 심리학에서의 귀납적 방법의 실패 또는 인과적 사유의 실패일 것이다. 이렇게 해서 우리는 확립하려고 했던 두 번째 지점에 도달한다.

(2) 골트슈타인이 인정하듯이, 정상인에게서 촉각적 소여와 시각적 소여가 함께-실존함으로써 전자가 추상적 운동의 바탕으로 이용될 수 있을 정도로 무척 변화한다면,《138》이와 같은 시각적인 영향(지분)과 단절된 환자의 촉각적 소여는 즉시 정상인의 것과는 동일시될 수 없을 것이다. 골트슈타인에 따르면, 정상인의 촉각적 소여와 시각적 소여는 병치되어 있는 것이 아니며, 전자는 후자와 인접해 있는 덕분에, 슈나이더가 상실한 어떤 〈질적인 뉘앙스〉를 가지고 있다. 골트슈타인은 덧붙여 말하기를, 이것은 순수 촉각적인 것의 연구가 정상인에게서는 불가능하며, 오직 질병만이 그것 자체로 환원된 촉각적 경험의 모습이 무엇인지를 알려 주는 것이다.[109] 이러한 결론은 옳다. 그러나 이것은 결국 다음과 같이 말하는 것이 된다. 즉 정상적인 주체와 환자에게 적용되는 〈촉각〉이란 말은 동일한 의미를 갖지 않으며, 〈순수 촉각적인 것〉은 병리학적인 현상이지 정상적인 경험에 속하는 구성요소가 아니라는 것이다. 또, 질병은 시각 기능을 붕괴시킴으로써 촉각의 순수 본질을 드러내는 것이 아니라, 오히려 주체의 경험 전체를 변화시켰다는 것이다. 달리 표현하자면, 정상인 주체에게는 촉각적인 경험과 시각적인 경험이 있는 것이 아니라, 각 감각(감관)들의sensoriels 지분의 양을 정하는 것이 불가능한 통합적인intégrale 경험이 있다는 것이다. 정신맹에게서 촉각이 매개한 경험은 정상인에게서 촉각이 매개한 경험과는 어떤 공통적인 것도 없고, 또 이 양쪽의 경험 모두 〈촉각적〉 소여라 불릴 만한 것도 아니다. 시각적 경험을 변화시키는 동안에도, 촉각적 경험은 불변적으로(항상적으로) 유지되어, 각 경험의 고유한 인과성이 지적될 수 있는 그런 분리된 상태가 아니다. 또한 행동은 이러한 변수들의 함수가 아니다. 각각의 변수가 다른 변수의 정의 속에 전제되어 있듯이,

---

109   *Über den Einfluss*…, pp. 227과 그 이하.

행동은 이 변수들의 정의 속에 전제되어 있다.[110] 정신맹,《139》촉각의 불완전성, 운동 장애는 이것들을 이해할 수 있게 해 주는 더 근본적인 장애의 세 가지 표현이지, 병적인 행동의 세 가지 구성요소가 아니다. 시각적 표상, 촉각적 소여, 운동성은 행동의 통일성에서 잘라 낸 세 가지 현상이다. 이들 세 가지가 서로 상관적인 변화를 보이기 때문에, 사람들은 하나를 다른 하나로 설명하고 싶어 한다. 그러나 이것은 예컨대, 소뇌질환 환자의 사례가 증명하듯이, 시각적 표상 작용이 추상적 운동과 가리키는 동작에서도 나타나는, 그런 동일한 투사 능력을 이미 전제한다는 사실을 망각하는

110 감각적(감관적) 소여들이 운동성에 의해 조건 지어지는 것에 대해서는, *Structure du Comportement*, p. 41[제3판, p.36] 참조 바람. 또 묶여 있는 개가 자유롭게 운동할 수 있는 개처럼 지각하지 않음을 보여 주는 실험들을 참조하기 바란다. 겔프와 골트슈타인에게 있어, 고전 심리학의 방법이 이상하게도 게슈탈트 심리학의 구체적인 착상과 섞여 있다. 그들은 지각하는 주체가 하나의 전체로서 반응하는 것을 분명 인정한다. 그러나 전체성은 혼합(mélange)으로 이해되고, 촉각은 시각과 함께-실존한 상태에서 〈질적인 뉘앙스〉만 받아들인다. 그렇지만, 게슈탈트 심리학의 정신에 따르면, 두 감각(감관) 영역이 서로 소통할 수 있는 것은 이것들이 나눠질 수 없는 계기들로서 상호감각적(상호감관적) 조직에 통합될 때뿐이다. 그런데 촉각적 소여가 시각적 소여와 함께 하나의 전체적인 배열형태(configuration)를 구성한다면, 이것은 분명 촉각적 소여 스스로가 그것의 고유한 지반 위에서 공간적 조직을 실현한다는 조건에서이다. 그렇지 않다면, 촉각과 시각의 결합은 외적인 연합이 될 것이고, 전체적인 배열형태 속의 촉각적 소여는 그것을 고립적으로 취했을 때와 같은 것이 될 것이다. 이 두 귀결은 형태 이론에 의해 똑같이 거부된다.
공정하게 평가하기 위해, 겔프 자신은 또 다른 글에서(Bericht über den IX Kongress für experimentelle Psychologie in München, *Die psychologische Bedeutung pathologischer Störungen der Raumwahrnehmung*), 우리가 좀 전에 분석했던 글이 불충분하다고 지적하고 있음을 덧붙여야 한다. 그에 따르면, 정상인에게서 촉각과 시각의 합체(coalescence)에 대해 말조차 하지 말아야 하며, 공간에 대한 반응에서 이 두 가지 구성요소를 구별조차 하지 말아야 한다. 순수 촉각적 경험도 순수 시각적 경험도, 또 그 병치된 공간도 그 표상된 공간도 모두 분석의 산물이다. "미분화된 통일성"(p. 76) 속에서 모든 감각(감관)이 서로 협력하는 공간의 구체적인 조절(maniement)이라는 것이 있다. 그리고 촉각은 공간에 대한 주제적인 인식에는 단지 적합하지 않은 것이다.

것이다. 그래서 그것은 그들이 설명한다고 생각하는 것을 그들 스스로가 전제해 버린 것이 되는 것이다. 귀납적이면서 인과적인 사유는 시각이나 촉각 아니면 어떤 사실적 소여 속에 투사의 능력을 가둠으로써, 그것들 모두에 거주하는 그 투사의 능력을 우리에게 감추고, 바로 심리학 차원인 행동의 차원에 대해 우리를 눈멀게 한다.

¶ 물리학의 경우, 어떤 법칙이 수립되기 위해서는 과학자가 사실들을 질서 지우는 관념을 생각해 내는 것이 진정으로 요구된다. 또한 사실들 속에 있지 않은 이런 관념은 결정적인 실험에 의해 결코 검증되지 않을 것이고, 어디까지나 확률적(개연적인probable) 것밖에 되지 않을 것이다. 그러나 이 관념은 여전히 인과적인 관계의 관념으로서, 변수와 함수의 관계라는 의미를 지닌다. 대기압은 발명되어야 하지만, 결국 그것은 여전히 3인칭적인 과정으로서, 몇몇 변수에 대한 함수이다. 행동이 형태이고, 이 형태에서 〈시각적 내용〉과 〈촉각적 내용〉, 또 감각성과 운동성이 나눠질 수 없는 계기로서만 나타난다면, 행동은 인과적 사유가 접근할 수 없는 것이고, 다른 종류의 사유를 통해서만 파악될 수 있는 것이다. 《140》이 다른 종류의 사유는 그것의 대상을, 발생하는 상태에서à l'état naissant, 즉 대상을 감싸는 의미의 분위기(배경) 속에서, 이 대상을 체험하는 주체에게 그것이 나타나는 그대로 파악하는 것이다. 이 사유는 이러한 분위기 속에 스며들어 가, 흩어진 사실들과 증상들 배후에서, 정상인의 경우에는 주체의 존재 전체를, 환자의 경우에는 근본적인 장애를 재발견하고자 하는 것이다.

우리가 추상적 운동의 장애를 시각적 내용의 결여로 설명할 수 없고, 따라서 투사의 기능을 시각적 내용의 실제 현존으로 설명할 수도 없다면, 단 하나의 방법이 가능한 것처럼 보인다. 그것은 증상들로부터 그 자체가 확인될 수 있는 원인으로 거슬러 올라가는 것이 아니라, 어떤 이유raison 또는 지성적으로 이해되는intelligible 가능성의 조건으로 거슬러 올라감으로써 근본적인 장애를 재구성하는 방법일 것이다. 즉 나타남 각각에 전체가 현전하고 또 분해가 되지 않는 하나의 의식으로 다루는 것이다. 만약 장애를 내용들과 관련시키지 말아야 한다면, 장애를 인식의 형식에 연결해야 할 것이다. 만약 심리학이 경험론적이고 설명적이지 않다면, 심리학은 지성론적이고 반성적이어야 할 것이다. 가리키는 행위는 정확히 명명하는 행위처럼,[111] 대상이 몸에 의해 접근되고 잡히며 흡수되는 것이 아니라, 환자 앞에서 그 거리가 유지되고 그림처럼 서 있는 것을 전제한다. 플라톤은 경험론자도 [사물을 규정하기 위해] 손가락으로 가리킬 수 있음을 여전히 인정하였다. 그렇지만 사실, 가리켜진 것이 이미 순간적인 존재와 모나드적인 존재로부터 벗어나지 않는다면, 또 이전에 내게 나타난 모습들과 나와 동시에 타인에게 나타난 모습들을 대표하는(재현하는) 것으로 다뤄지지 않는다면, 다시 말해 하나의 범주 아래에 포섭되고 개념으로 상승되지 않는다면, 이러한 [가리키는] 동작은 무언 속에서라도 불가능하다. [따라서 지성론의 입장에서] 환자가 만져진 그의 몸의 부위를 더 이상 손가락으로 가리킬 수 없는 것은, 그가 더 이상 객관적 세계 앞에 있는 주체가 아니기 때문이며, 그가 더 이상 "범주적 태도"[112]를 취할 수 없기 때문이다. 마찬가지로 추상적 운동이 제대로 실행되지 않은 것은, 이 운동이 목표에 대한 의식을 미리 전제하고, 이런 의식에 의해 지탱되며, 또 그것이 대자적인 운동이기 때문이다. 그래서 [이 입장에서는] 정말이지 추상적인 운동은 존재하는 어떤 대상에 의해서도 일으켜지지 않고, 그것은 분명 원심적인 것이다. 또한 이 운동은 자기-몸을 통해 사물을 만나려고 자기-몸을 가로지르지 않고, 자기-

---

111   *Cf.* Gelb et Goldstein, *Über Farbennamenamnesie.*
112   Gelb et Goldstein, *Zeigen und Greifen*, pp. 456-457.

몸으로 향하여 자기-몸을 대상으로 구성하는 이유(동기) 없는 지향[113]을 공간 속에 그린다. 따라서 추상적 운동에는 객관화의 능력, 《141》 "상징 기능 fonction symbolique",[114] "표상(재현) 기능fonction représentative",[115] "투사projection"[116] 의 능력이 거주한다. 또한 이러한 능력(기능)은 이미 〈사물〉의 구성에 작용하고 있다. 그리고 이 능력(기능)의 본성은 감각 소여들 서로가 서로를 대표하는(재현하는représentatives) 것으로, 또 감각 소여들 전체가 하나의 〈형상〉을 나타내는représentatives 것으로 다루는 것, 감각 소여들에 하나의 의미를 부여하는 것, 그것들에 내적으로 혼을 불어넣는 것, 그것들을 질서 있게 하나의 체계 속에서 정돈하는 것, 다수의 경험을 동일한 하나의 지성적인 핵에 집중하는 것, 다양한 관점적 현상 속에서도 동일시되는 통일체를 다수의 경험에서 나타나게 하는 것이다. 요컨대 그것은 인상들 흐름 배후에 인상들의 근거(이유)를 제공하는 불변체invariant를 마련하는 것, 경험의 질료를 형식 속에 두는 것이다.

¶ 그런데 의식이 이러한 능력을 소유한다고 말할 수 없다. 오히려 의식은 이런 능력 자체이다. 의식이 있자마자, 또 의식이 있기 위해서는, 의식은 그것의 의식인 어떤 것, 즉 지향적 대상이 있어야 한다. 그리고 의식이 이 대상으로 향할 수 있는 것은, 단지 의식이 자신을 〈비사물화irréalise〉

---

[113] 역주) 이 문단은 메를로퐁티가 지성론의 입장에서 기술한 것이다. 이 〈지향(intention)〉
은 동일한 단어로 표기되는 메를로퐁티의 〈의도(지향(intention))〉와 달리 지성론적인
의미를 지닌다. 마찬가지로 다음 문장에 나오는 〈투사(projection)〉도 지성론적인 의
미로서, 앞에서 메를로퐁티가 말한 동일한 단어 〈투사〉와 같은 것이 아니다. 또 몇
줄 뒤의 〈형식(forme)〉, 〈의미부여(signification)〉, 〈의미부여하다(signifier)〉도 지성론적
인 의미로 해석해야 하며, 메를로퐁티가 동일한 단어로 나타내는 〈형태〉, 〈의미표현
(실질의미)〉, 〈의미표현하다〉와 다른 것이다.

[114] Head.

[115] Bouman과 Grünbaum.

[116] Van Woerkom.

하고, 자신을 대상에 던지는 한에서이다. 즉 그것은 전적으로 의식이 …인 어떤 것에 이처럼 관계하고(지시하고) 있는 한에서, 의식이 순수한 의미부여signification 작용인 한에서이다. 어떤 존재가 의식이라면, 이 존재는 지향들의 직물 이외의 어떤 것도 아니어야 한다. 만약 이 존재가 의미부여하는 작용으로 규정되기를 멈춘다면, 그것은 사물의 상태로 떨어진다. 왜냐하면 사물은 다른 것이 아니라 인식하지 않는 것이고, 자기와 세계에 대해 절대적 무지 속에 빠져 있는 것이며, 따라서 진정한 〈자기〉, 즉 〈대자〉가 아니라, 공간-시간적 개별성, 즉 즉자 존재만을 지니기 때문이다.[117] 따라서 의식은 [단적으로 의식일 뿐, 의식의] 많고 적음의 정도를 허용하지 않을 것이다. 만약 환자가 더 이상 의식으로 존재하지 않는다면, 그는 사물로서 존재해야 한다. [운동도 다음 둘 중 하나여야 한다.] 운동은 대자적인 운동이고, 따라서 〈자극〉은 운동의 원인이 아니라 운동의 지향적 대상이다. 아니면 운동은 즉자 존재 속에서 조각이 되어 흩어지는 것이다. 운동은 몸속의 객관적 과정이 되며, 이 객관적 과정의 국면들은 이어지지만 서로에게 알려지지 않는다. 질병 속에서 실행되는 구체적 운동의 특권적 상태가 설명될 수 있는 것은, 이 운동이 고전적 의미의 반사가 되기 때문이다. 《142》 환자의 손이 모기가 있는 몸의 부위로 가는 것은, 이미 있는 신경회로가 흥분의 장소에 맞춰 반응이 생기게 하기 때문이다. 직업상의 운동이 보존된 것은, 이 운동이 굳건히 확립된 조건반사에 의존하기 때문이다. 이러한 운동이 심리적 결함에도 불구하고 존속하는 것은, 그것이 즉자적인 운동이기 때문이다. 구체적인 운동과 추상적인 운동, 잡는 행위와 가리키는 행위의 구분은 생

---

[117] 이러한 구별은 종종 후설에게 그 공이 주어진다. 사실 그것은 데카르트에게도 칸트에게서도 발견된다. 우리의 생각으로는, 후설의 독창성은 지향성 개념 저 너머에 있다. 그의 독창성은 이 개념을 완성하는 데, 또 다른 사람들이 실존이라 부르는 더 심층적 지향성을 표상의 지향성 아래에서 발견하는 데 있다.

리학적인 것과 심리적인 것, 즉자 존재와 대자 존재의 구분이 될 것이다.[118]

우리는 사실 첫 번째 구분이 두 번째 구분과 일치하기는커녕, 두 번째 구분과 양립하지 못한다는 것을 곧 보게 될 것이다. 모든 〈생리학적 설명〉은 일반화되는 경향이 있다. 만약 잡는 운동이나 구체적 운동이 피부의 각 지점과 이 지점으로 손을 이끄는 운동 근육 간의 사실적de fait 연결에 의해 확보된다고 하면, 어째서 동일한 근육에 거의 동일한 운동을 명령하는 동

---

[118] 때때로 겔프와 골트슈타인은 이러한 의미로 현상들을 해석하는 경향이 있다. 그들은 기계적 자동성과 의식이라는 고전적인 양자택일을 넘어서기 위해 어느 누구보다도 많은 것들을 하였다. 그러나 심리적인 것과 생리학적인 것, 대자와 즉자 사이의 제3의 항은 그들이 자신들의 분석을 통해 언제나 도달한 것이고, 우리가 실존이라 부르는 것이지만, 그들은 결코 이 제3항에 이름을 주려고 하지 않았다. 이런 이유로 그들의 초기 저작들은 종종 몸과 의식의 고전적인 이분법에 빠지게 된다. "가리키는 행위보다 잡는 운동이 훨씬 더 직접적으로, 유기체와 그것을 둘러싼 장(場)의 관계에 의해 결정된다…. 의식적으로 형성된 관계가 아니라 직접적인 반응이 문제인 것이다…. 우리는 유기체와 장(場)에 대해, 훨씬 더 생명적인 과정, 생물학적으로 말하면 원시적인 과정과 관계한다"(Zeigen und Greifen, p. 459). "잡는 행위는 이 행위의 실행을 형성하는 의식의 부분과 관련된 변화에, (정신맹의 경우) 동시적 이해(파악)의 결여에, (소뇌질환 환자의 경우) 지각된 공간의 변화에, 즉 (몇몇 대뇌피질 손상의 경우) 감각성의 장애에 전혀 영향을 받지 않는다. 왜냐하면 잡는 행위가 이러한 대상의 영역에서 행해지지 않기 때문이다. 말초 흥분이 잡는 행위를 정확하게 이끄는 데 여전히 충분하다면, 이 행위는 보존된다"(Zeigen und Greifen, p. 460). 겔프와 골트슈타인은 분명히 위치규정적 반사 운동의 존재를 (Henri) 의심하고는 있지만, 이것은 그들이 이 위치규정적 반사 운동을 선천적인 것으로 간주하는 한에서이다. 그들은 (절대적인 무의식으로 이해되는) "수면 상태에서조차 자동적인 위치규정이 일어나기 때문에, 어떠한 공간의 의식도 없는 자동적 위치규정"의 개념을 주장한다. 이 위치규정은 유아기 때, 촉각적인 자극자에 대한 몸 전체의 전체적 반응에서 출발하여 〈학습된다〉는 것이다. 그렇지만 이 학습은 〈운동감각적 잔영〉의 축적으로 이해된다. 즉 〈운동감각적 잔영〉의 축적은 정상적인 성인에게서 외적인 흥분에 의해 〈일깨워질〉 것이고, 또 그를 적절한 출구 쪽으로 인도한다는 것이다(Über den Einfluss…, pp. 167-206). 슈나이더가 그의 직업상 필요한 운동을 정확히 실행할 수 있는 것은, 이 운동들이 익숙한 전체적인 것들이고, 어떤 공간의 의식도 요구하지 않기 때문이다(ibid., pp. 221-222).

일한 신경 회로가, 잡는 운동과 마찬가지로 가리키는 동작을 확보(보장)하지 못하는지를 알기 어렵다. 피부를 무는 모기와 의사가 동일한 지점에 갖다 댄 나무 자 사이의 물리적 차이는, 잡는 운동이 가능하고 가리키는 동작이 불가능한지를 충분히 설명하지 못한다. 이 두 가지 〈자극〉은 이것들의 감각감정적인affective 가치나 생물학적인 의미를 고려할 때에만 진정으로 구분된다. 또한 두 가지 반응은 가리키는 행위와 잡는 행위를, 대상에 관계하는 두 가지 방식으로, 또 〈세계로의(세계에 있는) 존재〉의 두 가지 유형으로 간주할 때에만 동일한 것이 되지 않는다. 그러나 [143] 살아 있는 몸이 일단 대상의 상태로 환원된다면, 이러한 고찰은 바로 불가능한 것이 된다. 한 번이라도 살아 있는 몸이 3인칭적인 과정에서 나타나는 장소로 인정된다면, 더 이상 행동 속에는 의식을 위해 남겨 둘 것이 없게 된다. 모든 몸동작과 모든 운동은 동일한 기관-대상, 동일한 신경-대상을 이용하기 때문에, 그것들은 내부 없는 과정의 측면에서 펼쳐져야 하고, 〈생리학적 상태들〉의 빈틈없는 직물 속에 포함되어야 한다. 이렇게 되면 환자가 [지갑 만드는] 자신의 일을 하려고 탁자 위에 놓인 도구로 손을 옮길 때 팔의 부분들을 움직이는 것은, 그가 추상적인 팔 펴기 운동을 하기 위해 그것들을 움직여야 하는 것과 동일한 것이 되지 않는가? 매일 행하는 몸동작에는 일련의 근육 수축과 신경 지배가 포함되어 있지 않는가? 따라서 생리학적 설명을 어떤 영역으로 제한하는 것은 불가능하다.

¶ 다른 한편 의식의 영역을 제한하는 것도 불가능하다. 만약 가리키는 동작을 의식에 관련시킨다면, 만약 자극이 한 번이라도 반응의 원인이기를 멈추고 반응의 지향적 대상이 될 수 있다면, 이 자극이 어떤 경우에도 순수 원인으로 작용할 수 있다고 생각할 수 없으며, 운동도 맹목적일 수 있다고 결코 생각할 수 없다. 왜냐하면, 만약 출발점의 의식과 도착점의 의식이 있는 〈추상적〉 운동이 가능하다면, 우리는 우리가 없는 동안 옮겨진 대

상을 찾듯이 우리의 몸을 찾을 필요도 없이, 우리 삶의 매 순간 우리의 몸이 어디에 있는지를 정말로 [명석하게] 알아야 하기 때문이다. 《144》 따라서 심지어 〈자동적〉 운동도 의식에 알려져야 하며, 다시 말해 우리 몸속에는 결코 즉자적인 운동이 있지 않아야 한다. 그리고 어떠한 대상적 공간도 지성적 의식에 대해서만 있다면, 우리는 잡는 운동에 이르기까지 범주적 태도를 재발견해야 한다.[119] 생리학적 인과성과 마찬가지로 자기의식의 파악 prise de conscience은 어느 영역에서도 시작할 수 없다. 생리학적 설명을 포기해야 하거나, 생리학적 설명이 전부임을 인정해야 한다. 아니면 의식을 거부해야 하거나, 의식이 전부임을 인정해야 한다. 어떤 운동은 기계장치로서의 몸에, 다른 운동은 의식에 관련시킬 수 없으며, 몸과 의식은 서로에게 한계를 두지 않고, 그것들은 단지 평행할 수 있을 뿐이다. 어떠한 생리학적 설명도 기계론적 생리학으로 일반화되고, 어떠한 자기의식의 파악도 지성론적 심리학으로 일반화된다. 그리고 기계론적 생리학이든 지성론적 심리학이든 행동을 평준화하고, 추상적인 운동과 구체적인 운동의 구분, 가리키는 행위와 잡는 행위의 구분을 없애 버린다. 이러한 구분이 유지될 수 있는 것은, 몸이 여러 방식으로 몸일 수 있고, 의식이 여러 방식으로 의식일 수 있을 때뿐이다. 몸이 즉자 존재로 정의되는 한, 그것은 한결같이 기계장치로서 기능하게 된다. 또한 영혼이 순수 대자 존재로 정의되는 한, 그것은 그것 앞에 펼쳐진 대상들만을 인식하게 된다. 따라서 추상적 운동과 구

---

[119] 우리가 앞의 주석에서 보았듯이, 골트슈타인 자신은 잡는 행위를 몸에, 가리키는 행위를 범주적 태도에 관련시키는 경향이 있었지만, 그는 이와 같은 〈설명〉으로 되돌아가지 않을 수 없다. 그는 다음과 같이 말한다. 잡는 행위는 "주문을 통해 실행하는 것이" 가능하다. "또한 환자는 잡기를 원한다. 그가 잡기 위해서는, 그가 팔을 뻗는 공간 지점에 대한 의식을 가질 필요가 없다. 그렇지만 그는 공간 속에서 방향 감각을 갖고 있다. …"(*Zeigen und Greifen*, p. 461). 정상인에게서 발견되는 잡는 행위는 "여전히 범주적이고 의식적 태도가 요구된다"(*ibid.*, p. 465).

체적 운동의 구분은 몸과 의식의 구분과 동일하지 않다. 전자의 구분은 [후자의 구분과] 동일한 반성적 차원에 속하지 않으며, 그것은 행동의 차원에만 위치한다. 병리학적 현상은 우리 눈앞에서 어떤 것을 변화하게 만들지만, 순수한 대상 의식으로서의 어떤 것을 변화하게 만든 것이 아니다. 의식이 붕괴하고 기계적 자동성이 해방되었다는 이런 지성론적 심리학의 진단은, 내용에 대한 경험론적 심리학의 진단과 마찬가지로 근본적인 장애를 놓칠 것이다.

《145》 [8. 〈상징 기능fonction symbolique〉의 실존적 토대와 질병의 구조]

지성론적 분석은 어디서나 그렇듯이 여기에서도 틀렸다기보다는 추상적이다. 〈상징 기능〉이나 〈표상(재현) 기능〉은 정말로 우리의 운동의 토대에 있다. 그러나 이 기능은 분석의 최종적인 항이 아니며, 그것은 다시 어떤 토대 위에 놓여 있다. 그리고 지성론의 오류는 이 기능의 근거를 이 기능 자체에 두는 것이고, 이 기능에서 이 기능이 실현되는 질료를 제거하는 것이며, 또 우리 안에서, 거리 없이 세계에 현전함을 근원적인 것으로 인식하는 것이다. 왜냐하면 불투명함이 없는 이러한 의식, 즉 많고 적음의 정도를 허용하지 않는 이러한 지향성에서 볼 때, 우리를 진리의 세계로부터 분리하는 것 ―오류, 질병, 광기, 요컨대 육화된 상태― 은 단순 외현의 상태가 되기 때문이다. 분명 지성론은 질료와 분리된 상태에서 의식을 현실화하지 않는다. 예를 들어, 지성론은 말, 행위, 지각의 배후에, 언어적, 지각적, 운동적 질료들에 있어 공통적이고 수적으로 하나인 형식이 될 〈상징적 의식〉을 도입하는 것을 분명히 부인한다. 카시러는 "상징 능력 일반"[120]은 존재하지 않는다고 말한다. 그리고 반성적 분석은 지각, 언어, 행위와

---

[120] "Symbolvermögen schlechthin", Cassirer, *Philosophie der symbolischen Formen*, Ⅲ, p. 320.

관련한 병리학적 현상들 사이에서 "존재로서의 공통성"이 아니라, "의미로서의 공통성"[121]을 세우고자 시도한다. 지성론적 심리학은 바로 인과적 사유와 실재론을 결정적으로 넘어섰기 때문에, 그것은 질병의 의미나 본질을 볼 수 있을 것이고, 존재의 측면에서 확인되지 않지만 진리의 측면에서 그 자신에게 증명되는 의식의 통일성을 인식할 수 있을 것이다. 그러나 존재로서의 공통성과 의미로서의 공통성의 구분, 존재의 질서에서 타당성의 질서로의 의식의 이행, 의미와 타당성을 자율적인 것으로서 주장하게 해 주는 이러한 전환은 실제로는 추상과 같은 것이다. 왜냐하면 결국 이와 같이 도달한 관점에서 보면, 현상들의 다양성은 의미가 없고 이해할 수 없는 것이 되기 때문이다. 만약 의식이 존재 밖에 놓여 있다면, 의식은 존재에 의해 침범되지 않을 것이고, 의식의 경험적empirique 다양성 —병적인 의식, 원시적 의식, 유아적 의식, 타인의 의식— 은 진지하게 다뤄질 수 없으며, 거기에서 인식하거나 이해할 것은 아무것도 없다. 이해할 수 있는 유일한 것이 있는데, 그것은 《146》 의식의 순수 본질이다. 이러한 다양한 의식 중 어떤 것도 코기토를 실행하지 않을 수 없을 것이다. 광인은 자신의 섬망(정신착란), 강박관념, 헛소리의 배후에서, 자신이 정신착란을 일으키고 강박관념에 사로잡히며 헛소리하고 있음을 안다. 요컨대 그는 미쳐 있지 않고, 미쳐 있다고 생각한다. 그러므로 모든 것은 문제없이 정상적이며, 광기는 자기기만적인 의지mauvaise volonté일 뿐이다. 질병의 의미 분석이 상징 기능에 도달할 때, 이 분석은 모든 질병을 동일시하고, 실어증aphasies, 실행증apraxies, 실인증agnosies[122]을 통일된 상태로 환원하며,[123] 또 아마 이것들과

---

121   "Gemeinsamkeit im Sein", "Gemeinsamkeit im Sinn", *ibid.*

122   역주) 실어증은 "언어장애로서, 특정 뇌 영역에 문제가 발생하여 언어를 이해하거나 구사하는 능력에 장애가 발생하는 증상"(『서울대학교병원 의학정보』)을 말한다. 실행증은 "기본적인 의식 수준에 변화가 없고 운동장애나 감각장애가 없음에도 불구하

조현병(정신분열증)을 구별하는 어떤 수단조차도 갖지 못할 것이다.[124]

¶ 이 때문에 의사와 심리학자가 지성론의 유혹을 물리치고, 부득이하게 인과적인 설명을 시도하는 쪽으로 되돌아가는지를 이해할 수 있다. 이러한 시도는 적어도 질병에 특수한 것, 개별 질병에 특수한 것을 고려한다는 장점이 있으며, 이를 통해 적어도 실제적인 지식을 얻는다는 착각을 우리에게 주고 있다. 현대 병리학은 엄밀하게 [특정 영역에만] 선택적으로 나타나는 장애는 결코 존재하지 않는다는 것을 보여 준다. 그러나 그것은 각각의 장애가 주로 공격하는(영향 미치는) 행동의 영역에 따라 그 뉘앙스가 달라진다는 점도 보여 준다.[125] 자세히 관찰해 보면, 모든 실어증은 인식 및 실천 장애를, 모든 실행증은 언어 및 지각 장애를, 모든 실인증은 언어 및 행위 장애를 가지고 있다. 그렇지만 장애의 중심은 여기에서는 여전히 언어의 영역에, 저기서는 지각의 영역에, 또 다른 곳에서는 행위의 영역에 있다. 이러한 모든 경우에 상징 기능이 문제가 된다고 하면, 그것은 정말로 상이한 장애들의 공통 구조를 특징짓는 것이 된다. 그러나 이 구조는 매번 그것이 선택적으로는 아니더라도 주요하게 실현되는 질료로부터 분리되어서는 안 된다. 요컨대 슈나이더 장애는 일차적으로 형이상학적인 것이 아니다. 그의 후두부 영역을 손상시킨 것은 포탄 파편이다. 그의 시각적

고, 이미 학습되어 할 수 있는 운동이나 몸짓을 못하는 장애"(『서울대학교병원 의학정보』)를 말한다. 실인증은 "감각이상, 지능장애, 주의력 결핍, 실어증에 의한 이름대기 장애 등이 없음에도 불구하고 자극을 인식하지 못하는 증상"(『서울대학교병원 의학정보』)을 말한다.

123 예를 들어, Cassirer, *Philosophie der Symbolischen Formen*, III, Chap. VI, *Pathologie des Symbolbewusstseins*을 참조.

124 실제로 조현병(정신분열증)에 대해서, 시간이 분산되고 미래가 상실되는 것을 범주적 태도의 붕괴로 환원하는 지성론적인 해석을 생각해 볼 수 있다.

125 *Structure du Comportement*, p. 91과 그 이하[제3판, pp. 75-76].

결함은 무척 심하다. 우리가 말한 것처럼, 시각적 결함이 다른 모든 결함의 원인이 된다고 설명하는 것은 불합리할 것이다. 그러나 포탄 파편이 상징적 의식에 부딪혔다고 생각하는 것도 여전히 불합리할 것이다. 바로 시각을 통해 슈나이더의 정신Esprit이 손상되었던 것이다.

¶ 장애의 기원을 장애의 본질이나 의미와 연결하는 방법을 발견하지 못하는 한,⁽¹⁴⁷⁾ 질병의 구체적 본질, 즉 질병의 보편성과 특수성을 동시에 표현하는 구조를 정의하지 못하는 한, 현상학이 발생적génétique 현상학이 되지 못하는 한, 인과적 사유와 자연주의가 반격하며 되돌아오는 것은 여전히 정당화될 것이다. 따라서 우리의 문제는 분명해진다. 그것은 언어적, 지각적, 운동적 내용들과 이것들이 받아들이는 형식 또는 이것들에 혼을 불어넣는 상징 기능 사이에서, 형식을 내용으로 환원하는 것도 아니고, 내용을 자율적 형식 아래서 포섭하는 것도 아닌 관계를 우리가 생각하는 것이다. 우리는 어떻게 슈나이더의 질병이 모든 부분에서 그의 경험의 개별 내용들 ―시각적, 촉각적, 운동적인 내용들― 을 넘어서는지를, 또 이와 동시에 어떻게 그 질병이 시각이라는 특권적 질료를 통해서만 상징 기능을 공격하는지를 이해해야 한다. 감각(감관)들과 일반적으로 자기-몸은 전체가 갖는 신비를 나타낸다. 즉 이 전체는 감각(감관)들 또는 자기-몸이 각자의 개체성과 특수성을 벗어나지 않으면서도, 각자의 저 너머로, 일련의 사유들과 경험들 전체에 그 골조를 제공할 수 있는 실질의미(의미표현)를 분출한다. 슈나이더의 장애가 지각뿐 아니라 운동성과 사유에 관계한다고 해도, 그의 장애가 특히 사유에서는 전체를 동시에 포착하는 능력에, 또 운동성에서는 운동을 조감하여 외부로 투사하는 능력에 손상을 입힌다는 것은 여전히 사실이다. 따라서 파괴되거나 손상된 것은, 말하자면 정신적 공간과 실천적 공간이다. 그리고 이러한 말 자체는 이 장애의 시각적인 기원(계보généalogie)을 충분히 보여 준다. 시각 장애는 다른 장애들의 원인, 특

히 사유 장애의 원인이 아니다. 그러나 그것은 그것들의 단순 결과도 아니다. 시각 내용은 투사 기능의 원인이 아니지만, 정신이 자신의 무제약적인 능력을 전개할 단순 기회도 아니다. 시각 내용들은 자신들을 넘어서는 상징 능력에 의해 사유의 수준에서 다시 잡히고(파악되고), 이용되며, 승화되는 것이지만, 이 능력은 바로 이러한 시각의 토대 위에서 구성될 수 있다. 질료와 형식의 관계는 현상학이 토대(정초Fundierung) 관계라고 부르는 그러한 관계이다. 즉 상징 기능은 지반으로서의 시각에 의존하는데, 이것은 시각이 상징 기능의 원인이어서가 아니라, 정신이 조금도 예기치 않았지만 이용해야만 했던 자연의 선물(주어진 것don)이기 때문이다. 정신은 이 선물에 철저하게 새로운 의미를 부여해야 하지만, 이 선물은 정신이 육화하기 위해서뿐만 아니라 존재하기 위해서 필요한 것이다. 내용이 마침내 형식 자체의 단순 양태처럼 나타나고, 〈148〉 또 사유의 역사적 준비가 자연으로 둔갑한 이성의 간계처럼 나타날 정도로, 형식은 내용을 자신에 통합한다. 그러나 반대로 보면, 내용은 지성으로 승화된 상태에 이르러서도, 근본적인 우연성으로, 인식과 행위의 최초의 설립établissement 내지 확립(창설fondation)[126]으로, 또 존재나 가치의 최초의 장악으로 남아 있다. 그리고 인식과 행위는 이러한 존재나 가치의 최초의 장악이 갖는 구체적인 풍부함을 결코 다 소진하지 못할 것이며, 그 장악의 자연 발생적인 방법을 어느 곳에서든 계속 갱신해 활용할 것이다. 우리가 복원해야 할 것은 바로 이와 같은 형식과 내용의 변증법이다. 아니 달리 말해, 〈상호 작용〉이 여전히 인과적 사유와의 타협뿐 아니라 모순의 표현에 불과하기 때문에, 우리는 이 모순이 생각될 수 있는 영역을, 다시 말해 실존을 기술해야 한다. 즉 우리는 사실이나 우연에 앞서 실존하지도 않고, 그것들 없이도 실존하지 않는

---

126   우리는 후설이 애용했던 단어를 번역했다: Stiftung.

이성이 그것들을 끊임없이 다시 잡음(떠맡음)을 기술해야 한다.[127]

우리가 〈상징 기능〉 자체의 토대에 무엇이 있는지를 알고자 한다면, 지성조차 지성론의 입장과 일치하지 않는다는 점을 우선 이해해야 한다. 슈나이더의 사유가 정상적이지 않게 하는 것은, 그가 구체적인 소여들을 하나의 형상의 여러 사례로 알아볼 수 없거나, 하나의 범주 아래에서 그 소여들을 포섭할 수 없는 데에 있지 않다. 오히려 그것은 그가 분명한 포섭 작용으로 그 소여들을 연결할 수 있는 데에 있다. 예를 들어, 이 환자는 다음과 같은 단순한 유비조차 이해하지 못하는 것을 볼 수 있다. "고양이에게서 털은 《149》 새에게서 깃털과 같다", "램프에서의 빛은 난로에서의 열과 같다", "눈과, 빛과 색의 관계는 귀와 소리의 관계와 같다." 마찬가지로 그는 〈의자의 다리〉나 〈못의 머리〉와 같은 일상어의 은유적 의미를 이해하지 못하지만, 이 단어들이 대상의 어느 부위를 가리키는지는 안다. 물론 비슷한 수준의 교양을 지닌 정상인도 유비를 똑같이 설명할 수 없는 일이 일어나기도 하지만, 그것은 정반대의 이유 때문이다. 정상인은 유비를 분석

---

[127] 본서의 제3부를 참조. 카시러(E. Cassirer)도 분명 이와 비슷한 목표를 생각할 때가 있다. 그것은 그가 대개의 경우 칸트는 〈경험의 지성적 승화〉밖에는 분석하지 않았다고 비판할 때(*Philosophie der Symbolischen Formen*, T. III, p. 14), 또는 그가 상징적 함축(prégnance symbolique)이라는 개념으로 질료와 형식의 절대적 동시성을 표현하고자 할 때, 또는 정신이 자신의 현재의 깊은 곳에서 자신의 과거를 나르고 보존한다는 헤겔의 말을 그가 자신의 것으로 만들려고 할 때(*Philosophie der Symbolischen Formen*, T. III, p. 92[서지사항은 독역본의 주에 의거함])이다. 그러나 여러 상징적 형식들 간의 관계는 여전히 애매한 채로 남아 있다. 표현(서술(Darstellung))의 기능이 영원한 의식의 자기로의 복귀의 한 계기이고, 의미(Bedeutung)의 기능의 그림자가 아닌지를, ─ 아니면 이와 반대로, 의미의 기능이 최초의 구성적 〈물결〉의 뜻하지 않은 증폭이 아닌지를 언제나 의심해 볼 수 있다. 의식은 그것이 미리 종합한 것밖에 분석할 수 없다는 칸트의 정식을(*Kritik der reinen Vernunft*, B13[서지사항은 독역본의 주에 의거함]) 답습할 때, 카시러는 분명 지성론으로 되돌아오고 있다. 물론 그의 저서에는 현상학적이고 심지어 실존적인 분석이 있고, 이러한 분석은 우리가 여전히 이용할 수 있는 것이지만 말이다.

하는 것보다는 이해하는 것이 더 쉽지만, 이와 반대로 환자는 개념적 분석을 통해 유비를 분명히 드러낼 때에만 유비를 이해하는 데 성공한다. "그는 … 공통의 내용적 특징을 찾고, 이를 매개 항으로 삼아 두 가지 관계의 동일성을 결론 내릴 수 있다."[128] 예를 들어, 그는 눈과 귀의 유비를 반성하고, "눈과 귀는 둘 다 감각기관이다. 그러므로 그것들은 어떤 유사한 무언가를 해야 한다"고 말할 수 있을 때에만 그 유비를 분명히 이해한다. 만약 우리가 [동등한 것으로] 질서 짓는 하나의 개념 아래서 주어진 두 항을 파악(통각)하는 것을 유비라고 말한다면, 우리는 병리학적인 것에 불과한 과정을, 그래서 환자가 정상적인 유비 이해를 대체하기 위해 통과해야 하는 우회로를 나타내는 과정을 정상적이라고 해야 할 것이다. "비교의 제3항"[129]의 선택이 환자에게서 자유로운(임의적인) 것은 정상인이 이미지를 직관하는 결정과 완전히 반대를 이룬다. 즉 정상인은 개념적 구조들 속에서 종적인 동일성을 파악하며, 그의 사유의 생생한 방식들은 서로 대칭적이고 쌍을 이룬다. 이와 같이 정상인은 유비의 본질적인 것을 〈잡는다〉. 그리고 이러한 이해가 그가 제시하는 진술과 해명으로 충실하게 표현되지 않는다 해도, 그가 여전히 이해할 능력을 가지고 있을지 모른다고 언제나 생각해 볼 수 있다."[130] 따라서 생생한 사유pensée vivante는 하나의 범주 아래서 포섭하는 것이 아니다. 범주는 그것이 결합하는 항들에 외적인 의미signification를 부여한다. 슈나이더는 이미 구성된 언어와 이 언어가 가지는 의미 관계들에서 [유비적인 것을] 길어 냄으로써, 눈과 귀를 〈감각기관〉으로서 연결하는 데에 성공한다. 반면에 정상적인 사유에서는 눈과 귀가 그 기능의 유비 속

---

128 Benary, *Studien zur Untersuchung der Intelligenz bei einem Fall von Seelenblindheit*, p. 262.

129 역주) "*tertium comparatronis*." "비교된 두 사물이 공유하는 성질"을 말하고, "그것은 비교를 가능케 한다"(Merleau-Ponty, *Œuvres*, p. 810. 편집자 주).

130 *Id. ibid.*, p. 263.

에서 단번에 파악된다. 또한 눈과 귀의 관계가 《150》 시각과 청각의 특이성 속에서 발생하는 상태로 먼저 파악되었기 때문에만, 〈공통의 특징〉으로 응고되고, 언어 속에 등록될 수 있다.

　¶아마 사람들은 우리의 이러한 비판이 사유를 단순 논리적 작용과 동일시하는 피상적인 지성론에만 해당된다고 반박할 것이다. 또한, 바로 반성적 분석은 술어 활동의 토대까지 거슬러 올라가고, 내속 판단jugement d'inhérence의 배후에서 관계 판단을 발견하며, 또 기계적이고 형식적인 활동으로서의 포섭 활동의 배후에서, 술어에서 표현되는 의미를 사유가 주어에 부여하는 범주 작용을 발견한다고 반박할 것이다. 따라서 범주적 기능에 대한 우리의 비판은 범주의 경험적empirique 사용의 배후에, 그것이 없다면 경험적 사용이 이해될 수 없는 초월론적 사용이 있음을 드러내는 결과만을 갖게 된다는 것이다. 그렇지만 경험적 사용과 초월론적 사용의 구분은 난점을 해결하기보다는 오히려 난점을 은폐한다. 비판주의 철학은 사유의 경험적인 활동을 초월론적인 작용으로 이중화하고, 이 초월론적인 작용은 경험적 사유가 제공하는 조각들에 대해 모든 종합을 실현하는 임무를 맡는다. 그러나 내가 현실적으로 어떤 것을 생각할 때, 비시간적인 종합의 보증은 내 사유에 토대를 주기에 충분한 것도, 심지어 필요한 것도 아니다. 종합은 바로 지금, 생생한 현재에서 실행해야 한다. 그렇지 않으면, 사유는 그것의 초월론적인 전제와 단절될 것이다. 그러므로 내가 사유할 때, 내가 존재하기를 결코 멈춘 적이 없는 영원한 주체로 복귀한다고 말할 수 없다. 왜냐하면 사유의 진정한 주체는 현실의 변화와 계승(다시 잡음)을 실행하는 자이며, 또한 바로 이런 주체가 비시간적인 유령에게 자신의 생명을 불어넣기 때문이다. 따라서 우리는 시간적 사유가 어떻게 자기 자신 위에서 짜이고, 또 그 자신의 종합을 실현하는지를 이해해야 한다. 정상적인 사람이 눈과 시각의 관계가 귀와 청각의 관계와 같다는 것을 단번에 이

해하는 것은, 눈과 귀가 동일한 세계에 접근하는 수단으로서 단번에 그에게 주어지기 때문이다. 또한 그가 하나의 세계에 대한 선술어적 명증을 지니고 있어서, 〈감각기관들〉의 등가성 및 유비가 사물들에서 읽히고, 또 개념적으로 생각되기 전에 체험될 수 있기 때문이다. 칸트적인 주체는 세계를 정립한다. 그러나 어떤 진리를 주장할 수 있기 위해서는, 현실적인 주체가 미리 세계를 가지거나 세계에 있어야 한다. 다시 말해 현실적인 주체는 자기 주위에 실질의미들의 체계를 지녀야 하고, 이 실질의미들의 상호 일치, 관계, 관여는 이용되기 위해 분명히 드러날 필요가 없는 것이다.

¶ 내가 집 안에서 움직일 때, 나는 ⟨151⟩ 욕실로 걷는 것은 침실 옆을 지나가는 것을 의미표현하고, 창문을 바라보는 것은 내 왼쪽에 벽난로가 있다는 것을 의미표현한다는 사실을 말하지 않아도 단번에 안다. 그리고 이 작은 세계 속에서 각각의 동작, 각각의 지각은 수많은 잠재적 좌표와 관계하여 즉각 자리 잡는다. 내가 잘 아는 친구와 이야기할 때, 그의 말과 나의 말 각각은 세상 사람들에게 의미표현하는 것 외에, 우리의 이전 대화를 상기시킬 필요도 없이 그의 성격과 나의 성격의 주요 차원들을 수없이 가리킨다. 이러한 획득된 세계들, 내 경험에 이차적인 의미를 부여하는 이러한 세계들 그 자체는 내 경험의 일차적 의미의 토대가 되는 원초적인 세계에서 오려 낸 것이다. 이와 마찬가지로 〈사유들의 세계〉, 다시 말해 우리의 정신적 활동의 침전sédimentation이 있다. 우리는 이 침전을 통해 매 순간 종합을 반복할 필요도 없이, 거기에 존재하며 전체적으로 주어진 사물들에 의존하듯이 우리의 획득된 개념과 판단에 의존한다. 이와 같이 우리에게는 두드러진 영역과 어렴풋한 영역을 가진 일종의 정신적 파노라마, 여러 질문들의 형태적 모습physionomie, 또 탐구, 발견, 확신과 같은 지성적 상황들의 형태적 모습이 있을 수 있다. 그러나 〈침전〉이라는 말을 잘못 생각해서는 안 된다. 즉 압축된 앎은 우리 의식 밑바닥에 있는 불활성 덩어리가

아니다. 나에게서 내 아파트는 강력하게 연합된 일련의 심상들이 아니다. 내 아파트가 내 주위에 익숙한 영역으로 계속 있는 것은, 내가 주요 거리와 방향을 〈손에〉 또는 〈다리에〉 계속 지니는 한에서, 또 내 몸으로부터 수많은 지향적 끈이 아파트로 향해 있는 한에서이다. 마찬가지로 내가 획득한 사유들은 절대적인 획득물이 아니다. 이 사유들은 매 순간 나의 현재의 사유에서 자양분을 얻는다. 그것들은 나에게 의미를 제공하지만, 나는 이 의미를 그것들에 되돌려준다. 사실 우리가 이용할 수 있는 이런 획득물은 우리의 현재 의식의 에너지를 매 순간 표현한다. 어떨 때 이 에너지는 우리가 피로할 때처럼 약해지고, 그래서 내 사유의 〈세계〉는 빈약하게 되어, 심지어 하나 또는 두 개의 강박적인 관념으로 축소된다. 이와 반대로, 또 어떨 때 나는 내 모든 사유를 집중하고, 그래서 사람들이 내뱉는 말들 하나하나는 나에게서 질문과 아이디어가 싹터 오르게 하고, 정신적 파노라마를 다시 모아 재조직되게 하며, 스스로가 어떤 또렷한 형태적 모습으로 나타난다. 따라서 획득물은 새로운 사유의 운동 속에서 다시 잡힐(파악될) 때에만 진정으로 획득되는 것이고, 사유는 그 자신이 그의 상황을 수용할 때에만 상황에 자리하게 되는 것이다. 의식의 본질은 자신에게 하나 또는 여러 세계를 주는 것, 다시 말해 자신 앞에 자신의 ⟨152⟩ 사유들을 사물들처럼 있게 하는 것이다. 그리고 의식은 자신에게 이러한 광경을 그려 보는 것과 동시에 떠나는 것을 불가분적으로 행함으로써 자신의 활력을 증명한다. 세계-구조는 침전과 그 스스로의 발생spontanéité이라는 이중의 계기를 지니면서, 의식의 중심에 있다. 그리고 우리는 바로 〈세계〉의 평준화nivellement로서, 슈나이더의 지적 장애, 지각 장애, 운동 장애를 서로 다른 것으로 환원하지 않고, 동시에 이해할 수 있다.

[9. 〈지각 장애〉와 〈지성 장애〉에 대한 실존적 분석]

지각에 대한 고전적 분석은[131] 지각 속에서, 감각 소여와 이 소여가 지성의 작용을 통해 받아들이는 의미signification를 구별한다. 이러한 관점에서 지각 장애는 감각기능의sensorielles 결함 아니면 인지적gnosiques 장애일 수밖에 없다. 이와 반대로 슈나이더의 사례는 감각성과 의미signification[132]의 이어짐(연결)과 관련한 결함, 또 이 두 가지에 대한 실존적인 조건을 드러내는 결함을 우리에게 보여 준다. 이 환자에게 클립을 보이지 않게 하여 만년필을 보여 주면, 그는 다음과 같은 인식의 단계를 거친다. 환자는 말한다. "그것은 검고, 파랗고, 밝아요. 하얀 반점이 있고, 길쭉해요. 그것은 막대기 모양이네요. 그것은 어떤 도구일 수 있어요. 그것은 빛나요. 그것은 반사되네요. 또한 그것은 색유리 제품일 수 있어요." 이때 만년필을 가까이 가져가, 클립을 환자 쪽으로 돌린다. 그는 계속해서 말한다. "이것은 연필이거나 펜대임에 틀림없어요. (그는 자신의 웃옷의 가슴 주머니를 만진다.) 그것은 무엇인가를 적으려고 여기에 넣어 두어요."[133] 언어가 인식의 각 단계에 개입하면서, 실제 보이는 것에 가능한 의미들significations을 제공하는 것은 분

---

[131] 지각에 대한 더 자세한 연구는 제2부를 위해 남겨 둔다. 그리고 여기서는 슈나이더의 근본적 장애와 운동 장애를 해명하기 위해, 지각에 관해 필요한 것만을 말할 것이다. 우리가 앞으로 보여 주고자 하는 것처럼 지각과 자기-몸의 경험이 서로를 함축하기 때문에, 이와 같이 미리 말하고 반복하는 것은 피할 수 없는 일이다.

[132] 역주) 슈나이더가 자신의 감각에서 직접 펼치지 못하는 "signification"을 〈의미〉로 번역한다. 그것은 정상인이 자신의 감각에서 곧장 펼치는 의미, 즉 실질의미(signification)와 구별되기 때문이다. 물론 슈나이더의 감각은 순수 맹목이 아니기 때문에 낮은 수준의 의미, 즉 실질의미가 펼쳐져 있다. 그러나 그것은 정상인의 감각과 다르고, 그것이 가진 실질의미도 정상인의 것과 동일하지 않다. 지성론은 이런 슈나이더의 감각을 유리하게 자신의 입장으로, 즉 의미와 구별된 감각으로 설명할 것이다.

[133] Hochheimer, *Analyse eines Seelenblinden von der Sprache aus*, p. 49.

명하다. 또한 인식이 언어의 이어짐을 따라가면서, 〈길쭉하다〉에서 〈막대기 모양〉으로, 〈막대기〉에서 〈도구〉로, 또 이로부터 〈무엇인가를 적기 위한 도구〉로, 결국엔 〈만년필〉로 진행되는 것도 분명하다. 하나의 사실이 물리학자에게 가설을 시사하듯, 감각 소여는 이러한 의미들significations을 시사하는 것으로 그친다. 환자는 과학자처럼 간접적으로 가설을 검증하고, 사실들의 교차(겹침)에 의해 가설을 더 정확하게 한다. 그는 사실들을 정합적으로 배열하는 가설을 향해 맹목적으로 나아간다.《153》

¶ 이상의 과정은 대조적으로 정상적인 지각의 자발적 방식을 해명해 준다. 즉 대상의 구체적 본질을 즉각 읽게 해 주고, 심지어 이 본질을 통해서만 대상의 〈감각 속성들〉이 나타나게 하는, 일종의 의미표현(실질의미)들의 삶[생생한 활동]을 해명해 준다. 바로 대상과의 이와 같은 친숙함, 이와 같은 소통이 여기에서는[환자에게는] 막혀 버린 것이다. 정상인에게서 대상은 〈말하고〉, 의미표현하며, 색들의 배열은 단번에 무엇인가를 〈말하고자 한다(의미한다)〉. 반면에 환자에게서 의미signification는 진정으로 해석 작용을 통해 외부로부터 가져와야 한다. 뒤집어 말하면, 정상인에게서 주체의 의도(지향)는 직접(즉각) 지각장에 반영되고, 지각장을 극極으로 모으고, 또는 자신의 모노그램(이름)을 지각장에 새긴다. 즉 주체의 의도(지향)는 결국 어떤 노력도 없이 지각장에 의미표현적인 파동이 생기게 한다. 환자의 지각장은 이러한 조형성plasticité을 상실했다. 환자에게 동일한 네 개의 삼각형으로 하나의 정사각형을 만들라고 요구하면, 그는 그것은 불가능하며, 네 개의 삼각형으로는 두 개의 정사각형만 만들 수 있다고 대답한다. 정사각형은 두 개의 대각선을 가지며, 언제나 네 개의 삼각형으로 나뉠 수 있음을 그에게 보여 주면서 계속 만들라고 요구하면, 그는 다음과 같이 대답한다. "맞아요. 그러나 그것은 부분들이 필연적으로 서로 들어맞기 때문이에요. 하나의 정사각형을 네 개로 나눈 다음, 그 부분들을 알맞게 결합한다

면, 하나의 정사각형이 만들어지는 것이 틀림없네요."[134] 이처럼 그는 정사각형 또는 삼각형이 무엇인지를 알고 있다. 그는 적어도 의사가 설명한 다음에는 이 둘의 의미signification 관계도 알고 있다. 또한 그는 모든 정사각형은 삼각형들로 나눠질 수 있음을 이해하고 있다. 그러나 그는 이러한 사실로부터 모든 (직각이등변) 삼각형으로 네 배의 면적을 가진 정사각형을 만들 수 있다는 것을 이끌어 내지는 못한다. 왜냐하면 이와 같이 정사각형을 만드는 것은 주어진 삼각형들이 다른 방식으로 모여야 함을 요구하고, 또 감각 소여들이 상상적인 의미sens의 예시가 되어야 함을 요구하기 때문이다. 결국 세계는 환자에게 어떤 실질의미도 더 이상 드러내 주지 못하고, 반대로 말하면 환자가 마음에 품은 의미signification는 주어진 세계 속에 더 이상 육화되지 못한다. 한마디로 우리는 그에게서 세계는 더 이상 형태적 [조형적] 모습physiomomie을 갖지 않는다고 할 수 있다.[135] 바로 이러한 사실에서 그가 그림 그릴 때 보이는 특이한 것들을 이해할 수 있다. 슈나이더는 결코 모델에 따라 그리지 않는다. 지각은 ⟨154⟩ 직접 운동으로 이어지지 않는다. 그는 왼손으로 대상을 만져 보고, 어떤 특징들을 (각, 직선을) 인식하고, 그가 발견한 것을 언어적으로 표현하며, 또 마지막으로 언어적인 표현에 대응하는 도형을 모델 없이 그린다.[136] [그가] 지각한 것을 운동으로 나타내는(표현하는) 것은 언어의 명백한 의미들significations을 통해 일어난다. 이에 반해, 정상적인 주체는 지각을 통해 대상에 침투하고, 대상의 구조를 자기 것으로 흡수한다. 또한 대상은 주체의 몸을 통해 직접 주체의 운동을 규

---

134   Benary, *op. cit.*, p. 255.

135   슈나이더는 자신이 썼던 편지를 누군가 읽거나 그 자신이 읽을 때, 그것이 자신의 편지라는 것을 모를 수 있다. 심지어 그는 서명이 없으면 누구의 편지인지 알 수 없다고 말한다(Hochheimer, *op. cit.*, p. 12).

136   Benary, *op. cit.*, p. 256.

제한다.[137] 이처럼 주체와 대상이 대화하는 것, 이처럼 주체가 대상 속에 퍼져 있는 의미를 다시 잡고reprise 또 대상이 주체의 의도(지향)를 다시 잡는 것, 즉 형태적 모습physionomique으로 지각함은, 주체 주위에는 주체에게 주체 자신에 대해 말하는 세계를 배치하고, 세계 속에는 주체 자신의 사유를 거주하게 하는 것이다.

¶ 이러한 기능이 슈나이더에게서 망가져 있다면, 말할 것도 없이 인간적인 사건의 지각이나 타인의 지각은 더더욱 결함을 나타낼 것이라고 예상해 볼 수 있다. 왜냐하면 이 지각들은 앞서 언급한 것과 동일하게 내부가 외부를 다시 잡고 또 외부가 내부를 다시 잡는 것을 전제하기 때문이다. 실제로, 이 환자에게 어떤 이야기를 들려줄 때, 그는 그 이야기를, 강한 박자와 약한 박자, 특징적인 리듬이나 흐름을 가진 하나의 멜로디적인 전체로서 파악하는 것이 아니라, 하나하나 기록해야 하는 일련의 사실들로서만 기억한다는 것을 확인할 수 있다. 그래서 이야기 도중 몇 번 멈추고, 멈춘 동안 좀 전에 그에게 한 이야기의 핵심을 한 문장으로 요약해 줄 때만, 그는 이야기를 이해하게 된다. 이번엔 그가 이야기를 해 줄 때, 그것은 결코 그에게 해 준 이야기에 따라 하는 것이 아니다. 즉 그는 어느 부분도 강조해서 말하지 않고, 그가 이야기를 해 나감에 따라 단지 이야기의 진행을 이해할 뿐이며, 이야기는 마치 부분들 하나씩 재구성되는 것과 같다.[138] 따라서 [슈나이더와 달리] 정상적인 주체에게는 이야기의 어떤 본질이라는 것이 있는데, 이것은 어떠한 분명한 분석이 없어도 이야기가 진행됨에 따라 저절로 형성되며, 다음에 이야기가 다시 말해질 때 안내자가 되는 것이다. 정

---

137 세잔이 몇 시간 숙고한 후에 획득했던 것은, 완전한 의미에서 이처럼 〈모티프〉를 파악하는 것이다. 세잔은 말하곤 했다. "우리는 함께 발생한다." 그런 다음 갑자기, "모든 것이 균형을 이뤘다"(J. Gasquet, *Cézanne*, IIe Partie, *Le Motif*, pp. 81-83).

138 Benary, *op. cit.*, p. 279.

상적인 주체에게서 이야기는 그 스타일을 통해 인식할 수 있는, 어떤 인간적 사건이다. 그리고 주체가 여기서 〈이해하는〉 것은, 그가 직접적인 자신의 경험 저 너머로 이야기가 가리키는 사건들을 체험할 수 있는 능력을 갖고 있기 때문이다. 일반적으로 말해 환자에게는 ⟨155⟩ 직접 주어진 것 외에는 어떤 것도 현전하지 않는다. 타인의 생각은 환자가 직접 체험하지[자기 것으로 흡수하지] 못하기 때문에, 그에게 결코 현전하지 않을 것이다.[139] 환자에게서 타인의 말은 하나하나 해독해야 하는 기호들이지만, 정상인에게는 의미가 훤히 보이는 외피이고, 그 의미 속에서 살 수 있는 것이다. 환자에게 있어 사건과 마찬가지로 [타인의] 말은 다시 잡기 또는 투사를 부추기는 것motif이 아니라, 체계적인 해석의 기회에 불과하다. 대상과 마찬가지로 타인도 그에게 어떤 것도 〈말하지〉 않는다. 그리고 그에게 나타난 이런 유령들은 물론 분석을 통해 획득되는 지성적 의미signification가 아니라, 함께-실존함을 통해 획득되는 원초적 실질의미가 없는 것이다.

엄밀한 의미의 지성 장애들, 즉 판단 장애와 의미부여 장애는 궁극적인 결함으로 간주될 수 없고, 이것들도 동일한 실존적 맥락 속에 다시 놓여야 할 것이다. 예로서 〈수맹數盲 현상cécité pour les nombres〉[140]을 살펴보자. 사람들이 지적한 것처럼, 환자는 그 앞에 놓인 대상들을 세거나, 더하거나, 빼거나, 곱하거나, 나눌 수 있지만, 수를 이해하지 못한다. 또한 이 모든 것

---

139 환자 자신에게서 어떤 중요한 대화에 대해, 그가 기억하는 것은 대화의 전체 주제와 마지막에 내려진 결정일 뿐, 상대방의 말은 아니다. "내가 말한 이유들을 더듬어 보면, 나는 대화 속에서 무엇을 말했는지를 알게 된다. 다른 사람이 무엇을 말했는지를 알기는 더 어렵다. 왜냐하면 나는 그것을 떠올리기 위해, 어떤 잡을 것(Anhaltspunkt)도 없기 때문이다"(Benary, op. cit., p. 214). 게다가, 환자는 대화했을 때의 자기 자신의 태도를 재구성하거나 연역해 낸다는 것과, 자기 자신의 생각도 직접 〈다시 잡을(reprendre)〉 수 없다는 것도 볼 수 있다.

140 Benary, op. cit., p. 224.

들은 환자에게 어떤 의미적 연관도 없는 의례적 방법(절차)을 통해 일어난다. 그는 외워서 수의 계열을 알며, 마음속으로 이 계열을 암송하면서 세거나, 덧셈, 뺄셈, 곱셈, 나눗셈을 할 대상들을 손가락으로 표시한다. 즉 "그에게서 수는 수의 계열에 속하는 것 외에는 어떤 것도 아니다. 그것은 고정된 크기, 군群, 정해진 단위로서의 실질의미를 조금도 갖지 않는다.[141] 그에게서 두 수 가운데 더 큰 수는 수 계열에서 〈나중에〉 오는 것이다. 그에게 5+4-4를 계산하라 하면, 그는 "어떤 특별한 것도 주목하지 못하면서" 두 번에 걸쳐 계산을 한다. 그에게 그 특별한 것을 지적해 주면, 《156》 그는 5라는 수가 〈계속 남아 있다〉는 것을 인정할 뿐이다. 그는 어떤 주어진 수의 〈절반의 두 배〉가 그 수 자체임을 이해하지 못한다.[142]

¶ 이로부터 우리는 그가 범주 또는 도식으로서의 수를 잃어버렸다고 할 것인가? 그러나 그가 세어야 할 대상들을 눈으로 보면서 대상들 각각을 손가락으로 〈표시할〉 때, 그가 이미 센 대상과 아직 세지 않은 대상을 종종 혼동한다고 해도, 또 그가 행한 종합synthèse이 혼란스럽다고 해도, 그는 바로 세는 행위numération라는 종합적 활동의 개념을 분명히 갖고 있다. 반면에 정상적인 주체에게서 수의 계열은, 진정한 수의 의미가 거의 없는 운동적인 멜로디와 같은 것으로서, 대개의 경우 수의 개념을 대체하는 것이다. 수는 결코 순수 개념이 아니며, 이런 개념이 없는 것으로 슈나이더의 정신 상태를 규정할 수 없다. 수는 많고 적음의 정도[정도의 차이]를 허용하는 의식의 구조이다. 실제 세는 행위가 주체에게 요구하는 것은, 그의 세는 활동이 계속 진행되고 의식의 중심에 있지 않는 동안에, 그에게 계속 거기에 있으면서 잇따르는 세는 활동이 그 위에서 일어나는 지반을 구성하는 것

---

[141]   Id. ibid., p. 223.
[142]   Id. ibid., p. 240.

이다. 의식은 자기 뒤에서 이미 실행된 종합을 간직한다. 이 실행된 종합은 여전히 이용될 수 있으며, 다시 활기가 주어질 수 있을 것이다. 바로 이와 같은 방식으로, 실행된 종합은 세는 행위의 전체 작용 속에서 다시 잡히고(파악되고) 넘어서게 된다. 사람들이 순수 수 또는 본래의 수라 부르는 것은, 모든 지각을 구성하는 운동의 반복을 통해 전개된 것 또는 확장된 것에 불과하다. 슈나이더의 수의 이해(개념화)는 과거를 펼쳐 미래로 가는 능력을 본질적으로 전제하는 한에서만, 손상된다고 할 수 있다. [슈나이더에게서] 지성 그 자체보다는 바로 이러한 지성의 실존적 토대가 손상된 것이다. 왜냐하면 지적되고 있는 것처럼,[143] 슈나이더의 지성의 전반적 상태는 타격받지 않았기 때문이다. 즉 그의 대답은 느리지만, 결코 무의미한(의미표현하지 않는) 것이 아니며, 그것은 성숙하고, 반성하며, 또 의사의 실험에 관심 갖는 사람의 대답이다.

¶ 익명의 기능으로서의 또는 범주적 활동으로서의 지성 저 아래에, 환자의 존재이자 그의 실존하는 능력인, 인격의 핵을 인식해야 한다. 바로 여기에 질병이 자리 잡고 있는 것이다. 슈나이더는 여전히 정치적 또는 종교적 견해를 가져 보려고 하지만, 그런 것을 시도하는 것이 쓸모없다는 것을 안다. "이제 그는 커다란 부류의 신념들을 그것도 표현하지도 못하면서 갖는 것에 만족해야 한다."[144] 《157》 그는 그 스스로 결코 노래도, 휘파람도 부르지 않는다.[145] 우리가 나중에 보겠지만, 그는 결코 성적인 자발성(주도권)을 갖지 않는다. 그는 결코 산책하러 외출하지 않고, 언제나 용무 때문에 외출한다. 그리고 그는 지나는 길에 골트슈타인 교수의 집을 인지하지 못하는데, "그것은 그가 그 집에 가려는 의도로 외출한 것이 아니기 때문

---

143   Id. ibid., p. 284.
144   Id. ibid., p. 213.
145   Hochheimer, op. cit., p. 37.

이다."[146] 습관적인 상황에서 운동이 미리 그려져 있지 않을 때, 그는 운동을 실행하기 전에, 예비 운동으로 그 자신의 몸의 〈잡을 곳prises〉을 자신에게 주는 것이 필요하다. 이와 마찬가지로 타인과의 대화는 그에게서 그 자체로 의미표현하는 상황을 만들지 못하여, 즉흥적인 대답을 불러내지 못한다. 그는 미리 정해진 계획에 따르지 않고서는 말하지 못한다. "그는 대화 속의 복잡한 상황에 직면하여, 순간적인 영감에 기댈 수 없어 필요한 생각을 찾지 못한다. 그것은 새로운 관점과 관련하든 기존의 관점과 관련하든 마찬가지이다."[147] 그의 모든 행위에는 면밀하고 진지한 데가 있는데, 이것은 그가 연기-놀이jouer를 하지 못하는 데서 기인한다. 연기-놀이한다는 것은 잠시 동안 상상의 상황에 자신을 두는 것이며, 〈환경〉을 바꾸는 것을 즐기는 것이다. 그러나 환자는 허구적 상황을 실제의 상황으로 바꾸지 않고서는 허구적 상황에 들어갈 수 없다. 즉 그는 수수께끼(놀이)와 문제를 구분하지 못한다.[148] "그에게서 매 순간의 가능적인 상황은 그 폭이 매우 좁기 때문에, [같은] 환경의 두 영역이라 해도 그에게 어떤 공통적인 것이 없다면, 이 영역들은 동시에 상황이 되지 못한다."[149] 누군가가 그에게 말할 때, 그는 옆방으로부터 들리는 다른 사람의 대화 소리에 귀 기울이지 않는다. 누군가가 테이블 위에 접시를 갖다 놓아도, 그는 그것이 어디서 왔는지를 결코 궁금해하지 않는다. 그는 사람들은 시선이 향하는 방향으로만 보고, 그들이 응시하는 대상만을 본다고 말한다.[150] 그에게서 미래와 과거는

---

146   *Id. ibid.*, p. 56.

147   Benary, *op. cit.*, p. 213.

148   마찬가지로 그에게는 말의 다의성이나 말 놀이가 없다. 왜냐하면 그에게 말은 한 번에 하나의 의미만을 지니며, 또 현실적인 것은 가능성의 지평이 없는 것이기 때문이다. Benary, *op. cit.*, p. 283.

149   Hochheimer, *op. cit.*, p. 32.

150   *Id. ibid.*, pp. 32, 33.

그저 현재의 "오그라든" 연장(이어짐)일 뿐이다. 그는 "시간적인 벡터를 통해 바라보는 우리의 능력"[151]을 상실했다. 그는 자신의 과거를 조감하지(고공비행하지) 못하고,《158》또 전체에서 부분으로 지체 없이 향하면서 과거를 재발견하지 못한다. 그가 과거를 재구성하는 것은, 과거의 의미를 간직하고 그에게 "발판(실마리)"이 되는 조각에서 출발하면서이다.[152] 그가 날씨를 불평해서, 그에게 겨울에는 기분이 좋은지를 물으면, 그는 다음과 같이 대답한다. "나는 지금 그것을 말할 수 없어요. 나는 당장 아무것도 말할 수 없어요."[153]

[10. 〈지향궁arc intentionnel〉]

¶ 이처럼 슈나이더의 모든 장애는 정말로 통일적 상태로 귀결되지만, 그것은 〈표상(재현) 기능〉의 추상적인 통일성으로 귀결되는 것이 아니다. 다시 말해 슈나이더는 현실적인 것에 "묶여" 있고, 그에게는 "자유가 없다."[154] 즉 자신을 상황 속에 두는 전체화하는 능력으로서의 구체적 자유가 없다. 우리는 지각 아래서와 마찬가지로 지성 아래서도 더 근본적인 기능을 발견한다. 즉 "탐조등처럼 모든 방향으로 움직일 수 있는 벡터를, 또 우리가 우리 안이든 밖이든 어느 대상으로도 향할 수 있고, 이러한 대상에 대해 어떤 행동을 취할 수 있는 벡터"[155]를 발견한다. 그러나 탐조등의 비유는 적절치 않다. 왜냐하면 이러한 비유는 탐조등이 빛을 비추는 주어진 대상을 전제하지만, 우리가 말하는 중심적 기능은 우리가 대상들을 보거나

---

151 "Unseres Hineinsehen in den Zeitvektor" *Id. ibid.*

152 Benary, *op. cit.*, p. 213.

153 Hochheimer, *op. cit.*, p. 33.

154 Hochheimer, *op. cit.*, p. 32.

155 *Id. ibid.*, p. 69.

인식하게 하기 이전에, 그 대상들이 우리에게 은밀하게 실존하게 하기 때문이다. 따라서 다른 저서[156]에서 다음과 같은 용어를 빌려 와 차라리 이렇게 말해 보자. 즉 의식의 삶 ―인식의 삶, 욕망의 삶, 또는 지각의 삶― 의 토대에는 "지향궁志向弓"[157]이 있다. 그것은 우리 주위에 우리의 과거, 미래, 인간적 환경, 물리적 상황, 이데올로기적 상황, 도덕을 던지는 것, 아니 차라리 우리가 이러한 모든 관계 속에 자리 잡게situés 하는 것이다. 바로 이러한 지향궁이 감각(감관)들의 통일, 감각(감관)들과 지성의 통일, 감각성과 운동성의 통일을 형성한다. 그리고 [슈나이더의] 질병에서 지향궁은 〈느슨해져 버린〉 것이다.

그러므로 병리학적 사례의 연구를 통해, 우리는 경험론과 지성론, 설명과 반성의 고전적 양자택일을 뛰어넘는 새로운 분석 방식, 즉 실존적 분석을 파악하게 된다. 만약 의식이 심리적 사실의 총합이라 한다면, 각각의 장애는 선택적인 것이어야 할 것이다. 만약 의식이 《159》〈표상(재현) 기능〉, 의미부여하는 순수 능력이라 한다면, 의식은 (또 이 의식과 더불어 모든 사물들도) 존재할 수 있거나, 아니면 존재할 수 없고, 일단 존재한 이후 계속 존

---

156 *Cf.* Fischer, *Raum-Zeitstruktur und Denkstörung in der Schizophrenie*, p. 250.

157 역주) 메를로퐁티가 피셔(Fischer)에게 빌려 온 "지향궁(arc intentionel)"은 분명 〈반사궁〉을 응용한 용어일 것이다. 생리학에서 반사궁은 "자극에 의해서 감각수용기에 생긴 흥분이 구심성 뉴런에 의해서 반사중추에 전해지고 그곳으로부터 원심성 뉴런에 의해서 실행기에 전해지기까지의 경로 전체를 말한다"(『두산백과』). 우리가 모르고 손을 난로에 대면, 자극이 대뇌에 올라가기 전에 손을 떼는데, 이런 무조건 반사가 바로 반사궁 현상이다. 반사궁 현상은 〈활〉 모양의 반사과정을 가리키지만, 생리학적으로 엄밀히 3인칭적인 일방향적 과정이다. 그러나 메를로퐁티에게서 이 반사궁 현상은 무조건 반사로 발생한다 해도 "순환적 인과성"(SC, 13)을 나타낸다. 마찬가지로 여러 의식의 삶에 나타난 〈지향궁〉도 주객의 순환적 과정을 나타낸다. 그것은 무조건 반사보다 더 능동적이고 의식적인 주체가 대상과 함께-실존하는 것을 보여 준다. 그렇다면 무조건 반사의 반사궁은 가장 낮은 수준의 〈주체〉와 〈대상〉 사이의 과정, 즉 지향궁이라 할 수 있다.

재할 수 있거나, 아니면 질병이 될 수, 즉 변질될 수 있다. 결국 의식이 어떤 투사의 활동이고, 이 투사적 활동이 의식 주위의 대상들을 의식 자신의 행위의 흔적처럼 남기면서도, 다른 자발적 행위로 이행하기 위해 이 대상들에 의존하는 것이라면, 다음과 같은 것을 동시에 이해할 수 있다. 우선, 어떤 〈내용〉의 결함도 경험의 전체에 영향을 미치고 이 전체를 붕괴시키기 시작한다는 것, 또 병리적인 쇠약 상태가 의식 전체와 관계한다는 것을 이해할 수 있다. 또한, 질병이 그럼에도 매번 어떤 〈측면〉을 통해 의식을 손상시킨다는 것, 각 사례에서 어떠한 증상이 질병의 임상 기록에서 지배적으로 나타난다는 것, 결국 의식은 타격받을(손상될) 수 있으며, 의식 자체 속에 질병이 생길 수 있다는 것도 이해할 수 있다. 질병이 〈시각 영역〉을 공격하면서, 의식의 어떤 내용, 즉 〈시각적 표상〉 또는 본래적 의미의 시각을 파괴하는 것으로 그치지는 않는다. 질병은 본래적 의미의 시각이 단지 그 모델이나 전형이 되는 비유적 의미의 시각을 손상시킨다. 즉 다양한 것을 동시에 〈장악하는(조감하는)〉 능력,[158] 대상을 정립하는 어떤 방식, 또는 의식을 가지는 어떤 방식을 손상시킨다. 그러나 이런 유형의 의식은 감각적인 시각의 승화에 불과하기 때문에, 또 이 의식은 시각장의 차원들에 사실 새로운 의미를 부과함으로써 자신을 매 순간 그 차원들 속에서 도식화하기 때문에, 이와 같은 전체화하는 기능이 심리학적 뿌리를 가진다는 것은 이해할 수 있는 것이다. 의식은 시각의 소여들을 그 본래적 의미 저 너머로 자유롭게 전개하고, 자신의 자발적 작용을 표현하기 위해 이 소여들을 이용한다. 이것은 직관, 명증, 또는 자연의 빛과 같은 용어들이 점점 더 풍부한 의미를 갖는 의미론적인 전개에서 분명히 볼 수 있는 것과 같다. 그러나 반대로 보면, 역사적 전개에 의해 주어진 최종 의미에서, 이 용어들

---

[158] *La Structure du Comportement*, p. 91과 그 이하 참조[제3판, pp 75-76].

가운데 시각적 지각의 구조에 의존하지 않고서 이해되는 것은 하나도 없다. 따라서 인간이 정신이기 때문에 본다고, 또한 인간이 보기 때문에 정신이라고 말할 수 없다. 즉 〈한 인간이 보는 것처럼 보는 것〉과 〈정신인 것〉은 동의어이다. 의식이 자기 뒤에 발자국을 남길 때에만 무엇의 의식이 되는 한에서, 또 그것이 한 대상을 사유하기 위해 이미 구성된 〈사유의 세계〉에 의존하는 한에서, 의식의 중심에는 언제나 탈인격화가 있는 것이다. 바로 여기에 《160》 외부의 개입의 원리가 주어진다. 즉 의식은 질병에 걸릴 수 있고, 의식의 사유 세계는 산산조각 나며 붕괴될 수 있다. 아니 정확히 말하면, 질병으로 인해 분리된 〈내용들〉은 정상적인 의식에서의 부분들로 나타나는 것이 아니라, 그것들을 넘어서는 의미표현들[159]에 디딤돌로 이용되는 것에 불과하기 때문에, 의식은 자신의 상부구조의 토대가 붕괴되었는데도 그 상부구조를 유지하려고 애쓰는 것을 볼 수 있다. 또 의식은 자신의 평소의 활동을 흉내 내지만, 평소의 활동의 직관적인 실현에는 도달하지 못하고, 또 그런 평소의 활동으로부터 충만한 의미를 앗아 간 특수한 결함을 숨기지도 못한다. 이번엔 심리적인 질병을 보면 이 질병은 몸의 사건과 연결되는데, 이것도 원리상 동일한 방식으로 이해된다. 의식은 문화적 세계에 자신을 던지며 여러 습관[틀habitus]을 갖는 것처럼, 자연적 세계에 자신을 던지며 몸을 갖는다. 왜냐하면 의식이 의식일 수 있는 것은, 자연의 절대적 과거나 의식의 개인적 과거 속에 주어진 실질의미들 위에서 활동할 때뿐이기 때문이다. 또한 체험된 모든 형태가 우리의 습관들의 전체성이든 우리의 〈몸 기능들〉의 전체성이든, 어떤 전체성으로 향해 있기 때문이다.

---

159   역주) 앞 절에서는 정상인의 〈실질의미〉나 〈의미표현〉과 다른 이 "signification"을 〈의미부여〉나 〈의미〉로 번역했지만, 여기에서 이 용어는 메를로퐁티 철학을 긍정적으로 나타내 주기 때문에 〈의미표현〉으로 번역한다.

[11. 몸의 지향성]

이와 같은 해명을 통해 우리는 결국 운동성을 본래적 지향성으로 분명히 이해하게 된다. 의식은 본래 〈나는 사유한다〉가 아니라, "나는 할 수 있다je peux"[160]이다. 슈나이더의 시각 장애뿐 아니라 운동 장애도 전체화하는 표상 기능의 결함으로 환원될 수 없다. 시각과 운동은 우리를 대상과 관계하게 하는 특정한 방식들이다. 그런데 단 하나의 기능이 이러한 모든 경험을 통하여 자신을 표현한다면, 그것은 내용들의 근본적인 다양성을 제거하지 않는 실존의 운동이다. 왜냐하면 실존의 운동은 내용들을 〈나는 사유한다〉의 지배하에 두면서가 아니라, 그것들을 〈세계〉의 상호감각적 통일성으로 향하게 하면서 결합하기 때문이다. 운동은 운동의 사유가 아니며, 몸의 공간은 사유되거나 표상된 공간이 아니다. "각각의 의지적 운동은 어떤 환경(장) 속에서, 운동 자체에 의해 규정된 어떤 바탕 위에서 일어난다…. 우리는 어떤 공간에서 운동을 행할 때, 이 공간은 〈비어〉 있지도 운동과 무관하지도 않으며, 오히려 운동과 매우 규정된 관계 속에 있다. 즉 운동과 바탕은 사실 하나의 전체에서 인위적으로 분리해 놓은 계기들일 뿐이다."[161] 《161》 대상을 향해 손을 드는 동작에는, 이 대상에 대한 어떤 가리킴이 포함되어 있다. 즉 그것은 이 대상을 표상된 대상으로서 가리키는 것이 아니라, 우리 자신을 던지고, 우리가 앞질러서 그 곁에 있으며, 우리가 자주 찾아다녔던, 매우 특정한 사물로서 가리키는 것이다.[162] 의식은 몸

---

160   "Ich kann"[독역본]. 이 용어는 후설의 미간행 저서에서 사용되었다.

161   Goldstein, *Über die Abhängigkeit*, p. 163.

162   순수 운동적 지향성을 드러내는 것은 쉽지 않다. 즉 이 지향성은 그것이 그 구성에 기여한 대상적 세계 배후에 숨어 버린다. 실행증의 역사를 보면, 실천(Praxis)의 기술(記述)이 어떻게 표상의 개념에 의해 거의 언제나 오염되어 결국 불가능하게 되었는지를 볼 수 있다. 리프만(Liepmann)은 (*Über Störungen des Handelns bei Gehirnkranken*) 엄밀하게 실행증과 행위의 실인증적 장애를, 즉 대상은 인식되지 않지만 행위가 대상

의 표상에 부합하는 장애를 구별한다. 또 그는 일반적으로는 실행증과, 〈행위의 표상 (관념)적 준비〉와 관련한 장애를 (목표의 망각, 두 목표의 혼동, 때 이른 실행, 중간에 개입된 지각으로 인한 목표의 변화를) 구별한다(*op. cit.*, pp. 20-31). 리프만의 환자는 (〈참사관 (Regierungsrat)〉은) 오른손으로 하지 못하는 모든 것을 왼손으로 할 수 있기 때문에, 표상(관념)적 과정은 정상이다. 게다가 손이 마비되지도 않았다. "참사관의 사례가 보여 주는 것은, 소위 상위 심리적 과정과 운동의 신경지배 사이에 여전히 또 다른 하나의 결함의 자리가 있고, 이 결함은 이러저러한 사지의 운동성에 행위의 앞에-던짐 (*Entwurf*)을 적용할 수 없게 하는 것이다… 한 사지의 감각-운동 기구 전체는 생리학적인 전체 과정으로부터 말하자면 분리되어(*exartikuliert*) 있다"(*ibid.*, pp. 40-41). 그러므로 정상적인 경우, 모든 운동의 방식은 우리에게는 표상으로 제시됨과 동시에, 우리 몸에는 규정된 실천적 가능성으로 제시된다. 환자는 표상으로서의 운동의 방식을 유지하지만, 그의 오른손에 있어 이 방식은 더 이상 의미가 없는 것이다. 아니, 그의 오른손은 더 이상 행위 영역을 갖지 않는 것이다. "환자는 행위로 전달할 수 있는 모든 것, 행위를 통해 타인에게 객관적이고 지각 가능한 것으로 나타내는 모든 것을 보존하고 있다. 그가 결여한 것, 즉 오른손을 생각한 계획에 따라 움직이는 능력은, 표현(전달)할 수 없으며, 다른 사람의 의식의 대상이 될 수 없는 것이다. 그것은 하나의 능력이지, 앎이 아니다(*ein Können, kein Kennen*)"(*ibid.*, p. 47). 그러나 리프만이 그의 분석을 명확히 하고자 할 때, 그는 고전적인 관점으로 되돌아가고, 운동을 표상(즉 주요 목표물과 함께 그 사이에 놓인 목표물들을 내게 나타내는 〈운동의 방식〉)과 기계적 자동성의 체계(즉 사이에 놓인 각각의 목표물에 적합한 신경지배를 대응시키는 기계적 자동성)로 분석한다(*ibid.*, p. 59). 앞서 언급됐던 〈능력〉은 〈신경 물질의 속성〉이 된다(*ibid.*, p. 47). 그래서 운동의 앞에-던짐(*Bewegungsentwurf*)의 개념으로 의식과 몸의 양자택일을 넘어섰다고 생각했지만, 다시 이 양자택일로 되돌아오게 된다. 단순 운동의 경우에서, 목표물 및 그 사이에 놓인 목표물들의 표상은 이미 완전히 획득된 기계적 자동성을 작동시키기 때문에, 운동으로 전환하게 된다(p. 55). 복합 운동의 경우에서, 이 표상은 "구성요소인 운동들의 운동감각적인 기억"을 불러낸다. "즉 운동이 부분적인 행위들로 이루어졌기 때문에, 운동의 기회던짐도 운동의 부분들의 표상이나 사이에 놓인 목표물들의 표상으로 이루어져 있다. 바로 이 표상이 우리가 운동의 방식이라 불렀던 것이다"(p. 57). 실천은 표상과 기계적 자동성으로 해체된다. 그 결과 참사관의 사례는 이해 불가능하게 된다. 왜냐하면 그의 장애를 운동의 표상(관념)적 준비에 관련시키거나, 기계적 자동성의 어떤 결함에 관련시켜야 할 것이기 때문이다. 이것은 리프만이 처음에 배제했던 것이다. 그리고 운동 실행증은 표상(관념)적 실행증, 즉 실인증의 한 형태로 환원되거나, 아니면 마비로 환원된다. 해야 할 운동을 표상에 의하지 않고서 앞질러 볼(예상할) 수 있을 때만, 실행증이 이해될 수 있을 것이고, 리프만이 보고한 것도 정당화될 수 있을 것이다. 그리고 이것 자체가 가능할 수 있는 것을 매개로 사물에 있는(사물로 향한) 존재이다. 하나의 운동을 습득하는 것은, 몸이 이 운동을 이해했을 때, 즉 몸이 그것을 자기의 〈세계〉에 통합했을 때이다. 그리고 자신의 몸을 움직이는 것은, 몸을 통해 사물을 겨냥하는 것이고, 어떤 표상도 없이 몸에 작용하는 사물의 부추김sollicitation에 몸이 대답하게 하는 것이다. 따라서 운동성은 우리가 미리 표상한 공간의 지점으로 몸을 옮겨 놓는 의식의 시녀와 같은 것이 아니다. 우리가 대상을 향해 우리의 몸을 움직일 수 있기 위해서는, 우선 대상이 몸에 대해 실존해야 하고, 따라서 우리 몸은 〈즉자〉의 영역에 속하지 말아야 한다. 실행증 환자의 팔에 대해 대상은 더 이상 실존하지 않는데, 바로 이런 사실이 이 환자의 팔이 움직이지 않게 하는 것이다. 순수 실행증의 사례들, 즉 환자의 공간 지각에 어떤 손상도 없고, 심지어 〈해야 할 동작에 대한 지성적 개념〉도 명료해 보이지만,《162》삼각형을 모사할 줄 모르는 사례들이 있고,[163] 또 구성 실행증apraxie constructive[164]의 사례들, 즉 주체가 그의 몸에 가한 자극의

은, 의식이 자신의 대상에 대한 명시적인 정립으로가 아니라, 더 일반적으로 이론적일 뿐 아니라 실천적인 대상을 가리키는 것으로 규정될 때뿐이다. 또한 몸도 다른 모든 대상 중 한 대상으로가 아니라, 〈세계에 있는(세계로의) 존재〉의 수레로 규정될 때뿐이다. 의식이 표상에 의해 정의되는 한, 유일하게 가능한 의식의 활동은 표상을 형성하는 것이다. 의식이 운동적일 수 있는 것도, 자신에게 〈운동의 표상〉을 부여하는 한에서이다. 따라서 몸이 운동을 실행하는 것은, 의식이 자신에게 부여한 표상에 맞춰 몸이 운동을 모사하면서 하는 것이고, 또 몸이 표상으로부터 받는 운동의 방식에 따라 하는 것이다(Cf. O. Sittig, Über Apraxie, p. 98). 그렇게 되면 운동의 표상이 어떤 마법과 같은 작용으로 바로 몸속에서 운동 자체를 야기하는지를 이해해야 한다. 이 문제는 즉자적 메커니즘으로서의 몸과 대자적 존재로서의 의식을 구별하지 않을 때에만 해결된다.

163 Lhermitte, G. Lévy et Kyriako, *Les Perturbations de la représentation spatiale chez les apraxiques*, p. 597.
164 역주) "우반구, 특히 우측 두정엽이 손상되었을 때 일어나는 장애. 자신의 팔과 손을 이용하는 대부분의 숙련된 운동을 별 어려움 없이 수행할 수 있지만, 그림을 그리거나 장난감 블록을 조립하는 것과 같이 요소들을 전체로 조립하는 과제를 잘 수행하

위치를 규정하는 것 외에는 어떤 인식 장애도 나타내지 않지만, 십자 모양, v 모양, o 모양을 모사하지 못하는 사례들[165]이 있다. 이러한 사례들은 몸이 자신의 세계를 가지고 있다는 사실과, 대상이나 공간은 우리 몸에 현전하지 않고서 우리의 인식에 현전할 수 있다는 사실을 잘 보여 준다.

[12. 몸은 공간 안에 있지 않고, 공간에 산다]

그러므로 우리의 몸이 공간 안에dans 있다고, 또 시간 안에 있다고 말해서는 안 된다. 우리의 몸은 공간과 시간에 산다(거주한다). 내 손이 허공에서 복잡하게 움직일 때, 나는 손의 마지막 위치를 알기 위해, 같은 방향의 운동들을 모두 더하고, 또 반대 방향의 운동들을 뺄 필요가 없다. "알려지는 모든 변화는 이미《163》그것의 이전 상태와의 관계 속에서 의식에 주어진다. 이것은 마치 택시미터기의 주행 거리가 우리에게 이미 실링이나 펜스로 변형되어 나타나는 것과 같다."[166] 매 순간마다 이전의 위치(자세)와 운동은 언제나 준비된 기준의 척도를 제공한다. 이것은 출발 시의 손의 위치에 대한 시각적 또는 운동적 〈기억〉과는 관련 없는 문제이다. 즉 대뇌 손상은 운동의 의식을 완전히 없애면서도, 시각적 기억에는 손상을 주지 않을 수 있다. 또한 〈운동적 기억〉도, 그것이 생겼던 지각 자체가 〈여기〉의 절대적 의식을 갖지 않았다면, 내 손의 현재의 위치를 규정할 수 없다는 것은 분명하다. 왜냐하면 이 절대적 의식이 없다면, 우리는 기억에서 기억으로 이행할 것이고, 결코 현실적 지각을 갖지 못할 것이기 때문이다. 몸은

지 못한다"(『실험심리학용어사전』, 2008).

[165]   Lhermitte et Trelles, *Sur l'apraxie constructive, les troubles de la pensée spatiale et de la somatognosie dans l'apraxie*, p. 428. *Cf.* Lhermitte, de Massary et Kyriako, *Le Rôle de la pensée spatiale dans l'apraxie*.

[166]   Head and Holmes, *Sensory disturbances from cerebral lesions*, p. 187.

필연적으로 〈여기〉에 있는 것과 마찬가지로, 필연적으로 〈지금〉 실존한다. 몸은 결코 〈과거〉가 될 수 없다. 그리고 우리가 건강한 상태에서는 생생한 질병의 기억을 가질 수 없고, 성년기에는 어렸을 때의 우리 몸의 생생한 기억을 가질 수 없다면, 이때의 〈기억의 공백〉은 **(164)** 우리 몸의 시간적 구조를 표현할 뿐이다. 한 운동의 각 순간에서 이전의 순간은 알려지지 않은 것이 아니라, 현재 속에 끼워져 있는 것처럼 있다. 그리고 현재의 지각이란 요컨대, 현재의 위치를 기반으로 하여, 서로를 포함하는 일련의 이전의 위치들을 다시 파악하는 것이다. 그런데 곧 다가올 위치도 현재에 포함되어 있다. 또한 운동의 끝에 이르기까지의 다가올 모든 위치도 곧 다가올 위치를 통해 현재에 포함된다. 운동의 각 순간은 운동의 연장(폭) 전체를 포괄한다. 특히 최초의 순간, 즉 운동의 시작은 다른 순간들이 그저 전개할 뿐인, 여기와 저기, 지금과 미래의 연결을 개시한다. 내가 몸을 갖고 있는 한, 내가 몸을 통해 세계에서 행위하는 한, 공간과 시간은 나에게서 병치된 점들의 총합이 아니다. 또한 그것들은 내 의식이 종합을 수행하는 무한한 관계, 또 그 안으로 내 몸을 끌어들이는 그런 무한한 관계도 아니다. 나는 공간 안에dans도 시간 안에도 있지 않고, 나는 공간과 시간을 사유하지 않는다. 나는 공간에à,[167] 또 시간에 있고, 내 몸은 시간과 공간에 자신을 적합하게 하여 그것들을 껴안는다. 이 같은 잡기(접속prise)의 폭은 내 실존의 폭의 크기이다. 그러나 어떤 경우에도 이 폭은 모든 것을 감싸는 폭일 수는 없다. 내가 사는(거주하는) 공간과 시간은 모두, 다른 관점들을 포함하는 미결정된 지평을 언제나 지니고 있다. 시간의 종합은 공간의 종합처럼 언제

---

167 역주) 혹자는 이 문장을 "나는 공간〈으로〉, 또 시간〈으로 향해〉 있다"로 읽을 것이다. 그러나 그렇게 읽는 것은 프랑스어 어감상 무척 어색하다. 그렇지만 〈세계에 있는 존재〉가 〈세계로의 존재〉인 것처럼 이 문장을 그러한 의미로 확장해서 읽을 수 있을 것이다.

나 다시 시작되어야 한다.

¶ 우리 몸의 운동적 경험은 인식의 특수한 경우가 아니다. 이 경험은 우리에게 세계와 대상에 접근하는 방식을, 즉 본래적인 것으로, 아마도 원초적인 것으로 인정되어야 하는 "실천인식praktognosie"[168]을 제공한다. 내 몸은 자신의 세계를 가지거나 이해하지만, 그러기 위해 〈표상〉을 통할 필요가 없고, 또 〈상징 기능〉이나 〈객관화하는 기능〉에 종속되는 것도 아니다. 어떤 환자들은 의사 옆에 위치하여 거울 속의 의사의 운동을 바라볼 경우, 의사의 운동을 흉내 내고 오른손을 오른쪽 귀에 왼손을 코로 가져갈 수 있지만, 그들이 의사와 마주보고 있을 경우에는 그렇게 하지 못한다. 헤드Head는 환자가 흉내 내지 못한 것을 환자의 불충분한 〈언어적 표현formulation〉으로 설명한다. 즉 몸동작 흉내는 언어적 번역에 의해 매개된다는 것이다. 그러나 실제로는 언어적 표현이 정확해도 흉내가 성공하지 못할 수 있고, 흉내가 성공해도 어떤 언어적 표현도 없을 수 있다. 이 경우 저자들은[169] 《165》 언어적인 상징 작용은 아니라 해도 적어도 일반적인 상징 기능, 즉 흉내 내기가 지각이나 객관적 사유와 마찬가지로 그 특수한 경우에 불과한 〈변환transposer〉 능력을 개입시킨다. 그러나 이 일반적 기능은 행위가 적합하게 이뤄지는 것을 설명하지 못하는 것은 분명하다. 왜냐하면 환자들은 해야 할 운동을 언어로 표현할 수 있을 뿐 아니라, 표상할 수도 있기 때문이다. 그들은 해야 할 운동이 무엇인지를 매우 잘 알고 있다. 그렇지만 그들은 오른손을 오른쪽 귀로, 왼손을 코로 옮기는 대신, 두 손으로 한쪽 귀를, 또는 코와 한쪽 눈을, 아니면 한쪽 귀와 한쪽 눈을 만진다.[170] 그들에게

168   Grünbaum, *Aphasie und Motorik*.

169   Goldstein, Van Woerkom, Bouman, Grünbaum.

170   Grünbaum, *op. cit.*, pp. 386-392.

불가능해진 것은 운동의 객관적인 정의를 그들 자신의 몸에 적용하고 들어맞게 하는 것이다. 달리 말해, 오른손과 왼손, 눈과 귀는 환자에게서 여전히 절대적 장소로서 주어져 있지만, 그것들은 의사의 몸에 해당하는 부위들에 연결되게 하는 대응체계, 그래서 의사가 환자와 마주 보고 있을 때에도 흉내 내는 데 사용되게 해 주는 대응체계 속에 더 이상 포함되어 있지 않다. 나와 마주 보고 있는 사람의 몸동작을 흉내 내기 위해서는, 〈나의 시각장 오른쪽에 나타난 손이 상대방에게는 왼손이다〉라는 것을 명시적으로 알 필요는 없다. 바로 이러한 명시적 해명에 의존하고 있는 것은 환자이다. 정상적인 흉내 내기에서 주체의 왼손은 즉각 상대방의 왼손과 동일시되고, 그의 행위는 즉각 그 모델과 닮으려고 한다. 또한 주체는 상대방으로 자신을 던지거나 그 속에서 자신을 비현실화하고, 상대방과 동일시한다. 그리고 이러한 실존의 활동 속에는 [몸의] 좌표[위치들의 체계coordonnées]의 변화가 본질적으로 포함되어 있다. 이것은 정상적 주체가 자신의 몸을 현실적인 위치들의 체계로서 지닐 뿐 아니라, 동시에 이를 통해 다른 방향 속의 등가의(상응하는) 무한한 위치들에 열린 체계로서 지니고 있기 때문이다. 우리가 몸 도식이라 불렀던 것은 바로 이 등가(상응)의 체계système d'équivalences이고, 이처럼 직접 주어진 불변식invariant[171]이고, 이를 통해 여러 운동적 과제가 즉각 변환될 수 있는 것이다. 이것은 몸 도식이 내 몸의 경험일 뿐 아니라 세계에서의 내 몸의 경험이라는 사실, 그리고 바로 몸 도식

---

171 역주) "이론 물리학에서, 불변량(불변식)은 어떠한 변환 속에서 변하지 않은 채 남아 있는 (체)계의 속성이다"(『영어본 위키피디아』). 여기서 메를로퐁티는 주체가 몸 도식을 통해 자신의 몸 부위들의 위치에 대해 갖는 암묵적 경험을, 하나의 (체)계로 본다. 그리고 정상적인 주체가 몸의 부위들을 몸 도식을 통해 대칭적으로 다른 방향 속에서 즉각 나타낼(변환할) 수 있는 것을, 물리계 또는 수학적 계의 "불변식" 또는 "불변량"이라는 비유적 용어로 설명한다.

이 언어적인 지시에 운동적인 의미를 준다는 사실을 의미한다. 따라서 실행중적 장애에서 파괴된 기능은 분명 운동적 기능이다. "이런 종류의 사례에서 손상된 것은 상징 기능 또는 의미부여 기능 일반이 아니다. 《166》 즉 그것은 훨씬 더 근원적이고 운동적 특성을 가진 기능, 즉 역동적인 몸 도식의 운동적 분화의 능력이다."[172] 정상적으로 흉내 내는 운동이 일어나는 공간은 절대적 위치를 가진 구체적 공간과 대조되는, 사유 작용에 토대한 〈객관적 공간〉 또는 〈표상의 공간〉이 아니다. 그 공간은 이미 내 몸의 구조 속에 그려져 있고, 내 몸과 분리할 수 없는 상관자이다. "순수 상태로 포착된 운동성은 이미 의미를 주는 초보적인 능력을 갖고 있다."[173] 나중에 공간의 사유와 공간의 지각이 운동성과 공간에의 있음에서 자유로워진다고 해도, 우리가 공간을 표상할 수 있기 위해서는, 먼저 우리는 우리 몸을 통해 공간에 개입되어 있어야 하고, 또한 먼저 우리의 몸은 우리에게 변환, 등가, 동일시의 첫 모델을 주어야 한다. 이런 변환, 등가, 동일시는 공간을 객관적 체계로 만들고, 우리의 경험이 대상의 경험이 되게 하여, 〈즉자〉에 열리게 한다. "운동성은 표상된 공간의 영역에서의 모든 의미(의의)들의 의미[174]가 우선 생겨나는 일차적 영역이다."[175]

[13. 새로운 실질의미의 운동적 획득으로서의 습관]

몸 도식의 수정과 갱신으로서의 습관의 획득은, 종합을 항상 지성적 종합으로 이해하려고 하는 고전 철학들에 큰 난점들을 제기한다. 요소적인

---

172 Grünbaum, *op. cit.*, pp. 397-398.

173 *ibid.*, p. 394.

174 역주) "sens de toutes les significations." "모든 의미(의의)들의 의미"에서 앞의 "의미(의의)들(significations)"은 객관적 또는 지성적 의미들이고, 뒤의 "의미(sens)"는 구체적 의미(실질의미)이다.

175 *Ibid.*, p. 396.

운동들, 반응들, 〈자극들〉을 습관 속에서 결합하는 것이 외적 연합이 아닌 것은 분명한 사실이다.[176] 모든 기계론적 이론은 학습이 체계[전체] 속에서 이루어진다는 사실과 충돌한다. 즉 주체는 개별 자극에 개별 운동을 결합하는 것이 아니라, 어떤 형태의 상황에 대해 어떤 유형의 해결책으로 반응하는 능력을 획득한다. 이때 상황은 경우에 따라 크게 다를 수 있고, 반응 운동도 때에 따라 이런 효과기(실행 기관) 또는 저런 효과기에 맡겨져 일어날 수 있지만, 다양한 경우에서 상황과 반응은 요소들의 부분적 동일성보다는 의미의 공통성을 통해 서로 닮는다. 그렇다면, 습관의 요소들을 조직하고 나중에는 그 요소들에서 손을 떼는 지성의 작용을 습관의 기원으로 여겨야 할까?[177] 《167》 예컨대 어떤 춤을 습관으로 획득하는 것은, 분석을 통해 운동의 형식적 방식(공식formule)을 발견하고, 이 관념적인 설계도를 안내자로 삼아 걷기와 뛰기 운동과 같은 이미 획득한 운동들을 결합하여, 그 [획득할 춤의] 운동을 형성하는 것이 아닌가? 그러나 새로운 춤의 형식적 방식이 전체적 운동성(운동기능)의 어떠한 요소들을 자신 속에 통합하기 위해서는, 우선 이 형식적 방식은 운동으로 변화되기 위한 승인(축성 consécration)[178]과 같은 것을 받아야 한다. 흔히 언급되듯이, 몸은 운동을 〈잡고〉, 운동을 〈이해한다〉. 습관의 획득은 정말로 실질의미의 파악이지만, 그것은 운동적 실질의미에 대한 운동적 파악인 것이다. 이것은 정확히 무엇을 의미하는가?

---

176 이 점에 관해서는 *La Structure du Comportement*, p. 125와 그 이하[제3판, p. 102와 그이하] 참조.

177 예를 들어, 베르그송이 습관을 "정신적 활동의 화석화된 잔여물"로 규정했을 때, 그는 이와 같이 생각했다.

178 역주) 새로운 춤의 형식적 방식이, 마치 포도주가 〈축성(祝聖)〉을 받아야 피로 변하듯, 운동적인 〈승인〉을 받아야 춤의 운동으로 변할 수 있다는 의미이다. 〈축성〉에 대해서는 본서 288쪽의 역주를 참조 바람.

¶한 여자가 자신의 모자의 깃털과 이 깃털을 부러뜨릴 대상 사이의 안전거리를 유지할 때, 그 거리를 계산하지 않는다. 우리가 우리의 손이 어디에 있는지 느끼는(감각하는) 것처럼, 그녀는 깃털이 어디에 있는지 느낀다.[179] 내가 차를 운전하는 습관이 있다면, 나는 도로로 진입하여, 도로의 폭과 차의 양쪽 펜더의 폭을 비교하지 않고서 〈지나갈 수 있음〉을 안다. 이것은 내가 문의 폭과 내 몸의 폭을 비교하지 않고서 문을 통과하는 것과 같다.[180] 이러한 모자와 차는 다른 대상과 비교함으로써 그 크기와 부피가 규정되는 그런 대상이 되지 않는다. 그것들은 [내 몸처럼] 부피를 가진 능력(힘)이 되고, 어떤 자유로운 공간에 대한 요구가 된다. 이와 상관하여, 지하철 문이나 도로는 제약하는 힘이 되고, 즉시 [모자와 차와 같은] 부속된 것을 가진 내 몸에게서 지나갈 수 있거나 없는 것으로 나타난다. 장님의 지팡이는 장님에게서 대상이지 않고, 더 이상 그 자체로 지각되지 않는다. 지팡이의 끝은 감각하는sensible[181] 영역으로 변모해 버렸고, 만지는(촉각적) 행위의 크기와 범위를 확장하며, 시선과 비슷한 것이 되었다. 지팡이의 길이는 대상을 탐색할 때, 명시적으로 또 매개물로서 개입하지 않는다. 즉 장님은 지팡이의 길이를 통해 대상의 위치를 안다기보다는 대상의 위치를 통해 지팡이의 길이를 아는 것이다. 대상의 위치는 그 위치에 도달한 동작의 크기에 의해 직접 주어진다. 그리고 이 동작의 크기 속에는, 팔을 펴는 능력 이외에 지팡이의 작용 범위가 포함되어 있다. 내가 막대기를 익숙하게 사용

---

179 Head, *Sensory disturbances from cerebral lesion*, p. 188.

180 Grünbaum, *Aphasie und Motorik*, p. 395.

181 역주) "sensible"에는 내(주체)가 "감각할 수 있다"는 의미와 대상이 "감각될 수 있다"는 의미가 모두 있다. 여기서는 전자의 의미로 이해하는 것이 문맥에 맞다. 그런데 메를로퐁티는 『보이는 것과 보이지 않는 것』에서 이 "sensible"을 이중적 의미로 쓰면서 〈Sensible〉의 존재론, 즉 살의 존재론을 표현하려 한다.

하고자 할 때, 나는 그것을 사용해 보고, 몇몇 대상에 접촉해 본다. 얼마 지나지 않아 나는 막대기를 〈손에〉 익히게 되어,《168》 어떤 대상이 막대기의 〈미치는 범위〉에 있는지 아니면 범위 밖에 있는지를 안다. 이 경우 빨리 계산하는 문제, 즉 막대기의 객관적 길이와 도달할 목표물의 객관적 거리를 비교하는 문제가 아니다. 공간의 장소들은 우리 몸의 객관적 위치와 관계하여 객관적 위치로서 규정되는 것이 아니라, 우리의 목적(겨냥)이나 우리의 몸동작의 가변적인 범위를 우리 주위에 새기는 것이다. 모자, 자동차, 지팡이에 습관을 들이는 것은 이것들에 자리 잡는(거주하는) 것이고, 반대로 말하면 이것들을 자기-몸의 [체험의] 크기에 동화시키는 것이다. 습관은 우리가 우리의 〈세계로의(세계에 있는) 존재〉를 확장시키는 능력, 또는 새로운 도구를 우리에 통합함으로써 실존을 변화시키는 능력을 표현한다.[182] 우리는 단어를 구성하는 철자가 자판 위의 어디에 있는지를 가리키지 못하면서도 타자는 칠 줄 안다. 그래서 타자를 칠 줄 아는 것은, 자판 위의 각 철자의 위치를 인식하는 것도 아니고, 각 철자가 우리 시선에 나타날 때 그것이 일으키는 조건 반사를 획득한 것도 아니다.

　¶습관이 인식도 기계적 자동성도 아니라면, 도대체 그것은 무엇인가? 그것은 손에 있는 앎이고, 몸의 노력을 통해서만 주어지는 앎이며, 객관적으로 가리켜서는 나타낼 수 없는 그런 앎과 관계하는 것이다. 우리가 우리의 사지 중 하나가 어디에 있는지를 아는 것처럼, 주체는 자판 위의 철자가 어디에 있는지를 안다. 이것은 우리에게 객관적 공간 속의 위치를 알려 주지 않는 그런 친숙한 앎에 의해 아는 것이다. 타자수의 손가락 이동은 [객관

---

[182]　이처럼 습관은 몸 도식의 본성을 해명해 준다. 우리는 몸 도식이 우리에게 우리 몸의 위치를 즉각(직접) 알려 준다고 말할 때, 경험론자들처럼 그것이 〈연장적 감각들〉의 모자이크로 되어 있다고 말하려는 것이 아니다. 그것은 세계에 열린 체계이고, 세계의 상관자이다.

적으로 기술될 수 있는 공간의 궤적으로 그에게 주어지지 않는다. 그의 손가락 이동은 다른 모든 운동성과 그 형태적 모습physionomie으로 구별되는 운동성의 어떤 변조modulation로서만 그에게 주어진다. 종종 사람들이 제기하는 것처럼, 종이 위에 쓰인 철자의 지각이 동일한 철자의 표상을 일깨우고, 이번엔 이 표상이 자판 위의 그 철자를 치는 데 필요한 운동의 표상을 불러일으키는 것이 아닌가 하는 물음이 있다. 그러나 이와 같이 말하는 것은 신화적이다. 내가 주어진 텍스트를 눈으로 훑어 읽을 때, 표상들을 일깨우는 지각이 있는 것이 아니라, 어떤 유형적이거나 익숙한 형태적 모습을 지닌 [시각적] 무리들이 현실적으로 형성된다. 내가 타자기 앞에 앉을 때, 운동적 공간은 내가 읽은 것을 나타낼 내 손 아래서 펼쳐진다. 《169》 읽은 단어는 보이는(시각적) 공간의 한 변조이며, 운동의 실행은 손 공간의 한 변조이다. 그래서 모든 문제는 어떻게 어떤 형태적 모습의 〈시각적〉 무리들이 어떤 스타일의 운동적 반응들을 부를 수 있는지를 아는 것이다. 또한 단어를 운동으로 나타내기 위해 단어의 철자를 하나씩 읽거나 운동을 하나씩 분리할 필요 없이, 어떻게 각각의 〈시각적〉 구조가 결국 자신에게 운동적 본질을 부여하는지를 아는 것이다. 그러나 이러한 습관의 능력은 우리가 일반적으로 우리 몸에 대해 갖는 능력과 구별되지 않는다. 즉 내가 귀나 무릎을 손으로 만지라는 지시를 받을 때, 나는 가장 짧은 경로로 내 손을 귀나 무릎으로 옮기지만, 이때 나는 출발 시의 내 손의 위치와 내 귀의 위치를, 또 둘 사이의 경로를 표상할 필요가 없다. 앞에서 우리는 습관의 획득에서 〈이해하는〉 것은 바로 몸이라고 말했다. 만약 이해하는 것이 어떤 관념 아래에서 감각 소여를 포섭하는 것이라면, 또 몸이 하나의 대상이라면, 그와 같은 표현은 불합리한 것이 될 것이다. 그러나 바로 습관의 현상을 통해 우리는 〈이해한다〉는 개념과 몸의 개념을 수정하게 된다. 즉 이해하는 것은 우리가 목표로 하는(겨냥하는) 것과 주어져 있는 것 사이의 일치,

의도(지향)와 실행 사이의 일치를 체험하는 것이다 ─ 그리고 몸은 어떤 세계에 우리의 닻 내림이다. 내가 손을 무릎으로 옮길 때, 나는 움직이는 매 순간 어떤 의도(지향)의 실현을 체험한다. 이 의도(지향)는 내 무릎을 관념 또는 심지어 대상으로서가 아니라, 살아 있는 내 몸의 현실적이고 현전하는 부분으로서, 다시 말해 결국 세계로 끊임없이 향하는 내 운동의 통과점으로서 겨냥한다. 타자수가 자판 위에서 필요한 운동을 행할 때, 이 운동은 어떤 의도(지향)에 의해 지배받지만, 이 의도(지향)는 자판의 키들을 객관적인 위치들로 정립하지 않는다. 타자 치는 것을 배우는 주체가 자판의 공간을 자신의 몸의 공간에 통합한다는 것은 말 그대로 사실이다.

악기 연주자의 사례를 보면, 습관이 사유와 객관적 몸에 거주하는 것이 아니라, 세계의 매개자로서의 몸에 거주한다는 것을 더욱 분명히 이해할 수 있다. 알려진 바와 같이,[183] 능숙한 오르간 연주자는 사용해 본 적도 없고, 건반도 더 많으며, 음전(스톱)의 배열도 그가 익숙히 사용한 오르간과는 다른 오르간을 사용할 수 있다. 그는 한 시간 동안 연습하면 충분히 예정된 프로그램을 연주할 수 있다. 《170》 연습 시간이 무척 짧기 때문에, 여기서 새로운 조건 반사가 이미 조립된 몸의 기구montages를 대체한다고 가정하기는 어렵다. 그러나 새 조건 반사와 이미 조립된 몸의 기구가 하나의 체계를 형성한다고, 또 그 변화가 전체적이라고는 가정할 수 있다. 이럴 경우 반응이 악기에 대한 전체적 파악으로 매개되고 있기 때문에, 우리는 기계론적 이론에서 벗어날 수 있다. 그렇다면 우리는 오르간 연주자가 오르간을 분석한다고, 다시 말해 그가 음전, 페달, 건반에 대한 표상과 이것들의 공간 속 관계의 표상을 자신에게 부여하고 간직한다고 말해야 할까? 그러나 그는 연주회에 앞서 짧은 예행연습을 하는 동안, 계획을 세우려고 하

---

[183]   Chevalier, *L'Habitude*, p. 202와 그 이하 참조.

는 사람처럼 행동하지 않는다. 그는 의자에 앉아, 페달을 작동시켜 보고, 음전을 당겨 보며, 자신의 몸으로 악기의 성능(상태)을 파악하면서, 그 위치와 크기를 자신에게 통합하고[자신과 한 몸이 되게 하고], 우리가 어떤 집에 자리 잡아 사는 것처럼 오르간에 자리 잡는다. 그가 각 음전이나 페달에 대해 알게 되는 것은 객관적 공간 속의 위치가 아니며, 그것들의 위치를 그의 〈기억〉에 의존하는 것도 아니다. 예행연습 하는 동안에도, 실연하는 동안에도 음전, 페달, 건반은 그에게 어떤 감정적 또는 음악적 가치의 힘으로만 주어지고, 그것들의 위치도 이런 가치가 세계 속에 나타나는 장소로서만 주어진다. 악보에 제시된 바와 같은 연주곡의 음악적 본질과, 오르간 주위에서 실제 울려 퍼지는 음악 사이에 매우 직접적인 관계가 확립되고, 그 결과 오르간 연주자의 몸과 악기는 이 관계가 연결되는 통로의 장소에 지나지 않게 된다. 그런 후, 음악은 그 스스로 존재하게 되고, 나머지 모든 것도 음악을 통해 존재하게 된다.[184] 여기에는 음전의 위치에 대한 〈기억〉이 개입할 여지가 없으며, 오르간 연주자가 연주하는 것은 객관적 공간에서가 아니다. 정말로 예행연습 동안의 몸동작은 축성祝聖[185]의 몸동작이다. 즉 그의 몸동작은 감각감정적 벡터를 팽팽히 늘리고, 감정의 원천을 발

---

[184] Proust, *Du côté de chez Swann*, II, "마치 연주자들은 소악절을 연주한다기보다는, 오히려 필요한 의식(儀式)을 치러 그 소악절이 나타나게 하는 것처럼…"(p. 187).
"그 소리들이 무척이나 갑작스러워서 바이올린 연주자는 자신의 활에 달려들어 그 소리들을 잡아 모아야 했다"(p. 193).

[185] 역주) 여기서 "축성(consécration)의 몸동작"은 예컨대 천주교의 사제가 빵과 포도주를 〈축성하여〉 예수님의 성체와 성혈로 변하게 하듯, 연주자가 연습하여 그의 연주 동작이 마침내 그가 원하는 감정적이고 음악적 공간을 만들어 내는 것을 말한다. 그 다음 문장에서 볼 수 있듯이, 점치는 예언가가 마술적 몸동작으로 자신이 있는 곳을 〈축성하여〉 미래를 예측하는 공간으로 변하게 하듯, 연주자의 몸동작은 악기의 소리 자체에 동반하는 감각감정의 방향과 양, 즉 벡터를 팽팽히 늘리고, 표현해야 할 악곡의 주제일 수 있는 기쁨이나 공포 같은 감정을 발견하여, 음악적 공간을 창출해 낸다.

견하며, 점치는 예언가의 몸동작이 성역templum을 구획하듯 표현적 공간을 창조하는 것이다.

여기서 습관의 모든 문제는, 몸동작의 음악적 실질의미가 어떻게 어떠한 장소에서 파열되어, 그 결과 오르간 연주자가 음악에 몰두하면서 이 음악을 실현할 음전과 페달을 정확히 다룰 수 있을 정도가 되는지를 아는 데에 있다. 《171》 그런데 몸은 본질적으로 표현적 공간이다. 내가 어떤 대상을 잡고자 할 때 이미, 내가 사유하지 않았던 공간의 한 지점에서 내 손이라는 잡는 능력이 이 대상을 향해 솟아오른다. 내가 다리를 움직이는 것은 내 다리가 머리로부터 80센티미터 떨어진 공간에 있기 때문이 아니라, 다리의 보행 능력이 나의 운동의 의도(지향)를 아래쪽으로 연장하기 때문이다. 내 몸의 주요 영역들은 각각의 행위에 바쳐져 있고, 그것들은 각자의 가치에 참여하고 있다. 그리고 상식이 왜 사유의 자리를 머리에 두는지를 아는 것과, 오르간 연주자가 어떻게 음악적 실질의미들을 오르간의 공간에 배치하는지를 아는 것은 동일한 문제이다. 그러나 우리의 몸은 다른 모든 표현적 공간들처럼 하나의 표현적 공간인 것만은 아니다. 그러한 몸은 그저 구성된 몸이 될 뿐이다. 우리의 몸은 다른 모든 표현적 공간들의 근원이고, 표현의 운동 자체이다. 그것은 실질의미들에 어떤 장소를 부여함으로써 그것들을 외부로 던지는 것이고, 이 실질의미들이 우리의 손, 우리의 눈 아래에서 사물들로서 존재하게 하는 것이다. 우리의 몸이 동물의 경우처럼 타고난 본능적 한계에 우리를 가둬 놓지는 않지만, 적어도 몸은 우리의 삶에 일반성의 형태를 부여하고, 우리의 인격적인 행위들을 안정적인 성향들로 이어지게 한다. 이런 의미에서 우리의 본성은 오래된 습성coutume[186]

---

[186] 역주) 여기서 "coutume"은 **습관**은 제2의 천성(La *coutume* est une seconde nature)"이라는 말처럼 습관으로 옮겨야 하지만, 메를로퐁티가 지금껏 말한 〈습관(habitude)〉과 구

이 아니다. 왜냐하면 습성은 본성의 수동성의 형태를 전제하기 때문이다. 몸은 우리가 어떠한 세계를 갖는 일반적인 수단이다. 어떨 때 몸은 생명 보존에 필요한 동작들을 행하는 것으로 그치고, 이와 상관하여 우리 주위에 생물학적인 세계를 세운다. 또 어떨 때 몸은 이러한 일차적인 몸동작들을 이용하여, 이 동작들의 본래적 의미에서 비유적인 의미로 이행함으로써, 그것들을 통해 새로운 의미표현적(실질의미의) 핵을 나타내기도 한다. 즉 춤과 같은 운동적 습관이 그 경우이다. 마지막으로 또 어떨 때 몸은 그 자신의 자연적인 수단을 통해, 지향된visée 실질의미를 획득하지 못할 수 있다. 이 경우 몸은 자신을 위해 도구를 만들어야 하고, 자기 주위에 문화적 세계를 던진다. 모든 수준에서 몸은 동일한 기능을 수행한다. 즉 그것은 자발적으로 할 수 있는 순간적인 운동들에 "어느 정도 반복 가능한 행위이면서도 어느 정도 독립적 존재"[187]를 부여하는 기능이다. 습관이란 이런 근본적인 능력의 한 양태일 뿐이다. 몸이 새로운 실질의미(의미표현)에 의해 침투되었을 때, 몸이 새로운 의미표현적인 핵을 자기의 것으로 만들었을 때, 몸이 이해했다고, 습관이 획득되었다고 말하는 것이다.

우리가 운동성의 연구를 통해 발견한 것은 《172》 결국 〈의미sens〉라는 말의 새로운 의미이다. 지성론적 심리학과 관념론 철학의 강점은, 지각과 사유는 내적 의미를 지닌다는 것, 그래서 우연히 결합된 내용들의 외적 연합으로는 설명될 수 없다는 것을 어렵지 않게 보여 준다는 점에 있다. 코기토는 이런 내재성의 자의식적 파악이다. 그러나 바로 그 때문에 모든 의미표현이 사유 작용으로, 순수 자아의 활동으로 이해되곤 했다. 그리고 지성론

별하기 위해 〈습성〉으로 번역한다. 메를로퐁티는 〈coutume(습성)〉을 수동성으로, 그래서 따를 수밖에 없는 〈천성〉으로 규정하고, 〈habitude(습관)〉을 수동성과 능동성이 함께 있는 것으로 규정한다.
[187]   Valéry, *Introduction à la Méthode de Léonard de Vinci*, *Variété*, p. 177.

이 쉽게 경험론을 제압했을 때에도, 지성론 자체는 우리 경험의 다양성, 우리 경험 속의 무-의미, 내용들의 우연성을 해명할 수 없었다. 몸의 경험을 통해 우리는 구성하는 보편적 의식의 의미 부과와는 다른 의미 부과를 인식하게 된다. 즉 어떤 내용에 달라붙어 있는 의미를 인식하게 된다. 내 몸은 의미표현하는 핵으로서, 전체적인(일반적인) 기능으로 행동하고, 그렇지만 실존하고 또 질병에도 걸릴 수 있는 것이다. 우리는 몸에서 이와 같은 본질과 실존의 매듭을 인식하는 것을 배우게 된다. 이 매듭은 우리가 일반적으로 지각에서 다시 발견할 것이고, 그때 더 완전하게 기술해야 할 것이다.

자기-몸의 종합

[1. 공간성과 몸성(신체성)]

우리는 몸의 공간성을 분석함으로써 일반화할 수 있는 결과들에 도달하였다. 우리는 지각된 모든 사물에 대해 참인 것을, 자기-몸과 관련하여 처음 확인한다. 즉 공간의 지각과 사물의 지각, 사물의 공간성과 사물의 존재는 구별되는 두 문제가 아니라는 것이다. 이러한 것은 이미 데카르트와 칸트 전통이 우리에게 알려 준 것이다. 이 전통은 공간의 규정을 대상의 본질로 만들고, 즉자적 존재의 가능한 유일 의미를 부분 밖의 부분의 존재 속에서, 즉 공간적인 펼쳐짐(분산) 속에서 제시한다. 그러나 이 전통이 공간의 지각으로 대상의 지각을 해명한다면, 그 반면에 자기-몸의 경험은 우리에게 공간이 실존에 뿌리박혀 있음을 가르쳐 준다. 지성론은 〈사물로 부추기는 것(사물의 동기motif)〉과 〈공간으로 부추기는 것(공간의 동기)〉[188]이 서로 얽혀 있음을 잘 알지만, 전자를 후자로 환원한다. 경험은, 몸이 나중에 그 안에 위치하게 되는 객관적 공간 아래의 원초적 공간성을 드러낸다. 객관적 공간성은 이 원초적 공간성의 외피에 불과하고, 원초적 공간성은 몸의 존재 자체와 구별되지 않는다. 우리가 본 것처럼, 몸으로 있음(몸의 존재 Etre corps)은 어떤 세계에 매여 있음이고, 우리의 몸은 우선 공간 안에dans 있지 않다. 즉 우리의 몸은 공간에à 있다. 질병실인증 환자는 자신의 팔이 길고 차가운 〈뱀〉 같다고 말하고,[189] 엄밀히 말해 그는 자신의 팔의 객관적 외형을 모르지는 않는다. 또한 환자가 자신의 팔을 찾지만 발견하지 못할 때에도, 혹은 팔을 잃어버리지 않으려고 팔을 묶을 때에도,[190] 그는 자신의 팔이 어디에 있는지를 잘 안다. 왜냐하면 그는 바로 그곳에서 팔을 찾고, 그곳에서 팔을 묶기 때문이다. 그렇지만 환자가 자신의 팔의 공간을 자신과 무관한 것으로 체험하는 것은, 일반적으로 말해서 내가 내 감각(감관)이 보여 주는 것과 달리 내 몸의 공간을 크거나 작은 것으로 느낄(감각할) 수 있는 것은, 감각감정의affectives 현전과 확장이 있기 때문이다. 그리고 객관적 공간성은 《174》 질병실인증이 보여 주듯이 이 감각감정의 현전과 확장의 충분조건이 아니며, 또 환상지가 보여 주듯이 그것들의 필요조건도 아니다. 몸의 공간성은 몸의 존재의 전개이며, 몸이 몸으로서 자신을 실현하는 방식이다. 그러므로 우리는 이러한 몸의 공간성의 분석을 시도하면서, 몸의 종합의 일반에 대해 말해야 할 것을 앞질러 말한 셈이다.

---

[188]   Cassirer, *Philosophie der symbolischen Formen*, III, 2ème Partie, Chap. II.
[189]   Lhermitte, *L'Image de notre corps*, p. 130.
[190]   Van Bogaert, *Sur la Pathologie de l'Image de soi*, p. 541.

[2. 몸의 통일성과 예술 작품의 통일성]

우리는 공간에 대해 이미 기술했던 상호 함축의 구조를 몸의 통일성 속에서 다시 보게 된다. 내 몸의 여러 부분, 시각적 측면, 촉각적 측면, 운동적인 측면은 단순히 함께 배열되어 있는 것이 아니다. 내가 탁자에 앉아 있고, 전화기에 손을 뻗고자 할 때, 손이 대상으로 이동하고, 몸통을 세우며, 다리 근육이 수축하는 것은 서로서로를 포함하고 있다. 내가 [하고자 하는] 어떤 결과(목표)를 의욕하면, 해야 할 움직임들은 그 자체로 관련된 몸의 부분들에 배분되고, 움직일 몸의 부분들의 가능한 조합은 미리 등가적인 것으로서 주어진다. 즉 나는 의자에 계속 등을 댄 채로 팔을 더 뻗을 수 있거나, 앞으로 몸을 구부릴 수 있거나, 아니면 반쯤 일어설 수도 있다. 우리는 이와 같은 모든 운동들을 그것들의 공통의 실질의미에서 출발하여 우리의 뜻대로 실행할 수 있다. 이 때문에 유아는 처음 잡으려는 시도에서 손이 아니라 대상을 본다. 즉 몸의 부분들은 기능적인 가치 속에서만 인식될 뿐이고, 그 부분들의 조직적 배열은 배운 것이 아니다. 마찬가지로 나는 탁자에 앉아 있을 때, 탁자가 가리는 내 몸의 부분들을 즉각 〈시각화할〉 수 있다. 나는 신발 속에서 발을 구부림과 동시에, 그것을 본다. 나는 결코 본 적 없는 내 몸의 부분들에 대해서도 이와 같은 능력을 갖고 있다. 바로 이와 같은 방식으로 어떤 환자들은 **안쪽에서 본 자신의 얼굴**의 환각을 갖는다.[191] 사람들이 지적하는 것처럼, 우리는 사진 속에 있는 우리 자신의 손을 알아보지 못하고, 적지 않은 사람들은 다른 사람들의 필적에 섞인 자신의 필적을 알아보는 데 주저하지만, 반면에 누구나 영화에 찍힌 자신의 윤곽이나 걷는 모습은 알아본다. 이와 같이 우리는 자주 보았던 것을 시각으로 알아보지 못하지만, 반대로 우리 몸에서 보이지 않는 부분의 시각적 표

---

191   Lhermitte, *L'Image de notre corps*, p. 238.

상은 단번에 알아본다.[192] 자기상 환시自己像幻視[193]에서, 주체는 자기 눈앞에서 보는 이중의 몸을 시각적으로 세부사항까지 언제나 인식하는 것은 아니다. 《175》 그렇지만 그는 그것이 자기 자신이라는 절대적인 느낌을 갖고 있으며, 따라서 자신의 이중의 몸을 본다고 단언한다.[194] 우리 각자는 마치 내면의 눈을 통해서처럼, 몇 미터 떨어진 곳으로부터 머리부터 무릎까지 우리 자신을 바라본다.[195] 이처럼 우리 몸의 부분들의 연결, 시각적 경험과 촉각적 경험의 연결은 점차적으로 또 누적되듯이 이뤄지는 것이 아니다. 나는 〈촉각의 소여〉를 〈시각의 언어〉로 번역하지 않고, 또 그 반대로도 번역하지 않는다. 나는 내 몸의 부분들 하나하나를 결합하지 않는다. 이런 번역과 결합은 내 속에서 단번에 결정적으로 이루어져 있고, 그렇게 이루어진 번역과 결합이 내 몸 자체이다.

¶ 그렇다면 우리가 하나의 정육면체의 가능한 모든 관점적 현상을 그 기하학적 구조를 통해 미리 인식하는 것처럼, 우리의 몸을 그것의 구축의 법칙을 통해 지각한다고 해야 할까? 그러나 우선 외부 대상은 제쳐 두고 말하면, 자기-몸은 하나의 법칙 아래에서의 포섭과는 다른 통일성의 한 양태를 우리에게 가르쳐 준다. 외부 대상이 내 앞에 있고, 그것을 관찰하면 그것의 체계적인 변화들을 보여 주는 한, 외부 대상은 그것의 요소들에 대한 정신의 탐색을 허용하며, 그것은 적어도 우선 대략적으로라도 그 요소들의 변화의 법칙으로 정의될 수 있다. 그러나 나는 내 몸 앞에 있지 않

---

192 Wolff, *Selbstbeurteilung und Fremdbeurteilung in wissentlichen und unwissentlichen Versuch*.

193 역주) "héautoscopie." "주체가 자신의 몸을 자기 밖에서 지각하는 것(분열현상). 주체는 마치 거울 속에서처럼 자신의 몸을 지각한다"(*CNRTL Dictionnaire*).

194 Menninger-Lerchental, *Das Truggebilde der eigenen Gestalt*, p. 4.

195 Lhermitte, *L'Image de notre corps*, p. 238.

다. 나는 내 몸속에 있다. 아니 오히려 나는 내 몸이다.[196] 그러므로 몸의 여러 변화도, 이 변화들 속의 불변하는 것도 명시적으로 정립될 수 없다. 우리는 단순히 우리 몸의 부분들의 관계와, 시각적인 몸과 촉각적 몸의 상관관계를 응시하는 자가 아니다. 즉 우리는 우리 자신이 이 팔과 이 다리를 통일적으로 유지하는 자이고, 그것들을 보는 동시에 그것들을 만지는 자이다. 라이프니츠의 말로 표현하자면, 몸은 몸의 변화들의 〈실효 법칙loi effcace〉[197]이다. 만약 자기-몸의 지각에 있어서도 여전히 해석에 대해 말할 수 있다면, 몸이 그 스스로를 해석한다고 해야 할 것이다. 여기에서는 〈시각적 소여〉가 그것의 촉각적 의미(감각(감관))를 통해서만 나타나고, 〈촉각적 소여〉는 그것의 시각적 의미(감각(감관))를 통해서만 나타난다. 개개의 국소적 운동은 어떤 전체적인 자세를 바탕(배경)으로 해서만 나타난다. 각각의 몸 사건도 그것을 드러내는 〈분석기〉가 어떤 것이든, 의미표현적인 어떤 바탕(배경) 위에서만 나타난다. 이 바탕은 가장 멀리서 울리는 몸 사건의 반향이 적어도 알려지는 곳이고, 상호감각적(상호감관적)인 등가의 가능성이 즉각 제공되는 곳이다. 내 손의 여러 〈촉각적 감각들〉을 결합하고, 이 감각들을 같은 손의 시각적 지각들과 **(176)** 몸의 다른 부분들의 지각들에 연결하는 것은, 나의 손동작의 어떤 방식(스타일)이다. 나의 손동작의 방

---

196   역주) "je suis mon corps." "나는 내 몸이다"는 마르셀(Marcel)의 표현을 메를로퐁티가 갖다 쓴 것이다. (영역자 랜즈도 이와 비슷한 언급을 한다(랜즈의 영역본, 527쪽 주석 10)). 마르셀은 "나는 내 몸이다"를 『형이상학 일기』에서 여러 번 언급한다(G. Marcel, *Journal métaphysique*, Gallimard, 1927, pp. 236, 238, 251, 252, 323). 마르셀과 메를로퐁티의 관계에 대해서는, 주성호, 「메를로-퐁티의 철학의 형성과 〈지각의 본성에 관한 연구계획〉」, 제6절(메를로-퐁티와 마르셀: 〈나는 나의 몸이다〉, 실존, 사물)(『프랑스학연구』 87호, 2019. 2.)을 참조 바람.

197   역주) 어떤 것을 단순히 가능케 하는 법칙이 아니라, 실제로 생기게 하는 법칙을 말한다.

식은 내 손가락 운동의 어떤 방식을 함축하고, 게다가 내 몸의 어떤 태도 (움직임의 방식)에도 기여한다.[198]

¶ 몸은 물리적 대상과 비교될 수 없고, 오히려 예술 작품과 비교될 수 있다. 그림이나 음악의 연주곡의 관념은 색채와 소리가 전개되는 것 말고는 다른 방식으로 전달될 수가 없다. 내가 세잔의 그림들을 본 적이 없다면, 나에게서 세잔 작품의 분석은 여러 있을 수 있는 세잔들 중에서 선택하는 것이 된다. 그래서 나에게 유일하게 존재하는 세잔은 그의 그림들을 지각함으로써 주어지며, 그의 작품에 대한 분석이 충만한 의미를 갖는 것도 그러한 지각 속에서이다. 비록 시나 소설이 단어들로 되어 있지만, 이것들도 사정이 다르지 않다. 잘 알려진 것처럼, 시는 산문으로 표현될 수 있는 일차적 실질의미를 지닌다고 해도, 그것은 독자의 마음속에 이차적 존재를 가져와서는 스스로를 시로서 규정되게 한다. 말은 단어들뿐 아니라 억양, 말투, 몸짓, 표정으로 의미표현하는 것이며, 이처럼 의미를 보충하는 것들은 더 이상 말하는 자의 생각이 아니라, 그의 생각의 근원과 그의 근본적인 존재 방식을 드러내는 것이다. 이와 마찬가지로 시 또한, 우연히 이야기적이고 또 그런 식으로 의미표현적일지라도, 본질적으로는 실존의 변조이다. 시는 외침과 구별된다. 왜냐하면 외침은 자연이 우리에게 준 그대로의 몸, 즉 표현 수단으로는 빈약한 몸을 이용하지만, 반면에 시는 언어를, 심지어 특수한 언어를 이용함으로써, 실존의 변조는 표현되는 그 순간에 사라지지 않고, 시적 장치에서 스스로를 영원히 보존할 수단을 발견하기 때문이다. 그러나 시가 우리가 생활에서 표현하는 몸동작에서 벗어났다고 해도, 그것은 모든 물질적 뒷받침에서 벗어난 것이 아니다. 시는 그

---

198   과학의 수준에서조차 골격의 역학은 주로 나타나는 내 몸의 자세와 움직임을 설명할 수 없다. *Cf. La Structure du Comportement*, p. 196[제3판, pp. 157-158].

텍스트가 정확히 보존되지 않는다면, 상실되어 돌이킬 수 없게 될 것이다. 시의 실질의미는 자유롭지 않으며, 관념의 천상에 살지도 않는다. 시는 손상되기 쉬운 종이 위에 쓰인 단어들에 갇혀 있다. 바로 이런 의미에서 시는 모든 예술 작품과 마찬가지로, 사물의 방식으로 존재하며, 진리의 방식으로 영원히 존속하지 않는다. 소설에 대해 말하자면, 소설이 요약된다 해도, 소설가의 〈사유〉가 추상적으로 표현된다 해도, 이러한 개념적인 의미signification는 더 넓은 실질의미에서 추출된 것이다. 그것은 마치 한 사람의 인상착의가 《177》 그의 얼굴 생김새의 구체적인 모습에서 추출된 것과 같다. 소설가의 역할은 관념을 전개하는 것도, 심지어 등장인물을 분석하는 것도 아니다. 그것은 인간 간의 사건을 제시하고, 그런 사건을 성숙시키고 이데올로기적인 설명 없이 폭발시킴으로써, 이야기의 순서나 관점의 선택에 나타난 모든 변화가 사건의 소설적인(비실제적인) 의미에 변화를 가져오게 하는 것이다. 소설 한 편, 시 한 편, 그림 한 점, 음악의 한 연주곡은 개체이다. 다시 말해, 그것들은 표현과 표현된 것을 구별할 수 없는 존재이고, 직접적인 접촉을 통해서만 그 의미에 접근할 수 있는 존재이며, 시간적, 공간적인 자리를 떠나지 않으면서 그것들의 실질의미(의미표현)를 발산하는 존재이다. 바로 이러한 의미에서 우리의 몸은 예술 작품과 비교될 수 있다. 우리의 몸은 살아 있는 의미표현들(실질의미들)의 매듭이지, 몇몇 공변항共變項들의 법칙이 아니다. 팔의 어떤 촉각적 경험은 팔뚝과 어깨의 어떤 촉각적 경험 그리고 동일한 팔의 어떤 시각적 모습을 의미표현한다. 그것은 정육면체의 관점적인 측면들이 정육면체의 개념에 참여하듯이, 여러 촉각적 지각들이, 또는 촉각적 지각들과 시각적 지각들이 모두 동일한 지성적인(이해 가능성의) 팔에 참여하기 때문이 아니다. 그것은 팔의 여러 부분들과 마찬가지로, 보인 팔과 접촉된 팔이 모두 함께 동일한 몸동작을 형성하기 때문이다.

[3. 한 세계의 획득으로서의 지각적 습관]

앞에서 우리는 운동적 습관으로 몸 공간의 특정한 본성을 해명한 것처럼, 여기서는 습관 일반으로 자기-몸의 전체적인 종합을 이해할 것이다. 그리고 몸의 공간을 분석하는 것이 자기-몸의 통일성을 미리 분석하는 것이 되는 것처럼, 마찬가지로 우리는 운동적 습관에 대해 말했던 것을 모든 습관으로 확장할 수 있다. 사실 모든 습관은 운동적이면서 동시에 지각적이다. 왜냐하면 우리가 말했듯이, 습관은 명백한 지각과 실제 운동 사이에서, 우리의 시각장과 행위의 장을 동시에 한정하는 그러한 근본적 기능 속에 깃들어 있기 때문이다. 우리가 앞에서 지팡이로 대상을 탐색하는 것을 운동적 습관의 한 예로 들었는데, 이 예는 지각적 습관의 예이기도 하다. 지팡이가 익숙한 도구가 되면, 촉각적 대상의 세계는 후퇴하여 더 이상 손의 피부에서 시작하지 않고, 지팡이의 끝에서 시작한다. 사람들은 다음과 같이 말하고 싶을 것이다. 즉 장님은 손에 전해지는 지팡이의 압력으로 생긴 감각을 통해 지팡이와 지팡이의 여러 위치를 구축한다는 것, 그리고 이번엔 이 위치들이 이차적인 대상을, 즉 외부 대상을 매개한다는 것이다. 이렇게 되면 지각은 언제나 똑같은 감각 소여들을 독해하는 것이 되고, 단지 그것은 ⁽¹⁷⁸⁾ 점점 더 약해지는 기호에 대해 점점 더 빨리 이루어질 뿐이다. 그러나 습관은 손에 전해진 지팡이의 압력들을 지팡이의 특정 위치들의 기호들처럼 해석하는 데에, 또 지팡이의 특정 위치들을 한 외부 대상의 기호들처럼 해석하는 데에 있지 않다. 왜냐하면 습관이란 바로 우리가 그렇게 하는 것이 필요 없게 하는 것이기 때문이다. 손에 전해진 압력과 지팡이는 더 이상 주어져 있지 않고, 지팡이는 더 이상 장님이 지각할 대상이 아니라, 그가 그것으로 지각하는 도구이다. 그것은 몸의 부속 기관이며, 몸의 종합의 확장이다. 이와 상관하여 외부 대상도 일련의 관점적 현상들의 실측도나 불변자가 아니다. 외부 대상은 지팡이가 우리를 그쪽으로 안내하는 사물이고, 또 지각적 명증이 보여 주듯이 관점적 현상들이 그 표지들indices이 아니라 그 모습들인 사물이다. 지성론은 관점적 현상에서 사물 자체로의 이행, 기호에서 의미signification로의 이행을, 단지 해석, 통각, 인식의 지향으로서만 이해할 수 있다. 각 수준에서의 감각 소여들과 관점적 현상들은 하나의 동일한 지성적 핵의 현시들로서 파악된(aufgefasst als) 내용들이 될 것이다.[199] 그러나 이러한 분석은 기호와 의미[실질의미]를 동시에 왜곡한다. 이런 분석은 이미 의미sens를 〈잉태한〉 감각 내용과, 법칙이 아니라 사물인 불변의 핵을 함께 객관화함으로써 기호와 의미[실질의미]를 분리해 버린다. 즉 그것은 주체와 세계의 유기적 관계, 의식의 능동적 초월, 의식이 자신의 기관과 도구를 통해 사물과 세계에 자신을 던지는 운동을 은폐한다. 따라서 실존의 확장으로서의 운동적 습관에 대한 분석은 한 세계의 획득으로서의 지각적 습관에 대한 분석으로 이어진다.

¶ 반대로 모든 지각적 습관 또한 운동적 습관이고, 여기에서도 실질의미의 파악은 몸에 의해 이루어진다. 어린아이가 파랑과 빨강을 구분하는 데 익숙하게 될 때, 이 한 쌍의 색과 관련해 획득한 습관이 다른 색들의 구별에도 도움이 된다는 사실이 확인된다.[200] 그렇다면 《179》 한 쌍의 파랑-빨강을 통해 어린아이는 〈색〉이라는 의미signification를 파악(통각)한 것인가? 이와 같은 자각(통각적 파악prise de conscience)에, 이러한 〈색 관점〉의 도달에,

---

199 예를 들면, 오랫동안 후설은 의식 또는 의미 부여를, 파악-내용(Auffassung-Inhalt)의 도식으로 또 혼을 불어넣는 파악(beseelende Auffassung)으로 규정하였다. 그는 『시간 강의』 때부터 이러한 작용이 또 다른 작용을, 즉 그를 통해 내용 자체가 이 파악을 위해 준비되는 심층 작용을 전제한다는 사실을 인식함으로써 결정적인 한 걸음을 내딛는다. "모든 구성이 파악내용-파악(Auffassungsinhalt-Auffassung)의 도식에 따라 이루어지는 것은 아니다"(Vorlesungen zur Phänomenologie des inneren Zeitbewusstseins, p. 5, note 1).

200 Koffka, Growth of the Mind, p. 174와 그 이하.

소여를 범주 아래에 포섭하는 이러한 지성적 분석에, 습관의 결정적 계기는 있는 것일까? 그러나 어린아이가 파랑과 빨강을 색의 범주 아래서 파악(통각)하기 위해서는, 이 범주가 소여들 속에 뿌리박혀 있어야 한다. 그렇지 않다면, 어떤 포섭도 소여들 속에서 범주를 인식할 수 없을 것이다. 즉 어린아이에게 내민 〈파란〉 판과 〈빨간〉 판에서, 우리가 파랑과 빨강이라 부르는, 시선을 진동시키며 시선에 도달하는 그런 특정한 방식이 우선 나타나야 한다. 우리는 시선 속에서, 장님의 지팡이와 비교할 수 있는 자연적 도구를 이용한다. 시선은 사물을 묻는 방식에 따라, 사물에 미끄러져 들어가거나 의존하는 방식에 따라, 사물에서 더 많거나 더 적은 것을 획득한다. 색을 보는 것을 배우는 것은, 시각의 어떤 스타일을 획득하는 것이고, 자기-몸의 새로운 사용을 획득하는 것이며, 몸 도식을 풍부히 하고 재조직하는 것이다. 운동 능력들 또는 지각 능력들의 체계인 우리 몸은 〈나는 사유한다〉의 대상이 아니다. 즉 그것은 스스로의 균형을 이루려는, 체험된 실질의미(의미표현)들의 전체이다. 때때로 실질의미(의미표현)들의 새로운 어떤 매듭이 형성된다. 즉 이전의 우리의 운동들은 새로운 운동적 존재 방식entité에 통합되고, 우리가 처음 가졌던 시각적인 것들도 새로운 감각적(감관적) 존재 방식에 통합되며, 우리의 자연적 능력들은 더 풍부한 실질의미(의미표현)에 합쳐진다. 이 실질의미(의미표현)는 지금까지 우리의 지각적 혹은 실천적 장에서 단지 지시된 것에 불과했고, 우리 경험 속에 결여된 것으로만 알려졌지만, 그것의 출현은 갑자기 우리의 균형을 재조직하고 우리의 맹목적인 기다림을 충족시킨다.

성적 존재로서의 몸

우리의 변함없는 목표는 우리가 공간, 대상, 도구를 우리에게 실존하게 하고 이것들을 수용하는 원초적 기능을 해명하는 것이고, 또한 이처럼 이것들을 자기 것으로 만드는 장소로서 몸을 기술하는 것이다. 그런데 우리가 공간이나 지각된 사물을 직접 겨냥하는 한, 육화된 주체와 그 세계의 관계를 재발견하는 것은 쉬운 일이 아니었다. 왜냐하면 이 관계는 그 자체가 인식론적 주체와 대상의 순수 교섭으로 저절로 변화하기 때문이다. 실제로 자연적 세계는 내게 존재하는 것을 넘어서 즉자 존재로서 주어지고, 주체가 이 세계를 향해 자신을 여는 초월 작용은 스스로 사라져서[망각되어], 우리는 존재하기 위해 지각될 필요가 없는 어떤 자연 앞에 있게 된다. 따라서 우리가 우리에게서의 존재의 발생을 해명하고자 한다면, 단지 우리에 대해서만 의미와 실재를 분명히 갖는 경험의 영역을, 즉 우리의 감각감정적인affectif[201] 장(영역)을 결국 고찰하지 않을 수 없다. 어떤 대상이나 존재가 어떻게 욕망이나 사랑을 통해 우리에게 실존하게 되는지를 살펴보자. 그러면 이를 통해 우리는 여러 대상과 존재가 일반적으로 어떻게 실존할 수 있는지를 더욱 잘 이해하게 될 것이다.

[1. 성[202]은 〈표상〉과 반사의 혼합이 아니라 지향성이다]

일반적으로 감각감정성은 감각감정의 상태들의, 즉 그 자체 속에 갇힌 쾌락과 고통[불쾌]의 모자이크로 생각된다. 이와 같은 상태들은 이해되는 것이 아니라 우리 몸의 구조를 통해 단지 설명될 수 있는 것이다. 만약 인간에게서 감각감정성이 〈지성에 의해 침투된다〉는 것이 인정된다면, 그것은 단순 표상들이 관념 연합의 법칙이나 조건반사의 법칙에 따라 쾌락과 고통의 자연적 자극을 대체할 수 있다는 것을 의미한다. 또한 그것은 이러한 대체가 우리에게 쾌락이나 고통과 무관한 상황에 쾌락과 고통을 연결시킨다는 것, 또 이러한 전이에 전이를 거쳐 우리의 자연적 쾌락과 고통과는 명백한 관계가 없는 2차적, 3차적 가치가 구성된다는 것을 의미한다.

---

201 역주) 〈affection〉은 "[쾌, 고통을 느낄 수 있는] 감각성(감성(sensibilié))의 모든 상태, 즉 쾌, 고통이 동반된 모든 심리 상태"(P. Foulquié, *Dictionnaire de la langue philosophique*, PUF, 1962)이다. 그것은 감각적인 것일 수도, 감정적인 것일 수도 있다. 전자로는 발 고통(불쾌), 성 기관의 성 감각(쾌), 역겨운 냄새(불쾌), 봄볕의 따뜻함(쾌)을, 후자로는 슬픔(불쾌), 기쁨(쾌)을 예로 들 수 있다. 『표준국어대사전』에는 전자에 해당할 두 낱말 〈감정감각("신체적인 감각에 의하여 생기는 느낌")〉과 〈감각감정("단순한 감각에 따라 일어나는 감정")〉이 표제어로 있는데, 우리는 모두 〈감각감정〉으로 통일하여 옮길 것이다. 그리고 슬픔, 기쁨처럼 몸이나 감각과 직접 관련이 없어 보이는 〈affection〉은 〈감정〉으로 번역할 것이다.

202 역주) "sexualité"는 일반적으로 성(性)을 뜻하지만, 성욕, 성 활동의 의미도 있어, 우리는 맥락에 따라 〈성〉, 〈성욕〉, 〈성 활동〉으로 번역할 것이다. 또한 "vie sexuelle"도 좁은 의미의 〈성생활〉로 제한되지 않기 때문에, 〈성 생활〉처럼 띄어 쓰거나 〈성적인 삶〉으로 표기할 것이다.

[이런 입장에서] 객관적 세계가 〈요소적인〉 감각감정의 상태들의 건반을 직접 두드리는 일이 점점 줄어들게 되지만, 그래도 가치는 언제나 쾌락과 고통의 가능성으로 남아 있게 된다. 그에 대해서 아무 말할 것이 없는 쾌락과 고통의 체험의 경우를 제외한다면, 주체는 《181》 그의 표상 능력으로 정의되고, 감각감정성은 의식의 본래적 양태로서 인식되지 않게 된다. 만일 이러한 입장이 옳다면, 모든 성 활동(성욕)의 감퇴는 어떤 표상의 결여가 아니면 쾌락의 약화로 귀결되어야 할 것이다. 그러나 우리는 그렇지 않다는 것을 보게 될 것이다.

¶ 어떤 환자는[203] 더 이상 스스로 성행위를 추구하지 않는다. 외설적인 그림, 성적인 주제에 대한 대화, 어떤 몸에 대한 지각은 그에게 어떤 욕망도 불러일으키지 않는다. 이 환자는 거의 키스를 하지 않으며, 키스는 그에게 성적 자극이란 가치도 갖지 않는다. 반응은 극히 국소적이고, 접촉이 없으면 일어나지도 않는다. 여기서 전희前戱가 중단되면, 성행위 과정은 계속 시도되지 않는다. 성행위에서 삽입은 결코 자발적으로 이루어지지 않는다. 상대방 여자가 먼저 오르가슴에 도달하고, 그녀가 떠나면, 그에게서 대략 생긴 욕망은 사라져 버린다. 매 순간 이와 같은 모든 것은 마치 이 환자가 무엇을 해야 하는지를 모르는 것처럼 일어난다. 무척 짧은 오르가슴 이전의 몇몇 순간을 제외하고는 능동적인 움직임은 없다. 몽정은 좀처럼 일어나지 않으며, 또 일어나도 꿈을 동반하지 않는다. 그렇다면, 앞서 언급된 운동적 자발성의 상실의 경우와 마찬가지로, 이러한 성적인 무기력을 시각적 표상의 사라짐으로 설명해야 하는가? 그러나 성행위의 촉각적 표

---

203 우리가 앞에서 운동 및 지성적 결함을 연구했던 환자인 슈나이더를 말한다. 슈타인펠트는 슈나이더의 감각감정 및 성적인 행동을 연구했었다. Steinfeld, *Ein Beitrag zur Analyse der Sexualfunktion*, pp. 175-180.

상이 전혀 없다고 주장하기는 어렵기 때문에, 슈나이더의 경우 왜 시각적 지각뿐 아니라 촉각적 자극이 성적인 실질의미의 많은 부분을 상실하였는지를 이해하는 문제가 있을 것이다. 그렇다면, 이번에는 시각적일 뿐 아니라 촉각적이기도 한 표상의 일반적(전체적) 약화를 가정해 볼 수 있다. 그렇지만 그렇게 해도, 성의 영역에서 그와 같이 완전히 형식적인 결함이 갖는 구체적인 모습을 기술하는 문제가 여전히 있을 것이다. 왜냐하면 예를 들어 몽정이 잘 일어나지 않는 것은, 표상들이 몽정의 원인이라기보다는 오히려 결과이기 때문에 결국 표상들의 약화에 의해 설명되지 않으며, 또 성생활 자체의 변질을 가리키는 것으로 보이기 때문이다. 그렇다면, 정상적인 성적인 반사나 쾌락적 상태들의 어떤 약화를 가정해 보는 것은 어떨까? 그러나 슈나이더의 사례는 오히려 성적인 반사와 순수 쾌락적 상태가 없음을 보여 주는 적절한 사례일 것이다. 왜냐하면 우리가 기억하는 것처럼, 슈나이더의 모든 장애는 후두부에 국한된 손상에서 결과하기 때문이다. 만약 성이 인간에게서 《182》 하나의 자율반사기구라고 한다면, 성적인 대상이 해부학적으로 규정된 어떤 쾌락 기관에 도달하는 것이라면, 대뇌 손상은 이러한 기계적 자동성을 해방시키는 결과를 낳아야만 할 것이고, 강화된 성적인 행동으로 나타나야만 할 것이다.

[2. 성적 상황 속의 존재]

¶ 병리학은 기계적 자동성과 표상 사이의 어떤 생명vitale의 지대를 해명해 준다. 이 지대에서 환자의 성적인 가능성이 형성되고, 또 앞서 본 것처럼 환자의 운동적, 지각적, 심지어 지성적 가능성이 형성된다. 성 생활에 내재하고, 성 생활의 전개를 보장해 주는 어떤 기능이 있어야 한다. 성욕(성 활동)의 정상적인 확장은 유기체적 주체의 내적인 능력들에 의존해야 한다. 에로스Eros 또는 리비도Libido가 존재하여, 이것들이 원초적 세계에 생

기를 불어넣고, 외부 자극에 성적인 가치나 실질의미를 부여하며, 각 주체에게 자신의 객관적인 몸의 사용 방식을 그려야 한다. 슈나이더에게서 변질된 것은 에로틱한 지각이나 경험의 구조 자체이다. 정상인의 경우, 몸은 단지 어떤 한 대상으로 지각되는 것만이 아니라, 이 대상의 지각에는 더욱 은밀한 지각이 살고 있다. 즉 보이는 [여성의] 몸 아래에는, 성감대를 강조하고, 성적인 모습을 그리며, 이러한 감각감정적 전체에 통합된 남성의 몸 자체의 동작을 불러내는, 엄밀히 개인적인 성적인 도식이 놓여 있다. 이에 반해 슈나이더에게서 여성의 몸은 특별히 본질 같은 것은 없다. 즉 그는 여성을 매력적이게 하는 것은 특히 성격이며, 여성들은 몸에 있어서 모두 비슷하다고 말한다. 몸을 밀착하여 접촉해도 〈막연한 느낌〉, 〈불분명한 어떤 것의 인식〉만이 생기고, 이런 느낌, 인식은 성적인 행위를 〈분출시키기〉에도, 일정한 해결의 방식을 불러내는 상황을 만들기에도 결코 충분치 않다. 지각은 공간적으로나 시간적으로나 에로틱한 구조를 상실했다. 이 환자에게서 사라진 것은 자기 앞에 성적인 세계를 던지는 능력이고, 자신을 에로틱한 상황 속에 두는 능력이며, 혹은 일단 그러한 상황이 대략 형성되면, 그 상황을 유지하거나 아니면 그 상황에 응하면서 욕망을 충족시키는 능력이다. 욕망 충족이라는 말도 더 이상 그에게는 아무것도 의미하지 않는다. 왜냐하면 한 과정의 운동과 상태를 불러내고, 이 운동과 상태를 〈형태화하고〉, 또 이것들 속에서 그 스스로가 실현됨을 갖게 되는 성적 의도(지향), 성적 자발성이 없기 때문이다. 환자가 다른 경우에서 훌륭히 이용하는 촉각적 자극 자체가 성적인 실질의미를 상실했던 것은, 이 촉각적 자극이 말하자면 환자의 몸에게 말 걸기를 그치고, 그의 몸을 성이라는 관계 속에 두는 것을 멈추었기 때문이다. 달리 말해 《183》 환자는 정상적인 성욕으로서 이러한 무언의 지속적인 물음을 그의 주위에 던지기를 멈추었기 때문이다. 슈나이더와 대다수 성 불능자는 〈자신들이 행하는 것에 있지(속하여 있지) 않다〉.[204] 그러나 [성적인 상황에] 집중하지 못함과 그런 상황에 적합치 않는 표상은 원인이 아니라 결과이다. 또한 주체가 상황을 뜨겁지 않게 지각하는 것은, 우선 그가 상황을 살지 않기 때문이고, 상황에 참여하지 않기 때문이다.

¶ 여기서 우리는 객관적 지각과 다른 양태의 지각, 지성적 의미signification와 다른 종류의 의미[실질의미], 순수한 〈무엇의 의식〉이 아닌 지향성을 알아보게 된다. 에로틱한 지각은 사유 대상cogitatum을 겨냥하는(지향하는) 사유cogitatio가 아니다. 이 지각은 몸을 통해 다른 몸을 겨냥하고, 세계 속에서 일어나는 것이지 의식 속에서 일어나지 않는다. 어떤 광경이 내게 성적인 실질의미를 갖는 것은, 내가 이 광경과 성 기관의 또는 쾌락 상태의 가능한 관계를 혼돈스럽게라도 표상할 때가 아니라, 이 광경이 내 몸에게 실존할 때이다. 즉 주어진 자극들을 서로 결합시켜 에로틱한 상황으로 삼고, 이 상황에 맞춰 성적인 행위를 하는 것에 언제나 준비된 그러한 능력[몸]에 이 광경이 실존할 때이다. 그러므로 지성의 질서에 속하지 않는 에로틱한 〈이해compréhension〉가 있다. 왜냐하면 지성은 한 경험을 관념하에서 통각함으로써 이해하는 반면, 욕망은 몸에 몸을 연결함으로써 맹목적으로 이해하기 때문이다. 우리는 오랫동안 몸 기능의 전형으로 간주되었던 성욕(성 활동)에서조차, 말초적 자동성이 아니라, 실존의 전체적 운동을 따르고 실존과 함께 쇠약해지는 지향성을 만난다. 슈나이더는 일반적으로 더 이상 감각감정적이거나 이데올로기적 상황 속에 있지 않은 것처럼, 더 이상 성적인 상황 속에 자신을 두지 못한다. 그에게서 사람들의 얼굴은 호감도 반감도 갖지 않는다. 사람들이 이런 식의 모습으로 나타나는 것은 단지 그가 그

---

204 역주) "ne sont pas à ce qu'ils font." 정상인이 성적인 세계에 있는(속하는(être à)) 것처럼, 슈나이더는 몸 접촉 행위에도 성적인 세계(상황)에 〈있지(속하지)〉 못한다.

들과 직접적인 관계가 있을 때, 또 그들이 그에게 취하는 태도, 그에게 내보이는 주의와 배려에 따라서이다. 햇빛과 비는 즐겁지도 슬프지도 않다. 기분을 좌우하는 것은 기본적인 기관들의 기능뿐이고, 세계는 감각감정적으로 중립적이다. 슈나이더는 인간관계를 거의 넓히지 않는다. 그리고 그가 새로운 친구 관계를 맺을 때는, 때때로 나쁜 결과에 이른다. 분석을 해보면 알 수 있듯이, 친구 관계는 자연스러운 움직임에서가 아니라 추상적인 결심에서 나타나기 때문이다. 그는 정치와 종교에 대해 생각하기를 의욕할 수 있지만, 시도조차 하지 않는다. 그는 이런 영역들이 자신에게는 더 이상 접근할 수 없는 것임을 알고 있다. 그리고 우리가 보았던 것처럼, 일반적으로 그는 진정한 사유 활동을 하지 않으며, 수의 직관을 또는 의미들signifations의 파악을 《184》 기호의 조작과 〈발판(실마리)〉[205]의 기술로 대체한다.[206] 우리는 성적인 삶을 본래적 지향성으로 재발견할 뿐만 아니라, 지각, 운동성, 표상이라는 이 모든 〈과정〉을 〈지향궁arc intentionnel〉에 토대하게 함으로써 이것들의 생명적 뿌리들을 재발견한다. 이 지향궁은 환자에게는 약해져[느슨해져] 있지만, 정상인에게는 경험에 일정한 활력(생명성)과 생산성을 부여하고 있는 것이다.

---

205   역주) "point d'appui." 본서 227쪽의 주석 84와 267쪽의 주석 139에서 메를로퐁티는 "Anhaltspunkt(발판, 실마리)"를 "prise(잡을 것(곳))"으로 표현했는데, 여기에서와 271쪽에서는 "point d'appui(발판, 디딤판)"로 표현한다. 슈나이더는 의사가 주문한 운동을 하기 위해 몸을 이리저리 흔들어 보고, 그러다가 흔든 몸짓 중에서 해야 할 움직임 하나가 나오면, 그것을 실마리(발판)로 삼아 의사가 요구한 운동을 한다. 마찬가지로 슈나이더가 타인의 이야기를 이해하려 할 때도 이런 실마리를 찾으려고 한다. "다른 사람이 무엇을 말했는지를 알기는 더 어렵다. 왜냐하면 나슈나이더는 그것을 떠올리기 위해, 어떤 잡을 것도(실마리(Anhaltspunkt)) 없기 때문이다"(본서 267쪽의 주석 139).

206   이 책의 267쪽 참조.

[3. 정신분석학]

따라서 성은 일련의 자율적 과정이 아니다. 그것은 인식하고, 행위하는 존재 전체에 내적으로 연결되어 있다. 행동의 이 세 영역은 단일한 유형적 구조를 나타내며, 세 영역은 상호 표현적 관계에 있다. 여기서 우리는 정신분석학에서 가장 지속적으로 나타나는 성과들을 만나게 된다. 프로이트의 원리의 주장이 무엇이든지 간에, 사실상 정신분석학적 연구가 도달한 것은 인간을 성적 하부구조로 설명하는 것이 아니라, 이전에 의식의 관계와 태도로 간주되었던 그런 관계와 태도를 성 속에서 재발견하는 것이다. 또한 정신분석학의 의의는 심리학을 생물학적으로 만드는 것이 아니라, 〈순수하게 몸적인 것〉으로 여겨졌던 기능들 속에서 변증법적 운동을 발견하고, 성을 인간 존재에 재통합하는 것이다. 프로이트에게서 이탈한 한 제자[207]가 밝힌 바에 따르면, 예컨대 불감증은 언제나 해부학적 또는 생리학적 조건과 거의 연결되지 않고, 대개는 오르가슴의 거부, 여성이라는 조건 또는 성적 존재라는 상태(조건)의 거부를 나타내며, 이 거부는 이번엔 성행위 상대방과 이 상대방과 관련한 운명에 대한 거부를 나타낸다. 심지어 프로이트 경우에서도 정신분석학이 심리적 동기의 기술을 배척하고, 현상학적 방법에 반대하는 것이라고 생각한다면, 그것은 잘못일 것이다. 오히려 정신분석학은 프로이트의 말처럼 모든 인간의 행위는 "의미를 지닌다"[208]

---

[207] W. Stekel, *La Femme frigide*.

[208] Freud, *Introduction à la Pychanalyse*, p. 45. 프로이트 자신은 구체적인 분석에 있어 인과적 사유를 벗어난다. 예컨대 그가 증상은 항상 여러 의미를 지니고 있거나, 그의 말처럼 〈중층적(다원적)으로 결정되어(surdéterminés)〉 있다는 것을 보여 주려 할 때 그러하다. 왜냐하면 이것은 증상이 형성되는 순간에, 이 증상이 항상 주체 속에서 존재 이유(근거)들을 만나게 된다는 것, 따라서 어떤 삶의 어떤 사건도 엄밀히 말해 외부에 의해 결정되지 않는 것을 인정하는 것이 되기 때문이다. 프로이트는 외부 사건을, 굴이 진주를 만드는 데 단지 기회가 되는 외부 물질[모래알]에 비유한다. 예컨대, *Cinq*

는 것을 주장함으로써, ⟨185⟩ 또한 사건을 기계적 조건에 결부시키는 대신 이해하려고 도처에서 시도함으로써, 현상학적 방법을 발전시키는 데 (알아차리지 못했지만) 공헌하였다. 프로이트 자신에게서도 성적인 것은 생식적인 것이 아니며, 성 생활은 생식기관이 중심이 되는 과정들의 단순 결과가 아니다. 리비도는 하나의 본능, 즉 정해진 목표로 자연적으로 향해진 활동이 아니다. 리비도는 심리물리적 주체가 다양한 환경에 참여하고, 다양한 경험 속에서 스스로 자리 잡으며, 여러 행위 구조를 획득하는 일반적 능력이다. 그것은 한 인간이 한 역사를 갖게 하는 것이다. 한 인간의 성적인 역사가 그의 삶의 열쇠를 제공한다는 것은, 세계에 대한 그의 존재 방식, 즉 시간에 대한 또 타인에 대한 그의 존재 방식이 그의 성 속에 던져지기 때문이다. 모든 신경증의 근원에는 성적인 증상이 있다. 그러나 이 증상을 제대로 읽어 본다면, 그것은 어떤 태도, 예를 들어 정복의 태도이든 도피의 태도이든 그런 태도의 전체를 상징한다. 삶의 일반적 형식의 형성으로 이해된 성적인 역사 속에는 심리적 동기들 전체가 스며들 수 있다. 왜냐하면 두 가지 인과성들 간의 만남은 더 이상 없고, 또 생식 생활은 주체의 삶 전체와 맞물려 있기 때문이다. 그래서 문제는 인간의 삶이 성에 의존하는지 아닌지를 아는 것이 아니라, 성이 의미하는 바가 무엇인지를 아는 것이다.

¶ 정신분석학은 사유의 이중 운동을 드러낸다. 한편으로 그것은 삶의 성적인 하부 구조를 강조하고, 다른 한편으로는 실존 전체를 성에 통합할 정도로 성의 개념을 ⟨부풀린다⟩. 그러나 바로 이런 이유 때문에, 정신분석학의 결론은 우리의 앞 문단의 결론처럼 애매한(양의적) 상태이다. 성의 개념이 일반화될 때, 또 그것이 자연적 및 상호인간적인 ⟨세계에 있는 존재⟩의 한 방식으로 만들어질 때, 이것이 의미하는 바는 궁극적으로 실존 전체

psychanalyses, Chap. I, p. 91, note 1을 보라.

가 성적인 의미signification를 지닌다는 것인가, 아니면 모든 성적인 현상이 실존의 의미signification를 지닌다는 것인가? 첫 번째 가정에서 실존은 추상이 될 것이고, 성 생활을 가리키기 위한 또 다른 이름이 될 것이다. 그러나 성 생활은 더 이상 그 경계가 정해질 수 없기 때문에, 즉 성 생활은 유기체의 한 기관의 고유 인과성으로 정의되고 분리된 기능이 더 이상 아니기 때문에, 실존 전체가 성 생활에 의해 이해된다고 말하는 것은 더 이상 아무런 의미도 없다. 오히려 그러한 주장은 동어반복이 된다. 그렇다면 반대로, 성적인 현상은 우리의 환경(장)을 던지는 우리의 일반적 방식의 한 표현에 불과하다고 말해야 할까? 그러나 성 생활은 실존의 단순 반영이 아니다. 예컨대 정치적·이데올로기적 영역에서의 실행력 넘치는 삶에는 손상된 성이 동반할 수 있으며,《186》그런 삶은 심지어 이러한 손상을 이용할 수도 있다. 오히려 성 생활은 예컨대 카사노바의 경우처럼 〈세계에 있는 존재〉의 특수한 어떤 활력에도 상응하지 않는 일종의 기교적 완벽함을 소유할 수 있다. 삶의 전체 흐름이 성 기관을 휩쓸고 갈 때에도, 이 성 기관은 이 흐름을 잡아 자신의 이익에 활용할 수 있다. 이처럼 삶은 분리된 흐름들 속에서 스스로를 특수화한다. 이러한 말들이 아무런 의미가 없거나, 그렇지 않다면 성 생활은 성의 실존과 특수한 관계에 있는 우리 삶의 한 영역을 가리킨다.[209] 성이 마치 부대현상에 불과한 것처럼 그것을 실존 속에 집어넣는 것은 있을 수 없는 것이다. 왜냐하면, 신경증 환자들의 성 장애가 그들 삶의 근본적인 드라마를 표현하고, 또 우리에게 그 드라마의 확대된 형태를 드러낸다는 사실을 받아들인다면, 이 드라마의 성적인 표현이 왜 다른 것보

---

[209] 역주) 문장의 내용은 "이러한 말들이 어떤 의미를 가진다면, 성 생활은 성의 실존과 특수한 관계에 있는 우리 삶의 한 영역을 가리킨다"이다. 독역본과 영역본(Smith)은 이와 같이 의역한다.

다 더 일찍 나타나고 더 자주 나타나며 더 눈에 보이는지를 아는 문제가 여전히 남아 있고, 또한 성이 왜 하나의 증후일 뿐 아니라 특권적 증후인지를 아는 문제도 여전히 남아 있기 때문이다.

[4. 실존적 정신분석은 정신주의로의 복귀가 아니다]

¶ 여기서 우리는 이미 여러 번 만났던 문제를 다시 만난다. 감각기관에 직접 의존하는 감각 소여의 층을 결정하는 것이 불가능함을 우리는 형태이론과 함께 드러냈다. 즉 아주 작은 감각 소여라도 배열형태에 통합된 채로만, 또 이미 〈형태화된〉 채로만 주어진다. 그러나 우리가 말했듯이, 이러한 사실 때문에 〈본다〉와 〈듣는다〉라는 말이 의미를 갖지 못하는 것은 아니다. 우리가 다른 곳에서 지적했듯이,[210] 두뇌의 특정 영역, 예컨대 〈시각 영역〉은 결코 독립적으로 기능하지 않는다. 그렇지만 손상이 위치한 영역에 따라 시각적 측면 또는 청각적 측면이 질병의 명부에서 지배적으로 나타난다는 것도 우리는 말했다. 마지막으로 우리가 좀 전에 말했듯이, 생물학적 실존은 인간적 실존과 맞물려 있으며, 결코 인간적 실존의 고유한 리듬과 무관한 채로 있지 않다. 그렇지만 [생물학적으로] 〈산다는 것(leben)〉은 원초적인 활동으로서 그로부터 이러저러한 세계를 〈체험하는 것(erleben)〉[211]이 가능하게 되는 것이라는 점이 이제 덧붙여져야 한다. 그래서 우리는 지각하고 관계적 삶에 들어가기 전에, 영양분을 섭취해야 하고 숨을 쉬어야 하며, 또한 인간 관계적 삶에 들어가기 전에, 시각을 통해 색과 빛에 있어야 하고, 성을 통해 타인의 몸에 있어야 한다. 이런 이유로 시각, 청각, 성, 몸은 단지 인격적 실존의 단순 통과 지점이나 도구 또는 현시

---

[210]   *La Structure du Comportement*, p. 80 이하[제3판, p. 66과 그 이하].

[211]   역주) 메를로퐁티는 "산다는 것"과 "체험하는 것" 모두 "vivre"라는 동사를 쓴다.

로 그치지 않는다. 인격적 실존은 주어진 익명적 이 실존들을 다시 잡아(인수하여) 자신 속에 모은다. 따라서 우리가 몸적이거나 살[육]적인 삶과 심리현상이 《187》 상호 표현적 관계에 있다거나, 몸의 사건이 항상 심리적 의미[실질의미signification]를 갖는다고 말할 때, 이러한 표현들은 설명이 필요하다. 이 표현들은 인과적 사유를 배제하는 데 타당하다고 해서, 몸이 정신의 투명한 외피라는 것을 의미하지 않는다. 몸과 정신의 소통이 이해되는 영역으로 복귀하는 것처럼 실존으로 복귀하는 것은 의식이나 정신으로 복귀하는 것이 아니다. 실존적 정신분석학은 정신주의spiritualisme의 복원에 빌미가 되어서는 안 된다. 우리는 〈표현〉과 〈의미signification〉라는 개념을 명확히 함으로써 그러한 것을 더 잘 이해할 것이다. 이들 개념은 구성된(기성의) 언어와 사유의 세계에 속하는 것이고, 우리가 무비판적으로 몸과 심리현상의 관계에 방금 적용했던 것이지만, 몸의 경험은 오히려 이들 개념의 수정을 우리에게 가르쳐 줄 것이다.

[5. 성은 어떤 의미에서 실존을 표현하는가: 실존을 실현하면서]

한 소녀[212]는 어머니의 금지로 자신이 사랑하는 청년을 다시 못 보게 되어, 잠을 못 자고 식욕이 없으며 결국 말도 못 하게 되었다. 소녀는 유아기 때 지진을 겪은 후 처음 실성증失聲症, aphonie[213]이 나타났고, 그 이후 극심한 불안을 겪은 다음 실성증이 다시 나타나게 되었다. 이것은 엄밀히 프로

212　Binswanger, *Über Psychotherapie*, p. 113과 그 이하.
213　역주) "발성기관(특히 성대)의 질환이나 기능장애 때문에 목소리가 나오지 않는 것. 성대와 그 주변의 관련조직의 마비, 염증, 종양, 부종, 비후, 반흔 등 때문에 성대가 접착하지 않고(폐쇄부전) 또는 진동하지 않기 때문에 유성음이 나오지 않게 되고 속삭이는 목소리가 된다. 그와 같은 기질성 원인이 없는 것으로서 히스테리성 실성이 있고 전환 증상의 하나로 알려져 있다"(『간호학대사전』). 여기서 메를로퐁티가 언급한 한 소녀의 실성증은 성대 조직의 손상이 없는 실성증이다.

이트적으로 해석하면, 성 발달의 구순기□脣期의 문제일 것이다. 그러나 입 (구순)에 〈고착〉된 것은, 단지 성적인 실존만이 아니라, 더 일반적으로는 말parole이 매개가 되는 타인과의 관계이다. 소녀의 감정이 표현 수단으로 실성증을 선택한 것은, 말이 모든 몸의 기능들 중에서 공동의 실존에, 또는 우리가 사용할 용어처럼 함께-실존함coexistence에 가장 밀접히 연결되어 있기 때문이다. 그러므로 히스테리 발작이 다른 환자들에게서 상황을 회피하는 수단인 것처럼, 실성증은 [소녀에게서] 함께-실존함의 거부를 나타낸다. 이 환자소녀는 가정에서 형성된 관계적 삶을 끊어 버린다. 더 일반적으로 보면 그녀는 삶을 끊으려는 경향이 있다. 환자가 더 이상 음식을 삼킬수 없는 것은, 삼키는 것이 실존의 운동을, 즉 사건들이 생기는 것을 받아들이고 그것들을 자기 것으로 여기는 실존의 운동을 상징하기 때문이다. 환자는 환자에게 행한 금지를 문자 그대로 〈삼킬〉 수가 없다.[214] 그녀가 유아였을 때, 공포(불안)는 실성증으로 나타났다. 왜냐하면 임박한 죽음의 엄습으로 함께-실존함은 매섭게 중단되었고, 환자는 혼자라는 운명으로 향하게 되었기 때문이다. 《188》 실성증의 증상이 다시 나타난 것은, 어머니의 금지가 비유적으로 동일한 상황을 가져왔기 때문이고, 게다가 이 금지가 환자에게 미래를 닫아 놓음으로써 환자가 선호하는 행동을 하도록 이끌었기 때문이다. 이러한 부추김motivations은 환자의 목구멍과 입의 특별한 감각성을 이용할 것이며, 이 감각성은 환자의 리비도의 역사와 성의 구순기와 연결되어 있을 것이다. 이처럼 증상이 의미표현하는 것은 증상의 성적 실질의미를 통해, 더 일반적으로 과거와 미래, 자아와 타인과 관계한 것으

---

[214] 빈스방거는 어떤 환자가 외상적 기억을 떠올리고 그것을 의사에게 알릴 때, 이 환자가 괄약근이 이완됨을 느낀다는 사실을 지적한다(Binswanger, *Über Psychotherapie*, p. 188).

로, 즉 실존의 근본적 차원들과 관계한 것으로 암암리에 드러난다.

¶그러나 몸이 매 순간 실존의 양태들을 표현할 때, 우리는 이것이 계급 장이 계급을 의미하거나 번지수가 집을 가리키는 것과 같지 않음을 곧 알게 될 것이다. 즉 여기서 기호(증상)는 단순히 그것의 의미signification를 지시하는 것이 아니라, 의미[실질의미]가 거주하는 것이다. 피에르의 초상화가 부재한 피에르의 준-현전이듯이,[215] 또는 밀랍인형들이 마술에서 그것들이 나타내는 바 그것이듯이, 어떤 면에서 기호(증상)는 의미표현하는 바 그것이다. 환자는 〈자신의 의식 속에서〉 일어날 드라마를 자신의 몸으로 흉내 내지 않는다. 환자는 목소리를 잃어버림으로써, 〈내적 상태〉를 외부로 나타내는 것이 아니다. 국가 원수가 기관차 운전수와 악수하고 농부와 포옹하는 것처럼, 또는 화난 친구가 더 이상 내게 말 걸지 않는 것처럼, 환자는 [감정이나 의지 등을] 〈표출manifestation〉하는 것이 아니다. 실성증 상태가 되는 것은 침묵하는 것이 아니다. 사람들은 말할 수 있을 때만 침묵하기 때문이다. 물론 실성증은 [성대 조직의] 마비가 아니다. 이것은 그 소녀가 심리치료를 받고, 또 가족들의 허락으로 사랑하는 남자를 자유로이 다시 만나게 되자, 다시 말을 하게 된다는 사실에 의해 증명된다. 그렇지만 실성증은 꾸며 내거나 의도적으로 행한 침묵 상태도 아니다. 히스테리 이론이 암시증pithiatisme[216] 개념을 통해 어떻게 마비와 (또는 무감각과) 꾀병의 양자택일을 넘어서게 되었는지는 잘 알려져 있다. 만약 히스테리 환자가 꾀병 부리는(속이는) 자라면, 그것은 먼저 자기 자신을 속이는 것이고, 결과적으로 그가 진실로 체험하거나 사유하는 것과 밖으로 표현하는 것을 구분하는 것

---

215   J. P. Sartre, *L'Imaginaire*, p. 38.

216   역주) "어떤 실재적 기관에도 의존하지 않지만, 암시의 효과로 나타나거나 사라지는 몸의 증상들을 나타내는 성향"(*Larousse*).

은 불가능하다. 즉 암시증은 코기토의 질병인 것이다. 그것은 양면적인 의식이며, 알고 있는 것에 대한 시인을 숙고하여(고의로) 거부하는 것이 아니다. 마찬가지로 여기에서 소녀는 말하는 것을 멈추고 있는 것이 아니다. 소녀는 우리가 기억을 잃어버리듯이 목소리를 〈잃어버린〉 것이다. 정신분석학이 보여 주는 것처럼, 잃어버린 기억은 우연히 잃어버린 것이 아니다. 《189》 기억을 잃어버린 것은 단지 그 기억이 내가 거부하는 내 삶의 어떤 영역에 속하는 한에서이고, 그것이 어떤 실질의미를 갖고 있는 한에서이다. 그리고 이 실질의미는 모든 실질의미들처럼 어떤 누군가에게만 존재하는 것이다. 그러므로 망각은 하나의 행위이다. 나는 보기 싫은 사람으로부터 시선을 옆으로 돌리듯이, 그 기억에 대해 거리를 두며 멀리한다. 그렇지만 정신분석학이 훌륭하게 또한 밝힌 것처럼, 저항은 저항하는 기억과의 지향적 관계를 정말로 전제한다 해도, 그것은 대상처럼 우리 앞에 기억을 두지 않으며, 그것을 지명하듯 배척하지 않는다. 저항은 우리 경험의 어떤 영역, 어떤 카테고리, 어떤 유형의 기억을 겨냥(지향)한다. 아내가 선물로 준 책을 서랍 속에 둔 채 잊어버렸던 주체는 아내와 화해하자 그 책을 다시 찾아낸다.[217] 그는 그 책을 완전히 잃어버렸던 것은 아니지만, 그렇다고 그것이 어디에 있는지를 알았던 것도 아니다. 그의 아내와 관련된 것은 더 이상 그에게 존재하지 않았고, 그는 그것을 그의 삶에서 줄그어 지워 버렸으며, 그녀와 관련된 모든 행위를 단번에 바깥에 두며 차단하였다. 이처럼 그는 앎과 모름 이전에, 의지에 따른 긍정과 부정 이전에 있었다. 따라서 히스테리와 억압에서 우리는 정말로 어떤 것을 모르면서도 알 수가 있다. 왜냐하면 우리의 기억과 우리의 몸은 개별적이고 특정한 의식 작용 속에서 우리에게 주어지는 것이 아니라, 전체성 속에 포함되기 때문이다. 우리는

---

[217]   Freud, *Introduction à la Pychanalyse*, p. 66.

전체성을 통해 그 기억과 몸을 여전히 〈가지고〉 있지만, 그것은 우리로부터 멀리 떨어져 있을 정도로 거리를 두며 그것들을 가지는 것이다. 이상을 통해 우리가 발견하게 되는 것은, 감각기관에서 오는 메시지 또는 기억은 이것들이 속해 있는 우리의 몸과 삶의 영역에 전체적으로 가담하는(지지하는) 조건에서만, 우리에 의해 명백히 포착되고 또 인식된다는 것이다. 이러한 지지(가담) 또는 거부는 주체를 일정한 상황 속에 두고, 주체에게 그가 직접 이용할 수 있는 정신적 장을 한정하는 것이다. 이것은 한 감각기관의 획득이나 상실이 물리적 장의 어떤 대상을 주체의 직접적 파악에 제공해 주거나 제거하는 것과 같다. 이렇게 만들어진 사실상의 상황은 한 상황에 대한 단순 의식이라고 말할 수 없다. 왜냐하면 그것은 곧 〈망각된〉 기억, 팔, 다리가 내 의식 앞에 펼쳐져 있다고, 또 그것들이 내 과거나 내 몸의 〈보존된 영역〉과 같은 의미로 내게 현전하고 가까이 있다고 말하는 것이기 때문이다. 또한 실성증이 의욕된(의지적인) 것이라고도 말할 수 없다. 의지는 내가 선택할 수 있는 여러 가능성들의 장을 전제한다. 즉 여기에 피에르가 있는데, 나는 그에게 말을 걸 수도 있고, 걸지 않을 수도 있다. 이에 반해 내가 실성증 환자라면, 피에르는 《190》 원하는 대화 상대 또는 거부하는 대화 상대로서 더 이상 내게 존재하지 않는다. 가능성들의 장 전체가 붕괴된 것이며, 나는 침묵이라는 그런 의사소통과 의미표현의 방식으로부터도 나를 격리시켜 버린 것이다. 물론 여기서 사람들은 위선hypocrisie이나 자기기만mauvaise fois을 말할 것이다. 그러나 그럴 경우 심리학적 위선과 형이상학적 위선을 구별해야 할 것이다. 전자의 위선은 주체가 명백히 알고 있는 생각을 타인들에게 숨김으로써 그들을 속이는 것이다. 이것은 쉽게 벗어날 수 있는 하나의 사건(우연적인 것)이다. 후자의 위선은 일반성(전체성)의 방식으로 스스로가 그 자체를 속이는 것이다. 그래서 이 위선은 필연적이지 않지만, 그렇다고 정립한 것도 의욕한 것도 아닌 상태 또는 상황에 이른다. 이것은 〈성실하고〉〈진실한〉 사람이 자신을 숨김없이 이러저러한 사람이라고 주장할 때, 그에게서조차 언제든 볼 수 있는 것이다. 이 위선은 인간 조건에 속한다. 히스테리 환자의 발작이 정점에 이를 때, 그가 견딜 수 없는 상황을 피하는 수단으로 발작을 찾고, 피난처로서 발작에 스스로가 빠진다고 해도, 그는 더 이상 거의 듣지 못하고, 더 이상 거의 보지 못하며, 침대에서 몸부림치며 경련을 일으키고 헐떡거리는, 거의 그러한 실존이 된다. [히스테리 환자의] 기피(혐오)는 어떤 X에 대한 기피가 되고, 삶에 대한 기피가 되며, 절대적 기피가 될 정도로 혼미한 상태이다. 시간이 순간 순간 지나갈수록, 자유는 약해져서 덜 가능하게 된다. 설령 자유가 결코 불가능한 것이 아니어서, 자기기만의 변증법을 항상 좌절시킬 수 있다 해도, 하룻밤의 잠에도 이와 동일한 능력(힘)이 있다는 것은 여전히 사실이다. 즉 이런 익명적인 힘에 의해 극복될 수 있는 것은 정말로 이 힘과 동일한 본성에 속해야 한다. 또한 그렇기 때문에 기피(혐오)이든 실성증이든 지속할수록 사물처럼 견고해진다는 사실, 그것들은 구조를 이룬다는 사실, 그것들을 중단시키는 결정은 〈의지〉보다 낮은 곳에서 온다는 사실을 적어도 인정해야 한다. 어떤 곤충들이 자신의 발을 잘라 내듯이, 환자는 자신의 목소리와 결별한다. 문자 그대로 그는 목소리가 없는 상태이다.

¶ 이와 관련하여 심리학적 치료법이 효과가 있는 것은 환자에게 그의 병의 기원을 인식하게 함으로써가 아니다. 즉 때때로 손을 만져 주는 것은 경련을 멈추게 하고 환자가 말을 되찾게 하며,[218] 또한 이러한 동작은 의식儀式이 되어 나중에 새로운 발작을 충분히 억제하게 될 것이다. 어쨌든 환자가 의사와 맺은 인간적 관계가 없다면, 즉 환자가 의사에게 갖는 신뢰와 우정, 또 이 우정에서 결과하는 실존의 변화가 없다면, 심리 치료에서

---

[218] Binswanger, *Über Psychotherapie*, p. 113과 그 이하.

자의식적 파악(자기 자각)은 순수하게 인식적인 것으로 그칠 것이며, 환자는 그에게 해명해 준 자신의 장애의 의미를 받아들이지 않을 것이다. 《191》 증상도 치유도 객관적 또는 정립적 의식의 수준에서가 아니라, 그 수준 아래에서 형성된다. 그리고 상황으로서의 실성증은 잠과 비교할 수 있다. 나는 침대에서, 왼쪽으로, 무릎을 구부리고 누워 있으며, 나는 눈을 감고, 천천히 호흡하며, 내 계획들을 머릿속에서 지워 버린다. 그러나 나의 의지의 힘이나 의식의 힘은 거기서 멈춘다. 디오니소스의 종교의식에서 신자들이 디오니소스 신의 삶의 장면들을 흉내 내며 그를 불러내듯이, 나는 잠자는 사람의 호흡과 자세를 흉내 내며 잠을 불러 오게 한다. 디오니소스 신이 나타나는 것은, 신자들이 더 이상 그들 자신과 그들이 연기하는 역할을 구별하지 않을 때이고, 그들의 몸과 의식이 그 역할과 그들 고유의 불투명성[219]을 대립시키지 않게 하여, 전적으로 신화에 녹아들 때이다. 잠이 〈오는〉 순간이 있다. 잠은 내가 그것에 대해 행하는 흉내 속에 내려오고, 나는 그것인 척하는 것이 되는 데 성공한다. 그것은 시선도 없고 거의 사유도 없는, 공간의 한 지점에 고정된 덩어리 상태, 또한 감각(감관)들의 익명적 주시(깨어 있음)를 통해서만 세계에 있는 덩어리 상태이다. 물론 [감각(감관)들을 통한] 이 마지막 연결의 끈은 잠에서 깨어나게 해 줄 수 있는 것이다. 즉 이 반쯤 열린 문을 통해 사물이 다시 들어오거나, 잠자는 사람은 세계로 되돌아올 것이다. 마찬가지로 [타인과의] 함께-실존함을 끊어 버렸던 환자는 여전히 타인에 대한 감각적 외피를 지각할 수 있으며, 추상적이지만 예를 들어 달력의 도움으로 미래를 생각할 수 있다. 이런 의미에서 잠자는 사람은 결코 완전히 자기 속에 갇혀 있는 것은 아니며, 완전히 잠자는 사람인 것도

---

219 역주) "불투명성"은 신자들의 역할이 신자들에게 침투하지 못함을, 즉 신과의 합일을 방해하는 그들 고유(개별적) 특성을 상징하는 것으로 보인다.

아니다. 또한 환자는 결코 절대적으로 상호주관적 세계와 단절된 것은 아니며, 완전히 환자인 것도 아니다. 그러나 잠자는 사람과 환자 속에서 진정한(정상적) 세계로의 복귀를 가능케 하는 것은 감각기관, 언어와 같은 단지 비인칭적 기능들이다. 우리가 잠과 질병에 대해 자유로운 것은, 정확히 우리가 항상 깨어 있고 건강한 상태에 참여하는 한에서이다. 우리의 자유는 상황 속의 우리 존재notre être en situation에 의존하며, 우리의 자유 자체도 하나의 상황이다. 잠, 깨어남, 질병, 건강은 의식이나 의지의 양태들이 아니고, 그것들은 "실존적 행보"[220]를 전제한다. 실성증은 단순히 말하기의 거부를 나타내는 것이 아니고, 거식증拒食症, anorexie은 단순히 삶의 거부를 나타내는 것이 아니다. 이것들은 타인에 대한 거부 또는 미래에 대한 거부가 〈내적 현상들〉의 전이적 본성에서 벗어나, 일반화(전체화)되고, 완성되어 사실상의 상황이 된 것이다.

몸의 역할은 이러한 변신métamorphose을 보장해 주는 것이다. 몸은 관념을 사물로 변화시키고, 나의 잠 흉내를 실제 잠으로 변화시킨다. 몸이 실존을 상징할 수 있는 것은, 《192》몸이 실존을 실현하기 때문이고, 실존의 현실성이기 때문이다. 몸은 실존의 수축과 확장의 이중 운동을 돕는다. 한편으로 몸은 실제로 내 실존에 대한 가능성이어서, 내 실존이 실존 자체에서 이탈하여, 익명적이고 수동적으로 되어, 스콜라적인 것[형식적인 것]으로 고착될 수 있다. 우리가 언급했던 환자의 경우, 미래로, 생생한 현재로, 또는 과거로 향하는 운동과, 학습하고, 성숙하며, 타인과의 소통에 들어가는 능력은 몸의 증상 속에서 가로막힌 것처럼 있고, 실존은 묶여 있으며, 몸은 "삶의 은신처"[221]가 되어 버렸다. 환자에게는 더 이상 아무 일도 일어나지 않으

---

220 Binswanger, *Über Psychotherapie*, p. 188.

221 Binswanger, *Über Psychotherapie*, p. 182.

며, 어떤 것도 그의 삶에서 의미도 형태도 띠지 않는다. 아니 더 정확히 말해, 항상 비슷한 〈지금들〉만 일어나고, 삶은 삶 자체를 향해 역류하며, 역사는 해체되어 자연적 시간이 된다. 심지어 정상인이고, 상호 인간적 상황에 참여한 사람도, 몸을 지니고 있는 한, 매 순간 상호 인간적 상황을 회피할 가능성을 갖고 있다. 내가 세계에 살고 있는 바로 그 순간에, 내 계획, 일, 친구, 기억에(으로) 있는(향한) 바로 그 순간에, 나는 눈을 감을 수도, 누울 수도, 내 귀에서 맥박 뛰는 것을 들을 수도, 쾌감이나 고통에 몰입할 수도, 나의 인격적 삶의 아래에 놓인 이런 익명적 삶에 틀어박힐 수도 있다. 그렇지만 내 몸이 진정 세계에 스스로를 닫아 버릴 수 있기 때문에, 그것은 또한 세계에 나를 열고, 세계 속의 상황에 나를 둘 수 있는 것이다. 타인, 미래, 세계로 향한 실존의 운동은 강이 녹듯이 다시 시작할 수 있다. 환자가 자신의 목소리를 되찾게 되는 것은, 지성적인 노력이나 의지의 추상적인 명령에 의해서가 아니라, 그의 몸 전체가 참여하는 전환을 통해서이고, 하나의 진정한 행위(몸동작)를 통해서이다. 그것은 마치 우리가 망각한 이름을 〈우리의 정신 속에서가〉 아니라, 〈우리의 머리에서〉 또는 〈우리의 입술에서〉 찾으려고 애쓰고, 또 되찾는 것과 같다. 기억과 목소리를 되찾는 것은, 몸이 타인이나 과거에 스스로를 다시 열 때, 몸 스스로가 함께-실존함에 침투되도록 허용할 때, 몸이 (능동적인 의미에서) 자기 자신 저 너머로 다시 의미표현할 때이다.

¶ 그뿐만 아니라, 몸은 실존의 회로와 단절되었을 때도, 완전히 자기 자신으로 되돌아가지는 않는다. 나는 내 몸의 체험과 감각의 고독에 빠져 있을 때에도, 세계로 향한 내 삶의 모든 연결을 제거하지는 못하며, 매 순간 어떠한 의도(지향)가 내게서 새롭게 솟아난다. 비록 이 의도(지향)가 내 주위를 둘러싸고 내 시선 아래 있는 대상을 향한 것일지라도, 또는 내가 좀 전에 체험했던 것을 과거로 밀어내고 지금 막 도래하는 순간을 향한 것일

지라도 말이다. 결코 나는 완전히 세계의 한 사물이 되지 않으며, 《193》 사물 같은 존재의 충만은 언제나 내게 결여되어 있다. 나 자신의 실체는 내부에서 나에게서 달아나고, 어떠한 의도(지향)가 언제나 그려진다. 몸의 실존이 〈감각기관〉을 지니고 있는 한, 그것은 자신 속에 머물러 있지 않고, 능동적인 무無에 의해 움직여지며, 계속해서 나에게 살기를 제안한다. 또 자연적인 시간은 발생하는 순간마다, 실제 사건의 빈 형식을 끊임없이 그려낸다. 아마도 이러한 제안은 응답도 받지 못한 채 계속 지나갈 것이다. 자연적 시간의 순간은 아무것도 확립(설립)하지 못하며, 그것은 곧장 다시 시작해야 하고, 실제로 다른 한 순간에 다시 시작한다. 감각(감관) 기능들 자체만으로는 나를 세계에 있게 하지 못한다. 즉 내가 내 몸속에 흡수될 때는, 내 눈은 사물들과 타인들의 감각적 외피만을 주고, 사물들 자체는 비현실성의 모습을 띤다. 또한 행동은 해체되어 부조리하고, 현재 자체는 잘못된 인식에서처럼 견고함을 상실하고, 영원성으로 변모한다. 나와 공모하지 않고 나를 통해 분출하는 몸의 실존은 진정으로 세계에 현전함을 단지 대략적으로 묘사한다. 몸의 실존은 적어도 그런 현전의 가능성을 토대하고, 세계와 우리의 최초의 협약을 수립한다. 나는 정말로 인간 세계에서 떨어져 있을 수 있고, 인격적 실존을 떠날 수 있다. 그러나 이것은 이번엔 이름 없는 능력을, 즉 그를 통해 내가 존재하도록 운명 짓는 그 동일한 능력을 단지 내 몸속에서 재발견하기 위해서이다. 몸은 "[우리] 자신의 존재의 숨겨진 형식(형태)"²²²이라고 할 수 있고, 반대로 인격적 실존은 상황 속의 주어진 존재를 다시 잡아(이어받아) 표명하는 것이라 할 수 있다. 그러므로 우리가 매 순간 몸이 실존을 표현한다고 말한다면, 그것은 말이 사유를 표현한다는 의미에서이다. 협약적인 표현 수단이 타인에게 나의 사유를 나

---

222 Binswanger, *Über Psychotherapie*, "eine verdeckte Form unseres Selbstseins", p. 188.

타내 주는 것은, 단지 나와 타인에게서 각 기호에 대한 의미signification가 이미 주어져 있기 때문이고, 이런 의미에서 협약적인 표현 수단은 진정한 소통을 실현하는 것이 아니다. 앞으로 우리가 보겠지만, 이런 협약적인 표현 수단 이전의 수준에서, 표현된 것이 표현과 따로 존재하지 않고, 또 기호들 자체가 그것들의 의미sens를 밖으로 데려가는, 그러한 의미표현(실질의미)의 원초적 작용을 정말로 인정해야 한다. 몸이 실존 전체를 표현하는 것은 바로 이러한 방식이다. 왜냐하면 그것은 몸이 실존의 외적인 수반자여서가 아니라, 실존이 몸속에서 자신을 실현하기 때문이다. 이 육화된 의미sens incarné는 몸과 정신, 기호와 의미signification가 추상적 계기가 되는 중심 현상이다.

《194》 [6. 성적 〈드라마〉가 형이상학적 〈드라마〉로 **환원되는** 것이 아니라, 성이 형이상학적이다]

이와 같이 이해한다면, 표현과 표현된 것의 관계, 또는 기호와 의미[실질의미]의 관계는 원본과 번역본 사이의 일방적 관계가 아니다. 몸도 실존도 인간 존재의 원본으로 간주될 수 없다. 왜냐하면 각각은 서로를 전제하며, 또 몸은 응고된 또는 일반화된 실존이고, 실존은 지속적인 육화이기 때문이다. 특히 성이 실존적 의미[실질의미]를 지니거나 실존을 표현한다고 할 때, 마치 성적 드라마[223]가 결국 실존적 드라마의 표출manifestation 또는 증상에 불과한 것처럼 이해해서는 안 된다. 실존을 몸이나 성으로 〈환원하지〉 못하게 하는 이유는 동일하게 성을 실존으로 〈환원하지〉 못하게 한다.

---

223 이미 폴리처가 그렇게 사용하는 것처럼(Politzer, *Critique des fondements de la psychologie*, p. 23), 여기서 우리가 이 단어를 사용하는 것은 어원적인 의미에서이지, 어떤 낭만적인 효과를 내기 위해서가 아니다. 역주) 고대 그리스어 "drame(drama)"는 〈행위〉라는 의미이고, "dra(행하다)+ma(명사형 접미사)"로 분석된다.

왜냐하면 실존이란 다른 종류의 사실들로 환원할 수 있는, 또는 이런 사실들이 환원될 수 있는 (〈심리적 사실들〉과 같은) 어떤 종류의 사실들이 아니라, 사실들이 서로 소통하는 다의적(애매한) 장이고, 사실들의 경계들이 흐릿한(뒤섞인) 지점, 또는 사실들의 공통의 직물이기 때문이다. 인간의 실존을 〈물구나무서서〉 걷게 하는 것[완전히 뒤집어서 보는 것]은 문제가 되지 않는다. 수치, 욕망, 사랑, 이것들 각 일반이 형이상학적 의미를 갖는다는 사실을 분명히 인정해야 한다. 다시 말해 인간을 자연법칙이 지배하는 기계로 간주할 때, 아니 〈본능의 다발〉로 간주할 때에도 그것들을 이해할 수 없다는 사실을, 또한 그것들이 의식으로서의, 또 자유로서의 인간과 관계한다는 사실을 분명히 인정해야 한다. 보통 인간은 자기의 몸을 내보이지 않는다. 인간이 그렇게 하는 것은, 혹은 불안할 때이거나, 혹은 유혹하는 의도(지향)가 있을 때이다. 어떤 사람에게서 자신의 몸을 훑어보는 타인의 시선은 자신의 몸을 훔치는 것처럼 보인다. 반대로 그 사람이 자신의 몸을 노출하는 것은 무방비 상태의 타인을 그의 지배하에 두는 것처럼 보이고, 이 경우 타인은 예속 상태가 될 것이다. 그리하여 수치와 무치(수치 없음)는 주인과 노예의 변증법인 나와 타인의 변증법에 자리 잡는다. 즉 내가 몸을 갖고 있는 한, 나는 타인의 시선 아래서 대상이 되어, 그에게 더 이상 인격적 가치가 없을 수 있고, 반대로 나는 그의 주인이 되어, 이번엔 그를 바라볼 수 있다. 그러나 이 지배(주인이 됨)는 난관에 빠진다. 왜냐하면 나의 가치가 타인의 욕망에 의해 인정되는 순간, 타인은 내가 인정받고 싶었던 그 인격체가 더 이상 아니기 때문이며, 그는 유혹되고, 자유가 없고, 따라서 더 이상 나에게 중요치 않은 존재이기 때문이다. 《195》

¶ 이처럼 내가 몸을 갖고 있다고 말하는 것은, 내가 대상처럼 보일 수 있다고, 내가 주체처럼 보이기를 시도한다고, 타인은 나의 주인이거나 노예일 수 있다고, 따라서 수치와 무치는 복수의 의식의 변증법을 표현한다

고, 또 이것들이 진정으로 형이상학적 의미를 갖는다고 말하는 하나의 방식이다. 성적 욕망에 대해서도 똑같이 말할 수 있을 것이다. 즉 성적 욕망이 제3자인 목격자의 출현을 견디지 못하는 것, 또 이 욕망이 그 상대 존재의 너무나도 자연스러운 태도나 초연한 말을 적대감의 표시로 체험하는 것은, 성적 욕망이 유혹하고자 하지만, 제3자인 관찰자나 너무나 자유로운 정신으로서의 욕망의 대상 존재가 유혹 아래에 있지 않기 때문이다. 따라서 사람들이 소유하고자 하는 것은 단순한 몸이 아니라, 의식에 의해 생기가 불어넣어진 몸이다. 그리고 알랭Alain이 말한 것처럼, 미친 여자를 사랑하는 것은 미치기 전부터 그녀를 사랑하지 않았다면 가능하지 않다. 따라서 몸에 부여된 중요성, 사랑의 모순들은 내 몸의 형이상학적인 구조, 즉 타인에게는 대상이면서 동시에 나에게는 주체라는 구조에서 기인하는 더 일반적인 드라마와 연결되어 있다. 만약 성적 경험이 자율과 의존이라는 가장 일반적 계기들 속에서 모두에게 주어져 있고 언제나 접근 가능한 인간 조건의 체험으로 있지 않다면, 격렬한 성적 쾌락으로는 인간 생활에서 성이 차지하는 위치를, 또 예를 들어 에로티시즘의 현상을 충분히 설명하지 못할 것이다. 그러므로 인간 행위와 관련한 모든 불편함과 불안을 성적인 근심과 결부함으로써 설명할 수는 없다. 왜냐하면 그 불편함과 불안이 이미 성적인 근심 속에 포함되어 있기 때문이다. 그러나 반대로 성을 몸의 애매성과 결부함으로써 성을 성 자체와 다른 것으로 환원할 수는 없다. 왜냐하면 사유 앞에서 몸은 대상이 되고, 애매하지 않기 때문이다. 몸은 우리가 단지 몸에 대해 갖는 경험에서만, 특히 성적인 경험에서, 그리고 성의 사실을 통해서 애매하게 된다. 성을 변증법으로 다루는 것은, 성을 인식적 과정으로 환원하는 것도, 한 인간의 역사를 그의 의식의 역사로 환원하는 것도 아니다. 변증법은 모순적이고 분리 불가능한 사유들 간의 관계가 아니다. 즉 그것은 다른 실존을 향한 한 실존의 긴장이며, 다른 실존은 후자의 실존을 부정하지만, 이 다른 실존이 없다면 후자의 실존은 유지되지 못하는 것이다. 형이상학 ―즉 자연을 넘어서는 것의 출현― 은 인식의 수준에 위치하지 않는다. 즉 형이상학은 〈타자〉에의 열림과 함께 시작하며, 그것은 어디에나 있고, 이미 고유한 성 발달에도 있다. 사실 우리는 프로이트와 함께 성 개념을 일반화했다. 그렇다면 우리는 어떻게 고유한 성 발달에 대해 말할 수 있는가? 우리는 어떻게 《196》 의식의 한 내용을 성적인 것으로 특징지을 수 있는가? 사실 그렇게 하는 것은 불가능하다.

[7. 성을 〈초월할〉 수 없다]

¶ 성은 일반성의 가면 뒤로 자신의 모습을 감춘다. 성은 자신이 만들어 낸 긴장과 드라마에서 끊임없이 벗어나려 한다. 그럼에도 여전히 우리가 마치 성이 우리의 삶의 주체인 것처럼 자신의 모습을 감춘다고 말할 권리를 어디에서 얻는가? 단지, 더 일반적인 실존의 드라마가 성을 초월하고 흡수한다고 말해야 하지 않을까? 여기에는 피해야 할 두 가지 오류가 있다. 그 하나는 의식 철학이 그렇게 하듯, 판명한 표상에 나타난 실존의 명시적(분명한) 내용 이외의 것은 실존으로 인정하지 않는 것이다. 다른 하나는 무의식의 심리학이 그렇게 하듯, 이러한 명시적 내용에 그 역시 표상으로 만들어진 잠재적 내용을 겹쳐 놓는 것이다. 성은 인간의 삶에서 초월되는 것도 아니고, 인간의 삶 중심에서 무의식적 표상에 의해 형상화되는 것도 아니다. 성은 인간의 삶에서 분위기atmosphère로서 계속 현전하는 것이다. 어떤 사람이 꿈꾸기 시작할 때, 그는 그의 꿈의 잠재적 내용을, 즉 적합한 이미지를 통해 〈2차적 이야기〉가 드러낼 내용을 표상하는 것이 아니다. 그는 생식기에서 생기는 흥분을 우선 생식기적인 것으로 명석하게 지각하고, 이어서 이 텍스트를 비유적인(형상화된) 언어로 번역하는 것이 아니다. 그와 달리 꿈꾸는 사람은 깨어 있을 때의 언어에서 멀리 떨어져 있으며, 이

런 저런 생식기의 흥분이나 성적 충동은 단번에 그에게서 기어오르는 벽이나 건물 정면의 이미지, 즉 명시적(분명한) 내용에서 보게 되는 그런 이미지이다. 성은 성적으로 어떤 유형적 관계와 감각감정적 특징만 간직하는 이미지들 속으로 퍼져 간다. 꿈꾸는 사람에게서 음경은 명시적 내용으로 나타나는 그런 뱀이 된다.[224]

¶ 꿈꾸는 사람에 대해 방금 말했던 것은, 우리가 표상 이전의 수준에서 느끼는 우리 자신의 항상 잠자는[어두운] 부분에 대해서도, 즉 그것을 통해 우리가 세계를 지각하는 그런 개인적인 안개 같은 것에 대해서도 사실이다. 거기에는 혼돈의 형태들, 특권적인 관계들도 있지만, 이것들은 결코 〈무의식적인 것〉이 아니다. 우리가 잘 알고 있는 것처럼, 이것들은 맑게 보이지 않으며, 성과 관계하지만, 명백하게 성을 나타나게 하지 않는다. 성은 특히 그것이 거주하는 몸의 영역으로부터 냄새나 소리처럼 발산한다. 우리는 몸 도식을 연구하면서 이미 몸에서 보았던 암묵적 변환transposition의 일반적 기능을 여기서 다시 보게 된다. 내가 대상으로 손을 옮길 때, 나는 내 팔이 뻗어지는 것을 암암리에 안다. [197] 내가 눈을 움직일 때, 분명한 의식 없이 눈의 움직임을 고려하고, 또 이런 눈의 움직임을 통해 시각장이 겉보기로만 흔들린다는 것을 이해한다. 이와 마찬가지로 성은 분명한 의식 작용의 대상이 되지 않으면서 내 경험의 특권적 형태들을 부추길motiver 수 있다. 이와 같이 성을 이해한다면, 즉 애매한 분위기로서 이해한다면, 그것은 삶과 외연이 같은 것이다. 달리 말하면 다의성(애매성)은 인간 실존에 본질적이며, 우리가 체험하거나 사유하는 모든 것은 언제나 여러 의미가 있다. 어떤 삶의 스타일 ―도피의 태도와 고독의 요구― 은 아마도 성의 어떤 상태가 일반화되어 표현된 것이다. 성이 이렇게 실존이 됨으

---

224   Laforgue, *L'Echec de Baudelaire*, p. 126.

로써, 그것은 무척 일반적인 실질의미를 짊어지게 되고, 주체에게서 성적인 테마는 그 자체로 정당하고 진실한 수많은 주목의 기회와, 합리성에 근거한 수많은 결단의 기회가 될 수 있다. 그리고 성적인 테마가 시간의 흐름 속에서 그 무게가 더해지게 되면, 그만큼 성의 형식(형태) 속에서 실존적 형식(형태)의 설명을 구하는 것은 불가능하게 된다. 그렇다고 해도 실존은 성적 상황을 다시 잡는 것이면서 명시화하는 것이라는 사실, 따라서 그것은 항상 적어도 이중의 의미를 갖는다는 사실은 변함이 없다. 성과 실존 사이에는 상호 침투가 있다. 즉 실존이 성으로 퍼지면, 반대로 성은 실존으로 퍼진다. 그래서 주어진 어떤 결단이나 행위에 있어 성의 부추김(동기부여)의 몫과 다른 부추김들의 몫을 정하는 일은 불가능하고, 어떤 결단이나 행위를 〈성적인 것〉인지 〈비-성적인 것〉인지 특징짓는 것은 불가능하다. 따라서 인간의 실존 속에는 어떤 미결정성의 원리가 있다. 그리고 이 미결정성은 단지 우리에 대해서 있는 것이 아니다. 즉 그것은 우리 인식의 어떤 불완전성에 기인하는 것이 아니다. 어떤 신이 있어, 우리의 마음 내부를 깊숙이 탐색함으로써 자연에서 오는 것과 자유에서 오는 것의 경계를 정할 수 있을 것이라고 믿어서는 안 된다. 실존은 그 근본 구조상 그 자체로 미결정적이다. 그것은 실존이 의미가 있지 않던 것을 의미가 있게 하고, 성적 의미만 있던 것을 더 일반적 실질의미(의미표현)가 있게 하며, 우연이 합리성이 되게 하는, 그런 활동 자체인 한에서이다. 즉 그것은 실존이 사실적 상황을 다시 잡는 것reprise인 한에서이다. 실존이 사실적 상황을 자신의 것으로 다시 잡고 변형시키는 운동을 우리는 초월transcendance이라 부를 것이다. 정확히 실존이 초월이기 때문에, 실존은 그 어떤 것도 결정적으로 넘어서지 못한다. 왜냐하면 넘어선다면, 실존을 정의하는 긴장은 사라져 버릴 것이기 때문이다. 결코 실존은 자기 자신을 떠나지 않는다. 실존으로 존재하는 것은 결코 외적이고 우연적인 것으로 머물 수가 없다. 왜냐하면 실존은 자신으로 존재하는 것을 자신 속에서 다시 잡기 때문이다. 그러므로 몸 일반과 마찬가지로 성도 《198》 우리 경험의 우연적 내용으로 간주해서는 안 된다. 실존은 우연적 속성을 갖지 않고, 실존의 형태의 형성에 기여하지 않는 내용도 갖지 않는다. 또 실존은 사실들을 떠맡는 운동이기 때문에, 자신 속에 순수한 사실을 허용하지 않는다.

¶ 아마도 이에 대해, 우리 몸의 조직은 우연적이라고, 또 "손, 발, 머리가 없는 인간"[225]을, 심지어는 성기가 없고 꺾꽂이나 휘묻이로 번식하는 인간을 생각해 볼 수 있지 않느냐고 응수할 수 있을 것이다. 그러나 이러한 지적이 옳다면, 그것은 단지 손, 발, 머리 또는 성 기관을 추상적으로, 즉 살아 있는 기능이 아니라 물질의 단편으로 생각할 때이다. 또한 그것은 단지, 사유Cogitatio 외에는 어떤 것도 들어가지 않는 추상적인 인간 개념을 만들 때이다. 반대로 인간을 그의 경험으로 정의한다면, 다시 말해 세계를 형태화하는 그의 고유한 방식으로 정의한다면, 또 〈기관들〉을 나눠지기 전의 기능적 전체에 다시 통합한다면, 손이나 성 기관계가 없는 인간은 사유 없는 인간과 마찬가지로 생각할 수 없다. 이에 대해 여전히 사람들은, 우리의 주장이 동어반복이 될 때에만 모순이 되지 않는다고 반론할 것이다. 즉 만약 인간이 실제 갖고 있는 관계의 시스템(계)들 중 단 하나라도 없다면, 인간은 현재 존재하는 모습과 다를 것이고, 따라서 인간이 아니게 될 것이라고 결국 우리가 주장하게 된다는 것이다. 그렇지만 그들은 덧붙이기를, 우리가 이렇게 주장하는 것은 우리가 인간을 사실로서 존재하는, 그러한 경험적empirique 인간으로 정의하기 때문이라는 것이다. 또한 여러 원인의 만남과 자연의 변덕을 통해서만 모이는, 이와 같이 주어진 전체의 특성들을, 우리가 본질적 필연성으로 또 인간의 선험성a priori 속에서 결합하기 때문이

---

[225] Pascal, *Pensées et Opuscules* (Ed. Brunschvicg), Section VI, No. 339, p. 486.

라는 것이다.

¶ 사실 우리는 회고적 착각을 통해 본질적 필연성을 상상하는 것이 아니다. 우리는 실존적 연결을 확인하는 것이다. 우리가 앞에서 슈나이더의 사례 분석에서 밝혔듯이, 인간의 모든 〈기능〉은 성에서부터 운동성 및 지성에 이르기까지 엄밀히 연대하고 있다. 이 때문에 인간 존재 전체 속에서 우연적 사실로 다뤄지는 몸의 조직과, 필연적으로 인간에 속하는 다른 술어들을 구별하는 것은 불가능하다. [한편으로] 인간에게서 모든 것은 필연적이다. 예를 들어 이성적 존재가 직립할 수 있거나 엄지가 다른 손가락과 마주 볼 수 있는 존재이기도 한 것은 단순 우연의 일치에 의해서가 아니다. 동일한 실존의 방식이 양쪽에 나타나고 있는 것이다.[226] 《199》 [다른 한편으로] 인간에게서 모든 것은 우연적이다. 즉 그것은 인간의 실존하는 방식이 태어날 때 갖게 될 어떤 본질에 의해 모든 아이에게 보장되지 않고, 또 객관적인 몸의 우연적인 사건들을 통해 아이에게서 계속 새로워져야 한다는 의미에서이다. 인간은 하나의 역사적 관념(생각)이지, 하나의 자연적 종이 아니다. 달리 말하면, 인간의 실존에는 조건 없는 소유(파악)는 없지만, 그렇다고 우연적인 속성이 있는 것도 아니다. 인간의 실존에 대해 우리는 필연성과 우연성에 대한 우리의 일상적 개념을 수정하지 않을 수 없다. 왜냐하면 인간의 실존은 다시 잡기reprise의 작용을 통해 우연성을 필연성으로 변화시키는 것이기 때문이다. 우리는 사실적 상황을 토대로 해서 우리인 바 모든 것이다. 이 상황은 우리가 우리 것으로 만드는 것이고, 결코 조건 없는 자유가 아닌 일종의 벗어남échappement을 통해 우리가 끊임없이 변화시키는 것이다. 성을 성 자체와 다른 것으로 환원하는 성에 대한 설명은 존재하지 않는다. 왜냐하면 성은 이미 성 자체와 다른 것이며, 또 이렇

---

[226]   Cf. *La Structure du Comportement*, pp. 160-161[제3판, pp. 130-131].

게 말해도 좋다면 그것은 우리의 존재 전체이기 때문이다. 우리가 인격적 삶의 전체를 성에 참여시키기 때문에, 성은 사람들이 말하는 것처럼 드라마적이다. 그러나 우리는 왜 그렇게 하는가? 어째서 우리의 몸은 우리에게서 우리 존재의 거울이 되는가? 그렇게 되는 것은, 우리의 몸이 자연적 자아이고 주어진 실존의 흐름이어서, 우리를 지탱하는 힘이 힘 자체의 것인지 우리의 것인지 결코 우리가 알지 못하기 때문이다. 아니 오히려 그 힘이 전적으로 힘 자체의 것도 우리의 것도 아니기 때문이다. 그 자체 속에 갇혀 있는 성이 존재하지 않는 것처럼, 성에 대한 넘어섬(초월)도 존재하지 않는다. 완전히 구원된 사람도, 완전히 타락한 사람도 존재하지 않는다.

[8. 변증법적 유물론의 실존적 해석에 관한 주석][227]

기술적 및 현상학적인 방법의 이름으로 〈환원주의적〉 입장과 인과적 사유를 단죄함으로써, 정신분석학과 마찬가지로 역사적 유물론을 물리칠 수는 없다. 왜냐하면 정신분석학과 마찬가지로 역사적 유물론은 주어질 수 있는 〈인과적〉인 규정에 속박되지 않으며, 또 정신분석학처럼 다른 언어로도 표현될 수 있기 때문이다. 역사적 유물론이란 역사를 경제로 만드는 것인 만큼, 경제를 역사로 만드는 것이다. 역사적 유물론이 역사를 그 위에 올려놓는 경제는 고전과학에서처럼 객관적 현상들의 닫힌 과정으로가 아니라, 생산력과 생산양식formes de production 간의 대결 관계로 있다. 이 대결 관계는 생산력이 그 익명성에서 탈출하여, 그 자신을 의식하고, 따라서 미래를 형태화 할 수 있을 때에만 끝나게 된다. 그런데 이런 자의식적(자각적) 파악은 분명히 문화적 현상이고, 이를 통해 심리적 부추김(동기부

---

227 역주) 이 절은 제5장 마지막 문장의 각주로 붙어 있지만, 그 내용과 길이를 감안하여 본문에 올려놓는다.

어)이 역사의 씨실 속에 들어갈 수 있다. 1917년 혁명의 〈유물론적〉 역사는 혁명의 각 추진력을 매번 당시의 소매물가지수로 설명하는 데 있지 않다. 《200》 그것은 그 추진력을 계급들 간의 역동적 관계 속에, 또한 2월에서 10월에 걸쳐 프롤레타리아의 새 세력과 보수의 낡은 세력 간의 변화하는 의식적 관계들 속에 다시 두는 데 있다. 역사가 경제로 환원되는 것이 아니라, 오히려 경제가 역사에 재통합되는 것이다. 〈역사적 유물론〉이 영감을 준 저작들 속에서도 이 〈유물론〉은 종종 역사의 구체적 견해와 다른 것이 아니다. 즉 이 구체적 견해는 예컨대 민주주의에서 〈시민들〉의 공적 관계와 같은 역사의 명시적인 내용 외에도 잠재적 내용을, 말하자면 구체적 생활 속에서 실제로 확립된 것으로서의 사람들 사이의 관계를 고려하는 것이다. 〈유물론적〉 역사가 민주주의를 〈형식적〉 체제로 특징지으면서 이 체제를 괴롭히는 모순들을 기술할 때, 그것이 시민이라는 법적 추상하에서 다시 찾으려고 하는 역사의 실제 주체는 경제적 주체만이, 즉 생산 요소로서의 인간만이 아니다. 그것은 더 일반적으로는 삶의 주체, 생산성으로서의 인간, 즉 그가 자신의 삶의 형태를 부여하기를 원하고, 사랑하고 증오하며, 예술작품을 만들거나 만들지 않으며, 자녀를 갖거나 갖지 못하는 한에서의 인간이기도 하다. 역사적 유물론은 절대적인 경제적 인과성을 의미하지는 않는다. 이 유물론은 역사와 사유 방식을 생산과 노동 방식에 의존시키지 않고, 더 일반적으로 실존하고 함께-실존하는 방식에, 즉 인간들 간의 관계에 의존시킨다고도 할 수 있을 것이다. 역사적 유물론은 관념의 역사를 경제의 역사로 환원하는 것이 아니라, 이 두 역사가 표현하는 단일한 역사, 사회적 실존의 역사인 단일한 역사에 이 둘을 다시 위치시킨다. 철학적 이론으로서의 유아론은 사적 소유의 결과가 아니다. 오히려 그러한 경제제도와 세계관에 고립과 불신이라는 하나의 동일한 실존적 태도가 투영되어 있다.

그렇지만 이와 같은 역사적 유물론의 해석은 애매하게 보일 수 있다. 프로이트가 성 개념을 부풀리듯이, 우리는 경제 개념을 〈부풀리고 있다〉. 우리는 생산과정과, 경제형식에 대한 경제력의 투쟁 이외에도, 이 투쟁을 함께 결정하는 심리적 및 도덕적 동기(부추기는 것)들의 구성형태constellation를 경제 개념 속에 포함시키고 있다. 그러나 이때 경제라는 말은 그에 부여될 수 있는 모든 의미를 상실하는 것 아닌가? 만약 경제적 관계들이 공존Mitsein의 방식 속에서 표현되지 않는다면, 공존의 방식이 경제적 관계들 속에서 표현되는 것 아닌가? 우리가 사적 소유도 유아론도 공존의 어떤 구조에 연관시킬 때, 우리는 또한 역사를 물구나무서서 걷게 하는[뒤집어서 보는] 것 아닌가? 그리고 다음의 두 주장 중에서 선택해야 하는 것 아닌가? 즉 함께-실존함의 드라마는 순수하게 경제적 의미signification를 갖는 것인가? 아니면 경제적 드라마는 더 일반적인 드라마에 용해되어, 실존적 의미signification만을 갖는 것인가? 후자의 경우는 정신주의에 이르게 한다.

실존의 개념을 제대로 이해한다면, 그것은 바로 이런 양자택일을 넘어서게 하는 것이다. 앞에서 우리가 〈표현〉과 〈의미[실질의미]〉의 실존적 견해에 대해 말했는데, (201) 이것 또한 여기에 적용되어야 한다. 역사에 대한 실존적 이론은 애매하다. 그러나 이 이론의 애매성을 비판할 수는 없다. 왜냐하면 애매성은 사실(사태) 속에 있기 때문이다. 역사가 바싹 경제에 근접한 상태는 단지 혁명이 가까워졌을 때이다. 그리고 개인의 삶에서 질병에 걸린 인간이 몸의 생체 리듬에 속박되어 있는 것처럼, 총파업 운동 같은 혁명적 상황에서 생산관계는 훤히 드러나 보이고, 결정적인 것으로 명백히 지각된다. 또한 우리가 좀 전에 보았던 것처럼, [대결의] 결과는 대면하는 세력들이 서로를 생각하는 방식에 의존한다. 더욱이나 [혁명이] 약화된 시기에 경제적 관계들이 유효하게 작용하는 것은 단지 인간 주체가 이 관계들을 체험하고 다시 잡는(파악하는) 한에서이다. 다시 말해 그 경제적 관계들이 어떤 자기 현혹mystification의 과정에 의해, 아니 오히려 역사에 속하여 그 독자적 무게를 갖는 어떤 지속적인 다의성에 의해 이데올로기적인 조각들로 둘러싸여 있는 한에서다. 보수파도 프롤레타리아도 경제적 투쟁에만 몰두한다는 의식은 없다. 또 그들은 항상 자신들의 행위에 인간적인 실질의미를 부여한다. 이런 의미에서 순수한 경제적 인과성은 결코 있지 않다. 왜냐하면 경제는 닫힌 체계가 아니라, 사회의 구체적이고 전체적인 실존의 일부이기 때문이다. 그렇지만 역사에 대한 실존적 견해는 경제적 상황에서 그 부추김(동기부여)의 힘을 제거하지 않는다. 실존이란 것이 인간이 사실적 상황을 자신의 것으로 다시 잡고(떠맡고) 수용하는 지속적 운동이라면, 인간의 어떤 사유도 그가 살아가는 역사적 맥락에서, 특히 그의 경제적 상황에서 완전히 분리될 수 없을 것이다. 진정 경제가 닫힌 세계가 아니기 때문에, 또 모든 부추김(동기부여)들이 역사의 중심에서 교차하기 때문에, 내부가 외부가 되듯이 외부는 내부가 되고, 우리 실존을 구성하는 어떤 것도 결코 넘어설(초월할) 수가 없다. 폴 발레리P. Valéry의 시를 경제적 소외의 단순 사건(에피소드)으로 생각하는 것은 터무니없는 일일 것이다. 다시 말해 순수시는 영원한 의미를 지닐 수 있다. 그러나 [발레리의 시에서의] 이러한 자의식적 파악의 부추김(동기)을 사회적·경제적 드라마에서 또 우리의 공존Mitsein의 방식에서 찾는 것은 터무니없는 일이 아니다. 우리가 말한 것처럼, 우리의 모든 삶은 성적인 분위기atmosphère를 들이마시고 있어서, 〈순수 성적〉이거나 전혀 성적이지 않은 단 하나의 의식의 내용도 지적할 수 없는 것이다. 이와 마찬가지로 경제적·사회적 드라마는 각각의 의식에 어떤 바탕(배경)을, 게다가 의식이 자기 방식으로 해독할 어떤 이마고imago를 제공하고 있다. 그리고 이런 의미에서 경제적·사회적 드라마는 역사와 외연이 같다. 예술가나 철학자의 행위는 자유롭지만, 부추기는 것(동기)이 없는 것은 아니다. 그들의 자유는 우리가 좀 전에 말한 다의성의 힘에, 또는 우리가 앞에서 말한 벗어남échappement의 과정에 거주한다. 그 자유는 사실적 상황을 수용하고, 이 상황에 본래적 의미를 넘어선 형상화된 의미를 부여하는 것이다. 그렇기에 마르크스Marx는 변호사의 아들, 철학을 전공하는 학생인 것에 만족하지 않고, 자기 자신의 상황을 (202) 〈프티부르주아 지식인〉의 상황으로 사유하고, 또 계급투쟁이라는 새로운 관점에서 사유한다. 발레리는 다른 사람이라면 그로부터 아무것도 만들어 내지 못할 불안과 고독을 순수시로 변화시킨다. 사유는 그 스스로를 이해하고 그 스스로를 해석하는, 그런 상호 인간적 삶이다. 이러한 자발적인 다시 잡기(파악)에 있어, 이러한 대상적인 것에서 주체적인 것으로의 이행에 있어, 역사의 힘이 어디서 끝나고, 우리의 힘이 어디서 시작하는지를 말하는 것은 불가능하다. 엄밀히 말해 이러한 물음은 어떤 의미도 없는 것이다. 왜냐하면 역사는 역사를 살아가는 주체에게만 있고, 주체는 역사적인 상황에 놓일 때에만 있기 때문이다. 역사의 유일한 의미표현(실질의미)은 없으며, 우리가 하는 것은 항상 여러 의미가 있다. 바로 이 점에서 역사에 대한 실존적 견해는 유물론과 정신주의 모두와 구별된다. 그러나 어떤 문화적 현상도 여러 실질의미 중 경제적 실질의미를 갖고 있다. 그리고 역사가 경제에 환원되지 않지만, 원리상 경제를 초월하는 일도 없다. 법 개념, 도덕, 종교, 경제 구조는 사회적 사건의 **통일성** 속에서 서로를 의미표현한다. 그것은 마치 몸의 부분들이 하나의 몸동작의 **통일성** 속에서 서로를 포함하는 것과 같거나, 또는 〈생리적〉, 〈심리적〉, 〈도덕적〉으로 부추기는 것(동기)들이 한 행위의 **통일성** 속에 서로 엮여 있는 것과 같다. 그래서 개인의 삶을 몸의 기능들로 환원하는 것도, 우리가 이 삶에 대해 갖는 인식으로 환원하는 것도 불가능하듯이, 상호 인간적 삶을 경제적 관계들로 환원하는 것도, 사람들이 생각하는 법 및 도덕적 관계들로 환원하는 것도 불가능하다. 그러나 각각의 경우, 여러 실질의미(의미표현)들 중 하나가 지배적인 것으로 간주될 수 있다. 어떤 동작은 〈성적인〉 것으로, 또 다른 동작은 〈연애적인〉 것으로, 또 어떤 동작은 〈호전적인〉 것으로 간주될 수 있다. 또한 함께-실존함 속에서도 역사의 어떤 시기는 일차적인 것이 정치적이든 아니면 경제적이든, 무엇보다도 문화적인 것으로 간주될 수 있다. 우리 시대의 역사의 주된 의미가 경제에 있는지, 또 우리의 이데올로기들이 역사의 파생적이거나 이차적인 의미만 부여하는지를 아는 것은 철학이 아니라 정치학에 속하는 문제이다. 또한 이것은 경제적 시나리오와 이데올로기적 시나리오 중 어느 것이 사실에 가장 부합하는지를 연구함으로써 해결될 문제이다. 철학은 그것이 인간의 조건을 토대로 하여 가능함을 보여 줄 수 있을 뿐이다.

표현으로서의 몸과 말

우리는 몸에서 과학적 대상의 것과 다른 통일성을 알아보았다. 이제 우리는 몸의 〈성적 기능〉에서까지 지향성과 의미표현signification의 능력을 발견하였다. 우리는 말parole[228]의 현상과 명시적인 의미표현 작용을 기술하고자 시도함으로써, 주체와 대상의 고전적 이분법을 결정적으로 넘어설 기회를 가질 것이다.

---

228 역주) "parole"은 영어의 〈speech〉에 해당하고, 〈말〉이나 〈발화(말하기)〉의 의미를 갖는다. 우리는 의미의 맥락이나 우리말 어감에 따라, 〈말〉 또는 〈말하기〉로 번역할 것이다. 그런데 메를로퐁티는 글을 쓰거나 읽는 경우에 이르기까지 〈말(하기)〉의 의미를 확장한다. 예를 들어 "듣거나 읽는 사람에게든, 말하거나 쓰는 사람에게든, 지성론이 알지 못하는 **말** 속의 사유가 있다"(본서 347쪽)고 주장한다. 이것은 구체적인 상황 속에서 우리가 말하는 것처럼, (언어에 대한 언어나 객관화된 언어활동이 아닌) 일차적이고 생생한 활동으로서의 글쓰기나 읽기를 가리키는 것이다.

[1. 실어증 이론에서 경험론과 지성론은 똑같이 불충분하다]

말을 독자적 영역으로 의식하게 된 것은 당연하게도 나중에 이르러서이다. 다른 곳도 그렇지만 이 영역에서도 소유*avoir*의 관계는 습관habitude[229]이란 단어의 어원 속에서 볼 수 있음에도 불구하고, 무엇보다도 존재*être*의 영역의 관계에 의해, 또는 이렇게 말할 수 있다면 세계 내적이고 존재자적ontique 관계에 의해 은폐되어 있다.[230] 언어langage[231]를 소유하는 것은 우선 〈말[232] 이미지images verbales〉가 단순히 현실적으로 존재하는 것으로서

---

229 역주) "habitude(습관)"는 〈habere(avoir=have)〉를 어원으로 한다. 메를로퐁티는 〈소유관계〉가 습관의 경우에서 볼 수 있는 그런 관계라고 생각한다. 우리가 어떤 습관을 획득했을 때, 주체는 그 습관에 자신을 던지고, 습관은 주체의 어떤 상태나 일부가 된다. 마찬가지로 "나는 생각이 있다(J'ai une idée)" "나는 욕망한다(J'ai envie)" "나는 두렵다(J'ai peur)"는 모두 〈avoir=have〉 동사로 표현되지만, 이 문장들은 주체가 자신을 그 어떤 생각에, 그 어떤 욕망에, 그 어떤 두려움에 던지고, 그것들은 주체를 물들여서 주체의 일부가 된다. 따라서 소유관계는 "나는 집을 갖고 있다"의 경우처럼, 나와 〈구별된〉 소유 대상과의 관계가 아니다. 이런 의미에서 메를로퐁티는 "내가 집을 갖는다"처럼 말(parole)을 〈소유〉하는 것이 아니라고 생각한다.

230 이와 같은 소유와 존재의 구분은 마르셀의 구분을 배척하지는 않지만, 일치하는 것이 아니다(G. Marcel, *Etre et Avoir*). 마르셀은 소유 관계를 지적할 때(나는 집을 갖고 있다, 나는 모자를 갖고 있다), 소유(가지다)가 갖는 약한 의미로 사용한다. 그리고 존재를 단번에 〈…에 있다(속한다)〉 또는 〈떠맡는다〉(나는 내 몸이다, 나는 내 삶이다)라는 실존적 의미로 사용한다. 우리는 존재라는 용어를 사물로서의 존재 또는 술어 기능(탁자가 있다, 또는 크다)이라는 약한 의미로 쓰이는 용어법으로 이해하고자 한다. 또한 우리는 소유라는 단어를 주체와, 이 주체가 자신을 던지는 항과의 관계(나는 생각이 있다, 나는 욕망한다, 나는 두렵다)를 가리키는 용어법으로 이해하고자 한다. 따라서 우리의 〈소유〉는 대략 마르셀의 존재에, 우리의 존재는 그의 〈소유〉에 해당한다.

231 역주) 우리는 〈언어능력〉, 〈언어활동〉, 〈언어〉 등 다의적 의미를 지닌 "langage"를 〈언어〉와 〈언어활동〉이라는 두 용어로 번역할 것이다.

232 역주) 메를로퐁티는 "verbal"을 주로 〈구두의(말의)〉 또는 〈낱말의〉의 의미로 사용한다. 우리는 이 용어를 〈말의〉 또는 〈말의(낱말의)〉로 번역한다. 메를로퐁티는 〈말(parole)〉과 마찬가지로 이 "verbal"을 쓰거나 읽는 경우에도 사용한다. 예컨대 시에서의 〈말의 형태〉를 언급한다(본서 360쪽).

이해된다. 다시 말해 발음하거나 들은 낱말들이 우리에게 남긴 흔적들이 단순히 현실적으로 존재하는 것으로 이해된다. 이런 흔적들이 몸에 있는 것인지, 아니면 〈무의식적 심리상태〉에 놓여 있는 것인지는 크게 중요하지 않다. 언어에 대한 이 두 입장은 〈말하는 주체〉가 없다는 점에서 동일하다. 신경기구의 법칙에 따라 자극이 흥분을 일으켜서 낱말 조음(분절)을 야기한다는 입장이나, 의식의 상태들이 이미 획득된 [관념] 연합을 통해 적합한 말 이미지가 나타나게 한다는 입장에서, 말하기는 모두 3인칭적 현상의 회로에 위치하게 된다. 《204》 또한 이 두 입장에서 말하는 사람은 없으며, 낱말들을 통제하는 어떤 말하는 의도(지향)도 없이 산출되는 낱말들의 흐름만 있다. 낱말들의 의미는 이름 붙여져야 할 자극이나 의식의 상태와 함께 주어지는 것으로 간주된다. 낱말의 소리나 조음(분절)의 배열형태도 두뇌의 흔적이거나 심리적 흔적과 함께 주어진다. 말하기는 행위(능동)가 아니게 되며, 주체의 내적인 가능성을 나타내는 것이 아니게 된다. 다시 말해 인간은 전기 램프가 빛을 낼 수 있듯이, 말할 수 있다는 것이다. 선택적으로 구어만 손상되거나 문어만 손상되는 장애가 있고, 또 언어활동이 조각들로 붕괴될 수 있기 때문에, 이상의 언급들은 다음과 같은 결론에 이른다. 즉 언어활동은 그 형성에 기여한 일련의 독립적인 것들로 이루어지고, 따라서 일반적 의미에서의 말은 [실재적 존재가 아니라] 이성(사유)이 만든 [개념적] 존재이다.

실어증 및 언어 이론이 완전히 변화된 모습을 보였을 때가 있다. 그것은 낱말의 조음 장애와 관계하는 말군음증anarthrie[233]을 넘어, 지적 장애를 반드시 동반하는 진정한 실어증을 식별하게 되었을 때이다. 즉 사실상 3인

---

[233] 역주) 구어불능증(構語不能症), 조음불능증(調音不能症)이라고도 한다(『대한의협 의학용어 사전』). "발성 기관이 온전한데도 두뇌 손상의 결과로 소리 내기 어렵거나 못 내는 증세"(*Larousse*). 보통 말을 조음하는(분절하는) 능력이 없다.

칭적인 운동 현상인 자동적 언어활동을 넘어, 대부분의 실어증에 유일하게 나타나는 의도적인(지향적인) 언어활동을 식별하게 되었을 때이다. 〈말 이미지〉의 개체성은 사실상 붕괴된 것으로 나타났다. 환자가 상실한 것, 정상인이 소유한 것은 어떤 저장된 낱말들이 아니고, 그것들을 사용하는 어떤 방식이다. 환자가 자동적 언어활동의 차원에서 이용하는 동일한 단어가 무동기적인(이유 없는) 언어활동의 차원에서는 그에게서 도망가 버린다. 동일한 환자가 의사의 물음을 거절하기 위해, 다시 말해 그가 현실적이고 체험적인 부정을 나타낼 때 〈아니오〉라는 낱말을 쉽게 찾아내지만, 감정과 삶에 대한 관심 없이 실행(연습)하는 경우에는 그 낱말을 발음하지 못하게 된다. 따라서 낱말의 배후에서 낱말을 조건 짓는 어떤 태도, 말의 어떤 기능이 드러나게 되었다. 행위 도구로서의 낱말과 무관심한 단순 명명의 수단으로서의 낱말이 구별되었다.[234] 〈구체적인〉 언어활동이 계속 3인칭적인 과정이 되었다면, 무동기적인 언어활동, 진정한 명명은 사유의 현상이 되었다. 또 어떤 실어증들의 원인은 사유의 장애 속에서 찾아야 했다. 예를 들어 색 이름 기억상실증amnésie은 환자의 전체적 행동 속에 두고 보면 더 일반적인 장애의 특수한 표출로 보였다. 제시된 색들의 이름을 대지 못하는 환자들은 또한 주어진 지시에 따라 그것들을 분류하지 못한다. 예를 들어 그들에게 기본 색조에 따라 색 견본들을 분류하라고 요구하면, 우선 정상인보다 천천히 또 세심하게 분류하는 것이 관찰된다.《205》 즉 그

---

234 역주) 앞 문장과 이 문장은 주어가 "사람들"(on)로 되어 있고, 직역하면 "사람들은 … 어떤 기능을 드러내었다"와 "사람들은 … 낱말을 구별하였다"이다. 그런데 이 〈사람들〉은 실어증 이론의 지성론적 성향의 학자들이다. 그렇지만 메를로퐁티는 이 사람들이 단순히 새로운 지성론이 아니라, 메를로퐁티의 자신의 입장인 "실존적 실어증 이론"을 드러내 준다고 평가한다(본서 366쪽 참조). 즉 지성론적 성향의 실어증 이론가들이 메를로퐁티의 입장을 이미 발견했다는 것이다.

들은 비교해야 할 견본 하나를 다른 하나에 갖다 대지만, 〈함께 어울리는〉 견본들을 한눈에 보지는 못한다. 게다가 그들은 여러 파란색 리본을 정확히 모은 다음, 이해하기 어려운 실수를 범한다. 예를 들어 마지막 파란색 리본의 색조가 옅다면, 그들은 계속해서 파란색 무리에 옅은 초록색이나 옅은 장미색을 덧붙인다. 즉 그들은 제시된 분류 원칙을 유지하지 못하고, 분류 작업의 시작부터 끝까지 색의 관점에서 견본들을 바라보지 못하는 것처럼 보인다. 따라서 [지성론적 성향의 학자들 입장에서] 그들은 감각 소여들을 한 범주 아래서 포섭하지 못하고, 견본들이 파란색 형상을 나타내는 것들임을 단번에 볼 수 없게 된다. 그들이 실험 초반에 정확하게 작업하고 있을 때에도, 견본들의 한 관념에의 참여(부합함)가 그들의 행위를 이끈 것이 아니라, 즉각적인 닮음의 경험이 이끈 것이다. 이 때문에 그들은 견본들을 서로 가까이 놓은 다음에야 비로소 분류할 수 있게 된 것이다. [이처럼 지성론적 성향의 학자들 입장에서] 분류 실험은 환자들에게서 하나의 근본적 장애를 드러내 준다. 색 이름 기억상실증은 이 근본적 장애의 또 다른 표출에 불과한 것이다. 왜냐하면 한 대상의 이름을 말하는 것은, 대상이 갖고 있는 개별적인 것과 유일한(특이한) 것에서 벗어나, 대상 속에서 본질이나 범주를 나타내는 것을 보는 것이기 때문이다. 그리고 환자가 견본들에 이름을 댈 수 없는 것은, 그가 빨간색이나 파란색이라는 낱말의 말 이미지를 잃어버렸기 때문이 아니다. 그것은 그가 감각 소여를 범주 아래에서 포섭하는 일반적 능력을 잃어버렸기 때문이고, 범주적 태도에서 구체적 태도로 떨어졌기 때문이다.[235] 이러한 분석과 이와 유사한 다른 분석을 통해 우리는 말 이미지 이론의 대척점에 도달한 것 같다. 왜냐하면 언어활동은 이제 사유에 의해 조건 지어진 것처럼 나타나기 때문이다.

---

[235] Gelb et Goldstein, *Über Farbennamenamnesie.*

[2. 언어활동에 의미가 있다[236]]

사실 우리가 다시 한번 보겠지만, 경험론적 또는 기계론적 심리학과 지성론적 심리학 사이에는 유사성이 있다. 또한 하나의[전자의] 주장에서 그 반대의[후자의] 주장으로 이행한다고 해서 언어활동의 문제가 해결되는 것은 아니다. 좀 전에는 낱말의 재현(재생), 말 이미지의 재생이 본질적인 것이라면, 지금 그러한 재생은 진정한 명명의 외피, 내적 활동이 되는 본래적인(진정한) 말하기의 외피에 불과한 것이다. 그렇지만 이 두 입장은 어느 쪽에서든 낱말에 실질의미(의미표현)가 있지 않다[237]는 점에서 일치한다. 첫 번째 입장에서 그것은 다음과 같은 이유로 명백하다. 즉 낱말의 상기가 《206》 어떤 개념에 의해서도 매개되지 않는다는 것, 주어진 자극이나 〈의식의 상태〉가 낱말을 불러내는 것은 신경기구의 법칙이나 [관념] 연합의 법칙에 따른다는 것이다. 또, 이처럼 낱말은 의미를 품지porte 않게 되고, 어떤 내적인 힘도 없으며, 다른 현상들과 병치되어 객관적 인과성의 작용에 의해 나타나는, 심리적이나 생리적인 심지어 물리적인 현상에 불과하다는 것이다. [이와 달리 지성론적 심리학이] 명명하는 것에 범주적 작용을 덧댄다고 할 때도 사정은 달라지지 않는다. 낱말은 여전히 고유한 효력을 갖지 못한다. 왜냐하면 이번에는 낱말이 내적인 인식(식별)의 외적인 기호에 불과하며, 이 내적인 인식은 낱말 없이도 이뤄질 수 있고, 낱말은 이런 인식에 아무런 기여도 하지 않기 때문이다. 낱말 배후에 범주 작용이 있기 때문에, 낱말은 의미가 결여된 것이 아니다. 그러나 그 의미는 낱말에 있지 않고,[238] 낱말은 의미를 소유하지possède 않는다. 바로 사유가 의미를 갖고 있

---

236   역주) "언어활동은 의미(sens)를 갖는다(a)."

237   역주) "낱말은 실질의미(의미표현(signification))를 **갖지**(a) 않는다."

238   역주) "낱말은 그 의미를 **갖지**(a) 않고"

고a, 낱말은 비어 있는 외피가 될 뿐이다. 그것은 조음(분절)적, 음성적 현상이거나, 또는 이 현상의 의식에 불과하다. 그러나 어떤 경우든 언어활동은 사유의 외적인 수반물일 뿐이다. 첫 번째 입장에서 우리는 의미표현하는significatif 낱말에 이르지 못하고 있다. 두 번째 입장에서 우리는 그러한 낱말 저 너머에 있다. 첫 번째 입장에서 말하는 사람이 없다. 두 번째 입장에서 정말로 주체는 있지만, 그것은 말하는 주체가 아니라, 사유하는 주체이다. 말하기 자체에 관한 한, 지성론은 경험론과 거의 다르지 않고, 경험론과 마찬가지로 기계적 자동성을 통한 설명 없이는 수행되지 않는다. 일단 범주 작용이 실행되어도, 이 작용을 마무리하는 낱말의 출현을 여전히 설명해야 한다. 그리고 낱말이 무기력한 외피이기 때문에, 이 설명은 여전히 생리적 또는 심리적 메커니즘으로 이뤄진다. 그러므로 우리는 낱말에 의미가 있다[239]는 단순한 고찰을 통해, 경험론과 지성론을 똑같이 넘어서게 된다.

[3. 언어활동은 사유를 전제하지 않고, 실현한다]

만약 말이 사유를 전제한다면, 만약 말하는 것이 무엇보다도 인식의 지향 혹은 표상에 의해 대상과 결합하는 것이라면, 왜 사유가 완성(실현)되려고 하는 것처럼 표현으로 향하는지를 우리는 이해하기 어려울 것이다. 또한 아무리 친숙한 대상도 우리가 그것의 이름을 떠올리지 못하는 한, 왜 우리에게 분명하게 나타나지 않는지를 이해하기 어려울 것이다. 그리고 사유하는 주체가 자신의 사유를 자신에게 정식화(표현)하지 않거나 심지어 말하고 쓰지 않는 한, 왜 그가 자신의 사유에 대해 일종의 무지 속에 있게 되는지를 이해하기 어려울 것이다. 이것은 많은 작가가 책 속에 적어 놓

239　역주) "낱말이 의미(sens)를 갖고 있다(a)."

을 것을 정확히 알지 못한 채, 책을 쓰기 시작하는 예에서 볼 수 있는 것과 같다. 말하기나 전달의 어려움이 없이 그 자신에게 존재함으로써 만족하는 사유는, 나타나자마자 곧 무의식으로 떨어지고 만다. 이것은 결국 사유가 그 자신에게조차 존재하지 않는다고 말하는 것이 된다. 우리는 칸트의 유명한 물음에 대해, 《207》 내면적 말 또는 외적인 말로 우리의 사유를 우리에게 제시한다는 의미에서, 사유하는 것은 실제로 하나의 경험이라고 대답할 수 있다. 물론 사유는 일순간에 번개처럼 진행되겠지만, 뒤이어 그것을 우리 것으로 만드는 일이 남아 있고, 바로 표현을 통해 그것은 우리 것이 된다. 대상을 명명하는 것은 대상을 식별(인식)하는 것 다음에 오지 않는다. 대상을 명명하는 것이 식별(인식)하는 것 자체이다. 나는 희미한 불빛 속에서 어떤 대상을 응시하고, 〈이것은 솔이다〉라고 말한다. 이때 내 정신 속에 솔의 개념이 있어, 그 아래서 내가 대상을 포섭하는 것이 아니고, 다른 한편으로 이 개념이 반복되는 연합을 통해 〈솔〉이라는 낱말과 결합되어 있는 것도 아니다. 낱말은 의미를 품고 있으며, 또 나는 대상에 낱말을 부과함으로써 대상에 도달하는 의식을 갖는다. 자주 언급되는 것처럼,[240] 어린아이에게 대상은 이름 불릴 때만 인식된다. 이름은 대상의 본질이며, 대상의 색 및 형태와 동일한 자격으로 대상에 거주한다. 선과학적 사유에서 대상의 이름을 부르는 것은, 대상을 존재하게 하거나 변화시키는 것이다. 즉 신은 존재들의 이름을 부르면서 그것들을 창조하고, 마술은 존재들을 말하면서 그것들에 작용을 가한다. 만약 말이 개념 위에 놓인 것이라면, 이와 같은 〈오류〉는 이해할 수 없을 것이다. 왜냐하면 개념은 스스로를 항상 말과 구분된 것으로 인식해야 하고, 말을 외적 수반물로서 인식해야 하기 때문이다. 이에 대해, 어린아이가 대상에 대해 인식함을 배우는 것

---

240 예를 들어, Piaget, *La Représentation du Monde chez l'Enfant*, p. 60과 그 이하.

은 언어의 지시를 통해서이고, 따라서 대상은 일차적으로 언어적 존재로
서 주어지고, 이차적으로만 자연적 존재로서 수용되며, 결국 어린아이의
믿음은 언어 공동체라는 실제 존재로 해명된다고 응수할 수 있다. 그러나
이런 설명은 문제의 본질을 건드리지 않고 있다. 왜냐하면, 어린아이가 자
신을 **자연**에 대한 사유로서 인식하기 전에 언어 공동체의 일원으로서 자신
을 인식할 수 있다면, 이것은 주체가 자신을 보편적 사유로서 알지 못하고,
자신을 말로서 파악할 수 있는 조건에서 가능하고, 또 낱말은 대상과 의
미significations의 단순 기호가 아니라, 사물에 거주하고 실질의미를 나르는
수레가 되는 조건에서 가능하기 때문이다. 따라서 말하는 사람에게서 말
은 이미 이루어진 사유를 나타내는 것이 아니라, 사유를 실현(완성)하는 것
이다.[241]

¶ 더욱이나 듣는 사람은 말 자체로부터 사유를 받아들인다는 사실을 인
정해야 한다. 언뜻 보기에, 들린 말이 듣는 사람에게 어떤 것도 가져다줄
수 없다고 생각할 수 있다. 《208》 즉 낱말과 문장에 그 의미를 주는 것은 듣
는 사람이고, 낱말과 문장의 결합도 외부에서 온 것이 아니라는 것이다. 왜
냐하면 듣는 사람 속에서 결합을 자발적으로 실행할 능력을 찾을 수 없다
면, 이 결합은 이해될 수 없기 때문이다. 다른 모든 경우와 같이 여기에서
도 의식이 그 자신이 놓아둔 것만을 자신의 경험 속에서 발견하는 것은 우
선 사실인 것처럼 보인다. 그렇다면 의사소통의 경험은 착각이 될 것이다.
어떤 의식이 ―모르는 X를 위해― 언어 기계를 만들고, 이 기계가 또 다른
의식에 동일한 사유를 가질 기회를 주겠지만, 실제로는 한쪽에서 다른 쪽

---

[241] 물론 처음으로 표현되는 본래적인(진정한) 말과, 말에 대한 말이면서 또 통상적인 경
험적(empirique) 언어활동인 이차적 표현을 구별할 필요가 있다. 첫 번째만이 사유와
일치한다.

으로 아무것도 이행하지 않는다. 그러나 의식이란 외견상 무엇인가를 배우는 것이고, 그래서 의식이 어떻게 배우는지를 아는 것이 문제가 되기 때문에, 의식이 미리 모든 것을 알고 있다고 말하는 것으로는 문제가 해결되지 않는다. 사실 우리는 우리 스스로가 사유했던 것 이상의 것을 이해하는 능력을 가지고 있다. 사람들은 우리가 이미 이해하는 언어로만 우리에게 말할 수 있고, 어려운 텍스트의 각 낱말은 이미 우리 것이 된 사유들을 떠오르게 하지만, 때때로 이런 실질의미들은 새로운 사유 속에 결합되어 모두 수정되고, 우리는 책의 핵심으로 이동하여 그 근본에 도달한다. 여기에서는, 알고 있는 항과의 관계를 통해 모르는 항을 발견하는 그런 문제의 해결법과 비교할 수 있는 것은 아무것도 없다. 왜냐하면 문제가 해결될 수 있는 것은, 문제가 결정되어 있을 때에만, 다시 말해 주어진 것들의 교차가 모르는 것에 하나 또는 여럿의 규정된 가치를 정할 때뿐이다. 타인을 이해함에 있어 문제는 언제나 미결정적이다.[242] 왜냐하면 문제가 해결될 때만, 회고적으로 소여들이 수렴하는 것으로 나타날 것이고, 또한 어떤 철학의 중심 주제가 일단 이해될 때만, 철학자의 텍스트에 적절한 기호의 가치가 부여되기 때문이다. 따라서 말을 통해 타인의 사유를 다시 잡기, 타인 속에서의 반성, 타인을 따라[243] 사유하는 능력이 있고, 이것은 우리 자신의 사유를 풍부하게 하는 것이다. 이런 경우에서 낱말들의 의미는 결국 낱말들 자체에 의해 도출되어야 한다. 아니 더 정확히 말해,《209》낱말들의 개념적 의미signification는 말(말하기)에 내재한 몸동작적인 의미표현(실질의미)[244]으

---

[242] 다시 한번 말하지만, 우리가 여기서 언급한 것은 근원적인 말에만 적용된다. 즉 처음으로 내뱉는 어린아이의 말, 자신의 감정을 드러내는 연인의 말, 〈최초로 말했던 인간〉의 말, 전통이 되기 전에 원초적 경험을 일깨우는 작가와 철학자의 말.

[243] 후설의 *Nachdenken, nachvollziehen, Ursprung der Geometrie*, p. 212와 그 이하.

[244] 역주) 본서 352쪽 참조.

로부터 추출되어 형성되어야 한다. 그리고 내가 외국에서 낱말의 의미를 이해하기 시작하는 것은 행위의 맥락 속에 놓인 낱말의 위치를 통해서이고, 또 내가 공동의 생활에 참여하면서이다. 이와 마찬가지로 여전히 잘 이해되지 않는 철학 텍스트가 적어도 내게 드러내는 것은 스피노자적이거나 비판주의적이거나 아니면 현상학적인 어떤 〈스타일〉, 즉 텍스트의 의미의 첫 대략적 모습인 어떤 〈스타일〉이다. 즉 이처럼 내가 어떤 철학을 이해하기 시작하는 것은 이 사유의 존재 방식에 미끄러져 들어감으로써이고, 철학자의 문체나 어조(개성)를 흉내 내면서이다. 요컨대 모든 언어활동은 스스로를 스스로에게 알려 주고, 그 의미를 청자의 정신 속에 가져온다. 처음에는 이해되지 않았던 음악이나 그림도 정말로 무엇인가를 말한다*dit*면, 마침내 그것은 관객들을 만들어 내기 시작한다. 다시 말해 그 스스로가 그것의 실질의미(의미표현)를 분출하기 시작한다. 산문이나 시의 경우에는 말의 능력이 비교적 잘 보이지는 않는다. 왜냐하면, 자연적 지각이 우리에게 주는 바와 같은 팔레트의 색이나 악기의 순수한 소리는 분명 어떤 악곡의 음악적 의미나 어떤 그림의 회화적 의미를 충분히 형성하지 못하지만, 이와 달리 우리는 어떤 텍스트라도 그것을 이해하기 위해 필요한 것을 낱말의 공통 의미와 함께 우리 속에 이미 소유하고 있다고 착각하기 때문이다. 그러나 사실 문학작품의 의미는 낱말의 공통 의미에 의해 형성되는 것이라기보다는, 낱말의 공통 의미를 변화시키는 데 기여하는 것이다. 그러므로 듣거나 읽는 사람에게든, 말하거나 쓰는 사람에게든, 지성론이 알지 못하는 말 속의 사유가 있다.

[4. 낱말(말들) 속의 사유]

이상의 사실을 제대로 파악하고자 한다면, 우리는 말의 현상으로 되돌아가서, 사유와 말을 응고시켜 이것들 간의 외적 관계만을 생각하게 하는 일상적 기술을 다시 문제 삼아야 한다. 먼저, 말하는 주체의 사유는 표상이 아님을, 다시 말해 대상이나 관계를 명시적으로 정립하는 것이 아님을 인정해야 한다. 화자는 말하기 전에 사유하지 않고, 심지어 말하는 동안에도 사유하지 않는다. 그의 말하기가 그의 사유하기이다. 마찬가지로 청자는 기호들에 대해 개념을 품지 않는다. 화자의 〈사유〉는 말하는 동안에 비어 있다. 또한 누군가가 우리 앞에서 텍스트를 읽을 때, 그 표현이 제대로 이뤄진다면, 우리는 텍스트 자체 밖에서 사유를 갖지 않는다. 낱말들은 우리 정신을 가득 차지하여, 우리의 기다림을 딱 충족시켜서, 우리는 이야기discours의 필연성을 체험한다. 그렇지만 우리는 이야기를 예측할 수 없다. 우리는 이야기에 사로잡혀(홀려) 있다. 이야기나 텍스트의 끝은 홀림의 끝이 될 것이다. 《210》 바로 이때부터 이야기나 텍스트에 대한 사유가 생겨날 수가 있을 것이다. 그전에는 이야기가 즉흥적으로 이루어졌고, 텍스트는 어떤 사유도 없이 이해되었으며, 의미는 어디에나 현전하였지만, 어디에도 그 자체로 정립되지 않았다. 말하는 사람은 그가 말한 것의 의미를 사유하지 않는 것처럼, 그가 사용한 낱말들을 표상하지 않는다. 한 낱말이나 한 언어langue를 안다는 것은, 우리가 말했듯이 이미 설정된 신경 배열을 이용하는 것이 아니다. 그렇다고 해서 낱말에 대한 어떤 〈순수 기억souvenir pur〉을, 어떤 약해진 지각을 보존하는 것도 아니다. 습관-기억mémoire-habitude[245]과 순수 기억에 대한 베르그송의 양자택일[이분법]은 내가 아는 낱말들의 가까운 현전을 설명하지 못한다. 즉 그 낱말들은 내 등 뒤의 대상이나, 내 집을 둘러싼 마을의 지평처럼 내 뒤에 있다. 나는 그것들을 고려

---

[245] 역주) 베르그송의 "순수 기억"은 두뇌(물질)가 손상되어도 존재하는 기억이다. 그것은 〈순수 과거〉의 형태로, 즉 즉자적인 과거로 존재하는 기억이다. 반면 "습관-기억"은 몸이 파괴되면 함께 파괴되는 기억이다. 그것은 몸에 각인된 기억으로, 즉 물질화된 기억으로, 물질처럼 〈현재〉에 있는 것이다.

하거나 믿고 있지만, 어떤 〈말 이미지〉도 갖지 않는다. 그 낱말들이 내 안에 존속한다면, 그것은 차라리 프로이트의 이마고Imago[246]처럼, 즉 과거 지각의 표상이라기보다는, 경험적empirique 기원에서 분리된 매우 일반적이고 무척 뚜렷한 감정적 본질처럼 존속한다. 나에게는 습득된 낱말에 대해 조음적이고 음성적인 스타일이 남아 있다. 우리가 앞에서 〈운동 표상〉에 대해 말했던 것을 말 이미지에 대해서도 말해야 한다. 즉 나는 내 몸을 외부 공간에서 움직이기 위해, 내 몸과 외부 공간을 표상할 필요가 없다. 이것들이 내게 존재하고, 또 내 주위에 펼쳐진 어떤 행위의 장을 구성하는 것으로 충분하다. 마찬가지로 나는 낱말을 알기 위해, 또 낱말을 발음하기 위해 그것을 표상할 필요가 없다. 낱말의 조음적이고 음성적인 본질을 내 몸의 변조 중 하나로서, 내 몸의 가능한 활용법 중 하나로서 내가 소유하는 것으로 충분하다. 내 손이 내 몸의 찔린 곳으로 향하듯이, 나는 낱말로 향한다. 낱말은 나의 언어적 세계의 어떤 곳에 있다. 그것은 내가 구비한 장비의 일부이다. 나는 낱말을 나타낼(표상할) 수단만을 갖고 있는데, 그것은 낱말을 발음하는 것이다. 이것은 마치 예술가가 자신이 작업하는 작품을 나타내는 수단만을 갖고 있는 것, 즉 그가 작품을 만들어 내는 것과 같다. 내가 부재한 피에르를 상상할 때, 나는 피에르 자체와 수적으로 구별되는 피에르의 이미지(상)를 본다는 의식이 없다. 그가 아무리 멀리 떨어져 있어도, 나는 그를 세계 속에서 겨냥한다. 그리고 내가 상상할 수 있음(나의 상상 능력)은 나의 세계가 내 주위에 지속하는 것과 다른 것이 아니다.[247] 내가 피에르를 상상한다고 말하는 것은, 〈피에르의 행위 모습〉을 불러냄으로써

---

246   역주) "주체가 그를 통해 타인을 바라보는 이미지적인 도식(특히 아이에게서 아버지와 어머니의 이미지)이며, 주체에게서 대인 관계의 방향성을 형성하는 것"(*CNRTL*).

247   Sartre, *L'Imagination*, p. 148.

피에르의 유사-현전을 획득하는 것이라고 말하는 것이다. 상상된 피에르가 나의 〈세계에 있는 존재〉의 양태들 중 하나에 불과한 것처럼, 말 이미지는 《211》 나의 음성적 몸동작의 양태들 중 하나에 불과한 것으로서, 다른 많은 양태와 함께 내 몸의 전체 의식 속에 주어져 있다. 이것은 분명 베르그송이 [기억 또는 과거] 상기의 〈운동 틀cadre moteur〉[248]을 말할 때 의미했던 것이다. 그러나 과거의 순수한 표상이 이 틀 속에 들어가려고 올 때, 왜 이 표상들이 다시 현실적인 것이 되기 위해 이 틀을 필요로 하는지를 알 수가 없다. 기억에서의 몸의 역할은, 기억이 과거를 구성하는 의식이 아니라 현재와의 연관 관계를 바탕으로 시간을 다시 여는 노력일 때에만 이해되고, 또 몸이 〈태도를 취하고〉 따라서 유사-현재를 만들어 내는 수단으로서, 공간 뿐 아니라 시간과의 우리의 소통 수단이 될 때만 이해된다.[249] 기억에서의

---

248 역주) 베르그송의 입장에서 몸이 사물을 지각할 때, 사물을 흉내 내는 운동을 한다. 몸이 흉내 내는 운동은 기억에게 하나의 〈운동 틀〉을 제공하여, 지각된 사물에 적합한 기억이 나오게 한다(L'Énergie spirituelle, p. 57/858, 200/967 참조). 이렇게 지각된 사물과 연관된 기억이 나올 때, 지각된 사물, 몸, 기억은 하나의 유기적인 과정을 (또한 순환적 과정을) 형성한다. 여기서 메를로퐁티는 몸의 〈태도〉 또는 〈동작〉이, 예컨대 과거에 습득한 어떤 낱말을 발음할 때 작동하는 "음성적 몸동작"이 베르그송이 말하는 몸의 〈운동 틀〉과 친화성이 있다고 생각한다. 육화된 실존이 자기 몸의 운동(태도)을 통해 낱말과 같은 과거의 사실을 떠올리는 것처럼, 적합한 기억이 나오게 하는 베르그송의 몸의 〈운동 틀〉도 그와 같은 능동적인 매개의 역할을 한다고 생각한다. 그러나 베르그송은 과거 또는 기억을 즉자적인 것으로 여기고, 따라서 기억과 몸을 명백히 구분한다. 메를로퐁티는 이러한 베르그송의 기억과 몸의 분리를 비판한다. 즉 몸이 어떻게 즉자적인 정신인 기억과 만날 수 있는지 알 수 없다는 것이다(더 자세한 것은 제3부 2장 참조). 한편으로 베르그송이 몸과 기억의 현상적인 모습을 기술할 때는, 즉 몸과 현실화된(구체적) 기억의 관계를 기술할 때는, 몸의 기능(운동)이 기억과 밀접한 관계 속에서 가질 수 있는 함의를 보았다고 메를로퐁티는 생각한다. 다른 한편 베르그송이 형이상학 수준에서 몸과 기억(순수 기억)을 구분할 때, 그래서 〈이미〉 완성된 "과거의 순수한 표상"(순수 기억)이 있을 때는, 이 표상(기억)을 〈다시 나타나게 하게〉 몸의 기능이 왜 필요한지 알 수 없다고 비판한다.

249 "… 이처럼 내가 잠에서 깨었을 때, 내 정신은 내가 어디에 있는지 알려고 부단히 활

몸의 기능은 우리가 이미 운동의 자발성에 보았던 투사의 기능과 같은 것이다. 즉 몸은 자연적인 표현 능력이기 때문에, 그것은 어떤 운동적 본질을 발성vocifération으로 전환하고, 낱말의 조음적 스타일을 음성 현상으로 전개하며, 다시 잡은(취한) 이전의 태도를 과거의 파노라마 속에서 펼치고, 운동적 의도(지향)를 현실적 운동 속으로 던진다.

[5. 사유는 표현이다]

이상의 고찰을 통해 우리는 말하는 행위에 그 진정한 모습을 되돌려줄 수 있다. 먼저, 연기가 불을 알리는 것처럼 기호signe를 다른 현상을 알리는 어떤 현상으로 이해한다면, 말은 사유의 〈기호〉가 아니다. 말과 사유가 모두 주제적으로 주어질 때에만, 이러한 외적 관계가 그것들 사이에서 인정될 것이다. 《212》 사실 말과 사유는 서로 속에 포함되어 있다. 의미는 말 속에 잡혀(담겨) 있고, 말은 의미의 외적인 실존이다. 게다가 우리는 일상적으로 그런 것처럼, 말이 사유를 고정시키는 단순 수단이라는 것, 또는 사유의 외피이고 외투라는 것을 인정할 수 없을 것이다. 만약 소위 말 이미

동했으나 알지 못했고, 어느 사물인지 어느 마을인지 어느 해인지 모든 것이 어둠 속에서 내 주위를 빙빙 돌고 있었다. [여전히 잠에 취해] 둔하게 되어 움직이지 못하는 내 몸은 피곤함의 형태에 따라 팔다리의 위치를 가리키고, 그로부터 벽의 방향과 가구의 위치를 이끌어 내면서, 내 몸이 놓인 곳[방]을 재구성하고 그곳의 이름을 떠올리려고 애쓰고 있었다. 갈비뼈, 무릎, 어깨와 같은 내 몸의 기억은 이전에 몸이 잤던 여러 방을 차례로 몸에게 보여 주고 있었고, 반면에 몸 주위의 보이지 않는 벽들은 상상으로 그려 본 방의 형태에 따라 위치를 바꿔 가며 어둠 속을 소용돌이처럼 돌고 있었다…. 내 몸과 내가 누운 옆구리는 내 정신이 결코 잊어서는 안 될 과거의 충실한 문지기(gardiens)로서, 오래전 날 콩브레의 조부모님 집의 내 침실에 있던, 천장에 가는 사슬로 매달린 항아리 모양의 보헤미아산 유리 야등(夜燈)의 불빛과 시에나산 대리석 벽난로를 내게 기억나게 하고 있었다. 그때 내가 떠올린 그 오래전 날들은 정확히 나타내 볼 수는 없지만, 현실적인 모습처럼 나타나고 있었다."(Proust, *Du Côté du chez Swann*, I, pp. 15-16).

지가 매번 다시 만들어질 필요가 있다면, 왜 낱말이나 문장을 상기하는 것이 사유를 상기하는 것보다 쉬운 것일까? 또한 발성 자체가 그 속에 그 의미를 품지도 담지도 않는다면, 왜 사유는 일련의 발성 과정과 섞이거나 발성의 모습을 띠려고 하는 것일까? 말들이 그 자체로 이해 가능한 하나의 텍스트가 될 때만, 또 말이 그것의 고유한 의미표현의 능력을 소유할 때만, 낱말은 〈사유의 요새〉일 수 있고, 사유는 표현을 추구할 수 있다. 낱말과 말은 어떻게든 대상이나 사유를 지시하는 방식이기를 멈추어야만, 감각적 세계 속의 사유의 현전이 되고, 또 사유의 외투가 아니라 사유의 표시emblème나 사유의 몸이 된다. 심리학자들이 말하는 것처럼, "언어 개념(*Sprachbegriff*)"[250]이나 "말(낱말) 개념(*Wortbegriff*)"이, 즉 "들리고 발음되고 읽히고 쓰인 소리가 그 덕분에 언어적 사실이 되는, 특히 언어적인(말의), 내적이며 중심적 개념"[251]이 있어야 한다. 어떤 환자들은 텍스트를 이해하지 못하면서도 〈어조를 두면서〉 읽을 수 있다. 따라서 이것이 의미하는 것은 말이나 낱말이 이것들에 달라붙은 실질의미의 일차적 층을 지닌다는 것이며, 이 실질의미의 층이 개념적으로 진술된 것으로서의 사유가 아니라, 스타일로서의, 감각감정적 가치로서의, 실존적 흉내(몸동작)로서의 사유를 제시한다는 것이다. 여기서 우리는 말의 개념적 의미signification 아래서, 말에 의해 단순히 번역되는 것이 아니라, 말 속에 거주하고 말과 나눠질 수 없는 실존적 실질의미(의미표현)를 발견한다.

¶ 표현이 가져다줄 가장 큰 이득은, 잃을 수도 있는 사유를 글로 남겨두는 것이 아니다. 작가는 자신의 작품을 거의 다시 읽지 않는다. 또 위대한 작품은 처음 읽을 때 이미, 나중에 끄집어낼 모든 것을 우리에게 남겨

---

250 Cassirer, *Philosophie der symbolischen Formen*, Ⅲ, p. 383.
251 Goldstein, *L'Analyse de l'aphasie et l'essence du langage*, p. 459.

둔다. 성공적으로 이뤄진 표현 작업은 독자와 작가 자신에게 단순히 요점을 간추린 것만 남기는 것이 아니다. 그것은 텍스트의 바로 한가운데에서 하나의 사물처럼 의미표현(실질의미)을 존재하게 하고, 《213》 이 의미표현(실질의미)을 낱말들의 유기체 속에 거주하게 한다. 또한 그것은 작가나 독자에게 새로운 감각기관처럼 실질의미를 설치하여, 우리 경험에 새로운 장 또는 새로운 차원을 열어 준다. 이러한 표현의 힘은 예술, 예를 들어 음악에서 잘 알려져 있다. 소나타의 음악적 실질의미는 그것을 품고 있는 소리와 분리될 수 없다. 소나타를 듣기 전에는, 우리는 어떤 분석으로도 그것이 어떠한지를 예측할 수 없다. 연주가 끝난 후에는, 우리는 음악에 대해 지성적 분석을 시도할 때, 음악을 경험했던 순간으로 되돌아가는 것 외에는 할 수 있는 것이 없다. 연주가 이뤄지는 동안에는, 소리는 단순히 소나타의 〈기호〉가 아니다. 소나타는 소리를 통해 거기에 있으며, 소리 속으로 내려온다.[252] 이와 마찬가지로 여배우는 보이지 않게 되고, 바로 페드르Phèdre[253]가 나타난다. 실질의미는 기호들을 삼켜 버리고, 그래서 페드르가 라 베르마la Berma를 너무나도 차지해 버려서, 라 베르마가 무아지경으로 페드르가 된 모습은 우리에게는 지극히 자연스럽고 당연한 것처럼 보인다.[254] 미적 표현은 표현되는 것에 그 자체적인 존재를 부여하여, 그것을 모든 사람이 접근할 수 있는 지각된 사물처럼 자연 속에 둔다. 반대로 말하면 미적 표현

---

[252] Proust, *Du Côté du chez Swann*, II, p. 192.

[253] 역주) 파이드라(Phaidra(Phaedra)). 그리스 신화에 나오는 영웅 테세우스(Theseus)의 부인이다. 그녀는 테세우스의 전 부인의 아들 히폴리토스(Hippolytos)를 사랑하지만 거절당해 자살을 한다. 이 이야기는 에우리피데스(Euripides)의 『히폴리토스』, 라신(Racine)의 『페드르』 등 많은 극작품 속에서 표현되었다. 그리고 다음 문장의 "라 베르마"는 프루스트의 『잃어버린 시간을 찾아서』에 등장하는, 페드르의 역을 맡은 여배우이다.

[254] Proust, *Le Côté de Guermantes*.

은 기호 자체 ―배우의 일신, 화가가 사용하는 색과 캔버스― 를 그 경험적 empirique 존재로부터 떼어 내어, 다른 세계로 데려간다. 이 경우에 표현 작업이 실질의미를 실현하거나 수행하는 것이지, 단지 번역하는 것으로 그치지 않는다는 사실을 그 누구도 부인할 수 없을 것이다.

¶ 겉보기와 다르게 말을 통한 사유의 표현도 이와 다르지 않다. 사유는 〈내면적인〉 것이 아니다. 그것은 세계 밖에도, 낱말 밖에도 있지 않다. 이 점에 있어 우리를 잘못 생각하게 하고, 표현 이전에 대자적으로 사유가 존재한다고 믿게 만드는 것은, 이미 구성되고 이미 표현된 사유이다. 이것은 우리가 침묵 속에서 상기할 수 있는 사유이고, 이 사유로 인해 우리는 내면적 삶에 대해 착각을 하게 된다. 그러나 사실 소위 이런 침묵도 말에 의해 소리 나고, 이 내면적 삶은 내면적 언어활동인 것이다. 〈순수〉 사유는 의식의 어떤 공허, 순간적 소망에 지나지 않는다. 새로운 의미표현적 의도(지향)는 이전의 표현 작용의 결과인, 이미 이용 가능한 실질의미들로 자신을 감쌀 때에만 그 자신을 인식한다. 이용 가능한 실질의미들은 미지의 법칙에 따라 서로 교차하여, 마침내 새로운 문화적 존재가 존재하기 시작한다. 《214》 따라서 우리의 몸이 습관을 획득할 때 새로운 몸동작에 갑자기 적합해지는 것처럼, 우리의 문화적 획득물이 동원되어 미지의 법칙에 이용될 때, 사유와 표현은 서로를 동시에 구성한다. 말하기(말)는 진정한 몸동작이다. 몸동작이 그 의미를 담듯이, 말(말하기)도 그 의미를 담는다. 그리고 이 것이 바로 의사소통을 가능케 하는 것이다. 내가 타인의 말을 이해하기 위해서는, 분명 그의 어휘와 구문을 〈이미 알고〉 있어야 한다. 그러나 이것은 타인의 말이 내 속에서 그것과 연합할 〈표상들〉을 불러일으키도록 작용하고, 모인 표상들이 마침내 말하는 자의 원래의 〈표상〉을 내 속에서 재생산한다는 것을 의미하지 않는다. 내가 일차적으로 의사소통하는 것은 〈표상〉이나 사유가 아니라, 말하는 주체이고, [그의] 어떤 존재 스타일이며, 그

가 겨냥하는 〈세계〉이다. 타인이 말을 하게 되는 의미표현적인 의도(지향)는 명시적인 사유가 아니라, 자신을 충족시키려는 어떤 결여이다. 이와 마찬가지로 이러한 의도(지향)를 내가 다시 잡는 것은 내 사유의 활동 과정이 아니라, 나 자신의 실존의 동시적인 변조이고 내 존재의 변형이다. 우리는 말이 설립된instituée 세계에 산다. 일상적인 모든 말에 대해 우리는 우리 자신 속에 이미 형성된 실질의미를 소유한다. 이 말들은 우리 속에서 이차적 사유만을 불러일으킨다. 이 이차적 사유는 이번엔 다른 말에 의해 나타나는데, 이 말은 우리에게 진정한 어떤 표현 노력도 요구하지 않고, 우리의 청자에게도 어떤 이해의 노력을 요구하지 않는다. 이처럼 언어활동과 언어의 이해는 자체적으로 일어나는 것처럼 보인다. 언어적이고 상호주관적 세계는 우리에게 더 이상 놀라운 것이 아니다. 우리는 그런 세계를 더 이상 세계 자체와 구별하지 않는다. 또한 우리가 반성하는 것도 이미 말해지고parlé 말하는parlant 세계 내부에서이다. 말하는 것을 배우는 어린아이 경우든, 처음으로 무엇인가를 이야기하고 사유하는 작가의 경우든, 요컨대 어떤 침묵을 말로 변화시키는 모든 사람의 표현과 의사소통에는 우연적인 것이 있음을 우리는 더 이상 의식하지 못한다. 그렇지만 일상생활에서 사용되는 구성된(기성의) 말은 명백히도 이미 표현의 결정적 단계가 완료되었음을 전제한다. 우리가 이와 같은 기원으로 거슬러 올라가지 않은 한, 우리가 말의 웅성거림 아래서 원초적인 침묵을 다시 발견하지 않는 한, 또 이 침묵을 깨는 몸동작을 기술하지 않는 한, 인간에 대한 우리의 시각은 피상적인 것이 될 것이다. 말하기(말)는 몸동작이고, 말의 실질의미는 세계이다.

《215》 [6. 몸동작의 이해]

현대 심리학[255]이 잘 보여 주는 것처럼, 보는 사람은 그가 목격한 몸동작의 의미를 자기 자신 속에서 또 자신의 내적 경험 속에서 찾지 않는다.

[상대방의] 분노의 몸동작이나 위협의 몸동작이 있다고 할 때, 나는 이것을 이해하기 위해, 내 자신이 동일한 몸동작을 했을 때 느꼈던 감정을 상기할 필요가 없다. 나는 내면적으로는 분노의 표정[몸동작]을 제대로 알지 못하기 때문에, 유사성을 통한 연합이나 유비추론을 통한 연합은 결정적인 요소를 결여한다. 게다가 나는 분노나 위협을 몸동작 배후에 숨겨진 심리적 사실로서 지각하지 않는다. 나는 몸동작 속에서 분노를 읽는다. 몸동작은 나로 하여금 분노를 사유하게 하지 않으며, 몸동작이 분노 자체인 것이다. 그렇지만 몸동작의 의미는 예컨대 양탄자의 색이 지각되는 것처럼 지각되는 것이 아니다. 만약 몸동작의 의미가 하나의 사물처럼 내게 주어진다면, 어째서 몸동작에 대한 나의 이해가 대부분 인간의 몸동작으로 제한되는지를 알 수 없다. 나는 개의 성행위[몸동작]를 〈이해하지〉 못하며, 풍뎅이나 사마귀의 성행위는 말할 것도 없다. 심지어 나는 원시인의 감정 표현이나, 나와는 너무나 다른 생활환경에서의 감정 표현을 이해하지 못하기도 한다. 우연히 어린아이가 성행위 장면을 목격한다면, 욕망과 이 욕망을 표현하는 몸의 태도를 경험하지 않고서도 그 장면을 이해할 수도 있다. 그러나 어린아이가 이런 행동이 가능한 성적인 성숙의 단계에 아직 이르지 않는 한, 성행위 장면은 기이하고 불안감을 자아내는 광경일 뿐이고, 의미가 없을 것이다. 타인에 대한 인식이 종종 자기에 대한 인식을 촉진한다는 것은 사실이며, 따라서 외부 광경이 어린아이에게 자기 자신의 충동의 목표를 제시함으로써 이 충동의 의미를 깨닫게 할 수 있다. 그러나 이런 경우는 어린아이의 내적 가능성과 마주치지 않으면, 지각되지 않은 채 지나가 버릴 것이다. 몸동작의 의미는 주어지는 것이 아니라 이해되는 것이다. 다시 말해 그것은 목격자의 작용(행위acte)으로 다시 파악되는 것이다. 이 작용을

---

255 예를 들어, M. Scheler, *Nature et Formes de la Sympathie*, p. 347과 그 이하.

제대로 포착하고 인식 활동과 혼동하지 않는 것이 중요하며, 여기에 모든 문제가 달려 있다. 의사소통이나 몸동작의 이해는 나의 의도(지향)와 타인의 몸동작의 상호성을 통해, 나의 몸동작과 타인의 행위 속에서 읽히는 의도(지향)의 상호성을 통해 획득된다. 이것은 마치 타인의 의도(지향)가 나의 몸에 거주하고, 나의 의도(지향)가 그의 몸에 거주하는 것처럼 일어난다. 내가 목격하는 몸동작은 의도의(지향적) 대상을 점선으로 그려 낸다. 이 대상은 《216》 내 몸의 능력들이 이것에 적합하고 일치할 때, 현실적인 것이 되고, 또 완전히 이해된다. 몸동작은 내 앞의 하나의 물음처럼 되어, 나에게 세계의 어떤 감각적인 점들을 가리키면서, 이 점들을 따라 몸동작을 만나라고 부추긴다. 이러한 길에서 내 행위가 그 자신의 길을 보게 될 때, 의사소통은 이루어진다. 나는 타인을 확인하고, 타인은 나를 확인한다.

¶ 여기서, 우리가 사물의 지각적 경험을 복원해야 하는 것처럼, 지성론적 분석이 왜곡한 타인의 경험을 복원해야 한다. 내가 어떤 사물, 예를 들어 벽난로를 지각할 때, 그것의 여러 측면들의 일치를 통해 나는 실측도로서의 벽난로 또 이런 모든 관점적 현상의 공통의 의미signification로서의 벽난로의 존재를 결론 내릴 수 있는 것이 아니다. 이와 반대로 나는 사물을 그것의 고유한 명증 속에서 지각하고, 이 때문에 지각적 경험의 전개를 통해 그 사물에 대해 무한히 일치하는 광경을 얻는다고 확신하게 된다. 지각적 경험을 통한 사물의 동일성은 탐색 운동 과정에 있는 자기-몸의 동일성의 또 다른 측면에 불과하며, 따라서 이 두 동일성은 같은 종류에 속한다. 즉 몸 도식과 마찬가지로, 벽난로는 등가들의 체계이고, 이 체계는 어떤 법칙의 인식에 기초하지 않고 몸 현전의 체험에 기초한 것이다. 나는 내 몸을 가지고 사물들 속에 참여하고, 사물들은 육화된 주체로서의 나와 함께-실존한다. 그리고 사물들 속에서의 이런 삶(체험)은 과학적 대상의 구축과는 어떤 공통적인 것도 없다. 이와 마찬가지로 나는 타인의 몸동작을 지성적

해석 작용을 통해 이해하는 것이 아니다. 의식들의 의사소통도 그것들의 경험의 공통 의미에 기초하는 것이 아니라, 오히려 이 공통 의미를 기초 짓는 것이다. 내가 광경에 맞춰 참여하는 운동은 환원될 수 없는 것으로 인정해야 한다. 내가 광경에 참여하는 것은 의미의 정의와 의미의 지성적 형성에 앞서는 일종의 맹목적인 인식 속에서이다. 세대에서 세대로 사람들은 성적인 몸동작을, 예를 들어 애무의 몸동작을 철학자[256]가 그에 대한 지성적 의미signification를 정의하기 전에 〈이해하고〉 실행해 왔다. 철학자의 지성적 정의는 [사랑받는] 몸을 수동성 속에 가두고, 그 몸을 쾌락의 무기력한 상태로 유지하며, 그 몸이 사물과 타인으로 자기를 던지는 지속적인 운동을 중단시키는 것이었다. 내가 내 몸을 통해 〈사물들〉을 지각하는 것처럼, 나는 내 몸을 통해 타인을 이해한다. 이와 같이 〈이해된〉 몸동작의 의미는 몸동작 배후에 있지 않다. 몸동작의 의미는 《217》 몸동작이 그려 내는 세계의 구조, 또 내가 내 것으로 다시 잡는 세계의 그 구조와 하나가 된다. 그것은 몸동작 자체에서 전개된다. 이것은 지각적 경험에서 벽난로의 실질의 미가 감각적 광경 저 너머에 있지 않고, 내 시선과 내 운동이 세계 속에서 발견하는 그대로의 벽난로 자체 저 너머에 있지 않은 것과 같다.

[7. 언어적 몸동작]

다른 모든 몸동작처럼 언어적 몸동작도 그 스스로가 그 의미를 그려 낸다. 처음엔 이러한 생각이 놀라운 것이지만, 우리가 언어활동의 근원을 이해하고자 한다면, 그러한 생각에 도달하지 않을 수 없다. 비록 심리학자와 언어학자 모두 실증적 지식의 이름으로 이 언어활동의 근원의 문제를 인정하지 않지만, 이것은 무척 긴요한 문제이다. 낱말에도 몸동작처럼 내재

---

[256] J. P. Sartre, *L'Être et le Néant*, p. 453과 그 이하.

적 의미signification를 부여하는 것은 우선 불가능한 것처럼 보인다. 왜냐하면 몸동작은 인간과 감각적 세계 간의 어떤 관계를 가리킬 뿐이고, 이 세계는 보는 사람에게 자연적 지각에 의해 주어지며, 따라서 [몸동작의] 의도의 (지향적) 대상은 목격자에게 몸동작 자체와 동시에 제시되기 때문이다. 이에 반하여 말의 몸동작이 겨냥하는 것은 개별적인 각 사람에게 일차적으로 주어지지 않는 정신적 광경, 또 말의 몸동작이 바로 자신의 역할로서 전달해 주는 정신적 광경이다. 그러나 이 경우에서, 자연이 부여하지 않은 것을 문화가 제공하고 있다. 이용할 수 있는 실질의미들은, 즉 이전의 표현작용들은 말하는 주체들 사이에 공통의 세계를 설립하는 것이고, 몸동작이 감각적 세계와 관계하듯 현재의 새로운 말은 이 공통의 세계와 관계하는 것이다. 또 말의 의미는 말이 이러한 언어적 세계를 다루는 방식이거나, 말이 이러한 획득된 실질의미라는 건반 위에서 조옮김(변조)하는 방식 이외에 아무것도 아닌 것이다. 나는 외침만큼이나 짧고 불가분적인 작용 속에서 말의 의미를 파악한다. 물론 문제가 [더 근원적 단계로] 이전되었을 뿐이라는 것은 사실이다. 즉 이용할 수 있는 이 실질의미 자체들은 어떻게 구성되었는가? 언어가 일단 형성된다면, 말이 이 공통의 정신적 토대 위에서 몸동작처럼 의미표현하는 것을 이해할 수 있다. 그러나 여기서 미리 전제되는 구문의 형태들과 어휘의 형태들은 그 자체 속에 그것들의 의미를 지니고 있는가? 우리는 몸동작과 그것의 의미에, 예를 들어 감정의 표현과 감정 자체에 공통적인 것이 있음을 잘 안다. 미소, 긴장 풀린 얼굴, 쾌활한 몸동작은 실제로 기쁨 그 자체인 행위의 리듬, 〈세계에 있는 존재〉의 방식을 포함한다. 이와 반대로, 여러 언어가 존재한다는 사실이 잘 보여 주듯이, 말의 기호와 그것의 의미signification의 관계는 완전히 우연적인 것이 아닌가? 또한 〈최초로 말을 한 인간〉과 두 번째 인간 사이에서 일어나는 언어 요소들의 상호 전달은 몸동작을 통한 의사소통(상호 전달)과는 필연적으로 완전히 다른 유형에 속하는 것이 아닌가?

《218》 [8. 자연적 기호도 순수 협약적 기호도 없다]

¶ 이것은 몸동작이나 감정의 표정이 〈자연적 기호〉이고, 말은 〈협약적 기호〉라고 할 때, 일반적으로 언급되는 것이다. 그러나 협약은 사후적으로 나타나는 사람들 간의 관계 양식이고, 선행할 의사소통을 전제하며, 따라서 언어활동은 이 의사소통의 흐름 속에 다시 놓여야 한다. 만약 우리가 낱말의 개념적, 최종적 의미만을 고려한다면, 사실 말의 형태는 ―어미를 제외하고― 자의적인 것처럼 보인다. 그러나 우리가 낱말의 감정적 의미를 고려한다면, 즉 예컨대 시에서는 본질적인 것으로서, 우리가 앞에서 낱말(말)의 몸동작적인 의미라 부른 것을 고려한다면, 더 이상 사정은 그렇지 않을 것이다. 그래서 낱말, 모음, 음소는 세계를 노래하는 각각의 방식들이라는 것을 알 수 있을 것이다. 또한 그것들이 대상을 나타내게 되는 것은, 소박한 의성어(의태어) 이론이 믿는 것처럼 대상과의 유사성 때문이 아니라, 그것들이 대상으로부터 감정의 본질을 끄집어내어, 이것을 말뜻 그대로 표현하기(밖으로 짜내기)[257] 때문임을 알 수 있을 것이다. 가령 어떤 언어의 어휘집에서 음성학상의 역학적 법칙에 결과한 것, 외국어의 영향에 기인한 것, 문법학자가 합리화한 것, 그 언어가 자체 모방한 것을 제거할 수 있다고 해 보자. 그러면 아마도 각 언어의 기원에서, 상당히 축소되어 있지만 자의적이지 않은 표현 체계를, 예를 들어 밤을 〈밤〉이라 부른다면 빛을 〈빛〉이라 부르는 것이 자의적이지 않은 표현 체계를 발견하게 될 것이다. 어떤 언어에서 모음이 두드러지는 현상, 다른 언어에서 자음이 두드러지

---

[257] 역주) "exprimer(표현하다)"는 〈ex(밖으로)〉+〈primer(=presser)(누르다)〉이다. 즉 밖으로 눌러 나오게 하다.

는 현상, 또 문장구성과 구문론적인 여러 체계는 각각 동일한 사유를 표현하기 위한 자의적 협약이 아니라, 인간의 몸이 세계를 찬양하고, 결국 세계를 체험하는(사는) 여러 방식이다.

¶ 따라서 한 언어의 충만한 의미는 결코 다른 언어로 번역될 수 없을 것이다. 우리는 여러 언어로 말할 수 있다. 그러나 우리가 그 속에서 살고 있는 언어는 언제나 그중 하나이다. 한 언어를 완전히 자기 것으로 만들기 위해서는, 그것이 표현하는 세계를 수용해야 할 것이다. 우리는 결코 두 세계에 동시에 속하지 못한다.[258] 보편적 사유가 있다면, 그것을 획득하는 것은 한 언어에 의해 시도되어 온 표현과 의사소통의 노력을 다시 잡음(계승함)으로써이고, 《219》 한 언어적 전통을 형성하게 하고 또 정확히 그 표현 능력의 크기가 되는 모든 다의성(애매성)과 모든 의미의 변화를 수용함으로써이다. 협약에 근거한 알고리듬algorithme ―이것도 언어활동과 관계해서만 의미를 갖겠지만― 은 인간 없는 **자연**밖에 표현하지 못할 것이다. 따라

---

258 "나는 몇 년 동안 아랍인의 복장을 하며 살면서 그들의 사유 틀을 그대로 수용하려는 오랜 노력 속에, 영국인으로서의 내 자아를 벗어던져 버렸다. 그리하여 나는 서양과 서양의 관습들을 새로운 눈으로 바라볼 수 있게 되었다. 사실상 나는 서양과 그 관습들에 대한 내 신념을 더 이상 갖지 않게 되었다. 그렇지만 아랍인의 살갗을 갖는 데는 이르지 못했다. 나는 단지 겉모습을 가질 뿐이었다. 한 사람이 신앙심을 잃어버리기는 쉽지만, 다른 신앙으로 개종까지 하는 것은 쉽지 않다. 나는 하나의 형식을 벗어던져 버렸지만, 다른 형식을 획득하지는 못하였다. 그리고 내 처지는 전설 속의 마호메트의 관짝과 같은 것이 되었다. … 오랫동안 계속되는 몸의 고단함과 고립에 지친 사람은 그러한 극도의 분리된 상태를 경험한다. 그 사람의 몸은 기계처럼 앞으로 나아가고 있다. 그 반면 그의 이성적 정신은 오래전에 그를 떠났고, 비판적인 시선으로 그를 바라보면서 도대체 이런 하찮은 것[몸]의 존재 이유와 목적이 무엇인지를 묻는다. 때때로 이런 사람들은 허공에 대고 혼잣말하기도 한다. 그렇게 되면 광기의 순간은 멀리 있지 않게 된다. 나는 동시에 두 가지 관습, 두 가지 교육, 두 가지 환경이라는 서로 다른 베일을 통해 세계를 볼 수 있는 사람이 그런 광기에 아주 가까이 있다고 믿는다"(T. E. Lawrence, *Les Sept Piliers de la Sagesse*, p. 43).

서 엄밀히 말해 협약적 기호, 즉 순수하고 그 스스로에게 명석한 사유에 대한 단순 표기는 없다. 한 언어의 전체의 역사를 응축하고, 또 믿을 수 없을 정도의 언어적 우연의 한복판에서 어떤 보증도 없이 의사소통을 실현하는 말들만이 있을 뿐이다. 언제나 우리에게 언어가 음악보다 더 투명하게 보이는 것은, 대체로 우리가 구성된(기성의) 언어에 머물러 있고, 언제든지 이용 가능한 의미들signications을 우리 자신에게 부여하며, 또 사전처럼 의미들signications을 서로 등가의 것으로 제시하면서 정의하는 것에 만족하기 때문이다. 우리에게서 한 문장의 의미는, 완전히 이해될 수 있고, 그 문장 자체와 떨어질 수 있으며, 지성적 세계에서 정의되는 것처럼 보인다. 그것은 한 문장이 언어의 역사로부터 받은 모든 분유分有 상태participations, 그래서 그 문장의 의미를 결정하는 데 기여하는 모든 분유 상태가 주어진 것으로 우리가 상정하기 때문이다. 이에 반하여 음악에서는 어떤 어휘도 전제되어 있지 않고, 의미는 소리의 경험적empirique 현전과 결합된 것처럼 보인다. 이 때문에 음악은 우리에게 말이 없는 것처럼 생각된다. 그러나 우리가 말했듯이, 언어의 명료함은 불명료한 바탕 위에 세워진다. 그리고 우리가 연구를 깊이 있게 진행한다면, 언어도 자신과 다른 어떤 것도 말하지 않음을, 또는 언어의 의미는 언어와 떨어질 수 없음을 결국 보게 될 것이다. 따라서 언어의 최초의 대략적 모습은, 주어진 세계 위에 인간적인 세계를 쌓아 놓는 감정의 몸동작에서 찾아야 할 것이다.

¶ 여기에는, 《220》 인위적 기호를 자연적 기호로 환원하여, 언어를 감정의 표현으로 환원하고자 하는 저 유명한 자연주의적인 입장과 유사한 것은 하나도 없다. 인간에게서 자연적 기호가 있지 않기 때문에, 인위적 기호는 자연적 기호로 환원되지 않는다. 실제로, 이미 〈세계에 있는(세계로의) 존재〉의 변양으로서의 감정이 우리 몸에 포함된 기계적 장치에 대해 우연적이라면, 또 그것이 자극과 상황을 형태화하는 것과 동일한 능력을, 그

리고 언어의 수준에서 정점에 이르는 그 능력을 나타낸다면, 언어를 감정의 표현에 접근시킨다 해도, 언어가 가지는 특수한 것을 손상시키지는 않는다. 만약 우리 몸의 해부학적 조직을 통해, 일정한 몸동작이 주어진 〈의식 상태〉에 대응된다면, 이때에만 〈자연적 기호〉를 말할 수 있을 것이다. 그러나 사실 분노나 사랑의 표정은 일본인과 서양인에게서 동일하지 않다. 정확히 말해 표정의 차이는 감정 자체의 차이에 상응한다. 몸의 [해부학적] 조직에 대해 우연적인 것은 몸동작만이 아니다. 상황을 받아들이고 상황을 체험하는(사는) 방식 자체도 우연적이다. 분노에 찬 일본인은 미소 짓지만, 서양인은 얼굴을 붉히고 발로 차거나 아니면 창백해지면서 씩씩거리는 소리로 말한다. 두 의식적 주체가 동일한 기관과 동일한 신경계를 갖는 것은, 양쪽 모두에서 동일한 감정이 동일한 기호를 갖는 것에 충분한 것이 아니다. 중요한 것은, 이 두 주체가 자신들의 몸을 사용하는 방식이고, 감정 속에서 몸과 세계를 동시에 형태화하는 것이다. 심리·생리적인 장비는 수많은 가능성을 열어 놓고 있으며, 본능의 영역에서와 마찬가지로 여기에서도 결정적인 것으로서 주어진 인간의 본성은 있지 않다. 한 사람이 자신의 몸을 사용하는 것은 단순 생물학적 존재로서의 몸을 초월하는 것이다. 분노할 때 소리치거나 사랑할 때 키스하는 것[259]은 책상을 〈책상〉이라 부르는 것보다 더 자연적인 것도 덜 협약적인 것도 아니다. 감정과 열정적 행위는 낱말과 마찬가지로 발명되는 것이다. 부자관계(부성)와 같이 인간의 몸에 새겨진 것으로 보이는 것들도 사실은 설립된 것(제도 制度, institutions)들인 것이다.[260] 《221》 인간에게서, 〈자연적〉이라 불리는 행동

---

259 잘 알려진 것처럼 키스는 일본의 전통적인 풍습에 있지 않다.
260 "트로브리앙(Tropbriant) 제도의 원주민은 부자관계(부성)를 알지 못한다. 어린아이는 외삼촌의 권위 속에서 길러진다. 긴 여행에서 돌아온 남편은 자신의 집에 새 아이들이 있는 것을 보고 기뻐한다. 그는 자신의 아이들처럼 이 아이들을 돌보고, 보살피

의 일차적 층에, 문화적이거나 또는 제작된 정신적 세계를 겹쳐 놓는 것은 불가능하다. 말하자면, 인간에게서 모든 것이 제작된 것이고 모든 것이 자연적이다. 이것은 단순 생물학적 존재에 무엇인가를 빚지지 않은 낱말이나 행위는 없다는 의미에서이고, 또 동시에 인간을 규정하게 하는 일종의 벗어남과 다의성의 능력을 통해, 동물적 삶의 단순성에서 빠져나오지 않은 낱말이나 행위도, 생명적인 행위를 그 방향(의미)에서 일탈하게 하지 않는 낱말이나 행위도 없다는 의미에서이다. 이미 생명체가 단순히 현전한다는 것은 물리적 세계를 변형시키고, 여기서는 〈먹을 것〉을, 다른 곳에는 〈숨을 곳〉을 나타나게 하여, 〈자극들〉에 없던 의미를 부여하는 것이다. 동물적 세계에 인간이 현전하는 것은 더더욱 그러한 것이다. 행동은 해부학적 기구에 대해서는 초월하는 실질의미를, 그러나 행동 그 자체에는 내재적인 실질의미를 만들어 낸다. 왜냐하면 행동은 스스로를 가르치고 스스로를 이해하기 때문이다. 실질의미를 창출하고 그것을 전달하는 이와 같은 비합리적 능력을 모른 체할 수는 없을 것이다. 말은 그런 능력의 특수한 경우에 불과하다.

[9. 언어 속의 초월]

단지 사실인 것은 ―또한 보통 언어에 부여된 특별한 위치를 정당화하는 것은― 모든 표현 활동 중에 말만이 침전되어 상호주관적인 획득물을 구성할 수 있다는 것이다. 이러한 사실은 몸동작이나 행동이 직접적인 모방을 통해서만 전달되지만, 말은 종이 위에 기록될 수 있다고 지적함으로써 설명되는 것은 아니다. 왜냐하면 음악 또한 기록될 수 있기 때문

고, 사랑한다"(Malinowski, *The Father in Primitive Psychology*(Bertrand Russell, *Mariage et la Morale*, Gallimard, 1930, p. 22에서 인용).

이다. 그리고 비록 음악에도 전통에 입문하여 따라야 하는 어떤 것이 있다고 해도, 즉 고전 음악을 통하지 않고서는 무조無調음악에 접근하는 것이 아마 불가능하더라도, 예술가 각자는 처음부터 그의 일을 다시 시작하고, 전해야 할 새로운 세계를 갖고 있다. 이에 반해, 말의 영역에서 작가들은 이미 다른 작가들이 가졌던 동일한 세계를 목표로 하는 의식이 있고, 발자크Balzac의 세계와 스탕달Stendhal의 세계는 소통 없는 행성과 같은 것이 아니며, 말은 자신의 노력의 추정적(가정적) 한계로서의 진리의 관념을 우리에게 심어 준다. 말은 우연적 사실로서의 그 스스로를 망각하고, 그 스스로에 의존한다. 그리고 앞서 본 것처럼, 소리 없는 음악의 관념은 불합리하지만, 말 없는 사유의 이념을 우리가 갖게 되는 것은 바로 이 때문이다. 《222》 말에서 단지 한계 관념과 오해가 문제 된다 해도, 말의 의미가 어떤 말 속에서 결코 떨어져 나올 수 없다 해도, 여전히 사실인 것은, 말의 경우 표현 작용이 무한히 반복될 수 있는 것, 또 우리는 회화에 대해서 그럴 수 없지만 말에 대해서는 말할 수 있다는 것이다. 그래서 결국, 화가나 음악가는 모든 가능한 회화나 음악을 소진해 버리기(완결하기)를 희망하지 않지만, 철학자는 모든 말을 종결짓는 말을 꿈꾼다는 것이다. 그렇기 때문에 이성Raison의 특권이란 것이 있다. 그러나 그런 특권을 잘 이해하기 위해서는, 먼저 사유를 표현 현상 속에 다시 두는 것부터 해야 할 것이다.

[10. 현대 실어증 이론을 통한 확증]

이와 같은 언어에 대한 입장은 우리가 앞서 그 일부만 이용한 가장 뛰어난 최근의 실어증 분석의 연장선상에 있다. 우리가 [이번 장의] 처음에 보았듯이, 경험론적 시기 이후의 실어증 이론은 피에르 마리P. Marie 이래로 지성론으로 이행하는 듯이 보였고, 언어 장애의 경우 〈재현 기능(Darstellungsfunktion)〉이나 〈범주적〉[261] 활동을 문제 삼았으며, 말을 사유에 의존하게 하였다. 그런데 사실 이 실어증 이론이 향하는 곳은 새로운 지성론이 아니다. 이 이론의 저자들이 아는지 모르는지 간에, 그들이 정식화하고자 했던 것은 우리가 실존적 실어증 이론이라 부르는 것이다. 즉 사유와 객관적 언어활동을, 인간이 자신을 〈세계〉로 던지는 근본적 활동의 두 모습으로 다루는 이론이다.[262] 색 이름 기억상실증amnésie을 예로 들어 보자. 분류 실험을 통해 기억상실증 환자는 한 범주 아래 여러 색들을 포섭하는 일반적 능력을 상실하였음이 밝혀진다. 그리고 말 장애 또한 이와 동일한 원인에서 비롯된다고 여겨진다. 그러나 구체적 기술로 되돌아가 본다면, 범주적 활동이란 사유나 인식 이전에서 세계와 관계하는 어떤 방식이고, 따라서 경험의 한 스타일이나 경험의 구성형태configuration임을 알 수 있다. 정상적인 피험자의 경우 일군의 색 견본 지각은 《223》 주어진 지시에 따라 조직된다. 즉 "모델이 되는 견본과 동일한 범주에 속하는 색들은 다른 색들을 바탕(배경)으로 하여 부각되어 나타난다."[263] 예를 들어 모든 빨간색은 하나의 전체를 구성하고 있어서, 피험자는 전체에 속하는 모든 견본을 모으기 위해 이 전체를 따로 분리하기만 하면 된다.[264] 이와 반대로 환자의 경우 견본들 하나하나는 그 개별적 존재 속에 갇혀 있다. 견본들은 주어진 원칙에 따른 전체의 구성에 반하여 일종의 점착적 특성이나 타성적 특성을 띤다.

261 이런 종류의 개념들은 헤드(Head), 반 우어콤(van Woerkom), 부만(Bouman)과 그륀바움(Grünbaum), 골트슈타인(Goldstein)의 저작 속에 보인다.

262 예를 들어 그륀바움(Aphasie und Motorik)은 실어증 장애가 전체적(일반적)이면서 운동적이라는 것을 동시에 보인다. 달리 말하면 그는 운동성을 본래적 방식의 지향성이나 의미표현으로 만든다(본서 282쪽 참조). 결국 이것은 인간을 더 이상 의식으로서가 아니라 실존으로서 생각하는 것이 된다.

263 Gelb et Goldstein, *Über Farbennamenamnesie*, p. 151.

264 역주) 지각장의 분응(分凝, séparation)을 말한다. 즉 빨간색 아닌 것들을 바탕으로 〈두드러진〉 빨간색들(모양)을 분리, 응축하는 것을 말한다. 이 책의 도입부 2장, 「장의 분응」 참조.

환자에게 객관적으로 비슷한 두 색이 제시될 때도, 이 색들은 필연적으로 비슷하게 나타나는 것은 아니다. 즉 한 색에서는 기본 색조가 지배적이고, 다른 색에서는 밝기나 따뜻함의 정도가 지배적일 수 있다.[265] 우리는 한 무리의 견본 앞에서 수동적 지각의 태도를 취하면, 이러한 유형의 경험을 얻을 수 있다. 즉 우리의 시선 아래에 동일한 색들은 모여들지만, 단지 비슷한 색들은 불확실한 관계만을 맺는다. "견본의 무리는 불안정하게 나타난다. 그것은 움직인다. 우리는 여러 관점에 따른 여러 가능한 색 무리들 간의 끊임없는 교대, 일종의 경쟁을 확인한다."[266] 우리는 직접적인 관계 경험(달라붙음의 경험, 어울림의 경험)으로 축소된 상태에 있다. 그리고 환자의 상황은 아마도 이러할 것이다. 우리는 환자가 주어진 분류 원칙을 유지할 수 없고, 또 한 원칙에서 다른 원칙으로 옮겨 간다고 했는데,[267] 그것은 잘못된 말이다. 사실 그는 어떤 원칙도 채택하지 않았던 것이다.[268] 장애는 "관찰자에게 색들이 무리 짓는 방식, 시각장이 색 관점에 따라 분절되는 방식"[269]과 관계한다. 단순히 사유나 인식이 아니라, 색 경험 자체가 문제가 된다. 또 다른 저자의 말을 빌려, 정상적인 경험은 〈원〉이나 〈소용돌이〉를 지니고 있어, 그 내부에서 각 요소가 다른 모든 요소를 나타낸다고, 또 〈벡터〉와 같은 것을 지니고 있어, 그것이 각 요소를 다른 모든 요소들과 연결한다고 할 수 있다. 환자에게서 "… 그와 같은 삶은 더 좁은 한계 속에 갇혀 있다. 정상인의 지각된 세계와 비교하면, 이 삶은 더 작고 축소된 원 속에서 움직이고 있다. 《224》 소용돌이 주변에서 생긴 운동은 곧장 그 중심으로

---

265   *Ibid.*, p. 149.
266   *Ibid.*, pp. 151-152.
267   역주) 본서 341쪽 참조.
268   *Ibid.*, p. 150.
269   *Ibid.*, p. 162.

까지 퍼져 나가지 않는다. 그 운동은 말하자면 유발된 영역 내부에 머물러 있거나, 아니면 직접적인 그 주변에만 전달된다. 더 확장된 의미의 통일은 더 이상 지각된 세계 내부에서 만들어지지 않는다…. 또한 여기서, 각 감각 인상에는 하나의 〈의미의 벡터〉가 부여되어 있지만, [감각 인상들의] 의미의 벡터들은 더 이상 공통의 방향이 없고, 일정한 주요 중심으로 향하는 것이 아니라, 정상인의 경우보다 훨씬 더 분산되어 있다."[270] 이것이 바로 기억 상실증의 기층에서 발견되는 〈사유〉의 장애이다. 분명히 그것은 판단력이 아니라 판단력이 생기는 경험의 장과 관계하고, 자발성이 아니라 감각적 세계에 대한 자발성의 잡기(접속)과 관계하며, 감각적 세계 속에서 어떤 의도(지향)를 형상화할 수 있는 우리의 능력과 관계하는 장애이다. 칸트의 용어로 말하자면, 이 장애는 지성이 아니라 생산적 상상력에 영향을 미친다. 따라서 범주 작용은 최종적 사실이 아니며, 그것은 어떤 〈태도(*Einstellung*)〉에서 구성된다.

¶ 말 또한 바로 이 태도에 기초하고 있고, 그래서 언어를 순수 사유에 의존시키는 것은 문제가 될 수 없을 것이다. "범주적 행동과 의미표현적인 언어의 소유는 동일한 하나의 근본적 행동을 표현한다. 이 둘 중 어떤 것도 원인이나 결과일 수 없을 것이다."[271] 먼저 사유는 언어의 결과가 아니다. 물론 어떤 환자들[272]은 주어진 견본과 비교하면서 색들을 모으지 못하지만, 언어를 매개로 해서는 그렇게 하는 데 성공한다. 즉 그들은 모델의 색 이름을 부르고, 이어서 이 모델을 보지 않으면서 같은 이름에 해당하는 모든 견본을 모은다. 또한 비정상 아이들[273]은 같은 이름으로 색들을 지시

270   E. Cassirer, *Philosophie der symbolischen Formen*, T. III, p. 258.
271   Gelb et Goldstein, *Über Farbennamenamnesie*, p. 158.
272   *Ibid.*
273   *Ibid.*

하는 법을 가르쳐 주면, 비록 서로 다른 색들이라도 같은 종류로 분류한다는 것은 사실이다. 하지만 이런 행위 과정들은 비정상적일 뿐이다. 이 과정들은 언어와 사유의 본질적 관계를 나타내지 않는다. 그것들은 똑같이 생생한 의미와 단절된 언어와 사유 간의 병적이거나 우연적 관계를 나타낸다. 실제로 많은 환자는 색들을 분류할 수 없지만, 색 이름을 되풀이하여 말할 수 있다. 따라서 기억상실 실어증(건망 실어증aphasie amnésique)의 경우, 《225》 "범주적 행동이 어렵거나 불가능하게 된 것은 낱말 그 자체가 없어서가 아니다. 정상적인 경우 낱말에 속하는 어떤 것을, 그리고 범주적 행동과 관련하여 낱말이 적합하게 사용되게 하는 어떤 것을 낱말이 잃어버렸음에 틀림없다."[274] 그렇다면 낱말은 무엇을 잃어버렸는가? 그것의 개념적 의미signification인가? 개념이 낱말에서 떠나 버렸다고 말하고, 따라서 사유를 언어의 원인으로 삼아야 하는가? 그러나 낱말이 그 의미를 잃을 때에는, 눈에 보일 정도로 그 감각적인 모습까지 변화하고, 그것은 비어 있는 소리가 된다.[275] 어떤 색 이름을 기억상실증 환자에게 제시해 주고, 그 이름에 해당하는 견본을 고르라고 부탁하면, 그는 마치 무엇인가를 기다리는 것처럼 이름을 반복해서 말한다. 그러나 그 이름은 더 이상 아무런 도움도 되지 않고, 그에게 아무것도 말하지 않는다. 그것은 우리가 너무 오랫동안 반복적으로 말하는 이름처럼 낯설고 이상하다.[276] 낱말의 의미를 잃어버린 환자들은 때때로 최고 수준에서 관념 연합의 능력을 보존하기도 한다.[277] 따라서 이름은 이전의 〈연합〉에서 분리되지 않았으며, 생명 없는 몸처럼

---

274   *Ibid.*

275   *Ibid.*

276   *Ibid.*

277   주어진 견본(빨간색) 앞에 선 환자가 같은 색 대상(딸기)의 기억을 떠올리고, 이로부터 색 이름(딸기빛 빨간색, 빨간색)을 되찾는 것을 볼 수 있다.

그 자체가 변질되었던 것이다. 낱말과 그것의 생생한 의미의 결합은 연합이라는 외적 결합이 아니다. 의미는 낱말에 사는 것이고, 언어는 "지성적 과정의 외적 수반물이 아니다."[278] 따라서 우리가 앞에서 언급한 것처럼, 말의 몸동작적인 또는 실존적인 실질의미(의미표현)를 인정하지 않을 수 없을 것이다. 분명 언어는 내부를 갖고 있다. 그러나 이 내부는 자기 속에 갇힌 사유, 자기 의식적 사유가 아니다. 따라서 언어가 사유를 표현하지 않는다면, 언어는 무엇을 표현하는가? 언어(언어활동)는 주체가 자신의 실질의미들의 세계 속에서 입장 취함을 나타낸다. 아니 언어(언어활동)는 주체의 그런 입장 취함 자체이다. 여기서 〈세계〉는 그저 단순한 의미의 용어가 아니다. 즉 이 용어는 〈정신적〉 또는 문화적 삶이 그것의 구조를 자연적 삶에서 빌려 온다는 것, 또 사유하는 주체가 육화된 주체에 토대하고 있어야 한다는 것을 의미한다. 음성적 몸동작은 말하는 주체에게도 듣는 사람에게도 경험의 어떤 구조화, 실존의 어떤 변조를 실현한다. 이것은 정확히 내 몸의 행동이 나에게서도 타인에게서도 나를 둘러싼 대상에 어떤 실질의미를 부여하는 것과 같다. 《226》

¶ 몸동작의 의미는 물리적이거나 생리적인 현상으로서의 몸동작 속에 포함되어 있지 않다. 낱말의 의미는 소리로서의 낱말 속에 포함되어 있지 않다. 그러나 무한히 불연속으로 이어지는 행위 속에서, 인간 몸의 자연적 능력을 넘어서고 변형시키는 의미표현적인 핵들을 자기 것으로 만드는 것은 바로 인간 몸에 대한 정의이다. 이 초월 작용은 먼저 어떤 행동의 획득 속에서 발견되고, 이어서 몸동작의 무언의 전달(의사소통) 속에서 발견된다. 즉 바로 동일한 능력을 통해, 몸은 새로운 행위방식에 자신을 열고, 또 이 행위방식을 외부 목격자가 이해하도록 하는 것이다. 일정한 능력들로

---

278   *Ibid.*, p. 158.

이뤄진 한 체계[몸]는 전자에서든 후자에서든 갑자기 그 중심을 잃고 조각나듯 부서져서 어떤 법칙 속에서 재조직된다. 이 법칙은 주체와 외부 목격자에게 미지의 상태였으나, 바로 재조직의 순간에 그들에게 드러난다. 예를 들어, 다윈에 따르면 눈살 찡그리기는 햇빛에서 눈을 보호하려고 하는 것이고, 두 눈 모으기는 또렷한 시각을 가지려고 하는 것이지만, 이러한 것들은 명상이라는 인간 행위의 구성 요소의 일부가 되고, 이 행위를 보는 자에게서도 그와 같은 것을 의미하게 된다. 언어의 경우에서도 문제가 다르지 않다. 즉 목구멍의 수축, 혀와 치아 사이에서 쉭쉭거리는 공기의 유출처럼, 우리 몸을 활용하는 어떤 방식에 갑자기 형상화된 의미가 주어지게 되고, 우리 외부에서도 그러한 것이 의미표현된다. 이것은 욕망[성욕]에서 사랑이 출현émergence하거나, 유아 시절 무질서한(따로 노는) 몸 움직임에서 몸 동작이 출현하는 것보다 더 기적적이지도 덜 기적적이지도 않다. 기적이 일어나기 위해서는, 음성적 몸동작은 이미 획득된 실질의미들의 알파벳을 이용해야 한다. 또한 말의 몸동작은 대화 상대자와의 어떤 공통의 파노라마 속에서 수행되어야 한다. 이것은 다른 몸동작들을 이해할 때, 각 몸동작이 전개되고 그 의미를 펼치는 곳인, 모든 사람에게 공통의 지각된 세계를 전제하는 것과 같다. 그러나 이러한 조건은 충분하지 않다. 시원始原을 이루는 몸동작이 처음으로 대상에 인간적 의미를 부여하는 것처럼, 말이 본래적인(진정한) 말이라면, 그것은 새로운 의미가 솟아나게 한다. 또한 지금 획득된 실질의미도 정말로 이전에는 새로운 실질의미이어야 한다. 따라서 이처럼 열려 있고 끝없는 의미표현의 능력, 즉 의미를 파악하고 동시에 전달하는 능력을 궁극적 사실로서 인정해야 한다. 이 능력에 의해서, 인간은 자신의 몸과 말을 통해 새로운 행동을 향해, 타인을 향해, 자기 자신의 사유를 향해 자신을 초월한다.

저자들이 언어의 일반적 입장에서 실어증 분석에 대해 결론 내리고자 할 때,[279] 그들이 《227》 피에르 마리P. Marie를 따르고 브로카Broca의 견해를 반대하며 채택한 지성론적인 언어를 포기하는 것을 더 분명히 알 수 있다. 말은 〈지성의 활동〉이라고도, 〈운동의 현상〉이라고도 말할 수 없다. 즉 말은 전적으로 운동성이고, 전적으로 지성이다. 말이 몸에 내속함을 증명해주는 것은 언어적 질환들이 단일 상태로 환원될 수 없다는 사실이다. 그래서 주된 장애가 어떨 때는 낱말의 몸, 즉 말(낱말) 표현의 물질적 도구와 관계하고, 어떨 때는 낱말의 형태적 모습physionomie, 즉 말(낱말)의 의도(지향), 또는 우리가 그것을 토대로 한 낱말을 정확히 말하거나 쓰는 데 성공하게 되는 일종의 전체적 계획과 관계한다. 또 어떨 때는 낱말의 직접적 의미, 독일 저자들이 말(낱말) 개념이라 부른 것과 관계하고, 마지막으로 또 어떨 때는 우리가 앞에서 분석했던 기억상실 실어증(건망 실어증)의 경우에서와 같이, 언어적 경험만이 아니라 경험 전체의 구조와 관계한다. 그러므로 말은 상대적으로 분리해 볼 수 있는 능력들이 충진 상태에 근거한다. 그렇지만 이와 동시에 〈순수 운동적〉 언어 장애를, 그래서 조금이라도 언어 의미와 관계하지 않는 언어 장애를 그 어디에서도 발견할 수 없다. 순수 실독증alexie pure[280]의 경우 주체가 더 이상 한 낱말의 철자들을 인식할 수 없는 것은, 시각적 소여를 형태화하고, 낱말의 구조를 구성하며, 낱말의 시각적 실질의미를 파악하는 능력이 없기 때문이다. 운동 실어증aphasie motrice의 경우, 잃어버린 낱말과 보존된 낱말의 목록을 살펴보면, 낱말의 객관적 특

---

279 참조, Goldstein, *L'Analyse de l'aphasie et l'essence du langage.*

280 역주) "실독증(失讀症)은 시각 능력에 이상이 없음에도 불구하고 쓰인 글자를 읽지 못하는 증상을 의미한다. 보통 좌측 후두엽(뒤통수엽)의 내측에 병적인 변화가 나타난 경우에 우측 후두엽으로 들어간 시각 정보가 좌측 측두엽의 언어중추로 이동하지 못하여 실독증이 발생한다. 이 경우 실서증(agraphia: 글씨를 쓰지 못하는 증상)은 동반되지 않은 순수 실독증이 나타난다"(『서울대학교병원 의학정보』).

징(길이와 복잡함)이 문제가 되는 것이 아니라, 환자에게서 낱말의 가치가 문제가 된다. 즉 환자가 익숙한 일련의 [발음] 운동 속에서 하나의 철자 또는 낱말을 따로 떼 내어 발음하지 못하는 것은, 〈모양〉과 〈바탕〉을 구별하여 자유롭게 어떤 철자나 낱말에 모양의 가치를 부여할 능력이 없기 때문이다. 발음 분절의 정확성과 문장 구성의 정확성은 언제나 반비례 관계에 있는데, 이것은 낱말의 분절이 단순한 운동의 현상이 아니라, 문장 구성의 순서를 조직하는 것과 동일한 에너지를 요구하고 있음을 보여 준다. 하물며 철자 착어증paraphasie littérale[281]에서와 같이 말(낱말)의 의도(지향)가 문제일 때, 즉 철자가 빠지거나 그 위치가 바뀌거나 첨가되는 경우, 또 낱말의 리듬이 변질되는 경우에서는, 분명 엔그램engrammes[282]의 파괴의 문제가 아니다. 그것은 모양과 바탕이 평준화가 된 것, 낱말을 구조화하여 낱말의 분절된 형태적 모습을 파악하지 못하는 것이 문제이다.[283]

¶ 이상의 두 부류의 관찰사항을 요약하자면, 모든 《228》 언어적 활동은 의미 파악을 전제하고 있지만, 이 의미는 두 경우에서 특수화된 것처럼 있다고 해야 할 것이다. 즉 낱말의 시각적 실질의미에서부터 그것의 말(낱말) 개념을 거쳐 개념적 의미[실질의미]에 이르기까지, 여러 실질의미의 층이 있

---

281 역주) "철자 착어증 또는 음소(phonémique) 착어증은 소리들이 위치 이동하거나 반복되고, 대체되거나 더해지는 것"(*Dictionnaire Médical*). 『대한의협 의학용어 사전』에는 "literal paraphasia"를 "자음착어증", "자음말이상증"으로 표기한다.

282 역주) 엔그램은 "가설적인 것으로, 기억의 존속을 설명하기 위해 상정된 뉴런 조직의 변화이고, 기억 흔적(memory trace)으로도 불린다"(*Merriam-Webster's Medical Dictionary*).

283 Goldstein, *L'Analyse de l'aphasie et l'essence du langage*, p. 460. 여기서 골트슈타인은 고전적 입장(브로카(Broca))과 현대의 연구(헤드(Head)) 사이의 양자택일적 상황을 넘어서려고 한다는 점에서 그륀바움(Grünbaum, *Aphasie und Motorik*)과 일치한다. 그륀바움이 현대 연구자들을 비판하는 점은, "실어증의 상황을 지배하는 근본 영역으로서의, 운동의 외재화 및 이 외재화가 의존하는 심리-물리적인 구조들을 중요하게 평가하지 않았다는 것이다"(p. 386).

다. 우리는 〈운동성〉 개념과 〈지성〉 개념 사이에서 계속 왔다 갔다 하고, 또 이 두 개념을 통합할 제3의 개념을, 즉 모든 수준에서 동일한 한 기능을 발견하지 못한다면, 결코 이 개념들을 동시에 이해하지 못할 것이다. 이 동일한 기능은 조음 현상뿐 아니라 말의 숨겨진 준비과정에서도 작용하고, 언어활동의 건물 전체를 지탱하며, 그렇지만 상대적으로 자율적인 과정 속에서 안정되어 있다. 우리는 사유도 〈운동성〉도 뚜렷할 정도로 손상되지 않았지만 언어활동(언어)의 〈삶〉이 변질된 사례를 살펴보면서, 이와 같은 말에 본질적인 능력을 파악할 기회를 가질 것이다. [슈나이더에서 볼 수 있듯이] 언어에서 주절이 주로 나타난다는 사실만 빼고는, 어휘도 통사법도 언어의 몸도 손상되지 않은 사례가 있다. 그러나 환자는 이들 재료를 정상인 주체처럼 사용하지 못한다. 그는 그에게 물어볼 때나 그 자신이 자발적으로 물어볼 때를 빼고는 거의 말하지 않는다. 그의 물음도 그의 아이들이 학교에서 돌아올 때 매일 하는 것과 같이 틀에 박힌 것일 뿐이다. 결코 그는 단지 가능적 상황을 표현하기 위해 언어를 사용하지 않는다. 또 그에게서 거짓 명제(하늘이 검다)는 의미가 없다. 그는 미리 문장을 준비했을 때만 말할 수 있다.[284] 그에게서 언어활동이 자동적인 것이 되었다고는 말할 수가 없다. 전반적인 지성(지능)의 약화와 관련하여 어떤 징후도 보이지 않고, 낱말이 조직되는 것도 확실히 낱말의 의미를 통해서이다. 그렇지만 이 의미는 응고된 것처럼 있다. 슈나이더는 결코 말할 필요를 느끼지 않는다. 그의 경험은 결코 말하는 것으로 향하지 않고, 그에게 어떤 질문도 불러일으키지 않는다. 그의 경험에서는 현실이 끊임없이 일종의 자명하고 충만

284　Benary, *Analyse eines Seelenbildes von der Sprache aus*. 여기서도 사례가 되는 환자는 우리가 운동성 및 성과 관련하여 분석했던 슈나이더이다. 역주) 「인용된 문헌」에 따르면, 저자는 Benary가 아니라 Hochheimer이다.

한 것이어서, 일체의 물음, 일체의 가능한 것에 대한 고려, 일체의 즉흥적인 것이 무력화되어 있다. 《229》 이와 대조되는 것으로 우리는 정상적인 언어활동의 본질을 파악할 수 있다. 즉 말하려는 의도(지향)는 열린 경험에서만 볼 수 있다. 존재의 두께 속에 공백의 영역이 구성되고, 이 영역이 외부로 이동할 때, 말하려는 의도(지향)는 액체의 비등처럼 나타난다. "인간이 자기 자신이나 동료 인간과의 생생한 관계를 이루기 위해 언어를 사용하자마자, 언어는 더 이상 도구도 아니고, 더 이상 수단도 아니다. 그것은 우리의 내면 존재뿐 아니라, 우리와 세계 및 동료 인간을 결합하는 심리적 유대의 표출이자 발현이다. 환자의 언어가 아무리 많은 지식을 드러낸다고 해도, 또 특정 활동에 이용될 수 있다 해도, 그의 언어에는 전혀 산출성이 없다. 즉 인간의 가장 심층적 본질을 형성하는 산출성, 문명의 그 어떤 창조에서보다도 아마 언어 자체의 창조에서 가장 분명히 드러나는 산출성을 완전히 결여하고 있는 것이다."[285] 우리는 저 유명한 구분[286]을 이용하여, 언어*langages*, 즉 구성된 어휘 체계와 구성된 구문 체계, 혹은 경험적으로*empiriquement* 존재하는 〈표현 수단〉은 말*parole* 행위의 저장소이고 침전이라고 말할 수 있다. 이러한 말 행위 속에서는 표현되지 않은 의미가 외부로 표현되는 수단을 얻을 뿐 아니라, 그 자신에게서의 존재를 획득하고 진정으로 의미로서 창조된다. 또한 우리는 말하는 말*parole parlante*과 말해진 말*parole parlée*을 구별할 수 있을 것이다. 전자는 발생하는 상태에서 의미 표현하는 의도(지향)를 볼 수 있는 말이다. 여기서 실존은 자연적 대상으로

---

285 Goldstein, *L'Analyse de l'aphasie et l'essence du langage*, p. 496. 강조는 우리가 한 것이다.

286 역주) 아마도 소쉬르(Saussure)의 랑그(언어(Langue))와 파롤(말(Parole))의 구별을 가리키는 듯하다. 그러나 메를로퐁티는 〈랑그〉라는 용어 대신에 〈랑가주(langage)〉라는 용어를 쓰고 있다. 사실 소쉬르는 랑그와 파롤을 합친 것을 〈랑가주〉라고 말한다.

정의할 수 없는 어떤 〈의미(방향)〉 속에서 자신을 극화極化한다. 실존은 바로 존재 저 너머에서 자신을 다시 만나고자 하며, 이 때문에 그것은 자신의 비-존재의 경험적empirique 지지대로서 말을 창조하는 것이다. 말은 자연적 존재에 대한 우리 실존의 초과excès이다. 그러나 표현 행위는 언어적 세계와 문화적 세계를 구성하고, 존재 저 너머로 향한 것을 다시 존재로 떨어뜨린다. 이로부터, 획득한 재산처럼 이용할 수 있는 실질의미들을 갖고 있는 말해진 말이 생겨난다. 이러한 획득물을 바탕으로 본래적인(진정한) 표현 행위, 즉 작가, 예술가, 철학자의 표현 행위가 가능하게 된다. 이러한 열림ouverture은 존재의 충만함 속에서 언제나 다시 만들어져서, 어린아이의 첫 번째 말과 작가의 말을, 또 낱말의 형성과 개념의 형성을 조건 짓는 것이 된다. 이것이 바로 우리가 언어를 통해 알아볼 수 있는 기능이다. 즉 그것은 자신을 반복하고, 자기 자신에 의존하는 기능, 또는 파도처럼《230》 자신을 자기 자신의 저 너머로 던지기 위해 자신을 모으고 자신을 다시 잡는 (파악하는) 기능이다.

[11. 언어와 세계 속에서의 표현의 기적]

우리는 몸의 공간성과 통일성의 분석보다도 말과 표현의 분석을 통해 자기-몸의 수수께끼 같은 본성을 더 잘 인식하게 된다. 자기-몸은 그 하나하나가 자기 속에 머물러 있는 입자들의 모임도 아니고, 완전히 정의된 과정들의 교차도 아니다. 즉 그것은 그것이 있는 곳에 있지 않고, 그것인 바의 것도 아니다. 왜냐하면 우리가 본 것처럼, 자기-몸은 어느 곳에서도 오지 않는 〈의미(방향)〉를 그 자신 속에서 분비하고, 이 의미를 자신의 물질적 환경에 던지고, 다른 육화된 주체에게 전달하기 때문이다. 사람들은 몸동작이나 말이 몸을 변모시킨다는 사실을 언제나 주목했지만, 그것들이 사유나 영혼 같은 다른 능력을 전개하거나 드러낸다고 말하는 것으로 만족하고 말았다. 그들은 그런 능력을 표현할 수 있기 위해서는, 결국 몸이 우리에게 의미표현하는 사유나 의도(지향)가 되어야 한다는 것을 보지 못했다. 바로 몸은 [무엇인가를] 가리키는 것이고, 말하는 것이다. 이것이 바로 우리가 이번 장에서 배웠던 것이다.

¶ 세잔Cézanne은 한 초상화에 대해 다음과 같이 말했다. "내가 작은 푸른 색들과 작은 밤색들 모두 칠한다면, 그가 실제 응시하는 것처럼 응시하게 만들지요… 붉은색에 명암 있는 초록색을 덧붙이면서 어떻게 입을 슬프게 하고 뺨을 미소 짓게 하는지를 그들이 의심한다면, 그건 있을 수 없는 일이에요."[287] 살아 있는 몸에 내재하거나 발생하는 의미의 이와 같은 발현은, 우리가 나중에 보겠지만 감각적 세계 전체로 퍼진다. 그래서 우리의 시선은 자기-몸의 경험으로부터 [이와 같은 의미의 발현(표현의 기적)이] 전해지면, 다른 모든 〈대상들〉에서 표현의 기적을 다시 발견할 것이다. 발자크는 『나귀 가죽La Peau de Chagrin』에서 "하얀 식탁보가 갓 내린 한 겹의 눈처럼 있고, 그 위에 황금색 작은 빵이 왕관처럼 놓인 식기들이 대칭적으로 서 있다"고 묘사한다. 세잔은 이렇게 말했다. "젊은 시절 내내, 나는 저 갓 내린 눈 같은 식탁보를 그리고 싶었어요… 이제 나는 〈식기들이 대칭적으로 서 있는 것〉과 〈황금색 작은 빵〉 이외에는 그리려고 해서는 안 된다는 것을 알고 있어요. 내가 〈왕관 모양〉을 그린다면, 나는 끝장이에요. 아시겠어요? 내가 진정으로 식기들과 빵을 자연에 있는 것처럼 어울리게 하고 명암을 준다면, 왕관과 눈과 그 밖의 모든 것이 거기에 있다는 것을 확실히 아시게 될 거예요."[288] 세계의 문제, 또 무엇보다도 몸의 문제는 모든 것이 거기에 존재한다는 사실에 있다.

---

[287] J. Gasquet, *Cézanne*, p. 117
[288] J. Gasquet, *Cézanne*, p. 123과 그 이하.

**
*

[12. 몸과 데카르트의 분석]

우리는 데카르트적 전통에 따라 《231》 우리와 대상을 분리하는 데 익숙해져 있다. 즉 반성적 태도는 몸을 내부 없는 부분들의 총합으로, 영혼을 그 자신에게 거리 없이 완전히 현전하는 존재로 정의함으로써, 몸과 영혼의 일상적 개념을 동시에 순수하게 만든다. 이와 같은 [영혼과 몸의] 상관적인 정의는 우리 안에서와 우리 밖에서의 명석함을 확립한다. 다시 말해 대상은 접힘이 없는[등질적인] 투명성이고, 주체는 그것이 존재한다고 사유하는 것 외에는 아무것도 아닌 투명성이다. 대상은 전적으로 대상이고, 의식도 전적으로 의식이다. 존재한다는 말에는 두 가지 의미가, 오직 두 가지 의미만 있다. 즉 인간은 사물로서 존재하거나, 아니면 의식으로서 존재한다. 이와 반대로 자기-몸의 경험은 우리에게 애매한 실존의 방식을 드러내 준다. 내가 몸을 3인칭적 과정의 〈시각〉, 〈운동성〉, 〈성〉의 다발로 사유하고자 시도할 때, 나는 이 〈기능들〉이 인과성의 관계를 통해 서로 간에 또 외부 세계와 연결될 수 없음을 알게 된다. 이 기능들은 하나의 드라마 속에 모두 혼재된 상태로 다시 잡히고(재파악되고) 함축되어 있다. 따라서 몸은 대상이 아니다. 동일한 이유로, 내가 몸에 대해 갖는 의식은 사유가 아니다. 다시 말해 나는 몸을 분석하고 재구성하여 명석한 관념을 형성할 수 없다. 몸의 통일성은 언제나 암묵적(함축적)이고 혼재적이다. 몸은 언제나 그것인 바와 다른 것이다. 몸은 언제나 자유이면서 동시에 성적 존재이고, 문화를 통해 변형되는 순간에도 자연에 뿌리박고 있다. 그것은 결코 자신 속에 갇혀 있지도 않고, 결코 초월되지도 않는다. 타인의 몸이든 나 자신의 몸이든, 나는 몸을 체험하는 것 외에는, 즉 몸을 가로지르는 드라마를 내게 나타난 것으로 다시 잡고(파악하고) 몸과 일체가 되는 것 외에는, 인간 몸을 인식할 다른 수단을 갖고 있지 않다. 따라서 적어도 내가 획득된 것을 갖고 있는 한, 나는 내 몸이다. 반대로 내 몸은 자연적 주체, 내 존재 전체의 대략적 개요와 같은 것이다.

¶ 그러므로 자기-몸의 경험은 반성적 운동과 대립한다. 반성적 운동은 주체에서 대상을 떼어 내고 대상에서 주체를 떼어 내며, 우리에게 몸에 대한 사유나 관념적인 몸만을 주고, 몸의 경험이나 실제 몸은 주지 않는다. 데카르트는 이 대립을 잘 알고 있었다. 왜냐하면 그는 엘리자베스에게 보낸 유명한 편지에서 삶에 이용되어 파악된 몸과, 지성으로 파악된 몸을 구별하였기 때문이다.[289] 그러나 데카르트 입장에서, 우리가 몸이라는 단순한 사실로부터 갖게 되는 우리 몸에 대한 이런 특이한 앎도 관념을 통한 인식에 종속되어 있다. 왜냐하면 사실적으로 있는 인간 배후에, 《232》 신이 우리의 사실적 상황의 이성적 창조자로서 위치하기 때문이다. 데카르트는 이러한 초월적인 보증에 의존하면서, 우리의 비합리적인 제약을 평온하게 받아들일 수 있는 것이다. 즉 이성을 책임지는 일을 하는 자는 우리가 아니다. 일단 우리가 사물의 근저에서 이성을 인식했다면, 이제 세계 속에서 행위하고 사유하는 일만이 우리에게 있을 뿐이다.[290] 그러나 우리와 몸의 결합이 실체적인 것이라면, 우리는 어떻게 우리 안에서 순수 영혼을 경험할 수 있으며, 또 어떻게 그로부터 절대적 **정신**에 접근할 수 있는가? 이런 문

---

289 A Elizabeth, 28 Juin 1643, AT T. III, p. 690.

290 "마지막으로, 신과 우리 영혼에 대한 인식을 주는 것이 형이상학의 원리들이기 때문에, 저는 일생에 한 번 이러한 원리들을 잘 이해해 두는 것이 무척 필요하다고 믿습니다. 그러나 지성이 상상과 감관의 기능들에 아주 잘 몰두할 수 없기 때문에, 저는 지성이 자주 형이상학의 원리들을 성찰하게 하는 것은 무척 해롭다고 또한 믿습니다. 가장 좋은 것은 한 번 도출한 결론을 기억과 믿음 속에 간직하는 것으로 만족하고, 그런 후에 남아 있는 연구 시간을 지성이 상상 및 감관과 함께 작용하는 사유에 이용하는 것이라고 저는 믿습니다"(*Ibid*).

제를 제기하기에 앞서, 자기-몸의 재발견에 함의된 모든 것을 잘 살펴보
자. 즉 반성의 대상들 중 한 대상만이 반성에 저항하고 말하자면 주체에 달
라붙어 있는 것이 아니다. 불투명성은 지각된 세계 전체에 퍼져 있다.

지각된 세계

서론

[**몸 이론은 이미 지각 이론이다**]

자기-몸은 유기체 속의 심장처럼 세계 속에 있다. 즉 자기-몸은 끊임없이 시각적 광경에 생명을 준다. 그것은 시각적 광경에 생기를 불어넣고 내적으로 양분을 준다. 그것은 시각적 광경과 하나의 체계를 형성한다. 나는 아파트 안을 돌아다닌다. 이때 내게 나타나는 아파트의 각 모습이 여기서 또는 저기서 보는 아파트를 나타낸다는 것을 내가 알지 못한다면, 내가나 자신의 움직임을 의식하지 못하고, 또 이 움직임의 진행 과정 속에서 내몸을 동일한 것으로 의식하지 못한다면, 아파트의 모습들은 동일한 사물의 측면들로 내게 나타날 수 없을 것이다. 물론 나는 사유 속에서 아파트를 조감(고공비행)해 볼 수 있고, 아파트를 상상해 보거나 종이 위에 그 평면도를 그려 볼 수 있다. 그러나 이럴 때에도, 나는 몸적인 경험의 매개 없이는 대상의 통일성을 파악할 수 없을 것이다. 왜냐하면 내가 평면도라고 부르는 것은 더 확장된 관점적 현상perspective에 불과하기 때문이다. 즉 그것은 〈위에서 본〉 아파트이다. 또한 내가 이 평면도 속에서 통상적인 관점적 현상들을 요약할 수 있는 것은, 동일한 육화된 주체가 다양한 위치에서 차례차례 볼 수 있다는 것을 알고 있는 한에서이다.

¶ 아마도 혹자는 우리가 대상을 몸적인 경험에 다시 두어 이 경험의 극極들 중 하나가 되게 하면서, 대상으로부터 바로 대상의 객관성을 이루는 것을 제거한다고 응수할 것이다. 정육면체가 유리로 되어 있다고 해도, 나는 내 몸의 관점에서 결코 정육면체의 여섯 면을 똑같이 바라볼 수 없다. 그럼에도 [응수하는 사람에게서] 〈정육면체〉라는 말은 의미가 있고, 정육면체 자체, 즉 진리로서의 정육면체는 감각적인 외현 저 너머에서 그것의 동일한 여섯 면을 가진다. 내가 정육면체 주위를 돌아봄에 따라, 정사각형이었던 정면이 변형이 되고 또 사라지는 것을 보게 될 때, 다른 측면들 각각은 나타나서 차례로 정사각형이 된다. 그러나 [응수하는 사람에게서] 이런 경험의 전개는 나에게는 동일한 여섯 면을 동시에 가진 정육면체 전체, 즉 이런 경험의 전개를 설명해 주는 지성적 구조를 사유할 기회가 될 뿐이다. 게다가 정육면체 주위를 돌아보는 것이 〈여기에 정육면체가 있다〉는 판단의 동기가 되기 위해서도, 나의 이동 자체가 객관적 공간 속에서 표시되어야 한다. 그리고 나 자신의 움직임의 경험이 대상의 위치를 조건 짓지 않으며, 오히려 나는 내 몸 자체를 운동하는 대상으로 사유함으로써 지각적 외현을 해독할 수 있고, ⟪236⟫ 진리로서의 정육면체를 구축할 수 있다. 따라서 나 자신의 움직임의 경험은 지각의 심리적인 사실에 불과하며, 대상의 의미를 결정하는 데 도움이 되지 않을 것이다. 대상과 내 몸은 정말로 하나의 체계를 형성하겠지만, 그것은 한 다발의 객관적 상관관계이지, 우리가 좀 전에 언급한 체험된 대응관계의 전체가 아니다. 대상의 통일성은 사유되

는 것이지, 우리 몸의 통일성의 상관자로서 체험되는 것은 아닐 것이다.

¶ 그러나 대상은 그것이 우리에게 주어지는 현실적 조건에서 이와 같이 떼어 낼 수 있는 것인가? 우리는 6이라는 수의 개념, 〈면〉의 개념, 동일함의 개념을 추론에 따라 모으고, 이것들을 결합하여 정육면체를 정의하는 정식으로 만들 수 있다. 그러나 이러한 정의는 우리에게 사유할 어떤 대상을 제공하지 않고 오히려 문제를 제기한다. 우리는 그와 같은 술어들을 동시에 갖는 특이한 공간 존재를 봄으로써만, 맹목적이고 기호적인 사유에서 벗어난다. 동일한 여섯 면 사이의 한 조각의 공간을 에워싸는 이런 특수한 형태를 사유 속에서 그려 보아야 한다. 그런데 〈에워싸다〉와 〈사이〉라는 말이 우리에게 의미가 있는 것은, 이 말이 우리가 지닌 육화된 주체의 경험에서 그 의미를 빌려 오기 때문이다. 심리물리적 주체가 현전하지 않는 공간 그 자체에서는, 어떤 방향도 어떤 내부도 어떤 외부도 있지 않다. 우리가 방의 벽들 사이에 갇혀 있듯이, 한 공간은 정육면체 사이에 〈갇혀 있다〉. 우리는 정육면체를 사유할 수 있기 위해 공간에, 즉 정육면체의 표면에, 또는 그 안에, 또는 그 바깥에 위치하고, 따라서 우리는 관점적 현상 속에서 정육면체를 보는 것이다. 동일한 여섯 면을 가진 정육면체는 볼 수 없을 뿐만 아니라 사유할 수도 없다. 그것은 그 스스로에게 있는 그런 정육면체이다. 그러나 정육면체는 대상이기 때문에, 그 스스로에게 있지 않다. 첫 번째 독단론이 있다. 그것은 반성적 분석이 제거하는 것이고, 대상이 즉자적으로 또는 절대적으로 있다고 주장하면서 이 대상이 무엇인지를 묻지 않는 것이다. 그러나 또 다른 독단론이 있다. 그것은 대상의 상정된 의미signification를 주장하면서 이 의미가 어떻게 우리의 경험 속에 들어오는지를 묻지 않는 것이다. 반성적 분석은 대상의 절대적 존재를 절대적 대상의 사유로 바꾼다. 또한 그것은 대상 위로 고공비행하고, 관점 없이 그것을 사유하고자 하면서, 대상의 내적 구조를 파괴해 버린다. 나에게 동일한 여섯

면을 가진 정육면체가 있다는 것과 내가 이 대상에 접근할 수 있다는 것은, 내가 정육면체를 내부로부터 구성하기 때문이 아니다. 그것은 내가 지각적 경험을 통해 세계의 두께 속에 뿌리박고 있기 때문이다. 동일한 여섯 면을 가진 정육면체란, 내가 ⟨237⟩ 거기에, 내 눈 아래, 내 손 아래, 그 지각적 명증 속에 있는 정육면체의 구체적(살을 가진charnelle) 현전을 표현하는 한계-관념이다. 정육면체의 면(측면)들은 그것의 투영이 아니라 바로 측면들일 뿐이다. 내가 이 측면들을 차례로, 또 관점적인 나타남을 통해 볼 때, 나는 이 관점적 현상들을 설명해 주는 실측도géométral의 관념을 구축하지 않는다. 정육면체는 이미 내 앞의 거기에 있고, 관점적 현상들을 통해 스스로를 드러낸다. 내가 대상의 나타난 모습 배후에서 그것의 진정한 형태를 재구성할 목적으로, 나 자신의 움직임에 대해 객관적 시각을 취하고 이 움직임을 계산에 넣는 것은 필요하지 않다. 즉 계산은 이미 이루어졌고, 새롭게 나타난 모습은 이미 체험된 움직임과 함께 정육면체를 형성하는 요소가 되어, 스스로를 한 정육면체의 나타난 모습으로 제시하는 것이다. 세계와 사물이 내 몸의 부분들과 함께 나에게 주어지는 것은 ⟨자연적 기하학⟩을 통해서가 아니다. 그것은 내 몸 자체의 부분들 사이에 존재하는 것에 비교할 만한, 아니 오히려 그것과 동일한 생생한 결합을 통해서이다.

외적 지각과 자기-몸의 지각은 하나의 동일한 작용의 두 모습이기 때문에 함께 변화한다. 오래전부터 손가락들의 일상적이지 않은 위치가 그것들의 지각의 종합을 불가능하게 만든다고 가정하면서, 저 유명한 아리스토텔레스 착각illusion d'Aristote[1]을 설명하려는 시도가 있었다. 즉 중지의 오른쪽과 검지의 왼쪽은 일반적으로 함께 ⟨작업하지⟩ 않고, 따라서 양쪽

---

[1]   역주) "집게손가락과 가운데 손가락을 꼬고 그 사이에 작은 구체(球體)나 막대를 끼우면, 그것이 2개인 것처럼 느껴지는 착각"(『두산백과』).

이 동시에 접촉된다면, 그것은 두 개의 구슬이 주어져 있음을 의미한다는 것이다.[2] 사실 두 손가락의 지각들은 개별적으로만 있지 않고, 위치가 바뀌어 있다. 즉 피험자는 중지에 닿은 것을 검지에 부여하고, 반대로 검지에 닿은 것을 중지에 부여한다. 이것은 두 손가락에 구별되는 두 자극을, 예를 들어 뾰족한 물건과 공을 갖다 대면 알 수 있는 것과 같다.[3] 아리스토텔레스 착각은 우선 몸 도식의 혼란이다. 두 촉각적 지각이 하나의 대상으로 종합될 수 없게 만드는 것은, 손가락들의 위치가 일상적이지 않거나 통계적으로 드물어서가 아니다. 그것은 중지의 오른쪽 면과 검지의 왼쪽 면이 대상을 공동 탐사하는 데 협력하지 못하기 때문이고, 강제로 만들어진 운동인 손가락들의 교차가 손가락들 자체의 운동적 가능성을 넘어서게 되어, 운동적 앞에-던짐projet 속에서 겨냥될 수 없기 때문이다. 따라서 대상의 종합은 여기서 자기-몸의 종합을 통해 이루어진다. 대상의 종합은 자기-몸의 응답 또는 상관자이다. 그리고 하나의 구슬을 지각하는 것과 두 손가락을 하나의 기관으로 이용하는 것은 문자 그대로 같은 것이다. 몸 도식의 혼란은 《238》 어떤 자극이 주어지지 않아도 직접 외부 세계에 표현될 수도 있다. 자기상환시自己像幻視[4]의 경우, 환자는 자기 자신을 보기에 앞서 항상 몽환이나 몽상이나 불안의 상태를 통과하고, 외부에 나타나는 자기 자신의 이미지는 이런 이인증離人症[5]의 이면일 뿐이다.[6] 올라가는 엘리베이터

2   역주) 원문은 "양쪽이 동시에 접촉된다면, 따라서 두 개의 구슬이 있어야 한다"로 되어 있다. 독일어 번역본과 마찬가지로 우리는 "두 개의 구슬이 있어야 한다"를 "두 개의 구슬이 주어져 있다", 즉 "두 개의 구슬로 지각된다"로 읽는다.

3   Tastevin, Czermak, Schilder(Lhermitte, *L'Image de notre Corps*, p. 36과 그 이하에서 인용).

4   역주) "héautoscopie." "주체가 자신의 몸을 자기 밖에서 지각하는 것(분열현상). 주체는 마치 거울 속에서처럼 자신의 몸을 지각한다"(*CNRTL*).

5   역주) "dépersonnalisation." "자신이 낯설게 느껴지거나 자신과 분리된 느낌을 경험하는 것으로 자기 지각에 이상이 생긴 상태"(『서울대학교병원 의학정보』).

가 갑자기 멈출 때, 나는 내 몸 덩어리가 머리를 통해 빠져나와 나의 객관적인 몸 끝에서 튀어나오는 것을 느끼는 것처럼, 환자는 자기 밖의 이중의 모습에서 자신을 느낀다. 정상인이 목덜미가 따가운 느낌으로 누군가가 자신을 뒤에서 바라보는 것을 알아차리는 것처럼, 환자는 그의 눈으로 본 적이 없는 이 다른 **사람**의 접근을 그 자신의 몸속에서 느낀다.[7]

¶ 이와 반대로 어떤 형태의 외적 경험은 자기-몸의 어떤 의식을 끌어들이고 불러일으킨다. 많은 환자는 그들에게 환각을 가져오는 〈육감sixième sens〉에 대해 말한다. 시각장 대상이 뒤집어진 실험에서 스트래튼Stratton의 피험자는 처음에는 대상을 거꾸로 본다. 실험 3일째 대상들이 똑바로 서기 시작할 때, 피험자는 "머리 뒤통수로 불을 보는 기이한 인상에" 사로잡힌다.[8] 이것은 시각장의 방향과 시각장에 대한 능력으로서의 자기-몸의 의식 사이에 직접적인 등가等價가 있기 때문이며, 그 결과 실험에 의해 생긴 전도顚倒는 현상적 대상의 뒤집힘으로든 몸의 감각적(감관적) 기능들의 재배치로든 똑같이 표현될 수 있다. 한 피험자가 시선의 초점을 먼 곳에 맞추면, 가까이 있는 모든 대상과 마찬가지로 자기 손가락에 대해서 이중의 상像을 갖게 된다. 그의 손가락을 만지거나 찌르면, 그는 이중 접촉이나 이중 찔림을 지각한다.[9] 따라서 복시(이중 시각)는 《239》 몸의 이중화로 이어진다.

---

6   Lhermitte, *L'Image de notre Corps*, pp. 136-188. p. 191 참조: "자기상환시가 지속되는 동안 환자는 깊은 슬픔의 감정에 휩싸인다. 확대된 슬픔의 감정은 자신의 이중의 이미지(상)에도 침투할 정도로 퍼져 가고, 이 이중의 이미지는 그 사람이 느끼는 것과 동일한 감정적인 동요를 생생히 느끼는 것 같다." "그의 의식은 그 사람 밖으로 나온 것 같다." 그리고 Menninger-Lerchenthal, *Das Truggebilde der eigenen Gestalt*, p. 180: "나는 갑자기 내 몸 밖에 있다는 인상이었다."

7   Jaspers, Menninger-Lerchenthal가 같은 책, p. 76에서 인용.

8   Stratton, *Vision without Inversion of the Retinal Image*, p. 350.

9   Lhermitte, *L'Image de notre Corps*, p. 39.

내 몸의 모든 지각이 외적 지각의 언어 속에서 명백히 나타나는 것처럼, 모든 외적 지각은 즉각적으로 어떤 내 몸의 지각과 동의어이다. 우리가 보았던 것처럼, 이제 몸이 투명한 대상이 아니고, 그래서 원이 그 구성 법칙을 통해 기하학자에게 주어지는 것처럼 몸이 우리에게 주어지는 것이 아니라고 하면, 또 몸이 우리가 그것을 떠맡음으로써만 알 수 있는 표현적 통일성이라고 하면, 이러한 [몸의] 구조는 감각적 세계에 전해질 것이다. 몸 도식의 이론은 함축적으로 지각 이론이다. 우리는 우리 몸을 감각하는 법을 다시 배웠다. 우리는 몸에 대해 객관적이고 거리 둔 지식 아래서, 몸이 항상 우리와 함께 있고 또 우리가 몸이기 때문에 우리가 몸에 대해 갖는 이러한 또 다른 지식을 다시 발견하였다. 이와 마찬가지로, 우리가 우리 몸을 통해 세계에 있는 한, 우리가 우리 몸으로 세계를 지각하는 한, 우리에게 나타나는 그대로의 세계의 경험을 다시 일깨워야 할 것이다. 그러나 우리는 몸 및 세계와의 접촉을 회복하면서, 우리 자신을 또한 재발견하게 될 것이다. 왜냐하면 우리가 몸으로 지각한다면, 몸은 자연적 자아이고, 말하자면 지각의 주체이기 때문이다.

감각작용

[1. 지각의 주체란 무엇인가?]

객관적 사유pensée objective는 지각의 주체를 알지 못한다. 왜냐하면 객관적 사유는 완전히 이루어진 세계를 가능한 모든 사건의 장으로 제시하고, 또 지각을 이러한 사건들 중 하나로 다루기 때문이다. 예를 들어 경험론 철학자는 지각하고 있는 주체 X를 고찰하고, [이 X에서] 무엇이 발생하는지를 기술하고자 한다. 즉 주체의 상태들이나 존재 방식들, 그래서 진정으로 정신적인 것이라 할 수 있는 감각들이 있다는 것이다. 지각하는 주체는 이런 것들의 장소이고, 철학자는 감각들과 그 기체substrat를 먼 지역의 동물상動物相처럼 기술한다. 다시 말해 철학자는 자기 자신을 지각한다는 것과 자신이 지각의 주체라는 것을 깨닫지 못하며, 또 그가 체험한 바로서의 지각이 그가 지각 일반에 관해 말한 것과 일치하지 않음을 알아차리지 못한다. 왜냐하면 내적으로 보인 지각은 우리가 다른 방식으로 세계에 관해 알고 있는 것, 즉 물리학이 기술하는 자극과 생물학이 기술하는 감각기관에 관해 알고 있는 것과는 다른 것이기 때문이다. 애초에 지각은 예컨대 인과성의 범주를 적용할 수 있는 세계 속의 사건으로 주어지지 않는다. 오히려 지각은 매 순간 세계의 재-창조 또는 재-구성으로 주어진다. 우리가 세계의 과거, 물리적 세계, 〈자극〉, 책에 쓰인 대로의 유기체의 존재를 믿게 되는 것은, 우선 우리가 현재의 현실적인 지각장을, 즉 세계와 접촉하거나 세계에 지속적으로 뿌리내리는 영역을 가지고 있기 때문이다. 또한 그것은 파도가 해변의 표류물을 에워싸듯이, 세계가 주체성을 향해 돌진해 오고 감싸고 있기 때문이다. 모든 지식은 지각에 의해 열린 지평들 속에 자리 잡는다. 지각 그 자체를 세계 속에 발생하는 사실들 중 하나로 기술하는 것은 잘못된 일일 것이다. 왜냐하면 우리는 세계라는 그림 속에서, 우리 자신인 이 공백lacune, 누군가에게 그것을 통해 세계가 존재하기 시작하는 이 공백을 제거할 수 없기 때문이며, 지각은 이 〈거대한 다이아몬드〉의 〈파인 홈〉[10]이기 때문이다.

¶ 분명 지성론은 자기의식의 파악prise de conscience으로 한 걸음 나아감을 보여 준다. 즉 경험론 철학자가 암암리에 의미했던 세계 밖의 그곳, 그가 지각의 사건을 기술하기 위해 암묵적으로 위치했던 세계 밖의 그곳은 이제 이름을 부여받고, 기술 속에서 모습을 드러낸다. 《241》그곳은 초월론적 자아l'Ego transcendantal이다. 그 결과 경험론의 모든 주장은 뒤집어지게 된다. 의식의 상태는 상태의 의식이 되고, 수동성은 수동성의 정립이 된다.

---

10   역주) 발레리(Valéry)의 「해변의 묘지(Le Cimetière marin)」 제14연에 나오는 표현이다.
      "Mes repentirs, mes doutes, mes contraintes/ Sont le défaut de ton grand diamant(내 참
      회들, 내 의혹들, 내 속박들은/ 네 거대한 다이아몬드의 파인 홈이어라)."

세계는 세계에 대한 사유의 상관자가 되고, 구성하는 자에게만 존재하게 된다. 그렇지만 지성론 역시 완전히 이루어진 세계를 받아들인다고 말하는 것은 여전히 옳다. 왜냐하면 지성론이 이해하는 세계의 구성은 단순한 관례(형식)적 조항과 같기 때문이다. 즉 경험론적 기술의 각 항에 〈…의 의식〉이라는 표지가 덧붙여진다. 경험의 체계 전체 ―세계, 자기-몸, 경험적empirique 자아― 는 이 세 항의 관계들을 담당하는 보편적 사유자에게 종속되어 있다. 그러나 이 보편적 사유자는 이 관계들 속에 참여하지(구속되어 있지) 않기 때문에, 이 관계들은 경험론에서와 동일한 것으로 남는다. 즉 우주 사건들의 평면에 펼쳐진 인과성의 관계들로 남는다. 그런데 만약 자기-몸과 경험적 자아가 경험의 체계 속의 요소들에, 즉 다른 대상들처럼 진정한 자아의 시선의 대상들에 불과하다면, 어떻게 우리는 한 번이라도 우리 몸과 일체가 될 수 있겠으며, 어떻게 우리는 정신의 통찰을 통해 진리로서 파악한 것을 눈으로 보았다고 믿을 수 있었겠는가? 또한 어떻게 세계가 우리 앞에서 분명하게 나타나지 않고, 왜 세계는 조금씩만 전개되고 결코 〈그 전체가〉 전개되지 않는가? 요컨대, 어떻게 우리가 지각하는 일이 일어나는가? 우리가 이러한 것들을 이해할 수 있는 것은, 경험적 자아와 몸이 대상이기를 곧장 멈추고 완전히 대상이 되는 일이 결코 없을 때뿐이고, 내 눈으로 밀랍 조각을 본다고 말하는 것도 어떤 의미가 있을 때뿐이다. 이와 동시에 그것은 반성이 우리의 기저에서 열어 보이는 것이자 초월론적 자아로 불리는 것인, 저 부재의 가능성, 저 벗어남fuite 및 자유의 차원이 일차적으로 주어져 있지 않고 결코 절대적으로는 획득되어 있지 않을 때뿐이고, 결코 내가 〈자아〉를 절대적으로는 말할 수 없을 때뿐이다. 그리고 그것은 반성의 모든 작용, 의지적인 모든 정립 작용이 선인격적인 의식의 삶의 바탕과 제안 속에서 이루어질 때뿐이다. 우리가 자연화된(소산적인) 것과 자연화하는(능산적인) 것, 의식의 상태로서의 감각과 상태의 의식으로서의 감각, 즉자 존재와 대자 존재와 같은 양자택일을 벗어날 수 없는 한, 지각의 주체는 알려지지 않게 될 것이다. 따라서 감각으로 다시 돌아가 감각을 세심히 살펴보자. 그러면 우리는 몸을 갖고 지각하는 자와 그의 세계의 생생한 관계를 감각으로부터 배우게 될 것이다.

[2. 감각작용과 행위의 관계: 실존 방식의 구체화로서의 성질, 함께−실존함으로서의 감각작용]

귀납 심리학은 감각이 상태나 성질qualité도 아니고, 상태의 의식이나 성질의 의식도 아님을 밝혔는데, 이것은 우리에게 감각의 새로운 규정을 찾는 데 도움을 줄 것이다. 사실 이른바 성질이라는 것들 각각 《242》 ―빨강, 파랑, 색, 소리― 은 어떠한 행위(운동) 속에 스며들어 있다. 정상인의 경우, 감각의(감관의) 흥분, 특히 생명적 실질의미를 거의 지니지 않는 실험실에서의 감각의(감관의) 흥분은 전체적인 운동성에 거의 영향을 미치지 않는다. 그러나 소뇌 질환이나 전두엽 피질 질환에서, 만약 감각의(감관의) 흥분이 상황 전체에 통합되어 있지 않다면, 또 정상인에게서 근육 긴장이 특별히 선택된 작업을 하는 데 통제되어 있지 않다면, 감각의(감관의) 흥분이 근육 긴장에 미치게 될 영향을 분명히 볼 수 있다. 운동장애의 표지로 간주될 수 있는 팔을 드는 동작에서 그 크기와 방향은 시각장이 빨강, 파랑, 초록이냐에 따라 다르게 변화한다. 특히 빨강과 노랑은 매끄럽게 진행되는 운동에 용이하고, 파랑과 초록은 단속적斷續的인 운동에 용이하다. 또 예컨대 오른쪽 눈에 빨강을 보이면, 이에 상응하여 팔을 밖으로 펼치는 운동에 용이하고, 초록을 보이면, 몸 쪽으로 팔을 구부리고 당기는 운동에 용이하다.[11] 선호하는 팔의 위치는, 즉 주체가 그의 팔이 균형 잡히거나 안정된 상

---

[11]   Goldstein et Rosenthal, *Zum Problem der Wirkung der Farben auf den Organismus,*

태라고 감각하는 위치는 정상인보다는 환자에게서 몸으로부터 더 멀리 떨어져 있다. 그런데 그 위치는 색들을 제시함에 따라 변화한다. 즉 초록은 그 위치를 몸 가까이로 이동시킨다.[12] 정해진 크기의 운동을 할 때나, 일정한 길이를 손가락으로 가리킬 때, 시각장의 색은 주체의 반응을 더 정확하게 하거나 부정확하게 한다. 녹색 시각장에서는 평가가 정확하고, 빨강 시각장에서는 평가가 부정확하고 과도하다. 밖으로 향한 운동은 초록에 의해 빨라지고, 빨강에 의해 느려진다. 피부 위 자극의 위치규정은 빨강에 의해 외전外轉, abduction의 방향으로 변화한다. 노랑과 빨강은 무게와 시간의 판단 오류를 강화하고, 소뇌 질환자 경우 파랑과 특히 초록은 이 오류를 상쇄한다. 이러한 여러 실험에서 각각의 색은 항상 같은 방향으로(의미로) 작용하며, 따라서 각각의 색에 일정한 운동적 가치를 부여할 수 있다. 전체적으로 빨강과 노랑은 외전운동에 용이하고, 파랑과 초록은 내전內轉운동 adduction에 용이하다. 그런데 일반적으로, 내전운동은 유기체가 자극으로 향하고 세계에 의해 끌어당겨짐을 의미하며, 외전운동은 유기체가 자극으로부터 멀어지고 자신의 중심으로 향함[13]을 의미한다.[14] 따라서 감각, 〈감각질qualités sensibles〉은 《243》 언표 불가능한 어떤 상태나 어떤 성질quale의 경험으로 환원되기는커녕, 운동적인 모습physionomie과 함께 나타난다. 그것은 생명적 실질의미로 뒤덮여 있다.

---

     pp. 3-9.

[12]   *Ibid.*

[13]   역주) 메를로퐁티가 여기서 기술한 내전운동과 외전운동은 그가 잠시 후에 기술할 내용과 일치하지 않는 것 같다. 즉 "우리는 한편으로 빨강과 노랑에 대해 〈[우리를] 끌어당기며, 중심에서 멀어지는 운동의 경험을〉, 다른 한편으로 파랑과 초록에 대해서는 〈평안함과 집중의 경험〉을 갖는다"(본서 396쪽)와 일치하지 않는 것 같다. 메를로퐁티가 내전운동을 외전운동으로, 외전운동을 내전운동으로 잘못 기술한 것 같다.

[14]   *La Structure du Comportement*, p. 201[제3판, p. 165].

¶ 감각에 〈운동의 동반〉이 있다는 사실, 그리고 자극이 일으키는 〈발생하는 운동mouvement naissant〉이 감각이나 성질과 연합하여 그 주위에 후광과 같은 것을 형성한다는 사실, 또 행동의 〈지각적 측면〉과 〈운동적 측면〉이 소통한다는 사실은 오래전부터 알려져 있다. 그러나 대개의 경우 이런 관계가 이 관계를 이루는 항들에 아무런 변화도 주지 않는 것처럼 [잘못] 생각되고 있었다. 왜냐하면 앞서 언급한 예들에서 문제가 되는 것은 감각 자체를 그대로 두는 외적인 인과성의 관계가 아니기 때문이다. 파랑에 의해 야기된 운동 반응, 즉 〈파랑의 행위〉는 어떤 길이의 파장과 강도로 정의된 색이 객관적인 몸에 가져온 결과가 아니다. 대비를 통해 획득된 파랑은, 따라서 어떤 물리적 현상에 대응하지 않는 파랑은 동일한 운동적 후광으로 감싸여 있다.[15] 색의 운동적 모습이 구성되는 것은 물리학자의 세계 속에서도 어떤 숨겨진 과정의 결과에 의해서도 아니다. 그렇다면 그것은 〈의식 속에서〉 구성되는가? 또 감각질로서의 파랑에 대한 경험이 현상적인 몸의 어떤 변화를 일으킨다고 말해야 하는가? 그러나 어떤 성질quale을 의식하는 것이 왜 크기의 판단을 바꾸게 하는지 알 수 없고, 게다가 색의 감각된 효과는 색이 행동에 미치는 영향에 항상 정확히 대응하는 것은 아니다. 즉 빨강은 내가 그것을 의식하지(알아차리지) 못해도 내 반응을 크게 만든다.[16] 색들의 운동적 실질의미가 이해되는 것은 다음과 같을 때뿐이다. 즉 색들이 그 자체에 갇힌 상태이길 멈추거나, 사유하는 주체의 확인에 기술 불가능한 성질로 제시되기를 멈출 때, 색들이 내 속에 들어와 내가 세계와 일치하게(적합하게) 되는 어떤 전체적 구조화montage에 영향을 줄 때, 그것들이 세계를 평가하는 새로운 방식으로 나를 이끌(부추길) 때이다. 또한 다른 한

15   Goldstein et Rosenthal, art. cité, p. 23.

16   Ibid.

편으로는 운동성이 지금이나 곧 있을 나의 장소 변화에 대한 단순한 의식이기를 멈추고, 크기에 대한 나의 척도들을, 즉 나의 〈세계로의 존재〉의 가변적인 범위를 매 순간 확립하는 기능이 될 때이다. 파랑은 나에게 바라보는 어떤 방식을 불러일으키는(부추기는) 것이고, 일정한 나의 시선 운동으로 더듬게 하는 것이다. 그것은 《244》 내 눈과 내 몸 전체의 능력에 제시된 어떤 장 또는 분위기이다. 여기서 색 경험은 귀납 심리학이 세운 상관관계를 확인하고 이해할 수 있게 한다. 초록은 보통 〈편안함을 주는〉 색으로 간주된다. 어떤 환자는 "초록은 나를 내 속에 머물게 하고, 평온한 상태에 있게 한다"고 말한다.[17] 칸딘스키Kandinsky는 초록이 "우리에게 아무것도 요구하지 않고, 우리에게 어떤 것을 하도록 촉구하지도 않는다"고 말한다. 괴테 Goethe는 파랑은 "우리 시선에 굴복한다"고 말한다. 반대로 "빨강은 눈을 파고든다"고 말한다.[18] 골트슈타인의 한 환자는 빨강은 〈찢고〉, 노랑은 〈찌른다〉고 말한다. 일반적으로, 우리는 한편으로 빨강과 노랑에 대해 "[우리를] 끌어당기며, 중심에서 멀어지는 운동의 경험"을, 다른 한편으로 파랑과 초록에 대해서는 "편안함과 집중의 경험"을 갖는다.[19]

¶ 우리는 약하거나 짧은 자극을 이용함으로써 성질들의 식물적(비의지적) 및 운동적 바탕이나 그것들의 생명적 실질의미(의미표현)를 드러낼 수 있다. 이 경우 색은 보이기 이전에, 그 색에만 적합하고 그 색을 정확히 규정하는 몸의 어떤 태도의 경험을 통해 알려진다. 즉 어떤 피험자는 "내 몸 속에는 위에서 아래로 미끄러지는 운동이 있다. 따라서 그것은 초록일 수는 없고 파랑이 될 수 있을 뿐이다. 그렇지만 사실 나는 파랑을 보고 있지

[17] Goldstein et Rosenthal, art. cité, p. 23.

[18] Kandinsky, *Form und Farbe in der Malerei*; Goethe, *Farbenlehre*, 특히 293절; Goldstein et Rosenthal, 위의 책에서 인용함.

[19] Goldstein et Rosenthal, pp. 23-25.

않다"고 말한다.[20] 다른 피험자는 "나는 이를 악물었다. 이렇게 할 때 나는 그것이 노랑임을 알았다"고 말한다.[21] 만약 빛 자극을 식역識闕 이하 값에서부터 조금씩 크게 하면, 우선 어떤 몸 자세[태도]가 경험되고, 이어서 갑자기 [색] 감각이 나타나 "시각 영역으로 퍼진다."[22] 내가 눈(雪)을 주의 깊게 들여다볼 때, 〈하얗게〉 보이는 모습이 해체되고 반사와 투명의 세계가 나타나는 것처럼, 우리는 음악 소리의 내부에서 〈미시적인 멜로디〉를 발견할 수 있고, 음정은 처음으로 몸 전체 속에서 체험된 어떤 긴장의 최종적 형태화일 뿐이다.[23] 어떤 색을 상실한 환자에게 《245》 실제 색 중 어떤 것이라도 제시하면, 그가 상실했던 색을 표상하게 할 수 있다. 실제의 색은 환자에게 〈색 경험의 집중〉을 일으켜서, 그가 "눈에서 여러 색을 모으게"[24] 한다.

¶ 이처럼 성질은 객관적인 광경이 되기 이전에, 그것의 본질을 겨냥하는 어떤 유형의 행동에 의해 알려지게 된다. 이 때문에 내가 파랑에 적합한 태도를 취하자마자, 나는 유사-파랑의 현전을 획득한다. 그러므로 어떻게, 그리고 왜 빨강은 노력이나 격렬함을 의미표현하고, 초록은 편안함과 평온함을 의미표현하는지에 대해 물음을 제기하지 말아야 한다. 또한 우리 몸이 이 색들을 체험하는 바대로, 즉 평온함이나 격렬함의 구체화로서 그것들을 체험하는 법을 다시 배워야[발견해야] 한다. 우리가 빨강이 우리 반응의 크기를 확대시킨다고 할 때, 구별되는 두 사실이, 즉 빨강의 감각과 운동적 반응이 있는 것처럼 이해해서는 안 된다. 우리 시선이 뒤쫓고 결합하는 그 직물[구조적 모습] 속에서 빨강은 이미 우리의 운동적 존재

20   Werner, *Untersuchungen über Empfindung und Empfinden*, I, p. 158.
21   *Ibid.*
22   *Ibid.* p. 159.
23   Werner, *Über die Ausprägung von Tongestalten*.
24   Werner, *Untersuchungen über Empfindung und Empfinden*, I, p. 160.

의 확대임을 이해해야 한다. 감각의 주체는 성질을 인식하는 사유자도 아니고, 성질에 의해 촉발되거나 변화하는 무기력한 장소도 아니다. 감각의 주체는 어떤 실존적 장(환경)에서 이 장과 함께-태어나거나, 그것과 동시에 나타나는 능력이다. 감각하는 자와 감각질(감각된 것)의 관계는 잠자는 자와 잠의 관계에 비교될 수 있다. 즉 의도적으로 취한 태도가 기다리던 승인을 갑자기 외부로부터 받을 때 잠이 오는 것이다. 나는 잠을 불러내기 위해 천천히 또 깊이 숨 쉬고 있는데, 사람들의 말처럼 갑자기 커다란 외부의 허파 같은 것이 내 입과 연결되어 내 숨을 불러내고 되돌아가게 한다. 조금 전에 내가 의도했던 숨의 리듬은 이제 내 존재 자체가 되고, 이제까지 의미signification로서 겨냥되었던 잠은 갑자기 상황이 되어 버린다. 마찬가지로 나는 어떤 감각을 기다리면서 귀를 기울이거나 [눈으로] 바라보는데, 갑자기 감각질(감각되는 것)이 내 귀나 시선을 사로잡고, 나는 내 몸의 일부, 심지어는 몸 전체를, 공간을 진동시키고 채우는 방식, 즉 파랑이나 빨강에 내맡긴다. 성체성사는 은총의 작용을 감각적인 외양들[빵과 포도주]로 상징할 뿐 아니라, 신이 실제 임재(현전)하는 것이고, 그 임재를 공간의 한 조각에 머물게 하는 것이며, 축성祝聖된 빵을 먹는 자들이 내적으로 준비가 될 때 그 임재를 그들에게 전해 주는 것이다. 마찬가지로 감각질은 단지 운동 및 생명적 실질의미(의미표현)만을 갖는 것이 아니다. 그것은 《246》 공간의 한 지점에서 우리에게 제시된 〈세계에 있는(세계로의) 존재〉의 어떤 방식, 우리 몸이 할 수 있다면 다시 잡고(계승하고) 떠맡는 〈세계에 있는(세계로의) 존재〉의 어떤 방식과 다른 것이 아니다. 그리하여 감각이란 문자 그대로 〈함께-함(영성체communion)〉[25]이다.

---

25   역주) "communion"는 〈함께-함〉, 〈일치〉, 〈공유〉이면서, 영성체(성체배령)를 의미한다. 가톨릭에서 영성체는 신자가 신과 하나가 되고자 하는 태도 속에서 축성된 빵과

[3. 감각질에 빠져 있는 의식]

이러한 관점에서, 〈감관sens²⁶〉²⁷ 개념에 지성론이 거부했던 가치를 되돌려주는 것이 가능해진다. 지성론에 따르면, 나의 감각sensation과 나의 지각은 그 무엇에 대한 감각이나 지각일 때에만, 예를 들어 파랑이나 빨강에 대한 감각, 책상이나 의자에 대한 지각일 때에만 가리킬 수 있는 것이고, 따라서 내게 존재할 수 있는 것이다. 그런데 파랑과 빨강은 내가 그것들과 일치할 때 겪게 되는 언표 불가능한 경험이 아니고, 책상과 의자는 나의 시선에 좌우되어 일시적으로 나타난 모습이 아니다. 대상은 가능한 일련의 열려 있는 경험들을 통해 그 동일성을 확인할 수 있는 존재로서만 규정되어서, 이러한 동일성의 확인을 수행하는 주체에게만 존재하는 것이다. 존

포도주(그리스도의 살과 피)를 먹고, 또 실제 신과 〈함께-한다고(일치한다고)〉 믿는 의식(儀式) 행위이다. 마찬가지로 메를로퐁티는 감각이란 감각 주체가 몸의 태도로 감각질을 받아들여 그것과 〈함께-하는 것(일치하는 것)〉이라고 말한다.

26 역주) "sens"는 다의적이다. 먼저 그것은 〈감관〉을 의미한다. 메를로퐁티가 "시각질(보이는 것)은 눈으로 파악한 것이고, 감각질(감각되는 것)은 감관들(sens)을 **통해** 파악한 것이다"(본서 60쪽)라고 말할 때, 〈sens〉는 바로 이런 의미로 쓰였다. 또한 〈sens〉는 〈감관의 능력〉이나 〈감관의 기능〉을 의미한다. 그것은 우리가 청각, 촉각, 시각 등을 예로 들면서 〈감각〉이라 부르는 것이다. 그러나 후자의 의미의 〈sens〉를 〈감각〉이라 번역하면, 〈sensation〉의 번역어 〈감각〉과 구별되지 않는다. 그렇다고 그것을 〈감관〉이라 번역하면 무척 어색할 것이다. 우리는 후자의 의미의 〈sens〉를 〈sensation〉의 〈감각〉과 구별하기 위해, 또 〈sens〉를 〈감관〉이라 번역하기에 어색하거나 불충분한 경우, 〈감각(감관)〉으로 표기할 것이다. 또한 〈sens〉와 관련한 형용사 〈sensoriel〉, 〈sensible〉 등도 각 낱말의 맥락에 따라 〈감각적〉, 〈감관적〉, 〈감각기능의〉, 〈감각적(감관적)〉 등으로 옮길 것이다.
메를로퐁티에게서 〈sens〉와 〈sensation〉의 관계는 몸과 지각(perception)의 관계와 같다. 즉 "[기관들의 공동작용의 체계"(본서 435쪽)로서의 몸이 사물을 지각하듯이, 각 감관(sens)은 어떤 것을 감각(sensation)한다. 그러나 메를로퐁티는 〈몸〉과 〈몸의 기능(능력)〉을 종종 구별하지 않듯이, 〈감관〉과 〈감각(감관)〉, 즉 〈감관의 기능(능력)〉을 구별하지 않는 경우가 많다.

27 역주) 스미스의 영역본은 "sens"를 우리와 달리 "의미(significance)"로 읽는다.

재는 이 존재에서 떨어져 거리 둘 수 있는 자, 따라서 그 자신이 절대적으로 존재 밖에 있는 자에게만 있게 된다. 이와 같이 [지성론에서는] 정신이 지각의 주체가 되어, 〈감관〉 개념은 생각할 수 없게 된다. 보거나 들음이 인상을 사유로 감싸기 위해 인상에서 떨어져 나오고, 인식하기 위해 존재하기를 멈추는 것이라면, 내가 눈으로 본다거나 귀로 듣는다고 말하는 것은 터무니없을 것이다. 왜냐하면 내 눈과 귀는 여전히 세계 속의 존재이고, 이 때문에 이것들은 세계 앞에서 세계가 보이거나 들리는 주체성의 영역을 정말로 마련할 수 없기 때문이다. 내가 눈과 귀를 내 지각의 도구로 삼는다면, 이것들은 어떤 인식하는 능력을 유지할 수도 없다. 왜냐하면 이와 같은 [눈과 귀] 개념[28]은 애매하기(이중적이기) 때문이다. 즉 눈과 귀는 몸의 흥분에 대해서만 도구이고, 지각 자체의 도구가 아니기 때문이다. 즉자와 대자 사이에 중간은 없고, 또한 여러 개나 되는 내 감관들은 나 자신이 아니기 때문에 대상이 될 수 있을 뿐이다. 나는 내 눈이 보고, 내 손이 만지며, 내 발이 아프다고 말하지만, [지성론 입장에서] 이런 소박한 표현들은 진정한 내 경험을 나타내는 것이 아니다. 이미 이 표현들은 내 경험을 그 원래의 주체로부터 분리시키는 해석을 내게 주는 것이다. 나는 빛이 내 눈을 때리고, [사물과의] 접촉이 피부를 통해 이루어지며, 신발이 내 발을 아프게 한다는 것을 알기 때문에, 내 영혼에 속한 지각들을 내 몸속에 분산하여 위치시키고, 지각을 지각된 것에 둔다. 그러나 [지성론 입장에서] 이것은 의식 작용들이 시공간 속에 남긴 발자국일 뿐이다. 내가 의식 작용들을 내부에서 고찰하면, 장소 없는 하나의 인식, 부분 없는 하나의 영혼을 발견한다. 또한 사유함과 지각함의 사이에는 봄과 들음의 사이와 마찬가지로 어떤 차이도 없다.

28　역주) 스미스의 영역본은 이 "개념"을 우리와 달리 "지각의 개념"으로 읽는다.

¶ 그렇다면 이상과 같은 입장을 우리는 유지할 수 있을까? 만약 내가 내 눈으로 보지 않는다는 것이 사실이라면, 어째서 《247》 나는 이러한 사실을 이제껏 모를 수 있었을까? 즉 나는 내가 말했던 것이 무엇인지 알지 못했던 것인가? 아니면 반성하지 않았던 것인가? 그러나 어떻게 나는 반성할 수가 없었을까? 정의상 내 사유는 그 자신에게(대자적으로) 있는데, 정신의 통찰이나 나 자신의 사유 활동이 어떻게 내게 숨겨질 수 있었을까? 만약 반성이 반성으로서, 말하자면 진리로 향하는 과정으로서 자신을 정당화하고자 한다면, 세계의 한 시각을 다른 시각으로 바꾸어 버리는 것으로 만족해서는 안 된다. 반성은 어떻게 세계의 소박한 시각이 반성적 시각 속에 포함되고, 어떻게 그 소박한 시각을 넘어서는지를 보여 주어야 한다. 반성은 자신이 그 뒤를 잇는 비반성적인 것을 해명해야 하고, 자기 자신의 시작을 이해할 수 있기 위해 비반성적인 것의 가능성을 밝혀야 한다. 내가 몸속에 있고 다섯 감관을 갖추고 있다고 생각하는 것 역시 나라고 말하는 것은, 분명 말로만 해결하는 것이 된다. 왜냐하면 반성하는 나는 나 자신을 이 육화된 주체 속에서 인식할 수 없기 때문이며, 따라서 육화는 원리상 착각이 되고, 이 착각의 가능성도 이해 불가능한 것으로 남기 때문이다. 우리는 즉자와 대자의 양자택일을, 즉 〈감관〉을 대상의 세계 속에 던지고, 절대적 비-존재로서의 주체성에서 몸에 내속하는 모든 것을 제거했던 양자택일을 다시 문제 삼아야 한다. 이것은 우리가 감각을 함께-실존함coexistence 또는 함께-함communion으로 규정하면서 행한 것이다. 파랑의 감각은 내가 이것에 대해 갖는 모든 경험을 통해, 파리에서든 도쿄에서든 동일한 기하학자의 원처럼 그 동일성을 확인할 수 있는 어떤 성질의 인식이나 정립이 아니다. 물론 파랑의 감각은 지향적이다. 다시 말해 그것은 사물처럼 즉자적으로 머물러 있지 않고, 자기 자신의 저 너머를 겨냥하고 의미표현한다. 그러나 파랑의 감각이 겨냥한 항은 내 몸과 이 항의 친밀성으로 인해 맹목적으로

만 알려질 뿐이고, 충만한 명석함 속에서 구성되지 않는다. 이 항은 잠재적 상태로 있는 어떤 앎, 이 항에서 불투명성과 개체성을 빼앗지 않는 어떤 앎에 의해 재구성되거나 다시 잡힌다(재파악된다). 감각이 지향적인 것은, 내가 감각질에서 외전운동이나 내전운동과 같은 어떤 실존적 리듬의 제안을 발견하기 때문이다. 또한 내가 이 제안에 응하면서 이렇게 내게 암시된 실존의 형태 속에 미끄러져 들어가게 됨으로써, 그것을 향해 나를 여는 관계이든 닫는 관계이든 어떤 외적 존재와 관계하기 때문이다. 성질들이 그것들 주위에 어떤 실존의 방식을 분출한다는 것, 또 성질들이 끌어당기는 힘과 좀 전에 우리가 성체성사의 가치라고 부른 것을 지닌다는 것은, 감각하는 주체가 성질들을 대상들로 정립하지 않고, 그것들과 공감하고sympathise, 그것들을 자신의 것으로 삼고, 또 그것들 속에서 자신의 순간적인 법칙을 발견하기 때문이다.

¶ 더 정확히 말해 보자. 감각하는 것(자)과 감각질(감각되는 것)은 외적인 두 항처럼 서로 대면하고 있는 것이 아니다. **(248)** 또 감각은 감각질(감각되는 것)이 감각하는 것(자)에게 침입하는 것이 아니다. 색의 밑바탕에 놓인 것은 나의 시선이고, 대상 형태의 밑바탕에 놓인 것은 나의 손 운동이다. 아니 오히려 내 시선은 색과 짝짓듯 결합하고, 내 손은 딱딱한 것, 무른 것과 짝짓듯 결합한다. 그래서 감각의 주체와 감각질의 이러한 교환 속에서는, 어떤 것이 능동적이고 어떤 것이 수동적인지를, 어떤 것이 다른 쪽에 의미를 부여하는지를 말할 수 없다. 내 시선의 탐색이나 내 손의 탐색이 없다면, 또 내 몸이 감각질과 동시에 작용하기 전이라면, 이 감각질은 그저 희미한 부추김sollicitation에 불과한 것이다. "어떤 피험자가 빨강에 적합한 몸의 태도를 취하려고 무척 시도하면서, 일정한 색 예컨대 파랑을 체험하고자 할 때, 내적인 갈등이, 즉 일종의 경련이 일어난다. 그리고 이 경련은 그가 파랑에 대응하는 몸의 태도를 취하자마자 멈추어 버린다."[29] 이처

럼 막 감각되려는 감각질은 내 몸에 일종의 혼돈된 문제를 제기한다. 나는 감각질이 규정되는 수단, 파랑이 되는 수단을 곧 제공할 태도를 발견해야 하고, 제대로 제기되지 않은 물음에 답을 발견해야 한다. 그러나 내가 그렇게 하게 되는 것은 단지 감각질의 부추김에 대해서뿐이다. 내 태도[만]의로는 내가 정말로 파랑을 보거나 정말로 딱딱한 표면을 만지는 데 결코 충분치 않다. 감각질은 내가 그것에 주었던 것을 내게 되돌려준다. 그러나 내가 갖고 있던[주었던] 그것은 애초에 감각질로부터 받았던 것이다. 하늘의 푸르름을 응시하는 나는 그 푸르름 앞의 초우주적 주체가 아니고, 사유 속에서 그 푸르름을 소유하지도 않으며, 그 푸르름 앞에서 내게 그것의 신비를 알려 줄 푸르름의 관념을 펼치지도 않는다. 나는 그 푸르름에 나를 맡기고, 그 신비에 빠져 있으며, 그 푸르름은 "내 속에서 스스로를 사유한다."[30] 나는 스스로를 모으고 집중하며 그 스스로에 대해(대자적으로) 존재하기 시작하는 하늘 자체이고, 나의 의식은 이러한 무한한 푸르름으로 가득 채워져 있다. 그러나 하늘은 정신이 아니고, 그래서 하늘이 대자적으로 존재한다고 말하는 것은 어떤 의미도 없다고 응수할 수 있다. 물론 지리학자나 천문학자의 하늘은 대자적으로 존재하지 않는다. 그러나 내 시선에 감각되

---

[29] Werner, *Untersuchungen über Empfindung und Empfinden*, I, p. 158.

[30] 역주) 영역자(C. Smith)는 이 표현을 발레리의 「해변의 묘지」의 시구와 연관시킨다. "Midi là-haut, Midi sans mouvement/ En soi se pense et convient à soi-même(저 높게 있는 정오, 움직이지 않는 정오가/ **자신 속에서 스스로를 사유하고**, 자기 자신과 일치하네)." 하지만 이 표현은 세잔의 말에서 인용한 것이다. 메를로퐁티는 「세잔의 회의」에서 세잔의 이 표현을 인용한다. "세잔은 말하길, 풍경은 **내 속에서 스스로를 사유하고**, 나는 이 풍경의 의식이다"(SNS, 30). 그리고 메를로퐁티는 세잔의 이 표현에 대해 명확한 인용 출처를 밝히지 않는데, 그는 분명 가스케(Gasquet)의 『세잔』에서 인용했을 것이다. "풍경은 **내 속에서 스스로를** 반영하고, 스스로를 인간화하고, **스스로를 사유하고**, … 나는 이 풍경의 주관적 의식일 것이다"(J. Gasquet, *Cézanne*, Encre marine, 2012, p. 150)(모든 강조는 옮긴이가 함).

거나 지각되는 하늘, 내 시선이 퍼져 있고 거주하면서 그 밑바탕에 놓여 있는 하늘, 내 몸이 채택하는 어떤 생명적 진동의 장으로서의 하늘은, 다음과 같은 의미에서 대자적으로 존재한다고 말할 수 있다. 즉 하늘이 외적인 부분들로 이루어지지 않는다는 의미에서, 또한 전체의 각 부분은 다른 모든 부분 속의 일어나는 일에서 〈감각되고sensible〉, 다른 모든 부분을 "역동적으로 알고 있다"[31]는 의미에서이다. 그리고 감각의 주체도 지상의 어떤 무게도 갖지 않는 순수 무無일 필요는 없다. 그럴 필요가 있는 경우는, 주체가 구성하는 의식으로서 **《249》** 모든 곳에 동시에 현전해야 하고, 존재와 외연이 같아야 하며, 우주의 진리를 사유해야 할 때뿐이다. 그러나 지각된 광경은 순수 존재가 아니다. 내가 보는 지각된 광경을 보이는 그대로 정확히 파악한다면, 그것은 내 개인적 역사의 한 순간이다. 또한 감각은 재구성이기 때문에, 내 속에서 이전에 이루어진 구성의 침전들을 전제한다. 그리고 감각하는 주체로서 나는 나 자신이 제일 먼저 놀랐던 자연의 능력들로 꽉 차 있다. 따라서 나는 헤겔의 말처럼 〈존재 속의 구멍trou〉[32]이 아니라, 만들어졌다가 해체될 수 있는 웅덩이creux,[33] 주름pli이다.[34]

31 Koehler, *Die physischen Gestalten*, p. 180.

32 역주) 메를로퐁티는 『행동의 구조』(SC, pp. 136-137)에서도 "존재 속의 구멍"을 헤겔의 표현이라고 말한다. 그런데 사르트르는 『존재와 무』(EN, p. 711)에서 자신이 말하는 〈대자존재〉를 "존재의 구멍"으로 표현한다. 『지각의 현상학』의 영역자 랜즈(D. Landes)는 이 표현이 메를로퐁티가 참석했던 코제브(A. Kojève)의 『정신현상학』 강의(1933-1939)(이후 크노(R. Queneau)가 편집하여 Introduction à la lecture de Hegel(Paris: Gallimard, 1947)로 출간)에서 유래했을 것이라고 말한다(영역본, p. 535, 각주 17).

33 역주) 메를로퐁티의 "웅덩이"로서의 주체는 사르트르의 "구멍"으로서의 주체와 대비된다.

34 다른 곳에서 우리는 의식을 외부에서 보면서 그것이 순수 대자일 수 없음을 보였다(*La Structure du Comportement*, p 168과 그 이하[제3판, pp. 125-126]). 이제 내부에서 본 의식도 이와 다르지 않다는 것을 곧 보게 될 것이다.

[4. 〈감관sens〉의 일반성과 특수성]

이러한 점에 대해 더 자세히 논해 보자. 어떻게 우리는 대자와 즉자의 양자택일에서 벗어날 수 있었는가? 어떻게 지각적 의식은 그 대상으로 채워질 수 있는가? 어떻게 우리는 감각적 의식과 지성적 의식을 구분할 수 있는가? 그 이유는 다음과 같다.

¶ (1) 모든 지각은 일반성의 분위기 속에서 발생하고, 우리에게 익명적으로 주어진다. 나는 내가 한 권의 책을 이해한다거나, 또는 내 삶을 수학에 바치기로 결심한다고 말하는 의미로, 내가 하늘의 푸르름을 본다고 말할 수는 없다. 나의 지각은 내부에서 볼 때도, 주어진 상황을 표현한다. 즉 내가 푸르름을 보는 것은, 내가 색에 감응하기sensible 때문이다.[35] 이와 달리 인격적인 행위는 상황을 창조한다. 즉 내가 수학자인 것은, 내가 수학자가 되기를 결심했기 때문이다. 따라서 내가 정확히 지각적 경험을 나타내고자 한다면, 누군가(익명적인 사람on)가 내 속에서 지각한다고 말해야 하지, 내가 지각한다고 말해서는 안 될 것이다. 우리가 정말로 감각의 수준에서 살 때, 감각이 우리에게 가져온 일종의 혼미상태에서 체험할 수 있는 것처럼, 모든 감각에는 어떤 몽상이나 탈인격화(익명화dépersonnalisation)의 싹이 포함되어 있다. 물론 우리의 지식이 알려 주듯이 감각은 내 몸의 적합함(적합한 태도)이 없으면 발생하지 않을 것이다. 예를 들어 내 손의 운동이 없으면 특정한 접촉은 없을 것이다. 그러나 이러한 활동은 내 존재의 주변에서 일어나는 것이며, 나는 내 출생이나 죽음에 대해서와 같이 내 감각에 대해서 진정한 주체의 의식이 없다. 내게서 내 출생과 죽음은 나의 경험으로 나타날 수 없다. 왜냐하면, 만약 내가 출생과 죽음을 내 경험으로 생각한다면, 나는 그것들을 체험하기 위해 내가 나보다 앞서 존재하거나 나보

---

35   역주) 달리 표현하면 "내가 색을 [비의지적으로] 감각할 수 있기 때문이다"가 된다.

다 오래 살아 있다고 전제하게 될 것이고, 따라서 나는 내 출생이나 죽음을 진정으로 생각한 것이 아닐 것이다. 그러므로 나는 나를 〈이미 태어난〉 것, 또 《250》〈아직 살아 있는〉 것으로서만 파악할 수 있고, 나의 출생과 죽음을 선인칭적인(선인격적인) 지평으로서만 파악할 수 있다. 나는 누군가가 태어나고 누군가가 죽는다는 것을 알지만, 내 출생과 죽음은 인식할 수는 없다. [매 순간의] 각 감각은 엄밀히 말해 그 감각 종의 처음이고 마지막이며 유일한 것이기 때문에, 하나의 출생이고 하나의 죽음이다. 이런 감각을 경험하는 주체는 감각과 함께 시작하고 함께 끝난다. 그리고 이 주체는 자신보다 앞서 있을 수도, 자신보다 오래 살아남을 수도 없기 때문에, 감각은 필연적으로 일반성의 장(환경)에서 그 스스로에게 나타난다. 또 감각의 기원은 나 자신에 이르기 전에 있고, 감각은 감각보다 앞서 있거나 오래 살아남는 감각성*sensibilité*에 속한다. 이것은 나의 출생과 죽음이 익명적 출생률과 사망률에 속하는 것과 같다. 감각을 통해 나는 나의 인격적 삶과 내 고유의 행위 주위에서, 이 행위가 그로부터 출현하는 주어진 의식의 삶을, 즉 각자가 자연적 **자아**인 나의 눈, 손, 귀의 삶을 파악한다. 나는 감각을 체험할 때마다, 감각이 내 고유의 존재, 즉 내가 책임지고 내가 결단하는 존재와 관계함을 체험하지 않는다. 나는 그것이 이미 세계 쪽에 있는 또 다른 자아, 세계의 어떤 측면들에 이미 열려 있고, 이 측면들과 동시에 나타나는 또 다른 자아와 관계함을 체험한다. 나의 감각과 나 사이에는 언제나 두꺼운 원초적 획득물*acquis originaire*이 있고, 이 때문에 내 경험은 그 스스로에 대해 명료하지 않게 된다. 내가 체험한 감각은 이미 어떤 물리적 세계에 맡겨진 일반적 실존, 또 내가 그 저자는 아니지만 나를 관통하여 퍼지는 일반적 실존의 양태이다.

¶ (2) 감각이 익명적일 수 있는 것은 단지 그것이 부분적이기 때문이다. 시각적 세계와 촉각적 세계가 세계 전체가 아니기 때문에, 보는 자, 만지는

자는 엄밀히 나 자신인 것은 아니다. 내가 한 대상을 볼 때, 나는 현실적으로 보는 것 저 너머에 존재가 있다는 것, 즉 시각적 존재뿐 아니라 촉각적 존재나 청각으로 포착할 수 있는 존재가 있다는 것을 언제나 체험한다. 또한 나는 감각적 존재뿐 아니라, 감각(감관)으로 어떻게 끄집어내어도 고갈시킬 수 없을 대상의 깊이가 있다는 것을 언제나 체험한다. 이런 사실과 상관하여, 나는 전적으로 이러한 [감각(감관)] 활동들 속에 있는 것은 아니다. 이러한 활동들은 주변에 있고, 내 앞에서 발생한다. 보는 자아나 듣는 자아는 일종의 특화된 자아, 존재의 한 영역과 친숙한 자아이다. 그리고 바로 이런 이유로 시선과 손은 곧장 지각을 명확히 하는 운동을 알아낼 수 있어, 그것들의 자동성의 모습을 띠게 하는 앞선-앎prescience을 보여 줄 수 있다.

[5. 감각(감관)은 〈장〉이다]

¶ 우리는 이상의 두 생각을 요약하면, 모든 감각sensation은 특정한 장champ에 속한다고 할 수 있다. 내가 시각장을 갖고 있다고 말하는 것은, 내가 자리하는 곳에 따라 존재들의 한 체계에, 즉 시각적 존재들에 접근하고 열려 있다는 것을 말하는 것이다. 《251》 즉 시각적 존재들이 일종의 원초적 계약과 자연의 선물(주어짐)을 통해, 내 쪽에서 어떤 노력 없이도 내 시선 아래에 놓여 있다고 말하는 것이다. 따라서 그것은 시각이 선인칭적(선인격적)임을 말하는 것이다. 동시에 그것은 시각이 언제나 한정적임을 말하고, 언제나 나의 현실적 시각 주위에는 보이지 않거나 심지어는 볼 수 없는 사물들의 지평이 있음을 말하는 것이다. 시각은 어떤 장에 구속된 사유이고, 그것은 바로 감각(감관)이라 불리는 것이다. 내가 감각(감관)들을 갖고 있고, 감각(감관)들이 나를 세계에 접근시킨다고 말할 때, 나는 혼동에 사로잡혀 있지도 않고, 인과적 사유와 반성을 섞고 있지도 않다. 단지 나는 통합적(전체적) 반성에 나타난 진리를 표현할 뿐이다. 즉 나는 [존재와의] 공

통-본성connaturalité 덕분에, 나 자신이 구성 활동으로 의미를 존재의 여러 측면들에 부여하지 않고서도 의미를 발견할 수 있는 그런 진리를 표현할 뿐이다.

[6. 감각(감관)의 다수성]

여러 감각(감관)의 구분은 감각(감관)과 지적 작용intellection의 구분과 마찬가지로 정당화된다. 지성론은 감각(감관)들에 대해 말하지 않는다. 왜냐하면 지성론에서 감각(감각작용sensations)들과 감각(감관sens)들은 내가 인식의 구체적 작용으로 돌아가서 이 작용을 분석하고자 할 때에만 나타나기 때문이다. 나는 이 구체적 작용에서 우연한 질료와 필연적 형식을 구분하지만, 질료는 관념적 계기에 불과하며 전체 작용에서 분리될 수 있는 요소가 아니다. 따라서 감각(감관)들은 없고, 의식만이 있게 된다. 예를 들어 '지성론은 감각(감관)들이 공간 경험에 기여하는가'라는 유명한 물음을 던지기를 거부한다. 왜냐하면 인식의 질료로서의 감각질들과 감각(감관)들은 공간을, 즉 객관성 일반의 형식이며 특히 성질에 대한 의식을 가능케 하는 수단인 공간을 자신의 것으로 소유할 수 없기 때문이다. 감각이란 어떤 것에 대한 감각이 아니라면, 어떤 감각도 아닐 것이다. 또한 가장 일반적인 의미의 〈사물들〉이, 예를 들어 일정한 모양의 성질들이 무정형의 인상들 무리에서 뚜렷이 나타나는 것도, 이러한 인상들 무리가 공간을 통해 원근법적으로 되고 질서 있게 되기 때문이다. 따라서 모든 감각(감관)들이 우리가 존재의 어떤 형식에 접근하게 하는 것이라면, 즉 그것들이 전적으로 감각(감관)들이라면, 그것들은 공간적이다. 그리고 이와 동일한 필연적 사실로서, 감각(감관)들 모두 동일한 공간에 스스로를 열어야 한다. 그렇지 않다면 감각(감관)들을 통해 우리가 소통하는 감각적 존재들은 이 존재들이 관계하는 [특정] 감각(감관)에만 존재할 것이다. 그것은 마치 유령이 밤에만 나타나는 것과 같다. 즉 감각적 존재들에는 존재의 충만함이 없을 것이고, 우리는 진정으로 그것들을 의식하지 못할 것이고, 다시 말해 그것들을 진정한 존재로서 정립할 수가 없을 것이다.

[7. 지성론은 어떻게 이 다수성을 넘어서고, 어떻게 경험론과 대립하여 정당성을 갖는가?]

¶ 경험론은 이러한 연역을 사실들로 반박하려 하지만 소용없을 것이다. 예를 들어, 촉각이 그 자체로는 공간적이지 않다는 것을 보여 주려 하고, 《252》 또 맹인이나 정신맹의 경우에서 순수 촉각적 경험을 발견하여, 이런 촉각적 경험이 공간적으로 분절되어 있지 않음을 보이고자 할 때, 이러한 실험적 증명은 확립하고자 한 것을 전제하고 있다. 그런데 실명과 정신맹이 환자의 경험에서 단지 〈시각적 소여〉만 제거하는지를, 그리고 그것들이 환자의 촉각적 경험의 구조에 손상을 또한 주지는 않는지를 사실 우리는 어떻게 알 수 있을까? 경험론은 첫 번째 가정을 당연한 것으로 여기고, 또한 이러한 조건에서 [경험론이 제시하는] 사실은 결정적인crucial 것으로 간주될 수 있을 것이다. 그렇지만 바로 그 때문에 경험론은 증명하는 것이 문제인 분리된 감각(감관)들을 요청하게 된다. 좀 더 정확히 말해 보자. 공간은 처음에는 시각에 속해 있고, 또 공간이 시각에서 촉각 및 다른 감각(감관)들로 이행한다는 것을 내가 인정한다고 하자. 그러면, 성인에게는 외관상 공간에 대한 촉각적 지각이 있기 때문에, 적어도 나는 〈순수 촉각적 소여〉가 시각적 기원을 갖는 경험에 의해 이동되고 은폐되었다는 것을, 또한 이 소여가 전체 경험에 통합되어, 결국엔 식별 불가능하게 되었다는 것을 인정하지 않을 수 없다. 그러나 여기서 어떤 권리로 〈촉각적〉 지분(몫)을 이러한 성인의 경험 속에서 구분해 낼 수 있는가? 내가 맹인에게 물어보면서 재발견하고자 하는 이른바 〈순수 촉각적인 것〉은 특수한 유형

의 경험으로서, 통합되어 있는 촉각의 기능과는 아무런 공통적인 것도 없고, 또 전체(통합된) 경험의 분석에 사용될 수도 없는 것이 아닌가? 감각(감관)들의 공간성의 문제는 귀납적 방법과 〈사실들〉의 제시 ―예를 들어 맹인에게서의 공간 없는 촉각― 로는 결정될 수 없다. 왜냐하면 이런 사실은 해석될 필요가 있기 때문이다. 또한 우리들이 감각(감관)들 일반에 대해 갖는 관념과 전체 의식 속에서 이 감각(감관)들의 관계에 대해 갖는 관념에 따라, 단지 이런 사실을 유의미한 것으로서 촉각의 고유한 본성에 속하는 사실로 간주하거나, 또는 우연적인 것으로서 병적인 촉각의 특이한 특성을 나타내는 사실로도 간주할 수 있기 때문이다. 이 문제는 정말로 반성에 속하는 것이지, 경험론적인 의미에서의 경험, 또한 과학자가 절대적 객관성을 꿈꿀 때 생각한 것이기도 한 경험에 속하는 것이 아니다. 따라서 모든 감각(감관)이 공간적이라고 선험적으로 말하는 것은 근거가 있는 것이다. 또한 어떤 감각(감관)이 우리에게 공간을 주는지를 아는 문제는, 우리가 감각(감관)이 무엇인지를 반성해 본다면, 의미 없는 것으로 생각해야 한다.

[8. 그렇지만 어떻게 반성적 분석은 추상적인 입장에 머물러 있는가]

¶ 그렇지만 여기서 두 종류의 반성이 가능하다. 그중 하나는 지성론적 반성으로, 대상과 의식을 주제화하고, 칸트의 표현을 빌리면 그것들을 〈개념으로 이끄는〉 것이다. 그래서 대상은 존재하는 것이 되고, 따라서 모든 사람에게 또 영원히 존재하는 것이 된다. 《253》 (비록 일시적인 사건으로만 존재할지라도, 그것은 객관적 시간 속에 존재했다는 것은 영원히 사실일 것이다.) 반성에 의해 주제화된 의식은 대자 존재이다. 이러한 의식의 관념과 대상의 관념을 통해, 모든 감각질은 우주의 관계들의 맥락 속에서만 완전히 대상이 된다는 것, 또한 감각은 중심적이고 유일한 자아에 대해서만 존재한다는 조건에서만 있을 수 있다는 것이 쉽게 제시될 수 있다. 만약 누군가가

반성적 운동을 중단하여, 예컨대 부분적 의식이나 고립된 대상을 말하고자 한다면, 그는 어떤 점에서 그 자신을 모르는 의식, 따라서 의식이 아닌 의식을 갖게 될 것이고, 또 어디에서도 접근할 수 없는 대상, 그런 점에서 대상이 아닌 대상을 갖게 될 것이다. 그러나 우리는 지성론이 의식과 대상에 대한 이러한 관념이나 본질을 어디서 가져오는지를 언제나 물을 수 있다. 만약 주체가 순수 대자라면, "〈나는 사유한다〉가 모든 나의 표상에 동반할 수 있어야 한다." "만약 세계가 사유될 수 있어야 한다면", 성질은 세계를 맹아의 형태로 지녀야 한다. 그러나 우선, 순수 대자가 있다는 것을 우리는 어디서 아는가? 또한 세계가 사유될 수 있어야 한다는 것을 우리는 어디에서 얻는가?

¶ 아마도 혹자는 그것이 바로 주체와 세계의 정의라고, 또 주체와 세계를 이렇게 이해하지 않으면, 그것들에 대해 말하면서도 더 이상 무엇을 말하는지를 알지 못한다고 대답할 것이다. 그리고 실제로 구성된 말의 수준에서 보면, 그것은 진정 세계와 주체의 의미signification이다. 그러나 말 자체는 그것의 의미를 어디에서 얻는가? 철저한(근본적) 반성réflexion radicale은 내가 주체와 대상의 관념을 형성하고 정식화하고 있는 동안에 나를 다시 파악하는 반성이다. 이 반성은 이 두 관념의 근원을 드러낸다. 그것은 반성으로서, 작용할 뿐만 아니라, 작용하는 자기 자신을 의식하는 것이다. 아마도 혹자는 여전히 다음과 같이 대답할 것이다. 반성적 분석은 주체와 대상을 〈관념〉 속에서 파악하는 것일 뿐 아니라, 하나의 경험이라는 것이다. 또 나는 반성하면서, 이미 나였던 그 무한한 주체로 나를 되돌려 놓고, 이미 대상이 의존하고 있던 그 관계 속에 대상을 되돌려 놓는다는 것이다. 마지막으로 이런 주체의 관념과 대상의 관념은 그것이 없으면 어떤 사람에게도 아무것도 존재하지 않을 조건들을 단지 정식화(표현)한 것이기 때문에, 나는 이 관념들을 어디서 얻는지 물을 필요가 없다는 것이다. 그러나

반성된 **자아**는 적어도 주제화되어 있다는 점에서, 비반성된 **자아**와 다르다. 또한 주어져 있는 것은 의식도 순수 존재도 아니다. 즉 칸트 자신이 심도 있게 말한 것처럼, 그것은 경험이고, 달리 말하면 유한한 주체가 거기에서 출현하지만 여전히 거기에 구속되어 있는 그런 불투명한 존재와 소통하는 것이다. 주어져 있는 것은 "순수하고, 말하자면 여전히 무언無言의 경험이며, 《254》 그 자체의 의미를 순수 표현으로 가져와야 하는 것이다."[36] 우리는 세계의 경험을 갖지만, 그것은 각 사건을 완전히 결정하는 관계들의 체계로서가 아니라, 그 종합이 완성될 수 없는 열린 전체성으로 이해된 세계이다. 우리는 한 **자아**의 경험을 갖지만, 그것은 절대적인 것으로서가 아니라, 시간의 흐름 속에서 해체되고 동시에 다시 만들어지는 주체성으로 이해된 자아이다. 주체의 통일성과 대상의 통일성은 실제상의 통일성이 아니라, 경험의 지평에 있는 추정상의 통일성이다. 주체의 관념과 대상의 관념 이전에, 나의 주체성의 사실과 발생하는 상태에서의à l'état naissant 대상을, 또 관념들과 사실들이 태어나는 원초적 층을 다시 발견해야 한다. 의식에 대해서, 나는 나 자신인 이 의식으로 먼저 향함(참조함)으로써만 그 개념을 형성할 수 있다. 특히, 나는 감각(감관)을 먼저 규정하려고 하지 말고, 그 대신 내가 내적으로 체험하는 감각성sensorialité과의 접촉을 회복해야 한다. 우리는 그것이 없으면 세계가 사유될 수 없다는 조건을 선험적으로a priori 세계에 부여할 의무가 없다. 왜냐하면 세계가 사유될 수 있기 위해서는, 세계가 우선 알려져 있어야 하고, 내게 존재해야 하며, 다시 말해 주어져 있어야 한다. 또한 내가 세계를 정립하는 신이고, 또 세계 속에 던져져 있으면서, 〈달려 있다〉는 말의 모든 의미에서 〈세계에 달려 있는tient à lui〉[37] 인간

---

36   Husserl, *Méditations cartésiennes*, p. 33[*Cartesianische Meditationen*, S. 77[독역본에 따른 인용 출처]].

이 아닐 때에만, 초월론적 감성론은 초월론적 분석론과 일체를 이룰 것이기 때문이다.

¶ 따라서 우리는 단 하나의 공간을 연역하는 칸트를 그대로 따를 필요가 없다. [정말로] 단 하나의 공간은 완전한 객관성이 사유되기 위한 필요조건이다. 그리고 내가 여러 공간을 주제화하려고 할 때, 이 공간들이 통일성[하나의 공간]에 이른다는 것도 정말로 사실이다. 왜냐하면 각 공간은 다른 공간들과 어떤 위치적 관계에 있고, 따라서 그것들과 단지 하나를 이루기 때문이다. 그러나 우리는 완전한 객관성이 사유될 수 있는지를 아는가? 모든 관점적 현상perspectives이 [동시에] 함께 성립할 수 있는지를, 이 관점적 현상들 모두가 어디에선가 함께 주제화될 수 있는지를 아는가? 우리는 촉각적 경험과 시각적 경험이 상호감각(상호감관적)적 경험 없이 엄밀히 서로 결합할 수 있는지를, 나의 경험과 타인의 경험이 단 하나의 상호주관적 경험의 체계 속에서 연결될 수 있는지를 아는가? 아마도 각각의 감각적(감관적) 경험 속에서든 각각의 의식 속에서든, 어떤 합리성도 환원할 수 없는 〈유령들〉이 있을 것이다. **초월론적 연역** 전체는 진리의 완전한 체계가 존재한다는 주장에 근거한다. 만약 우리가 반성하고자 한다면, 바로 이러한 주장의 근원으로 거슬러 올라가지 않으면 안 된다. 이러한 의미에서, 우리는 《255》 그 누구도 흄보다 더 철저한(근본적) 반성에 이르려는 의도가 없었다고 후설[38]과 함께 말할 수 있을 것이다. 왜냐하면 진정으로 흄은 모든 이데올로기 이전에, 우리가 그 경험을 갖는 현상으로 데려가기를 원했기 때문

---

[37] 역주) 〈달려 있다〉로 번역한 "tient à"는 〈무엇이 …에 붙어 있다〉, 〈무엇이 …에 달라 붙다(집착하다)〉, 〈무엇(또는 그 본성)이 …과 관련되다(…에 기인하다)〉를 의미한다. 따라서 위의 구문은 "세계에 붙어 있는(달려 있는) 인간", "(그 본성이) 세계와 관련되는 (세계에 달려 있는) 인간", "세계에 달라붙는 인간"의 의미를 지닌다.

[38] *Formale und Transzendentale Logik*, p. 226.

이다. 비록 그가 이 경험을 왜곡하고 조각내긴 했지만 말이다. 특히, 단 하나의 공간과 시간의 관념은 칸트가 바로 **초월론적 변증론**에서 비판했던 존재의 총화의 관념에 근거하기 때문에, 괄호 속에 두어야 하고, 그 발생의 계보도 우리의 현실 경험에서 출발하여 다시 물어야 한다.

[9. 선험적인 것L'a priori과 경험적인 것l'empirique]

¶ 달리 말하면, 이 새로운 반성의 입장, 즉 현상학적 입장은 선험적인 것(아프리오리)에 대한 새로운 정의를 내리는 것이다. 이미 칸트는 선험적인 것이 경험에 앞서 인식될 수 없음을, 즉 그것이 우리의 사실성의 지평 밖에서 인식될 수 없음을 보여 주었고, 또 인식의 두 실제 요소인 선험적인 것과 후험적인 것(아포스테리오리)의 분리가 있을 수 없음을 보여 주었다. 칸트 철학에서 선험적인 것이 사실적으로 실존하는 것과 대립해서 또 인간학적인 규정으로서, 존재해야 하는 것의 특성을 여전히 지니는 것은, 단지 칸트가 그의 프로그램을 끝까지 추구하지 않았기 때문이다. 즉 그의 프로그램은 우리의 사실적 조건들을 통해 우리의 인식능력들을 규정하는 것이었고, 생각할 수 있는 모든 존재를 바로 이 세계의 지반 위로 그가 되돌려 놓아야 하는 것이었다. 경험, 즉 우리의 사실적인 세계에의 열림이 인식의 시작으로 인정되는 순간, 선험적 진리의 차원과 사실적 진리의 차원, 존재해야 하는 세계의 모습과 현실적으로 존재하는 세계의 모습을 구분할 수단은 더 이상 없게 된다. 선험적 진리로 간주되어 왔던 감각(감관)들의 통일성은 근본적 우연성에 대한, 즉 우리가 세계에 있다는 사실에 대한 형식적 표현 이상의 것이 아니다. 후험적 소여로 간주되어 왔던 감각(감관)들의 다양성, 그리고 이 다양성이 인간 주체 속에서 갖는 구체적인 형식은 이 세계에, 다시 말해 결과적으로 우리가 사유할 수 있는 이 유일한 세계에 필연적인 것으로 나타난다. 따라서 그 다양성은 선험적인 진리가 된다.

¶ 우리가 모든 감각이 공간적이라는 입장을 취하게 된 것은, 대상으로서의 성질이 공간 밖에서는 사유될 수 없기 때문이 아니다. 그것은 감각 자체가 존재와의 원초적 접촉으로서, 감각질에 의해 제시된 실존의 형식에 대한 감각하는 주체의 다시 잡기로서, 감각하는 자와 감각질의 함께-실존함으로서, 함께-실존하는 환경(장)을, 다시 말해 공간을 구성하기 때문이다. 《256》 선험적으로 우리는 어떤 감각도 점처럼 있지 않고, 어떤 감각성도 어떠한 장을, 따라서 함께-실존함들을 전제한다고 말한다. 이로부터 우리는 라슐리에Lachelier의 입장과 달리, 맹인도 공간 경험을 갖는다고 결론 내린다. 그러나 이러한 선험적 진리들은 하나의 사실, 즉 어떤 실존의 형식을 다시 잡는 감각적(감관적) 경험의 사실을 명시화하는 것과 다르지 않다. 또한 이 다시 잡기는 매 순간 내가 거의 완전히 촉각이나 시각이 될 수 있음을, 또한 내 의식이 어느 정도는 [감각으로] 채워져 있어, 자유로운 활동의 무엇인가를 잃어버리지 않는다면, 나는 심지어 볼 수도 만질 수도 없음을 함축한다. 이처럼 감각(감관)들의 통일성과 다양성은 동일한 수준의 진리들이다. 선험적인 것은 그 무언의 논리의 모든 귀결 속에서, 이해되고, 명시화되며, 추구된 사실이다. 후험적인 것은 고립되고 함축된(명시화되지 않은) 사실이다. 공간성 없는 촉각을 말하는 것은 모순일 것이다. 또한 공간에서의 만짐(접촉) 없이 만지는 것은 선험적으로 불가능하다. 왜냐하면 우리의 경험은 하나의 세계의 경험이기 때문이다. 그러나 이처럼 촉각적인 관점적 현상이 한 존재 전체 속에 들어가는 것은 촉각에 어떤 외적 필연성도 나타내지 않는다. 그것은 촉각적 경험 자체 속에서 그 스스로의 방식에 따라 저절로 발생하는 것이다. 경험이 우리에게 주는 바로서의 감각은 더 이상 무차별적인 질료와 추상적인 계기가 아니라, 존재와 접촉하는 우리의 한 면이고, 의식의 한 구조이다. 또한 우리는 모든 성질의 보편적 조건으로서의 단일한 공간을 갖는 것이 아니라, 각각의 성질에 있어서 공간에

있는(공간으로 향한) 특수한 방식, 말하자면 공간을 형성하는 특수한 방식을 갖는다. 각각의 감각(감관)이 큰 세계의 내부에 작은 세계를 구성한다는 것은 모순도 불가능한 것도 아니다. 오히려 감각(감관)의 이런 개별성(특수성)에 의해서, 각 감각(감관)은 전체에 필연적인(필요불가결한) 것이고, 전체에 열리는 것이다.

[10. 각 감각(감관)에는 자기 〈세계〉가 있다]

요컨대, 선험적인 것과 경험적인 것, 형식과 내용의 구분이 일단 사라지면, 감각적 공간들은 단일한 공간으로서의 전체적 배열형태configuration의 구체적 계기들이 된다. 또 단일한 공간으로 향하는 능력은 감각(감관)이 단일한 공간과 등지고 자기 속에 고립되려는 능력과 나눠질 수 없다. 내가 콘서트장에서 감았던 눈을 다시 뜨면, 내게 시각적 공간은 좀 전에 음악이 펼쳐졌던 또 다른 공간에 비해 좁게 나타난다. 심지어 한 악곡이 연주되는 동안 내가 눈을 뜨고 있더라도, 음악은 윤곽이 뚜렷하고 좁은 이 [시각적] 공간 속에 정말로 갇혀 있지 않는 것처럼 보인다. 음악은 시각적 공간 속에 슬며시 새로운 [공간적] 차원을 집어넣어 이 속에서 펼쳐지는데, 이것은 마치 환각에 사로잡힌 환자에게서 지각된 세계의 밝은 공간이 《257》 다른 것들이 현전할 수 있는 〈어두운 공간〉과 신비스럽게 겹쳐지는 것과 같다. 타인이 세계에 대해 갖는 관점적 현상이 내게는 알려지지 않는 것처럼, 각 감각(감관)의 공간적 영역은 다른 감각(감관)들에게는 절대적으로 인식할 수 없는 것이고, 그런 만큼 다른 감각(감관)들의 공간성을 제한하는 것이다. 이상의 기술들은 비판주의 철학에 경험적인empirique 호기심만을 제공할 뿐이고, 선험적인 확실성도 손상시키지 않겠지만, 우리에게는 철학적 중요성을 갖는 것이다. 왜냐하면 공간의 통일성은 감각(감관)의 영역들이 상호 맞물림 속에서만 발견될 수 있기 때문이다. 그리고 이것이 바로, 비공간적 지각에 대한 저 유명한 경험론적인 기술들 속에도 여전히 진리로서 남아 있는 것이다.

¶ 백내장 수술을 받은 선천성 맹인들의 경험은 그들의 공간이 시각과 함께 시작한다는 것에 결코 증거가 되지 못했고, 될 수도 없을 것이다. 그렇지만 환자는 새로 접하게 된 시각적 경험에 계속 놀라워한다. 또한 환자에게서 촉각적 경험은 이 시각적 공간에 비하면 매우 빈약해 보이기 때문에, 그는 수술 전에 공간 경험을 결코 가진 적이 없다고 기꺼이 인정할 것이다.[39] 환자의 놀라움, 그가 처음 접하는 새로운 시각적 세계에서의 머뭇거림은 촉각이 시각과 같이 공간적이지 않다는 것을 보여 준다. 보고에 따르면,[40] "수술 후에 시각을 통해 주어진 형태는 환자들에게서 절대적으로 새로운 것이어서, 환자들은 그것을 자신의 촉각적 경험과 관계시키지 못한다." "환자는 자신이 보고 있지만, 무엇을 보고 있는지를 모른다고 주장한다…. 그는 자신의 손을 결코 자신의 손으로 알아보지 못하고, 그저 움직이는 흰색 한 덩어리만을 말할 뿐이다."[41] 그는 시각을 통해 원과 직사각형을 구별하기 위해, 손으로 그렇게 하듯 눈으로 도형의 변을 따라가야 한다.[42] 또 그의 눈앞에 대상을 제시하면, 그는 항상 그것을 만지려고 한다.[43]

---

[39] 어떤 환자는 수술 전에 그가 갖고 있다고 생각한 공간 개념들이 진정한 공간 표상을 주지 못했으며, 〈사유 작업을 통해 획득한 지식〉에 불과했다고 말한다(Von Senden, *Raum- und Gestaltauffassung bei operierten Blindgeborenen vor und nach der Operation*, p. 23). 시각의 획득은 촉각에도 영향을 주는 실존 전체의 재조직화를 가져온다. 세계의 중심은 이동하고, 촉각적 도식은 망각되며, 촉각을 통한 인식은 덜 확실하게 된다. 이제부터 실존의 흐름은 시각을 통해 일어난다. 환자가 말하고 있는 것은 바로 이런 약화된 촉각이다.

[40] *Ibid.*, p. 36.

[41] *Ibid.*, p. 93.

[42] *Ibid.*, pp. 102-104.

[43] *Ibid.*, p. 124.

이로부터 어떤 결론을 내릴 수 있을까? 촉각적 경험은 공간 지각을 준비하지 않는다고 결론 내려야 하는가?《258》 그러나 만약 촉각적 경험이 전혀 공간적이지 않다면, 그는 그에게 보여 준 대상으로 손을 내밀려고 하겠는가? 이러한 동작은 촉각이 적어도 시각적 소여의 장場과 유사한 장에 스스로를 연다는 것을 전제한다. 여러 가지 사실들이 특히 보여 주는 것은 시각이 시선을 조금도 사용하지 않으면 무력하다는 것이다. 환자들은 "우선 색을 우리가 냄새를 맡는 것처럼 본다. 그것은 냄새가 우리를 감싸고, 우리에게 작용하지만, 일정한 크기의 형태를 차지하지 않는 것과 같다."[44] 처음에는 모든 것이 뒤섞여 있고, 모든 것이 움직이는 것처럼 보인다. 색 면들이 구분되고 운동이 정확히 파악되는 것은 나중에, 즉 환자가 "본다는 것이 무엇인지"[45]를 이해했을 때만, 다시 말해 그가 시선을 더 이상 손이 아니라 시선으로서 여기저기 보내고 움직이게 할 때만 일어난다. 이런 사실은 각 감각기관이 대상을 각자의 방식으로 묻는다는 것, 또 어떠한 유형의 종합의 행위자라는 것을 증명한다. 그러나 공간이란 말을 유명론적인 정의에 의해 시각적 종합을 가리키는 것으로만 쓰지 않는다면, 함께-실존함들의 파악이라는 의미의 공간성을 촉각에서 배제할 수는 없다. 본래의 시각이 눈으로 [도형의 변을 따라] 이동하는 과정과 눈으로 행한 일종의 촉각을 통해 준비된다는 사실 자체도, 최초의 시각적 지각이 삽입될 수 있는 준-공간적인 촉각적 장이 있지 않다면, 이해될 수 없을 것이다. 만약 촉각이 인위적으로 고립된 경우에라도 함께-실존함들이 가능한 방식으로 조직되어 있지 않다면, 정상적인 성인의 시각이 그렇게 하듯 시각은 결코 촉각과 직접 소통하지 못할 것이다. 여러 가지 사실들은 촉각적 공간의 관념을 배제하기는

[44]   *Ibid.*, p. 113.
[45]   *Ibid.*, p. 123.

커녕, 매우 고유한 촉각적 공간이 있고, 그래서 촉각적 공간의 분절상태가 시각적 공간의 분절상태와 애초에도 같은 종류가 아니고 나중에도 아님을 오히려 증명해 준다.

¶ 경험론적 분석은 올바른 문제를 제기하지만, 혼동하고 있다. 예를 들어 촉각이 동시에 희미한 연장étendue ―몸의 연장과 몸 도구의 연장― 밖에 가질 수 없다는 사실은 단순히 촉각적 공간의 현시에만 관련되는 것이 아니라, 이 공간의 의미도 변화시키는 것이다. 지성에 있어서, 적어도 고전 물리학적인 어떤 지성에 있어서, 동시성은 인접한 두 점에서 일어나든, 멀리 떨어진 두 점에서 일어나든 동일한 것이다. 그래서 어떤 경우든 가까운 거리의 동시성들로 《259》 먼 거리의 동시성을 점차로 만드는 것이 가능하다. 그러나 경험에 있어서는, [동시성을 포착하는] 이런 활동에 이처럼 끼어드는 시간의 두께가 이 활동의 결과를 변화시키고, 그로 인해 양 끝 점 사이의 동시성에 어떤 〈흔들림bougé〉[46]이 생긴다. 그리고 이러한 조건에서, 시각의 관점적 현상이 갖는 넓이(폭)는 수술받은 맹인에게 진정한 계시(발견)가 될 것이다. 왜냐하면 이 넓이는 멀리 떨어진 것들 사이의 동시성 자체를 처음으로 맹인에게 나타내 줄 것이기 때문이다. 수술받은 후 환자는 촉각적 대상은 진정한 공간적 전체가 아니고, 촉각에서 대상의 파악은 단지 〈부분들의 상호 관계에 대한 앎〉이며, 원과 정사각형은 촉각을 통해서는 진정으로 지각되지 않고, 어떤 〈기호〉를 통해서, 즉 〈꼭짓점〉이 있느냐 없느냐에 따라 인식된다고 말한다.[47] 이것이 의미하는 것은, 촉각적 장은 결코 시각적 장의 넓이를 갖지 않는다는 것이고, 촉각적 대상은 시각적 대상처럼 각 부분이 완전히 현전하지 않는다는 것이며, 요컨대 만지는 것은

46   역주) 본서 68쪽 역주 참조.
47   *Ibid.*, p. 29.

보는 것이 아니라는 것이다. 물론, 맹인과 정상인 사이에 대화가 개입되어 있다. 또한 맹인이 색채 어휘일지라도 최소한의 대략적인 의미를 제시하지 못하는 낱말은 아마 단 하나도 없을 것이다. 열두 살 맹인은 시각의 차원들을 매우 잘 정의한다. 즉 그는 다음과 같이 말한다. "앞을 보는 사람들은 미지의 감각(감관)을 통해 나와 관계하고 있어요. 그 감각(감관)은 멀리서 나를 둘러싸고, 나를 뒤좇고, 나를 관통하며, 내가 일어나서 잘 때까지 말하자면 나를 지배하고 있어요."[48] 하지만 이러한 말이 주는 정보는 맹인에게는 여전히 개념적이고 문제적이다. 그것은 시각만이 답을 줄 수 있는 문제를 제기하는 것이다. 이 때문에 수술받은 맹인은 우리가 모르는 사람을 만날 때 그에 대해 들었던 것과는 다른 것을 언제나 보게 되듯이, 그가 기대했던 것과는 다른 세계를 발견한다.[49] 맹인의 세계와 정상인의 세계는 그들이 각자 이용하는 내용(소재)의 양에서만이 아니라, 전체적 구조에서도 다르다. 어떤 맹인은 나뭇가지, 잎사귀, 팔, 손가락이 무엇인지를 촉각을 통해 매우 정확히 알고 있다. 그러나 수술 후에 그는 나무와 인간의 몸이 〈무척이나 다르다〉는 것을 알게 되어 깜짝 놀란다.[50] 분명히 시각은 나무의 인식에 새로운 세부 내용만을 덧붙여 주지는 않았다. 《260》 문제는 그것이 새로운 현전화(현시)의 방식과 새로운 유형의 종합으로서 대상을 변형시킨다는 것이다. 예를 들어 〈빛 비춤-빛 받은 대상〉의 구조는 촉각의 영역에서 무척 막연한 유사성만 있을 뿐이다. 이 때문에 열여덟 살까지 맹인으로 살다가 수술받은 한 환자는 햇빛을 만지려고 시도한다.[51] 만약 우리에게 시각이 없다면, 우리 삶의 전체적 실질의미 ―개념적 의미signification

48   *Ibid.*, p. 45.
49   *Ibid.*
50   *Ibid.*, p. 50 이하.
51   *Ibid.*, p. 186.

는 이것의 추출물에 불과하다— 는 다를 것이다. 물론 우리가 체험하지 않았던 경험의 추상적 의미signification에 접근할 수 있게 하고, 예컨대 우리가 보지 않았던 것을 말할 수 있게 하는 대용과 대체의 일반적 기능이 있다. 그러나 유기체에서 대체 기능이 손상된 기능과 정확히 동일한 기능이 아니고 그저 외관상 온전한(통합된) 모습만을 부여하는 것처럼, 지성은 여러 경험 사이에 외관상의 소통만을 확보해 준다. 그리고 수술받은 선천성 맹인의 시각적 세계와 촉각적 세계의 종합, 상호감각적 세계의 구성은 감각적 지반 자체 위에서 이루어져야 한다. 두 경험 간의 실질의미적 공통성도 그것들이 융합하여 단 하나의 경험이 되게 하기에는 충분치 않다. 각각의 감각(감관)들이 딱 맞게 대체되지 않는 존재 구조를 지니고 있는 한, 그것들은 서로 구분되고, 또 지적 작용과도 구분된다. 우리가 이러한 사실을 인정할 수 있는 것은, 우리가 의식의 형식주의를 거부하고 몸을 지각의 주체로 삼았기 때문이다.

[11. 감각(감관)들의 소통]

또한 우리는 감각(감관)들의 통일성을 손상시키지 않고서도 위와 같은 사실을 인정할 수 있다. 왜냐하면 감각(감관)들은 서로 소통하기 때문이다. 음악은 시각적 공간 안에 있지 않지만, 시각적 공간을 잠식하고, 에워싸며, 움직이게 한다. 그래서 무척 잘 차려입은 음악 청중은 바닥이 흔들리는 것을 알아차리지도 못한 채, 비평가의 태도를 취하며 서로의 말과 미소를 주고받지만, 곧 폭풍우 치는 해상에서 흔들리는 선원처럼 된다. 두 공간은 공통의 세계를 바탕으로 해서만 서로 구분된다. 또한 두 공간 모두가 존재의 전체임을 똑같이 주장하기 때문에만 서로 경쟁할 수 있다. 그것들은 대립하는 바로 그 순간에 하나가 된다. 만약 내가 감각(감관)들 중 하나에 갇혀 있고자 한다면, 예를 들어 나 자신 전체를 내 눈 속에 던져, 푸른 하늘에 나를 맡겨 버린다면, 나는 곧장 바라본다는 의식도 없게 된다. 내가 완전히 시각이 되고자 하는 바로 그 순간에, 하늘은 〈시각적 지각〉이기를 멈추고 그 찰나의 내 세계가 되어 버린다. [분리된] 감각적(감관적) 경험은 불안정한 것이고, ⁽²⁶¹⁾ 내 몸 전체와 함께 생기고 상호감각적 세계에 열리는 자연적 지각과도 다른 것이다. 감각질의 경험과 마찬가지로, 분리된 〈감각(감관)들〉의 경험은 매우 특수한 태도에서만 일어나고, 직접적인 의식의 분석에는 이용될 수가 없다.

¶ 나는 내 방에 앉아 있고, 탁자 위에 놓인 하얀 종이들을 바라본다. 어떤 종이들은 창문을 통해 빛을 받고, 다른 종이들은 그림자 속에 있다. 내가 내 지각을 분석하지 않고, 또 전체 광경을 나타난 그대로 유지한다면, 나는 모든 종이가 내게 똑같이 하얗게 나타난다고 말할 것이다. 그렇지만 어떤 종이들은 벽의 그림자 속에 있다. 어떻게 이것들은 다른 종이들 못지않게 하얀 것일까? 나는 더 잘 보기로 마음먹는다. 나는 이 종이들에 시선을 집중한다. 다시 말해 나는 내 시각장의 경계를 제한한다. 심지어 나는 이 종이들과 나머지 시각장을 분리하는 성냥갑을 통해, 또는 〈축소 스크린(차광막)〉의 창을 통해 그것들을 볼 수 있다. 내가 이런 장치들 중 하나를 이용하든, 아니면 단지 맨눈이지만 "분석적 태도"⁵²로 관찰하든, 종이들의 모습은 바뀌게 된다. 그것은 더 이상 그림자가 드리워진 하얀 종이가 아니다. 그것은 회색이거나 푸른빛이 감도는, 두툼하고 들쭉날쭉한 물질이다. 내가 다시 한번 광경 전체를 살펴보면, 나는 그림자가 드리워진 종이들이 빛받은 종이들과 동일하지 않았고 동일한 적도 없었으며, 또한 그것들과 객관적으로 다른 적도 없었음을 보게 된다. 그림자가 드리워진 종이의 흰색은 검은색-하얀색 계열에서 정확히 분류되지 않는다.⁵³ 그것은 원래

---

52   Gelb, *Die Farbenkonstanz der Sehdinge*, p. 600.

어떤 규정된(일정한) 성질도 아니었다. 나는 내 눈으로 시각장의 일부에 집중함으로써 그 성질을 나타나게 했던 것이다. 즉 그때, 오직 그때에만 나는 내 시선이 빠져 있는 어떤 성질*quale* 앞에 있게 된다.

¶ 그런데 집중한다는 것은 무엇인가? 대상 쪽에서 보면, 그것은 시각장의 집중된 부분과 그 나머지를 분리하는 것이고, 광경의 전체적 생명을 끊어 버리는 것이다. 이 전체적 생명은 조명을 고려하여 시각적 표면 각각에 일정한 색조를 부여한다. 주체 쪽에서 보면, 그것은 우리의 시선이 광경 전체에 자신을 맞추고 또 이 광경에 의해 휩싸여 있는 전체 시각을 관찰로, 즉 주체가 자기 마음대로 통제하는 국소적 시각으로 바꾸는 것이다. [집중할 때 나타난] 그 감각질은 지각과 외연이 같기는커녕, 호기심이나 관찰이라는 태도의 특수한 산물이다. 그것은 내가 내 시선 전체를 세계에 맡기는 것이 아니라, 내가 이 시선 자체로 향할 때, 또 내가 정확히 무엇을 보는지를 물을 때 나타난다. 그것은 《262》 나의 시각과 세계의 자연적인 교류 속에서는 출현하지 않는다. 그것은 내 시선이 제기한 어떤 물음의 대답이고, 2차적 또는 비판적 시각이 스스로를 특수성에서 인식하려는 시도의 결과이다. 즉 내가 착각하지나 않을까 두려워하거나, 시각에 대한 과학적 연구를 착수하고자 할 때, "순수 시각적인 것에 기울이는 주의"[54]의 결과이다. 이러한 태도는 광경을 사라지게 한다. 즉 내가 축소 스크린을 통해 보는 색이나, 화가가 눈을 가늘게 뜨며 얻는 색은 더 이상 색-대상, 다시 말해 벽의 색이나 종이의 색이 아니다. 그것들은 두께가 조금은 있으나, 모두 동일한 허구적 평면에 불분명하게 놓여 있는 색 표면이다.[55] 따라서 내가 내 시

---

53   *Ibid.*, p. 613.

54   Katz, *Einstellung auf reine Optik*(Gelb에 의해 인용, *op. cit.*, p. 600).

55   *Id.*, *ibid.*

선과 공동으로 작업하고 내 시선을 통해 나를 광경에 맡기게 되는 시각의 자연스런 태도가 있다. 이때 장場의 부분들은 유기적 조직 속에서 연결되고, 그 결과 그것들은 인식될 수 있고 그 정체성이 알려질 수 있다. 성질이나 분리된 감각성이 생기는 것은 내가 내 시각의 이런 전체 구조를 깨뜨릴 때, 내가 내 자신의 시선에 달라붙어 있기를 멈출 때이다. 또 그것은 시각을 체험하는 것 대신에, 내가 시각에 대해 물어보고, 나의 가능성을 시험하고자 하며, 내 시각을 생포하여 그것을 기술하려고 내 시각과 세계, 나 자신과 내 시각의 연결의 끈을 풀 때이다.

[12. 감각(감관)들 〈이전의〉 감각작용]

¶ 이러한 태도에서, 세계가 감각질들로 쪼개짐과 동시에, 지각하는 주체의 자연적 통일성도 깨지고, 나는 나를 한 시각장의 주체로서 알아보지 못하게 된다. 그런데 각 감각(감관) 내부에서 자연적 통일성을 재발견해야 하는 것과 마찬가지로, 우리는 감각(감관)들의 분리 이전에 감각작용sentir 의 〈원초적 층〉을 나타나게 해야 한다.[56] 내가 한 대상에 집중하거나, 두 눈의 시선을 분산시키거나, 일어나는 사건에 나를 완전히 맡겨 버리거나에 따라, 동일한 색은 달리 나타난다. 즉 그것은 내게 표면색으로 나타나거나 ―이 색은 공간의 일정한 장소에 있고, 한 대상 위에 펼쳐져 있다―, 아니면 분위기적인 색이 (공간색이) 되어 대상 주위 전체에 퍼져 있거나이다. 또는 내가 그 색을 내 시선의 진동으로서 내 눈 속에서 감각하거나, 아니면 그 색은 하나의 동일한 존재 방식을 내 몸 전체에 전달하고, 나를 가득 채워 더 이상 색이라는 이름값을 못하게 되거나이다. 이와 마찬가지로, 나의 외부에서 울리는 악기의 대상적인 소리가 있고, 《263》 대상과 내 몸 사이

---

[56]   Werner, *Untersuchungen über Empfindung und Empfinden*, I, p. 155.

에 분위기적인 소리가 있으며, 내가 마치 플루트나 추시계가 된 것처럼 내 속에서 진동하는 소리가 있다. 그리고 마지막 단계에서 소리의 요소는 사라지고, 내 몸 전체의 변화의 경험, 게다가 무척 명확한 경험이 되어 버린다.[57] 감각(감관)의 경험은 자유로운 활동의 폭이 좁을 뿐이다. 즉 소리와 색은 이것들의 배열 자체에 의해 재떨이, 바이올린과 같은 어떤 대상을 그려 내고, 이 대상은 단번에 모든 감각(감관)들에 말을 건다. 또는, 경험의 다른 쪽 끝에서 보면 소리와 색은 내 몸속에 받아들여져서, 내 경험을 단 하나의 감각(감관)의 영역으로 제한하는 것이 어렵게 되고, 따라서 감각(감관)의 경험은 다른 모든 감각(감관)의 경험으로 저절로 넘쳐흐른다. 우리가 좀 전에 기술한 세 번째 단계의 감각적(감관적) 경험은 그저 소리나 색의 방향을 나타내는 〈강세〉에 의해서만 구별될 뿐이다.[58] 이 단계에서 경험의 애매성(이중성)은 현저하다. 그래서 청각의 리듬은 영화적 영상들을 융합하여 운동의 지각을 일으키는데, 이것은 청각의 도움이 없다면 이 동일한 연속적 영상들이 너무 느려서 스트로보스코프적 운동[59]을 야기하지 못하는 것이다.[60] 소리는 연속적으로 나타나는 색의 상(이미지)들을 변화시킨다. 강한 소리는 색의 상들을 강화시키고, 소리의 멈춤은 색의 상들을 희미하게 하며, 낮은 소리는 파란색을 더 진하거나 더 깊은 느낌을 준다.[61] 각각의 자극에 단 하나의 감각만을 관계시키는 항상성 가설[62]은 우리가 자연적 지

---

57   *Ibid.*, p. 157.

58   *Ibid.*, p. 162.

59   역주) "mouvement stroboscopique." "공간에 두 개의 사물이 떨어져 있을 때, 그중 하나가 짧은 시간에 켜졌다 꺼지고 짧은 지연 시간을 가진 후에 다른 하나가 켜졌다 꺼지는 경우에 발생하는 운동의 착시"(『실험심리학용어사전』).

60   Zietz und Werner, *Die dynamische Struktur der Bewegung.*

61   Werner, *op. cit.*, p. 163.

62   이 책의 도입부, 제1장 참조.

각에 다가갈수록 그만큼 검증하기 어려워진다. "우리의 행위가 지성적이고 공평무사할(객관적일) 때에만, 항상성 가설은 자극과 특정 감각(감관)의 반응의 관계에서 받아들여질 수 있고, 또한 예컨대 소리 자극은 특정 영역, 여기서는 청각의 영역으로 한정된다."[63]

[13. 공감각共感覺]

¶ 메스칼린 중독은 공평무사한(객관적인) 태도를 유지할 수 없게 하고 환자를 활력 있게 하기 때문에, 공감각synesthésie의 발생을 조장하지 않을 수 없을 것이다. 실제로 메스칼린을 복용하면, 플루트의 소리는 청록색으로 보이고, 메트로놈의 소리는 어둠 속에서 회색 반점들로 나타난다. 《264》 [회색 반점들 사이의] 시각적 공간의 간격은 소리의 시간적 간격에, 회색 반점의 크기는 소리의 세기에, 반점의 공간적 높이는 소리의 높이에 대응한다.[64] 메스칼린을 복용한 어떤 사람이 철 조각 하나를 발견하고 그걸로 창턱을 내리치며, 〈이건 마술이야〉라고 소리친다. 그것은 나무들이 더 푸르게 보였기 때문이다.[65] 개 짖는 소리는 표현할 수 없는 방식으로 빛을 끌어당기고, 또 그의 오른쪽 발에서 울린다.[66] 이런 모든 것은 마치 "진화 과정에서 생겼던 감각(감관)들 간의 장벽이 때때로 무너지는 것"[67]을 보는 것처럼 일어난다. 침투되지 않는 성질들을 가진 객관적 세계와 분리된 기관들을 가진 객관적인 몸의 관점에서 보면, 공감각의 현상은 역설적이다. 그래

---

63   Werner, *op. cit.*, p. 154.

64   Stein, *Pathologie der Wahrnemung*, p. 422.

65   Mayer-Gross et Stein, *Über einige Abänderungen der Sinnestätigkeit im Meskalin-rausch*, p. 385.

66   *Ibid.*

67   *Ibid.*

서 사람들은 감각sensation 개념을 건드리지 않고 공감각 현상을 설명하고자 시도한다. 즉 예를 들어, 시각 또는 청각 영역과 같이 일반적으로 두뇌 한 영역에 국한되어 있던 흥분이 이런 경계를 넘어 다른 영역으로 개입할 수 있다는 것과, 이처럼 특정 성질과 특정되지 않은 성질이 연합된다는 것을 전제해야 할 것이다. 그러나 이와 같은 설명은 그 논증을 두뇌 심리학에 기반하든 안 하든, 공감각적 경험을 설명해 주지 못한다.[68] 공감각적 경험은 이처럼 감각 개념과 객관적 사유를 다시 문제 삼는 새로운 기회가 된다. 왜냐하면 피험자는 우리에게 그저 소리와 색을 동시에 경험한다고만 말하지 않기 때문이다. 즉 색이 형성되는 그 지점에서 그가 보고 있는 것은 소리 자체이다.[69] 만약 광경을 시각적 성질quale로, 소리를 음향적 성질quale로 규정한다면, 이러한 말은 문자 그대로 의미를 잃게 된다. 그러나 ⟪265⟫ 소리를 보거나 색을 듣는 것이 현상으로 존재하기 때문에, 이러한 말이 의미 있도록 규정하는 일은 우리의 몫이다. 게다가 이러한 현상은 예외적인 현상도 아니다. 공감각적 지각은 규칙적인 것이다. 그리고 우리가 이러한 것을 알아차리지 못하는 것은, 과학적 지식이 경험을 바꾸어 놓기 때문이고, 우리가 어떻게 보고 듣는지를, 일반적으로는 어떻게 감각하는지를 망각하여, 우리가 무엇을 보고 듣고 감각해야 하는지를 우리의 몸의 조직과 물리학자가 이해하는 세계로부터 연역해 내기 때문이다.

---

68 예를 들어 메스칼린 복용 상태에서 크로낙시(시치)의 변화를 관찰하는 것은 가능하다. 곧 보게 되는 것처럼, 여러 감각질의 병치를 통해 우리가 공감각적 경험에 주어지는 것과 같은 지각의 양면성(애매성)을 이해할 수 없다면, 이상의 사실은 결코 객관적인 몸으로 공감각을 설명하지 못할 것이다. 크로낙시의 변화는 공감각의 원인이 될 수 없고, 전체적이고 더 심층적인 어떤 사건의 객관적 표현 또는 표시(기호)이다. 이 전체적이고 더 심층적인 사건은 객관적인 몸속에 그 자리를 갖지 않고, ⟨세계에 있는 존재⟩의 수레로서의 현상적인 몸과 관련한다.

69 Werner, *op. cit.*, p. 163.

¶ 흔히 사람들은 시각이 우리에게 줄 수 있는 것은 색 또는 빛, 또 이것들과 함께 색의 윤곽인 형태, 그리고 색 반점의 위치 변화인 운동뿐이라고 말한다. 그러나 색 등급표에서 투명함이나 〈혼탁한〉 색들은 어떻게 위치시킬 수 있을까? 사실, 가장 내적인(본질적) 모습에서의 각각의 색은 외부로 표출된 사물의 내부 구조일 뿐이다. 황금의 빛남은 황금의 동질적 구성을 감각적으로 보여 주고, 나무의 윤기 없는 색은 나무의 이질적 구성을 감각적으로 보여 준다.[70] 감각(감관)들은 사물의 구조에 스스로를 열면서 서로 간에 소통한다. 우리는 유리의 딱딱함과 깨지기 쉬움을 본다. 또 유리가 깨끗한(수정 같은) 소리를 내며 깨질 때, 이 소리에는 시각적인 유리가 스며 있다.[71] 우리는 강철의 탄성, 빨갛게 달군 강철의 가연성, 대팻날의 단단함, 대팻밥의 부드러움을 본다. 대상의 형태는 대상의 기하학적 윤곽이 아니다. 즉 그것은 대상의 고유 본성과의 관계를 지니며, 시각뿐 아니라 우리의 모든 감각(감관)에 동시에 말을 건다. 리넨 직물이나 면직물의 주름의 형태는 섬유의 부드러움이나 건조함을, 직물의 차가움이나 온화함을 우리 시선에 제시한다. 마지막으로, 보이는 대상의 움직임은 시각장 속에 상응하는 색 반점의 단순 이동이 아니다. 우리는 새가 막 날아오른 나뭇가지의 움직임 속에서 나뭇가지의 유연성이나 탄성을 읽고, 바로 이 때문에 사과나무의 가지와 자작나무의 가지는 즉각 구별된다. 우리는 모래 속에 처박힌 주철 덩어리의 무게와 물의 유동성과 시럽의 점성을 본다.[72] 마찬가지로 나는 차 소리 속에서 길바닥 포석鋪石의 단단함과 울퉁불퉁함을 듣는다. 그리고 우리가 〈부드러운〉 소리, 〈윤기 없는〉 소리, 또는 〈마른〉 소리

---

[70] Schapp, *Beiträge zur Phänomenologie der Wahrnehmung*, p. 23과 그 이하.

[71] *Ibid.*, p. 11.

[72] *Ibid.*, p. 21과 이하.

를 말하는 것은 옳은 일이다. 청각이 우리에게 진정한 〈사물(것)〉을 전해 주는지를 의심할 수 있다고 해도,《266》 그것은 공간 속에서 들리는 소리 저너머에 〈살랑거리는bruit〉[73] 어떤 것을 우리에게 제시하고, 이를 통해 다른 감각(감관)들과 소통한다는 것은 적어도 확실한 것이다.[74] 끝으로 내가 눈을 감고 가느다란 강철 막대와 참피나무 가지를 구부릴 때, 나는 두 손에서 금속과 나무의 가장 은밀한 직물을 지각한다. 따라서 〈서로 다른 감각(감관)들의 소여들〉은 서로 비교 불가능한 성질들로 파악되어 그만큼의 분리된 세계들에 속하게 되지만, 각각의 소여가 그 특수한 본질에서 사물을 자기 방식으로 나타내는moduler 방식인 한, 그것들 모두는 자신의 의미표현적인 핵을 통해 서로서로 소통한다.

[14. 양안 시각의 두 단안 시각상들처럼 구분되면서 구별 불가능한 감각(감관)들]

그렇지만 감각될 수 있는 실질의미의 본성을 명확히 해야 한다. 그렇지 않다면 우리는 앞에서 배척했던 지성론적 분석으로 되돌아가게 될 것이다. 내가 만지고, 보는 것은 동일한 탁자이다. 그러나 이에 더해서, 흔히 말하듯 내가 듣는 것과 헬렌 켈러가 촉각으로 느끼는 것은 동일한 소나타이고, 내가 보는 것과 맹인 화가가 그리는 것은 동일한 인물이라고 해야 할까?[75] [만약 그렇다면] 점차 지각적 종합과 지성적 종합 사이에는 더 이상 어

---

[73] 역주) 사물에 따라, 〈바람에 나뭇잎이 살랑거리는〉, 〈나뭇잎을 밟는 소리가〉 바스락대는〉, 〈[시냇물이] 졸졸대는〉 등으로 번역될 수 있고, 각각의 소리에는 사물의 성질 또는 본성이 표현되어 있다.

[74] *Ibid.*, pp. 32-33.

[75] Specht, *Zur Phänomenologie und Morphologie der pathologischen Wahrnehmungstäuschungen*, p. 11.

떤 차이도 없게 될 것이다. 감각(감관)들의 통일성은 과학적 대상들의 통일성과 동일한 질서에 속하게 될 것이다. 내가 한 대상을 만지면서 동시에 바라볼 때, 금성이 샛별과 개밥바라기의 공통 근거이듯이 단일한 대상은 이두 나타난 모습의 근거가 될 것이고, 그래서 지각은 초보 과학이 될 것이다.[76] 그런데 지각이 우리의 감각적(감관적) 경험들을 하나의 세계로 통합하는 것은, 과학적 종합이 대상들이나 현상들을 모으는 것과 같지 않고, 양안 시각이 하나의 대상을 파악하는 것과 같다. 이러한 〈종합〉을 더 자세히 기술해 보자.

¶ 내 시선을 한없이 먼 곳에 맞출 때, 나는 가까운 대상에 대해 두 개의 상을 갖는다. 이번엔 내 시선을 가까운 대상에 초점 맞출 때, 나는 두 개의 상이 모두 하나가 되는 대상 쪽에 모여 그 대상 속에서 사라지는 것을 본다. 이때, 종합이란 두 개의 상 모두를 하나의 대상의 상들로 사유하는 것이라고 말해서는 안 된다. 만약 정신 작용이나 통각이 작용했다면, 즉각 나는 두 개의 상의 동일성을 주목해야 할 것이다. 그러나 실제로는 대상의 통일성이 나타나기까지 더 오랜 시간을, 즉 대상에 초점 맞추어 두 개의 상이 사라질 때까지 기다려야 한다. 단일 대상은 두 개의 상을 사유하는 어떤 방식이 아니다. (267) 왜냐하면 두 개의 상은 단일 대상이 나타나는 순간에 소여로서 주어지지 않기 때문이다. 그렇다면 〈두 개의 상의 융합〉은 신경계의 생득적인 어떤 장치에 의해 획득된 것인가? 그래서 결국 우리는 말초가 아니라면 적어도 중추에서 두 눈을 매개로 단 하나의 흥분만을 갖는다고 말해야 하는가? 그러나 때때로 복시複視가 일어나기 때문에, 단순히 시각 중추의 존재로는 단일한 대상을 설명하지 못한다. 이것은 복시가 항상 있는 것이 아니기 때문에, 단순히 두 망막의 존재로는 복시를 설명할 수

---

[76]   Alain, *81 Chapitres sur l'Esprit et les Passions*, p. 38.

없는 것과 마찬가지다.[77] 정상 시각의 단일 대상뿐 아니라 복시도 이해할 수 있는 것은, 시각 기관의 해부학적 배열을 통해서가 아니라, 그 기관의 기능작용을 통해서와, 심리물리적 주체가 그것을 이용하는 방식을 통해서일 것이다. 그렇다면 복시가 생기는 것은 우리의 두 눈이 대상으로 수렴하지 않기 때문이고, 그래서 대상이 두 망막에 비-대칭적인 상을 만들기 때문이라고 우리는 말해야 할까? 또는 두 개의 상이 하나의 상으로 융합되는 것은 대상에 초점 맞춤이 이 두 상을 두 망막의 동일 지점들에 이르게 하기 때문이라고 말해야 할까? 그러나 두 눈의 분산과 수렴은 복시와 정상적 시각의 원인인가 결과인가? 백내장 수술을 받은 선천성 맹인들의 경우, 수술 후 얼마 동안 두 눈의 조정되지 않음이 보는 것을 방해하는지, 시각장의 혼란이 두 눈의 조정되지 않음을 조장하는지를 말하는 것은 불가능할 것이다. 즉 그들이 대상에 초점 맞추지 못해서 못 보는 것인지, 보아야 할 것이 있지 않아서 초점 맞추지 못하는지를 말하는 것은 불가능할 것이다. 내가 무한히 먼 곳을 바라보면서, 예컨대 내 눈 가까이에 내 손가락 하나를 두어 이 손가락의 상이 두 망막의 비-대칭적인 지점에 투영될 때, 두 망막상들의 배치는 복시를 사라지게 할 초점 맞추는 운동의 원인일 수가 없다. 왜냐하면 이미 지적된 것처럼,[78] 두 상의 불일치는 그 자체로 존재하지 않기 때문이다. 내 손가락의 상은 왼쪽 망막의 어떤 영역과, 이 영역과 대칭적이지 않은 오른쪽 망막의 어떤 영역에 맺혀 있다. 그러나 오른쪽 망막의 대칭

<hr>

[77] "[두 눈의 흥분을 전달하는] 신경 전도체들이 한곳으로 모인다는 것 자체는 일반적인 양안 시각에서 상들이 구별되지 않음을 조건 짓지 못한다. 왜냐하면 두 단안시들 사이에 경쟁이 일어날 수 있기 때문이다. 또한 상들이 구별되는 경우가 있을 때, 망막들의 분리는 이러한 구별을 설명하지 못한다. 왜냐하면 보통, 수용체와 전도체에서 모든 것이 하나의 동일한 상태에 있으므로, 이러한 구별은 일어나지 않기 때문이다"(R. Déjean, *Etude psychologique de la distance dans la vision*, p. 74).

[78] Koffka, *Some Problems of Space Perception*, p. 179.

적인 영역에도 시각적 흥분으로 가득 차있다. 또 《268》 두 망막의 자극의 분
포는 양쪽의 배열형태를 비교하고 동일시하는 주체에 대해서만 〈불-균형
적〉일 뿐이다. 대상으로 간주된 두 망막 자체에는, 비교될 수 없는 두 무리
의 자극이 있을 뿐이다.

¶아마도 혹자는 초점 맞추는 운동이 없으면, 이 두 무리는 겹쳐질 수도
없고 어떤 사물에 대해서 시각을 일으킬 수도 없다고, 또 이런 의미에서 단
지 이런 두 무리의 자극 자체가 불균형의 상태를 만든다고 말할 것이다. 그
러나 이것은 바로 우리가 보여 주고자 하는 것을 인정하는 것이다. 즉 단
일 대상을 본다는 것은 초점 맞추기의 단순 결과가 아니라는 것, 그것은 초
점 맞추기의 행위 자체 속에 예상되는 것, 또는 어떤 저자가 말했듯 시선의
초점 맞추기는 "예견적 활동activité prospective"이라는 것[79]을 인정하는 것이
다. 내 시선이 가까운 대상으로 이동하여 두 눈을 이것에 집중하게 하기 위
해서는, 내 시선은 복시를 불균형으로 또는 불완전한 시각으로 체험해야[80]
하고, 이런 긴장을 해소하고 시각을 완성하는 쪽으로 향하듯 그 대상으로
향해야 한다. "〈보기voir〉 위해서는 〈바라보아야regarder〉 한다."[81] 그러므로
양안 시각에서의 대상의 통일성은 두 단안 시각상을 융합하여 결국 단일

---

79 R. Déjean, op. cit., pp. 110-111. 저자는 "정신의 예견적 활동"을 말한다. 우리가 이
    점에서 그를 따르지 않을 것임을 곧 보게 될 것이다.

80 주지하는 바와 같이, 게슈탈트 이론은 [균형으로 향한] 방향성을 가진 이 과정을 〈결합
    지대(zone de combinaison)〉의 어떤 물리적 현상에 근거 짓는다. 우리가 다른 곳에서
    말했듯이, 심리학자에게 여러 가지 현상이나 구조가 있다는 것을 깨닫게 해 주는 것
    과, 모든 현상(구조)들을 그중 어떤 현상(구조)으로, 여기서는 물리적 형태로 설명하
    는 것은 모순적이다. 시간적인 형태로서의 시선의 초점 맞추기는, 모든 형태가 현상
    적 세계에 속한다는 단순한 이유에서, 물리적이거나 생리학적인 사실이 아니다. 이
    점에 관해서, La Structure du Comportement, p. 175과 그 이하, p. 191과 그 이하[제3판,
    p. 141, pp. 154-155] 참조.

81 R. Déjean, ibid.

한 상을 만들어 내는 어떤 3인칭적 과정으로부터 결과하지 않는다. 복시로부터 정상 시각으로 이행할 때, 단일한 대상은 두 개의 상을 대체하는 것이지, 그것은 명백히 두 개의 상의 단순 겹침이 아니다. 즉 단일한 대상은 두 개의 상과는 다른 질서에 속하고, 비교할 수 없을 정도로 견고한 것이다. 양안 시각에서 복시의 두 개의 상은 서로 달라붙어 단 하나의 상으로 되는 것이 아니며, 대상의 통일성은 정말로 지향적이다.

¶그런데 —우리가 목표했던 지점에 도달하긴 했지만— 이 통일성은 개념적 통일성이 아니다. 우리가 복시에서 단일 대상으로 이행하는 것은 정신의 통찰을 통해서가 아니라, 두 눈이 《269》 제 각각 기능하기를 그치고, 단일 시선에 의해 단일 기관처럼 이용될 때이다. 종합을 수행하는 것은 인식론적 주체가 아니다. 그것은 몸이다. 즉 자신의 분산된 상태에서 벗어나서, 자신을 집중하고, 모든 수단을 통해 자신의 운동의 단일 목표를 향할 때의 몸이고, 기관의 공동작용의 현상을 통해 단일 의도(지향)를 자신 속에서 잉태할 때의 몸이다. 우리가 객관적인 몸으로부터 종합을 빼앗는 것은 현상적인 몸에 그것을 부여하기 위해서일 뿐이다. 다시 말해 우리가 종합을 부여하는 몸은 그것 주위에 어떤 〈장(주위환경)〉을 던지고,[82] 그 〈부분들〉이 서로를 역동적으로 인식하며, 그 수용기들이 공동작용을 통해 대상의 지각이 가능하도록 배열되어 있는 그런 몸이다. 이러한 지향성이 사유가 아니라고 말함으로써 우리가 의미하는 것은, 지향성은 의식의 투명성 속에서 실행되지 않는다는 것, 또 지향성은 내 몸이 스스로에 대해 갖는 모든 잠재적인 앎을 획득된 것으로 취한다는 것이다. 지각적 종합은 몸 도식의 선-논리적 통일성에 의존하고 있기 때문에, 자기-몸의 비밀과 마찬가

---

[82]   그것이 "Umweltintentionalität(주위환경적 지향성)"을 갖는 한에서이다. Buytendijk, Plessner, *Die Deutung des mimischen Ausdrucks*, p. 81.

지로 대상의 비밀도 소유하지 않는다. 그렇기 때문에 지각적 대상은 항상 초월적인 것으로 제시되고, 또 종합은 사유 주체라는 형이상학적인 한 점에서가 아니라 대상 자체에서, 세계 속에서 일어나는 것처럼 보인다. 바로 이 점에서 지각적 종합은 지성적 종합과 구별된다. 내가 복시로부터 정상 시각으로 이행할 때, 나는 두 눈으로 동일한 대상을 본다고 의식할 뿐 아니라, 대상 그 자체로 향하여, 결국 대상의 구체적인(살적인) 현전을 획득한다고 의식한다. [단일 대상이 나타나기 전에] 단안 시각상들은 사물 앞에서 막연히 떠돌고 있고, 세계 속에 있어야 할 자리가 없다. 그리고 유령들이 햇빛에 노출되어 그것들이 나온 대지의 갈라진 틈으로 다시 사라지듯이, 갑자기 단안 시각상들은 세계의 어떤 곳으로 물러나, 그곳으로 빨려 들어간다. 양안 시각의 대상은 단안 시각상들을 흡수한다. 바로 이 대상에서 종합이 일어나고, 바로 이 대상의 명료함에서 단안 시각상들은 마침내 이 대상의 나타남들로 알려진다. 일련의 내 경험들은 서로 일치하는 것으로 주어진다. 그리고 종합이 일어나는 것은, 이 경험들 모두가 어떤 불변자를 대상의 동일성 속에서 표현하는 한에서가 아니라, 그것들이 그것들 중 마지막 것에 의해 사물의 자기성ipséité 속에 모아지는 한에서이다. 물론 이 자기성은 결코 도달되지 않는다. 우리 지각에 주어진 사물의 각 국면은 그것 이상을 지각하라고 초대하는 것(부추기는 것)일 뿐이고, ⟪270⟫ 지각적 과정에서 순간적으로 정지한 것일 뿐이다. 만약 우리가 사물 자체에 도달한다면, 사물은 이제 우리 앞에 신비스러운 것 없이 펼쳐질 것이다. 사물은 우리가 그것을 소유했다고 믿는 그 순간에 사물로서 존재하기를 멈출 것이다. 따라서 사물의 〈실재성〉을 이루는 것은 바로 사물에 대한 우리의 소유를 박탈하는 것이다. 사물의 자기원리성aséité,[83] 즉 사물의 거부할 수 없는 현전과 사물

---

83   역주) "자기 존재의 고유 원리를 그 자신 속에 소유한 존재의 양태"(*Larousse*).

이 그 속에 숨으려는 지속적인 부재는 초월의 분리할 수 없는 두 측면이다. 지성론은 이 두 가지 모두를 알지 못한다. 우리가 사물을 경험들의 열린 계열의 초월적 한계로 설명하고자 한다면, 그 자체가 열린 무한한 몸 도식의 통일성을 지각의 주체에게 부여해야 한다. 바로 이것이 양안 시각의 종합이 우리에게 가르쳐 주는 것이다.

[15. 몸에 의한 감각(감관)들의 통일성]

¶ 이것을 감각(감관)들의 통일성 문제에 적용해 보자. 감각(감관)들의 통일성은 이것들이 근원적 의식 아래에 포섭됨에 의해서가 아니라, 하나의 인식하는 유기체 속에 통합됨에 의해, 그러나 결코 완성되지 않는 통합됨에 의해 이해될 것이다. 상호감각적 대상과 시각적 대상의 관계는 시각적 대상과 복시의 단안 시각상들의 관계와 같다.[84] 그리고 감각(감관)들이 지각에서 소통하는 것은 두 눈이 시각에서 협력하는 것과 같다. 소리에 대한 시각과 색에 대한 청각이 실현되는 것은 시선의 통일성이 두 눈을 통해 실현되는 것과 같다. 즉 이것은 내 몸이 병치된 기관들의 총합이 아니라, [기관들의] 공동작용의 체계로서, 그 모든 기능들이 〈세계에 있는 존재〉의 전

---

[84] 사실, 감각(감관)들 모두가 똑같이 대상성을 드러낼 수 있고 똑같이 지향성으로 물들어질 수 있는 것처럼, 그것들을 동일한 차원에 두어서는 안 된다. 우리의 경험이 보여 주듯이 그것들은 등가의 것이 아니다. 즉 내게서 시각 경험은 촉각 경험보다 더 사실적이고, 그 자체 속에 촉각 경험의 진리도 포함하며, 촉각 경험을 보충하는 것으로 보인다. 왜냐하면 시각 경험의 더 풍부한 구조는 촉각에서는 예상할 수 없는 존재의 양태들을 내게 제시하기 때문이다. 감각(감관)들의 통일성은 그것들의 고유 구조들의 차이를 바탕으로 횡적으로 실현된다. 그런데 우리가 다른 쪽 눈이 복종하는 〈주도적인 눈〉을 갖는다는 것이 사실이라면, [감각(감관)들의 통일성과] 유사한 것을 양안 시각에서 발견하게 된다. 이상의 두 가지 사실, 즉 시각적 경험이 다른 감각적 (감관적) 경험들을 다시 잡는(재파악하는) 것과 한쪽 눈이 다른 쪽 눈의 기능들을 다시 잡는(재파악하는) 것은, 경험의 통일성이 형식적 통일성이 아니라, 감각(감관)들 그 자체에서 생기는 조직화임을 증명해 준다.

체적 운동 속에서 다시 잡히고(재파악되고) 결합되어 있는 한에서이고, 내 몸이 실존의 응고된 모양인 한에서이다. 시각이나 청각이 침투되지 않는 성질*quale*의 단순 소유가 아니라, 실존의 한 양태의 체험이고, 내 몸의 이 실존의 양태와의 동시작용이라면, 내가 소리를 보거나 색을 듣는다고 말하는 것은 의미가 있는 것이다. 또한 《271》 성질*qualité*의 경험이 어떤 운동 방식이나 어떤 행위의 경험이라면, 공감각의 문제는 해결의 실마리를 갖게 될 것이다. 내가 어떤 소리를 본다고 말할 때, 내가 의미하는 것은, 나의 감각적(감관적) 존재 전체를 통해, 특히 색들에 감응할 수 있는 나 자신의 영역을 통해 소리의 진동에 반향反響을 만드는 것이다. 객관적인 운동이나 공간 속의 이동이 아니라, 운동의 앞에-던짐*projet*이나 "잠재적 운동"[85]으로 이해되는 운동은 감각(감관)들의 통일성의 토대이다. 잘 알려진 것처럼, 유성 영화는 장면에 소리를 동반시킬 뿐 아니라 장면 그 자체의 내용도 변화시킨다. 내가 프랑스어로 더빙된 영화를 볼 때, 나는 말과 영상이 서로 일치하지 않음만을 알아차리는 것이 아니다. 갑자기 나는 거기서 어떤 다른 것이 말해지는 것도 느낀다. 영화관과 내 귀는 더빙된 언어로 채워졌는데도, 이 더빙된 언어는 내게 심지어 청각적 존재조차 갖지 않고, 나는 스크린에서 나오는 소리 없는 또 다른 말에만 귀를 기울이고 있다. 갑자기 음향 장치의 고장으로 스크린에서 계속 움직이는 인물의 목소리가 나오지 않을 때, 돌연 내게 드러나지 않는 것은 그의 말의 의미만이 아니다. 장면 자체도 변하고 있는 것이다. 조금 전까지 생생했던 얼굴 표정은 당황한 사람처럼 둔해지고 응고되며, 소리의 중단은 스크린을 일종의 마비 상태로 만들어 버린다. 관객에게서 몸동작과 말은 관념적 의미*signification* 아래로 포섭되지 않는다. 그에게서 말은 몸동작을 다시 잡고(계승하고), 몸동작은 말을

---

85   Palagyi, Stein.

다시 잡는다(계승한다). 그것들은 내 몸을 통해 소통하며, 내 몸의 감각적(감관적) 측면들처럼 직접 서로서로를 상징한다. 왜냐하면 내 몸은 바로 완전히 상호감각(상호감관)적인 등가와 변환으로 이루어진 체계이기 때문이다. 감각(감관)들은 번역자가 필요 없이 서로를 번역하고, 관념을 통할 필요 없이 서로를 이해한다. 이상의 고찰로 다음과 같은 헤르더Herder의 말을 충분히 이해할 수 있다. "인간은 어떨 때는 이쪽에서 감응되고(촉발되고), 또 어떨 때는 저쪽에서 감응되는(촉발되는) 하나의 지속적인 공통감관 sensorium commune이다."[86] 몸 도식의 개념으로, 몸의 통일성만이 새롭게 기술되는 것이 아니다. 몸의 통일성을 통한 감각(감관)들의 통일성과 대상의 통일성도 새롭게 기술된다. 내 몸은 표현(*Ausdruck*)이라는 현상의 장소, 아니 오히려 표현이라는 현상의 현실성 자체이다. 내 몸속에서 예를 들어 시각적 경험과 청각적 경험은 《272》 서로서로를 함축한다. 그리고 이 경험들의 표현적 가치는 지각된 세계의 선술어적 통일성을 토대 짓고, 또 이런 통일성을 통해 언어적 표현(*Darstellung*)과 지성적 의미signification(*Bedeutung*)를 토대 짓는다.[87] 내 몸은 모든 대상들의 공통된 조직이고, 적어도 지각된 세계와 관련하여 나의 〈이해〉의 일반적 도구이다.

[16. 세계의 일반적 상징체계로서의 몸]

내 몸은 자연적 대상에만 의미를 부여하는 것이 아니라, 낱말과 같은

---

[86] 베르너에 의해 인용(Werner, *op. cit.*, p. 152). 역주) 메를로퐁티 입장에서 〈공통감관〉은 그 기능이나 능력으로서의 〈공통감각〉이기 때문에, 앞에서 〈sens〉를 〈감각(감관)〉으로 표기한 것처럼 〈공통감각(공통감관)〉으로 표기하는 것이 일관되겠지만, 우리는 단순히 〈공통감관〉으로 표기한다.

[87] 카시러에 의해 Ausdruck(표현), Darstellung(언어적 표현), Bedeutung(지성적 의미)가 구분되었다. Cassire, *Philosophie der symbolischen Formen*, III.

문화적 대상에도 의미를 부여한다. 피험자가 해독할 수 없을 정도로 무척 짧은 시간 동안 어떤 낱말, 예컨대 〈덥다chaud〉라는 낱말을 그에게 제시해 보자. 그러면 이 낱말은 일종의 더위의 경험을 가져와, 피험자 주위를 감싸는 의미표현적인 후광 같은 것을 만들어 낸다.[88] 〈뻣뻣한dur〉[89]이라는 낱말은 등과 목의 어떤 경직을 불러일으킨다. 이 낱말이 시각장이나 청각장에 던져지고, 기호나 음성의 모양을 띠는 것은 이차적인 일이다. 낱말은 개념의 표지標識가 되기 이전에 우선 내 몸을 사로잡는 사건이고, 낱말이 내 몸을 사로잡는 것은 낱말이 관계한 실질의미의 영역을 윤곽 짓는 것이다. 어떤 피험자에게 〈축축한(feucht)〉이란 낱말을 제시하면, 그는 축축함과 차가움 외에도, 몸 도식 전체가 개편되는 것을 체험한다고 말한다. 즉 그는 마치 몸의 내부가 주변으로 나오는 것 같고, 또 그때까지 팔과 다리에 집중된 몸의 상태가 새로운 중심을 형성하려고 하는 것 같다고 말한다. 따라서 낱말은 그것이 유도한(부추긴) 태도와 구별되지 않는다. 낱말이 외적인 모습(이미지)으로 나타나고, 낱말의 의미signification가 사유로서 나타나는 것은 그것이 길게 현전할 때뿐이다. 낱말들은 어떤 형태적 모습physionomie을 갖고 있다. 왜냐하면 우리는 각 사람에 대해서와 같이, 각 낱말에 대해서 그것이 주어지자마자 단번에 어떤 태도(행위)를 취하기 때문이다. "나는 rot(로트, 빨강)란 낱말을 그 생생한 표현에서 파악하려고 한다. 그러나 그것은 내게 처음엔 [그 핵심이 아닌] 주변적인 것에 불과하고, 그저 그 의미signification의 앎과 함께 나타나는 기호에 불과하다. 그것은 빨강 자체가 아니다. 그러나 갑자기 나는 그 낱말이 내 몸을 관통하고 있음을 알아차린다. 표현하기 어렵지만 그것은 내 몸을 침입하고 동시에 내 구강에 둥근 형

---

88   Werner, *op. cit.*, p. 160과 그 이하.
89   어쨌든 독일어로는 〈hart〉.

태를 부여하는 일종의 먹먹함[둔함]으로 충만한 느낌이다. 그리고 나는 정확히 그 순간에 종이 위에 쓰인 그 낱말이 표현적 가치를 띠고 있음을 알아차린다. 그 낱말은 원환 형태의 어두운 빨강으로 내 앞으로 다가오고, 《273》 그와 동시에 〈o〉라는 글자는 내가 이전에 입속에서 느꼈던 둥근 구멍을 직관적으로 나타내고 있다."[90] 낱말의 이런 작용 방식에서 우리는 특히 그것이 사람들이 말하고, 듣고, 보는 어떤 것과 분리되지 않은 것임을 이해할 수 있다. "읽은 낱말은 시각적인 단편 공간의 기하학적 구조가 아니다. 그것은 행동과 언어적 운동을 그 역동적 충만함 속에서 나타낸 것이다."[91] 낱말의 지각이든, 더 일반적으로 대상의 지각이든, "그 모습(이미지)을 구조화하는 데 필요한 어떤 몸의 태도, 어떤 특수한 방식의 역동적인 긴장이 있다. 역동적이고 살아 있는 전체로서의 인간은 심리물리적인 유기체의 부분으로서의 그의 시각장에 모양을 그리기 위해 그 스스로를 형태화해야 한다."[92]

¶ 요컨대, 내 몸은 단지 여러 대상들 속에 있는 한 대상도, 여러 감각질의 복합체들 속에 있는 한 복합체도 아니다. 그것은 모든 대상을 감각할 수 있는*sensible*[93] 대상으로서, 모든 소리에 울리고 모든 색에 떨리는 것이고, 또

---

90   Werner, *Untersuchung über Empfindung und Empfinden*, II, *Die Rolle der Sprachempfindung im Prozess der Gestaltung ausdrucksmässig erlebter Wörter*, p. 238.

91   *Ibid.*, p. 239. 우리가 방금 낱말에 대해 말한 것은 문장에 대해 더더욱 사실이다. 우리는 정말로 문장을 다 읽기도 전에, 그것이 〈기사체〉이거나 〈삽입절〉이라고 말할 수 있다(*Ibid.*, pp. 250-253). 우리가 한 문장을 이해하거나 적어도 그것에 어떤 의미를 부여할 수 있는 것은 전체에서 부분으로 나아가면서이다. 그렇지만 이것은 베르그송이 말한 것처럼 우리가 처음에 있는 낱말들에 대해 〈가설〉을 세웠기 때문이 아니다. 우리에게는 언어 기관이 있고, 이 기관이 그것에 제시된 언어적 배열형태(configuration)와 결합하기 때문이다. 이것은 우리의 감각기관들이 자극으로 향하여 자극과 동시 작용하는 것과 같다.

92   *Ibid.*, p. 230.

낱말을 맞이하는 스스로의 방식으로 낱말에 그 원초적 실질의미를 부여하는 것이다. 이것은 경험론적인 방식으로 〈덥다〉라는 말의 실질의미를 더위의 감각으로 환원하는 문제가 아니다. 왜냐하면 내가 〈덥다〉라는 낱말을 읽으면서 감각하는 더위는 실제 더위가 아니기 때문이다. 단지 내 몸은 더위에 스스로를 준비하고, 말하자면 더위의 형태를 그리는 것이다. 마찬가지로 누군가 내 앞에서 내 몸의 어느 부위를 부르거나 내가 그 부위를 떠올릴 때, 나는 해당하는 그 부위에서 접촉의 준-감각을 체험하고, 이 준-감각도 단지 내 몸의 그 부위가 전체적인 몸 도식에서 출현하는 것일 뿐이다. 따라서 우리는 낱말의 실질의미는 물론 심지어 지각된 것의 실질의미도 ⑷²⁷⁴⁾ 〈몸의 감각들〉의 총합으로 환원하지 않는다. 이와 달리 우리는 다음과 같이 말한다. 즉 몸이 여러 〈행위 방식들conduites〉을 갖는 한, 몸은 그 자신의 부분들을 세계의 일반적인 상징체계로서 이용하는 특이한 대상이고, 이것을 통해 결국 우리는 이 세계와 〈만나고〉, 이 세계를 〈이해하며〉, 이 세계에서 어떤 실질의미를 발견할 수 있다.

[17. 인간은 공통감관sensorium commune⁹⁴이다]

어떤 사람들은 이 모든 것이 아마도 나타남에 관한 기술로서는 어떤 가치를 지닌다고 말할 것이다. 그러나 만약 이러한 기술들이 결국 사유될 수 있는 그 어떤 것도 의미하지 않고, 그래서 반성이 이러한 기술들의 무의미

---

93 역주) "sensible"은 〈대상이 감각될 수 있는〉과 〈주체가 감각할 수 있는〉이라는 이중적 의미를 지닌다. 여기서는 후자의 의미인데, 감각할 수 있는 주체(주어)가 〈대상〉이다. 이것은 『보이는 것과 보이지 않는 것』의 〈Sensible〉의 존재론을 예비적으로 보여주지만, 제1부 제2장에서 본 것처럼 몸이 대상을 감각하는 순간 〈동시에〉 대상처럼 감각되지는 않는다.

94 역주) 메를로퐁티는 앞서 언급한 헤르더에게서 이 "Sensorium commune"라는 표현을 가져온 것 같다. 보통 공통감관 또는 공통감각은 "Sensus Communis"로 표기된다.

함을 입증한다고 하면, 그들은 이 모든 것이 우리에게 어떤 의미가 있을까 하고 물을 것이다. 일상적 견해opinion의 수준에서 자기-몸은 구성되면서 동시에 다른 대상들을 구성하는 대상이다. 그러나 어떤 것이 언급될 때 그것이 무엇인지를 알고자 한다면, [구성된 것과 구성하는 것 중에] 선택해야 하고, 결국 자기-몸은 구성된 대상 쪽에 두어야 한다. 사실 이는 다음의 두 가지 경우 중 하나이다. 첫 번째 경우, 나는 인과관계로 둘러싸인 내 몸을 통해 내가 세계 한가운데에 들어 있다고 여긴다. 이 경우 〈감관〉과 〈몸〉은 물질적 기구들이 되고, 아무것도 인식하지 못하는 것이다. 대상은 각 망막에 하나의 상을 형성하고, 한 망막상은 시각 중추에서 다른 망막상과 겹쳐지지만, 이때 보이는 사물만 있고 보는 사람은 없다. 우리는 몸의 한 단계에서 몸의 다른 단계로 무한히 이행하면서, 인간 속에 〈작은 인간〉을 전제하고, 또 이 작은 인간 속에 또 다른 작은 인간을 전제하지만, 결코 보는 것에 이르지 못한다. 두 번째 경우, 나는 본다는 것이 어떻게 있게 되는지 정말로 이해하기를 원할 수 있다. 그러나 이 경우 나는 구성된 것으로부터, 또 즉자적으로 있는 것으로부터 벗어나야 하고, 반성을 통해 대상이 그에 대해 존재할 수 있는 한 존재를 파악해야 한다. 그런데 대상이 주체의 시선에 존재할 수 있기 위해서는, 이 〈주체〉가 시선으로 대상을 감싸거나, 내 손이 나뭇조각을 잡듯이 대상을 파악하는 것으로는 충분치 않다. 주체는 그가 대상을 파악하거나 바라본다는 사실을 또한 알아야 한다. 즉 주체는 파악하거나 바라보는 자신을 인식해야 하고, 주체의 작용은 전적으로 자기 자신에게 주어져 있어야 하며, 결국 이 주체는 자신인 바로서 의식하는 것 외에는 아무것도 아닌 것이어야 한다. 그렇지 않다면 우리는 제3자로서의 목격자처럼 대상을 파악하고 대상을 바라보게 될 것이다. 그러나 이런 의미의 주체는 자기의식이 없기 때문에, 자신의 작용 속에서 흩어져 버릴 것이고, 어떤 것도 의식하지 못할 것이다. 그래서, 대상의 시각 또는 대상의 촉각적 지각이 있기 위해, 그것을 통해 주체가 자기 앎일 수 있고 그것을 통해 대상이 주체에게 존재할 수 있는 저 부재의 차원, 저 비실재성이 있어야 하지만, 그것들은 언제나 감각(감관)들에 결여될 것이다. 결합되는 것의 의식은 결합하는 자 및 그의 결합 작용의 의식을 전제한다. 대상 의식은 자기의식을 전제한다. 아니 차라리 이것들은 동의어이다. 따라서 어떤 것의 의식이 있다는 것은, 주체가 절대적으로 어떤 것도 아닌 것이기 때문이고, ⟨275⟩ ⟨감각들⟩과 인식의 ⟨질료⟩가 의식의 계기나 의식에 거주하는 것이 아니라, 구성된 것 쪽에 속하기 때문이다.

¶ 이상의 자명한 사실들에 반하여 우리의 기술들은 무엇을 나타낼 수 있고, 또 이상의 양자택일에서 어떻게 벗어날 수 있을까? 지각적 경험으로 되돌아가 보자. 나는 내가 글 쓰고 있는 탁자를 지각한다. 이것은 여러 가지를 의미하지만 그중, 내 지각 작용이 나를 채우고 있다는 것, 그리고 내가 실제 탁자를 지각하고 있는 동안 지각하는 나를 파악할 수 없을 정도로 내 지각 작용이 나를 충분히 채우고 있다는 것을 의미한다. 내가 나를 지각하는 자로 파악하고자 할 때에는, 나는 내 시선을 통해 말하자면 탁자에 빠져 있기를 멈추고, 지각하는 나 자신으로 되돌아온다. 그리고 그때 나는 내 지각이 주체적 현상들을 관통하여, 나의 ⟨감각들⟩을 틀림없이 해석했다는 것을, 결국 내 지각이 내 개인적 역사의 관점 속에서 나타난다는 것을 깨닫게 된다. 나는 분석적 태도를 취하면서 성질들과 감각들로 분석하고, 이어서 내가 이미 거기에 내던져져 있던 대상을 이 성질들과 감각들을 바탕으로 되찾기 위해, 내가 행한 분석의 반대쪽에 불과한 종합 작용을 전제하지 않을 수가 없다. 이때, 나는 결합된 것에서 출발하여, 결합의 활동을 이차적으로 의식한다. 나의 지각 작용은 그 자연적(소박한) 상태에서 보면 그 스스로가 이와 같은 종합을 수행하지 않는다. 그것은 이미 이루어진 작업을 이용하고, 이미 결정적으로 구성된 일반적 종합을 이용한다. 이것은 내

가 내 몸이나 내 감각(감관)들로 지각한다고 말하면서 표현한 것이다. 왜냐하면 내 몸이나 감각(감관)들은 바로 세계의 이런 습관적 앎이며, 이런 암묵적이거나 침전적인 지식이기 때문이다. 만일 나의 의식이 자신이 지각한 세계를 실제로 구성한다면, 의식과 세계 사이에 어떤 거리도, 어떤 가능한 괴리도 없을 것이다. 의식은 세계에 침투하여 가장 은밀히 마디진 곳까지 도달할 것이고, 지향성은 우리를 대상의 핵심에 데려다줄 것이다. 이와 동시에 지각된 것은 현재의 두께를 갖지 않을 것이고, 의식은 지각된 것 속에서 사라지는 일도 붙잡히는 일도 없을 것이다. 이와 반대로 우리는 그 전부를 길어 낼 수 없는 대상을 의식하고, 대상에 빠져 있다. 왜냐하면 대상과 우리 사이에는 잠재적 앎이 있기 때문이다. 이 잠재적 앎은 우리의 시선이 이용하는 것이고, 우리가 단지 그것의 합리적 전개가 가능하다고 추정하는 것일 뿐이며, 언제나 우리 지각 이전에 머물러 있는 것이다. 이미 말한 것처럼 모든 지각이 어떤 익명적인 것을 지닌다는 것은, 지각이 문제 삼지 않는 획득된 것을 다시 잡기(계승하기) 때문이다. 의식이 자기 앞에 [숨김 없이] 펼쳐져 있어야 하는 것처럼, 지각하는 자는 자기 앞에 펼쳐져 있지 않다. 그는 역사적 두께를 지니고, 지각적 전통을 다시 잡으며(계승하며), 현재와 대면하고 있다. 지각할 때, 우리는 대상을 사유하지 않고, 우리 자신을 사유하는 자로서 사유하지 않는다. 우리는 《276》 대상에 있고, 몸과 일체를 이룬다. 이 몸은 세계에 대해, 또 우리가 세계를 종합하는 동기(부추기는 것)와 수단에 대해 우리보다 더 잘고 있다. 이것이 바로 우리가 헤르더와 함께 인간은 공통감관sensorium commune이라고 말했던 이유이다. 우리가 진정으로 지각 작용에 부합하고 비판적 태도에서 벗어난다면 다시 찾게 될 이러한 원초적인 층에서, 나는 주체의 통일성과 사물의 상호감각적 통일성을 체험하지만, 반성적 분석과 과학처럼 이 통일성들을 사유하지 않는다.

[18. 지각적 종합은 시간적이다]

¶ 그러나 결합작용-liaison 없이 결합된 것이란 무엇인가? 누군가에게 아직 대상이 되지 않은 이 대상은 무엇인가? 나의 지각 작용을 내 역사의 한 사건으로 두는 심리학적 반성은 분명 이차적일 것이다. 그러나 초월론적 반성은 나를 대상에 대한 비시간적 사유자로 드러내고, 대상 속에 이미 있지 않은 어떤 것을 그 안에 도입하지 않는다. 즉 이 초월론적 반성은 〈탁자〉나 〈의자〉에 한 의미를 부여하는 것, 그것들의 안정적 구조를 만들어 객관성에 대한 내 경험을 가능케 하는 것을 표현할 뿐이다. 결국 대상이나 주체의 통일성을 체험하는 것은 이 통일성을 만드는 것(수행하는 것)이 아니라면 무엇일까? 이 통일성이 내 몸의 현상과 함께 나타난다고 전제될 때에도, 나는 몸의 현상에서 이 통일성을 발견하기 위해 이 현상에서 이 통일성을 사유해야 하는 것이 아닐까? 또한 몸의 현상을 경험하기 위해 이 현상을 종합해야 하는 것이 아닐까?

¶ 우리는 즉자에서 대자를 이끌어 내려고 하는 것도, 어떤 경험론의 형태로 되돌아가려는 것도 아니다. 또한 우리가 지각된 세계의 종합을 수행한다고 생각한 몸은 순수한 소여도 수동적으로 수용한 사물도 아니다. 그러나 우리 입장에서 이 지각적 종합은 시간적 종합이고, 지각의 수준에서 주체성은 시간성과 다른 것이 아니다. 이러한 사실로부터 우리는 지각의 주체가 불투명성과 역사성을 지닌다고 생각할 수 있다. 나는 내 탁자를 향해 눈을 뜬다. 내 의식은 색들뿐 아니라 뒤섞인 빛 반사들로 가득 차 있고, 내 의식에 나타난 것과 거의 구별되지 않으며, 아직 어떤 것이 되지 못한 광경 속에 그 몸을 통해 퍼져 있다. 갑자기 나는 아직 거기에 있지 않은 탁자에 시선 집중하고, 아직 깊이가 있지 않지만 일정 거리에서 바라본다. 내 몸은 아직 잠재적인 대상에 스스로를 집중하고, 이 대상이 현실화되도록 그 감각적인 표면들을 정돈한다. 이처럼 나는 나를 접촉했던 그 무엇을 세

계 속의 그 자리에 되돌려 보낼 수 있다. 왜냐하면 나는 미래로 향함으로써 내 감각(감관)들에 대한 세계의 첫 번째 공격을 직접적 과거로 되돌려 보낼 수 있고, 직접적 미래로 향하는 것처럼 일정한(규정된) 대상으로 향할 수 있기 때문이다. 시선의 작용은 불가분적으로 예견적이면서 회고적이다. 시선의 작용이 예견적인 것은 대상이 나의 시선 집중 운동의 종말에 있기 때문이다. 또 시선의 작용이 《277》 회고적인 것은 대상이 자신의 나타남에 앞서는 것으로, 즉 처음서부터 전체 과정의 〈자극〉, 부추기는 것(동기), 또는 제1운동인premier moteur으로 주어질 것이기 때문이다. 공간적 종합과 대상의 종합은 이러한 시간적 전개에 토대한다. 내 몸은 시선 집중 운동에서 현재, 과거, 미래를 함께 묶는다. 그것은 시간을 분비한다. 아니 오히려 내 몸은, 사건들이 서로를 존재하도록 미는 것이 아니라, 처음으로 그것들이 현재 주위에 과거와 미래의 이중 지평을 던지고, 또 역사적 방향을 획득하는 그런 자연의 장소가 된다. 여기에는 분명 영원한 자연화하는 것(능산자)을 찾는 기원祈願은 있지만 그런 경험은 없다. 내 몸은 시간을 소유한다(자기 것으로 만든다). 그것은 현재에 대해 과거와 미래가 존재하게 한다. 내 몸은 사물이 아니다. 그것은 시간을 겪는 것이 아니라 시간을 만든다.

¶ 그러나 어떠한 시선 집중 행위도 끊임없이 갱신되지 않으면 안 된다. 그렇지 않다면 그것은 무의식에 빠져 버린다. 대상이 내 앞에 뚜렷이 떠오르는 것은 내 두 눈으로 대상을 훑을 때뿐이고, 시선이 이리저리 움직이는 것은 그것의 본질적 특성이다. 시선이 우리에게 주는 시간적 단편에 대한 잡음(파악)도 시선이 수행하는 종합도 그 자체가 시간적 현상이고, 흐르는 것이며, 새로운 시간적인 작용(행위) 자체 속에서 다시 파악되는 한에서만 존속할 수 있는 것이다. 대상성에 대한 각 지각 작용의 주장은 뒤이은 지각 작용이 다시 하고(다시 잡고), 또 뒤이은 지각 작용이 이에 실망하여, 그것을 다시 한다(다시 잡는다). 이런 지각적 의식의 끊임없는 좌절은 그 시작

부터 예견할 수 있는 것이었다. 내가 대상을 과거로 떠나보내면서만 그것을 볼 수 있는 것은, 내 감각(감관)들에 대한 대상의 첫 번째 공격과 마찬가지로 이 대상을 뒤잇는 지각도 내 의식을 채우고 소멸시키기 때문이다. 따라서 그것은 이 지각 또한 곧 사라지기 때문이고, 지각의 주체는 결코 절대적 주체성이지 않고, 차후의 나에 대해 대상이 될 운명이기 때문이다. 지각은 항상 〈**누군가**(익명적인 사람On)〉의 방식으로 존재한다. 그것은 내 자신이 내 삶에 새로운 의미를 부여할 인격적(인칭적) 행위가 아니다. 감각(감관)의 탐색 속에서 과거를 현재에 부여하고 현재를 미래로 향하게 하는 자는, 자율적 주체로서의 내가 아니라, 몸을 지닌 한에서 또 내가 〈바라볼〉 줄 아는 한에서의 나이다. 지각은 진실의 역사이기보다는, 우리 속에서 이전-역사를 증거하고 갱신하는 것이다. 이것은 또한 시간에 있어 본질적인 것이다. 헤겔처럼 말해 지각이 그 현재의 깊이 속에 과거를 지니지도 않고 응축하지도 않는다면, 현재는, 즉 두껍고 고갈되지 않는 풍요로움을 가진 감각질은 존재하지 않을 것이다. 지각은 그것의 대상의 종합을 현실화된 것으로[현재에 완수된 것으로] 이루지 못한다. 그것은 지각이 경험론적 방식으로 대상을 수동적으로 받아들이기 때문이 아니라, 대상의 통일성이 《278》 시간을 통해 나타나기 때문이고, 시간은 스스로를 다시 파악함에 따라 스스로에게서 벗어나기 때문이다. 나는 분명 시간을 통해 이전 경험을 이후 경험 속에 집어넣고 다시 잡는다(계승한다). 그러나 어디에서도 나는 나를 절대적으로 소유하지 못한다. 왜냐하면 미래의 웅덩이는 언제나 새로운 현재에 의해 채워지기 때문이다. 결합 작용도 주체도 없이 결합된 대상은 있지 않고, 통일 작용 없이 통일성은 있지 않다. 그러나 하나의 운동으로 종합을 문제시하면서도 확고히 하는 시간을 통해, 종합은 이완되면서 동시에 다시 형성된다. 왜냐하면 시간은 과거를 간직하는 새로운 현재를 산출하기 때문이다. 따라서 자연화된 것(소산자)과 자연화하는 것(능산자)의 양자택일은 구성된 시간과 구성하는 시간의 변증법으로 바뀐다. 우리가 제기했던 문제 ―감각성의 문제, 즉 유한한 주체성의 문제― 를 해결해야 한다면, 우리는 시간을 반성함으로써 해결해야 할 것이다. 그리고 주체성이 없다면, 과거 자체도 미래 자체도 더 이상이 있지 않게 되어 시간은 존재하지 않을 것이기 때문에, 우리는 또한 어떻게 시간이 주체성에 대해서만 있는지를 밝힘으로써 그 문제를 해결해야 할 것이다. 또한 우리는 어떻게 이 주체성이 그럼에도 시간 그 자체인지를, 그리고 헤겔과 함께 어떻게 시간이 정신의 실존이라고 말할 수 있는지, 또는 후설과 함께 어떻게 시간의 자기-구성에 대해 말할 수 있는지를 밝힘으로써 그 문제를 해결해야 할 것이다.

[19. 반성하는 것은 비반성된 것을 다시 발견하는 것이다]

이제 우리는 지금까지의 기술과 앞으로 곧 하게 될 기술로 우리의 문제들의 해결책으로 기대되는 새로운 종류의 반성에 익숙해질 것이다. 지성론에게서 반성하는 것은 감각과 거리 두거나 감각을 객관화하는 것이고, 다양한 것(잡다)을 아우를 수 있고 이 다양한 것이 그에 대해 존재할 수 있는 비어 있는 주체를 감각 앞에 나타나게 하는 것이다. 정확히 지성론이 의식에서 모든 불투명성을 제거함으로써 의식을 순화하는 한, 그것은 질료hylé를 진정한 사물로 만들게 되고, 구체적 내용의 파악 또는 이 사물과 정신의 만남은 생각할 수 없게 된다. 만약 인식의 질료matière는 분석의 결과이지 실재의 요소로 간주되어서는 안 된다고 대답한다면, 그에 상응하여 통각의 종합적 통일성도 경험의 개념적 정식화라는 것, 이 통일성에 [그것이 원래부터 주어졌다는] 근원적 가치가 부여되어서는 안 된다는 것, 요컨대 인식 이론은 다시 시작해야 한다는 것을 인정해야 한다. 우리는 인식의 질료와 형식이 분석의 결과라는 데 동의한다. 내가 인식의 질료를 정립하는 것은, 지각의 원초적(근원적)인 믿음과 단절하여, 지각에 대해 비판적 태도를 취할 때이고, 또 〈내가 진정으로 무엇을 보는지를〉 물을 때이다.

¶ 철저한(근본적radicale) 반성의 과제, 즉 자기 자신을 이해하고자 하는 반성의 과제는 《279》 역설적이게도 세계의 비반성된 경험을 다시 발견하여, 진리 확인적vérification 태도와 반성적 활동을 이 비반성된 경험 속에 다시 두는 것이고, 또 반성을 내 존재의 여러 가능성 중 하나로 나타나게 하는 것이다. 그렇다면 처음엔 우리에게 무엇이 있는가? 다양하게 주어진 것들과 이것들을 아우르고 구석구석 일람하는 종합적 통각이 아니라, 세계라는 바탕 위의 어떤 지각적 장이 있다. 여기에는 어떤 것도 주제화되어 있지 않다. 대상도 주체도 정립되어 있지 않다. 우리의 원초적(근원적)인 장에는 여러 성질의 모자이크가 있지 않다. 전체의 요구에 따라 기능적 가치들을 배분하는 전체적인 배열형태configuration가 있다. 예를 들어, 우리가 본 것처럼 그림자 속의 〈흰색〉 종이는 객관적 성질의 의미에서 흰색이 아니라, 흰색으로서 가치를 갖는 것이다. 흔히 감각이라 불리는 것은 지각들 중 가장 단순한 지각일 뿐이다. 또한 감각도 실존의 양태로서 지각과 마찬가지로 결국 세계인 바탕에서 분리될 수 없다. 이와 똑같이 각각의 지각적 작용은 세계에 전면적인 달라붙음에서 추출된 것(두드러진 것)처럼 나타난다. 이러한 체계의 중심에는, 우리의 시선을 광경의 일부에 집중시키고 지각장 전체를 이 일부에 희생시킴으로써, 생명적 소통을 중지하거나 적어도 제한하는 능력이 있다. 앞서 보았듯이, 비판적 태도에서 획득될 규정들이 원초적 경험에서 실현된 것처럼 두지 말아야 한다. 따라서 다양하게 있는 것이 아직 분리되지 않았을 때, 종합이 현실화된 것처럼 말해서도 안 된다. 그렇다면 종합의 관념과 인식의 질료 관념을 거부해야 할까? 밤에 빛이 대상을 비추는 것처럼, 지각은 대상을 드러내는 것이라고 말해야 할까? 말브랑슈가 말한 것처럼, 영혼이 눈을 통해 밖으로 나가 세계 속의 대상들을 탐색한

다(조사한다)고 상상하는 저 실재론을 우리의 입장으로 삼아야 할까? 그렇게 한다고 해도 종합의 관념은 여전히 우리에게서 사라지지 않는다. 왜냐하면 예를 들어 하나의 표면을 지각하기 위해서는, 이 표면을 탐색하는(조사하는) 것으로는 충분치 않고, 훑어보는(아우르는) 순간들을 간직하여 표면의 여러 지점들을 서로 연결해야 하기 때문이다. 그러나 우리는 원초적(근원적) 지각이 비-정립적, 선-객관적, 선-의식적 경험이라는 것을 이미보았다. 따라서 단지 가능적인 인식의 질료가 있다고 잠정적으로 말해 두자. 원초적 지각장의 각 지점들로부터 비어 있지만 일정한 지향들이 나타난다. 분석은 이 지향들을 실현시킴으로써, 과학의 대상, 개인적 현상으로서의 감각, 이 둘을 정립하는 순수 주체에 도달할 것이다. 이 세 항은 원초적 경험의 지평에만 있다. 《280》 정립적 사유의 반성적 이상이 토대할 곳은 바로 사물의 경험인 것이다. 따라서 반성 자체가 자신의 충만한 의미를 파악하게 되는 것은, 반성이 전제하고, 이용하며, 또 반성에게 있어 본래적인 과거와 같은 것을, 즉 결코 현재인 적이 없는 과거를 구성하는 비반성된 토대를 언급할 때뿐이다.

공간

[서론: 공간은 인식의 〈형식〉인가?]

우리는 분석이 인식의 질료를, 관념적으로 분리될 수 있는 계기로서 정립할 권리가 없다는 것을 알게 되었다. 또한 우리가 이 질료를 반성의 명시적 작용으로 실현된 것으로 둘 때, 이미 그것이 세계와 관계하고 있다는 것도 알게 되었다. 반성은 구성에 의해 이미 지나간 길을 반대 방향으로 가는 것이 아니다. 그리고 질료가 자연스럽게 세계를 가리키기(관계하기) 때문에, 우리는 새로운 지향성의 입장으로 향하게 된다. 왜냐하면 세계의 경험을 구성하는 의식의 순수 작용으로 처리하는 고전적 입장[95]이 이와 같이

---

[95]   우리가 말하는 고전적 입장이란 라시에즈-레(P. Lachièze-Rey, *L'Idéalisme kantien*)와 같은 칸트주의자의 입장이나 후설의 중기(『이념들』의 시기) 철학의 입장을 가리킨다.

할 수 있는 것도, 그것이 의식을 절대적 비-존재로 규정하고, 이에 따라 내용들을 불투명한 존재에 속하는 〈질료의 층couche hylétique〉에 밀어 넣을 때뿐이기 때문이다. 이제 우리는 새로운 지향성에 대응하는 지각의 형식의 개념, 특히 공간의 개념을 검토함으로써, 이 새로운 지향성에 훨씬 더 직접적으로 접근해야 한다. 칸트는 외적 경험의 형식으로서의 공간과 이 경험에 주어진 사물들 사이에 엄밀한 경계선을 긋고자 시도했다. 물론 포함하는 사물과 포함되는 사물의 관계의 문제는 아니다. 왜냐하면 이런 관계는 대상들 사이에서만 존재하기 때문이다. 또한 개체와 유類의 관계와 같이 논리적인 포함 관계의 문제도 아니다. 왜냐하면 공간은 그것의 부분이라 하는 것들에 앞서고, 이 부분들은 언제나 공간 속에서 분할되기 때문이다. 공간은 사물들이 배열되는 (실재적 또는 논리적인) 장소milieu가 아니라, 그것에 의해 사물들의 위치가 가능하게 되는 수단moyen이다. 다시 말해 우리는 공간을 모든 사물이 잠겨 있는 에테르처럼 상상하거나, 추상적으로 모든 사물들의 공통된 특징으로 생각하지 말고, 사물들을 연결하는 보편적인 능력으로 생각해야 한다. 그렇다면 다음의 두 경우가 있다. 먼저, 나는 반성하지 않고, 사물들 속에서 살며, 때로는 공간을 사물들의 장소로 여기고, 때로는 공간을 사물의 공통된 속성으로 여긴다. 《282》 아니면, 나는 공간을 그 근원에서 다시 파악하고, 현재 공간이란 말 아래에 있는 관계들을 사유한다. 이때 나는 이 관계들을 그려 내고 유지하는 어떤 주체에 의해서만 그것들이 존속하는 것을 깨닫고, 공간화된 공간에서 공간화하는 공간으로 이행한다. 첫 번째 경우 내 몸, 사물들, 그리고 상하, 좌우, 원근에 따른 구체적인 사물의 관계들은 환원 불가능한 다양한 것으로 내게 나타날 수 있다. 두 번째 경우 나는 공간을 그리는, 하나이고 나뉘지 않는 능력을 발견한다. 첫 번째 경우 나는 다양하게 규정된 영역들을 가진 물리적 공간과 관계한다. 두 번째 경우 나는 치환 가능한 차원들을 가진 기하학적 공간과 관계한다. 즉 나는 등질적이고 등방성等方性의 공간성을 가지며, 적어도 나는 운동체를 조금도 변화시키지 않는 순수 자리(장소) 변화를, 따라서 구체적 맥락 속에서의 대상의 상황*situation*과 구분되는 순수 위치*position*를 사유할 수 있다. 우리가 알고 있듯이, 현대의 공간 이해에서 이러한 구분은 과학적 지식의 차원에서도 그 경계가 흐릿하다. 여기서 우리는 이 구분을, 현대 물리학이 획득한 기술적 도구와 대면시켜 보려고 하지 않는다. 우리는 이 구분을, (칸트 자신의 표현으로) 공간에 대한 모든 인식의 최종 심급인 우리의 공간 경험 자체와 대면시켜 보려고 한다. 우리는 정말로 양자택일 앞에 놓인 것인가? 즉 우리는 사물들을 공간 속에서 지각하는 것인가, 아니면 (우리가 반성한다면, 또 우리 자신의 경험이 의미하는 것이 무엇인지 우리가 알고자 한다면) 구성적 정신이 수행하는 결합작용들의 불가분의 체계로서 공간을 사유하는 것인가? 결국 공간의 경험은 완전히 다른 종류의 종합에 의해 공간의 통일성을 토대하는 것이 아닐까?

[(A) 위와 아래]

[1. 방향 지어짐orientation은 〈내용〉과 함께 주어지지 않는다]

어떤 개념으로도 만들어지기 이전 상태에서 공간의 경험을 고찰해 보자. 〈위〉와 〈아래〉라는 우리의 경험을 예로 들어 보자. 우리는 이 경험을 일상생활에서 파악하지 못할 것이다. 왜냐하면 일상생활에서 이 경험은 그 자체가 가져온(획득한) 것들 뒤에 은폐되어 있기 때문이다. 우리는 이 경험이 우리 눈앞에서 해체되고 다시 생기는 예외적인 경우, 예를 들어 망막상이 전도되지 않은 시각의 경우를 검토해야 한다. 어떤 피험자에게 [전도된 망막상을 세우는 안경을 쓰게 하면, 처음에는 모든 광경이 비현실적이고 뒤집혀서 나타난다. 실험 이틀째가 되면, 정상적인 지각이 돌아오기 시작하지만, 다만 피험자는 자신의 몸이 뒤집혀 있다는 느낌을 갖는다.[96] 《283》 8일간 지속된 두 번째 실험[97] 동안에도, 처음엔 대상들이 뒤집혀 나타나지만, 첫 번째 실험만큼 비현실적으로 보이지는 않는다. 이틀째가 되면, 광경은 더 이상 뒤집혀 있지 않지만, 몸은 비정상적인 위치에 있다고 느껴진다. 3일째부터 7일째까지, 몸은 점차로 서며, 특히 피험자가 활동적일 때, 마침내 몸은 정상적인 위치에 있는 것처럼 나타난다. 그가 소파에 누워 움직이지 않을 때, 몸은 여전히 과거의 공간을 바탕으로 나타난다. 그리고 몸의 보이지 않는 부분들에 대한 왼쪽과 오른쪽의 위치 파악은 실험이 끝날 때까지 과거의 위치 파악 그대로이다. 외부 대상들은 점점 더 〈실제〉의 모습을 띤다. 처음에는 몸동작이 새로운 시각 양상으로 오류를 범하게 되었고, 뒤집힌 시각을 고려하여 수정해야 했지만, 5일째부터는 오류 없이 그 목표물에 도달한다. 새로운 시각적 나타남들(이미지들)은 처음에는 과거 공간의 바탕에서 분리되어 있었지만, 우선 (3일째) 의지적인 노력으로, 이어서 (7일째) 어떤 노력도 없이 그것들과 같은 방향성을 지닌orienté 지평에 의해 둘러싸인다. 7일째에는 대상의 소리가 들림과 동시에 그 대상이 보이면, 소리의 위치 파악은 정확해진다. 만약 소리 나는 대상이 시각장에 나타나지 않는다면, 소리의 위치 파악은 이중의 표상과 함께 불확실하거나, 심지어 부정확하다. 실험이 끝나고 안경을 벗으면, 대상들은 확실히 뒤집혀 보이지 않지만, 〈기이하게〉 보인다. 그리고 운동적 반응은 반대로 나타난다. 즉 피험자는 왼손을 내밀어야 할 때 오른손을 내민다.

¶ 우선 심리학자는 피험자가 안경을 쓰면 시각적 세계가 마치 180도 회

---

96   Stratton, *Some preliminary experiments on vision without inversion of the retinal image*.
97   Stratton, *Vision without inversion of the retinal image*.

전한 것처럼 그에게 주어져서, 그 결과로 그에게 뒤집혀 있는 것이라고 말하고 싶을 것이다.[98] 우리가 다른 곳을 보는 동안 누군가 장난삼아 책을 〈거꾸로〉 놓으면, 책의 삽화들이 우리에게 뒤집혀 나타나는 것처럼, [심리학자의 입장에서] [시각적] 파노라마를 이루는 감각 덩어리는 뒤집혀 있고, 그 자체가 〈거꾸로〉 놓여 있다. 그러는 동안, 촉각적 세계를 이루는 또 다른 감각 덩어리는 〈똑바로 서〉 있다. 이 감각 덩어리는 시각적 세계와 더 이상 일치하지 못한다. 특히 피험자는 자신의 몸에 대해 서로 양립하기 어려운 표상들을 갖는다. 그 하나는 자신의 촉각적 감각과 실험 이전부터 그가 가질 수 있던 〈시각적 이미지〉에 의해 주어진 표상이며, **《284》** 다른 하나는 〈발이 공중에 있는〉 자신의 몸을 보여 주는 현재의 시각의 표상이다. 이런 두 이미지(상)의 갈등은 대립하는 것들 중 하나가 사라질 때에만 끝날 수 있다. 따라서 [심리학자의 입장에서] 정상적인 상황이 어떻게 회복되는지를 아는 것은 세계와 몸의 새로운 이미지가 어떻게 이전의 이미지를 "약하게"[99] 하거나 "쫓아낼"[100] 수 있는지를 아는 것이 된다. 피험자가 능동적일수록, 예를 들어 그가 손을 씻는 이틀째부터,[101] 새로운 이미지의 이러한 대체가 더 성공적으로 이뤄진다는 사실이 주목된다. 그래서 피험자에게 시각적 소여와 촉각적 소여를 조화시키는 방법을 가르쳐 주는 것은 시각에 의해 통제된 운동 경험이 될 것이다. 예를 들어 피험자는 자신의 다리에 이르는 운동이 지금까지는 〈아래〉로 향한 운동이었지만, 새로운 시각 광경에서는 이전에 〈위〉에 있었던 곳으로 향한 운동에 의해 나타난다는 것을 알게 된다. 우선 이런 종류의 발견을 통해, 시각적 소여를 해독해야 할

---

98   이것은 적어도 스트래튼(Stratton)이 암암리에 한 해석이다.

99   Stratton, *Vision without inversion*, p. 350.

100   Stratton, *Some preliminary experiments*, p. 617.

101   Stratton, *Vision without inversion*, p. 346.

단순 기호로 간주하고, 그것을 과거 공간의 언어로 번역함으로써 부정확한 몸동작을 수정할 수 있을 것이다. 이어서 일단 이러한 발견이 "습관"[102]이 되면, 과거의 방향과 새로운 방향 사이에 안정적인 "연합"[103]을 만들어 낼 것이다. 그리고 마침내 이 연합은 새로운 방향 ―시각을 통해 제시되기 때문에 지배적인 방향― 을 위해 과거의 방향을 제거하게 될 것이다. 처음 다리가 나타난 시각장의 〈위〉는 촉각에서 〈아래〉인 것과 자주 동일시되기 때문에, 곧 피험자는 [시각에 의해] 통제된 운동의 매개를 더 이상 필요로 하지 않으면서, 한 체계에서 다른 체계로 이행하게 된다. 그의 다리는 그가 시각장의 〈위〉라 불렸던 곳에 있고, 그는 그곳에서 다리를 〈볼〉 뿐만 아니라, "느낀다."[104] 그리고 결국엔, "과거에 시각장의 〈위〉였던 것은 〈아래〉에 속해 있는 인상과 매우 비슷한 인상을 주기 시작하고, 또한 그 반대도 마찬가지이다."[105] 촉각적 몸이 시각적 몸과 다시 합치할 때, 피험자의 발이 나타났던 시각장의 영역은 《285》 더 이상 〈위〉라고 정의되지 않는다. 이 명칭은 머리가 나타나는 영역으로 되돌아오고, 발의 영역은 다시 아래가 된다.

그러나 이상과 같은 해석은 이해할 수가 없다. 광경이 뒤집히고 이어서 정상적 시각이 돌아오는 것에 대한 설명은 다음과 같은 것을 전제한다. 즉 위와 아래는 이미지(상) 속에 주어진 머리와 발이 나타나는 방향과 일체를 이루고 함께 변화한다는 것을, 말하자면 위와 아래는 감각들의 현실상의 배치에 의해 감각장 속에 표시된다는 것을 전제한다. 그러나 세계가 〈뒤집혀〉 있는 실험의 시작에서든 세계가 〈다시 서〉 있는 실험의 끝에서든, 어떤 경우에서도 장場의 방향성orientation[106]은 이 장에서 나타나는 머리와 발

102   Stratton, *The Spatial Harmony of Touch and Sight*, pp. 492-505.

103   Stratton, *Ibid*.

104   Stratton, *Some preliminary experiments*, p. 614.

105   Stratton, *Vision without inversion*, p. 350.

이라는 내용물에 의해 주어질 수 없다. 왜냐하면 이 내용물들이 장에 방향성을 줄 수 있기 위해서는, 그것들 자체가 어떤 방향direction을 가져야 하기 때문이다. 그 자체로 〈뒤집혀〉 있다는 것과 그 자체로 〈똑바로 서〉 있다는 것은 명백히 아무것도 의미하지 않는다. 혹자는 다음과 같이 응수할 것이다. 즉 안경을 쓴 후 시각장이 뒤집혀서 나타나는 것은 촉각적-몸적인 장이나 일상적인 시각장과 관계한 것이고, 또 이것들에 대해 우리는 명목상의 정의로 〈똑바로 서〉 있다고 말한다는 것이다. 그러나 동일한 물음이 이 기준-장들champs-repères에 대해서도 제기된다. 즉 이것들의 단순 현전은 그 어떤 방향을 주기에는 충분치 않다. 사물들 속에서 하나의 방향을 규정하기 위해서는 두 점이 있으면 충분하다. 그렇지만 우리는 사물들 속에 있지 않다. 우리는 우리 앞에 때로는 〈머리가 위에〉 놓이고, 때로는 〈머리가 아래에〉 놓인 감각들의 집합으로서의 감각장을 갖지 않는다. 여전히 우리는 자극들의 배열형태에 어떤 변화가 없는데도, 실험 도중에 그 방향성이 변화하는 나타남들의 체계로서의 감각장을 가질 뿐이다. 그래서 바로 문제가 되는 것은 유동적인 나타남들이 갑자기 정박하고(닻을 내리고), 〈위〉 및 〈아래〉와 관계하여 자리 잡을 때, 무슨 일이 있어났는지를 아는 것이다. 즉 촉각적-몸적인 장이 〈똑바로 서〉고 시각적 장이 〈뒤집혀〉 보이는 실험 초기이든, 후자가 다시 서는 동안 전자가 뒤집혀 있는 그다음 시기이든, 이 둘이 거의 〈똑바로 서〉 있는 실험의 마지막 시기이든, 그때 무슨 일이 있어났는지를 아는 것이다. 우리는 세계와 방향성을 지닌 공간을 감각적 경험의 내용이나 그 자체로서의 몸과 함께 주어진 것으로 간주할 수가 없다.

---

106   역주) "orientation"을 〈방향성〉 또는 〈방향 지어짐〉으로 옮긴다. 메를로퐁티 입장에서 사물(내용물)의 방향(direction)은 〈방향성〉 속에서 지어지고, 따라서 〈방향성〉은 사물의 방향의 터전을 의미한다.

왜냐하면 실험이 정확히 보여 주는 것처럼, 동일한 내용이 차례로 이 방향 또는 저 방향으로 방향 지어져 있고, 또 물리적인 이미지의 위치가 망막에 기록한 객관적인 관계들이 〈위〉와 〈아래〉에 대한 우리의 경험을 결정하지 않기 때문이다. 정확히 문제는 어떻게 하나의 대상이 우리에게 〈똑바로 서〉 보이거나 《286》〈뒤집혀〉 보일 수 있는지, 또 이 말들이 무엇을 의미하는지를 아는 것이다.

[2. 방향 지어짐은 정신의 활동에 의해서도 구성되지 않는다]

¶ 이 문제는 공간 지각을 우리에게 실재의 공간이 수용되는 것으로 간주하고, 대상의 현상적인 방향 지어짐을 세계 속에서의 대상의 방향 지어짐(방향 가짐)이 반영된 것으로 간주하는 경험론적 심리학에만 제기되는 것이 아니다. 그것은 〈똑바로 서 있음〉과 〈뒤집혀 있음〉이 관계들에 불과하고 관계된(선택된) 기준에 의존한다고 주장하는 지성론적 심리학에도 제기된다. 선택된 좌표축은 그것이 무엇이든 또 다른 기준과의 관계에 의해서만 여전히 공간 안에 위치할 수 있고, 이 기준도, 이 기준의 기준도 마찬가지이다. 이와 같이 세계의 방향 가짐은 무한히 연기되고, 〈위〉와 〈아래〉는 가질 수 있는 모든 의미(방향)를 잃어버린다. 이런 결론에 도달하지 않으려면, 내용들 자체가 공간 안에 위치하는 능력을 인정해야 하지만, 이것은 불가능한 모순적인 것이며, 경험론과 그 난점들로 되돌아가는 것이다. 방향을 그리는 주체 밖에서는 방향이 존재할 수 없다는 것을 보여 주기란 쉽다. 그리고 구성하는 정신은 공간 속에서 모든 방향을 그릴 수 있는 능력을 본질적으로 갖고 있다. 그렇지만 이 정신은 현실적으로 어떤 방향도 갖지 않고, 따라서 어떤 공간도 갖지 않는다. 왜냐하면 공간의 모든 규정에 의미(방향)를 차례로 부여할 수 있는 현실적인 출발점, 절대적인 여기가 없기 때문이다. 경험론과 마찬가지로 지성론도 방향성을 지닌 공간의 문제

에 이르지 못한 채로 있다. 왜냐하면 지성론은 이와 관련된 물음을 제기조차 할 수 없기 때문이다. 즉 경험론에 대해서는 그 자체로 뒤집혀 있는 세계의 이미지가 어떻게 나에게서 다시 설 수 있는가를 아는 것이 문제였다면, 지성론은 안경을 쓰고 난 후 세계의 이미지가 뒤집혀 있다는 것을 인정조차 할 수가 없다. 그것은 구성하는 정신에게는 안경을 쓰기 이전과 이후의 두 경험을 구별해 주는 그 어떤 것도 없거나, 또는 〈뒤집힌〉 몸의 시각적 경험과 〈똑바로 선〉 몸의 촉각적 경험을 양립 못하게 하는 그 어떤 것도 없기 때문이다. 왜냐하면 구성하는 정신은 그 어디에서도 광경을 바라보지 못하기 때문이고, 몸과 주위의 모든 객관적 관계는 새로운 광경 속에 보존되어 있기 때문이다. 그러므로 우리는 문제의 본질이 무엇인지 알 수 있다. 경험론은 내 몸 경험의 현실적 방향성을, 우리에게 여러 방향이 있다는 사실을 이해하는 데 필요한 고정점point fixe으로 기꺼이 수용할 것이다. 그러나 반성과 마찬가지로 경험(실험)이 보여 주는 것처럼, 어떤 내용도 그 자체로 방향을 갖지 못한다. 지성론은 위와 아래의 이런 상대성에서 출발하지만, 공간의 현실적 지각을 설명할 때 이 상대성으로부터 나올 수가 없다. 따라서 우리는 내용의 고찰로도 결합작용의 순수 활동의 고찰로도 공간의 경험을 이해할 수가 없다. 《287》 그리고 우리는 조금 전에 암시했던 제3의 공간성, 즉 공간 안의 사물들의 공간성도 아니고, 공간화하는 공간성도 아니며, 이 때문에 칸트의 분석에서 벗어나면서도, 칸트의 분석이 전제하는 공간성 앞에 이르게 된다. 우리는 상대적인 것 속에서 절대적인 것을 필요로 한다. 그것은 나타난 것들 위로 미끄러지는 것이 아니라, 나타난 것들 속에 닻을 내리고(정박하고) 그것들과 연대하는 공간이다. 그러나 이 공간은 나타난 것들과 함께 실재론적인 방식으로 주어지는 것이 아니라, 스트래튼 실험이 보여 주듯이 그것들이 뒤집힘에도 존속할 수 있는 것이다. 우리는 형식과 내용이 구분되기 이전에서 공간의 원초적 경험을 탐구해야 한다.

[3. 공간적 차원, 정박점, 실존적 공간]

수직선에 대해 45도 기울어지게 방을 비추는 어떤 거울이 있고, 이 방에 있는 피험자가 이 거울을 통해서만 방을 보게 만들면, 처음에 그는 〈비스듬한〉 방을 본다. 방 안을 움직이는 사람은 한쪽으로 기울면서 걷는 것처럼 보인다. 문틀을 따라 떨어지는 판지 조각은 비스듬한 방향으로 떨어지는 것처럼 보인다. 모든 것이 〈기이하다〉. 몇 분이 지나자, 갑작스런 변화가 생긴다. 벽들, 방 안을 움직이는 사람, 판지가 떨어지는 방향이 수직이 된다.[107] 이 실험은 스트래튼의 실험과 유사하지만, 운동적인 탐색 없이 위와 아래가 순간적으로 재배치되는 것을 보여 주는 이점이 있다. 우리가 이미 알고 있는 것처럼, 비스듬한 (또는 뒤집힌) 이미지 자체가 새 광경에 대한 운동적인 탐색으로 알게 될 새로운 위와 아래의 위치를 가져온다고 말하는 것은 어떤 의미도 없다. 그러나 이제 우리는 이러한 탐색이 필요하지도 않고, 따라서 방향 지어짐이 지각하는 주체의 전체적 작용을 통해 구성되어 있음을 보게 된다. 우리는 다음과 같이 말할 수 있다. 즉 실험 이전의 지각은 어떤 **공간적 차원**niveau spatial[108]을 받아들였고, 이 공간적 차원과 관

---

107 Wertheimer, *Experimentelle Studien über das Sehen von Bewegung*, p. 258.

108 역주) 우리는 "niveau spatial"를 〈공간적 수준〉이란 말 대신 〈공간적 차원〉이란 말로 옮긴다. "problèmes au *niveau* des finances(재정 〈차원〉의 문제)", "au *niveau* national(국가 〈차원〉에서)"라는 표현에서 볼 수 있듯이, 여기서 〈niveau〉는 우리말 〈차원〉과 잘 어울린다. 메를로퐁티는 〈공간적 차원(niveau spatial)〉을 주로 방향들의 공간적 바탕의 의미로 쓰지만, 거리와 크기의 공간적 바탕의 의미로도 쓴다(본서 490쪽). 그리고 우리는 〈공간적 차원〉과 혼동할 수 있는 "repère"를 〈기준〉으로 옮긴다. 그것은 앞서 보았던 좌표축의 〈기준(repère)〉처럼 사물들 방향의 공간적 바탕이 아니라 방향들 간의 상대적 관계를 가리킨다. 또한 우리는 〈공간적 차원(niveau spatial)〉과 유사하지만 그와 다른 "dimension"을 통상의 번역처럼 〈차원(dimension)〉으로 옮긴다. 다만 "공

계하여 실험 광경은 처음에 비스듬히 나타난 것이다. 또한 실험이 진행되는 과정에서 이 광경은 새로운 차원niveau을 유도하고(부추기고), 이것과 관계하여 시각장 전체는 다시 똑바로 선 채 나타날 수 있는 것이다. 이 모든 것은 주어진 차원과 관계하여 비스듬한 것으로 규정된 몇몇 대상들이 (방 안의 벽들, 문들, 사람의 몸이) 그 스스로가 특권적인 방향을 제공하기를 바라고, 그것들 쪽으로 수직을 끌어당기면서, 《288》 "정박점들points d'ancrage"[109] 의 역할을 하고, 이전에 확립된 차원을 뒤흔드는 것처럼 일어난다.

¶ 여기서 우리는 시각적 광경을 가지고서 공간 속의 방향들을 부여하는 실재론적 오류에 빠지지 않는다. 왜냐하면 실험 광경이 어떤 차원과 관계해서만 우리에게 (비스듬히) 방향 지어지고, 따라서 이 광경은 그 자체로는 우리에게 새로운 위, 아래의 방향을 부여하지 못하기 때문이다. 이제 남은 문제는 다음과 같다. 하나의 차원은 또 다른 확립된 차원을 전제하기 때문에, 항상 그 자체를 선행하는 이러한 차원은 정확히 무엇인가? 〈정박점들〉은 그것들의 안정성의 기초가 되는 어떤 공간의 한가운데에서 어떻게 우리에게 다른 공간을 구성하도록 권유하는가(부추기는가)? 마지막으로, 〈위〉와 〈아래〉는 감각적 내용의 즉자적인 방향 지어짐을 가리키는 단순 이름이 아니라고 하면, 그것들은 무엇인가? 우리는 〈공간적 차원〉이 자기-몸의 방향성과 혼동되어서는 안 된다고 주장한다. 분명 자기-몸의 의식은 차원의 구성에 기여한다. 즉 머리가 기울어져 있는 피험자는 수직으

간적 차원(niveau)"과의 혼동을 피하기 위해, 이 용어들에 불어를 병기할 것이다. 메를로퐁티는 이 "dimension"을 공간뿐 아니라 비공간적인 의미로도 쓰지만, 이 장에서는 주로 공간적인 의미로, 구체적으로 말해 깊이나 평면을 가리키는 용어로 쓴다. 독역자에 따르면, 〈공간적 차원(niveau)〉은 베르트하이머의 "Raumorientierungslage", "Niveaulage" 또는 "Raumlage"라는 용어와 관련 있다고 한다(독역본, 290쪽, 역주 a).

109 Wertheimer, *Experimentelle Studien über das Sehen von Bewegung*, p. 253.

로 두라고 요구받은 움직이는 줄을 비스듬히 둔다.[110] 그렇지만 자기-몸의 의식은 이런 기능에 있어서 경험의 다른 영역들과 경쟁하고 있고, 또한 수직이 머리 방향을 따르는 경향성이 있는 것도 시각장이 비어 있을 때, 그리고 〈정박점〉이 없을 때, 예를 들어 피험자가 어둠 속에서 활동할 때뿐이다. 촉각적이고, 복잡하고, 운동감각적인 소여들 더미로서의 몸은 다른 내용물과 마찬가지로 정해진(규정된) 방향성을 갖지 않고, 그것 또한 이러한 방향성을 경험의 전체적 차원으로부터 얻는다. 베르트하이머의 관찰은 어떻게 시각장이 몸의 방향성이 아닌 방향성을 부과할 수 있는지를 정확히 보여 준다. 그러나 주어진 감각 모자이크로서의 몸은 어떤 방향도 규정하지 못하지만, 반면 행위자로서의 몸은 한 차원의 확립에 본질적 역할을 수행한다. 근육 긴장의 변화는 시각장이 대상으로 충만할 때에도 외견상의 수직을 변화시켜, 그 결과 피험자는 이 기울어진 수직에 평행하도록 머리를 기울이게 된다.[111] 혹자는 수직이란 공동작용의 체계로서의 우리 몸의 대칭축에 의해 정해지는 방향이라고 말하고 싶을 것이다. 그러나 내가 바닥에 누울 때처럼, 내 몸은 위, 아래를 끌어들이지 않고서도 움직일 수 있다. 또한 베르트하이머의 실험이 보여 주듯이, 《289》 내 몸의 객관적 방향은 광경의 외견상의 수직에 대해 상당한 각도를 형성할 수 있다. 광경의 방향 지어짐에 있어 중요한 것은, 객관적 공간 안에 있는 사물로서 있는 사실상의 내 몸이 아니다. 그것은 가능한 행위들의 체계로서의 내 몸이고, 잠재적인virtuel 몸인데, 이 잠재적인 몸은 그것의 현상적인 〈장소〉가 그것이 하는 일과 상황에 따라 규정되는 것이다. 내 몸은 해야 할 무엇이 있는 곳에 존재한다. 베르트하이머의 피험자가 그를 위해 마련한 실험 장치에 자

---

110   Nagel, Wertheimer(*ibid.*, p. 257)가 인용함.
111   *La Structure du Comportement*, p. 199[제3판, p. 164].

리 잡을 때, 걷고, 옷장을 열고, 탁자를 사용하고, 앉는 것과 같은 그의 가능한 행위의 영역은, 그가 눈을 감고 있을 때에도 그 앞에 가능한 거주의 환경habitat을 그려 낸다. 거울에 비친 이미지는 처음엔 그에게 다르게 방향 지어진 방을 보여 준다. 다시 말해 피험자는 방 안의 도구들과 맞물려 있지 [친숙하지] 않고, 방에 거주하지 않으며, 그가 보고 있는 왔다 갔다 하는 사람과 함께 거주하고 있지 않다. 그가 거울 밖으로 눈을 돌림으로써 [실험 전 공간에 대해] 그가 가진 처음의 정박을 강화하지 않는다면, 몇 분이 지나자 놀라운 일이 일어난다. 즉 반사된 방이 방에서 살 수 있는 주체를 불러낸다는 것이다. 이런 잠재적인 몸은 현실적인réel[112] 몸을 밀어내어, 피험자는 현실적으로 존재하는 세계에서 더 이상 자신을 느끼지 않는다. 또 그는 그의 진짜 팔다리 대신에 비춰진 방에서 걷거나 움직이는 데 있어야 할 팔다리를 느낀다. 즉 그는 광경에 거주한다. 바로 이때 공간적 차원은 바뀌게 되고, 새로운 자리 잡음 속에서 확립된다. 따라서 그것은 내 몸이 세계를 소유하는(장악하는) 어떤 방식이고, 세계에 맞물리는(세계를 잡는)[113] 어떤 방식이다. 공간적 차원은 나겔Nagel의 실험에서처럼 정박점들이 없을 때, 오로지 내 몸의 태도에 의해 던져질 수 있고, 베르트하이머의 실험에서처럼 몸이 활동적이지 않을 때, 오로지 광경의 요구에 의해 정해질 수 있다. 일반

---

[112] 역주) 메를로퐁티는 이 절에서 〈corps réel〉, 〈corps effectif〉라는 말을 쓰는데, 모두 〈잠재적인 몸〉과 대립하는 것으로 쓴다. 우리는 이 둘 모두 〈현실적인 몸〉이라 옮긴다.

[113] 역주) "맞물리는(잡는)"은 "prise"를 옮긴 것이다. 이 단어는 〈잡기〉, 〈(기어처럼) 맞물림〉, 〈접속〉의 의미 등이 있다. 메를로퐁티는 이 절에서 이 단어를 활용하여, 〈…에 접속하고 있다/…와 밀접히 관련되어 있다〉의 의미를 지니는 "être en prise sur" 또는 "être en prise avec"라는 표현을 여러 번 쓴다. 여기서 우리는 메를로퐁티가 이 단어를 어떤 의도로 쓰는지 엿볼 수 있다. 즉 주체가 세계를 단순히 〈잡는(장악/파악하는)〉 것으로 그치지 않고, 세계에 〈접속하거〉나 〈맞물리는〉 것을 표현하려고 한 것을 알 수 있다. 우리는 "prise"를 "잡음(파악)"뿐 아니라, 맥락에 따라 "맞물림", "잡음(맞물림)", "잡음(접속)" 등으로 번역할 것이다.

적으로 공간적 차원은 내 운동적 의도(지향)와 내 지각장이 접합될 경우 나타난다. 즉 현실적인effectif 내 몸은 광경이 요구하는 잠재적 몸에 일치하러 오고, 또 현실적 광경은 내 몸이 이 광경 주위에 던지는 장(환경)에 일치하러 올 때 나타난다. 공간적 차원이 자리 잡게 되는 것은 어떤 동작들의 능력으로서의 몸, 몇몇 특권적인 면들에 대한 요구로서의 내 몸과, 이러한 몸 동작들의 권유(부추김)로서의 지각된 광경, 이러한 행위들의 무대로서의 지각된 광경 사이에 협약이 이루어질 때이다. 이 협약은 내게는 공간에 대한 향유를 제공하고, 사물에게는 내 몸에 대해 미치는 직접적인 힘을 제공한다. 공간적 차원의 구성은 충만한 세계를 구성하는 수단들 중 하나에 불과하다. 즉 내 몸이 세계와 맞물리는 것은 내 지각이 가능한 한 다양하고 명확히 분절된 광경을 내게 제공하고, «290» 또 내 운동적 의도(지향)가 스스로를 펼치면서 세계로부터 기대하는 응답을 받을 때이다. 지각과 행위에서의 이러한 최대의 명료성은 지각적 지반, 내 삶의 바탕, 또 내 몸과 세계의 함께-실존함을 위한 일반적 장milieu을 규정한다.

¶ 우리는 공간적 차원과 공간의 주체로서의 몸 개념을 통해, 스트래튼이 기술은 했으나 설명하지 못한 현상들을 이해할 수 있다. 만약 시각장의 〈다시 서기〉가 이전의 위치와 새 위치의 일련의 연합으로 생긴 결과라면, 어떻게 이러한 과정이 체계적인(유기적인) 모습을 보일 수 있고, 어떻게 지각적 지평의 어떤 영역들 전체가 이미 〈다시 선〉 대상에 단번에 합쳐질 수 있을까? 이와 반대로 만약 새롭게 방향 지어짐이 사유의 활동으로 생긴 결과이고, 좌표가 바뀐 것이라면, 어떻게 청각장이나 촉각장이 이런 [좌표] 전환에 저항할 수 있을까? 불가능한 일이지만 구성하는 주체는 자기 자신과 분리되어야 하고, 자신이 다른 곳에서 한 것을 여기서는 모를 수 있어야 할 것이다.¹¹⁴ 전환이 체계적(유기적)이지만 부분적이고 차례적인 것은, 내가 각 체계에 대한 열쇠도 없이 한 위치 체계에서 다른 위치 체계로 이행하기

때문이고, 이것은 마치 어떤 사람이 그가 들은 곡조를 음악적 지식도 없이 다른 음높이로 노래하는 것과 같다. 목소리를 소유하는 것이 음높이를 바꾸는 능력을 가져오는 것처럼, 몸을 소유하는 것은 차원을 바꾸고 공간을 〈이해하는〉 능력을 가져온다. 지각장이 다시 서고, 나는 실험이 끝날 무렵 어떠한 개념도 없이 지각장을 파악하게 된다. 그것은 내가 지각장 속에 살고, 전적으로 나 자신을 새로운 광경에 가져가며, 말하자면 나의 무게 중심을 그곳에 두기 때문이다.[115] 실험 처음에는 《291》 시각장이 뒤집히고 동시에 비현실적으로 보인다. 그것은 피험자가 시각장 속에 살지 않고, 지각장과 맞물려 있지 않기 때문이다. 실험이 진행되는 동안에는 촉각적 몸이 뒤집히고 광경이 똑바로 선 것으로 보이는 중간 단계가 관찰된다. 그것은 내가 이미 광경 속에 살고 있고 그 결과 나는 광경을 똑바로 선 것으로 지각하기 때문이고, 실험에서 겪는 혼란은 자기-몸, 즉 다수의 현실적인 감각들의 더미가 아니라 주어진 광경을 지각하기 위해 지녀야 할 몸에 의해 일어나기 때문이다. 이 모든 것은 우리에게 주체와 공간의 유기적인 관계, 공간의 기원이 되는 이러한 주체의 세계와의 맞물림을 가리켜 준다.

---

114 소리 현상에서 차원의 변화를 가져오는 것은 매우 어렵다. 착오수화기(pseudophone)를 이용하여 왼쪽에서 오는 소리가 왼쪽 귀에 도달하기 전에 오른쪽 귀에 도달하게 할 수 있다. 이때 스트래튼의 실험에 나타난 시각장의 뒤집힘과 비교할 만한 청각장의 뒤집힘을 얻을 수 있다. 그러나 오랜 시간 익숙해져 있음에도 불구하고 청각장이 〈다시 서는〉 데에는 이르지 못한다. 청각만으로 하는 소리의 위치 파악은 실험이 끝날 때까지 부정확하다. 소리의 위치 파악이 정확하고 소리가 왼쪽에 있는 대상에서 오는 것처럼 보이는 것은, 이 대상이 들리면서 동시에 보일 때뿐이다(P. T. Young, *Auditory localization with acoustical transposition of the ears*).

115 청각적 전도 실험에서 피험자가 소리 나는 대상을 볼 때 정확한 위치를 파악한 것처럼 우리는 착각할 수 있다. 왜냐하면 그는 소리 현상을 억제하고 시각적인 현상 속에 〈살기〉 때문이다(P. T. Young, *ibid*).

[4. 존재는 방향 지어짐을 통해서만 의미(방향)를 가진다]

그러나 혹자는 분석이 더 이뤄지기를 원할 것이다. 그는 왜 명확한 지각과 분명한 행위가 방향 지어진 현상적 공간에서만 가능한지를 물을 것이다. 그에게서 이것은 지각과 행위의 주체가 절대적 방향들이 이미 존재하는 세계 앞에서 자신의 행동의 차원dimensions을 세계의 차원에 맞추어야 한다고 전제할 때에만 명백한 것이다. 그러나 우리가 지각의 내부에 자리 잡아 보면, 정확히 어떻게 지각이 절대적 방향들에 접근할 수 있는지에 대한 의문이 생긴다. 따라서 우리는 우리의 공간 경험의 발생에서 이 절대적 방향들을 주어진 것으로 전제할 수가 없다. 이 반론은 우리가 처음부터 말했던 것을 반복하는 것에 지나지 않는다. 즉 어떤 차원niveau은 언제나 주어진 또 다른 차원을 전제하고, 공간은 항상 그 자신을 선행한다는 것이다. 그렇지만 이 언급은 [완성된 공간의] 실패에 대한 단순 확인이 아니다. 그것은 우리에게 공간의 본질과, 공간을 이해하게 해 주는 유일한 방법을 가르쳐 주는 것이다. 공간은 언제나 〈이미 구성되어〉 있는 것이 그 본질이고, 우리가 세계 없는 지각으로 이행한다면, 공간은 결코 이해할 수 없을 것이다. 왜 존재는 방향 지어져 있는지, 왜 실존은 공간적인지, 좀 전에 했던 표현으로 왜 우리 몸은 세계와 그 모든 위치에서 맞물리지 않는지, 왜 몸과 세계의 함께-실존함은 경험을 극極으로 모으고 어떠한 방향을 나타나게 하는지를 묻지 말아야 한다. 이러한 사실들이 공간과 상관하지 않는 주체와 대상에게 일어난 우연한 것일 때에만 이상의 질문은 제기될 수 있을 것이다. 이와 반대로 지각적 경험이 우리에게 보여 주는 것처럼, 그러한 사실들은 우리와 존재의 원초적 만남 속에 전제되어 있고, 존재는 위치(상황) 지어진 존재être situé[116]와 동의어이다.

---

[116]   역주) 이 절에서 메를로퐁티는 〈방향 지어진〉 존재가 공간적 의미(방향(sens))뿐 아니

¶ 사유하는 주체에게는 〈제 방향에서〉 본 얼굴과 ⟪292⟫ 〈뒤집힌 방향에서〉 본 동일 얼굴이 구별되지 않는다. 지각하는 주체에게는 〈뒤집힌 방향에서〉 본 얼굴은 알아보기가 어렵다. 어떤 사람이 침대에 누워 있고, 내가 침대 머리맡에서 그를 보면, 잠시 동안 그의 얼굴은 정상적으로 보인다. 물론 얼굴의 생김새는 어떤 혼란스런 면이 있고, 나는 미소를 미소로 이해하는 데 어려움이 있기는 하지만, 나는 침대를 뺑 돌아볼 수 있을 것처럼 느끼고, 그래서 침대 아래쪽에 위치한 사람의 눈으로 바라보는 것 같다. 그러나 이러한 광경이 지속되면, 갑자기 광경의 모습이 변화한다. 즉 얼굴은 괴물처럼 되고, 그 표정은 무시무시하고, 속눈썹과 눈썹은 내가 이것들에서 결코 본 적이 없는 물질의 모양을 띤다. 처음으로 나는 이 뒤집어진 얼굴을 마치 그것이 〈자연적인〉 생김새(위치의 모습)라도 되는 것처럼 바라본다. 즉 내 앞에는 머리카락이 없는 뾰족한 머리[턱]가 있고, 그 이마에는 치아로 가득 찬 핏빛의 구멍[입]이 있다. 또한 입의 자리에는 움직이는 두 개의 공[눈]이 있고, 윤기 나는 털[눈썹]이 이 공들을 둘러싸고 뻣뻣한 솔[속눈썹]이 이것들 아래에 있다. 아마도 혹자는 〈똑바로 있는〉 얼굴이 얼굴의 가능한 모습 중 가장 빈번히 내게 주어지는 것이고, 내가 뒤집힌 얼굴에 놀라워하는 것은 그런 얼굴을 드물게만 보기 때문이라고 말할 것이다. 그러나 얼굴들은 엄밀하게 수직적인 위치에서 자주 나타나는 것은 아니며, 〈똑바로 있는〉 얼굴에 유리한 어떤 통계상의 우위가 있는 것도 아니다. 따라서 문제는 왜 〈똑바로 있는〉 얼굴이 이와 같은 상황에서 다른 얼굴보다 더 자주 주어지는지를 아는 것이다. 만약 나의 지각이 이런 얼굴에 특권을 부여하고, 또 대칭성을 이유로 이 얼굴을 규범으로서 참조한다는 것이 인정된

라 공간적이지 않은 의미를 갖는 것을 설명한다. 따라서 〈방향 지어진〉 존재는 〈위치 지어질〉 뿐 아니라 〈상황 지어진〉 존재이다.

다면, 얼굴이 어느 각도 이상 기울어질 경우 왜 〈다시 서기〉가 일어나지 않는가라는 의문이 생길 것이다. 얼굴 위를 움직이고 선호하는 진행 방향이 있는 나의 시선은 비가역적인(일정한) 순서로 얼굴의 세부 부분들을 만날 때에만 얼굴을 알아보고 있음에 틀림없다. 또한 대상의 의미 자체 ─여기서는 얼굴과 그 표정─ 는 〈sens〉[117]라는 낱말의 이중적인 의미가 잘 나타내듯이, 대상의 방향 지어짐orientation과 결합되어 있어야 한다. 대상을 뒤집는 것은 대상에게서 그 실질의미signification를 제거하는 것이다.

¶ 따라서 대상의 대상-존재는 사유하는-주체-에게서의-존재가 아니라, 어떤 각도(관점)에서 이 대상을 만나고 다른 각도(관점)에서는 그것을 알아보지 못하는 시선-에서의-존재이다. 이 때문에 각각의 대상에는 〈그것의〉 위와 〈그것의〉 아래가 있고, 이 위와 아래는 주어진 차원niveau에 대해 그 대상의 〈자연적〉 장소, 그 대상이 차지〈해야〉 하는 장소를 가리킨다. 한 얼굴을 본다는 것은 대상이 모든 가능한 방향 지어짐 속에서 변함없이 따라야 할 어떤 구성 법칙의 관념을 형성하는 것이 아니다. 그것은 어떤 방식으로 얼굴을 잡는(얼굴에 접속하는) 것이고, 얼굴 표면에서 오르락내리락하는 어떤 지각의 길을 따라갈 수 있는 것이다. 《293》 좀 전에 힘들게 올라갔던 산을 큰 걸음으로 내려올 때 알아보지 못하듯이, 내가 이 지각의 길을 반대 방향으로 간다면, 이 길은 못 알아보게 될 것이다. 만약 지각의 주체가 단지 사물의 방향 지어짐과 관련하여 사물을 잡는(사물에 접속하는) 시선이 아니라면, 일반적으로 우리의 지각은 윤곽도, 모양도, 바탕도, 대상도 포함할 수 없을 것이고, 따라서 그것은 그 어떤 것의 지각도 아닐 것이며, 결국 존재하지 않을 것이다. 그리고 공간에서의 방향 지어짐은 대상의 우연적 특징이 아니며, 내가 대상을 알아보고 대상으로 의식하는 수단이다.

117   역주) 〈sens〉는 〈의미〉이면서 〈방향〉이다.

물론 나는 동일한 대상을 여러 방향성(방향 지어짐) 속에서 의식할 수 있고, 우리가 이미 말한 것처럼 나는 뒤집힌 얼굴을 알아볼 수도 있다. 그러나 이 것은 얼굴에 대해 어떤 일정한 태도를 사유 속에서 취하는 한에서이고, 때 때로 현실 속에서도 우리는 옆 사람이 그 앞에 들고 있는 사진을 보기 위해 머리를 기울일 때처럼 그와 같은 태도를 취하기도 한다. 이처럼 생각할 수 있는 모든 존재는 직접 또는 간접적으로 지각된 세계와 관계하고, 또 지각된 세계는 방향 지어짐을 통해서만 파악되기 때문에, 우리는 존재와 방향 지어진 존재를 분리할 수가 없고, 공간을 〈토대 짓〉거나 모든 차원niveaux의 차원이 무엇인지를 묻거나 할 필요가 없다. 원초적인 차원은 모든 우리의 지각의 지평에 있지만, 원리상 이 지평은 분명한 지각 속에서 결코 도달할 수도 주제화할 수도 없는 것이다. 우리가 차례차례 그 속에서 살아가는 각각의 차원은 우리에게 제시된 어떤 〈장(환경milieu)〉에 우리가 닻을 내릴 때 나타난다. 이 장 자체는 미리 주어진 어떤 차원에 대해서만 공간적으로 규정된다. 이처럼 우리의 일련의 경험은 최초의 경험에서부터 이미 획득된 공간성을 이후의 경험에 전달한다. 우리의 최초의 지각도 이 지각에 선행한 어떤 방향 지어짐에 준거(의존)함으로써만 공간적일 수 있다.

¶ 그러므로 이 최초의 지각은 우리가 이미 세계 속에서 작용하고 있는 것을 발견하지(감지하지) 않을 수가 없다. 그렇지만 여기서는 어느 특정 세계, 어느 특정 광경이 문제가 되고 있지 않다. 왜냐하면 우리는 모든 것들의 시원始原에 자리하기 때문이다. 최초의 공간적 차원은 그 어느 곳에서도 그것의 정박점들을 찾을 수가 없다. 왜냐하면 이 정박점들은 공간 속에 규정되기 위해 최초의 차원에 앞선 어떤 차원을 필요로 할 것이기 때문이다. 그리고 그것은 〈그 자체로〉 방향 지어질 수 없기 때문에, 나의 최초의 지각과 나의 세계와의 최초의 맞물림(나의 최초의 세계 잠음)은 X와 세계 일반 사이에 맺은 더 이전의 협약의 실행으로서 내게 나타나지 않으면 안

된다. 또한 나의 역사도 이전 역사의 연속으로서 그 획득된 결과를 이용하고, 나의 인격적 실존도 선인격적 전통의 다시 잡기(계승)가 아니면 안 된다.《294》 따라서 나 아래에 또 다른 주체가 있다. 세계는 내가 거기에 있기 전에 이 주체에 대해 있고, 이 주체는 그 세계에서 나의 자리를 표시한다. 이 구속된captif 정신 또는 자연적 정신이 바로 내 몸이다. 이것은 나의 인격적 선택의 도구로서 이러저러한 세계에 집중하는 순간적인 몸이 아니라, 하나의 일반적인 앞에-던짐projet 속에서 모든 개별적 집중을 아우르는 익명적 〈기능들〉의 체계이다. 그리고 이처럼 세계에 맹목적으로 달라붙음, 이처럼 존재를 선호하는 편애는 내 삶의 시초에만 생기는 것이 아니다. 그것은 이후의 모든 공간 지각에 그 의미(방향)를 주는 것이고, 또 매 순간마다 다시 시작하는 것이다. 공간 그리고 일반적으로 지각은 주체의 탄생 사실, 주체의 몸성(신체성)의 끊임없는 영향(기여), 사유보다 오래된 세계와의 소통을 주체의 한가운데에 표시한다. 이런 것들이 의식에 가득 채워져 있고, 반성에 불투명한 것은 바로 이런 이유 때문이다. 차원niveaux의 불안정성으로 인해 우리는 무질서에 대한 지성적 경험뿐 아니라, 우리의 우연성의 의식이고 공포인 어지러움과 구토라는 생명적 경험을 갖는다.[118] 하나의 차원의 자리 잡음은 이런 우연성의 망각이고, 공간은 우리의 사실성facticité 위에 놓여 있다. 공간은 대상도 아니고 주체의 결합 작용도 아니다. 공간은 모든 관찰에 전제되어 있기 때문에, 우리는 그것을 관찰할 수가 없다. 또한 공간은 이미 구성되어 있음이 그 본질이기 때문에, 우리는 그것이 구성 활동

---

[118] Stratton, *Vision without Inversion*, 실험 1일째. 베르트하이머는 〈시각적인 어지러움〉에 관해 말한다(Wertheimer, *Experimentelle Studien*, pp. 257-259). 우리가 똑바로 서 있는 것은 골격의 역학이나 근육의 신경 통제에 의해서가 아니라, 우리가 세계에 참여되어(구속되어(engagés)) 있기 때문이다. 이 참여(구속)가 해체되면, 몸은 붕괴되어 다시 대상이 된다.

에 의해 출현하는 것을 볼 수도 없다. 이처럼 공간은 결코 그 자체가 나타나지 않으면서 광경에 그 공간적 규정들을 마술처럼 부여할 수 있는 것이다.

*

[(B) 깊이]

[5. 깊이와 너비]

　지각의 고전적인 입장들은 깊이를 볼 수 있다는 것을 똑같이 부정한다. 버클리Berkeley에 따르면, 우리의 망막은 광경으로부터 평평한 감각적 투영만을 받기 때문에, 깊이는 기록될 수 없어 시각에 주어질 수가 없다. 혹자는 항상성 가설의 비판을 통해 우리가 보고 있는 것을 우리의 망막에 그려진 것으로 판단할 수 없다고 버클리를 반박할 수도 있다. 이에 대해, 아마도 버클리는 깊이가 우리 시선에 펼쳐지지 않고 [평면으로] 축소된 채로 나타나기 때문에, 망막상이 어떠하든 깊이는 볼 수가 없다고 대답할 것이다. 《295》 반성적 분석에서는 원리상의 이유로 깊이를 볼 수 없다. 깊이가 우리 눈에 새겨질 수 있다 해도, 감각 인상은 일람해야 할 다양성 자체만을 제공하고, 따라서 거리는 다른 모든 공간적 관계와 마찬가지로 거리를 종합하고 거리를 사유하는 주체에게만 존재한다. 이 두 이론은 비록 대립하고 있지만, 똑같이 우리의 실제 경험을 암암리에 배척하고 있다. 이 두 이론 모두에서 깊이는 측면에서 바라본 너비와 암묵적으로 동일시되고, 이 때문에 깊이는 보이지 않는다. 버클리의 논증을 명확히 하면, 거의 다음과 같다. 내가 깊이라고 부르는 것은 실제로 너비에 비교될 수 있는 점들의 병존이다. 단지 나는 적합한 위치에 있지 않아 그것을 보지 못한다. 내가 측면에 위치한 관찰자라면 깊이를 볼 것이다. 즉 내게서 대상들은 서로 숨어 있지만, 그 관찰자는 시선을 통해 내 앞에 배열된 일련의 대상들을 포괄할 수 있다. 달리 말하면 그는 내 몸과 첫 번째 대상 사이의 거리를 볼 수 있지만, 반면에 내게서 이 거리는 한 점으로 응축되어 있다. 내게서 깊이가 안 보이게 하는 것은, 바로 관찰자에게는 너비라는 모습으로 깊이가 보이게 하는 것이다. 즉 동시에 있는 점들이 나의 시선의 방향과 동일한 방향으로 병존하고 있는 것이다. 그러므로 보이지 않는다고 말한 깊이는 이미 너비와 동일시된 깊이이고, 이러한 조건에서가 아니라면 이상의 논증은 외관상의 정합성조차 갖지 못할 것이다. 마찬가지로 지성론이 깊이를 종합하는 사유 주체를 깊이의 경험에서 나타나게 할 수 있는 것은, 단지 실재화된réalisée 깊이를 반성하기 때문이다. 즉 내게 제시되는 그런 깊이가 아니라, 측면에 위치한 관찰자에게서의 깊이를, 말하자면 결국 너비가 되는 동시적인 점들의 병존을 반성하기 때문이다.[119] 이상의 두 철학은 단번에 깊이와 너비를 동일시함으로써 구성적 작업의 결과물을 자명한 것으로 간주하지만, 오히려 우리는 이 구성적 작업의 단계들을 되짚어 보아야 한다. 깊이를 측면에서 바라본 너비로 다루기 위해서는, 즉 등방성等方性의 공간에 도달하기 위해서는, 주체는 그의 자리를 떠나서, 세계에 대한 그의 관점을 떠나서, 자신을 일종의 편재성으로(동시에 어디에나 있는 것으로) 사유해야 한다. 어디에나 있는 신에게서 너비는 즉시 깊이와 등가적인 것이다. 《296》 지성론과 경험론은 세계에 대한 인간 경험을 우리에게 설명해 주지 않는다. 이 이론들이 말하는 세계에 대한 인간 경험은 신이라면 사유할 수 있는 것이다. 물론 세계 자체는 우리가 하나의 차원dimension을 다른 차원으로 대

---

119 팔리아르는 나와 관계하는 사물의 깊이와 두 대상 간의 거리를 구별하였다. Paliard, *L'illusion de Sinnsteden et le problème de l'implication perceptive*, p. 400. E. Straus, *Vom Sinn der Sinne*, pp. 267-269.

체하여, 관점 없이 세계를 사유하도록 유인한다. 모든 사람은 깊은 생각 없이 깊이와 너비의 등가성을 받아들인다. 이 등가성은 상호주관적 세계의 명증에 속하고, 이러한 사실로 인해 다른 사람들과 마찬가지로 철학자들도 깊이의 본모습originalité을 망각할 수 있다.

¶ 그러나 우리는 아직 세계와 객관적 공간에 대해 아무것도 모른다. [이런 상태에서] 우리는 세계의 현상을 기술하려고 한다. 다시 말해 우리가 매 지각마다 다시 놓이는 곳이고, 우리가 여전히 홀로 있고, 타인들은 나중에만 나타나는 곳이며, 지식 특히 과학이 아직 개인적인 관점적 현상perspective을 환원하지도 평준화하지도 않은 곳인 그러한 장場에서, 어떻게 세계의 현상이 우리에게 태어나는지를 우리는 기술하려 한다. 우리가 한 세계에 접근해야 하는 것은 이런 관점적 현상[120]을 통해서이고 또 그것에 의해서이다. 따라서 우리는 무엇보다도 이 관점적 현상을 기술하지 않으면 안 된다. 우리는 공간의 다른 차원들dimensions에서보다 깊이에서 더 곧바로 세계에 대한 편견을 물리치지 않을 수 없고, 세계가 솟아오르는 원초적 경험을 다시 발견하지 않을 수 없다. 말하자면 깊이는 모든 차원들 중에서 가장 〈실존적〉이다. 왜냐하면 깊이는 ―이것은 버클리의 옳은 논증인데― 대상 그 자체에 표시되지 않고, 그것은 명백히 관점적 현상에 속하지, 사물에 속하지 않기 때문이다. 따라서 깊이는 사물[121]에서 끄집어낼 수 없고, 심지어 의식에 의해 사물 속에 둘 수도 없다. 깊이는 그것에 의해 내가 사물 앞에 놓이는, 사물과 나 사이의 어떤 분리할 수 없는 연결을 알려주지만, 반면에 너비는 일견 사물들 자체 간의 관계로 간주되어 지각하는

---

120   역주) 영역본(Smith)은 대명사(elle)를 "태어남"으로 해석하지만, 우리는 "관점적 현상"으로 읽는다.

121   역주) 두 영역본은 "en"과 "y"를 "관점적 현상"으로 해석하지만, 우리는 "사물"로 읽는다.

주체가 포함되지 않을 수 있다. 우리는 깊이의 시각을, 다시 말해 아직 객관화되지도 않고 서로 외적인 점들로 구성되지도 않은 깊이를 다시 발견함으로써, 다시 한번 고전적 양자택일을 넘어서고, 주체와 대상의 관계를 명확히 할 것이다.

[6. 이른바 깊이의 기호들은 부추기는 것(동기)들이다]

여기에 내 탁자가 있고, 저 멀리 피아노 또는 벽이 있다. 또 내 앞에 서 있던 차가 움직이기 시작하여 멀어진다. 이러한 말들은 무엇을 의미하는가? 지각적 경험을 되살리기 위해, 세계와 대상에 사로잡힌 사유가 우리에게 이 경험에 대해 제시하는 피상적 설명에서 출발하자. 이 설명에 의하면, 앞의 말들은 탁자와 나 사이에 간격이 있다는 것, 차와 나 사이에 커지는 간격이 있다는 것, 이 간격은 내가 있는 곳에서는 볼 수 없지만, 대상의 외관상의 크기에 의해 내게 알려진다는 것을 의미한다. 탁자와 피아노와 벽의 외관상의 크기는 그것들의 《297》 실제 크기와 비교되면서 그것들을 공간의 장소 속에 위치시킨다. 차가 천천히 지평선을 향해 가면서 그 크기가 사라질 때, 나는 이런 외현을 설명하기 위해, 비행기를 타고 위에서 바라보면 지각하게 될 너비로서의 차의 이동을, 결국 깊이의 모든 의미를 만들어내는 이동을 구축하는 것이다. 그러나 나에게는 거리를 나타내는 또 다른 기호들도 있다. 대상이 내게 가까이 옴에 따라, 그것을 응시하는 내 두 눈은 점점 수렴된다. 거리는 내게 밑변과 두 밑각이 주어진 삼각형의 높이이다.[122] 또 내가 어떤 거리에서 본다고 말할 때, 이 삼각형의 높이는 이 주어진 크기들[밑변과 두 밑각의 크기]과 관계하여 규정된다는 것을 의미한다. 고전적 견해들에 있어 깊이의 경험은 몇몇 주어진 사실들 ─두 눈의 수렴,[123]

---

[122]　Malebranche, *De la Recherche de la vérité*, Livre Ier, Chap. IX.

이미지의 외관상의 크기— 을 설명하는 객관적 관계의 맥락 속에 이 사실들을 다시 위치시켜 해독하는 것이다. 그러나 내가 외관상의 크기에서 이 크기의 의미signification로 이행할 수 있는 것은, 변형되지 않은 대상의 세계가 있다는 것, 내 몸이 거울처럼 이 세계 앞에 있다는 것, 몸이라는 스크린에 형성되는 이미지가 거울 속의 이미지처럼 몸과 대상 사이의 간격에 정확히 비례한다는 것을 아는 한에서이다. 내가 두 눈의 수렴을 거리의 기호로 이해할 수 있는 것도, 대상이 가까울수록 점점 더 기울어지는 맹인의 두 지팡이[124]처럼 내 두 시선을 표상하는 한에서이다. 다시 말해, 내 두 눈, 내 몸, 외부 세계를 동일한 객관적 공간 속에 집어넣는 한에서이다. 따라서 가설상 우리를 공간 경험에 이르게 해야 하는 〈기호들〉은, 그것들이 이미 공간 속에 포착될 때에만, 또 공간이 이미 알려질 때에만 공간을 의미할 수 있다. 지각은 우리를 세계에 이르게 하기 때문에, 그리고 어떤 사람이 심오하게 언급했듯이 "지각 이전에는 정신이라 할 것은 아무것도 없기"[125] 때문에, 우리는 지각의 수준에서 아직 구성되지 않은 객관적 관계를 지각 속에 둘 수 없다. 이 때문에 데카르트주의자들은 〈자연적 기하학géonétrie naturelle〉[126]에 대해 말하였다. [지각적 경험에서] 외관상의 크기와 두 눈의 수

---

123 역주) 메를로퐁티는 "수렴(convergence)"을 이중적으로 쓴다. 〈체험된 시선의 집중〉의 의미로도 쓰고, 〈객관적인 두 시선의 모임〉으로도 쓴다. 특히 메를로퐁티는 깊이에 대한 형태 심리학의 입장을 언급할 때 〈수렴〉의 두 의미를 섞어 쓴다. 즉 그는 형태 심리학이 체험된 깊이에서 객관적 사실로 이행하는 것을 두 의미가 섞인 동일 단어로 설명한다. 우리는 "convergence"를 두 의미(집중과 모임)로 나눠 번역할 필요가 있지만, 이상과 같은 이유에서 하나의 용어로, 즉 〈수렴〉으로 번역한다.

124 *Ibid.*

125 Paliard, *L'Illusion de Sinnsteden et le problème de l'implication perceptive*, p. 383.

126 역주) "[장님의] 영혼은 비록 이 막대기들의 길이를 알지 못함에도 불구하고, 두 점 f와 g 사이의 거리, 그리고 fgh와 gfi의 각들의 크기를 알기 때문에, **자연적 기하학**에 의해서와 같이 어디에 대상 K가 있는지를 인식할 수 있을 것이다"(Descartes, *Traité de*

렴의 의미signification는, 즉 거리는 아직 펼쳐질 수도 주제화될 수도 없다. [지각적 경험에서] 외관상의 크기와 두 눈의 수렴 그 자체는 《298》 객관적 관계들의 체계 속의 요소들로서 주어질 수 없다. 〈자연적 기하학〉이나 〈자연적 판단〉은 아직 정립도 사유도 되지 않은 기호들 속에 그 또한 정립도 사유도 되지 않은 어떤 의미signification가 포함되거나 〈함축됨〉을 나타내기 위한 플라톤적 의미의 신화이다. 이것은 바로 우리가 지각적 경험으로 되돌아감으로써 이해해야 하는 것이다. 외관상의 크기와 두 눈의 수렴은 과학적 지식이 인식하는 것으로서가 아니라 우리가 내적으로 파악하는 것으로서 기술해야 한다.

¶ 형태 심리학[127]은 그러한 것들이 지각 자체 속에서는 명시적으로 알려지지 않는다는 것을, 즉 나는 어떤 거리에서à distance 지각할 때, 내 두 눈의 수렴이나 외관상 크기를 명확하게 의식하지 않으며, 그것들은 지각된 사실들로 내 앞에 있지 않다는 것을 지적하였다. 그렇지만 형태 심리학은 입체경과 원근법적 착시가 잘 보여 주듯, 그것들이 거리의 지각에 개입한다는 것도 지적하였다. 이로부터 심리학자들은 두 눈의 수렴과 외관상 크기는 깊이의 기호가 아니라, 깊이의 조건이거나 원인이라고 결론 내린다. 즉

---

l'homme, AT XI, p. 160, 강조는 옮긴이가 함). 〈점 f〉과 〈점 g〉는 각각 막대기를 쥔 오른손과 왼손의 위치, 〈i〉와 〈h〉는 오른쪽 막대기와 왼쪽 막대기, 〈K〉는 두 막대기가 닿은 대상, 즉 수렴한 곳이다. 데카르트는 『굴절광학』에서 동일한 장님의 예를 동일한 표현 "자연적 기하학에 의해서와 같이"를 쓰며 언급하지만(La Dioptrique, AT VI, p. 137), 라틴어 번역본에서는 이 "자연적 기하학에 의해서와 같이"를 "모든 사람에게 있는 일종의 본유적(innata) 기하학에 의해서와 같이"로 바꿔 표현한다(Dioptrice, AT VI, p. 609). (『굴절광학』의 라틴어 번역본은 데카르트가 직접 검토한 것이기 때문에 정본이라 할 수 있다.) 이 〈본유적 기하학〉 또는 〈자연적 기하학〉에 대해 알키에(F. Alquié)는 "데카르트는 본능적인(instinctive) 의미에서 자연적 기하학을 말한다"고 평가한다(Œuvres philosophiques de Descartes I, Edition de F. Alquié, Paris: Classiques Garnier, 1997, p. 429).

[127] Koffka, *Some problems of space perception.* Guillaume, *Traité de Psychologie*, Chap. IX.

어떤 크기의 망막상 또는 어떤 각도의 수렴이 객관적으로 몸에서 일어날 때, 우리는 깊이의 조직organisation en profondeur이 나타남을 확인한다는 것, 이것은 바로 물리학의 법칙에 비교할 만한 법칙이라는 것, 이 법칙을 기록하기만 하면 될 뿐 그 이상은 필요 없다는 것이다. 그러나 여기서 심리학자는 자신의 과제를 회피하고 있다. 그가 외관상의 크기와 두 눈의 수렴이 객관적인 사실로서 지각 자체에 현전하지 않는다는 것을 인식할 때, 그것은 그가 우리에게 객관적 세계에 앞선 현상들에 대한 순수 기술을 상기시키고, 모든 기하학에서 독립한 체험된 깊이를 엿보게 하는 것이다. 그런데 그는 그때 그 기술을 중단하고, 세계 안에 자신을 다시 두며, 깊이의 조직을 연쇄적인 객관적 사실들로부터 도출해 낸다. 이런 방식으로 그 기술을 제한할 수 있는가? 또한, 일단 현상적 질서를 근원적 질서로 인식한 다음, 현상적 깊이의 발생을 두뇌 연금술에 맡기면서 경험은 이 연금술의 결과를 등록할 뿐이라고 할 수 있는가? 이상은 다음 두 가지 중 하나여야 한다. 하나는 행동주의와 함께 경험이란 낱말에 모든 의미를 거부하고, 지각을 과학적 세계의 산물로서 구축하고자 시도하는 것이다. 다른 하나는 경험도 우리에게 존재에 접근하게 해 주는 것임을 인정하는 것이며, 《299》 따라서 경험은 존재의 부산물로 다룰 수 없는 것이 된다. 결국 경험은 아무것도 아닌 것이 되거나, 아니면 전부가 되어야 한다.

¶ 두뇌 생리학이 설명하는 깊이의 조직이란 무엇일 수 있는지를 생각해 보자. 주어진 외관상의 크기와 두 눈의 수렴과 관련하여, 깊이의 조직에 대응하는 기능적 구조가 두뇌 어디에선가 나타날 것이다. 그러나 어쨌든 이것은 주어진 깊이, 사실로서의 깊이일 뿐이고, 깊이를 의식하는 것이 여전히 있어야 할 것이다. 어떤 구조의 경험을 갖는다는 것은 그 구조를 그 자체로 수동적으로 받아들이는 것이 아니다. 그것은 그 구조를 체험하고, 다시 잡고, 수용하고(인수하고), 그것의 내적 의미를 재발견하는 것이다. 그러

므로 하나의 경험은 그 원인과의 관계처럼 사실로서의 어떤 조건들에 결코 결부될 수 없다.[128] 또한, 거리의 의식이 두 눈의 어떤 수렴값과 망막상의 어떤 크기 때문에 발생한다고 해도, 이런 요소들이 거리의 의식 속에 나타나는 한에서만 이 의식은 그것들에 의존할 수 있다. 우리는 이 요소들에 대한 명백한 어떤 경험도 없기 때문에, 그것들에 대한 비정립적 경험을 갖는다고 결론 내려야 한다. 두 눈의 수렴과 외관상의 크기는 깊이의 기호도 원인도 아니다. 부추기는 것(동기motif)이 뚜렷한 모습으로 따로 정립이 되지 않더라도 우리의 결심에 현전하는 것처럼, 두 눈의 수렴과 외관상의 크기는 깊이의 경험에 현전한다. 부추기는 것(동기)이라는 말은 무엇을 의미하는가? 예를 들어 어떤 여행에 동기가 있다고[129] 말할 때, 이것은 무엇을 의미하는가? 그것은 여행이 그 시작에서 주어진 어떤 사실들을 갖는다는 것을 의미한다. 그러나 이 사실들은 그 자체만으로 여행을 하게 만드는 물리적인 힘을 갖는 것이 아니라, 여행을 시작하는 이유들을 제공하는 것이다. 부추기는 것(동기)은 그것의 의미를 통해서만 작용하는 선행하는 것이다. 그리고 이 의미를 가치 있는(유효한) 것으로 긍정하고, 이 의미에 그 힘과 효력을 부여하는 것은 결심이라는 점도 덧붙여야 한다. 부추기는 것(동기)과 결심은 한 상황의 두 요소이다. 전자는 사실로서의 상황이고, 후자는 수용한 상황이다. 따라서 어떤 사람의 죽음은 슬픔에 빠진 가족을 위로하거나 죽은 자에게 〈마지막 존경〉을 표하기 위해 내가 [장례식에] 참석하

---

128 달리 말하면, 하나의 의식 작용은 어떤 원인도 가질 수 없다. 그러나 의식의 개념은 형태 심리학이 이의를 제기할 수 있는 것이고, 우리의 입장에서도 유보적인 조건에서 받아들이는 것이므로, 우리는 이 개념을 사용하지 않고자 한다. 우리는 단지 경험이라는 문제없는 개념을 사용할 것이다.

129 역주) "어떤 여행을 하도록 부추겨진다고(motivé)." 마찬가지로 몇 줄 아래의 문장 "어떤 사람의 죽음은 내 여행의 동기가 된다"는 "어떤 사람의 죽음은 내 여행을 부추긴다(motive)"로 다시 쓸 수 있다.

는 것이 요구되는 하나의 상황이기 때문에, 내 여행의 동기가 된다. 그리고 나는 이 여행을 결심함으로써, 제시된 이 부추기는 것(동기)을 유효화하고, 또 이 상황을 수용한다. 그러므로 부추기는 것le motivant과 《300》 부추겨지는 것le motivé의 관계는 상호적이다. 그런데 두 눈의 수렴 또는 외관상의 크기의 경험과 깊이의 경험 사이에 존재하는 관계가 바로 이러한 것이다. 두 눈의 수렴 경험과 외관상의 크기의 경험은 〈원인〉으로서, 기적처럼 깊이의 조직을 나타나게 하지 않는다. 그것들은 이미 그것들의 의미 속에 깊이의 조직을 포함하는 한, 또 그것들 모두가 어떤 거리에서 바라보는 방식인 한, 암묵적으로 깊이의 조직을 부추긴다.

[7. 외관상 크기의 분석]

¶ 이미 우리는 두 눈의 수렴이 깊이의 원인이 아니라는 것과, 이 수렴 자체가 어떤 거리에 있는 대상으로 향해 있음을 전제한다는 것을 보았다. 이제 외관상 크기의 개념에 대해 자세히 논해 보자. 우리가 조명받는 한 대상을 오랫동안 바라보면, 이 대상은 잔상을 남긴다. 이렇게 우리가 대상을 바라본 후 거리가 서로 다른 스크린들을 응시하면, 잔상이 스크린들에 투영되고, 잔상의 외관상의 직경은 스크린이 멀리 떨어져 있을수록 크다.[130] 오랫동안 지평선에 있는 거대한 달의 모습은 [우리와 달] 사이에 놓인 많은 대상들이 달과의 거리를 더 느끼게 하고, 그 결과 달의 외관상의 직경을 크게 하는 것으로 설명되어 왔다. [우리의 입장에서 볼 때] 이것은 〈외관상의 크기〉 현상과 거리 현상은 장場 전체 조직의 두 계기라는 것을 말한다. 즉 전자가 후자에 대해 갖는 관계는 기호가 의미signification에 대해 갖는 관계도, 원인이 결과에 대해 갖는 관계도 아니고, 이 둘은 부추기는 것과 부추겨지

---

[130]   Quercy, *Etudes sur l'hallucination*, Ⅱ, La clinique, pp. 154과 그 이하.

는 것의 관계로서, 그것들의 의미sens를 통해 서로 소통하는 것이다. 체험된 외관상의 크기는 그 자체로 보이지 않는 깊이의 기호나 표지標識가 되지 않으며, 그것은 깊이에 대한 우리의 시각을 표현하는 방식과 다른 것이 아니다. 사실 형태 이론은 멀어지는 대상의 외관상의 크기가 망막상의 크기처럼 변하지 않는다는 사실을, 하나의 지름을 축으로 하여 회전하는 원반의 외관상의 크기는 기하학적인 원근법perspective géométrique에서 예상되는 것처럼 변하지 않는다는 사실을 보여 주는 데 기여하였다. 내 지각 속의 멀어져 가는 대상은 내 망막의 물리적 상보다 천천히 작아지고, 다가오는 대상은 그것보다 천천히 커진다. 이 때문에 영화 속에서 우리에게 다가오는 기차는 실제의 경우보다 훨씬 더 [빨리] 커진다. 또한 우리에게서 높아 보이는 언덕이 사진 속에서는 작아 보이는 것도 같은 이유에서이다. 끝으로 《301》 세잔과 여러 화가가 옆에서 본 수프 접시가 그 내부가 보이게끔 표현함으로써 보여 주었던 것처럼, 우리 얼굴 앞에 비스듬히 놓인 원반이 기하학적 원근법에 저항하는 것도 같은 이유에서이다. 원근법적 변형이 우리에게 뚜렷하게 주어지는 경우에도, 우리가 원근법을 배울 필요가 없을 것이라고 말하는 것은 옳은 일이다.

¶ 그러나 형태 이론은 마치 비스듬한 접시의 변형이 정면에서 본 접시의 형태와 기하학적 원근법 간의 타협의 산물이며, 멀어져 가는 대상의 외관상의 크기는 손에 닿는 거리에서의 외관상의 크기와 기하학적 원근법이 부여하는 무척 작은 크기의 타협의 산물인 것처럼 말한다. 형태 이론은 마치 형태나 크기의 항상성이 실재적 항상성인 것처럼 말한다. 이 이론은 마치 망막에 나타난 대상의 물리적 상 외에, 이 물리적 상이 변할 때에도 비교적 항상적인(일정한) 상태의, 동일 대상의 〈심리적 상〉이 있는 것처럼 말한다. 그러나 실제로 이 재떨이의 〈심리적 상〉은 망막에 나타난 동일 대상의 물리적 상보다 더 큰 것도 더 작은 것도 아니다. 다시 말해 하나의 사물

처럼 물리적 상과 비교되는 심리적 상, 이 물리적 상과 관계하여 결정된 크기를 갖는 심리적 상, 나와 사물 사이의 막처럼 있는 심리적 상은 없다. 나의 지각은 의식의 내용으로 향하지 않는다. 그것은 재떨이 자체로 향한다. 지각된 재떨이의 외관상 크기는 측정할 수 있는 크기가 아니다. 내가 보는 재떨이의 지름이 얼마인지 묻는다면, 나는 두 눈을 뜨고 있는 한, 이 물음에 대답할 수가 없다. 물론, 자연스럽게 나는 한쪽 눈을 감고, 측정 도구를, 예를 들어 연필을 잡고 팔을 뻗어, 연필 위에다 재떨이가 차지하는 크기를 표시하는 일을 한다. 이렇게 할 때, 내가 지각된 원근법(관점적 현상)을 기하학적 원근법으로 환원하고, 광경을 이루는 비례관계들을 바꾸어서, 대상이 멀리 있으면 작게 하고, 가까이 있으면 크게 한다고만 말해서는 안 된다. 오히려 내가 지각장을 해체하고, 재떨이를 고립시키고, 재떨이 그 자체를 정립함으로써, 그때까지 크기를 갖지 않았던 것에서 크기를 나타나게 했다고 말해야 한다. 멀어져 가는 대상에 나타난 외관상 크기의 항상성은 단단한 대상이 압력에 저항하듯이 원근법적 변형에 저항하는, 대상에 대한 어떤 심리적 상의 현실적 불변성이 아니다. 한 접시의 둥근 형태가 항상적인 것인 원근법적인 납작함에 대한 원의 저항이 아니다. 그렇기 때문에 화가가 원근법을 물론 체험된 상태(체험된 원근법perspective vécue)[131]로 나타내려고 하지만, 단지 현실 속의 캔버스에 실재의 윤곽선으로만 원의 형태를 표현할 수 있다는 사실에 사람들은 놀라게 되는 것이다. 내가 《302》 지평

131   역주) 기하학적 원근법과 달리 우리가 〈실제〉 지각한 원근법, 즉 지각의 관점적 현상을 일컫는다. 앞에서 메를로퐁티가 예를 들었듯이, 기울어진 접시는 기하학적인 관점(원근법)에서는 납작한 타원이지만, 우리의 지각에서는 다소 위에서 본 것처럼 그 내부가 보이는 모습이다. 우리가 지각한 접시는 순수 타원으로도, 순수 원으로도 나타나지 않는다. 메를로퐁티는 세잔이 이 "체험된 원근법"을 알고 있다고 말한다(SNS, p. 24).

선을 향해 사라져 가는 내 앞의 도로를 바라볼 때, 도로변 양쪽이 내게 [한 점으로] 수렴되는 것으로 주어진다고도, 평행한 것으로 주어진다고도 말하지 말아야 한다. 즉 도로변 양쪽은 깊이 속에서 평행하다. 원근법적인 외현은 정립되어 있지 않고, 평행도 정립되어 있지 않다. 나는 도로의 잠재적인 변형을 통해, 도로 자체에 있다(도로 자체로 향해 있다suis à).[132] 그리고 깊이는 도로에 대한 원근법적인 투사도 〈참된〉 도로도 정립하지 않는 지향 자체이다.

¶ 하지만 이백 걸음 떨어진 사람은 다섯 걸음 떨어져 있을 때보다 더 작지 않은가? 만약 내가 그 사람을 지각된 맥락에서 분리시킨다면, 또 그 외관상의 크기를 측정한다면, 그는 작게 될 것이다. 내가 그와 같이 하지 않는다면, 그는 더 작은 크기도, 같은 크기도 아니다. 즉 그는 같음과 같지 않음 이전에 있고, 멀리서 본 동일한 사람이다. 우리는 이백 걸음 떨어진 사람이 훨씬 덜 분절된 모양이고, 내 시선에 훨씬 적고 분명치 않은 잡을 곳들prises을 제공하며, 내 탐색 능력에 꽉 맞물려 있지 않다고 말할 수밖에 없다. 또한 우리가 시각장 자체는 측정할 수 있는 영역이 아니라는 것을 잊지 않는다면, 이백 걸음 떨어진 사람은 보다 불완전하게 내 시각장을 차지한다고도 말할 수 있다. 한 대상이 시작장을 아주 조금만 차지한다고 말하는 것은, 결국에는 뚜렷하게 보는 내 시각 능력이 전적으로 발휘되도록 그 대상이 풍부하게 배열형태를 제공하지 않는다고 말하는 것이다. 내 시각장은 어떤 결정된 용적량을 갖지 않고, 내가 사물들을 〈멀리서〉 또는 〈가까이서〉 보느냐에 따라, 시각장은 그만큼 더 많거나 더 적게 사물들을 포함할 수 있다. 그러므로 외관상의 크기는 거리와 별개로 정의될 수 없다.

---

132 역주) 체험된 원근법으로 나타난 도로와 내가 맞물려 있는 상태를 가리킨다. 이것은 그다음 문장에서 말하는 "지향 자체"를 가리킨다.

외관상의 크기는 거리를 함축하는 것과 마찬가지로, 거리에 의해 함축된다. 두 눈의 수렴, 외관상의 크기, 거리는 서로 속에 읽히고, 자연스럽게 서로를 상징하거나 의미표현하고, 한 상황의 추상적 계기들이고, 한 상황 속에서 동의어들이다. 이것은 지각의 주체가 그것들 사이에 객관적 관계들을 정립해서가 아니라, 오히려 그것들을 따로 정립하지 않아서, 그것들을 명시적으로 결합할 필요가 없기 때문이다. 멀어져 가는 대상의 서로 다른 〈외관상 크기들〉이 있다고 할 때, 이 크기들 중 어떤 것도 정립의 대상이 되지 않는다면, 그것들을 종합에 의해 결합할 필요가 없다. 우리는 멀어져 가는 대상을 〈가지고〉, 그것을 계속해서 〈붙들며〉, 그것을 계속해서 잡는다(파악한다). 그리고 커져 가는 거리는 너비가 그렇게 보이듯이, 하나의 외재성으로서 커져 가는 것이 아니다. 커져 가는 거리는 사물이 우리 시선의 잡음(파악)에서 미끄러져 가기(도망가기) 시작하는 것과, 우리의 시선이 그 사물과 덜 엄밀하게 결합하는(접속하는) 것을 나타낼 뿐이다. 거리란 이러한 느슨한(대략적) 잡음(파악)과, 완전한 잡음(파악) 또는 가까움을 구분 짓는 것이다. 그러므로 우리는 《303》 앞에서 〈똑바로 선〉 것과 〈비스듬한〉 것을 규정한 것과 마찬가지로 거리를 규정한다. 즉 잡음(접속) 능력과 관계한 대상의 상황(위치situation)으로 거리를 규정한다.

[8. 착시는 구축이 아니다. 지각된 것의 의미는 부추겨진 것이다]

우리는 특히 깊이와 관련된 착시 때문에, 습관적으로 깊이를 지성의 구축으로 간주하게 되었다. 우리는 입체경에서처럼 두 눈을 어떤 각도로 수렴하게 함으로써, 또는 피험자에게 원근법적인 그림을 제시함으로써 깊이의 착시를 불러일으킬 수가 있다. 이것은 깊이가 존재하지 않는데도 내가 깊이를 본다고 믿기 때문에, 착시를 일으키는 기호들로 인해 하나의 가설이 만들어졌다는 사실, 또 일반적으로는 소위 거리를 보는 것이 항상 기호들의 해석이라는 사실과 관련되지 않을까? 그러나 여기에는 어떤 전제가 있음이 분명하다. 즉 있지 않는 것은 볼 수 없다고 상정되고, 따라서 시각은 감각(감관)의 인상으로 정의된다는 것이다. 또 부추김motivation의 근원적 관계는 간과되고, 이 관계는 [기호와] 의미signification의 관계로 대체된다는 것이다. 우리가 이미 보았듯이, 망막상들 간의 불일치(차이)는 두 눈의 수렴 운동을 불러일으키고(부추기고), 그 자체로는 존재하지 않는다. 이 불일치는 동일 구조를 가진 두 단안시 현상들을 융합시키려 하고, 공동작용 상태로 향하려는 주체에게만 있다. 양안 시각의 통일성과, 이 통일성과 더불어 깊이 ―그것이 없으면 이 통일성이 실현될 수 없는 깊이― 는 두 단안시 이미지들이 〈불일치하는〉 것으로 주어지자마자 이미 거기에 있다. 내가 입체경을 들여다볼 때, 이미 가능한 질서가 그려지고 상황이 대략 나타나는 하나의 전체가 제시된다. 나의 운동 반응은 이 상황을 수용한다. 세잔은 화가가 자신의 〈모티프motif〉[133] 앞에서 곧 "떠도는 자연의 손과 만날"[134] 것이라고 말했다. 입체경에 시선 집중하는 운동 자체는 주어진 것들이 제기한 물음에 대한 대답이고, 이 대답은 물음 속에 포함되어 있다. 시각장은 그 자체가 가능한 한 완전한 균형sysmérie으로 향하는 것이며, 깊이는 단일 사물에 대한 지각적인 믿음의 한 계기에 지나지 않는다. 원근법적인 그림은 우선 평면 위의 그림으로 지각되고 이어서 깊이로 조직되는 것이 아니다.

---

133 역주) 모티프는 "회화·조각·문학 등에서 표현·창작의 동기가 되는 작가의 내부충동"을 가리킨다(『두산백과 두피디아』). 또한 "미술에서는 예술가의 상상력을 자극하여 작품을 창작하게 하는 대상이나 체험, 표현의 의도가 유발되는 테마나 소재를 가리키기도 한다"(「모티브」, 『세계미술용어사전』). 세잔은 주로 후자의 의미로서 생트빅트와르산을 자신의 모티프라고 말한다. 그러나 메를로퐁티는 여기서 "모티프(motif)"를 세잔이 그려야 할 대상과 메를로퐁티 자신의 철학적 의미, 즉 〈부추기는 것〉을 연결하여 쓰고 있다.

134 J. Gasquet, *Cézanne*, p. 81.

지평선을 향해 사라지는 선들은 우선 기울어진 것으로 주어지고 이어서 수평한 선으로 사유되는 것이 아니다. 그림의 전체는 깊이 쪽으로 웅덩이처럼 파임으로써 그 균형을 추구한다. 사람보다 작게 그려진 도로의 포플러나무는 지평선 쪽으로 물러남으로써만 진정으로 나무가 될 수가 있다. 돌이 아래로 떨어지는 것처럼, 바로 그림 자체가 깊이로 향하고 있다. 만약 균형, 충만함, 결정(확정)이 여러 방식으로 획득될 수 있다면, 《304》 여러 가지로(애매하게) 보이는 그림에서처럼 조직은 안정적이지 않을 것이다.

¶ 그래서 우리는 〈그림 1〉을, ABCD면이 앞으로 나온 정육면체를 아래에서 본 것처럼, 또는 EFGH면이 앞으로 나온 정육면체를 위에서 본 것처럼, 또는 10개의 삼각형과 1개의 정사각형으로 구성된 부엌의 모자이크처럼 지각할 수 있다. 그에 반해 〈그림 2〉는 거의 피할 수 없이 정육면체로 보일 것이다. 왜냐하면 정육면체는 이 그림을 완전한 균형 속에 있게 하는 유일한 조직이기 때문이다.[135] 깊이가 내 시선에서 태어나는 것은, 내 시선이 무엇인가를 보려고 하기 때문이다. 그러나 우리의 시각장 속에서 작용하면서, 언제나 가장 결정된 상태로 향하는 이러한 지각의 천부적 재능génie은 도대체 무엇인가? 우리는 실재론으로 되돌아가는 것이 아닐까?

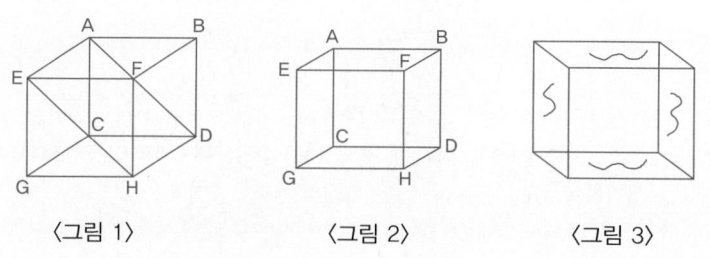

〈그림 1〉   〈그림 2〉   〈그림 3〉

135 Koffka, *Some problems of space perception*, p. 164와 그 이하.

한 가지 예를 고찰해 보자. 깊이의 조직이 파괴되는 것은, 내가 여러 가지로(애매하게) 보이는 그림에 아무 선들이나 덧붙일 때가 아니라(〈그림 3〉은 여전히 정육면체이다), 동일한 면의 요소들을 분리하고 다른 면들의 요소들을 연결하는 선들을 덧붙일 때이다(〈그림 1〉).[136] 이러한 선들 자체가 깊이를 파괴한다고 말할 때, 우리가 의미하는 것은 무엇인가? 우리는 연합론처럼 말하고 있는 것이 아닌가? 우리는 선분 EH(〈그림 1〉)가 원인으로 작용하여, 이 선분이 그려진 정육면체를 해체시킨다고 의미하지 않는다. 우리가 의미하는 것은 이 선분이 더 이상 깊이의 파악이 되지 않는 전체적 파악을 유인한다(부추긴다induit)는 것이다. 물론 선분 EH 자체는 내가 이 선분을 하나의 선분으로 파악하고, 나 자신이 그것을 죽 훑어보고 그을 때에만, 하나의 개체성을 갖는다. 그러나 이렇게 파악하고 훑어보는 것은 자의적인 것이 아니다. 그것은 현상들에 의해 지시되거나 권유된 것이다. 이때 이러한 요구(권유)는 절대적인 것이 아니다. 왜냐하면 그 그림이 바로 여러 가지로 보이기(애매하기) 때문이다. 그러나 보통의 시각장에서는 면과 윤곽의 분응分凝, ségrégation을 저항하기란 쉽지 않다. 예를 들어 내가 큰길가를 걸을 때, 《305》 가로수 사이의 간격을 사물로, 가로수 자체를 바탕으로 보지는 못한다. 광경의 경험을 갖는 것은 물론 나이다. 그러나 이 경험 속에서 나는 사실로서의 상황을 수용하고, 현상들 속에 흩어진 한 의미를 모으며, 현상들 스스로가 말하고자 하는 것을 말해 주는 의식을 지닌다. 조직이 다의적이고(애매하고), 내가 그 조직을 바꿀 수 있는 경우에도, 나는 직접 그렇게 바꿀 수 있지는 않다. 즉 정육면체의 면들 중 한 면이 전면에 나타나는 것은, 단지 내가 그 면을 먼저 보고, 내 시선이 그 면에서 출발하여 모서리들을 따라가며, 마침내 두 번째 면을 무규정적 바탕으로 발견할 때이다. 내가

136   Koffka, *Ibid.*

〈그림 1〉을 부엌의 모자이크로 보는 것은, 우선 내 시선을 중심에 두고, 이어서 내 시선을 그림 전체에 동시에 똑같이 퍼트릴 때이다. 베르그송이 설탕 한 조각이 녹기를 기다리는 것처럼, 때때로 나는 조직이 형성되기를 기다려야 한다. 더욱이 보통의 지각에서 지각된 것의 의미는 지각된 것 속에 설립된 것institué으로 내게 나타나지, 나에 의해 구성된 것으로 나타나지 않는다. 시선도 나에게 일종의 인식하는 기계처럼 나타나서, 사물들이 광경이 되는 데 꼭 통과해야 하는 곳에서 그것들을 파악하거나, 사물들의 자연적 분절에 따라 그것들을 잘라 낸다. 분명 직선 EH는 내가 그것을 죽 훑어볼 때에만 직선으로서 가치를 지닐 수 있지만, 이것은 정신의 탐색(통찰)이 아니라 시선의 탐색과 관계한 것이다. 즉 나의 작용은 근원적이거나 구성적인 것이 아니라, 유인되거나sollicité[137] 부추겨진 것motivé이다. 모든 시선 집중은 항상 시선 집중해야 할 것으로서 나타나는 어떤 사물에 대한 시선 집중이다. 내가 정육면체의 ABCD면에 시선 집중하는 것은, 내가 그 면을 분명히 보이는 상태가 되게 할 뿐 아니라, 그것을 모양으로 부각시켜, 다른 면보다 내게 더 가까운 면으로 보이게 하는 것을 의미한다. 한마디로 그것은 내가 정육면체를 조직한다는 것을 의미한다. 그리고 시선은 사유하는 주체 아래에 있는 지각의 천부적 재능으로서, 사물들이 우리 앞에 존재하기 위해 기다리고 있는 정확한 대답을 해 줄 줄 아는 것이다.

¶ 그렇다면 정육면체를 본다는 것은 결국 무엇인가? 경험론에 의하면, 그것은 그림의 현실적으로 나타난 면의 모습과, 일련의 다른 모습[외현]들, 즉 더 가까이서 보이는 모습, 옆에서 보이는 모습, 여러 각도에서 보이는 모습을 연합한 것이다. 그러나 내가 정육면체를 볼 때, 나는 내 속에서 그

---

[137]　역주) 이전의 번역처럼 "부추겨지거나"로 옮기는 것이 일관성 있겠지만, 뒤의 "motivé"의 번역어와 겹쳐 "유인되거나"로 옮긴다. 두 용어는 의미상 차이가 사실상 없다.

러한 어떤 상[외현]도 발견하지 못한다. 이러한 상들은 깊이의 지각과 교환되는 잔돈 같은 것이며, 깊이의 지각은 그것들을 가능케 하지, 그것들로부터 결과하지 않는다. 그렇다면 내가 나타나는 모든 모습들의 가능성을 그를 통해 파악하는 단일한 작용이란 무엇인가? 지성론에 의하면, 그것은 직각으로 서로 나눠지는 동일한 12모서리와 동일한 6면으로 이루어진 고체로서의 정육면체에 대한 사유이다. 또한 지성론 입장에서 깊이는 《306》이 동일한 면들과 동일한 모서리들의 공존과 다르지 않다. 그러나 여기서도 우리에게 제시된 깊이의 정의는 깊이로부터 이끌어 낸 하나의 귀결에 불과한 것이다. 동일한 6면과 동일한 12모서리는 깊이의 모든 의미를 형성하지 못하며, 오히려 이 정의는 깊이 없이는 어떤 의미도 갖지 못한다. 6면과 12모서리는 깊이 속에 배열될 때에만 내게 동시에 공존하고 동일할 수가 있다. 나타난 모습들을 똑바로 세우고, 예각이나 둔각에는 직각의 값을 주고, 변형된 면들에는 정사각형의 값을 주는 작용은, 기하학적인 동일성의 관계들과 이 관계들이 속하는 기하학적인 존재에 대한 사유가 아니다. 그것은 나의 시선이 대상을 감싸는 것investissement이다. 나의 시선은 대상을 침투하고, 활기를 불어넣으며, 옆면들을 즉각 〈비스듬히 본 정사각형들〉로 나타나게 하여, 우리는 그 옆면들을 마름모꼴의 관점의 모습으로도 보지 않게 된다. 이처럼 서로 배척하는 경험들에 동시에 현전함, 이러한 경험들의 상호 함축, 이와 같은 하나의 지각 작용 속에 가능한 모든 과정의 응축은 깊이의 본모습originalité을 형성한다. 너비와 높이가 사물들이나 사물들의 요소들이 서로 병치되는 차원dimensions이라면, 깊이는 그것들이 서로를 포함하는 차원이다.

[9. 깊이와 〈이행의 종합〉]

따라서 우리는 깊이의 종합에 대해 말할 수가 없다. 왜냐하면 종합은 불연속적인(분산된) 항들을 전제하거나 적어도 칸트의 종합처럼 정립하기 때문이고, 깊이는 분석이 밝혀 줄 원근법적인 외현의 다양성을 정립하지 않고, 안정된 사물의 바탕에서만 그 다양성을 엿보기 때문이다. 이 준-종합은 우리가 시간적인 것으로 이해한다면 분명해진다. 내가 어떤 거리에 있는 대상을 본다고 말할 때, 나는 이미 그것을 잡고 있거나, 여전히 잡고 있다는 것을 의미하며, 그것은 공간에 있는 것과 동시에 미래에 또는 과거에 있다.[138] 아마도 혹자는 그 대상이 그렇게 존재하는 것은 나에 대해서일 뿐이라고 말할 것이다. 즉 내가 지각하는 램프는 그 자체로 나와 동시에 존재하고, 거리는 동시적인 대상들 사이에 있으며, 이러한 동시성은 지각의 의미 자체 속에 포함된다는 것이다. 물론 그렇다. 그러나 사실상 공간을 규정하는 공존은 시간과 무관하지 않고, 이 공존은 두 현상이 동일한 시간의 흐름에 속하는 것이다. 지각된 대상과 내 지각의 관계에 대해 말하자면, 이 관계는 공간 속, 시간 밖에서 그것들을 결합하지 않는다. 즉 지각된 대상과 내 지각은 《307》 동시적contemporains이다. 〈공존하는 것들의 질서〉는 〈연속적인 것들의 질서〉와 분리될 수 없다. 아니 더 정확히 말해 시간은 단지 연속의 의식으로 그치지 않는다. 지각은 두 차원에 따라 펼쳐지는 넓은 의미의 "현전의 장champ de présence"[139]을 내게 부여한다. 즉 여기-저기의 차원과 과거-현재-미래의 차원이 그것이다. 후자의 차원은 전자의 차원을 이해시켜 주는 것이다. 내가 공간적인 원근법 ―외관상 크기와 형태― 에 대한 명백한 정립 없이, 떨어져 있는 대상을 〈붙잡고 있고〉, 〈갖고 있는〉 것은, 내가 직전의 과거를, 어떤 변형도 없고 그 속에 삽입된 〈회상〉

---

138 시간-공간적 차원(dimension)으로서의 깊이의 관념은 스트라우스가 지적하였다. Straus, *Vom Sinn der Sinne*, p. 302, 306.

139 Husserl, *Präsenzfeld*. 이것은 『시간의식(*Zeitbewusstsein*)』에서 규정된다(pp. 32-35).

도 없이 "여전히 손에 붙잡고 있는"[140] 것과 같다. 이것을 여전히 종합이라 한다면, 그것은 후설이 말한 대로 이행의 종합synthèse de transition이 될 것이고, 이 종합은 불연속적인 관점적 현상들을 결합하는 것이 아니라, 그것들 서로 간의 이행passage을 실현하는 것이다.

¶ 심리학은 기억을 어떤 내용들이나 회상들의 소유에, 즉 소멸한 과거의 (몸이나 무의식 속에) 현전하는 흔적에 근거 지으려 했을 때, 끝없는 어려움에 처하였다. 왜냐하면 이 흔적에서 출발해서는 과거를 과거로서 알아보는 것이 결코 이해될 수 없기 때문이다. 마찬가지로 일종의 등거리 속에 주어진 내용들에서 출발한다면, 즉 회상들이 과거를 현재 속에 투사한 것이듯이 세계를 평면적인 것에 투사하면서 출발한다면, 거리의 지각은 결코 이해할 수 없을 것이다. 또한 기억이 그 속에 삽입된 내용 없는 과거에 대한 직접적 소유로서만 이해될 수 있는 것과 마찬가지로, 거리의 지각은 한 존재가 나타나는 곳에서 먼 곳이 이 존재와 결합하는, 그런 먼 곳의 존재être au lointain로서만 이해될 수 있다. 기억은 한 순간이 다른 순간으로 연속적으로 이행하면서, 그리고 각 순간이 그 전체 지평과 함께 다음 순간의 두께 속에 포함되면서 차례로 형성된다. 이와 같은 연속적인 이행은 〈실제〉 크기를 가진 저기에 있는 그대로의 대상을, 결국 내가 바로 옆에 있다면 보게 되는 그 크기를 가진 저기에 있는 대상을, 내가 여기서 그것에 대해 갖는 지각 속에 가져온다. 〈회상의 보존〉에 대해 논의할 여지가 없으며, 단지 과거를 의식의 박탈할 수 없는 차원으로 드러내 주는 시간을 보는 어떤 방식만이 있다. 이와 마찬가지로, 거리가 구성되는 생생한 현재를 우리가 다시 발견할 줄 안다면, 거리의 문제는 없으며, 거리는 직접 보이는 것이다.

---

140   *Ibid*.

[10. 깊이는 나와 사물의 한 관계이다]

우리가 처음에 지적한 바와 같이, 《308》 사물들 간의 관계 또는 심지어 평면들 간의 관계인 깊이 아래서, 즉 객관화되고, 경험에서 분리되고, 너비로 변형된 깊이 아래서, 이런 깊이에 그 의미를 주고 사물 없는 매개médium의 두께인 원초적 깊이를 재발견해야 한다. 우리가 세계를 적극적(능동적)으로 수용하지 않으면서 우리 자신을 세계에 있게 하거나, 이러한 태도를 조장하는 질병에 걸려 있을 때, 평면들은 더 이상 서로 구별되지 않고, 색들은 더 이상 표면색으로 밀착되지 않아, 대상 주위로 퍼지고, 대기의 색이 된다. 예를 들어, 종이에 글을 쓰는 환자는 그의 펜으로 종이에 이르기 전에 어떤 하얀 두께를 뚫어야 한다. 이러한 부피(두께)는 보이는 색에 따라 변화하고, 색의 질적인 본질의 표현과 같은 것이다.[141] 따라서 아직 사물들 사이를 차지하지 않는 깊이, 더욱이 아직 사물들 사이에서 거리의 견적이 없는 깊이가 있고, 이것은 거의 규정되지 않은 사물의 환영에 지각이 단순히 열리는 것이다. 정상적인 지각에서도 깊이는 일차적으로 사물에 적용되지 않는다. 위와 아래, 오른쪽과 왼쪽은 주체에게 지각된 내용과 함께 주어지는 것이 아니라, 그와 관계하여 사물들이 위치하는 공간적 차원niveau과 함께 매 순간 구성된다. 마찬가지로, 모든 대상-기준repère에 앞서 먼 것과 가까운 것, 큰 것과 작은 것을 규정하는, 거리와 크기의 차원niveau[142]과 관계하여 사물들이 위치함(상황에 있음)으로써, 깊이와 크기가 이 사물들에 나타난다. 우리가 어떤 대상이 거대하거나 미세하다고, 멀거나 가깝다고 말할 때, 많은 경우 다른 대상과의 어떤 비교도, 심지어 우리 자신의 몸의 크기 및 객관적인 위치와의 어떤 비교도, 암묵적으로조차 이뤄지지 않는다.

---

[141] Gelb et Goldstein, *Über den Wegfall der Wahrnehmung von Oberflächenfarben*.

[142] Wertheimer, *Experimentelle Studien*, Anhang, pp. 259-261.

이것은 우리의 몸동작의 〈범위〉, 현상적인 몸의 그 주위에 대한 어떤 〈잡음(맞물림)〉과 관계해서만 이뤄지는 것이다. 만약 우리가 크기와 거리의 이와 같은 뿌리박음을 인정하지 않는다면, 우리는 한 기준-대상에서 다른 기준-대상으로 이동하게 되어, 어떻게 우리에게 크기와 거리가 존재하게 될 수 있는지를 이해하지 못할 것이다. 소시증小視症이나 대시증大視症[143] 같은 병리적 경험은 시각장의 모든 대상의 외관상의 크기를 변화시키기 때문에, 대상들이 그와 관계하여 정상 때보다 크거나 작아 보일 수 있는 어떤 기준도 남기지 않는다. 《309》 따라서 이 경험은 거리와 크기의 선객관적인 척도étalon와 관계해서만 이해된다. 이처럼 깊이는 초우주적 주체의 사유로서가 아니라, 참여된(귀속된engagé) 주체의 가능성으로서 이해될 수 있다.

[11. 높이와 너비도 나와 사물의 한 관계이다]

이러한 깊이에 대한 분석은 높이와 너비에 대해 우리가 시도했던 분석과 연결된다. 우리가 이 [깊이의] 장을 시작하며 다른 차원들dimensions과 깊이를 대립시킨 것은, 이 차원들이 일견 사물들 사이의 관계와 관련하는 것으로 보이지만, 이와 달리 깊이는 주체와 공간의 관계를 직접 드러내 준다는 단순 이유 때문이다. 그러나 사실, 앞에서 살펴보았듯이 수직과 수평도 결국 세계에 대한 우리 몸의 최적의 잡음(맞물림)에 의해 결정된다. 대상들 사이의 관계로서의 너비와 높이는 파생적인 것이며, 그것들도 근원적 의미에서는 〈실존적〉 차원들dimensions이다. 라뇨와 알랭처럼, 한 평면상의 광경의 모든 부분이 내 얼굴의 면에 대해 동일 거리에 있음을 전제하기 때문

---

[143] 역주) "소시증(micropsie)"은 "대상들이 실제보다 작게 나타나는 비정상적인 시각 상태", "대시증(macropsie)"은 "대상들이 이상하게 크게 나타나는 눈의 상태"이다 (*Merriam-Webster's Medical Dictionary*).

에, 단순히 높이와 너비가 깊이를 전제한다고 말해서는 안 된다. 즉 이런 분석은 이미 객관화된 너비, 높이, 깊이에만 관계하고, 우리에게 이들 차원들을 열어 주는 경험과는 관계하지 않는다. 수직적인 것과 수평적인 것, 가까운 것과 먼 것은 상황(위치) 속의 한 존재에 대한 추상적인 이름이며, 그것들 모두는 주체와 세계의 동일한 〈마주함vis-à-vis〉을 전제한다.

**

[(C) 운동]

[12. 운동의 사유는 운동을 파괴한다]

물론 운동이 [본질적으로] 그렇게 정의될 수 있는 것은 아니지만, 그것은 장소의 이동이거나 위치의 변화이다. 이미 우리는 객관적 공간 속의 관계로 위치를 규정하는 사유를 만났다. 이와 마찬가지로 세계의 경험을 이미 정해진 것으로 간주하면서, 운동을 세계 내부적 관계로 규정하는 객관적 입장이 있다. 그리고 우리는 주체가 그의 환경에 자리 잡는 상황이나 선객관적인 장소성에서 공간적 위치의 기원(근원)을 재발견해야 했던 것처럼, 운동의 객관적 사유 아래에서 선객관적 경험을 재발견해야 할 것이다. 이 선객관적 경험에서 객관적 사유는 그 의미를 빌려 오고, 또 이 경험에서 운동은 그 지각하는 자와 여전히 연결되어 있고, 주체의 그의 세계에 대한 잡음(접속)의 한 양태variation가 된다. 우리는 운동을 사유하고자 하고, 철학하고자 할 때, 곧장 비판적 또는 진리확인vérification적 태도를 취하게 된다. 즉 우리는 운동 속에서 우리에게 주어진 것이 정확히 무엇인지를 묻고, 《310》 운동의 진리에 도달하기 위해, 나타난 것들을 처음부터 거부하려고 한다. 또 우리는 바로 이러한 태도가 현상을 환원하는 것임과 우리가 현상 그 자체에 도달하지 못하게 하는 것임을 알아차리지 못한다. 그것은 이 태도가 즉자적 진리의 개념을 가지고서, 나에게서 운동의 태어남을 은폐할 수 있는 전제들을 가져오기 때문이다.

¶ 나는 돌을 던진다. 돌은 정원을 가로지른다. 한순간 그것은 불명료한 confus 유성과 같고, 조금 떨어진 땅에 떨어져서 다시 돌이 된다. 만약 내가 현상을 〈명료(명석)하게clairement〉 사유하고자 한다면, 그것을 분석하지 않으면 안 된다. 나는 돌 그 자체는 사실상 운동에 의해 변화를 입지 않았다고 말할 것이다. 그래서 내가 손에 쥐고 있는 것과, 날아간 후 땅에 떨어져서 다시 보게 되는 것은 모두 동일한 돌이고, 따라서 공중을 가로지는 것도 동일한 돌이다. 운동은 운동체의 우연적인 한 속성일 뿐이고, 말하자면 그것은 돌 속에서 보이지 않는다. 운동은 돌과 주변의 관계들의 변화가 될 수 있을 뿐이다. 우리는 동일한 돌이 주변과의 여러 관계 속에서 존속하는 것일 때에만 변화에 대해 말할 수 있다. 이와 반대로, 만약 내가 돌이 P점에 도달함과 동시에 소멸하고, 이 소멸로부터 똑같은 다른 돌이 P점과 가능한 한 가까운 지점 P′에서 생겨난다고 가정한다면, 우리에게는 더 이상 하나의 운동은 없고, 두 개의 운동이 있게 된다. 따라서 출발점부터 도착점까지 끊임없이 운동을 운반하는 하나의 운동체가 없다면, 운동은 존재하지 않는다. 운동은 운동체에 내속하는 어떤 것도 아니고, 전적으로 운동체와 그 주변의 관계에 있는 것이기 때문에, 외적인 기준점이 없다면 운동은 성립하지 않고, 궁극적으로는 운동을 기준점보다도 〈운동체〉에 고유한 것으로 귀속시킬 어떤 수단도 있지 않다. 따라서 일단 운동체와 운동의 구분이 이뤄지면, 운동체 없는 운동은 없고, 객관적 기준점이 없는 운동도 없으며, 절대적인 운동도 없게 된다.

¶ 그러나 이상과 같은 운동의 사유는 사실상 운동의 부정이다. 운동과 운동체를 엄격히 구분하는 것은, 엄밀히 말해 〈운동체〉가 운동한다가 아

니라고 말하는 것이기 때문이다. 운동-중인-돌은 어떻게 보면 정지한 돌과 다르지 않고, 그것은 결코 운동하고 (또한 정지하고) 있다가 아니다. 운동체가 움직이는 동안에도 여전히 동일한 것이라는 관념을 우리가 수용한다면, 곧장 제논Zénon의 논증들은 다시 타당성을 갖게 된다. 이 논증들에 대해, 운동은 일련의 불연속적인 순간들 속에서 차례로 점유된 일련의 불연속적인 위치들로서 생각해서는 안 된다고, 또 공간과 시간은 분산된(불연속적인) 요소들의 집합으로 만들어지지 않는다고 반박해 보아도 소용이 없을 것이다. 왜냐하면 《311》 두 순간-끝들의 차이와 두 위치-끝들의 차이를 주어진 그 어떤 양보다 작을 수 있는 상태에서 생각해 보아도, 또 그것들의 구분됨을 막 발생하는 상태에서 생각해 보아도, 운동체가 운동의 여러 국면에서도 동일하다는 관념은 〈흔들림bougé〉의 현상을 단순 외현으로 배척하기 때문이다. 또한 운동체가 동일하다는 이 관념은 우리에게는 동일성이 확인되지 되지 않는다 하더라도 그 자체로 항상 동일성이 확인될 수 있는 공간적 및 시간적인 한 위치의 관념을, 따라서 언제나 있으나 결코 이행하지 않는 돌의 관념을 가져오기 때문이다. 설사 무한 수의 위치들과 순간들을 계산에 넣을 수 있는 수학적 도구가 고안된다고 해도, 아무리 가깝게 선택된 두 순간들 및 두 위치들 사이라도 언제나 발생하는 이동 작용 자체를 자기 동일적인 운동체에서는 생각할 수가 없다. 그러므로 내가 운동을 명석하게(명료하게) 사유하고자 한다면, 나는 어떻게 운동이 나에게서 시작될 수 있으며, 어떻게 그것이 나에게 현상으로서 주어질 수 있는지를 이해하지 못한다.

[13. 심리학자의 운동 기술]

그렇지만 명석한 사유의 요구와 양자택일의 강요에도 불구하고, 나는 걷고 있고, 운동의 경험을 갖고 있다. 이것이 의미하는 것은, 모든 이성(이

성적 논거)에 반하여 내가 동일한 운동체도, 외적인 기준점도, 또 어떤 상대성(관계성)도 없는 운동을 지각한다는 것이다. 우리가 피험자에게 A와 B라는 2개의 광선을 번갈아 보여 주면, 그는 하나의 연속적인 운동이 A에서 B로, B에서 A로, 또 A에서 B로 계속되는 것을 보게 된다. 이때 그에

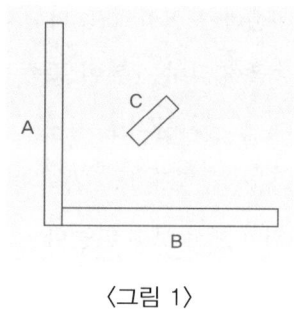

〈그림 1〉

게는 가운데의 어떤 위치(지점)도, 심지어 양끝의 위치도 그 자체로 주어지지 않은 채, 멈추지 않고 왔다 갔다 하는 단 하나의 선이 있다. 이와 달리, 보여 주는 속도를 높이거나 낮춤으로써 양끝의 위치를 구분된 채로(명확하게) 나타나게 할 수 있다. 이때 스트로보스코프 운동은 나눠지는 경향을 보인다. 즉 선은 우선 A 위치에 붙잡혀 있듯이 나타나고, 이어서 갑자기 거기서 풀려나서 B 위치로 도약한다. 만약 속도를 계속 높이거나 낮추면, 스트로보스코프 운동은 끝나고, 두 선이 동시적으로 또는 두 선이 연속적으로 나타난다.[144] 따라서 위치의 지각은 운동의 지각과 반비례한다. 심지어는, 운동은 한 운동체가 양끝 사이에 놓인 모든 위치를 연속적으로 차지하는 것이 결코 아니라는 것이 제시될 수 있다. 만약 검은색 바탕 위에 흰색이나 다른 색 모양(형상)을 이용하여 스트로보스코프 운동을 만든다면, 운동이 펼쳐지는 공간은 한순간도 운동에 의해 비춰지거나 채색되는 일이 없다. 《312》 A와 B 양끝 사이에 작은 막대기 C를 놓아도, 이 막대기는 그곳을 지나가는 운동에 의해 보충되어 길게 되지 않는다(〈그림 1〉). 일어나는 것은 〈선의 지나감〉이 아니라 순수 〈지나감〉이다. 타키스토스코프tachistiscope[145]를

144   Wertheimer, *Experimentelle Studien*, pp. 212-214.
145   역주) 순간 노출기. "시각적인 자극을 아주 짧은 시간 동안 제시할 수 있도록 제작된

이용하는 실험에서, 피험자는 무엇이 움직이는지를 말하지 못하면서도 운동을 지각하는 일이 종종 있다. 실제 운동의 경우에서도 사정은 다르지 않다. 노동자들이 트럭에서 벽돌을 내리고 그것을 서로에게 던지는 것을 바라볼 때, 나는 노동자의 팔을 시작점과 끝 점에서 볼 뿐, 조금도 중간 지점(위치)에서 보지 않는다. 그렇지만 나는 그 팔의 움직임을 생생하게 지각한다. 나는 한 기준점을 표시한 종이 위에 연필을 빠르게 지나가게 하면, 한 순간도 연필이 그 점 위에 있다는 의식이 없고, 중간의 어떤 지점들을 보지도 않지만, 그럼에도 운동의 경험을 갖는다. 반대로 그 운동을 느리게 하고, 연필에서 시선을 놓치지 않게 된다면, 바로 그때 운동의 인상은 사라진다.[146] 즉 운동은 객관적 사유가 내리는 정의와 가장 부합하는 바로 그 순간에 사라진다. 이처럼 우리는 운동체가 운동 속에서 파악된 것으로만 나타나는 현상들을 얻을 수 있다. 운동한다는 것은 운동체가 일련의 무한한 지점(위치)들을 하나하나 지나가는 것이 아니다. 운동체는 그 운동을 시작하는 것으로, 계속해 나가는 것으로, 또는 마치는 것으로만 주어진다. 따라서 운동체가 보이는 경우에서도 운동은 운동체에 대한 외적인 명칭도, 운동체와 외부의 관계도 아니며, 그래서 우리는 기준점 없는 운동을 가질 수 있을 것이다. 사실, 한 운동의 잔상이 어떤 대상도 없고 윤곽도 없는 등질적 시각장에 투영되면, 운동은 공간 전체를 차지하며, 마치 아수라장이 된 장터의 유령의 집처럼 시각장 전체가 흔들린다. 만약 우리가 어떤 고정된 경계도 없는, 중심을 뱅글뱅글 도는 소용돌이 모양의 잔상을 스크린에 투영하면, 바로 공간 자체가 진동하고, 중심에서 주위로 팽창한다.[147] 요컨대 운동은 더 이상 운동체 자체와 외적 관계들의 체계가 아니기 때문에, 지각이

심리학 실험 기구"(『실험심리학용어사전』).

[146]   Wertheimer, *Ibid.*, pp. 221-233.
[147]   *Ibid.*, pp. 254-255.

실제로 매 순간 우리에게 제시하는 것처럼, 이제 그 어떤 것도 절대적 운동을 인정하는 데 방해하지는 못한다.

《313》 [14. 그러나 이러한 기술은 무엇을 의미하는가?]

그러나 사람들은 이러한 기술이 아무것도 의미하지 않는다고 언제나 반박할 수 있다. 그렇지만 심리학자는 운동에 대한 이성적 분석을 거부한다. 그리고 사람들이 모든 운동은 운동이 되기 위해 어떤 것의 운동이어야 한다고 심리학자에게 다시 지적하면, 그는 "그것은 심리학적 기술에 있어 근거가 없다"[148]고 대답한다. 그러나 심리학자가 기술하는 것이 운동이라면, 운동은 움직이는 어떤 동일한 것과 관련되어야 한다. 내가 시계를 내 방의 책상 위에 놓고, 그것이 갑자기 사라지고 잠시 후에 옆방의 책상 위에 다시 나타난다고 할 때, 나는 운동이 있었다고 말하지 않을 것이다.[149] 시계가 중간의 위치(지점)들을 실제로 차지할 때에만 운동이 있는 것이다. 물론 심리학자는 스트로보스코프 운동이 양끝 지점의 중간에 자극이 없어도 발생한다는 것을, 심지어 광선 A는 B에 이르기까지의 사이 공간을 이동하지 않는다는 것을, 스트로보스코프 운동 중에 어떤 빛도 A와 B 사이에서 지각되지 않는다는 것을, 끝으로 나는 양끝 지점 사이에서 연필이나 노동자의 팔을 보고 있지 않는다는 것을 잘 보여 줄 수 있었다. 하지만 운동이 나타나기 위해서는 운동체가 어떤 식으로든 지나가는 각 지점에 현전했어야 한다. 또 운동체가 감각적으로 거기에 현전하지 않는다고 해도, 그것은 거기에 현전하는 것으로 생각되고 있다. 운동과 마찬가지로 변화에 대해서도 똑같은 것을 말할 수 있다. 요술쟁이가 달걀을 손수건으로 변화시킨다

---

148   *Ibid.*, p. 245.

149   Linke, *Phänomenologie und Experiment in der Frage der Bewegungsauffassung*, p. 653.

거나, 마법사가 그의 궁전의 지붕 위에서 새로 변신한다고[150] 내가 말할 때, 나는 단지 하나의 대상이나 존재가 사라진 다음 순간적으로 다른 것으로 대체되었다고 의미하는 것이 아니다. 사라진 것과 생겨난 것 사이에는 내적 관계가 있어야 한다. 이것들은 두 형태로 차례로 현전하는 하나의 동일한 어떤 것의 두 가지 현시이거나 나타남이고, 두 가지 국면이어야 한다.[151] 마찬가지로 한 지점에 도달한 운동은 〈맞붙은〉 지점에서 시작한 운동과 하나가 돼야 하며, 이것은 한 지점을 떠나면서 동시에 다른 지점을 차지하는 운동체가 있을 때에만 나타나는 것이다. "원으로 파악되는 어떤 것은 원의 본질인 〈동그라미〉라는 계기 또는 모든 지름의 동일함이 그것에 현전하지 않게 되면, 곧장 우리에게 원으로서의 가치를 잃을 것이다. 그것이 지각되는 원이든 사유되는 원이든 중요치 않다. 《314》 어쨌든 두 경우에서 우리에게 제시된 것을 원으로 특징짓게 만들고, 그것을 다른 모든 현상과 구별하게 만드는 공통의 규정이 현전하지 않으면 안 된다."[152] 마찬가지로 운동 감각이나 운동의 고유한 _sui generis_ 의식을 말할 때, 아니면 형태 이론처럼 전체적 운동, 즉 어떤 운동체도 운동체의 어떤 특정 위치도 주어지지 않는 파이φ 현상에 대해 말할 때, 이런 감각이나 이런 현상에서 주어지는 것, 또는 이런 것들을 통해 파악되는 것이 어떻게 운동으로서 직접 나타나는지를 말하지 않는다면, 그것은 공허한 말에 불과한 것이다.[153] 운동의 지각이 운동의 지각일 수 있고, 운동을 운동으로서 인식할 수 있는 것은, 이 지각이 운동의 실질의미, 운동을 구성하는 모든 계기, 특히 운동체의 동일성과 더불어 운동을 파악할 때뿐이다. 그러나 이상의 반론에 대해 심리학자

---

150   _Ibid._, pp. 656-657.
151   _Ibid._
152   _Ibid._ p. 660.
153   _Ibid._ p. 661.

는 다음과 같이 대답한다. 운동은 "〈심리적인 현상들 중 하나〉로서, 주어진 감각 내용인 색과 형태와 동일한 자격으로 대상과 관계하고, 대상적으로 나타나지 주관적으로 나타나지 않는다. 그러나 그것은 심리적으로 주어진 다른 것들과 달리 정적인 본성이 아니라 동적인 본성을 지닌 것이다. 예를 들어 전형적이고 고유한 모습의 〈지나감〉은 운동의 피와 살로서, 보통의 시각 내용들의 결합으로는 형성될 수 없는 것이다."[154] 실제로 정적인 지각들의 결합으로 운동을 만드는 것은 불가능하다. 그러나 이것은 문제가 아니며, 아무도 운동을 정지로 환원하려고 생각하지 않는다. 정지하는 대상이라도 그 동일성의 확인이 필요한 것이다. 만약 대상이 매 순간 사라지고 다시 생긴다면, 그것이 여러 순간적인 모습 속에서도 존속하는 것이 아니라면, 그것이 정지한다고 말할 수 없다. 따라서 우리가 말하는 동일성은 운동과 정지의 구분에 앞선다. 운동은 운동을 그리고 운동의 통일성을 형성하는 운동체가 없다면 없는 것과 같다. 여기서 심리학자는 동적인 현상의 은유에 속고 있다. 즉 우리는 어떤 힘이 그 자체로 그 통일성을 확보한다고 생각하지만, 사실 그것은 우리가 그 힘의 효과의 전개 속에서 그 동일성을 확인하는 누군가를 항상 전제하고 있기 때문이다. 〈동적 현상〉은 그것을 체험하고, 그것을 아우르며, 그것을 종합하는 나로부터 그 통일성을 획득한다. 이처럼 우리는 운동을 파괴하는 사유로부터 《315》 운동을 토대 짓는 경험으로 이행하지만, 또한 이 경험으로부터 엄밀히 말해 그것이 없으면 경험이 아무것도 의미 못하는 사유로 이행한다.

[15. 운동 현상 또는 주제화되기 전의 운동]

따라서 우리는 심리학자가 옳다고도 논리학자가 옳다고도 할 수 없다.

---

[154]   Wertheimer, *op. cit.*, p. 227.

아니 오히려 둘 다가 옳다고 해야 하고, 주장과 반-주장 모두가 참된 것으로 인식될 수단을 찾아야 한다. 논리학자가 옳은 것은, 〈동적 현상〉 그 자체에 대해 구성하기를 요구하고, 우리가 [시선으로] 좇는 이동 중인 운동체로 운동에 대해 기술하기를 요구할 때이다. 그러나 논리학자가 틀린 것은 운동체의 동일성을 명시적exprès 동일성으로 제시할 때이다. 그리고 이것은 논리학자 스스로가 인정하지 않을 수 없는 것이다. 다른 한편 심리학자가 현상에 밀착해서 기술할 때, 그는 자신의 의도와 달리 운동 속에 운동체를 두게 된다. 그러나 그는 이 운동체를 이해하는 구체적 방식에 있어 [논리학자와 비교해] 이점을 갖는다. 우리가 좀 전에 했던 논의, 또 우리에게 심리학과 논리학 간의 끊임없는 논쟁을 보여 주었던 논의에서, 베르트하이머가 결국 말하고자 하는 것은 무엇일까? 그것은 운동의 지각이 운동체의 지각과 관계하여 이차적이지 않다는 것, 우리가 여기의 운동체 또 저기의 운동체를 지각한 다음, 이 위치들을 연속적인 것으로 연결하는 동일성을 확인하는 것이 아니라는 것[155]이다. 또 다양한 위치들은 하나의 초월적 통일성 아래서 포섭되지 않는다는 것, 결국 운동체의 동일성은 "경험으로부터" 직접 흘러나온다는 것[156]이다. 달리 말하면, 심리학자가 출발점 A와 도착점 B를 (즉 AB를) 포함하는 현상으로서 운동을 말할 때, 그는 운동의 어떤 기체sujet도 없다고 말하려는 것이 아니다. 그가 말하고자 하는 것은, 어떤 경우에도 운동의 기체는 먼저 그 장소에 현전하고 정지하는 것으로서 주

155 베르트하이머는 운동체의 동일성이 추측에 의해 획득되지 않는다고 말한다. "여기와 저기서 그것은 동일한 대상이어야 한다"(*Ibid.*, p. 187).

156 사실 베르크하이머는 운동의 지각이 이런 직접적인 동일성을 포함한다고 적극적으로 말하지는 않는다. 그는 운동을 판단에 관련시키고, "경험으로부터 직접 흘러나오지 않는"(*Ibid.*, p. 187) 동일성을 우리에게 부여하는 지성론의 입장을 비판할 때, 그것을 단지 암암리에 말할 뿐이다.

어진 대상 A가 아니라는 것이다. 즉 운동이 있는 한, 운동체는 운동 속에서 파악된다는 것이다. 아마도 심리학자는 모든 운동에는 운동체un mobile는 아니더라도 적어도 움직이는 것un mouvant이 있다는 것에 동의할 것이다. 이것은 《316》 운동을 도중의 어떤 지점에서 멈추게 함으로써 얻을 수 있는 어떤 정적인 모양과 이 움직이는 것을 동일시하지 않는다는 조건에서이다. 그리고 바로 여기에서 심리학자는 논리학자에 대해 우위에 있다. 왜냐하면 논리학자는 세계에 대한 모든 편견에서 벗어나 운동의 경험에 다시 접촉하려고 하지 않았기 때문에, 즉자적인 운동만을 말하고, 운동의 문제를 존재의 용어들로 제기하며, 이 때문에 결국 운동의 문제를 해결할 수 없게 만들기 때문이다.

¶ 논리학자는 다음과 같이 말한다. 운동의 여러 나타남이, 지나가는 여러 지점에 있다고 하자. 이때 그것들이 하나의 동일한 운동의 나타남들이 되는 것은, 하나의 동일한 운동체의, 하나의 동일한 나타난 것(Erscheinde)의, 그것들 모두를 통해 스스로를 드러내는 하나의 동일한 어떤 것의 나타남들일 때뿐이다. 그러나 운동체가 독립적 존재로서 정립될 필요가 있는 것은, 여러 나타남 자체가 통과하는 여러 지점에서 불연속적인 관점적 현상들로서 실현될 때뿐이다. 논리학자는 원리상 정립적 의식만을 알고 있다. 그리고 바로 완전히 결정된 세계나 순수 존재와 같은 이러한 요청, 이러한 전제는 논리학자의 다양성(여럿)의 견해에, 결과적으로 그의 종합의 견해에 부담 지운다. 운동체, 아니 차라리 우리가 말했던 움직이는 것은 운동의 국면들 아래서 동일한 것이 아니다. 그것은 그 국면들 속에서 동일한 것이다. 내가 운동 중에 있는 돌의 동일성을 믿은 것은, 내가 땅에서 동일한 돌을 다시 발견하기 때문이 아니다. 도리어, 내가 돌을 찾으러 가고 그것을 다시 발견하는 것은, 내가 운동 중에 있는 돌을 동일한 것으로 지각하기 때문이다. 이것은 함축적인(명시적이지 않은implicite) 동일성이고, 다시 기

술되어야 할 것이다. 우리는 다른 방식으로 돌에 대해 알고 있는 모든 것을 운동-중인-돌에다 실현시키지 말아야 한다. 논리학자는 '우리가 지각한 것이 원이라면, 그것의 모든 지름은 동일한 것이다'라고 말한다. 그러나 그렇다고 하면, 기하학자가 원에서 발견할 수 있었고 발견할 수 있을 모든 속성을 지각된 원에 집어넣지 않으면 안 될 것이다. 그런데 그것은 분석이 거기서 발견할 모든 속성을 미리 또 즉자적으로 소유한 세계의 사물로서의 원이다. 나무의 둥근 줄기는 유클리드 이전에 유클리드가 발견했던 속성들을 이미 갖고 있었던 것이 된다. 그러나 유클리드 이전에 그리스인들에게 나타난 현상으로서의 원에는, [원 밖의 한 점에서 원에 이르는] 접선의 정사각형이 [그 점과 원 사이의] 할선 전체와 할선의 바깥 부분[원 바깥의 할선 부분]의 곱과 같지 않다.[157] 즉 이 정사각형과 이 곱은 현상에서는 나타나지 않을 것이고, 마찬가지로 서로 같은 반지름들도 현상에서는 필연적으로 나타나는 것은 아닐 것이다. 명시적이고 상호 일치하는 일련의 무한한 지각들의 대상으로서의 운동체가 여러 속성을 갖는다면, 움직이는 것은 하나의 스타일밖에 갖지 않는다. 불가능한 것은 지각된 원이 서로 같지 않은 지름들을 갖는다거나, 운동이 어떤 움직이는 것 없이 있다는 것이다. 그렇다고 해서 지각된 원이 **(317)** 서로 같은 지름들을 갖는 것은 아니다. 왜냐하면 지각된 원은 전혀 지름이라는 것을 갖고 있지 않기 때문이다. 즉 그것이 나에게 그 자신을 알리는 것, 그 자신을 알아보게 하는 것, 다른 모든 도형과 구별되게 하는 것은, 원의 형태적 모습physionomie을 통해서이지, 정립적 사유

---

157 역주) "원의 바깥에 있는 점(P)에서 원에 이르는 두 선분이 그어질 때, 즉 하나는 접선 (PT) 다른 하나는 할선(PA)이 그어질 때, 할선의 두 부분으로 만든 직사각형(AP, BP)은 접선을 한 변으로 하는 정사각형과 같다"(Euclid, *The First Six Books of the Elements of Euclid*, Ed, by John Casey, 3rd ed., Dublin: Hodges, Figgis, & Co.; London: Longmans, Green, & Co., 1885, Book III, Prop. 36). 즉 $(PT)^2 = AP \times BP$.

가 나중에 거기서 발견할 수 있을 어떤 〈속성〉을 통해서가 아니다. 마찬가지로 운동은 한 운동체를, 다시 말해 결정된 속성들의 집합으로서 규정된 한 대상을 필연적으로 전제하는 것은 아니다. 운동은 〈움직이는 어떤 것〉, 기껏해야 실질적인 색도 빛도 없이 〈색조를 띠는 어떤 것〉이나 〈빛나는 어떤 것〉을 포함하는 것으로 충분하다. 논리학자는 이 제3의 가능성을 배제한다. 즉 원의 반지름들은 서로 같거나 같지 않아야 하고, 운동은 운동체를 갖거나 갖지 않아야 한다. 그러나 논리학자는 원을 사물로, 운동을 즉자적인 것으로 간주함으로써만 그렇게 할 수 있다. 그러나 우리가 보았듯이, 그것은 결국 운동을 불가능하게 하는 것이다. 가령 운동과 관계한 우리의 모든 주장의 근원이 되는, 객관적 세계 이전의 운동이 없다고 해 보자. 또 아직 그것이 주제화되지 않았더라도, 알아볼 수 있고, 그 동일성을 알 수 있으며, 그에 대해 말할 수 있는, 한마디로 한 의미를 갖는, 존재 이전의 현상이 없다고 해 보자. 그러면 논리학자에게는 사유해야 할 어떤 것도 없고, 심지어 운동의 나타남도 없을 것이다.[158] 바로 이런 현상적 층으로 심리학자는 우리를 되돌아오게 한 것이다. 우리는 이 층이 비합리적이거나 반-논

---

[158] 린케(Linke)가 결국 인정한 것은(*op. cit*, pp. 664-665), (스트로보스코프 제시에서 우리가 한 삼각형이 원 쪽으로 움직여서 원으로 변형되는 것을 볼 때처럼) 운동의 기체는 미규정적일 수 있다는 것, 운동체는 명시적 지각 작용에 의해 정립될 필요가 없다는 것이다. 또 운동체는 운동 지각에서 단지 〈함께-겨냥되〉거나 〈함께-파악된다〉는 것, 그것은 단지 대상의 뒷면이나 내 뒤의 공간처럼 보인다는 것, 끝으로 운동체의 동일성은 지각된 사물의 통일성과 마찬가지로 범주적 지각(후설)에 의해서 파악되고, 이 지각에서 범주는 그 자체로는 사유되지 않고 작용한다는 것이다. 그러나 범주적 지각의 개념은 앞서의 모든 분석을 다시 문제 삼게 만든다. 왜냐하면 이 개념은 결국 운동의 지각 속에 비정립적 의식을 도입하는 것, 즉 우리가 보였던 것처럼 본질의 필연성으로서의 아프리오리뿐만 아니라 칸트적인 종합의 개념도 거부하는 것이 되기 때문이다. 린케의 저서는 전형적으로 후설 현상학의 두 번째 시기, 즉 초기의 형상적 방법 또는 논리주의에서 마지막 시기의 실존주의로 이행하는 시기에 속한다.

리적이라고 말하지 않을 것이다. 운동체 없이 운동을 정립하는 것만이 비합리적이거나 반-논리적일 것이다. 운동체의 명시적인 부정만이 ⟨318⟩ 배중률에 어긋날 것이다. 현상의 층은 문자 그대로 선-논리적이고, 항상 선-논리적으로 있다고만 말해야 한다.

¶ 우리의 세계에 대한 이미지는 부분적으로만 존재로 만들어질 수 있다. 우리는 거기에서 어느 측면에서나 존재를 둘러싸는 현상을 인정해야 한다. 우리는 논리학자에게 이성의 입장에서 무의미non-sens하거나 모순적 의미faux-sens로 보이는 경험을 고려하라고 요구하지 않는다. 우리는 단지 우리에게서 의미를 가진 것의 범위를 뒤로 밀어 넓히고, 주제적 의미의 좁은 영역을 그것을 포함하는 비-주제적 의미의 영역 속에 다시 두기를 바라는 것이다. 운동을 주제화하는 것은 결국 동일한 운동체와 운동의 상대성에 이르는 것이고, 다시 말해 그것은 운동을 파괴하는 것이다. 만약 우리가 운동의 현상을 진지하게 다루고자 한다면, 단순히 사물들로 이루어진 세계가 아니라 순수 이행(변화)으로 이루어진 세계를 생각하지 않으면 안 된다. 우리가 변화의 구성에 필연적인 것으로 인식했던 이행하는 어떤 것은 그것의 ⟨지나가는⟩ 특수한 방식을 통해서만 규정된다. 예를 들어 내 정원을 날아가는 새는 운동하는 그 순간에는 회색빛의 비행 능력일 뿐이다. 그리고 일반적으로 우리는 사물들이 일차적으로 그 ⟨행동⟩에 의해서 규정되지, 정적인 ⟨속성들⟩에 의해서 규정되지 않음을 볼 것이다. 정말로 나는 명시적인 특징들로 규정된 동일한 새를 가로지르는 각 지점과 각 순간에서 인식하지 않는다. 날고 있는 바로 그 새가 그 운동의 통일성을 만들고, 바로 그 새가 이동하는 것이다. 마치 꼬리를 가진 혜성과 같이, 여기서 아직 소리 나는 깃털의 움직임이 마치 멀리 퍼져 있는 듯 이미 저기에 있는 것이다. 선-객관적 존재, 주제화되어 있지 않은 움직이는 것은 우리가 이미 말한 함축적인 공간·시간과 다른 문제를 제기하는 것이 아니다. 우리가 말

했던 것처럼, 너비, 높이, 또는 깊이에서의 공간의 부분들은 병치되어 있지 않고, 함께-실존한다. 왜냐하면 그것들은 모두 세계에 대한 우리의 몸의 단일한 잡음(접속) 속에 포함되어 있기 때문이다. 그리고 이 관계는 공간적이기 이전에 시간적이라는 것을 우리가 밝혔을 때 이미 해명되었던 것이다. 사물들이 공간에서 함께-실존하는 것은, 동일한 주체에 현전하고, 동일한 시간적 파동에 포함되어 있기 때문이다. 그러나 각각의 시간적 물결의 통일성과 개체성이 가능한 것은, 그 물결이 이전 물결과 이후 물결 사이에 압착되어(끼워져) 있고, 또 그것을 분출시키는 동일한 시간적 맥동이 이전의 물결을 여전히 다시-붙잡고(파지하고) 이후의 물결을 앞서-붙잡을(예지할) 때뿐이다. 연속적인 순간들로 이루어진 것은 객관적 시간이다. 그러나 체험된 현재는 그 두께 속에 과거와 미래를 품고 있다. 바로 운동의 현상은 《319》 공간적이고 시간적인 함축을 더욱 뚜렷한 방식으로 드러내는 것이다. 우리는 객관적인 위치들을 조금도 의식하지 않는데도 운동과 움직이는 것을 알고 있다. 그것은 우리가 멀리 떨어진 대상과 그것의 실제 크기를 조금도 해석하지 않는데도 알고 있고, 또 우리 과거의 두께 속에서 어떤 사건의 위치를 조금도 뚜렷하게 상기하지 않는데도 알고 있는 것과 같다. 운동은 이미 친숙한 어떤 장(환경)의 변조modulation이다. 이 운동을 통해 우리는 모든 의식 작용의 바탕으로서 이용되는 이러한 장(환경)이 어떻게 구성되는지를 아는 핵심적 문제에 다시 한번 되돌아가게 된다.[159]

159 이 문제는 우리가 실재론을, 예를 들어 베르그송의 유명한 기술을 이미 극복했을 때, 제기될 수 있는 것이다. 베르그송은 외적 사물들의 병치의 다양성과, 의식의 〈융합과 상호침투의 다양성〉을 대립시킨다. 그는 용해라는 것으로 논증을 진행한다. 그는 의식을, 순간들과 위치들이 용해되는 액체처럼 말한다. 베르그송은 의식에서 순간들과 위치들의 분산(불연속)이 실재적으로(reéllement) 사라지는 한 요소를 찾는다. 이동하는 내 팔의 불가분적 동작은 내가 외적 공간에서 볼 수 없는 운동을 내게 제시한다. 왜냐하면 나의 내적 삶으로 되돌려진 내 운동은 거기서 비연장적인 것의 통일성

을 되찾기 때문이다. 베르그송이 사유된 것과 대립시키는 체험된 것은 그에게는 확인된 것이고, 그것은 직접 〈주어진〉 것이다. 그러나 이것은 애매하게 해결책을 찾는 것이다. 공간, 운동, 시간의 다양성이 실재적으로 사라지고 소멸되는 경험의 〈내적〉 층을 발견해서는, 공간, 운동, 시간을 이해하게 할 수가 없다. 왜냐하면 거기서 다양성이 사라진다면, 더 이상 공간도, 운동도, 시간도 남아 있지 않기 때문이다. 내 동작의 의식이 정말로 불가분의 의식의 상태라면, 더 이상 그것은 조금도 운동의 의식이 아니고, 우리에게 운동을 알려 줄 수 없는 언표 불가능한 어떤 질이다. 칸트가 말한 것처럼, 외적 경험은 내적 경험에 필연적인 것이다. 내적 경험은 정말로 언어로 표현 불가능한데, 그것은 내적 경험이 [그 자체로는] 아무것도 의미하지 않기 때문이다. 만약 연속성의 원리에 의해, 과거가 아직도 현재에 있고(속하고), 현재가 벌써 과거에 있다면(속한다면), 더 이상 과거도 현재도 있지 않게 된다. 만약 의식이 그 스스로를 눈공처럼 만든다면, 의식은 눈공처럼 또 모든 사물처럼 완전히 현재에 있게 된다. 만약 운동의 국면들이 점차로 동일화된다면, 어디에서도 아무것도 움직이지 않게 된다. 시간, 공간, 운동의 통일성은 혼합(mélange)에 의해 얻어질 수 없으며, 이 통일성은 어떤 실재적인[실재론적인] 작용을 통해서도 이해되지 않을 것이다. 만약 의식이 다양성이라면, 누가 이 다양성을 모아 이것을 바로 다양성으로 체험하는가? 또 만약 의식이 융합이라면, 의식은 그것이 융합하는 순간들의 다양성을 어떻게 알 것인가? 칸트의 종합의 관념은 베르그송의 실재론의 반대로서 타당하며, 이 종합의 수행자로서의 의식은 어떤 것과도, 심지어 흐르는 것과도 동일시될 수가 없다. 우리에게서 일차적이고 직접적인 것은, 액체처럼 흩어지는(퍼지는) 것이 아니라, 능동적인 의미로 그 자신이 흐르는 흐름이다. 따라서 그것은 자신이 흐르는 것을 알지 못하면, 또 자신이 흐르는 그 동일한 작용으로 자신을 모으지 않으면, 흐를 수 없는 흐름이다. 이것은 칸트가 어디선가 말한 적이 있는 〈지나가지 않는 시간〉이다. 따라서 우리에게서 운동의 통일성은 실재적[실재론적] 통일성이 아니다. 다양성도 실재적[실재론적] 다양성이 아니다. 그리고 우리가 칸트의 종합의 관념과 후설의 몇몇 칸트적 텍스트에서의 종합의 관념을 비판하는 것은, 바로 그 종합의 관념이 극복해야 하는 실재적[실재론적] 다양성을 적어도 관념적으로는 전제한다는 것이다. 우리에게서 근원적(원초적) 의식이 되는 것은 자기 앞에 다양성 그 자체를 자유롭게 정립하고, 또 이 다양성을 처음부터 끝까지 완전히 구성하는 초월론적 **자아**가 아니다. 그것은 시간을 이용함으로써만 다양한 것을 장악하는 **자아**, 또 그것의 자유 자체도 하나의 운명이 되는 **자아**이다. 그 결과 나는 시간의 절대적 창조자라는 의식도, 내가 체험하는 운동을 조직(결합)하는(composer) 의식도 결코 갖지 않는다. 나에게 보이는 것은 바로 움직이는 것 자체가 이동하고, 그것 자체가 한 순간이나 한 위치에서 다른 순간이나 다른 위치로 이행하는 것이다. 운동의 현상이 토대하고, 일반적으로는 실재의 현상이 토대하는 이 상대적이고 선인격적인 **자아**는 분명 몇몇 해명이 필요하다. 지금으로서는 종

《320》 [16. 운동과 운동체]

동일한 운동체를 정립하는 것은 운동의 상대성이라는 결과에 이른다. 이제 우리가 운동을 다시 운동체에 도입하였으므로, 운동은 하나의 의미로만 이해된다. 즉 운동은 운동체에서 시작하고, 운동은 거기서부터 장場 속에서 전개된다. 내 마음대로 나는 돌이 움직이지 않고 정원과 나 자신이 움직이는 것을 보지 못한다. 물리적 이론의 개연성이 그 이론에 의해 모여진 사실들의 수로 측정되듯이, 운동은 하나의 가설처럼 그 개연성이 측정되는 것이 아니다. 만약 그렇게 된다면 운동은 어떤 가능적 운동만이 될 것이다. 그러나 운동은 하나의 사실이다. 돌은 움직이는 것으로 사유되는 것이 아니라 보이는 것이다. 왜냐하면, 진리로서의 운동 또 반성에서의 운동이 관계들의 단순 변화로 환원된다면, 〈움직이는 것은 돌이다〉라는 가정은 그 자체로는 아무런 의미가 없을 것이고, 〈움직이는 것은 정원이다〉라는 가정과 조금도 구별되지 않을 것이기 때문이다. 따라서 운동은 돌에 거주한다. 그러나 여기서, 우리는 심리학자의 실재론이 옳다고 해야 할까? 우리는 운동을 하나의 성질로서 돌 속에 두어야 할까? 운동은 명백하게(명시적으로) 지각된 대상과 어떤 관계도 전제하지 않으며, 완전히 등질적인 장에서도 가능하다. 게다가 모든 운동체가 장champs 속에서 주어진다는 것은 변함이 없다. 우리는 운동에서 움직이는 것이 필요하듯이, 운동에서 그 바탕fond도 필요하다. 시각장의 가장자리가 《321》 항상 객관적인 경계 표시를 나타낸다고 말하는 것은 틀린 것이다.[160] 다시 말해 우리의 시각장의 가장자리는 실재하는 선이 아니다. 우리의 시각장은 우리의 객관적 세계에

합(전체-정립(synthèse))이라는 개념 대신, 아직 다양한 것들의 명시적 정립을 나타내지 않는 전체-보기(synopsis)라는 개념을 우리가 선택한다고만 말해 두자.

[160]   Wertheimer, *op. cit.*, pp. 255-256.

서 잘라 낸 것이 아니다. 그것은 창틀로 제한되는 광경처럼 분명한 가장자리가 있는 객관적 세계의 단편이 아니다. 사물에 대한 우리 시선의 잡음(파악)이 멀리 미치는 만큼 우리는 시각장의 먼 곳까지 본다. 즉 우리는 명료한 시각 영역 저 너머까지, 심지어는 우리의 배후까지 본다. 우리는 시각장의 경계에 이를 때, 시각에서 비-시각으로 이행하는 것이 아니다. 옆방에서 울리는 축음기는 내가 명백히 보지 못하지만, 여전히 내 시각장에 속한다. 반대로, 내가 보고 있는 것은 언제나 어떤 관점에서는 보이지 않는다. 즉 사물의 〈앞면〉이 있고, 〈우리 앞의〉 사물이 있고, 한마디로 지각이 틀림없이 있다면, 사물의 숨겨진 측면이 있어야 하고, 〈우리 뒤의〉 사물이 있어야 한다. 시각장의 경계(한계)는 세계의 조직화의 필연적 계기이지, 객관적 윤곽이 아니다. 그렇지만 대상이 우리의 시각장을 가로지른다는 것, 거기서 이동한다는 것, 운동은 이런 관계 밖에서는 아무 의미도 없다는 것은 결국 사실이다. 우리가 이런 장의 어떠한 부분에 모양figure의 가치를 주느냐 아니면 바탕fond의 가치를 주느냐에 따라, 그 부분은 우리에게 운동하는 것으로 보이거나 정지한 것으로 보인다. 우리가 배를 타고 해안가를 따라갈 때, 우리는 정말로 라이프니츠의 말대로 해안가가 우리 앞에서 줄지어 지나가는 것을 보거나, 아니면 해안가를 고정점으로 취하여 배가 움직이는 것을 느낄 수 있다.

[17. 운동의 상대성]

¶그렇다면 우리는 논리학자가 옳다고 해야 하는가? 전혀 그렇지 않다. 왜냐하면 운동이 구조적 현상이라고 말하는 것은, 그것이 〈상대적〉이라고 말하는 것이 아니기 때문이다. 운동을 구성하는 매우 특수한 이 관계는 대상들 사이의 관계가 아니다. 이 관계는 심리학자가 모르는 것은 아니며, 또 심리학자는 논리학자보다 이 관계를 훨씬 잘 기술한다. 우리가 눈을 뱃전

에 고정하면(정착시키면fixés), 해안가가 우리 눈앞에서 줄지어 지나가고, 우리가 해안가를 바라보면, 배가 움직인다. 어둠 속의 두 빛점 중, 한쪽은 움직이지 않고 다른 쪽은 움직이지만, 우리가 눈으로 고정하는 쪽이 움직이는 것처럼 보인다.[161] 우리가 구름과 강물을 바라볼 때, 구름은 종탑 위로 날아가고, 강물은 다리 아래로 흘러간다. 《322》 우리가 바라보는 것이 종탑이나 다리라면, 종탑은 하늘 아래로 떨어지고, 다리는 응고된 강물 위로 미끄러져 간다. 시각장의 한 부분에는 운동체의 가치를, 다른 부분에는 바탕의 가치를 부여하는 것은, 우리가 시선 행위를 통해 우리와 이 가치들의 관계를 설정하는 방식이다. 〈돌이 공중을 날아간다〉라는 말은, 정원에 뿌리박고 닻을 내린 우리의 시선이 이 돌에 의해 이끌려지는(부추겨지는) 것, 말하자면 그 닻이 당겨지는 것이 아니라면 무엇을 의미하는가?

¶ 운동체와 그것의 바탕의 관계는 우리 몸을 통과한다. 이러한 몸의 매개는 어떻게 이해해야 할까? 어째서 대상들과 몸의 관계가 대상들을 운동체로 아니면 정지하는 것으로 규정할 수 있는가? 우리의 몸도 하나의 대상이 아닌가? 또한 몸 자체도 정지와 운동의 관계 속에서 규정될 필요가 있는 것 아닌가? 눈이 움직이는 동안에도 대상이 우리에게 움직이지 않는 것은, 우리가 눈의 이동을 고려하기 때문이라고, 또 우리가 이 눈의 이동을 나타난 것들의 변화에 정확히 비례하는 것으로 생각함으로써 대상의 부동성을 결론 내리기 때문이라고 말하는 경우가 종종 있다. 사실 우리가 수동적인 [시선의] 운동에서처럼 눈의 운동을 의식하지 못할 때, 대상은 움직이는 것처럼 보인다. 안구-운동 근육의 불완전마비parésie에서처럼, 대상과

---

[161]   따라서 현상의 법칙들을 명확히 할 필요가 있을 것이다. 즉 확실한 것은, 법칙들이 있다는 것, 또 운동의 지각은 비록 애매한 경우에도 자의적이지 않고 시선을 고정하는 지점에 의존한다는 것이다. *Cf.* Duncker, *Über induzierte Bewegung*.

눈의 관계가 변한 것 같지 않지만 눈이 움직인다고 착각할 경우에도, 우리는 대상의 운동을 본다고 생각한다. 이러한 것들은 대상과 우리 눈의 관계가 망막상에 기록된 것 그대로 의식에 주어지고, 우리가 눈의 이동이나 정지를 계산하여, 대상의 정지나 운동의 정도를 뺄셈을 통해 획득한 것으로 우선 생각될 것이다. 그러나 사실 이런 분석은 전적으로 인위적이며, 몸과 광경의 진정한 관계를 매우 잘 은폐하는 것이다. 내가 한 대상에서 다른 대상으로 시선을 옮길 때, 나는 내 눈을 대상으로도, 눈구멍에 달린 안구로도 전혀 의식하지 않으며, 객관적 공간 속의 눈의 이동이나 정지도, 또 그로 인해 망막상에 일어나는 것도 전혀 의식하지 않는다. 가정된 계산의 요소들은 내게 주어져 있지 않다. 사물의 부동성은 나의 시선 행위로부터 이끌어 낸 것이 아니다. 그것은 엄밀히 동시적이다. 이 두 현상은 서로를 포함한다. 즉 그것들은 대수적인algébrique 합의 두 요소가 아니라, 그것들을 포괄하는 한 조직의 두 계기이다. 내게서 내 눈은 사물들을 만나는 어떤 능력이지, 사물들이 투영되는 스크린이 아니다. 내 눈과 대상의 관계는 대상이 눈에 기하학적으로 투영되는 형태로 주어지는 것이 아니라, 대상에 대한 내 눈의 어떤 잡음(접속)으로서 주어진다. 이 잡음(접속)은 시각의 가장자리에서는 여전히 희미하고(모호하고), 《323》 내가 대상에 시선을 고정할 때는 훨씬 밀도 있고 정확하게 된다. 내가 내 눈의 수동적인 움직임에서 갖지 못한 것은 결코 내게 주어지지 않는, 눈구멍에서의 눈 이동에 대한 객관적 표상이 아니다. 그것은 대상에 대한 내 시선의 정확한 맞물림이고, 이것이 없다면 대상들은 더 이상 고정될 수가 없고, 게다가 진정으로 운동하지 못한다. 왜냐하면 나는 안구를 누르고 난 다음, 진정한 운동을 지각하지 못하며, 움직이는 것은 사물 자체가 아니라 사물 표면의 얇은 막에 불과하기 때문이다. 끝으로 안구-운동 근육의 불완전마비의 경우에서 나는 망막상이 변하지 않은 것을 대상의 움직임으로 설명하지 않는다. 그러나 나는 대상에 대한 내 시선의 잡음(접속)이 느슨해지지 않음을 체험하고, 내 시선은 대상과 함께 대상을 운반하고 대상을 이동시킨다. 이와 같이 내 눈은 지각에서 결코 대상이 아니다. 혹시 운동체 없는 운동을 말할 수 있다면, 그것은 분명 자기-몸에 대해서이다. 시선을 고정하려는 곳으로 향하는 내 눈의 움직임은 한 대상이 다른 대상과 관계하여 이동하는 것이 아니다. 그것은 실재(현실)를 향해 나아가는 것이다. 내 눈이 다가가는 것 또는 내 눈에서 도망가는 것과 관계하여 내 눈은 운동하거나 정지한다. 운동의 지각이 확립되기 위해 몸이 이 지각에 필요한 지반이나 바탕을 제공하는 것은, 몸이 지각하는 능력으로서 어떤 영역에 뿌리내리고 한 세계와 맞물려 있는 한에서이다. 내 몸이 어떤 대상들에 닻을 내리고 있을 때, 정지와 운동은 그 자체로는 정지와 운동으로 규정되지 않는 한 대상과, 그 또한 대상으로서 정지와 운동으로 규정되지 않는 내 몸 사이에서 나타난다. 위, 아래와 마찬가지로 운동은 차원niveau적 현상이며, 모든 운동은 변화 가능한 어떤 닻 내림을 전제한다. 바로 이 점에서, 사람들이 애매하게confusément 언급하는 운동의 상대성이 타당한 것으로 의미될 수 있다.

¶ 그런데 정확히 닻 내림(정박)이란 무엇인가? 또 닻 내림은 정지한 배경을 어떻게 구성하는가? 그것은 명시적 지각이 아니다. 우리가 정박한(닻 내린) 지점들에 정착할nous fixons[162] 때, 이 지점들은 대상들이 아니다. 내가 하늘을 시각의 가장자리에 둘 때에만 종탑이 움직이기 시작한다. 이른바

---

[162]   역주) 메를로퐁티는 앞에서 "눈을 뱃전에 고정하면, 해안가가 … 지나가고", 또는 "눈으로 고정하는 쪽이 움직이는 것처럼 보인다"고 말한다. 그는 〈고정하다(fixer)〉라는 용어를 운동체에 대해서뿐 아니라, 운동의 바탕에 대해서도 쓴다. 이 문장에서 〈정착하다〉로 번역된 이 동일한 용어는 우리가 운동의 바탕에 정착하는(고정하는) 것을 가리키고, 이것은 결국 〈닻을 내리다〉 또는 〈정박하다〉의 의미가 된다. 그리고 이어지는 절의 제목("공간성의 경험은 세계 속에서의 우리의 〈정착(fixation)〉을 표현한다")처럼, 메를로퐁티는 이 용어를 운동 이외의 현상의 〈정착(닻 내림)〉으로 확대해서 쓴다.

운동의 기준점이라는 것은 현실적[두드러진] 인식 속에 정립되지 않고, 항상 〈이미 거기에〉 있는 것이 본질적이다. 그것들은 지각에 정면으로 그 모습을 나타내지 않는다. 그것들은 선先의식적 작용에 의해 지각을 둘러싸고 지각에 달라붙는 것이며, 이 작용의 결과들은 우리에게 이미 이루어진 것으로 나타난다. 우리가 마음대로 닻 내림을 선택할 수 있는 애매한 지각의 경우는, 우리의 지각이 인위적으로 그 맥락과 그 과거로부터 단절되는 경우이고, 우리가 우리 존재 전체로서 지각하지 않는 경우이다. 《324》 또 그것은 우리의 몸과, 이 몸이 언제나 모든 역사적 구속(참여)을 끊어 독자적으로 기능할 수 있게 해 주는 그러한 일반성을 이용하는 경우이다. 그러나 우리는 인간적 세계와 단절할 수 있다고 해도, 우리 눈을 정착시키는(고정하는) 것에서 벗어날 수가 없다. 이것은 우리가 살고 있는 한, 인간적 환경에는 아니더라도 적어도 물리적 환경에 구속되어(참여되어) 있다는 것을 의미한다. 그리고 시선의 정착(고정)이 주어질 때, 지각은 자의적이지 않다. 몸의 삶이 구체적 실존에 통합되어 있을 경우, 그것은 더더구나 자의적이지 않다. 나는 아무것도 하지 않거나 운동의 착시를 시험해 보거나에 따라, 내 기차가 움직이거나 옆 기차가 움직이는 것을 자유롭게 볼 수 있다. 그러나 "나는 객실에서 카드놀이를 할 때, 실제 내 기차가 출발한다고 해도, 옆 기차가 움직이는 것을 본다. 내가 옆 기차를 바라보고, 거기서 누군가를 찾을 때에는, 내 기차가 움직이기 시작한다."[163] 우리가 거처로 정한 객차는 〈정지해〉 있고, 객차의 칸막이는 〈수직〉이다. 우리 앞의 풍경은 줄지어 다가오고, 창문을 통해 보인 산비탈의 전나무는 비스듬히 보인다. 우리가 만약 기차 문에 선다면, 우리는 작은 세계 저 너머에 있는 큰 세계로 들어간다. 전나무는 다시 서고 움직이지 않게 되며, 기차는 비탈을 따라 기울어져 있

---

[163]   Koffka, *Perception*, p. 578.

고 이어서 들판을 가로질러 저 멀리 달려간다. 결국 운동의 상대성은 큰 세계의 내부에서 영역을 바꾸는 우리의 능력으로 귀결된다. 일단 우리가 어떤 장(환경)에 구속되어(참여되어) 있으면, 우리는 운동이 우리 앞에서 절대적인 것으로 나타남을 보게 된다. 우리가 명시적 인식 작용, 사유cogitationes 뿐 아니라, 우리에게 세계가 주어지는, 더 은밀하고 항상 과거에 있는(속하는) 작용을 고려한다고 해 보자. 즉 비정립적 의식을 인식한다고 해 보자. 그러면 우리는 실재론의 난점에 빠지지 않고서도 심리학자가 절대적 운동이라 부른 것을 받아들일 수 있고, 우리의 논리학에 의해 파괴되지 않게 하면서도 운동의 현상을 이해할 수 있다.

***
***

[(D) 체험된 공간]

[18. 공간성의 경험은 세계 속에서의 우리의 정착을 표현한다]

지금까지 우리는 고전 철학이나 고전 심리학처럼 공간의 지각만을, 즉 상황에 무관심한désintéressé 주체가 대상들 간의 공간적 관계와 대상들의 기하학적 특성에 대해 취할 수 있는 인식만을 고찰하였다. 그렇지만 ⟨325⟩ 우리의 모든 공간 경험을 포괄하지 못하는 이러한 추상적 기능을 분석했을 때에도, 우리는 주체가 환경에 정착함fixation과 결국 주체가 세계 속에 내속함을 공간성의 조건으로서 드러내게 되었다. 달리 말해 우리는 공간적인 지각이 구조적 현상이라는 점, 또 그것이 지각장 내부에서만 이해된다는 점, 즉 이 지각장이 구체적 주체에게 가능한 닻 내림을 제안함으로써 공간적인 지각을 부추기는 데 전적으로 기여한다는 점을 인정해야만 했다. 공간 지각의 고전적 문제, 일반적으로는 지각의 고전적 문제는 더 넓은 문제에 재통합되어야 한다. 공간적 관계와 〈속성들〉을 가진 대상이 명시적 작용에서 어떻게 규정될 수 있는지를 묻는 것은 이차적인 물음을 제기하는 것이다. 그것은 이미 친숙한 세계의 바탕 위에서만 나타나는 어떤 작용을 근원적(원초적)인 것으로 간주하는 것이고, 아직 세계의 경험을 깨닫지 못했음을 인정하는 것과 같다. 자연적 태도에서 나는 [나눠지는] 지각들을 갖지 않고, 이 대상을 저 대상 옆에다 정립하거나 그것들의 객관적 관계를 정립하지 않는다. 나는 연속적으로뿐만 아니라 동시적으로도 서로를 함축하고 서로를 설명하는 한 흐름의 경험들을 갖는다. 파리Paris는 내게 무수한 측면을 가진 한 대상이나 지각의 총합이 아니고, 이런 모든 지각의 법칙도 아니다. 한 사람의 손짓과 걸음걸이와 목소리에는 동일한 감각감정의 affective 본질이 나타나듯이, 나의 파리 여행에서의 명시적인 지각들 ―카페들, 사람 얼굴들, 강둑의 포플러나무들, 센강의 굽이들― 은 파리의 전체 존재에서 잘라 낸 것이며, 파리의 어떤 스타일, 어떤 의미를 확인하는 것일 뿐이다. 그리고 처음으로 내가 파리에 도착했을 때 역에서 나와 처음 본 거리들은, 처음 듣는 모르는 사람의 말처럼 아직 애매하지만 이미 다른 것과 같지 않은 어떤 본질의 나타남일 뿐이다. 우리는 거기서 거의 어떤 대상도 지각하고 있지 않는데, 그것은 친한 사람의 얼굴의 눈을 보지 않고 그 시선과 표정을 보는 것과 같다. 거기에는 풍경이나 도시에 퍼져 있는 하나의 잠재적 의미가 있고, 우리는 그 의미를 정의할 필요도 없이 특정한 명증 속에서 재발견한다. 우리가 취한 태도를 통해 우리 자신이 한 의미를 부여하는 지각이나, 우리가 제기한 질문에 대답하는 지각과 같이, 단지 애매한 지각만이 명시적 작용으로 나타날 뿐이다. 이런 지각은 지각장의 분석에 도움이 되지 않는다. 왜냐하면 그것은 미리 지각장에서 추출된 것이고, 미리 지각장을 전제하기 때문이다. 또한 우리는 바로 세계와의 교류에서 획득한 구조화된 것montages을 이용함으로써, 그런 지각을 얻기 때문이다. 《326》 어떤 바탕도 없이 이뤄지는 최초의 지각은 생각할 수가 없다. 모든 지각은 지각하는 주체의 어떤 과거를 전제하며, 대상과의 만남으로서의 지각적 추상 기능은 우리가 그를 통해 환경(장)을 형성하는 더욱 은밀한 작용을 함축한다.

¶ 메스칼린에 중독되면, 가까이 오는 대상이 작아 보이는 경우가 있다. 팔다리나 몸의 일부, 즉 손이나 입이나 혀는 거대하게 보이고, 몸의 나머지 부분은 몸의 부속물에 불과하다.[164] 방의 벽들 사이의 거리는 150m나 되고, 벽 너머에는 아무것도 없는 광대한 공간뿐이다. 손을 내밀면, 손이 벽만큼이나 높게 있다. 외적 공간과 몸의 공간은 분리되어 있어, 환자는 음식을 먹을 때 "한 차원dimension에서 다른 차원으로"[165] 이동하는 인상을 가질 정도이다. 때때로 더 이상 운동은 보이지 않고, 마법처럼 사람들이 한 지점에서 다른 지점으로 이동한다.[166] 빈 공간에 외로이 방치된 [조현병(정신분열증)] 환자[167]가 있다. "그는 사물들 사이의 공간만 잘 보인다고 투덜댄다. 그리고 그 공간은 비어 있다. 대상들은 어떤 의미에서는 여전히 거기에 있지만, 실제 있는 대로 있지는 않다…."[168] 사람들은 인형 같은 모습이고, 그들의 움직임은 몽환극처럼 느리다. 나뭇잎들은 잎맥과 조직이 사라진다. 즉 나뭇잎 각 지점들은 다른 모든 지점들과 똑같은 가치를 갖는다.[169] 한 조현병(정신분열증) 환자는 다음과 같이 말한다. "새가 정원에서 지저귄다. 나는 새소리를 듣고, 그 새가 지저귀는 것을 안다. 그러나 그것이 새라

---

164   Mayer-Gross, Stein, *Über einige Abänderungen der Sinnestätigkeit im Meskalinrausch*, p. 375.
165   *Ibid.*, p. 377.
166   *Ibid.*, p. 381.
167   역주) 독역본은 이 환자를 "조현병 환자"로 표기한다.
168   Fischer, *Zeitstruktur und Schizophrenie*, p. 572.
169   Mayer-Gross and Stein, *op. cit.*, p. 380.

는 것과 그 새가 지저귄다는 것, 이 두 가지는 매우 동떨어져 있다. … 거기에는 심연이 있다. … 마치 새와 지저귐이 아무런 관련이 없는 것처럼 있다."[170] 또 다른 조현병 환자는 더 이상 추시계를 〈이해하지〉 못한다. 우선 시계 바늘이 한 지점에서 다른 지점으로 움직이는 것을 이해하지 못한다. 특히 이 움직임과 기계 추진력의 연결 관계, 추시계의 〈작동〉을 이해하지 못한다.[171]

¶ 이상의 장애들은 세계의 인식으로서의 지각과 관련된 것이 아니다. 몸의 일부가 거대한 것, 가까운 대상이 너무 작은 것은 《327》 그 자체로 그렇게 정립된 것이 아니다. 환자에게서 방의 벽들은 정상인에게 나타난 축구장 양끝처럼 그렇게 멀리 떨어져 있지 않다. 환자는 음식과 자신의 몸이 같은 공간에 머물러 있음을 잘 안다. 왜냐하면 그는 손으로 음식을 잡기 때문이다. 공간은 〈비어〉 있지만, 모든 지각 대상들은 거기에 있다. 장애는 지각에서 끌어낼 수 있는 정보들에 관한 것이 아니다. 장애는 〈지각〉 아래에 있는 훨씬 심층적인 의식의 삶을 드러낸다. 운동에 대해서와 같이 지각해야 할 것에 대해 지각 못 함이 있을 때에도, 지각의 결핍은 현상들 간의 연결과 관련된 더 일반적인 장애의 극한적 경우에 지나지 않는 것으로 보인다. 즉 새가 있고 지저귐이 있지만, 더 이상 새는 지저귀지 않는다. 시곗바늘의 움직임이 있고 태엽이 있지만, 더 이상 추시계는 〈작동하지〉 않는다. 마찬가지로 몸의 일부가 과도하게 크고, 가까운 대상이 너무 작은 것도, 전체가 더 이상 하나의 체계를 형성하지 못하기 때문이다. 그런데 세계가 조각이 나고 분해되는 것은, 자기-몸이 인식하는 몸이기를 그치고, 모든 대상을 하나의 잡음(파악) 속에서 더 이상 포괄하지 못하기 때문이다. 그리고

---

170   Fischer, *op. cit.*, pp. 558-559.
171   Fischer, *Raum-Zeitstruktur und Denkstörung in der Schizophrenie*, p. 247과 그 이하.

몸이 유기체로 추락하는 것 자체는, 더 이상 미래를 향해 일어나지 않고 자기 속으로 다시 떨어지는 시간의 약화와 관련될 수밖에 없다. "예전에 나는 영혼과 살아 있는 몸(*Leib*)을 가진 인간이었다. 지금 나는 한 존재(*Wesen*)에 불과하다. … 이 존재엔 유기체organisme(*Körper*)만 있을 뿐이고, 영혼은 죽었다. … 나는 듣고 보지만, 아무것도 알지 못한다. 지금 내게서 삶은 한 문제이다. … 지금 나는 영원성 속에 산다. … 나뭇가지들은 흔들리고, 사람들은 방에서 왔다 갔다 하지만, 내게서 시간은 흐르지 않는다. … 생각은 변해 버렸고, 더 이상 스타일도 없다. … 미래란 무엇인가? 미래는 도달할 수 없는 것이다. … 모든 것이 물음표이다. … 모든 것이 매우 단조롭다. 아침, 점심, 저녁, 과거, 현재, 미래. 모든 것이 항상 다시 시작한다."[172] 공간 지각은 특수한 부류의 〈의식의 상태〉나 작용이 아니다. 공간 지각의 양태들은 항상 주체의 삶 전체를, 주체가 몸과 세계를 통해 미래로 향하는 에너지를 표현한다.[173]

《328》 [19. 밤의 공간성]

따라서 우리는 우리의 연구를 확장시키게 되었다. 즉 공간성의 경험이 일단 세계 속의 우리의 정착과 관계한다면, 이 정착의 각 양태에 대해 본래적(독특한) 공간성이 있을 것이기 때문이다. 예를 들어 명료하고 분절된 대상들의 세계가 소멸될 때, 우리의 지각적 존재는 그 세계와 단절되어 사물들 없는 공간성을 그려 낸다. 이것은 밤에 일어나는 것이다. 밤은 내 앞의 한 대상이 아니다. 그것은 나를 감싸면서, 내 모든 감각(감관)에 침투하고,

---

[172] Fischer, *Zeitstruktur und Schizophrenie*, p. 560.
[173] Kronfeld, "조현병(정신분열증)적 증상은 조현병 환자의 인격에 이르는 길일 뿐이다"(Fischer가 *Zur Klinik und Psychologie des Raumlebens*, p. 61에서 인용).

내 기억을 가로막아, 내 인격적 동일성을 거의 사라지게 한다. 더 이상 나는 지각의 초소에 틀어박혀서 멀리서 윤곽 지워진 대상들이 다가오는 것을 보지 않는다. 밤에는 윤곽이 없고, 밤 자체가 나와 접촉한다. 또 밤의 통일성은 마나mana[174]의 신비한 통일성이다. 외치는 소리도 멀리 보이는 빛도 막연하게 밤에 거주할 뿐이고, 밤은 전체적인 것으로서 생기를 지닌다. 밤은 앞면도 뒷면도 없고sans plans, 표면도 없고, 그것과 나 사이의 거리도 없는 순수 깊이이다.[175] 반성에 있어 모든 공간은 그 부분들을 연결하는 사유에 의해 유지되지만, 이 사유는 어느 부분에서도 생기지 않는다. 이와 반대로 나는 밤 공간의 중심에서 밤의 공간과 결합한다. 밤에 신경증 환자가 갖는 불안은 밤이 우리에게 우리의 우연성을 느끼게 하는 데서 온다. 즉 우리가 항상 사물을 찾는다는 어떤 보장도 없이, 이유 없이 계속해서 사물에 닻 내리고 사물로 초월하려고 애쓰는 운동을, 밤이 우리에게 느끼게 하는 데서 온다. 그러나 밤은 비현실적인 것에 대한 우리의 가장 뚜렷한 경험이 아니다. 즉 내가 더듬어서 내 아파트를 걸어갈 때처럼, 나는 밤에도 낮의 구조montage를 보존할 수가 있다. 어쨌든 밤은 자연의 일반적 테두리 안에 있다. 컴컴한 공간에서조차 안심이 되는 무언가가, 이 세계의 것이라 할 무언가가 존재한다.

---

[174] 역주) 태평양 제도의 원시 종족에서 볼 수 있는 초자연적이고 비인격적인 힘이다. 이 힘은 사람, 생물, 인공물, 자연물에 깃들어 있고, 다른 사물이나 다른 사람에게 옮겨 붙을 수 있다. "폴리네시아 사람들에게서, 마나는 전기 흐름과 같은 것으로, 사람들이나 사물들을 변화시킬 수 있고, 한 사람에서 다른 사람으로 옮겨 갈 수 있다. 모든 성공은 마나 덕분이고, 모든 실패는 마나가 없기 때문이다. 마르키즈 제도 사람들에게서, 어떤 젊은이가 그 지역의 전통을 기억하지 못하면, 마나가 없는 것으로 간주된다. … 어떤 전사는 그가 죽인 모든 적의 마나를 흡수하고, 이를 통해 자신의 마나를 증가시킨다. 어떤 장소들은 마나가 스며 있고, 도망자는 안전함을 느끼려고 그곳으로 피해야만 한다"(Lowie, *Manuel d'Anthropologie culturelle*, Trad. par E. Métraux, 1936, p. 330).

[175] Minkowski, *Le Temps vécu*, p. 394.

[20. 성적인 공간]

¶ 이와 반대로 잠에서는, 내가 세계에 거리 두고 있을 때만 세계가 내게 현전하게 되고, 나는 내 실존의 주관적 근원으로 되돌아간다. 또 꿈의 환영은 명료한 공간과 관찰 가능한 대상이 새겨져 있는 일반적 공간성을 한층 잘 드러낸다. 예를 들어 신화와 시에서와 같이 꿈에서도 자주 나타나는 오르기(상승)와 떨어지기(추락)라는 주제를 고찰해 보자. 꿈에 나타나는 이러한 주제가 수반되는 호흡 운동이나 아니면 성적 충동과 관련지어질 수 있다는 것은 알려져 있으며, 또 이것은 위쪽과 아래쪽이 지닌 삶과 성의 실질의미를 인식하는 첫걸음이 된다. 그러나 이러한 설명은 멀리까지 나아가지 못한다. 왜냐하면 꿈속에서의 오르기와 떨어지기는 깨어 있을 때의 욕망과 호흡 운동의 지각처럼 가시적 공간 안에 있지 않기 때문이다. 《329》 우리는 꿈꾸는 사람이 왜 어떤 순간에 호흡과 욕망이라는 몸적인 사실에 완전히 자신을 맡기는지를 이해해야 한다. 그리고 그가 그런 몸적인 사실에 일반적이고 상징적인symbolique 실질의미를 불어넣어, 그 몸적인 사실이 꿈속에서 어떤 이미지의 형태로만 나타나는지를, 예를 들어 거대한 새가 날다가 소총에 맞아 떨어진 뒤 검게 탄 조그만 종이 더미가 되는 것으로만 나타나는지를 이해해야 한다. 우리는 객관적 공간 안에 위치한 호흡이나 성적인 사건이 어떻게 꿈속에서는 객관적 공간에서 빠져나와 다른 무대에서 자리 잡는지를 이해해야 한다. 상징적인emblématique 가치가 심지어 깨어 있을 때의 몸에도 부여되지 않는다면, 우리는 그와 같은 이해에 도달하지 못할 것이다. 우리의 감정, 욕망과 몸의 태도 사이에는 우연적인 결합만이, 심지어는 유사함의 관계만이 있는 것이 아니다. 내가 낙심해서 고개를 떨군(풀이 죽은)[176] 상태라고 말하는 것은, 신경 기구의 법칙에 따라 힘없이 처

---

[176]   역주) "tomber de mon haut"의 번역이다. 이 말 자체는 "자신의 위로부터 떨어지다(자

진[177] 몸동작이 낙심 속에 수반되어 있기 때문만이 아니다. 또는 그것은 내가 위쪽에 있는 대상과 그 대상을 향한 내 몸동작의 관계와 동일한 관계를, 내 욕망의 대상과 내 욕망 자체 사이에서도 발견하기 때문만이 아니다. 물리적 공간의 방향으로서의 위쪽으로 향한 운동과 욕망이 그 대상으로 향한 운동은 서로서로를 상징한다. 왜냐하면 그 운동들은 모두 환경과의 관계 속에 놓인(상황 지어진) 존재라는 우리 존재의 동일한 본질적 구조를 표현하기 때문이다. 우리가 이미 본 것처럼 이 구조만이 물리적 세계에서 위쪽과 아래쪽이라는 방향에 의미를 주는 것이다. 우리는 정신 상태가 고양되어 있다(높다)거나 침체되어 있다(낮다)고 말할 때, 물리적 세계에서만 충만한 의미(방향)를 갖는 어떤 관계를 심리적인 것으로 확대하는 것이 아니다. 우리는 "말하자면 여러 영역을 관통하고, 각 영역에서는 (공간적, 청각적, 정신적, 심리적 등의) 특정한 실질의미를 취하는 하나의 실질의미(의미표현)적 방향"[178]을 이용하는 것이다. 꿈의 환영, 신화의 환영, 각 사람이 좋아하는 이미지, 마지막으로 시적인 이미지가 그 의미와 결합된 것은, 전화번호와 가입자 사이에 존재하는 관계처럼 기호와 의미signification의 관계를 통해서가 아니다. 이 환영들은 정말로 그 의미를 담고 있지만, 이 의미는 개념적 의미가 아니라 우리 실존의 한 방향이다. 내가 날아가는 꿈이나 떨어지는 꿈을 꾼다고 하자. 내가 이 날아감과 떨어짐을 깨어 있는 세계에서 물리적으로 나타난 것으로 환원하지 않는다면, 또 그것들을 그 모든 실존적 함축 속에서 파악한다면, 이 꿈의 전체적 의미는 그 날아감과 떨어짐 속에 포함되어 있다. 《330》 날다가 떨어져서 한 줌의 재가 된 새는 물리적 공간에

빠지다)"를 의미하고, 그 뜻은 "무척 실망하다 또는 놀라다"이다.

177   역주) "prostration"의 번역이다. 이 말은 "바닥에 엎드림(쓰러짐)" 또는 "의기소침"을 의미한다.

178   L. Binswanger, *Traum und Existenz*, p. 674.

서 날지도 떨어지지도 않는다. 그 새는 그 새를 관통하는 실존적 흐름과 함께 올라가고 내려온다. 달리 말해 그것은 내 실존의 맥박, 즉 내 실존의 수축과 이완이다. 이 흐름의 차원niveau은 매 순간 환영의 공간을 규정하고, 이것은 깨어 있는 삶에서 우리에게 나타난 세계와 우리의 교섭이 실재의 공간을 규정하는 것과 같다. 〈지각〉에 선행하는 것으로서, 위쪽과 아래쪽의 규정이 있고, 일반적으로는 장소의 규정이 있다. 삶과 성은 그것들의 세계와 공간에 유령처럼 나타난다.

[21. 신화적 공간]

¶ 원시인은 신화 속에 살고 있는 한, 이러한 실존적 공간을 초월하지 못한다. 이것은 또한 꿈이 원시인에게 지각만큼이나 중요한 이유이기도 하다. 커다란 감각감정적인 존재물이 있음으로써 방향과 위치가 규정되는 신화적 공간이 있다. 한 원시인에게서 부족의 거주지가 어디에 있는지를 아는 것은 기준이 되는 어떤 대상과 관계하여 거주지의 위치를 규정하는 것이 아니다. 즉 부족의 거주지는 모든 기준 대상의 기준이고, 그 거주지가 어디에 있는지를 아는 것은 어떤 평화나 기쁨의 자연적 장소로 향하는 것처럼 그곳으로 향하는 것이다. 이것은 내가 내 손이 어디에 있는지를 아는 것이, 지금은 잠들어 있지만 내가 맡아서 내 것으로 재발견할 수 있는 그런 민첩한 능력과 결합하는 것과 마찬가지다. 내게서 오른손과 왼손이 나의 능란함과 서투름의 육화인 것처럼, 점술가에게서 오른쪽과 왼쪽은 길함과 흉함이 생기는 원천이다. 꿈에서건 신화에서건 우리의 욕망이 무엇으로 향하고, 우리의 마음이 무엇을 두려워하며, 우리의 삶이 무엇에 의존하는지를 체험함으로써, 우리는 현상이 어디에 있는지를 알게 된다.

[22. 체험된 공간]

¶ 깨어 있을 때의 생활에서도 사정은 다르지 않다. 나는 일과 일상의 환경을 떠나는 것을 즐거워하며, 휴가를 보내기 위해 한 마을에 도착한다. 나는 마을에 자리 잡는다. 마을은 내 삶의 중심이 된다. 내게는 말라 있는 냇물, 옥수수나 호두의 수확은 사건이 된다. 그러나 친구가 나를 찾아와 파리 소식을 전한다거나, 라디오나 신문으로 전쟁의 위험을 알게 되면, 나는 마을에서 고립되고, 진정한 삶에서 배제되며, 모든 것으로부터 멀리 격리되어 있음을 느낀다. 우리 몸과 우리 지각은 우리에게 제시하는 광경을 세계의 중심으로 삼으라고 언제나 우리를 부추긴다. 그러나 이 광경은 반드시 우리 삶의 광경[중심]인 것은 아니다. 나는 여기에 머무르면서도 〈다른 곳에 있을〉 수 있다. 또 좋아하는 것에 가까이 접근하지 못하게 되면, 나는 진정한 삶의 중심에서 벗어나 있다고 느낀다. 보바리슴Bovarysme[179]과 몇몇 형태의 농민들의 불만(불편한 삶)은 중심에서 벗어난 삶의 예들이다. 이와 반대로 조증 환자maniaque[180]에게는 어느 곳이나 중심이다. 《331》 "그의 정신적 공간은 넓고 번쩍인다. 그의 사유는 그 앞에 제시된 모든 대상에 대해 민감하고, 한 대상에서 다른 대상으로 날아다니며, 대상들의 움직임에 빨려 들어간다."[181]

¶ 나와 모든 사물 사이에 존재하는 물리적 또는 기하학적 거리 저 너머에는, 체험된 거리가 있고, 이것은 내게 중요하고 내게 존재하는 사물들을

---

179   역주) 플로베르의 『보바리 부인』의 여주인공에게서 유래한 말이다. "삶에서 체험한 불만족을 꿈으로 도피하려는 행동"(*Larousse*). "보바리 부인처럼 자신의 현실을 자기 이상으로 착각하는 일종의 자기 환상, 과대망상"(『동아출판 프라임 불한사전』).

180   역주) "조증은 고양되고, 과대하거나 과민한 기분이 특징적인 조증 삽화(maniac episode)에 나타나는 기분 상태이다"(「조울증」 『서울대학교병원 의학정보』).

181   Binswanger, *Über Ideenflucht*, p. 78과 그 이하.

나와 연결하고, 사물들 사이를 연결한다. 이 거리는 매 순간 내 삶의 〈폭〉의 크기가 된다.[182] 때때로 사건들이 끊임없이 나와 부딪치지만, 나와 사건들 사이에는 내게 자유를 마련해 주는 어떤 여유 공간(Spielraum)이 있다. 이와 반대로, 때때로 체험된 거리는 너무 멀지만, 동시에 너무 가깝다. 다시 말해 대부분의 사건은 내게 중요하지 않지만, 가장 가까운 것들은 나를 따라다닌다. 이것들은 밤처럼 나를 감싸고, 나에게서 개체성과 자유를 빼앗는다. 문자 그대로 나는 더 이상 숨을 쉴 수가 없다. 나는 사로잡혀 있다.[183] 이와 동시에 사건들은 서로서로 달라붙는다. 어떤 환자는 얼음 같은 바람의 냉기, 군밤 냄새, 차가운 비를 느낀다. 그는 아마도 "바로 그 순간에 나처럼 암시에 걸린 사람은 빗속에서 군밤 장수 앞을 지나가고 있었겠지"[184]라고 말한다. 민코프스키Minkowski뿐 아니라 마을 신부님도 돌보는 한 조현병(정신분열증) 환자는 그들이 자신에 대해 말하기 위해 서로 만났다고 믿는다.[185] 조현병 환자인 한 노부인은 어떤 사람과 닮은 또 다른 사람이 그 사람을 알고 있었다고 믿는다.[186] 체험된 공간의 축소는 더 이상 환자에게 어떤 여유 공간marge도 남기지 않는 것으로서, 더 이상 우연에 대해 어떤 역할도 허용하지 않는다. 공간과 마찬가지로 인과성도 대상들 간의 관

---

182 Minkowski, *Les Notions de distance vécue et d'ampleur de la vie et leur application en psychopathologie, Cf. Le Temps vécu*, Chap. VII.

183 "거리에는 그를 완전히 감싸는 소곤대는 소리 같은 것이 있다. 마찬가지로 자신 주위에 마치 사람들이 항상 있었던 것처럼 그는 자유를 빼앗기고 있다고 느낀다. 카페에서는 자신 주위에 안개처럼 희미한 어떤 것이 있고, 그는 전율을 느낀다. 사람들 목소리가 빈번히 들리고 많을 때, 그의 주위의 대기는 불로 가득 찬 것 같다. 이것은 심장과 폐 내부에 어떤 압박감을, 머리 주위에는 안개 같은 것을 생기게 하는 것 같다"(Minkowski, *Le Problème des Hallucinations et le problème de l'Espace*, p. 69).

184 *Ibid.*

185 *Le Temps vécu*, p. 376.

186 *Ibid.* p. 379.

계이기 이전에, 사물과 나의 관계에 토대하고 있다. 《332》섬망(정신착란)에서의 〈단락短絡〉[187]적인 인과성도 체계적인 사유에서의 긴 인과적인 연쇄도 실존의 방식을 표현한 것이다.[188] 즉 "공간의 경험은 다른 모든 경험의 방식들 및 다른 모든 심리적 소여들과 … 얽혀 있다."[189] 명료한 공간, 즉 모든 대상이 동일한 중요성과 동일한 존재의 권리를 가지는 공정한 공간은, [공간적 경험의] 병리적 양태들에서 드러나는 또 다른 공간성에 의해 둘러싸여 있을 뿐 아니라 구석구석 침투되어 있다. 어떤 조현병 환자는 산속의 한 풍경 앞에 멈춰 선다. 잠시 후에 그는 자신이 위협받고 있는 것처럼 느낀다. 마치 그에게 대답할 수 없는 물음이 밖으로부터 던져지는 것처럼, 그의 마음속에서는 그를 둘러싼 모든 것에 대한 특별한 관심이 생겨난다. 갑자기 어떤 외부의 힘이 그에게서 풍경을 빼앗아 버린다. 마치 검고 끝없는 제2의 하늘이 저녁의 푸른 하늘을 침투하는 것 같다. 이 새로운 하늘은 비어 있고, "미묘하고, 보이지 않고, 무섭다." 어떨 때는 이 하늘이 가을의 풍경 속에서 움직이고, 또 어떨 때는 풍경 자체가 움직인다. 그리고 환자는 다음과 같이 말한다. 이런 가운데 "끊임없는 물음이 나에게 던져진다. 그것은 명령과 같은 것으로 쉬거나, 죽거나, 멀리 가라는 것이다."[190] 가시적 공간을 침투하는 이 두 번째 공간은 세계를 던지는 우리 고유의 방식이 매 순간 구성하는 공간이다. 그리고 조현병 환자의 장애는 이 끊임없는 앞에-던짐projet이 지각에 의해 계속 제시되는 객관적 세계로부터 분리되어, 말하

---

[187] *Ibid.*, p. 381. 역주) "courts-circuits." 〈단락〉이란 말은 전기 회로뿐 아니라 심리 현상에서도 쓰인다. 『우리말샘』은 심리적 〈단락〉을 "욕구 불만이나 갈등에 빠졌을 때, 상황을 합리적으로 해결하려 하지 않고 충동적, 직관적으로 행동하는 것"으로 기술한다.

[188] 이 때문에 우리는 셸러(Scheler, *Idealismus-Realismus*, p. 298)와 함께, 뉴턴의 공간은 〈마음의 공백〉을 나타낸다고 말할 수 있다.

[189] Fischer, *Zur Klinik und Psychologie des Raumerlebens*, p. 70.

[190] Fischer, *Raum-Zeitstruktur und Denkstörung in der Schizophrenie*, p. 253.

자면 그 자체 속에 은거하는 바로 그런 사실에 있는 것이다. 조현병 환자는 더 이상 공통의 세계에 사는 것이 아니라, 사적인 세계에 살고, 더 이상 지리학적인 공간에까지 이르지 못한다. 즉 그는 "풍경의 공간"[191]에 머물러 있고, 이 풍경 자체도 공통의 세계로부터 단절되어 있어 무척이나 빈약한 것이다. 이로부터, 모든 것이 놀랍거나 불합리하거나 비현실적인 것이 되는 조현병적(정신분열증적)인 물음이 생겨난다. 왜냐하면 사물로 향하는 실존의 운동은 더 이상 에너지가 없기 때문이고, 그 운동은 자신의 우연성 속에서 나타나기 때문이며, 또 세계는 더 이상 자명한 것이 아니기 때문이다. 이에 반해 고전 심리학이 말하는 자연적 공간이 확고하고 자명한 것으로 보이는 것은, 실존이 그 공간으로 뛰어 들어가 그 속에서 자신을 망각하기 때문이다.

《333》 [23. 이러한 공간들은 기하학적 공간을 전제하는가?]

인간학적 공간을 기술한다면 끝없이 계속할 수가 있을 것이다.[192] 객관적 사유가 이런 기술에 언제나 반대할 것이라는 점은 분명하다. [객관적 사유는 다음과 같이 물을 것이다.] 즉 그런 기술들은 철학적 가치를 지니는가? 다시 말해, 그런 기술들은 우리에게 의식의 구조 자체에 관한 그 어떤 것

---

191   E. Straus, *Vom Sinn der Sinne*, p. 290.

192   예를 들어 다음과 같은 것들을 제시할 수 있을 것이다. 미적 지각은 자기 방식으로 새로운 공간성을 열고, 예술 작품으로서의 그림은 물리적 사물과 채색된 캔버스로서 놓여 있는 공간에 있지 않다. 춤은 목표물도 방향도 없는 공간에서 전개되고, 우리의 역사가 중단된 상태이다. 춤에서의 주체와 세계는 더 이상 대립하지 않고, 서로를 배경으로 더 이상 뚜렷이 드러나지 않는다. 따라서 춤에서 몸의 부분들은 자연적 경험에서처럼 더 이상 부각되지 않는다. 즉 몸통은 거기서 운동들이 일어나는 바탕도, 운동들이 일단 끝나면 거기에 가라앉는 바탕도 아니다. 몸통은 춤을 이끄는 것이고 팔다리의 운동은 몸통을 돕는 것이다.

을 가르쳐 주는가? 아니면 우리에게 인간적 경험의 내용만을 제공하는가? 꿈의 공간, 신화적 공간, 조현병적(정신분열증적) 공간은 진정한 공간인가? 이 공간들은 그 자체로 존재할 수 있고 사유될 수 있는가? 아니면 그것들은 그 가능성의 조건으로서 기하학적인 공간을 전제하는 것은 아닌가? 또한 이 기하학적 공간과 함께 이것을 전개하는 순수한 구성하는 의식을 전제하는 것은 아닌가? [객관적 사유는 계속 다음과 같이 주장할 것이다.] 원시인에게서 왼쪽은 불행의 영역이고 흉조이고, 또는 내 몸에서 왼쪽은 서투른 쪽일 때, 이 왼쪽이 방향으로서 규정되는 것은, 먼저 내가 왼쪽과 오른쪽의 관계를 사유할 수 있을 때뿐이다. 그리하여 이 관계는 결국 관계가 설정되는 항들에 공간적인 한 의미를 부여하는 것이다. 내가 아픔을 통해서 아픈 발이 어디에 있는지를 아는 것이 아니듯이, 원시인은 이를테면 그의 불안이나 기쁨을 통해서 어떤 공간을 겨냥하는 것이 아니다. 즉 불안, 기쁨, 아픔은 이것들의 경험적empirique 조건이 있는 객관적 공간의 한 장소와 관계하는 것이다. 만약 모든 내용에 대해 민첩하고 자유로운 의식, 또 이 내용들을 공간 속에서 전개하는 의식이 없다면, 내용들은 결코 어디에도 없을 것이다. 만약 우리가 신화적 공간 경험을 반성한다면, 또 이런 경험이 무엇을 의미하는지를 묻는다면, 우리는 이 경험이 객관적이고 하나의 공간 의식에 근거하고 있음을 필연적으로 발견할 것이다. 왜냐하면 객관적이지 않은 공간, 하나이지 않은 공간은 공간이 아닐 것이기 때문이다. 즉 주관성에 상관적인 그러나 주관성의 부정인, 절대적인 〈외부〉라고 하는 것은 공간에 본질적인 것이다. 또 (334) 우리가 표상할 수 있는 모든 존재를 포함하는 것도 공간에 본질적인 것이다. 왜냐하면 우리가 공간 밖에 두기를 바라는 모든 것은 바로 그런 사실에 의해 공간과의 관계 속에 있고 따라서 공간 속에 있기 때문이다. 꿈꾸는 사람은 꿈꾸고 있고, 그래서 그의 호흡 운동과 성적 충동은 있는 모습 그대로 취해져 있는 것이 아니라, 이것들과 세계를 연결하는 밧줄이 끊어져서 세계 앞에서 꿈의 형태로 떠도는 것이다. 그러나 결국 꿈꾸는 사람은 정확히 무엇을 보는 것인가? 그의 말을 그대로 믿어야 하는가? 그는 자신이 본 것을 알고자 하고 자신의 꿈을 스스로 이해하고자 한다면, 깨어 있어야 할 것이다. 그러면 곧장 성욕은 생식기라는 장소와 결합되고, 불안과 그 환영은 항상 그랬었던 것, 즉 흉곽 한 지점에서의 어떤 호흡 장애가 될 것이다. 조현병 환자의 세계를 휩쓰는 어두운 공간도 명료한 공간과 연결됨으로써만 공간으로서 정당화될 수 있고, 공간성의 지위가 부여될 수 있다. 환자가 자기 주위에 제2의 공간이 있다고 주장하면, 그것이 어디에 있는지를 물어보면 된다. 그는 환영의 위치를 찾고자 함으로써, 환영을 환영으로서 사라지게 할 것이다. 그리고 환자가 스스로 고백한 것처럼, 대상들은 언제나 거기에 있기 때문에, 언제나 그는 명료한 공간을 가지고서 환영을 내쫓고 공통의 세계로 되돌아오는 방법을 갖고 있다. 환영은 명료한 세계의 잔해이고, 그것이 가질 수 있는 모든 위세(힘)를 명료한 세계에서 가져온다. 마지막으로 우리가 기하학적 공간과 이 공간의 세계 내부적 관계를 실존의 원초적 공간성에 토대를 두고자 하는 것도, 똑같이 반박될 것이다. 즉 사유는 사유 자신이나 사물들만 인식하고, 주체의 한 공간성은 사유될 수 없으며, 그 결과 우리의 명제는 엄밀히 의미가 없다고 반박할 것이다.[193]

¶ 이에 대해 우리는 그러한 공간성은 주제적이거나 명시적 의미를 갖지 않으며, 객관적 사유 앞에서 사라진다고 대답할 것이다. 그러나 그 공간성은 비-주제적이거나 함축적인(암묵적인) 의미를 지니지만, 그것은 더 작은 의미가 아니다. 왜냐하면 객관적 사유 자체는 비반성적인 것을 자양분으로 삼아 유지되며, 그 자신을 비반성적 의식의 삶에 대한 해명(명시화)으

---

193   역주) 이 단락의 처음부터 여기까지는 객관적 사유 입장에서 기술된 것이다.

로서 제시하기 때문이다. 따라서 철저한 반성réflexion radicale은 세계 또는 공간과 이것들을 사유하는 비시간적 주체를 평행하게 주제화하는 것일 수가 없고, 이 주제화에 의미를 부여하는 함축적(암묵적) 지평과 함께 주제화 자체를 재파악해야 하는 것이다. 반성하는 것이 근원적인 것을 탐구하는 것이라면, 즉 그로 인해 나머지가 존재할 수 있고 사유될 수 있는 것을 탐구하는 것이라면, 반성은 객관적 사유 속에 갇혀 있을 수가 없다. 반성은 바로 객관적 사유의 주제화 작용을 사유해야 하고, 주제화 작용의 맥락을 복원해야 한다. 다르게 말하면, 객관적 사유는 이른바 꿈과 신화의 현상, 일반적으로는 실존의 현상을 사유 불가능하다고 여기고, 또 이 현상들이 객관적 사유에 의해 주제화될 수 있는 어떤 것도 의미하지 않기 때문에, 그것들을 거부하는 것이다. 《335》 객관적 사유는 사실 또는 실재를 가능성과 명증이라는 이름으로 거부한다. 그러나 이 사유는 명증 자체가 사실에 토대하고 있음을 보지 못한다. 반성적 분석은 꿈꾸는 사람이나 조현병(정신분열증) 환자가 체험한 것을 그들 자신보다 더 잘 안다고 믿는다. 그뿐만이 아니라, 철학자는 그가 지각한 것을 지각에서 아는 것보다 반성에서 더 잘 안다고 믿는다. 그리고 바로 이런 조건에서만, 그는 인간학적 공간들을 진정한 공간의 혼란스런 외현들이라고 거부할 수 있는 것이다. 그러나 철학자는 타인의 자기 자신에 대한 증언이나 지각 자체에 대한 철학자 자신의 지각의 증언을 의심함으로써, 그가 꿈꾸는 사람, 광인, 지각을 탁월하게 이해하는 의식을 명증[194]적으로 갖고 있음에도 불구하고, 명증적으로 파악한 것

---

194 역주) 이 문장과 아래 몇 줄 뒤에서 언급된 "명증"은 앞에서 "객관적 사유는 사실 또는 실재를 가능성과 명증이라는 이름으로 거부한다"에서 언급된 "명증"과 다르다. 후자의 〈명증〉은 객관적 사유의 명증으로, 예를 들어 데카르트의 명석·판명한 진리의 명증과 같은 것이다. 그러나 이 문장에서 언급된 〈명증〉은 지각적 명증 또는 비객관적 사유의 명증으로 오류에 열려 있는 것이다. 또 이 문장 속의 "참이라고 절대적으

을 참이라고 절대적으로 주장할 권리를 스스로에게서 박탈해 버린다. 다음의 두 경우 중 하나여야 한다. 첫째, 어떤 것을 체험하는 사람은 동시에 그가 체험하는 것을 알고 있다. 이 경우 광인이나 꿈꾸는 사람이나 지각의 주체의 말은 그대로 믿어야 하고, 우리의 의무는 그들의 말이 그들이 체험한 것을 잘 표현하는지를 확인하는 것뿐이다. 둘째, 어떤 것을 체험하는 사람은 그가 체험하는 것을 판단할 수 없다. 이 경우 명증이라는 체험은 착각일 수 있다. 신화적 경험, 꿈의 경험, 또는 지각 경험에 모든 긍정적 가치를 빼앗기 위해서는, 또 이런 공간들을 기하학적 공간으로 재통합하기 위해서는, 결국 우리가 언제라도 잠자거나, 미치거나, 정말로 지각한다는 것을 부정해야 한다.

[24. 이러한 공간들은 본래적 공간들로 인식해야 한다]

¶하지만 꿈, 광기, 또는 지각을 최소한 반성이 결여된 것으로라도 인정하는 한 ―그것이 없으면 어떤 진리도 가능치 않은 의식의 증언에 어떤 가치를 박탈하고자 하지 않는다면, 어찌 그것들을 인정하지 않겠는가―, 우리는 모든 경험을 단 하나의 세계로 또 실존의 모든 양태를 단 하나의 의식으로 평준화할 권리가 없다. 이렇게 평준화하기 위해서는, 지각적 의식과 환영적 의식이 종속될 수 있는 상급 심급을 이용해야 할 것이다. 즉 내가 단지 꿈꾸거나 지각할 때 내 꿈이나 지각을 사유하는 자아보다도, 또 내가 단지 꿈이나 지각의 나타난 모습(나타남)을 갖고 있을 때 이것들의 진정한 실질을 소유한 자아보다도, 나 자신에 더 내면적인 자아를 이용해야 할 것이다. 그러나 이러한 나타남[외현]과 실재의 구분 자체는 신화의 세계, 환자의 세계, 어린아이의 세계에서 이루어지지 않는다. 신화는 나타남 속에

로 주장함"은 〈즉자적인 참〉의 주장을 의미하지 않는다.

본질을 지닌다. 신화적 현상은 표상이 아니라 진정한 현전이다. 영혼이 몸의 각 부분에 현전하듯이, 비의 영靈은 주술 뒤에 내리는 빗방울마다 현전한다. 여기서 모든 〈나타남(Erscheinung)〉은 《336》 어떤 육화이고,[195] 존재들은 〈속성들〉보다는 형태적 모습physionomiques의 특징들로 규정된다. 이것은 바로 원시인이나 어린아이의 애니미즘에 대해 말할 때 타당한 것으로 의미되는 것이다. 그것은 어린아이와 원시인이 콩트Comte가 말하듯 의도나 의식을 통해 설명하고자 하는 대상을 지각하기 때문이 아니다 —즉 의식도 대상과 마찬가지로 그것을 정립하는 사유에 속해 있다. 그것이 아니라, 사물들은 그것들이 표현하는 것의 육화로서 간주되기 때문이고, 사물들의 인간적 실질의미는 그것들 속에 압착되어 있어, 그 자체가 문자 그대로 사물들이 의미하는 것으로 나타나기 때문이다. 지나가는 그림자, 부러지는 나무 소리는 어떤 의미를 지닌다. 도처에 경고가 있지만 경고하는 사람은 없다.[196] 신화적 의식은 아직 사물의 개념이나 객관적 진리의 개념이 없는데도, 어떻게 자신이 체험하고 있다고 생각한 것을 비판할 수 있을까? 또 이 의식은 어디서 한 고정점을 발견하여, 그곳에 멈춰 서서, 자신을 순수 의식으로 자각하고, 환영 저 너머에 있는 진리의 세계를 파악할 수 있을까? 한 조현병(정신분열증) 환자는 창문 가까이에 있는 솔이 그에게 다가와 그의 머리 안에 들어오는 것을 느낀다. 그렇지만 그는 솔이 저쪽에 있다는 것을 언제나 알고 있다.[197] 그는 창문 쪽을 바라보면, 여전히 그것을 보게 된다. 명료한(명석한) 지각이 확인하는 항으로서의 솔은 물질 덩어리로서의 환자의 머리 안에 있지 않다. 그러나 환자에게서 머리는 모든 사람이 볼

195   Cassirer, *Philosophie der Symbolischen Formen*, T. III, p. 80.
196   *Ibid.*, p. 82.
197   L. Binswanger, *Das Raumproblem in der Psychopathologie*, p. 630.

수 있고 그 자신도 거울 속에서 보는 그런 대상이 아니다. 그것은 그가 자신의 몸 꼭대기에서 느끼는 듣고 망보는 초소이고, 시각과 청각으로 모든 대상과 만날 수 있는 그런 능력이다. 마찬가지로 감각(감관)들에 주어지는 솔은 겉만 있는 껍질이나 환영에 불과하다. 진정한 솔, 즉 이러한 외적인 모습들에 육화된, 뾰족한 것들로 덮인 딱딱한 존재는 시선에 응집된 것이고, 창문에 그 무기력한 겉껍질만 남기고 그곳을 떠나 버린 것이다. 아무리 명료한 지각을 요구한다 해도 환자를 이런 몽환에서 깨울 수가 없다. 왜냐하면 환자는 명료한 지각을 문제 삼으려 하지 않고, 명료한 지각은 그가 체험한 것에 그 어떤 반대되는 것도 증명하지 못한다고만 주장하기 때문이다. 한 여성 환자는 "선생님은 제 목소리가 안 들리시나요?"라고 의사에게 말한다. 그러고는 태연하게 다음과 같이 결론 내린다. "그렇다면 저만 **(337)** 제 목소리를 듣고 있네요."[198]

¶ 정상적인 사람을 섬망(정신착란)이나 환각에서 보호해 주는 것은 그의 비판적 행위가 아니라 그의 공간적 구조이다. 즉 모든 대상은 그 앞에 머물러 있고, 거리를 유지하며, 말브랑슈Malebranche가 아담에 대해 말한 것처럼 그것들은 공손하게만 그와 접촉할 뿐이다. 환각과 신화를 만드는 것은 체험된 공간이 수축되어 있고, 우리 몸속에 모든 사물이 깊게 뿌리박혀 있고, 대상이 너무나도 가까이 있고, 인간과 세계가 협착하고 있는 것이다. 이 협착은 일상적 지각이나 객관적 사유에 의해 말살되지는 않지만 억압받는 것이고, 철학적 의식이 재발견하는 것이다. 물론 내가 신화, 꿈, 지각 속의 위치들과 방향들을 반성한다면, 내가 그것들을 객관적 사유의 방식에 따라 정립하고 고정시킨다면, 나는 그것들 속에서 기하학적 공간의 관계들을 다시 발견하게 된다. 그렇다고 이 기하학적 공간의 관계들이 이미 그런

---

[198]   Minkowski, *Le Problème des hallucinations et le problème de l'espace*, p. 64.

위치들과 방향들 속에 있었다고 결론 내려서는 안 되고, 반대로 진정한 반성은 이러한 반성이 아니라고 결론 내려야 한다. 신화적이거나 조현병적(정신분열증적)인 공간이 무엇을 의미하는지를 알기 위해서, 우리는 반성적 분석이 소멸시킨 주체와 그 세계의 관계를 우리 속에서, 우리의 현실적 지각 속에서 다시 일깨우는 것 외에는 다른 방법을 갖지 못한다. 이론적·정립적 사유의 "의미부여 작용"에 앞서 "표현적 경험"을, 의미부여된 의미에 앞서 표현적 의미[199]를, 또 내용이 형식 아래서 포섭되기에 앞서 형식이 내용 속에서 상징적으로 "잉태됨"을[200] 인식하지 않으면 안 된다.

[25. 그러나 이러한 공간들은 자연적 공간 위에 형성되어 있다]

이것은 심리학주의psychologisme가 옳다는 것을 의미하는가? 서로 구별되는 공간적 경험들만큼 공간들이 있기 때문에, 또 우리가 어린아이의 경험, 병리적 경험, 또는 원시인의 경험 속에다, 성인의 경험, 정상적인 경험, 문명화된 경험의 배열형태configuration를 미리 실현할 권리를 인정하지 않기 때문에, 우리는 각 유형의 주체성을, 극단적으로는 각각의 의식을 그것의 사적인 삶에 가두어 버리는 것은 아닐까? 우리는 내 안에서 보편적이고 구성하는 의식을 재발견하는 이성론자의 코기토를, 자신의 체험이 타인과 소통 불가능한 삶으로서 머무르는 심리학자의 코기토로 대체한 것은 아닐까? 우리는 주체성을 각 개인이 이런 체험과 일치하는 것으로서 정의

---

199   역주) 메를로퐁티가 번역한 용어와 카시러(Cassirer)의 독일어 단어는 각각 다음과 같다. "의미부여 작용": actes de signification; Bedeutungsgebende Akten. "표현적 경험": expériences expressives; Ausdruckserlebnisse. 의미부여된 의미: sens signifié; Zeichen-Sinn. 표현적 의미: sens expressif; Ausdrucks-Sinn. 메를로퐁티는 "의미부여된 의미"와 "표현적 의미"에 가랑이표(인용부호)를 붙이지 않았는데, 아마도 빠뜨린 것 같다.

200   Cassirer, *op. cit.*, p. 80.

하는 것은 아닐까? 공간, 일반적으로는 경험을 《338》 객관화되기에 앞서 발생하는 상태에서 탐구하는 것, 경험 그 자체에 그 고유한 의미를 묻고자 결단하는 것, 한마디로 현상학이라는 것은 결국 존재의 부정과 의미의 부정으로 끝나는 것은 아닐까? 현상학이 현상의 이름으로 복귀시키는 것은 외현apparence과 견해opinion가 아닐까? 현상학은 광인을 그의 광기 속에 가두는 결단만큼 거의 정당화될 수 없는 결단을 엄밀한exact 앎의 근원에 두는 것은 아닐까? 또 이 지혜가 궁극적으로 말하는 것은 무위無爲적이고 고립된 주체성의 불안으로 우리를 돌려보내는 것은 아닐까? 이것이 바로 우리가 해소해야 할 애매한 점들이다.

¶ 신화적이거나 몽환적 의식, 광기, 지각은 각각 차이 나지만, 그것들 각자는 그 자체 속에 닫혀 있지 않으며, 소통하지 못하고 그로부터 나올 수 없는 경험의 섬들도 아니다. 우리는 기하학적 공간을 신화적 공간에 내재시키는 것을 거부했고, 일반적으로는 모든 경험을 그 경험에 대한 절대적 의식에 종속시키는 것을, 즉 모든 경험을 진리의 전체 속에서 자리매김하는 절대적 의식에 종속시키는 것을 거부했다. 왜냐하면 이와 같이 이해된 경험의 통일성은 경험의 다양성을 이해 불가능하게 만들기 때문이다. 그러나 신화적 사유는 여러 가능한 대상화의 지평에 열려 있다. 원시인은 일상생활의 행위, 어획, 사냥, 문명인과의 관계가 가능할 정도로 무척 명료하게 분절된 지각적 바탕 위에서 자신의 신화적 삶을 살고 있다. 신화 자체가 막연할 수 있다고 해도, 원시인에게서 그것은 그 정체성(동일성)이 식별되는 어떤 의미를 지닌다. 왜냐하면 신화는 바로 하나의 세계를, 즉 각 요소가 다른 요소들과의 의미 관계들을 갖는 하나의 전체성을 형성하기 때문이다. 물론 신화적 의식은 사물의 의식이 아니다. 다시 말해, 주체의 측면에서 신화적 의식은 한 흐름이고, 자신에 집중하지 못하며, 자신을 인식하지 못한다. 또 대상의 측면에서 그것은 서로 연접되고 분리될 수 있는 많은

수의 속성으로 규정되는 항들을 자신 앞에 정립하지 못한다. 그러나 신화적 의식은 자신의 각 맥동 속에서 자신을 상실하지는 않는다. 그렇지 않다면 그것은 전혀 아무것도 의식하지 못할 것이다. 신화적 의식은 자신의 노에마에 대해 거리를 두지 않지만, 만약 그것이 노에마와 함께 사라져 버린다면, 대상화의 운동의 윤곽도 그리지 않는다면, 신화 속에서 응결되지 않을 것이다. 우리는 신화적 의식을 성급한 합리화에서 구하려고 하였다. 이 합리화는 예컨대 콩트의 경우처럼 신화를 이해할 수 없는 것으로 만들었다. 왜냐하면 신화는 실존의 투사이고 인간 조건의 표현인데, 그런 합리화는 신화 속에서 세계에 대한 설명과 과학의 예측을 찾기 때문이다. 그러나 신화를 이해하는 것은 신화를 믿는 것이 아니다. 그리고 모든 신화가 참되다면, 그것은 신화를 《339》 정신의 현상학 속에 자리매김하여, 이 현상학이 신화의 기능을 의식의 자각 속에서 나타내고, 신화가 갖는 고유한 의미를 그것에 대해 철학자가 갖는 의미에 토대할 수 있는 한에서이다. 이와 마찬가지로 내가 꿈의 이야기를 해 달라고 요구하는 사람은 진정 어젯밤 꿈꾸던 나이지만, 결국 꿈꾸는 사람 자신은 아무 말도 하지 않고, 깨어 있는 사람이 이야기한다. 깨어 있지 않으면, 꿈들은 순간순간의 변화들modulations에 불과할 것이고, 심지어 우리에 대해 존재하지 않을 것이다. 꿈을 꾸는 동안, 우리는 세계를 떠난 것이 아니다. 즉 꿈의 공간은 명료한 공간에서 떨어져 나온 것이지만, 그것은 명료한 공간의 모든 분절된 것을 이용하고, 세계는 잠 속에까지 우리를 따라다닌다. 우리는 바로 세계에 대해 꿈꾸는 것이다. 마찬가지로 광기는 세계를 중심으로 돈다. 거시적 세계의 조각들을 가지고서 사적인 영역을 만들려는 병적인 몽상이나 섬망(정신착란)은 말할 것도 없고, 환자가 죽음에 거주하려는, 말하자면 죽음에 자신의 집을 두려는 가장 심한 우울증 상태도, 그렇게 하기 위해 〈세계에 있는 존재〉의 구조들을 여전히 이용하고, 또 〈세계에 있는 존재〉를 부정하기 위해 필요한 것을, 〈세계에 있는 존재〉에서 가져온다. 이와 같은 주체성과 대상성의 결합은 이미 신화적이거나 어린아이의 의식에 존재하고, 잠이나 광기에서도 언제나 존속하며, 말할 것도 없이 정상적인 경험에서도 발견되는 것이다.

¶ 나는 전적으로 인간학적인 공간에 살지는 않는다. 나는 항상 내 뿌리를 통해 자연적이고 비인간적인 공간에 묶여 있다. 내가 콩코드 광장을 가로지르면서 파리에 완전히 빠져 있다고 믿는 동안에도, 튈르리 궁의 벽돌 하나에 내 시선을 고정할 수 있다. 공코드 광장은 사라지고, 더 이상 역사가 없는 그런 돌만 있다. 또한 나는 오톨도톨하고 누르스름한 표면에 시선을 뺏길 수 있다. 그러면 더 이상 돌조차 있지 않고, 규정되지 않은 물질 위에 빛의 놀이만 남아 있을 뿐이다. 나의 전체적 지각은 이러한 분석적 지각들로 이루어지지 않지만, 언제나 이 분석적 지각들로 분해될 수 있다. 그리고 내 몸은 내 습성들habitus을 통해 내가 인간적 세계에 들어가는 것을 확보해 주지만, 단지 나를 먼저 어떤 자연적 세계에 던짐으로써만 그렇게 하는 것이다. 이 자연적 세계는 그림 아래의 캔버스처럼 항상 인간적 세계 아래서 비쳐 보이고, 이 인간적 세계에 견고하지 못한 모습을 부여한다. 욕망에 의해 욕망되고, 사랑에 의해 사랑되고, 증오에 의해 증오되는 지각이 있을 때에도, 이러한 지각은 아무리 작은 핵이라 하더라도 어떠한 감각적 핵 주위에서 언제나 형성된다. 그런 지각은 바로 감각질 속에서 자신의 존재 확인vérification과 충만함을 발견한다. 우리는 공간이 실존적이라고 말했다. 우리는 또한 실존은 공간적이라고 말할 수 있을 것이다. 다시 말해 실존은 내적 필연성을 통해 〈외부〉에 열려 있어, 《340》 그 결과 정신적 공간과 "의미들significations 및 이 의미들 속에서 구성되는 사유 대상들의 세계"[201]가 언급될 수 있다고 말할 수 있을 것이다. 인간학적인 공간들은 그 자체가 자연적

---

[201]   L. Binswanger, *Das Raumproblem in der Psychopathologie*, p. 617.

공간 위에서 형성된 것으로 나타나며, 후설 표현으로 말하자면 "비대상화 작용actes non objectivants"은 "대상화 작용actes objectivants"[202] 위에서 형성된 것으로 나타난다. 현상학의 새로움은 경험의 통일성을 부정하는 데 있지 않고, 이 통일성을 고전적 이성론과 다르게 토대 짓는 데 있다. 왜냐하면 대상화 작용은 표상représentaion이 아니기 때문이다. 자연적이고 원초적인 공간은 기하학적 공간이 아니다. 마찬가지로 경험의 통일성도 경험의 내용들을 내 앞에 펼쳐 놓고, 또 경험에 대한 모든 앎과 모든 능력을 나에게 확보해 주는 보편적 사유자에 의해 보장되는 것이 아니다. 경험의 통일성은 가능한 대상화의 지평들을 통해 지시되어 있을 뿐이다. 경험의 통일성이 나를 각각의 특수한 환경에서 해방시키는 것도, 단지 그것이 대상화의 지평들 전체를 포함하는 자연의 세계나 그 자체의 세계에 나를 연결시키기 때문이다. 우리는 단 하나의 운동으로 실존이 어떻게 내게서 대상성을 은폐하는 세계들을 그것 주위에 던짐과 동시에, 이러한 세계들을 하나의 자연적 세계라는 바탕 위에 튀어나오게 하면서 대상성을 의식의 목적론의 목표로 정하는지를 이해해야 할 것이다.

[26. 의식의 애매성]

신화, 꿈, 착각이 가능할 수 있어야 한다면, 나타난 것과 실재적인 것은 대상과 마찬가지로 주체에 있어서도 애매한 채로 있어야 한다. 의식은 그 정의상 나타남과 실재의 분리가 허용되지 않는 것으로 종종 언급되었다. 이것은 또한 우리 자신의 인식에 있어 나타남은 실재가 된다는 의미로 이해되었다. 예를 들어 내가 보거나 감각한다고 생각할 때, 외적 대상이 어떠하든 간에 나는 의심의 여지 없이 보거나 감각한다. 여기서 실재는 완전히

---

[202] *Logische Untersuchungen*, T. II, V. *Untersuchung*, p. 387과 그 이하.

나타나고, 실재적임과 나타남은 단지 하나를 이루며, 나타남과 다른 실재는 존재하지 않는다. 만약 이것이 사실이라면, 착각과 지각이 동일한 나타남(나타난 모습)을 가질 가능성은 없다. 내 착각이 대상 없는 지각이거나, 내 지각이 참된 환각일 가능성도 없다. 지각의 참(진리)과 착각의 허위는 그것들 속에서 어떤 내재적 특징을 통해 표시되지 않으면 안 된다. 만약 그렇지 않다면, 다른 감각(감관)들의 증언, 차후의 경험의 증언, 타인의 증언은 가능한 유일한 기준으로 남아 있겠지만, 이것들 또한 확실성이 없게 되어서, 우리는 지각 그 자체와 환각 그 자체를 결코 의식하지 못하게 될 것이기 때문이다. 《341》 내 지각의 존재 전체와 착각의 존재 전체가 그것들이 나타나는 방식 속에 있다면, 전자를 규정하는 참과 후자를 규정하는 허위 또한 내게 나타나야 한다. 따라서 이 둘 사이에는 구조적 차이가 있을 것이다. 참된 지각은 단순히 진짜 지각이 될 것이다.[203] 착각은 하나의 지각이 아닐 것이다. 확실성은 사유된 것으로서의 시각이나 감각에서 대상을 구성하는 지각으로 확대되어야 할 것이다. 의식의 투명성은 대상의 내재성과 절대적 확실성을 가져온다. 그러나 착각은 스스로를 착각으로 나타내지 않는 것이 진정 그 본성이다. 그리고 여기서 나는 비실재적인 대상을 지각하는 것이 아니라면, 적어도 대상의 비실재성을 시야에서 놓칠 수 있어야 한다. 또한 지각이 아님을 적어도 의식하지 못해야 하고, 착각은 그것이 나타난 것 그대로이지 않아야 하며, 적어도 이러한 경우에서는 의식 작용의 실재성이 그것의 나타남 저편에 있어야 한다. 그렇다면 우리는 주체에서 실

---

[203] 역주) "참된 지각"은 "peception vraie"을, "진짜 지각"은 "vraie perception"을 번역한 것이다. 〈vrai〉라는 낱말은 〈faits vrais(참된 사실)〉, 〈vrai ami(진짜 친구)〉처럼 앞에 또는 뒤에 위치하느냐에 따라 미묘한 차이를 지닌다. 이런 의미 차이를 감안하여 이 문장을 이해하면, 〈참된 지각은 즉 진리성을 가진 지각은 진짜 지각, 즉 진정한 지각이 될 것이다〉라는 의미가 된다.

재와 나타남을 나누어야 할까? 그러나 일단 단절이 이뤄지면, 원상태로 회복할 수가 없다. 즉 가장 명료한(명석한) 나타남도 나중에는 속이는 것이 될 수 있어, 이때에는 진리(참)의 현상이 불가능하게 된다.

¶ 우리는 지각과 진리만을 해명하는 내재의 철학 또는 합리론과, 착각과 오류만을 해명하는 초월의 철학 또는 불합리의 철학 사이에서 선택해야 하는 것이 아니다. 우리가 오류의 존재를 아는 것은 단지 진리를 소유하고 있기 때문이며, 이런 진리의 이름으로 우리는 오류를 수정하고 오류를 오류로서 인식하는 것이다. 반대로 진리를 명시적으로 인식하는 것은 단순히 우리 속에 의심되지 않는 관념이 존재하는 것 이상이고, 현전하는 것을 직접 믿는 것 이상이다. 즉 그것은 물어보고, 의심하고, 직접적인 것과의 단절함을 전제하는 것이고, 또 가능한 오류를 수정하는 것이다. 모든 합리론은 적어도 하나의 불합리성을, 즉 그것이 정립된 명제(테제)로 표명되어야만 한다는 것을 받아들인다. 모든 불합리의 철학은 불합리에 대한 주장을 적어도 하나의 의미로서 인정한다. 내가 불합리 속에 계속 머무를 수 있는 것은, 내가 모든 주장을 판단중지할 때뿐이고, 몽테뉴나 조현병(정신분열증) 환자처럼 표명조차 하지 말아야 할 물음 속에 내가 칩거할 때뿐이다. 즉 그런 물음을 표명하면, 나는 하나의 질문을 만들게 되고, 이 질문은 모든 규정된 질문처럼 하나의 대답을 포함할 것이다. 요컨대 내가 진리에 진리의 부정을 대립시키는 것이 아니라, 비-진리의 단순 상태나 애매한(다의적인) 단순 상태, 즉 내 실존의 현실적인 불투명성을 대립시킬 때에만, 나는 불합리 속에 계속 머무를 수 있는 것이다. 이와 마찬가지로 내가 절대적 명증 속에 머무를 수 있는 것은, 내가 어떤 주장도 삼가고, 그 어떤 것도 내게 더 이상 자명하지 않게 될 때뿐이다. 즉 그것은 후설이 원했던 것처럼, 내가 《342》 세계 앞에서 놀라고(경이로움을 가지고),[204] 그리하여 세계와 공모하여 활동하기를 그만두면서, 나를 세계로 이끄는 부추김(동기부여)들의 흐

름을 나타내려 하고, 내 삶을 완전히 일깨우고 밝히려고 할 때뿐이다. 내가
이러한 물음을 하나의 주장으로 이행하고자 하고, 더욱이 나를 표현하고
자 할 때, 나는 하나의 의식 작용 속에서 무한한 부추기는 것(동기)들의 전
체를 응고시키고, 나는 함축적(암묵적)인 것으로, 다시 말해 애매성(다의성)
과 세계의 자유로운 놀이로 되돌아간다.[205] 나와 나 자신과의 절대적 접촉,
존재와 나타남의 동일성은 정립될 수 없고, 다만 모든 주장에 앞서 체험될
수 있을 뿐이다. 그러므로 양쪽 입장 모두에는 동일한 침묵과 동일한 공백
vide이 있게 된다. 불합리의 체험과 절대적 명증의 체험은 서로를 함축하
고, 심지어 구별되지 않는다. 세계가 불합리하게 나타나는 것은 절대적 의
식에 대한 요구가 세계에 우글거리는 의미들significations을 매 순간 분리해
낼 때뿐이다. 반대로 이러한 의식의 요구는 그러한 의미들significations의 갈
등에 의해 부추겨진다(동기 부여된다). 절대적 명증과 불합리는 철학적 주
장뿐만 아니라 경험으로서도 등가물이다. 합리론과 회의론은 양자 모두가
위선적으로 암암리에 전제하는 의식의 현실적 삶에서 스스로의 자양분을
얻는다. 의식의 이런 현실적 삶이 없다면 그것들은 사유될 수도 없고, 심지
어 체험될 수도 없다. 또 이 삶 속에서 모든 것이 의미를 지닌다거나 모든
것이 무의미하다고 할 수 없고, 다만 부분적 의미가 있다[206]고 할 수 있을
뿐이다. 파스칼이 말한 것처럼, 모든 이론들은 조금이라도 밀어붙이면 모
순들로 가득 차지만, 그전에는 명석한 모습이었고, 첫눈에는de première vue

---

204   Fink, *Die phänomenologische Philosophie Husserls in der gegenwärtigen Kritik*, p. 350.
205   이러한 표현의 문제는 핑크(Fink)에 의해 지적되었다. Fink, *op. cit.*, p. 382.
206   역주) "*il y a du sens.*" "부분적"은 부분관사 〈du〉의 번역이다. 이 문장을 영역본, 독역
       본, 일역본은 다음과 같이 번역한다. "*there is significance*"(C. Smith), "*there is sense*"(D.
       Landes), "*es gibt Sinn*(=there is sense)"(R. Boehm), 「意味がある(=의미가 있다)」(나카지마).
       모두 부분관사의 의미를 제대로 번역하지 않고 있다.

의미를 지니는 것이다. 불합리가 바탕에 있는 진리, 의식의 목적론이 진리로 전환할 수 있다고 추정하는 불합리, 이것이 바로 근원적 현상이다. 의식에서 나타남과 실재가 단지 하나를 이룬다고 말하거나, 그것들이 분리되어 있다고 말하는 것은, 그 어떤 것의 의식이라도, 심지어 나타남으로서의 의식조차도 불능하게 한다.

¶ 그런데 ―이것이 진정한 코기토인데― 어떤 것의 의식이 있고, 어떤 것이 그 모습을 드러내며, 현상이 있다. 의식은 자기 정립도, 자기 무지도 아니다. 의식은 그 자신에게 숨겨져 있지 않다. 다시 말해 의식이 명시적으로 알려고 하지 않아도, 어떤 식으로든 의식에 자신을 알리지 않는 것은 그 어떤 것도 의식 안에 없다. 의식에서 나타남이란 존재가 아니라 현상이다. 이 새로운 코기토는 ⟨343⟩ 드러난 진리와 드러난 오류 이전에 있기 때문에 진리와 오류를 가능케 한다. 체험된 것은 분명 나에 의해 체험된 것이고, 내가 억압한 감정은 내가 모르지 않으며, 이런 의미에서 무의식적인 것은 존재하지 않는다. 그러나 나는 내가 표상한 것보다 더 많은 것을 체험할 수 있고, 내 존재는 나 자신에 관해 명백히 나타나는 것으로 환원되지 않는다. 단지 체험된 것은 양면가치를 지닌다. 내 속에는 그 이름을 주지 못한 감정들이 있고, 또 내가 전적으로 그러하다고 할 수 없는 거짓 행복들도 있다. 착각과 지각 사이의 차이는 내재적이고, 지각의 진리는 그 자체 속에서만 읽힐 수 있다. 내가 움푹 팬 길에서 저 멀리 바닥에 납작한 돌이 보인다고 믿을 때, 그렇지만 사실 그것은 한 조각의 햇빛 반사일 때, 나는 다가가면 햇빛 조각을 보게 될 것이라는 의미에서, 한 순간 납작한 돌을 보는 것이라고 말할 수 없다. 멀리 있는 다른 사물들과 마찬가지로 납작한 돌은 그 연결 관계들이 아직 뚜렷이 마디져 있지 않은 흐릿한 구조적 장 속에서만 나타난다. 이러한 의미에서 착각은 심상과 마찬가지로 관찰할 수가 없다. 다시 말해 내 몸은 그것에 맞물려(그것을 장악하고) 있지 못하고, 탐색 운동

으로 그것을 내 앞에 펼칠 수가 없다. 그렇게 할 수 있을 때에도 나는 그런 구별하는 일에 소홀히 할 수 있고, 착각에 빠질 수가 있다. 내가 진정으로 보고 있는 것 자체에 집중한다면, 결코 착각하는 일이 없다는 것과, 적어도 감각은 의심할 수 없다는 것은 사실이 아니다. 모든 감각은 이미 한 의미를 잉태하고, 흐릿하든 명료하든 한 배열형태confuguration에 포함되어 있다. 그리고 내가 착각의 돌에서 진리의 햇빛 조각으로 이행할 때, 어떠한 감각적 소여도 동일한 것으로 남아 있지 않다. 감각의 명증은 지각의 명증을 가져올 것이고, 착각은 불가능하게 할 것이다. 내가 착각의 돌을 보는 것은 내 지각적·운동적 장場 전체가 그 밝은 조각 모양에 〈길바닥의 돌〉이라는 의미를 부여한다는 의미에서이다. 그래서 이미 나는 발밑에서 그 미끌미끌하고 딱딱한 표면을 느낄 준비가 되어 있다. 이러한 것은 올바른 시각과 착각적 시각이 충전적adéquate 사유와 비충전적 사유처럼, 다시 말해 절대적으로 꽉 찬 사유와 비어 있는 사유처럼 구별되지 않는다는 것이다. 나는 내 몸이 광경에 대한 정확한 잡음(맞물림)을 가질 때 올바로 지각한다고 말한다. 그러나 그것은 내 잡음(맞물림)이 전적으로 완전하다는 것을 의미하지는 않는다. 내 파악(맞물림)이 그렇게 되는 것은, 내가 대상의 내적 지평과 외적 지평 전체를 뚜렷하게 마디진 지각의 상태로 만들 때뿐이고, 이것은 원리상 불가능한 것이다. 나는 지각적 진리의 경험에서, 지금까지 일치된[교차된] 체험이 더 세부적인 관찰에서도 유지될 것이라고 앞서 파악한다(추정한다). 나는 세계를 믿고 있다. 지각하는 것은, 《344》 엄밀히 미래의 경험을 보장해 주지 못하는 현재에 그 미래의 경험을 단번에 집어넣는 것이고, 그것은 세계를 믿는 것이다. 바로 이와 같이 세계에 열려 있음 ouverture à un monde은 지각적 진리를, 즉 지각Wahr-Nehmung[207]의 현실적인 실

---

207 역주) 메를로퐁티는 "Wahrnehmung(지각)"이라는 낱말을 분석하여, 이 낱말을 지각

현을 가능케 하고, 또 우리가 이전의 착각을 〈줄그어 지울〉[208] 수 있게 하고, 그 착각을 무효한 것으로 간주할 수 있게 한다. 나는 조금 떨어진 내 시각장 가장자리에 거무스름한 큰 무엇이 움직이고 있는 것을 보았고, 그쪽으로 시선을 돌린다. 그리고 환영은 사그라지고 본래 상태로 돌아간다. 즉 파리 한 마리가 내 눈 가까이에 있었던 것이다. 나는 거무스름한 것을 보았다고 의식하였고, 지금 나는 그저 파리 한 마리를 보았다고 의식한다. 나는 세계에 달라붙음으로써, 코기토의 흔들림을 무마하고, 한 코기토를 이동시켜 다른 코기토가 오게 하며, 내 사유의 나타남을 넘어서 그 진리와 만날 수 있다. 이러한 수정의 가능성은 착각하는 바로 그 순간에 내게 주어져 있다. 왜냐하면 착각 그 자체도 세계에 대한 동일한 믿음을 이용하고, 이를 기반으로 해서만 굳건한 나타남으로 응축되기 때문이고, 그래서 앞으로 있을 진리확인(검증)의 지평에 항상 열려 있는 착각은 나를 진리로부터 분리시키지 않기 때문이다. 그러나 동일한 이유로 나는 오류로부터 보호받고 있지 않다. 왜냐하면 내가 각각의 나타남을 통해 겨냥하는 세계, 옳건 그르건 진리의 무게를 각각의 나타남에 부여하는 세계는 반드시 특정한 어떤 나타남을 요구하는 것은 아니기 때문이다. 세계 일반에 대해 절대적 확실성이 있는 것이지, 특수한 것(사물)에 대해 절대적 확실성이 있는 것이 아니다. 의식은 존재와 그 자신 존재에서 멀리 있지만, 동시에 세계의 두께를 통해 그 존재들과 결합되어 있다. 진정한 코기토는 사유와 이 사유에 대한 사유의 마주함이 아니다. 즉 이 사유들은 세계를 통해서만 서로 만나는

뿐 아니라 진리-잡기(*Wahr-Nehmung*)라는 이중적 의미로 쓰고 있다.

[208] 역주) 이전의 착각은 이후의 지각에 의해 〈흔적 없이〉 깨끗하게 지워지는 것이 아니라, 그어진 줄 아래에 〈흔적〉처럼 남아 있다. 따라서 이후의 지각은 즉자적으로 옳은 것이 아니라 그어진 줄 아래의 착각과 관계해서 옳은 것이다. 이 문장 속의 "무효한 것으로 간주하다"도 순수하게 무효한 것으로 간주하는 것이 아니다.

것이다. 세계의 의식은 자기의식에 토대하고 있지 않고, 이 두 의식은 엄밀히 동시적이다. 내가 나를 모르지 않기 때문에, 세계가 내게 있고, 내가 세계를 지니기 때문에, 나는 나 자신에게 숨겨져 있지 않다. 이와 같은 세계에 대한 선의식적 소유는 전반성적 코기토 속에서 계속 분석되어야 할 것이다.

사물과 자연 세계

[(A) 지각의 항상성]

[1. 형태 및 크기의 항상성]

비록 사물이 안정적인 〈특성들〉이나 〈속성들〉로 정의될 수 없다 해도, 그것은 그런 것들을 지니며, 우리는 지각에서 항상적인(불변적인) 것들을 탐구함으로써 실재의 현상에 접근한다. 우선 한 사물은 나타난 모습에 불과한 관점적인 변화 속에서 그 사물의 고유한 크기와 형태를 지닌다. 우리는 이러한 나타난 모습들을 대상에 귀속시키지 않는다. 이 나타난 모습들은 대상과 우리의 관계의 우연적인 것이지, 대상 그 자체와 관계하지 않는다. 이러한 말들은 무엇을 의미하는가? 또 그렇다면 우리는 무엇을 근거로 어떤 형태와 크기가 대상의 형태이고 크기라고 판단하는가?

심리학자는 각 대상에 있어 우리에게 주어지는 것은 원근법에 따라 항상 변화하는 크기와 형태라고 말할 것이다. 또 우리는 손닿는 거리에서 얻는 크기나, 대상이 수직면[안면]과 평행한 상태에 있을 때 갖는 형태를 참된 것으로 간주하는 데 동의한다. 이러한 크기와 형태는 다른 크기나 형태와 마찬가지로 참된 것이 아니다. 그렇지만 이렇게 전형典型이 되는 거리와 방향은 항상 주어진 기준점, 즉 우리 몸을 통해 규정되기 때문에, 우리는 언제나 그 크기와 형태를 인식할 수단을 갖는다. 또 이런 크기와 형태 그 자체는 우리가 결국 나타나는 것들의 소실되는[원근법적인] 모습들을 고정시킬 수 있고, 이 모습들을 서로 구별할 수 있으며, 요컨대 하나의 객관성을 만들 수 있는 어떤 기준을 제공한다. 즉 비스듬히 보이는 정사각형은 거의 마름모꼴이지만, 그것이 진정한 마름모꼴과 구별되는 것은, 우리가 방향을 고려하여, 예컨대 정면에서 나타난 모습을 유일한 결정적인 것으로 선택하여, 주어진 모든 나타난 모습들을 그것들이 이와 같은 조건에서 나타날 모습과 관련지을 때뿐이다. 그러나 이처럼 객관적 크기나 형태를 심리학적으로 재구성하는 것은 설명되어야 할 것을 전제하고 있다. 즉 그것은 결정된 크기들과 형태들의 계열이 있고, 그중에서 실재의 크기나 형태가 될 하나를 선택하면 된다는 것이다. 우리가 이미 말했듯이, 한 동일한 대상이 멀어져 가거나 제자리에서 회전할 때, 우리에게는 점점 더 작아지거나 점점 더 변형되는 일련의 〈심리적 상들〉, 그중 하나를 관례적으로 선택할 수 있는 〈심리적 상들〉은 없다. 만약 내가 [346] 이러한 용어들로 내 지각을 설명한다면, 그것은 객관적 크기들과 형태들을 가진 세계를 이미 내 지각에 도입하는 것이다. 문제는 어떻게 나타나는 모든 크기나 형태들 중에서 어떤 크기나 형태가 항상적인 것으로 간주되는지를 단순히 아는 것이 아니다. 문제는 그보다 훨씬 근본적인 것이다. 즉 그것은 어떤 결정된 형태나 크기가 참된 모습이든 심지어 외관상 모습이든, 어떻게 내 앞에서 자신을 내보이고, 내 경험의 흐름 속에서 응고되어, 결국 내게 주어지는지를, 한마디로 어떻게 객관적인 것이 있는지를 이해하는 것이다.

언뜻 보아도 이 문제 자체에서 벗어나는 방법이 정말로 있어 보인다. 그것은 크기와 형태가 결국 개별 대상의 속성으로 결코 지각되는 것이 아니라, 현상의 장의 부분들 간의 관계를 가리키는 이름에 불과하다는 것을 인정하는 것이다. 변화하는 원근법 속에서 실재적 크기의 또는 형태의 항상성은 단지 현상과 이 현상의 나타남의 조건들 간의 항상성이 될 것이다. 예를 들어 내 펜대의 참된 크기는 펜대에 대한 나의 여러 지각 중 특정 지각에 속하는 성질처럼 있지 않다. 빨강, 뜨거움, 달콤함과 마찬가지로 그것은 어떤 한 지각 속에 주어지거나 확인되지 않는다. 그것이 계속 항상적인 것은 내가 그 크기를 확인했던 과거의 한 경험의 기억을 보존하기 때문이 아니다. 참된 크기는 나타난(외관상) 시각적 모습과 나타난(외관상) 거리 간의 상관적인 변화들의 불변식이거나 법칙이다. 실재는 특권적으로 나타난 어떤 모습, 여러 나타난 모습들 아래에 계속 존속하는 모습이 아니다. 그것은 모든 나타난 모습이 그에 따르는 관계들의 뼈대이다. 내가 펜대를 내 눈 가까이 대고, 그것이 거의 모든 광경을 내게 가릴 때, 펜대의 실재적 크기는 별로 크지 않다. 왜냐하면 모든 것을 감추는 이 펜대는 또한 가까이서 본 펜대이고, 이 조건은 내 지각 속에 언제나 기록되어, 나타난 모습을 별로 크지 않은 것으로 만들기 때문이다. 나에게 비스듬히 제시된 정사각형이 정사각형인 채로 있는 것도, 마름모꼴로 나타난 것을 앞에 두고 내가 익숙한 형태인 정면의 정사각형을 상기하기 때문이 아니다. 그것은 비스듬히 제시된 마름모꼴의 나타남이 정면에서 제시된 정사각형의 나타남과 즉각 동일하기 때문이고, 각각의 이런 배열형태들configurations과 함께 이것들을 가능케 하는 대상의 방향이 내게 주어져 있기 때문이며, 이 배열형태들은 선험적으로*a priori* 여러 원근법적인 모습을 등가치로 만드는 관계들의 맥락 속에서 주어지기 때문이다. 정육면체의 면들은 원근법적으로 변형되어 있지만, 그럼에도 그것이 여전히 정육면체인 것은, 내가 정육면체를 손에 두고 돌릴 때 여섯 면 하나하나가 차례로 나타날 모습을 상상하기 때문이 아니다. 《347》 그것은 내가 마주 보는 면의 완전한 형태가 순수한 소여가 아닌 것처럼 원근법적 변형들이 순수한brutes 소여가 아니기 때문이다. 우리가 정육면체 각 요소의 지각된 모든 의미를 펼쳐본다면, 각 요소는 그에 대한 관찰자의 현실적인 관점을 알려 줄 것이다. 단지 외관상[외현적]으로만 나타나는 형태나 크기는 현상들과 우리 몸이 함께 형성하는 엄밀한 체계 속에 아직 자리 잡지 못한 형태나 크기이다. 이 형태나 크기가 그 체계 속에 자리 잡자마자, 그것들은 자신들의 참(참된 모습)을 다시 발견하며, 원근법적 변형은 더 이상 수동적으로 받아들여지지 않고 이해된다. 나타난 모습apparence은 그것이 결정되지(규정되지) 않을 때에만, 기만적이고 본래적 의미의 외현apparence이 된다. 우리에게 어떻게 참되고 객관적이며 실재적인 형태나 크기가 있는지를 아는 문제는 우리에게 어떻게 결정된(규정된) 형태가 있는지를 아는 문제로 귀결된다. 그리고 결정된 형태들, 〈정사각형〉이나 〈마름모꼴〉과 같은 어떤 것, 즉 현실적인 공간적 배열형태가 있는 것은, 사물에 대한 관점으로서의 우리의 몸과 단 하나의 세계의 추상적 요소들로서의 사물들이 하나의 체계를 형성하고, 이 체계에서 각 계기가 다른 모든 계기를 직접 의미하기 때문이다. 대상에 대한 내 시선의 어떠한 방향은 이 대상의 어떤 나타남과 옆 대상들의 어떤 나타남을 의미한다. 대상은 그 모든 나타남 속에서도 불변의 특성들을 지니고, 그 자체도 불변으로 있으며, 또 그것이 대상이 되는 것은, 그것이 가질 수 있는 모든 크기와 형태의 가능한 값들이 그것과 맥락의 관계들의 식formule 속에 미리 포함되어 있기 때문이다. 우리가 규정된 존재로서의 대상에 대해 주장한 것은 실제로는 변함없는 우주 전체의 한 모습facies totius universi[209]이다. 또한 바로 이 모습에서 대상의 모든 나타남의 등가성等價性과 대상 존재의 동일성은 그 토대를 갖는다. 객관적 크기와 형태의 논리를 따라가다 보면, 우리는 칸트와 더불어, 그 논리는 엄밀히 연결된 체계로서의 세계의 정립을 가리키고, 결코 우리가 나타남 속에 갇혀 있지 않으며, 결국 대상만이 충만하게 나타날 수 있음을 보게 될 것이다.

　이렇게 해서 우리는 단번에 대상에 위치하고, 심리학자의 문제들을 고려하지 않는다. 그러나 우리는 정말로 심리학자의 문제들을 극복했는가? 참된 크기나 형태가 거리, 나타난 모습, 방향이 그에 따라 변화하는 항상적 법칙에 불과하다고 할 때, 이 후자들은 측정 가능한 변항 내지 크기로 취급될 수 있고, 따라서 이미 결정되어(규정되어) 있다는 것이 암묵적으로 의미되고 있다. 그러나 문제는 바로 어떻게 그것들이 결정되는지를 아는 것이다. 지각은 그 자체가 대상을 향해 극화極化되어 있다는 칸트의 말은 옳다. 《348》하지만 나타남으로서의 나타남은 칸트에게서 이해 불가능한 것이 된다. 대상에 대한 원근법적(관점적 현상의) 광경은 단번에 세계의 객관적 체계 속에 다시 놓이기 때문에, 주체는 지각하는 것이 아니라 자신의 지각과 자신의 지각의 진리를 사유한다. 그러나 지각적 의식은 우리에게 지각을 과학과 같은 것으로, 또 대상의 크기와 형태를 법칙과 같은 것으로 부여하지 않는다. 그리고 과학의 수적 규정은 이 규정 이전에 이미 이루어진 세계 구성의 점선[윤곽]을 뒤따르는 것이다. 칸트는 과학자와 마찬가지로 선과학적 경험의 결과들을 당연한 것으로 간주한다. 또 그는 단지 이 경험의 결과들을 이용하려 했기 때문에 그 경험에 대해 묻지 않고 지나쳐 버린다. 내가 내 앞에 있는 방의 가구를 바라볼 때, 그 형태와 크기를 가진 탁자는 내

209　역주) 스피노자의 "Letter 64"(Spinoza, "Letters", in *Complete Works*, 919[랜즈의 영역본, 541쪽 역주 1])에 나오는 표현이다.

게는 현상들의 전개의 법칙이나 규칙, 즉 불변의 관계가 아니다. 내가 거리나 방향의 모든 변화에 대응하는 크기와 형태의 변화를 추정하는 것은, 내가 규정된(일정한) 크기와 형태를 가진 탁자를 지각하기 때문이지, 결코 그 반대가 아니다. 관계들의 항상성이 사물의 명증에 토대하는 것이지, 사물이 항상적 관계들로 환원되는 것이 아니다. 과학과 객관적 사유에 있어, 외관상 작은 크기로 보이는 백 걸음 거리의 대상은 더 넓은 각도에서 보이는 열 걸음 거리의 동일한 대상과 구분되지 않는다. 또한 이 입장들에서 대상은 거리와 외관상 크기의 불변의 곱과 다른 것이 아니다. 그러나 지각하는 내게서 백 걸음 떨어진 대상은 열 걸음 떨어졌을 때의 의미로 현전하는 것도 실재하는 것도 아니다. 또한 내가 그 대상의 동일성을 그것의 모든 위치, 모든 거리, 모든 나타난 모습에서 알아보는 것은, 내가 어떤 거리와 어떤 전형이 되는 방향에서 획득한 지각을 향해 모든 관점적 현상이 수렴하는 한에서이다. 이런 특권적 지각은 지각적 과정의 통일성을 확보해 주고, 다른 모든 나타난 모습을 그 자신 속에 모으는 것이다. 화랑의 각 그림처럼 각 대상에는 그것을 보는 데 요구되는 최적의 거리가 있고, 그것 자체가 가장 잘 나타나는 방향이 있다. 즉 그 이하이거나 그 이상이면, 우리에게는 너무 지나치거나 너무 못 미치는 흐릿한 지각만이 있게 되며, 이때 우리는 최대한의 가시성으로 향하고, 현미경을 볼 때처럼 최적의 초점을 맞추려고 시도한다.[210] 이런 초점 맞추기는 내적 지평과 외적 지평의 어떤 균형으로 획득된다. 가령 《349》 피부의 일부분을 돋보기로 보면 알 수 있듯이, 살아 있는 몸을 너무 가까이서 본다면, 또 이런 몸이 드러나는 어떤 바탕도 없다면, 그것은 더 이상 살아 있는 몸이 아니라, 달 표면의 광경처럼 기이한 물질 덩어리가 된다. 그리고 살아 있는 몸을 너무 멀리서 본다면, 그

210   Schapp, *Beiträge zur Phänomenologie der Wahrnehmung*, p. 59과 그 이하.

것은 또한 생명의 가치를 잃어버리고, 단지 인형이나 자동인형처럼 된다. 살아 있는 몸 그 자체는 미세구조가 너무 보이는 것도 아니고 너무 안 보이는 것도 아닐 때 나타난다. 바로 그런 순간에 살아 있는 몸의 실재적 형태와 크기가 규정된다. 나와 대상 간의 거리는 커지거나 작아지는 크기[양]가 아니라, 어떤 규범norme 주위에서 왔다 갔다 하는 하나의 긴장이다. 대상이 내게 비스듬한 방향으로 있는 것도 그것이 내 안면과 함께 이루는 각도에 의해 측정되는 것이 아니라, 어떤 불균형한 것으로, 즉 대상이 내게 불균등하게 영향을 미치는 것으로 체험되는 것이다. 나타난 모습의 변화는 크기[양]의 증대나 감소의 변화도 아니고 실재의 변형도 아니다. 그것은 단지 나타난 모습의 모든 부분이 어떨 때는 서로 섞이고 분간이 잘 안 되는 것이고, 또 어떨 때는 서로가 또렷이 분절되어 그것들의 풍부한 모습을 드러내는 것이다. 이상의 세 가지 규범[211]을 동시에 충족시키고, 지각적 과정 전체가 그로 향하는 내 지각의 충실한 지점이 있다. 내가 대상을 내 쪽으로 가져오거나, 〈더 잘 보려고〉 그것을 손가락으로 돌리는 것은, 내 몸의 각 태도가 단번에 내게는 어떠한 광경에 대한 능력이기 때문이고, 각 광경은 내게서 어떠한 운동감각적kinesthésique 상황 속에 있는 것이기 때문이다. 달리 말하면, 내 몸은 사물들을 지각하기 위해 언제나 그 앞에 정박하고 있고, 반대로 나타난 모습들은 언제나 내게서 어떤 몸의 태도 속에 감싸여 있기 때문이다. 따라서 내가 운동감각적 상황 속에서 나타난 모습들의 관계를 아는 것은, 어떤 법칙이나 식式을 통해서가 아니라, 내가 몸을 지니고 또 내가 이 몸을 통해 세계에 맞물려 있는(세계를 잡는) 한에서이다. 그리고 지각적 태도들이 하나하나 내게 알려지지 않고, 최적의 태도로 이끄는 몸

---

[211]   역주) 지각된 대상이 최적의 거리에서, 최적의 방향에서, 명확한(풍부한) 모습으로 분절되어 드러나는 것.

동작의 단계들로서 암묵적으로 주어지는 것처럼, 동시에 이 태도들에 대응하는 관점적 현상들은 하나하나 내 앞에 정립되지 않고, 그 크기와 형태를 가진 사물 자체로 향하는 이행 과정들로서만 나타난다. 칸트가 잘 보았듯이, 문제는 어떻게 규정된(일정한) 크기와 형태가 나의 경험 속에 나타나는지를 아는 것이 아니다. 왜냐하면, 만약 그것들이 내 경험에 나타나지 않는다면, 내 경험은 그 어떤 것의 경험도 아닌 것이 되기 때문이고, 모든 내적 경험은 외적 경험의 바탕에서만 가능하기 때문이다. 하지만 그로부터 칸트는 나는 세계를 포괄하고 구성하는 의식이라는 결론으로 향했고, 또 《350》 이러한 반성적 운동에서 그는 몸의 현상과 사물의 현상을 간과했다.

¶ 이와 반대로 우리가 이 현상들을 기술하고자 한다면, 내 경험은 사물들 쪽으로 통해 있고, 스스로를 초월하여 사물들 속에 있다고 말해야 한다. 왜냐하면 내 경험은 내 몸의 정의가 되는 세계에 대한 어떤 구조화montage의 틀 내에서 언제나 실현되기 때문이다. 크기와 형태는 세계에 대한 이러한 전체적 잡음(맞물림)을 양태화하는 것에 불과하다. 내 시선이 사물을 감쌀 수 없을 때에는 사물은 크고, 반대로 내 시선이 사물을 넓게 감쌀 때에는 사물은 작다. 또 중간 크기들은 동일한 거리에서 내 시선의 폭을 넓게 하거나 좁게 하거나에 따라 서로 구별된다. 아니면 그것들은 서로 다른 거리에서 내 시선의 폭을 똑같이 넓게 할 때, 서로 구별된다. 대상이 둥근 것은, 그것의 모든 측면이 내게 똑같이 가까이 있으면서, 그것이 내 시선의 굽어지는 운동에 어떤 변화[일탈]도 요구하지 않을 때이다. 아니면 대상이 내 시선의 운동에 변화를 요구한다면, 내 몸과 함께 내게 주어진 세계의 앎이 그 변화를 기울어진 나타남에 기인한 것으로 여길 때이다.[212] 그러므로

---

212 따라서 지각에서 형태와 크기의 항상성은 지성적 기능이 아니라 실존적 기능이다. 다시 말해 이 항상성은 주체가 그를 통해 그의 세계에 거주하는 선논리적 작용과 관

실재적인 것으로서의 사물, 형태, 크기에 대한 모든 지각이, 즉 모든 지각적 항상성이 한 세계의 정립과, 내 몸과 현상들이 엄밀히 결합된 경험의 한 체계의 정립에 관계한다는 것은 정말로 사실이다. 그러나 경험의 체계는 내가 신이 되는 것처럼 내 앞에 펼쳐져 있지 않다. 그것은 나에 의해 어떤 관점에서 체험된다. 나는 그것의 관객이 아니라 그 부분이다. 그리고 내가 한 관점에 내속해 있음은 내 지각의 유한성뿐 아니라, 모든 지각의 지평으로서의 세계 전체에 내 지각이 열려 있음을 동시에 가능케 한다. 지평에 있는 나무가 가까이서 지각한 모습 그대로이고, 실재의 형태와 크기를 지닌다는 것을 내가 아는 것은, 바로 이 지평이 나를 직접 둘러싼 주위의 지평이고, 이 지평이 에워싼 사물들을 하나씩 점차 지각적으로 소유함이 내게 보장되어 있는 한에서이다. 달리 말해, 지각적 경험들은 《351》 사슬처럼 서로 연결되고, 서로를 부추기고, 서로를 함축하고, 세계의 지각은 나의 현전의 장의 확장일 뿐, 이 현전의 장의 본질적 구조를 초월하지 않으며, 몸은 이 장에서 항상 행위주체agent이지 결코 대상이 되지 않는 한에서이다. 칸트가 초월론적 변증론에서 지적하듯, 세계는 내가 자리해 있는 열린 무한한 통일성이다. 그러나 칸트는 분석론에서 이 사실을 망각하고 있는 듯 보인다.

런되어야 한다. 한 사람의 피험자를 동일한 직경을 가진 여러 원반들이 고정된 구(球)의 중심에 위치하게 하면, 항상성은 수직에서보다 수평에서 훨씬 더 완전하다는 것이 확인된다. 달이 지평선에서 거대하고 중천에서 매우 작은 것은 이 동일 법칙의 특수한 경우에 불과하다. 이와 달리, 원숭이의 경우 나무에서 수직 이동하는 것은 우리가 지상에서 수평 이동하는 것만큼 자연스럽고, 따라서 수직에서의 항상성이 우월한 것이다(Koffka, *Principles of Gestalt Psychology*, p. 94과 그 이하).

[2. 색의 항상성: 색이 〈나타나는 방식들〉과 조명]

색, 단단함, 무게와 같은 사물의 성질qualités은 사물에 대해 그 기하학적 속성propriétés보다 훨씬 많은 것을 우리에게 알려 준다. 탁자는 온갖 빛 놀이와 온갖 조명에서도 갈색이고 여전히 갈색으로 남는다. 그렇다면 우선, 실재의 색이란 무엇인가? 또 우리는 어떻게 실재의 색에 이르는가? 혹자는 그것은 내가 탁자를 볼 때 가장 자주 보는 색이고, 낮의 햇빛에서, 짧은 거리에서, 〈정상적인〉 조건, 즉 가장 빈번한 조건에서 탁자가 띠는 색이라고 대답하고 싶을 것이다. 거리가 너무 먼 경우나, 석양이나 전깃불처럼 조명이 [바탕이 아닌 대상처럼] 그 고유색으로 나타날 경우에는, 나는 현실상의 색을 기억 속의 색으로 대체할 것이다.[213] 이 기억의 색은 수많은 경험을 통해 내 속에 기록되어 있기 때문에 지배적인 색이다. 그렇다면 이런 입장에서 색의 항상성은 실재적인[214] 항상성이 될 것이다. 그러나 여기에는 현상의 인위적인 재구축만이 있다. 왜냐하면 지각 그 자체를 살펴보면, 온갖 조명 아래서 탁자의 갈색은 동일한 갈색으로 나타난다고, 즉 기억에 의해 현실에 주어진 동일한 성질로서 나타난다고 말할 수 없기 때문이다. 그림자 속의 흰 종이는 우리가 그렇게 보이는 흰 종이로 인식하지만, 순수하게, 오로지 흰색에 속하는 것이 아니다. 그것은 "흑-백의 계열 속에 만족스럽게 위치 지어지지 않는다."[215] 흰 벽이 그림자 속에 있고, 회색 종이가 빛에 비친다고 하자. 벽이 흰색 그대로, 종이가 회색 그대로 남아 있다고 말할 수 없다. 종이는 시선에 더 강한 인상을 주고,[216] 더 빛나고 더 밝다. 벽은 더 어둡고 더 흐릿하다. 조명의 변화 속에서도 존속하는 것은 말하자면 〈색의

---

[213] 헤링(Hering)의 기억의 색(*Gedächtnisfarbe*).

[214] 역주) "실재적인(réelle)"은 결국 일종의 "실재론적인"의 의미가 된다.

[215] Gelb, *Die Farbenkonstanz der Sehdinge*, p. 613.

[216] 독일어로는 *eindringlicher*이다.

실질substance〉일 뿐이다.²¹⁷ 이른바 색의 항상성이라 주장된 것은 "의심의 여지 없는 색의 변화를" 막지 못하고, "이런 변화 속에서, 우리는 기본적인 성질과, ⟪352⟫ 이를테면 이 성질의 실질적인substantiel 모습을 계속해서 보고 있다."²¹⁸

¶ 바로 이와 같은 이유에서 우리는 색의 항상성을 똑같이 관념적인 항상성으로도 다룰 수 없고 그것을 판단과도 관련지을 수 없다. 왜냐하면 판단은 주어진 나타남 속에서 조명의 몫을 구분해 내어, 대상의 고유한 색의 동일성에 도달할 수밖에 없지만, 우리가 좀 전에 본 것처럼 그 색은 동일한 것으로 남아 있지 않기 때문이다. 경험론이든 지성론이든 이 이론들의 약점은 생생한 지각에서의 색이 사물로 안내하는 것임에도 불구하고, 반성적 태도에 나타난 응고된 성질로서의 색만을 인정하는 데 있다. 지각된 세계가 여러 색-성질들로 이루어졌다는, 물리학에 의해 고무된 착각을 없애야 한다. 화가들이 주목한 것처럼, 자연에는 색이라는 것이 거의 없다. 색의 지각은 어린아이에게서 뒤늦게 나타나고, 어쨌든 한 세계의 구성 이후에 오는 것이다. 마오리Maoris족에는 3천 개의 색 이름이 있는데, 이것은 그들이 그렇게 많은 색을 지각하기 때문이 아니라, 오히려 색이 그 구조가 다른 대상에 속할 경우 그 색의 동일성을 알아보지 못하기 때문이다.²¹⁹ 셸러Scheler가 말한 것처럼, 지각은 색을 경유하지 않고 곧장 사물로 향한다. 이것은 지각이 사람의 눈 색깔을 주제화하지 않으면서 시선의 표현을 파악할 수 있는 것과 같다. 우리는 성질의 나타남이 변해도 그대로 남을 수 있는 색-기능을 고려할 때에만, 지각을 이해할 수 있을 것이다. 나는 내 만

---

217   Stumpf. 겔프(Gelb)가 *op. cit.*, p. 598에서 인용함.
218   Gelb, *op. cit.*, p. 671.
219   Katz, *Der Aufbau der Farbwelt*, pp. 4-5.

년필이 검다고 말하고, 햇빛에서 검은 그것을 본다. 그러나 이 검은색은 검정이라는 감각 성질이기보다는, 대상이 빛 반사에 뒤덮여 있을 때에도 이 대상에서 나오는 거무스름한 힘과 같은 것이고, 또한 그것은 시커먼 마음(흑심)이 보이는 것과 같은 의미에서 보일 뿐이다. 바탕이 모양 아래에 존속하듯이, 실재의 색은 여러 나타난 모습들 아래에 남아 있다. 다시 말해 그것은 보이거나 사유된 성질로서 남아 있는 것이 아니라, 비-감각적인 현전에 남아 있는 것이다.

¶ 물리학뿐 아니라 심리학도 색에 대해 자의적인 정의를 내리며, 이 정의는 실제로 색의 나타남의 한 방식에만 적합하고, 오랫동안 우리에게 다른 모든 방식을 못 보게 만든다. 헤링Hering은 색들의 연구와 비교에서 순수한 색만 이용하기를, 즉 색을 모든 외적인 상황으로부터 멀리할 것을 요구한다. "일정한 대상에 속하는 색이 아니라, 평면적인 것이든 공간을 채우는 것이든, 《353》 일정한 지지체도 없이 그 스스로에 대해 존속하는 성질quale을"[220] 다루어야 한다. 스펙트럼의 색들은 거의 이런 조건을 만족시킨다. 그러나 이러한 평평한 색들(Flächenfarben)[221]은 실제로는 색의 가능한 구조들 중 하나일 뿐이고, 종이색이거나 표면색(Oberflächenfarbe)은 이미 그와 동일한 법칙을 따르지 않는다. 변별역辨別閾[222]은 평평한 색에서보다 표

220 카츠가 인용함(Katz, *Farbwelt*, p. 67).

221 역주) "plages colorées"를 번역한 것이다. 이 말 자체는 "색으로 된 영역" 정도의 의미이지만, 우리는 메를로퐁티가 인용한 독일어의 의미 그대로 번역하였다. 그러나 이 말은 어떤 사물의 평면의 색, 즉 표면색이 아니라, 그 자체가 스펙트럼 색처럼 평평한 색, 평면처럼 펼쳐진 색을 의미한다.

222 역주) "seuils différentiels." 같은 종류의 두 자극의 차이를 변별하는 데 필요한 자극의 최소량. 100그램 되는 물건에 무게를 점점 더하여 103그램으로 하였을 때에 비로소 처음 무게보다도 더 무거워졌다는 느낌이 생기면 그 차인 3그램이 변별역이다"(『우리말샘』).

면색에서 더 낮다.[223] 평평한 색은 먼 곳에서도 부정확하긴 하지만 위치 규정이 된다. 평평한 색이 스폰지 같은 모습이라면, 표면색은 조밀하고 그 표면에 시선을 집중시킨다. 평평한 색이 항상 수직면[안면]과 평행하다면, 표면색은 모든 방향을 내보일 수 있다. 끝으로, 평평한 색은 언제나 흐릿하게 평면적이며, 그것은 평평한 색이라는 그 성질을 잃어버리지 않고서는 특정한 형태를 가질 수도 없고, 표면에 굽어지거나 펼쳐지는 것으로 나타날 수도 없다.[224] 물론 색이 나타나는 이 두 방식은 심리학자들의 실험에서도 드러나기는 했지만, 종종 혼동되곤 하였다. 그러나 심리학자들이 오랫동안 언급하지 않은, 색이 나타나는 다른 방식들이 있다. 공간의 3차원을 차지하는 투명한 물체의 색(공간색(*Raumfarbe*)), 반사의 색(*Glanz*), 작열하는 색(*Glühen*), 발광의 색(*Leuchten*), 또 일반적으로는 조명의 색이 있다. 이 조명의 색은 광원의 색과 거의 동일시되지 않아서, 화가는 광원의 색을 나타내지 않으면서 대상에 빛과 그림자를 배분함으로써 나타낼 수 있는 것이다.[225] 그런데 이처럼 색이 여러 방식으로 나타나는 것에 대해, 색 지각 자체는 불변이지만 그 지각의 배열방식이 서로 다르다거나, 감각적 질료는 동일하지만 그 질료에 서로 다른 형태가 주어진 것이라고 믿는 선입견이 있다. 그러나 실제로는 이른바 질료라는 것이 완전히 사라지는 색의 여러 기능이 있다. 왜냐하면 형태화는 감각 속성들 자체의 어떤 변화를 통해 얻어지기 때문이다. 특히 《354》 조명과 대상의 고유색의 구별은 지성적 분석

---

223   Ackermann, *Farbschwelle und Feldstruktur*.

224   Katz, *Farbwelt*, pp. 8-21.

225   *Ibid.*, pp. 47-48. 조명은 표면색만큼이나 직접적인 현상에 주어지는 것이다. 어린 아이는 시각장을 가로지르는 역선(力線)처럼 조명을 지각한다. 이 때문에 대상 뒤에서 조명과 대응하고 있는 그림자는 단번에 조명과 생생한 관계에 놓여 있다. 즉 어린 아이는 그림자가 〈빛을 피한다〉고 말한다(J. Piaget, *La Causalité physique chez l'enfant*, Chap. VIII, p. 218).

에서 결과한 것도 아니고, 감각 질료에 개념적 의미signification를 부여하는 것도 아니다. 그것은 색 그 자체가 어떤 식으로 조직화되는 것이고, 조명-조명된 사물의 구조가 확립되는 것이다. 이것은 우리가 고유색의 항상성을 이해하고 할 때, 더 자세히 기술해야 할 것이다.[226]

가스등 불빛에 비친 파란 종이는 파랗게 보인다. 그러나 우리는 광도계로 그 파란 종이를 측정하면, 그것이 햇빛에 비친 갈색 종이와 동일한 빛의 혼합을 눈에 보내고 있다는 사실에 놀라게 된다.[227] 희미한 빛 속의 흰 벽은 자유롭게 볼 때 (앞에서 언급된 조건에서)[228] 희게 보이지만, 광원을 가리는 차광막의 창을 통해 볼 때는 푸르스름한 회색으로 보인다. 화가는 색을 주위로부터 격리시킴으로써, 예컨대 눈을 가늘게 뜸으로써, 차광막을 사용하지 않고서도 동일한 결과를 획득하고, 반사된 빛의 양과 질이 결정하는 대로의 색을 보게 된다. 이렇게 나타난 모습aspect의 변화는 색의 구조적 변화와 분리될 수 없는 것이다. 즉 우리가 눈과 광경 사이에 차광막을 둘 때, 또 눈을 가늘게 뜰 때, 색은 물체 표면의 대상성에서 해방되어, 단순히 평평한 빛plages lumineuses[229]의 상태로 되돌아간다. 더 이상 우리는 실재적인 물체를, 즉 일정한(규정된) 색을 갖고 세계 속에 자기 자리에 있는 벽,

---

226 사실 색의 항상성은 더 이상 표면색이나 조명의 지각을 갖지 못하게 된 피험자에게도 존재할 수 있다는 것이 지적되었다(Gelb et Goldstein, *Psychologische Analysen Hirnpathologischer Fälle, Über den Wegfall der Wahrnehmung von Oberflächenfarben*). 항상성은 훨씬 더 원초적인 현상일 것이다. 항상성은 눈보다 더 단순한 감각기관을 가진 동물들에게서도 발견된다. 그러므로 조명-조명된 대상이라는 구조는 특수하고 고도로 조직된 항상성의 한 유형이다. 그러나 이 구조는 객관적이고 정확한 항상성과 사물들의 지각에 있어 필수적인 것이다(Gelb, *Die Farbenkonstanz der Sehdinge*, p. 677).

227 이 실험은 헤링이 보고한 것이다(Hering, *Grundzüge der Lehre von Lichtsinn*, p. 15).

228 역주) 본서 553쪽 참조. 또 본서 422쪽의 내용도 관련된다.

229 역주) "plages lumineuses"를 앞에서 언급된 "평평한 색(*Flächenfarben*)"을 가리키는 것으로 보여 "평평한 빛"으로 옮긴다. 독역본 역시 "*Flächenfarben*"으로 번역한다.

종이를 보고 있지 않다. 우리가 보는 것은 그 모두가 똑같이 "허구적" 평면[230]에 희미하게 위치한 색 반점들이다. 도대체 차광막은 어떤 작용을 하는 것일까? 우리는 이와 같은 현상을 다른 조건에서 관찰함으로써 그것을 더 잘 이해할 것이다. 두 상자 중 하나는 흰색이 다른 하나는 검은색이 칠해진 그 내부를 눈구멍으로 하나씩 들여다본다고 하자. 《355》 그리고 조명은 하나[검은색 상자]에는 강하고 다른 하나[흰색 상자]에는 약하게 하여, 눈에 들어오는 빛의 양이 양쪽에서 똑같아지도록 하고, 두 상자의 색칠된 내부도 어두운 곳과 불규칙한 곳이 조금도 없도록 준비되어 있다고 하자. 그러면 두 상자의 내부는 분간할 수 없으며, 두 상자 안에서 보이는 것은 회색이 퍼져 있는 빈 공간뿐이다. 그러나 검은색 상자 안에 흰 종잇조각이나 흰색 상자 안에 검은 종잇조각을 넣으면, 모든 것이 변한다. 즉시 검은색 상자는 검은색으로 또 조명이 강한 것으로 나타나고, 흰색 상자는 흰색으로 또 조명이 약한 것으로 나타난다. 따라서 조명–조명된 대상의 구조가 주어지기 위해서는, 적어도 반사력이 다른 두 표면이 필요하다.[231] 아크 램프의 빛줄기가 검은색 원반에 정확히 떨어지게 하고, 원반 표면에 언제나 있는 울퉁불퉁함의 영향을 없애기 위해 원반을 움직이게 한다고 해 보자. 그러면 원반은 방의 나머지 부분과 마찬가지로 희미하게 비춰진 채 나타나고, 빛줄기는 원반이 그 바닥[바탕]이 되어 버린 희뿌연 고체 같은 것이 된다. 만약 흰 종잇조각을 원반 앞에 두면, "즉시 우리는 〈검은〉 원반과 〈흰〉 종이뿐 아니라, 이 둘 모두가 강하게 조명받는 것을 본다."[232] 이러한 변화는 무척이나 완벽해서 새 원반이 나타나는 것을 보는 듯한 느낌이 든

---

[230] Gelb, *Farbenkonstanz*, p. 600.

[231] *Ibid.*, p. 673.

[232] *Ibid.*, p. 674.

다. 차광막을 이용하지 않는 이러한 실험들을 통해 우리는 차광막을 이용하는 실험들을 이해할 수 있다. 항상성 현상의 결정적 요인은, 즉 차광막에서는 작용하지 않지만 자유로운 시각에서는 작용할 수 있는 그 결정적 요인은, 장場 전체가 분절되는 것articulation이고, 장 전체가 포함하는 구조들이 풍부하고 섬세해지는 것이다. 피험자가 차광막의 창을 통해 바라볼 때, 그는 더 이상 조명의 관계들을 〈장악할(*überschauen*)〉 수 없다. 다시 말해 그는 가시적 공간에서 각각 독자적 밝기를 가지며, 각각의 밝기가 서로에 대해 두드러지는(부각되는) 그런 종속된 전체들을 더 이상 지각할 수가 없다.[233] 화가가 눈을 가늘게 뜰 때, 그는 장이 가진 깊이의 조직화를 파괴한다. 그래서 그는 이 조직화와 더불어 조명의 명확한 대비들도 파괴하게 되며, 더 이상 고유한 색을 가진 일정한(규정된) 사물은 없게 된다. 그림자 속의 흰 종이와 빛에 조명된 회색 종이 실험을 다시 하고, 스크린에 이 두 지각의 음성 잔상[234]을 투영해 보자. 그러면 《356》 마치 항상성과 조명-조명된 대상의 구조가 사물에서만 발생하고 잔상이 펴진 공간에서 발생할 수 없는 것처럼, 이 실험에서 항상성 현상은 유지되지 않음이 확인된다.[235] 이러한 구조들이 장의 조직화에 의존하고 있음을 인정한다면, 우리는 항상성 현상에 대한 다음과 같은 모든 경험적empiriques 법칙들을 한꺼번에 이해할 수 있다. 즉 항상성 현상은 광경이 투영되는 망막 영역의 크기에 비례하는 것이고, 관계된 망막에 투영되는 세계의 부분이 더 넓고 더 풍부하게 분절

---

233   *Ibid.*, p. 675.

234   역주) "poste-images négatives." 〈부(負)의 잔상〉이라고도 한다. "망막에 주어진 색이 밝기와 색조에서 원래의 색과 반대되는 보색의 관계로 보이는 잔상. 의사의 수술복이 초록색인 이유는 이러한 부(負)의 잔상 효과 때문에 일어날 수 있는 피로도를 최소화하기 위한 것이다"(『색채용어사전』).

235   Gelb, *Farbenkonstanz*, p. 677.

될수록 더 분명한 것이다. 항상성 현상은 시각 주변보다 시각 중심에서, 단안 시각보다 양안 시각에서 더 완전한 것이고, 먼 거리에서는 약해지는 것이며, 개인에 따라 달라지고, 그래서 개인의 지각적 세계의 풍부함에 따라 달라지는 것이다. 마지막으로 항상성 현상은 대상의 표면의 구조를 제거하고 서로 다른 표면들의 반사력을 평준화하는 유색의 조명보다는, 이런 구조적 차이들을 존중하는 무색의 조명에서 더 완전한 것이다.[236] 따라서 항상성 현상, 장의 분절, 조명의 현상, 이 세 가지의 연관관계는 확립된 사실로서 간주할 수 있다.

하지만 우리는 여전히 이러한 함수적 관계로는 그것이 연결하는 항들뿐 아니라, 결과적으로는 이 항들의 구체적 결합도 이해하지 못한다. 만약 우리가 일상적 의미로 이해된 이 세 항의 상관적인 변화를 단순히 확인하는 것으로 그친다면, 이런 발견이 가져다주는 매우 큰 이익도 사라질 것이다. 어떤 의미에서 대상의 색이 항상적인 채로 있다고 말해야 하는가? 광경의 조직화란 무엇이고, 광경이 조직되는 장이란 무엇인가? 마지막으로 조명이란 무엇인가? 만약 우리가 심리학적 귀납이 제시하는 세 가지 변수를 하나의 현상으로 모으는 데 성공하지 못한다면, 이 귀납은 맹목적인 것이 될 것이다. 또 항상성 현상의 이른바 〈원인〉이나 〈조건〉이 그 속에서 이 현상의 계기들로서뿐 아니라 이 현상과의 본질적인 관계에서 나타날 직관으로 심리학적 귀납이 우리를 손잡아 이끌듯이 인도하지 않는다면, 이 귀납은 또한 맹목적인 것이 될 것이다.[237] 따라서 《357》 좀 전에 우리에게 드러

---

236 이상은 카츠의 법칙들이다(Katz, *Farbwelt*).

237 사실 심리학자는 아무리 실증적인 태도에 머무르려고 해도, 귀납적 연구의 모든 가치가 현상의 관점으로 우리를 인도하는 데 있음을 그 스스로 분명 느끼고 있다. 또 그는 적어도 이러한 새로운 자각을 나타내는 유혹에 결코 완전히 저항하지는 않는다. 그래서 기욤은 색의 항상성 법칙을 제시하면서, 눈은 "조명을 고려한다"고 쓴다

났던 현상들을 반성하고, 이 현상들이 어떻게 전체 지각 속에서 서로를 부추기는지를 알아보자. 먼저, 조명이라 불리는 빛 또는 색이 특수하게 나타나는 방식을 살펴보자. 여기서 특수함이란 무엇인가? 어떤 빛점이 그 자체로 고려되지 않고 조명으로 파악될 때 무엇이 발생하는가? 눈에 빛이 반사되지 않으면 눈이 원시인의 그림에서처럼 흐릿하고 보지 못하게 되지만, 이처럼 눈에 반사됨을 사람들이 알아차리기까지는 수 세기의 회화의 역사가 필요했다.[238] 반사는 이와 같이 오랫동안 알아차리지 못한 것이어서, 그 자체로는 보이지 않은 것이었다. 그렇지만 단지 반사가 없어지기만 하면 대상과 얼굴에서 생생함과 표정이 사라지기 때문에, 그것은 지각에서 그것의[독자적] 기능을 하는 것이다. 반사는 곁눈질하는 것처럼 볼 때에만 보이는 것이다. 그것은 우리의 지각에 목표물로서 제시되는 것이 아니라, 지각의 보조물이거나 매개물인 것이다. 반사는 그 자체는 보이지 않으나, 나머지 것을 보게 한다. 사진에서 종종 반사와 조명은 사물처럼 변해 있어서 제대로 나타나지 않는다. 예를 들어 영화에서 한 인물이 램프를 들고 지하실에 들어갈 때, 우리에게는 빛줄기가 어둠을 탐색하고 대상을 나타나게 하는 비물질적 존재로서 보이지 않는다. 빛줄기는 응고되어, 더 이상 우리는 그 빛줄기 끝에서 대상을 볼 수가 없다. 벽 표면을 지나가는 빛도 벽이 아니라 스크린 표면에 위치하는 것처럼 눈이 부실 정도로 밝은 반점만을 만들어 낸다. 따라서 조명과 반사가 그것들의 역할을 하는 것은, 그것들이

(P. Guillaume, *Traité de Psychologie*, p. 175). 어떤 의미에서 우리의 연구는 이 짧은 문장을 발전시키는 것일 뿐이다. 이 문장은 엄밀한 실증성의 차원에서는 그 어떤 것도 의미하지 않는다. 눈은 정신이 아니고, 물질 기관이다. 어떻게 눈이 그 어떤 무엇을 그 어느 때라도 "고려할" 수 있는가? 눈이 그렇게 할 수 있는 것은, 우리가 객관적인 몸 옆에 현상적인 몸을 도입할 때, 우리가 그것을 인식하는-몸으로 만들 때, 결국 의식 대신에 실존을, 즉 몸을 통해 〈세계에 있는 존재〉를 지각의 주체로 삼을 때뿐이다.

238 Schapp, *Beiträge zur Phänomenologie der Wahrnehmung*, p. 91.

눈에 띄지 않는 매개자로서 뒤로 물러날 때, 또 우리의 시선을 붙들어 놓는 것이 아니라 안내할 때뿐이다.[239]

¶ 그러나 이 말은 무엇을 의미하는가? 내가 모르는 아파트에서 집주인이 있는 곳으로 안내받을 때, 나를 대신해 시각적 광경이 어떻게 전개되는지를 아는 사람이 있다. 《358》 즉 그 사람에게서 시각적 광경의 전개는 어떤 방향(의미)을 보여 주고 어떤 목표물로 향한다. 그리고 나는 내가 모르는 이러한 지식에 나를 맡기거나 그 지식을 수용한다. 나 혼자서는 식별하지 못했던 광경의 특정 부분이 가리켜질 때, 거기에는 이미 그것을 보았으며, 그것을 보기 위해 어디에 위치해야 하고 어디서 바라보아야 하는지를 아는 사람이 있다. 조명은 내 시선을 안내하고, 나로 하여금 대상을 보게 한다. 따라서 어떤 의미에서 조명은 대상을 아는 것이고 보는 것이다. 나는 조명된 무대 위로 막이 오르는 관객 없는 극장을 상상해 본다. 그러면 무대 광경이 그 자체가 가시적이거나 보일 준비가 된 것처럼 보인다. 또 빛은 무대의 모든 측면을 탐색하고 그림자를 나타내며 무대 광경의 구석구석까지 침투하여, 우리보다 먼저 일종의 시각을 실현하는 것처럼 보인다. 반대로 우리 자신의 시각은 조명이 미리 지나간 길을 따라, 조명처럼 무대 광경을 에워쌈을 그 자신의 방식으로 다시 잡아(이어받아) 계속 수행할 뿐이다. 이것은 마치 우리가 어떤 문장을 들을 때, 놀라면서 타인의 생각의 발자취를 발견하는 것과 같다. 우리가 타인과 말로 의사소통할 때 그의 말에 따라 생각하듯이, 우리는 빛에 따라 지각한다. 의사소통은 (새롭고 본래적인 말인 경우 그것[240]을 넘어서고 풍부하게 하지만) 한 의미가 낱말들에 거주하게 되

---

239 조명의 본질적 기능을 기술하기 위해, 카츠는 화가들에게서 *Lichtführung*(빛의 안내)이라는 말을 빌려 온다(Katz, *Farbwelt*, pp. 379-381).

240 역주) 독역본은 여성 대명사 "그것(la)"을 "구조(montage)"로 받는다. 그러나 "구조(montage)"가 남성 명사이기 때문에 불가능하다. 아마도 독역자는 내용상 "그것"이

는 어떤 언어적 구조montage를 전제한다. 마찬가지로 지각은 빛의 부추김 sollicitation의 방향/의미sens에 따라 (다시 말해 단지 일체를 이루는 그 방향과 그 의미표현(실질의미)에 따라) 그 부추김에 응답할 수 있고, 흩어진 가시성을 모을 수 있으며, 광경 속에 대략 윤곽 지어진 것을 완성할 수 있는 어떤 장치를 우리 속에서 전제한다. 이 장치는 바로 시선이고, 달리 말해 나타남들과 우리의 운동감각적인 전개의 자연적 상관관계이다. 이 상관관계는 법칙으로서 알려지는 것이 아니라, 우리의 몸이 세계의 유형적 구조들에 참여함으로서 체험되는 것이다.

¶ 조명 그리고 그 상관자인 조명된 사물의 항상성은 우리 몸의 자리(상황)에 직접 의존한다. 우리가 강하게 조명된 방에서 어두운 구석에 놓인 흰색 원반을 관찰하면, 흰색의 항상성은 불완전하다. 우리가 원반이 놓인 어두운 곳으로 다가갈 때, 흰색의 항상성은 좀 더 완전해진다. 우리가 어두운 곳에 들어갈 때, 그 항상성은 완전해진다.[241] 어두움이 진정 어두움[어두운 환경]이 되는 것은 (이와 동시에 원반이 흰색의 가치를 갖는 것도), 어두움이 우리 앞에서 보아야 할 어떤 것이 되기를 그칠 때, 또 그것이 우리를 감싸고, 우리의 환경이 되어, 우리가 거기에 자리 잡을 때뿐이다. 이러한 현상은 광경이 《359》 대상들의 총합, 즉 초우주적 주체 앞에 펼쳐진 성질들의 모자이크가 아니라, 주체를 둘러싸고 주체에게 협약을 제안하는 것일 때에만 이해할 수 있다. 조명은 대상 쪽에 있는 것이 아니다. 그것은 우리가 떠맡는

"구조"를 의미한다고 파악했을 것이다. 그러나 "그것"은 여성명사인 "의사소통"이나 "말"을 받아야 하고, 우리는 "의사소통"이 더 적합하다고 생각한다. 그리고 이 〈의사소통〉이나 〈말〉은 〈새로운 의사소통〉이 아니라 〈통상적인 의사소통〉, 〈새로운 말〉이 아니라 〈통용되는 말〉이 될 것이다. 다시 말해 이미 그 틀이 확립된, 즉 〈구조화된〉 "의사소통"이나 "말"이 될 것이다. 영역본들과 일역본은 이 여성 대명사를 모두 "그것(it)"으로 처리했다.

241   Gelb, *Farbenkonstanz*, p. 633.

것이고, 우리가 규범norme으로 삼는 것이다. 반면에 조명된 사물은 우리 앞에서 부각되고 우리와 대면하는 것이다. 조명은 색도 아니고, 그 자체로는 빛조차도 아니다. 그것은 색들과 빛남들 구별 이전에 있다. 이 때문에 항상 조명은 우리에게 〈중성적〉이려는 경향이 있다. 우리가 어슴푸레한 빛 속에 있을 때, 이 빛은 무척이나 자연스러워서, 더 이상 어슴푸레한 빛으로 지각조차 되지 않는다. 우리가 햇빛에서 벗어나기 전에 노랗게 보였던 전깃불 조명은, 햇빛에서 벗어나자마자 우리에게 일정한 어떤 색도 지니지 않게 된다. 그리고 햇빛의 일부가 방 안에 들어오면, 〈대상적으로는 중성적인〉 이 빛은 우리에게 푸르스름한 색으로 보인다.[242] 전깃불의 노란 조명이 노란색으로 지각되기 때문에, 우리는 [대상의] 나타난 모습들을 평가할 때 이러한 사실을 고려하고, 따라서 대상들의 고유색을 관념적으로[이론적으로] 재발견한다고 말해서는 안 된다. 노란빛이 모든 것에 퍼져 있는 동안, 그것은 햇빛의 모습으로 보이는 것이라고, 또 이런 상태에서 다른 대상들의 색은 실재적으로 항상적인 상태로 있는 것이라고 말해서도 안 된다. 노란빛은 조명의 기능을 맡음으로써 모든 색 이전에 위치하는 경향이 있고, 무색의 상태로 향한다고 말해야 한다. 또한 이와 동시에 대상들도 새로운 분위기[조명]에 대한 저항의 정도와 방식에 따라 스펙트럼의 색들을 스스로에게 분배한다고 말해야 한다. 그러므로 모든 색-성질couleur-quale은 색-기능couleur-fonction에 의해 매개되고, 가변적인 하나의 차원niveau과 관련하여 규정된다. 우리가 주된(지배적인) 분위기[조명]에서 살기 시작하고, 이런 근본적인 협약에 따라 스펙트럼의 색들을 대상들에 다시 분배할 때, 차원은 확립되고, 이와 동시에 이 차원에 의존하는 모든 색의 값도 확립된다.

---

[242] Koffka, *Principles of Gestalt Psychology*, p. 255와 그 이하. *La Structure du Comportement*, p. 108과 그 이하[제3판, p. 89와 그 이하] 참조.

우리가 어떠한 색의 환경에 정착하는 것은, 그 결과 색들 관계 전체가 변환transposition되도록 하는 것은 몸의 활동opération인 것이다. 나는 새로운 분위기[조명]로 들어감으로써만 그와 같은 일을 완수할 수 있다. 왜냐하면 내 몸은 세계의 모든 환경에 거주할 수 있는 나의 일반적인 능력이고, 세계를 항상적으로 유지하는 모든 변환과 모든 등가성의 열쇠이기 때문이다. 이처럼 조명은 하나의 복합적 구조의 한 계기일 뿐이다. 이 구조에서 《360》 우리 몸이 실현하는 바로서의 장의 조직화와 항상적인 것으로서 조명된 사물은 나머지 다른 계기들이다. 이 세 가지 현상 사이에서 발견될 수 있는 함수적 상관관계는 그것들의 "본질적인 함께-실존함"[243]의 표출에 지나지 않는다.

　뒤의 두 가지 계기를 자세히 살펴보면서 이 점을 더 잘 해명해 보자. 장의 조직화는 어떻게 이해해야 할까? 우리가 보았듯이, 아크램프의 빛줄기는 흰 종이를 두기 전까지는 이 빛줄기가 떨어지는 원반과 융합되어 있고 원뿔형 고체처럼 지각되었지만, 흰 종이를 두자마자 빛줄기와 원반은 서로 분리되고 조명은 조명의 자격으로 나타난다. 종이를 빛줄기 빛에 두는 것은 빛 원뿔의 〈비-고체성〉을 명백히 보게 만듦으로써, 그 아래서 지탱해 주는 원반에 대한 빛줄기의 의미를 변화시키고, 빛줄기를 조명으로서 드러나게 한다. 이것은 마치 비추어진 종이를 보는 것과 고체 같은 원뿔을 보는 것이 양립 불가능한 체험인 것처럼 일어나고, 또 광경의 일부의 의미가 전체의 의미의 수정을 유도하는 것처럼 일어난다. 마찬가지로 우리가 보았듯이, 하나하나 파악된 시각장의 여러 부분들에서는 대상의 고유색과 조명색이 구분될 수 없지만, 시각장 전체에서는 각 부분이 다른 모든 부분의 배열형태로부터 혜택을 받는 일종의 상호작용이 있고, 이를 통해

---

[243]　"Wesenskoexistenz", Gelb, Farbenkonstanz, p. 671.

전체적 조명이 출현하여 각 국부적 색에 그 〈참된〉 값을 돌려준다. 이것도 마치, 광경의 부분들이 각각 따로 파악되면 한 조명 아래의 시각을 일으키지 못하지만, 그것들이 결합되면 한 조명 아래의 시각을 가능케 하는 것처럼 일어나고, 또 누군가가 장場에 흩어진 여러 색의 값을 가로지름으로써, 체계의 변형의 가능성을 읽어 내는 것처럼 일어난다. 화가가 빛나는 대상을 나타내고자 할 때, 그가 그렇게 할 수 있는 것은 그 대상에 강렬한 색을 칠함으로써가 아니라, 주위의 대상들에 반사와 음영을 적절하게 분배함으로써이다.[244] 우리는 가령 인장印章에서 음각으로 파인 도안을 한순간 양각으로 보는 데 성공하면, 갑자기 마법처럼 조명이 대상 내부에서 나오는 듯한 인상을 경험한다. 이것은 그때 인장 위의 빛과 그림자의 관계가 그 당시의 조명을 고려해 보면 원래 그래야 할 관계와 반대되기 때문이다. 만약 흉상 주위에 일정한 거리를 유지하면서 램프를 돌리면,《361》 램프 자체가 보이지 않을 때에도, 우리는 주어져 있는 조명의 변화와 색의 변화의 혼합 상태만으로도 광원이 회전하는 것을 지각한다.[245] 따라서 "조명의 논리"[246] 내지 "조명의 종합",[247] 즉 시각장의 부분들의 공가능성共可能性이 있다. 이것은 예컨대 화가가 예술비평가 앞에서 자신의 그림을 변호하고자 할 때처럼 선언명제選言命題들로 잘 해명될 수 있는 것이지만, 우선은 그림의 정합적 내용이나 광경의 현실로서 체험되는 것이다. 뿐만 아니라 그림이나 광경의 전체의 논리, 즉 색들과 공간적 형태들과 대상의 의미가 서로 달라붙는 체험이 있다. 적절한 거리에서 본 화랑의 그림은 각각의 색에 색의 값을 줄 뿐만 아니라 표현적représentative 가치도 주는 내적 조명을 지닌다. 너

---

244 Katz, *Farbwelt*, p. 36.
245 *Ibid.*, pp. 379-381.
246 *Ibid.*, p. 213.
247 *Ibid.*, p. 456.

무 가까이서 본 그림은 화랑의 지배적인(전체의) 조명에 종속된다. 이때 색들은 "더 이상 표현적으로 작용하지 않고, 더 이상 우리에게 대상의 이미지를 주지 않으며, 캔버스 위에 칠해진 물감으로 작용한다."[248] 만약 우리가 산의 풍경 앞에서 비판적인 태도를 취하여 장場의 일부를 분리하면, 색 자체는 변화하고, 이 초록은 초원-의-초록이었지만, 맥락에서 분리되어 그 표현적 가치와 동시에 그 두께와 색을 상실한다.[249] 색은 결코 단순한 색이 아니라 어떤 대상의 색이고, 양탄자의 파랑은 그 모직 털의 파랑이 아니라면 그와 같은 파랑이 아닐 것이다. 우리가 조금 전에 보았듯이, 시각장의 색들은 어떤 지배적인 색 주위에서, 즉 차원niveau으로 채택된 조명이 되는 그 색 주위에서 하나의 조직된 체계를 형성한다.

¶ 이제 우리는 장의 조직화가 지닌 보다 심층적인 의미를 엿보게 된다. 즉 색들뿐만 아니라 기하학적인 특성들도, 모든 감각적인 소여들도, 대상들의 실질의미(의미표현)도 하나의 체계를 형성한다는 것이다. 또 우리의 지각 전체는 하나의 논리에 의해 활성화되는데, 이 논리는 다른 모든 대상들의 규정과 관련하여 각각의 대상에 그 모든 규정을 부여하고, 여기서 벗어난 모든 소여를 비실재적인 것으로 〈줄그어 지운다〉[250]는 것이다. 그래서 우리의 지각은 그 전체가 세계의 확실성에 의해 지탱된다는 것이다. 이러한 《362》 관점에서 결국 우리는 지각에 나타난 항상성들의 참된 의미를 파악하게 된다. 색의 항상성은 사물의 항상성의 추상적 계기에 지나지 않고, 사물의 항상성도 우리의 모든 경험의 지평으로서의 세계에 대한 원초적 의식에 토대한다. 그러므로 내가 사물을 믿는 것은 조명의 변화 속에서

248　*Ibid.*, p. 382.
249　*Ibid.*, p. 261.
250　역주) 본서 542쪽의 역주 참조 바람.

도 항상적인 색을 지각하기 때문이 아니다. 사물은 항상적인 특성들의 총합이 되지 않을 것이다. 이와 반대로 내 지각이 그 자체로 세계와 사물에 열려 있는 한에서, 나는 항상적인 색을 재발견한다.

[3. 소리, 온도, 무게의 항상성]

항상성의 현상은 일반적이다. 소리,[251] 온도, 무게,[252] 심지어 엄밀한 의미의 촉각적 소여에 대해서도 항상성이 언급되는 것을 볼 수 있다. 이러한 항상성도 이들 각각의 감각장의 어떤 구조에 의해, 즉 감각장에서 현상이 〈나타나는 어떤 방식〉에 의해 매개된다. 무게의 지각은 이 지각에 참여하는 근육이 어떤 것이든, 이 근육의 처음 위치가 어디이든 동일한 채로 있다. 눈을 감고 한 대상을 들어 올릴 때, 손에 무게가 추가되든 아니든 (또 이 무게가 손등에 압력으로 작용하든 손바닥을 끌어당기는 것으로 작용하든), 이 대상의 무게는 다르지 않다. 손이 자유롭게 활동하든 아니면 손이 묶여 있어 손가락만 일을 하든, 한 손가락이 일을 하든 여러 손가락이 일을 하든, 대상을 손으로, 머리로, 발로, 치아로 들어 올리든, 마지막으로 대상을 공중에서 들어 올리든 물속에서 들어 올리든, 그 대상의 무게는 다르지 않다. 이처럼 촉각의 인상은 작용하는 기관의 본성과 수, 이 인상이 나타나는 물리적 상황까지도 고려되어 〈해석된다〉. 바로 이런 방식으로, 이마의 피부에 대한 압력과 손에 대한 압력처럼 그 자체로 매우 다른 인상들이 동일한 무게 지각을 매개하는 것이다. 여기서 해석은 명시적인 귀납에 의존한다고, 그리고 피험자는 앞의 실험에서 그와 같은 여러 변수가 대상의 현실적

---

251 Von Hornbostel, *Das Räumliche Hören*.

252 Werner, *Grundfragen der Intensitätspsychologie*, p. 68과 그 이하. Fischel, *Transformationserscheinungen bei Gewichtshebungen*, p. 342과 그 이하.

인 무게에 미친 영향을 측정할 수 있었다고 가정하는 것은 불가능하다. 즉 피험자에게는 이마의 압력을 무게의 용어로 해석할 기회나, 통상적인 무게 눈금을 찾기 위해 《363》물에 담글 때 부분적으로 사라진 팔의 무게를 손가락의 국부적 인상에 더할 기회가 결코 없는 것으로 보이기 때문이다. 혹시 피험자가 몸을 사용해서 조금씩 무게들의 등가성의 표를 획득하게 되어, 손가락 근육에 주어진 어떤 인상이 손 전체에 주어진 인상과 등가적임을 배우게 된다고 인정해 보자. 이때에도 피험자는 이런 귀납들을 무거운 것을 들어 올리는 데 전혀 쓰인 적이 없는 몸의 부위들에 적용하므로, 이 귀납들은 적어도 모든 몸의 부위들을 체계 속에서 포괄하는 몸에 대한 전체적인 앎의 틀 내에서 전개되어야 한다. 무게의 항상성은 [다음과 같은 의미의] 실재적인 항상성이 아니다. 즉 그것은 자주 사용하는 기관들이 제공하는 〈무게 인상〉, 그리고 나머지 경우는 [관념] 연합이 가져온 〈무게 인상〉이 우리 속에서 지속하는 불변함permanence이 아니다. 그렇다면 대상의 무게는 관념적인 불변항invariant이 되고, 무게의 지각은 판단이 되는 걸까? 즉 판단을 통해 우리는 매 경우 인상이 나타나는 몸적·물리적 조건과 이 인상을 관계 지으면서, 일종의 자연적[본유적]²⁵³ 물리학을 토대로 이 두 변수 간의 항상적 관계를 파악하는 것일까? 그러나 그것은 엄밀히, 말하는 방식에 불과하다. 즉 어떤 기술자가 자신이 하나하나 조립한 기계를 아는 것처럼, 우리는 우리의 몸을, 기관들의 능력과 무게와 한도를 알지 못한다. 그리고 우리가 우리의 손의 활동과 손가락의 활동을 비교할 때, 이전의 사지에 대한 전체적 능력을 바탕으로 이 두 활동이 구별되거나 동일시되고, 〈나는 할 수 있다je peux〉의 통일성 속에서 서로 다른 기관들의 활동이 등가

---

253 역주) 여기서 "자연적(naturelle)"은 앞에서 메를로퐁티가 언급한 데카르트의 "자연적 기하학"(본서 474-475쪽 역주 참조)의 "자연적", 즉 "본유적"과 동일한 의미로 보인다.

적인 것으로 나타난다. 이와 동시에 각각의 기관이 제공하는 〈인상들〉은 실제로는 구별되지 않으며, 그것들은 [차후에] 명시적 해석을 통해서만 서로 연결된다. 이 인상들은 단번에 〈실재적인〉 무게의 여러 나타남(현시)으로서 주어지고, 사물의 선-객관적인 통일성은 몸의 선-객관적인 통일성의 상관자가 된다. 이처럼 무게는 등가적인 몸동작들의 체계로서의 우리 몸을 바탕으로, 한 사물에서 식별되는 속성처럼 나타난다.

[4. 촉각적 경험들의 항상성과 운동]

¶ 이와 같은 무게 지각의 분석은 모든 촉각적 지각을 밝혀 준다. 즉 자기-몸의 움직임과 촉각의 관계는 조명과 시각의 관계와 같다.[254] 모든 촉각적 지각은 대상의 어떤 〈속성〉에 열려 있음과 동시에 몸적인 어떤 구성요소를 포함하고 있다. 예를 들어 한 대상을 촉각적으로 위치 파악하는 것은 몸 도식의 기본 방위들(방위 기점들)과 관련하여 그 대상의 위치를 규정하는 것이다. 언뜻 보기에 촉각과 시각을 완전히 구분하는 듯한 이런 속성은 오히려 그것들을 근접시킨다. 《364》 보이는 대상은 분명 우리 앞에 있지, 우리 눈에 접하듯이 있지 않지만, 우리가 앞서 본 것처럼, 보이는 그 위치나 크기나 형태는 결국 우리 시선의 방향과 폭과 그것들에 대한 장악(그것들과의 접속)을 통해 규정된다. 분명 수동적 촉각은 (예컨대 귀나 코의 내부에서의 촉각, 일반적으로는 통상 몸 전체에 퍼져 있는 부위들에서의 촉각) 거의 우리 자신의 몸의 상태만을 알려 주고, 대상과 관련된 것은 거의 아무것도 알려 주지 않는다. 우리의 촉각적 표면의 가장 민첩한(예민한) 부분들에서도 움직임이 전혀 없는 압력은 거의 그것이 무엇인지 알 수 없는 현상만을 알려 준다.[255] 그렇지만 시각에서도, 눈이 부시는 빛을 볼 때처럼 시선이 수

---

[254] See Katz, *Der Aufbau der Tastwelt*, p. 58.

반되지 않는 수동적인 시각이 있다. 그것은 더 이상 우리 앞에서 대상적 공간을 펼치지 않고, 빛은 빛이기를 멈추고 고통스럽게 하면서 우리 눈 자체를 휩쓸어 버린다. 그런데 "인식하는 촉각"[256]은 진정한 시각에서 탐색하는 시선처럼, 움직임을 통해 우리를 몸 밖으로 내던진다. 내 한 손이 다른 손을 만지면, 움직이는 손은 주체의 기능을 하고, 다른 손은 대상의 기능을 한다.[257] 만약 탐색 운동이 없어지면, 거칠거나 매끄러움과 같은 이른바 촉각적 성질, 촉각적 현상은 절대적으로 사라진다. 운동과 시간은 인식하는 촉각의 대상의 조건만 되는 것이 아니라, 촉각적 소여의 현상의 구성요소가 된다. 빛이 가시적 표면의 배열형태를 그리는 것처럼, 운동과 시간은 촉각적 현상의 형태화를 실현한다.[258] 매끄러움은 비슷하게 가해진 압력들의 총합이 아니라, 한 표면이 우리의 촉각적 탐색의 시간을 이용하거나 우리의 손 운동을 적합하게 변조하는 방식이다. 이런 변조의 스타일마다 촉각적 현상이 나타나는 각 방식이 규정되고, 이 나타나는 방식들은 서로에게 환원 불가능하고, 요소적인 촉각적 감각으로부터 연역될 수도 없다. 2차원의 촉각적 대상이 촉각에 제시되어 어느 정도 침투에 굳건히 저항하는 〈표면의 촉각 현상(Oberflächentastungen)〉이 있다. 평평한 색(색 퍼진 영역)[259]과 비교할 만하고, 예컨대 우리가 그 움직임에 손을 맡기는 물의 흐름이나 공기의 흐름과 같은, 3차원의 촉각적 환경도 있다. 또 촉각적 투명성(Durchtastete Flächen)도 있다. 축축함, 미끌거림(기름기), 《365》 끈적거림은 훨씬 복잡한 구조의 층에 속한다.[260] 귀가 소음 속에서 어떤 소리를 구별하

255　　*Ibid.*, p. 62.
256　　*Ibid.*, p. 20.
257　　*Ibid.*
258　　*Ibid.*, p. 58.
259　　역주) 본서 555-556쪽과 555쪽 역주 참조.

는 것처럼, 우리는 조각된 나무를 만질 때, 자연적 구조인 나무 조직과 조각가가 나무에 부여한 인위적 구조를 즉각 구별한다.[261] 여기에는 탐색 운동의 상이한 구조들이 있다. 또 이에 대응하는 현상들은 요소적인 촉각 인상들의 집합으로 다뤄질 수가 없다. 왜냐하면 이른바 구성요소라고 주장되는 인상들은 주체에게 주어져 있지 않기 때문이다. 내가 아마포나 솔(브러시)을 만질 경우, 솔의 빳빳한 털들이나 아마포의 실들 사이에는 촉각적인 공허가 있는 것이 아니라, 질료(내용) 없는 촉각적 공간, 촉각적 바탕이 있다.[262] 복합적 촉각 현상이 실제 분해될 수 없다면, 동일한 이유로 관념적으로도 분해될 수 없을 것이다. 또한 우리가 딱딱한 것이나 무른 것, 거친 것이나 매끄러운 것, 모래나 꿀 각각을 그것들의 촉각적 경험의 전개의 법칙이나 규칙으로 규정하고자 한다면, 이런 법칙이 질서를 부여하는 요소들에 대한 앎도 당연히 촉각적 경험 속에 두어야 할 것이다. 거친 것이나 매끄러운 것을 만지고 알아보는 사람은 그것들의 요소들뿐 아니라 이 요소들의 관계들도 정립하지 않고, 그러한 것들을 철저히 사유하지도 않는다. 만지거나 더듬는 것은 의식이 아니라 손이며, 칸트의 말처럼 손은 "인간의 바깥 두뇌"[263]이다.

¶ 촉각적 경험보다 훨씬 멀리 대상화를 밀고 나가는 시각적 경험에서, 우리는 적어도 얼핏 보기에도 우리가 세계를 구성한다고 자신할 수 있다. 왜냐하면 시각적 경험은 우리 앞에 펼쳐진 광경을 거리를 두고 제시하고, 우리가 즉각 어디에나 현전하지만 어디에도 위치하지 않는다는 착각을 주기 때문이다. 그러나 촉각적 경험은 우리 몸의 표면에 달라붙어 있고, 우리

---

260 *Ibid.*, pp. 24-35.
261 *Ibid.*, pp. 38-39.
262 *Ibid.*, p. 42.
263 카츠의 출처 없는 인용(Katz, *Ibid.*, p. 4).

는 그것을 우리 앞에 펼칠 수가 없으며, 그것은 완전하게 대상이 되지는 않는다. 그 결과 촉각의 주체로서 나는 어디에나 있지만 어디에도 없다고 자신할 수 없다. 그렇지만 나는 여기서 내 몸을 통해 세계로 나아간다는 사실을 망각할 수 없다. 촉각적 경험은 내 〈앞에서〉 일어나지, 내 안의 중심에 있는 것이 아니다. 만지는(접촉하는) 것은 내가 아니라 내 몸이다. 내가 만질 때, 나는 다양한 것을 사유하지 않으며, 내 손은 그것의 운동의 가능성에 속하는 어떤 스타일을 재발견한다. 이것은 바로 지각장에 대해 말할 때 의미되었던 것이다. 《366》 즉 현상이 내 속에서 어떤 반향을 만날 때에만, 현상이 내 의식의 어떤 본성과 일치할 때에만, 현상을 만나러 온 기관이 현상과 동시에 작용할 때에만 나의 만짐(접촉)은 유효할 수가 있다. 촉각적 현상의 통일성과 동일성은 개념에서의 재인의 종합으로 실현되는 것이 아니라, 공동작용적 전체로서의 몸의 통일성과 동일성에 토대하는 것이다. "어린아이가 자신의 손을 통일적인 파악도구로 사용하는 그날부터, 손은 또한 촉각의 통일적 도구가 된다."[264] 나는 내 손가락과 내 몸 전체를 단일 기관으로 사용할 뿐 아니라, 한 기관에서 얻은 촉각적 지각은 이러한 몸의 통일성으로 인해 단번에 다른 기관들의 언어로 번역된다. 예를 들어 우리의 등이나 가슴이 아마포나 양모와 접촉하는 것은 손이 접촉하는 형태로 기억 속에 남아 있고,[265] 더 일반적으로는 어떤 대상과 실제로 접촉한 적이 없는 몸의 부위들로 우리는 기억 속에서 그 대상과 접촉할 수가 있다.[266] 따라서 한 대상이 우리의 객관적인 몸의 부위와 접촉할 때마다, 사실 그것은 현실적이거나 가능적인 현상적인 몸의 전체와 접촉하는 것이다. 바로

---

[264] *Ibid.*, p. 160.

[265] *Ibid.*, p. 46.

[266] *Ibid.*, p. 51.

이러한 방식으로 촉각적 대상의 항상성은 그것의 여러 나타남(현시)들을 통해 실현될 수 있는 것이다. 그것은 내-몸-에게서의-항상성이고, 내 몸의 전체적 행동의 불변항이다. 몸은 동시적으로 자신의 모든 표면과 모든 기관을 통해 촉각적 경험 앞으로 나아가며, 또 그 스스로가 촉각적 〈세계〉의 어떤 틀(유형typique)을 지닌다.

**

[(B) 사물 또는 실재]

[5. 지각의 규범norme으로서의 사물]

이제 우리는 상호감각적 사물에 대한 분석을 시작할 수 있다. 우리에게서 일련의 경험을 통해 동일한 것으로 유지되는 시각적 사물(납빛의 달의 둥근 모습)이나 촉각적 사물(만질 때 느끼는 내 두개골)은 현실적으로 존속하는 성질quale도 아니고, 그러한 대상의 어떤 속성propriété의 개념이나 의식도 아니다. 그것은 우리의 시선이나 운동이 재발견하거나 다시 잡은 것이고, 시선이나 운동이 정확히 대답한 물음이다. 시선이나 만지는 행위에 나타난 대상은 어떤 운동적 의도(지향)를 일깨우지만, 이 의도(지향)는 자기-몸의 움직임을 겨냥하는 것이 아니라, 이 움직임이 매달린 듯이 있는 사물 자체를 겨냥한다. 또한 내 손이 딱딱하거나 무른 것을 알고, 《367》 내 시선이 달빛을 아는 것은, 내가 현상과 만나고 현상과 소통하는 어떤 방식과 같은 것이다. 우리가 딱딱한 것과 무른 것, 오톨도톨한 것과 매끄러운 것, 달빛과 햇빛을 기억해 보면, 우선 그것들은 어떤 감각적 내용으로 주어지는 것이 아니라, 어떤 공생symbiose의 유형으로, 외부가 우리를 휩쓰는 어떤 방식으로, 우리가 외부를 받아들이는 어떤 방식으로 주어진다. 그리고 기억은 이때 그것이 유래한 지각으로부터 그 뼈대를 드러내 줄 뿐이다.

　¶ 각 감각(감관)에 주어진 항상적인 것들이 이와 같이 이해된다면, 항상적인 것들이 결합된 상호감각적인 사물을 안정적인 고유속성들attributs의 집합 또는 이 집합의 개념으로 규정하는 것은 문제가 될 수 없다. 내 시선, 내 촉각, 그 밖의 모든 내 감각(감관)들 전체가 단일한 작용 속에 통합된 동일한 몸의 능력들인 것처럼, 한 사물의 감각적 〈속성들propriétés〉 전체는 하나의 동일한 사물을 구성한다. 내가 어떤 것을 분명치 않게 바라보지만 그것을 곧 탁자의 표면으로 알아볼 때, 이미 그것은 내게 시선의 초점 맞추기를 촉구하고, 그것의 〈참된〉 모습을 줄 시선의 집중 운동을 불러낸다. 마찬가지로 한 감각(감관)에 주어진 어떠한 대상도 이 대상에 대한 다른 모든 감각(감관)의 일치작용을 불러낸다. 내가 어떤 표면의 색을 보는 것은, 내가 시각장을 갖고 있고, 이 장의 배열이 내 시선으로 하여금 그러한 표면의 색에 도달하도록 이끌기 때문이다. 내가 어떤 사물을 지각하는 것은, 내가 실존의 장을 갖고 있고, [이 장에서] 나타난 각 현상이 지각적 능력들의 체계로서의 내 몸 전체를 그 사물로 집중시키기 때문이다. 내 경험이 최고로 명료하게 될 때, 나는 나타남들을 가로질러 실재적 색이나 형태에 도달한다. 그런데 버클리는 파리는 동일한 대상을 다르게 보거나, 고성능의 현미경은 그 대상을 변형시킬 것이라고 진정 내게 이의제기할 수 있을 것이다. 그렇지만 이렇게 다르게 나타남들은 내게는 어떤 참된 광경, 즉 지각된 배열형태가 충분히 명료한 상태에서 그 최대의 풍요로움에 도달한 그런 광경의 나타남들이다.[267] 내가 시각적 대상을 갖는 것은, 내가 풍요로움과 명료함이 서로 반비례하는 시각장을 갖고 있기 때문이고, 또 이 두 요구는 따로 취하면 무한대로 실행될 수 있지만, 일단 결합되면 지각적 과정에서 어떤

---

[267]　Schapp, *Beiträge zur Phänomenologie der Wahrnehmung*, p. 59와 그 이하.

정점과 최대의 상태를 결정하기 때문이다. 이와 마찬가지로 내가 사물이나 실재의 경험 ―더 이상 시각-에서의-실재나 촉각-에서의-실재만이 아니라, 절대적 실재의 경험― 이라 부르는 것은, 《368》 모든 관계의 측면에서 최고로 분절된 순간의 현상과 내가 충만하게 함께-실존하는 것이다. 그리고 현미경을 볼 때 나의 조준이 특정 조준점에서 맴돌듯이, 〈여러 감각(감관)의 소여들〉은 그와 같이 하나의 극으로 향해 있다. 나는 평평한 색(색 퍼진 영역)처럼, 그에 대해 내가 갖는 여러 경험에서도 최대의 가시성을 조금도 제시하지 않는 현상을 시각적 사물이라 부르지 않을 것이다. 또는 지평선에선 멀고 흐릿하고, 천정天頂에선 위치가 정확지 않고 퍼져 있는 하늘처럼, 가장 가까운 구조들에 오염되어, 이 구조들에 맞서 그 어떤 독자적 배열형태도 못 드러내는 현상도 나는 시각적 사물이라 부르지 않을 것이다. 어떤 현상, 가령 빛 반사나 가볍게 부는 바람과 같은 현상은 내 감각(감관)들 중 하나에만 나타난다면, 환영이 될 것이다. 이런 현상은 바람이 세차게 불어 뒤집어지는 듯한 풍경에서 보이게 될 때처럼, 운 좋게 다른 내 감각(감관)들에 말을 걸 수 있게 될 때에만 비로소 실재적 실존에 이를 것이다. 세잔은 그림이란 그 자체 속에 풍경의 냄새까지 품고 있는 것이라고 말했다.[268] 세잔이 말하고자 하는 바는, 사물에서의 색의 배열은 (또한 완전히 사물을 되살리는 예술작품에서의 색의 배열도) 그 자체로, 사물이 다른 감각(감관)들의 물음에 돌려줄 모든 대답을 의미표현한다는 것이다. 즉 한 사물이 그러한 형태, 그러한 촉각적 속성, 그러한 소리, 그러한 냄새를 갖지 않는다면, 그와 같은 색을 갖지 못한다는 것이고, 또 사물이란 나눠지지 않은 내 실존이 자신 앞에 던지는 절대적 충만함이라는 것이다.

---

[268]   J. Gasquet, *Cézanne*, p. 81.

[6. 사물의 실존적 통일성]

¶ 응고된 모든 속성 저편에 있는 사물의 통일성은 기체substrat나 텅 빈 X 나 [속성들의] 귀속의 실체sujet가 아니다. 그것은 각각의 속성 속에서 반복적으로 발견되는 단일한 어조이고, 속성들이 그 이차적인 표현이 되는 단일한 실존 방식이다. 예를 들어 한 컵의 깨지기 쉬움, 딱딱함, 투명함, 맑은 소리는 단일한 존재의 방식을 표현한다. 어떤 환자가 악마를 볼 때, 그는 악마의 냄새와 불꽃과 연기도 본다. 왜냐하면 악마의 의미를 표현하는 통일성은 냄새가 맵고, 유황 성분이 있으며, 불타는 그런 본질이기 때문이다. 사물 속에는 각각의 감각 성질을 나머지 감각 성질들과 연결하는 한 상징 체계symbolique가 있다. 열은 일종의 사물의 진동으로 경험에 주어지고, 색의 경우에는 사물이 마치 자기 밖으로 나오는 것과 같다. 매우 뜨거운 대상이 붉어지는 것은 선험적으로*a priori* 필연적이고, 그것은 과도한 진동이 대상을 붉게 터져 나오게 하기 때문이다.[269] 우리의 시선이나 손 아래에서 감각적 소여가 전개되는 것은 《369》 스스로를 가르치는 언어활동, 기호의 구조 자체에 의해 실질의미가 분비되는 언어활동과 같은 것이다. 그러므로 문자 그대로 우리의 감각(감관)은 사물에게 묻고, 사물은 감각(감관)에게 대답한다고 말할 수 있다. "감각적 나타남은 알리는(*Kundgibt*) 것이고, 그것은 그 자신과 다른 것을 그와 같이 표현한다."[270] 우리는 새로운 행동을 이해

---

[269] 이러한 감각적(감관적) 경험들의 통일성은 그것들이 단일한 삶(생명)에 통합됨에 근거하고, 이 감각적(감관적) 경험들은 이처럼 이 단일한 삶(생명)의 가시적 증언이 되고 문장(紋章, emblème)이 된다. 지각된 세계는 다른 감각(감관)들의 용어로 표현되는 각 감각(감관)의 상징체계(symbolique)일 뿐만 아니라, 정념의 〈불꽃〉, 정신의 〈빛〉, 그 밖의 많은 비유와 신화들이 증명하는 것처럼 인간의 삶의 상징체계이기도 하다(H. Conrad-Martius, *Realontologie*, p. 302).

[270] H. Conrad-Martius, *ibid.*, p. 196. 동일 저자는 대상의 자기 알림에 대해서도 말한다 (*Zur Ontologie und Erscheinungslehre der realen Aussenwelt*, p. 371).

하는 것처럼, 사물을 이해한다. 즉 포섭이라는 지성적 작업에 의해서가 아니라, 관찰할 수 있는 기호가 우리 앞에서 대략 그려 내는 실존의 방식을 우리의 것으로 다시 취함(잡음)으로써 사물을 이해한다. 하나의 행동은 세계를 다루는 어떤 방식을 그려 낸다. 이와 마찬가지로 사물들이 상호작용 속에 있을 때, 각 사물은 외부와의 모든 만남에서 지켜야 하는 일종의 선험적인 것a priori에 의해 특징지어진다. 영혼이 몸에 거주하듯이, 한 사물의 의미는 그 사물에 거주한다. 즉 한 사물의 의미는 나타남들 배후에 있지 않다. 재떨이의 의미는 (적어도 그것이 지각에 주어지는 바로서의 총체적이고 개체적 의미는) 그 감각적인 모습들에 질서를 주고 지성만이 접근할 수 있는 어떤 관념이 아니다. 재떨이의 의미는 재떨이에 생명을 불어넣고, 명증적으로 재떨이 속에 육화되어 있다. 이 때문에 우리는 지각에서 사물이 〈몸소 en personne〉 또는 〈살과 뼈를 가진 채로en chair et en os〉 우리에게 주어진다고 말한다. 타인 [현전] 이전에, 사물은 표현의 기적을 실현한다. 즉 자신을 외부로 드러내는 내부, 세계로 내려와 세계에 실존하기 시작하는 실질의미, 또한 시선으로 그것의 장소에서 그것을 찾음으로써만 온전히 이해될 수 있는 실질의미가 그 예이다. 이처럼 사물은 내 몸의 상관자이고, 더 일반적으로는 내 몸이 단지 안정화된 구조가 되는 내 실존의 상관자이다. 사물은 그것에 대한 내 몸의 잡음(접속)에서 구성되며, 그것은 일차적으로 지성에게서의 의미signification가 아니라, 몸의 통찰inspection에 접근되는 구조이다. 또한 실재를 지각적 경험에 나타나는 그대로 기술하고자 한다면, 우리는 실재가 인간학적 술어들을 지니고 있음을 보게 된다. 사물들 간의 관계나 사물의 여러 모습들 간의 관계가 《370》 항상 우리 몸에 의해 매개되기 때문에, 자연 전체는 우리 자신의 삶의 연출이거나, 일종의 대화처럼 말을 주고받는 우리의 상대자이다.

¶ 바로 이 때문에 결국 우리는 지각되지 않거나 지각될 수 없는 사물은

생각할 수 없다. 버클리Berkeley가 말한 것처럼, 그 누구도 가 본 적이 없는 사막조차도 적어도 한 명의 관찰자가 있으며, 그 사람은 바로 그 사막을 생각할 때의, 다시 말해 그것을 지각한다는 정신적 경험을 가질 때의 우리 자신이다. 사물은 결코 그것을 지각하는 자와 분리될 수가 없고, 실제로 결코 즉자적으로 존재할 수가 없다. 왜냐하면 사물의 분절들은 우리 실존의 분절들 자체이기 때문이고, 사물은 그것에 인간성을 갖게 하는 시선의 끝이나 감각(감관)적 탐색의 말단에 놓여 있기 때문이다. 이런 한에서 모든 지각은 소통communication이거나 함께-함communion이다. 즉 그것은 우리가 외부의étrangère 의도(지향)를 다시 잡거나 완수하는 것이고, 반대로는 우리의 지각적 능력들을 외부에서 실현하는 것이며, 말하자면 우리 몸과 사물의 짝지음이다. 우리가 이러한 것을 더 일찍 알아차리지 못한 것은, 객관적 사유의 편견으로 인해 지각된 세계에 대해 깨닫기가 어려웠기 때문이다. 객관적 사유의 임무는 언제나 주체와 세계의 결합을 입증하는 모든 현상을 축소하는 것이고, 그것들을 즉자로서의 대상과 순수 의식으로서의 주체의 명석한 관념으로 대체하는 것이다. 따라서 객관적 사유는 사물과 육화된 주체를 결합하는 끈을 끊어 버리고, 우리의 세계를 요소들로 만들기 위해, 우리가 기술했던 여러 나타남의 방식을 배제하면서 감각 성질만을, 특히 선호적으로 시각적 성질만을 존속시킨다. 왜냐하면 시각적 성질은 자율적인 것으로 보이기 때문이고, 또 그것은 몸과 덜 직접적으로 결합되어, 우리를 분위기atmosphère로 이끌기보다는 우리에게 대상을 제시하기 때문이다. 그러나 사실 모든 사물은 어떤 환경에서 응고된 것이고, 한 사물에 대한 모든 명시적 지각은 어떤 분위기와의 선행하는 소통에 의해 유지될 수 있는 것이다. 우리는 "눈, 귀, 촉각기관, 또 이것들의 신경돌기에서 뇌에 이르는 부위들의 단순 집합체"가 아니다. "… 모든 문학작품이 … 언어를 구성하는 소리들과 그 글자 기호들의 가능한 배열의 특수한 사례에 불과한 것과 마찬가지로, 성질들이나 감각들은 우리의 세계(*Umwelt*)라는 커다란 시가 이루어지는 요소들을 나타낸다. 그러나 소리와 글자만 아는 사람은 조금도 문학을 알지 못하고, 문학의 궁극적 존재만이 아니라 그에 대해 아무것도 모르는 것이 확실한 것처럼, 《371》〈감각들〉이 주어진 사람에게는 세계가 주어져 있지 않고, 세계의 어떤 것도 알려질 수가 없다."[271]

[7. 사물은 반드시 대상이 되는 것은 아니다]

¶ 반드시 지각된 것은 인식할 항으로서 내 앞에 현전하는 대상인 것은 아니다. 그것은 내게 실천적으로만 현전할 수 있는 〈가치의 통일성〉일 수 있다. 만약 누군가가 우리가 사는 방에서 그림을 치워 버리면, 우리는 무엇이 변했는지 모르지만 어떤 변화를 지각한다. 내 환경에 속하는 모든 것은 지각되어 있다. 또한 내 환경은 "있느냐 있지 않느냐, 본래의 성질로 있느냐 변질되었느냐가 내게 실천적으로 중요한 모든 것"[272]을 포함한다. 예를 들어 아직 오지 않은 폭풍우가 있다. 그것은 내가 그 조짐들을 나열할 수도 없고 예견조차 못 하지만, 〈준비물을 갖추고〉 대비하는 것이다. 또한 시각장의 가장자리도 있는데, 그것은 히스테리 환자에 의해 명백히 파악되지 않지만, 환자의 행동과 방향을 결정하는 데 일조하는 것이다. 그리고 다른 사람들의 존경이나 변함없는 우정도 내가 더 이상 알아차리지도 못했지만, 사라져 버리면 내가 불안정해지므로 그것들은 내게 있었던 것이다.[273] 사랑은 애무에 있는 만큼이나, 모르소프 부인Madame de Mortsauf을 위해 펠릭스 드 방드네스Félix de Vandenesse가 준비한 꽃다발 속에도 뚜렷이 있

---

271   Scheler, *Der Formalismus in der Ethik und die materiale Wertethik*, pp. 149-151.

272   *Ibid.*, p. 140.

273   *Ibid.*

다. "나는 [꽃들의] 색들과 잎들이 시선을 매혹함으로써 지성으로의 길을 내는 어떤 조화로움과 어떤 시적인 특성을 지녔다고 생각했다. 그것들은 마치 사랑하는 사람과 사랑받는 사람의 마음 저 밑바닥에서 수많은 기억을 불러일으키는 악곡과 같다. 색이 유기적으로 배열된 빛이라면, 곡조를 이루는 배열이 의미를 지니듯 색도 의미를 지녀야 하지 않을까? … 사랑도 그 문장紋章이 있다. 백작부인은 은밀히 그 문장을 해독했다. 그녀는 상처 부위가 만져진 환자의 비명처럼 날카로운 시선을 내게 던졌다. 그녀는 창피했지만 동시에 기쁨을 느꼈던 것이다."274 꽃다발이 사랑의 꽃다발인 것은 자명하지만, 꽃다발의 무엇이 사랑을 의미표현하는지는 말할 수가 없다. 그렇기 때문에 또한 모르소프 부인은 자신의 맹세를 어기지 않고 꽃다발을 받을 수 있었다. 꽃다발을 바라보는 것 외에는 그것을 이해하는 방법은 없다. 그러나 꽃다발을 바라볼 때, 꽃다발은 말하고자 하는 것을 말하고 있다. 꽃다발의 의미표현(실질의미)은 다른 사람의 실존이 읽을 수 있고 이해할 수 있는, 한 사람의 실존의 흔적이다. 자연적인 지각은 과학이 아니며, 과학이 대상으로 삼는 사물을 정립하지 않는다. 그것은 관찰하기 위해 사물을 멀리 두지 않으며, 그것은 사물과 함께 산다. 자연적인 지각은 우리를 고향에 묶듯 세계에 묶는 〈견해opinion〉, 〈근원적 믿음foi originaire〉이며, 《372》 지각된 것의 존재는 우리의 실존 전체가 그것을 향해 모아지는 선술어적 존재이다.

---

274 역주) 메를로퐁티는 이 인용문의 출처를 밝히지 않았다. 이 인용문은 발자크(Balzac)의 소설 『골짜기의 백합』에서 가져온 것이다(Balzac, *Le lys dans la vallée*, Paris: Garnier-Flamamarion, 1972, p. 127).

[8. 소여들 상호간의 동일성으로서의 실재, 소여들과 그 의미의 동일성으로서의 실재]

그렇지만 우리는 사물을 우리 몸과 우리 삶의 상관자로 규정함으로써 사물의 의미를 다 드러낸 것은 아니다. 결국 우리가 우리 몸의 통일성을 파악한 것은 단지 사물의 통일성 속에서이고, 또 우리의 손, 눈, 모든 감각 기관이 우리에게 서로 변환 가능한[서로 중첩되는] 기구들로서 나타난 것도 사물로부터 출발한 것이다. 그 자체로 있는 몸, 움직이지 않은 몸은 불투명한 덩어리에 지나지 않는다. 우리가 몸을 명확하고 그 동일성이 확인되는 존재로 지각하는 것은, 그것이 사물로 움직일 때이고, 지향적으로 스스로를 외부에 던지는 한에서이다. 게다가 이 지각은 곁눈질할 때처럼 드러나고 의식의 가장자리에 있을 뿐, 그 중심에는 사물과 세계가 차지하고 있다. 우리가 말했듯이 지각된 사물은 그것을 지각하는 누군가가 없으면 생각할 수가 없다. 그럼에도 여전히 사실인 것은 사물은 그것을 지각하는 사람에게 사물 그 자체로en soi 현전한다는 것, 또 그것은 진정으로 우리-에게서의-그-자체(즉자-대자en-soi-pour-soi)의 문제를 제기한다는 것이다. 우리는 보통 이런 것들을 깨닫지 못한다. 왜냐하면 우리의 지각은 우리의 관심사의 맥락에서 사물의 친숙한 현전을 발견할 정도로 충분히 사물에 놓여 있지만, 사물에 숨겨진 비인간적인 것을 드러낼 정도로는 충분히 놓여 있지 않기 때문이다. 그러나 사물은 우리에 대해 초연하며 그 자체 속에 머물러 있다. 이것은 우리의 관심사에서 벗어나서 우리가 사물에 대해 형이상학적이고 탈관심적인désintéressée 주의를 기울이면 보게 되는 것이다. 이 경우 사물은 적대적이고 낯설며, 더 이상 우리에게는 대화 상대자가 아니라, 단호하게 침묵하는 타자Autre이고, 다른[타인의] 의식의 내면성과 마찬가지로 우리에게서 벗어나는 자기Soi이다. 우리가 말했듯이 사물과 세계는 그 표정(표현expression)이 즉각 이해되는 낯익은 얼굴처럼 지각적 소통에 나타난다. 그러나 얼굴은 얼굴을 이루는 색들과 빛들의 배열을 통해서만 무엇인가를 표현하고, 그 시선의 의미는 눈 배후에 있는 것이 아니라 눈에 있으며, 그래서 화가는 색칠을 한 번 더 하거나 덜 함으로써 초상화의 시선을 충분히 변화시킬 수 있다. 세잔은 젊은 시절 그림에서 먼저 표현을 그리고자 애썼지만, 이 때문에 그는 표현을 놓치게 되었다. 세잔은 표현은 사물 자체의 언어이고, 사물의 배열형태에서 생겨난다는 것을 차츰차츰 알게 되었다. 그의 그림은 그 감각적 배열형태를 전체적으로 복원함으로써 사물과 얼굴의 고유 모습(형태적 모습physionomie)에 이르려는 시도이다. 이것은 매 순간 자연이 애쓰지 않고 행하는 것이다. 이것은 세잔의 풍경이 "아직 인간이 있지 않은 선-세계pré-monde의 풍경"[275]인 이유이기도 하다. 《373》

¶ 앞에서[276] 사물은 우리에게 몸의 목적론의 항으로, 우리의 심리-생리적 구조화montage의 규범으로 나타났다. 그러나 이것은 심리학적인 규정에 불과한 것으로서, 규정된 것의 전체 의미를 해명하지 않고, 사물을 그것을 만나는 우리의 경험들로 환원하는 것이었다. 이제 우리는 실재성의 핵을 발견한다. 즉 사물이 사물인 것은, 그것이 우리에게 무엇을 말하건, 그 감각적인 일면들aspects의 조직화 자체를 통해 그 무언가를 말하기 때문이다. 〈실재〉는 각 계기가 다른 계기들과 분리될 수 없을 뿐 아니라, 일종의 다른 계기들의 동의어가 되는 장소milieu이고, 그 〈일면들〉이 절대적인 등가성으로서 서로를 의미표현하는 장소이다. 그것은 그 이상일 수 없는 충만함이다. 즉 양탄자의 색은 그것이 양탄자이고 양모의 양탄자임을 말하지 않고서는, 또 이 색 속에 촉각적 가치, 어떤 무게, 소리에 대한 어떤 저항을 포

---

275   F. Novotny, *Das Problem des Menschen Cézanne im Verhältnis zu seiner Kunst*, p. 275.
276   역주) 특히 이번 장의 5절 참조.

함시키지 않고서는 완전하게 기술할 수 없는 것이다. 사물은 한 속성attribut을 완전히 규정하기 위해 그 주어 전체의 규정이 요구되는 존재, 따라서 거기에서 의미가 총체적 나타남과 구별되지 않는 그런 종류의 존재이다. 세잔은 또한 다음과 같이 말한다. "윤곽과 색은 더 이상 구분되는 것이 아니다. 색을 칠함에 따라 윤곽을 그리게 되고, 색이 조화를 이룰수록 윤곽은 더 명확해진다. … 색이 풍부해질 때, 형태는 완전해진다."[277] 조명-조명됨의 구조와 더불어, 여러 면이 존재할 수가 있다. 사물의 나타남과 더불어, 마침내 여러 형태 및 여러 위치가 일의적으로 존재할 수가 있다. 나타남들의 체계, 선공간적인 장場들은 정박하여, 마침내 한 공간이 된다. 그러나 색과 하나가 되는 것은 비단 기하학적 특성들만이 아니다. 사물의 의미 자체는 우리의 눈앞에서 이루어지고, 이 의미는 어떤 언어적 분석으로도 다 해명될 수 없고, 사물의 명증한 드러남과 하나를 이루는 것이다. 베르나르 E. Bernard의 말처럼, 세잔이 붓질한 각 색에는 "공기, 빛, 대상, 면, 특징, 윤곽, 스타일이 포함되지"[278] 않으면 안 된다. 시각적 풍경의 각 부분은 무수한 조건을 만족시키며, 또 실재는 각 계기에서 무한한 관계가 응축된 것이 그 본성이다. 사물과 마찬가지로 그림은 보아야 할 것이지 정의해야 할 것이 아니다. 하지만 결국 그림이 다른 세계 속에서 열리는 작은 세계와 같은 것이라면, 그것은 사물과 같은 견고함을 요구할 수 없다. 《374》 우리가 잘 느끼는 것처럼, 그림이란 의도적으로 만들어진 것이고, 또 그림 속에서 의미는 실존을 선행하고, 그것이 전달되기 위해 필요한 최소한의 질료만을 지니는 것이다. 이에 반하여 실재의 세계의 놀라운 점은 세계 속에서 의미가 단지 실존과 하나가 되는 것이고, 우리는 정말로 의미가 실존 속에 거주

---

277 Gasquet, *Cézanne*, p. 123.
278 E. Bernard, *La Méthode de Cézanne*, p. 298.

함을 본다는 것이다. 상상의 경우에는, 내가 보려는 의도(지향)를 품자마자 이미 나는 본다고 믿는다. 상상적인 것은 깊이가 없고, 우리가 관점을 바꾸려고 애써도 대답하지 않으며, 우리의 관찰에 응해 주지도 않는다.[279] 우리는 결코 상상적인 것에 맞물려(상상적인 것을 장악하고) 있지 않다. 이와 반대로 각 지각에서는 질료 자체가 의미와 형태를 띠고 있다. 불빛이 약한 거리의 어떤 집 문 앞에서 나는 누군가가 나오기를 기다리고 있고, 문을 나서는 사람들은 순간 불분명한 형태로 나타난다. 어떤 사람이 나오기는 하지만, 나는 그를 알아볼 수 있는지를, 내가 기다리는 사람이 그인지를 아직 알지 못한다. 이윽고 내게 무척 익숙한 실루엣이 성운에서 지구가 생겨나듯 안개 같은 것에서 생겨날 것이다. 실재가 우리가 만든 허구와 구별되는 것은, 실재에서 의미가 질료를 에워싸고 깊숙이 침투하기 때문이다. 일단 그림이 찢어지면, 우리 손에는 물감이 발라진 캔버스 조각만이 남는다. 그러나 우리가 돌을 깨뜨리고 깨진 돌조각을 또 깨뜨리면, 우리에게 남는 조각은 여전히 돌조각이다. 실재는 무한한 탐색에 응해 주고, 무한히 길어 낼 수 있다. 이 때문에 인간적 대상, 도구는 세계 위에 놓여 있는 것으로 우리에게 나타나고, 그 반면 사물은 비인간적인 자연의 바탕에 뿌리박혀 있다. 우리의 실존에게서 사물은 인력의 극점이기보다는 훨씬 더 척력의 극점이다. 우리는 사물 속에서 우리 자신을 알아보지 못하고, 이것은 바로 사물을 사물이게 하는 것이다. 우리는 사물의 관점적 측면들을 인식하면서 시작하지 않는다. 사물은 우리의 감관들, 감각들, 관점적 현상들에 의해 매개되지 않고, 우리는 곧장 사물로 향하며, 우리가 우리 인식의 한계와 인식하는 자로서의 우리 자신을 깨닫는 일은 이차적인 것이다.

---

279   J. P. Sartre, *L'Imaginaire*, p. 19.

[9. 인간 〈이전의〉 사물]

¶ 여기에 주사위가 있다. 지각에 대해 물어본 적도 없고 사물들 속에 살고 있는 자연적 태도의 주체에게 나타난 바 그대로 그것을 살펴보자. 주사위는 거기 있고, 세계에 놓여 있다. 주체가 주사위 주위를 돌 때, 기호들이 아니라 주사위의 측면들이 나타난다. 그는 주사위의 사영射影된 모습들projections이나 심지어 옆모습들profils조차도 지각하지 않으며, 여기서 또 저기서 주사위 자체를 본다. 나타남들은 아직 응고되지 않았고, 서로 소통하고, 《375》 서로 속으로 이행하며, 그것들을 연결하는 신비한 끈인 중심의 입방체성Würfelhaftigkeit[280]로부터 모두 방사된다. 우리가 지각하는 주체를 고려하자마자 일련의 환원이 개입된다. 우선, 나는 이 주사위가 나에 대해서만 있다는 것을 알아차린다. 아마 내 이웃들은 결국 이 주사위를 보지 못할 것이다. 이러한 관찰만으로도 주사위는 이미 실재성의 무언가를 잃어버린다. 그것은 그 자체로 존재하기를 멈추고 개인의 역사의 극점極點이 된다. 이어서, 나는 주사위가 엄밀히 시각을 통해서만 주어진다는 것을 알아차린다. 이와 동시에 나에겐 주사위 전체 중 그 표면만 있게 된다. 주사위는 물질성을 잃어버리고, 비어 있으며, 하나의 시각적 구조로, 즉 형태, 색, 그림자, 빛으로 환원된다. 적어도 형태, 색, 그림자, 빛은 공허한 것 속에 있지 않고, 여전히 지탱되는 지점에 있다. 그것은 시각적인 사물이다. 특히 시각적인 사물에는 그 질적인 속성들에 특수한 가치를 부여하는 공간적 구조가 여전히 있다. 즉 누군가가 내게 이런 주사위는 환영에 지나지 않는다고 알려 주면, 주사위 색은 단번에 변화하고, 공간을 변조하는 색의 방식도 더 이상 동일하지 않다. 주사위를 명시화함으로써 발견할 수 있는 모든 공간적 관계들은, 예를 들어 앞면과 뒷면 사이의 거리, 각들의 〈실재적〉

---

[280] Scheler, *Der Formalismus in der Ethik*, p. 52.

값, 측면들의 〈실재적〉 방향은 시각적 주사위의 존재 속에서 나눠져 있지 않다. 시각적 사물에서 원근법적(관점적) 모습으로 이행하는 것은 세 번째 환원을 통해서이다. 즉 나는 주사위의 모든 면이 내 눈에 주어질 수 없고, 그중 몇몇은 변형된다는 것을 알아차린다. 마지막 환원을 통해, 결국 나는 더 이상 사물의 속성도, 원근법적(관점적) 모습의 속성도 아닌, 몸의 변양에 불과한 감각에 이른다.[281] 그러나 사물의 경험은 이런 모든 매개를 통해 진행되지 않으며, 따라서 사물은 각각의 구성적 층을 더 높은 층을 나타내는 것으로 파악하여 사물을 완전히 구축하는 정신에게는 그 자신을 내보이지 않는다. 일차적으로 사물은 그 자체가 명증적으로 존재한다. 그리고 사물을 내 삶의 극으로, 감각들의 영속적인 가능성으로, 아니면 나타남들의 종합으로 규정하든, 이런 모든 시도는 그 근원적 존재 속에서의 사물 자체를, 주체적인 여러 조각으로 불완전하게 재구성한 사물로 대체하는 것이다. 우리는 사물이 인식하는 내 몸의 상관자라는 사실과 내 몸을 거부한다는 사실을 동시에 어떻게 이해할 수 있을까?

《376》 [10. 사물은 내가 세계에(세계로 향해) 있기 때문에 인간학적 술어를 넘어선다]

주어진 것은 사물 홀로만이 아니라, 사물의 경험, 주체성이 지나간 흔적 속의 어떤 초월, 한 역사를 통해 비쳐 보이는 어떤 자연이다. 만약 우리가 실재론처럼 지각을 사물과의 일치로 만들고자 하면, 더 이상 지각적 사건이 무엇인지도, 어떻게 주체가 사물을 자기 것으로 만드는지를, 어떻게 주체가 사물과 일치한 이후 그 사물을 자신의 역사에 편입시키는지를 이해하지 못할 것이다. 왜냐하면 가정상 주체는 사물의 어떤 것도 소유하지

281 *Ibid.*, pp. 51-54.

못할 것이기 때문이다. 우리가 사물을 지각하기 위해서는, 사물을 체험해야 한다. 그렇지만 우리는 종합의 관념론을 거부한다. 왜냐하면 그것 역시 우리와 사물의 체험된 관계를 왜곡하기 때문이다. 지각하는 주체가 지각된 것의 종합을 수행한다면, 그 주체는 지각의 질료를 지배하고 사유해야 하고, 내부로부터 사물의 모든 모습을 조직하고 결합해야 한다. 즉 지각은 개인적 주체와 한 관점에 속하기를 멈추어야 하고, 사물은 그 초월성과 불투명성을 잃어버려야 한다. 사물을 체험하는 것은 사물과 일치하는 것도 아니고, 사물을 완전히 사유하는 것도 아니다. 따라서 우리의 문제는 분명하다. 지각하는 주체는 자신의 자리와 관점을 벗어나지 않고, 불투명한 감각작용 속에 있으면서, 그가 미리 그 열쇠를 갖고 있지 않지만, 자신 속에 그로 향할 기획을 갖고 있는 사물들로 향해야 하고, 그가 자신의 심층에서부터 준비하고 있는 절대적 **타자**에 자신을 열어야 한다.

¶ 사물은 하나의 덩어리가 아니다. 관점적인 모습들, 나타남들의 흐름이 명시적으로 정립되어 있지 않더라도, 내가 사물로 향하려고 그것들에서 벗어나는 데 정확히 필요한 만큼, 그것들은 적어도 지각될 준비가 되어 있고 비-정립적 의식에 주어져 있다. 내가 조약돌을 지각할 때, 나는 눈으로만 그것을 인식한다는 것, 몇몇 관점적 모습만을 갖는다는 것을 명백히 의식하지 않는다. 그렇지만 나는 이와 같은 분석에서도 놀라지 않는다. 나는 전체적 지각이 내 시선을 관통하고 이용하는 것을 암암리에 알고 있었고, 조약돌은 내 몸 기관들로 채워진 어둠 앞에서 무척 밝게 내게 나타나고 있었다. 내가 마음속으로 한쪽 눈을 감는 생각이나 관점적 현상에 대한 생각을 조금이라도 해 본다면, 나는 사물의 견고한 덩어리에 균열들이 생길 수 있음을 예상할 수 있다. 이런 점에서 사물들은 주관적인 나타남들의 흐름에서 구성된다고 말하는 것은 옳다. 그렇지만 나는 현실적으로actuellement 사물을 구성하고 있지 않았다. 다시 말해 나는 감각적인 모

든 윤곽적(관점적) 모습들profils의 관계 그리고 이 모습들과 내 감각기관들과의 관계를, 능동적으로 또 정신의 통찰에 의해 정립하고 있지 않았다. 바로 이것은 내가 내 몸으로 지각한다고 말함으로써 표현했던 것이다. 시각적인 사물이 나타나는 것은, 내 시선이 광경의 표지들을 따라가며 흩어진 빛과 **(377)** 그림자를 모으면서, 빛이 드러내 주는 것에 도달하듯이 조명된 표면에 도달할 때이다. 내 시선은 어떤 빛점이 어떠한 맥락에서 의미표현하는 것을 〈알고 있다〉. 그것은 조명의 논리를 이해한다. 더 일반적으로는, 내 몸 전체가 결합하는(합치하는) 세계의 논리, 상호감각적인 사물이 우리에게 가능하게 되는 세계의 논리가 있다. 내 몸은 [여러 기관의] 공동작용의 능력인 한에서, 어떤 색이 더해지거나 빠지는 것이 내 경험 전체에게서 무엇을 의미하는지를 알며, 그것이 대상의 모습과 의미에 미친 영향을 단번에 파악한다. 감각(감관)들, 예컨대 시각을 지니는 것은, 일반적인 구조montage를, 즉 우리가 그를 통해 시각적으로 주어진 모든 배열형태들을 수용할 수 있는, 가능한 시각적 관계들의 틀(유형typique)을 소유하는 것이다. 하나의 몸을 지니는 것은, 어떤 보편적인 구조를, 즉 우리가 현실적으로 지각한 세계의 단편 저 너머로 모든 지각적 전개와 상호감각적(상호감관적)인 모든 대응(일치)의 틀(유형)을 소유하는 것이다. 따라서 사물은 지각에서 현실적으로 주어지는 것이 아니라, 우리가 내적으로 다시 잡고(계승하고), 재구성하며, 체험하는 것이다. 이것은 사물이 세계에 연결되어 있는 한에서, 즉 우리 자신이 그 근본적 구조들을 지닌 세계, 또 사물이 가능적으로 그 구체화된 것들 중 하나일 뿐인 세계에 연결되어 있는 한에서이다. 사물은 우리가 체험하는(사는) 것이지만, 우리의 삶에 여전히 초월적이다. 왜냐하면 자신 주위에 인간적 환경을 그려 내는 습성을 지닌 인간의 몸은 자신을 관통하여 세계 자체로 운동하기 때문이다. 동물의 행동은 동물적 환경(*Umwelt*)과 저항(*Widerstand*)의 중심을 겨냥한다. 동물의 행동이 구체적인 실질의미가 없는 자연적 자극에 노출되게 하면, 신경증이 유발될 것이다.[282] 인간의 행동은 자신을 위해 만든 도구를 넘어 세계와 대상을 향해 열리며, 그것은 심지어 자기-몸을 대상처럼 다룰 수도 있다. 인간의 삶은 객관적 사유 속에서 스스로를 부정하는 그런 능력에 의해 정의되고, 또 그것은 이러한 능력을 세계 그 자체에 원초적으로 달라붙음에서 얻는다. 인간의 삶은 한정된 어떤 환경만이 아니라 무한한 환경도 〈이해하며〉, 그것은 또한 자기 자신도 이해한다. 왜냐하면 인간의 삶은 자연적 세계에 던져져 있기 때문이다.

*
**

[(C) 자연적 세계]

[11. 틀(유형)로서의 세계, 12. 스타일로서의 세계, 13. 개체로서의 세계]

따라서 이와 같은 세계의 원초적인 이해는 해명되어야 한다. 우리는 자연적 세계가 상호감각적 관계들의 틀(유형)이라고 말했다. 우리는 세계를 《378》 칸트적인 방식으로 이해하지 않는다. 즉 세계는 어떤 존재자라도 인식될 수 있기 위해 따라야만 하는 불변적 관계들의 체계가 아니다. 세계는 모든 가능한 모습들이 그 구축 법칙에 의해 이해되고, 심지어 숨겨진 면들도 그 투명함 속에서 보이게 되는 크리스털 정육면체와 같은 것이 아니다. 정신이 세계의 모습들을 연결하여 이것들을 하나의 실측도géométral의 개념으로 통합하지 못한다고 해도, 세계는 그 통일성을 갖고 있다.

¶ 세계의 통일성은 개인(개체)의 통일성에 비유될 수 있다. 개인은 비록

---

[282] *La Structure du Comportement*, p. 72와 그 이하[제3판, pp. 60-61]를 보라.

환경이나 생각이 바뀌어도 그의 모든 말과 행위에서 동일한 스타일을 간직하기 때문에, 나는 그의 성격을 정확히 표현하기 전에 그를 명백한 명증 속에서 알아본다. 스타일이란 [한 개인이] 상황을 다루는 어떤 방식이다. 이 방식은 내가 비록 정의 내릴 수 없을지라도, 일종의 모방에 의해 내 것으로 다시 취함(잡음)으로써 한 개인이나 작가 속에서 식별하거나 이해하는 것이다. 게다가 이 방식은 아무리 정확히 정의한다 해도, 엄밀히 그것과 동일하게 정의할 수 없는 것이며, 이미 그것을 경험한 사람에게만 그 정의가 관심 있는 것이다. 나는 하나의 스타일을 알아보는 것처럼 세계의 통일성을 체험한다. 그렇지만 한 사람의 스타일, 한 마을의 스타일이 내게 항상적으로 남아 있는 것은 아니다. 나는 사귄 지 10년이 지난 친구에게서 나이의 변화를 생각하지 않아도 다른 사람을 대하는 듯한 느낌이 있고, 거주한 지 10년이 지난 지역에 대해서도 다른 지역을 대하는 느낌이 있다. 이와 달리 사물들 인식은 단지 변화할 뿐이다. 사물을 처음 보았을 때 그 변화는 거의 인식되지 않지만, 지각의 전개됨에 따라 그 인식은 변화해 간다.

¶ 세계 그 자체는 내 삶 전체를 통해 동일한 세계로 머물러 있다. 왜냐하면 그것은 영속적 존재로서, 내가 그 내부에서 모든 인식을 수정하는 것이고, 이런 수정에 의해서도 그 통일성에는 영향이 없는 것이며, 그것의 명증은 나타남과 오류를 통해 진리로 향하는 내 운동에 방향을 주는 것이기 때문이다. 어린아이의 최초 지각의 가장자리에, 세계는 아직 알려지지 않았지만 의심의 여지 없이 현전하는 것으로, 차후의 인식이 규정하고 채워야 할 것으로 존재한다. 나는 착각할 수 있고, 따라서 나는 내 확신을 수정해야 하고, 존재에서 내 착각을 일소해야 한다. 그러나 한 순간도 나는 사물들 그 자체가 서로 모순되지 않을 수 있고 함께 가능한 것임을 의심하지 않는다. 왜냐하면 내가 처음부터 소통하는 단일한 존재, 거대한 하나의 개체는 내 경험들이 그로부터 이끌어 내진 것이고, 또 그것은 큰 도시의 풍문

이 우리의 모든 행위의 배경(바탕)을 이루듯 내 삶의 지평에 존속하는 것이기 때문이다. 우리가 말했듯이, 소리들이나 색들은 하나의 감각장에 속한다. 왜냐하면 일단 지각된 소리는 《379》 다른 소리나 침묵으로만 이어질 수 있기 때문이다. 이 침묵도 청각적인 무無가 아니라 소리의 부재이고, 따라서 우리와 소리 존재의 소통을 유지하는 것이다. 내가 생각에 빠져 잠시 동안 듣는 것을 멈춘다고 해도, 소리와 다시 접촉하게 되면, 소리는 내게 이미 거기에 있는 것처럼 나타나고, 나는 놓아 버렸지만 끊어지지 않은 끈처럼 다시 잡는다. 장場은 내가 어떤 유형의 경험들에 대해 갖는 구조montage이고, 이 구조는 일단 확립되면 무無로 만들 수 없는 것이다. 우리의 세계 소유도 이와 같은 종류에 속하고, 다만 청각장 없는 주체는 생각할 수 있어도 세계 없는 주체는 생각할 수 없다는 점이 다를 뿐이다.[283] 듣는 주체에게서 소리의 부재가 소리의 세계와의 소통을 끊는 것이 아닌 것처럼, 태어날 때부터 귀와 눈이 먼 주체에게서 청각적 세계와 시각적 세계의 부재는 세계 일반과의 소통을 끊는 것이 아니다. 그 주체 앞에는 항상 어떤 것이, 해독될 존재가, 어떤 실재의 전체omnitudo realitatis가 있고, 이러한 가능성은 비록 폭이 좁거나 불완전한 경험이지만 최초의 감각적(감관적) 경험에 의해 언제나 토대 지어져 있다. 매 순간 우리 속에서 이뤄지는 이러한 확인(긍정)을 다시 잡는(파악하는) 것 외에, 우리에게는 세계가 무엇인지를 아는 방식은 없다. 또한 우리가 정의된 세계에 이미 접근하지 않았다면, 또 우리가 존재한다는 단지 그 사실에 의해 세계를 알고 있지 않았다면, 세계에 대한 모든 정의는 우리에게 아무것도 말해 주지 않는 추상적인 특징의 기술에 불과할 것이다. 우리의 모든 의미부여적인 논리 작용은 바로 세계의 경

---

283 E. Stein, *Beiträge zur phänomenologischen Begründung der Psychologie und der Geistes-wissenschaften*, p. 10과 그 이하.

험에 토대하고, 따라서 세계 그 자체는 우리의 모든 경험을 통해 읽히는 이 경험들의 어떤 공통 의미signification도 아니고, 인식의 질료에 혼을 불어넣으러 오는 관념(이념)도 아니다.

[14. 세계는 윤곽(관점) 지어져 있지, 지성의 종합에 의해 정립되어 있지 않다]

¶ 우리에게서 세계는 우리 속의 의식이 연결시켜 주는 일련의 윤곽적 (관점적) 모습들profils로 주어지지 않는다. 물론 세계는 우선 공간적으로 윤곽(관점) 지어져 있다. 내게는 큰길의 남쪽 측면만 보이고, 내가 차도를 건너면 북쪽 측면이 보일 것이다. 내게는 파리만 보이고, 내가 막 떠나온 시골은 일종의 잠재적인 삶으로 가라앉아 있다. 좀 더 깊이 생각해 보면, 공간적인 윤곽적(관점적) 모습들은 또한 시간적이기도 하다. 즉 다른 곳은 언제나 이미 보았거나 볼 수 있을 어떤 것이다. 내가 이 다른 곳을 현재와 동시적인 것으로 지각한다고 해도, 그것은 지속의 동일한 물결에 속하기 때문에 그렇게 지각되는 것이다. 한순간 내가 도시에서 눈을 떼고 새롭게 그것을 바라볼 때 경험하는 것처럼, 내가 도시에 다가가면, 그 모습은 변화한다. 그러나 《380》 윤곽적(관점적) 모습들은 내 앞에서 서로를 뒤따르는 것도 서로가 병치되어 있는 것도 아니다. 이러한 순간들 속에서 내 경험들이 서로 결합되는 것은, 하나의 불변항의 개념에 따라 여러 관점적인 광경이 결합되는 방식으로 일어나는 것이 아니다. 여러 관점을 장소 없이 사유하는 의식의 시선 아래에서 지각하는 몸은 그 관점들 하나하나를 취하지 않는다. 관점들이나 관점적 현상들을 객관화하는 것은 반성이다. 내가 지각할 때, 나는 내 관점을 통해 세계 전체에 있고, 게다가 나는 내 시각장의 한계조차 알고 있지 않다. 다양한 관점은 [측면으로] 알아차릴 수 없을 정도로 미끄러져 감glissement에 의해, 나타남의 어떤 〈흔들림bougé〉에 의해 감지될 뿐이다. 연속적인 윤곽적(관점적) 모습들이 실제로 구별되는 경우, 예컨대 내

가 차를 타고 어느 도시에 접근하며 간헐적으로만 그 도시를 바라보는 경우에는, 더 이상 도시의 지각은 없고, 갑자기 나는 이전 대상과 공약수도 없는 어떤 별개의 대상 앞에 있게 된다. 결국엔 나는 "분명 여긴, 샤르트르 Chartres야"라고 판단하고, 나는 두 개의 나타남을 하나로 붙인다. 그러나 내가 이렇게 할 수 있는 것은 두 나타남들 모두가 하나의 세계에서 이끌어 내졌고, 따라서 세계의 지각은 [붙여진 나타남들 사이에 있는] 그와 같은 불연속성을 허용하지 않기 때문이다.

[15. 이행의 종합]

¶ 두 개의 단안 시각상으로 한 대상의 양안 시각을 만들 수 없는 것처럼, 구별되는 윤곽적(관점적) 모습들로 사물과 세계의 지각을 만들 수 없다. 또한 내가 손가락으로 안구를 누르던 것을 멈출 때 이중상이 하나의 사물 속으로 사라지는 것처럼, 세계의 내 경험들도 하나의 세계로 통합된다. 나는 먼저 하나의 관점적 광경을, 이어서 또 다른 관점적 광경을, 그리고는 그것들에 대한 지성적 결합을 갖는 것이 아니라, 각 관점적 현상은 다른 관점적 현상으로 이행하는 것이다. 여기서 여전히 종합에 대해 말할 수 있다면, 그것은 〈이행의 종합synthèse de transition〉이 된다. 특히 현실적 지각은 내 시각장이 사실상 내게 제시한 것으로 제한되지 않는다. 옆방, 이 언덕 뒤의 풍경, 이 대상의 내부나 뒷면은 상기되거나 표상되지 않는다. 내 관점은 나에게 있어 내 경험을 제한하는 것이 아니라 세계 전체로 미끄러져 가는 방식이다. 내가 지평선을 바라본다면, 이 지평선은 내가 거기에 있다면 보게 될 다른 광경을, 이 광경은 또 다른 광경을, 이런 식으로 계속 사유하게 하지 않으며, 나는 어떤 것도 표상하지 않는다. 하지만 모든 광경은 이미 거기서 그것들의 관점적 현상들이 서로 일치하며 연결된 채 또 무한히 열린 채로 존재한다. 내가 세잔이 그린 반짝이는 꽃병의 녹색을 바라볼 때, 이

반짝이는 녹색은 내게 도자기(세라믹)를 사유하게 하지 않는다. 그것은 도자기를 나타내고, 도자기는 녹색이 변조되는 특수한 방식으로, 그 표면이 얇고 매끄럽고 그 속엔 미세 구멍들이 많은 채로 거기에 있다. 사물이나 광경의 내적 지평과 외적 지평에는, 《381》 공간과 시간을 통해 결합되는 윤곽적(관점적) 모습들의 함께-현전함이나 함께-실존함이 있다. 자연적 세계는 모든 지평들의 지평, 모든 스타일들의 스타일로서, 나의 인격적이고 역사적 삶의 모든 분절 아래서 내 경험들에 주어져 있으나 의욕되지 않은 통일성을 확보해 주는 것이다. 또 그것의 상관자는 내 속에서 주어져 있고, 일반적이며, 선인격적인(선인칭적인) 감각적(감관적) 기능들의 실존이고, 이런 실존에서 우리는 몸의 정의를 발견했던 것이다.

[16. 세계의 실재성과 미완결성: 세계는 열려 있다]

그러나 '어떻게 내가 세계를 현실태로서 존재하는 개체처럼 경험할 수 있을까'라는 물음이 생길 수 있다. 왜냐하면 내가 세계에 대해 갖는 어떤 관점적 광경도 세계를 다 길어 내지 못하고, 지평들은 항상 열려 있으며, 게다가 어떤 지식도, 심지어 과학적 지식도 우주 전체의 한 모습*facies totius universi*에 대한 불변의 정식을 우리에게 주지 못하기 때문이다. '어떤 사물이라도 어떻게 그것이 우리에게 진실로 현전할 수 있을까'라는 물음도 생길 수 있다. 왜냐하면 사물의 종합은 결코 완성되지 않고, 또 나는 보이는 사물이 산산조각 나며 단순한 착각의 상태가 되는 것을 언제나 예상할 수 있기 때문이다. 그렇지만 어떤 것이 존재하는 것이지, 무無가 존재하는 것이 아니다. 적어도 어느 정도의 관계성(상대성) 속에서 규정된 어떤 것이 존재한다. 내가 결국에는 이 돌멩이를 절대적으로 아는 것은 아니지만, 또 돌멩이에 관한 인식이 무한히 계속 진행되고 결코 완성될 수 없지만, 그럼에도 돌멩이는 거기에 있고, 나는 그것을 알아보고, 그것의 이름을 부르며,

우리는 그것에 관한 여러 언급들에 서로 의견이 일치한다. 이처럼 우리는 하나의 모순에 이르는 것처럼 보인다. 즉 사물과 세계에 대한 믿음은 완성된 종합의 전제를 의미할 뿐이지만, [다른 한편] 각각의 관점적 현상이 스스로의 지평을 통해 끝없이 다른 관점적 현상들을 가리키기 때문에, 이러한 완성은 연결되어야 할 관점적 현상들의 본성 자체에 의해 불가능하게 된다.

¶그런데 우리가 존재 속에서 작업하는 한, 실제로 모순은 존재한다. 그러나 우리가 시간 속에서 작업한다면, 또 우리가 시간을 존재의 척도로서 이해하는 데 성공한다면, 모순은 사라지거나, 아니면 그것은 일반화되고, 우리 경험의 궁극적 조건과 결합되며, 가능한 체험 및 사유와 하나가 된다. 지평의 종합synthèse d'horizons은 본질적으로 시간적이다. 그것은 시간에 종속된 것도 아니고, 시간을 겪는 것도 아니며, 시간을 극복할 필요도 없는 것이다. 그것은 시간이 흐르는 운동 자체와 하나가 되는 것이다. 나는 공간적 지평을 지닌 지각장을 통해, 내 주위에 현전하고, 그 너머로 펼쳐진 다른 모든 광경과 함께-실존하며, 이때의 모든 관점적 현상들은 함께 하나의 시간적 물결, 세계의 하나의 순간을 형성한다. 나는 시간적 지평을 지닌 지각장을 통해, 내 현재에, 《382》 이 현재에 앞선 과거 전체에, 또 어떤 미래에 현전한다. 이와 동시에 편재성은 사실상의effective 것이 아니라, 명백히 지향적인 것일 뿐이다. 내 눈앞에 펼쳐진 광경은 언덕 뒤에 숨겨진 것의 모양을 분명 내게 알려 줄 수 있지만, 어느 정도의 미규정적 상태로만 알려 준다. 이쪽에는 초원이 있고, 아마도 저쪽에는 숲이 있을 것이다. 어쨌든 나는 가까운 지평선 너머에는 육지나 바다가 있을 것임을, 더 너머에는 얼지 않은 바다 혹은 언 바다가, 또 그 너머에는 육지나 대기가 있을 것임을 알 뿐이다. 또 나는 지구의 대기권 끝에는 지각될 어떤 막연한(일반적인) 것이 있음을 알 뿐이고, 이런 먼 곳에 대해 추상적인 스타일만 소유할 뿐이

다. 마찬가지로 각각의 과거는 포괄하는 지향성으로 인해 곧 이어지는 가까운 과거 속에 그 전체가 차례로 포함되어 있음에도 불구하고, 과거는 약해져 가고, 내 초년 시절도 내 몸의 전체적 실존 속에서 사라져 가며, 나는 그때의 내 몸이 색, 소리, 그리고 내가 지금 보는 것과 비슷한 자연 앞에 이미 있었다는 것만을 알 뿐이다. 따라서 원리상으로만 나는 미래를 소유하는 것처럼 먼 곳과 과거를 소유할 뿐이고, 내 삶은 모든 측면에서 내게서 벗어나며, 비인칭적인(비인격적인) 지대들로 둘러싸여 있다. 우리가 세계의 실재성과 미완결성 사이에서 발견하는 모순은 의식이 편재한다는 것과 의식이 하나의 현전의 장에 구속되어 있다는 것 사이의 모순이다.

¶ 하지만 자세히 살펴보자. 그것은 정말로 모순이고 양자택일적인 것인가? 비록 내가 내 현재에 갇혀 있다고 말해도, 결국 우리는 현재에서 과거로, 가까운 곳에서 먼 곳으로 알아차리지 못할 정도로 이행한다. 또한 현재로부터 단지 함께-현재화된apprésenté[284] 것을 엄밀히 분리하는 것이 불가능하기 때문에, 멀리 있는 것들의 초월은 나의 현재에 침투하고, 나 자신과 일치한다고 믿는 경험에까지 비실재성의 의혹을 가져온다. 만약 내가 여기, 지금 있다면, 나는 여기에도 지금에도 있지 않다. 이와 반대로, 만약 내가 과거 및 다른 곳과의 지향적 관계를 과거와 다른 곳을 구성하는 것으로 간주한다면, 내가 의식을 어떤 장소성과 시간성에서도 얽매여 있지 않게 한다면, 내가 내 지각과 기억이 나를 데려가는 곳 어디에나 있다면, 나는 어느 시간에도 거주할 수 없고, 나의 이전 현재나 가능한 현재의 실재성은 나의 현실적 현재를 규정하는 특권적인 실재성과 함께 사라져 버린다.

---

[284] 역주) 현재의 사물의 지평에 현전한 과거와 먼 곳을 의미한다. 일역자(나카지마)는 이 용어를 후설의 "Appräsentation"과 관련시킨다. "후설은 "Appräsentation"을 "Mitgegenwärtig-machen", "Als-mitgegenwärtig-bewußt-machen"라 하며 바꿔 쓰고 있다(*Cartesianische Meditationen*(*Hua I*), S. 139)"(일역본, 836쪽 역주 59).

만약 종합이 현실적인[완성된] 것effective으로 이뤄질 수 있다면, 내 경험이 완결된 체계를 형성한다면, 사물과 세계가 완전히 규정될 수 있다면, 시-공간적 지평이 관념적으로라도 명시화될 수 있다면, 세계가 관점 없이 사유될 수 있다면, 《383》 이럴 경우 어떤 것도 존재하지 않을 것이고, 나는 세계를 고공비행할 것이다. 또한 모든 장소와 모든 시간이 동시에 실재가 되기는커녕, 내가 그것들 중 어디에도 거주하지 않고 그 어디에도 참여되어(구속되어) 있지 않기 때문에, 그것들 모두는 더 이상 실재이지 않게 된다. 만약 내가 언제나 어디에나 있다면, 나는 어느 때도 어디에도 있지 않게 된다. 따라서 세계의 미완결성과 존재, 의식의 구속(참여)과 편재성, 초월과 내재 사이에서 선택할 필요가 없는 것이다. 왜냐하면 각각의 항이 홀로 주장되면, 그것과 모순되는 항이 나타나기 때문이다. 우리가 이해해야 하는 것은, 내가 여기 및 지금 현전하게 하는 근거와 내가 다른 곳 및 언제나 현전하게 하는 근거가, 또 내가 여기 및 지금 부재하게 하는 근거와 내가 어느 장소 및 어느 시간에도 부재하게 하는 근거가 같다는 것이다. 이런 애매성은 의식 또는 실존의 불완전성이 아니라, 의식 또는 실존의 정의이다.

[17. 시간의 핵으로서의 세계]

¶ 넓은 의미의 시간, 즉 연속들의 질서일 뿐만 아니라 함께-실존함들의 질서인 시간은 하나의 장milieu으로, 우리가 거기서 한 자리(상황)를 차지함으로써만, 또 이 자리의 지평을 통해 그 전체를 파악함으로써만, 접근할 수 있고 이해할 수 있는 것이다. 시간의 핵인 세계는 함께-현재화된 것과 현재를 분리하면서 동시에 결합하는 그런 단일 운동을 통해서만 존속한다. 그리고 명석함의 장소로 간주되는 의식은 반대로 애매함의 장소 자체이다. 이러한 상황에서, 이렇게 말해도 좋다면, 어떤 것도 절대적으로 존재하지 않는다고 진정 말할 수 있을 것이다. 실제로는, 어떤 것도 존재하지 않

지만 모든 것이 스스로를 시간화한다고 말하는 것이 더 정확할 것이다. 그러나 시간성은 줄어든 실존이 아니다. 객관적 존재는 충만한 실존이 아니다. 객관적 존재의 모델은 우리 앞의 사물이 제시하는 것처럼, 일견 절대적으로 결정된 것처럼 보인다. 예컨대 이 돌은 희고 딱딱하며 미지근한 것이고, 세계는 돌 속에서 크리스털처럼 결정된 것으로 보인다. 돌은 존재하기 위해 시간을 필요로 하지 않는 것 같고, 스스로가 순간 속에서 완전히 펼쳐진 것 같으며, 그 어떤 추가적인 존재도 돌에게는 새로운 탄생인 것 같다. 그래서 우리는 세계가 [사물과 같은] 어떤 것이라면, 그것은 이 돌과 유사한 사물들의 총합일 뿐이고, 시간도 완전한 순간들의 총합일 뿐이라고 잠시 믿고 싶을 것이다. 이것은 데카르트적인 세계와 시간이다. 그리고 이와 같은 존재의 입장이 거의 불가피하다는 것은 정말로 사실이다. 왜냐하면 나에겐 한정된 대상들을 가진 시각장과 감각적인 현재가 있기 때문이고, 어떤 〈다른 곳〉도 또 다른 여기로 주어지고, 어떤 과거와 미래도 이전의 현재나 미래의 현재로 주어지기 때문이다. 단 하나의 대상의 지각도 고전 논리학이 전개하는 객관적이거나 명시적인 인식의 이상을 영구히 근거 지운다.

¶ 그러나 이러한 확실성들에 의존하자마자, 또 그것들을 낳는 지향적 삶을 일깨우자마자, 우리는 《384》 객관적 존재가 시간의 애매성 속에 뿌리내리고 있음을 깨닫는다. 나는 세계를 사물들의 총합으로, 시간을 점적인 〈지금들〉의 총합으로 생각할 수 없다. 왜냐하면 각각의 사물이 충분히 규정된 채로 나타나는 것은 다른 대상들이 저 희미한 먼 곳으로 물러날 때뿐이고, 각각의 현재가 그 실재성에서 나타나는 것도 이전의 현재와 이후의 현재의 동시적 현전을 배재할 때뿐이며, 따라서 사물들의 총합이나 현재들의 총합은 무의미하기 때문이다. 사물들과 순간들은 주체성이라 불리는 저 애매한 존재를 통해서만 서로 접합하여 한 세계를 형성하고, 그것들은

어떤 관점과 지향 속에서만 함께-현재적일 수 있다. 조각조각 흐르고 조각조각 존재하는 객관적 시간이, 생생한 현재에서 과거와 미래로 자신을 던지는 역사적 시간 속에 포함되어 있지 않다면, 그 존재는 짐작조차 되지 않을 것이다. 소위 충만한 대상과 순간이라 불리는 것은 불완전한 지향적 존재 앞에서만 솟아나는 것이다. 미래 없는 현재나 영원한 현재는 정확히 죽음의 정의이며, 살아 있는 현재는 그것이 다시 잡는 과거와 앞으로 던지는 미래 사이에서 찢어진다. 따라서 사물과 세계가 스스로 〈열린 것〉으로 나타나는 것, 우리를 결정된 나타남 저 너머로 보내는 것, 항상 우리에게 〈보아야 할 다른 것〉을 약속하는 것은 그것들에게서 본질적이다. 바로 이것은 때때로 사물과 세계가 신비하다고 언급될 때 표현되는 것이다. 사물과 세계의 객관적인 모습에 만족하지 말고, 그것들을 주관성의 장milieu에 다시 위치시킨다면, 실제로 그것들은 곧장 신비해진다. 심지어 사물과 세계는 어떤 해명도 허용치 않는 절대적인 신비이기도 하다. 그것은 우리 인식의 일시적인 결함 때문이 아니다. 왜냐하면 만약 그렇다면 이 절대적 신비는 단순한 문제[285] 수준으로 떨어질 것이기 때문이고, 이와 달리 그것은 해답이 존재하는 객관적 사유의 질서에 속하지 않기 때문이다. 우리의 지평 저 너머에는 계속해서 또 다른 광경과 지평 말고는 보아야 할 어떤 것도 없고, 사물의 내부에는 계속해서 또 다른 작은 사물 말고는 어떤 것도 없다. 객관적 사유의 이상은 시간성에 의해 토대 지어짐과 동시에 파괴된다. 진정한 의미의 세계는 하나의 대상이 아니다. 그것은 객관적 규정의 외피를 갖고 있지만, 그것들을 통해 주체성들이 거주하는, 아니 오히려 주체성 그 자체들인 균열들이나 틈들을 갖고 있다. 이제 우리는 세계에게 그 의미를 빚진 사물이 왜 지성에게 제시된 의미signification가 아니라 불투명한 구조인지를,

---

285   역주) "신비"와 "문제"에 대해서는 본서 48쪽 역주 참조.

또 사물의 최종적 의미가 왜 불분명하게 있는지를 이해할 수 있다. 사물과 세계는 나 또는 나와 같은 주체가 체험하는(사는) 것으로만 실존한다. 왜냐하면 그것들은 우리의 관점적 현상들의 연쇄이기 때문이다. [385] 그렇지만 그것들은 모든 관점적 현상들을 초월한다. 왜냐하면 이 연쇄가 시간적이고 완결되지 않기 때문이다. 마치 내 시각장 저 너머에 부재하는 광경이 스스로 계속 살고 있는 것처럼, 내 현재 이전에 내 과거가 한때 스스로 살았던 것처럼, 내게 있어 세계 그 자체는 내 밖에서 스스로 살고 있는 것처럼 보인다.

*
**

[(D) 환각 분석을 통한 반증]

[18. 객관적 사유가 이해할 수 없는 환각]

환각은 우리 눈앞에서 실재를 붕괴시키고, 실재를 유사-실재로 대체한다. 이런 두 방식으로 환각의 현상은 우리 인식의 선-논리적 토대로 우리를 데려가며, 앞서 사물과 세계에 대해 말했던 것을 확증해 준다. 가장 중요한 사실은 환자들이 대개의 경우 자신들의 환각과 지각을 구별한다는 점이다. 주사의 따끔함이나 〈전류〉 자극의 촉각적 환각을 가진 조현병(정신분열증) 환자들은 에틸염화(마취) 주사를 맞게 하거나 실제 전류를 통하게 하면 펄쩍 뛴다. 그들은 의사에게 "이번에는 선생님이 하셨군요. 저를 수술하시려고요…"라고 말한다. 또 다른 조현병 환자는 창문을 통해 정원에 서 있는 한 남자를 본다고 말하면서, 그 남자의 위치, 옷, 자세까지 지적한다. 그러나 그가 지적한 정원의 그 장소에 같은 옷과 같은 자세의 남자를 실제 서 있게 하면, 그는 깜짝 놀란다. 그는 주의 깊게 바라보며, "분명히, 어떤 사람이 있어요. 하지만 다른 사람이에요"라고 말한다. 그는 정원에 두 명의 남자가 있다는 것을 인정하려 하지 않는다. [환각에 불과한] 자신의 목소리를 의심해 본 적이 없는 어떤 여자 환자는 그녀의 목소리와 비슷한 목소리를 축음기로 듣게 하면, 하던 일을 멈추고 돌아보지도 않으면서 머리를 들어, 언제나 자신의 목소리를 들을 때처럼 하얀 천사가 나타나는 것을 본다. 그러나 그녀는 이 경험을 그날 들은 〈목소리들〉 중 하나라고 여기지 않는다. 이번 목소리는 동일한 것이 아니고, 〈직접〉 들은 목소리이며, 아마 의사의 목소리라는 것이다. 노인치매démente sénile에 걸린 한 노파는 침대에 가루가 있다고 불평하는데, 진짜로 침대에 얇게 깔린 쌀가루를 발견하고는 펄쩍 뛴다. 그는 "이게 뭐야? 이 가루는 축축해. 다른 것은 마른 가루였는데"라고 말한다. 알코올섬망(진전섬망délire alcoolique)[286]이 있는 한 환자는 의사의 손을 기니피그로 보지만, 진짜 기니피그가 의사의 다른 손에 있으면 곧장 그것을 알아본다.[287] 환자들이 전화나 라디오를 통해 누군가가 자신들에게 말을 한다고 자주 언급하는 것은, 바로 그들의 병적인 세계가 진짜가 아니라는 것과, 《386》 그 세계가 〈실재〉가 되기에는 뭔가가 부족하다는 것을 표현하기 위해서이다. 그 목소리는 교양 없는 사람의 괴상한 목소리이거나, 그런 사람인 척하는 자의 목소리이다. 또는 그것은 한 젊은이가 노인의 목소리를 흉내 내는 소리이거나, 혹은 "마치 독일인이 이디시어를 말하려고 하는 것처럼 들린다."[288] "그것은 마치 한 사람이 누군가에게 무언가를 말할 때와 같은 것이지만, 실제 소리가 나는 정도는 아니다."[289]

286 　역주) "장기간 음주하던 사람이 갑자기 음주를 중단 혹은 감량했을 때 나타나는 진전과 섬망상태"(「알코올진전섬망」, 『두산백과』).

287 　Zucker, *Experimentelles über Sinnestäuschungen*, pp. 706-64.

288 　Minkowski, *Le problème des hallucinations et le problème de l'espace*, p. 66.

289 　Schröder, *Das Halluzinieren*, p. 606.

¶ 환자들의 이러한 이야기는 환각과 관련한 온갖 논쟁을 종결시켜 주지는 않을까? 즉 환각은 감각적 내용이 아니므로, 그것을 판단이나 해석이나 믿음으로 간주하는 것 말고는 아무것도 없어 보인다. 그러나 환자들이 지각된 대상을 믿는 것과 동일한 의미로 환각을 믿는 것이 아니라면, 환각의 지성론적 이론도 불가능하게 된다. 알랭은 "실제로 보지도 않은 것을 보고 있다고 믿는"[290] 광인들에 대한 몽테뉴의 말을 인용한다. 그러나 광인들은 보고 있다고 믿지 않는다. 또는, 광인들에게 조금이라도 물어보면, 그들은 그 점에 대해 자신들의 말을 수정한다. 환각이 감각적 내용이 아니게 하는 이유는 동일하게 환각을 판단이나 무모한 믿음이 아니게 한다. 즉 판단이나 믿음은 환각을 참이라 정립함으로써만 성립할 수 있지만, 환자들은 그와 같이 하지 않기 때문이다. 환자들은 판단의 차원에서 환각과 지각을 구별하고, 어쨌든 그들은 자신들의 환각에 반대되는 견해를 말한다. 예컨대 그들은 쥐들이 입 밖으로 나오거나 위 속으로 다시 들어갈 수 없다고 말하고,[291] 또 어떤 의사는 [환각의] 목소리를 듣지만, 정말로 그에게 말하는 사람은 없다는 확신을 갖기 위해, 배를 타고 노를 저어 먼바다로 나아간다.[292] 그러나 환각적 발작이 갑자기 시작되면, 쥐와 목소리는 여전히 거기에 있다.

왜 경험론과 지성론은 환각을 이해하는 데 실패할까? 그리고 어떤 다른 방식으로 우리는 환각을 성공적으로 이해할 수 있을까? 경험론은 환각을 지각과 마찬가지로 설명하고자 노력한다. 즉 지각에서 물리적 자극이 신경 중추에 작용함으로써 감각 소여가 나타나는 것처럼, 어떤 생리적 원인의 결과로, 예컨대 동일한 신경 중추의 흥분으로 감각 소여가 나타난다

290   *Système des Beaux-Arts*, p. 15.
291   Specht, *Zur Phänomenologie und Morphologie der pathologischen Wahrnehmungstäu-schungen*, p. 15.
292   Jaspers, *Über Trugwahrnehmungen*, p. 471.

는 것이다. 《387》 언뜻 보기에 이런 생리학적 가설들과 지성론적 입장 사이에는 아무런 공통점도 없어 보인다. 곧 보겠지만, 실제로 이 두 입장은 객관적 사유의 우위를 전제하고, 단 하나의 존재 방식, 즉 객관적 존재만 다루며, 이 객관적 존재 속으로 환각적 현상을 억지로 끌어들이려 한다는 점에서 공통성이 있다. 이 때문에 이 두 입장은 환각의 현상을 왜곡하고, 그것의 고유한 양태의 확실성과 내재적 의미를 놓친다. 왜냐하면 환자 자신에 따르면, 환각은 객관적 존재 속에 그 자리가 없기 때문이다. 경험론에서 환각은 자극에서 의식 상태로 향하는 연쇄적 사건들 중 하나이다. 지성론은 [진정한] 환각을 제거하고자 시도한다. 즉 지성론은 환각을 재구축하고자 시도하고, 의식의 어떤 관념을 바탕으로 환각이 될 수 있는 것을 이끌어 내고자 시도한다. 코기토가 우리에게 알려 주는 것은, 의식의 존재가 존재하는 의식과 구별되지 않는다는 것, 따라서 의식이 그 어떤 것도 알지 못하면 의식 속에는 그 어떤 것도 있을 수 없다는 것, 반대로 의식이 확실하게 아는 모든 것을 의식 자신 속에서 발견한다는 것, 결과적으로 한 경험의 진리나 허위가 외부 실재와의 관계에 있는 것이 아니라 경험 속의 내적인 이름들로서 읽히는 것이며, 그렇지 않다면 결코 진리나 허위가 인식될 수 없다는 것이다. 이처럼 허위의 지각은 진짜 지각[293]이 아니다. 그런데 환각에 사로잡힌 사람들은 듣거나 본다는 말의 의미 그대로 듣거나 볼 수가 없다. 그는 듣거나 보고 있다고 판단하고 믿지만, 사실 그는 보고 있지도, 듣고 있지도 않다. 그리고 이러한 결론은 코기토조차 구제하지 못한다. 즉 환자는 실제 듣고 있지도 않는데, 어떻게 그가 듣고 있다고 믿는지를 아는 문제가 있을 것이기 때문이다. 혹자는 이 믿음은 단순 주장에 불과하다고, 그것은 일차적 종류의 인식이라고, 즉 완전한 의미에서 믿고 있지 않고, 단지

293　역주) 본서 537쪽의 역주 참조.

비판의 결여 속에서만 존속하는 그런 부유하는 나타남들 중 하나라고, 요컨대 우리 인식의 단순 사실적 상태라고 말할 것이다. 이럴 때에도 어떻게 의식이 이런 결여된(불완전한) 상태를 알지도 못하면서 그런 상태에 있는지를, 아니면 의식이 그런 상태를 안다면, 어떻게 의식이 그 상태에 달라붙을 수 있는지를 아는 문제가 있을 것이다.[294] 지성론적 코기토는 《388》 완전히 소유하고 구성하는 코기타툼(사유된 것cogitatum)만을 자신 앞에 둔다. 코기토가 자신이 구성한 대상에 어떻게 속을 수 있는지를 이해하는 것은 희망 없는 어려운 일이다. 따라서 여기에서도 환각적 현상에서 시선을 돌리게 하는 것은, 정말로 우리의 경험을 객관들로 환원하는 것이고, 객관적 사유에 우위를 두는 것이다. 경험론적 설명과 지성론적 반성 사이에는 공통적으로 현상에 대한 무지라는 깊은 근친성이 있다. 양쪽 모두 환각적 현상을 체험하기보다는 구축한다. 지성론이 가져온 새롭고 타당한 것도, 예컨대 지성론이 지각과 환각 사이에 확립한 본성상 차이도 객관적 사유의 우위성에 의해 위태롭게 된다. 다시 말해 만약 환각에 사로잡힌 주체가 자신의 환각을 객관적으로 인식하거나 있는 그대로 사유한다면, 어떻게 환각적 기만이 가능할까? 이 모든 것은 객관적 사유가, 즉 체험된 사물을 객관으로 환원하기와 주체성을 코기타티오(사유cogitatio)로 환원하기가 선-객관적 현상에 주체가 애매하게 달라붙을 수 있는 여지를 조금도 두지 않는 데에 기인한다.

---

294 이 때문에 알랭은 머뭇거린다. 만약 의식이 항상 자신을 인식한다면, 의식은 지각된 것과 상상적인 것을 즉각 구분해야 하고, 따라서 우리는 상상적인 것은 보이는 것이 아니라고 말해야 할 것이다(*Système des Beaux-Arts*, p. 15와 그 이하). 그러나 환각적 기만이 있다면, 상상적인 것은 지각된 것으로 간주될 수 있어야 하고, 따라서 우리는 판단이 시각을 가져온다고 말해야 할 것이다(*Quatre-vingt-un chapitres sur l'esprit et les passions*, p. 18).

[19. 환각적 현상으로의 복귀]

¶ 따라서 결론은 분명하다. 더 이상 의식 자체의 본질이나 관념에 따라, 환각도 일반적으로는 의식도 구축하지 말아야 한다. 이런 본질이나 관념은 의식을 꼭 절대적 충전성adéquation으로 정의하게 하여, 의식의 전개가 정지하는 것을 생각할 수 없게 한다. 우리는 다른 모든 것과 마찬가지로 의식을 인식하는 법을 배울 수 있다. 환각에 사로잡힌 사람이 보고 있고 듣고 있다고 말할 때, 그는 또한 그 반대말을 하기 때문에, 그의 말을 그대로 믿어서는 안 된다.[295] 오히려 우리는 그를 이해해야 한다. 우리는 환각에 사로잡힌 의식에 대한 정상적 의식의 견해에 만족하지 말아야 하고, 우리를 환각의 고유한 의미의 유일한 판정자로 생각하지도 말아야 한다. 아마도 이에 대해 혹자는 내가 그 자체로 있는 것으로서의 환각에는 도달할 수 없다고 응수할 것이다. 환각, 타인, 또는 자기 자신의 과거를 사유하는 사람은 결코 환각, 타인, 있었던 그대로의 자신의 과거와 합치하지 못한다. 인식은 이러한 사실성의 한계를 결코 넘어설 수 없다. 사실이다. 하지만 이것은 자의적인 구축을 정당화하는 데 이용되어서는 안 된다. 사실, 말은 이미 분리이기 때문에, 우리가 합치하는 경험만을 말해야 한다면, 아무것도 말하지 못할 것이다. 게다가 말이 없으면 경험은 없고, 순수 체험된 것은 심지어 인간의 말하는 생활에서는 존재하지 않는다.[296] 그렇지만 말의 일차적 의미는 그것이 나타내려는 경험의 텍스트 속에 있다. 추구되는 것

---

295 심리학자들이 그렇게 한다고 알랭이 비난하는 것처럼.

296 역주) 이 문장에서 "말이 없으면 경험은 없고"는 경험에 대한 〈언어 환원주의〉의 인상을 준다. 그러나 이것은 메를로퐁티 철학과 일치하지 않는다. 여기서 "경험"은 말로 표현하여 〈인식한 경험〉을 가리키는 것으로 보인다. 즉 경험은 말로 환원되지 않지만, 말로 표현하지 않으면 〈인식〉되지 않아 그것이 무엇인지 모르는 것이 된다. 영역본(Smith)은 이 문장을 "순수 체험된 것은 인간의 말하는 삶에 조금도 관계하지 않기 때문에, 말이 없으면 경험은 없다"고 번역한다.

은 《389》 나와 타인, 현재의 나와 나의 과거, 의사와 환자의 비현실적인 합치가 아니다. 우리는 타인의 상황을 [똑같이] 이어받을 수 없고, 과거를 그 실재성에서 다시 체험할 수 없으며, 환자가 체험한 바로서의 질병도 다시 체험할 수 없다. 타인의 의식, 과거, 질병의 존재는 결코 내가 그것들에 대해 인식하는 것으로 환원되지 않는다. 그런데 나 자신의 의식이 실존하고 또 [어떤 상황에] 참여되어(구속되어) 있는 한, 이 의식 또한 내가 그것에 대해 인식하는 것으로 환원되지 않는다. 철학자가 메스칼린 주사로 스스로에게 환각을 일으키게 해도 다음 둘 중 하나일 뿐이다. 즉 그는 환각적 발작에 굴복하는 경우가 있고, 이때 그는 환각을 체험할 것이지만, 환각을 인식하지 못할 것이다. 아니면 그는 자신의 반성 능력의 무언가를 유지하는 경우가 있고, 우리는 그의 증언이 환각에 〈참여되어(구속되어) 있는〉 환각 환자의 증언이 아니기 때문에 항상 그것을 거부할 수 있을 것이다. 따라서 자기 인식의 특권은 없다. 또한 나 자신이 내게 침투 불가능한 것이 아니듯이 타인도 내게 침투 불가능한 것이 아니다. 나와 다른 쪽의 타인, 내 현재와 다른 쪽의 내 과거, 코기토를 가진 건강한 의식과 환각에 사로잡힌 다른 쪽의 의식은, 전자가 후자의 유일한 판정자가 되고 또 전자가 후자에 대해 단지 자신의 내적 추측이 되는 것으로 주어져 있지 않다. 주어진 것은 환자와 함께 있는 의사, 타인과 함께 있는 나, 내 현재의 지평에 있는 내 과거이다. 나는 내 과거를 현재로 불러냄으로써 그것을 변형시키지만, 나는 이 변형 자체를 고려할 수 있다. 이 변형은 내가 겨냥하는 사라진 과거와 나의 자의적인 해석 사이에 존속하는 긴장을 통해 내게 알려진다. 나는 내 관점에서 타인을 보기 때문에 그를 오해할 수 있다. 그러나 나는 그의 항의를 듣고, 결국엔 타인의 관념(생각)을 관점적 현상들의 중심[교차점]으로서 갖게 된다. 나 자신의 상황 내부에서는 내가 탐문하는 환자의 상황이 나에게 나타나고, 이런 두 개의 극極을 가진 현상에서 나는 타인을 인식하는 것만큼이나 나를 인식하는 것을 배운다. 우리는 환각과 〈실재〉가 우리에게 나타날 수 있는 현실적effective 상황에 다시 위치해야 하고, 또 그것들의 구체적인 차이를 환자와의 소통에서 생겨나는 순간에 파악해야 한다. 나는 환자 앞에 앉아 그와 이야기를 하고, 그는 내게 그가 〈보는〉 것과 〈듣는〉 것을 기술하고자 노력한다. 문제는 그의 말을 그대로 믿는 것, 그의 경험을 내 경험으로 환원하는 것, 그와 합치를 이루는 것, 내 관점을 고집하는 것이 아니다. 그것은 내 경험 그리고 내 경험에서 나타나는 바로서의 그의 경험을 해명하는 것, 그의 환각적인 믿음과 내 실재의 믿음을 해명하는 것, 하나를 다른 하나를 통해 이해하는 것이다.

[20. 환각적 사물과 지각된 사물]

내가 상대방이 갖는 소리와 시각을 환각으로 분류하는 것은, 내가 그와 비슷한 것을 《390》 내 시각적 또는 청각적 세계에서 발견하지 못하기 때문이다. 따라서 나는 단순히 개인적인 광경만을 구성하지 않고, 내게서와 심지어 타인에게서도 유일하게 가능한 광경이 되는 하나의 현상들의 체계를, 청각으로 또 특히 시각으로 파악하는 의식을 지닌다. 그리고 그것은 바로 실재라 불리는 것이다. 지각된 세계는 단순히 나의 세계만이 아니다. 바로 그 속에서 나는 타인의 행위가 그러지는 것을 본다. 타인의 행위도 그 세계를 겨냥하고, 이 세계는 내 의식의 상관자일 뿐만 아니라 내가 만날 수 있는 모든 의식의 상관자이다. 내가 내 눈으로 보는 것은 있을 수 있는 내 시각들을 소진해 버린다[포괄한다]. 물론 나는 어떤 각도에서만 그것을 보며, 또 내가 추측만 하는 것을 다른 위치의 어떤 관찰자가 본다는 사실도 인정한다. 그러나 이러한 다른 광경들은 현실적으로 내 광경 속에 포함되어 있다. 그것은 마치 대상의 뒷면이나 아랫면이 보이는 면과 동시에 지각되는 것과 같거나, 옆방이 내가 거기에 들어가면 실제로 그것에 대해 갖게 될 지각보다 앞서 존재하는 것과 같다. 타인의 경험이나 내가 움직임으로써 얻을 경험은 내 현실적 경험의 지평이 가리킨 것만을 전개할 뿐이지, 그 어떤 것도 거기에 덧붙이지 않는다. 내 지각은 서로 일치하고 모든 점에서 내 지각을 확인시켜 줄 무수한 지각적 사슬들을 함께-실존하게 한다. 내 시선과 내 손은 현실적으로 행하는 모든 위치 이동이 내 기대에 정확히 부합하는 감각적 반응을 불러일으킨다는 사실을 알고 있다. 또 나는 이미 잡고 있고 파악하고 있는 보다 세부적인 무한한 지각들의 무리가 내 시선 아래서 운집하는 것을 느낀다. 따라서 나는 내 지각 속에 쓰여 있거나 가리켜진 것 이상의 그 무엇도 〈허용하지〉 않는 장milieu을 지각하는 의식이 있고, 현재 속에서 더 이상일 수 없는 충만함과 소통한다.[297] 환각에 사로잡힌 사람은 이상과 같은 것에 확신이 없다. 즉 환각적 현상은 세계의 일부분을 이루지 못하고 있다. 다시 말해, 환각적 현상은 접근할 수 없고, 이 환각적 현상에서 환각 환자의 다른 모든 경험이나 건강한 주체의 경험으로 나아갈 일정한 길은 없다. 환자는 "선생님은 제 목소리가 안 들리시나요?", "그렇다면 저만 제 목소리를 듣고 있네요"[298]라고 말한다. 환각은 지각된 세계와는 다른 무대에서 일어나며, 그것은 이중인화처럼 겹쳐 있다. 예컨대 한 환자는 "그런데, 우리가 대화하는 동안에도, 누군가가 내게 이러쿵저러쿵 말해요. 도대체 어떻게 이렇게 될 수 있지요?"[299]라고 말한다. 《391》 환각이 안정적이고 상호주관적인 세계에 자리 잡지 못하는 것은, 참된 사물이 〈그 자체 속에〉 놓이게 하고, 그 자체가 작용하고 실존하게 하는 그런 충만함과 내적 분절(접합)이 환각에는 없기 때문이다. 환각적 사물은 참된 사

297   Minkowski, *Le Problème des hallucinations et le problème de l'espace*, p. 66.
298   *Ibid.*, p. 64.
299   *Ibid.*, p. 66.

물처럼 실존하도록 유지해 주는 미세 지각들petites perceptions로 채워져 있지 않다. 그것은 함축적이고 분절(접합)이 안 된 의미표현(실질의미)이다. 참된 사물 앞에서 우리의 행동은 그 의도(지향)를 충족시키고 정당화하는 〈자극〉에 의해 스스로 부추겨짐을 느낀다. 환영의 경우에서 자발성(주도권)은 우리에게서 나오며, 외부에서 이에 응답하는 것은 아무것도 없다.[300] 환각적인 사물은 참된 사물처럼 자신 속에 지속의 두께를 응축하는 깊이 있는 존재가 아니다. 환각은 지각처럼 생생한 한 현재에서 시간에 대한 나의 구체적 잡음(파악)이 아니다. 환각은 세계에 미끄러져 스치듯 시간에 미끄러져 스친다. 꿈속에서 내게 말을 거는 사람은 입을 아예 닫고 있지만, 그의 생각은 내게 마법처럼 전달되고, 나는 그가 아무 말도 하기 전에 내게 무슨 말을 하는지를 안다. 환각은 세계 속에 있지 않고 세계 〈앞에〉 있다. 왜냐하면 환각에 사로잡힌 사람의 몸은 나타남들의 체계에 삽입됨을 상실하였기 때문이다.

¶ 모든 환각은 우선 자기-몸의 환각이다. 환자들은 "마치 나는 입으로 듣는 것 같다", "내게 말을 하는 사람은 내 입술에 있다"고 말한다.[301] 환자들은 〈현존하는 느낌(몸의 의식성)〉에서 자신들 가까이서, 뒤에서, 또는 위에서, 자신들이 결코 보지 못하는 어떤 사람의 현존을 직접 체험한다. 그들은 그 사람이 다가오거나 멀어지는 것을 느낀다. 어떤 조현병(정신분열증) 여자 환자는 끊임없이 등 뒤에서 자신의 나체가 보이는 인상을 갖는다. 조르주 상드G. Sand에게는 그녀가 본 적이 없지만 그녀를 끊임없이 바라보고 그녀의 목소리로 자신의 이름을 부르는 이중신(분신)이 있다.[302] 이인증離

---

300 이 때문에 팔라기(Palagyi)는 지각은 〈직접적 환영〉이고, 환각은 〈역(逆) 환영〉이라고 말할 수 있었다(Schorsch, *Zur Theorie der Halluzinationen*, p. 64).

301 Schröder, *Das Halluzinieren*, p. 606.

302 Menninger-Lerchental, *Das Truggebilde der Eigenen Gestalt*, p. 76 이하.

人症[303]과 몸 도식의 장애는 즉각 외부 환영으로 나타난다. 왜냐하면 우리의 몸을 지각하는 것과 우리의 상황을 어떤 물리적·인간적 환경에서 지각하는 것은 우리에게서 하나이기 때문이고, 우리 몸은 실현되어 있고 현실적인 것으로서의 이런 상황 자체와 다르지 않기 때문이다. 《392》 시각장 밖의 환각을 가진 환자는 자기 뒤의 사람을 보고, 자기 주변의 모든 부분을 보며, 자기 등 뒤에 위치한 창문을 통해 바라볼 수 있다고 믿는다.[304] 따라서 본다는 착각은 착각의 대상이 현전하는 것이 아니라, 시각 능력이 더 이상 대응하는 감각물도 없이 전개되고 마치 제멋대로 움직이는 것이다. 환각이 존재하는 것은, 우리가 현상적인 몸을 통해 이 몸이 스스로를 던지는 환경과의 항상적인 관계를 갖기 때문이고, 현실적인 환경에서 분리된 몸이 그 자신의 구조montages를 통해 이 환경의 유사-현전을 불러일으킬 수 있기 때문이다. 이런 한에서 환각적 사물은 결코 보이지도 않고 볼 수도 없다. 메스칼린에 중독된 한 사람은 어떤 기계장치의 나사를 유리전구처럼 또는 고무풍선의 부푼 혹처럼 지각한다. 하지만 정확히 그는 무엇을 보고 있는가? "나는 부풀어 오른 것들의 세계를 지각한다. … 그것은 한 악곡이 C나 B플랫으로 연주되는 것처럼, 마치 내 지각의 음자리표가 갑자기 바뀌고, 내 지각이 부풀어 오름 속에서 일어나도록 만들어진 것 같다. … 이때 내 모든 지각은 변형되었고, 순간적으로 나는 부푼 고무 망울을 지각했다. 이것은 내가 아무것도 보지 않았다고 말하는 것인가? 아니다. 그러나 나는 달리 지각할 수 없도록 〈구조화된monté〉 나를 느끼고 있었다. 세계가 그와 같다는 믿음이 나를 휩쓸었다. … 잠시 후 또 다른 변화가 일어났다. … 베

303 역주) "dépersonnalisation." "자신이 낯설게 느껴지거나 자신과 분리된 느낌을 경험하는 것으로 자기 지각에 이상이 생긴 상태"(『서울대학교병원 의학정보』).
304 *Ibid.*, p. 147.

를린의 동물원에서 보았던 똬리를 푸는 커다란 뱀들처럼, 모든 것은 내게 끈적거리면서 동시에 비늘이 있는 것처럼 보였다. 그 순간 나는 뱀들로 둘러싸인 작은 섬에 있다는 공포에 휩싸였다."[305]

¶ 환각은 부풀어 오른 것, 비늘, 말을, 조금씩 점차로 그 의미를 드러내는 묵직한 실재와 같은 방식으로 내게 제시하지 않는다. 환각은 이런 실재가 내 감각적 존재와 언어적 존재에 있어 나에게 영향을 미치는 방식만을 나타낸다. 환자가 그릇에 담긴 음식을 〈독이 든 것〉으로 거부할 때, 그에게서 이 말은 화학자에게서 갖는 의미가 아님을 이해해야 한다.[306] 즉 환자는 그 음식이 객관적인 몸에 해로운 독성의 성질을 실제로 갖는다고 믿지 않는다. 독은 여기서 감정적인 존재물이고, 질병과 불행의 현전처럼 마술적인 현전이다. 대부분의 환각들은 여러 모습을 가진 사물이 아니라, 주사의 따끔함, 진동, 폭발, 공기 흐름, 한파나 폭염, 《393》 번쩍이는 불꽃, 반짝이는 점, 미광, 실루엣과 같은 일시적 현상들이다.[307] 환각이 예컨대 쥐와 같은 실제 사물과 관계될 때는, 그것은 그 스타일이나 그 형태적 모습으로만 나타난다. 이처럼 제대로 분절(접합)되지 않은 현상들은 명확한 인과성의 연결로 이어지지 않는다. 이것들의 유일한 관계는 함께-실존함의 관계이고, 이 함께-실존함의 관계는 환자에게서 항상 어떤 의미를 지닌다. 왜냐하면 우연성의 의식은 명확하고 구분되는 인과적 계열들을 전제하기 때문이고, 우리는 여기서 붕괴된 세계의 잔해 속에 있기 때문이다. "콧물의 흘러내림은 특별한 흘러내림이 되고, 지하철에서 존다는 사실은 특이한 실질의미를 얻는다."[308] 환각은 각각의 감각장이 변질된 실존에 특수한 표현 가능성

305   사르트르(Sartre)의 미출간된 자기 관찰.

306   Straus, *Vom Sinn der Sinne*, p. 290.

307   Minkowski, *Le Problème des hallucinations et le problème de l'espace*, p. 67.

308   *Ibid.*, p. 68.

을 주는 한에서만 그 어떤 감각 영역에 연결된다. 조현병(정신분열증) 환자가 특히 청각적 환각과 촉각적 환각을 갖는 것은, 청각과 촉각의 세계가 그 본성적 구조 때문에, 사로잡혀 있고 위협받고 있으며 평준화[탈개성화]되어 있는 실존을 다른 감각적 세계보다도 잘 나타낼 수 있기 때문이다. 알코올 중독자가 무엇보다도 시각적 환각을 갖는 것은, 섬망적(정신착란적) 활동이 시각을 통해, 직면해야 할 상대방이나 과제를 불러낼 가능성을 발견하기 때문이다.[309] 환각에 사로잡힌 사람은 정상인과 같은 의미로 보지도 듣지도 않는다. 그는 세계의 잔해들을 가지고서 자신의 존재 전체의 의도(지향)에 부합하는 인위적인 환경을 만들기 위해, 자신의 감각장과 자신이 세계에 삽입됨을 이용한다.

[21. 환각적 사물과 지각된 사물은 인식보다 깊은 기능에서 생긴다]

그러나 환각은 비록 감각적이지 않다 해도, 여전히 판단일 수는 없다. 환각은 주체에게 구축물로서 주어져 있지 않다. 그것은 〈지리학적 세계〉 속에, 즉 우리가 인식하고 판단하는 존재 속에, 법칙에 종속되는 사실들의 직물 속에 위치하는 것이 아니라, 《394》 세계가 우리와 접촉하고 우리가 세계와 삶의 소통을 이루는 개인적 "풍경paysage"[310] 속에 위치하는 것이다. 한

---

309 Straus, *op. cit.*, p. 288.
310 *Ibid.* 환자는 "자신의 풍경의 지평 속에서, 더 이상 사물들 세계의 보편적 질서와 언어의 보편적 의미연관 속에 삽입되지도 못하고, 부추기는 것(동기)도 근거도 없는 일의적인(단순한) 인상들에 사로잡혀 산다. 환자들이 우리에게 익숙한 이름으로 사물을 가리켜도, 그들에게서 그 사물은 더 이상 우리에게서와 동일한 사물이 아니다. 그들은 그들의 풍경 속에 우리 세계의 잔해만을 간직하고 들여오며, 게다가 이 잔해들은 전체의 부분들이었던 모습으로 있지도 않다." 조현병(정신분열증) 환자의 사물은 응고되고 무기력하며, 이와 반대로 섬망(정신착란증) 환자의 사물은 우리의 사물보다 더 말이 많고 활기가 있다. "질병이 심해질 때, 생각들이 서로 분리되고 말하는 행위가 사라지는 것은 지리학적 공간의 상실을 드러내며, 느낌이 마비되는 것은 풍경의

여성 환자는 시장에서 누군가가 자신을 바라보고 있었다고 말한다. 그녀는 자신에게 향한 이 시선을 하나의 타격으로 느꼈지만, 그 시선이 어디에서 오는지는 말할 수가 없었다. 그녀는 누구에게나 보이는 공간에서 뼈와 살을 가진 사람이 거기에 있었고 또 그녀에게 눈을 돌렸다고 말하려는 것이 아니다. 그리고 이것은 우리가 그녀의 경험을 반박하는 논증이 그녀에게 통하지 않는 이유이기도 하다. 그녀에게는 객관적 세계 속에서 일어나는 것은 문제가 되지 않고, 그녀가 만난 것, 그녀와 접촉하고 그녀에게 영향을 미친 것이 문제가 된다. 환각에 사로잡힌 환자가 거부한 음식은 그에게서만 독이 든 것이지만, 그러한 사실은 그에게서 거부할 수 없는 것이다. 환각은 지각이 아니지만, 실재와 같은 가치가 있고, 단지 환각에 사로잡힌 사람에게만 중요하다. 지각된 세계는 스스로의 표현력을 상실해 버렸고,[311] 환각의 체계는 그 표현력을 빼앗아 버렸다. 환각은 지각이 아님에도 불구하고, 환각에 의한 기만은 존재한다. 이것은 우리가 환각을 지성적 작용으로 만들어 버리면, 결코 이해할 수 없는 것이다. 환각이 아무리 지각과 다르더라도, 그것은 지각을 대신할 수 있어야 하고 환자에게서 그 자신의 지각 이상으로 존재할 수 있어야 한다. 이것은 환각과 지각이 유일한 원초적 기능의 양태들일 때에만 가능하며, 이런 기능을 통해 우리는 우리 주위에 일정한 구조의 환경을 배열하고, 또 우리 자신을 때로는 세계 한복판에 때로는 세계의 가장자리에 자리하게 한다. 환자의 실존은 중심에서 이탈해 있다. 그의 실존은 우리를 무시하는 세계, 즉 거칠고, 저항하고, 순순히 응하지 않는 그런 세계와의 교섭에서 더 이상 스스로를 실행하지 못하고, 허

빈약함을 드러낸다"(Straus, *op. cit.*, p. 291).

311 클라게스(Klages)는 환각이 외부 현상 세계의 표현 내용의 감소를 전제한다고 말한다 (Schorsch, *Zur Theorie der Halluzinationen*, p. 71에서 인용됨).

구의 환경을 혼자서 구성하는 데 스스로를 다 소진해 버린다.

¶ 그러나 이 허구가 실재와 같은 가치를 지닐 수 있는 것은, 정상적 주체에게서 실재 자체도 유사한 작용을 통해 도달되기 때문이다. 정상인이 감각장과 몸을 갖고 있는 한, 그 또한 착각이 스며들 수 있는 틈 벌어진 상처를 가지며, 그의 세계의 표상도 상처 나기 쉬운 것이다. 우리가 보고 있는 것을 믿는 것은, 모든 진리확인(검증)에 앞선다. 그리고 지각의 고전적 이론들의 오류는 《395》 직접적 지각이 애매성에 빠져 실패할 때만 우리가 의지하는 지성의 작용 그리고 감각(감관) 증언에 대한 비판을 지각 자체에 도입하는 것이다. 정상인의 경우, 개인적 경험은 어떤 명백한 진리확인도 없이 자신의 경험 자체에도 타인의 경험들에도 연결되고, 풍경은 지리학적 세계로 열리고 또 절대적 충만함으로 향한다. 정상인은 주체성을 즐기지 않고, 그것을 피한다. 그는 진정으로 세계에 있고(세계로 향하고), 시간을 솔직하고 꾸밈없이 파악한다. 이에 반해 환각에 사로잡힌 사람은 공통의 세계 속에서 개인적 환경을 재단하기 위해 자신의 〈세계에 있는(세계로의) 존재〉를 이용하고, 언제나 시간의 초월과 충돌한다. 따라서 내가 내 앞의 한 대상을 그것이 떨어진 곳에서, 다른 대상들과의 일정한 관계 속에서, 관찰될 수 있는 일정한 특징을 갖춘 것으로 두는 분명한 작용들 아래에는, 즉 엄밀한 의미의 지각 아래에는, 이 작용들을 지탱하는 보다 심층적인 기능이 있다. 이 기능이 없다면, 조현병(정신분열증) 환자에게서와 같이 실재성의 표지가 지각된 대상에 결여될 것이고, 또 이 기능에 의해 지각된 대상은 우리에게 비로소 중요해지거나 가치가 있게 된다. 그것은 일종의 〈믿음foi〉이나 〈원초적(근원적) 견해opinion primordiale〉[312]를 통해, 우리를 주체성저 너머로 데려가고, 우리를 모든 과학과 모든 진리확인(검증) 이전에 세계

---

312   후설의 *Urdoxa* 또는 *Urglaube*.

에 거주하게 하는 운동이거나, 또는 반대로 우리의 개인적인 나타남들 속에 매몰되는 운동이다. 환각이 결코 지각이 아니고, 또 환자가 참된 세계에서 시선을 돌릴 때에도 항상 참된 세계를 짐작하지만, 그럼에도 이러한 근원적 견해opinion originaire의 영역에서 환각에 의한 착각은 가능하다. 왜냐하면 우리는 여전히 선술어적 존재 속에 있기 때문이고, 나타남과 경험 전체의 결합도 참된 지각의 경우에서조차 암묵적(함축적)이고 추정적일 뿐이기 때문이다. 어린아이는 자신의 꿈을 지각과 마찬가지로 세계에 속하는 것으로 여기고, 또 꿈이 그의 침실에서, 침대 다리에서 일어나고, 단순히 잠자는 사람에게만 보인다고 믿는다.[313] 세계는 여전히 온갖 경험들의 모호한 장소이다. 그것은 참된 대상과 개인적이고 순간적인 환영을 뒤죽박죽 수용한다. 왜냐하면 세계는 모든 것을 포용하는 개체이지, 인과성의 관계로 연결된 대상들의 전체가 아니기 때문이다. 환각을 갖는 것, 일반적으로는 상상하는 것은 선술어적인 세계의 이러한 관용과, 혼재된 경험 속에서 우리가 존재 전체에 어지럽게 인접해 있음을 이용하는 것이다.

[22. 〈근원적 견해〉]

그러므로 《396》 지각에서 필증적 확실성을 제거하고 지각적 의식에서 완전한 자기 소유를 제거함으로써만, 환각적 기만은 성공적으로 설명된다. 지각된 것의 실존은 결코 필연적인 것이 아니다. 왜냐하면 지각은 무한으로 이행할 명시화explicitation, 게다가 어느 한쪽을 얻기 위해, 다른 쪽을 잃을 수밖에 없고 시간의 위험에도 노출될 수밖에 없을 명시화를 예상하기 때문이다. 그러나 이로부터 지각된 것은 단지 가능적이거나 개연적일 뿐이라고, 예를 들어 지각된 것은 지각의 항구적인 가능성으로 환원된다

---

[313]   Piaget, *La Représentation du monde chez l'enfant*, p. 69와 그 이하.

고 결론 내리지 말아야 한다. 가능성과 개연성은 선행하는 오류의 경험을 전제하고, 회의적 상황에 상응하는 것이다. 우리가 어떤 비판적 교육을 받았더라도 지각된 것은 회의와 증명 이전에 있고 또 언제나 그렇게 있다. 태양은 무지한 사람에게서나 과학자에게서나 똑같이 〈떠오른다〉. 태양계에 대한 우리의 과학적 표상은 달의 모습들과 마찬가지로 전해 들은(사람들의) 이야기로서 있고, 우리는 그 표상을 태양의 떠오름을 믿는 것과 같은 의미로 결코 믿지 않는다. 태양의 떠오름, 일반적으로 지각된 것은 〈실재하는〉 것이고, 우리는 그것을 단번에 세계에 속하는 것으로 여긴다. 각 지각은 언제나 〈줄그어 지어지고〉 착각의 영역으로 이행할 수 있지만, 그것을 수정하는 또 다른 지각에 자리를 내어 줄 때에만 사라지는 것이다. 각각의 사물은 나중에 불확실한 것으로 정말로 나타날 수 있지만, 적어도 사물들이 있다는 것, 즉 세계가 있다는 것은 우리에게 확실하다. 사람들이 세계는 실재하는가라고 묻는 것은 그들이 묻고 있는 것을 이해하지 못하는 것이다. 왜냐하면 세계는 항상 의심을 불러일으킬 수 있는 사물들의 총합이 아니라, 사물들이 그로부터 이끌어 내어지는 고갈될 수 없는 저장소이기 때문이다. 지각된 것은 그것이 분리될 수 있음과 동시에 경우에 따라 다른 지각으로 대체됨을 알리는 세계의 지평과 함께 완전히 파악된다면, 그것은 절대로 우리를 속이지 않는다. 아직 진리가 있지 않은 곳에 오류가 있을 수 없지만, 실재réalité는 있다. 아직 필연성이 있지 않은 곳에 오류가 있을 수 없지만, 사실성은 있다. 이와 관련하여 우리는 지각적 의식에서 완전한 자기 소유와, 모든 착각을 배제하는 내재성을 진정으로 거부해야 한다. 만약 환각이 가능할 수 있어야 한다면, 어느 순간에 의식은 자신이 무엇을 하는지를 알지 못해야 한다. 그렇지 않다면 의식은 착각을 구성하고 있음을 의식할 것이고, 착각에 달라붙어 있지 않을 것이며, 따라서 더 이상 착각은 있지 않을 것이다. 그리고 우리가 말했듯이 착각적인 사물과 참된 사물이 동일한 구조를 갖지 않는다면, 환자는 착각을 받아들이기 위해, 참된 세계를 망각하거나 억눌러야 하고, 참된 세계를 참조하는 것을 멈춰야 하며, 적어도 참과 허위의 미구별의 원시적 상태로 되돌아갈 수 있는 능력을 지녀야 한다. 그러나 우리는 의식을 의식 자신으로부터 갈라놓지 않는다. 만약 그렇게 한다면, 《397》 근원적 견해 저 너머로의 지식의 모든 전개도, 특히 지식 전체의 토대로서의 근원적 견해에 대한 철학적 인식도 차단될 것이다. 단지, 코기토에서 실행되는 바와 같은 나와 나의 일치는 결코 실제상의 일치가 아니라, 지향적이고 추정상의 일치에 지나지 않아야 한다. 사실, 방금 어떤 것을 사유한 나 자신과 내가 그것을 사유했다고 사유하는 나 사이에는 이미 지속의 두께가 끼어 있고, 나는 이미 지나간 그 사유가 지금 내가 보고 있는 그 사유 그대로인지를 언제나 의심할 수 있다. 한편 나에겐 내 과거에 대해 현재의 증언 말고는 다른 증언이 없고, 게다가 나에겐 과거의 관념이 있기 때문에, 나는 비반성적인 것을 인식할 수 없는 것으로서, 그것을 대상으로 하는 반성과 대립시킬 이유는 없다. 그러나 반성 속에서 내가 갖는 확신은 결국 시간성의 사실과 세계의 사실을 착각과 탈-착각의 불변의 틀로 받아들이는 것으로 귀결된다. 즉 나는 시간과 세계에 내속할 때에만, 즉 애매성 속에서만 나를 인식한다.

타인과 인간 세계

[1. 자연적 시간과 역사적 시간의 얽힘entrelacement]

나는 자연 속에 던져져 있다. 그리고 자연은 내 외부의 역사 없는 대상들에서만 나타나는 것이 아니라, 주체성의 중심에서도 보인다. 참으로 인격적 삶의 이론적·실천적 결단은 멀리서 내 과거와 내 미래를 파악할 수 있다. 그래서 그것은 나중에 보면 내 과거가 그에 대해 준비했다고 할 어떤 미래를 뒤잇게 함으로써, 모든 우연성을 지닌 내 과거에 일정한 의미를 부여할 수 있고, 그리하여 내 삶에 역사성을 도입할 수 있다. 즉 이와 같은 질서에는 언제나 인위적인 어떤 것이 있다. 내가 내 생애의 첫 25년을, 힘든 이유기가 그 뒤를 따르고 마침내 그로부터 자립한 유아시절에서 이어진 것으로 이해하는 것은 바로 지금에 와서이다. 내가 이 25년간을 내가 살았던 그대로 또 지금 내 속에 지니고 있는 그대로 되돌아본다면, 이 시기의 행복은 부모라는 환경에 의해 보호되는 분위기로 설명됨을 거부할 것이다. 즉 세계는 더 아름다웠고, 사물은 더 매혹적이었다. 또한 나는 체험했을 당시 그 자체로 이해되었던 과거보다 더 잘 지금 그 과거를 이해한다고 결코 확신할 수도 없고, [지금 나의 과거 이해에] 항의하는 과거의 목소리를 결코 잠재울 수도 없다. 내가 지금 내 과거에 부여하는 해석은 정신분석학에 대한 나의 신뢰와 관계가 있다. 내일 나는 더 많은 경험과 통찰력으로 그 해석을 아마 다르게 이해할 것이고, 결과적으로 내 과거를 다르게 형성할 것이다. 어쨌든 이번에는 나는 내 현재의 해석을 해석할 것이고, 현재의 해석의 잠재적 내용을 드러낼 것이며, 끝으로 이 해석의 진리 가치를 평가하기 위해 드러낸 것들을 고려해야 할 것이다. 나의 과거와 미래에 대한 잡음(파악)은 [완전히 못 잡은 채] 미끄러지고, 나의 시간에 대한 나의 소유(장악)는 내가 완전히 나를 이해하는 순간에 이르기까지 계속 연기되며, 그래서 이런 순간은 도래할 수도 없다. 왜냐하면 그것은 여전히 그 가장자리에 미래 지평이 있는 순간이고, 그것 또한 이해되기 위해 펼쳐질 필요가 있는 순간이기 때문이다.

¶ 따라서 나의 의지적이고 이성적인 삶은 자신의 실현을 방해하고 또 항상 자신에게 초벌상태의(윤곽적인) 무언가의 모습을 부여하는 또 다른 힘과 얽혀 있음을 알고 있다. 거기에는 항상 자연적 시간이 있다. 시간의 순간들의 초월은 《399》 나의 역사의 합리성을 토대함과 동시에 위태롭게 한다. 그것이 합리성을 토대한다는 것은, 그것이 내게 열어 준 절대적으로 새로운 미래에서 나는 내 현재 속의 불투명한 것에 대해 반성할 수 있기 때문이다. 그것이 합리성을 위태롭게 한다는 것은, 이러한 미래에서 내가 체험한 현재를 필증적 확실성으로 결코 파악할 수 없기 때문이고, 따라서 체험된 것은 완전히 이해될 수는 없고 내가 이해한 것도 정확히 내 삶과 일치하지는 않기 때문이며, 결국 나는 나 자신과 결코 하나가 되지 않기 때문

이다. 이것은 태어난 존재, 말하자면 그 스스로에게 이해되어야 할 것으로서 결정적으로 주어져 있는 존재의 운명이다. 자연적 시간이 내 역사의 중심에 머물러 있기 때문에, 나는 또한 내가 자연적 시간에 의해 둘러싸여 있음을 본다. 내 초년의 시기가 미지의 지대처럼 내 배후에 있는 것은, 우연히 기억이 약화되었기 때문도 완전한 탐색이 이뤄지지 않았기 때문도 아니다. 탐색되지 않은 이 지대에는 인식해야 할 것이 아무것도 없기 때문이다. 예컨대 자궁 내의 삶에는 지각된 것은 없었고, 이 때문에 상기해야 할 것도 없다. 거기에는 자연적 자아와 자연적 시간의 윤곽적 모습ébauche만 있다. 이 익명적인 삶은 언제나 역사적 현재를 위협하는 극단적인 시간의 분산일 뿐이다. 내 역사를 선행하고 이를 종결하는 무정형의 실존을 포착하기 위해, 나는 그 스스로 기능하는 이 시간, 내 인격적 삶이 이용할 때 완전히 숨기지 못하는 이 시간을 내 속에서 주시하기만 하면 된다. 인격적 실존 속에서 나는 내가 구성하지 않은 시간에 의해 지탱되기 때문에, 모든 내 지각들은 자연이라는 바탕 위에서 윤곽이 지어진다. 내가 지각하는 동안에, 또 지각의 기질적인(유기체적인) 조건들을 모를 때에도, 나는 꿈에 잠겨 있고 분산되어 있는 〈의식들〉, 즉 시각, 청각, 촉각을, 내 인격적 삶에 앞서면서 낯선 것으로 머무르는 그것들의 장場들과 함께 통합하는 의식을 갖는다. 자연적 대상은 이런 전체화된 실존의 흔적이다. 그리고 모든 대상은 우선 어떤 점에서는 자연적 대상일 것이다. 대상이 내 삶에 들어갈 수 있는 것이라면, 그것은 여러 색으로, 촉각과 청각적 성질들로 이루어져 있어야 할 것이다.

[2. 인격적 행위는 어떻게 침전되는가?]

자연이 내 인격적 삶의 중심에까지 침투하고 그것과 얽혀 있는 것과 마찬가지로, 행동들comportements은 자연으로 내려와 문화적 세계의 형태로 그 속에 가라앉는다. 나에게는 자연적physique 세계만 있지도 않고, 나는 땅, 공기, 물의 환경에서만 살지도 않는다. 내 주위에는 도로, 식물 재배지, 마을, 거리, 교회, 도구, 초인종, 숟가락, 파이프가 있다. 이러한 각각의 대상 내부에는 그것이 이용되는 인간의 활동의 표시가 새겨져 있다. 《400》 각 대상은 인간성의 분위기를 뿜어낸다. 이 인간적 분위기는 모래 위에 있는 단지 몇 개의 발자국의 경우에는 무척 막연하게 나타날 수 있고, 반대로 내가 갓 생긴 빈집을 샅샅이 둘러본다면 매우 확정된 채 나타날 수 있다. 그런데 감각적(감관적) 및 지각적 기능이 자기 앞에 자연적 세계를 놓는 것은 이 기능이 선인칭적(선인격적)이기 때문에 놀라운 것이 아니지만, 인간이 자신의 삶을 형태화하는 자발적 행위가 외부에 침전되고 또 거기에 사물의 익명적 실존을 들여놓는 것은 놀라울 수 있는 일이다. 내가 참여하는 문명은 이 문명이 이용하는 도구들 속에 명증적으로 내게 존재한다. 미지의 또는 낯선 문명인 경우에서, 유적이나 내가 발견하는 부서진 도구에는 혹은 내가 돌아보는 경관에는 여러 존재나 삶의 방식이 놓일 수 있다. 이때 문화적 세계는 애매하지만, 이미 현전하고 있다. 거기에는 인식해야 할 사회가 있다. 객관적 정신[314]이 이 유적과 경관에 거주한다. 어떻게 이것이 가능할까?

---

314 역주) 객관적 정신은 "체계시기의 헤겔 정신철학에서 주관적 정신과 절대적 정신 사이의 두 번째 단계를 이루며, 이 시기 그의 사회철학을 보여 준다. 그것은 주관적 정신에서의 심리학에 의해서 기초 지어진 의지가 먼저 객관적 세계에서 나타나고, 이어서 추상법-도덕성-인륜이라는 세 단계에서 전개되며, 마지막으로 신의론(神義論)으로서의 세계사에서 절대적 정신으로의 길을 열어젖히기까지를 논구한다"(『헤겔사전』, 도서출판b, 2009, 14쪽). "(딜타이에 의하면) 생각하고 바라며 느끼는 창조적 인간이 〈주관적 정신〉이며, 인간이 스스로 창조하고 스스로를 객체화한 세계가 〈객관적 정신〉이다. 〈객관적 정신〉은 가족적 질서와 습관 등을 포함한 공동체의 일상적인 생활양식으로부터 철학·예술·종교 등의 문화체계와 정치·경제 등의 사회제도까지를 포함하는 세계이다"(『현상학사전』, 도서출판b, 2011, 348쪽).

[3. 타인은 어떻게 가능한가?]

¶ 문화적 대상 속에서 나는 익명성의 베일을 통해 타인이 가까이 현존함을 체험한다. 누군가On가 담배를 피우기 위해 파이프를, 먹기 위해 숟가락을, 부르기 위해 초인종을 사용한다. 그래서 바로 인간의 행위 및 다른 사람의 지각을 통해, 문화적 세계의 지각은 입증될 수 있을 것이다. 인간의 행위나 사유는 원리상 나와 분리될 수 없는 1인칭적 활동인데, 어떻게 그것은 〈누군가(익명적 사람)〉의 방식으로 파악될 수 있는가? 여기서 부정대명사[누군가]는 나의 다수성 또는 나의 일반을 가리키기에는 모호한 표현일 뿐이라고 대답하는 것은 쉬운 일이다. 혹자는 나에게는 어떤 문화적 환경과 이 환경에 해당하는 행위들에 대한 경험이 있고, 나는 사라진 문명의 유적 앞에서 거기에 살았던 종으로서의 인간을 유비적으로 생각한다고 말할 것이다. 그렇다고 해도 우선, 어떻게 내가 나 자신의 문화적 세계와 나의 문명의 경험을 가질 수 있는지를 알지 않으면 안 된다. 또다시 혹자는 이에 대한 대답으로서, 내가 내 주위의 다른 사람들이 내 주변에 있는 도구들의 사용방식을 본다고, 또 나는 다른 사람들의 행위를 내 행위의 유비를 통해서와, 지각된 몸동작의 의미와 의도(지향)를 내게 알려 주는 나의 내적 경험을 통해서 해석한다고 말할 것이다. 그렇게 되면 결국, 타인의 행위는 언제나 나의 행위를 통해 이해될 것이고, 〈누군가(익명적 사람)〉 또는 〈우리〉는 나에 의해 이해될 것이다. 그러나 바로 여기에 문제가 있다. 즉 나라는 말은 어떻게 복수형이 될 수 있는가? 어떻게 나라는 일반 관념이 형성될 수 있는가? 나는 어떻게 나와는 다른 나를 말할 수 있는가? 나는 어떻게 다른 나들이 있다는 것을 알 수 있는가? 의식은 원리상으로 또 자기 자신의 인식으로서 《401》 나라는 양태 속에 있는데, 어떻게 그런 의식이 너라는 양태[315]

---

[315] 역주) 초판(1945년-2004년)에는 "mode(양태)"로 되어 있으나, *Œuvres*판(2010)에는

에서 파악되고, 또 이를 통해 〈누군가(익명적 사람)〉의 세계에서 파악될 수 있는가? 문화적 대상들 중 첫 번째 것, 모든 문화적 대상이 그를 통해 실존하게 되는 것은 바로 행동의 담지자로서의 타인의 몸이다. 유적의 경우이든 타인의 몸의 경우이든, 문제는 어떻게 공간 속의 한 대상이 어떠한 실존을 말해 주는 흔적이 될 수 있는지를, 반대로 어떻게 의도(지향), 사유, 앞에-던짐(기획)이 인격적 주체로부터 분리되어, 그 주체 외부의 그의 몸에서, 그가 만든 환경에서 보일 수 있는지를 아는 것이다. 타인의 구성은 사회의 구성을 완전히 해명하지는 못한다. 사회는 두 사람 또는 세 사람을 가진 존재가 아니라, 무수한 의식들 간의 함께-실존함이다. 그렇지만 타인의 지각의 분석은 문화적 세계가 일으키는 원리상의 어려움에 부딪힌다. 왜냐하면 이 분석은 외부에서 보이는 의식의 역설, 외부에 놓여 있는 사유의 역설, 따라서 나의 사유(의식)에서 보면 이미 주체도 없고 익명적인 것이 되는 그런 사유(의식)의 역설을 해결해야 하기 때문이다.

[4. 지각적 의식의 발견으로 가능해진 함께-실존함]

이 문제는 우리가 몸에 대해 말했던 것에서 해결의 실마리를 찾을 수 있다. 타인의 실존은 객관적 사유에게 난제이고 스캔들이다. 만약 세계의 사건들이 라슐리에Lachelier의 말처럼 여러 일반적인 속성으로 짜여 있는 것이고, 원리상 그 분석을 완성되게 하는 여러 함수관계들의 교차에서 생긴 것이라고 가정해 보자. 또 몸은 실제로는 세계의 한 구역이고, 생물학자가 내게 말하는 대상이고, 내가 보는 생리학 책에서 분석되는 과정들의 연결이고, 내가 보는 해부학 도판에서 묘사되는 기관들의 집합이라고 가정해 보자. 그러면 내 경험은 벌거벗은 의식과 이 의식이 사유한 객관적 상관관

"monde(세계)"로 되어 있다. *Œuvres*판의 표기는 오류인 것으로 보인다.

계의 체계의 대면과 다를 수 없을 것이다. 타인의 몸도 나 자신의 몸과 마찬가지로 [생명이나 의식이] 살고 있지 않고, 그것을 사유하거나 구성하는 의식 앞의 대상이 된다. 사람들과 경험적empirique 존재로서의 나 자신, 즉 우리는 태엽으로 움직이는 기계장치일 뿐이고, 진정한 주체는 자신과 같은 동료 주체를 보지 못할 것이다. 피가 흐르는 살 조각에 숨어 있을 의식은 신비한 성질[316] 중 가장 불합리한 것이 될 것이다. 그리고 내 의식은 나에게 존재할 수 있는 것과 외연이 같고 경험의 전체 체계의 상관자이기 때문에, 이러한 경험의 체계에서 다른 의식을, 즉 내가 알지 못하는 곳, 그 자신의 현상 배후의 깊은 곳을 곧장 세계 속에 나타나게 할 다른 의식을 만날 수 없을 것이다. 따라서 두 가지 존재 방식, 오직 두 가지 존재 방식만이 있게 된다. 즉 공간 속에 펼쳐진 대상들의 존재인 즉자존재와, **(402)** 의식의 존재인 대자존재이다. 그런데 타인은 내 앞의 즉자가 될 것이지만, 또한 대자로 존재할 것이다. 또 타인은 지각되기 위해 내게 모순적 활동을 요구할 것이다. 왜냐하면 나는 타인을 나 자신과 구별하고 따라서 그를 대상들의 세계에 위치시켜야 하고, 이와 동시에 그를 의식으로, 즉 외부 없고 부분들 없는 존재로 사유해야 하기 때문이다. 내가 이와 같이 외부 없고 부분들 없는 존재에 접근할 수 있는 것은, 오직 그가 나이고 또 그 속에서 사유하는 자와 사유된 자가 일체를 이루기 때문이다. 그러므로 객관적 사유에는 타인 및 다수의 의식을 위한 자리는 없다. 만약 내가 세계를 구성한다면, 나는 다른 의식을 사유할 수 없다. 왜냐하면 이 다른 의식도 세계를 구성해야 할 것이고, 적어도 세계의 다른 시각과 관련하여 나는 구성하는 자가 아니기

---

316 역주) 신비한 성질(qualités occultes)은 이미 알고 있는 사물의 성질로 설명도, 환원도, 비교도 할 수 없는 어떤 사물의 성질을 가리키는 스콜라 철학의 용어이다. 자석이 잡아당기는 성질이 그 예이다.

때문이다. 내가 다른 의식을 세계를 구성하는 자로 사유하는 데 성공하더라도, 그 의식을 그와 같이 구성하는 것은 여전히 나이며, 나는 또다시 유일하게 구성하는 자가 된다.

¶ 그러나 마침 우리는 객관적 사유를 의심하는 법을 배웠고, 또한 세계 및 몸의 과학적 표상에 앞서, 이 표상이 흡수할 수가 없는 몸 및 세계의 경험과 접촉하였다. 내 몸과 세계는 더 이상 물리학이 확립하는 그런 종류의 함수관계에 의해 서로 상관적으로 배열되는 대상들이 아니다. 그것들이 서로 소통하는 경험의 체계는 더 이상 내 앞에서 펼쳐져 있지 않고, 구성하는 의식에 의해 일람되지도 않는다. 나에게는 이 세계의 능력으로서의 내 몸을 통해 미완결된 개체로서의 세계가 있다.[317] 그리고 나는 내 몸의 위치를 통해 대상의 위치를 갖거나[파악하거나], 반대로 대상의 위치를 통해 내 몸의 위치를 갖는다[안다]. 이것은 논리적으로 함축된 것이 아니며, 미지의 크기를 주어진 크기들과의 객관적 관계로 규정하는 것과 같은 것이 아니다. 그것은 실제적으로 함축된 것이며, 내 몸이 세계로 향하는 운동이고 세계는 내 몸의 의존점이기 때문이다. 객관적 사유의 이상 ─수리·물리적인 상관관계들의 다발로서의 경험의 체계─ 은 그 자신과 일치하는 개체로서의 세계에 대한 내 지각에 토대하고 있다. 또한 과학이 내 몸을 객관적 세계의 관계들에 통합하려고 시도할 때, 과학은 내 현상적인 몸이 원초적인 세계에 접합되어 있음을 스스로의 방식으로 번역하려고 노력하는 것이다. 몸이 객관적 세계로부터 벗어나서, 순수 주체와 대상 사이에서 제3의 종류의 존재를 형성하게 된다면, 이때 주체는 그 순수성과 투명함을 잃어버리게 된다. 대상들은 내 앞에 있고, 그 대상들은 내 망막에 그것들의 어떤 투

---

317 역주) 원문을 직역하면, "**나는** … 세계를 **갖는다**"이다. 본서 338쪽에서 언급한 메를로퐁티의 "avoir(소유)" 용법 참조.

영된 상을 형성하며, 나는 그 대상들을 지각한다. 그러나 내가 현상에 대해 갖는 생리학적 표상에서, 《403》 망막상과 그에 대응하는 두뇌 물질을 그것들이 나타나는 현실적이고 잠재적인 장場 전체로부터 분리시키는 것은 있을 수 없는 문제이다. 생리학적 사건은 지각적 사건의 추상적인 소묘에 지나지 않는다.[318] 게다가 계속되는 망막상에 상응할 불연속적인 관점적 현상을 심상心象이라는 이름으로 존재하게 할 수는 없다. 끝으로 변형된 관점적 현상 저 너머에서 대상을 복원하는 〈정신의 통찰〉을 도입할 수도 없다. 우리는 관점적 현상과 관점을 우리가 개체-세계에 삽입됨으로 이해해야 하고, 또한 지각을 더 이상 진리적 대상의 구성이 아니라, 우리가 사물에 내속함으로 이해해야 한다. 의식은 감각장들과 모든 장의 장으로서의 세계와 함께, 자기 자신 속에서 근원적 과거의 불투명성을 발견한다.

¶ 내 의식이 그것의 몸과 그것의 세계에 이와 같이 내속해 있음을 내가 체험한다면, 더 이상 타인의 지각과 의식의 복수성은 어려운 문제를 야기하지 않을 것이다. 지각을 반성하는 나에게서, 지각하는 주체가 세계에 대한 원초적인 구조montage를 지니면서 나타나고, 그것이 없으면 다른 사물들이 그에게 있지 않을 그런 몸을 자신 뒤에 이끌면서 나타난다면, 왜 내가 지각하는 다른 몸에도 똑같이 의식이 살지 않을 수 있겠는가. 내 의식에 몸이 있다면, 왜 다른 몸들에는 의식이 〈있지〉 않을 수 있겠는가.[319] 분명 이것은 무척이나 변형된 몸 개념과 의식 개념을 전제한다. 우리는 몸, 심지어 타인의 몸에 대해서도 그것을 생리학 책에서 기술되는 것과 같은 객관적인 몸과 구별하는 법을 배워야 한다. 의식이 살 수 있는 몸은 그런 객관적

---

318   *La structure du comportement*, p. 125[제3판, p. 102].

319   역주) 원문 자체는 "내 의식이 몸을 갖는다면, 왜 다른 몸들은 의식을 〈갖지〉 않을 수 있겠는가"이다.

인 몸이 아니다. 우리는 보이는 몸에서 그려지고, 나타나며, 그렇지만 실제로 포함되지는 않는 행동들을 다시 파악해야 한다.[320] 의미표현(실질의미)과 지향성이 어떻게 분자 구조물이나 세포 더미에 거주할 수 있는지는 결코 이해할 수가 없는 것이며, 바로 이런 점에서 데카르트주의는 옳다. 그러나 어쨌든 이와 같이 불합리한 시도를 하는 것이 문제는 아니다. 화학적 구조물이나 세포 조직의 더미로서의 몸은 《404》 우리-에게서의-몸, 인간이 경험한 몸 또는 지각된 몸의 원초적 현상에서 출발하여 빈약화의 과정을 통해 형성되었다는 점을 단지 인정하는 것이 문제다. 이러한 몸의 원초적 현상은 객관적 사유가 포위하여 분석하지만, 그에 대한 완전한 분석을 상정해서는 안 되는 것이다. 의식에 대해서도, 우리는 그것을 더 이상 구성하는 의식과 순수 대-자-존재로서가 아니라, 지각하는 의식으로서, 행동의 주체로서, 〈세계에 있는(세계로의) 존재〉 또는 실존으로서 이해해야 한다. 왜냐하면 바로 이렇게 할 때에만, 타인은 그의 현상적인 몸의 정점에서 나타나서, 일종의 〈장소성〉을 부여받을 수 있기 때문이다. 이러한 조건에서 객관적 사유의 이율배반은 사라지게 된다. 나는 현상학적 반성을 통해, 시각을 데카르트의 말처럼 〈보고 있다는 사유pensée de voir〉가 아니라, 보이는 세계에 맞물려 있는(세계를 잡고 있는) 시선으로 드러낸다. 그리고 이 때문에 타인의 시선이 내게 있을 수 있고, 내 몸이라는 인식 장치가 내 실존을 짊어지듯이 얼굴이라 불리는 표현 도구는 어떤 실존을 짊어지는 것이다. 내가 내 지각 쪽으로 돌아서서, 직접적 지각에서 이 지각의 사유로 이행할 때, 나는 이 지각을 재-생하면서(재-실현하면서ré-effectue), 내 지각기관들 속에서 작동하고, 이 기관들이 그 흔적에 지나지 않는, 나보다도 오래된 사유를 재발견한다. 내가 타인을 이해하는 것은 이와 마찬가지의 방식이다. 여

---

320 이 작업은 우리가 다른 곳에서 시도하였다(*La Structure du Comportement*, Chaps. I, II).

기에서도 나에게는 그 현실적인 모습actualité에 있어 나를 벗어나는 단지 어떤 의식의 흔적이 있다. 그리고 내 시선이 다른 시선과 마주칠 때, 나는 일종의 반성으로 다른 실존을 재-생한다(재-실현한다).

¶ 여기에는 〈유비추론〉[321]과 같은 것은 없다. 셸러Scheler가 잘 말했듯, 유비추론은 설명해야 하는 것을 전제한다. 다른 의식이 연역될 수 있는 것은 타인의 감정 표현과 나의 감정 표현이 비교되고 동일시될 때, 또 내 몸짓과 내 〈심리적 사실〉의 정확한 상관관계가 인식될 때뿐이다. 그런데 타인의 지각은 이와 같은 확인들에 선행하고 그것들을 가능하게 하는 것이지, 이 확인들이 타인의 지각을 구성하는 것이 아니다. 15개월 된 아기는 내가 장난삼아 그 아기의 한 손가락을 내 치아 사이에 넣어 깨무는 시늉을 하면 입을 열어 보인다. 그렇지만 그 아기는 거울에 비친 자신의 얼굴을 거의 본 적이 없고, 그의 치아는 내 치아와 닮지도 않았다. 아기가 내적으로 느끼는 자신의 입과 치아는 아이에게서 단번에 깨무는 장치가 되는 것이고, 아기가 외적으로 바라보는 내 턱은 아이에게는 단번에 동일한 의도(지향)를 나타낼 수 있는 것이다. 〈깨무는 것〉은 아이에게서 즉각 상호주관적인 의미표현(실질의미)을 갖는다. 아기는 자신의 의도를 자신의 몸에서 지

---

[321] 역주) "raisonnement par analogie." "모든 유비추론은 둘 혹은 그 이상의 대상들 간의 하나 혹은 그 이상의 측면에서의 유사성으로부터, 그 대상들 간의 더 이상의 측면에서의 유사성으로 진행한다"(어빙 코피, 칼 코헨, 『논리학입문』, 박만준, 박준건, 류시열 옮김, 경문사, 2001, 447쪽). 즉 A라는 대상이 a, b, c이면서 d인 속성(또는 측면)을 지니고, B라는 대상이 a, b, c라는 속성(또는 측면)을 지니면, B도 d를 가질 것이라고 추론하는 하는 것이다. 그리고 타인(타인의 마음)의 유비추론은 내적 상태와 외적 상태를 구분하고 이와 같은 방식으로 추론한다. 내가 외적으로 〈머리에 공을 맞고〉, 〈아야! 하고 소리치고〉, 그때 내적으로 〈아프다〉면, 나는 철수가 〈머리에 공을 맞고〉, 〈아야! 하고 소리치는 것〉을 볼 때, 그가 내적으로 〈아플〉 거라고 추론할 수 있다는 것이다. 그러나 메를로퐁티는 내적 상태와 외적 상태로 구분되기 〈이전에〉, 우리는 타인의 몸에서 바로 그의 내적 상태를 지각한다고 주장한다.

각하고, 자신의 몸으로 내 몸을 지각하며, 이리하여 자신의 몸에서 내 의도를 지각한다. 내 몸짓과 타인의 몸짓 사이, 《405》 내 의도와 내 몸짓 사이에서 관찰된 상관관계는 타인을 방법상으로 인식할 때와 직접적 지각이 실패할 경우 정말로 그 안내자의 역할을 수행할 수 있지만, 내게 타인의 실존을 알려 주지는 않는다. 내 의식과 내가 체험하는 바로서의 내 몸 사이, 이 현상적인 몸과 내가 외부에서 보는 바로서의 타인의 몸 사이에는, 체계의 완성으로서 타인을 나타나게 하는 어떤 내적인 관계가 존재한다. 타인이 명증적임이 가능한 것은, 내가 나 자신에게 투명하지 않고, 내 주체성이 내 뒤에 내 몸을 이끌기 때문이다.

¶ 우리는 좀 전에 다음과 같이 말했다. 즉 타인이 세계에 거주하는 한, 타인이 세계에서 보이는 한, 타인이 나의 장場에 속해 있는 한, 내가 나 자신에게 자아Ego인 것과 같은 의미로 결코 타인은 자아가 아니다. 타인을 진정한 나Je로 사유하기 위해서는, 나는 나를 그의 단순 대상으로 사유해야 할 것이지만, 이것은 나 자신에 대한 앎으로 인해 내가 할 수 없는 것이다. 그러나 타인의 몸이 내게서 [단순] 대상이 아니고, 내 몸도 그에게서 [단순] 대상이 아니라면, 또 이런 몸들이 행동이라고 한다면, 타인의 정립³²²은 그의 장場 속에서 나를 대상[객관]의 지위로 환원하는 것이 아니고, 나의 타인에 대한 지각은 내 장場 속에서 그를 대상[객관]의 지위로 환원하는 것도 아니다. 만약 나 자신이 절대적으로 인격적 존재라면, 만약 내가 나를 절대

---

322 역주) 영역자 랜즈(D. Landes)는 "타인의 정립(La position d'autrui)"을 목적어 "나를"이 생략된 것으로, 즉 "타인이 나를 정립하는 것(the other's positing of me)"으로 읽는다. 그러나 일역본의 역자(나카지마)는 "타인을 조정(措定)하는[정립하는] 것"으로 읽는다. 우리는 내용상 전자가 더 적합하다고 생각한다. (또 638쪽에서도 동일한 표현 "타인의 정립(La position d'autrui)"이 "타인이 나를 정립하기"의 의미로 쓰인다.) 그리고 이 문장에서 "타인의 정립"은 객관적인 정립이 아니기 때문에, 전자의 의미로 의역하면 "타인이 나를 두는 것"이 될 것이다.

적 명증 속에서 파악한다면, 결코 타인은 완전히 인격적 존재가 되지 않는다. 그러나 반성을 통해 내가 내 속에서, 지각하는 주체와 함께, 주체 자체에 주어진 선인칭적인[선인격적인] 주체를 발견한다면, 나의 지각이 자발성과 판단의 중심으로서의 나에 대해 탈중심적으로 있다면, 또 지각된 세계가 진리로 확인된 대상도 꿈으로 확인된 것도 아닌 것으로서 중립 상태에 있다면, 이때 세계에 나타난 모든 것은 곧장 내 앞에서 펼쳐져 있지 않고, 타인의 행동은 세계에서 나타날 수가 있다. 이 세계는 나의 지각과 타인의 지각 사이에서 나눠지지 않는 것이 될 수 있다. 지각하는 나는 지각되는 나를 불가능하게 하는 특수한 특권을 갖지 않으며, 이 둘은 스스로의 내재성에 갇힌 사유들cogitationes이 아니라, 자신들의 세계가 넘어선(초월한) 존재들, 결과적으로 그들 서로가 서로를 넘어선 존재들이다. 다른 의식을 내 의식에 맞서 있는 것으로 주장한다면, 내 경험은 곧 사적인 광경이 될 것이다. 왜냐하면 내 경험은 존재와 더 이상 외연이 같지 않게 될 것이기 때문이다. 타인의 코기토는 나 자신의 코기토에서 모든 가치를 빼앗고, 나에게서 생각할 수 있는 유일한 존재에, 즉 내가 겨냥하고 구성하는 그 존재에 접근할 수 있다는, 고독 속에서 가진 나의 확신을 잃게 만든다. 그러나 우리는 개인의 지각에서 우리의 관점적 광경들을 따로따로 실현하지 말아야 한다는 것을 배웠다. 우리는 이 광경들이 서로 속에 미끄러져 들어가, 〈406〉 사물 속에 모여 있음을 알고 있다. 마찬가지로 우리는 하나의 동일한 세계에서 의식들이 소통하는 것을 다시 발견할 줄 알아야 한다. 실제로 타인은 세계에 대한 나의 관점적 현상 속에 갇혀 있지 않다. 왜냐하면 이 관점적 현상 자체는 제한된 한계가 없고, 그것은 저절로 타인의 관점적 현상 속으로 미끄러져 들어가며, 이 두 관점적 현상은 우리 모두가 지각의 익명적 주체로서 참여하는 하나의 세계에 하나로 모여 있기 때문이다.

[5. 자연적 세계에서 심리물리적 주체들의 함께-실존함과 문화적 세계에서 인간들의 함께-실존함]

내게 감각(감관) 기능들과 시각장, 청각장, 촉각장이 있는 한, 이미 나는 나처럼 심리물리적 주체로 파악되는 다른 사람들과 소통한다. 내 시선이 어떤 활동 중인 살아 있는 몸으로 향하면, 그 즉시 그 몸 주위의 대상들은 새로운 실질의미의 층을 부여받는다. 즉 그 대상들은 더 이상 나 자신이 그 대상들을 가지고서 만들(행할) 수 있는 것만 아니라, [활동 중인 몸의] 그 행동이 그것들을 가지고서 막 만들고자(행하고자) 하는 것이 된다. 지각된 몸 주위에는 내 세계가 이끌리어 빨려 들어가는 소용돌이가 움푹 생긴다. 이런 한에서 내 세계는 더 이상 내 것만이 아니고, 더 이상 나에게만 현전하지도 않으며, X에게도, 즉 내 세계 속에서 그려지기 시작하는 이 다른 행위에게도 현전한다. 이미 다른 몸은 세계의 단순한 한 단편이 아니라, 어떠한 형성작용의 장소, 세계에 대한 어떤 〈시각〉의 장소와 같은 것이다. 지금까지 내 것이었던 사물들을 다루는 작업이 저기에서도 행해진다. 어떤 사람이 나의 친숙한 대상을 사용하고 있다. 그렇지만 누구인가? 나는 그가 또 다른 사람이고 제2의 나 자신이라고 말한다. 내가 그것을 아는 것은 우선 살아 있는 그 몸은 내 몸과 같은 구조를 지니기 때문이다. 나는 내 몸을 어떤 행위들의 능력, 어떤 세계의 능력으로 체험하고, 나는 세계에 대한 어떤 파악으로서만 나 자신에게 주어진다. 그런데 타인의 몸을 지각하는 것은 바로 내 몸이며, 내 몸은 타인의 몸에서 마치 내 의도(지향)가 기적적으로 거기에 이어져 있음을, 즉 세계를 다루는 친숙한 방식을 발견한다. 그리하여 내 몸의 부분들이 함께 하나의 체계를 형성하듯이, 이제 타인의 몸과 내 몸은 하나의 전체이고 한 현상의 안과 밖이 된다. 그리고 내 몸이 매 순간 그 흔적이 되는 익명적 실존도 이제 이 두 몸에 동시에 거주한다.[323]

¶ 이러한 파악은 다른 살아 있는(생명적) 존재만을 드러낼 뿐, 아직 다

른 [정신문화적] 인간을 드러내지는 못한다. 그러나 이 다른 삶은 그것이 소통하는 나의 삶처럼 열려 있는 삶이다. 그 삶은 일정 수의 생물학적 내지 감각적(감관적) 기능들로 한정되지 않는다. 그것은 자연적 대상을 《407》 그 직접적 의미에서 벗어나게 함으로써 이 대상을 자신에게 병합하고, 자신을 위해 도구나 기구를 만들며, 문화적 대상들로 이뤄진 환경에 자신을 던진다. 어린아이는 태어났을 때 자기 주위의 대상을 다른 행성에서 온 운석처럼 발견할 것이다. 어린아이는 그것을 소유(장악)하게 될 것이고, 다른 사람들이 그것을 사용하는 것처럼 사용하는 법을 배울 것이다. 왜냐하면 몸 도식은 어린아이가 보는 [타인의] 행위와 그의 행위 사이의 직접적 일치를 확보해 주기 때문이고, 이로써 도구는 일정하게 조작되어야 할 것manipulandum으로, 타인은 인간적인 행위의 중심으로 명확해지기 때문이다. 타인의 지각에서 본질적인 역할을 수행할 특별한 문화적 대상이 있다. 그것은 언어이다. 대화의 경험에서 타인과 나 사이에 공통의 지반이 구성되고, 나의 사유와 그의 사유는 서로 짜여 단지 하나의 직물을 이룬다. 나의 말과 그의 말은 논의의 상태에 의해 불러일으켜지고, 그것들은 우리 중 누구도 그 창조자가 아닌 어떠한 공통의 작용 속에 삽입돼 있다. 거기에는 2인 1조와 같은 존재가 있고, 나에게서 타인은 여기서는 더 이상 나의 초월론적 장 속의 단순한 행동이 아니며, 나도 그의 초월론적 장 속의 단순한 행동이 아니다. 우리는 서로에게 완전한 상호성의 협력자이고, 우리의 관점적 현상은 서로 속으로 미끄러져 가며, 우리는 동일한 한 세계를 통해 함께-실존한다. 지금 대화 속에서 나는 나 자신으로부터 해방된다[나 자신 밖에 있다]. 타인의 생각은 정말로 [내 것이 아니라] 그의 것이다. 내가 막 생겨

---

323 이 때문에 한 피험자에게 만져진 자신의 몸의 부위를 의사의 몸에서 가리키라고 부탁함으로써 그의 몸 도식의 장애를 드러낼 수 있다.

난 타인의 생각을 파악하거나 그의 생각을 예측한다고 해도, 타인의 생각은 내가 형성한 것이 아니다. 게다가 대화 상대자가 내게 제기한 반론의 말은 내가 갖고 있는 줄 몰랐던 생각들을 내게서 끄집어내기까지 한다. 그래서 내가 [대화 속의] 생각들을 그의 것으로 돌릴 때, 그는 되돌려서 내가 생각하도록 만든다. 내가 대화를 내 삶에 재통합하여 내 사적인 역사의 한 삽화로 만드는 것, 또 타인이 다시 부재하게 되는 것, 아니면 그가 내게 현존하는 동안에도 내가 그를 어떤 위협으로 느끼는 것은, 단지 사후에 내가 대화에서 물러나서 이 대화를 상기할 때뿐이다.

¶ 타인의 지각과 상호주관적 세계는 오직 어른에게만 문제가 된다. 어린아이는 자기 주위의 모든 사람들이 단번에 접근할 수 있다고 믿는 세계에 살고 있다. 그는 자기 자신도 다른 사람들도 사적인 주체성으로서 조금도 의식하지 않는다. 그는 우리 모두가, 또 그 자신도 세계에 대한 어떤 관점에 제한되어 있음을 깨닫지 못한다. 이 때문에 어린아이는 우리의 말을 비판적으로 검토하지 않으며, 또 나타나는 대로 믿을 뿐, 서로 연결하려고 하지도 않는 자신의 생각들도 비판적으로 검토하지 않는다. 어린아이는 관점들에 관한 앎이 없다. 어린아이에게서 사람들은 모든 것이 생기는 ─심지어 자기 방에 있다고 그가 믿는 꿈도 생기고, 말과 구별되지 않아서 생각도 생기는─ 단 하나의 자명한 세계로 향한 비어 있는 머리들이다. 《408》 어린아이에게서 타인들은 사물을 비추는 시선이고, 그들의 시선들은 거의 물질적 존재를 갖고 있어, 시선들이 서로 마주칠 때 어떻게 부서지지 않는지 어린아이는 의아해한다.[324] 피아제는 어린아이가 열두 살 정도가 되면 코기토를 실행하고 합리주의의 진리에 도달한다고 말한다. 이때의 어린아이는 자신을 감각적(감성적) 의식이면서 동시에 지성적 의식으로, 또 세계

---

[324] Piaget, *La Représentation du monde chez l'enfant*, p. 21.

에 대한 관점이면서 동시에 이 관점을 넘어 판단의 수준에서 객관성을 형성하도록 요구받는 존재로 발견한다. 피아제는 어린아이를 이성적인 나이까지 이끌고 가면서, 마치 어른의 생각이 자기 충족적이고 모든 모순을 제거하는 것처럼 파악한다. 그러나 사실, 어른에게서 상호주관적인 단일한 세계가 있어야 한다면, 어린아이[의 생각]는 어떤 측면에서 보면 어른 또는 피아제보다 타당해야 하고, 인생의 첫 시기[어린아이 시기]의 세련되지 못한 생각들은 어른 시기의 생각 아래에 필요불가결한 획득물로서 남아 있어야 한다. 만약 내가 내 판단 아래에 존재 자체와 접촉한다는 원초적 확실성을 갖지 않는다면, 만약 내가 어떤 의지적인 입장을 취하기에 앞서 이미 어떠한 상호주관적인 세계에 놓여 있지(자리하지) 않는다면, 또 만약 과학이 이러한 근원적 견해δόξα에 의존하지 않는다면, 객관적 진리를 형성하려는 내 의식은 오직 나에게서의 하나의 객관적 진리만을 내게 줄 것이고, 데카르트가 전능한 악마의 가설로 잘 표현한 것처럼, 나는 공평무사impartialité하려고 최대한 노력해도 주관성을 극복하지 못할 것이다. 코기토와 함께, 각각의 의식이 헤겔의 말처럼 다른 의식의 죽음을 추구하는 의식들 간의 투쟁이 시작된다. 투쟁이 시작되기 위해서는, 각각의 의식이 자신이 부정하는 다른 의식들의 현존을 깨달을 수 있기 위해서는, 그것들이 공통의 지반을 갖지 않으면 안 되고, 그것들이 어린아이의 세계에서 평화롭게 함께-실존한 것을 기억하지 않으면 안 된다.

[6. 그러나 자유들의 함께-실존함과 나(자아)들의 함께-실존함은 있는가?]

그러나 이렇게 해서 우리는 정말로 타인에 이르는 것일까? 우리는 결국 다수가 참여하는 경험에서 나와 너를 평준화하고, 주체성의 중심에 비인칭적인(비인격적인) 것을 도입하며, 관점적 현상들의 개별성을 제거한다. 그러나 이런 전반적인 혼재(미분별) 속에서 우리는 **자아**와 함께 **타아**를 사라지게 했던 것은 아닐까? 우리는 앞에서 자아와 타아는 서로 배척한다고 말했다. 그러나 그것들이 서로 배척하는 것은 단지 그것들이 동일하게 요구하고, 타아는 자아의 모든 변양을 똑같이 따르기 때문이다. 지각하는 나가 진정으로 나라면, 그것은 다른 나를 지각할 수 없다. 지각하는 주체가 익명적이라면, 그것이 지각하는 다른 주체 자체도 익명적이다. 《409》 그래서 우리가 이러한 집단적 의식에서 다수의 의식이 나타나도록 하고자 한다면, 우리가 피했다고 생각했던 난점들을 다시 만나게 될 것이다. 나는 타인을 행동comportement으로 지각한다. 예를 들어 나는 타인의 슬픔이나 화를 그의 행위, 그의 얼굴, 그의 손에서 지각한다. 그것은 슬픔이나 화의 〈내적인〉 경험에서 어떤 것도 가져오지 않는다. 또한 그것은 슬픔과 화가 몸과 의식 사이에서 나눠지지 않은 〈세계에 있는 존재〉의 변양들, 또 나에게 나타나는 바로서의 나 자신의 행위에 놓인 것처럼 타인의 현상적인 몸에서 보이는 바로서의 그의 행위에 놓인 〈세계에 있는 존재〉의 변양들이기 때문이다. 그렇지만 [내가 지각한] 타인의 행동, 심지어 타인의 말은 타인이[타인이 지각한 타인 자신이] 아니다. 타인의 슬픔과 화는 그에게서와 나에게서 정확히 같은 의미를 갖는 것은 결코 아니다. 그에게서 그것들은 체험된 상황들이고, 나에게서는 함께-현전화된apprésentées 상황들이다. 혹은, 내가 우정 어린 행위로 이 슬픔과 화에 동참할 수 있어도, 그것들은 여전히 내 친구 폴Paul의 슬픔이고 화이다. 즉 폴은 아내를 잃었기 때문에 괴로워하고, 그의 시계를 도둑맞았기 때문에 화나 있지만, 나는 폴이 괴로워하기 때문에 괴로워하고, 그가 화나 있기 때문에 화나 있다. 양쪽의 상황들은 서로 포개어질 수 없다. 또 끝으로 우리가 어떤 공동의 일을 기획한다 해도, 이 공동의 기획은 단일한 기획이 아니며, 나에게서와 폴에게서 동일한 모습으로 나타나지 않는다. 우리는 이 기획에 똑같은 정도로 몰두하지 않고, 적어도 똑같은 방식으로 몰두하지 않는다. 이것은 폴은 폴이고, 나는 나라는 단순 사실 때문에 그렇다. 우리의 의식이 각자 자신의 상황을 통해 서로 소통하는 공통의 상황을 형성한다고 해도 소용이 없다. 각자가 이 〈단 하나의〉 세계를 던지는 것은 바로 각자의 주관성을 바탕으로 해서이다.

¶ 타인의 지각에 얽힌 어려운 문제들은 모두 객관적 사유에 기인한 것은 아니며, 그 어려운 문제들 모두가 행동을 발견함으로써 사라지는 것도 아니다. 오히려 객관적 사유와 이 사유의 귀결인 코기토의 유일성은 허구들이 아니며, 그것들은 근거 있는 현상들이고, 우리는 이 현상들의 토대를 탐구하지 않으면 안 될 것이다. 나와 타인의 갈등은 타인을 사유하고자 할 때에만 시작하는 것도 아니고, 사유를 비정립적 의식과 비반성적 삶에 재통합한다고 해서 사라지는 것도 아니다. 즉 그 갈등은 내가 예컨대 맹목적인 희생 속에서 타인을 체험하려고 할 때도 이미 거기에 있다. 나는 나 자신에게서와 같이 타인에게 자리를 마련하는 상호-세계intermonde에 살기로 결심하면서, 타인과 어떤 협정을 맺는다. 그러나 이 상호-세계는 여전히 내가 던진 기획이고, 내가 타인의 이익을 내 이익인 것처럼 원한다고 믿는 것은 위선일 것이다. 왜냐하면 이처럼 타인의 이익에 집착하는 것도 《410》여전히 나에게서 생기기 때문이다. 상호성이 없다면 타아는 존재하지 않는다. 왜냐하면 그럴 경우 한쪽의 세계는 다른 쪽의 세계를 감싸 버리고, 한쪽은 다른 쪽을 위해 소외된(상실된) 자신을 느끼기 때문이다. 이러한 것은 양쪽의 사랑이 똑같지 않은 한 쌍의 연인에게서 일어나는 것이다. 예컨대 한쪽은 사랑에 자신을 던지고 자신의 인생을 걸지만, 다른 쪽은 자유롭고, 그에게서 사랑은 하나의 가능한 삶의 방식에 불과하다. 전자는 자신의 존재와 실체가 자신 앞에 온전한 상태로 있는 이 자유 속으로 흘러들어 감을 느낀다. 그리고 후자의 경우 비록 약속을 지키고 아량 있게 행위함으로써 자신을 전자의 세계 속의 단순 현상의 지위로 떨어뜨리고 자신을 타인의 눈으로 본다고 해도, 그는 여전히 자신의 삶의 확장을 통해서 그와 같이 할

수 있는 것이다. 따라서 그는 정립된 주장으로서는 타인과 자기의 동등성을 말하고자 하지만, 기본 전제에 있어서는 그 동등성을 부정하는 것이다.

¶ 함께-실존함은 그 어떤 경우에서건 양쪽 각자에 의해 체험돼야 한다. 만약 우리가 소통하려고 하고 공통의 세계를 발견하고자 할 때, 우리 둘 다가 구성하는 의식이 아니라면, 누가 소통하고 누구에게 이 세계가 존재하는지의 의문이 생긴다. 그리고 만약 어떤 사람이 어떤 사람과 소통한다면, 상호-세계는 생각할 수 없는 즉자가 아니라, 우리 둘에게 존재해야 한다면, 소통은 또다시 단절되고, 우리들 각자는 서로 100킬로미터 떨어진 두 체스 판에서 경기하는 두 사람처럼 사적인 세계에서 활동하는 것이 된다. 그럼에도 두 경기자는 전화나 통신으로 그들의 수를 서로 전하며 소통할 수가 있는데, 이것은 그들이 동일한 세계에 속한다는 것이다. 이와 반대의 경우라면 나는 엄밀히 타인과 어떤 공통의 지반이 없고, 자신의 세계를 가진 타인의 정립과 내 세계를 가진 나의 정립은 배타적 상황을 구성한다. 그런데 일단 타인이 정립된다면, 일단 나에 대한 타인의 시선이 나를 그의 장場 속에 삽입시킴으로써 내게서 내 존재의 일부를 박탈한다면, 나는 타인과의 관계들을 맺음으로써만, 그가 나를 자유롭게 인식하도록 함으로써만 내 존재 일부를 되찾을 수 있다는 것을, 또 내 자유는 타인들에 대해서도 똑같은 자유를 요구한다는 것을 쉽게 이해할 수가 있다. 그러나 우선, 내가 어떻게 타인을 정립할 수 있었는지를 알아야 할 것이다. 내가 태어나 있는 한, 나에게 몸과 자연적 세계가 있는 한, 우리가 앞서 설명했듯이 나는 이 세계에서 내 행동이 얽혀 있는 다른 행동들을 발견할 수 있다.

[7. 유아론solipsisme의 영원한 진리]

¶ 그러나 또한, 내가 태어나 있는 한, 내 실존이 이미 활동하는 자신을 발견하고, 그 스스로에게 자신이 주어진 것을 아는 한, 항상 내 실존은 자

신이 참여하고자 하는 행위들, 즉 영원히 자신의 양상들에 불과한 행위들, 자신의 초월할 수 없는 일반성의 개별적 경우들에 불과한 행위들 이전에 언제나 머물러 있다. 주어진 실존의 이러한 밑바탕은 코기토가 확인해 주는 것이다. 즉 그 어떤 긍정도, 《411》 그 어떤 참여도, 심지어 그 어떤 부정, 그 어떤 회의도 이미 열린 어떤 장場에서 발생하며, 그 자신과의 접촉을 상실하는 개별적인 행위들에 앞서 그 자신과 접촉하는 자기를 증거해 주는 것이다. 이러한 자기soi, 즉 모든 현실적인 소통의 증인이고, 그것이 없으면 소통은 스스로를 알지 못하고, 따라서 소통이 아닌 것이 될 자기는, 타인의 문제에 대한 모든 해결을 금지하는 것 같다. 여기에는 극복하기 어려운 체험된 유아론이 있다. 물론 나는 자연적 세계의 구성자로도 문화적 세계의 구성자로도 느끼지 않는다. 즉 나는 각 지각과 각 판단에서, 현실적으로 나의 것이 아닌 감각(감관) 기능과 문화적인 구조화montages를 개입시키고 있기 때문이다. 나는 나 자신의 행위들이 모든 측면에서 벗어나는 것이고, 일반성 속에 빠져 있는 것이기는 하지만, 이 행위들이 체험되는 것은 바로 나를 통해서이다. 그리고 나의 첫 번째 지각과 함께, 욕망이 충족되지 않는 존재가 나타나는데, 이 존재는 자신이 만날 수 있는 모든 것을 자기 것으로 만드는 것이고, 그 어떤 것도 그에게는 순수하고 단순하게 주어질 수 없는 것이다. 왜냐하면 그 존재에게는 천부적으로 세계가 주어져 있고, 따라서 그 존재는 모든 가능적 존재를 던지는 기획projet을 자기 속에 지니고 있기 때문이고, 그의 경험의 장場 속에 단번에 결정적으로 봉해져 있기 때문이다. 우리는 부정할 수 없는 나가 어떻게 타인을 위해 자신이 소외될(상실될) 수 있는지를 몸의 일반성을 통해서는 이해할 수 없을 것이다. 왜냐하면 몸의 일반성은 침해될(소외될) 수 없는 내 주체성의 또 다른 일반성에 의해 정확히 보완되기 때문이다. 어떻게 나는 이와 같이 자기가 자기에게 현전함을 내 지각장 속의 [나 이외의] 다른 곳에서 발견할 수 있을까? 타인의 실존은 내게서 하나의 단순 사실이라고 말해야 하는가? 그러나 어쨌든 타인은 나에게서 하나의 사실이고, 타인이 사실로서 가치가 있기 위해서는, 그것이 나 자신의 가능성들 중에 있어야 하고, 나에 의해 어떤 방식으로든 이해되거나 체험되어야 한다.

[8. 유아론의 영원한 진리는 〈신 속에서〉 극복될 수 없다]

외부에서 유아론을 제한할 수 없다면, 우리는 내부에서 그것을 넘어서려고 시도해야 할까? 이때 나는 아마도 하나의 **자아**만 인식할 수 있을 것이다. 그러나 보편적 주체로서 나는 유한한 나이기를 멈추고, 공평무사한impartial 관찰자가 되며, 이 관찰자 앞에서 타인과 경험적 존재로서의 나 자신은 동등하고 나를 위한 어떤 특권도 없는 것이 된다. 내가 반성을 통해 발견하는 의식, 그 앞에서 모든 것이 대상이 되는 의식에 대해, 우리는 그것이 나라고 말할 수 없을 것이다. 즉 그런 의식 앞에서 나의 자아가 모든 사물처럼 펼쳐져 있고, 그 의식은 나를 구성하지만 나 속에 갇혀 있지 않으며, 그래서 그 의식은 다른 나를 어려움 없이 구성할 수 있기 때문이다. 신 속에서는 나는 나 자신처럼 타인을 의식할 수 있고, 나 자신처럼 타인을 사랑할 수 있다. 그러나 우리가 마주쳐 왔던 주체성은 신이라고 부를 수가 없다. 반성이 나를 무한한 주체로 나 자신에게 드러낸다고 해도, 나보다도 더 나 자신이었던 이 나[무한한 주체]를 적어도 외견상으로나마 내가 모르고 있었음을 인정해야 한다. 《412》 혹자는 내가 이 나를 알았다고 말할 것이다. 내가 타인과 나 자신을 지각했고, 이 지각은 그 나를 통해서만 가능하기 때문이라는 것이다. 그러나 만약 이미 내가 이 나를 알았다면, 모든 철학책은 쓸모없는 것이 될 것이다. 그런데 진리를 밝히는 일은 필요하다. 그래서 바로 이 유한하고 무지의 자아(나)가 현상들 이면에서 언제나 계속 자신을 사유하고 있던 신을 자신 속에서 인식했던 것이다. 바로 이와 같은 어두움을 통해 헛된 빛은 무엇인가를 비추는 것이고, 따라서 어두움을 빛 속으로 흡수하는 것은 본질적으로 불가능한 것이다. 이 때문에 나는 정립된 논지 en thèse로서 주장하고자 하는 바를 가정의 단계에서도en hypothèse 부정하지 않는다면, 결코 나를 신으로서 인식할 수 없게 된다. 신 속에서 나는 나 자신처럼 타인을 사랑할 수 있을 것이다. 그렇지만 신에 대한 나의 사랑은 나로부터 나오지 말아야 하며, 스피노자의 말처럼 그것은 실제로 신이 나를 통해 자기 자신을 사랑하는 그런 사랑이어야 할 것이다. 따라서 결국 타인의 사랑과 타인은 그 어디에도 있지 않을 것이고, 오직 자기 사랑만이 있을 것이다. 이 자기 사랑은 우리들의 삶 저 너머의 자기 자신과 연결되어 있고, 우리와는 조금도 관계하지 않는 것이며, 우리가 접근할 수도 없는 것이다. 신으로 안내하는 반성과 사랑의 운동은 그것이 안내하고자 하는 그 신을 불가능하게 한다.

[9. 그렇지만 고독과 소통은 동일한 현상의 두 모습이다]

결국 우리는 진정 유아론으로 되돌아오고, 이제 문제는 모든 난점을 드러내며 나타난다. 즉 나는 신이 아니지만, 단지 신의 본성을 자처할 뿐이다. 어떤 상황도 어떤 다른 사람도 내 시선에 존재하기 위해 나에 의해 체험되어야 하는 만큼, 나는 모든 구속(참여)에 벗어나 있고, 타인도 초월하고 있다. 그런데 나에게서 타인은 적어도 첫눈에는 하나의 의미를 지닌다. 나는 다신교의 신들처럼 다른 신들을 고려해야 하거나, 아니면 아리스토텔레스의 신처럼 내가 창조하지 않은 세계를 극으로 수렴해야 한다. 의식들에게는 다수가 공유하는 하나의 유아론이라는 터무니없는 것이 주어지게 되고, 이것이 바로 이해해야 할 상황인 것이다. 우리는 이러한 상황에 살고 있기 때문에, 그것을 풀어낼 방법이 틀림없이 있을 것이다. 고독과 소통은 양자택일의 두 항이 아니라, 단 하나의 현상의 두 계기여야 한다. 왜냐하면 타인은 사실상 나에게 실존하기 때문이다. 우리가 다른 곳에서 반성에 대해 말했던 것을 타인의 경험에 대해서도 말해야 한다. 즉 우리가 그것[반성][325]을 통해서만 대상의 개념을 갖기 때문에, 그것[반성]의 대상은 완전히 그것[반성]에서 벗어날 수는 없다. 반성은 어떤 식으로든 비반성적인 것을 제시하지 않으면 안 된다. 만약 그렇지 않다면, 우리에게는 반성과 대립하는 그 어떤 것도 없게 될 것이고, 또한 반성은 우리에게서 문제가 되지 않을 것이기 때문이다. 마찬가지로 내 경험은 어떤 방식으로든 타인을 제시해야 한다. 만약 내 경험이 그렇게 하지 못한다면, 나는 고독에 대해 언급조차 못 하고, 타인은 접근 불가능한 것이라고 선언조차 할 수 없기 때문이다. 《413》 처음에 참되게 주어지는 것은 비반성적인 것을 향해 열려 있는 반성이고, 비반성적인 것에 대한 반성적인 다시 잡기이다. 마찬가지로 어떤 다른 사람을 향한 내 경험의 긴장이 처음에 참되게 주어지며, 이때 그의 실존은 내가 그에 대해 갖는 인식이 불완전한 경우에도, 내 삶의 지평에서 의심의 여지 없이 나타나는 것이다. 이상의 두 문제 사이에는 막연한 유사성 이상의 것이 있다. 이쪽 문제든 저쪽 문제든 어떻게 내가 나 자신에서 벗어나서 그 자체로서의 비반성적인 것을 체험할 수 있는지를 아는 것이 중요하다.

[10. 절대적 주체, 구속된 주체, 태어남]

¶ 따라서 지각하는 내가, 또 지각하면서 나를 보편적 주체로 주장하는

---

325   역주) 이 문장에는 "그것을 통해서만 … 그것의 대상은 완전히 그것에서 벗어날 수는 없다"처럼 "그것"이라는 세 대명사가 있다. 영역자 스미스는 제일 앞의 "그것"을 "경험"으로 받았고 나머지는 모두 "그것"으로 처리했고, 영역자 랜즈는 제일 앞의 "그것"을 "반성"으로 받았고, 나머지는 스미스처럼 "그것"으로 처리했다. 우리는 내용상 첫 번째 대명사는 랜즈의 해석처럼 "반성"을 받는 것이 더 적합하다고 생각한다. 또 두 번째와 세 번째 대명사도 "반성"을 받는 것이 적합하다고 생각한다.

내가 어떻게 그 즉시 내게서 이 보편성을 제거하는 다른 사람을 지각할 수 있을까? 나의 주체성과 타인으로 향한 나의 초월을 동시에 토대하는 중심적 현상은 내가 나 자신에게 주어져 있다는 사실에 있다. 내가 주어져 있다는 것은, 내가 이미 자연적 및 사회적 세계 속의 상황에 있고 거기에 구속되어 있다는 것이다. 내가 나 자신에게 주어져 있다는 것은, 결코 이 상황이 내게 숨겨져 있지 않고, 내 주위에서 외적인 필연성으로도 있지 않으며, 결코 나는 상자 속의 대상처럼 그 상황에 실제로 갇혀 있지 않다는 것이다. 나의 자유, 내 모든 경험의 주체로서 갖는 나의 근본 능력은 내가 세계 속에 삽입되어 있음과 구별되지 않는다. 자유롭다는 것, 내가 체험하는 그 어떤 것으로도 나를 환원할 수 없다는 것, 사실로서의 모든 상황에 대해 뒤로 물러날[매몰되지 않을] 능력을 갖는다는 것, 이런 것들은 내게서 하나의 운명이다. 그리고 이 운명은 나의 초월론적 장이 열리는 순간, 내가 보는 능력과 아는 능력으로서 태어나는 순간, 또 내가 세계에 내던져진 순간에 정해진 것이다. 사회적 세계에 맞서, 나는 항상 내 감각적 본성(자연)을 이용하고, 눈을 감고 내 귀를 막아 사회에서 이방인으로 살고, 타인과 의식儀式과 기념물을 색과 빛의 단순 배열로 다루고, 그것들에서 인간적 의미signification를 박탈할 수 있다. 자연적 세계에 맞서, 나는 항상 사유하는 본성(자연)에 의존하여, 따로 취해진 개개의 지각을 의심할 수 있다. 유아론의 진리는 바로 여기에 있다. 어떤 경험도 내 존재의 일반성을 다 담아낼 수 없는 개별성(특수성)으로 항상 내게 나타날 것이고, 말브랑슈Malebranche가 말하듯 나에게는 더 멀리까지 나아가는 운동이 언제나 있다. 그러나 내가 존재에서 벗어날 수 있는 것은 오직 존재 속에서이다. 예를 들어 나는 사회에서 벗어나서 자연 속으로 들어가고, 현실 세계에서 벗어나서 현실의 잔해로 만들어진 상상 속으로 들어간다. 자연적 및 사회적 세계는 적극적 반응이든 소극적 반응이든 항상 내 반응의 자극으로서 기능한다. 나는 어떠한 지각을 수정해 줄 더 참된 지각이라는 이름으로만 그 지각에 대해 의심한다. 내가 각각의(개별적인) 어떤 것을 부정할 수 있는 것은, 《414》 일반적인 어떤 것이 있음을 항상 긍정하면서이다. 그리고 이런 이유에서 우리는 사유를 사유하는 자연(본성)이라고, 존재들의 부정을 통한 존재의 긍정이라고 부르는 것이다. 나는 유아론의 철학을 만들 수 있다. 그러나 이렇게 만들면서 나는 말을 나누는 인간들의 공동체를 전제하고, 이 공동체에 말을 거는 것이다. 심지어 "그 어떤 것도 되기를 무한히 거부하는 것"[326]은 거부되는 어떤 것, 주체가 거리 두는 어떤 것을 전제하는 것이다.

[11. 소통은 중지는 되지만 단절되지 않는다]

¶ 사람들은 타인을 선택하거나 아니면 나를 선택해야 한다고 말한다. 그러나 그것은 다른 쪽을 거부함으로써 한쪽을 선택하는 것이고, 그렇게 되면 양쪽을 긍정하는 것이다. 사람들은 타인은 나를 대상으로 만들고 나를 부정하고, 나는 타인을 대상으로 만들고 그를 부정한다고 말한다. 실제로 타인의 시선이 나를 대상으로 만들고 내 시선이 타인을 대상으로 만드는 것은, 우리 서로가 우리의 사유하는 본성의 기저로 물러설 때, 우리가 서로를 비인간적인 시선으로 만들 때, 우리 각자의 행위가 다시 잡히고(파악되고) 이해되는 것이 아니라 곤충의 행위처럼 관찰되는 것으로 느껴질 때뿐이다. 이러한 것은 예컨대 내가 어떤 모르는 사람의 시선을 받을 때 일어난다. 그러나 이때에도 각자가 다른 사람의 시선으로 인해 대상화되는 것이 참기 힘든 것으로 느껴지는 것은, 단지 그 대상화가 가능한 하나의 소통을 대신하기 때문이다. 나를 바라보는 개의 시선은 거의 나를 힘들게 하지 않는다. 소통의 거부는 여전히 소통의 한 방식이다. 변화무쌍한 자유,

---

326   Valéry, *Introduction à la méthode de Léonard de Vinci, Variété*, p. 200.

사유하는 본성, 침해될(소외될) 수 없는 [의식의] 기저, 규정되지 않는 실존은 나와 타인 속에서 모든 공감의 한계를 보여 주는 것으로서, 진정 소통을 중지시키는 것이지만, 소통을 무효화하는 것은 아니다. 내가 아직 한마디 말도 없는 미지의 사람 앞에 있다면, 나는 내 행위나 생각이 나타남 직하지 않은 어떤 다른 세계에 그가 살고 있다고 믿을 수 있다. 그러나 그가 말을 한마디라도 한다면, 아니 그저 어떤 초조한 몸짓이라도 해 보인다면, 이미 그는 나를 초월해 있지 않게 된다. 즉 거기에는 그의 목소리가 있고, 그의 생각이 있으며, 따라서 내가 접근할 수 없다고 믿었던 영역이 있다. 각각의 실존이 다른 실존들을 결정적으로 초월하는 것은 단지 각 실존이 아무것도 안 하고 자신의 본성적 차이에 머물러 있을 때이다. 철학자가 그의 민족, 교우 관계, 그가 취한 입장, 그의 경험적 존재, 한마디로 세계로부터 단절하여, 그를 완전히 혼자 있게 하는 듯한 보편적 성찰 속에 있을 때에도, 이 성찰은 실제로는 행위이고, 말이며, 따라서 대화이다. 자신의 실존이 아무것도 아니고 아무것도 하지 않음을 침묵 속에서 확인하는 데 성공하는 사람에 대해서만, 유아론은 엄밀히 진리일 수가 있다. 그러나 이것은 불가능한데, 실존한다는 것은 세계에 있는(세계로 향하는) 것이기 때문이다. 《415》 철학자는 반성하기 위해 뒤로 물러설 때 다른 사람들을 데려가지 않을 수 없다. 왜냐하면 그는 세계의 어두움 속에서 영원히 그들을 동반자로 간주하는 것을 배웠고, 그의 모든 지식은 이와 같이 주어진 견해opinion를 바탕으로 세워졌기 때문이다. 초월론적 주체성은 드러난 주체성, 즉 자기 자신과 타인에게 드러난 주체성이고, 이런 한에서 하나의 상호주체성이다. 실존은 자신을 모아서 어떤 행위에 참여하자마자, 지각에 나타난다. 이 지각은 다른 어떤 지각과 마찬가지로 그것이 알고 있는 것보다 많은 것을 주장한다. 내가 재떨이를 보고, 그것이 거기에 있다고 말할 때, 나는 무한으로 이행할 경험의 전개가 완성된 것으로 전제하고, 지각적인 미래 전체를 약속하는 것처럼 예상한다. 마찬가지로 내가 어떤 사람을 안다거나 사랑한다고 말할 때, 나는 그 사람의 특징들 저 너머로 다 헤아릴 수 없는 어떤 기저를, 내가 그 사람에 대해 가졌던 이미지를 어느 날 산산조각 나게 할 수도 있을 어떤 기저를 겨냥한다. 바로 이러한 대가를 치름으로써, 사물들과 〈다른 사람들〉은 착각이 아니라 지각 자체인 강렬한 작용을 통해 우리에게 있는 것이다.

[12. 대상으로서가 아니라 나의 존재의 차원으로서의 사회적인 것]

따라서 우리는 자연적 세계에 이어, 대상이나 대상의 총합으로서가 아니라 영속적인 장이나 실존적 차원dimension으로서의 사회적 세계를 다시 발견해야 한다. 왜냐하면 나는 정말로 사회적 세계로부터 멀어질 수 있지만, 그것과 관계하여 자리하고 있음을(그것과 관련한 상황 속에 있음을) 멈출 수 없기 때문이다. 사회적인 것에 대한 우리의 관계는 세계에 대한 우리의 관계와 마찬가지로 어떤 명시적인 지각이나 어떤 판단보다도 더 심층적이다. 한 대상을 여러 다른 대상 속에 두듯이 우리를 사회 속에 두는 것은, 사회를 사유의 대상으로서 우리 속에 두는 것과 마찬가지로 잘못된 것이다. 양쪽 모두 사회를 대상으로 다루어 버리는 오류가 있다. 우리는 단지 실존한다는 사실에 의해 우리가 접촉하는 사회적인 것으로, 또 어떤 객관화에 앞서 우리에게 달라붙어 있는 것으로서 우리가 지니는 그런 사회적인 것으로 되돌아가야 한다. 만약 내가 나의 사회, 나의 문화적 세계, 또 이것들의 지평을 매개로 적어도 잠재적이나마 과거, 그리고 여러 문명과 소통을 하지 않는다면, 만약 예컨대 아테나 공화국이나 로마 제국의 위치가 나 자신의 역사의 가장자리 어딘가에 표시되어 있지 않다면, 만약 그것들이 규정되지 않았지만 앞서 존재함으로써 인식될 수 있는 개체들로 나 자신의 역사에 놓여 있지 않다면, 만약 내가 역사의 기본적 구조들을 내 삶에서 발견하지 못한다면, 과거와 여러 문명에 대한 객관적 및 과학적 의식은 불가능할 것이다. 사회적인 것은 우리가 그것을 인식하거나 판단하고자 할 때, 이미 거기에 있는 것이다. 개인주의적individualiste 철학이나 사회학주의의sociologiste 철학은 체계화되고 명시화된 함께-실존함에 대한 일종의 지각이다. 사회적인 것은 의식화되기 전에 암암리에 또 부추기는 것으로 실존한다.

¶『우리의 조국Notre Patrie』의 끝부분에서 페기Péguy는 《416》 우리가 잠에서 깨어날 때 밤새 대상들이 계속 존재했다는 것을 알거나, 누군가가 한참 동안 문을 두드렸다는 것을 아는 것처럼, 결코 말하기를 멈춘 적이 없는 어떤 파묻힌 목소리를 발견한다. 1917년 러시아 농민들은 문화, 도덕, 직업, 이데올로기의 차이에도 불구하고 페트로그라드와 모스크바 노동자들의 투쟁에 합류했다. 왜냐하면 그들은 자신들의 운명이 동일하다고 느꼈기 때문이다. 계급은 숙고된 의지의 대상이 되기에 앞서 구체적으로 체험되는 것이다. 본래적으로 사회적인 것은 대상으로서 또 3인칭적으로 존재하지 않는다. 사회적인 것을 대상으로 취급하려고 하는 것은 호기심이 왕성한 사람, 〈위인〉, 역사가의 공통된 오류이다. 파브리스Fabrice[327]는 우리가 풍경을 보는 것처럼 워털루Waterloo 전투를 보고 싶어 한다. 그러나 그는 뒤죽박죽된 삽화적 사건들만 만난다. 황제는 지도 위에서 진정한 전투를 본다고 할 수 있을까? 그러나 전투는 그에게 빈틈이 생긴 도식과 같은 것으

---

[327] 역주) 스탕달(Stendhal)의 『파르마의 수도원(La Chartreuse de Parme)』의 주인공이다. "파브리스는 꿈꾸던 기사와 같은 영웅이 되기를 희망하며, … 당시 17세의 나이로 전투 당일 워털루에 마침내 도착한다." 그러나 "현대전은 기사와 같은 영웅을 위해 만들어지는 것이 아니다. … 그는 전투에서 아무것도 이해 못 한 채 시간을 보낸다. 전투는 거대한 영웅담 같은 서사로 표현되지 않고, 파브리스의 관점에서만 이야기된다"("La Chartreuse de Parme", 『불어본 위키』).

로 환원된다. 즉 "왜 이 연대는 전진하지 못하는가", "왜 예비 전력은 도착하지 않는가"와 같은 것으로 환원된다. 전투에 참여하지 않았지만 어느 곳에서도 전투를 보고, 수많은 증언을 모으며, 또 어떻게 전투가 끝나는지를 아는 역사가는 결국 전투의 참모습에 도달했다고 믿는다. 그러나 그가 우리에게 주는 것은 전투에 대한 표상일 뿐이고, 그가 전투 자체에 도달한 것은 아니다. 왜냐하면 전투가 일어났을 때 그 결과는 우연적이었지만, 역사가가 이야기할 때는 그 결과가 더 이상 우연적이지 않기 때문이다. 또한 패배의 심층적 원인들과 이 원인들을 작동하게 하는 우연한 일들은 워털루라는 하나뿐인 사건 속에서 동일한 자격의 결정적 요인들이지만, 역사가는 이 하나뿐인 사건을 제국의 쇠락이라는 일반적인 흐름 속에 다시 위치시키기 때문이다. 진정한 워털루는 파브리스가 보는 것에도, 황제가 보는 것에도, 역사가가 보는 것에도 있지 않으며, 그것은 규정될 수 있는 어떤 대상이 아니다. 그것은 모든 관점적 현상 간의 [애매한] 경계에서 발생하는 것이며, 모든 관점적 현상이 그로부터 추출되는 것이다.[328]

《417》 [13. 외부와 내부에 속하는 사회적 사건]

¶ 역사가와 철학자는 계급과 민족의 객관적 정의를 찾는다. 즉 그들은

---

[328] 따라서 역사는 현재의 시점에서 써야 하는 것이 될 것이다. 쥘 로맹(J. Romains)이 『베르됭(Verdun)』에서 시도한 것이 그 예이다. 물론, 객관적 사유가 현재의 역사적 상황을 전부 드러낼 수 없다고 해서, 우리가 개인적인 모험처럼 역사를 맹목적으로 살아야 하고, 역사에 대한 어떤 관점적 파악도 완전히 거부해야 하며, 길잡이 없이 우리를 행위 속에 던져야 한다고 결론 내려서는 안 된다. 파브리스는 워털루 전투를 놓치고 있지만, 기자는 이미 사건에 더 가까이 있다. 모험 정신은 객관적 사유보다도 훨씬 멀리 우리를 사건에서 멀어지게 한다. 사건의 구체적 구조를 탐구하면서, 사건에 접촉할 수 있는 사유가 있다. 혁명이 정말로 역사의 방향(의미) 속에 있다면, 그것은 체험됨과 동시에 사유될 수 있다.

민족은 공통의 언어에 기반하는가 아니면 삶의 이해방식에 기반하는가, 계급은 소득액수에 기반하는가 아니면 생산 과정 속의 그 지위에 기반하는가와 같이 객관적 정의를 찾는다. 알려진 것처럼 실제로 이런 기준들로는 한 개인이 어떤 민족이나 계급에 속하는지를 인식할 수가 없다. 모든 혁명에는 혁명 계급에 가담하는 특권층의 사람들과, 반대로 특권층의 사람들에 헌신하는 억압받는 사람들이 있다. 또한 어떠한 민족에도 민족 반역자가 있다. 그것은 민족이나 계급이 외부에서 개인을 복종케 하는 숙명도 아니고, 개인이 내부에서 부여하는 가치도 아니기 때문이다. 그것들은 개인을 부추기는sollicitent 함께-실존함의 방식들이다. 평화로운 시기의 민족과 계급은 내가 건성으로 아니면 막연하게 반응하는 자극들로서 거기에 있다. 그것들은 잠재적으로 있다. 혁명적 상황이나 민족적 위기 상황이 오면, 그때까지 단지 체험되었던 계급과 민족에 대한 선의식적 관계는 의식적인 입장 취함으로 바뀌어 버린다. 따라서 암묵적인 참여(구속)는 명시적인 것이 된다. 그러나 참여(구속)는 그 스스로에게 결단에 선행하는 것으로 나타난다.

[14. 초월의 문제들]

여기서 사회적인 것의 실존적 양상의 문제는 모든 초월의 문제와 만난다. 몸이든, 자연적 세계이든, 과거이든, 태어남이든, 죽음이든, 문제는 언제나 다음과 같은 것을 아는 것이다. 즉 나를 넘어서지만 내가 그것들을 다시 잡고 체험하는 한에서만 실존하는 현상들에, 내가 어떻게 열려 있는가? 또 나를 규정하고 다른 모든 현전을 조건 짓는 나 자신에의 현전(근원-현전 (Urpräsenz))이 어떻게 동시에 탈-현전화(Entgegenwärtigung)[329]가 되고 나 밖

---

[329] Husserl, *Die Krisis der europäischen Wissenschaften und die transzendentale Phänomeno-*

으로 나를 던지는가? 관념론은 외부를 나에게 내재하는 것으로 만듦으로
써, 실재론은 나를 인과 작용에 종속시킴으로써, 외부와 내부 사이에 있는
부추김(동기부여motivation)의 관계를 왜곡하고, 이 관계를 이해 불가능하게
만든다. 예를 들어 우리의 개인적 과거는 의식 상태들의 또는 두뇌 흔적들
의 실제 존속으로도, 과거를 구성하고 즉각 과거에 도달하는 과거 의식에
의해서도 우리에게 주어질 수 없다. 이 두 경우에서 과거의 의미는 우리에
게 없을 것이다. 왜냐하면 과거는 엄밀히 말해 우리에게 현전할 것이기 때
문이다. 《418》 과거가 우리에게 있어야 한다면, 그것은 우리가 그로 향해 열
려 있는 어떤 장場처럼, 명시적인 어떠한 상기에 앞서, 애매한 현전에서만
가능한 것이다. 과거는 우리가 그것을 생각하지 않을 때에도 실존해야 하
고, 우리의 모든 상기는 이 불투명한 덩어리에서 이끌어 내는 것이어야 한
다. 마찬가지로 만약 나에게 사물들의 총합으로서의 세계와 속성들의 총
합으로서의 사물이 있다면, 나는 확실성이 아니라 개연성만을, 거부할 수
없는 실재성이 아니라 조건화된 진리만을 가질 것이다. 과거와 세계가 실
존한다면, 그것들에는 원리상 내재성이 있지 않으면 안 된다. 즉 그것들은
내가 내 뒤에서와 내 주위에서 보는 것일 수밖에 없다. 또한 과거와 세계에
는 사실상 초월성이 있지 않으면 안 된다. 즉 그것들은 나의 명시적인 작용
의 대상으로 나타나기에 앞서 내 삶 속에 실존하고 있다. 또한 마찬가지로
나의 태어남과 나의 죽음은 나에게서 사유의 대상이 될 수 없다. 나는 삶
(생명) 속에 자리하게 되고, 나의 사유하는 본성에 의지하며, 또 내 첫 번째
지각에서부터 열려 있는 초월론적인 장, 그 속에서 모든 부재는 어떤 현존
의 이면일 뿐이고 모든 침묵은 소리 존재의 한 양상일 뿐인 초월론적인 장
에 박혀 있다. 그러한 나는 원리상 일종의 편재성과 영원성을 가지고 있고,

logie, III(미출간).

또 그 시작도 그 끝도 사유할 수 없고 그 전부를 드러낼 수 없는 삶의 흐름에 내가 내맡겨져 있음을 느낀다. 왜냐하면 그 시작과 끝을 사유하는 것은 여전히 살아 있는 나이며, 이처럼 나의 삶은 항상 그 스스로를 선행하고 그 스스로보다 더 존속하기 때문이다. 그렇지만 나를 존재로 채우는 그 동일한 사유하는 본성은 관점적 현상을 통해 나에게 세계를 열어 주며, 이 관점적 현상과 함께 나에게는 나의 우연성의 느낌과 초월되어 있다는 불안이 주어진다. 그래서 나는 죽음을 사유하지 않아도 죽음의 일반적인 분위기 속에서 살고, 내 사유의 지평에는 언제나 죽음의 본질 같은 것이 있다. 결론적으로, 나의 죽음의 순간이 내게는 접근할 수 없는 미래인 것처럼, 그 스스로에게 현전하는 타인을 결코 내가 체험할 수 없다는 것은 확실하다. 그렇지만 다른 사람들 각각은 내게서 거부할 수 없는 함께-실존함의 스타일이나 장(환경)으로서 실존하고, 내 삶에는 죽음의 냄새(색조)가 있듯이 사회적 분위기가 있다.

[15. 진정한 초월론적인 것은 초월들의 원-천*Ur-Sprung*이다]

우리는 자연적 세계 및 사회적 세계와 함께 진정한 초월론적인transcendantal 것을 발견했다. 진정한 초월론적인 것은 공평무사한[완전한 관점의] 관찰자 앞에서 어둠도 불투명성도 없는 투명한 세계가 펼쳐지는 구성적 작용들 전체가 아니라, 초월들의 원천*Ursprung*이 형성되고, 근본적인 모순을 통해 나를 이 초월들과 소통하게 하며,《419》이러한 토대 위에서 인식을 가능케 하는 애매한 삶이다.[330] 아마도 혹자는 철학의 중심에 모순이 놓일 수

---

[330] 후설은 그의 후기 철학에서 모든 반성은 체험된 세계(생활세계(*Lebenswelt*))의 기술로 되돌아가면서 시작되어야 함을 인정한다. 그러나 그는 이에 덧붙여서, 이번엔 체험된 세계의 구조들이 두 번째 〈환원〉을 통해 세계의 모든 불투명성이 해명될 보편적 구성의 초월론적 흐름 속에 다시 놓여야 한다고 말한다. 이것은 다음 두 경우 중 하

는 없다고, 또 우리의 모든 기술記述이 결국 사유할 수 없는 것이므로 어떤 것도 의미하지 않는다고 말할 것이다. 만약 우리가 현상이나 현상의 장이 라는 이름으로 선-논리적인 또는 마법 같은 경험의 층을 재발견하는 것으로 만족한다면, 이와 같은 반론은 타당할 것이다. 왜냐하면 우리가 그렇게 할 때, 기술들을 믿고 사유하기를 포기하든지, 아니면 사람들의 말을 이해하고 기술들을 포기하든지를 선택해야 할 것이기 때문이다. 이러한 기술들은 우리에게서 객관적 사유보다 더 철저한(근본적인) 이해 및 반성을 정의할 기회가 되어야 한다. 직접적 기술로서 이해되는 현상학에, 현상학의 현상학이 덧붙여지지 않으면 안 된다. 우리는 코기토로 되돌아가서, 거기서 객관적 사유의 **로고스**보다 더 근본적이고, 객관적 사유에 그 상대적 권리를 부여하며, 동시에 객관적 사유를 본래의 위치에 자리매김하는 **로고스**를 찾아야 한다. 존재의 차원에서는, 주체가 동시에 자연화하는 것(능산자)이면서 자연화되는 것(소산자)임이, 무한자이면서 유한자임이 결코 이해되지 않을 것이다. 그러나 우리가 주체 아래에서 시간을 재발견한다면, 또 시간의 역설에 몸, 세계, 사물, 타인의 역설을 연결한다면, 우리는 그 이상으로 이해해야 할 것이 아무것도 없음을 알게 될 것이다.

나임이 분명하다. 먼저, 구성이 세계를 투명하게 하는 것이다. 이 경우 왜 반성이 체험된 세계를 경유할 필요가 있는지가 알 수 없게 된다. 아니면, 반성이 체험된 세계의 무언가를 간직하는 것이다. 이 경우는 반성이 결코 세계에서 불투명성을 제거하지 못하는 것이다. 후설의 사유는 논리주의 시기의 많은 잔향(殘響)과 함께 이 두 번째 방향으로 점점 더 나아간다. 이것은 그가 합리성을 문제 삼을 때, 그가 결국에는 〈유동적인(fluentes)〉(*Erfahrung und Urteil*, p. 428) 의미들(significations)을 인정했을 때, 그가 인식을 근원적 견해(δόξα)에 근거 지을 때 보게 되는 것과 같다.

제3부

대자존재와 세계에 있는 존재

코기토

[1. 코기토를 영원성으로 해석하기]

나는 데카르트의 코기토[1]를 생각하고 있다. 나는 이 책을 끝내려고 하고, 손 아래의 차가운 종이를 느끼고, 창문을 통해 큰길의 가로수를 지각한다. 내 삶은 매 순간 초월한 사물로 달려가고, 그것은 전적으로 외부에서 이뤄진다. 코기토는 3세기 전에 데카르트의 정신 속에 형성된 사유인가, 아니면 그가 우리에게 남긴 텍스트들의 의미인가, 아니면 그 텍스트들을

---

[1] 역주) 첫 판본(1945년판, 2004년까지 재판)에는, 이번 장과 서문에서 〈코기토〉는 거의 대문자 〈*Cogito*〉로 표기되어 있고, 나머지 장들에서는 대문자보다 소문자 〈*cogito*〉로 표기된 곳이 많다. 그러나 두 번째 판본(2005년판)과 *Œuvres*(전집) 판본(2010년)에는 〈코기토〉가 모두 소문자로 표기되어 있다. 우리는 대문자(〈코기토〉)와 소문자(〈코기토〉)를 구별하지 않고, 모두 〈코기토〉로 표기할 것이다.

통해 나타나는 영원한 진리인가. 그러나 그 어떤 것이든, 내가 명백히 사물들을 표상할 필요도 없이 내 몸이 친숙한 환경에서 그 사물들로 방향을 취해 나아가는 것처럼, 코기토는 나의 사유가 포함한다기보다는 그쪽으로 향하는 하나의 문화적 존재이다. 이미 시작한 이 책은 관념들의 어떤 집합체가 아니고, 나에게 하나의 열린 상황을 구성한다. 이 열린 상황은 내가 그에 대해 복잡한 정식화된 표현을 제공하지 못하고, 사유들과 낱말들이 마치 기적처럼 자체적으로 조직될 때까지 맹목적일 정도로 내가 분투하는 것이다. 하물며 내 주위의 감각적 존재들, 내 손 아래의 종이, 눈앞의 나무가 나에게 그것들의 비밀을 누설할 리가 없고, 내 의식은 자신을 벗어나서 그것들 속에 있는 자신을 알지 못한다. 이상은 실재론이 세계와 관념들의 실재적인 초월과 즉자 존재를 주장하면서 설명하고자 하는 시초가 되는 상황이다.

　그러나 실재론을 옹호하려는 생각은 전혀 없다. 사물이나 관념에서 자아로 복귀하려는 데카르트의 방식에는 어떤 결정적 진리가 있다. 초월적인 사물의 경험 자체도, 내가 그것을 앞에 던질 기획을 지니고 그 기획을 내 속에서 발견할 때만 가능한 것이다. 내가 사물이 초월한다고 말할 때, 내가 그것을 소유하지 않는다는 것, 그것을 둘러보지 못한다는 것을 의미한다. 사물이 초월적인 것은, 내가 그것이 무엇인지를 알지 못하고, 내가 그것의 벌거벗은(순수) 존재를 맹목적으로 주장하는 한에서이다. 그런데 《424》 그것이 무엇인지 모르는 존재를 주장하는 것은 무슨 의미가 있을까? 이러한 주장에 어떠한 진리가 있을 수 있다면, 그것은 이 주장과 관계한 본성이나 본질을 내가 엿보고 있기 때문이다. 예를 들어, 내가 나무를 보는 것은 개별적 사물로 향한 말 없는 탈-자脫-自이지만, 어떤 보고 있다는 생각[2]과 나무에 대한 어떤 생각을 이미 포함하는 것이다. 요컨대, 내가 나무를 만나고 단순히 나무와 대면하는 것이 아니라, 내 앞의 이 존재자 속에서 내가 능동적으로 그 개념을 형성하고 있는 어떤 본성을 재발견하는 것이다. 내가 내 주위에서 사물을 발견하는 것은, 사물이 거기에 정말로 그렇게 있기 때문일 수 없다. 왜냐하면 가정에 따라 나는 이 사실상의 존재에 대해 아무것도 모르는 것으로 되어 있기 때문이다. 내가 그 존재를 인식할 수 있는 것은, 사물과의 실제 접촉이 내 속에서 모든 사물에 대한 원초적인 앎을 일깨우기 때문이고, 나의 유한하고 한정된 지각들이 세계와 외연이 같고 세계를 모두 펼쳐 내는 인식능력의 부분적 표출들이기 때문이다. 어떤 즉자적 공간이 있고, 지각하는 주체가 그것과 일치하고자 한다고 상상해 보자. 예를 들어 내 손을 두 점에 갖다 대면서 두 점 사이의 거리를 지각한다고 해 보자. 한 대상[점]에도 다른 대상[점]에도 거주하지 않는 어떤 능력, 또 그런 사실 때문에 그 두 점의 관계를 인식할 수 있거나 오히려 그 관계를 실현할 수 있게 되는 어떤 능력이, 내 손가락들이 형성하고 그 거리를 특징 짓는 각도를 내적으로 그리지 않는다면, 그 각도는 어떻게 측정될 수 있을까? 혹자는 〈내 엄지의 감각〉과 내 검지의 감각이 적어도 거리의 〈기호〉가 된다고 주장하고 싶을 것이다. 그러나 만약 이 감각들이 한 점에서 다른 점에 이르는 경로 위에 이미 위치해 있지 않다면, 그리고 바로 이 경로가 벌어질 때의 내 두 손가락에 의해 지나가지지도 않고 내 사유에 의해 그 지성적인 구상(그림) 속에서 겨냥되지도 않는다면,[3] 어떻게 그 감각들은 공간 속의 점들의 관계를 의미할 무언가를 그것들 자체 속에서 가질 수 있을까?

<hr />

2   역주) 우리는 "pensée", "penser"를 문장에 따라 "사유(하다)"뿐 아니라 "생각(하다)"로 도 번역할 것이다.

3   역주) 원문은 "이 경로가 … 지나가질 뿐만 아니라 … 겨냥된다면"처럼 긍정의 내용으로 되어 있지만, 우리는 부정의 내용으로 판단하여 번역하였다. 스미스의 영역본 과 나카지마의 일역본은 우리처럼 번역하였지만, 랜즈의 영역본은 긍정문으로 번역 하였다.

"어떻게 정신은 그 자신이 기호로서 구성하지 않았던 어떤 기호의 의미를 인식할 수 있을까?"[4] 우리가 세계 속의 상황에 놓인 주체를 기술하면서 획득한 인식의 이미지는, 주체가 이 세계 자체를 구축하거나 구성한다는 또 다른 인식의 이미지로 대체되어야 하는 것 같다. 그리고 이 후자의 인식의 이미지는 전자의 인식의 이미지보다 더 본래적이다. 왜냐하면 주체와 그 주위 사물들과의 교섭은, 먼저 주체가 사물들을 자신에게 있게 하고, 그것들을 자신 주위에 배치하며, 그것들을 자신의 기저(중심)에서 이끌어 낼 때에만, 가능하기 때문이다. 《425》

¶ 자발적인 사유 작용의 경우에서는 더더욱 이와 같을 것이다. 나의 반성의 주제가 되는 데카르트의 코기토는 내가 현실적으로 표상하는 것을 항상 넘어서 있다. 그것에는 의미의 지평이, 즉 내가 데카르트를 읽는 동안 내게 떠올랐지만 현실적으로(현재) 현전하지 않는 수많은 생각과, 내가 예감하고 가질 수도 있지만 전혀 전개한 적이 없는 또 다른 생각들로 이뤄진 의미의 지평이 있다. 그러나 결국, 내가 어떤 관념들의 질서로 즉각 향하는 데에 사람들이 내 앞에서 발음하는 이 3음절로 충분한 것은, 가능한 모든 [생각의] 분명한 펼쳐짐이 어떤 식으로든 단번에 내게 현전하기 때문이다. "정신의 빛을 현실적으로 표상된 것으로 제한하려고 하는 사람은 항상 다음과 같은 소크라테스의 문제에 부딪힐 것이다. '소크라테스님, 이것을, 곧 그것이 무엇인지를 전혀 아시지 못하는 것을 무슨 방법으론들 찾으시겠습니까? 실상 선생님께서 아시지도 못하는 것들 가운데 어떤 걸 내세우시고 찾으실 겁니까? 행여 그것과 맞닥뜨린다 한들, 그것이 선생님께서 아시지 못했던 것이라는 걸 어떻게 아시게 되겠습니까?'[5]"(『메논』, 80,

---

4   P. Lachièze-Rey, *Réflexions sur l'activité spirituelle constituante*, p. 134.
5   역주) 번역된 인용문, 또 아래의 인용문도 『플라톤의 프로타고라스/라케스/메논』(박

d)[6] 정말로 대상들이 사유를 넘어서 있다면, 그 사유는 한 걸음 한 걸음 나아감에 따라 결코 그 관계를 파악할 수 없고 그 진리도 꿰뚫어 볼 수 없는 대상들이 마구 늘어나는 것을 보게 될 것이다. 역사적 코기토를 재구성하는 것도 나이고, 데카르트의 텍스트를 읽는 것도 나이며, 거기서 불멸의 진리를 인식하는 것도 나이다. 결국 데카르트의 코기토는 나 자신의 코기토를 통해서만 의미를 가지며, 만약 내가 코기토를 생각해 내는 데 필요한 모든 것을 내 속에 지니고 있지 않다면, 나는 코기토에 대해 아무것도 생각하지 못할 것이다. 코기토의 운동을 재개하고자 하는 목표를 내 사유에게 제시하는 것도 나이고, 내 사유가 이 목표로 향하는지를 끊임없이 확인하는 것도 나이다. 따라서 내 사유는 이러한 행위에서 자기 자신을 선행해야 하고, 자신이 찾으려는 것을 이미 발견했어야 한다. 그렇지 않다면 내 사유는 그것을 찾으려 하지 않을 것이다. 사유가 지니는 이 이상한 능력, 즉 자신보다 앞서고, 자기 자신을 던지며, 어디서나 자신에게 머물러 있는 능력에 의해, 한마디로 사유의 자율성autonomie에 의해 사유를 정의해야 한다. 만약 사유가 나중에 사물에서 발견할 것을 미리 자기 자신이 사물 속에 두지 않는다면, 사유는 사물에 접속하지 못할 것이고, 사물을 사유하지 못할 것이며, "사유의 착각"이 될 것이다.[7]

종헌 옮김, 서광사, 2010)에서 가져왔다. 소크라테스는 메논의 이런 문제 제기를 다음과 같이 파악한다. 즉 아는 것은 이미 알고 있기 때문에, "찾을(탐구의) 필요성이 전혀 없고", 또 모르는 것은 "찾을(탐구할) 것이 무엇인지를 알지 못하니까" 찾을(탐구할) 수 없다(80, e). 그러나 소크라테스는 〈상기설〉을 통해 정확한 자신의 입장을 나타낸다. 즉 지금 모르는 것은 혼이 전생에 이미 알고 있었던 것을 망각한 것이고, "탐구한다는 것과 배운다는 것은 결국 전적으로 상기함이기 때문"(81, d)이라고 말한다. 이것은 결국 메를로-퐁티가 소개하는 라시에즈-레(Lachièze-Rey)의 입장, 즉 "내 사유는 … 자신이 찾으려는 것을 이미 발견했어야 한다"는 것과 유사하다. 메를로퐁티는 이 절의 둘째 단락서부터 끝까지 라시에즈-레의 입장에서 코기토를 이해해 보려고 한다.

6 P. Lachièze-Rey, *L'Idéalisme kantien*, pp. 17-18.

¶하나의 감각적인 지각이나 논증의 한 부분은 내 속에서 발생하여 내가 확인하는 사실들이 될 수는 없다. 그것들은 내가 차후에 고찰해 볼 때, 각각의 자리로 배열되어 분산된다. 그러나 그것들은 작용 중에 있는 논증이나 지각이 남긴 항적과 같은 것에 불과하다. 이때 논증이나 지각은 그 현실적인 모습에서, 《426》 그 실현에 필요한 모든 것을 단번에 포함해야 하고, 따라서 나뉘지지 않는 하나의 지향 속에서 그 자신에게 거리 없이 현전해야 한다. 그렇지 않다면 지각도 논증도 해체되어 버릴 것이다. 무엇에 대한 그 어떤 사유도 동시에 자기의식이고, 그렇지 않다면 사유는 대상을 가질 수 없을 것이다. 따라서 우리의 모든 경험과 모든 반성의 뿌리에서, 우리는 그 자신을 직접 인식하는 한 존재를 발견한다. 왜냐하면 이 존재는 자기 및 모든 것들의 앎이기 때문이다. 그리고 우리가 발견한 이 존재는 그 자신의 존재를 관찰이나 주어진 사실로서 알거나, 자기 자신의 어떤 관념으로부터 추론함으로써 아는 것이 아니라, 자기 존재와 직접 접촉함으로써 아는 것이다. 자기의식은 활동하고 있는 정신의 존재 자체이다. 내가 무엇인가를 의식하는 작용은 이 작용이 실행되는 그 순간에 그 스스로가 파악되어야 하고, 그렇지 않다면 이 작용은 산산조각 날 것이다. 따라서 이러한 작용이 그 어떤 것에 의해 작동되거나 야기될 수 있다는 것은 생각해 볼 수 없고, 그것은 자기 원인*causa sui*이어야 한다.[8] 데카르트와 함께 사물에서 사물의 사유로 복귀하는 것은 다음 둘 중 하나이다. 첫 번째로 그것은 경험을 심리학적 사건들의 총합으로 환원하는 것이고, 나는 이 사건들의 공통의 이름이나 가설상의 원인에 불과할 것이다. 그러나 이 경우 어떻게 내 존재가 어떠한 사물의 존재보다 더 확실한지 알 수가 없는데, 왜냐하

---

7   *Ibid.*, p. 25.
8   *Ibid.*, p. 55.

면 내 존재는 파악할 수 없는 순간 속에서가 아니라면 더 직접적이지 않기 때문이다. 그렇다면 두 번째로 그것은 모든 사건에 앞서, 시간에도 어떤 한계에도 종속되지 않는 사유들의 장과 체계를 인정하는 것, 사건에 아무것도 빚진 것이 없고 의식으로서의 존재라는 존재 방식을 인정하는 것, 그것이 겨냥한 일체의 것을 거리를 두고 포착해서 그 자신 속에 응축하는 정신적 작용을 인정하는 것, 그 자체에 의해 또 그 어떤 덧붙임도 없이 〈나는 존재한다〉가 되는 〈나는 사유한다〉를 인정하는 것이다.[9] "따라서 데카르트의 코기토 이론은 논리적으로 정신의 비시간성을 주장하는 것과 영원한 것의 의식을 인정하는 것으로 이르러야 할 것이다. 즉 우리는 우리가 영원함을 경험한다experimur nos aeternos esse."[10] 그러므로 모든 시간적인 전개를 하나의 지향 속에서 포괄하고 선취하는 능력으로 이해된 영원성은 주체성의 정의 자체가 될 것이다.[11]

[2. 그 귀결로서, 유한성과 타인이 불가능하게 된다]

이처럼 코기토를 영원성으로 해석하는 것을 문제 삼기에 앞서, 이를 수정해야 할 필요성을 보여 주는 그 귀결들을 잘 살펴보자. 만약 코기토가 나에게 《427》 시간에 어떤 것도 빚지지 않는 새로운 존재 방식을 드러낸다면, 만약 내가 내게 접근 가능한 모든 존재의 보편적 구성자로서, 또 숨겨진 부분도 외부도 없는 초월론적 장으로서 나 자신을 발견한다면, 나의 정신은 "모든 감각(감관) 대상의 형식의 관점에서 보면 … 스피노자의 신이다"[12]라고만 말하지 말아야 한다. 왜냐하면 이 경우 형식과 질료의 구별에는 더 이

---

9   *Ibid.*, p. 184.
10   *Ibid.*, pp. 17-18.
11   P. Lachièze-Rey, *Le Moi, le Monde et Dieu*, p. 68.
12   Kant, *Übergang*, Adickes, p. 756(Lachièze-Rey, *L'Idéalisme kantien*, p. 464에서 인용됨).

상 궁극적인 가치가 주어질 수 없고, 또한 자기 자신을 반성하는 정신이 궁극적으로는 어떻게 수용성의 개념에서 어떠한 의미를 찾을 수 있는지, 어떻게 자신을 촉발된 것으로 타당하게 사유할 수 있는지를 알 수 없기 때문이다. 정말로 정신이 자신을 촉발된 것으로 사유한다고 한다면, 정신은 자신의 활동을 제약하는 것으로 보이는 그 순간에 또다시 자신의 활동을 긍정하는 것이 되기 때문에, 자신을 촉발된 것으로 사유하는 것이 아니다. 정말로 정신이 자신을 세계 속에 둔다고 한다면, 정신은 세계 속에 있는 것이 아니고, 그런 자기 정립은 착각인 것이다. 따라서 내 정신은 신이라고 아무런 제한 없이 말해야 한다. 우리는 예를 들어 라시에즈-레Lachièze-Rey가 어떻게 이러한 귀결에서 벗어날 수 있는지를 알지 못한다. "내가 사유하기를 중단하고 다시 사유하기를 시작할 때, 내가 계속하는 [사유의] 운동을 다시 체험하고 다시 구성하는 것은, 그 운동의 불가분성에서이고 또 그 운동이 발원하는 원천에 내가 다시 위치하면서이다…. 그래서 주체는 사유할 때마다, 자기 자신을 기대는 지점으로 삼고, 다양한 표상 저 너머와 그 배후에서, 모든 인식의 원리로서 인식될 필요가 없는 그러한 통일성에 위치한다. 그리고 주체는 다시 절대자가 된다. 왜냐하면 주체는 영원히 그렇게 되기 때문이다."[13]

¶ 그러나 어떻게 여러 절대자가 존재할 수 있을까? 무엇보다도 어떻게 나는 다른 **자아**들을 인식할 수 있을까? 만약 내가 주체와 일치함으로써 획득하는 경험이 주체에 대한 유일한 경험이라면, 또 정신이 그 정의상 "다른 관찰자"에게서 벗어나고 내적으로만 인식될 수 있다면, 나의 코기토는 원리상 유일하고, 다른 코기토가 "참여할 수" 없는 것이다. 그렇지만 사람들은 나의 코기토가 다른 코기토들로 "이행할 수 있다"고 말할 것이다.[14] 그러

---

13   P. Lachièze-Rey, *Réflexions sur l'activité spirituelle constituante*, p. 145.

나 어떻게 그와 같은 이행이 부추겨질(동기부여 될) 수 있는가? 그 존재 방식의 의미가 그것이 내적으로 파악되는 것임을 요구하는데, 도대체 어떤 광경이 나를 유인하여, 그러한 존재 방식을 정당하게 나 자신 밖에 정립하게 할까? 만약 내가 즉자와 대자의 결합됨을 나 자신 속에서 인식하는 것을 배울 수 없다면, 다른 몸들이라는 그 어떤 기계장치도 생기를 지니지 못할 것이다. 《428》 만약 내가 외부를 갖지 않는다면, 타자들은 내부를 갖지 못할 것이다. 만약 내가 나 자신에 대한 절대적 의식을 갖는다면, 다수의 의식은 불가능하다. 심지어, 절대자로서의 내 사유 배후의 그 어떤 신적인 절대자를 추측해 보는 것조차 불가능하다. 내 사유가 완전히 그 스스로와 접촉한다면, 나는 나 자신에게 닫혀 있고, 무엇인가가 나를 초월함을 결코 느끼지 못하게 된다. 즉 **자아**가 존재의 전체성과 세계 속에 자신의 현전함을 구축하고, 자신을 "자기 소유"[15]로 규정하며, 자신이 두었던 것 말고는 자기 외부에 그 어떤 것도 발견하지 못한다면, 그런 **자아**에게는 **타자**에 대한 열림이나 "열망"[16]은 없다. 이처럼 잘 닫혀 있는 자아는 더 이상 유한한 자아가 아니다. "우주의 의식은 적극적인 의미에서 조직화의 선행적 의식 덕분으로만 존재하고, 따라서 결국 신성神性의 활동 자체와의 내적 일치를 통해서만 존재한다."[17] 코기토는 결국에는 나를 신과 일치시킨다. 내가 코기토 속에서 내 경험의 지성적이고 동일성이 확인되는 구조를 인식할 때, 그 구조가 나를 사건에서 벗어나게 하여 영원성 속에 위치하게 한다면, 이와 동시에 그 구조는 모든 제약으로부터 또 내 사적인 실존이라는 근본적 사건으로부터 나를 해방시킨다. 그리고 사건에서 작용으로, 사유들에서 자

14   P. Lachièze-Rey, *L'Idéalisme kantien*, p. 477.

15   *Ibid.*, p. 472.

16   *Ibid.*, p. 477. *Le Moi, le Monde et Dieu*, p. 83.

17   *Le Moi, le Monde et Dieu*, p. 33.

아로 필연적으로 이행하게 하는 그 이유는 똑같이 다수의 **자아**에서 단 하나의 구성하는 의식으로 필연적으로 이행하게 하고, 내가 최후의 순간에 주체의 유한성을 구제하려고 주체를 "모나드"[18]로서 규정하는 것도 막아버린다. 구성하는 의식은 원리상 유일하고 보편적이다.

[3. 코키토로의 복귀]

¶ 만약 의식이 우리 각자 속에서 하나의 소우주만을 구성한다고 주장된다면, 코기토에서 "실존적 체험"[19]의 의미가 간직된다면, 또 코기토가 내게 드러내는 것이 완전히 자신을 소유하는 사유의 절대적 투명성이 아니라, 사유하는 본성이라는 내 운명을 내가 다시 잡고(떠맡고) 계속하는 맹목적 작용이라면, 이것은 또 다른 철학으로서 우리를 시간에서 벗어나지 않게 하는 것이다. 여기서 우리는 영원성과 경험론의 조각난 시간 사이의 길을 발견하고, 코기토와 시간을 다시 해석할 필요성을 확인한다. 우리는 우리와 사물의 관계가 외적 관계일 수도 없고, 우리 자신에 대한 우리의 의식이 심리적 사건들의 단순 기록일 수도 없음을 앞에서 결정적으로 인식하였다. 《429》 우리는 이 세계와 이 지각이 확인된 사실들이기 이전에 우리의 사유들일 때에만 세계를 지각한다. 그러나 세계의 주체에 속함과 주체의 자기 자신에 속함, 경험을 가능케 하는 그런 사유*cogitatio*, 사물과 우리의 〈의식 상태들〉에 대한 우리의 잡음(파악)을 정확히 이해하는 일이 여전히 남아 있다. 우리가 보겠지만, 이것은 사건 및 시간과 무관하지 않은 것이고, 오히려 사건과 역사*Geschichte*의 근본 양태로서 객관적이고 비인격적인 사건들이 그로부터 파생된 형태가 되는 것이며, 결국 영원성에 호소함은 시간

---

18   라시에즈-레가 그렇게 규정하는 것처럼(*Le Moi, le Monde et Dieu*, pp. 69-70).

19   *Ibid.*, p. 72.

의 객관적 개념 형성을 통해서만 필연적으로 되는 것이다.

[4. 코기토와 지각]

따라서 내가 사유한다는 것은 의심의 여지가 없다. [데카르트에 따르면] 저기에 재떨이나 담배 파이프가 있는지는 나에게 확실치 않지만, 내가 재떨이나 담배 파이프를 보고 있다고 생각하는 것은 확실하다. 그런데 이런 두 주장을 분리하는 것, 또 보이는 사물에 관한 일체의 판단으로부터 독립하여 〈보고 있다는 내 생각〉의 명증을 주장하는 것은 사람들의 생각처럼 쉬운 일인가? 아니 그것은 불가능하다. 지각은 작용 그 자체와 이 작용이 향하는 항을 따로 분리하는 것이 문제가 될 수 없는 바로 그런 종류의 작용이다. 지각이 갖는 의식, 아니 오히려 사물 자체에 도달하는 지각으로서의 의식을 지각으로부터 분리할 수 없기 때문에, 지각과 지각된 것은 필연적으로 동일한 존재 양상을 갖는다. 지각된 사물의 확실성을 거부하면서 지각의 확실성을 주장하는 것은 있을 수 없는 일이다. 〈본다〉는 말의 충실한 의미에서 내가 재떨이를 보고 있다면, 재떨이는 거기에 있어야 하고, 나는 이런 주장을 제압할 수가 없다. 본다는 것은 무엇인가를 보는 것이다. 빨강을 보는 것은 현실적으로 존재하는 빨강을 보는 것이다. 봄을 보고 있다는 단순 추정으로 환원할 수 있는 것은, 그것을 닻 내리지 못하고 떠다니는 성질quale의 응시처럼 표상할 때뿐이다. 그러나 우리가 이미 살펴본 것처럼, 성질 자체는 그 특정한 구조texture 속에서 우리에게 제시된 것suggestion이고, 이 제시된 것은 우리가 어떤 실존하는 방식으로 감각장을 갖고 있는 상태에서 응답한 것이다. 또 어떤 일정한 구조structure를 지닌 색 —표면색 또는 평평한 색(색 퍼진 영역)[20]— 의 지각은 분명하거나 희미하게 보이는

---

[20]   역주) 본서 555-556쪽과 555쪽 역주 참조.

장소 또는 거리에서 어떤 실재나 세계에 대한 우리의 열림을 전제한다. 이상과 같을 때, 우리는 어떻게 지각하는 우리 실존의 확실성과 그 상대방의 확실성을 분리할 수 있을까? 나의 봄(시각)이 단지 보인다고 여겨지는 것에 관계할 뿐만 아니라, 현실적으로 보이는 존재에도 관계하는 것은 그것의 본질이다. 반대로 말해, 내가 사물이 현존하는지를 의심한다면, 이 의심은 봄 자체로도 향해 있다. 《430》 만약 빨강이나 파랑이 거기에 없다면, 나는 정말로 보지 않았다고 말한다. 다시 말해 나는 나의 보고자 하는 의도와 보이는 것 간의 일치관계adéquation, 즉 현실적인 봄이 되는 이 일치관계가 어느 순간에도 실현되지 않았음을 인정하는 것이다.

¶따라서 다음의 두 가지 경우 중 하나이다. 먼저, 나는 사물 자체에 대해 어떤 확실성도 갖지 않는다. 그러나 이 경우, 나는 단순 사유로서 파악된 나 자신의 지각에 대해서도 확실성을 갖지 않는다. 왜냐하면 나 자신의 지각이 단순 사유라고 해도 어떤 사물에 대한 주장을 포함하기 때문이다. 아니면, 나는 내 사유를 확실하게 파악한다. 그런데 이 경우는 동시에 내가 나의 사유가 겨냥하는 존재를 받아들이고 있음을 전제한다. 데카르트가 보이는 사물의 존재는 의심스럽지만, 보고 있다는 단순 생각으로 간주된 우리의 봄은 의심스럽지 않다고 우리에게 말할 때, 그의 이런 입장은 유지될 수가 없다. 왜냐하면 보고 있다는 생각은 두 가지 의미를 갖기 때문이다. 먼저, 그것은 주장된 바와 같은 봄 또는 〈보고 있다는 인상〉이라는 제한된 의미로 이해될 수 있다. 이때 우리는 이런 보고 있다는 생각과 함께 어떤 가능적인 것 또는 개연적인 것의 확실성만 갖게 된다. 또한 〈보고 있다는 생각〉은 우리가 몇몇 경우에 진정한 또는 현실적인 봄을, 즉 보고 있다는 생각과 비슷하지만 이번엔 사물의 확실성이 포함된 그런 봄을 경험했다는 것을 함의한다. 어떤 가능성의 확실성은 어떤 확실성의 가능성일 뿐이고, 보고 있다는 생각은 관념 속의 봄일 뿐이다. 또 우리가 어떤 식으로

든 실제로 보지 않았다면, 보고 있다는 생각은 우리에게 없을 것이다. 그런데 〈보고 있다는 생각〉은 우리의 구성 능력에 대해 우리가 갖는 의식으로 의미될 수 있다. 사실이든 거짓이든 우리의 경험적empiriques 지각이 어떠하든, 이러한 지각이 가능한 것은 그 지향적 대상을 인식할 수 있고, 그 동일성을 확인할 수 있으며, 우리 앞에서 그 대상을 유지할 수 있는 정신이 그 지각에 거주할 때뿐이다. 그러나 이러한 구성 능력이 신화가 아니라면, 즉 정말로 지각이란 나와 일치될 수 있는 내적 역동성이 단순히 확장된 것이라면, 내가 세계의 초월론적 전제들에 대해 갖는 확실성은 세계 그 자체에까지 미치지 않으면 안 된다. 또한, 나의 봄은 전적으로 보고 있다는 사유가 되기 때문에, 보이는 사물 자체는 내가 그에 대해 사유한 것이고, 그래서 초월론적 관념론은 절대적 실재론이 된다. 세계가 나에 의해 구성된다는 사실과, 《431》 이러한 구성 작용에 대해 내가 파악할 수 있는 것은 [본질적] 윤곽과 본질적 구조들뿐이라는 사실을 동시에 주장하는 것[21]은 모순적일 것이다. 나는 구성 작업의 끝에서 실존하는 세계가 나타나는 것을 보아야지, 단지 관념 속의 세계가 나타나는 것을 보아서는 안 된다. 그렇지 않다면 나는 추상적인 구축만 할 뿐, 세계의 구체적 의식을 갖지 못할 것이다. 이처럼, 어떤 의미로 〈보고 있다는 생각〉을 파악하건, 그것은 현실적인 지각이 확실할 때에만 확실하다. 그것 자체로 환원된 감각은 항상 참되고, 오류는 판단이 감각에 대해 초월적 해석을 할 때 생긴다고 데카르트가 우리

---

[21] 예컨대 후설이 모든 초월론적 환원은 동시에 형상적 환원임을 받아들일 때처럼. 본질을 통과해야 하는 필연성, 실존들의 결정적인 불투명성은 자명한 사실들로서 간주될 수 없다. 그것들은 코기토와 궁극적 주체성의 의미를 결정하는 데 기여한다. 내가 사유를 통해 구체적이고 풍요로운 세계와 동일하게 될 수도 없고 사실성을 흡수할 수도 없다면, 나는 구성하는 사유가 아니고, 나의 〈나는 사유한다〉도 〈나는 존재한다〉가 아니다.

에게 말할 때, 그는 사실과 맞지 않게 구별한다. 왜냐하면 내가 어떤 것을 감각하는지를 아는 것은 거기에 어떤 것이 있는지를 아는 것만큼이나 내게서 똑같이 어렵기 때문이다. 또, 히스테리 환자가 외적 대상을 지각하면서도 이 지각을 이해하지 못하는 것처럼, 그는 감각하면서도 무엇을 감각하는지를 알지 못하기 때문이다. 이에 반하여 내가 감각했다고 확신할 때, 외적 사물의 확실성은 내 앞에서 감각이 분절되고 전개되는 방식 자체 속에 포함되어 있다. 즉 그것은 다리의 통증이다, 혹은 그것은 어떤 붉은색, 예컨대 평면의 불투명한 붉음이거나 아니면 3차원의 불그스름한 대기이다. 내가 내 〈감각〉에 주는 〈해석〉은 정말로 부추겨져야 하고, 또 이 감각의 구조 자체에 의해서만 부추겨질 수 있다. 따라서 우리는 현상의 배열형태configuration 자체로부터 솟아나지 않는 초월적 해석도 판단도 없다는 것과, 내재성의 영역, 즉 내 의식이 자신 속에 머무르고 모든 오류의 위험으로부터 안전한 영역이 없다는 것을 동일하게(구별함 없이) 말할 수 있다. 나의 작용들은 본성적으로 그 스스로를 넘어서고, 의식의 내밀함이 없는 것이다. 의식은 전적으로 초월이다. 그것은 수동적인subi 초월이 아니라 ─우리가 이미 말한 것처럼 그런 초월은 의식의 정지일 것이다─, 능동적 초월이다. 내가 보고 있거나 감각하고 있다는 의식은 그 자체 속에 갇혀 있는 심리적인 사건, 즉 보이거나 감각되는 실재와 관련하여 내가 확실성을 갖지 못하는 심리적인 사건의 수동적인passive 기록이 아니다. 또한 그 의식은 그 자신 속에 모든 봄이나 감각을 탁월하면서도 영원토록 포함하는 구성하는 능력, 자신을 떠나지 않으면서 대상과 만나는 그런 구성하는 능력의 전개도 아니다. 그것은 《432》 봄을 실행하는 것 자체이다. 나는 이것저것을 봄으로써, 아니면 적어도 내 주위의 시각적 주변이나 시각적 세계를 깨어나게 함으로써 보고 있다는 것을 확신한다. 그리고 이 시각적 세계는 결국 특정한 사물을 봄으로써만 확인된다. 봄은 하나의 행위(작용)이다. 말하자면 그것은 영원한 활동 —이것은 모순적 표현이다— 이 아니다. 그것은 자신이 약속했던 것보다 더 많을 것을 수행하는 활동, 항상 자신의 전제들을 넘어서는 활동, 또 초월들이 있는 장에 내가 원초적으로 열림으로써만, 즉 여전히 탈-자를 통해서만 내적으로 준비된 활동이다. 봄은 보이는 사물 속에서 자기 자신에 도달하고 자신과 만난다. 분명 자신을 파악하는 것은 봄의 본질이다. 만약 봄이 그렇게 하지 않는다면, 그것은 어떤 것도 보지 못할 것이다. 그렇지만 일종의 애매성과 불투명성 속에서 자신을 파악하는 것은 봄의 본질이다. 왜냐하면 그것은 자신을 소유하지 못하고, 오히려 보이는 사물 속으로 도망가기 때문이다. 내가 코기토를 통해 발견하고 인식하는 것은, 심리학적인 내재성, 즉 모든 현상들이 〈사적인 의식 상태들〉에 내속함도, 감각이 그 자신과 맹목적으로 접촉함도 아니다. 그것은 심지어 초월론적인 내재성, 즉 모든 현상이 구성하는 의식에 귀속되는 것도, 명석한 사유가 그 자신을 소유하는 것도 아니다. 그것은 내 존재 자체인 초월의 심층적인 운동이고, 내 존재와 세계 존재의 동시적인 접촉이다.

[5. 코기토와 감정의affective²² 지향성]

그렇지만 지각은 특수한 경우가 아닌가? 지각은 내게 하나의 세계를 열지만, 나를 초월하고 스스로를 초월함으로써만 그렇게 열 수 있다. 지각적 〈종합〉은 미완성이어야 하고, 오류의 위험에 노출됨으로써만 내게 한 〈실재물réel〉을 제시할 수 있다. 사물이 하나의 사물이어야 한다면, 내게 숨겨진 측면들을 갖는 것은 전적으로 필연적이다. 이 때문에 나타남과 실재의

---

22   역주) "affection"은 고통처럼 감각과 함께 일어나는 쾌나 불쾌의 감정, 즉 〈감각감정〉뿐 아니라, 슬픔이나 기쁨처럼 쾌나 불쾌가 있는 〈감정(sentiment)〉을 의미하기도 한다. 이 절에서 메를로퐁티는 사랑, 슬픔, 기쁨, 원함을 언급하기 때문에, "affection"은 후자의 의미로 쓰인다.

구별은 단번에 지각적 〈종합〉에서 그 자리를 갖는다. 이와 달리, 〈심리적 사실들〉에 대한 내 의식을 고찰해 보면, 의식은 자신의 권리와 자기 자신에 대한 완전한 소유를 되찾는 것 같다. 예를 들어 사랑과 원함(의욕)은 내적 작용이다. 그것들은 스스로의 대상을 만들어 낸다. 그렇게 함으로써 사랑과 원함은 실재물에서 멀리 떨어질 수 있음과, 또 그런 의미에서 우리를 속일 수 있다는 사실이 쉽게 이해된다. 그렇지만 그것들이 그것들 자체에 대해 우리를 속이는 것은 불가능한 것 같다. 예컨대, 내가 사랑, 기쁨, 슬픔을 체험하는 한, 그 대상이 실제로, 즉 다른 사람에게서 또는 다른 순간의 나 자신에게서 내가 지금 그것에 부여한 가치를 갖지 않는다 해도, 내가 사랑하거나 기쁘거나 슬프다는 것은 참이다. 나타남은 내 안의 실재이고, 의식의 존재는 자신에게 나타남이다. 《433》 원한다는 것은 한 대상을 [원할] 가치가 있는 것으로서 의식하는 것이 아니라면 무엇이겠는가? (또는 삐뚤어진 원함의 경우에는 [원할] 가치는 없지만, 대상을 가치가 있는 것으로서 의식하는 것이 아니라면 무엇이겠는가?) 또 사랑한다는 것은 한 대상을 사랑스러운 것으로 의식하지 않는다면 무엇이겠는가? 그리고 한 대상의 의식은 필연적으로 자기 자신의 앎을 포함하고, 그렇지 않다면 그 자신에게서 멀어져서 심지어 자신의 대상을 파악하지 못하는 것이기 때문에, 원함과 원함을 아는 것, 사랑함과 사랑함을 아는 것은 오직 하나의 행위일 뿐이고, 사랑함은 사랑하는 의식이고 원함은 원하는 의식이다. 자기의식이 없는 사랑이나 원함은, 무의식적 사유가 생각하지 않는 사유이듯이, 사랑하지 않는 사랑이고 원하지 않는 원함이다. 그 대상이 꾸며 낸 것이든 실재하는 것이든 원함이나 사랑은 동일한 것으로 있을 것이다. 그것들을 실제 가리키는 대상에서 독립하여 고찰해 보면, 그것들은 우리에게서 진리가 벗어날 수 없는 절대적 확실성의 영역을 구성할 것이다. 의식 안에서 모든 것은 진리일 것이다. 착각은 외부 대상과 관계한 것이 아니라면 결코 존재하지 않을 것이다. 한 감정을 그 자체 속에서 고찰해 보면, 그 감정은 느껴지고 있는 한 언제나 참될 것이다. 그러나 더 자세히 살펴보자.

[6. 거짓된 혹은 착각된 감정sentiments]

우선 분명한 것은, 우리 자신 속에서 우리는 〈참된〉 감정과 〈거짓된〉 감정을 구별할 수 있다는 것, 바로 이런 사실에서 우리가 우리 자신 속에서 느낀 모든 것은 단 하나의 존재의 차원에만 놓여 있거나 동일하게 참된 것이 아니라는 것, 또 우리 외부에 〈반사된 모습〉, 〈환영〉, 〈사물〉이 있듯이 우리 속에도 여러 단계의 실재가 있다는 것이다. 참된 사랑 이외에 거짓되거나 착각된 사랑이 있다. 이 후자는 해석상의 오류와 구별되어야 하고, 내가 자기기만적으로 사랑이라 할 수 없는 감정에 사랑의 이름을 부여했던 오류와도 구별되어야 한다. 왜냐하면 이런 오류의 경우에서 전혀 사랑과 비슷한 것조차 있지 않았기 때문이다. 즉 한순간도 나는 내 삶이 그러한 감정에 구속되어 있다고 믿지도 않았고, 엉큼하게도 나는 이미 알고 있던 대답을 회피하려고 질문을 제기하지도 않았으며, 내 〈사랑〉은 단지 겉치레적인 자기만족이나 자기기만 속에서 이루어졌기 때문이다. 이와 달리, 거짓되거나 착각된 사랑 속에서 나는 내가 원해서 사랑하는 사람과 결합하였고, 그 사람은 한때 정말로 세계와 나의 관계의 매개자였다. 또 내가 그 사람을 사랑한다고 말했을 때, 나는 〈해석하지〉 않았으며, 내 삶은 멜로디처럼 계속되기를 요구하는 어떤 형태에 진정으로 구속되었던 것이다. 착각에서 벗어난 후에 (**나 자신에 대한** 내 착각이 드러난 후에), 그리고 내게 무슨 일이 일어났는지를 이해하고자 애쓸 때, 나는 문제가 되는 그 사랑에서 사랑과는 **다른 것**을 발견할 것이다. 《434》 예컨대 〈사랑하는〉 여인이 어떤 다른 사람과 닮음, 또는 권태, 또는 습관, 또는 관심이나 신조의 공통성을 발견할 것이고, 바로 이를 통해 나는 착각에 대해 말할 수 있게 된다. 나는 **특**

징들 (즉 어떤 다른 미소와 닮은 이 미소, 사실로서 강렬히 나타나는 이 미모, 몸동작과 행위에서의 이 싱그러운 젊음)밖에 사랑하지 않았고, 그 사람의 고유한 존재 방식, 즉 그 사람 자체를 사랑한 것은 아니었다. 이와 동시에 나는 전적으로 [사랑에] 사로잡혀 있지 않았고, 내 삶의 과거와 미래의 여러 영역은 [그런 감정의] 침입에서 벗어나 있었으며, 내 속에 다른 것을 위한 자리들을 마련해 남겨 두었다.

¶ 이에 대해 혹자는 다음과 같이 반박할 것이다. 즉 나는 그런 사실을 알지 못했고, 이때 문제 된 사랑은 착각이 아니라 끝나 버린 참된 사랑이라고 말할 것이다. 아니면, 나는 그런 사실을 알았고, 이때 사랑은 전혀 없었고, 심지어 〈거짓된〉 사랑도 없다고 말할 것이다. 그러나 그 어느 쪽도 아니다. [과거의] 그 사랑이 존재했던 동안에는 참된 사랑과 구별될 수 없다고도 말할 수 없고, 내가 그 사랑을 부정했을 때에는 그것이 〈거짓된 사랑〉이 되어 버렸다고도 말할 수 없다. 15세 때의 신비적 체험의 발현이 그 자체로는 의미가 없어, 나중에 내가 내 삶에서 자유롭게 그것의 가치를 평가함에 따라 사춘기의 우연적 사건이 되거나 종교적 소명의 첫 징후가 된다고 말할 수 없다. 설사 내가 내 삶 전체를 사춘기의 한 우연적 사건 위에서 만들어 간다고 해도, 이 사건은 그 우연적 특성을 갖고 있어서, 내 삶 전체는 〈거짓(허위)〉이 되어 버린다. 내가 경험했던 바 그대로의 신비적 체험의 발현 속에서, 소명과 우연적 사건을 구별해 주는 어떤 특징이 발견되지 않으면 안 된다. 즉 소명의 경우에서 신비적 태도는 나와 세계 및 타인의 근본적 관계 속에 들어가 있고, 우연적인 사건의 경우에서 신비적 태도는 주체의 내부에 있는 비인격적[23]이고 내적 필연성 없는 행동, 즉 〈사춘기〉이다.

23   역주) "impersonnel." 여기서 "비인격적"에서의 〈인격〉은 〈인간임〉이라는 의미가 아니라, 어떤 사람의 〈본성〉, 〈성격〉, 〈자기 자신〉, 〈본래 모습〉이라는 의미로 이해하

이와 마찬가지로 참된 사랑은 주체의 모든 능력을 불러내고 주체 전체와 관계하지만, 거짓된 사랑은 주체가 수행하는 인물(페르소나)들 중 하나에만 관계한다. 예컨대 때늦은 사랑은 〈40세의 남자〉, 이국적인 사랑은 〈여행자〉, 기억으로 유지되는 거짓된 사랑은 〈홀아비〉, 어머니에 대한 기억으로 유지되는 거짓된 사랑은 〈어린아이〉와 관계한다. 참된 사랑은 내가 변하거나 사랑하는 사람이 변할 때 끝난다. 거짓된 사랑은 내가 나에게로 돌아올 때 거짓으로 드러난다. 그 차이는 내재적이다. 그러나 이 차이는 나의 〈세계에 있는(세계로의) 존재〉 전체 속에 어떻게 감정이 자리하는지와 관계하고, 거짓된 사랑은 내가 그 사랑을 체험할 때 내가 그러하다고 믿는 인물(페르소나)과 관계하며, 또 거짓된 사랑에서 거짓됨을 분간하기 위해 나는 바로 착각에서 벗어남으로써만 획득할 나 자신에 대한 인식이 필요하기 때문에, 《435》 애매성은 존속한다. 그리고 바로 이러한 이유에서 착각이 가능하다.

¶ 다시 한번 히스테리 환자를 예를 들어 고찰해 보자. 히스테리 환자는 꾀병을 부리는 자로 쉽게 다루어졌다. 그러나 그가 속이는 것은 무엇보다도 그 자신이다. 이런 불안정성(가변성plasticité)[24]은 사람들이 피하고자 했던 문제를 또다시 제기한다. 즉 어떻게 히스테리 환자는 그가 느끼는 것을 느낄 수 없고 느끼지 않는 것을 느낄 수 있는가? 그는 고통, 슬픔, 분노를 가장하지 않는다. 그렇지만 그의 〈고통〉, 〈슬픔〉, 〈분노〉는 〈실재적인〉 고통,

---

는 것이 옳다. 따라서 본문의 "비인격적인 … 행동"은 자신의 본모습으로 하지 않은 행동, 즉 자기 자신이 온전히 드러나지 않은 행동, 그래서 필연성이 없는 행동을 의미한다. 일역본(나카지마)은 "비인칭적"이라 번역했는데, 이는 어색한 번역어로 생각된다.

24   역주) 내용상, 자신의 모습으로 꽉 차 있지 않음, 또는 자신을 정확히 의식 못 하면서 자기기만적일 수 있음을 의미한다.

슬픔, 분노와 구별된다. 왜냐하면 그는 전적으로 그러한 상태에 있지 않기 때문이다. 즉 그의 중심에는 평온함의 지대가 존속한다. 착각되거나 상상된 감정은 분명 체험되지만, 그것이 체험되는 것은 말하자면 우리 자신의 주변에서이다.[25] 어린아이와 많은 성인은 그들의 현재의 감정을 감추어 버리는 〈상황적 가치〉에 의해 지배된다. 그들은 선물을 받기 때문에 만족하고, 장례식에 참석하기 때문에 슬프고, 풍경에 따라 기쁘거나 슬프다. 그렇지만 그들의 이러한 감정들 아래는 무덤덤한 채 비어 있다. "우리는 분명 감정 자체를 느끼지만, 진정하지 못한 방식으로 느낀다. 그것은 진정한 감정의 그림자와 같은 것이다." 우리의 자연적 태도는 우리 자신의 감정을 경험하거나 우리 자신의 기쁨에 몰두하는 것이 아니라, 환경의 감정적 범주들에 따라 사는 것이다. "사랑에 빠진 소녀는 자신의 감정을 이졸데나 줄리엣으로서 느끼는 것이 아니라, 이런 시적인 환영적 인물의 감정을 경험하고 그것을 자신의 삶 속으로 미끄러져 가게 한다. 아마 나중에서야 진정한 인격적인[자기 본래의] 감정이 환영적인 감정의 직물을 찢을 것이다."[26] 그러나 그 감정이 생기기 않는 한, 소녀에게는 자신의 사랑 속에 존재하는 착각적이고 문학적인 것을 분간할 어떤 수단도 없다. 바로 참된 미래의 감정이 그녀의 현재 감정의 거짓됨을 나타나게 할 것이다. 따라서 이 현재의 감정은 분명히 경험되고 있고, 소녀는 자신의 배역 속에 몰두한 배우처럼 이 현재의 감정 속에서 자신을 "비현실화(비실재화)한다irréalise."[27] 그리고 여기서 우리에게 있는 것은 실재적[진정한] 정서를 나중에 나타나게 할 표상이나 관념이 아니라, 정말로 인위적 정서와 상상적 감정이다.

---

[25] Scheler, *Idole der Selbsterkenntis*, p. 63과 그 이하.

[26] *Ibid.*, pp. 89-95.

[27] J. P. Sartre, *L'Imaginaire*, p. 243.

[7. 구속(참여)으로서의 감정]

¶ 이처럼 우리는 매 순간 우리의 실재 전체에서 우리 자신을 소유하지 못한다. 또한 사람들이 내적 지각, 내적 감각(감관)[내감], 우리와 우리 자신 사이의 〈분석기analyseur〉, 즉 끊임없이 우리 삶과 우리 존재를 인식할 때 여러 정도로 멀리까지 나아가는 그런 것들에 대해 말하는 것도 정당한 일이다. 《436》 내적 지각 이전에 있고 내적 감각(감관)에 인상을 주지 않는 것은 무의식이 아니다. 〈내 삶〉, 내 〈존재 전체〉는 베르그송의 〈심층적 자아moi profond〉[28]처럼 이론의 여지가 있는 구축물들이 아니라, 반성에 명증적으로 주어지는 현상들이다. 우리가 행하고 있는 것과 다른 것이 문제 되고 있지 않다. 나는 내가 사랑에 빠졌음을 발견한다. 나의 이런 상태를 내게 보여주는 사실들 중 그 어떤 것도 나도 모르게 지나가지 않았을 것이다. 예컨대 내 현재가 내 미래로 향하는 그 활기찬 움직임도, 나를 침묵에 두는 그 감정도, 만나야 할 날이 오기를 기다리는 그 초조함도 나도 모르게 지나가지 않았을 것이다. 그럼에도 나는 이런 사실들 전체를 하나로 모으지 않았고, 아니면 설사 내가 그렇게 했더라도 그것이 그렇게 중요한 감정이라는 것을 생각하지 못했고, 지금 나는 이 사랑 없는 내 삶을 더 이상 생각할 수 없음을 발견한다. 지나간 날과 세월을 되돌아보면, 나는 내 행위와 생각이 어떤 극으로 향해 있었음을 확인하고, 어떤 조직화의 흔적들, 행해지고 있었던 어떤 종합의 흔적들을 다시 발견한다. 그러나 내가 지금 알고 있는 것을 항상 알고 있었다고 주장하는 것과, 방금 획득한 나 자신의 인식이 지나간 세월에도 존재했다고 생각하는 것은 불가능하다. 일반적으로, 나 자신에 대해 알아야 할 것이 많다는 사실을 부정하는 것도 불가능하고, 내가 여러

---

28   역주) "심층적 자아"는 무의식인 잠재적 과거 전체가 현재에 모두 현실화되는 자아이다.

책을 읽고 난 후에 또 지금도 가늠조차 못 하는 사건들을 겪고 난 후에, 나중에 나 자신에 대해 알게 될 모든 것이 미리 포함된 나 자신의 인식을 앞서 나 자신의 중심에 두는 것도 불가능하다. 의식은 자기 자신에게 투명하다는 관념, 또 의식의 존재는 그 존재의 의식으로 환원된다는 관념은 무의식의 개념과 크게 다르지 않다. 즉 양쪽 모두는 동일한 회고적 착각illusion rétrospective[29]이 있고, 내가 나중에 나 자신에 대해 알 수 있을 모든 것을 명료한 대상으로서 내 속에 도입한다. 나를 통하여서 변증법적으로 전개되었던 사랑, 내가 방금 알게 됐던 사랑은 처음부터 무의식 속에 숨겨져 있던 것도 아니고, 내 의식 앞의 대상도 아니다. 그것은 내가 어떤 사람 쪽으로 향해 있었던 운동이고, 내 생각과 내 행위의 전환이다. [그 사람과] 만나기 전 몇 시간 동안 지루함을 체험했던 것도 나이고, 만나게 되었을 때 기쁨을 느꼈던 것도 나이기 때문에, 내가 이 사랑을 모르고 있지 않았다. 그 사랑은 처음부터 끝까지 체험되었다. 그러나 그것은 인식되지는 않았다.

¶ 사랑하는 사람은 꿈꾸는 사람에 비유할 수 있다. 꿈꾸는 사람은 자신의 꿈을 꾸기 때문에, 그에게서 꿈의 〈잠재적 내용〉과 〈성적인 의미〉는 분명히 현전한다. 그러나 바로 성이 꿈의 일반적 분위기이기 때문에, 그런 내용과 의미는 《437》 그 위에서 그것들이 떠오르는 비-성적인 토대가 없으므로 성적인 것으로 주제화되지 않는다. 꿈꾸는 사람이 자신의 꿈의 성적인 내용을 의식하는지 아닌지를 묻는다면, 그것은 문제를 잘못 제기하는 것이다. 앞에서 설명한 것처럼 성이 우리가 세계에 관계하는 방식들 중 하나라면, 꿈에서 그러하듯 우리의 초-성적인 존재être méta-sexuel가 가려서 보이지 않을 경우, 성은 어디에나 있지만 어느 곳에도 없고, 그 자체로 애매

---

29   역주) 베르그송의 『사유와 운동자』에 나오는 "회고의 논리"(PM, p. 1276/19), "진리적 판단의 회고적 가치"(PM, p. 1264/15)와 비슷한 의미이다. 본서 133쪽 역주 참조.

하며, 성으로서 명시화될 수 없다. 꿈속에 나타나는 화재火災는 꿈꾸는 사람에게서 성적인 충동을 적절한 상징으로 변장시키는 한 방식이 아니다. 화재가 상징이 되는 것은 바로 깨어 있는 사람에 대해서이다. 꿈의 언어에서 화재가 성적 충동의 문장紋章이 되는 것은, 꿈꾸는 사람이 물리적 세계와 깨어 있는 삶의 엄밀한 맥락에서 해방된 채, 꿈 이미지들의 감각감정적 가치들에 비례하여 그 이미지들을 이용하기 때문이다. 꿈의 성적인 의미표현(실질의미)은 무의식적이지도 않고 〈의식적〉이지도 않다. 왜냐하면 꿈은 깨어 있는 삶에서처럼 한 영역의 사실을 다른 영역의 사실과 관련지으면서 〈의미표현하지〉 않기 때문이다. 그리고 성을 〈무의식적 표상〉 속에 응고시키는 것과, 성을 성이라는 이름으로 부르는 의식을 꿈꾸는 사람의 심층부에 두는 것은 똑같이 잘못된 일일 것이다. 마찬가지로 사랑에 빠져 사랑을 체험하는 사람에게서 사랑은 이름이 없고, 한정하거나 지시할 수 있는 것이 아니며, 책이나 신문에서 언급되는 사랑과 동일하지 않다. 왜냐하면 그것은 그 사람이 자신과 세계의 관계를 설립하는 방식이고, 실존적 의미표현(실질의미)이기 때문이다. 범죄자에게는 자신의 범죄가 보이지 않고, 배반자에게는 자신의 배반이 보이지 않는다. 그것은 범죄와 배반이 무의식적 표상이나 경향으로서 그들의 심층부에 존재하기 때문이 아니라, 그것들 각각이 비교적 닫힌 고유한 세계들이고 고유한 상황들이기 때문이다. 우리가 상황 속에 있다면, 우리는 둘러싸이고, 우리 자신에게 투명할 수 없으며, 우리의 우리 자신과의 접촉은 애매성 속에서만 일어날 수밖에 없다.

[8. 내가 생각한다는 것을 내가 아는 것은 먼저 내가 생각하기 때문이다]

그런데 우리는 목표를 완수하지 않았나? 착각이 의식에서 때때로 가능하다면, 그것은 언제나 가능한 것 아닌가? 우리가 말한 것처럼, 체험되기에는 우리가 충분히 구속되어 있지만, 진정한 것이 되기에는 우리가 충분히 구속되어 있지 않은 상상적인 감정들이 있다. 그렇지만 절대적인 구속engagement은 존재하는가? 구속이 결코 완전하지 않다면, 그런 의미에서 구속된 사람의 자율성을 남겨 두는 것이 구속의 본질 아닌가? 따라서 어떤 감정들을 진정한 것으로 규정하는 모든 수단이 우리에게서 사라진 것은 아닌가? 주체를 실존[탈존]으로, 《438》 즉 주체가 자신을 초월하는 운동으로 규정하는 것은, 그것이 결코 그 어떤 것으로 존재할 수 없기 때문에, 그런 운동의 결과로서 착각이라는 운명에 맡겨진 것은 아닌가? 우리는 의식의 실재를 나타남으로 규정하지 않았기 때문에, 우리와 우리 자신의 연결을 끊어 버리고, 의식을 파악될 수 없는 실재의 단순 나타남으로 환원해 버린 것은 아닌가? 우리는 절대적 의식 아니면 끝없는 의심이라는 양자택일에 직면한 것은 아닌가? 그리고 우리는 전자의 해결책을 거부함으로써 코기토를 불가능하게 만들어 버린 것은 아닌가?

❡ 이상과 같은 반론은 우리로 하여금 본질적인 지점에 이르게 한다. 내 실존이 자신을 소유하는 것은 참이 아니지만, 그것이 그 자신에게 외적인étrangère 것도 참이 아니다. 왜냐하면 내 실존은 하나의 작용acte이나 행위faire인데, 작용은 정의상 내가 가진 것에서 내가 겨냥하는 것으로의 격렬한 이행, 내가 무엇인 바에서 내가 무엇이고자 의도하는 바로의 격렬한 이행이기 때문이다. 내가 먼저 실제로 원하거나 사랑하거나 믿는다면, 그래서 내가 나 자신의 실존을 실행한다면, 나는 코기토를 수행할 수 있고, 원하거나 사랑하거나 믿는다고 확신할 수 있다. 만약 내가 그렇게 하지 않는다면, 물리칠 수 없는 의심은 세계에, 또 나 자신의 사유에도 펼쳐질 것이다. 나는 내 〈취향〉, 내 〈원함〉, 내 〈소망〉, 내 〈연애 경험〉이 정말로 나의 것인지를 끊임없이 자문하게 될 것이고, 그것들은 항상 내게 진짜가 아니고, 비실재적이며, 이루어져 있지 않는 것처럼 보일 것이다. 그러나 이 의

심 자체도 실제 의심이 아니기 때문에, 더 이상 의심하고 있다는 확실성에 도달할 수도 없을 것이다.[30] 이로부터 벗어나서 〈진지함〉에 도달하는 일은, 이런 주저함[의심]들을 멈추고, 눈을 감고 〈행위〉에 뛰어드는 것뿐이다. 따라서 내가 실존한다고 확신하는 것은 내가 존재한다고 생각하기 때문이 아니며, 오히려 내 생각에 대해 갖는 확실성은 내 생각의 실제 실존에서 나온다. 내 사랑, 내 증오, 내 원함은 사랑하고, 증오하고, 원한다는 단순 생각으로서 확실한 것이 아니다. 오히려 이러한 생각들의 모든 확실성은, 내가 그것들을 행하기 때문에 확신하고 있는 사랑, 증오, 원함의 행위(작용)의 확실성으로부터 나온다. 모든 내적 지각은 충전적이지 않다inadéquate. 왜냐하면 나는 지각될 수 있는 어떤 대상이 아니기 때문이고, 나는 나의 실재를 만들어 가고, 작용(행위) 속에서만 나와 만나기 때문이다.

¶ 〈나는 의심한다〉. **(439)** 이 명제에 대한 모든 의심을 멈추게 하기 위해서는, 실제로 의심하는 것, 의심의 경험에 참여하는(구속되는) 것, 이처럼 의심하고 있다는 확실성으로서 이 의심을 존재하게 하는 것 외에는 다른 방법이 없다. 의심한다는 것은 언제나 어떤 것을 의심하는 것이고, 심지어 〈모든 것을 의심한다〉고 할 때에도 마찬가지다. 내가 의심하고 있음을 확신하는 것은, 이러저러한 것, 심지어 모든 것과 나 자신의 실존을 바로 의심하는 것으로서 받아들이기 때문이다. 내가 나를 인식하는 것은 바로 나와 〈사물들〉과의 관계 속에서이고, 내적 지각은 나중에 오는 것이다. 만약 내가 의심의 대상에 이르기까지 나의 의심을 체험하면서 이 의심과 접촉

---

30 "…그렇다면, 그녀 자신의 모습에 대한 이 냉소적인 혐오도 일부러 꾸며 낸 것이었을까? 또한 그녀가 만들어 내고 있었던 이 혐오에 대한 경멸도 연극이 아니었을까? 그리고 이 경멸에 대한 의심 자체는… 이로 인해 미쳐 버릴 것 같았다. 따라서 진지하게 생각하기 시작한다면, 더 이상 그 끝을 볼 수는 없는 것일까?"(S. de Beauvoir, *L'Invitée*, p. 232).

하지 않았다면, 내적 지각은 가능하지 않을 것이다. 우리는 외적 지각에 대해 말한 것을 내적 지각에 대해서도 말할 수 있다. 즉 내적 지각은 무한을 함축한다는 것, 또 그것은 결코 완성되지 않는 종합이고, 비록 완성되지 않음에도 자신을 긍정하는 종합이라는 것이다. 만약 내가 재떨이에 대한 내 지각을 확인하고자 한다면, 나는 결코 확인하는 일을 끝낼 수 없을 것이고, 이 지각은 내가 명시적인 앎으로 알고 있는 것 이상을 앞서 파악하고 있다(추정하고 있다présume). 마찬가지로 내가 의심의 실재성을 확인하고자 한다면, 나는 결코 확인하는 일을 끝낼 수 없을 것이고, 의심한다는 내 생각을, 이 생각에 대한 생각을, 또 이런 식으로 계속 문제 삼아야 할 것이다. 확실성은 행위(작용)로서의 의심 자체에서 나오는 것이지, 그러한 생각들에서 나오는 것이 아니다. 이것은 마치 사물과 세계의 확실성이 그것들의 속성에 대한 정립적 인식을 선행하는 것과 같다. 사람들이 말하듯 아는 것은 정말로 아는 것을 아는 것이지만, 이것은 이차적 앎이 앎 자체의 토대가 되기 때문이 아니라, 그 반대로 앎 자체가 이차적 앎의 토대가 되기 때문이다. 나는 [완전히] 사물을 재구축할 수 없지만, 지각된 사물들은 있다. 마찬가지로 나는 달아나는 내 삶과 결코 일치할 수 없지만, 내적 지각들은 있다. 동일한 이유로 나 자신에 대한 착각과 진리가 내게서 가능하다. 즉 나를 초월하기 위해 나 자신을 집중하는(모으는) 행위(작용)들이 있다. 코기토는 이러한 근본적 사실을 알아차리는 것이다. 〈나는 생각한다, 나는 존재한다〉라는 명제에서, 이 두 주장은 분명 등가적이고, 그렇지 않다면 코기토는 없을 것이다. 그렇지만 이 등가성의 의미를 분명히 이해하지 않으면 안 된다. 즉 〈나는 존재한다〉를 탁월하게 포함하는 것은 〈나는 생각한다〉가 아니고, 내가 내 실존에 대해 갖는 의식으로 내 실존이 환원되는 것도 아니다. 그 반대로 〈나는 생각한다〉는 〈나는 존재한다〉의 초월 운동에 재통합되는 것이고, 의식도 실존에 재통합되는 것이다.

[9. 코기토와 관념: 기하학적 관념과 지각적 의식]

사실, 원함과 감정의 경우는 아니더라도 적어도 〈순수 사유〉의 작용에서 나와 나의 절대적 일치를 인정하는 것은 필연적인 것처럼 보인다. 그렇다면, 우리가 방금 말했던 모든 것은 문제가 될 것이고, 사유는 《440》 실존의 방식으로 나타나기는커녕, 오히려 우리가 사유에 진정으로 속하게 될 것이다. 따라서 이제 우리는 지성을 고찰하지 않으면 안 된다. 나는 삼각형, 삼각형이 속한다고 가정된 3차원의 공간을 생각한다. 또한 삼각형의 한 변을 연장하는 선과, 한 꼭짓점을 지나 반대쪽 변과 평행하게 그어진 선을 생각한다. 그리고 이 꼭짓점과 선들이 형성한 각들의 합[31]은 삼각형의 내각의 합과 같고, 또 한편으로 두 직각과 같음을 깨닫는다. 나는 증명된 것으로 간주하는 이 결과를 확신한다. 이것이 의미하는 바는, 내가 그림으로 형성한 도형constuction graphique[32]이 어린아이가 마음대로 자신의 그림에 덧붙여서, 매번 그 의미signification를 ("이건 집이야, 아니 배야, 아니 사람이야"와 같이) 뒤바뀌게 하는 선들처럼, 내 손 아래서 우연히 생긴 선들의 모임이 아니라는 것이다. 이런 [증명] 작업은 처음부터 끝까지 삼각형과 관련되는 것이다. 형성된 도형의 발생은 단순히 현실상의(사실적인) 발생이 아니라 지

31　역주) 독역본은 "이 꼭짓점과 선들"을 "이 꼭짓점에서 나오는 선들"로 번역하고, 스미스의 영역본은 "각들의 합"을 "세 개의 각의 합"으로 번역한다. 이 두 번역은 우리의 번역과 같은 의미일 것이다. 즉 "꼭짓점과 선들"에서 "선들"은 "꼭짓점에서 나오는 선들"이며, 따라서 "각들의 합"에서 "각들"은 꼭짓점에서 형성되는 "세 개의 각"이다.

32　역주) 메를로퐁티는 "constuction"을 보통 〈(지성의) 구축(형성)〉 또는 〈(지성에 의한) 구축물(형성물)〉이라는 의미로 사용한다. 이 절에서 "constuction"은 지성이 삼각형 내각의 합이 두 직각임을 증명할 때 "도형을 형성하는 것" 또는 "형성된(그려진) 도형"을 의미한다. 우리는 맥락에 따라 이 용어를 "형성된 도형", "도형의 형성", "도형의 형성과정", "도형을 그리는 것"으로 옮길 것이다. 일역자(나카지마)는 "작도한 도형", "작도"로 옮긴다.

성적 발생이다. 나는 규칙에 따라 형성하는 것이고, 도형 위에서 여러 속성들propriétés을, 즉 삼각형의 본질과 관계하는 관계들을 나타나게 하는 것이지, 어린아이처럼 종이 위에 사실적으로 존재하는 규정되지 않는 도형이 제시하는 관계들 전체를 나타나게 하는 것이 아니다. 내가 증명하고 있음을 의식하는 것은, 가정(전제)을 구성하는 주어진 것들 전체와 내가 그로부터 끌어내는 결론 사이에 있는 필연적 연관관계를 내가 깨닫고 있기 때문이다. 내가 경험적empirique인 도형으로 무수히 [증명] 작업을 반복할 수 있도록 보장해 주는 것은 이런 필연성이다. 그리고 필연성 자체는, 나의 증명의 단계마다 또 내가 새로운 관계들을 도입할 때마다, 이 관계들이 결정하고 없애지 못하는 안정적 구조로서 내가 삼각형을 의식한다는 사실에서 생겨난다. 이 때문에 이를테면, 증명은 각들이 형성하는 합을 두 가지 다른 배열형태constellations[33]에 집어넣고, 그 합이 처음엔 삼각형의 내각의 합과 같고 이어서 두 직각과도 같다고 보는 데 있다.[34] 그러나 이때 우리에게는 (어린아이가 꿈꾸듯이 그리는 그림처럼) 단지 서로 뒤를 잇고 서로 배척하는 두 배열형태가 있지 않다는 사실이 덧붙여져야 한다.[35] 첫 번째 배열형

---

[33] 역주) 여기서 첫 번째 배열형태는 꼭짓점과 꼭짓점에서 나온 선들이 형성한 세 개의 각(b, a, c)과 삼각형의 세 각들이 동일한 것임을 보여 주는 구조적 모습을 가리킨다. 즉 꼭짓점에서 형성된 세 각 중, 각 a는 삼각형 내의 각 a 자체이고, 나머지 두 개의 각(b, c)은 각각 삼각형 내의 두 개의 각과 엇각으로 같다. 또 다

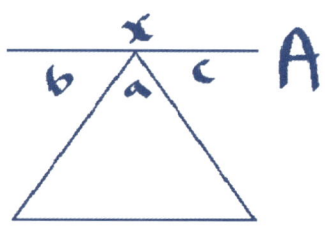

른 배열형태는 꼭짓점에서 형성된 각들(b, a, c)이 평행선(꼭짓점 x를 지나고 밑변과 평행한 A선)을 따라 옆으로 배열된 형태를 말한다. 그래서 이 각들은 평행선의 180도(두 직각)를 형성한다.

[34] Wertheimer, *Drei Abhandlungen zur Gestalttheorie: die Schluszprozesse im produktiven Denken.*

[35] A. Gurwitsch, *Quelques aspects et quelques développements de la théorie de la Forme*, p. 460.

태는 두 번째 배열형태가 형성되는 동안 존속하고, 내가 두 직각과 같다고 간주하는 각들의 합은 〈441〉 또 한편으로 내가 삼각형의 내각의 합과 같다고 간주하는 것과 동일한 것이다. 그리고 이것은 내가 현상이나 나타남의 질서를 넘어서 형상*eidos*이나 존재의 질서에 접근할 때에만 가능하다. 이처럼 진리는 능동적 사유의 절대적인 자기 소유 없이는 불가능한 것처럼 보인다. 그런 소유가 없다면 사유는 연속적인 일련의 작업에서 자신을 전개하지 못하고, 영원히 타당한 결과를 형성하지 못할 것이다.

만약 내가 사유 국면들의 시간적 분산과 나의 심리적 사건들의 단순한 사실적 존재를 극복하는 작용이 없다면, 사유도 진리도 없을 것이다. 그러나 중요한 것은 이 작용을 제대로 이해하는 것이다. 증명의 필연성은 분석적 필연성이 아니다. 즉 결론을 가능하게 하는 도형의 형성과정*construction*은 삼각형의 본질 속에 실제로 포함되어 있지 않다. 단지 그것은 이 본질로부터 출발함으로써 가능할 뿐이다. 나중에 증명될 속성들과 증명에 도달하기 위해 통과할 매개들을 미리 포함하는 삼각형의 정의는 존재하지 않는다. 한 변을 연장하는 선을 긋는 것, 한 꼭짓점을 지나 반대쪽 변과 평행한 선을 긋는 것, 두 평행선과 그것들의 할선과 관계한 정리를 도입하는 것은, 내가 종이나 칠판 또는 상상 속에서 그려진 삼각형 자체를, 삼각형의 모습을, 삼각형의 선분들의 구체적인 배열을, 삼각형의 형태*Gestalt*를 바라볼 때에만 가능하다. 이것이 바로 삼각형의 본질 또는 관념이 아닐까? 먼저 삼각형의 형식적인 본질의 관념을 멀리해 보자. [삼각형의] 형식화(정식화)의 시도들을 어떻게 생각하든, 어쨌든 그 시도들은 발명의 논리를 제공하고자 하는 것이 아님은 분명하다. 그래서 풍요로움[36]

---

36   역주) 형식으로 담을 수 없는 것을 말한다. 〈맥락〉, 〈감각적 모습〉, 〈지평〉 등, 한마디로 순수 형식이 아닌 구체성이 있는 상태를 말한다.

에 있어 보고 있는 도형과 동일한 삼각형의 한 논리적 정의를 형성할 수 없다는 것, 직관의 도움으로 미리 밝혀지지 않았던 결론에 우리가 일련의 형식적 조작을 통해 도달할 수 있게 하는 삼각형의 한 논리적 정의를 형성할 수 없다는 것은 분명하다. 이에 대해 혹자는 그것은 발견과 관련된 심리학적 사실들일 뿐이라고 아마 말할 것이다. 그래서 가정(전제)과 결론 사이에서 직관에 빚진 것이 없는 연결을 사후에 확립할 수 있는 것은, 직관이 사유에 꼭 필요한 매개자가 아니고, 논리 속에 어떤 자리를 갖는 것도 아니기 때문이라고 말할 것이다. 그러나 형식화(정식화)가 항상 회고적인 것은, 형식화가 외현적으로만 완전하다는 것, 또 형식적 사유가 직관적 사유를 먹고산다는 것을 증명한다. 형식적 사유는 추론이 근거한다고 일컬어지는 형식화되지(정식화되지) 않은 공리들을 드러내고, 이 사유는 추론에 엄밀성을 증대시키고, 우리의 확실성의 근거들을 밝히는 것처럼 보인다. 그러나 《442》 비록 원리들principes이 직관적 사유에서 암묵적으로 받아들여진다고 해도, 아니 바로 그렇기 때문에, 실제로 확실성이 생기고 진리가 나타나는 곳은 항상 직관적 사유이다. 만약 우리가 형식의 힘을 통해vi formae 사유한다면, 또 형식적 관계들이 먼저 우리에게 특정한 어떤 것 속에 응고된 것으로 제시되지 않는다면, 진리의 체험은 없을 것이고, 그 어떤 것도 "말 많은 우리 정신"[37]을 막지 못할 것이다. 만약 우리가 가정(전제)을 참된 것으로 간주하면서 시작하지 않는다면, 그로부터 결론들을 이끌어 내려는 가정(전제)을 설정조차 할 수 없을 것이다. 가정이란 참된 것으로 전제된 것이고, 가정적 사유는 사실의 진리의 경험을 상정한다. 따라서 도형을 그리는 것construction은 삼각형의 배열형태에, 삼각형이 공간을 차지하는 방식에,

---

[37]   역주) "volubilité de notre esprit." 파스칼의 『팡세』에 나오는 표현이다[랜즈의 영역본, 536쪽, 주석 28].

〈~ 위에〉, 〈~을 지나〉, 〈꼭짓점〉, 〈연장하다〉라는 낱말에서 표현되는 관계들에 의거한다. 그런데 이러한 관계들은 일종의 삼각형의 내용적 본질을 구성하는가? 〈~ 위에〉, 〈~을 지나〉 등과 같은 낱말이 의미를 지니는 것은, 내가 감각적이거나 상상적인 삼각형, 즉 나의 지각장에 적어도 잠재적으로 놓인situé 삼각형, 〈위〉, 〈아래〉, 〈오른쪽〉, 〈왼쪽〉과 관계하여 방향 지어진orienté 삼각형을 가지고서 작업하기 때문이다. 다시 말해 우리가 앞에서 보았던 것처럼 세계에 대한 나의 전체적 잡음(맞물림) 속에 포함된 삼각형을 가지고서 작업하기 때문이다. 도형을 그리는 것은 그 정의에 따라서 또 관념으로서 고려된 삼각형의 가능성들을 명시화하는 것이 아니다. 그것은 그것의 배열형태에 따라서 또 나의 운동의 극極으로서 고려된 삼각형의 가능성들을 명시화하는 것이다. 결론이 가정(전제)에서 필연적으로 도출되는 것도, 기하학자가 도형을 그리는 행위 속에서 [가정에서 결론으로의] 그 이행의 가능성을 체험했기 때문이다.

¶ 이 행위를 더 자세히 기술해 보자. 우리는 이것이 명백히 단순 손의 활동이 아님을, 즉 종이 위에서 내 손과 내 펜의 사실적인(현실상의) 이동이 아님을 보았다. 왜냐하면 만약 그렇다고 한다면, 도형을 그리는 것과 아무렇게나 그리는 것 사이에 어떤 차이도 없을 것이고, 또 어떤 증명도 도형을 그리는(형성하는) 것으로부터 결과하지 않을 것이기 때문이다. 도형을 그리는 것은 하나의 몸동작이다. 즉 실제 그려진 선은 어떤 의도(지향)를 밖으로 표현한다. 그렇지만 이 의도(지향)라고 하는 것은 무엇인가? 나는 삼각형을 〈바라본다〉. 삼각형은 내게 방향 지어진 선들의 체계이다. 〈각〉 또는 〈방향〉이 내게 한 의미를 갖는 것은, 내가 한 점에 자리하고 거기에서 다른 점으로 향하는 한에서이고, 공간적 위치들의 체계가 내게서 가능한 운동들의 장場인 한에서이다. 바로 이와 같이 해서 나는 삼각형의 구체적 본질을 파악하는데, 그것은 객관적 〈특성들〉의 집합이 아니라, 한 태도

의 방식formule이고, 세계에 대한 나의 잡음(맞물림)의 어떤 양상이며, 하나의 구조이다. 도형을 그리면서, 나는 이 구조[삼각형의 본질][38]를 또 다른 구조, 《443》 즉 〈평행선들과 할선〉이라는 구조 속에 집어넣는다. 이것은 어떻게 가능한가? 그것은 삼각형에 대한 내 지각이 말하자면 응고되고 죽은 것이 아니었기 때문이다. 종이 위의 삼각형의 그림은 지각된 삼각형의 외피에 불과하지만, 지각된 삼각형에는 역선力線들이 펼쳐져 있고, 그 속에는 선 그어지지 않았지만 여러 가능한 방향들이 도처에서 싹트고 있다. 삼각형은 세계에 대한 내 잡음(맞물림) 속에 포함되어 있는 한, 무한한 가능성으로 가득 차 있고, 도형을 그리는 것은 이 가능성들 중 한 경우에 불과한 것이다. 도형을 그리는 것이 증명의 가치를 가지는 것은 내가 삼각형에 대한 운동적 방식으로부터 그렇게 그리는 것을 솟아나게 하기 때문이다. 도형을 그리는 것은 사물들에 대한 어떤 잡음(맞물림), 즉 삼각형-구조에 대한 내 지각인 잡음(맞물림)의 감각적인 문장(상징)들을 나타내는 내 능력을 표현한다. 이것은 산출적 상상력의 한 작용이지, 삼각형의 영원한 관념으로 복귀하는 것이 아니다. 칸트 자신의 입장에 따르더라도 공간 속의 대상들의 위치 파악(규정)은 단순히 정신적 활동인 것이 아니라 몸의 운동성을 이용하는 것이다.[39] 즉 감각들이 생겨날 때 몸이 있는 경로의 지점에 그것들을 배치하는 [몸의] 운동을 이용하는 것이다. 마찬가지로 기하학자는 일반적으로 위치규정의 객관적 법칙들을 연구하는 사람으로, 적어도 잠재적으로 자신의 몸을 가지고서 그가 관심 갖는 관계들을 기술함으로써만 그 관

---

[38]   역주) 스미스의 영역본과 독역본은 "그것(I)"을 "구조"로, 랜즈의 영역본은 "삼각형"으로, 나카지마의 일역본은 대명사 그대로 "그것"으로 번역한다. "구조", "삼각형" 모두 문맥상 가능하지만, 우리는 "구조"가 더 적합한 번역이라고 생각한다.

[39]   P. Lachièze-Rey, *Utilisation possible du schématisme kantien pour une théorie de la perception. Réflexions sur l'activité spirituelle constituante.*

계들을 인식한다.

　¶ 기하학의 주체는 운동적 주체이다. 이것이 우선 의미하는 것은, 우리의 몸은 대상이 아니고, 몸의 운동도 객관적 공간 속의 단순 이동이 아니라는 것이다. 그렇지 않다면 문제는 단지 다시 설정되어, 몸 자체가 하나의 사물이 되어 버리므로, 자기-몸의 운동은 사물들에 대한 위치 규정의 문제를 조금도 해명하지 못할 것이다. 칸트도 인정했듯이 "공간을 낳는 운동"[40]이 있어야 한다. 이것은 우리의 지향적 운동으로서, 사물들과 우리의 수동적 몸의 운동인 〈공간 속의 운동〉과 구분된다. 그러나 다음과 같은 말이 덧붙어져야 한다. 즉 운동이 공간을 낳는 것이라면, 몸의 운동성이 구성하는 의식conscience constituante에게서 단지 "도구"[41]에 불과하다는 것은 배제되어야 한다. 만약 구성하는 의식이 존재한다면, 몸의 운동이 《444》 운동인 것은 단지 구성하는 의식이 몸의 운동을 운동으로 사유하기 때문이다.[42] 구축하는 힘puissance constuctive은 몸의 운동에 두었던 것만을 그 운동에서 재발견한다. 이 점에서 몸은 심지어 도구도 아니다. 즉 그것은 대상들 속에 있는 한 대상이다. 구성하는 의식의 철학 속에는 심리학은 없으며, 아니면 적어도 심리학에는 더 이상 타당하게 말할 수 있는 것이 남아 있지 않다. 심리학은 반성적 분석의 결과를 각각의 특수한 내용에 적용할 수 있을 뿐이다. 그것도 반성적 분석의 결과를 왜곡하면서 그렇게 할 수 있을 뿐인데, 그것은 심리학이 그 결과에서 그 초월론적 의미를 제거하였기 때문이다. 몸의 운동은 그 자체가 본래적 지향성이고, 인식과 구별되는, 대상과 관계하는

40　　P. Lachièze-Rey, *Réflexions sur l'activité spirituelle constituante*, p. 132.

41　　P. Lachièze-Rey, *Utilisation possible du schématisme kantien pour une théorie de la perception*, p. 7.

42　　"그것은 그것을 운동으로 사유하게 해 주는 유일한 것인, 공간적 경로의 내재성을 자체적으로 지녀야 한다"(Lachièze-Rey, *ibid.*, p. 6).

방식일 때에만, 세계의 지각에서 역할을 수행할 수 있다. 세계는 우리가 종합하는 대상들의 체계로서가 아니라, 우리 자신을 던지는 사물들의 열린 전체로서 우리 주위에 존재해야 한다. "공간을 낳는 운동"은 세계에 그 위치가 없는 형이상학적 점의 경로가 아니라, 어떤 여기에서 어떤 저기로의 경로, 게다가 원리상 서로 뒤바뀔 수 있는 여기와 저기 간의 경로를 전개한다. 운동을 앞에-던짐은 하나의 행위(작용)이고, 말하자면 공간-시간적 거리를 극복함(아우름)으로써 이 거리를 그리는 것이다.

¶ 따라서 기하학자의 사유는 필연적으로 이런 행위(작용)에 의존하는 한, 그 자신과 일치하지 않는다. 즉 그 사유는 초월 자체이다. 내가 도형을 형성하면서 삼각형의 속성들propriétés을 나타나게 할 수 있는 것은, 이처럼 변형된 도형이 내가 시작했던 도형과 같은 것이라는 것은, 그래서 결국 내가 필연성의 특성을 간직한 한 종합을 수행할 수 있는 것은, 나의 도형 형성이 이 삼각형의 모든 속성들을 포함할 삼각형의 개념에 의해 유지되기 때문도 아니고, 내가 지각적 의식에서 이탈하여 형상eidos에 도달하기 때문도 아니다. 그것은 내가 몸을 통해 새로운 속성의 종합을 실현하기 때문이다. 이 경우 몸은 나를 단번에 공간 속에 삽입하고, 몸의 자율적 운동은 내가 일련의 정확한 전개 과정으로 공간의 전체적인 시각에 도달하게 해 준다. 기하학적 사유는 지각적 의식을 초월하는 것이 아니며, 오히려 지각적 세계에서 나는 본질의 개념을 가져온다. 나는 삼각형이 두 직각과 같은 내각의 합을, 또 기하학이 삼각형에 부여하는 눈에 덜 띄는 다른 모든 속성을 항상 가지고 있었고 항상 가질 것이라고 믿는다. 그것은 내가 현실적인 삼각형을 경험하기 때문이고, [445] 또한 물리적인 것으로서의 삼각형이 그것이 드러낼 수 있었거나 드러낼 수 있을 모든 것을 그 자신 속에 필연적으로 갖고 있기 때문이다. 만약 지각된 것이 우리 속에서 그것인 바 그대로라는 존재의 이상을 영원히 설립하지(확립하지) 않았다면, 존재의 현상은 없을

것이고, 수학적 사유는 하나의 창조물로서 우리에게 나타날 것이다. 내가 삼각형의 본질이라 부르는 것은 우리가 사물을 규정했을 때와 마찬가지로 완성된 종합의 추정présomption과 다른 것이 아니다.

[10. 관념과 말, 표현 속의 표현된 것]

우리의 몸이 스스로 움직이는 한에서, 다시 말해 우리의 몸이 세계의 한 광경과 분리될 수 없고, 또 현실화된 이러한 광경 자체인 한에서, 그것은 기하학적 종합의 가능성뿐만 아니라, 모든 표현적 활동의 가능성과 문화적 세계를 구성하는 모든 획득물(습득된 것)의 가능성의 조건이다. 사유가 자발적이라고 언급될 때, 이것은 사유가 그 자신과 일치한다는 것을 의미하는 것이 아니라, 오히려 그 자신을 넘어선다는 것을 의미한다. 그리고 말parole은 바로 사유가 자신을 진리로서 영속되게 하는 행위(작용)이다. 말이 사유의 단순 외투로 간주될 수 없고, 표현도 그 자체로 이미 명석한 의미signification를 자의적인 기호 체계로의 번역으로 간주될 수 없음은 실제로 명백하다. 혹자는 음성과 음소[43]는 그 자체로 아무것도 의미하지 않고, 우리의 의식은 그것이 언어langage 속에 두었던 것만을 그 속에서 발견할 수 있다고 되풀이해서 말한다. 그러나 이로부터 언어는 우리에게 아무것도 가르쳐 줄 수 없고, 기껏해야 그것은 이미 우리가 갖고 있는 여러 의미significations의 새로운 결합을 우리 속에서 불러일으킨다는 결론이 도출될 것이다. 이것은 언어 경험이 보여 주는 것과 반대되는 것이다. 의사소통이 사전에 제시된 것과 같은 [낱말과 의미의] 대응관계의 체계를 전제한다는 것

---

[43] 역주) 초판(1945년-2004년)에는 "phonèmes"(음소)로 되어 있으나, 2005년 판본과 Œuvres 판본(2010)에는 "phénomènes"(현상)로 되어 있다. 2005년 판본과 Œuvres 판본의 표기는 오기로 보인다.

은 사실이지만, 그것은 이러한 점을 넘어선다. 각 낱말에 그 의미를 부여하는 것은 문장이고, 완전히 고정될 수 없는 어떤 의미를 낱말이 점차로 갖는 것은 그것이 여러 문맥 속에서 사용되었기 때문이다. 중요한 말을 하거나 잘 쓰인 책은 그 의미가 강요되듯 주어진다. 따라서 그것들은 특정한 방식으로 그것들 자체 속에 그 의미를 지니고 있다. 그리고 말하는 주체의 경우에도 표현 행위는 주체가 앞서 생각했던 것을 넘어설 수 있게 하고, 그래서 그는 자신의 말에서 자신이 표현했다고 생각한 것 이상을 발견하지 않을 수 없다. 그렇지 않다면 우리는 사유가 홀로 있다고 해도 그토록 집요하게 표현을 찾는지를 이해하지 못할 것이다. 따라서 말은 우리가 어떤 의도(지향)에 이르려고 하는 역설적 활동이다. 즉 우리는 의미가 주어져 있는 낱말들과 이미 이용 가능한 의미들signification을 통해 어떤 의도에 이르려고 하지만, 그 의도는 스스로를 나타내는 낱말들의 의미를 원리상 넘어서고, 변형하며, 궁극적으로는 그 스스로가 고정시킨다. 《446》

¶ 표현 활동에서 구성된(기성의) 언어는 단지 회화 속의 색들과 같은 역할을 한다. 만약 우리에게 눈, 일반적으로 말해 감관이 없다면, 회화는 우리에게 존재하지 않을 것이다. 그렇지만 그림은 감각(감관)의 단순 활동이 우리에게 알려 줄 수 있는 것 이상을 〈말해 준다〉. 따라서 감각(감관)의 소여를 넘어서는 그림과 구성된(기성의) 언어를 넘어서는 말은 관람객이나 청자의 정신 속에 대자적으로 존재하는 의미signification를 지시하지 않으면서, 그 자체로 의미표현적 능력을 지녀야 한다. "화가가 색들을 통해 또 음악가가 음들을 통해 그렇게 하듯, 우리는 낱말들을 통해 어떤 광경, 어떤 감정, 심지어 어떤 추상적 관념에 대해 일종의 등가물이나 정신 속에 용해될 수 있는 일종의 형질形質, espèce[44]을 구성하고자 한다. 여기서 표현은 주

---

44   역주) 우리는 "espèce"를 일역자(나카지마)를 따라 "형질"로 번역한다. 이 용어는 본래

요한 것이 된다. 우리는 독자에게 그 형태를 전한다informe. 우리는 그가 우리의 창조적 또는 시적인 행위에 참여하게 하고, 그의 정신의 은밀한 입에 어떠한 대상이나 어떠한 감정에 대한 언술énonciation을 넣는다."[45] 화가와 말하는 주체에게서 그림과 말은 이미 이루어진 사유의 예시가 아니라, 사유 자체를 그들 자신의 것으로 만드는 것이다. 그렇기 때문에 우리는 이미 획득된 사유를 나타내는 이차적인 말parole secondaire과, 타인뿐 아니라 우리 자신에게서도 일차적으로 사유를 존재하게 하는 근원적인 말parole originaire을 구분하게 되었던 것이다. 그런데 일의적인 사유의 단순 표지標識가 된 지금의 모든 낱말도 그와 같이 우리에게 일차적으로 사유를 존재하게 했던 것은 단지 그것들이 우선 근원적인 말들로서 기능했기 때문이다. 그리고 우리가 그 낱말들을 〈획득하는〉 중이었을 때, 또 그것들이 여전히 표현의 원초적 기능을 수행하였을 때, 우리는 그것들이 마치 미지의 풍경처럼 가졌던 귀중한 모습을 여전히 기억할 수가 있다. 이처럼 자기 소유, 자기와의 일치는 사유의 정의가 아니다. 획득된 것의 명석함이 근본적으로 불투명한 작용 —이 작용을 통해서 우리는 도망가는 삶의 한 순간을 우리 속에서 영속되게 하였다— 에 의존하는 한, 오히려 사유는 표현의 결과물이고, 언제나 하나의 착각이다. 우리는 자신의 획득물을 향유하고 무한한 표현

스콜라철학 용어(species=espèce)로서, "감관을 자극하여 지각적 현상을 산출하는 외부 대상의 이미지[형태]"(CNRTL), "인식과 인식된 실재 사이의 매개적 실재로 간주된 감각 인식의 직접적 대상"(A. Lalande, *Vocabulaire technique et critique de la philosophie*, PUF)을 가리킨다. 그리고 우리는 그 다음다음 문장 속의 "informe"를 "그 형태(forme)를 전한다"로 번역한다. 즉 외부 대상이 그것의 인식에 필요한 이미지(형태)를 우리에게 주는 것처럼, "우리(시인)는 시적 언술(낱말들)을 통해 광경이나 감정이나 추상적 관념의 인식에 이르도록 독자에게 그 형태(forme)를 전한다"의 의미로 번역한다. 물론 이때 시적 언술은 독자가 단순히 수동적으로 수용하는 것이 아니라 "창조적 … 행위에 참여하게 하는" 것이고, 이것은 메를로퐁티가 주목하는 부분일 것이다.

45   Claudel, *Réflexions sur le vers français, Positions et propositions*, pp. 11-12.

과정에서 잠시 멈춘 곳에 불과한 사유 아래에서, 또 하나의 사유를 재발견하는 쪽으로 이끌린다. 그것은 자신을 확립하고자 애쓰는 사유이고, 그렇게 하기 위해서는 구성된(기성의) 언어의 자원을 완전히 새로운 사용법에 따르게 해야만 하는 사유이다. 이러한 [사유의] 활동은 《447》 궁극적인 사실로 간주되어야 한다. 왜냐하면 이 활동에 제공되는 어떤 설명도, 즉 새로운 의미[실질의미]를 주어진 의미signification로 환원하는 경험론적 설명도, 지식의 기본적인 형식에 내재된 절대적 지식을 정립하는 관념론적 설명도 결국 그 활동을 부정하는 것이 되기 때문이다. 언어langage는 우리를 넘어선다. 그것은 말하는 행위가 현실화되지는 않았지만 각 낱말이 압축하는 수많은 사유들을 항상 전제하기 때문만이 아니라, 더 심층적인 또 다른 이유가 있기 때문이다. 즉 그것은 이 사유들이 현실화된 상태에서도 결코 〈순수한〉 사유들이 아니었기 때문이고, 이미 이 사유들 속에는 기표signifiant를 넘어서는 기의signifié의 초과분이, 사유하는 사유pensée pensante와 일치하려는 그와 같은 사유된 사유pensée pensée의 노력이, 표현의 신비 전체를 이루는 그와 같은 두 사유의 잠정적인 결합이 존재했기 때문이다.

¶ 이른바 관념(이념)이라 불리는 것은 필연적으로 표현 행위와 결합되어 있고, 그것이 자율성이라는 겉모습을 갖는 것도 표현 행위에 빚지고 있다. 관념은 교회, 거리, 연필, 제9번 교향곡과 같이 문화적 대상이다. 이에 대해 혹자는 다음과 같이 응수할 것이다. 즉 교회는 불탈 수 있고, 거리와 연필도 파괴될 수 있다. 또 제9번 교향곡의 모든 악보와 모든 악기가 재가 되어 버린다면, 그 교향곡은 그것을 들었던 사람들의 기억 속에 단지 몇 년 동안만 존재할 것이지만, 이와 달리 삼각형의 관념과 그 속성들은 소멸되지 않을 것이다. 그러나 사실, 여러 속성을 가진 삼각형의 관념, 2차 방정식의 관념은 그것들의 역사적·지리적 영역을 갖고 있다. 그리고 만약 이 관념들을 우리에게 전하는 전통과 그것들을 전달하는 문화적 도구들이 파

괴되어 있다면, 그 관념들을 세계에 나타나게 하기 위해서는 새로운 창조적인 표현 행위가 필요할 것이다. 다만 참된 사실로서, 일단 2차 방정식의 최초의 출현이 주어지면, 차후의 〈출현들〉은 나타나는 데 성공해도 그것에 아무것도 덧붙일 것이 없고, 실패해도 그것에 아무것도 뺄 것이 없다는 것이며, 그런 2차 방정식은 우리에게 고갈되지 않는 재화처럼 남아 있다는 것이다. 그런데 우리는 제9번 교향곡에 대해서도 똑같이 말할 수 있을 것이다. 프루스트가 말하듯, 그것은 잘 연주되든 그렇지 않든 그것의 지성적 장소에 존속하거나, 혹은 자연적 시간보다 더 은밀한 시간 속에서 자신의 존재를 지속한다. 관념(이념)의 시간은 책이 나타나거나 사라지는 시간, 또는 음악 악보들이 취입되거나 지워지는 시간과 동일하지는 않다. 즉 판을 거듭해 왔던 책이 어느 날 읽히지 않게 되고, 몇 부만 남아 있던 음악 악보가 갑자기 수요가 많아진다. 관념의 존재는 표현 수단의 경험적empirique 존재와 동일하지 않으며, 관념들은 지속하거나 아니면 사라지고, 지성적 하늘은 다른 색으로 바뀐다. 《448》 이미 우리는 경험적인empirique 말 ─음성 현상으로서의 낱말, 어떠한 낱말이 어떤 순간에 어떤 사람에 의해 말해진다는 사실, 그리고 이것은 사유 없이 발생할 수 있다는 사실─ 과, 그를 통해 한 관념이 존재하기 시작하는 초월론적인transcendantale 또는 본래적인 말을 구별하였다. 그러나 만약 발성 또는 조음 기관과 호흡 기관, 적어도 몸과 스스로 움직이는 능력을 가진 인간이 없었다면, 말도 관념(이념)도 없었을 것이다. 여전히 사실인 것은 음악이나 회화에서보다도 말에서 사유가 그 물질적 도구에서 분리되어 영원히 타당할 수 있는 것처럼 보인다는 것이다. 수많은 물리적 인과 과정이 어쩌다 서로 만나 존재하게 될 모든 삼각형은, 비록 인간이 기하학을 잊어버리고 기하학을 아는 인간이 한 명도 없게 된다 해도, 어떤 점에 있어 항상 두 직각과 동일한 내각의 합을 가질 것이다. 그러나 이것은 음악과 회화가 시처럼 스스로의 대상을 창조하고 그 스스로를 충분히 의식하자마자 단호히 문화적 세계 속에 틀어박히는 것과 달리, 이 경우에서는 말이 자연에 적용되기 때문이다. 산문적인 말, 특히 과학적인 말은 즉자적 자연의 진리를 나타낸다고 주장하는 하나의 문화적 존재이다. 우리는 사실이 그렇지 않다는 것을 알고 있으며, 과학에 대한 현대의 비판이 잘 보여 주듯, 과학은 구축적인 요소를 갖고 있다. 체험된 공간이 유클리드적 측정법métrque과 마찬가지로 비유클리드적 측정법들을 배척하지 않는다는 것이 사실이라면, 〈현실의〉 삼각형, 즉 지각된 삼각형은 필연적으로 영원히 두 직각과 동일한 내각의 합을 갖는 것은 아니다. 따라서 여러 표현 방식 간에는 근본적인 차이는 없으며, 마치 그중 한 표현 방식이 즉자적 진리를 표현할 수 있는 것처럼 그것에 특권을 줄 수도 없다. 말은 음악만큼 무언無言이고, 음악은 말만큼 말을 한다.

¶ 표현은 어디에서나 창조적이고, 표현된 것은 항상 표현과 분리될 수 없다. 언어langage를 명료하게 하여 우리 앞에 하나의 대상처럼 펼칠 수 있는 분석은 존재하지 않는다. 말의 작용은 실제로 말하거나 듣는 사람에게만 명료하고, 그것은 우리가 다른 식이 아니라 이런 식으로 이해하게 되는 이유들을 해명하고자 하는 순간 불투명하게 된다. 우리가 지각에 대해 말했던 것과 파스칼이 견해(속견)에 대해 말했던 것을 이러한 말의 작용에 대해서도 말할 수 있다. 즉 이 세 경우에는 똑같이 첫눈의 명료함clarté de première vue이라는 경이로움이 있고, 이 명료함은 사람들이 그 구성요소들이라고 생각하는 것으로 환원하고자 하는 순간 사라지고 만다. 나는 말하고 있고, 조금도 애매함이 없이 내가 말하는 것을 이해하고 다른 사람들도 이해한다. 또 나는 ⟪449⟫ 내 삶을 다시 잡고(파악하고), 다른 사람들도 그것을 다시 잡는다(파악한다). 나는 "내가 오래전부터 기다리고 있었다"거나, 누군가가 "죽었다"고 말하고, 또 내가 무엇을 말하는지를 안다고 믿는다. 그렇지만 내가 내 이야기에 내포된 그 시간이나 죽음의 경험에 관해 자문

해 보면, 내 정신에는 불투명함만이 남는다. 그것은 내가 말에 대해 말하고자 했기 때문이다. 즉 〈죽음〉과 〈시간〉이란 낱말에 한 의미를 부여했던 표현 작용을 되풀이하려 했고, 이 낱말들이 확보해 준 내 경험에 대한 대략적 파악을 넓혀 보려고 했기 때문이다. 다른 표현 행위와 마찬가지로 이러한 2차적 또는 3차적 표현 행위에는 그때마다 물론 확신을 주는 명료함이 있지만, 그렇다고 해서 나는 표현된 것의 근본적인 불투명성을 결코 해소할 수도 없고, 내 사유 자신에 대한 거리를 완전히 없앨 수도 없다. 이로부터 우리는,[46] 불투명성 속에서 생겨나고 전개되지만, 그럼에도 명료함을 가질 수 있는 언어가 무한한 **사유**의 이면에 불과하고 우리에게 전해진 그 사유의 메시지라고 결론 내려야 할까? 이렇게 하면, 우리가 좀 전에 했던 분석과 연결되지 않아 그 과정에서 확립되었던 것을 뒤집어 버리는 결론에 이를 것이다. 언어는 우리를 초월하지만, 그럼에도 우리는 말한다. 이로부터 우리의 말이 그에 대해 한 글자 한 글자 발화하는 초월적 사유가 있다고 결론 내리면, 우리는 결코 완성되어 있지 않다고 말했던 표현의 시도를 완성된 것으로 전제하는 것이 되고, 절대적 사유는 우리에게서 생각할 수 없는 것이라고 밝히자마자 그 사유를 내세우는 것이 된다. 이것은 파스칼의 변증론apologétique의 원리이다. 그러나 인간에게 절대적 능력이 없다는 것이 밝혀지면 질수록, 절대적인 것(절대자)의 주장은 더 개연적으로 되지 않고 오히려 더 의심스러워진다. 사실 분석이 밝히는 바는, 언어 배후에 초월적 사유가 존재하는 것이 아니라, 사유가 말 속에서 자신을 초월한다는 것이며, 또 사람들이 그 위에서 사유를 근거 지으려고 하는, 나와 나의 일치, 나와 타인의 일치를 말은 그 스스로가 실행하는fait 것이다. 만약 우리가 언

---

46   파랭이 그와 같이 한 것처럼. B. Parain, *Recherches sur la nature et les fonctions du langage*, Chap. XI.

어 현상에 초월적 사유를 덧대어 놓는다면, 근본적 사실이자 기적이라는 이중적 의미의 언어 현상은 설명되는 것이 아니라 소멸될 것이다. 왜냐하면 언어 현상이란 사유 작용이 일단 표현되면 그 이후에 그것이 스스로 존속할 능력을 지니게 된다는 사실에 있기 때문이다. 이것은 흔히 말하듯, 틀에 박힌 언어표현formule verbale이 우리에게 기억술적인 수단으로 이용된다는 것을 의미하지 않는다. 즉 이런 틀에 박힌 언어표현은 종이에 기록되든 기억에 있든, 우리가 그것을 해석할 내적 능력을 결정적으로 획득하지 않았다면, 아무런 소용도 없을 것이다. 표현한다는 것은 새로운 사유를, 변치 않을 사유들이 연결된 안정적인 기호들의 체계로 대체하는 것이 아니다. 《450》 그것은 이미 사용된 낱말들을 이용하여, 새로운 의도(지향)가 과거의 유산을 분명히 다시 잡게(이어받게) 하는 것이다. 또 그것은 단 하나의 몸동작geste으로 과거를 현재에 통합함과 동시에 이 현재를 미래에 접합하는 것이고, 〈획득된〉 사유가 차원dimension으로서 현전하게 되어, 차후에 우리가 이 사유를 상기하거나 재생할 필요가 없는 하나의 시간적 과정 전체를 여는 것이다. 이른바 사유에서의 비시간적인 것이라 불리는 것은, 이처럼 과거를 다시 잡고(이어받고) 미래를 속박했기 때문에 추정적으로 모든 시간에 속하는 것이고, 따라서 결코 시간을 초월하는 것이 아니다. 비시간적인 것이란 획득된 것이다.

[11. 비시간적인 것은 획득된 것이다]

시간 자체는 우리에게 이러한 영원히 있는 획득acquisition에 대한 기본적인 모델을 제공한다. 시간이 그 위에서 사건들이 쫓고 쫓기는 차원이라면, 그것은 또한 각 사건이 빼앗길 수 없는(고유한) 장소를 받아들이는 차원이기도 하다. 한 사건이 발생한다(장소를 가진다a lieu)고 말하는 것은 그 사건이 발생했음(장소를 가졌음)이 영원히 참일 거라고 말하는 것이다. 시간의 각 순간은 그 본질상 다른 순간들이 어떻게 할 수 없는 존재를 정립한다. [증명하는] 도형을 그린 후에 [나에게]⁴⁷ 기하학적 관계가 획득된다. 비록 내가 증명의 세부적인 내용을 잊고 있다고 해도, 수학적 몸동작(행위)은 하나의 전통을 확립한다fonde. 반 고흐Van Gogh의 회화는 내 안에 영원히 자리하고 있다. 나는 돌아갈 수 없는 한 걸음을 내디딘 것이다. 또한 내가 보았던 고흐 그림들에 대한 정확한 기억이 조금도 없다 해도, 나의 모든 미적 경험은 앞으로 고흐의 회화를 알고 있는 사람의 미적 경험이 될 것이다. 이것은 정확히 노동자가 된 부르주아가 그의 노동자의 존재 방식에 이르기까지 영원히 노동자가-된-부르주아로 남게 되는 것과 같거나, 또는 우리가 어떤 행위를 나중에 부정하고 신념을 바꾼다고 해도 그 행위가 우리를 영원히 특징짓는 것과 같다. 실존은 자신의 과거를 인정하건 거부하건 간에, 언제나 자신의 과거를 떠맡는다. 우리는 프루스트Proust의 말대로 과거라는 피라미드 위에 놓여 있는 것이다. 우리가 이것을 보지 못하는 것은 객관적 사유에 사로잡혀 있기 때문이다. 우리 자신에게서의 우리 과거는 우리가 응시할 수 있는 명료화된 기억으로 환원된다고 우리는 믿고 있다. 우리는 우리의 실존을 과거 그 자체로부터 잘라 내고, 우리는 현재에 있는 이 과거의 흔적들만을 실존이 다시 파악할 수 있게 한다. 그러나 만약 우리가 이 과거에 직접 열려 있지 않다면, 어떻게 이 흔적들을 과거의 흔적으로서 알아볼 수 있겠는가? 환원 불가능한 현상으로서 획득이라는 것을 인정하지 않으면 안 된다. 우리가 체험했던 것은 우리에게서 끊임없이 존재하고 머물러 있고, 늙은 사람은 그의 유년 시기와 접촉하고 있다. 발생하는 각 현재는 《451》 시간 속에 쐐기처럼 박혀 있고 영원성을 자신의 것으로 요구한다. 영원성은 시간 저 너머의 또 다른 영역이 아니며, 그것은 시간의 분

---

47   역주) 독역본처럼 획득 주체로서 "나에게"를 넣는 것이 문장 흐름상 옳게 보인다.

위기atmosphère이다.

¶ 물론 잘못된 사유도 참된 사유처럼 이런 종류의 진리를 소유한다. 즉 지금 내가 잘못 사유한다면, 내가 잘못 사유했다는 것은 영원히 참이다. 따라서 참된 사유 속에는 어떤 다른 지속적 산출성fécondité이 있어야 한다. 참된 사유는 실제 체험된 과거로서 참되게 머물 뿐 아니라, 이어지는 시간 속에서 언제나 다시 잡히는(계승되는) 영속적 현전으로서 참되게 머물러야 한다. 그렇지만 이것은 사실의 진리와 이성의 진리 간의 어떤 본질적 차이를 만드는 것이 아니다. 왜냐하면 내 행위들 중 어떤 것도, 심지어 내 잘못된 사유들 중 어떤 것도, 내가 그것들에 달라붙고 있었던 한에서, 어떠한 가치나 진리를 겨냥하지 않았던 것은 없기 때문이다. 또한 그 결과, 그것들 모두는 지울 수 없는 사실로서뿐 아니라, 내가 나중에 인식한 더 완전한 진리나 가치로 향한 필연적 단계로서의 그 현실성을 계속되는 내 삶에서 유지하기 때문이다. 나의 진리들은 이런 오류들을 통해 구축되었고, 그 오류들을 진리의 영원성으로 데려간다. 또 반대로 사실성이라는 계수(요소)를 간직하지 않는 이성의 진리는 없다. 예컨대 소위 유클리드 기하학의 투명성이란 인간 정신의 한 역사적 시기에서의 투명성으로 어느 날 드러난다. 그 투명성은 사람들이 한때 동질적인 3차원 공간을 그들의 사유의 〈지반〉으로 삼을 수 있었고, 그래서 나중에 더 일반적인 학문이 공간에 대한 우연적인 특수화로 간주하게 될 것을 그들이 아무런 의문 없이 받아들일 수 있었다는 사실을 의미할 뿐이다. 따라서 모든 사실의 진리는 이성의 진리이고, 모든 이성의 진리는 사실의 진리이다.

¶ 이성과 사실의 관계, 영원성과 시간의 관계는 반성과 비반성적인 것의, 사유와 언어의, 사유와 지각의 관계처럼, 현상학이 정초작용(토대작용-Fundierung)이라 불렀던 이중적 의미의 관계이다. 즉 한편으로 정초하는 항[48] —시간, 비반성적인 것, 사실, 언어, 지각— 은 정초되는 것이 정초하

는 것의 어떤 규정이나 해명으로 주어진다는 의미에서 일차적이다. 그리고 이것은 정초되는 것이 정초하는 것을 결코 흡수하지 못하게 하는 것이다. 그렇지만 다른 한편으로, 정초하는 것은 경험적인empirique 의미에서 일차적이지 않고, 정초되는 것은 단순히 정초하는 것으로부터 파생된 것이 아니다. 왜냐하면 바로 정초되는 것을 통해서 정초하는 것이 현시되기 때문이다. 이러한 이유로 현재는 영원성의 맹아라고, 참된 것의 영원성은 단지 현재의 승화라고 똑같이 말할 수 있다. 우리는 이러한 애매성을 넘어서지 못할 것이다. 그러나 우리는 모든 것을 쥐고 있는(유지하는) 진정한 시간의 직관, 또 표현의 중심에서처럼 증명의 중심에 있는 진정한 시간의 직관을 재발견함으로써 궁극적인 것으로 이 애매성을 이해할 것이다. 《452》 브렁스빅Brunschvicg은 다음과 같이 말한다. "정신의 창조적 능력에 대한 반성은 어떠한 경험의 확실성 속에서도 그 어떤 느낌을 포함한다. 그 느낌은 우리가 증명하게 된 일정한 진리 속에 그 진리를 넘어서고 진리로부터 벗어난 진리의 영혼이 있다는 느낌이다. 즉 이 진리의 특수한 표현에서 분리되어 더 포괄적이고 심층적인 표현으로 향할 수 있는 영혼, 그러나 이러한 진행에서 참된 것의 영원성이 훼손되지 않는 그러한 영혼이 있다는 느낌이다."[49] 아무도 소유하지 않은 이 영원히 참된 것이란 무엇인가? 모든 표현 저 너머에 있는 이 표현된 것이란 무엇인가? 또 우리에게 그 표현된 것을 정립할 권리가 있다고 할 때, 왜 우리는 더 정확한 표현을 획득하는 것에 끊임없이 관심 갖는가? 우리가 정신들과 진리들이 미리 설정된 어떤 항으로 향하지 않는다고 주장하면서도, 마치 그쪽으로 향하는 것처럼 그것

---

[48] 역주) 우리는 "fonder"를 주로 〈토대하다〉로 번역하였으므로, 이에 맞춰 "le terme fondant"과 "le fondé"를 각각 〈토대를 주는 항〉과 〈토대를 받는 것〉으로 번역해야겠지만, 우리말이 간결하지 못해 〈정초하는 항〉과 〈정초되는 것〉으로 옮긴다.

[49] Brunschvicg, *Les Progrès de la Conscience dans la Philosophie occidentale*, p. 794.

들을 그 주위에 배치하는 그 일자Un는 무엇인가? 적어도 한 초월적 존재의 관념이 가졌던 이점은 각 의식과 상호주체성이 언제나 힘든 다시 잡기 속에서 그것들 자체의 통일성을 형성하는 행위들을 무용하게 만들지 않는다는 것이다. 이러한 행위들이 우리가 우리 자신의 가장 내밀한 곳에서 파악할 수 있는 것이라면, 신을 정립하는 일은 우리의 삶의 해명에 조금도 기여하지 않는다는 것은 사실이다. 우리는 영원히 참된 것과 일자에 참여하는 경험을 갖지 않는다. 우리는 다시 잡는 구체적인 행위들의 경험을 가지며, 이런 행위들을 통해 우리 자신과 타인의 관계를 시간의 우연 속에서 결합한다. 한마디로 우리는 세계에 참여하는*participation au monde* 경험을 가진다. 〈진리-에 있는-존재(진리-로의-존재être-à-la-vérité)〉는 〈세계에 있는(세계로의) 존재〉와 구분되지 않는다.

[12. 명증은 지각처럼 하나의 사실이다]

이제 우리는 명증의 문제에 대해 입장을 취하고 진리의 경험을 기술할 수 있다. 지각들이 있는 것처럼 진리들이 있다. 그것은 우리가 어떠한 주장에 대한 그 이유들을 우리 앞에 완전히 펼칠 수 있기 때문이 아니다 — 부추기는 것(동기)들만이 있고, 우리는 시간을 잡을 뿐이지 시간을 소유하지 않는다. 그것은 시간이 자신을 떠나면서 자신을 다시 파악하는 것과, 보이는 사물들 속에, 즉 첫눈의 명증évidences de première vue 속에 자신을 응집하는 것이 그 본질이기 때문이다. 모든 의식은 어느 정도로는 지각적 의식이다. 만약 내가 매 순간 내 이성이나 내 관념이라 부르는 것의 전제들이 모두 펼쳐질 수 있다면, 명시화되지 않는 경험들, 과거와 현재가 대규모로 가져온 것들,⟨453⟩ 또 내 사유의 발생과 관계할 뿐 아니라 그 의미를 결정하는 하나의 "침전된 역사"50 전체는 언제나 발견될 것이다. 어떠한 전제도 없는 절대적 명증이 가능하기 위해서는, 즉 내 사유가 자신을 관통하고, 자신과 만나며, 순수한 〈자신에 대한 자신의 동의〉에 도달할 수 있기 위해서는, 칸트주의자들처럼 말하자면 사유는 한 사건이기를 그치고 철저하게 작용이어야 할 것이다. 또 스콜라철학식으로 말하자면 사유의 형상적 실재성réalité formelle은 그것의 대상적(표상적) 실재성réalité objective[51] 속에 포함되어야 할 것이고, 말브랑슈처럼 말하자면 사유는 〈지각〉, 〈감정〉, 진리와의 〈접촉〉이기를 멈추고, 진리의 순수한 〈관념〉과 진리의 〈직관vision〉이 되어야 할 것이다. 또 다르게 말하면, 나는 나 자신이 되는 대신 나 자신에 대한 순수 인식자가 되어야 하고, 세계는 내 주위에 존재하기를 그치고 내 앞의 순수 대상이 되었어야 할 것이다.

[13. 필증적 명증과 역사적 명증]

¶ 우리는 획득한 것과 이미 실존하는 이 세계로 인해 우리 자신이 되는 그 무엇을 정말로 중단할 수 있는 능력이 있으며, 이것은 충분히 우리가 결정론적인 것으로 되지 않게 하는 것이다. 나는 눈을 감을 수도 있고, 귀를 막을 수도 있다. 그렇지만 나는 보이는 것이 내 눈앞의 어둠이라 해도 보기를 멈출 수가 없고, 들리는 것이 침묵이라 해도 듣기를 멈출 수가 없다. 마찬가지로 나는 획득한 내 견해(속견)나 믿음을 괄호 속에 둘 수 있지만, 내가 생각하거나 결심한 것은 무엇이든지 간에 항상 내가 이전에 믿었거나 행했던 것을 바탕으로 삼은 것이다. 우리는 참된 관념을 갖고 있다Habemus ideam veram, 우리는 진리를 소유한다. 그러나 이러한 진리의 체험이 절대

---

50   "sedimentierte Geschichte"[독역본]. Husserl, Formale und transzendentale Logik, p. 221.
51   역주) 데카르트(「제3성찰」)에 따르면, "관념이 지시하는 것 혹은 관념에 의해 표현된 것에 안에 실재성 또는 완전성이 있다면, 이것을 표상적 실재성이라 부른다. 그러나 관념 안에 있는 것이 아니라 외부 사물 안에 있는 실재성을 현실적 또는 형상적 실재성이라 부른다"(『성찰』, 이현복 옮김, 문예출판사, 228쪽 역주 7).

적인 앎이 되는 것은, 우리가 그것을 부추기는 모든 것(모든 동기)을 주제화할 수 있을 때, 즉 우리가 상황에 놓이기를 멈출 때뿐이다. 따라서 참된 관념의 현실적인 소유에서 우리는 충전적 사유 및 절대적 산출성의 지성적 장소를 주장할 어떤 권리도 갖지 못한다. 그런 소유는 단지 의식의 "목적론téléologie"[52]의 토대가 될 뿐이다. 즉 의식은 이 첫 번째 도구를 가지고 더 완전한 도구들을 만들어 내고, 또 이 도구들을 가지고서 이렇게 계속해서 더 완전한 것들을 만들어 낸다. 후설은 "형상적 직관의 본질이 해명될 수 있는 것은 오직 형상적 직관에 의해서이다"라고 말한다.[53] 어떤 특정한 본질의 직관은 우리의 경험에서 필연적으로 직관의 본질에 선행한다. 사유를 사유하는 유일한 방식은 우선 그 무엇인가를 사유하는 것이고, 따라서 이 사유에 있어 본질인 것은 그 자신을 대상으로 삼지 않는 것이다. 사유를 사유하는 것은 **(454)** 우리가 〈사물〉에 대해 이미 배웠던 태도를 사유에 대해 채택하는 것이다. 또한 그것은 사유 그 자신에 대한 불투명성을 결코 제거하는 것이 아니라, 그 불투명성을 단지 더 높은 단계로 옮겨 놓는 것이다. 의식 운동에서의 어떠한 정지도, 대상에 대한 어떠한 집중(고정)도, 〈어떤 것〉이나 한 관념의 어떠한 나타남도, 적어도 이러한 관계에서 그 자신을 묻는 일을 중단하는 어떤 주체를 전제한다. 바로 이 때문에 데카르트가 말하듯이, 어떤 관념들이 사실상en fait 거부할 수 없는 명증으로 나에게 현전한다는 것과, 이러한 사실이 결코 권리상으로서comme droit 타당한 것이 아니고, 그래서 우리가 더 이상 관념 앞에 있지 않는 순간, 그 즉시 의심이 생길 가능성을 없애지 못한다는 것은 모두 참된 것이다.

¶ 명증 자체가 의심될 수 있다는 것은 우연이 아니다. 왜냐하면 확실성

---

52   이 개념은 후설의 후기 저술에 자주 등장한다.
53   Husserl, *Formale und transzendentale Logik*, p. 220.

(확신)이 의심이기 때문이다. 그것은 내가 명시화하기를 포기하지 않는다면 명증적 〈진리〉 속에 응결될 수 없을 사유의 한 전통을, 확실성(확신)이 다시 잡기(계승하기) 때문이다. 동일한 이유로 명증은 사실상 거부할 수 없으면서도 언제나 문제시될 수 있다. 이것은 하나의 사안을 두 가지 방식으로 말하는 것이 된다. 즉 명증을 거부할 수 없는 것은 내가 경험으로 획득한 어떤 것, 어떤 사유의 장을 자명한 것으로 받아들이기 때문이고, 바로 이런 이유로 명증은 내가 향유하고 계승하는 어떤 사유하는 본성에게 명증으로 나타나며, 그렇지만 이 사유하는 본성은 여전히 우연적이면서 자신에게 주어진 것으로 있다. 지각된 사물의 불변성consistance, 기하학적 관계의 불변성, 관념의 불변성은 내가 철두철미 명시화하려는 시도를 멈추고 그것들 안에 가만히 머물러 있을 때만 획득된다. 어떠한 사유의 영역, 예컨대 유클리드 공간이나 어떤 사회의 존재 조건과 같은 것에 일단 발을 들여놓고 참여하게 되면, 나는 여러 명증을 만나게 된다. 그러나 아마도 그런 공간이나 그런 사회가 유일하게 가능한 것이 아니기 때문에, 그것들은 결정적인 명증들이 아니다. 따라서 확실성은 유보적 조건에서 확립되는 것이 그 본질이다. 또한 [그런 공간이나 사회처럼 우리가 참여한 사유의 영역에는] 절대적 지식에 의해 대체될 운명인 잠정적인 지식의 형태가 아니라, 가장 오래되거나 가장 초보적인 그러면서도 가장 의식적이거나 가장 성숙한 지식의 형태인 한 견해opinion ─〈원초적originelle〉이면서 〈토대적 fondamentale〉이라는 이중적 의미의 한 근원적originaire 견해─ 가 있다. 바로 이 견해는 우리 앞에 일반적인 어떤 것을 솟아오르게 하여, 정립적 사유가 즉 의심이나 증명이 뒤이어 그 일반적인 어떤 것과 관계하면서 그것을 긍정하거나 부정할 수 있다. 전적이지 않은 의미du sens가 있고, 어떤 것은 있지만 무無는 있지 않다. 여기에 언제나 있는 재떨이가 보여 주고, 또 내가 어제 알았지만 오늘도 되돌아갈 수 있다고 생각한 진리가 보여 주는 것처

럼, 서로 일치하는 무한 연쇄의 경험들이 있다.

¶ 현상 ⁽⁴⁵⁵⁾ 또는 〈세계〉의 이와 같은 명증은 우리가 현상을 통하지 않고 존재에 도달하려고 할 경우, 즉 존재를 필연적인 것으로 만드는 경우에는 진정으로 인식되지 못한다. 이것은 우리가 현상을 존재로부터 분리할 경우, 그래서 현상을 단순 외현이나 단순 가능한 것의 지위로 전락시킬 경우, 그 명증이 인식되지 못하는 것과 마찬가지다. 첫 번째 경우는 스피노자의 입장이다. 여기에서는 근원적 견해가 절대적 명증에 종속되고, 존재être와 무néant가 섞인 〈어떤 것이 있다〉는 〈존재Etre가 있다〉에 종속된다. 그리고 존재에 관한 일체의 물음은 의미가 없는 것으로 거부된다. 즉 왜 무가 아니라 어떤 것이 있는지, 그리고 다른 세계가 아니라 바로 이 세계가 있는지를 묻는 것은 불가능하다. 왜냐하면 이 세계의 모습과 하나의 세계의 존재 자체는 필연적 존재의 귀결에 불과해야 하기 때문이다. 두 번째 입장[경우]은 명증을 외현으로 환원한다. 즉 모든 나의 진리는 결국 나에게서 또 나의 사유처럼 만들어진 사유에게서만 명증일 뿐이고, 이 명증은 나의 심리생리적인 구조 및 이 세계의 존재와 연결되어 있다. 여기에서는 다른 규칙에 따라 작동하는 다른 사유들, 또 이 세계와 동일한 자격으로 가능한 다른 세계들을 생각해 볼 수도 있다. 분명 이 입장에서는 왜 무가 아니라 어떤 것이 있는지와, 왜 이 세계가 실현되어 있는지를 아는 문제가 제기된다. 그러나 원리상 우리는 그 대답에 도달할 수 없다. 왜냐하면 우리는 우리의 심리생리적인 구조 속에 갇혀 있고, 이 구조는 우리의 얼굴 형태나 치아의 수와 같은 단순 사실이기 때문이다. 이 두 번째 입장은 보기보다는 그렇게 첫 번째 입장과 다르지 않다. 두 번째 입장은 우리의 사실상의de fait 명증들이 그와 비교해 비충전적인 것으로 간주되는 절대적인 앎과 절대적 존재를 암묵적으로 가리키고 있음을 전제하기 때문이다.

[14. 심리학주의 또는 회의론에 반대하여]

¶ 현상학적인 한 입장에서 이상의 독단론과 회의론을 동시에 극복할 수 있다. 우리의 사유 법칙들과 우리의 명증들은 분명 사실들이다. 그러나 그것들은 우리로부터 분리될 수 없는 사실들이며, 우리가 존재와 가능적인 것에 대해 형성할 수 있을 그 어떤 입장에도 포함되어 있는 사실들이다. 문제는 우리 자신을 현상들로 제한하는 것이 아니고, 나타나는 존재 저 너머의 다른 존재의 가능성을 유보하면서 의식을 그 자신의 상태들에 가둬 놓는 것이 아니며, 또 우리 자신의 사유를 사실들 중 한 사실로 다루는 것도 아니다. 즉 그것은 존재를 우리에게 나타나는 것으로 규정하고, 의식을 보편적인 사실로서 규정하는 것이다. 나는 사유한다, 그리고 이러저러한 사유가 내게 참으로서 나타난다. 나는 이와 같은 사유가 조건 없이는 참이 아니라는 것과, 완전한 해명은 무한한 일이라는 것을 안다. 그렇다고 해도 내가 사유하는 순간에, 내가 어떤 것을 사유한다는 것은 여전히 변함없다. 또한 내가 내 사유를 그 이름으로 평가절하하고 싶은 그 어떤 다른 진리도, 그것이 ⟪456⟫ 내게서 진리로 불릴 수 있다면, 내가 경험하는 ⟨참된⟩ 사유와 일치해야 하는 것 역시 여전히 변함없다. 설사 내가 나와는 다른 논리를 가진 화성인이나 천사나 신의 사유를 상상해 본다고 해도, 이 화성인의 사유, 천사의 사유, 신의 사유는 내 우주 속에 나타나야지, 내 우주를 폭발시키지는 말아야 한다.[54] 나의 사유, 나의 명증은 다른 사실들 중 한 사실이 아니라, 다른 모든 사실들을 포함하고 조건 짓는 사실-가치이다. 내 세계가 가능하다는 의미로 다른 가능 세계는 있지 않다. 그것은 스피노자가 믿듯이

---

[54]   Husserl, *Logische Untersuchungen*, I, p. 117. 때때로 후설의 합리주의라 불리는 것은 실제로는 주체성을 양도할 수 없는 사실로 인식한 것이고, 주체성이 겨냥한 세계를 실재 전체(*omnitudo realitatis*)로 인식한 것이다.

내 세계가 필연적이기 때문이 아니라, 내가 생각하고 싶은 어떤 〈다른 세계〉도 내 세계의 경계를 드러내고, 내 세계의 한계에서 발견되며, 결과적으로 내 세계와 하나를 이룰 것이기 때문이다. 비록 의식이 절대적 진리나 절대적 아-레테이아a-létheia[55]가 아니지만, 적어도 그것은 모든 절대적 허위는 배제한다. 우리의 오류, 우리의 착각, 우리의 물음은 분명 오류이고, 착각이며, 물음이다. 오류는 오류의 의식이 아니다. 그것은 심지어 그런 의식을 배제한다. 우리의 물음은 항상 답을 포함하는 것은 아니다. 그리고 마르크스와 더불어 인간은 해결할 수 있는 문제만을 제기한다고 말하는 것은 신학적 낙관주의를 되풀이하는 것이고, 세계의 완결성을 상정하는 것이다. 우리의 오류는 일단 오류로서 인식될 때 비로소 진리가 된다. 그리고 오류의 드러난 내용과 그것의 숨은 진리 내용, 오류의 주장된 의미signification와 그것의 실제 의미signification 사이에는 여전히 차이가 있다. 그러나 단지 사실인 것은 오류도 의심도 결코 우리를 진리로부터 분리시키지 않는다는 것이다. 왜냐하면 오류와 의심은 세계 지평으로 둘러싸여 있고, 거기에서 의식의 목적론은 그것들을 해결하라고 우리를 촉구하기 때문이다. 마지막으로 세계의 우연성은 결여된 존재, 필연적 존재의 직물 속의 공백, 합리성에 대한 위협으로 이해해서는 안 되며, 또한 더 심층적인 어떤 필연성을 발견하여 가능한 한 빨리 해결해야 할 문제로도 이해해서는 안 된다. 이런 것들은 세계 내부의 존재적ontique 우연성이다. 이에 반하여 존재론적ontologique 우연성, 세계 자체의 우연성은 근본적인 것으로서, 결정적으로 진리에 대한 우리 관념의 토대가 되는 것이다. 세계는 필연적

---

55   역주) 하이데거(Heidegger)가 "비은폐성(Unverborgenheit)"으로 나타내는 용어이다. 하이데거는 그리스어 "alétheia(진리)"를 "a-létheia(비-은폐)"로 파악하여, 진리를 은폐된 상태에서 비은폐된 상태로 드러난 것으로 이해한다(*Sein und Zeit*, pp. 33, 219).

인 것과 가능적인 것이 단지 그 구역들에 지나지 않는 실재이다.

[15. 의존적이면서도 피할 수 없는 주체]

요컨대 우리는 코기토에 시간적 두께를 되돌려주고 있다. 의심이 끝없이 계속되고 있지 않다는 것은, 그래서 〈내가 사유한다〉는 것은, [457] 내가 잠정적인 사유 속에 나를 던지는 것이고, 내가 행위를 통해 시간의 불연속성을 넘어서는 것이다. 따라서 봄(시각)은 봄에 앞서고 봄 이후에도 존속하는 보이는 사물에 압축되어 있다. 우리는 난관들을 극복하였는가? 우리는 봄의 확실성과 보이는 사물의 확실성이 서로 연대적임을 인정하였다. 이로부터, 보이는 사물이 착각에서 알 수 있듯이 절대적으로 확실한 것은 아니기 때문에, 봄도 이러한 불확실성에 연루되어 있다고 결론 내려야 하는가? 아니면 그 반대로, 봄이 그 자체로 절대적으로 확실하기 때문에, 보이는 사물도 절대적으로 확실하고, 나는 정말로 착각하지 않는다고 결론 내려야 하는가? 두 번째 해결책은 우리가 멀리했던 내면성을 재확립하는 결과가 될 것이다. 그러나 만약 우리가 첫 번째 해결책을 채택한다면, 사유는 그 자신과 단절될 것이며, 또한 명목적 정의상 내재적이라 불릴 수 있겠지만 내게는 사물들만큼이나 불투명하게 될 〈의식의 사실들〉만 있게 될 것이다. [그 결과] 더 이상 내재성도 의식도 있지 않을 것이며, 코기토의 경험은 다시 한번 망각될 것이다. 우리가 의식을 자신의 몸에 의해 공간에, 자신의 언어에 의해 역사에, 자신의 선입관에 의해 사유의 구체적 형태에 구속된(참여한) 것으로 기술할 때, 그것은 〈심리적〉 사건들이 문제가 되는 경우에도 의식을 객관적 사건의 계열 속에 또 세계의 인과성 속에 옮겨 놓는 문제가 아니다.

¶ 의심하는 자는 의심하는 동안 그가 의심하는 것을 의심할 수 없다. 의심은 일반화된 경우에도 내 사유의 소멸이 아니다. 그것은 유사 무無에 불

과하고, 나는 존재에서 벗어날 수 없다. 의심하는 내 행위는 그 자체가 확실성의 가능성을 만든다. 그 행위는 내게 거기에 있고, 나를 차지하며, 나는 그 행위에 구속되어(참여하고) 있다. 나는 그 행위를 실행할 때, 아무것도 아닌 척할 수 없다. 모든 것을 멀리 거리 두는 반성도 자신을 제거된 것으로 사유할 수 없거나 자신과 떨어져 있을 수 없다는 의미에서, 자신을 적어도 그 자신에게 주어진 것으로 발견한다. 그러나 이것은 반성과 사유가 단순 확인된 원초적[그 자체로서의] 사실들임을 의미하지는 않는다. 몽테뉴Montaigne가 잘 보았던 것처럼, 우리는 역사적 침전물로 가득 차고 그 자신의 존재로 채워진 이 사유를 여전히 문제 삼을 수 있고, 사유의 일정한 양상이자 의심된 대상의 의식으로 간주된 의심 자체를 의심할 수 있다. 그리고 철저한(근본적) 반성의 표현은 〈나는 아무것도 모른다〉 ―이 표현이 현행범처럼 자기모순을 범하는 것을 너무나 쉽게 파악할 수 있다― 가 아니라, 〈나는 무엇을 아는가?〉이다. 데카르트는 이것을 잊고 있지 않았다. 데카르트는 의심을 하나의 방법, 하나의 행위acte로 만듦으로써, 단지 하나의 상태état에 불과한 회의론적 의심을 극복하였고, 이렇게 의식에서 확고부동한 지점을 발견하여 확실성을 복원하였다고 종종 높게 평가된다. 그러나 사실 《458》 데카르트는 마치 의심하는 행위가 의심을 소멸시키기에 충분하고 확실성을 가져오는 것처럼, 의심 그 자체의 확실성 앞에서 의심을 멈추게 하지는 않았다. 그는 의심을 더 멀리까지 끌고 갔던 것이다. 그는 〈나는 의심한다, 나는 존재한다〉가 아니라, 〈나는 사유한다, 나는 존재한다〉를 말한다. 이것이 의미하는 바는, 의심 그 자체는 현실적인(사실적인) 의심으로서 확실한 것이 아니라, 의심한다는 단순 사유로서 확실하다는 것이다. 그리고 이번에는 우리가 이 사유에 대해서 똑같은 것을 말할 수 있기 때문에, 절대적으로 확실한 유일한 명제, 그리고 의심이 그 명제를 함축하므로 의심이 그 앞에서 멈추는 명제는 다음과 같을 것이다. 즉 〈나는 사유한다〉 또는 〈어떤 것이 내게 나타난다〉이다. 내 의식을 정확히 채우고 내 자유를 감금하는 어떤 행위나 어떤 개별적인(특정한) 경험은 없다. "자물쇠를 결정적으로 잠그는 빗장의 한 위치처럼, 사유의 능력을 없애고 종결시키는 사유는 없다. 사유 전개 자체에서 생겨나는 것으로서 사유에 있어 [불협화음이] 해결이 되는 사유, 말하자면 이런 지속적인 불협화음을 끝내는 협화음이 되는 사유는 전혀 없다."[56] 어떤 개별적인 사유도 우리 사유의 중심에서 우리를 포착할 수 없다. 그런 사유는 그것을 목격하는 또 다른 가능한 사유가 없다면 생각할 수 없는 것이다. 그리고 이것은 하나의 불완전성으로서, 그로부터 해방된 의식을 상상해 볼 수 있는 그런 것이 아니다. 정말로 의식이 있어야 한다면, 누군가에게 어떤 것이 나타나야 한다면, 우리의 모든 개별적 사유 뒤에는 비-존재라는 움푹한 곳réduit,[57] 자기Soi가 웅덩이처럼 파일 필요가 있다. 나는 일련의 〈의식들〉로 환원되지 말아야 한다. 또한 각각의 의식은 그것을 채우는 역사적 침전물과 감각적 함축들과 함께 어떤 영속적인 부재perpetuel absent에 현전해야 한다.

¶ 따라서 우리의 상황은 다음과 같다. 즉 우리가 사유하고 있음을 알기 위해서는 먼저 우리가 실제로 사유해야 한다. 그렇지만 이러한 참여(구속)는 모든 의심을 제거하지는 못하며, 내 사유도 내 물음의 능력을 억누를 수가 없다. 내 역사의 사건으로 간주된 낱말이나 관념은 내가 내부로부터 그 의미를 다시 잡을 때에만 한 의미를 갖는다. 나는 내가 가진 이러저러한 개별적 사유들을 통해 사유하고 있음을 안다. 또한 나는 이 개별적 사유들을

---

56   Valéry, *Introduction à la méthode de Léonard de Vinci, Variété*, p. 194.

57   역주) 본래의 의미는 방의 한 부분이 뒤로 파인 공간(알코브(alcôve)와 비슷한 공간)을 뜻한다. 메를로퐁티가 "웅덩이(creux)"라 쓰는 표현과 같은 의미다. 같은 문장 내의 "웅덩이처럼 파이다"는 "se creuse"를 번역한 것이다. "웅덩이"에 대해서 본문 404쪽의 내용과 역주 참조.

받아들이기 때문에, 다시 말해 내가 일반적으로 사유하고 있음을 알기 때문에, 그 개별적 사유들을 갖고 있음을 안다. 초월하는 항을 겨냥함과 이 항을 겨냥하는 나 자신을 보는 것, 연결된 것의 의식과 연결하는 것의 의식은 순환적 관계 속에 있다. 문제는 어떻게 내가 《459》 어떠한 나의 개별적 사유들의 구성자가 되지 않으면서, 내 사유 일반의 구성자가 될 수 있는지를 이해하는 것이다. 만약 내가 내 사유 일반의 구성자가 아니라면, 사유는 어느 누구에 의해서도 사유되지 않고, 알려지지 않은 채 지나가 버릴 것이며, 따라서 하나의 사유가 되지 않을 것이다. 또한 내가 개별적 사유들의 구성자가 아닌 것은 내가 결코 그것들이 완전히 명료하게 생겨나는 것을 보지 못하고, 그것들을 통해서만 나를 인식하기 때문이다. 문제는 주체성이 어떻게 의존적이면서 동시에 피할 수 없는indéclinable 것인지를 이해하는 것이다.

[16. 암묵적 코기토와 말해진 코기토]

이 점에 대해 언어라는 예를 통해 이해해 보자. 언어를 사용하고, 낱말들로 소리가 나는 나 자신의 의식이 있다. 나는 「제2성찰」을 읽는다. 거기서 문제 되는 것은 분명 〈나〉이지만, 그것은 정확히 나의 〈나〉도 데카르트의 〈나〉도 아니며, 반성하는 모든 인간의 〈나〉인 관념상의 〈나〉이다. 나는 낱말들의 의미와 관념들의 연결을 따라가면서, 다음과 같은 결론에 도달한다. 즉 실제로 내가 생각하기 때문에 나는 존재하지만, 이것은 말에 의거한 코기토Cogito sur parole이고, 나는 언어의 매개를 통해서만 내 사유와 내 존재를 파악한다. 따라서 이 코기토의 진정한 정식은 〈누군가가 생각한다On pense, 누군가가 존재한다on est〉일 것이다. 언어의 놀라운 점은 언어가 스스로를 망각되게 한다는 것이다. 나는 눈으로 종이 위의 글줄을 따라가다가, 그 글줄이 의미표현하는 것에 내가 사로잡히는 순간, 더 이상 나는 그것을 보지 않게 된다. 거기에서 종이, 종이 위의 글자들, 내 눈, 내 몸은 어떤 보이지 않는 작용에 필요한 최소한의 연출 무대처럼 있을 뿐이다. 표현은 표현된 것 앞에서 사라진다. 이 때문에 표현의 매개적 역할은 보이지 않은 채 지나갈 수 있다. 또한 그것은 데카르트가 그 역할에 대해 어디에서도 언급하지 않은 이유이기도 하다. 데카르트, 더욱이 그의 독자는 이미 말하는parlant 한 세계 속에서 성찰하기 시작한다. 우리가 표현 저 너머의 진리에 도달했다는 확신(확실성), 즉 표현과 분리될 수 있는 진리, 표현이 그 외투이면서 그 우연적인 현시에 불과한 그런 진리에 도달했다는 확신(확실성)을 우리 속에 심어 놓았던 것은 바로 언어이다. 일단 언어가 스스로에 의미signification를 준 다음에는, 단지 그것은 단순 기호로 보인다. 그리고 우리는 [이러한 언어적 상황을] 완전히 깨닫기 위해, 기호와 의미[실질의미]가 처음에 나타났을 때의 표현적 통일성을 재발견하지 않으면 안 된다.

¶ 어린아이가 말할 줄 모르거나 아직 어른의 언어를 말할 줄 모를 때, 아이 주변에서 벌어지는 언어적 의식儀式은 어린아이에게 접속되지(영향력을 갖지) 않는다. 어린아이는 자리가 나쁜 극장의 관객처럼 우리 곁에 있다. 그는 우리가 웃고 몸짓하는 것을 잘 보고, 우리의 콧노래를 듣지만, 이 몸짓들과 이 낱말들 끝에는 아무것도 있지 않다. 그에게 아무것도 일어나지 않는 것이다. 언어는 어린아이에게 상황을 만들 때 그에게 의미를 지닌다. 어떤 아동용 책에 한 남자아이가 실망하는 이야기가 있다. 그 아이는 할머니의 안경을 끼고 책을 들고서 그 자신도 할머니가 해 주었던 이야기를 볼 수 있다고 믿는다. 《460》 우화는 다음 두 줄로 끝난다. "이게 뭐야! 이야기가 정말 어디 있는 거야? 검은 것과 흰 것만 보이잖아." 어린아이에게 〈이야기〉와 표현된 것은 〈관념〉이나 〈의미signification〉가 아니고, 말하기와 읽기도 〈지성적 활동〉이 아니다. 이야기는 안경을 쓰고 책에 몸을 기울이면서 마법처럼 나타나게 할 수단이 있어야 하는 세계이다. 표현된 것을 존재하

게 하고, 사유에 길과 새로운 차원과 새로운 광경을 열어 주는 언어가 지닌 능력은 궁극적으로는 어린아이와 마찬가지로 어른에게서도 불투명하다. 성공적으로 표현된 모든 책이 독자의 정신에 가져다준 의미는 이미 구성된(기성의) 언어 및 사유를 넘어선다. 그 의미는 마치 할머니의 책에서 이야기가 나오듯 언어적 주술이 이뤄지는 동안 마법처럼 나타난다.

¶ 우리가 사유를 통해 직접 진리의 우주와 소통하고 거기서 다른 사람들과 일치한다고 믿는 것은, 또 데카르트의 텍스트가 우리 속에서 이미 형성된 사유를 단지 일깨우고, 결코 우리가 외부에서 어떤 것도 배우지 못하는 것처럼 보이는 것은, 끝으로 철학자가 철저해야 할 성찰에서 언어를 읽혀진 코기토*Cogito lu*의 조건으로 언급도 하지 않고, 우리를 관념에서[58] 코기토의 실행으로 이행하라고 권유하지 않는 것은, 우리가 표현적 활동(과정)을 당연시하고, 그것이 우리에게 획득된 것 중 일부로 있기 때문이다. 우리가 데카르트를 읽으면서 획득한 코기토는 (또한 데카르트가 표현하려고 한 코기토, 그 자신의 삶을 향해 돌아보면서, 그 삶을 고정하고 객관화하며 또 그것을 의심할 수 없는 것으로 〈특징지을〉 때 그가 실행한 코기토조차) 낱말들에 놓인, 낱말들에 의거해 이해된, 말해진 코기토*Cogito parlé*이다. 바로 이런 이유로 이 코기토는 자신의 목표에 도달하지 못한다. 왜냐하면 우리 실존의 한 부분, 즉 개념적으로 우리의 삶을 고정하고 그것을 의심할 수 없는 것으로 사유하고자 몰두하는 부분은 이러한 고정화와 사유를 벗어나기 때문이다. 이로부터 우리는 언어가 우리를 포함한다고 결론 내려야 할까? 실재론자가 외부 세계에 의해 자신이 결정되어 있다고 믿고, 신학자가 신의 섭

---

58 역주) 초판(1945년-2004년)에는 "de l'idée"로 되어 있으나, 2005년 판본에는 "à l'idée"로 되어 있다. 그러나 2005년 판본처럼 표기한다면 "코기토의 실행을 가진 관념으로 이행하라고"라는 의미가 된다. 2005년 판본의 표기는 오기로 보인다.

리에 의해 자신이 인도된다고 믿듯이, 우리는 언어에 의해 인도된다고 결론 내려야 할까? 그러나 이것은 진리의 절반을 망각하는 일이 될 것이다. 왜냐하면 결국 낱말들이, 예컨대 〈코기토*Cogito*〉와 〈숨*sum*〉이 정말로 경험적*empirique*이고 통계적인 의미를 가질 수 있고, 물론 그것들이 직접 내 경험을 겨냥하지 않고 익명적이고 일반적인 한 사유의 근거가 되는 것은 사실이지만, 그럼에도 **《461》** 내가 모든 말에 앞서 나 자신의 삶 및 나 자신의 사유와 접촉하고 있지 않다면, 만약 말해진 코기토가 내 속에서 암묵적 코기토*Cogito tacite*를 만나고 있지 않다면, 나는 그 낱말들에서 어떤 의미도, 심지어 파생적이고 비본래적인 의미도 발견하지 못할 것이며, 나는 데카르트의 텍스트를 읽을 수조차 없을 것이기 때문이다. 데카르트가 『성찰』을 쓰면서 향했던 것은 바로 이 침묵의 코기토*Cogito silencieux*이다. 이 침묵의 코기토는 모든 표현 활동에 활기를 불어넣고 방향을 부여했던 것이다. 그러나 이 표현 활동들은 데카르트의 실존과 그가 자신의 실존에 대해 갖는 인식 사이에 모든 문화적 획득물의 두께 전체를 집어넣기 때문에, 정의상 언제나 목표에 도달하지 못한다. 그렇지만 만약 데카르트가 먼저 자신의 실존에 대한 시각을 지니고 있지 않다면, 그 표현 활동들은 시도조차 되지 못할 것이다. 모든 문제는 이 암묵적 코기토를 제대로 이해하는 데에 있다. 즉 암묵적 코기토에서 정말로 발견되는 것만을 제시하는 것에, 의식이 언어의 산물이 아니라는 이유로 언어를 의식의 산물로 만들지 않는 것에 있다.

[17. 의식은 언어를 구성하지 않고 받아들인다]

사실 낱말도 낱말의 의미도 의식에 의해 구성되지 않는다. 이 점을 분명히 해 보자. 낱말이 결코 그 어떤 구체화된 것[기호]으로도 환원되지 않는다는 점은 확실하다. 예컨대 〈싸락눈*grésil*〉이라는 낱말은 내가 종이 위에 방금 쓴 글자도 아니고, 어느 날 처음 내가 어떤 책에서 읽었던 또 다른 기호도 아니며, 내가 그것을 발음할 때 공기를 가로지는 소리도 아니다. 이것들은 이 낱말을 재생한 것일 뿐이다. 나는 이 모든 재생한 것들에서 이 낱말을 알아보지만, 이 낱말은 그것들 속에서 소진되지 않는다. 그렇다면 나는 〈싸락눈〉이라는 낱말이 이 나타난 것[기호]들의 관념적 통일이라고 말하고, 내 의식에 대해서만 또 동일화의 종합을 통해서만 존재한다고 말해야 할까? 그렇게 한다면 우리는 심리학자가 언어에 대해 가르쳐 준 것을 망각하게 될 것이다. 우리가 본 것처럼 말한다는 것은 말 이미지image verbale를 상기하여, 그 이미지 모델에 따라 낱말들을 조음하는 것이 아니다. 현대 심리학은 말 이미지를 비판함으로써, 즉 말하는 주체가 스스로를 말 속에 던지면서 자신이 발음하려는 낱말들을 표상하지 않는다는 사실을 밝힘으로써, 표상으로서의 낱말, 의식의 대상으로서의 낱말을 제거하고, 낱말의 인식과는 다른 낱말의 운동적 현전을 드러낸다. 내가 〈싸락눈〉이란 낱말을 알 때, 이 낱말은 내가 동일화의 종합으로 알아보는 대상이 아니다. 그것은 내 발성 기관의 어떤 이용 방식이며, 〈세계로의(세계에 있는) 존재〉로서의 내 몸의 어떤 변조이다. 이 낱말의 일반성은 관념의 일반성이 아니다. 그것은 내 몸이 행동들, 특히 음소들을 만들어 내는 능력인 한에서, 내 몸이 〈이해하는〉 어떤 행위 스타일의 일반성이다. 우리가 어떤 몸동작을 흉내 내는 것과 같이, 어느 날 나는 〈싸락눈〉이라는 낱말을 〈잡는다〉. 말하자면 그 낱말을 분석함으로써, 그리고 들린 낱말의 각 부분을 조음과 발성 운동에 대응시킴으로써가 아니라, 그 낱말을 소리 세계의 단일한 변조modulation로 들음으로써 그 낱말을 잡는 것이다. 《462》 또한 나눠지지 않는 내 실존의 요소들인 내 지각적 가능성과 내 운동적 가능성의 전체적 대응관계에 의해 그 소리 존재가 〈발음해야 할 어떤 것〉으로 현전하기 때문에 그 낱말을 잡는 것이다. 그 낱말은 결코 탐색된 것도, 분석된 것도, 인식된 것도, 구성된 것도 아니다. 그 낱말은 말하는 능력이, 그리고 궁극적으로는 내 몸 및 내 몸의 지각적·실천적 장의 첫 경험과 함께 내게 주어진 운동적 능력이 덥석 물고 받아들인 것이다.

¶ 낱말의 의미에 대해서도, 나는 낱말이 어떤 상황의 맥락 속에서 사용되는 것을 봄으로써, 한 도구의 사용법을 배우는 것처럼 그 의미를 배운다. 낱말의 의미는 대상의 몇몇 물리적 특성들로 이루어지지 않는다. 낱말의 의미는 무엇보다도 대상이 인간의 경험 속에서 갖는 모습, 예컨대 하늘에서 만들어진 채 떨어지며, 딱딱하고, 부서질 수 있으며, 녹기 쉬운 낱알들에 대한 나의 놀라움 속에서 갖는 모습이다. 그것은 인간적인 것과 비인간적인 것의 한 만남이고, 세계의 한 행동comportement과 같은 어떤 것, 즉 세계 스타일의 어떤 변화이다. 또한 의미의 일반성은 음성의 일반성과 마찬가지로 개념의 일반성이 아니라, 틀(유형typique)로서의 세계의 일반성이다. 따라서 언어는 분명히 어떠한 언어의 의식을 전제한다. 즉 말하는 세계를 감싸는 의식의 침묵, 거기서 낱말들이 처음으로 배열형태와 의미를 받는 의식의 침묵을 전제한다. 이런 사실로 인해 의식은 결코 이러저러한 경험적empirique 언어에 종속되지 않고, 언어들은 번역되고 배울 수 있으며, 결국 언어는 사회학자의 의미에서 외부 기원의 형성물apport extérieur이 아닌 것이다.

¶ 말해진 코기토 저 너머에는, 즉 언표되어 본질적 진리로 전환된 코기토 저 너머에는 분명 암묵적 코기토, 나에 의한 나의 체험이 있다. 그러나 이러한 피할 수 없는 주체성은 그 자신과 세계에 대해 미끄러지는 파악만 할 뿐이다. 이 주체성은 세계를 구성하지 않는다. 그것은 자신에게 주어져 있지 않은 장場처럼 자신 주위의 세계를 희미하게 감지한다devine. 이 주체성은 낱말을 구성하지 않는다. 그것은 우리가 즐거워서 노래하는 것처럼 말한다. 이 주체성은 낱말의 의미를 구성하지 않는다. 낱말의 의미는 세계

와 교섭하고, 또 세계에 사는 다른 사람들과도 교섭하는 주체성에게서 솟아오른다. 낱말의 의미는 여러 행동의 교차점에 있으며, 그것은 한 번이라도 〈획득되〉면, 몸짓의 의미만큼 명확하지만 또 그것만큼이나 정의하기가 어렵다. 암묵적 코기토, 자기 자신에 대한 현전은 실존 그 자체로서 어떠한 철학에도 앞서 있다. 그러나 그것은 죽음의 불안이나 타인의 시선에 대한 나의 불안에서와 같이, 위협받는 극한 상황에서만 그 자신에게 인식된다. 사람들이 사유의 사유라고 여기는 것은, 순수 자기 감정으로서 아직 사유되지 않은 것이고, 드러날 필요가 있는 것이다. 《463》언어를 조건 짓는 의식은 마치 막 숨 쉬기 시작한 아기나 물에 빠져 삶에 매달리는 사람의 의식처럼, 세계에 대해 전체적이고 분절되지 않은 파악만을 한다. 그리고 모든 개별적(특정한) 앎이 이 첫 번째 시각에 토대하는 것이 사실이라면, 이 첫 번째 시각은 지각적 탐색과 말이 그것을 되찾고(재파악하고), 고정하며, 명시화하기를 기다린다는 것도 사실이다. 침묵의 의식은 〈사유되어야 할〉 흐릿한(혼재의) 세계 앞에서 〈나는 사유한다〉 일반으로서만 자신을 파악한다. 어떠한 개별적인(특정한) 파악도, 심지어 철학에 의한 이 일반적인 앞에-던짐의 되찾음(재파악)도 주체가 그 [작동] 비법을 알지 못하는 능력을 전개하라고, 특히 주체가 말하는 주체가 되라고 요구한다. 암묵적 코기토는 자기 자신을 표현했을 때만 코기토가 된다.

[18. 세계의 던짐projet으로서의 주체, 장場, 시간성, 삶의 응집]

이상과 같은 말들은 수수께끼처럼 보일 것이다. 즉 궁극의 주체성이 존재하자마자 자신을 사유하지 않는다면, 어떻게 그것은 자신을 사유하게 될 것인가? 사유하지 않는 것이 어떻게 사유하기 시작할 수 있는가? 그리고 주체성은 스스로도 모르게 외부에 결과를 산출하는 사물이나 힘의 상태가 되어 버리는 것이 아닌가? 우리는 원초적 나Je primordial가 자신을 모른다고 말하려고 하는 것이 아니다. 만약 그 나가 자신을 모른다면, 그것은 실제로 한 사물이 될 것이며, 따라서 어떤 것도 그것이 나중에 의식이 되게 할 수 없을 것이다. 우리는 단지 그것에 객관적 사유를, 즉 세계와 그 자신에 대한 정립적 의식을 허용하지 않았을 뿐이다. 그런데 우리의 이런 말은 무엇을 의미하는가? 그것이 무의미한 말이 아니라면, 다음과 같은 것을 의미한다. 즉 근원적originaire 주체성이 자신과 자신의 세계를 흐릿하게(혼재적으로) 파악할 때, 우리는 그 파악에 덧대어지거나 그 아래에 놓이는 명시적 의식을 전제하지 않는다는 것이다. 물론, 예를 들어 나의 봄(시각)은 〈보고 있다는 사유〉이다. 그러나 내 봄이 그런 것은, 내 봄이 단순히 소화나 호흡과 같은 기능, 즉 하나의 의미를 갖는 전체에서 잘라 낸 한 다발의 과정이 아니라, 그것 자체가 그와 같은 전체이고 의미이며, 그와 같이 현재에 대한 미래의 앞섬이고, 부분들에 대한 전체의 앞섬이라는 의미로 이해될 때이다. 봄은 예견과 의도(지향)를 통해서만 있다. 그리고 그 어떤 의도라도 그것이 향하는 대상이 부추김(동기부여)도 없이 완전히 완성된 채로 그 의도에 주어진다면, 그것은 진정으로 의도일 수가 없다. 이 때문에 어떠한 봄도 궁극적으로는 주체성의 중심에서, 경험적인empiriques 지각들이 결정은 하지만 산출하지는 못하는 세계의 전체적 던짐이나 세계의 논리를 전제한다는 것은 사실이다. 그러나 〈보고 있다는 사유〉의 의미를, 봄 자체가 그 대상과의 결합을 만들어 내는 것으로 이해한다면, 또 봄이 절대적인 투명성 속에서 자신을 통각하고, 보이는 세계 속에서 자기 자신의 현전의 저자로서 자신을 통각하는 것으로 이해한다면, 봄은 보고 있다는 사유가 아니다. 본질적인 것은 **(464)** 우리 자신인, 세계의 던짐을 제대로 파악하는 것이다. 앞에서 우리는 세계를 세계의 시각(관점)과 분리할 수 없다고 말했는데, 이제 이것은 주체성을 세계에의 내속inhérence au monde으로 이해하는 데 도움을 줄 것이다. 다른 감각들이나 타인의 감각들과 소통하지 않는 감각,

즉 질료*hylè*는 존재하지 않는다. 또 바로 이런 이유에서 무의미한 질료[59]에 의미를 부여하고, 내 경험과 상호주관적인 경험의 선험적*a priori* 통일성을 확보하는 일을 맡는 파악이나 통각, 즉 형식*morphè*도 존재하지 않는다.

¶ 내 친구 폴Paul과 나는 어떤 풍경을 보고 있는 중이다. 정확히 무슨 일이 일어나고 있는가? 우리 각자는 사적인 감각을, 결코 소통하지 않을 인식의 질료를 갖고 있다고 말해야 하는가? 즉 우리는 순수 체험된 것과 관련하여 별개의 관점적 현상 속에 갇혀 있다고 말해야 하는가? 풍경은 우리 둘에게서 수적으로 동일한 것*idem numero*이 아니라, 단지 하나의 종적인*spécifique* 동일성을 지닌다고 말해야 하는가? 객관적 반성에 앞서 내 지각 자체를 고찰해 본다면, 나는 어떤 순간에도 내 감각 속에 갇혀 있다는 의식이 없다. 내 친구 폴과 나는 풍경의 어떤 부분을 손가락으로 가리키고 있다. 내게 종탑을 가리키는 폴의 손가락은, 내가 나-에게서의-종탑으로 향해 있다고 사유한 나-에게서의-손가락이 아니다. 그것은 폴이 보는 종탑을 직접 내게 가리키는 폴의 손가락이다. 마찬가지로 내가 보는 풍경의 어떤 지점을 가리키는 손짓을 할 때, 나는 하나의 예정조화를 통해 나의 내적인 시각과 단지 유사한 그의 내적인 시각을 폴에게 불러일으킨다고 생각하지 않는다. 내게는 오히려 내 손짓이 폴의 세계에 침입하여 그의 시선을 안내하는 것처럼 보인다. 내가 폴을 생각할 때, 나는 중간에 놓인 기호들을 통해 내 감각들의 흐름과 간접적으로 관계하는 어떤 사적인 감각들의 흐름을 생각하는 것이 아니다. 나는 나와 동일한 세계와 동일한 역사를 살아가고, 이 세계와 이 역사를 통해 나와 소통하는 어떤 사람을 생각한다.

---

59 역주) 초판(1945년-2004년)에는 "matière(질료)"로 되어 있지만, 2005년 판본과 *Œuvres* 판본(2010년)에는 "manière(방식)"으로 되어 있다. 2005년 판본과 *Œuvres* 판본의 표기는 오기로 보인다.

그렇다면 우리는 여기서 관념적 통일성과 관계한다고, 또 도쿄에서 말해지는 2차 방정식이 파리에서 말해지는 것과 같듯이 내 세계는 폴의 세계와 같은 것이라고, 결국 세계의 관념성은 세계의 상호주관적 타당성을 보증해 준다고 말해야 할까? 그러나 관념적 통일성도 우리를 만족시키지 못한다. 왜냐하면 관념적 통일성은 [고대] 그리스인들이 보는 휘메토스Hymettos 산과 내가 본 휘메토스산 사이에도 있기 때문이다. 그럼에도 내가 이 적갈색의 산등성을 바라보면서 그리스인들도 이것을 보았다고 나 자신에게 말해 보지만, 소용없는 일이다. 나는 그것이 같은 산등성이라고 확신하지는 못한다. 이에 반해 폴과 나는 〈함께〉 풍경을 바라보고 있으며, 우리는 그 풍경에 함께-현전한다. 《465》 그 풍경은 지성적 의미signification로서만이 아니라, 세계 스타일의 특정 어조로서, 또 그 개체성eccéité에 이르기까지 우리 둘에게서 같은 것이다. 관념적 통일성은 (원리상) 어떤 손실도 없이 시간적이고 공간적인 거리를 관통하지만, 세계의 통일성은 그런 거리와 함께 쇠락하고 풍화된다. 바로 풍경이 나를 건드리고 나에게 영향을 미치기 때문에, 풍경이 가장 고유한 나의 존재까지 도달하기 때문에, 또 풍경이 그것에 대한 내 시각(관점)이기 때문에, 나는 풍경 그 자체를 가지며, 또 그것을 나에게서의 풍경뿐 아니라 폴에게서의 풍경으로도 가진다.

¶ 보편성과 세계는 개별성individualité과 주체의 한가운데서 발견된다. 이것은 우리가 세계를 대-상ob-jet으로 만드는 한, 결코 이해되지 않을 것이다. 그것은 세계가 우리 경험의 장champ일 때, 또 우리가 세계의 한 시각(관점) 이외에는 아무것도 아닐 때 즉시 이해된다. 왜냐하면 그럴 때 우리의 심리물리적인 존재의 가장 은밀한 진동도 이미 세계를 알리고, 성질은 사물의 윤곽을 드러내고, 사물은 세계의 윤곽을 드러내기 때문이다. 말브랑슈의 말처럼 "미완성된 작품"에 불과한 세계, 혹은 후설이 몸에 적용한 말로 하면 "결코 완전히 구성되지 않는" 세계는 구성하는 주체를 요구하지

않고 오히려 배척하기까지 한다. 나 자신의 경험의 여러 일치와 나의 상호
주관적인 경험의 여러 일치 속에 비쳐 보이는 존재의 윤곽, ―또한 내 현상
들이 한 사물 속에 응고되고, 그것들의 전개에서 어떤 항상적 스타일을 유
지한다는 단지 그런 사실로부터, 내가 무한한 지평들을 통해 그 가능적 완
성을 추정해 보는 존재의 윤곽― 이 있다. 이러한 존재의 윤곽에, 이러한
세계의 열린 통일성에 주체성의 열린 또 무한한 통일성이 대응하지 않으
면 안 된다. 내가 지각을 실행할 때마다, 내가 명증을 획득할 때마다, 나의
통일성은 세계의 통일성과 마찬가지로 체험되기보다는 불러내어진다. 또
한 보편적인 나는 이 빛나는 모양들이 그 위에서 부각되어 나타나는 바탕
이고, 현재의 한 사유를 통해서 나는 여러 사유의 통일성을 형성한다. 나
의 개별적인particulières 사유들 이전에, 암묵적 코기토와 세계의 근원적인
던짐을 구성하기 위해 무엇이 남아 있을까? 또한 내가 모든 개별적 작용
밖의 나를 엿볼 수 있는 한에서, 궁극적으로 나는 무엇일까? 나는 하나의
장champ이고, 나는 하나의 경험이다.

¶ 어느 날 결정적으로 무엇인가가 활동하기 시작했다. 즉 그것은 잠자
는 동안에도, 더 이상 멈추지 않고 보거나 보지 않고, 느끼거나 느끼지 않
고, 괴로워하거나 즐거워하고, 사유하거나 쉬고 있고, 한마디로 멈추지 않
고 세계에 대해 자신을 〈설명하는〉 것이다. 이때 새로운 한 무리의 감각
들이나 의식 상태들이 있었던 것이 아니고, 심지어 새로운 한 개의 모나드
나 새로운 한 개의 관점적 현상이 있었던 것도 아니다. 왜냐하면 나는 어
떠한 관점적 현상에 고정되어 있지 않기 때문이고, 또 나는 《466》 항상 하나
의 관점을 가져야 하고, 한 번에 하나의 관점만을 가질 수밖에 없지만, 관
점을 바꿀 수 있기 때문이다. 따라서 하나의 새로운 상황들의 가능성이 있
었다고 말하자. 내가 태어난 사건은 지나가 버린 것이 아니고, 객관적 세계
의 한 사건처럼 무無로 떨어지는 것도 아니다. 그 사건은 미래를(에) 구속

하는(참여하는) 것이고, 그것은 원인이 결과를 결정하는 것이 아니라, 한 상황이 한번 관련이 되면 필연적으로 어떠한 결말에 이르는 것과 같다. 이제부터는 새로운 〈환경milieu〉이 있게 되며, 세계는 새로운 실질의미의 층을 받아들인다. 아기가 태어난 집에서 모든 대상은 그 의미가 바뀐다. 대상들은 아직 정해지지 않은 아이의 다룸(취급)을 기다리기 시작한다. 다른 어떤 또 한 명의 사람이 거기에 있고, 새로운 역사가 짧든 길든 막 확립되었으며, 새로운 기록장부가 개설되어 있다. 나의 첫 번째 지각은 그것을 둘러쌓던 지평들과 더불어, 항상 현전하는 사건이고 망각되지 않는 역사이다. 나는 사유하는 주체일 때조차 여전히 이 첫 번째 지각이고, 이 지각이 개시하고 이어지는 동일한 삶이다. 어떤 의미에서는, 세계 속에 서로 분리된 사물이 없는 것처럼 한 삶 속에는 구별되는 의식 작용이나 체험Erlebnisse은 없다. 우리가 보았던 것처럼, 내가 한 대상 주위를 돌아볼 때, 나는 그것에 대한 일련의 관점적인 측면들을 획득하고 이어서 그것들을 하나의 실측도géométral의 관념으로 정돈하지 않는다. 사물에는 그 자체로 시간을 극복하는 약간의 〈흔들림bougé〉이 있을 뿐이다. 마찬가지로 나는 일련의 심리 작용들이 아니고, 그 작용들을 모아 종합적 통일성을 형성하는 중심적인 나(자아)도 아니다. 나는 그 자체가 분리될 수 없는 하나의 경험이고, 하나의 "삶의 응집cohésion de vie"[60]이며, 태어나서부터 스스로를 펼치고(명시화하고) 또 각 현재 속에서 그 태어남을 확인하는 단일한 시간성이다. 코기토는 바로 이러한 도래(출현) 또는 이러한 초월론적인 사건을 되찾는다.

¶ 첫 번째 진리는 정말로 〈나는 생각한다〉이지만, 이것은 이 말이 나는 세계에 있으면서(속하면서) "나는 내게 있다(속한다)"[61]를 의미하는 한에서

---

60   "Zusammenhang des Lebens", Heidegger, *Sein und Zeit*, p. 388.
61   Heidegger, *Sein und Zeit*, pp. 124-125. 역주) "나는 세계에 있으면서(속하면서) "나는

이다. 우리가 주체성으로 더 멀리 들어가고자 하면서, 모든 것을 의심하고 우리의 모든 믿음을 판단 중지한다면, 우리는 오직 우리의 개별적 구속(참여)들의 지평으로서만, 세계의 환영인 일반적인 어떤 것의 가능성으로서만, 랭보Rimbaud의 말처럼 "우리가 세계에 있지 않"[62]게 되는 비인간적인 바탕을 엿볼 수 있다. 《467》 내부와 외부는 분리될 수 없다. 세계는 전적으로 내부에 있고, 나는 전적으로 내 외부에 있다. 내가 이 탁자를 지각할 때, 탁자 윗면의 지각은 다리의 지각을 모르지 않아야 한다. 그렇지 않다면 대상은 해체될 것이다. 내가 한 멜로디를 들을 때, 각 순간은 그다음 순간에 이어져야 한다. 그렇지 않다면 멜로디는 존재하지 않을 것이다. 그럼에도 탁자는 저기에 그 외적인 부분들과 함께 있다. 계기는 멜로디의 본질이다. 모으는 작용은 멀어져서 거리를 유지하는 것이고, 나는 나로부터 도망침으로써만 나와 접촉한다. 『팡세Pensées』의 유명한 한 사유(구절)에서 파스칼Pascal은 어떤 관계에서는 내가 세계를 포함하고, 다른 관계에서는 세계가 나를 포함한다고 밝힌다.[63] 우리는 사실 동일한 관계에서 그러하다고 말하지 않으면 안 된다. 즉 내가 세계를 포함하는 것은, 나에게 가까운 것과 먼 것, 전경과 지평이 있고, 이처럼 세계가 내 앞에서 그 광경을 펼치고 의미를 갖기 때문이며, 이 말은 결국 내가 세계 속에 자리하는situé 것이고, 세계

내게 있다(속한다)""의 원문은 "〈je suis à moi〉 en étant au monde"이다.

62 역주) 랭보는 『지옥에서 보낸 한 철(Une saison en enfer)』, 「헛소리 1(Délires 1)」에서 "nous ne sommes pas au monde(우리는 세계에 있지 않다)"라고 쓰고 있다. 또 랭보는 「지옥의 밤(Nuit de l'enfer)」에서도 "나는 세계에 더 이상 있지 않다(Je ne suis plus au monde)"라고 표현한다. 메를로퐁티는 랭보의 이 표현을 인용하면서 위 문장과 비슷한 내용을 『지각의 일차성』(Primat, p. 101)에서 말한다.

63 역주) "Par l'espace l'univers me comprend et m'engloutit comme un point, par la pensée je le comprends"(Pascal, Œuvres complètes, Edition du Seuil, 1963, p. 513)[일역본(나카지마), 838쪽, 역주 8]. "공간을 통해 우주는 나를 포함하고 나를 점처럼 삼켜 버리지만, 사유를 통해 나는 우주를 포함한다."

가 나를 포함하는 것이기 때문이다. 우리는 세계의 개념notion이 주체의 개념과 분리될 수 없다고, 또 주체가 자신을 몸의 관념과 세계의 관념에서 분리될 수 없는 것으로 사유한다고 말하지 않는다. 왜냐하면 단지 사유된 관계만이 문제라면, 바로 이런 사실 자체에 의해 그 관계는 사유자로서의 주체의 절대적 독립을 존속하게 할 것이고, 주체는 자리하지(상황에 놓이지) 않을 것이기 때문이다. 주체가 상황 속에 있는 것은, 심지어 주체가 상황들의 한 가능성 이외에 아무것도 아닌 것은, 주체가 단지 현실적인 몸이 됨으로써, 단지 이 몸을 통해 세계에 들어감으로써 자신의 자기성ipséité을 실현하기 때문이다. 내가 주체성의 본질에 대해 반성할 때 그것의 본질이 몸의 본질 및 세계의 본질과 결합되어 있음을 발견하게 되는 것은, 주체성으로서의 내 실존이 몸으로서의 내 실존 그리고 세계의 실존과 단지 하나를 이루기 때문이고, 결국 구체적으로 파악된 나라는 주체가 이 몸 및 이 세계와 분리될 수 없기 때문이다. 우리가 주체의 한가운데서 재발견하는 존재론적인 세계와 존재론적인 몸은 관념으로서의 세계와 관념으로서의 몸이 아니다. 그것은 전체적인 파악에 나타난 응축적인 세계 자체이고, 인식하는-몸으로서의 몸 자체이다.

그러나 혹자는 다음과 같이 반문할 것이다. 세계의 통일성이 의식의 통일성에 토대하지 않는다면, 세계가 구성적 작업의 결과가 아니라면, 어째서 나타남들이 서로 일치하여 사물로, 관념으로, 진리로 모이는 것일까? 왜 방향 없어 보이는 사유들, 우리 삶의 사건들, 집단적 역사의 사건들이 어느 시기에는 적어도 의미를 띠고 공통의 방향을 가지며, 그것들이 한 관념으로 파악되는 것일까? 왜 내 삶은 스스로를 다시 잡아(파악하여) 말로, 의도로, 행위로 던지는 데 성공하는 것일까? 이것은 합리성의 문제다. 《468》 알려져 있듯이 고전적 사유는 이러한 일치들을 요컨대 즉자적 세계나 절대적 정신으로 설명하려고 한다. 이러한 설명들은 그것들이 가질 수 있는 모든 설득력을 합리성의 현상에서 가져온다. 따라서 이 설명들은 합리성의 현상을 설명하는 것도, 그 현상보다 결코 더 명확한claires 것도 아니다. 절대적 사유는 유한한 내 정신과 마찬가지로 내게서 명확하지 않다. 왜냐하면 바로 유한한 정신을 통해 내가 그 절대적 사유를 사유하기 때문이다. 우리는 세계에 있다. 다시 말해 사물들이 그 모습을 드러내고, 한 거대한 개체가 스스로를 주장하고, 각 실존은 자신을 이해하고, 다른 실존들을 이해한다. 해야 할 것은 우리의 모든 확실성이 토대하는 이러한 현상들을 인식하는 것뿐이다. 우리로부터 분리된 절대적 정신이나 즉자적 세계의 믿음은 이러한 일차적인 믿음의 이성적 작업에 불과하다.

시간

> 시간은 삶의 상스sens이다(즉 물 흐름의 방향sens, 문장의 의미sens,
>
> 직물의 결sens, 후각적 감각(감관sens)과 같이 의미되는 상스sens).
>
> — 클로델Claudel, 『시학*Art Poétique*』[64]

> 현존재의 의미는 시간성이다Der Sinn des Daseins ist die Zeitlichkeit.
>
> — 하이데거Heidegger, 『존재와 시간Sein und Zeit』 p. 331.

　　앞 페이지에서 우리는 주체성에 이르려고 하는 과정에서 이미 시간을 만났다고 할 수 있다. 왜냐하면 먼저 우리의 모든 경험은 우리의 것인 한에서 선先과 후後로 배열되어 있고, 시간성은 칸트의 말로 하면 내적 감각(감관)[내감]의 형식이며, 또 시간성은 〈심리적 사실들〉의 가장 일반적 특징이기 때문이다. 그러나 시간의 분석이 앞으로 밝혀 줄 것에 대해 미리 예상

---

[64]　역주) P. Claudel, *Art Poétique: Connaissance du temps*, Paris: Gallimard, 1984, p. 48[랜즈의 영역본, 558쪽, 주석 1].

해 보지 않아도, 사실상 우리는 이미 시간과 주체성 간의 훨씬 긴밀한 관계를 발견하였다. 우리가 본 것처럼 주체는 일련의 심리적 사건들일 수 없지만, 그렇다고 영원할 수도 없는 것이다. 여전히 주체는 시간적이지만, 그것은 인간의 어떠한 우연적 구조에 의해서가 아니라 내적 필연성에 의해 그런 것이다. 따라서 우리는 주체와 시간이 내적으로 소통한다는 생각에 이르게 된다. 이제 우리는 예를 들어 성과 공간성에 대해 앞서 말했던 것을, 즉 실존은 외적 또는 우연적 속성을 가질 수 없다는 것을 시간성에 대해서도 말할 수 있다. 실존이 공간적, 성적, 시간적인 것과 같은 그 어떤 무엇이 될 수 있는 것은, 실존이 완전히 그 어떤 무엇이 될 때, 즉 그것이 그 〈속성들attirbuts〉을 다시 잡고 받아들이며 그것들을 자신의 존재의 차원으로 만들 때이다. 따라서 각각의 이런 〈속성〉을 어느 정도 정확히 분석한다면, 그 분석은 사실상 주체성 자체와 관련된다. 여기에는 지배적인 문제라든가 종속된 문제라든가 하는 것은 존재하지 않는다. 즉 모든 문제는 동일한 중심을 갖는다. 시간을 분석하는 것은 주체성에 대해 미리 확립된 입장으로부터 그 귀결을 이끌어 내는 것이 아니라, 시간을 통해 주체성의 구체적 구조에 접근하는 것이다. 《470》 우리가 주체를 이해하는 데 성공한다면, 그것은 주체의 순수한 형식에서가 아니라, 그 차원들의 교차점에서 주체를 찾음으로써 이뤄질 것이다. 따라서 우리는 시간을 그 자체에서 고찰해야 한다. 또한 우리는 시간의 내적 변증법을 뒤쫓음으로써, 주체에 대한 우리의 관념을 새롭게 형성하게 될 것이다.

[1. 시간은 사물 속에 있지 않다]

우리는 시간이 가거나 흐른다고 말한다. 우리는 시간의 흐름에 대해 이야기한다. 나는 흘러가는 물을 보고 있다. 그 물은 며칠 전에 빙하가 녹으면서 산에서 시작되었고, 지금 내 앞에 있고, 바다로 향하면서 그곳에 합류할 것이다. 시간이 강물과 비슷하다면, 그것은 과거에서 현재로 또 미래로 흐른다. 현재는 과거의 결과이고, 미래는 현재의 결과이다. 사실 이러한 유명한 비유는 매우 불분명하다. 왜냐하면 사물 그 자체를 고찰해 보면, 눈이 녹는 것과 그로부터 결과하는 것은 연속적인 사건들이 아니기 때문이다. 달리 말해 사건이라는 개념 자체는 객관적 세계에 위치하지 않기 때문이다. 지금 흐르는 물을 엊그제 빙하가 만들었다고 말할 때, 나는 세계의 어떤 위치에 고정된 한 목격자를 암암리에 전제하고, 그가 본 연속적인 광경들을 비교하고 있다. 예컨대 눈이 녹을 때 그가 거기에 있었고 멀어져 가는 물을 뒤좇았거나, 아니면 그가 수원지에 던졌던 나뭇조각이 이틀이 지난 지금 흘러가는 것을 강가에서 보고 있거나 하는 식으로 비교한다. 〈사건들〉은 객관적 세계의 공간-시간적 전체에서 유한한 관찰자가 잘라 낸 것이다. 그러나 내가 이 세계 자체를 고찰해 보면, 나눌 수 없고 변화하지 않는 단 하나의 존재만이 있다. 변화는 내가 자리 잡는 어떤 자리poste, 또 내가 사물들이 줄지어 가는 것을 보는 어떤 자리를 전제한다. 그 앞에 사건들이 나타나는 어떤 사람, 또 그의 한정된 관점적 현상이 사건들의 개체성에 토대를 주는 어떤 사람이 없다면, 사건들은 존재하지 않는다. 시간은 시간에 대한 어떤 시각(관점)을 전제한다. 그러므로 시간은 강물과 같지 않고, 흘러가는 실체가 아니다. 이러한 비유가 헤라클레이토스Héraclite 이후 오늘날까지 통용될 수 있었던 것은, 우리가 강물에 그 흐름을 보는 목격자를 은밀히 두기 때문이다. 우리는 강물이 그 스스로 흐른다고 말할 때, 이미 그렇게 목격자를 두고 있다. 왜냐하면 그것은 사물이 그 자신에게 완전히 외적으로만 있는 곳에서, 밖으로 자기 모습들을 드러내어 전개하는 강물의 개체성이나 내부를 생각하는 것과 다름없기 때문이다. 그런데 내가 관찰자를 끌어들이자마자, 관찰자가 강물의 흐름을 따라가든, 강가에서 강물의 흐름을 확인하든, 시간의 관계들은 뒤집힌다. 두 번째 경우, 이미 흘렀던 물은 미래로 향해 가지 않고, 과거 속으로 가라앉는다. 와야 할-것l'à-venir은 수원지 쪽에 있고, 시간은 과거로부터 오지 않는다. 현재를 밀어 존재하게 하는 것은 과거가 아니고, ⁽⁴⁷¹⁾ 미래를 밀어 존재하게 하는 것은 현재가 아니다. 미래는 관찰자 뒤에서 준비된 것이 아니라, 지평선의 폭풍우처럼 관찰자 앞에서 자신을 미리 계획한다. 관찰자가 배를 타고 물의 흐름을 따라갈 때, 분명 그가 물과 함께 미래로 흘러 내려간다고 말할 수 있다. 그러나 미래는 강어귀에서 그를 기다리는 새 광경들이고, 시간의 흐름은 더 이상 강물 자체가 아니다. 즉 시간의 흐름은 움직이는 관찰자에게서 풍경들의 전개인 것이다. 그러므로 시간은 실재적인 과정, 즉 내가 그저 기록하는 것으로 그칠 사실로서의 연속이 아니다. 시간은 사물에 대한 나의 관계에서 생겨난다.

¶ 사물 자체 내에서 미래와 과거는 일종의 영원히 미리-있음préexistence과 영원히 계속-남아 있음survivance으로 있다. 내일 지나갈 물은 지금 이 순간 수원지에 있다. 방금 흘러간 물은 지금 약간 아래 저 골짜기에 있다. 나에게서 과거나 미래인 것은 세계 속에서 현재에 있다. 종종 언급되는 것처럼, 사물 자체 내에서 미래는 아직 있지 않고, 과거는 더 이상 있지 않으며, 현재는 엄밀히 말해 극한일 뿐이므로, 시간은 붕괴된다는 말이 있다. 이것은 라이프니츠Leibnitz가 객관적 세계를 순간적 정신mens momentanea으로 규정할 수 있었고, 성 아우구스티누스Augustin가 시간을 구성하기 위해 현재의 현전 외에도 과거의 현전과 미래의 현전을 요구했던 이유이다. 그러나 그들이 말하고자 하는 것을 정확히 이해해 보자. 객관적 세계가 시간을 지닐 수 없다면, 그것은 세계가 이를테면 너무 좁기 때문도, 세계에 과거라는 부분과 미래라는 부분을 덧붙여야 하기 때문도 아니다. 과거와 미래는 세계에 단지 너무나 많이 있고, 그것들은 현재에 있으며, 그래서 존재 자체가 시간적이기 위해 결여된 것(가득 차 있지 않은 것)은 다른 곳의, 옛날의, 내일

의 비-존재이다. 객관적 세계는 너무나 가득 차 있어서, 시간du temps이 있지 않다.[65] 과거와 미래는 그 스스로가 존재로부터 물러나 주체성 쪽으로 이행하여, 거기서 어떤 실재적인 지지가 아니라, 반대로 그것들의 본성과 일치하는 비-존재의 가능성을 구한다. 만약 세계로 향해 열린 한정된 관점적 현상들로부터 객관적 세계를 떼어 내어 그것을 즉자적으로 정립한다면, 거기에는 도처에 〈지금〉들만이 발견될 것이다. 게다가 이 〈지금〉들은 그 누구에게도 현전하지 않기 때문에, 어떠한 시간적 특성도 없고, 연속되지도 않을 것이다. 상식적인 비유들에 함의된 시간 정의, "지금의 연속"[66]이라고 표현할 수 있는 그런 시간 정의는 《472》 단지 과거와 미래를 현재로 간주하는 오류만 범하는 것이 아니다. 그것은 〈지금〉의 개념 자체와 연속의 개념 자체를 파괴하기 때문에 모순적이다.

[2. 시간은 〈의식의 상태들〉 속에도 있지 않다]

그러므로 사물 속의 시간을 우리 속에 옮겨 놓아도, 〈의식 속에서〉 시간을 지금의 연속으로 규정하는 오류를 반복한다면, 우리는 아무것도 얻지 못할 것이다. 그렇지만 심리학자들은 과거의 의식을 기억들로 〈설명하고〉, 미래의 의식을 우리 앞에 이 기억들의 투사로 〈설명하고자〉 할 때, 그런 오류를 범하였다. 예컨대 베르그송Bergson은 기억의 〈생리학적 이론들〉을 반박하지만, 이 반박은 인과적 설명의 영역에 위치한다. 베르그송의 반박은 두뇌 흔적과 몸의 다른 기관들이 기억 현상들에 딱 맞는 원인이 아니라는 것을 보여 주는 것이다. 예컨대 진행성(점진적) 실어증[67]의 경우 기억

---

65 역주) 이 문장을 달리 번역하면, "객관적 세계는 전적이지 않은 시간(du temps)이 있기에는 너무나 가득 차 있다"이다.

66 "Nacheinander der Jetztpunkte", Heidegger, *Sein und Zeit*, p. 422.

67 역주) "aphasie progressive." 베르그송은 진행성(점진적) 실어증을 다음과 같이 말한

들이 사라지는 순서를 설명해 줄 수 있는 것을 몸속에서 발견하지 못한다는 것이다. 이렇게 전개된 논의는 과거가 몸에 보존되어 있다는 생각을 분명 신뢰하지 못하게 한다. 즉 몸은 더 이상 엔그램engrammes[68]의 저장소가 아니고, 그것은 의식의 "의도들intentions"[69]의 직관적 실현이 이뤄지도록 하는 판토마임(흉내 내기)의 기관이다. 그러나 이 의도들은 〈무의식 속에〉 보존된 기억들에 놓여 있고, 의식 속의 과거의 현존은 사실상의 단순 현존인 채로 있다. 과거의 생리학적 보존을 거부하는 우리의 가장 훌륭한 논거가 또한 〈심리학적 보존〉을 거부하는 논거라는 것을 보지 못했던 것이다. 그 논거는 바로 과거의 어떤 보존도, 생리학적이든 심리학적이든 과거의 어떤 〈흔적〉도 과거의 의식을 이해시켜 주지 못한다는 것이다. 이 책상은 나의 지나간 삶의 흔적들을 간직한다. 나는 거기에 내 이름의 머리글자들을 새겼고, 잉크로 얼룩지게 하였다. 그러나 이러한 흔적들은 그 자체로는 과거를 가리키지 않는다. 그것들은 현재에 있다. 만약 내가 거기에서 〈이전〉 사건을 나타내는 기호들을 발견한다면, 그것은 내가 또한 과거의 의미를 갖기 때문이고, 내 속에서 그러한 의미[실질의미]를 지니기 때문이다. 만약 내 두뇌가 나의 어떤 지각에 동반되는 몸의 과정의 흔적을 간직한다면, 또 신경 충격(임펄스)이 이미 형성된 그 길을 다시 지나간다면, 내 지각은 다시 나타날 것이고, 나는 새로운 지각, 아마도 약하고 비현실적인 지각을 가질 것이다. 그러나 내가 그 지각을 기억으로 알아볼 수 있는 어떤 다른 시각

다. "낱말들이 사라질 때, 체계적이고 문법적인 순서, 리보(Ribot)의 법칙이 가리키는 그 순서를 따른다. 즉 먼저 고유명사, 그다음 보통명사, 마지막으로 동사가 사라진다"(MM, 264/132).

[68] 역주) "기억의 지속을 설명하기 위해, 상정된 뉴런 조직의 가설상의 변화. 기억흔적으로 불리기도 한다"(*Merriam-Webster's Medical Dictionary*).

[69] Bergson, *Matière et Mémoire*, p. 137, note 1, p. 139.

(관점)을 내 과거에 대해 갖지 않는다면, 어떤 경우에도 그 지각은 현재에 있는 것으로서, 과거의 사건을 내게 가리킬 수가 없을 것이다. 그리고 이것은[70] 《473》 가정에 위배되는 것이다.

¶ 그런데 우리가 이제 생리학적 흔적을 〈심리적 흔적〉으로 바꿔 놓고, 우리의 지각이 무의식 속에 존속한다고 해도, 동일한 문제점이 생길 것이다. 어떤 보존된 지각은 하나의 지각이 되고, 계속해서 존재하며, 항상 현재에 있다. 그것은 우리 뒤에서 멀어져 가고 부재하는absence 그런 차원을 열지 않는다. 체험된 과거의 보존된 단편은 기껏해야 과거를 생각하게 하는 기회가 될 수 있을 뿐, 알아보게 되는 과거는 아니다. 우리가 그 어떤 내용이든 그것으로부터 알아봄reconnaissance을 끌어내고자 원한다면, 그런 알아봄은 항상 그 자신을 앞선다. 재생(재현reproduction)은 재인식récognition을 전제하고, 그 재생은 내가 과거의 장소에서 그 과거와 일종의 직접적 접촉을 먼저 가질 때에만 그 자체로서 이해될 수 있다. 더더욱 우리는 의식의 내용을 가지고서 미래를 만들 수가 없다. 즉 미래는 있었던 적도 없고, 그래서 과거처럼 우리 속에 그 표시를 남길 수 없기 때문에, 그 어떤 실재하는 [의식의] 내용도 애매한 상태에서조차 미래에 대한 목격(증언)으로 간주될 수가 없다. 따라서 미래와 현재의 관계를 설명하고자 생각할 수 있을 유일한 방법은 그것을 현재와 과거의 관계와 동일한 것으로 간주하는 것이 될 것이다. 나는 길게 이어지는 지나간 내 상태들을 보고 있으면, 내 현재가 항상 지나가는 것을 보게 된다. 나는 이 [현재의] 지나감을 앞지를 수 있고, 가까이 있는 내 과거를 멀리 지나간 것으로 볼 수 있으며, 내 실제 현재를 과거로도 볼 수 있다. 그렇다면 미래는 내 실제 현재의 앞쪽에 형성된

---

70   역주) "내가 그 지각을 기억으로 알아볼 수 있는 어떤 다른 시각(관점)을 내 과거에 대해 갖는다는 것."

움푹 파인 것(웅덩이creux)이 된다. 앞을-봄(전망prospection)은 실제 뒤를-봄(회고rétrospection)이 될 것이고, 미래는 과거의 투사projection가 될 것이다. 설령 불가능한 일이지만 내가 과거의 의식을 그 본래적 기능을 상실한 현재들로 만들 수 있다 해도, 분명 이러한 현재들은 나에게 미래를 열어 줄 수 없을 것이다. 실제 우리가 이미 보았던 것에 의존하여 미래를 표상한다고 하더라도, 미래를 우리 앞으로-던지기pro-jeter 위해서는, 이미 우리는 미래의 의미(방향sens)를 갖고 있지 않으면 안 된다. 앞을-봄이 뒤를-봄이라고 하면, 그것은 어쨌든 예상적인anticipée 뒤를-봄이 되고, 우리에게 미래의 의미(방향)가 없다면, 어떻게 우리는 예상할 수 있겠는가? 그런데 이 비교할 수 없는 현재가 다른 모든 현재와 마찬가지로 지나가리라는 것은 우리가 〈유비적으로〉 추측한 것이라고 혹자는 말할 것이다. 그러나 이미 지나간 현재들과 현재의 현재 사이에 유비가 있기 위해서는, 이 현재의 현재가 현재로서 주어질 뿐만 아니라, 이미 자신을 임박한 과거로서 알려야 하며, 우리는 미래가 현재를 쫓아내려고 가하는 압력을 느껴야 한다. 요컨대 시간의 흐름은 본래적으로 현재에서 과거로의 이행일 뿐만 아니라, 미래에서 현재로의 이행이어야 한다. 그 어떤 앞을-봄도 예상적인 뒤를-봄이라고 할 수 있다면, 그 어떤 뒤를-봄도 뒤집어진 앞을-봄이라고도 할 수 있다. 《474》 즉 내가 전쟁 전에 코르시카에 있었던 것을 아는 것은, 전쟁이 나의 코르시카 여행의 지평에 있었다는 것을 알기 때문이다. 과거와 미래는 우리가 우리의 지각과 기억을 추상화하여 형성한 단순 개념일 수 없으며, 〈심리적 사실들〉의 실제 연쇄를 가리키기 위한 단순 명칭일 수도 없다.

[3. 시간의 관념성?]

¶ 시간은 시간의 부분들이 되기에 앞서 우리에 의해 사유되고, [사유된] 시간적 관계들은 시간 속의 사건들을 가능케 한다. 따라서 그와 동시에 주

체는 지향 속에서 과거와 미래에 현전할 수 있기 위해 그 자신이 시간 속에 자리하지 않아야 한다. 더 이상 시간이 〈의식의 주어진 것〉이라고 말하지 말고, 의식이 시간을 전개하거나 구성하는 것이 더 정확한 사실이라고 말해 보자. 시간의 관념성에 의해 결국 의식은 현재에 갇혀 있지 않게 된다.

그러나 이런 의식은 현재와 미래에 열리게 될까? 이 의식은 현재와 〈내용들〉에 사로잡혀 있지 않다. 이 의식은 자신에게서 멀지 않은 과거와 미래로부터 자신에게 가까이 있지 않은 현재로 자유롭게 움직인다. 과거와 미래가 이 의식에서 멀지 않은 것은 이 의식이 그것들을 과거와 미래로 구성하기 때문이고, 그것들은 이 의식에 내재하는 대상이기 때문이다. 현재가 이 의식에 가까이 있지 않은 것은 현재가 의식에 의해 정립된 현재, 과거, 미래 사이의 관계들을 통해서만 현재가 되기 때문이다. 그러나 바로 이처럼 자유로운 의식은 미래, 과거, 심지어 현재가 무엇인지에 대한 일체의 개념을 상실해 버린 것이 아닌가? 이 의식이 구성한 시간은 우리가 그 불가능성을 보았던 실재적[실재론적] 시간과 모든 점에서 닮지 않았나? 그 시간은 여전히 〈지금〉들의 연속이 아닌가? 또 그 〈지금들〉은 누구도 거기에 구속되지(참여하지) 않으므로, 누구에게도 현전하지 않는 것이 아닌가? 우리는 미래, 과거, 현재 그리고 그것들 간의 이행이라 할 수 있는 것을 이해하기에는 너무 멀리 있는 것이 아닌가? 한 의식에 내재한 대상으로서의 시간은 평준화된nivelé 시간이고, 달리 말해 더 이상 시간이 아니다.

[4. 시간은 존재 관계이다]

¶ 시간이 있을 수 있는 것은 오직 그것이 완전히 전개되지 않을 때이고, 과거, 현재, 미래가 동일한 의미(방향) 속에 존재하지 않을 때이다. 시간의 본질은 자기를 생성하는 것se faire이지, 존재하는 것이 아니며, 결코 완전히 구성되지 않는다. 구성된 시간, 즉 선先과 후後로 된 가능한 일련의 관계들

은 시간 자체가 아니고, 시간의 최종적 기록이며, 객관적 사유가 항상 전제하지만 파악하지 못하는 시간 이행*passage*의 결과이다. 그런 시간은 공간이다. 왜냐하면 그것의 순간들은 사유 앞에서 공존하기 때문이다.[71] 그런 시간은 현재이다. 왜냐하면 의식이 ⟪475⟫ 모든 시간들에 동시적*contemporaine*이기 때문이다. 그런 시간은 나와 구별된 부동의 장場으로서, 그 어떤 것도 지나가지도 발생하지도 않는 것이다. 내가 이행이나 지나감 자체가 무엇인지를 배우는 또 다른 시간, 즉 참된 시간이 있어야 한다. 내가 어떤 이전과 이후 없이는 어떠한 시간적 위치도 지각할 수 없다는 것, 내가 이 세 항의 관계를 파악하기 위해 그 항들 중 어떤 것과도 합일되지 않아야 한다는 것, 결국 시간은 어떤 종합이 필요하다는 것은 정말로 사실이다. 그렇지만 이 종합은 끊임없이 다시 시작되어야 한다는 것, 그리고 종합이 어디선가 완성되어 있다고 가정하면 시간이 부정된다는 것도 동일하게 사실이다. 진정 철학자의 꿈은 지속적인 것과 변화하는 것 저 너머에, 시간의 산출성을 탁월하게 포함하는 ⟨삶의 영원성⟩을 파악하는 것이다. 그러나 시간을 장악하고(조감하고) 포괄하는, 시간에 대한 정립적 의식은 시간의 현상을 파괴한다. 우리가 어떤 종류의 영원성을 만나야만 한다면, 그것은 우리의 시간 경험의 한가운데에서이지, 시간을 사유하고 정립하는 역할을 맡

---

71 본래적 시간으로 되돌아가기 위해 베르그송이 한 것처럼 시간의 공간화를 폭로하는 (고발하는) 일은 필요한 것도 충분한 것도 아니다. 그것이 필요치 않은 것은, 우리가 공간을 미리 객관화된 것으로 간주하고 원초적 공간성 —우리가 기술하고자 했던 공간성, 우리의 세계에 현전함의 추상적 형식인 공간성— 을 고려하지 않는 경우가 아니라면, 시간은 공간을 배제하지 않기 때문이다. 그것이 충분치 않은 것은, 시간이 공간적 용어로 체계적으로 번역되었다고 폭로되었을 때에도, 우리는 시간의 진정한 직관에서 여전히 멀리 있을 수 있기 때문이다. 이것은 베르그송에게서 일어났던 것이다. 그가 지속은 ⟨그 스스로를 가지고서 눈 공을⟩ 만든다고 말할 때, 또는 그가 즉자적인 기억들을 무의식 속에 축적된 것으로 둘 때, 그는 보존된 현재를 가지고 시간을 만들고, 이미 변화된 것(진화된 것)을 가지고 변화(진화(*évolution*))를 만든다.

은 비시간적 주체 속에서가 아니다. 이제 문제는 발생적 상태에서 나타나고 있는 시간, 항상 시간의 개념이 암묵적으로 전제하는 시간, 우리의 앎[72]의 대상이 아니라 우리 존재의 한 차원인 시간을 해명하는 것이다.

[5. 〈현전의 장〉, 과거 지평과 미래 지평]

내가 시간과 접촉하고 시간의 흐름을 인식할 줄 아는 것은 넓은 의미의 나의 〈현전의 장champ de présence〉에서이다. 즉 내가 일하면서 보내는 이 순간은 그 뒤로는 지나간 낮의 지평과 그 앞으로는 저녁과 밤의 지평이 함께 있다. 훨씬 먼 과거도 나의 현재와 관계하여 그것의 시간적 질서와 시간적 위치를 가진다. 그러나 그것은 그 과거 자체가 현재였고, 〈그 시기에〉 내 삶이 그 과거를 통과하였고, 그 과거가 지금까지 계속 이어져 왔던 한에서이다. 내가 먼 과거를 상기하는 것은, 내가 시간을 다시 열어, 어떤 순간에 다시 자리 잡는 것이고, 내가 자리 잡은 순간의 그 과거는 오늘 입장에서 닫혀 버린 미래 지평과 오늘 입장에서 멀리 있는 직전의 과거 지평을 여전히 갖는다. 그러므로 모든 것은 《476》 현전의 장으로 나를 돌려보낸다. 즉 시간과 그것의 차원들이 몸소en personne, 개입된 거리 없이, 궁극적인 명증에서 나타나는 근원적인 경험으로 나를 돌려보낸다. 바로 거기서 우리는 미래가 현재로, 또 과거로 미끄러져 가는 것을 본다. 이 세 차원들은 분리된 작용을 통해 우리에게 주어지는 것이 아니다. 즉 나는 지나간 낮을 표상하지 않지만, 그 낮은 그것의 온 무게로 나를 누르고, 그것은 여전히 거기에 있다. 나는 그 낮의 세부 사항을 상기하지 않지만, 곧 그렇게 할 수 있

---

[72]   역주) 초판(1945-2004년)에는 "savoir(앎)"로 되어 있으나, 2005년 판본과 Œuvres 판본(2010년)에는 "avenir(미래)"로 되어 있다. 2005년 판본과 Œuvres 판본의 표기는 오기로 보인다.

는 능력이 있으며, "여전히" 그것을 "손에encore en main"[73] 붙잡고 있다. 마찬가지로 나는 곧 다가올 저녁과 그 이후를 사유하지 않지만, 이 저녁은 내가 그 정면을 보는 집의 뒷면이나 모양 아래의 바탕처럼 〈거기에 있다〉. 우리의 미래는 추측과 꿈으로만 이뤄져 있지 않다. 내가 보는 것과 지각하는 것 앞에는, 분명 더 이상 보이는 어떤 것도 없지만, 내 세계는 곧 다가올 적어도 그 무엇의 스타일을 미리 그리는 지향적 끈들을 통해 계속된다. (물론 우리가 아마 죽을 때까지 다른 것이 나타나는 것을 볼 준비가 되어 있어도 말이다.) (좁은 의미의) 현재 자체는 정립되어 있지 않다. 종이, 내 만년필은 내게 거기에 있지만, 나는 그것들을 명시적으로 지각하지 않는다. 나는 대상들을 지각하는 것이 아니라 주위를 고려하는 것이고, 내 도구들에 의지하는 것이며, 나는 내 일 앞에 있는 것이 아니라 내 일에 있는 것이다.

¶ 후설Husserl은 나를 주위에 정박하게 하는 지향성들을 앞서-붙잡음들(예지들protentions)과 다시-붙잡음들(파지들rétentions)[74]이라 부른다. 이러한 지향성들은 어떤 중심적인 나로부터 출발하지 않고, 말하자면 내 지각장 그 자체에서 출발하며, 내 지각장은 그것 뒤에 다시-붙잡음들의 지평을 이

---

73 "Noch im Griff behalte", Husserl, *Vorlesungen zur Phänomenologie des inneren Zeitbewusstseins*, p. 390과 그 이하.

74 역주) "protention"과 "rétention"은 〈미래를 앞서 붙잡고 있다〉와 〈과거를 여전히 또는 다시 붙잡고 있다〉의 의미이다. 통상 이 낱말들은 〈예지〉와 〈파지〉로 번역되는데, 그 의미가 어렵다. 게다가 미래를 앞서(예(豫)) 붙잡고 있음을 보여 주는 〈예지(豫持)〉와 달리, 〈파(把: 잡다)〉와 〈지(持: 가지다)〉로 된 〈파지〉는 〈과거〉를 여전히 또는 다시 붙잡고 있음을 잘 드러내지 못한다. 우리는 이 낱말들을 〈앞서-붙잡음〉과 〈다시-붙잡음〉으로 번역한다. "rétention"을 〈여전히-붙잡음〉보다 〈다시-붙잡음〉으로 번역하는 것은 시간적 구조(장) 속에서 과거의 매듭(시점)들이 (미래의 매듭들도) 매 순간 새롭게 형성된다는 메를로퐁티의 입장을 후자가 잘 표현하기 때문이다. "protention"과 "rétention"은 어원상 각각 〈pro: 앞에〉와 〈tention: 붙잡음〉 그리고 〈ré: 뒤로〉와 〈tention: 붙잡음〉으로 이루어졌다(etymonline).

끌고, 앞서-붙잡음들을 통해 미래를 잠식한다. 나는 일련의 지금들을, 즉 내가 그 이미지를 보관하고, 끝과 끝이 붙은 채로 하나의 선을 이루는 그런 일련의 지금들을 통과하지 않는다. 매 순간이 다가올 때마다 이전 순간은 변화를 겪는다. 즉 나는 여전히 이전 순간을 손에 붙잡고 있고, 그것은 아직 거기에 있지만, 이미 그것은 가라앉는 중이고, 줄지은 현재들 아래로 내려가고 있다. 그것을 간직하려면 나는 얇은 시간 층을 통과해 손을 내뻗어야 한다. 그것은 여전히 좀 전의 그 순간이고, 나는 방금 있었던 그대로 그것을 만날 수 있으며, 나는 그것과 단절되어 있지 않다. 그렇지만 만약 그것이 변화하지 않는다면, 결국 그것은 지나가지 않을 것이다. 그것은 좀 전에 나의 현재였지만, 내 현재에 윤곽적 모습을 보이거나se profiler 그것의 모습을 던지기se projeter 시작한다. 세 번째 순간이 도래하면, 두 번째 순간[75]은 새로운 변화를 겪는다. 그것은 그것이었던 바 다시-붙잡음에서 다시-붙잡

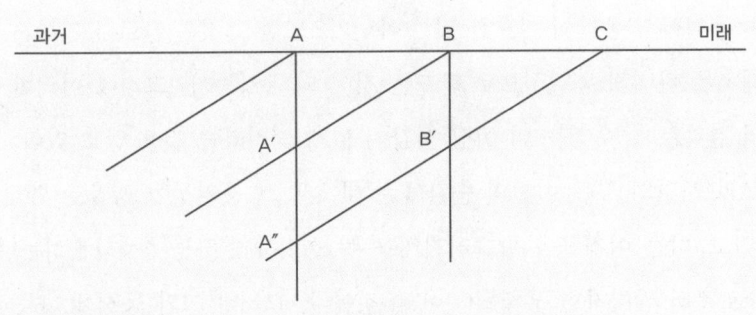

후설, 「시간의식 *Zeitbewusstsein*」, p. 389.[76]
수평선: 〈지금들〉의 연속.
사선: 차후의 한 〈지금〉에서 본 동일한
　　 〈지금들〉의 음영들(윤곽적 모습들*Abschattungen*).
수직선: 하나의 동일한 〈지금〉의 계속적인 음영들(윤곽적 모습들).

75　역주) 독역본은 "첫 번째 순간"으로 고쳐 번역한다.

음의 다시-붙잡음이 되고, 그것과 나 사이의 시간의 층은 두꺼워진다. 우리는 ⟨477⟩ 후설이 한 것처럼 이 현상을 도식으로 나타낼 수 있으며, 다만 이 도식을 완전하게 하기 위해서는 대칭적으로 앞서-붙잡음들의 관점적 현상을 덧붙여야 할 것이다. 시간은 하나의 선이 아니라 여러 지향성의 그물망réseau이다.

[6. 작동하는 지향성]

아마도 혹자는 이러한 기술과 이런 도식으로는 우리가 한 걸음도 나아갈 수 없다고 말할 것이다. 우리가 A에서 B로 이어서 C로 이행할 때, A는 A′로서 이어서 A″로서 자신의 모습을 던지거나 윤곽적 모습을 보인다. A′가 A의 다시-붙잡음이거나 음영(윤곽적 모습Abschattung)으로, 또 A″가 A′의 다시-붙잡음이거나 음영으로 알려지기 위해서는, 심지어 A의 A′로의 변형이 그 자체로서 체험되기 위해서는, A, A′, A″ 및 다른 모든 음영들을 결합하는 동일화의 종합이 필요한 것이 아닌가? 또한 그것은 칸트가 원하는 것처럼 A를 관념적 통일성으로 만드는 것이 되지 않는가? 그러나 이러한 종합의 결과로서, 우리는 더 이상 시간이 없게 되리라는 것을 알고 있다. 또한 A와 시간의 모든 이전의 순간들은 내게서 그 동일성이 정말로 확립될 수 있고, 나는 이것들을 미끄러지게 하여 흐릿하게 하는(혼재되게 하는) 시간으로부터 말하자면 구제될(벗어날) 것이다. 그러나 그와 동시에 나는 이 미끄러짐을 통해서만 주어지는 이전과 이후의 의미(방향) 자체를 잃게 될 것이고, 더 이상 시간적 계열과 공간적 다수성을 구별해 주는 것은 없게 될 것이다. 후설이 다시-붙잡음을 도입하여, 내가 여전히 즉각적인 과거를 손에 붙잡고 있다고 말하는 것은, 내가 그 과거를 정립하지 않는다는 것, 혹은 명시적인 작용을 통해 그 과거와 실제로 구별된 음영으로부터 그 과거를 구축하지 않는다는 것을 표현하기 위해서이다. 또 그것은 바로 직전이지만 이미 지나간 그 개체성(그것임)에서 내가 그 과거와 접촉한다는 것을 표현하기 위해서이다. 나에게 주어진 것은 일차적으로 A′이거나 A″이거나 A‴가 아니다. 또한 마치 기호에서 그 의미signification로 이행하는 것처럼 나는 이러한 〈윤곽적 모습들(음영들profils)〉로부터 그 원본으로 거슬러 올라간 것이 아니다. 《478》 내게 주어진 것은 A′를 통해 비쳐 보이는 A이고, 그다음에 A″를 통해 비쳐 보이는 A와 A′ 전체이고, 이후 계속 이와 같으며, 이것은 마치 내가 조약돌 자체를 그 위로 미끄러져 가는 물을 통해 보는 것과 같다.

¶ 분명 동일화의 종합들이 있다. 그러나 그런 것들은 명시적인 기억이나 먼 과거의 의도적인 회상에서만, 다시 말해 과거의 의식에서 파생한 양태들에서만 있다. 예를 들어 보자. 나는 어떤 기억에 대해 언제의 일인지 결정하지 못하는 경우가 있다. 내 앞에서 어떤 장면이 떠오르지만, 나는 그것을 시간의 어느 지점에 놓아야 할지 모르며, 기억은 그 정박지점을 잃어버렸다. 이럴 때 나는 예컨대 사건의 인과적 순서에 근거해 지성적인 동일화를 가질 수 있다. 즉 "나는 이 옷을 휴전休戰 전에 맞추었어. 그 이후로는 더 이상 영국산 옷감이 보이지 않으니까." 그러나 이 경우 나는 과거 자체에 도달한 것이 아니다. 이에 반해 내가 그 기억의 구체적인 기원을 재발견하는 경우, 이것은 뮌헨 협정에서 전쟁이 일어나기까지 두려움과 희망이 섞인 흐름에 그 기억이 다시 위치하는 것이고, 내가 잃어버린 시간을 다시 만나는 것이며, 그 시점부터 내 현재에 이르기까지 다시-붙잡음들의 연쇄와 지평들의 계속되는 에워쌈emboîtement이 연속적으로 이어지는 이행을 확보해 주는 것이다. 매개를 통한 동일화에서, 또 일반적으로는 지성적 종합

에서 내가 내 기억을 위치시키는 데 이용하는 객관적 표지들이 그 자체로 시간적 의미(방향)를 갖는 것은, 단지 파악apprehension의 종합이 점차적으로 나를 나의 사실적인 과거 전체에 연결해 주기 때문이다. 따라서 후자의 종합을 전자의 종합으로 환원할 수는 없다. 음영 A′와 A″가 A의 음영으로서 나타나는 것은, 그것들 모두가 그 공통의 근거인 관념적 통일성 A에 참여하기 때문이 아니다. 그것은 현재를 지나가면서 결정적으로 확립된, 거부할 수 없는 개체성을 지닌 A라는 시점時點 자체를 내가 음영들을 통해 갖기 때문이고, 내가 A로부터 음영들 A′, A″…가 솟아오른 것을 보기 때문이다. 후설의 말로 하면, 대상의 정립적 의식인 〈작용의 지향성intentionalité d'acte〉 아래에서, 예컨대 지성적 기억에서 이것ceci을 관념으로 바꾸는 〈작용의 지향성〉 아래에서, 우리는 〈작동하는opérante〉 지향성(fungierende Intentionalität)[77]을 인식해야 한다. 이 지향성은 전자의 지향성을 가능케 하는 것이며, 하이데거가 초월transcendance이라고 부르던 것이다. 나의 현재는 근접 미래와 근접 과거로 향하면서 자신을 넘어서고, 그것들이 있는 곳, 즉 과거 자체와 미래 자체 속에서 그것들과 접촉한다. 《479》 만약 우리에게 과거가 명시적인 형태로만 있다면, 셸러가 언급하는 환자처럼, 즉 대상들이 정말로 거기에 있는지를 확인하기 위해 몸을 돌리는 환자처럼, 우리는 그 과거의 존재를 확인하기 위해 매 순간 상기하고 싶은 마음이 생길 것이다. 그렇지만 우리는 그 과거를 거부할 수 없는 획득된 것으로 느끼고 있다. 우리는 어떤 과거와 미래를 갖기 위해, 지성적 작용으로 일련의 음영들을 결합할 필요가 없다. 그 음영들은 말하자면 자연적이고 원초적인 통일성이고, 과거나 미래 자체는 그것들을 통해 자신을 알린다. 이것은 후설과 함께 시간의

---

77   Husserl, *Zeitbewusstsein*, p. 430. *Formale und transzendentale Logik*, p. 208. Fink, *Das Problem der Phänomenologie Edmund Husserls*, p. 266 참조 바람.

"수동적 종합synthèse passive"[78] —물론 이 표현은 문제를 해결해 주는 것은 아니고, 하나의 색인처럼 문제 자체를 가리키는 것일 뿐이다— 이라 부를 수 있는 것의 역설이다.

[7. 시간의 이행 자체에 따른 시간의 응집]

우리가 앞의 그림이 시간의 순간적 단면을 나타낸다는 것을 상기한다면, 이 문제는 해명의 실마리를 가질 것이다. 실제로 있는 것은, 하나의 과거, 하나의 현재, 하나의 미래도 아니고, 분산된 순간들 A, B, C와 실제로 구분된 음영들 A′, A″, B′도 아니며, 다수의 다시-붙잡음들과 다른 쪽의 다수의 앞서-붙잡음들도 아니다. 새로운 현재의 솟아오름은 과거의 하강과 미래의 흔들림을 야기하는 것이 아니라, 새로운 현재는 미래의 현재로의 이행이고, 이전 현재의 과거로의 이행이다. 한 번의 운동으로 시간은 끝에서 끝으로 전체적으로 움직이기 시작한다. A, B, C라는 〈순간들〉은 차례로 존재하지 않는다. 그것들은 서로 구별되고(분화되고se différencient), 그와 동시에 A는 A′로 이어서 A″로 이행한다. 요컨대 매 순간 다시-붙잡음들의 체계는 한 순간 전에 앞서-붙잡음들의 체계였던 것을 자신 속으로 모은다. 여기에는 결합된 다수의 현상들이 있는 것이 아니라, 단 하나의 흐르는 현상이 있다. 하나의 몸동작이 그 행함에 필요한 모든 근육 수축을 포함하는 것처럼, 시간은 그 모든 부분에서 자기 자신에 적합한 단일 운동이다. 우리가 B에서 C로 이행하는 경우, B는 B′가 되고 A′는 A″가 되는 터짐éclatement이나 분열désintégration 같은 것이 있고, 또 C 자체는 다가와야 했을(여전히 미래였을) 때는 계속되는 음영들의 내비침(방사)에 의해 자신을 알렸지만, 그

---

[78] 예컨대, *Formale und Transzendentale Logik*, p. 280과 그 이하 참조 바람[독역본이 제시한 쪽수이다. 메를로퐁티는 pp. 256-257로 적고 있다].

것이 존재하게 될 때는 이미 그 즉시 그 실체성을 잃어버리기 시작한다. "시간은 더 이상 존재하지 않기 위해 존재하게 될 모든 것에 주어진 수단이다."[79] 시간은 자기 밖으로의 도주fuite 일반, 이 원심적 운동들의 단일 법칙, 《480》 또는 하이데거가 말한 것처럼 〈탈-자ek-stase〉와 다른 것이 아니다. B가 C가 되는 동안, B는 또한 B′가 되고, 그와 동시에 B가 됨으로써 A′가 되었던 A도 A″로 떨어진다. 한편에서는 A, A′, A″가 서로 결합하고 다른 한편에서는 B와 B′가 서로 결합하는 것은, 시간의 한 지점에서 그것들을 응고시키는 동일화의 종합에 의해서가 아니다. 그것은 그것들이 서로에게서 나오고, 또 이러한 각각의 투사projection가 전체적인 터짐이나 벌어짐 déhiscence의 한 측면에 불과한 한에서, 이행의 종합(Übergangssynthesis)에 의한 것이다. 그렇기 때문에 우리가 갖는 원초적인 경험에서의 시간은 우리에게서, 우리가 통과하는 객관적 위치들의 체계가 아니라, 객차의 창문을 통해 보이는 풍경처럼 우리로부터 멀어지는 움직이는 장場, milieu mouvant이다. 그렇지만 우리는 풍경이 움직인다고 진짜로 믿지는 않는다. 건널목지기는 질풍처럼 지나가지만, 저쪽의 산비탈은 거의 움직이지 않는다. 마찬가지로 내 하루의 시작은 벌써 멀어지고 있지만, 내 일주일의 시작은 하나의 고정된 점이다. 즉 하나의 객관적 시간은 지평에서 그려지고 있고, 따라서 나의 즉각적 과거 속에서 그 윤곽이 그려져야 한다.

¶그런데 이것은 어떻게 가능한 것인가? 어떻게 시간의 탈-자脫-自는 순간들의 개체성이 사라지는 절대적 분열(해체)이 되지 않을까? 그것은 이 분열이 미래에서 현재로의 이행이 만들었던 것을 다시 분해하기défaire 때문이다. C는 그것을 무르익게 했던 긴 집중과정의 끝에 있다. C가 형성되고 있는 동안, 그것은 점점 적어지는 수의 음영들로 자신을 알렸고, 몸소 다가

79   Claudel, *Art poétique*, p. 57.

오고 있었다. C가 현재에 도달했을 때, 그것은 자신이 그 끝에 불과한 자신의 발생과정과 자신 뒤에 와야 할 것의 임박한 현전을 이 현재로 가져오고 있었다. 따라서 그 뒤에 올 것의 임박한 현전이 실현되어 C를 과거로 밀어낼 때, 그 현전은 갑자기 C에게서 그 존재를 박탈하지 않으며, C의 분열은 영원히 그것의 무르익음(형성)의 이면이나 귀결이 된다. 한마디로 시간에서 존재하는 것과 지나가는 것은 동의어이기 때문에, 사건은 과거가 됨으로써 존재하기를 멈추는 것이 아니다. 우리의 눈앞에 고정된 위치들을 가진 객관적 시간의 기원은 영원한 종합에서 찾지 말아야 하며, 현재를 통한 과거와 미래의 일치와 겹침에서, 시간의 이행 자체에서 찾아야 한다. 시간은 자신이 존재하게 했던 것을 존재로부터 쫓아냄과 동시에 유지한다. 왜냐하면 새로운 존재는 이전 것에 의해 존재해야 하는 것으로 알려져 있었기 때문이고, 이 이전 것에게서 현재가 되는 것과 지나가게 되어 있음은 같은 것이었기 때문이다. "시간화는 탈자들의 서로 잇따름을 의미하지 않는다. 미래는 과거보다 더 나중에 있는 것이 아니고 과거는 현재보다 더 먼저 있는 것이 아니다. 시간성은 《481》 현재-에-옴-으로써-과거-로-가는-미래로서 스스로를 시간화한다."[80] 베르그송은 시간의 통일성을 시간의 연속성으로 설명한다는 점에서 오류를 범했다. 그것은 우리가 한쪽에서 다른

---

[80] Heidegger, *Sein und Zeit*, p. 350. 역주) 번역문은 이기상 선생의 『존재와 시간』의 번역문을, 우리가 앞서 번역한 용어들과 메를로퐁티 입장에 맞춰 수정한 것이다. 메를로퐁티는 하이데거의 글 속의 "gewesende-gegenwärtigende Zukunft"를 "avenir-qui-va-au-passé-en-venant-au-présent(현재-에-옴-으로써-과거-로-가는-미래)"로 번역한다. 이기상 선생은 해당 글귀를 "기재하는-현재화하는 도래"로 번역한다. 메를로퐁티가 번역한 이 부분을 영역본(Smith)은 "future-which-lapses-into-the-past-by-coming-into-the-present"로 번역하고, 독역본은 본문에서는 하이데거의 원문으로 적고, 각주에서는 "Zukunft-die-zur-Vergangenheit-wird-indem-sie-zur-Gegenwart-kommt"로 번역하여 소개한다.

쪽으로 알아차리지(구분하지) 못한 채 이행한다는 이유로, 과거, 현재, 미래를 하나로 만드는 것[지속하는 것confondre]으로, 결국 시간을 부정하는 것으로 귀결되기 때문이다. 그러나 베르그송은 본질적 현상으로서 시간의 연속성을 고수한다는 점에서는 옳았다. 다만 이 점은 해명되어야 한다. 순간 C와 순간 D는 아무리 근접해 있더라도 구별될 수 없는 것이 아니다. 만약 그렇다면 시간은 있지 않을 것이기 때문이다. 그렇지만 그것들은 서로 속으로 이행하고, C는 D가 된다. 왜냐하면 C는 현재로서의 D를 앞서-보는 (예상하는) 것anticipation, 또 과거로 이행하는 자신에 대해서도 앞서-보는 것과 결코 다르지 않기 때문이다. 결국 이것이 의미하는 것은, 매 순간의 현재는 그것이 쫓아낸 과거 전체의 현전을 다시 주장하고, 모든 와야 할-것의 현전을 앞서-본다는 것이고, 정의상 현재는 자기 자신 속에 갇혀 있지 않고, 자신을 초월하여 미래와 과거로 향한다는 것이다. 존재하는 것은, 어떤 현재와, 뒤이어 이 현재를 존재 속에서 뒤따르는 또 다른 현재가 아니다. 심지어 과거와 미래의 관점적 현상들을 가진 어떤 현재와, 뒤이어 이 관점적 현상들이 확 바뀌게 될 또 다른 현재도 존재하지 않는다. 만약 그렇다면 이 계속되는 관점적 현상들의 종합을 수행하기 위해 하나의 동일한 관찰자가 필요할 것이다. 존재하는 것은, 자기 자신을 확인하는se confirmer 단일한 시간이고, 어떤 것을 이미 현재로서뿐 아니라 와야 할 과거로서 확립하지 않고서는 그것을 존재하게 할 수 없는 단일한 시간이며, 단번에 자신을 설립하는(확립하는) 단일한 시간이다.

[8. 주체로서의 시간과 시간으로서의 주체]

그러므로 과거는 과거(지나간 것)이지 않고, 미래는 미래(오지 않는 것)이지 않다. 과거나 미래는 주체성이 꽉 차 있는 즉자존재를 부수고, 거기에 관점적 현상을 그려 내고, 비-존재를 도입하러 올 때에만 존재한다. 하나의 과거와 미래는 내가 그것들을 향해 내뻗을 때 솟아오른다. 나는 지금 이 순간에 나 자신에 대해 있지 않다. 나는 또한 오늘 아침에도 또는 다가올 저녁에도 있다. 그리고 내 현재는 이 순간이라고 할 수 있지만, 또한 오늘이고, 올해이며, 내 삶 전체이기도 하다. 외부에서 템포라(시간들*tempora*)를 묶어 하나의 시간으로 만드는 종합은 필요하지 않다. 왜냐하면 템포라 각각은 이미 자신을 넘어 열린 계열의 다른 템포라를 포함하고 있었고, 그것들과 내적으로 소통하고 있었기 때문이며, 또 "삶의 응집*cohésion d'une vie*"[81]은 그것의 탈-자와 함께 주어지기 때문이다. 나는 현재에서 다른 현재로의 이행을 사유하지 않고, 나는 그 이행의 관람자가 아니며, 나는 그 이행을 실행한다. 내 몸동작이 이미 그 목표물에 있는 것처럼, 나는 이미 곧 다가올 현재에 있다. 나는 나 자신이 시간이고, **⟨482⟩** 칸트가 몇몇 텍스트에서 말한 것[82]처럼 "머물러 있고", "흐르지"도, "변하지"도 않는 하나의 시간이다.

¶ 상식은 자기 자신을 앞지르는se devancer 이러한 시간의 관념을 그 나름의 방식으로 파악한다. 우리 모두가 시간에 대해 말하지만, 그것은 동물학자가 말하는 개나 말처럼 집합명사의 의미에서가 아니라, 고유명사의 의미에서이다. 때때로 시간은 의인화되기도 한다. 한 사람의 말 한마디 한마디에 바로 그 사람이 있는 것처럼, 시간에 있어서도 우리는 그것의 각 표출(현시) 속에 그 전체가 현전하는 단 하나의 구체적 존재가 있다고 생각한다. 우리는 하나의 분수(물줄기)가 있다고 말하는 것처럼 하나의 시간이 있다고 말한다. 즉 물은 변화하지만, 그 형태가 유지되기 때문에 분수(물줄기)는 남아 있다는 것이다. 형태가 유지되는 것은 계속되는 각각의 물결이 이

    "Zusammenhang des Lebens"[독역본], Heidegger, *Sein und Zeit*, p. 373.

82   하이데거의 인용(Heidegger, *Kant und das Problem der Metaphysik*, pp. 183-184).

전 물결의 기능들을 계승하기 때문이다. 다시 말해 물결은 그것이 밀었던 물결과 관련하여 미는 물결이 되지만, 이번에는 다른 물결과 관련하여 밀리는 물결이 된다. 그리고 이러한 사실 자체는 결국 물이 나오는 곳부터 물줄기의 분출에 이르기까지 물결들이 분리되지 않는다는 것에 기인한다. 즉 단 하나의 추진(밀기)이 있을 뿐이고, 흐름 속에 단 하나의 단절(공백)이라도 있다면 그것은 물줄기의 분출을 파괴하기에 충분할 것이다. 바로 이 점에서 강의 비유는 정당화되는데, 그것은 강이 스스로 흐르는 것이 아니라, 강이 스스로와 단지 하나를 이루는 한에서이다. 그렇지만 시간의 지속성permanence에 관한 이러한 직관은 상식에서 위태롭게 된다. 왜냐하면 상식은 이 직관을 주제화하거나 객관화하는데, 이것은 바로 시간을 놓쳐 버리는 가장 확실한 방식이기 때문이다. 시간의 신화적인 의인화 속에는, 즉자적 자연의 한 변수처럼 과학적 방식으로 고려된 시간의 개념이나, 질료와 관념적으로 분리 가능한 형식처럼 칸트적 방식으로 고려된 시간의 개념보다 더 많은 진리가 놓여 있다.

¶ 세계에는 어떤 시간적 스타일이 있다. 또 시간이 동일한 것으로 계속 있는 것은, 과거는 예전의 미래이고 최근의 현재이고, 현재는 곧 있을 과거이고 최근의 미래이고, 미래는 결국 현재이고 심지어 와야 할 과거이기 때문이다. 즉 시간의 각 차원은 그 자체와는 다른 것으로서comme 다뤄지거나 겨냥되기 때문이다. 다시 말해 결국 시간의 중심에는 하나의 시선이, 또는 하이데거가 말하듯이 일견Augen-blick이, 즉 그를 통해 〈로서〉라는 낱말이 의미를 가질 수 있는 어떤 사람이 있기 때문이다. 우리는 시간이 어떤 사람에 대해 있다고 말하지 않는다. 그렇게 하는 것은 또다시 시간을 펼쳐 놓는 것이고, 움직이지 않게 하는 것이다. 우리는 시간은 어떤 사람이라고 말한다. 다시 말해 시간의 차원들은 끊임없이 서로가 겹치고, 서로를 확인하며, 각자 속에 함축된 것을 드러내는 것에 지나지 않는 한, 그것들 모

두는 《483》 주체성 그 자체인 단 하나의 터짐이나 단 하나의 추진(밀기)을 표현하는 것이다. 시간을 주체로서 그리고 주체를 시간으로서 이해하지 않으면 안 된다. 이 근원적인 시간성은 외적인 사건들의 병치가 아님이 명백하다. 왜냐하면 그것은 사건들을 서로 떨어져 있게 함으로써 그것들을 전체적으로 유지하는 힘이기 때문이다. 궁극적인 주체성은 낱말의 경험적인empirique 의미에서 시간적이지 않다. 만약 시간 의식이 연속적인 의식적 상태들로 이루어진다고 한다면, 이 연속을 의식하기 위해 새로운 의식이 필요하고, 또 이런 식으로 계속될 것이다. 우리는 "자신을 의식하기 위해 자신 배후에 어떤 의식도 갖지 않는 의식"[83]을, 따라서 시간 속에서 펼쳐져 있지 않는 의식을, 또한 그것의 "존재가 대자존재l'être pour soi와 일치하는"[84] 의식을 정말로 인정하지 않을 수 없다. 우리는 궁극적인 의식은 시간 내재적intratemporelle이지 않다는 의미에서 "무시간적(zeitlose)"이라고[85] 말할 수 있다. 내가 내 현재를 여전히 생생하게 또 그것이 함축하는 모든 것과 함께 파악한다면, 내 현재 〈속에〉는 미래와 과거로 향한 탈자가 있고, 이 탈자는 시간의 차원들을 경쟁자들이 아니라 서로 분리할 수 없는 것으로 나타나게 한다. 즉 현재에 있음être au présent은, 언제나 있었던 것être de toujours이고, 또 언제나 있을 것être à jamais이다. 주체성은 시간을 떠맡거나 체험하고 삶의 응집과 하나가 되기 때문에 시간 안에 있지 않다.

[9. 구성하는 시간과 영원성]

이렇게 해서 우리는 어떤 종류의 영원성으로 되돌아가는 걸까? 나는 과

---

83 Husserl, *Zeitbewusstsein*, p. 442: "primäres Bewusstsein··· das hinter sich kein Bewusstsein mehr hat, in dem es bewusst wäre···"
84 *Ibid.*, p. 471. "fällt ja Sein und Innerlich-bewusst-sein zusammen."
85 *Ibid.*, p. 464.

거에 있다suis au passé. 그리고 나는 계속되는 다시-붙잡음들의 에워쌈을 통해, 더 이전의 경험들을 간직하고, 그 경험들의 어떤 복제나 이미지를 갖지 않으며, 정확히 있었던 그대로 그것들 자체를 잡는다. 그러나 이 같은 과거 자체에 대한 접근을 나에게 보증해 주는, 현전의 장들의 계속되는 연결은 조금씩 점차적으로만 실현된다는 본질적 특징이 있다. 각각의 현재는 현재라는 그 본질에 의해 다른 현재들과의 병존을 배제하고, 또 나는 먼 과거 속에서도 내 삶의 어떤 기간을 그것의 고유한 템포(리듬tempo)에 따라 다시 펼침으로써만 파악할 수 있다. 시간적인 관점적 현상, 멀리 있는 것들의 희미함(혼재적임), 그 끝이 망각이 되는 과거의 이런 〈오그라짐〉과 같은 것은 기억의 우연적인 것들이 아니고, 원리상 전체를 포괄하는 시간 의식이 경험적empirique 존재로 강등됨을 표현하는 것도 아니다. 《484》 그것들은 시간 의식이 애초부터 애매함을 표현하는 것이다. 즉 다시 붙잡음retenir은 붙잡는 것tenir이지만, 멀리서 붙잡는 것이다. 다시 말하지만, 시간의 〈종합〉은 이행transition의 종합이고, 그것은 삶(생명)이 자신을 전개하는 운동이다. 그리고 이러한 삶을 사는 것 말고는 종합을 실행하는 다른 방식은 없다. 시간의 장소라는 것은 없고, 시간은 그 자체가 스스로를 나르고 스스로를 재개한다. 불가분적인 추진(밀기)으로서의 시간과 이행transition으로서의 시간만이 연속적인 다수성으로서의 시간을 가능케 할 수 있다. 그리고 우리가 시간 내재성intratemporalité의 기원에 위치시킨 것은 바로 구성하는 시간temps constituant이다.

¶ 좀 전에 우리가 시간 자체에 의한 시간의 겹침을 기술할 때, 우리는 와야 할 과거를 덧붙임으로써만 미래를 과거로 볼 수 있고, 또 이미 도래한 미래를 덧붙임으로써만 과거를 미래로 볼 수 있었다. 이것은 우리가 시간을 평준화할 때, 각각의 관점적 현상의 본모습(독자성)을 다시 주장하고, 이 준-영원성을 사건에 토대 두게 해야 함을 의미한다. 시간 속에서 지나가

지 않는 것은 시간의 지나감(이행) 자체이다. 시간은 스스로를 다시 시작한다. 즉 마치 분수(물줄기)가 우리에게 영원성의 느낌을 주는 것처럼, 어제, 오늘, 내일이라는 이 순환적인 리듬, 이 항상적 형태는 정말로 우리에게 단번에 시간 전체를 소유한 듯한 착각을 줄 수 있다. 그러나 시간의 일반성은 시간의 이차적 속성일 뿐이고, 시간의 비본래적인 모습만을 나타낸다. 왜냐하면 우리는 시간적으로 시작점을 도착점과 구별하지 않고서는 하나의 순환을 생각해 볼 수 없기 때문이다. 영원성의 감정은 기만적이고, 영원성은 시간을 자양분으로 삼는다. 분수(물줄기)는 물의 계속되는 추진(밀기)을 통해서만 동일한 것으로 있다. 영원성은 꿈의 시간이다. 꿈은 깨어 있음을 가리키며, 이 깨어 있음에서 그것의 모든 구조를 가져온다. 그렇다면 영원성이 뿌리박은 이 깨어 있음의 시간은 무엇인가? 그것은 근원적인 과거와 미래라는 이중 지평을 가진 넓은 의미의 현전의 장이고, 지나갔거나 가능적인 현전의 장들의 무한히 열려 있음infinité ouverte이다. 내게 시간이 존재하는 것은 오직 내가 시간에 자리하기situé 때문, 즉 내가 이미 시간에 구속된(참여한) 나를 발견하기 때문이고, 존재 전체가 내게 몸소 주어지지 않기 때문이며, 결국 존재의 한 부분이 내게 너무도 가까이 있어 내 앞에서 그 모습을 나타내지도 못하고, 내가 내 얼굴을 볼 수 없듯이 나는 그것을 볼 수가 없기 때문이다. 내게 시간이 존재하는 것은 내가 현재를 갖기 때문이다. 시간의 한 순간은 바로 현재에 옴으로써, 지워 버릴 수 없는 개체성, 즉 〈모든 순간에 대한 이 순간〉[86]이라는 특징을 획득하는 것이며, 이런 특징

---

[86]   역주) "une fois pour toutes(=once for all)"을 번역한 것이다. 이 표현은 〈이번을 마지막으로〉, 〈이번만〉, 〈결정적으로〉라는 의미의 숙어이다. 메를로퐁티는 이 숙어의 의미를 가지고서, 모든 다른 순간에 대해 있는 이 순간을 규정하고 있다. 즉 어떤 순간의 일이 마지막이고 앞으로도 결정적인 것이 되는 것처럼, 이 순간이 현재가 될 때, 그것은 모든 다른 순간들에 대해 그와 같이 결정적인 것이 된다.

으로 인해 계속해서 그 순간은 시간을 가로지를 수 있고, 우리는 영원성의 착각을 갖게 되는 것이다.

[10. 궁극적인 의식은 세계에 현전한다]

¶ 시간의 어떤 차원도 다른 차원들로부터 연역될 수 없다. 그렇지만 《485》 (근원적 과거와 미래라는 지평을 가진 넓은 의미의) 현재는 존재와 의식이 일치하는 지대이기 때문에 특권을 갖는다. 내가 예전의 지각을 상기할 경우, 내가 브라질에 있는 내 친구 폴Paul을 방문할 때의 이미지를 떠올려 볼 경우, 정말로 내가 겨냥한 것은 자기 자리에 있는 과거 자체와 세계 속에 있는 폴이지, 중간에 매개적으로 있는 어떤 심리적 대상이 아니다. 그러나 결국 나의 표상 행위는 표상된 경험들과 달리 나에게 실제로 현재에 있다. 내 표상 행위는 지각되어 있지만, 표상된 경험들은 단지 표상된 것에 불과 하다. 예전의 경험이나 있을 법한 경험이 나에게 나타나기 위해서는, 그것 들이 일차적인 의식에 의해, 즉 여기서는 상기나 상상의 내적 지각이 되는 의식에 의해 존재로 옮겨질 필요가 있다. 앞에서 말했듯이, 우리는 자기 배 후에 다른 의식을 갖지 않는 의식, 따라서 자기 자신을 파악하는 의식, 결 국 존재함과 의식함이 단지 하나가 되는 의식에 분명히 도달해야 한다. 이 궁극적 의식은 절대적 투명성 속에서 자신을 통각하는 영원한 주체가 아 니다. 왜냐하면 그와 같은 주체는 시간으로 내려오는 것이 결정적으로 불 가능할 것이고, 따라서 우리의 경험과 그 어떤 공통적인 것도 갖지 못할 것 이기 때문이다. 오히려 궁극적 의식은 현재의 의식이다. 현재 속에서, 지 각 속에서 내 존재와 내 의식이 단지 하나가 되는 것은, 내 존재가 그것에 대해 내가 갖는 의식으로 환원되어 내 앞에서 명석하게 펼쳐져 있기 때문 이 아니다. 오히려 반대로 지각은 불투명하며, 지각은 내가 인식하는 것 아래에서 나의 감각장들을, 세계와 나의 원초적 공모들을 끌어들이고 있

다. 내 존재와 내 의식이 단지 하나가 되는 것은, 〈의식한다〉가 여기에서는 〈…에 있다être à …〉와 다른 것이 아니기 때문이고, 나의 실존하는 의식이 나의 "탈-존ex-sitance"[87]의 실제 동작과 일체가 되기 때문이다. 우리는 바로 세계와 소통함으로써, 의심의 여지 없이 우리 자신과 소통한다. 우리가 세계에 현전하고 있기 때문에, 우리는 시간 전체를 잡고 있고, 우리 자신에게 현전하고 있다.

[11. 자기에 의한 자기 촉발로서의 시간성]

이러한 경우에서, 의식이 어떤 상황을 수용하면서 스스로를 존재와 시간에 뿌리박고 있다면, 우리는 어떻게 이 의식을 기술할 수 있을까? 의식은 시간과 세계에 대한 하나의 전체적인 던짐projet이거나 하나의 시각이어야 한다. 그리고 이 던짐은 그 자신에게 나타나기 위해, 암묵적인 자신이 명시적인 자신, 즉 의식이 되기 위해, 자신을 여럿(다수) 속에서 전개할 필요가 있다. 우리는 분할되지 않는 힘과 이 힘의 구별되는 여러 표출(현시)을 따로따로 실현시켜서는 안 된다. 의식은 이 둘 중 하나가 아니라, 이 둘 모두이다. 의식은 《486》 시간화의 운동 자체이고, 후설의 말처럼 〈흐름성fluxion〉의 운동 자체이다. 즉 그것은 자신을 앞지르는 운동이고, 자신을 떠나지 않는 흐름이다.

¶ 예를 통해 이 의식을 더 잘 기술해 보자. 시간화를 그 근원에까지 가지 않고 이미 완성된 것으로 파악하는 소설가나 심리학자는, 의식을 다수의 심리적 사실들로 보고 이 사실들 사이에 인과성의 관계를 수립하려고

---

87 이 표현은 다음에서 빌려 온 것이다(H. Corbin, *Qu'est-ce que la Métaphysique?*, p. 14) 역주) "이것은 불역본인 Heiddegger, *Qu'est-ce que la métaphysique?*(『형이상학이란 무엇인가?』) 속의 코르뱅(Corbin)의 「역자 서문」에서 인용한 것이다"(랜즈의 영역본, 561쪽, 주석 26).

한다. 예를 들어[88] 프루스트Proust는 어떻게 오데트Odette에 대한 스완Swann
의 사랑이 질투심을 일으키고[야기하고] 이어서 이 질투심이 그 사랑을 변화
시키는지를 —스완은 오데트가 다른 남자에게 붙어 있지 않도록 항상 신
경 쓰고 있어서, 천천히 그녀를 바라볼 여유를 잃어버린다— 밝힌다. 그러
나 사실 스완의 의식은 심리적 사실들이 서로에 의해 외적으로 초래되는
무기력한 장場이 아니다. [진정으로] 있는 것은, 사랑에 의해 야기되고, 이번
엔 이 사랑을 변질시키는 질투가 아니라, 단번에 이러한 사랑의 운명 전체
가 읽히는 사랑하는 어떤 방식이다. 스완은 오데트라는 인물에 대해, 그녀
가 자신을 내보이는 〈광경〉에 대해, 그녀가 바라보는 방식, 웃음 짓는 방
식, 또 목소리의 억양을 변화시키는 방식에 대해 취향을 갖는다. 그러나 한
사람에 대해 어떤 취향을 갖는다는 것은 무엇인가? 프루스트는 어떤 다른
사랑을 언급할 때, 그에 대해 말한다. 그것은 그 사람의 삶에서 배제되는
자신을 느끼고, 그 삶에 들어가서 완전히 그 삶을 차지하고 싶은 것이다.
스완의 사랑은 질투를 야기하지 않는다. 그것은 이미 처음부터 질투이다.
질투는 사랑의 변화를 야기하지 않는다. 즉 오데트를 바라보며 가졌던 스
완의 즐거움은 그 자체 속에 변질을 지니고 있었고, 그것은 그 즐거움이 그
렇게 될 수 있는 유일한 즐거움이기 때문이다. 일련의 심리적 사실들과 인
과성의 관계들은 오데트에 대한 스완의 어떤 시각, 타인에 대한 어떤 존재
방식을 외적으로 번역만 할 뿐이다. 게다가 스완의 질투적 사랑은 그의 다
른 행위들과 관계해야 할 것이고, 이때 이 질투적 사랑 자체는 아마도 훨씬
더 일반적인 실존의 구조, 즉 스완의 인격이 될 실존의 구조의 표출로서 나
타날 것이다. 반대로 전체적인 던짐으로서의 어떤 의식도 자신이 인식되
는 여러 작용(행위), 경험들, 〈심리적 사실들〉 속에서 자신의 윤곽을 드러

---

88   이 예는 사르트르가 든 것이다(J. P. Sartre, *L'Être et le Néant*, p. 216).

내거나 자신을 표출한다.

¶ 여기서 시간성은 주체성을 해명해 준다. 우리는 사유하는 주체나 구성하는 주체가 어떻게 자신을 시간 속에다 두는지를, 또는 자신을 그 속에서 통각할 수 있는지를 결코 이해하지 못할 것이다. 만약 〈나〉가 칸트의 초월론적 나라고 한다면, 우리는 어떤 경우에 그것이 내적 감각(감관)[내감] 속에서 그 자신의 지나간 자취와 하나가 될 수 있는지를, 또 경험적 자아가 여전히 하나의 자아인지를 결코 이해하지 못할 것이다. 《487》 그러나 주체가 시간성이라면, 이 경우 그러한 자기 정립autoposition은 살아 있는 시간의 본질을 정확히 표현하기 때문에 모순이 되지 않는다. 시간은 "자기에 의한 자기 촉발affection de soi par soi"[89]이다. 즉 촉발하는 시간은 미래로의 추진(밀기) 및 이행passage으로서의 시간이다. 또 촉발되는 시간은 일련의 전개된 현재들의 시간이다. 시간의 추진(밀기)은 하나의 현재에서 또 하나의 현재로의 이행transition과 다른 것이 아니기 때문에, 촉발하는 것과 촉발되는 것은 단지 일체를 이룬다. 이러한 탈-자, 자신에게 현전한 어떤 끝(목표)으로의 이러한 불가분의 힘의 투사, 이것이 바로 주체성이다. 후설 Husserl은 근원적 흐름flux originaire이 존재하는 것으로만 그치지 않는다고 말한다. 즉 근원적 흐름은 그 자신을 의식하기 위해 자기 배후에 또 다른 흐름을 둘 필요도 없이, 필연적으로 자신에게 〈그 자신의 현시manifestation (Selbsterscheinung)〉를 줘야만 한다는 것이다. 이 흐름은 "자신 속에서 그 자신을 현상으로서 구성한다."[90] 시간이 현실적인 시간이나 흐르는 시간일

---

89   이 표현은 칸트가 심정(Gemüt)에 적용한 것이다. 하이데거는 이것을 시간으로 옮겨 적용한다. "시간은 본질상 자기 자신에 의한 순수 촉발이다"(*Kant und das Problem der Metaphysik*, pp. 180-181). 역주) 번역문은 『칸트와 형이상학의 문제』(이선일 옮김, 한길사)에서 가져온 것이다.

90   Husserl, *Zeitbewusstsein*, p. 436.

뿐 아니라, 자신을 아는 시간인 것은 시간의 본질이다. 왜냐하면 현재가 미래로 터지거나 벌어짐은 자기에 대한 자기 관계*rapport de soi à soi*의 원형이고, 내재성이나 자기성ipséité을 그리는 것이기 때문이다.[91] 바로 여기서 빛이 나타난다.[92] 왜냐하면 우리가 여기서 관계하는 것은 즉자적으로 머무르는 존재가 아니라, 그 본질 전체가 빛의 본질처럼 보게 하는 존재이기 때문이다. 바로 시간성을 통해 자기성, 의미, 합리성이 모순 없이 존재할 수 있다. 이것은 일반적으로 이해된 시간 개념에서도 볼 수 있다. 우리는 우리 삶의 여러 시기들이나 단계들을 구분한다. 예컨대 우리는 지금의 관심사와 의미 관계가 있는 모든 것을 우리의 현재에 속하는 것으로 간주한다. 따라서 우리는 시간과 의미가 단지 일체를 이루는 것을 암묵적으로 인식하고 있다. 주체성은 움직임이 없는 자기와의 동일성이 아니다. 즉 시간과 마찬가지로, 주체성은 주체성이기 위해 본질적으로 어떤 **타자**에게 열려 있고 자기로부터 나오는 것이다. 우리는 주체를 구성하는 자로, 또 그 주체의 다양한 경험이나 체험*Erlebnisse*을 구성된 것들로 표상해서는 안 된다. 초월론적 나를 진정한 주체로, 또 ⟪488⟫ 경험적 자아를 초월론적 나의 그림자나 지나간 자취로도 다루지 말아야 한다. 만약 이 둘의 관계가 그와 같다면, 우리는 구성하는 자 속에 틀어박혀 있게 될 것이며, 이러한 반성은 시간을 파괴하게 될 것이고, 장소도 날짜도 없게 될 것이다. 사실 우리의 가장 순수한 반성도 시간 속에서 회고적으로 나타나고, 흐름flux에 대한 우리의 반성은 이 흐름 속에 들어가 있다.[93] 이것은 우리가 가질 수 있는 가장 엄밀

---

91   Heidegger, *op. cit.*, p. 181. "순수한 자기 촉발로서의 시간은 자기가 자기의식과 같은 어떤 것이 될 수 있도록 유한한 자기성을 근원적으로 형성한다"[번역문은 『칸트와 형이상학의 문제』(이선일 옮김, 한길사)에서 가져온 것이다].

92   하이데거는 어디에선가 현존재의 "밝혀져 있음(Gelichtetheit)"에 대해 말한다. 역주) *Sein und Zeit*, 147, 350-351[랜즈의 영역본, 561-562쪽, 주석 32].

한 의식이 항상 그 자신에 의해 촉발되거나(영향받거나) 그 자신에게 주어져 있기 때문이고, 의식이라는 낱말은 이러한 이중성 없이는 어떠한 의미도 없기 때문이다.

[12. 수동성과 능동성]

주체에 대해 흔히 하는 말들은 틀리지 않다. 예컨대 자기에 대한 절대적 현전으로서의 주체는 엄밀히 말해 부정할 수 없다는 것과, 주체 자신 속에 윤곽이 그려지지 않는 그 무엇도 주체에서 발생할 수 없으리라는 것은 사실이다. 또한 주체는 계기함과 다양성 속에서 자신의 상징들emblèmes을 자신에게 부여한다는 것과, 이 상징들이 그 자신이라는 것 ―왜냐하면 이 상징들이 없으면 주체는 불분명한 외침과 같고, 심지어 자기의식에 이르지 못할 것이기 때문이다― 도 사실이다. 여기서 우리가 잠정적으로 수동적 종합이라 불렀던 것이 해명된다. 만약 〈종합〉이 결합하는 것composition이고, 〈수동성〉이 다양성을 결합하는 것이 아니라 받아들이는 것이라면, 수동적 종합은 모순이 된다. 그러나 우리가 수동적 종합을 언급하면서 말하고자 했던 것은, 여럿(다수) 속에 우리가 침투하지만, 여럿의 종합을 실현하는 것은 우리가 아니라는 것이다. 그런데 시간화는 바로 본성 그 자체에 의해 이 두 조건을 만족시킨다. 실제로 내가 내 심장 박동의 저자가 아닌 것처럼 시간의 저자가 아닌 것은 명백하고, 시간화를 개시한 것은 내가 아니다. 또 나는 태어나기를 선택하지 않았으며, 일단 내가 태어나면, 내가 무엇을 하든 시간은 나를 통해 분출된다. 그렇지만 시간의 이런 분출은 내가 수동적으로 겪는 단순 사실이 아니다. 나는 나를 구속하는 결단이나 개념을 확립하는 행위에서와 같이, 시간의 분출 속에서 분출 자체에 저항하

---

93   후설이 미간행 원고에서 "Einströmen"라고 부르는 것.

는 수단을 발견할 수 있다. 시간의 분출은 막 존재하려는 나의 모습을 내게서 앗아 가지만, 그와 동시에 내가 나를 멀리서 파악하고 나를 나로서 실현하는 수단을 제공한다. 수동성이라 하는 것은, 우리와 무관한 외부 실재의 수용이나 우리에게 가해지는 외부의 인과 작용이 아니다. 즉 그것은 둘러싸는 것investissement[94] 혹은 상황적 존재로서, 그 이전에는 우리가 존재하지 않는 것이고, 우리가 끊임없이 다시 시작하는 것이며, 우리 자신을 구성하는 것이다.

¶ 단번에 결정적으로 〈획득된〉 자발성, 《489》 "획득된 덕분에 끊임없이 존재하는"[95] 자발성은 바로 시간이고, 바로 주체성이다. 그러한 자발성이 시간인 이유는, 시간이 자신의 뿌리를 현재에 두지 않고 따라서 과거에 두지 않는다면, 그것은 더 이상 시간이 아니라 영원성이 되기 때문이다. 하이데거의 역사적 시간, 즉 미래로부터 흘러나와, 단호한 결단으로 미리 자신의 미래를 가지고, 단번에 결정적으로 자신을 흩어짐(분산)으로부터 구제하는 시간은 하이데거의 사유 자체상 불가능하다. 즉 시간이 탈-자라면, 현재와 미래가 이 탈자의 두 결과라면, 어떻게 우리는 현재의 관점에서 시간을 보는 것을 완전히 멈출 수 있겠는가? 또 어떻게 우리는 비본래적인 것에서 결정적으로 빠져나올 수 있겠는가? 우리의 중심이 놓인 곳은 항상 현재이고, 우리의 결단은 현재로부터 시작한다. 따라서 우리의 결단은 항상 우리의 과거와 관계될 수 있으며, 결코 부추기는 것(동기)이 없다면 존재하지 않는다. 만약 우리의 결단이 우리 삶에 완전히 새로운 사이클(시기)을 연다고 해도, 그 결단은 그 후에 다시 잡히지(계승되지) 않으면 안 되고,

---

94   역주) 독역본은 "Belehnung(봉토 수여)"로, 일역본(나카지마)은 "권능의 부여"로 번역한다.

95   J. P. Sartre, *L'Être et le Néant*, p. 195. 저자는 단지 이 괴물의 관념을 거부하려고 이 괴물에 대해 말한다.

일정 기간 동안만 우리를 흩어짐(분산)으로부터 구제할 뿐이다. 그러므로 시간을 자발성에서 이끌어 내는 것은 잘못된 일일 것이다. 우리가 시간적인 것은 우리가 자발적이기 때문이 아니고, 의식으로서의 우리가 우리 자신으로부터 우리를 떼어 놓기 때문도 아니다. 반대로 시간은 우리의 자발성의 토대이고 척도이다. 우리에게 거주하고 우리 자신이기도 한, 저 너머로 초월하고 〈무화하는néantiser〉 힘 자체는 시간성 그리고 삶(생명)과 함께 우리에게 주어져 있다. 우리의 출생, 혹은 후설이 미간행 원고에서 말하는 우리의 〈생성력générativité〉은 동시에 우리의 능동성 또는 개체성과, 우리의 수동성 또는 일반성 ―즉 우리가 절대적인 개체의 밀도를 획득하지 못하게 하는 내적인 취약성― 의 토대가 된다. 우리는 이해 불가능한 방식으로 수동성에 결합된 능동성, 의지가 극복한 기계적 자동성, 판단이 극복한 지각이 아니라, 전적으로 능동적이면서 전적으로 수동적이다. 왜냐하면 우리는 시간의 용출이기 때문이다.

$$*$$
$$*\ *$$

[13. 실질의미들의 장소로서의 세계]

우리의 문제는 의식과 자연, 내재와 외재의 관계를 이해하는 것[96]이었다. 달리 말해 그 어떤 것도 의식의 대상으로만 존재한다는 관념론적인 관점과, 의식은 객관적 세계와 즉자적 사건들의 조직 속에 삽입되어 있다는 실재론적인 관점을 연결하는 것이었다. 《490》 요컨대 어떻게 세계와 인간을 설명적 탐구와 반성적 탐구라는 두 종류의 탐구 방식으로 접근할 수 있는지를 아는 것이었다. 우리는 이미 다른 책에서 이러한 고전적 문제들을

---

[96] *La Structure du Comportement*, Introduction 참조.

그 본질로 이끄는 다른 언어로 표현하였다. 즉 문제는 결국 우리와 세계 속에서 의미와 무의미의 관계가 어떻게 되는지를 이해하는 것이다. 세계에 의미가 존재하는 것은 독립적 사실들의 집합이나 만남이 유지하고 산출한 것인가, 아니면 반대로 절대적인 이성의 표현에 불과한 것인가? 우리는 여러 사건이 우리에게 단일한 목표(의도visée)의 실현이나 표현으로 나타날 때 의미가 있다고 말한다. 우리에게 의미가 있는 것은 우리의 의도(지향) 중 하나가 충족될 때, 또는 반대로 여러 사실이나 기호가 그것들을 포괄하는(이해하는) 우리의 다시 잡기reprise에 참여할(적합할) 때, 어쨌든 하나 또는 여러 항이 …로서, 즉 그것들과 다른 것의 표상 또는 표현으로서 존재할 때이다. 관념론의 특징은 모든 의미signification는 원심적이고, 의미 작용이나 의미-부여Sinn-gebung[97] 작용이며, 자연적 기호는 없다는 것을 인정하는 것이다. [관념론에서] 이해한다는 것은 결국 항상 구축하는 것, 구성하는 것, 대상의 종합을 현실태적으로actuellement 수행한다는 것이다. 그런데 자기-몸과 지각의 분석은 대상과의 어떤 관계를, 이런 [관념론적] 의미signification보다 더 심층적인 의미[실질의미]를 우리에게 밝혀 줬다. [관념론에서] 사물은 의미signification일 뿐이고, 그것은 〈사물〉이라는 의미signification이다. 그렇다고 하자. 그러나 내가 한 사물을 예컨대 그림을 이해할 때, 나는 현실태적으로 그 사물의 종합을 수행하지 않고, 나는 내 감각장들, 내 지각장과 함께, 결국 가능적인 존재 전체의 틀typique, 세계에 대한 보편적인 구조montage와 함께 그 사물을 마주하러 간다. 그래서 우리는 주체 자신의 움푹한 곳creux에, 세계가 현전하고 있음을 발견하였던 것이다. 그 결과 주체는 더 이상 능동적 종합 활동이 아니라 탈-자로서 이해되어야 했고, 또 모든 능동적인 의미 작용 또는 의미-부여 작용은 기호 속에서의 의미[실질의미]

---

97   후설은 이 표현을 여전히 종종 사용한다. 예컨대, *Ideen*, p. 107.

의 잉태prégnance, 세계의 정의가 될 수 있는 그런 잉태와 관계하여 파생적이고 이차적인 것으로 나타났던 것이다. 우리는 작용의 지향성 또는 정립적 지향성 아래에서 또 이 지향성의 가능성의 조건으로서, 모든 정립(주장)이나 판단에 앞서 이미 활동하고 있는 작동하는 지향성intentionnalité opérante을, "감성적 세계의 로고스"[98]를, 《491》 모든 기술art처럼 그 결과에서만 알려지는 "인간 영혼의 깊은 곳에 숨겨진 기술"[99]을 발견하였다. 우리가 다른 곳에서[100] 했던 구조structure와 의미signification의 구별은 이제 이상의 내용으로 명확해질 것이다. 즉 게슈탈트로서의 원과 의미signification로서의 원의 차이를 이루는 것은, 후자가 중심으로부터 등거리의 점들의 장소로서 원의 개념을 산출하는 지성에 의해 인식된다면, 전자는 자신의 세계에 친숙하고, 원의 게슈탈트를 이 세계의 한 변조로, 둥근 형태적 모습physionomie으로 파악할 수 있는 주체에 의해 인식된다는 것이다.

¶ 우리는 그림이나 사물이 무엇인지를 알기 위해 그것들을 바라보는 것 말고는 다른 방법이 없다. 또한 그것들의 실질의미signification는 우리가 그것들을 어떤 관점에서, 어떤 거리distance에서, 어떤 방향sens에서 바라볼 때만, 한마디로 우리가 그 광경이 생기도록 세계와 공모할 때만 드러난다. 물 흐름의 방향sens이라는 말은 내가 어떤 곳에서 다른 곳을 바라보는 주체를 전제하지 않는다면 아무것도 의미하지 않는다. 즉자적 세계 안에서 모든 방향directions은 모든 운동과 마찬가지로 상대적이고, 이것은 방향이 없다고 말하는 것과 같다. 만약 내가 지각할 때 땅을, 운동과 정지 이전에, 모든 정지와 운동의 "지반sol"[101]으로서 두지 않는다면, 실제 운동은 있지 않을

---

98   Husserl, *Formale und transzendentale Logik*, p. 257. 물론 "감성적esthétique"은 "초월론적 감성론"이라는 넓은 의미에서 이해된 것이다.

99   역주) Kant, *Kritik der reinen Vernunft*, A141/B180.

100   *La Structure du Comportement*, p. 302[제3판, p. 240].

것이고, 나는 운동의 개념을 갖지 못할 것이다. 왜냐하면 나는 땅에 거주하기 때문이다. 마찬가지로 세계에 거주하고, 자신의 시선으로 세계에 첫 번째 기준-방향direction-repère을 표시하는 존재가 없다면 방향은 없을 것이다. 직물의 결sens도 마찬가지로 이쪽 또는 저쪽에서 대상에 접근할 수 있는 주체에게서만 펼쳐져 있고, 내가 세계에 용출함으로써 직물은 결을 갖는 것이다. 또 마찬가지로 한 문장의 의미sens는 문장의 목적이나 의도이고, 이것 또한 시작점과 도달점, 어떤 겨냥, 어떤 관점을 전제한다. 마지막으로 시각적 감각(감관sens)도 마찬가지로 색의 논리와 색의 세계에 대한 어떤 준비이다. 〈상스sens〉라는 낱말의 모든 말뜻에서 우리는 자신이 아닌 것으로 향하거나 그쪽으로 집중된 존재라는 동일한 근본 개념을 재발견한다. 이처럼 우리는 언제나 탈-자로서의 주체에 대한 견해와, 주체와 세계 사이의 능동적 초월 관계에 도달하게 된다. 세계는 주체와 분리될 수 없지만, 그 주체는 세계의 던짐projet일 뿐인 주체이다. 주체는 세계와 분리될 수 없지만, 그 세계는 주체 자신이 던지는 세계이다. 주체는 〈세계에 있는(세계로의) 존재〉이고, 《492》 세계는 어디까지나 〈주체적〉[102]이다. 왜냐하면 세계의 조직과 마디들은 주체의 초월 운동에 의해 그려지기 때문이다. 따라서 우리는 실질의미들significations의 요람이고, 모든 방향들(의미들sens)의 방향(의미)이며, 모든 사유의 지반인 세계를 통해서, 실재론과 관념론, 우연과 절대적 합리성(이성), 무의미와 의미의 양자택일을 극복하는 수단을 발견

---

[101] "Boden", Husserl, *Umsturz der kopernikanischen Lehre* (미출간).

[102] Heidegger, *Sein und Zeit*, p. 366. "〈주체〉가 존재론적으로 실존하고 있는 현존재로서 개념파악되고, 이 현존재의 존재가 시간성에 근거하고 있다면, 세계는 〈주체적〉이라고 말하지 않을 수 없다. 그러나 이러한 〈주체적〉 세계는 이 경우 시간적-초월적 세계로서 어떤 가능한 〈객관〉보다도 더 〈객관적〉이다" 역주) 번역은 『존재와 시간』(이기상 역, 까치)에서 가져온 것이다.

한 것이다. 우리가 밝히고자 했던 세계, 즉 우리 삶의 지평에서 모든 경험의 원초적 통일성이고, 우리의 모든 앞에-던짐projet의 하나의 목표점인 세계는 더 이상 구성하는 **사유**의 가시적 전개도 아니고, 부분들의 우연적 집합도 아니며, 물론 무차별적인 질료에 대한 통제적 **사유**의 활동도 아니다. 그것은 모든 합리성의 고향이다.

[14. 세계에의 현전]

시간의 분석은 무엇보다도 이러한 의미sens와 이해라는 새로운 개념을 확인시켜 주었다. 시간을 어떤 대상처럼 고찰한다면, 우리가 다른 대상들에 대해 말했던 것을 시간에 대해서도 말해야 할 것이다. 즉 시간이 우리에게 의미가 있는 것은 오직 우리가 〈그것(시간)이기〉 때문이다. 우리가 시간이라는 낱말로 무엇인가를 가리킬 수 있는 것은 오직 우리가 과거, 현재, 미래에 있기 때문이다. 시간은 문자 그대로 우리 삶의 의미(방향sens)이며, 세계와 마찬가지로 그것에 자리하고situé 그것의 방향direction과 결합하는 자에게만 접근 가능하다. 그러나 시간의 분석은 우리가 세계에 대해 말했던 것을 단순히 반복하는 기회만 주는 것은 아니다. 그것은 이전의 분석들을 해명해 주기도 한다. 왜냐하면 시간의 분석은 주체와 대상을 현전présence이라는 하나의 구조의 추상적인 두 계기로서 나타나게 하기 때문이다. 존재는 시간을 통해서 사유된다. 왜냐하면 시간-주체와 시간-대상의 관계를 통해서 주체와 세계의 관계가 이해될 수 있기 때문이다.

¶ 우리가 처음 시작하며 다뤘던 문제들에 시간성으로서의 주체성의 관념을 적용해 보자. 예를 들어 우리는 영혼과 몸의 관계를 어떻게 이해할 수 있는지를 물었는데, 대자와, 이 대자에 인과 작용을 미처야 할 어떤 즉자적 대상을 연결하는 것은 희망 없는 시도였다. 그러나 대자, 즉 자기에 대한 자기 현시가 시간이 생기는 웅덩이creux에 불과하다면, 또 〈즉자적〉 세

계가 내 현재의 지평에 불과하다면, 그 문제는 와야 하면서도 지나가 버린 어떤 존재가 어떻게 또한 현재를 가지는지를 아는 것이 되어 버린다. 다시 말해 《493》 미래, 과거, 현재가 시간화의 운동 속에서 연결되어 있기 때문에, 그 문제는 해소되는 것이다. 미래가 어떤 현재의 미래인 것이 그 본질이듯이, 내가 몸을 지니는 것은 나의 본질이다. 따라서 과학적 주제화를 통해서든 객관적 사유를 통해서든 실존의 구조들로부터 엄밀히 독립된 단 하나의 몸의 기능이라도 발견할 수 없을 것이고,[103] 반대로 몸의 하부구조에 근거하지 않은 단 하나의 〈정신적〉 작용도 발견할 수 없을 것이다. 게다가 본질적인 것은 내가 단지 몸을 지니는 것만이 아니라, 바로 이 [특정한] 몸을 지니는 것이다. 몸의 개념이 현재의 개념을 통해 필연적으로 대자의 개념에 연결되는 것만이 아니라, 내 몸의 현실적effective 실존은 내 〈의식〉의 [현실적] 실존에 필요불가결해야 한다. 결국 대자가 몸에 놓여 있음을 내가 아는 것은, 이 특정한(유일한) 몸과 이 특정한(유일한) 대자의 경험을 통해서만, 세계에 현전하는 나의 체험을 통해서만 가능한 것이다.

¶ 이에 대해 혹자는 내가 가진 손톱, 귀, 또는 허파가 다르게 만들어졌어도, 그로 인해 내 실존은 변하지 않을 수 있다고 응수할 것이다. 그러나 내 손톱, 귀, 허파가 따로 취해진다면, 그것들은 어떤 실존도 갖지 못할 것이다. 바로 과학으로 인해 우리는 몸을 부분들의 집합으로 생각하는 데 익숙하고, 또 죽은 몸이 해체되는 경험에 의해서도 우리는 그런 식으로 생각하는 데 익숙하다. 그런데 분해된 몸은 정확히 더 이상 몸이 아니다. 만약 내가 내 귀, 손톱, 허파를 원래대로 살아 있는 몸에 되돌려 놓는다면, 그것들은 우연적인 부분들로서 나타나지 않을 것이다. 그것들은 타인들이 나에 대해 갖는 생각과 무관하지 않고, 나의 표정(형태적 모습physionomie)이나

---

103   이것은 우리가 『행동의 구조』에서 상세히 밝혔던 것이다.

행동거지를 이루는 것이다. 그리고 내가 기민하거나 서투르거나, 평온하거나 예민하거나, 영리하거나 아둔할 수밖에 없다면, 그러니까 내가 바로 나 자신일 수밖에 없다면, 내가 이런 식으로 만들어진 귀, 손톱, 허파를 가져야 했던 필연성을, 아마 과학도 미래에는 객관적 상관관계의 형태로 표현할 것이다. 달리 말해, 우리가 다른 곳에서 밝혔듯이 객관적인 몸은 현상적인 몸의 진리, 즉 우리가 체험한 바로서의 몸의 진리가 아니라, 현상적인 몸의 빈약해진 이미지에 불과하다. 그리고 영혼과 몸의 관계의 문제는 개념적인 존재에 불과한 객관적인 몸과 관계하는 것이 아니라, 현상적인 몸과 관계한다. 오직 사실인 것은 우리의 열린 인격적 실존이 획득되고 응고된 실존의 일차적 층에 토대한다는 것이다. 《494》 그러나 이것은 우리가 시간성일 때 그와 같을 수 있는 것이다. 왜냐하면 획득된 것과 미래의 변증법은 시간을 구성하기 때문이다.

우리는 인간 이전의 세계에 대해 제기될 수 있는 물음들에 동일한 방식으로 대답할 것이다. 세계의 구조를 지니지 않는 **실존**이 한 명도 없다면 세계도 있지 않다고 우리가 말했을 때, 혹자는 그럼에도 세계가 인간에 앞서 있었고, 여러모로 보아 지구에만 사람들이 거주해 왔으며, 따라서 [우리가 언급한] 철학적 견해는 가장 확실한 사실들과 양립 불가능하다고 반박할 수 있을 것이다. 그러나 사실, 잘못 이해된 〈사실들〉과 양립할 수 없는 것은 지성론의 추상적 반성일 뿐이다. 즉 세계가 인간 의식들 이전에 존재했다고 말하는 것은 정확히 무엇을 의미하는가? 혹자는 예컨대 아직 생명의 조건들이 갖춰지지 않은 원시 성운에서 지구가 생겨났음을 의미할 수 있다. 그러나 이러한 말들은 물리학의 각 방정식들과 마찬가지로 세계에 대한 우리의 선과학적 경험을 전제하고, 이처럼 체험된 세계를 가리킴은 그 말들의 유효한 의미를 구성하는 데 몫을 지닌다. 그 누구에게도 보이지 않을 성운이 무엇일 수 있는지를 나는 어떤 식으로라도 이해하지 못할 것이다.

라플라스Laplace의 성운은 우리의 뒤에, 우리의 태곳적에 있는 것이 아니라, 우리 앞에, 우리 문화 속에 있는 것이다. 그리고 또한, 〈세계에 있는 존재〉가 한 명도 없으면 세계도 없다고 할 때, 이 말은 무엇을 의미하는가? 그것은 세계가 의식에 의해 구성된다는 것이 아니라, 반대로 의식이 이미 세계 속에서 활동하고 있는 자신을 언제나 발견한다는 것이다. 요컨대 참인 것은 어떤 자연이 있다는 것, 여러 과학의 자연이 아니라 지각이 내게 보여주는 자연이 있다는 것이고, 또 의식의 빛도 하이데거가 말하듯 그 자신에게 주어진 자연의 빛lumen naturale[104]이라는 것이다.

어쨌든 그렇지만 세계는 내가 사라진 이후에도 지속할 것이고, 내가 더 이상 세계에 있지 않을 때도 다른 사람들이 그것을 지각할 것이라는 반론은 계속될 것이다. 그런데 내가 세계에 현전함이 이 세계의 가능성의 조건이라면, 내가 사라진 이후이든, 심지어 내가 살아 있는 동안이든, 세계 속의 다른 사람들을 생각해 보는 것은 나에게 불가능한 일이 되지는 않을까? 우리가 앞에서 타인의 문제에 대해 했던 언급들은 시간화의 관점에서 해명된다. 우리가 말했듯이 타인의 지각에서, 나는 항상 나의 주체성과 타인의 주체성을 나누는 무한한 거리를 지향 속에서 뛰어넘고, 나에게서의 또 다른 대자라는 개념적인 불가능성을 극복한다. 왜냐하면 나는 또 다른 행동, 또 다른 세계에의 현전을 확인하기 때문이다. 우리는 현전의 개념을 깊게 분석하였고, 자기에의 현전과 세계에의 현전을 연결하였으며, **《495》** 코기토를 세계에의 구속(참여)과 동일시하였기 때문에, 이제 어떻게 우리가 타인의 보이는 행동의 잠재적인 기원에서 타인을 발견할 수 있는지를 더 잘 이해할 수 있다. 물론 우리에게서 타인은 우리 자신처럼 실존하지는 않을 것이고, 그는 항상 나이 어린 동생과 같을 것이다. 우리는 결코 우리 속

---

104   역주) Heidegger, *Sein und Zeit*, p. 133 참조[랜즈의 영역본, 563쪽, 주석 50].

에서와 같이 타인 속에서 시간화의 추진(밀기)을 목도하지는 못한다. 그러나 두 시간성은 두 의식과 마찬가지로 서로 배척하지는 않는다. 왜냐하면 각각의 시간성이 현재 속에 자신을 던짐으로써만 자신을 알고, 두 시간성은 현재에서 서로 얽힐 수 있기 때문이다. 내가 살고 있는 현재가 더 이상 내가 살지 않는 과거에 열려 있고, 아직 내가 살지 않은 미래, 아마도 결코 살지 못할 미래에 열려 있는 것처럼, 내 현재는 또한 내가 살지 않는 시간성들에 열려 있고, 따라서 사회적 지평을 가질 수 있다. 그리하여 내 세계는 내 개인적 실존이 다시 잡고(계승하고) 수용하는 집단적 역사의 크기에 맞춰 확장된다. 초월에 관한 모든 문제의 해결은 선객관적인 현재의 두터움 속에 놓여 있다. 거기서 우리는 우리의 몸성(신체성), 우리의 사회성, 세계의 선재함을, 즉 정당한 것으로서의 모든 〈설명〉의 출발점을 발견하고, 그리고 동시에 우리 자유의 토대도 발견한다.

자유

[1. 전적인 자유가 있든지, 아니면 자유가 없든지]

다시 말하지만, 그 어떤 인과성의 관계도 주체와 그의 몸, 그의 세계, 그의 사회 사이에서 생각할 수 없다는 것은 분명하다. 나는 나 자신에 대한 내 현전이 가르쳐 주는 것을 의심할 수 없으며, 그렇지 않다면 나는 모든 나의 확실성의 토대를 잃어버리게 될 것이다. 그런데 내가 나를 기술하려고 나 자신 쪽으로 돌아보는 순간, 나는 어떤 익명적 흐름flux,[105] 즉 아직 〈의식의 상태들〉도 없고, 하물며 어떤 종류의 특성규정qualifications[106]도 없

---

[105] 우리가 후설과 함께 이 낱말에 부여했던 의미에서.

[106] 역주) 메를로퐁티는 이 절에서 자신의 입장이 아니라, 사실상 사르트르 입장에서 의식, 곧 자유를 논한다. 이 "특성규정(qualifications)"은 사르트르가 말하는 의식 또는 자유의 논의로 이어진다. 즉 사르트르에게서 의식이나 자유는 어떤 특성(성질)도 규정

는 전체적인 앞에-던짐을 엿보게 된다. 나는 나 자신에게 있어(대자적으로) 〈질투심〉도, 〈호기심〉도 아니며, 〈곱추〉도, 〈공무원〉도 아니다. 우리는 종종 장애인이나 환자가 그들 자신을 견뎌 낼 수 있음에 놀란다. 그것은 그들이 그들 자신에게는(대자적으로는) 불구나 죽어 가는 사람이지 않기 때문이다. 죽어 가는 사람에게도 혼수상태에 이르기까지 그의 의식이 거주하고 있다. 그는 그가 보는 것 전체이고, 그에게는 이처럼 벗어남échappement의 수단이 있다. 의식은 자신을 결코 환자-의-의식이나 불구자-의-의식으로 객관화할 수가 없다. 노인이 자신의 늙음을 한탄하거나 불구자가 자신의 불구를 한탄할 때도, 그들이 그렇게 할 수 있는 것은 단지 자신을 다른 사람들과 비교할 때, 다른 사람들의 눈으로 자신을 볼 때, 말하자면 그들이 그들 자신에 대해서 통계적이고 객관적인 시선을 취할 때이다. 그래서 이런 한탄은 언제나 완전히 진실한 태도(본심bonne foi)인 것은 아니다. 즉 우리 각자는 의식의 중심[참된 모습]으로 되돌아올 때, 자신의 특성규정을 넘어서는 그 자신을 느끼고, 이런 가운데서 자신의 특성규정을 받아들이고 있는 것이다.

¶ 이런 특성규정들은 우리가 의식하지 않는다 해도 우리가 세계에 있기 위해 지불해야 할 대가이고, 말하자면 당연한 [행위의] 형식formalité이다. 이런 이유에서 우리는 우리 자신의 얼굴이 못났다고 말할 수 있지만, 다른 얼굴로 바꾸고 싶지 않을 수가 있는 것이다. 넘어설 수 없을 의식의 일반성에는 어떤 개별성(특수성)도 붙을 수 없는 것 같고, 한도를 알 수 없을 이 벗어남évasion의 능력에는 어떤 한계도 부여될 수 없는 것 같다. ('déterminer'라는 낱말의 두 가지 의미에서) 외부의 어떤 것이 나를 결정할/규정할 수 있

할 수 없는 것이다. "내 자유는 부과된 어떤 특성(성질(qualité))도, 내 본성의 어떤 속성(propriété)도 아니다"(J. P. Sartre, EN, p. 514).

으려면, 나는 하나의 사물이 되어야 할 것이다. 나의 자유와 나의 보편성은 어떤 불충만함[부분적으로 있음]도 허용하지 않을 것이다. 내가 어떤 행위들actions에서는 자유롭고, 다른 행위들에서는 결정되었다는 것은 생각할 수가 없다. 《497》 즉 결정론들을 작동하게 내버려두는, 그러한 일하지 않는 자유란 무엇인가? 만약 자유가 일하지 않을 때 그것이 사라진다고 전제한다면, 자유는 어디서 다시 생겨날 것인가? 만일이지만 내가 나 자신을 사물로 만들 수 있었다면, 어떻게 나는 나중에 나를 의식으로 되돌릴 수 있을까? 일단 내가 자유롭다면, 그것은 내가 사물들에 속하지 않는다는 것이며, 그래서 나는 끊임없이 자유롭지 않으면 안 된다. 일단 내 행위들이 나의 것이기를 멈춘다면, 그것은 그것들이 결코 다시 나의 것이 되지 않는다는 것이다. 만약 내가 세계에 대한 장악(파악)을 잃어버린다면, 나는 그것을 다시 찾지 못할 것이다. 그리고 나의 자유가 약해질 수 있다는 것도 생각할 수 없다. 약간만 자유로울 수 있다는 것은 있을 수가 없다. 흔히 언급되듯 어떤 동기들motifs[107] 속에서 내 마음이 한 방향으로 기울어진다면, 그것은 다음 둘 중 하나이다. 즉 그 동기들은 나를 움직이게 하는 힘이 있고, 이때 자유는 있지 않은 것이 된다. 아니면 그것들은 그런 힘이 없고, 이때 자유는 전적이며, 내가 집에 평온히 있을 때나 가장 모진 고문을 당할 때나 똑같이 큰 것이다.

¶ 따라서 우리는 인과성의 관념만이 아니라 동기성motivation의 관념도 거부해야 할 것이다.[108] 이른바 동기는 내 결단에 영향을 주지 않고, 오히려 내 결단이 그 동기에 힘을 실어 주는 것이다. 자연적 사실이나 역사적 사

107　역주) 여기서는 사르트르 입장에서 자유를 논하므로, 우리가 앞에서 "부추기는 것", "부추김"이라 번역한 "motif", "motivation"을 "동기", "동기성"으로 번역한다.

108　J. P. Sartre, *L'Être et le Néant*, p. 508과 그 이하 참조.

실로서 내가 예컨대 꼽추이든, 잘생겼든, 유태인이든, 그 무엇〈이〉든, 우리가 좀 전에 설명한 것처럼 나는 나 자신에게 있어(대자적으로) 전적으로 그러한 것임이 되는 것은 전혀 아니다. 물론 타인에게서 나는 그러한 것임이 된다. 그렇지만 타인을 그의 시선이 내 존재에까지 도달하는 의식으로 정립할지, 아니면 반대로 하나의 단순 대상으로 정립할지에 대해 나는 여전히 자유롭다. 그리고 이러한 양자택일 자체가 하나의 속박이라는 것도 사실이다. 즉 내가 추하게 생겼다면, 나에겐 내가 배척받는 사람이 되거나 타인을 배척하는 사람이 될 선택이 있고, 마조히즘적 삶을 살거나 사디즘적 삶을 사는 자유가 있지만, 타인을 알지(경험하지) 못하는 자유는 없다. 그러나 이와 같은 양자택일은 인간의 조건(상황)에 주어진 것이지, 순수 의식으로 이해된 나에게서의(대아적으로) 주어진 것이 아니다. 즉 나에게서의(대아적으로) 타인이 있게 하는 것도, 우리 각자를 인간으로서 있게 하는 것도 여전히 나이다. 그리고 또한, 인간이란 존재는 내게 부과된 것이고, 그 존재하는 방식만 내 선택에 맡겨져 있지만, 선택할 가능성들의 수가 적음과는 상관없이 이 선택 자체를 고려해 보면, 그것은 여전히 자유로운 선택일 것이다. 누군가가 내가 기질 때문에 사디즘 쪽 아니면 마조히즘 쪽으로 더 기울어져 있다고 말한다면, 그것은 여전히 근거 없이 말하는 한 방식일 뿐이다. 왜냐하면 내 기질은, 내가 타인의 눈으로 나를 볼 때 내가 나 자신에 대해 취하는 이차적 인식에 대해서만 존재하기 때문이고, 내가 그것을 인정하고, 그것의 가치를 부여하며, 그런 의미에서 그것을 선택하는 한에서만 존재하기 때문이다.

¶ 이 점과 관련하여 우리를 오류로 이끄는 것은, 동기들 하나하나 검토하여, 《498》 가장 강하거나 가장 설득력 있는 것을 받아들이는(선택하는) 듯이 보이는 의지적 숙고에서 종종 우리가 자유를 찾는다는 것이다. 사실, 숙고는 결심을 뒤따른다. 즉 동기들을 나타나게 하는 것은 내 은밀한 결심이

며, 동기가 지지해 주거나 거스르는 결심이 없다면, 동기의 힘이 무엇일 수 있는지조차 이해할 수 없을 것이다. 내가 어떤 기획project[109]을 포기했을 때, 내가 이 기획에 달라붙기 위해 가졌다고 믿었던 동기들은 갑자기 힘없이 떨어지고 만다. 이 동기들에 힘을 주기 위해서는, 나는 시간을 다시 열어, [기획을 포기하는] 결심이 아직 이뤄지지 않은 시점으로 되돌아가려고 노력해야 한다. 심지어 내가 숙고하는 동안에도, 나는 이미 어떤 노력을 통해, 시간의 흐름을 멈추게 하여, 거기에 이미 존재하지만 내가 저항하는 그 결심 때문에 닫혀 있다고 느끼는 어떤 상황을 열려 있게 하는 데 성공한다. 그렇기 때문에 나는 어떤 기획을 포기한 이후, 종종 어떤 해방감을 느꼈던 것이다. 즉 "결국, 나는 그것에 그렇게 애착이 없었어"라고 말한다. 논의는 형식적으로만 있었을 뿐이고, 숙고는 패러디(흉내 낸 것)이며, 벌써 나는 그것에 반대하기로 결심했던 것이다. 종종 자유에 대한 반대 논증으로 의지의 무력함이 제시된다. 실제로 내가 의지를 갖고 어떤 행위를 선택하고, 즉 흥적으로 전사戰士나 유혹자로서 행위할 수 있다고 해도, 쉽고 〈자연스럽게〉 전사나 유혹자가 되는 것, 즉 정말로 그렇게 되는 것은 나[내 의지]에게 달려 있지 않다. 그뿐 아니라 의지적 행위acte 속에서 자유를 찾지 말아야 한다. 의지적 행위는 그 의미 자체가 성취되지 않은manqué 행위이다. 우리가 의지적 행위에 의지하는(호소하는) 것은 단지 우리의 진정한 결심에 반대하기 위해서일 뿐이고, 말하자면 우리의 무력함을 증명하기 위한 것일 뿐이다. 만약 우리가 전사나 유혹자의 행위를 진정으로 [우리의 행위로서] 받아들인다면, 우리는 전사나 유혹자가 될 것이다. 자유의 장애물이라고 불리는 것조차 사실은 자유가 펼쳐 놓은 것이다. 올라가기 어려운 바위, 크거

---

109   역주) 이제까지 "projet"를 주로 〈앞에-던짐〉 또는 〈던짐〉으로 번역했으나, 이 장에서는 의미 전달상 〈기획〉으로 번역한다.

나 작은, 수직이거나 비스듬한 바위, 이런 것들은 그것을 올라가고자 의도하는 어떤 사람에게만, 그의 기획에 의해 형태 없는uniforme 즉자의 덩어리에서 그와 같은 규정들을 조각하고, 방향 지어진 세계를, 즉 사물들의 방향(의미)을 솟아나게 하는 주체에게만 의미가 있다. 따라서 결국 자유를 한계 지을 수 있는 것은 자유가 자신의 자발적 행위initiatives에 의해 그 자신을 한계로서 규정한 것 말고는 아무것도 없으며, 주체가 갖는 외부라는 것은 그 자신에게 준 것 말고는 아무것도 없다. 사물들에 의미와 가치가 나타나게 하는 것은 바로 솟아오르는 주체이기 때문에, 또 어떤 사물도 오직 주체에 의해 의미와 가치가 됨으로써만 주체와 만날 수 있기 때문에, 주체에 대한 사물의 작용은 있지 않고, (능동적 의미의) 의미작용signification, 즉 원심적인 의미부여Sinngebung만 있을 뿐이다. 우리가 우리 자신에 대해 갖는 의식과 양립할 수 없는 과학주의적 인과성의 입장을 가질 것인지, 아니면 《499》 외부 없는 절대적 자유를 주장할 것인지, 이 둘 중에서 선택해야 할 것 같다. 사물이 [우리에게 달려 있다가] 거기를 넘어서면 ἐφ' ἡμιν[110]이지(우리에게 달려 있지) 않을 어떤 지점을 규정하는 것은 불가능하다. 모든 것이 우리의 능력 속에 있거나, 아니면 그 어떤 것도 그렇게 있지 않다.

[2. 그렇다면 행위(능동)도, 선택도, 〈행함(만듦faire)〉도 없다]

그러나 자유에 대한 이 첫 번째 반성은 결과적으로 자유를 불가능하게 만들 것이다. 사실 자유가 모든 행위들(능동들actions)에서뿐 아니라 우리

---

110 역주) "ἐφ' ἡμιν(eph' hemin)." "에픽테토스(Epictetus)의 고대 스토아주의 용어에서, 〈ta eph' hemin〉은 〈우리에게 달려 있는 것들〉이고, 〈우리에게 달려 있지 않는 것들〉(ta ouk eph' hemin)과 대립한다. 에픽테토스에게 지혜는 실재의 이 두 질서를 명확히 구분하는 데 있다. 여기서 메를로퐁티는 보다 대상적인 의미로 이 개념을 취하고 있다"(Merleau-Ponty, Œuvres, p. 1142, 편집자 주).

의 정념들(수동들passions)에서조차 똑같은 것이라면, 그것이 우리의 [구체적인] 행위방식conduite과 공통의 척도를 갖지 않는다면, 노예가 두려움 속에 살 때와 족쇄를 끊었을 때 똑같이 자유를 보여 준다면, [개별적인] 어떠한 자유로운 행위가 있었다고 말할 수 없다. 즉 자유는 모든 행위들 이전에 있는 것이고, 어떤 경우에서도 〈바로 여기서 자유가 나타난다〉고 선언할 수가 없을 것이다. 그것은 자유로운 행위가 자유로운 행위로서 알려지기 위해서는 자유롭지 않거나 덜 자유로운 삶의 바탕에서 부각되어야 하기 때문이다. 자유는 어디에나 있다고 말할 수 있겠지만, 어디에도 없는 것이 된다. 자유라는 이름으로 어떤 획득된 것(습득된 것)의 개념이 거부되겠지만, 그렇게 되면 바로 자유는 원초적인 획득된 것이 되고, 우리의 자연 상태와 같은 것이 된다. 우리가 자유를 만들(행할) 필요가 없기 때문에, 자유는 어떤 증여(소질don)도 갖지 않는 우리에게 만들어진(주어진) 증여(소질)이고, 어떤 본성도 갖지 않는 그런 의식의 본성이며, 어떤 경우에도 그것은 그 자신을 밖으로 표현할 수도, 우리 삶 속에 그 모습을 나타낼 수도 없다. 따라서 행위(능동action)의 개념은 사라진다. 즉 우리는 지시될(규정될) 수 있는 그 어떤 것도 아니고, 우리를 구성하는 비-존재는 충만한 세계 속에 끼어들 수 없기 때문에, 어떤 것도 우리로부터 세계로 이행할 수가 없다. 오직 결과가 즉각 동반되는 의도(지향)만이 있고, 우리는 [현실태적] 행위acte라는 가치를 갖는 칸트적 의도(지향) 개념에 무척 근접하게 된다. 그러나 이같은 개념에 대해 이미 셸러Scheler는 물에 빠진 사람을 구하고자 하는 불구자와 실제 그를 구하는 수영 잘하는 사람이 갖는 자율성의 경험이 동일하지 않다고 반박하였다. 선택의 개념 자체도 [행위(능동)의 개념처럼] 사라지고 만다. 왜냐하면 선택한다는 것은 자유가 적어도 한순간이라도 그 속에서 그 자신의 문장紋章을 보는 어떤 것을 선택하는 것이기 때문이다. 자유가 자신의 결단에 작용하여 자신이 선택한 상황을 자유의 상황으로 둘 때만 자유로운 선택이 있다. 자유가 획득된 것이기 때문에 자신을 실현할 필요가 없다면, 그것은 이처럼 [사물이나 상황에] 참여할(자신을 구속할) 수 없을 것이다. 왜냐하면 자유는 다음 순간에도 어떤 식으로든 똑같이 자유롭고 똑같이 고정되어(결정되어) 있지 않음을 알기 때문이다.

¶ 자유의 개념 자체는 우리의 결단이 자신을 미래에 집어넣는다는 것, 이 결단에 의해 어떤 것이 행해졌다는(만들어졌다는 fait) 것, 이후 순간이 이전 순간의 혜택을 받고 또 필연적이지는 않지만 적어도 이전 순간에 의해 촉구된다는 것을 요구한다. 자유가 [무언가를] 행하는 것이라면, 그것이 행한(만든) 것은 즉시 새로운 자유에 의해 해체되지défait 말아야 한다. 그러므로 각 순간은 하나의 닫힌 세계이지 않아야 하고, 한 순간은 다음 순간들을 구속할 수 있어야 한다. 또, 일단 결단이 이루어지고 《500》 행위(능동)가 시작되면, 나는 획득된 것을 이용해야 하고, 내 추동력을 활용해야 하며, 계속 앞으로 나아가려는 성향이 있어야 하고, 또한 정신에는 어떤 경향이 있어야 한다. 데카르트는 보존에도 창조만큼의 큰 힘이 요구된다고 말하였다. 그런데 이것은 순간의 실재론적인 개념을 전제하는 것이다. 순간이 철학자들의 허구가 아니라는 것은 사실이다. 그것은 하나의 기획이 완수되고 또 다른 기획이 시작하는 지점,[III] 즉 내 시선이 한 목표에서 다른 목표로 옮겨 가는 지점이며, 바로 Augen-Blick(일견/순간)인 것이다. 그러나 바로 시간 속의 이러한 틈은 시간의 두 조각이 하나의 덩어리를 형성하지 않는다면 나타날 수가 없다. 의식은 순간들의 파편으로 부서지지 않지만, 적어도 순간이라는 유령에 사로잡혀 있으며, 자유의 행위acte로 그것을 끊임없이 쫓아내야 한다는 말이 있다. 그러나 앞으로 보게 되는 것처럼, 사실 우리는 항상 중단할 수 있는 능력을 갖고 있지만, 이 능력은 어떤 경우

III   J. P. Sartre, *L'Être et le Néant*, p. 544.

든 시작하는 능력을 전제한다. 즉 자유가 어떤 곳에도 몰두하지(정착하지)도 않고, 또한 다른 곳으로 정착하려는 준비도 없다면, 그와 같은 일탈(벗어남arrachement)은 있지 않을 것이다. 만약 [구체적인] 행위방식의 순환(사이클)이 없다면, 즉 어떤 끝남이 있기를 요구하는 열린 상황이면서, 그런 상황을 굳게 하는 결단이든 변형시키는 결단이든 그런 결단에 토대로서 이용될 수 있는 열린 상황이 없다면, 자유는 결코 생기지 않는다. 지성적(예지적) 성격의 선택은 배제되는데, 그것은 시간 이전에 시간이 없기 때문만이 아니라, 선택이 선행적인 참여(구속)를 전제하기 때문이고, 최초의(원초적) 선택이란 개념이 모순적이기 때문이다. 자유가 수행될 여지du champ가 있어야 한다면, 자유가 스스로를 자유로서 표현할 수 있어야 한다면, 자유와 그 목표물을 나누는 무언가가 있어야 하고, 따라서 자유는 어떤 장un champ이 있어야 한다. 다시 말해 자유에게는 특권을 가진 가능적인 것들이나, 계속 존재하려고 하는 실재들이 있어야 한다. 사르트르 자신이 주목했듯이 꿈은 자유와 양립할 수 없다. 왜냐하면 상상적인 것에서 우리가 어떤 의미signification를 겨냥하자마자 우리는 그것을 직관적으로 실현했다고 믿기 때문이며, 요컨대 장애물들은 없고, 행할 일이 아무것도 없기 때문이다.[112] 동기들이나 정념들과 싸우는 의지의 추상적 결단과 자유를 혼동해서는 안 된다는 것은 분명하다. 또한 숙고의 고전적 도식은 자기기만의 자유에만, 즉 반대되는 동기들을 받아들이기를 원치 않으면서도 그것들을 은밀히 부양하고, 이른바 자신의 무력함이라는 증거를 그 자신이 만들어 내는 그런 자기기만의 자유에만 적용된다.

¶ 이러한 시끄러운 논쟁과 우리를 〈구축하기〉 위한 헛된 노력 아래서, 우리는 《501》 우리 주위에서 그것들을 통해 가능적인 것들의 장을 분절했던

---

112   J. P. Sartre, *L'Être et le Néant*, p. 562.

암묵적인 결단들을 보게 된다. 그리고 우리가 이러한 고정화(결정화) 활동을 유지하는 한, 아무것도 행해지지 않는다는 것은 사실이며, 이러한 [고정하는] 닻들을 올리자마자 모든 것들이 쉬워진다. 그렇기 때문에 우리가 문제 삼고 싶지 않은 삶의 방식과, 우리에게 그와 다른 삶의 방식을 제안하는 상황 간의 대립을 다루는 피상적인 논의 속에서, 우리의 자유를 찾지 말아야 한다. 왜냐하면 진정한 선택은 우리의 성격 전체의 선택이면서 우리의 〈세계에 있는 존재〉 방식의 선택이기 때문이다. 그러나 이때 다음 두 경우 중 하나이다. 먼저, 이 [성격] 전체의 선택은 결코 자신을 명시적으로 [돌출되듯] 드러내는 것이 아니고, 그것은 우리의 〈세계에 있는 존재〉의 침묵적인 솟아오름이다. 이 경우 어떤 의미에서 이런 선택이 우리의 선택이라고 할 수 있는지를 알 수가 없고, 이런 자유는 그 자신 위로 미끄러지고, 운명과 다름없는 것이 된다. 이런 경우가 아니라면, 우리가 우리 자신에 대해 행한(만든) 선택은 진정으로 하나의 선택, 우리 실존의 전환conversion이다. 그러나 이때, 선택은 그것이 변화시키고자 열중하는 선행적 획득된 것을 전제하고, 새로운 전통을 설립하는 것이 된다. 그 결과 우리는 이런 경우에서, 우리가 처음에 자유의 정의로서 규정했던 끊임없는 일탈(벗어남)이 단순히 세계 속에 우리의 보편적인 구속됨(참여함)의 부정적인 측면이 아닌지, 규정된 각 사물에 대해 우리가 연연해하지 않음indifférence이 단순히 모든 사물에 대한 우리의 몰두함investissement이 아닌지, 또 우리가 처음에 다뤘던 완전히 행해진(만들어진) 자유가 세계의 어떤 제안을 다시 잡지(떠맡지) 않는다면 행함faire으로 변형될 수 없을 자발성initiative의 능력이 되는 것이 아닌지, 결국 구체적이고 실제적인 자유는 이와 같은 주고받음échange에 있는 것이 아닌지를 묻지 않을 수 없을 것이다. 어떤 것도 나에 대해서만 또 나에 의해서만 의미sens와 가치를 갖는다는 것은 사실이다. 그러나 우리가 이 의미와 이 나(자아)를 어떻게 이해하는지를 명확히 하지 않은 한, 그러한 명제는 규정되지 않은 채로 있게 되고, 또 그것은 "사물 속에 자신이 넣어 둔 것만 발견한다"는 칸트적 의식의 개념과도, 실재론에 대한 관념론적 반박과도 여전히 구별되지 않는다. 우리는 우리를 의미-부여Sinn-Gebung의 보편적 능력으로 규정함으로써, 〈그것이 없으면〉이라는 방법과, 실재의 조건들에는 관심을 기울이지 않고 가능성의 조건들을 탐구하는 전통적 유형의 반성적 분석으로 되돌아갔다. 따라서 우리는 의미부여의 분석을 다시 시작하여, 어떻게 그것이 원심적이면서 동시에 구심적일 수 있는지를 보여 주어야 한다. 왜냐하면 장場이 없는 자유는 있지 않다는 것이 분명하기 때문이다.

[3. 누가 동인mobile에 의미를 부여하는가?]

나는 이 바위를 오를 수 없다고 말한다. 이러한 속성은 〈크다〉, 〈작다〉, 〈수직이다〉, 〈비스듬하다〉와 같은 속성뿐 아니라 일반적인 모든 속성이 그렇듯이, 바위를 오르려는 기획projet과 인간의 현전함에 의해서만 이 바위에 나타날 수 있음이 확실하다. 그러므로 자유에 장애물을 나타나게 하는 것은 바로 자유이고, 《502》 따라서 장애물을 한계와 같은 것으로서 자유에 대립시킬 수 없다. 그렇지만 우선 [지적되어야 할] 분명한 것은, 똑같은 기획이 주어졌을 때, 이 바위는 장애물로 나타나겠지만, 다른 바위는 접근하기가 더 쉬워, [기획에] 수단으로 나타난다는 사실이다. 따라서 나의 자유는 여기서는 장애물을 있게 하고 저쪽에는 지나갈 길을 있게 하는 것이 아니라, 일반적으로 장애물과 지나갈 길을 있게 하는 것일 뿐이다. 그것은 이 세계의 특정한 모양을 그리는 것이 아니라, 일반적인 구조만을 정립할 뿐이다. 그러나 혹자는 그것은 같은 말이라고 응수할 것이다. 만약 그것은 〈…가 있다〉의 구조, 〈여기〉의 구조, 〈저기〉의 구조를 조건 짓는다면, 그것은 이런 구조들이 실현되는 곳 어디에나 현전한다는 것이다. 그리고 우리는 〈장애물〉이라는 [규정된] 성질과 장애물 자체를 구분할 수도 없고, 전자를 자유에 후자를 세계 자체에 관련시킬 수도 없으며, 자유가 없으면 이 세계 자체는 이름 붙일 수도 없는 무형의 덩어리에 불과하다는 것이다. 따라서 나는 내 자유의 한계를 내 외부에서는 발견할 수 없게 될 것이다. 그러나 나는 이 한계를 내 속에서 발견할 수 있지 않을까? 사실 나의 명시적인 의도(지향), 예컨대 오늘 내가 이 산맥을 넘겠다고 품은 기획과, 내 주위를 잠재적으로 가치부여하는 일반적인(전체적인) 의도(지향)를 구분해야 한다. 내가 산맥을 오르려 하건 하지 않건, 이 산맥은 내게 거대한 모습으로 나타난다. 그것은 이 산맥이 내 몸의 잡기(파악)에 넘어서 있고, 또 내가 방금 『미크로메가스*Micromégas*』[113]를 읽었다 해도, 그 산맥이 내게서 작아지게 할 수 없기 때문이다. 따라서 나를 원하는 대로 시리우스Sirius나 지구 표면에 자리할 수 있는 사유하는 주체로서의 나(자아) 아래에는, 자신의 지상적(땅의terrestre) 상황을 떠나지 못하고, 끊임없이 절대적인 가치부여valorisation의 윤곽을 그리는 자연적 자아와 같은 것이 있다. 게다가 사유하는 존재이고자 하는 나의 기획은 분명히 이와 같은 가치부여를 바탕으로 만들어진다. 내가 시리우스의 관점에서 사물들을 보고자 결심할 때, 나는 그렇게 하기 위해 여전히 내 지상적 경험에 의존한다. 예컨대 나는 알프스 산맥이 두더지 언덕이라고 말한다.

[4. 감각적 세계에 대한 암묵적인 가치부여]

¶ 내게 손, 발, 몸, 세계가 있는 한, 나는 [자유로운] 결단에 의존하지 않는

---

113 역주) 볼테르가 쓴 콩트. 미크로메가스는 젊은 거인으로 "시리우스(Sirius)의 한 행성에 산다. 나이는 670살이고, 그의 키는 8리유(lieues), 즉 대략 39km에 달한다"(『불어본 위키』).

의도(지향)들, 내가 선택하지 않은 특성으로 내 주변(환경)에 영향을 미치는 의도(지향)들을 내 주위에 지닌다. 이 의도(지향)들은 이중적 의미에서 전체적(일반적)이다. 먼저 그것은 이 의도(지향)들이 모든 가능한 대상들을 단번에 포함하는 하나의 체계를 구성한다는 의미에서이다. 예컨대 산이 내게 크고 수직으로 솟아 있는 것처럼 보인다면, 나무는 내게 작고 비스듬하게 보인다. 다음으로 그것은 그 의도(지향)들이 나에게 고유한 것이 아니라는 의미에서이다. 그것들은 나보다 더 먼 곳에서 온 것이며, 내 [몸의] 조직처럼 조직되어 있는 모든 심리-물리적 주체들에게서 내가 그와 같은 의도(지향)들을 발견한다는 것은 놀랍지 않다. 바로 이와 같은 사실로 인해, 게슈탈트 이론이 보여 준 것처럼 나에게는 특권화된 형태들이 있다. 《503》 이 형태들은 다른 모든 사람에게도 똑같이 특권적이고, 심리과학과 엄밀한 법칙들을 가능케 하는 것이다. 아래의 점들의 집합은 항상 〈두 점의 간격이 2mm인 6쌍의 점들〉로 지각된다.

• • ⠀ • • ⠀ • • ⠀ • • ⠀ • • ⠀ • •

또 어떤 도형은 항상 정육면체로 지각되고, 어떤 다른 도형은 항상 평면 모자이크로 지각된다.[114] 이런 모든 것은 우리의 판단과 우리의 자유 이전에, 누군가(익명적인 사람)가 주어진 이러저러한 배열형태constellation에 이러저러한 의미를 지정하는affecter 것처럼 일어난다. 물론 지각적 구조들이 [우리에게] 항상 강제로 주어지는 것은 아니다. 즉 애매한 지각적 구조들도 있다. 그러나 이러한 애매한 구조들은 우리 속에 자연발생적인spontatnée 가치부여가 현전한다는 것을 훨씬 잘 드러내 준다. 왜냐하면 그것들은 유동적인

114⠀⠀본서 484-485쪽을 참조할 것.

도형(모양)들로서 차례로 서로 다른 실질의미를 제시하기 때문이다. 그런데 순수 의식은 그 스스로가 자신의 의도(지향)를 모르는 일 빼고는 무엇이든 할 수 있다. 또 절대적 자유는 [유동적으로] 왔다 갔다 하는 자신을 선택할 수 없다. 왜냐하면 그것은 그 자신을 여러 측면에서 부추겨지게solliciter 하는 것과 같기 때문이고, 또한 가설상 가능적인 것들이 그것들이 갖고 있는 모든 힘을 자유에 빚지고 있으므로, 자유가 가능적인 것들 중 하나에 준 무게는 바로 그런 사실로 인해 다른 가능적인 것들에게서 빼앗아 온 것이기 때문이다. 분명 우리는 어떤 형태를 다른 방향에서 바라봄으로써 그 형태를 해체시킬 수 있다. 그러나 이것은 자유가 그 시선과 그 시선의 자연발생적인 가치부여를 이용하기 때문이다. 이 자연발생적인 가치부여가 없다면, 우리에게는 결코 세계가 없을 것이다. 즉 우리 몸에 〈만져야 할 것〉, 〈잡아야 할 것〉, 〈올라가야 할 것〉으로서 자신을 제시하면서 무형의 상태informe로부터 출현하는 사물들의 집합이 없을 것이다. 또한 우리는 결코 우리 자신이 사물에 들어맞는 의식, 우리 너머에 사물들이 있는 곳에서 그것들을 만나는 의식을 갖지도 못할 것이고, 단지 우리의 의도(지향)에 내재한 대상들을 엄밀하게 사유하는 의식만을 갖게 될 것이다. 또한 우리는 우리 자신이 광경에 연루된 채로, 말하자면 사물과 섞인 채로 세계에 있지도 못하게 될 것이고, 단지 우주의 표상만을 갖게 될 것이다. 따라서 정말로 장애물들이 그 자체로 있지 않다는 것은 사실이지만, 장애물들을 그와 같은 성질로 규정하는 자아는 탈-우주적인 주체가 아니다. 그것은 사물들에 모양을 주기 위해, 그 자신을 선행하여 사물들 곁에 있는 자아이다. 세계와 우리의 육화된 실존의 교섭에서 구성되는 세계의 토착적인autochtone 의미가 있으며, 이 의미는 모든 [자유로운] 결단적 의미부여Sinngebung의 토대를 이룬다.

[5. 〈세계에 있는 존재〉의 침전물]

이상과 같은 것은 〈외적 지각〉처럼 비인격적(비인칭적)이고 결국 추상적인 기능에 대해서만 사실인 것은 아니다. 모든 가치부여에는 유사한 어떤 것이 있다. 《504》 이미 심도 있게 지적된 것처럼, 고통과 피로는 결코 내 자유에 〈작용하는〉 원인으로 간주될 수 없다. 만약 내가 어느 순간 고통이나 피로를 느낀다면, 그것들은 외부로부터 오지 않고, 항상 의미가 있으며, 세계에 대한 나의 태도를 표현하는 것이다. 고통이 있을 때 나는 그것에 굴복하여 내가 말하지 말아야 하는 것을 말하고, 피로가 있을 때 나는 여행을 중단한다. 그리고 우리 모두는 더 이상 고통이나 피로를 참지 않겠다고 결심하는 순간, 그 즉시 그것들이 실제 참을 수 없는 순간이 됨을 알고 있다. 피로가 내 동료를[그의 여행을] 멈추지 못하게 할 때, 그것은 그가 땀에 젖은 몸과 불타는 듯한 길과 태양을 사랑하기 때문이고, 요컨대 그가 사물들 속에서 자신을 느끼고, 사물들이 내뿜는 빛 반사의 중심에 있고, 이 빛의 시선의 대상이 되고, 이 지표면의 촉각적 대상이 되기를 좋아하기 때문이다. 피로가 나로 하여금 [여행을] 중단하게 할 때, 그것은 내가 이상과 같은 것을 좋아하지 않기 때문이고, 나의 〈세계에 있는 존재〉 방식을 다르게 선택하기 때문이며, 예컨대 내가 자연 속에 있기보다는 다른 사람들이 나를 인식하게 하는 데 애쓰기 때문이다. 정확히 내가 나의 〈세계에 있는 존재〉에 대해 자유롭고, 나의 〈세계에 있는 존재〉를 변형시킴으로써 내 [여행] 길을 계속 가는 데 자유로운 한에서, 나는 피로에 대해 자유로운 것이다.[115]

¶ 그러나 바로 여기에서도 우리는 우리 삶의 일종의 침전물을 인식해야 한다. 즉 세계에 대한 한 태도가 자주 승인되면, 그것은 우리에게서 특권적인 것이 된다. 만약 자유가 자신이 직면하는 어떤 동기(부추기는 것)의 영향

---

[115]   J. P. Sartre, *L'Être et le Néant*, p. 531과 그 이하.

도 받지 않는다면, 나의 습관적인 〈세계에 있는 존재〉는 매 순간 또한 부서지기 쉽고, 수년 동안 자기만족으로 형성된 내 콤플렉스도 항상 별것 아닌 것이 되며, 자유의 몸짓은 조금도 힘들이지 않고 즉시 그 콤플렉스를 날려 보낼 수 있다. 그러나 20년 동안 끊임없이 지속된 열등감 콤플렉스 속에서 우리 삶이 형성된 이후에, 우리가 변한다는 것은 거의 개연적*probable*이지 않다. 추상적으로 접근하는sommaire 이성론이 이런 혼합적인(하이브리드) 개념에 반대하여 무엇을 말할 수 있는지는 분명하다. 즉 가능적인 것possible 에는 정도들이 없다는 것이다. 자유로운 행위가 더 이상 가능하지 않거나, 아니면 여전히 가능하며, 가능한 경우엔 자유는 전적이라는 것이다. [이런 입장에서] 개연적인 것은 결국 아무런 의미도 없다. 그리고 그러한 개념은 통계적인 사유에 속하지만, 통계적 사유는 사유가 아니다. 왜냐하면 그 개념은 현실태적으로 존재하는 어떤 특정한 것, 시간의 어떠한 순간, 구체적인 어떤 사건에도 관계하지 않기 때문이다. 그래서 〈폴이 시시한 책을 쓰기를 포기하는 일은 거의 개연적이지 않다〉는 말은, 폴이 매 순간 그런 책을 쓰지 않고자 결심할 수 있기 때문에, 아무 의미가 없다. 또한 개연적인 것은 어디에나 있지만 어느 곳에도 없고, 《505》 그것은 허구가 실재화된 것이고, 심리적인 존재만이 있으며, 세계를 이루는 요소가 아니다.

¶ 그러나 좀 전에 우리는 이미 지각된 세계에서 그런 개연적인 것을 만났다. 산이 크거나 작은 것은, 산이 지각된 것으로서 나의 잠재적 행위의 장場에 자리하고, 또 단지 나의 개인적 삶의 차원niveau만이 아니라 〈모든 사람〉의 차원과 관련하여 자리하는 한에서이다. 일반성과 개연성은 허구가 아니라 현상이며, 따라서 우리는 통계적 사유에 대한 현상학적 토대를 발견해야 한다. 통계적 사유는 세계 속에 정착하고, 자리하며, [상황으로] 둘러싸인 어떤 존재에 필연적으로 속한다. 내가 20년 동안 안주했던 열등감 콤플렉스를 즉시 없애는 것은 〈거의 개연적이지 않다〉. 이것이 의미하는

것은 내가 열등감에 구속되었다는 것, 내가 열등감을 거처로 삼았다는 것, 이 과거가 숙명은 아니더라도 적어도 특정한 무게를 지닌다는 것, 또 이 과거가 내게서 멀리 떨어진 저쪽에서의 사건들의 총합이 아니라, 내 현재의 분위기atmosphère라는 것이다. 이성론의 양자택일, 즉 자유로운 행위는 가능한가 아니면 불가능한가, 사건은 나에게서 오는가 아니면 외부에서 야기되는 것인가는 우리와 세계의 관계, 우리와 우리 과거와의 관계에 적용되지 않는다. 우리의 자유는 우리의 상황을 없애는 것이 아니라 그 상황에 맞물려 있다. 즉 우리가 살고 있는 한, 우리의 상황은 열려 있으며, 이것은 우리의 상황이 특권화된 해결 방식들을 촉구하지만, 동시에 그 자체로는 어떤 해결 방식도 가져다줄 수 없음을 함의한다.

[6. 역사적 상황에 대한 가치부여: 계급의식 이전의 계급]

우리와 역사의 관계를 고찰해 본다면, 우리는 동일한 결론에 이를 것이다. 내가 내 절대적 구체성에서, 또 반성이 나 자신에게 제시하는 그대로 나 자신을 파악한다면, 나는 예컨대 〈노동자〉나 〈부르주아〉로 아직 특성 규정되지 않은 익명적이고 선-인간적인 흐름이다. 내가 나중에 나를 인간들 중 한 인간, 부르주아들 중 한 부르주아로 생각한다면, 그것은 나 자신에 대한 이차적인 시각일 수밖에 없는 것 같다. 결코 나는 내 중심[본 모습]에서는 노동자나 부르주아인 적이 없다. 나는 스스로를 부르주아의 의식이나 프롤레타리아의 의식으로 자유롭게 가치부여하는 의식이다. 실제로 생산과정 속의 나의 객관적 위치는 전혀 계급의식의 자각을 불러일으키기에는 충분하지 않다. 혁명가들이 나타나기 훨씬 이전부터 착취당하는 사람들이 있었다. 또한 노동운동은 항상 경제적 위기 시기에 진행되는 것은 아니다. 따라서 저항은 객관적 조건들의 산물이 아니고, 오히려 혁명을 원하는 노동자의 결단이 바로 그를 프롤레타리아로 만드는 것이다. 현재에 대한 가치부여는 《506》 미래에 대한 자유로운 기획에 의해 이루어진다. 이상의 사실에서 역사는 그 자체로서는 의미를 갖지 않으며, 그것이 갖는 의미는 우리의 의지에 의해 부여된 것이라고 결론 내릴 수 있을 것이다.

¶ 그러나 여기서도 우리는 또다시 〈그것이 없으면〉이라는 방법에 빠져 있다. 즉 우리는 주체를 결정론의 그물 속에 포함시키는 객관적 사유의 반대로서, 그 결정론을 주체의 구성적 활동에 의존시키는 관념론적 반성을 내세우고 있는 것이다. 그런데 우리가 이미 보았듯이, 객관적 사유와 반성적 분석은 동일한 오류의 두 측면이고, 현상을 간과하는 두 방식이다. 객관적 사유는 계급의식을 프롤레타리아의 객관적 조건에서 연역한다. 관념론적 반성은 프롤레타리아의 조건을 프롤레타리아가 그 조건에 대해 갖는 의식으로 환원한다. 전자는 계급의식을 객관적 특성으로 규정된 계급에서 이끌어 내고, 반대로 후자는 〈노동자의 존재〉를 노동자 존재의 의식으로 환원한다. 이 두 경우는 즉자와 대자의 양자택일에서 벗어나지 않기 때문에, 추상의 영역에 있다. 만약 우리가 의식적 자각의 원인이 아니라 (왜냐하면 외부로부터 의식에 작용할 수 있는 원인이 없기 때문이다), 또 그 자각의 가능성의 조건도 아니라 (왜냐하면 우리에게는 그 자각을 현실화되게 하는 조건이 필요하기 때문이다), 계급의식 자체를 발견하고자 신경 쓰면서 문제를 다시 검토한다면, 결국 우리가 진정한 실존적 방법을 시행한다면, 우리는 무엇을 발견하게 되는가? 실제 내가 내 노동을 팔기 때문에, 또는 실제 내[내 이익]가 자본주의의 체제와 연결되어 있기 때문에, 내가 노동자 존재être 또는 부르주아 존재의 의식을 갖는 것이 아니다. 또한 내가 계급투쟁의 관점에서 역사를 바라보고자 결심하는 날, 내가 노동자나 부르주아가 되는 것도 아니다. 즉 사실은, 먼저 〈나는 노동자로서 실존한다existe〉 또는 먼저 〈나는 부르주아로서 실존한다〉는 것이다. 바로 이러한 세계 및 사회와의 소통(교제) 방식이 나의 혁명적 또는 보수적 기획과, 〈나는 노동자이다suis〉 또는

〈나는 부르주아이다〉와 같은 나의 명시적인 판단을 동시에 부추기는 것(동기 주는 것)이고, 이 부추김은 전자가 후자에서 연역되거나 후자가 전자에서 연역될 수 없을 정도로 일어난다. 나를 프롤레타리아로 규정하는 것은, 비인격적인 힘들의 시스템으로 간주된 경제나 사회가 아니라, 내 속에서 내가 지니는 것으로서의, 내가 체험하는 것으로서의 사회나 경제이다. 그 것은 또한 부추기는 것(동기)이 없는 지성적 활동이 아니라, 이러한 제도적 틀 속에서 내가 세계에 있는(세계로 향하는) 방식이다.

¶ 내가 어떤 [도시 노동자의] 삶의 방식을 산다고 해 보자. 나는 실업이나 경제 호황에 좌우되는 삶을 살고, 원하는 대로 내 삶을 살 수 없으며, 나는 주마다 임금을 받고, 내 노동 조건과 그 생산물을 내 뜻대로 제한할 수도 없다. 《507》 그 결과 나는 내 공장에서든, 내 나라에서든, 내 삶에서든 이방인처럼 느껴진다. 나는 인정하고 싶지 않지만 어쩔 수 없이 맞춰 살아야 하는 운명fatum을 중요하게 생각하는 습관을 갖게 된다. 혹은, 내가 농촌의 날품팔이꾼으로서 일한다고 해 보자. 나는 농장도 없고 심지어 작업 도구도 없으며, 수확기에 품을 팔러 이 농장 저 농장을 떠다닌다. 나는 정착하고 싶을 때도 나를 방랑자로 만드는 익명의 어떤 힘이 내게 가해지는 것을 느낀다. 혹은, 내가 농장의 소작인이라고 해 보자. 그 농장은 200m가 안 되는 곳까지 전기가 들어오지만, 농장 주인이 전기설비를 하지 않은 곳이다. 그 농가에는 쉽게 정비해서 쓸 다른 방들이 있지만, 나와 내 가족은 방 한 칸만을 이용하여 살아간다. 공장의 내 동료들, 수확기의 내 동료들, 다른 소작인들은 나와 유사한 조건에서 나처럼 노동을 한다. 우리는 같은 상황에서 함께-실존한다coexistons. 그리고 우리는 서로가 비슷하다고 느끼는데, 그것은 마치 각자가 먼저 고립된 자기 삶을 살고 있는 것처럼 어떠한 비교를 통해서가 아니라, 우리의 노동 내용과 노동하는 몸동작을 토대로 해서이다. 이러한 상황들은 어떤 명시적인 평가évaluation도 전제하지 않는다.

그리고 암묵적인 평가가 있다고 한다면, 그것은 알려지지 않은[막연한] 장애물에 대해 기획 없이 추진되는 어떤 자유에 의한 것이다. 이 세 경우 중 어느 경우도 선택에 대해서 말할 수 없다. 세 경우에서 내 삶을 힘들고 제약받는 것으로서 체험하기 위해서는, 내가 태어나고 내가 실존하는 것으로 충분하다. 내가 그런 삶을 체험한 것은 선택한 것이 아니다. 그러나 이상과 같은 것들은 그대로 지속되어, 내가 계급의식을 갖지 않고, 나를 프롤레타리아로서 이해하지 않으며, 또 내가 혁명가가 되지 않을 수가 있다.

¶ 그렇다면 어떻게 변화가 일어나는 것일까? 도시 노동자는 다른 공장의 노동자들이 파업한 후에 임금 인상을 쟁취했다는 것과, 그 이후에 자신의 공장에서도 임금이 인상되었다는 것을 알게 된다. 그가 고군분투했던 운명fatum이 무엇이었는지가 분명히 드러나기 시작한다. 도시 노동자들을 본 적도 많지 않고, 그들과 닮지도 않고, 그들을 거의 좋아하지도 않는 농촌의 날품팔이꾼은 공산품 가격과 생활비가 오르는 것을 보고, 더 이상 생계를 꾸릴 수 없음을 깨닫는다. 이때 그가 도시 노동자들을 비난할 수가 있고, 이럴 경우 계급의식은 생기지 않을 것이다. 만약 계급의식이 생긴다면, 그것은 농촌의 날품팔이꾼이 혁명가가 되기로 결심하여, 결과적으로 자신의 현실 상태에 가치부여했기 때문이 아니라, 그가 자신의 삶과 도시 노동자들의 삶의 일치된 모습과, 그들과의 운명 공동체를 구체적으로 지각했기 때문이다. 소작농은 관습과 가치판단의 세계에 있어 농촌의 날품팔이꾼들 및 도시 노동자들과 단절되어 있기 때문에, 농촌의 날품팔이꾼들과 일체감이 없고, 더더욱 도시 노동자들과도 일체감이 없다. 그렇지만 소작농은 농촌의 날품팔이꾼들에게 충분치 않은 품삯을 줄 때는, 자신이 농촌의 날품팔이꾼들과 같은 편에 있음을 느끼고, 《508》 농장 주인이 여러 산업체의 이사장인 것을 알게 될 때는, 도시 노동자들과 연대감도 느낀다. 사회적 공간이 모이기 시작하고, 하나의 피착취자의 층이 뚜렷하게 나타난

다. 사회적 지평의 어떤 곳에서 어떤 추진적 흐름[운동의 물결]이 밀려올 때마다, 이데올로기나 직업의 차이를 넘어 집단의 재조직화의 과정이 분명해진다. 계급은 현실화된다. 그리고 프롤레타리아의 분파들 간에 객관적으로 존재하는 연대를 (궁극적으로는 절대적인 관찰자라면 분파들 사이에서 인식할 수 있을 그런 연대를), 마침내 각 사람이 그들 실존의 공통 장애물을 지각하면서 체험할 때, 혁명적 상황에 이르렀다고 말할 수 있다. 혁명의 표상이 어느 순간이든 솟아나야 한다는 것은 조금도 필요하지 않다. 예를 들어 1917년 러시아 농민들이 혁명과 소유권의 변혁을 명시적으로 계획했는지는 의심스럽다. 혁명은 멀리 있지 않은 목적과 조금 더 멀리 있는 목적이 연쇄적으로 연결되면서 매일매일 발생한다. 프롤레타리아 각자가 마르크스주의 이론가가 부여하는 바의 의미로서 자신을 프롤레타리아로서 생각해야 한다는 것은 필요한 것이 아니다. 농촌의 날품팔이꾼이나 소작인이, 도시 노동자들이 행진하는 어떤 사거리로 그들도 행진하고 있음을 느낀다면 그것으로 충분하다. 양쪽 모두 혁명을 향해 가지만, 만약 혁명이 사전에 묘사되고 표상되었다면, 아마도 그들은 두려워했을 것이다. 기껏해야 혁명은 그들이 걸어왔던 길의 끝에 있다고, 그들 각자가 자신의 곤궁함과 자신의 특정한 선판단의 바탕에서 구체적으로 체험하는 〈변해야 한다〉는 형태로서의 기획에 있다고 말할 수 있다. 운명도 이 운명을 파괴하는 자유의 행위도 표상되어 있지 않고, 그것들은 애매성 속에서 체험되어 있다. 이것은 노동자와 농민이 그들도 모른 채 혁명을 수행한다는 것과, 그때 그들이 가진 것이 몇몇 의식적인(자각하는) 선동가들에 의해 교묘히 이용되는 맹목적이고 〈근본적 힘들forces élémentaires〉이라는 것을 의미하지는 않는다. 아마도 이러한 것들은 경찰청장이 역사를 바라보는 방식일 것이다. 그러나 이런 시각들은 진정한 혁명적 상황에 마주한 경찰청장에게는 어떤 도움도 되지 않는다. 그러한 상황에서 소위 선동가의 구호는 마치 예정조화처럼 즉각적으로 이해되고, 어디서나 동조를 얻는다. 왜냐하면 그 구호는 모든 생산자의 삶에 잠재하는 것을 결정結晶 상태로 만들기 때문이다.

[7. 지성적 기획과 실존적 기획]

¶ 혁명 운동은 예술가의 작업처럼 그 도구와 표현 수단을 창조하는 하나의 의도(지향)이다. 혁명의 기획은 어떤 숙고된 판단의 결과도, 어떤 목표의 명시적인 정립도 아니다. 《509》 그것은 선전선동가의 경우에서 그러할 것인데, 왜냐하면 그는 지식인에 의해 훈련받았기 때문이다. 또는 지식인의 경우에서도 그러할 것인데, 왜냐하면 그는 자신의 삶을 자신의 사유에 맞추기 때문이다. 그러나 혁명의 기획은 인간들 간의 관계 속에서와 인간과 그의 직업의 관계 속에서 형성될 때만, 한 사상가의 추상적 결단이기를 멈추고 역사적 실재가 된다. 따라서 나 자신을 가능적 혁명과 관련하여 자리매김하는 날에, 나를 노동자로 또는 부르주아로 인식한다는 것은 정말로 사실이다. 또한 이러한 입장 취함이 기계적인 인과성에 의해 나의 노동자 신분이나 부르주아 신분으로부터 결과하지 않는다는 것도 사실이다. (이 때문에 모든 계급에는 반역자가 있다.) 그렇지만 이 입장 취함은 이유 없고, 순간적이며, 부추김(동기) 없는 가치부여가 아니다. 그것은 미세한 과정을 통해 준비되는 것이고, 말(언어)로 터져 나오기 전에, 또 객관적인 목표와 관계하기 전에 함께-실존함 속에서 무르익는 것이다. 가장 비참한 빈곤이 가장 의식적인(자각한) 혁명가를 만들지는 않는다는 사람들의 지적은 옳다. 그러나 그들은 다시 온 경제 호황이 왜 대중들의 급진성을 종종 가져오는지를 묻는 것은 망각한다. 그것은 삶에 대한 압력의 경감이 사회적 공간의 새로운 구조를 가능케 하기 때문이다. 즉 [대중들의 삶의] 지평은 더 이상 가장 직접적인 관심사에 국한되지 않고, 그들에게는 여유가 있고, 새로운 삶의 기획을 위한 여지가 있게 된다. 따라서 이와 같은 사실은 노동자가 무

로부터 *ex nihilo* 자신을 노동자와 혁명가로 만드는 것이 아니라, 반대로 어떤 함께-실존함의 토대에서 그러한 자신을 만든다는 것을 증명하고 있다. 결국 우리가 검토해 온 [관념론적] 입장의 오류는 실존적 기획은 고려하지 않고 지성적 기획만을 고려한다는 것이다. 이 실존적 기획은 규정된-비규정된 어떤 목표를 향한 삶의 극화(집중), 즉 삶에는 그것에 대한 어떤 표상도 없고 그것에 이르렀을 때만 인식되는 목표를 향한 삶의 극화(집중)이다. [그렇지만 관념론적 입장의] 사람들은 지향성을 객관화 작용이라는 특수한 경우로 환원하고, 프롤레타리아의 조건을 사유의 대상으로 만든다. 그리고 언제나 관념론의 방법에 따라, 모든 사유 대상처럼 프롤레타리아의 조건도 그것을 대상으로 구성하는 의식 앞에서만 또 의식에 의해서만 존속한다고 손쉽게 보여 준다. (객관적 사유와 마찬가지로) 관념론은 대상을 정립하기보다는 그 대상에 있는*est à* 진정한 지향성을 간과한다. 관념론은 의문문적인 것, 접속법적인 것, 소망, 기대, 또 이와 같은 의식의 양태들의 적극적인 미결정성을 알지 못한다. 그것은 현재 혹은 미래에서 직설법적인 의식만을 알 뿐이고, 또 이 때문에 계급을 설명하지 못한다. 왜냐하면 계급은 확인되는 것도 공포(선언)되는 것도 아니기 때문이다. 그것은 자본주의 체계의 운명이나 혁명과 마찬가지로, 사유되기 이전에 우리를 따라다니는 현전으로서, 《510》 가능성으로서, 수수께끼로서, 신화로서 체험되는 것이다. 계급의식을 결단과 선택의 결과로 만드는 것은, 문제가 제기되는 날이 해결되는 날이고, 모든 질문은 그것이 기다리는 답을 이미 포함한다고 말하는 것과 같다. 결국 그것은 내재성으로 복귀하는 것이고, 역사를 이해하는 일을 단념하는 것이다.

¶ 사실 지성적 기획과 목표의 정립은 실존적 기획의 완성일 뿐이다. 내 삶에 어떤 의미와 미래를 부여하는 것은 나이지만, 이것은 이 의미와 미래가 개념화된 것임을 의미하지는 않는다. 그것들은 내 현재와 과거에서, 특

히 현재와 과거에 걸친 나의 함께-실존함의 방식에서 솟아오른 것이다. 혁명가가 되기로 한 지식인의 경우조차 결단은 무로부터 생기지 않는다. 예컨대 때로는 그 결단이 오랜 고독 후에 이뤄지기도 한다. 즉 지식인은 그에게 많은 것을 요구하고 그의 주관성을 치유할 어떤 교의를 찾고 있다. 또 때로는 지식인이 마르크스주의 역사 해석이 가져다줄 명석함에 이끌리기도 한다. 이 경우 지식인에게서 지식은 그의 삶의 중심에 있고, 이런 사실 자체도 그의 과거와 유년기와 관련해서만 이해된다. [직접적으로] 부추기는 것(동기) 없이 순수한 자유 행위로 혁명가가 되겠다는 결단조차도 여전히 자연적이고 사회적인 〈세계에 있는 존재〉의 어떤 방식을 표현할 것이고, 이는 전형적인 지식인의 〈세계에 있는 존재〉 방식이다. 그가 〈노동자 계급을 지지한다〉는 것은 단지 지식인적 상황에 입각한 것이다. (이 때문에 지식인의 절대적인 신념이 여전히 의심스러운 것은 당연한 것이다.) 하물며 노동자의 결단이 삶 속에서 형성된다는 것은 말할 것도 없다. 이 경우 특수한 삶의 지평과 혁명의 목표가 일치하는 것은 더 이상 어떤 잘못된 이해(전제나 해석)에 의한 것이 아니다. 왜냐하면 노동자가 삶에서 경제체제에 맞서 고군분투하므로, 혁명은 지식인보다도 노동자에게 더 직접적이고 가까운 가능성이기 때문이다. 그렇기 때문에 통계적으로 부르주아보다 노동자가 혁명의 정당에 더 많이 있다. 물론 부추김(동기부여)은 자유를 없애지는 못한다. 가장 엄밀한 의미의 노동자들 당에서도 간부 중에 많은 지식인이 있었으며, 또 레닌과 같은 어떤 사람이 자신을 혁명과 동일시하여 마침내 지식인과 노동자의 구별을 넘어서는 것도 가능하다. 그러나 이것들은 바로 행위와 참여의 고유한 효과이다. 즉 처음에 나는 계급을 넘어선 개인이 아니고, 사회적인 상황에 놓여 있고, 또한 내 자유는 내가 다른 곳에 참여하게 하는 힘이 있다고 해도, 내가 존재하고자 결단하는 것을 즉각 이루게 하는 힘은 있지 않다. 이처럼 부르주아 또는 노동자가 되는 것은 단지 그러한 존재의 의식을 갖는 것이 아니다. 그것은 《511》 세계를 형태화하고 타인들과 함께-실존하는 우리의 방식과 일체가 되는 암묵적 또는 실존적 기획을 통해, 자신을 노동자나 부르주아로서 가치부여하는 것이다. 나의 결단은 내 삶의 자연발생적인 의미를 다시 잡아 확고히 하거나 약화시킬 수는 있지만, 그 의미를 없는 것으로 만들 수는 없다. 관념론과 객관적 사유는 똑같이 계급의식의 자각 현상을 파악하지 못한다. 왜냐하면 전자는 의식에서 현실적인 존재를 연역하고, 후자는 사실로서의de fait 존재에서 의식을 이끌어 내며, 양자 모두 부추김(동기부여)의 관계를 알지 못하기 때문이다.

[8. 대자와 대타, 상호주체성]

아마도 이에 대해 관념론 쪽 사람들은 나는 나 자신에게서 개별적(특정한) 기획(앞에-던짐)이 아니라 순수한 의식이라고 답변할 것이다. 또한 부르주아나 노동자의 속성이 내게 속하는 것은, 단지 내가 타인들 속에 나를 다시 위치시키고, 타인의 눈으로 나를 외부에서 그리고 한 명의 〈타인〉으로 바라보는 한에서라고 답변할 것이다. 그렇다면 여기에는 대자Pour Soi의 범주가 아니라, 대타Pour Autrui의 범주가 관계할 것이다. 그러나 만약 두 종류의 범주가 있다면, 어떻게 나는 타인, 즉 다른 자아alter ego를 경험할 수 있을까? 이 타인의 경험은, 나 자신에 대해 갖는 내 시각 속에 가능적(잠재적) 〈타인〉이라는 나의 지위(특성qualité)가 발생하고 있고, 타인에 대해 갖는 내 시각 속에 자아라는 그의 지위(특성)가 포함되어 있음을 전제한다. 이에 대해, 타인은 나에게 하나의 사실로서 주어지는 것이지, 나 자신의 존재의 가능성으로서 주어지지 않는다는 반론이 여전히 있을 것이다. 이 반론은 무엇을 의미하는가? 지구상에 다른 사람들이 없다면, 나는 그들을 경험하지 못하게 된다는 것을 의미하는가? 이 명제는 분명 당연한 사실이지만, 우리의 문제를 해결하지는 못한다. 왜냐하면 칸트가 이미 말했듯이, 우리는 "모든 인식은 경험과 함께 시작한다"에서 "모든 인식은 경험에서 나온다"로 이행할 수 없기 때문이다. 만약 경험적으로empiriquement 존재하는 다른 사람들이 나에게서 다른 사람들이어야만 한다면, 나는 그들을 그와 같이 인식할 무엇인가를 가져야 하고, 따라서 대타의 구조들은 이미 대자의 차원들dimensions이지 않으면 안 된다. 또한, 우리가 언급한 모든 사항을 대타로부터 도출하는 것은 불가능하다. 타인은 내게서 필연적으로 대상이 되는 것도 아니고, 심지어 전적으로 대상이 되는 것도 전혀 아니다. 예컨대 공감sympathie의 경우, 나는 나 자신만큼이나 많게 또는 적게, 타인을 적나라한 실존과 자유로서 지각할 수 있다. 절대적인 주체성이 나 자신의 추상적인 개념에 불과한 것처럼, 타인-대상은 진정치 못한 타인의 양상에 불과하다. 그러므로 가장 철저한(근본적인) 반성 속에서 이미 나는 나의 절대적 개체성 주위에 일반성의 후광 같은 것 또는 〈사회성〉의 분위기와 같은 것을 파악하고 있어야 한다. 이것은 나중에 〈한 명의 부르주아〉나 〈한 명의 사람〉이란 낱말이 [512] 나에게 어떤 의미를 지닐 수 있기 위해 필연적인 것이다. 나는 나를 나 자신의 중심에서 벗어나는 것으로 단번에 파악해야 하고, 나의 단독적 실존은 말하자면 그 주위에 지위(특성)로서의 실존을 흩뿌려야 한다. 대-자는, 즉 나 자신에게서의 나와 타인 자신에게서의 타인은 대타, 즉 타인에게서의 나와 나 자신에게서의 타인이라는 바탕 위에서 드러나야 한다. 나의 삶은 내가 구성하지 않은 의미를 지녀야 하고, 엄밀한 의미에서 상호주체성은 존재해야 하며, 우리 각자는 절대적인 개체성(개인)의 의미에서 익명자이면서 동시에 절대적인 일반성의 의미에서 익명자여야 한다. 우리의 〈세계에 있는 존재〉는 이런 이중적 익명성의 구체적 담지자이다.

[9. 역사에는 **전적이지 않은**_du_ 의미(방향)가 있다]

　이러한 조건에서 상황들, 어떤 역사적 의미(방향), 어떤 역사적 진리가 있을 수 있고, 이것들은 동일한 것을 말하는 세 가지 방식이다. 실제로 내가 절대적인 자발성initiative으로 노동자나 부르주아가 된다면, 또 일반적으로는 자유를 부추기는sollicitait 어떤 것도 없다면, 역사는 어떤 구조도 갖지 못할 것이고, 역사에서 윤곽을 드러내는 어떤 사건도 볼 수 없으며, 어떤 것도 다른 어떤 것에서 나타날 수 있을 것이다. 하나의 이름을 부여할 수 있고 몇몇 개연적 속성들을 알아볼 수 있는, 비교적 안정된 역사적 형태로서의 대영제국도 존재하지 않을 것이다. 사회운동의 역사에서는 혁명적 상황이나 침체기도 존재하지 않을 것이다. 사회혁명은 어느 순간에나 똑같이 가능하며, 전제군주가 무정부주의로 개종하기를 기대하는 것도 불합리하다고 할 수 없다. 역사는 결코 향하는 곳이 없을 것이고, 심지어 짧은 기간의 시간을 고찰해 보아도 사건들이 서로 일치하여 하나의 결과로 향한다고 결코 말할 수 없을 것이다. 정치가는 항상 모사꾼이 될 것이고, 말하자면 그는 사건들에 있지 않는 의미(방향)를 부여함으로써 그것들을 자기 이익에 맞게 자기 것으로 만들 것이다. 그런데 역사가 그것을 다시 잡고 이를 통해 그것의 진로를 결정하는 의식들 없이는 아무것도 이룰 수 없다는 것이 정말로 사실이라면, 따라서 역사가 자신의 목적에 우리를 이용하는 외적인 힘으로서 우리와 떨어질 수 없다면, 정확히 역사는 항상 체험된(산) 것이 되기 때문에, 우리는 역사에 적어도 단편적일지라도 어떤 의미(방향)가 있음을 거부할 수가 없다. 아마 나중에 실패하는 것으로 끝나겠지만, 당장은 현재[현재적 상황]가 제안하는 것을 충족시킬 무엇인가가 [역사 속 주체에 의해] 준비된다. 1799년의 프랑스 당시, 혁명 흐름의 퇴조 속에서 군부정권이 〈모든 계급 위로〉 출현하지 못하게 하는 것은 없고, 군부 독재자의 역할이 여기에서 〈해야 할 역할〉이지 않게 하는 것도 없다. 우리가 이와 같이 판단할 수 있는 것은, 이미 실현되어 있어 우리가 알고 있는 보나파르트Bonaparte의 기획 때문이다. 그러나 보나파르트 이전에, 《513》 뒤무리에Dumouriez,[116] 퀴스틴Custine,[117] 그 외 몇몇 사람들이 그와 같은 기획을 품었다. 그리고 이처럼 수렴되는 현상은 당연히 설명되어야 한다. 사건들의 의미라 불리는 것은 사건들을 산출하는 관념도, 사건들의 집합의 우연한 결과도 아니다. 그것은 인격적인(인칭적인) 모든 결단에 앞서, 사회적인 함께-실존함과 **익명적 사람**On 속에서 형성되는 미래에 대한 구체적인 기획(앞에-던짐)이다. 계급들의 역학적 관계가 도달한 1799년의 혁명 역사의 시기에, 혁명을 계속할 수도 되돌릴 수도 없고, 개인의 자유가 무척 제한적으로 펼쳐지는 가운데, 각 개인은 그를 역사적 주체로 만드는 기능적이고 일반화된 그런 실존을 통해, 획득된 것에 의존하려는 경향이 있었다. 이 시기에 개인들에게 혁명정부의 통치방식을 재개하거나, 아니면 1789년 사회 상태로 되돌아가는 것을 제안하는 것은 역사적 오류를 범하는 것이 될 것이다. 그것은 언제나 자유로운 우리의 기획들과 가치평가들에서 독립한 역사의 진리가 있기 때문이 아니라, 이 기획들의 평균적·통계적인 실질의 미가 있기 때문이다. 이것은 우리가 역사에 그 의미를 부여하지만, 역사가 우리에게 그 의미를 제안하지 않으면 안 된다는 것을 의미한다. 이 의미-부여는 단지 원심적이지만은 않으며, 이것은 역사의 주체가 개인이 아닌 이유이기도 하다. 일반화된 실존과 개인적인 실존 사이에 교환이 있으며, 이 실존들 각각은 서로 주고받는다. **익명적 사람** 속에서 그려졌던 의미, 그리고 역사의 우연성에 의해 위협받는 불안정한 가능성일 뿐인 의미를 한

---

116   역주) Charles François Dumouriez(1739-1823). "프랑스 장교이자 혁명 시기의 장군이다. … 공화국 출현에 반대하였다"(『불어본 위키』). 쿠데타를 시도했으나 실패하였다.

117   역주) Adam Philippe de Custine(1742-1793). "프랑스 혁명 시기의 장군이다. …그는 반역 혐의로 체포되어 단두대에서 처형되었다"(『불어본 위키』).

개인이 다시 잡는 순간이 있다. 이때 한 개인이 역사를 움켜쥔 채, 역사의 의미로 보였던 것 훨씬 이상으로 적어도 한동안 역사를 이끌고 가서, 역사를 새로운 변증법에 끌어들이는 일이 생길 수 있다. 보나파르트가 통령(집정관)에서 황제와 정복자가 되었을 때처럼 말이다. 우리는 개인의 삶과 마찬가지로, 역사의 한 끝에서 다른 끝으로 단 하나의 의미만 있다고 주장하지 않는다. 우리가 말하고자 하는 것은 어떤 경우에서도 자유는 어느 순간에 역사가 제안한 의미를 다시 잡음으로써만, 또 일종의 미끄러지는 듯한 (비단절적인) 변화를 통해서만 그 의미를 변화시킬 수 있다는 것이다. 이처럼 현재가 제안한다는 사실을 통해서, 우리는 모사꾼과 정치인, 역사적 속임수와 한 시대의 진리를 구별할 수 있고, 따라서 우리의 과거에 대한 관점적 시각은 비록 절대적 객관성은 획득하지 못하지만, 그렇다고 결코 자의적일 권리가 있는 것도 아니다.

[10. 자아와 일반성으로서의 그 후광]

그러므로 우리의 자발적 행위initiatives와 바로 우리 자신인 엄밀하게 개인적인 기획 주위에서, 우리는 일반화된 실존 및 이미 실행된 기획의 영역을, 즉 우리와 사물 사이에 길게 뻗어 있고, 우리를 인간으로서 또 부르주아나 노동자로서 특성 규정하는 실질의미(의미표현)들을 발견한다. 일반성은 이미 개입하고, 우리가 우리-자신에게 현전함도 《514》 이미 이 일반성에 의해 매개되며, 우리는 순수 의식이기를 멈춘다. 즉 이러한 것은 자연적 또는 사회적인 배열형태constellation가 표현되지 않은 〈이것〉이기를 멈추고 한 상황 속에서 응결되자(구체화되자)마자, 그 배열형태가 의미를 갖자마자, 요컨대 우리가 실존하자마자 나타나는 것이다. 모든 사물은 그것의 근본적 성질로 물들이는 매개체를 통해 우리에게 나타난다. 이 나뭇조각은 색들과 촉각적 소여들의 집합도 아니고, 심지어 그것들의 총체적 게슈탈트도 아니다. 그것은 어떤 목재적 본질을 자신으로부터 발산한다. 이 〈감각 소여들〉은 어떤 주제를 변조한다. 또는 그것들은 여기에 있는 이 조각과 내가 이 조각에 대해 갖는 지각 주위에, 의미의 지평을 만드는 어떤 스타일, 목재 자체인 어떤 스타일을 예시한다. 우리가 본 것처럼 자연적 세계는 모든 가능한 주제와 스타일의 장소와 다른 것이 아니다. 그것은 분리 불가능하게, 비할 바 없는 하나의 개체이자 하나의 의미이다. 이에 상응하여, 주체의 일반성과 주체의 개체성, 특성 규정된 주체성과 순수한 주체성, **익명적 사람**On의 익명성과 의식의 익명성은 철학이 선택해야 할 두 개념이 아니라, 구체적인 주체인 단일 구조의 두 계기이다. 예컨대 감각작용sentir을 고찰해 보자. 나는 내 앞에 있는 이 붉은색에 조금도 성질(특성) 규정하지 않고 빠져 있다. 정말로 이런 경험은 내가 선-인간적 주체와 접촉하게 하는 것 같다. 누가 이 붉은색을 지각하고 있는가? 그는 이름을 붙일 수 있는 사람도, 다른 지각하는 주체들의 위치에 둘 수 있는 사람도 아니다. 왜냐하면 내가 갖는 붉은색 경험과 타인들이 내게 말하는 붉은색 경험 사이에, 어떤 직접적 비교도 결코 가능하지 않기 때문이다. 이 경우 나는 나의 고유한 관점 속에 있다. 또한 어떠한 경험도 인상과 같은impressionnelle 한, 똑같이 엄밀히 내 것이기 때문에, 유일무이한 하나의 주체는 그러한 경험들 모두를 포괄하는 것 같다. 내가 하나의 사유를 형성한다고, 예를 들어 스피노자의 신을 사유한다고 해 보자. [이때에도] 내가 체험하는 바로서의 이 사유는 어떤 사람도 결코 접근하지 못할 광경이고, 게다가 이것은 내가 친구와 함께 스피노자의 신의 문제에 대해 논의하게 되더라도 마찬가지이다. 그러나 이상과 같은 경험들의 개체성 자체는 순수한 것이 아니다. 왜냐하면 이 붉은색의 두께, 이 붉은색의 이것임(개체원리eccéité), 이 붉은색이 나를 채우고 내게 도달한 힘은, 그 색이 내 시선에 어떠한 진동을 부추기고 획득하는 데서 오며, 그 색이 특수한 하나의 변양이 되는 색들의 세계에 내가 친숙하게 있음을 전제하기 때문이다. 따라서 구체적인 붉은색은 일반성의 바탕 위로 부각되어 나타난 것이며, 이 때문에 나는 타인의 관점으로 이행하지 않고서도, 지각 속에서 나를 지각하는 하나의 주체로서 파악하고 있지, 유일무이한 의식으로서 파악하고 있지 않다. 《515》나의 붉은색 지각 주위에서 나는 이 붉은색 지각이 도달하지 않는 내 존재의 모든 영역과, 모든 색을 위해 마련된 영역, 즉 붉은색 지각이 그것을 통해 내게 도달하는 〈시각〉을 감각한다. 마찬가지로 스피노자의 신에 대한 내 사유는 외관상으로만 엄밀하게 유일무이한 한 경험이다. 왜냐하면 내 사유는 어떤 문화적 세계, 즉 스피노자의 철학이 응결된 것이거나, 아니면 내가 〈스피노자적인〉한 관념을 즉각 알아볼 어떤 철학적 스타일이 응결된 것이기 때문이다.

[11. 절대적 흐름은 그 스스로에게서 하나의 의식이다]

¶ 그러므로 우리는 왜 사유하는 주체 또는 의식이 자신을 인간으로서, 육화된 주체로서, 또는 역사적 주체로서 파악(통각)하는지를 물을 필요가 없다. 또한 우리는 이러한 파악(통각)을, 그러한 주체가 자신의 절대적 존재에서 출발하여 수행할 이차적인 활동으로 취급해서도 안 된다. 즉 절대적 흐름은 자신의 시선 아래에 〈하나의 의식〉으로, 인간으로, 또는 육화된 주체로 자신의 윤곽적 모습을 드러낸다. 왜냐하면 이 절대적 흐름은 하나의 현전의 장 ─자기에게 현전함, 타인에게 현전함, 세계에 현전함─ 이기 때문이고, 이 현전에 의해 절대적 흐름은 자기 이해의 출발점인 자연적·문화적인 세계로 던져지기 때문이다. 우리는 이 흐름을 자기와의 절대적 접촉으로도, 어떠한 내적 균열이 없는 절대적 밀도로도 표상하지 말아야 하며, 그와 달리 외부로 계속 이어지는 존재로 생각해야 한다. 만약 주체가 자기 자신과 자신의 존재 방식을 끊임없고 항상 독자적인 선택으로

만든다고 하면, 왜 그의 경험이 그 스스로에 연결되어 그에게 대상들과 일정한 역사적 국면들을 제시하는지, 왜 우리는 모든 시간에서 타당한(통용되는) 일반적 시간 개념을 갖는지, 끝으로 왜 우리 각자의 경험은 타인들의 경험과 연결되는지 의문을 가질 수 있을 것이다. 그러나 물어야 하는 것은 이 의문들 자체이다. 왜냐하면 주어진 것은 시간의 한 단편과 뒤이은 또 다른 단편, 어떤 개체적(개인적)인 흐름, 이어서 또 다른 개체적(개인적)인 어떤 흐름이 아니라, 각각의 주체성이 자기 자신을 다시 잡는(계승하는) 것이고, 하나의 자연의 일반성 속에서 여러 주체성이 서로가 서로를 다시 잡는 것, 즉 하나의 상호주관적인 삶과 하나의 세계가 응집되는 것이기 때문이다. 현재는 대자와 대타, 개체성과 일반성의 매개를 수행한다. 진정한 반성은 무위無爲적이고 접근할 수 없는 주체성으로서의 〈나〉가 아니라, 내가 지금 실현하는 바와 같은 세계 및 타인에 대한 나의 현전과 동일한 것으로서의 〈나〉를 나 자신에게 보여 준다. 즉 나는 내가 보는 것 전체이고, 나는 상호주관적 장이다. 그것은 내가 내 몸과 내 역사적 상황에도 불구하고 그러한 것이 되는 것이 아니라, 오히려 이 몸이고 이 상황임으로써, 이것들을 통해 나머지 전체임으로써 그러한 것이 되는 것이다.

[12. 나는 무無로부터 나를 선택하지 않는다]

그렇다면 우리가 처음에 언급했던 자유는 이러한 관점에서 어떻게 되는 걸까? 나는 더 이상 무néant인 척할 수도, 무rien로부터 지속적으로 나를 선택하는 척할 수도 없다. 만약 (516) 주체성에 의해 무néant가 세계에 나타난다고 한다면, 똑같이 세계에 의해 무가 존재하게 된다고도 말할 수 있다. 나는 그 어떤 무엇임에 대한 일반적 거부이지만, 이 거부 속에는 특성(성질) 규정된 이러저러한 존재 형태의 지속적인 수용이 은밀히 수반된다. 왜냐하면 이 일반적인 거부조차도 여전히 존재 방식들 중 하나이고, 세계 속에 나타난 모습이기 때문이다. 내가 매 순간 내 기획을 중단할 수 있다는 것은 사실이다. 그러나 중단할 수 있는 이 능력은 무엇인가? 그것은 다른 것을 시작하는 능력이다. 왜냐하면 우리는 결코 정지된 상태로 무 속에 머물러 있지 않기 때문이다. 우리는 항상 채워짐 속에, 존재 속에 있으며, 이 것은 쉬고 있을 때의 얼굴도, 심지어 죽은 자의 얼굴조차도 (놀란 모습, 평온한 모습, 신중한 모습의 죽은 자가 있다) 항상 무엇인가를 표현하도록 운명 지어진 것과 같고, 침묵이 여전히 소리 나는 세계의 한 양태인 것과 같다. 나는 어떤 형태도 깨뜨릴 수 있고, 무엇이든 무시해 버릴 수 있으며, 완전히 내가 사로잡히는 경우는 없다. 왜냐하면 이 경우 내가 내 자유 속으로 피신해서가 아니라, 내가 다른 것에 나를 구속하기 때문이다. 나는 초상으로 인한 슬픔을 생각하는 대신, 내 손톱을 바라보거나 점심을 먹거나 정치 문제에 몰두한다. 내 자유는 항상 홀로 있는 것이 아니라, 결코 공모자 없이는 있지 않고, 그것의 끊임없는 일탈(벗어남)의 능력은 세계에 대한 나의 보편적 구속에 의존한다. 내 실제 자유는 내 존재의 안쪽에 있는 것이 아니라, 내 앞에, 사물 속에 있다. 내가 나인 바를 끊임없이 거부할 수도 있다는 이유로, 끊임없이 나를 선택할 수 있다고 말하지 말아야 한다. 거부하지 않는 것은 선택하는 것이 아니다(선택하는 것과 똑같지 않다). 우리가 행함의 방임 laisser faire과 행함faire을 동일시할 수 있다면, 그것은 우리가 암묵적인(함축적인) 것에서 현상의 모든 가치를 제거하고, 매 순간 세계를 완전히 투명하게 우리 앞에 펼치는 한에서만, 즉 세계의 〈세계성〉을 파괴함으로써만 할 수 있는 것이다. 의식은 그 자신을 모든 것에 책임 있는 것으로 생각하고, 모든 것을 떠맡지만, 어떤 것도 자신의 것으로 갖지 않으면서 세계에서 자신의 삶을 만들어 간다.

¶ 사람들이 자유를 끊임없이 다시 시작하는 선택으로 생각하게 된 것은, 그들이 자연적 또는 일반화된 시간의 개념을 도입하지 않은 한에서이

다. 우리가 보았듯이, 자연적 시간이 주체성 없는 사물들의 시간으로 의미된다면, 이러한 자연적 시간은 있지 않다. 그러나 적어도 일반화된 어떤 시간이 있으며, 심지어 그것은 시간의 일반적(통상적) 개념이 가리키는 것이다. 그 시간은 과거, 현재, 미래라는 연쇄적 관계가 끊임없이 반복하는 것이다. 그것은 반복된 실망과 실패와 같은 것이고, 이것은 바로 우리가 시간이 연속적이라고 말할 때 표현하는 것이다. 즉 시간이 우리에게 가져다준 현재는 그것이 나타날 때 이미 지나갔기 때문에, 결코 진정한 현재가 아니다. 또한 미래는 그것이 곧 현재로 오고 그때 우리는 또 다른 미래로 향하기 때문에, 우리가 다가가는 목표의 의미를 외관상으로만 가질 뿐이다. 《517》 이러한 시간은 이 시간과 마찬가지로 순환적인 우리 몸의 기능들의 시간이고, 또 우리와 함께-실존하는 자연의 시간이기도 하다. 이 시간은 끊임없이 그 자신을 침식하고 좀 전에 행한 것을 다시 해체하기 때문에, 우리에게 단지 구속의 윤곽적 모습과 구속의 추상적 형식을 제시한다. 대자Pour Soi와 즉자En Soi가 매개자 없이 서로 마주 보며 정립되는 한, 우리와 세계 사이에서 주체성이 자연적으로 그려 내는 윤곽적 모습, 즉 그 스스로에게 의존하는 선인격적인 시간이 파악되지 않는 한, 시간의 용출을 가능하게 하기 위해 [인격적 또는 지성적 의식의] 작용들이 필요하게 되고, 또한 모든 것은 동일한 의미의 선택이 된다. 즉 호흡 반사는 도덕적 결단과 같은 것이 되고, 보존은 창조와 같은 것이 된다. 우리가 보기에, 의식이 이런 보편적 구성을 그 자신에게 귀속시키는 것은, 오직 그것이 자신의 하부구조를 이룰 뿐 아니라 자신의 태어남인 사건을 무시해 버릴 때뿐이다. 그 자신에게서 세계가 〈자명한〉 의식, 세계가 〈이미 구성되어 있고〉 그 자신 속에 이르기까지 현전한다고 생각하는 의식은 절대적으로 자신의 존재도 자신의 존재 방식도 선택하지 않는 것이다.

[13. 조건화된 자유]

　그렇다면 자유란 무엇인가? 태어나는 것은 세계에서du 태어나면서 동시에 세계로 향해à 태어나는 것이다. 세계는 이미 구성되어 있지만, 결코 완전히 구성되어 있지는 않다. 전자의 관계에서 우리는 부추겨져sollicités 있고, 후자의 관계에서 우리는 무한한 가능성에 열려 있다. 그러나 이러한 분석은 여전히 추상적이다. 왜냐하면 우리는 이 두 관계 속에 동시에 실존하기 때문이다. 그러므로 결코 결정론도, 절대적 선택도 있지 않으며, 나는 결코 사물도 순수한 의식도 아니다. 특히 우리의 자발적 행위들initiatives 조차, 또 우리가 선택했던 상황들조차, 일단 우리가 수용하면, 그것들은 [우리 자신의] 상태가 되어 마치 은총처럼 우리를 이끌고 간다. 〈역할〉 및 상황의 일반성은 결단을 도우러 온다. 그리고 이처럼 상황과 이 상황을 수용한 자 사이의 주고받음 속에서, 〈상황의 몫〉과 〈자유의 몫〉의 경계를 정하는 것은 불가능하다. 한 사람이 어떤 것을 말하도록 고문받는다고 해 보자. 고문하는 자가 얻어 내려고 하는 이름들과 주소들을 말하기를 그가 거부한다면, 그것은 버팀목(의지하는 것) 없이 홀로 내린 결단에 의한 것이 아니다. 그는 여전히 그의 동지들과 함께 있다고 느끼고, 여전히 공동 투쟁에 참여하기 때문에, 그는 말할 수 없게 된 것이다. 아니면, 그는 몇 달 또는 몇 년 전부터, 마음속으로 이 시련과 맞서 싸우고 이 시련에 자신의 인생 전체를 건 것이다. 아니면, 그는 이 시련을 이겨 냄으로써, 자신이 항상 생각했고 자유에 대해 말했던 것을 증명하고자 한 것이다. 이러한 부추기는 것(동기)들은 자유를 없애는 것은 아니지만, 적어도 자유가 존재 속에서 아무 지지대도 없이 존재하게 만들지는 않는다. 고통에 저항하는 자는 결국 순수한 의식이 아니라, 그의 동지들 또는 그가 사랑하는 사람들과 함께 있는 죄수,《518》 그들의 시선 속에서 살아가는 죄수이다. 아니면 잘난 체하며 의도적으로 고독과 함께 있는 의식, 즉 여전히 어떤 양태의 공-존Mit-Sein

이다. 아마도 매일 이런 환영들에 활기를 불어넣는 것은 감옥 속의 개인이고, 이 환영들은 그가 그것들에 주었던 힘을 그에게 되돌려준다. 그러나 반대로 그가 이러한 행위에 자신을 구속했던 것, 그가 자신을 그의 동지들에 연결하거나 이러한 도덕성에 결부했던 것은, 역사적 상황, 동지들, 그의 주위 세계가 그에게 그와 같은 행위방식을 기대하는 것처럼 그에게 보였기 때문이다. 이런 식으로 분석은 끊임없이 계속될 수 있을 것이다.

¶ 우리는 우리의 세계를 선택하고, 세계는 우리를 선택한다. 어떤 경우에도 확실한 것은, 자유가 체험된다는 바로 그 사실에 의해, 곧장 이 자유가 존재의 모습을 취하여 부추기는 것(동기)과 버팀목이 되지 않는다면, 우리는 결코 우리 속에서 존재가 침입하지 않는 움푹한 곳réduit[118]을 갖지 못한다는 것이다. 구체적으로 파악된 자유는 항상 외부와 내부의 만남이다. 이것은 심지어 우리의 시작을 이루는 선인간적이고 선역사적인 자유에서도 마찬가지다. 그리고 우리 삶의 몸적이고 설립된institutionnelles 소여들의 관용성(열려 있음tolérance)이 줄어듦에 따라, 자유는 점점 약화되지만, 결코 없어지지는 않는다. 후설이 말한 것처럼 "자유의 장場"과 "조건화된 자유"[119]가 있다. 그것은 자유가 이 장場의 한계 안에서 절대적이고, 바깥에서는 존재하지 않기 때문이 아니라 (이 장은 지각장과 마찬가지로 선으로 이어진 한계가 없다), 나에게는 가까이 있는 가능성들과 멀리 있는 가능성들이 있기 때문이다. 우리의 구속은 우리의 잠재력(잠재성puissance)을 지탱하고, 어떠한 잠재성도 없다면 자유도 존재하지 않는다. 사람들은 우리의 자유가 전적이거나, 아니면 없다고 말한다. 이 딜레마는 객관적 사유와 그 공모자인 반성적 분석의 딜레마이다. 즉 실제로 우리가 우리를 존재 속에 둔다

---

[118]   역주) 본서 709쪽 역주 참조.

[119]   "Feld der Freiheit", "bedingte Freiheit"[독역본], Fink, *Vergegenwärtigung und Bild*, p. 285.

면, 필연적으로 우리의 행위는 외부에서 와야 하고, 우리가 구성하는 의식으로 복귀한다면, 그 행위는 내부에서 와야 한다. 그러나 우리는 현상의 영역을 인식하는 법을 정확하게 배웠다. 우리는 뒤얽힌 혼재 속에서 세계 및 타인들과 섞여 있다. 상황의 관념은 우리의 구속(참여)의 시작점에서 절대적 자유를 배제한다. 게다가 그 관념은 우리 구속(참여)의 끝 점에서도 절대적 자유를 배제한다. 어떤 참여(구속)도, 심지어 헤겔적 국가에의 참여(구속)도 나로 하여금 모든 차이를 극복하게 할 수가 없고, 나를 모든 것에 대해 자유롭게 할 수도 없다. 이 보편성 자체는 그것이 체험되는 것이라는 바로 그 사실에 의해, 세계의 바탕 위에서 특수성으로 부각되어 나타날 것이고, 《519》 또 실존은 그것이 지향하는 모든 것을 일반화함과 동시에 특수화하여, 전적으로 완전할 수 없을 것이다.

[14. 현전 속에서의 즉자와 대자의 잠정적 종합]

그렇지만 헤겔적 자유를 실현하는 즉자와 대자의 종합에는 진리가 있다. 어떤 의미에서 이 종합은 실존의 정의 자체이다. 이 종합은 현전의 현상에서 매 순간 우리 눈앞에서 이루어지고, 단지 그때마다 곧 다시 시작해야 할 것이어서 우리의 유한성을 없애지 않는다. 나는 현재를 수용함으로써, 내 과거를 다시 파악하여 변형시키고, 내 과거의 의미를 변화시키고, 내 과거에서 나를 자유롭게 하고, 내 과거에서 나를 벗어나게 한다. 그러나 나는 다른 것에 나를 구속함(내가 참여함)으로써만 이와 같이 할 수 있다. 정신분석학적 치료가 효과를 가져오는 것은 그것이 과거에 대한 의식화(자각)를 야기하기 때문이 아니라, 우선 환자를 그의 의사와 새로운 실존적 관계들을 맺게 하기 때문이다. 이것은 정신분석학적 해석에 과학적으로 동의하고 과거에 대한 개념적 의미를 발견하는 문제가 아니라, 과거를 이것 또는 저것을 의미표현하는 것으로서 다시 체험하는 문제이다. 그리고 환자가 이렇게 하는 데 성공하는 것은 단지 그가 의사와의 함께-실존함의 관점에서 자신의 과거를 바라볼 때뿐이다. 콤플렉스는 아무런 수단도 없는 자유에 의해 용해되듯 없어지는 것이 아니라, 오히려 그 버팀목과 부추기는 것(동기)을 지닌 시간의 새로운 박동에 의해 붕괴되는 것이다. 이것은 모든 의식화(자각)의 경우에서도 마찬가지이다. 즉 모든 의식화(자각)는 새로운 구속(참여)에 의해 지탱될 때만 실질적인 것이 된다. 그런데 이러한 구속(참여)의 경우는 암묵적인 것 속에서 이루어지고, 따라서 어떤 시간 주기에 대해서만 유효할 수 있다. 우리 삶에 대한 우리의 선택은 언제나 어떤 주어진 것을 토대로 해서 일어난다. 나의 자유는 내 삶을 그 자연발생적인 의미(방향)에서 벗어나게 할 수 있지만, 이것은 우선 그 의미(방향)와 결합하면서 일련의 비단절적인 방식을 통해서이지, 어떤 절대적 창조를 통해서가 아니다. 따라서 나의 행위방식을 나의 과거, 기질, 환경으로 설명하는 것은 옳지만, 그것은 이것들을 분리될 수 있는 몫들[내 존재의 구성요소들]로서가 아니라 내 존재 전체의 계기들로 간주하는 한에서이다. 그리고 나는 내 존재 전체의 의미를 여러 방향에서 해명할 수 있지만, 그 계기들에 그 의미를 주는 것이 나인지, 아니면 내가 그 계기들로부터 그 의미를 받아들이는 것인지는 결코 말할 수 없다.

[15. 나의 실질의미(의미표현)는 내 밖에 있다]

¶ 나는 심리학적·역사적인 한 구조이다. 나는 실존과 함께, 실존하는 한 방식, 한 스타일을 갖게 되었다. 모든 내 행위와 내 사유는 이 구조와 관계하고 있고, 철학자의 사유조차도 세계에 대한 그의 잡기(맞물림)를, 즉 그 자신인 바를 명시화하는 한 방식에 지나지 않는다. 그렇지만 나는 자유롭다. 그것은 이러한 부추김(동기성)에도 불구하고가 아니라 또는 부추김(동기성) 이전에서가 아니라, 바로 부추김(동기성)을 통해서이다. 왜냐하면 이

러한 의미표현적 삶은, 즉 나 자신인 바로서의 이러한 자연과 역사에 대한 어떠한 의미표현(실질의미)은 내가 세계에 접근하는 것을 제한하는 것이 아니라, 반대로 내가 세계와 소통하는 수단이기 때문이다. 《520》 지금의 나 자신 그대로 아무런 제한도 유보도 없이 존재함으로써, 나는 앞으로 나아갈 가능성이 있으며, 내 시간을 체험함으로써 나는 다른 시간들을 이해할 수 있다. 또, 내가 현재와 세계에 박혀 있음으로써, 내가 우연히 나 자신인 바를 단호히 떠맡음으로써, 내가 원하는 것을 원함으로써, 내가 행하는 것을 행함으로써, 나는 저 너머로 나아갈 수 있다. 나에게 자유가 없을 수 있다면, 그것은 내가 자연적·인간적 세계를 나의 자연적·사회적 상황을 통해 만나지 않고, 먼저 자연적·사회적 상황을 떠맡기를 거부하면서 그 상황을 초월하고자 할 때뿐이다. 그 어떤 것도 외부로부터 나를 결정하지 못한다. 그것은 그 어떤 것도 나를 부추기지sollicite 않아서가 아니라, 반대로 나는 단번에 내 밖에 있고 세계에 열려 있기 때문이다. 우리는 처음부터 끝까지 참된 것vrais이다. 즉, 우리가 사물처럼 단지 세계 안에dans 있어서가 아니라, 세계에à 있다(세계로 향한다)는 단지 그 사실에 의해, 우리는 우리 자신을 초월하기 위해 필요한 모든 것을 우리 속에 지니고 있다. 우리는 우리의 선택이나 행위가 우리의 자유를 제한하지는 않을까 두려워할 필요가 없다. 왜냐하면 선택과 행위만이 우리의 닻(정박)으로부터 우리를 해방시키기 때문이다. 반성이 절대적 충전성에 대한 자신의 소망을, 사물을 나타나게 하는 지각으로부터 가져온 것처럼, 이렇게 관념론이 견해라 하면서 파괴하고자 하는 〈근원적 견해opinion originaire〉를 암묵적으로 이용하는 것처럼, 자유는 구속의 모순 속에 사로잡혀 있어, 세계 속에 뿌리내리지 않고서는 자신이 자유가 되지 않는다는 사실을 깨닫지 못한다. 나는 이 약속을 해야 할까? 나는 하찮은 일에 목숨을 걸어야 할까? 나는 자유를 구하기 위해 내 자유를 내어 주어야 할까? 이런 물음들에 대한 이론적인 답은 없다. 그러나 거부할 수 없는 것으로서 현전하는 것들이 있다. 너 앞에 사랑하는 이 사람이 있고, 너 주위에 노예로서 실존하는 이 사람들이 있다. 그리고 너의 자유는 그 독자성에서 빠져나와 자유 자체[120]를 의욕하지 않는다면, 그 스스로를 의욕할 수 없다. 사물이 문제이든 역사적 상황이 문제이든, 철학에는 그것들을 제대로 다시 보도록 우리에게 가르치는 것 말고는 다른 기능은 없다. 그리고 철학이 [상황 또는 세계와] 분리된 철학으로서의 자신을 파괴함으로써 자신을 실현하는 것이라고 말하는 것은 옳다. 그러나 여기서 우리는 침묵해야 한다. 왜냐하면 영웅만이 사람들 및 세계와의 자신의 관계를 끝까지 살기 때문이고, 다른 사람이 그의 이름으로 말하는 것은 적합하지 않기 때문이다. "네 아들은 화염에 휩싸여 있다. 너는 네 아들을 구할 것이다…. 장애물이 있다면 너는 도움의 어깨[손]를 내밀기 위해 그 어깨[손]라도 팔 것이다. 네 행위 자체에 네가 거주한다. 네 행위가 바로 너이다…. 너는 너를 가지고서 맞바꾸려 한다…. 네 의미[실질의미]는 눈부신 채 나타난다. 그것은 네 의무이고, 네 증오이고, 네 사랑이고, 네 신의이고, 네 창조성이다…. 인간은 관계들의 한 매듭일 뿐이고, 오직 관계들만이 인간에게 중요하다."[121]

---

120 역주) 원문은 "*la liberté*"이다. 스미스의 영역본은 "freedom *for all*(모든 사람에게서의 자유)"로, 랜즈의 영역본은 "freedom *in general*(자유 일반)"로 옮겼다.

121 A. de Saint-Exupéry, *Pilote de Guerre*, pp. 171, 174. 역주) 메를로퐁티는 생텍쥐페리의 원문의 표현 일부를 바꾸고, 물음표, 느낌표, 마침표도 바꾸어 인용했다. 옮긴이는 메를로퐁티가 바꿔 놓은 글로 번역했다. 그리고 메를로퐁티는 아마도 인용 쪽수를 오기한 것 같다. 해당 글은 1942년도 Gllimard판으로 168-169, 171쪽에 실려 있다.

인용된 문헌[*]

ACKERMANN, Adolf, "Farbschwelle und Feldstruktur", *Psychologische Forschung* 5 (1924): 44-84.

ALAIN, *Quatre-vingt-un chapitres sur l'esprit et les passions*, Paris: Bloch, 1917.

_____, Réimprimé sous le titre: *Eléments de philosophie*, Paris: Gallimard, 1941.

_____, *Système des beaux-arts*, éd. nouvelle (3e éd.), Paris: Gallimard, 1926.

* AUGUSTIN, *Les Confessions*, Traduction, notes et introduction de Pierre de Labriolle, Collection Budé, Paris: Les Belles Lettres, 1925.

* BALZAC, Honoré de, *Le Lys dans la vallée*, Paris: Librairie Garnier Frères, 1925; Paris: Garnier-Flamamarion, 1972.

* BEAUVOIR, Simone de, *L'invitée*, Paris: Gallimard, 1943.

BECKER, Oskar, "Beiträge zur phänomenologischen Begründung der Geometrie und ihrer physikalischen Anwendungen", *Jahrbuch für Philosophie und phänomenologische Forschung* 6 (1923): 385-560.

BERGSON, Henri, *L'énergie spirituelle*, Paris: Alcan, 1919.

- 역주) 여기에 수록된 문헌들은 본문에 "인용된 문헌(Travaux Cités)"이다. 그러나 본문에 인용되었으나 메를로퐁티가 빠트린 문헌들이 있다. 우리는 누락된 문헌을 '*'로 표시하였다. 그리고 메를로퐁티가 참고했을 것으로 여겨지는 판본의 문헌을 찾아 기재하였다.

  메를로퐁티가 작성한 「인용된 문헌」에는 단행본과 단행본 아닌 저술이 구분 없이 기재되어 있다. 우리는 단행본 아닌 저술을 " "로 표시하였고, 쪽수와 같은 세부 정보도 기재하였다. 이러한 서지 정보는 랜즈(Landes)의 영역본에서 가져온 것이다.

  우리는 서지 정보를 기재하는 방식이 어색하더라도, 메를로퐁티가 작성한 「인용된 문헌」 순서를 그대로 따랐다. 메를로퐁티는 저자의 이름 자리에 편집자의 이름을 기재하기도 한다.

  그리고 오기로 보이는 서지 정보들은 랜즈의 영역본과 독역본의 제시한 서지 정보들을 교차 검증하여 수정하였다.

_____, *Matière et mémoire*, Paris: Alcan, 1896.

BERNARD, Émile, "La méthode de Cézanne", *Mercure de France* 138, no. 521 (1920): 289-318.

BINSWANGER, Ludwig, "Traum und Existenz", *Neue Schweizer Rundschau* 23 (1930): 673-685, 766-779.

_____, "Über Ideenflucht", *Schweizer Archiv für Neurologie und Psychiatrie* 27, no. 2 (1931): 203-217; 28, no. 1 (1932): 18-72; 28, no. 2 (1932): 183-202; 29, no. 1 (1932): 1-38; 29, no. 2 (1932): 193-252; 30, no. 1 (1933): 68-85.

_____, "Das Raumproblem in der Psychopathologie", *Zeitschrift für die gesamte Neurologie und Psychiatrie* 145 (1933): 598-647.

_____, "Über Psychotherapie", *Nervenarzt* 8 (1935): 113-121, 180-189.

BOGAERT, Ludo Van, "Sur la pathologie de l'image de soi: Études anatomocliniques", *Annales medico-psychologiques* 92 (Nov. 1934): 519-555; (Déc. 1934): 744-759.

BRUNSCHVICG, Léon, *L'expérience humaine et la causalité physique*, Paris: Alcan, 1922.

_____, *Le progrès de la conscience dans la philosophie occidentale*, 2 vols., Paris: Alcan, 1927.

BUYTENDIJK, F. J. J. et PLESSNER, H., "Die Deutung des mimischen Ausdrucks", *Philosophischer Anzeiger* 1 (1925): 72-126.

CASSIRER, Ernst, *Philosophie der symbolischen Formen*, III: *Phänomenologie der Erkenntnis*, Berlin: Bruno Cassirer, 1929.

CHEVALIER, Jacques, *L'habitude: Essai de métaphysique scientifique*, Paris: Boivin, 1929.

* CLAUDEL, Paul, *Art poétique: Connaissance du temps*, Paris: Mercure de France, 1907; Paris: Gallimard, 1984.

* _____, "Réflexions sur le vers français", in *Positions et propositions: Art et littérature*, Paris: Gallimard, 1928.

CONRAD, Klaus, "Das Körperschema: Eine kritische Studie und der Versuch einer Revision", *Zeitschrift für die gesamte Neurologie und Psychiatrie* 147(1933): 346-369.

CONRAD-MARTIUS, Hedwig, "Realontologie", *Jahrbuch für Philosophie und Phänome-*

nologische Forschung 6 (1923): 159–333.

_____, "Zur Ontologie und Erscheinungslehre der realen Aussenwelt", *Jahrbuch für Philosophie und Phänomenologische Forschung* 3 (1916): 345–542.

CORBIN, traducteur de Heidegger, *Qu'est-ce que la Métaphysique?*, Paris: Gallimard, 1938.

DÉJEAN, Renée, *Les conditions objectives de la perception visuelle*, Paris: Presses Universitaires de France, 1926.

_____, *Étude psychologique de la ⟨distance⟩ dans la vision*, Paris: Presses Universitaires de France, 1926.

*DESCARTES, René, "Descartes à Élisabeth, 28 juin 1643", in *Œuvres de Descartes*, Tome III: *Correspondance*, publiées par C. Adam et P. Tannery, Paris: Léopold Cerf, 1899.

* _____, *Méditations*, in *Œuvres de Descartes*, Tome IX, publiées par C. Adam et P. Tannery, Paris: Léopold Cerf, 1904.

* _____, *Regulæ ad Directionem Ingenii*, in *Œuvres de Descartes*, Tome X, publiées par C. Adam et P. Tannery, Paris: Léopold Cerf, 1908.

*DIDEROT, Denis, *Paradoxe sur le comédien*, Paris: Librairie de la Bibliothèque nationale (L. Berthier), 1895.

DUNCKER, Karl, "Über induzierte Bewegung: Ein Beitrag zur Theorie optisch wahrgenommener Bewegung", *Psychologische Forschung* 12 (1929): 180–259.

EBBINGHAUS, Hermann, *Abriss der Psychologie*, 9 Aufl. Berlin, Leipzig: Walter de Gruyter, 1932.

*FINK, Eugen, "VIe Méditation cartésienne" inédite.

_____, "Vergegenwärtigung und Bild: Beiträge zur Phänomenologie der Unwirklichkeit", *Jahrbuch für Philosophie und phänomenologische Forschung* 11 (1930): 239–309.

_____, "Die phänomenologische Philosophie Edmund Husserls in der gegenwärtigen Kritik", *Kantstudien* 38 (1933): 319–383.

_____, "Das Problem der Phänomenologie Edmund Husserls", *Revue internationale de philosophie* 1, no. 2 (Janv. 1939): 226–270.

FISCHEL, Hermann, "Transformationserscheinungen bei Gewichtshebungen", *Zeitschrift für Psychologie* 98 (1926): 342-365.

FISCHER, Franz, "Raum-Zeit-Struktur und Denkstörung in der Schizophrenie", *Zeitschrift für die gesamte Neurologie und Psychiatrie* 124 (1930): 241-256.

_____, "Zeitstruktur und Schizophrenie", *Zeitschrift für die gesamte Neurologie und Psychiatrie* 121 (1929): 544-574.

_____, "Zur Klinik und Psychologie des Raumerlebens", *Schweizer Archiv für Neurologie und Psychiatrie* 31, no. 1 (1933): 59-72.

FREUD, Sigmund, *Introduction à la psychanalyse*, Trad. par S. Jankélévitch, Paris: Payot, 1922.

_____, *Cinq psychanalyses*, Paris: Denoël et Steele, 1935.

GASQUET, Joachim, *Cézanne*, Paris: Bernheim Jeune, 1926.

GELB et GOLDSTEIN, "Über den Einfluß des vollständigen Verlustes des optischen Vorstellungsvermögens auf das tactile Erkennen", in *Psychologische Analyse hirnpathologischer Fälle auf Grund von Untersuchungen Hirnverletzer*, Bd. 1, hrsg. von A. Gelb und K. Goldstein, 157-250, Leipzig: J. A. Barth, 1920.

_____, "Zur Psychologie des optischen Wahrnehmungs- und Erkennungsvorganges", in *Ibid.*, 1-142.

_____, "Über Farbennamenamnesie: Nebst Bemerkungen über das Wesen des amnestischen Aphasie überhaupt und die Beziehung zwischen Sprache und dem Verhalten zur Umwelt", in *Psychologische Analysen hirnpathologischer Fälle. Psychologische Forschung* 6 (1925): 127-186.

hgg von GELB et GOLDSTEIN, BENARY, W., "Studien zur Untersuchung der Intelligenz bei einem Fall von Seelenblindheit", *Psychologische Forschung* 2, (1922): 209-297.

_____, HOCHHEIMER, Wolfgang, "Analyse eines 'Seelenblinden' von der Sprache aus: Ein Beitrag zur Frage nach der Bedeutung der Sprache für das Verhalten zur Umwelt", *Psychologische Forschung* 16 (1932): 1-69.

_____, STEINFELD, *"Ein Beitrag zur Analyse der Sexualfunktion"*, *Zeitschrift für die gesamte Neurologie und Psychiatrie* 107 (1927): 172-183.

GELB, Adhémar, "Die psychologische Bedeutung pathologischer Störungen der Raumwahrnehmung", *Bericht über den IX. Kongreß für experimentelle Psychologie in München* (*von 21–25 April 1925*), 23–80, Jena: Verlag Fischer, 1926.

_____, "Die 'Farbenkonstanz' der Sehdinge", *Handbuch der normalen und pathologischen Physiologie*, XII–1, 594–678, Berlin: Springer, 1929.

_____, "Über den Wegfall der Wahrnehmung von 'Oberflächenfarben'", in *Psychologische Analyse hirnpathologischer Fälle auf Grund von Untersuchungen Hirnverletzer*, Bd. 1, hrsg. von A. Gelb und K. Goldstein, 354–418, Leipzig: J. A. Barth, 1920.

GOLDSTEIN, Kurt, "Über die Abhängigkeit der Bewegungen von optischen Vorgängen: Bewegungsstörungen bei Seelenblinden", *Monatschrift für Psychiatrie und Neurologie – Festschrift Liepmann* 54, Nr. 1 (1923): 141–194.

_____, "Über Zeigen und Greifen", *Nervenarzt* 4 (1931): 453–466.

_____, "L'analyse de l'aphasie et l'étude de l'essence du langage" Trad. par G. Bianquis, *Journal de psychologie* 30 (1933): 430–496.

GOLDSTEIN et ROSENTHAL, "Zur Problem der Wirkung der Farben auf den Organismus", *Schweizer Archiv für Neurologie und Psychiatrie* 26, no. 1 (1930): 3–26.

GOTTSCHALDT, Kur, "Über den Einfluß der Erfahrung auf die Wahrnehmung von Figuren", *Psychologische Forschung* 8 (1926): 261–317; 12 (1929): 1–87.

GRÜNBAUM, A. A., "Aphasie und Motorik", *Zeitschrift für die gesamte Neurologie und Psychiatrie* 130 (1930): 385–412.

GUILLAUME, Paul, "L'objectivité en psychologie", *Journal de psychologie* 29 (1932): 682–743.

_____, *Traité de psychologie*, Paris: Presses Universitaires de France, 1943.

GURWITSCH, Aron, "Rezension: Edmund Husserls *Nachwort zu meinen 'Ideen zu einer reinen Phänomenologie und phänomenologischen Philosophie'*", *Deutsche Literaturzeitung* 53 (1932): 395–404.

_____, "Quelques aspects et quelques développements de la psychologie de la forme", *Journal de psychologie* 33 (1936): 413–470.

*GUSDORF, Georges, *Mythe et métaphysique: Introduction à la philosophie*, Paris: Flammarion, 1945.

HEAD, Henry, "On Disturbances of Sensation with Especial Reference to the Pain of Visceral Disease", *Brain* 16, nos. 1 and 2 (1893): 1-133.

HEAD and HOLMES, "Sensory Disturbances from Cerebral Lesions", *Brain* 34 (1911-1912): 102-254.

HEIDEGGER, Martin, "Sein und Zeit", *Jahrbuch für Philosophie und phänomenologische Forschung* 8 (1927): 1-438.

_____, *Kant und das Problem der Metaphysik*, Frankfurt am Main: Verlag G. Schulte Bulmke, 1934.

* HERING, Ewald, *Grundzüge der Lehre vom Lichtsinn*, Berlin: Springer, 1920.

HORNBOSTEL, Erich M. Von, "Das räumliche Hören", *Handbuch der normalen und pathologischen Physiologie* 11 (1926): 602-618.

HUSSERL, Edmund, *Logische Untersuchungen*, I, II/1 et II/2, 4e éd. Halle: Niemeyer 1928.

_____, "Ideen zu einer reinen Phänomenologie und phänomenologischen Philosophie", I, *Jahrbuch für Philosophie und Phänomenologische Forschung* I (1913): 1-323.

_____, "Vorlesungen zur Phänomenologie des inneren Zeitbewusstseins", hrsg. von M. Heidegger, *Jahrbuch für Philosophie und Phänomenologische Forschung* 9 (1928): 367-496.

* _____, "Formale und transzendentale Logik: Versuch einer Kritik der logischen Vernunft", *Jahrbuch für Philosophie und phänomenologische Forschung* 10 (1929).

_____, "Nachwort zu meinen 'Ideen zu einer reinen Phänomenologie und phäno-menologischen Philosophie'", *Jahrbuch für Philosophie und Phänomenologische Forschung* 11 (1930): 549-570.

_____, *Méditations cartésiennes*, Trad. par Gabrielle Peiffer and Emmanuel Lévinas, Paris: Colin, 1931. *

_____, "Die Krisis der europäischen Wissenschaften und die transzendentale

- 역주) 독역본이 인용한 문헌: *Cartesianische Meditationen und Pariser Vorträge*, Gesam-melte Werke 1, Den Haag: Nijhoff, 2. Auflage 1963.

Phänomenologie, I und II." *Philosophia* 1 (1936): 77-176.

_____, *Erfahrung und Urteil: Untersuchungen zur Genealogie der Logik*, hgg von Ludwig Landgrebe, Prague: Academia Verlagsbuchhandlung, 1939.

_____, "Die Frage nach der Ursprung der Geometrie als Intentional-historisches Problem", hrsg. von Fink, *Revue internationale de philosophie* 1, no. 2 (1939): 203-225.

_____, *Ideen zu einer reinen Phänomenologie und phänomenologischen Philosophie*, I (inédit).

_____, *Umsturz der kopernikanischen Lehre: Die Erde als Ur-Arche bewegt sich nicht* (inédit).

_____, *Die Krisis der europäischen Wissenschaften und die transzendentale Phänomenologie*, III (inédit).

(이 마지막 세 텍스트는 노엘 주교님(Mgr Noël)과 루뱅 철학고등연구소의 호의적인 허락으로 열람한 것이다.)

JANET, Pierre, *De l'angoisse à l'extase: Études sur les croyances et les sentiments*, II, Paris: Alcan, 1928.

JASPERS, Karl, "Zur Analyse der Trugwahrnehmungen (Leibhaftigkeit und Realitätsurteil)", *Zeitschrift für die gesamte Neurologie und Psychiatrie* 6 (1911): 460-535.

KANT, Immanuel, *Critique du jugement*, Trad. par J. Gibelin, Paris: Vrin, 1928.

KATZ, David, *Der Aufbau der Tastwelt*, *Zeitschrift für Psychologie*, Ergänzungsband 11 (1925).

_____, *Der Aufbau der Farbwelt*, *Zeitschrift für Psychologie*, Ergänzungsband 7, 2e éd. 1930.

KÖHLER, Wolfgang, "Über unbemerkte Empfindungen und Urteiltäuschungen", *Zeitschrift für Psychologie* 66 (1913): 51-80.

_____, *Die physischen Gestalten in Ruhe und im stationären Zustand*, Erlangen-Braunschweig: Philosophische Akademie, 1924.

_____, *Gestalt Psychology*, London: G. Bell, 1930.

KOFFKA, Kurt, *The Growth of the Mind: An Introduction to Child-Psychology*, Trans. by R. M. Ogden, London: Kegan Paul, Trench, Trubner & Co.; New York: Harcourt,

Brace & Co., 1925.

_____, "Mental Development", in *Psychologies of 1925*, Ed. by Carl Murchison, 129–143, Worcester, MA: Clark University Press, 1928.

_____, "Some Problems of Space Perception", in *Psychologies of 1930*, Ed. by C. Murchison, 161–187, Worcester, MA: Clark University Press, 1930.

_____, "Perception: An Introduction to the Gestalt Theory", *Psychological Bulletin* 19 (1922): 531–585.

_____, "Psychologie", in *Lehrbuch der Philosophie*, Band II: *Die Philosophie in ihren Einzelgebieten*, hrsg. von M. Dessoir, Berlin: Ullstein, 1925.

_____, *Principles of Gestalt Psychology*, London: Kegan Paul, Trench, Trubner & Co.; New York: Harcourt Brace, 1935.

LACHIÈZE-REY, Pierre, *L'idéalisme kantien*, Paris: Alcan, 1932.

_____, *Le moi, le monde et Dieu*, Paris: Boivin, 1938.

_____, "Réflexions sur l'activité spirituelle constituante", *Recherches philosophiques* 3 (1933–1934): 125–147.

_____, "Utilisation possible du schématisme kantien pour une théorie de la perception", *Études philosophiques* 11 (1937): 30–34.

LAFORGUE, René, *L'échec de Baudelaire: Étude psychanalytique sur la névrose de Charles Baudelaire*, Paris: Denoël et Steele, 1931.

*LAWRENCE, T. E., *Les Sept Piliers de la Sagesse*, Trad. par F.-L. Trouillot, Paris: Éditions G. Crès et Cie, 1937.

*LE SAVOUREUX, H., "Un philosophe en face de la psychanalyse", *La nouvelle revue française* (Fév. 1939): 316–327.

LEWIN, Kurt, "Vorbemerkungen über die psychischen Kräfte und Energien und über die Struktur der Seele", *Psychologische Forschung* 7 (1926): 294–329.

LHERMITTE, LÉVY et KYRIACO, "Les perturbations de la représentation spatiale chez les apraxiques: À propos de deux cas cliniques d'apraxie", *Revue neurologique* 32, no. 5 (1925): II, 586–600.

LHERMITTE, DE MASSARY et KYRIACO, "Le rôle de la pensée spatiale dans l'apraxie", *Revue neurologique* 35, no. 6 (1928): II, 895–903.

LHERMITTE et TRELLES, "Sur l'apraxie pure constructive: Les troubles de la pensée spatiale et de la somatognosie dans l'apraxie", *Encéphale* 28, no. 6 (1933): 413-444.

LHERMITTE, Jean, *L'image de notre corps*, Paris: Nouvelle Revue Critique, 1939.

LIEPMANN, Hugo, *Über Störungen des Handelns bei Gehirnkranken*, Berlin: Karger, 1905.

LINKE, Paul Ferdinand, "Phänomenologie und Experiment in der Frage der Bewegungs-auffassung", *Jahrbuch für Philosophie und phänomenologische Forschung* 2 (1916): 649-668.

*MALEBRANCHE, N., *De la recherche de la vérité*, Tome I, livres I-Ⅲ, Texte établi et introduit par G. Rodis-Lewis, Bibliothèque des textes philosophiques, Paris: J. Vrin, 1945.

MARCEL, Gabriel, *Être et avoir*, Paris: Aubier, 1925.

MAYER-GROSS et STEIN, "Über einige Abänderungen der Sinnestätig keit im Meskalinrausch", *Zeitschrift für die gesamte Neurologie und Psychiatrie* 101 (1926): 354-386.

MENNINGER-LERCHENTHAL, Erich, *Das Truggebilde der eigenen Gestalt*, Berlin: Karger, 1934.

MERLEAU-PONTY, Maurice, *La structure du comportement*, Paris: Presses Universitaires de France, 1942.*

MINKOWSKI, Eugène, "Les notions de distance vécue et d'ampleur de la vie et leur application en psychopathologie", *Journal de Psychologie* 27 (1930): 727-745.

_____, "Le problème des hallucinations et le problème de l'espace", *Évolution psychiatrique* 2 (1932): 57-76.

_____, *Le temps vécu: Études phénoménologiques et psychopathologiques*, Paris: d'Artrey, 1933.

NOVOTNY, Fritz, "Das Problem des Menschen Cézanne im Verhältnis zu seiner Kunst",

---

• 역주) 본문 각주에 병기된 제3판: *La structure du comportement, Précédée d'une philosophie de l'ambiguïté* par A. de Waelhens, 3e éd., Paris: Presses universitaires de France, 1953.

Zeitschrift für Ästhetik und allgemeine Kunstwissenschaft 26 (1932): 268-298.

PALIARD, Jacques, "L'illusion de *Sinnsteden* et le problème de l'implication perceptive", *Revue philosophique* 109 (1930): 359-409.

PARAIN, Brice, *Recherches sur la nature et les fonctions du langage*, Paris: Gallimard, 1942.

*PASCAL, Blaise, *Pensées et opuscules*, 6e édition, publiés avec une introduction et des notes par L. Brunschvicg, Paris: Hachette, 1912.

PETERS, W., "Zur Entwicklung der Farbenwahrnehmung nach Versuchen an abnormen Kindern", *Fortschritte der Psychologie* 3 (1915): 150-166.

PIAGET, Jean, *La représentation du monde chez l'enfant*, Paris: Alcan, 1926.

_____, *La causalité physique chez l'enfant*, Paris: Alcan, 1927.

PICK, Arnold, "Störungen der Orientierung am eigenen Körper", *Psychologische Forschung* 1 (1922): 303-318.

POLITZER, Georges, *Critique des fondements de la psychologie*, Paris: Rieder, 1929.

PRADINES, Maurice, *Philosophie de la sensation*, Tome I: *Le problème de la sensation*, Paris: Les Belles-Lettres, 1928.

*PROUST, Marcel, *À la recherche du temps perdu*, Tome I: *Du côté de chez Swann*, Paris: Bernard Grasset, 1913.

* _____, *À la recherche du temps perdu*, Tome III: *Le côté de Guermantes* I et II, Paris: Gallimard, 1920-1921.

QUERCY, Pierre, *Études sur l'hallucination*, Tome II: *La clinique*, Paris: Alcan, 1930.

RUBIN, E., "Die Nichtexistenz der Aufmerksamkeit", *Bericht über den IX. Kongreß für experimentelle Psychologie in München* (*von 21-25 April 1925*), 211-212, Jena: Verlag Fischer, 1926.

*RUSSELL, Bertrand, *Mariage et morale*, Trad. par S. Blanchet, Paris: Gallimard, 1930.

*SAINT-EXUPÉRY, Antoine de, *Pilote de guerre*, Paris: Gallimard, 1942.

SARTRE, Jean-Paul, *L'imagination*, Paris: Alcan, 1936.

_____, *Esquisse d'une théorie de l'émotion*, Paris: Hermann, 1939.

_____, *L'imaginaire*, Paris: Gallimard, 1940.

_____, *L'être et le néant*, Paris: Gallimard, 1943.

SCHAPP, Wilhelm, *Beiträge zur Phänomenologie der Wahrnehmung*, Inaugural Disser-
tation, Göttingen: Kaestner, 1910; Erlangen: Philosophische Akademie, 1925.

SCHELER, Max, *Die Wissensformen und die Gesellschaft*, Leipzig: Der Neue Geist, 1926.

————, "Der Formalismus in der Ethik und die materiale Wertethik", *Jahrbuch für
Philosophie und phänomenologische Forschung* 1 (1913): 405–565; 2 (1916): 21–478.

————, "Die Idole der Selbsterkenntnis", in *Vom Umsturz der Werte*, II, Leipzig: Der
Neue Geist, 1919.

————, "Idealismus–Realismus", *Philosophischer Anzeiger* 2 (1927): 255–324.

————, *Nature et formes de la sympathie*, Paris: Payot, 1928.

SCHILDER, Paul, *Das Körperschema: Ein Beitrag zur Lehre vom Bewusstsein des Eigenen
Körpers*, Berlin: Springer, 1923.

* SCHORSCH, Gerhard, *Zur Theorie der Halluzinationen*, Leipzig: Barth, 1934.

SCHRÖDER, P., "Das Halluzinieren", *Zeitschrift für die gesamte Neurologie und
Psychiatrie* 101 (1926): 599–614.

SENDEN, Marius Von, *Raum– und Gestaltauffassung bei operierten Blindge borenen, vor
und nach der Operation*, Leipzig: Barth, 1932.

SITTIG, Otto, *Über Apraxie: Eine klinische Studie*, Berlin: Karger, 1931.

SPECHT, Wilhelm, "Zur Phänomenologie und Morphologie der pathologischen
Wahrnehmungstäuschungen", *Zeitschrift für Pathopsychologie* 2, no. 1 (1914): 1–35.

STEIN, Edith, "Beiträge zur philosophischen Begründung der Psychologie und der Geis-
teswissenschaften. I. Psychische Kausalität", *Jahrbuch für Philosophie und phänome-
nologische Forschung* 5 (1922): 1–283.

STEIN, Johannes, "Über die Veränderung der Sinnesleistungen und die Entstehung von
Trugwahrnehmungen", in *Handbuch der Geisteskrankheiten*, hgg von O. Bumke, Bd.
I, Allgemeiner Teil I: *Pathologie der Wahrnehmung*, Berlin: Springer, 1928.

STEKEL, Wilhelm, *La femme frigide*, Trad. par Jean Dalsace, Paris: Gallimard, 1937.

STRATTON, George Malcolm, "Some Preliminary Experiments on Vision without Inversion
of the Retinal Image", *Psychological Review* 3 (1896): 611–617.

————, "Vision without Inversion of the Retinal Image", *Psychological Review* 4 (1897):
341–360, 463–481.

_____, "The Spatial Harmony of Touch and Sight", *Mind* 8 (1899): 492-505.

STRAUS, Erwin, *Vom Sinn der Sinne*, Berlin: Springer, 1935.

* VALÉRY, Paul, *Introduction à la méthode de Léonard de Vinci*, Paris: Gallimard, 1919.

* _____, *Introduction à la poétique*, Paris: Gallimard, 1938.

* VOLTAIRE, "Micromégas", in *Œuvres complètes de Voltaire*, Tome XXVII, Paris: Hachette, 1922.

* WAHL, Jean, "Réalisme, dialectique et mystère", *L'Arbalète*, no. 6 (automne 1942).

WERNER, Heinz, *Grundfragen der Intensitätspsychologie*, *Zeitschrift für Psychologie* 89, Ergänzungsband 10 (1922).

_____, "Über die Ausprägung von Tongestalten", *Zeitschrift für Psychologie* 101 (1926): 159-181.

_____, "Untersuchungen über Empfindung und Empfinden, I und II: Die Rolle der Sprachempfindung im Prozess der Gestaltung ausdrücksmässig erlebter Wörter", *Zeitschrift für Psychologie* 114 (1930): 152-166; 117 (1930): 230-254.

WERNER, H. et ZIETZ, K., "Die dynamische Struktur der Bewegung", *Zeitschrift für Psychologie* 105 (1927): 226-249.

WERTHEIMER, Max, "Experimentelle Studien über das Sehen von Bewegung", *Zeitschrift für Psychologie* 61 (1912): 161-265.

_____, "Über das Denken der Naturvölker", in *Drei Abhandlungen zur Gestalttheorie*, 106-163, Erlangen: Philosophische Akademie, 1925.

_____, "Die Schlussprozesse im produktiven Denken", in *Drei Abhandlungen zur Gestalttheorie*, 164-184, Erlangen: Philosophische Akademie, 1925.

WOERKOM, W. Van, "Sur la notion de l'espace (le sens géométrique): Sur la notion du temps et du nombre; Une démonstration de l'influence du trouble de l'acte psychique de l'évocation sur la vie intellectuelle", *Revue neurologique* 26 (1919): 113-119.

WOLFF, Werner, "Selbstbeurteilung und Fremdbeurteilung im wissentlichen und unwissentlichen Versuch: Physiognomische Untersuchungen an der Stimme, dem Profil, den Händen und einer freien Nacherzählung", *Psychologische Forschung* 16 (1932): 251-328.

YOUNG, Paul Thomas, "Auditory Localization with Acoustical Transposition of the Ears",

Journal of Experimental Psychology 11, no. 6 (1928): 399–429.

ZUCKER, Konrad, "Experimentelles über Sinnestäuschungen", *Archiv für Psychiatrie und Nervenkrankheiten* 83 (1928): 706–754.

역주에 인용된 문헌[*]

BALZAC, *Le lys dans la vallée*, Paris: Garnier, Flammarion, 1972.

BERGSON, Henri, *Œuvres*, Édition du centenaire, textes annotés par A. Robinet, Paris: PUF, 1959.

_____, MM: *Matière et mémoire*.

_____, *L'Energie spirituelle*.

_____, PM: *La Pensée et le mouvant*.

CLAUDEL, Paul, *Art Poétique: Connaissance du temps*, Paris: Gallimard, 1984.

DESCARTES, René, *La Dioptrique*, in *Œuvres de Descartes*, Tome VI, publiées par C. Adam et P. Tannery, Paris: Léopold Cerf, 1902.

_____, *Dioptrice*, in *Œuvres de Descartes*, Tome VI, publiées par C. Adam et P. Tannery, Paris: Léopold Cerf, 1902.

_____, *Meditationes de prima philosophia*, in *Œuvres de Descartes*, Tome VII, publiées par C. Adam et P. Tannery, Paris: Léopold Cerf, 1904.

_____, *Méditations*, in *Œuvres de Descartes*, Tome IX, publiées par C. Adam et P. Tannery, Paris: Léopold Cerf, 1904.

_____, *Traité de l'homme*, in *Œuvres de Descartes*, Tome XI, publiées par C. Adam et P. Tannery, Paris: Léopold Cerf, 1909.

_____, *Œuvres philosophiques de Descartes*, Tome I, Edition de F. Alquié, Paris: Classiques Garnier, 1997.

- 역주) 본문의 역주에 인용된 문헌의 서지 정보이다. 역주에 인용되었지만, *Larousse*, 『표준국어대사전』과 같은 어학사전들, 『불어본 위키』와 같은 『위키피디아』 사전은 기재하지 않았다. 그러나 『헤겔사전』, 『실험심리학용어사전』과 같은 학술 전문 사전은 기재하였다. 약호로 표시된 문헌은 저서명 앞에 약호를 먼저 기재하였다(예: MERLEAU-PONTY, Maurice, SC: *La structure* …).

Dictionnaire Médical (https://dictionnaire-medical.fr).

EUCLID, *The First Six Books of the Elements of Euclid*, Ed. by John Casey, 3rd ed., Dublin: Hodges, Figgis, & Co.; London: Longmans, Green, & Co., 1885.

FOULQUIÉ, Paul, *Dictionnaire de la langue philosophique*, Paris: PUF, 1962.

GASQUET, Joachim, *Cézanne*, Paris: Encre marine, 2012.

HEIDEGGER, Martin, *Sein und Zeit*, Tübingen: Max Niemeyer Verlag, 1972.

KOJÈVE, Alexandre, *Introduction à la lecture de Hegel*, Édition publiée par Raymond Queneau, Paris: Gallimard, 1947.

LALANDE, André, *Vocabulaire technique et critique de la philosophie*, Paris: PUF, 2010.

LOWIE, R. H., *Manuel d'Anthropologie culturelle*, Trad. par E. Métraux, Paris: Payot, 1936.

MARCEL, Gabriel, *Journal métaphysique*, Paris: Gallimard, 1927.

MERLEAU-PONTY, Maurice, *Œuvres*, Édition et préface de C. Lefort, Paris: Gallimard, 2010.

_____, *Phänomenologie der Wahrnehmung*, Übersetzt von R. Boehm, Berlin: Walter De Gruyter & Co., 1966.

_____, *Phenomenology of Perception*, Tr. by C. Smith, London: Routledge & Kegan Paul, 1962.

_____, *Phenomenology of Perception*, Tr. by D. A. Landes, London-New York: Routledge, 2012.

_____, "La philosophie de l'existence", *Dialogue*, Vol. 5, no. 3 (déc. 1966), pp. 307-322.

_____, Primat: *Le primat de la perception et ses conséquences philosophiques*, Grenoble: Cynara, 1989.

_____, SC: *La structure du comportement*, Précédée d'une philosophie de l'ambiguïté par A. de Waelhens, 8e éd., Paris: PUF, 1977.

_____, SNS: *Sens et non-sens*, Paris: Nagel, 1948.

_____,『知覚の現象學』, 中島盛夫訳, 東京: 法政大学出版局, 1982.

Merriam-Webster's Medical Dictionary(https://www.merriam-webster.com/medical).

PASCAL, Blaise, *Œuvres complètes*, Texte établi et annoté par J. Chevalier, Bibliothèque de la Pléiade, Paris: Gallimard, 1954.

_____, *Œuvres complètes*, présentation et notes de L. Lafuma, Paris: Edition du Seuil, 1963,

PIÉRON, Henri, *Vocabulaire de la psychologie*, Paris: PUF, 1952.

RIMBAUD, Arthur, *Une saison en enfer*, Édition établie et annotée par H. de Bouillane de Lacoste, Paris: Mercure de France, 1941.

SARTRE, Jean-Paul, EN: *L'être et le néant*, Paris: Gallimard, 1943.

SPINOZA, B. de, *Spinoza: Complete Works*, Tr. by Samuel Shirley. Ed. by M. L. Morgan, Indianapolis: Hackett, 2002.

VALÉRY, Paul, *Œuvres*, Tome I: Poésies; Mélange; Variété. Édition établie et annotée par J. Hytier, Bibliothèque de la Pléiade, Paris: Gallimard, 1957.

데카르트, 『성찰』, 이현복 옮김, 서울: 문예출판사, 1997.

랭보, 『지옥에서 보낸 한 철』, 김현 옮김, 서울: 민음사, 1994.

발레리, 『젊은 운명의 여신』, 김현 역주, 서울: 혜원출판사, 1987.

주성호, 「메를로-퐁티의 철학의 형성과 「지각의 본성에 관한 연구계획」」, 『프랑스학 연구』 87호, 2019: pp. 207-243.

칸트, 『순수이성비판』, 백종현 옮김, 서울: 아카넷, 2006.

_____, 『판단력비판』, 백종현 옮김, 서울: 아카넷, 2009.

코피, 코헨, 『논리학입문』, 박만준, 박준건, 류시열 옮김, 서울: 경문사, 2001.

플라톤, 『플라톤의 프로타고라스/라케스/메논』, 박종현 옮김, 파주: 서광사, 2010.

하이데거, 『존재와 시간』, 이기상 옮김, 서울: 까치, 1998.

_____, 『칸트와 형이상학의 문제』, 이선일 옮김, 파주: 한길사, 2003.

『간호학대사전』, 대한간호학회 엮음, 서울: 한국사전연구사, 1996; 네이버 지식백과.

『과학백과사전』(https://www.scienceall.com).

『대한의협 의학용어 사전』(https://term.kma.org).

『두산백과』(https://www.doopedia.co.kr).

『색채용어사전』, 박연선 지음, 서울: 예림, 2007; 네이버 지식백과.

『생명과학사전』, 생명과학사전 편찬위원회, 서울: 아카데미서적, 2003.

『서울대학교병원 의학정보』, 네이버 지식백과.

『세계미술용어사전』, 월간미술 엮음, 서울: 월간미술, 2017; 네이버 지식백과.

『실험심리학용어사전』, 박창호, 곽호완, 김문수, 이태연, 진영선 (공저), 서울: 시그마 프레스, 2008; 네이버 지식백과.

『헤겔사전』, 가토 히사타케 외 엮음, 이신철 옮김, 서울: 도서출판b, 2009.

『현상학사전』, 기다 겐, 노에 게이이치, 무라타 준이치, 와시다 기요카즈 엮음, 이신철 옮김, 서울: 도서출판b, 2011.

번역과 관련한 몇 마디

메를로퐁티의 사유는 무척이나 섬세하고 복잡하다. 그러나 『지각의 현상학』에서 그는 이런 섬세하고 복잡한 사유를 거칠게 표현한다. 그래서 이 책은 독자에게 그리 친절한 책이 아니다. 우선 메를로퐁티는 긴 문단으로 글을 쓰고, 문단이 나눠지지 않은 상태에서 새로운 절의 내용을 시작하기도 하며, 어떤 경우에는 여러 절을 한 문단 속에 두기도 한다. 게다가 그의 문장 또한 문단과 마찬가지로 무척 긴데, 그는 종종 여러 내용을 여섯 줄, 일곱 줄이 넘는 한 문장에 담아 표현한다. 또한 문장과 문장 사이의 문맥이나 배경을 충분히 표현하지도 않는다. 그래서 그가 표현한 문장 중에는 어떠한 맥락에서 표현되었는지 종종 알기 어려운 것들이 있다. 예컨대 주어진 문장이 그의 관점에서 쓰인 것인지, 아니면 그가 비판하는 상대방이나 제삼자의 관점에서 쓰인 것인지 분간하기 어려울 때가 많다. 게다가 그가 쓰는 용어도 문단과 문장만큼이나 친절하지 않고 그 의미를 파악하기가 어려운 것들이 많다. 예컨대 "signification"라는 용어를 어떨 때는 자신의 철학적 입장에서, 어떨 때는 자신이 비판하는 철학의 입장에서, 그것도 각 입장에서 하나의 의미가 아니라 여러 의미로 쓴다. 이처럼 메를로퐁티는 이 책에서 세밀하고 복잡다단한 사유를 긴 문단, 긴 문장, 맥락이 부재한 문장, 다의적이거나 의미 파악이 쉽지 않은 용어로 표현한다.

이렇게 거칠게 표현된 『지각의 현상학』을 정확하게 이해하는 것은 쉽지 않을 것이다. 나는 이 책을 번역할 때 메를로퐁티의 섬세하고 복잡한 사유를 독자들이 정확하고 쉽게 접근할 수 있도록 여러모로 노력했다. 긴 문단은 원문 그대로 두어야 하는지, 긴 문장도 그대로 길게 번역해야 하는지, 맥락이 부재한 문장과 용어들은 어떻게 번역해야 하는지 등을 많이 숙고했다. 독자들은 이 번역서에서 '¶'과 같은 생소한 기호, "감각(감관)"과 같이 괄호 속 낱말이 병기된 번역어, 하나의 용어에 대한 몇 개의 번역어를 볼 수 있는데, 이것들은 내가 씨름했던 번역 문제들에 대한 결과물이다. 그래서 문단, 문장, 그리고 용어들을 어떻게 처리하거나 번역하였는지를 독자들에게 언급할 필요가 있을 것이다. 특히 나는 "signification"을, 그리고 "sensation"과 구별해서 "sens"를 어떻게 번역할지 무척 고심하였는데, 이 번역어들에 대한 해명도 필요할 것 같다. 또한 그 외의 번역어와 관련해 내가 주의하거나 신경 썼던 점들도 언급할 필요가 있을 것 같다.

우선 일러두기에 언급한 것처럼 나는 원문의 긴 문단을 '¶'로 표시하여 나누었다. 두 영역본과 독역본도 원문의 긴 문단을 나누었지만, 어떤 문단이 원문의 문단이고 어떤 문단이 번역본이 나눈 문단인지 구별되지 않는다. 그러나 나는 내가 나눈 문단을 '¶'로 표시하며 원문의 문단과 구별하였다. 그리고 스미스Smith의 영역본과 뵘Boehm의 독역본보다는 세밀하게, 랜즈Landes의 영역본과는 비슷한 크기로 문단을 나누었다. 물론, 메를로퐁티가 하나의 절 내에서, 앞에서 언급한 내용을 뒤에서 다시 언급하는 경우가 있기 때문에, 이렇게 작게 나누어진 문단이 하나의 소단락으로서 언제나 내용을 잘 모으는 것은 아니다. 그렇지만 짧게 나누어진 문단으로 독자는 한 절의 내용을 좀 더 쉽게 파악할 수 있을 것이다.

그리고 메를로퐁티의 긴 문장도 나는 짧은 문장들로 나누어 번역했다.

두 영역본과 독역본은 원문의 문장보다 짧게 번역할 때가 있지만, 많은 경우 원문의 문장 길이 그대로 번역한다. 그러나 이런 번역본의 언어와 달리 우리말은 프랑스어의 문장 구조와 무척 다르기 때문에, 긴 프랑스어 문장 그대로 우리말로 옮기면 그 의미를 전달하기가 너무나 어렵다. 그래서 나는 내용이 곡해되지 않는 한에서 우리말 문장을 짧게 하였다. 우리말 문장이 짧아지면 그만큼 가독성이 좋아질 것이다.

　메를로퐁티가 맥락을 주지 않고 쓴 문장에 대해서, 나는 "[지성론의 입장에서]"처럼 대괄호([ ]) 속에 간단한 말을 넣어 논의의 맥락을 주어 번역했다. 그리고 필요한 경우 문장의 흐름이나 맥락을 역주에서 간단히 설명하기도 하였다. 또한 원문에 없지만 〈그러나〉, 〈또한〉과 같은 접속사, 〈사실〉과 같은 간단한 낱말들을 괄호 없이 문장 속에 두어, 문장의 흐름을 나타내었다. 그리고 나는 메를로퐁티 문장의 의미를 최대한 또렷이 드러내고 우리말답게 번역하려고 노력했지만, 그렇다고 무리하게 의역하지는 않았다. 단순한 예들과 우리말로 표현하기 어려운 것들만 가볍게 의역하였다.

　『지각의 현상학』의 번역에서 내가 가장 신경 쓴 것은 메를로퐁티가 쓰는 용어들을 적절한 우리말 용어로 옮기는 것이었다. 그중 하나가 ("signification", "apparence", "prise" 등과 같이) 메를로퐁티가 다의적으로 쓰는 용어를 번역하는 것이었다. 이런 다의적 용어들의 의미가 구별되지 않으면 메를로퐁티의 사유가 정확히 드러나지 않기 때문에, 나는 이런 용어들의 의미를 구별하여 번역하였다. 그러나 용어들의 의미를 너무 세분화하여 복잡하게 번역하지는 않았다.

　앞서 언급했듯이 다의적 용어 중 "signification"의 번역어에 대해 언급할 필요가 있다. 이 용어는 『지각의 현상학』 도처에서 볼 수 있는 중요한 낱말이다. "signification"은 메를로퐁티의 철학적 맥락에서 〈구체적인 의미〉, 즉 〈질료화된 의미〉를 뜻한다. 그것은 또한 지각된(감각된) 것이 역동적으로 〈의미 표현함〉을 뜻하기도 한다. 그러나 메를로퐁티는 이러한 뜻들을 지닌 "signification"을 지성론적 〈의미〉와 지성에 의한 능동적인 〈의미 부여함Sinngebung〉의 뜻으로도 쓴다. 또한 특정 철학적 입장과 무관하게 기호나 질료와 쌍을 이루는 〈의미〉나 단순히 그것들과 구분되는 개념적 또는 비개념적인 〈의미〉로도 쓴다. 이처럼 메를로퐁티는 "signification"을 여러 입장에서 여러 뜻으로 쓴다. 게다가 메를로퐁티는 이 낱말과 유사한 "sens(의미)"라는 낱말도 쓴다. "signification"이 기호나 질료(내용)로서의 "signe"와 관련된 것으로, 또 역동적인 〈의미 표현함〉이나 능동적인 〈의미 부여함〉처럼 동명사적인 뜻으로 쓰인다면, "sens"는 기호나 질료(내용)와의 관련 여부와 상관없이 정적인 〈의미〉의 뜻으로 쓰인다. 그래서 메를로퐁티가 쓰는 이 두 낱말은 구별되기도 하지만, "signification"이 정적인 뜻으로 쓰일 경우, 두 낱말의 뜻은 사실상 구분되지 않는다. 영역자 스미스는 "sens"와 "signification"을 주로 "meaning"으로 번역하면서도, 때때로 후자를 "significance", "signification", "sense-giving"으로도 번역한다. 또 다른 영역자 랜즈는 「역자의 말(Translation decisions)」에서 "sens"와 "signification"을 제대로 구분하지 않은 이전 스미스의 영역본을 암암리에 비판하며, 그것들 각각을 "sense"와 "signification"으로 번역한다. 독역자 뵘도 이 두 낱말을 각각 "Sinn"과 "Bedeutung"으로 번역하고, 일역자 나카지마도 "의미"와 "의의"로 번역한다. 나는 처음에 일역자처럼 "의미"와 "의의"로 번역할 생각이었지만, 그렇게 할 수 없었다. 왜냐하면 〈의의〉라는 낱말은 역동적인 〈의미 표현함〉과 능동적인 〈의미 부여함〉이라는 동사적 특성을 전혀 나타낼 수 없기 때문이다. 또한 〈의의〉라는 낱말은 메를로퐁티가 말하고자 하는 〈구체적인 의미〉, 즉 〈질료화된 의미〉를 나타내기에도 거리가 먼 단어이다. "signification"을 〈의의〉로 번역한다면, 〈의미sens〉라는 낱말과 구분해 주는 것 외에는 이처럼 어떠한 이점도 없고, 메를로퐁티가 이 낱말로 표현한 것도 살리지 못한다. 따라서 나는 "signification"이 메를로퐁티의 입장에서 쓰이거나 그의 철학적 맥락에서 파악될 수 있을 때, 즉 〈질료화된 의미〉와 〈의미 표현함〉으로 이해될 수 있을 때, 각각 〈실질의미〉와 〈의미표현〉으로 옮겼다. 그리고 그것이 지성론적인 〈의미 부여함〉, 즉 〈Sinngebung(=sense-giving)〉으로 쓰일 때는 〈의미부여〉로 옮기고, 또 지성론적인 〈의미〉를 뜻할 때는 〈의미부여〉에 상응하여 〈의미signification〉로 옮기면서 "signification"을 병기하였다. 또 특정한 입장을 떠나 기호나 질료와 쌍을 이루는 〈의미〉로 쓰이거나, 단순히 그것들과 구분되는 〈의미〉를 뜻할 때도 "signification"이 병기된 〈의미signification〉로 옮겼다. 그리고 "sens"는 통상적으로 번역되는 〈의미〉로 옮겼다. 따라서 메를로퐁티가 "signification"을 기호나 질료와 관련 없는 뜻으로, 예컨대 가치나 중요성을 뜻하는 〈의미〉나 〈의의〉로 쓸 때(이럴 때는 "signification"이 병기 안 된 〈의미〉나 〈의의〉로 옮겼다)를 제외하면, 이 책에서 볼 수 있는 〈의미〉는 모두 "sens"를 가리킨다고 할 수 있다.

이런 다의적 용어의 의미 구별 외에, 나는 프랑스어로는 구별되나 우리말로는 구별되지 않는 용어(번역어)들을 구별하였다. 일반적으로 "sensation"과 "sens"는 똑같이 "감각"으로 번역된다. "sens"가 맥락에 따라 "감관"으로 번역될 수 있지만, "감각"의 뜻으로 번역될 때는 "sensation(감각)"과 구별되지 않는다. 그러나 이 낱말들은 『지각의 현상학』의 중심 주제를 이루기 때문에 우리말로 반드시 구별되어 옮겨져야 한다. 나는 "sens"를 "감각(감관)"으로 번역하여 "sensation"과 구별하였다. (이와 관련하여 역주 53쪽, 399쪽 참조 바람.) 그리고 내가 "감각(감관)"처럼 "감각"에 소괄호 속의 "(감관)"을 병기한 것은 단지 "sensation"의 번역어 "감각"과 구분하기 위해서만이 아니다. 그것은 일러두기에 언급한 것처럼 병기된 낱말의 의미를 보완하기 위해서이기도 하다. 즉 메를로퐁티가 말하는 "sens"는 시각, 청각과 같은 "감각"이지만, "감관"이 그 〈몸〉으로 있는 "감각", 또는 "감관"으로서의 "감각"이다. 독자들은 소괄호 속 낱말이 병기된 "감각(감관)"을 인용하기 불편할 경우, 소괄호 속 낱말이 없는 "감각"만 인용하면 될 것이다. 마찬가지로 "세계에 있는(세계로의) 존재"와 같이 소괄호 속 낱말이 붙은 다른 낱말들도 그대로 인용하기 부담스러울 때는, 소괄호 속 낱말이 없는 앞 낱말만 인용하면 된다. 그렇지만 소괄호 속 낱말이 병기된 이런 낱말들의 경우, 그것들이 메를로퐁티 철학에서 갖는 미묘한 의미를 놓치지 않기를 바란다.

나는 메를로퐁티가 쓰는 관사, 비유적 표현, 심리학이나 의학에서 쓰는 전문 용어 등도 정확하게 그 의미를 드러내려고 하였다. 특히 메를로퐁티가 쓰는 관사와 비유적 표현에는 그의 철학의 핵심을 표현한 것들이 있기 때문이다. 예컨대 메를로퐁티는 부분관사(du, de la)를 이용하여 "il y du sens", "il y a du temps" 또는 "de la raison"이라는 표현을 쓰는데, 이것들은 기존 철학과 차별되는 그의 철학의 본질을 나타낸다. 즉 메를로퐁티에게서 어떤 것도 완성되거나 즉자적으로 존재할 수 없듯이, 의미와 시간과 합리성도 완성되지 않고 어떠한 바탕에서 〈두드러진〉 채로 있다. 그래서 위의 프랑스어 표현은 부분관사의 의미를 살려 "전적이지 않은(부분적인) 의미가 있다", "전적이지 않은 시간이 있다", "전적이지 않은 합리성"으로 옮겨야 한다. 그러나 "il y du sens"에 대해, 두 영역본은 "there is significance", "there is sense"로, 독역본은 "es gibt Sinn(=there is sense)"으로, 일역본은 "意味がある(=의미가 있다)"로 번역하고, 부분관사의 의미를 포착하지 못하고 있다. 또 이 번역본들은 "il y a du temps"과 "de la raison"을 단순히 "시간이 있다", "합리성"으로 번역하면서, 부분관사의 의미를 제거하고 있다.

그리고 메를로퐁티는 자신이 생각하는 주체를 "réduit"라는 비유적인 용어로 형상화하는데, 두 영역본과 독역본, 일역본은 메를로퐁티의 이 비유적인 표현을 제대로 드러내지 못하고 있다. 메를로퐁티는 몸적인 주체를 "비-존재"라고 말하지만, 이 비-존재가 대상의 존재와 소통함을 나타내기 위해 "réduit"라는 낱말을 사용한다. 이 낱말은 방의 벽을 오목하게 파서 만든 공간, 예컨대 의자나 침대를 두기 위해 방의 벽을 파낸 알코브alcôve 같은 "움푹한" 공간을 의미한다. 그것은 메를로퐁티가 "웅덩이creux"라 표현하는 것과 같고, 사르트르의 "구멍trou"으로서의 주체와 대비되는 표현이다. 즉 사르트르가 꽉 찬 즉자존재(대상)의 부정("구멍")으로서의 대자존재(주체)를 주장한다면, 메를로퐁티는 〈두드러진〉 존재(대상)의 부정("웅덩이")으로서의 주체를 주장한다. 그것은 대상 존재의 부정("비-존재")이지만, 완전한 부정("구멍")이 아닌 여전히 대상과 연결되고 소통하는 "움푹한 곳"(주체)이다. 이렇게 중요한 비유적 표현을 스미스의 영역본은 "redoubt(요새)", "retreat(은둔처, 피난처)", 랜즈의 영역본은 "enclave(포위된, 둘러싸인 구역)", 독역본은 "Residuum(잔여물, 나머지)", "Abgrund(심연)", 일역본은 "성채(보루)", "은둔처"로 옮긴다. 독역본의 "심연"은 조금은 그 의미를 드러낼 수 있겠지만, 독역본은 이상하게도 동일한 낱말을 "잔여물, 나머지"로도 옮긴다.

또한 메를로퐁티가 쓰는 용어 "excitation"은 심리학에서 "stimulus(자극)"과 구별되어 사용된다. 그래서 그것은 "자극"이 아니라 "흥분"으로 번역해야 한다. 두 영역본은 "excitation"을 그대로 영어 "excitation"으로 번역하지만, 독역본은 "Reiz(자극)"로, 일역본도 "자극"을 뜻하는 일본식 한자어 "자격刺激"으로 번역한다.

그 외에 나는 메를로퐁티가 자신의 철학적 입장에서 쓰는 용어들을 그의 철학적 맥락에 맞춰 옮기려고 하였다. 예컨대 "motivation(부추김)",

"perspective(관점적 현상)", "corps propre(자기-몸)", "être au monde(세계에 있는 존재/세계로의 존재)", "niveau spatial(공간적 차원)", "communion(함께-함)", "configuration(배열형태)", "physionomie(형태적 모습)", "prise(잡음, 잡을 곳, 맞물림)" 등과 같은 용어들이 그 예이다. 이 용어들은 메를로퐁티의 고유한 사유를 나타내는 키워드들이다. 여기서 이 용어들을 어떤 의미에서 어떻게 번역하였는지 구체적으로 설명하는 일은 번거로울 것이고, 이 용어들과 번역어 대한 대략적 설명은 본문 역주에 달아 놓았다.*

• 그리고 역주에서 못다 한 설명, 또 다루지 못한 용어들의 설명은 『지각의 현상학의 이해』(근간)에서 제시하였다.

용어[1]

[ㄱ]

---

1 "감각", "몸", "언어", "공간"처럼 너무 많아 모두 기재할 수 없는 용어들은 자주 등장하
거나 중요하다고 판단된 곳의 쪽수만 적었다. 또한 찾아야 할 용어가 특정 장이나 특
정 절들에서 집중적으로 등장할 때는 "도입부 제1장", "제3부 1장 10절, 16절, 17절"처
럼 장이나 절들을 기재하였다. 그리고 때에 따라 찾아야 할 용어(명사)의 형용사나 동
사적 표현이 있는 곳의 쪽수를 기재하였고, 찾아야 할 용어가 없는 경우에도 해당 용
어와 관련된 논의가 있는 곳의 쪽수도 기재하였다.

2 "역주 참조"는 본문 역주에 해당 용어의 의미나 번역과 관련한 설명이 있음을 의미
한다.

3 "감각(감관)-운동"이 일관적인 번역어가 되겠지만, 번거로운 표기 방식이고 또 심리
학에서 "감각-운동"으로 쓰고 있으므로, "감각-운동"으로 옮겼다.

4　　"intersensoriel"이 몸 또는 주체와 관련될 때는 "상호감각적(상호감관적)", 사물과 관련될 때는 "상호감각적"으로 옮겼다. 예컨대 "objet intersensoriel"은 "상호감각적 대상"으로 옮겼다.

공감각synesthésie 426-429

공통감관sensorium commune ☞ 감각(감관)

공평무사한 관찰자(정신)spectateur(esprit) impartial 47, 137, 143, 640, 651

과학science 27, 28, 31, 60, 66, 67, 68, 139-144, 205, 206, 207, 208, 235, 238, 246, 548,
    617, 626, 694, 762

관념론idéalisme 41, 290, 588, 650, 757, 758, 760, 783, 788, 790, 804

관념 연합association des idées ☞ 연합

관점적 현상, 원근법 perspective 32, 34, 46, 86, 87, 116, 139, 152, 159-167, 198-202,
    234, 248, 295, 299, 300, 384, 385, 386, 472, 479, 480, 548, 549, 551, 593, 594,
    596, 601, 627, 631, 635, 648, 718, 720, 738, 744, 748, 159-160쪽 역주 참조

구성constitution 30, 31, 119, 120, 149, 150, 457, 713-715

    구성된(기성의) 언어langage constitué ☞ 언어

    구성적(구성하는) 주체sujet constituant 143, 463, 719, 753

    구성하는/구성된 시간temps constituant/constitué ☞ 시간

    구성하는 의식conscience constituante 95, 116, 151, 404, 450, 526, 551, 626, 628,
        638, 664, 669, 687, 788, 802

    구성하는 자(구성자)(le) constituant 121, 392, 625, 661, 710, 754

    구성하는 자아Je constituant 143

    구성하는 정신esprit constituant 111, 457, 458

구속engagement ☞ 참여

근본적 반성réflexion radicale ☞ 반성

근원적 견해doxa originaire, opinion originaire 616-618, 635, 652, 703, 704, 804

근원적인 말parole originaire ☞ 말

기억, 회상 mémoire, souvenir 81-87, 176, 187, 188, 191, 192, 316, 317, 488, 489, 729,
    730, 739, 740

기억상실증amnésie 340, 341, 366, 369

기하학적 공간espace géométrique ☞ 공간

깊이profondeur 제2부 2장 (B)

[ㄴ]

나(나) Je(moi) ☞ 자아

[5] "motivation"과 "motif"는 맥락에 따라 〈동기성〉과 〈동기〉(특히 제3부 3장에서)로도 옮겼다. "motivation"의 동사 "motiver"뿐 아니라, "solliciter", "inviter", "induire" 등도 인과관계와 지성적 지향성 관계 이전을 나타내기 때문에, 많은 경우 "부추기다"로 옮겼다.

---

6   "se situer", "être situé"과 같은 동사는 그 주어가 몸 또는 주체와 관련될 때, "자리"라는
     낱말을 이용하여 "자리 잡다", "자리하다"로 옮겼다. 그것은 대상의 〈위치하다〉와 구
     별하기 위해서이다.

7   "설립", "창설", "확립"은 모두 비슷한 의미이고, 우리는 문장의 맥락에 따라 각 용어들
     을 선택하여 번역하였다. 〈확립된 것〉은 제도(institution)라는 의미를 지니기도 한다.

[8] "existence"가 몸을 가진 인간 존재나 바탕(맥락) 속의 사물 존재와 같이 〈구체적 존재〉를 의미할 때는 "실존"으로 번역하였다. 그러나 그것이 "existence en soi(즉자 존재)"처럼 구체적 존재가 아닐 때, 또는 구체적 존재를 반드시 의미한다고 판단할 수 없을 때는 "존재"로 옮겼다.

[9] "coexistence"가 실존의 "함께-실존함"과 관련 없을 때 "공존"으로 옮겼다. 그러나 메를로퐁티는 인간 실존의 "함께-실존함"을 "Mitsein"으로 표현하기도 하는데, 이 독일어 낱말에 대해서는 낱말의 의미 그대로 "공존"으로 옮겼다.

[10] "signification"의 동사 "signifier"가 메를로퐁티의 입장에서 쓰일 때는 "의미표현하다"로 옮겼다.

[11]　다른 표기법: "psychologie de la forme."

[12]　다른 표기법: "théorie de la Forme."

[13] "existence pour soi"는 "대자 존재"처럼 띄어 쓰며 표기했고, "être pour soi"는 "대자존재"처럼 붙여 쓰며 표기했다.

[14] "existence en soi"는 "즉자 존재"처럼 띄어 쓰며 표기했고, "être en soi"는 "즉자존재"처럼 붙여 쓰며 표기했다.

---

[15] "intersubjectivité"가 형용사(intersubjectif)로 쓰일 경우, 〈상호주관적 세계〉처럼 "상호주관적"으로 옮겼다.

초월론적 철학philosophie transcendantale 25, 149, 150, 151, 152

[16] 초판(1945년판, 2004년까지 재판됨)에는 〈코기토〉가 "Cogito" 또는 "cogito"처럼 대문자와 소문자가 혼용되어 기재되어 있다. 여기서는 소문자 "cogito"로 통일하여 기재한다.

표현의 기적miracle de l'expression 376, 377, 578

필증적 명증évidence apodictique ☞ 명증

[ㅎ]

함께-태어남co-naissance 181, 181쪽 역주 참조

함께-실존함coexistence ☞ 실존

함께-함(영성체)communion 398, 579, 398쪽 역주 참조

항상성 가설hypothèse de constance 62, 64, 92, 96, 103, 126, 127, 134, 139, 145, 146, 425, 426, 470, 62쪽 역주 참조

행동comportement 44, 61, 66, 141, 169, 170, 181, 244, 245, 246, 252, 253, 309, 363, 364, 370, 395, 574, 589, 590, 610, 621, 637, 638, 716, 61쪽 역주 참조

현상의 장champ phénoménal 88, 546, 652, 도입부 제4장

현상학phénoménologie 134, 135, 256, 257, 309, 310, 414, 503, 533, 536, 652, 698, 705, 서문, 도입부 4장 3절

구축적 현상학phenomenologie constructive 25

발생적(의) 현상학phénoménologie génétique(de la genèse) 25, 43, 256

초월론적 현상학phénoménologie transcendantale 150

현상학적 심리학psychologie phénoménologique 147

현상학적 환원réduction phénoménologique ☞ 환원

현상학적 반성réflexion phénoménologique ☞ 반성

형상적 환원réduction eidétique ☞ 환원

형이상학(적)métaphysique 200, 238, 323, 324, 325, 326

형이상학적인 (한) 점point métaphysique 434, 688

현전의 장champ de présence 202, 488, 552, 579, 735, 748, 749, 796

형태forme, 게슈탈트Gestalt 61, 65, 77, 80, 82, 107, 134, 135, 148, 149, 150, 151, 173, 174, 213, 215, 238, 246, 312, 329, 362, 363, 372, 432, 439, 556, 571, 759, 778

좋은 형태bonne forme 77, 77쪽 역주 참조

형태 심리학psychologie de la forme ☞ 심리학

형태 이론théorie de la Forme ☞ 심리학

형태적 모습(특징)physionomie 80, 83, 86, 88, 94, 98, 144, 151, 261, 262, 266, 286, 372, 373, 438, 502, 530, 583, 612, 759, 762, 80쪽 역주 참조

인명[17]

[17] 본서 각주에는 무척 많은 심리학자의 이름과 문헌이 있다. 우리는 자주 언급되거나 비중 있는 심리학자들만 「찾아보기」에 실었다.

피아제J. Piaget 344, 556, 616, 634, 635

핑크E. Fink 25, 36, 43, 135, 539

[ㅎ]

하이데거M. Heidegger 26, 37, 706, 725, 742, 743, 745, 746, 753-756, 764

헤겔G. F. W. Hegel 26, 44, 258, 404, 446, 447, 622, 635, 802

헤르더J. G. Herder 136, 437, 440, 443

홉스T. Hobbes 102

후설E. Husserl 101, 132, 134, 150, 249, 257, 275, 300, 346, 413, 447, 450, 489, 503,
506, 536, 538, 597, 615, 651, 667, 702, 705, 719, 736, 738, 740, 751, 753, 755,
757, 758, 766, 801

흄D. Hume 102, 413

지각의 현상학